지은이 김정운

문화심리학자. 여러가지문제연구소장이자 '나름 화가'.
고려대학교 심리학과를 졸업하고, 독일 베를린자유대학교
심리학과를 졸업(디플롬, 박사)했다. 독일 베를린자유대학교
전임강사 및 명지대학교 교수를 역임했으며,
일본 교토사가예술대학 단기대학부에서 일본화를 전공했다.
지금은 여수 끝 섬에 살면서 그림 그리고, 글 쓰고,
가끔 작은 배를 타고 나가 눈먼 고기도 잡는다.
베스트셀러 『에디톨로지』를 비롯해, 『바닷가 작업실에서는
전혀 다른 시간이 흐른다』, 『가끔은 격하게 외로워야 한다』,
『나는 아내와의 결혼을 후회한다』, 『남자의 물건』,
『노는 만큼 성공한다』 등을 집필했다.

표지 그림 1923년 바이마르 바우하우스 전시회를 기념하기 위해 파울 클레가 제작한 우편엽서
「숭고한 면面(Die erhabene Seite, 1923)」
design **형태와내용사이**

창조적 시선

창조적 시선

인류 최초의 창조 학교 바우하우스 이야기

Bauhaus

문화심리학자
김정운

arte

일러두기

· 본문에 언급되는 도서명은 겹낫표(『 』), 신문·잡지 등의 정기간행물과 음반은 겹화살괄호(《 》), 논문과 그림·조각 등의 작품은 홑낫표(「 」), 영화와 TV 프로그램 등은 홑화살괄호(〈 〉)로 표기했다.
· 국립국어원의 한글맞춤법과 외래어표기법을 따르되, 우리말로 번역된 것들을 인용한 경우 고유명사의 한국어 표기는 이 책의 표기 방침과 외래어표기법에 맞게 수정했다. 가독성 제고를 위해 필요하다고 판단한 경우, 문장도 일부 수정했다.
· 단어와 문장 표현의 정확성을 위해 인용한 참고문헌에 따른 독일어, 영어, 일본어 등의 원어를 병기했다.
· 저자가 강조한 부분은 볼드로, 인용한 원문에서 강조한 부분은 이탤릭으로 표기했다.
· 독자의 이해를 돕기 위해 본문과 연관된 내용의 유닛(Unit)은 각주에 추가로 표기했다.

스케이트와 낚시, 그리고 사방의 벽이 책으로 둘러싸인 서재에서의

'행복한 삶'을 가르쳐주신 아버지께 이 책을 바칩니다.

prologue

왜 바우하우스인가?

1. 10년 공부를 정리하다 보니…

이 프롤로그를 쓰기 시작한 곳은 오스트리아 아터제Attersee가 내려다 보이는 언덕이다. 동화처럼 아름답다. 바우하우스의 흔적을 찾는 마지막 여행에서 싼 가격만 보고 외진 곳의 농장 다락방을 구했다. 그런데 이토록 멋진 곳이었다. 여행하다가 가끔 이런 행운이 오면 그 행복감이 차고 넘친다. 오전 내내 호수 위로 구름이 낮게 내려와 있고, 그 위의 하늘은 파랗다. 황량한 갈색이 전부인 한국의 겨울과는 사뭇 다른 풍경이다. 나지막한 언덕의 풀이 겨울에도 푸르다. 아터제는 구스타프 말러의 여름 별장이 있던 곳이다. 그의 별장은 아주 작은 오두막이다. 화가 구스타프 클림트가 즐겨 찾았던 곳이기도 하다. 10년 동안 이어진 바우하우스 여정의 마지막을 이곳에서 보내려니, 참 많은 생각이 든다. 노트북을 켜놓고 한참을 멍하니 있었다. 반대쪽 다락방에서는 사진작가 윤광준이 책에 들어갈 사진을 부지런히 정리하고 있다.

아터제의 이 자그마한 오두막에서 말러는 교향곡 2번과 3번을 썼다. 말러의 《교향곡 2번》 '부활Auferstehung'을 듣고 나면 그 이튿날 온몸이 몽둥이로 맞은 것처럼 쑤신다. 잔뜩 긴장하며 듣기 때문이다. 이 곡은 오케스트라 악기가 낼 수 있는 장엄함의 극한을 보여준다. 오늘날 클래식 음악이 사양

산업이 된 것은 전기로 소리를 증폭하는 앰프 때문이다. 대문짝만 한 앰프로 소리를 내는 전자기타 하나에 수십 명의 오케스트라가 경쟁이 안 된다. 말러 교향곡은 클래식 음악의 마지막 보루다. 아날로그로 낼 수 있는 가장 큰 소리를 내기 때문이다.

연주 시간이 100분이 넘는 《교향곡 3번》은 6악장이나 된다. 인생과 우주 전반에 관한 모든 이야기를 담기 위해서 말러는 아터제의 이 작은 오두막에서 전전긍긍했다. 오케스트라가 할 수 있는 모든 연주 방식을 실험했다. 소리만 질러대던(!) 관악기를 현악기처럼 매끈하게 연주하도록 했다. 사람의 목소리도 어린이 목소리, 여성 목소리, 합창 등을 다양하게 편집해 넣었다. 교향곡에 합창을 처음 넣은 것은 루트비히 판 베토벤이었지만, 베토벤은 인간의 목소리를 악기로 취급했다. 인간 목소리가 가진 한계를 무시하고 악기처럼 연주하도록 했다. 노래하기 정말 어렵다.

말러의 교향곡에서 인간 목소리는 사뭇 다르다. '노래'가 가능하도록 썼다. 그래서인지 말러의 《교향곡 3번》은 한도 끝도 없이 길어졌다. 말러의 오두막이 내려다보이는 아터제 언덕에서 『창조적 시선』의 프롤로그를 쓰기 시작하며 나는 말러의 고통에 사뭇 감정이입된다. 내가 알고 싶은 것, 그리고 깨달은 것을 10년에 걸쳐 쓰다 보니 1천 페이지가 훌쩍 넘는 책이 되고 말았기 때문이다.

2. 시작은 삼성 사장단 대상 강연이었다

애플 컴퓨터가 처음 나올 때부터 거의 모든 애플 기기를 사용했던 나는 아이폰에 도무지 대적이 안 되는 삼성 스마트폰이 몹시 못마땅했다. 당시 아이폰의 대항마로 삼성이 출시한 '옴니아'는 정말 최악이었다. 그 무렵 삼성 사장단 대상 강연자로 초청을 받았다. 주제는 '의사소통의 심리학'이었지만, 왜 삼성은 애플처럼 만들지 못하느냐고 나는 강연 내내 투덜댔다. 질의응답 시간에 사장 한 명이 '우리가 애플처럼 만들지 못하는 이유를 구체적(!)으로 설명해달라'며 아주 노골적으로 불만스러운 표정을 지었다. 당황한 나는 모른다고 했다. 그 후로 참 많이 생각했다. 아이폰은 그저 '스마트한 기기'가 아니라 하나의 '문화적 현상'이었기 때문이다. 문화심리학자를 자처하면서 이에 관해 제대로 된 설명을 못 하는 것은 직무 유기라는 생각도 들었다.

도대체 애플의 특별함은 무엇이었을까? 스티브 잡스 혹은 애플에 관한 거의 모든 책을 들춰봤다. 나를 설득할 수 있는 이야기는 없었다. 그저 스티브 잡스라는 '위대한 영웅'을 찬양하는 이야기가 대부분이었다(그가 일찍 죽지 않고 오래 살았다면 그의 영웅론은 없었을 것이다. 영웅이 되려면 무조건 일찍 죽어야 한다. 인류 역사상 '오래오래 행복하게' 살았던 영웅은 없다). 잡스처럼 창조적이어야 한다면서, 그가 어떻게 창조적인 사람이 될 수 있었던가에 대한 설명은 없었다. 잡스처럼 되어야 한다면서, 너희는 결코 잡스처럼 될 수 없다는 이야기나 마찬가지였다.

스티브 잡스 이야기와 관련되어 그나마 인상적이었던 주장은 『티핑 포인트』, 『아웃라이어』로 유명한 미국 작가 맬컴 글래드웰의 설명이었다. 잡스가 사망한 후 《워싱턴 포스트》에 기고한 글에서 글래드웰은 잡스의 특별함은 '에디팅editing', 즉 '편집력編輯力'이라고 주장했다. 이미 존재하던 것들을 적재적소에 잘 편집했다는 이야기다. 그러나 '편집'에 관해서는 내가 글래드웰보다 훨씬 전부터 "창조는 편집이다"라고 주장해왔다. '편집'이라는 핵심은 정확히 지적했지만, 글래드웰의 설명은 거기까지였다.

드디어 찾아냈다. '바우하우스Bauhaus'다. 월터 아이작슨이 쓴 평전 『스티브 잡스』에서다. 소니의 열렬한 팬이었던 잡스가 어느 순간부터 우중충한 소니는 더는 아니라고 했다. 그리고 소니의 대안으로 독일의 바우하우스를 언급했다(Unit 3). 바우하우스는 내겐 아주 익숙했다. 독일 유학 시절, 매일 지나다니던 길가에 특이하게 생긴 건물이 '바우하우스 아카이브'였기 때문이다. 그러나 당시 독일에서 바우하우스는 그다지 사랑받지 못하던 '기능주의 건축'의 대명사였다. 바우하우스 아카이브도 찾는 이가 거의 없었다.

3. 뜬금없는(!) 바우하우스 열풍

애플의 디자인을 책임졌던 조너선 아이브의 인터뷰 기사에서 바우하우스 이야기는 조금 더 구체적으로 언급됐다. 아이브는 독일 가전회사 브라운의 디자이너였던 디터 람스를 가장 존경한다고 했다. 자신의 애플 기기 디자인이 디터 람스의 모작模作임을 드러내놓고 이야기했다. 디터 람스라면 울름조형대학과의 협업을 통해 브라운의 미니멀리즘 디자인을 추구했던 독일을 대표하는 디자이너 아니던가(Unit 5).

울름조형대학은 1953년 데사우 바우하우스의 학생이었던 막스 빌과 잉게 아이허 숄, 오틀 아이허 등이 바우하우스의 정신을 되살리려 세운 대학이다. 1972년 뮌헨 올림픽의 디자인을 맡았던 오틀 아이허와 잉게 아이허 숄은 부부다. 나치에 의해 사형당한 한스 숄, 소피 숄 남매의 누이이기도 한 잉게 아이허 숄은 동생들의 죽음에 관한 책 『아무도 미워하지 않는 자의 죽음Die Weiße Rose, 1952』을 썼다. 대학 시절 운동권 동아리의 필독서였다.

단순히 디자인만 가르치는 것이 아니라 철학과 역사, 심리학 등을 망라하는 전인적 교육을 지향했던 울름조형대학도 바우하우스처럼 그리 오래 지속되지는 못했다. 1968년에 문을 닫았다. 그러나 울름조형대학이 주도한 브라운, 루프트한자 등과의 산학협동은 지금까지도 회자되는 성공적인 디자인 프로젝트다. 오늘날 사람들에게 새롭게 주목받는 디터 람스의 디자인은 바로 이 맥락에서 나온 것이다.

스티브 잡스 평전에서 나온 '바우하우스', 그리고 조너선 아이브의 디터 람스 디자인에 관한 언급을 통해 낡은 기능주의의 대명사였던 바우하우스는 기적처럼 부활했다(고 나는 생각한다). 2019년은 바우하우스 설립 100주년을 기념하는 해였다. 지난 세월의 초라한 평판에 비해 바우하우스는 아주 융숭한 대접을 받았다. 스티브 잡스 평전에서 바우하우스에 관한 언급이 있기 전까지, 독일 내에서도 바우하우스는 큰 관심을 받지 못했다. 베를린의 낡은 '바우하우스 아카이브' 이외에는 어떠한 바우하우스 기념물도 없었다. 바우하우스가 있었던 바이마르, 데사우는 오랫동안 동독 지역이었기에 서독이 신경을 써야 할 역사적 사건도 아니었다. 동독 시절, 바이마르와 데사우의 바우하우스 흔적은 방치되어 거의 폐허 수준이었다. 내가 바우하우스를 공부하기 시작한 10년 전만 해도 오늘날과는 상당히 다른 모습이었다. 그런데 갑자기 온 세계가 바우하우스를 찬양하기 시작했다. 애플과 바우하우스의 관계가 아니면 도무지 설명하기 힘든 현상이다.

4. 또 다른 맥락에서 다시 맞닥뜨린 바우하우스

어느 순간부터 한국 사회에 '4차 산업혁명'이라는 단어가 남발되기 시작했다. '산업혁명'이라는 개념 자체가 억지라는 비판이 제기된 지 오래됐는데, 왜 뜬금없는 '4차 산업혁명'인가(Unit 84)? 한순간에 무너진 박근혜 정부의 '창조 경제'를 대신할 개념을 찾기 위한 정치적 맥락이 그 뒤에 숨겨져 있다. 그러나 철 지난 산업화 세력의 정치적 수사에 불과했던 창조 경제 때문에 4차 산업혁명이라는 근본 없는 개념이 '창조'를 대신할 수는 없는 일이다. 혼란의 시대일수록 '창조' 개념을 집중적으로 공부해야 한다. 바로 이 맥락에서 나는 다시 '바우하우스'를 만나게 된다.

어떤 사안이든 궁금하면 제일 먼저 해야 할 일이 있다. '시작'을 검색하는 일이다. 시작을 파악하는 '구성주의적 관점'으로 바라봐야 창조할 수 있다. 이 책의 인명에 생몰生歿 연도를 꼼꼼히 적어놓은 이유도 그 '시작'을 추측하기 위해서다. '언제'라는 질문과 관련해서 '구글 엔그램 뷰어'를 검색하는 일은 매우 특별하다. 언제부터 관련 개념이 사용됐는가를 구체적으로 알 수 있다. 엔그램 뷰어의 검색 결과는 놀라웠다. '창조성'이라는 단어는 그리 오래된 단어가 아니었다. 그 이전에는 신의 천지창조를 뜻하는 '창조'라는 단어만 있었다. 그런데 20세기 초반부터 '창조성'이라는 단어가 급격하게 사용되기 시작했다. 인간이 신처럼 '창조적'으로 된 것은 불과 100여 년 전의 일이었다(Unit 2).

뒤통수를 크게 한 대 맞은 느낌이었다. 물론 그 이전에도 인간은 창조적이었을 것이다. 그러나 개념이 없다면 그것은 사회적으로 존재하는 현상이 아니다. 20세기에 들어서면서 '창조적'이라는 단어의 사용량이 급속하게 늘어났다면, 그 무렵 '창조적'이라는 단어를 적극적으로 사용해야 할 필요성이 생겼다는 뜻이다. 도대체 그 시대에 무슨 일이 있었던 것일까? '창조성'과 20세기 초반의 시대적 맥락이 겹치는 연관 검색어를 계속 뒤져봤다. '추상', '구성주의', '의식의 흐름', '정신분석학' 등등이 둑을 무너뜨린 장마철의 흙탕물처럼 밀려왔다. 구체적인 이름들도 검색됐다. 내겐 아주 익숙한 지크문트 프로이트가 가장 자주 등장했다. 그런데 어느 순간부터 낯선 이름들이 검색되기 시작했다. 아르투어 슈니츨러, 빈 제체시온, 바실리 칸딘스키, 파울 클레 등등. 그런데 바로 이 맥락에서 바우하우스가 다시 나타난 것이다. 추상화를 최초로 시작한 칸딘스키, 클레가 선생으로 재직한 학교가 바로 바우하우스였다.

'추상화'의 등장은 '창조성'과 관련해 매우 중요한 사건이다. 대상을 그대로 재현하던 회화는 사진기의 출현으로 더는 설 자리가 없었다. 화가들은 탈출구를 찾아야 했다. 인상주의가 출발점이었다. 포비즘, 큐비즘, 표현주의를 거치며 마침내 회화는 대상과는 전혀 상관없는 추상화에 도달했다. 대상을 더는 모방하거나 재현할 수 없으니, 새로운 대상을 '창조'하는 방법밖에는 탈출구가 없었다. 베낄 대상이 없으니 스스로 만들어냈다는 이야기다!

이때 음악은 화가들에게 추상이라는 새로운 길을 개척하는 데 훌륭한 길잡이가 되었다. 음악은 외부 대상과는 무관한 음표만으로 만들어지기 때문이다. 음악의 사례를 참조한 화가들은 외부 대상의 재현이 아닌 추상의 세계를 창조하는 데 성공한다(Unit 44). 그들은 바우하우스 선생이었던 칸딘스키, 클레, 오스카 슐레머, 라즐로 모홀리-나기와 같은 이들이다. 추상화를 통해, 대상을 재현하기만 했던 회화가 이제는 역으로 대상에 스며들 수 있게 되었다. 근대 디자인의 시작이다. 바우하우스가 근대 디자인의 출발점으로 여겨지는 이유다.

5. '지식 혁명'은 '쥐'에서 시작했다

'ChatGPT'와 같은 AIArtificial Intelligence(인공지능)로 인해 완전히 다른 세상이 온다고 난리다. 정말 그럴 것 같다. 인간의 지식 구성 및 전승 방식과 관련된 이제까지의 모든 시스템이 폐기되고 새롭게 구성돼야 할 것 같다. 말 그대로 '지식 혁명'이다. 이 갑작스러운 변화는 어떻게 가능했던 걸까? 아주 미시적으로 들여다보면, 수십 년간 지지부진하던 인공지능 연구가 급속하게 발전한 계기는 GPUGraphics Processing Unit, 즉 '그래픽 처리 장치' 덕분이다. GPU는 말 그대로 '그래픽'과 같은 멀티미디어를 처리하기 위해 개발된 프로세서다. 주로 인터넷 게임의 화면을 선명하게 구현하기 위한 프로

세서였다. 그런데 그저 단순 연산 처리를 위한 GPU가 CPU를 보조하던 기능에서 벗어나 ChatGPT의 셀 수 없이 많은 반복 학습에 사용되면서 느닷없는 AI 혁신이 가능해졌다.

GPU의 개발은 GUIGraphical User Interface라는 컴퓨터 화면의 직관적인 운영체제 때문이다. UNIX나 DOS의 운영체제는 직접 문자를 입력해야 했다. DOS 명령어를 다 외워야 했던 시절도 있었다. 그러나 어느 순간엔가 그래픽으로 표현된 상징에 마우스만 클릭하면 해당 명령이 수행되는 GUI가 나타났다. GUI가 일반인이 사용하는 컴퓨터에 처음 탑재된 것은 1983년의 일이다. 스티브 잡스의 딸 '리사Lisa'의 이름을 딴 '애플 리사Apple Lisa' 컴퓨터다. 이래저래 스티브 잡스의 애플이다.

GUI라는 혁신적 운영체제가 가능했던 것은 '마우스mouse'라 불리는 스탠퍼드연구소 더글러스 엥겔바트의 발명품 때문이다. 컴퓨터 화면에 커서cursor를 그래픽으로 작동시켜 화면의 변화를 일으키는 마우스를 이용한 GUI는 원래 제록스의 팔로알토연구소에서 처음 개발했다. 애플이 이 GUI 저작권과 마우스 특허권을 사들여 개인용 컴퓨터에 장착한 것이다. ChatGPT의 기원을 따져 올라가면 마우스가 시작이었다. '지식 혁명'의 시작은 '쥐(마우스)'였다는 이야기다.

6. '의식의 흐름'과 '네트워크적 지식'

애플은 마우스에서 한 발짝 더 나간다. 마우스를 아예 손가락으로 바꿔버렸다. 컴퓨터와 인간을 매개하는 인터페이스를 '터치touch'라는 감각적 경험으로 대체해버린 것이다. 촉각으로 일으키는 시각과 청각의 변화에 사람들은 열광했다. 아이폰으로 시작된 스마트폰이다. 이 같은 '감각의 교차

편집'을 처음 실험한 곳이 바로 바우하우스다. '색을 듣고, 소리를 보는Farben hören, Klänge sehen'것과 같은 실험을 반복했다. 바우하우스에서 시작된 감각의 창조적 실험은 스마트폰의 터치로 완성됐다. 터치는 이제 '음성'으로 바뀌고, 컴퓨터와 대화하는 인공지능의 세상이 된 것이다. 마우스나 터치가 야기한 것은 단순한 인터페이스의 변화가 아니다. 인간 지식 구조 자체의 변화다. '네트워크적 지식'이 출현한 것이다(Unit 30).

지금까지 우리에게 익숙한 지식은 '트리구조의 지식'이다. 심리학을 예로 들자면 '학문-인문학-심리학-발달심리학-아동심리학-영유아심리학'의 구조와 같이 갈수록 세분화되는 지식의 구조다. 우리가 체계적이라 여기는 모든 지식은 트리구조를 갖는다. 우리는 어릴 때부터 트리구조의 지식을 반복해서 익혔다. 그런데 맥락이 다른 지식이 있다. 트리구조로 체계화할 수 없는 네트워크적 지식이다. 전혀 다른 영역의 지식을 연결하여 편집하는 네트워크적 지식은 원래 천재들만의 몫이었다. 그래서 천재들은 '생각이 날아다닌다'라고 했다. 이 같은 네트워크적 지식의 대표적 인물은 발터 벤야민이다. 벤야민은 인용문으로만 구성된 책을 쓰겠다고도 했다.

멍하니 있을 때 우리 생각도 날아다닌다. 그런데 우리는 그 생각을 '잡雜생각'이라고 한다. 그 생각을 잡아내 구체화하지 않기 때문이다. 이 날아다니는 생각을 미국 심리학자 윌리엄 제임스는 '의식의 흐름'이라고 명명했고, 프로이트는 무의식에 접근하는 통로로 여겼다. '자유연상'이다. 흥미롭게도 제임스와 프로이트가 인간 의식의 특별함을 이렇게 명명했던 그 시기는 앞서 설명한 '창조성'이라는 단어가 나타났던 때와 겹친다. 자세히 공부해보니 '의식의 흐름'이야말로 '창조성'의 본질이었다(Unit 2). '의식의 흐름'이나 '무의식', '자유연상'과 같은 심리학적 개념들은 창조성을 발휘해야 하는 문학에 아주 깊은 영향을 미쳤다. 20세기 초반의 제임스 조이스, 마르셀 프루스트, T. S. 엘리엇, 버지니아 울프와 같은 작가들의 창조적 작업은

'의식의 흐름'을 떼어놓고 설명하기 어렵다.

프로이트가 '쥐 인간'이라는 별명을 붙인 환자가 있다. 그는 어린 시절 쥐가 들어 있는 항아리로 엉덩이를 덮는 동양의 형벌에 관해 들은 후, 평생 항문으로 쥐가 파고들어 오는 공포에 떨었다. 애인과 여름휴가를 떠났을 때 이 환자는 갑자기 살을 빼야 한다고 생각하게 된다. 그는 전혀 뚱뚱한 사람이 아니었다. 그러나 한번 살을 빼야 한다는 생각이 들자, 그는 미친 듯이 살을 빼려고 했다. 살이 전혀 빠지지 않자, 절벽에서 뛰어내릴 생각까지 한다. 그가 살을 빼야 한다는 강박적 생각에 빠지게 된 것은 그들의 휴가지에 따라온 애인의 사촌 때문이었다고 프로이트는 해석한다. 그 사촌이 자신의 애인에게 깊은 관심을 보이자, 그에 대한 질투 때문에 그런 강박적 생각을 했다는 것이다. 애인은 그 사촌을 '딕Dick'이라고 불렀는데, 독일어로 'dick'은 '살쪘다'라는 뜻이다. 남다른 '의식의 흐름' 능력을 가진 '쥐 인간'은 애인의 사촌에 대해 용납할 수 없을 정도로 화가 났고, 결국 그 분노의 방향이 자신에 대한 벌로 바뀌어 자신에게 살을 빼라고 명령했다는 것이다.

프로이트의 '쥐 인간'을 읽다 보면 그의 해석에 '정말 그럴까?'라며 입을 삐쭉거리게 된다. 심리학적으로 프로이트의 상상력이 부담스럽다. 그러나 환자의 '의식의 흐름'을 읽어내고, 그 과정을 해석하는 프로이트의 메타언어는 지극히 창조적이다. 놀라울 정도로 작가적이다. 프로이트와 같은 위대한 작가들만이 잡아낼 수 있었던 '의식의 흐름', 일부 천재들만의 '날아다니는 생각'을 우리도 이제 구체화할 수 있게 되었다.

마우스 덕분이다. 우리는 손가락으로 생각하기 시작했다. 마우스를 클릭하거나 손가락으로 터치하는 아주 작은 동작만으로도 천재들만이 할 수 있었던 '경계를 뛰어넘는 생각'을 할 수 있게 된 것이다. 그러다가 혹시 생각이 한없이 날아가 정말 잡생각이 되는 게 아닐까 걱정할 필요는 없다. 클릭의 히스토리가 컴퓨터에 그대로 남기 때문이다. 언제든 원하는 곳으로 다시 돌아올 수 있다. 아울러 네트워크적 지식으로 인해 트리구조의 지식이 사라지는 것은 아니다. 이전보다 훨씬 유연하게 체계화되고, 재구조화될 뿐이다.

7. 지식 생산의 권력은 이제 대학에 있지 않다!

트리구조의 체계적 지식이 지배적이던 세상에서 경계를 뛰어넘는 날아다니는 생각, 즉 '새로운 생각'은 극히 일부의 사람들에게만 허용됐다. 대학이다. 대학에는 지식 생산의 권한, 즉 경계를 뛰어넘는 사유가 허용됐다. '논문'을 통해서다. 자신의 논리를 펼칠 뿐만 아니라 일반인들에게는 허용되지 않는, 논리를 뛰어넘는 생각을 잡아내는 도구가 대학의 '지식인'들에게 주어졌다. 논문의 '각주'와 '미주'를 사용해 맥락을 벗어나는, 날아가는 생각을 잡아낼 수 있게 해준 것이다. 그뿐만 아니다. '색인'과 '참고문헌'을 이용해, 원하는 지식을 파편적으로 골라내 사용할 수 있는 특권도 허용해줬다(Unit 31).

아주 오랫동안 지식 생산의 권력은 대학에 독점적으로 주어졌다. 그러나 세상은 바뀌었다. 이제 누구나 맥락을 건너뛰고 경계를 넘어서는 사유를 할 수 있게 되었다. 그리고 그 결과를 발표할 수 있는 플랫폼도 다양해졌다. 누구나 자신의 혁신적인 의견을 발표할 수 있게 되었다. 학회 학술지나 대학 학위논문의 독점적 지위는 이제 말끔하게 사라졌다.

마우스와 터치로 검색하다 보면 전혀 다른 세상에 도달한다. 오늘날 한국 사회의 세대 간 갈등이라고 여겨지는 문제들의 대부분은 세대 차이로 인한 것이 아니다. 이전 세대를 지배하던 체계적 '트리구조의 지식'과 사방으로 날아다니는 '네트워크적 지식'의 충돌이다. 그래서 '소통이 안 된다'고하는 것이다. 대학의 구성원들만 모른다. 지식 생산의 권력이 더는 대학에 있지 않다는 것을. 여전히 대학 졸업장이 신분 확인의 도구로 작동하기 때문에 갖는 착각이다.

8. '산업혁명'이 아니고 '지식 혁명'이다

18세기 '산업혁명'의 본질은 증기기관이 아니다. 전혀 소통되지 않았던 장인들의 '기술'과 학자들의 '과학'이 결합하여 나타난 '산업계몽주의'라는 '지식 혁명'이 산업혁명의 본질이다. 계기는 아리스토텔레스, 플라톤 등과 같은 '고대인과의 투쟁'이었다. 그 선두의 혁명가는 프랜시스 베이컨이었다(Unit 89). 인류의 거의 모든 시대를 앞섰던 동양이 지난 수백 년 동안 서양에 뒤처지기 시작한 것은 고대인과의 투쟁이 없었기 때문이다. 고대인이 생산해놓은 낡은 지식의 해석과 재해석이 지식 생산의 유일한 방법이었다. 한자 문화권에서는 공자나 맹자와 같은 고대인의 지식이 오늘날에도 여전히 유효하다.

유럽에서 고대인과의 투쟁이 가능했던 것은 국가와 민족의 경계로부터 자유로웠던 지식인들의 '편지공화국'이 있었기 때문이다(Unit 88). 합리적이고 객관적인 지식으로 무장한 편지공화국의 지식인들은 앞다투어 새로운 지식을 공유했다. 지식의 창조적 편집이 가능해졌다. 이때가 '1차 지식 혁명'이라면 마우스에서 시작하여 ChatGPT에 이르기까지 따라잡기 벅찬 오늘날의 이 엄청난 변화는 '2차 지식 혁명'이라 할 수 있다. 2차 지식 혁명은 20세기 초 바우하우스의 '예술과 기술의 통합'에서 시작했다. 추상화가를 포함한 바우하우스의 전위 예술가들은 전혀 다른 영역의 지식이었던 '예술'과 '기술(과학 포함)'을 '디자인' 혹은 '건축'이라는 새로운 영역으로 편집했다. 바우하우스에서 시작된 2차 지식 혁명은 애플의 마우스, 스마트폰의 터치를 거쳐 AI로 이어지며 오늘날에도 계속되고 있다.

산업계몽주의의 1차 지식 혁명, 즉 '과학과 기술의 통합'을 통해 생성된 새로운 지식은 트리구조로 체계화됐다. 관찰과 실험으로 증명된 지식만이 체계적 지식에 편입될 수 있었다. 박물관, 미술관은 이 체계적 지식의 전시장이었다. 근대의 출발은 박물관, 미술관이 설립되면서부터라고 할 수 있다. 박물관, 미술관의 전시품들을 분류하고 기준에 맞춰 체계화하던 이들이 최초의 '지식인'이다(Unit 111). 이 책은 한마디로 '오늘날의 2차 지식 혁명을 가능케 했던 바우하우스의 전후 맥락에 관한 책'이라고 요약할 수 있다.

9. '편집'보다 더 구체적인 '창조방법론'이 있을까?

바우하우스를 공부하고 그 산만한 결과를 책으로 펴내기로 용기 낸 것은 2014년에 출간한 내 책 『에디톨로지』 때문이다(개정판은 2018년에 나왔다). 오늘날 교육학자, 기업 경영인은 물론 가장 비창의적인 정치가들까지 죄다 '창조적이 되어야 한다!'라고 이야기한다. 그러나 어떻게 해야 창조적이 될 수 있는지 구체적으로 설명하는 이는 아무도 없다. 창조방법론에 관한 책이 없다는 이야기다. 참으로 오랫동안 고민한 끝에 발표한 책이 『에디톨로지』다. 창조는 편집이다! 하늘 아래 새로운 것은 없다. 모두 어떠한 방식으로든 이전에 존재하던 것들이다. 그러나 그것을 전혀 다른 맥락에서 편집하면 '새로운 것'이 된다. 창조와 관련해 '편집'보다 더 효율적인 방법론이 있다면 내기를 해도 좋다.

'창조는 편집'이라고 주장하니, '짜깁기'도 '창조'냐고 반문한다. 그렇지 않다. '짜깁기'는 '편집'이 아니다. 이전과는 다른 방식으로 편집하면 그 새로운 연결 방식을 규정하는 '메타언어'가 창출된다(Unit 91). 내 전공으로 예를 들어보자. 수십 년 전만 하더라도 '심리학'과 '문화'는 전혀 상관없는 단어였다. 그러나 1980년대에 심리학자 몇 명이 20세기 초반의 러시아 심리학자 레프 비고츠키의 이론을 재해석하면서 '문화'와 '심리학'이 개념적으로 편집되기 시작했다. 이 과정에서 '문화심리학'이라는 새로운 메타언어가 창조됐다. '문화심리학'이라는 메타언어를 통해 이전까지 전혀 다뤄지지 않았던 문화와 인간 심리의 다양한 상호작용이 심리학의 중요 연구 대상으로 떠올랐다. 이처럼 편집을 통한 메타언어가 창출되지 않는다면 그건 그저 '짜깁기'에 지나지 않는다.

20세기 초반, 인간이 신처럼 '창조적'이 될 수 있었던 이유는 '의식의 흐름'이나 '무의식'이라는 새로운 차원의 '편집 가능성'을 찾아냈기 때문이다. 나는 이를 '편집의 차원'이라 개념화한다. 다른 한편으로는 '추상화'를 통해 회화가 음악처럼 외부 대상과는 관련 없는 편집의 도구를 갖게 되었다. 추상화의 결과물들을 나는 '편집의 단위'라고 부른다. 창조는 '편집의 단위'가 '편집의 차원'에 따라 전혀 새로운 방식으로 얽혀 들어가는 과정이다. 그 결과물이 '메타언어'다. 다시 말하지만 메타언어가 생성되지 않는 편집은 짜깁기일 뿐이다.

10. 이 책은 『에디톨로지』의 실천편이다!

『에디톨로지』를 출간한 후, 사방에서 더 구체적인 사례들을 제시해 달라는 요구를 받았다. 개인적으로는 10여 년 전 대학교수를 사직하고 나니, 굳어 있는 대학의 학문 경계로부터 무한히 자유로워졌다. 대학의 학과

나 학회의 전공 규정과는 상관없이, 하고 싶은 공부를 마음대로 할 수 있게 된 것이다. 눈에 보이지 않는 굴레에서 벗어나 자유롭게 생각할 수 있다는 것이 이토록 즐거운 일인 줄 몰랐다.

제도화된 공부 방식과는 다른 내 나름의 방법으로 공부했다. '의식의 흐름'대로 공부하는 것이다. 너무 재미있었다. 공부는 평생 해야 한다. 우리 모두 아주 오래 살게 되었다. 공부하는 것 말고 행복한 삶을 경영할 수 있는 특별한 방법은 없다. 그래서 공부는 무조건 재미있어야 한다. 억지로 하는 것은 진정한 공부가 아니다. 다행히도 운명처럼 만난 '바우하우스'라는 주제를 공부하기에 내 준비는 최적화되어 있었다. 영어 자료는 물론 독일어와 일본어로 된 자료를 찾고 처리해 다양한 '편집의 단위', 즉 메타언어 생산을 위한 '데이터'를 축적할 수 있었기 때문이다. 외국 여행을 할 때 헌책방을 뒤지며 보석 같은 책을 찾아내는 것은 내게 남은 마지막 즐거움이다. 책을 사는 것은 내 해외여행의 목적이다. 관광지의 빼곡한 사람들 사이에서 반복적으로 사진 찍는 것처럼 지루한 일은 없다.

지식이 넘쳐나는 세상에 책 한 권을 또 출판한다는 것이 도대체 무슨 의미가 있는가에 관해서도 참 많이 고민했다. 검색하면 세상에 존재하는 모든 지식이 몇 초 안에 화면을 가득 채운다. 존재하는 지식을 체계화하는 것은 이제 ChatGPT가 훨씬 더 잘한다. '체계적 지식'이 존재할 수 있는가에 대해서도 비관적이다. 정보의 교류가 불과 몇 년 전과는 비교 불가능할 정도로 빨라졌기 때문이다. 오늘날 모든 지식 체계는 세워지는 순간 바로 해체된다. 하지만 '의식의 흐름'은 저자에게 남겨진 마지막 권한이자 독자들과 공유할 수 있는 특별한 영역이다. 책의 구성을 지극히 내 의식의 흐름에 따라 정리했다. 그리고 그 의식의 흐름의 끝을 집요하게 추적했다. 이 책은 그 결과물이다. 그러나 10년 공부의 결과로는 많이 부끄럽다. 그 부끄러움마저 독자들과 공유하고 싶다.

이 책은 3 Part로 구성되어 있다. Part 1은 '걸으며 공부하기', Part 2는 '전쟁의 시대, 그 무렵 우리는?', 그리고 Part 3은 '메타언어를 위하여'다. 각 Part는 내가 터득한 '스스로 공부하기'의 순서대로 구성했다. 일단 현장에 가봐야 한다. 빚을 내서라도 가봐야 한다. 현장에 가서 직접 자기 발로 걸어 다니며 보고 생각해야 공부할 의욕이 생긴다. 그래서 Part 1의 제목이 '걸으며 공부하기'다. 10년 동안 10여 차례 유럽 도시들을 헤매며 바우하우스 흔적을 찾아다니다 보니, 책만으로는 결코 얻을 수 없는 문제의식과 통찰을 얻을 수 있었다.

'추상'이라는 '편집의 단위'를 최초로 고민한 곳이 바로 바이마르의 바우하우스였다. 추상화는 '청기사파'로 대표되는 뮌헨의 문화적 토양이 없었다면 가능하지 않았다. '의식의 흐름'이 창조된 장소는 오스트리아 빈이었다. 데사우, 라이프치히, 베를린과 같이 바우하우스와 관련된 인물들의 도시들도 헤집고 다녔다. 그 결과로 만들어진 '바우하우스 로드Bauhaus Road'는 다음과 같은 순서다. 빈-뮌헨-바이마르-라이프치히-데사우-베를린. 언젠가는 이 책의 독자들과 함께 그 길을 걷고 싶다!

Part 2 '전쟁의 시대, 그 무렵 우리는?'은 '도대체 왜 지금 내가 바우하우스를 공부해야 하는가?'라는 문제의식에 대한 설명이다. 모든 공부는 '지금 여기here and now'라는 관점에서 벗어나면 안 된다. 바우하우스 공부는 한국의 기형적 모더니티가 도대체 어디서 시작됐는가에 대한 내 개인적 의문과도 연관되어 있다. 보다 구체적으로 이야기하자면, 한국 중년 남자들의 의식에 결정적 영향을 미치는 '한국 군대'의 기원에 관한 의문이다. 한국의 모더니티와 군대의 관계에 관해 아무도 설명하지 않는다. 한국 사회에서 '군대'는 그저 부정적 주제일 뿐이다. 개인적으로도 '군대'는 내 인생의 트라우마다. 당시 나는 군대가 아주 두려웠고, 집단적 인간의 적나라한 내면이 너무나 공포스러웠다.

한국 남자들은 환갑이 넘어서도 군대 이야기를 한다. 한국 사회를 설명하는데 '군대'를 빠뜨려서는 안 된다는 뜻이다. 그러나 지금까지 한국 군대에 관한 깊이 있는 문화사적 설명을 읽어본 적이 없다. 그 '군대'와 한국 사회의 모더니티 형성 과정이 독일 프로이센 군대와 연관되어 있다는 내 가설을 Part 2에서 자세히 살펴보려고 시도했다. 바우하우스와는 조금 거리가 있는 듯하여 이 책에서는 빼는 것이 좋지 않을까도 생각했다. 그러나 바우하우스의 기능주의도 독일 프로이센 문화를 빼고 설명하기 힘들다. 프로이센에서 비롯된 독일 역사·문화에 관한 공부는 바우하우스를 이해하기 위해 필수적이다. 아울러 일본의 한반도 침략은 독일 프로이센 군대와 일본 군국주의의 관계에서 제대로 이해할 수 있다.

'독일 프로이센-메이지 시대의 일본-식민지 한반도'의 연관 관계는 정보의 빈틈이 크지만, 그만큼 흥미로운 주제다. Part 2의 문제의식은 지속적으로 공부해야 할 주제이기도 하다. 여성인 편집자나 내 아내는 뜬금없이 왜 자꾸 '군대 이야기'냐고 고개를 갸우뚱하지만, 한국 사회의 문제를 해결하려면 '한국 남자'들의 문화심리학적 자기 성찰이 전제돼야 한다고 나는 생각한다. Part 2를 고집할 수밖에 없었다. 개인적으로는 Part 2를 공부할 때가 제일 재미있었다.

Part 1과 Part 2의 준비 과정을 통해 Part 3의 보다 심화된 바우하우스 이해가 가능했다. 창조적 공부는 스스로의 '메타언어'를 창조할 때 가능하다. 바우하우스 공부를 통해 얻어낸 내 최종 메타언어는 '감각의 교차편집'이다. 근대가 끊임없는 분류의 과정이었다면 새로운 세계는 근대에서 만들어진 '편집의 단위'를 또 다른 맥락에서 재편집할 때 가능해진다. 리하르트 바그너가 제시하고 바우하우스에서 구체화되는 '종합예술'이 바로 그 시작이다. 나는 바우하우스에서 실험된 '종합예술'에서 '감각의 교차편집'이라는 내 나름의 메타언어를 찾아낼 수 있었다. '감각의 교차편집' 개념은 AI로

야기된 오늘날의 지식 혁명을 설명하는 데도 매우 통찰적이다.

11. 여수 남쪽 섬의 '미역창고'에서…

프롤로그를 쓰기 시작한 곳은 오스트리아의 아터제였는데, 대한민국 여수의 남쪽 끝 섬에서 끝맺게 되었다. 여수 교동 연안여객터미널에서 1시간 20분 배를 타고 들어가야 하는 이 섬 끝의 무너져가는 미역창고를 개조해 도서관 겸 화실 '미역창고美力創考'를 만들고 내 사랑스러운 강아지와 지낸 지 벌써 6년 차다. 지인들은 내가 얼마나 버틸까 의심스러운 눈초리로 바라봤지만 나름 잘 지내고 있다. '바우하우스'라는 인생의 주제가 있었기에 가능했다. 나이 들수록 사람들과의 관계가 쉽지 않다. 함께 공유할 수 있는 이야기가 없으면 만남 자체도 부담스럽다. 앞으로도 계속 섬에서 살 것 같다. 그렇지만 고마운 사람이 참 많다. 물리적으로는 혼자 지낼 수 있지만, 타인의 도움 없이 살 수 있는 인간은 결코 없다는 아주 상식적인 진리를 이 책을 쓰면서 다시 깨닫는다.

지난해 말, 아버지가 돌아가시기 전에 책을 완성하지 못한 것이 너무 아쉽다. 의식이 없는 아버지의 침대맡을 마지막으로 지키며, 몇 번이고 아버지께 감사하다고 이야기했다. 아버지 때문에 내 인생이 너무 힘들었다는 불평도 했다. 몸이 불편한 병상에서도 흐린 의식을 붙잡고 내 이야기에 어떻게든 귀 기울이려고 애쓰시던 아버지의 모습이 지금도 눈에 선하다. 난 평생 아버지의 그림자와 싸웠다. 어떻게든 아버지의 그늘을 벗어나려고 애썼다. 돌아가시고 나니, 아버지의 그 그늘이 내게 수시로 닥쳐오던 뜨거운 햇빛과 거친 비바람을 막아줬음을 깨닫게 된다. 이제야 겨우 아버지께 이 책을 바치는 못난 아들이 되고 말았다. 살아 계실 때, 자랑스럽게 보여드리고 싶었는데…….

원고를 마지막으로 정리하면서 21세기북스의 김영곤 사장께 정말 고맙다는 말을 전하고 싶었다. 그는 저자를 믿고 그 긴 시간을 마냥 기다려 줬다. 신뢰받는 것은 참 모순적 감정이다. 부담스러움과 행복함이 공존하기 때문이다. 오로지 이 책을 편집하는 일에 몇 년을 나와 함께 몰입한 가정실 팀장에게도 한없이 감사한 마음이다. 조급해지면 예민해지고 수시로 짜증 내는 저자를 가 팀장은 아주 슬기롭게 밀고 당겼다. 단언컨대 가 팀장이 없었다면 이 책은 불가능했다. 1천 페이지가 넘는 책을 전혀 지루하지 않게, 정성스럽게 디자인해준 홍지연 실장에게도 감사드린다. 근대 디자인의 발상지인 바우하우스를 다루는 책이 촌스러우면 어쩌나 많이 걱정했다. 결과물을 보니 매우 만족스럽다.

이 책의 사진을 책임지고 맡아준 사진작가 윤광준에게 진심으로 고마움을 전하고 싶다. 10년을 함께한 여행에서 그와 한 번도 불화한 적이 없다. 오로지 그의 탁월한 인내력 덕분이다. 나와의 공동 작업에서 그는 거의 부처님 반열에 올라선 듯하다. 여행 중 그와의 토론을 통해 책의 내용은 시간이 흐를수록 충실해졌다. 이 책의 감수를 맡아 섬에 '감금'되어 원고를 꼼꼼하게 읽어주고 비평해준 이진일 선생께도 깊은 감사를 드린다. 이 책의 오탈자를 가장 많이 발견해준 사람은 아내 김성은이다. 원고를 쓰면 가장 먼저 읽어보라고 건네주고, 원고를 읽는 내내 아내의 표정에 전전긍긍했다. 아내에게는 어떠한 감사의 표현도 부족하다.

고마움을 꼭 전해야 할 이들이 몇 명 더 있다. 제일 먼저 떠오르는 이는《중앙선데이》의 정형모 전前 국장이다. 이 책의 원고 일부는 2년 동안《중앙선데이》에 연재됐다. 너무 전문적이어서 재미없다는 반응이 많았지만, 정 국장이 밀어붙여 연재할 수 있었다. 지면의 디자인도 너무 멋지게 해줬다. 코로나 팬데믹 시기에 그는 돌연 세상을 떠났다. 인품도 참으로 훌륭한 사람이었는데 너무나 아쉽고 안타깝다. 이 책의 기획 단계부터 수년간 함께 고민해준 남연정 실장도 참 고마운 사람이다. 지금까지 나온 내 책 중에 내용적으로 가장 밀도 있었던 『에디톨로지』를 책임지고 편집했고, 후속작으로 '바우하우스'를 고민할 때 밀어붙여보자고 나를 설득했다. 훌륭한 편집자의 자질을 가진 사람이다. 언젠가는 큰 역할을 하리라 믿는다. 《월간중앙》 편집장이었던 김홍균 본부장에게도 고마운 마음을 전하고 싶다. 모든 일을 갈등 없이 참 잘 처리하는 사람이다. 이 책의 전반부는 그가 책임지고 있던 《월간중앙》 연재를 통해 구체화할 수 있었다.

마지막으로 지난해 돌아가신 이어령 선생께도 마음 깊은 곳의 감사함을 전하고 싶다. 선생의 '의식의 흐름'은 내가 경험한 동서양 인문학자를 통틀어 최고였다. 그와 대화를 나눌 때마다 난 메모하기에 급급했고, 집에 돌아와 그 메모를 정리하며 경탄과 좌절을 반복했다. 선생은 평생 공들여 키워오신 한중일비교연구소를 내가 이어 맡아주길 원하셨다. 하지만 난 선생의 뜻을 이어나갈 능력이 전혀 못 되는 것을 잘 안다. 이 책을 핑계로 못 맡는다고 했다. 하지만 그때 난 선생의 제안에 정말 많이 흥분했었다. 선생은 돌아가시기 얼마 전, 내게 마지막 문자를 보내셨다. 손에 힘이 빠져 오타가 나면서도 내 바우하우스 책에 대한 격려를 잊지 않으셨다. 그 문자를 볼 때마다 눈물을 멈출 수가 없다. 이제 더는 뵐 수 없는 선생님의 특별한 사랑에 감사드린다.

2023년 5월 23일

여수 끝 섬, 美力創考에서

contents

Part 3. 메타언어를 위하여

Part 1
걸으며 공부하기

Unit 1.

매일 지나쳤던 베를린 바우하우스 아카이브

호텔 클레의 '세네치오' 커튼

독일 바이마르와 베를린의 곳곳을 헤집고 다녔다. 2012년에 시작된 '바우하우스'의 흔적을 찾아다니는 여행 중이다. 항상 사진작가 윤광준이 먼저 '자빠졌다'. 젊은 시절 세계를 누빈 강철 체력을 자랑했지만, 환갑을 넘은 나이를 속일 수는 없는 모양이었다. 넘치는 의욕을 몸이 전혀 따라가지 못했다. 정신없이 사진 찍는 날이 며칠이고 계속되면 꼭 컨디션 조절에 실패했다. 그가 먼저 끙끙 앓고 나면 내가 바로 드러누웠다. 나는 그보다 세 살 젊다. 돌아오는 비행기에서는 둘 다 타이레놀을 몇 알씩 삼키고, 기내식도 포기한 채 잠만 잤다. 매번 그런 식이었다. 이런 병치레를 수차례 반복했기에, 이번에는 출발할 때부터 좀 여유 있게 일정을 잡자고 서로 다짐했다.

바이마르의 괴테 파크Goethe Park 앞에 있는 도린트 호텔Dorint Hotel에 묵었다. 아담하고 깔끔한 호텔이다. 이때만 해도 우리 일정은 통제 가능했다. 느긋하게 독일식 아침 식사를 즐기고, 여유 있게 자료를 수집했다. 바이마르는 이미 네 번째 방문이었다. 괴테와 실러의 도시, 그리고 인류 최초의 창조 학교라 할 수 있는 바우하우스가 있었던 바이마르의 구석구석은 아주 익숙하고 정겨웠다. 해가 지면 이른 저녁을 먹고 이슬비가 내리는 시내를 산책했다. 12월의 독일은 거의 매일 비 아니면 눈이다. 바이마르 시청 옆 음

괴테와 실러, 그리고 바우하우스의 도시 바이마르의 '쓸쓸하지만 따뜻한' 저녁 풍경

악대학에서 열린 '난민들을 위한 자선 음악회'에 앉아 프란츠 리스트의 피아노곡과 키 작은 여학생의 집시풍 연주를 들었다. 그 여학생은 무대에 서는 것 자체를 몹시 부끄러워했다.

바이마르에서는 아주 느리게 일주일을 지냈다. 베를린으로 올라오

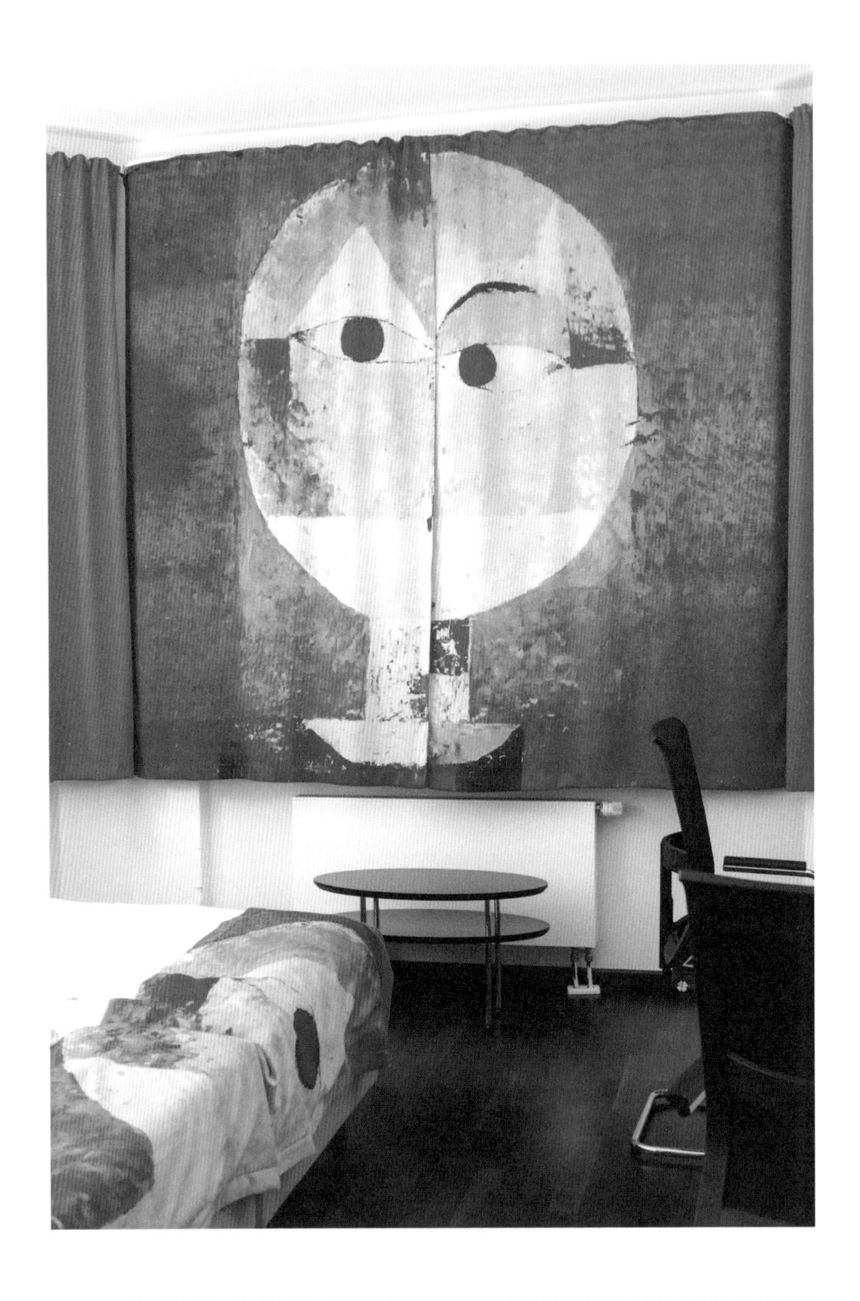

베를린 분데스알레에 있는 호텔 클레의 방 내부와 클레의 그림 「세네치오」로 장식된 창문 커튼. 침대에 누워 있으면 커튼 속의 광대풍 얼굴이 나를 빤히 내려다봤다. 묘한 기분이었다. 이 정겨운 호텔 클레는 코로나19 팬데믹을 지나면서 아주 평범한 사무실 건물로 바뀌었다.

면서 상황은 급변했다. 정신없이 바빠졌다. 챙겨야 할 자료가 너무 많아졌기 때문이다. 그사이 내 바우하우스 지식이 무척 확장됐다는 뜻이기도 하다. 베를린에 오면 매번 분데스알레Bundesallee 75번지의 호텔 클레Hotel Klee에 묵었다. 시내에서 가깝고 천장이 매우 높아 다른 현대식 호텔에서 느끼는 갑갑함이 없다. 아침 식사를 포함한 가격이 하룻밤에 10만 원도 채 안 된다. 유럽 대도시에서 이런 가격으로 마음에 드는 호텔을 찾기는 아주 어렵다. 그러나 내가 매번 이 호텔에 묵는 또 다른 이유가 있다. 호텔 이름이 바우하우스의 선생이었던 파울 클레Paul Klee, 1879~1940이기 때문이다. 내가 항상 묵는 방의 창문 커튼에는 클레의 그림 「세네치오Senecio, 1922」*가 그려져 있다. 빨간색, 노란색, 오렌지색, 분홍색의 화사한 커튼 때문에 방에 들어서면 기분이 절로 경쾌해진다. 침대에 누워 있으면 한쪽 눈썹만 있는 얼굴이 호기심에 가득 찬 표정으로 갸우뚱하게 나를 내려다본다. 묘하게 즐거워지면서 긴 여행으로 인한 우울함이 바로 사라지곤 했다.

클레는 바실리 칸딘스키Wassily Kandinsky, 1866~1944와 더불어 추상회화의 개척자로 여겨진다. '구상에서 추상으로의 전환'을 주도한 세계적 두 거장이 어떻게 바우하우스라는 시골 학교의 선생으로 10년 가까이 함께할 수 있었는가가 무엇보다도 궁금했다. 클레와 칸딘스키를 포함하여 당시 유럽 최고의 아방가르드 예술가들을 바이마르라는 촌구석에 죄다 불러 모았던 바우하우스 교장 발터 그로피우스Walter Gropius, 1883~1969라는 인물은 더욱 궁금했다. 젊은 시절 그로피우스는 연상의 유부녀 알마 말러Alma Mahler, 1879~1964와 사랑에 빠져 그녀의 남편이었던 세기의 대지휘자 구스타프 말러Gustav Mahler,

* 「세네치오」는 파울 클레가 바이마르 바우하우스의 선생으로 초빙된 바로 그 이듬해인 1922년에 그린 그림이다. '세네치오'는 식물 이름이다. 클레는 이 그림의 부제를 '발트그라이스Baldgreis'라고 붙였다. '곧 늙는다'는 뜻이다. '세네치오'의 독일어 이름이 'Gewöhnliches Greiskraut(평범한 늙은 풀)'인 것에서 착안한 클레 특유의 말장난이다. 클레 자신의 '광대풍 자화상'이라고 해석되기도 한다.

1860~1911를 심리적 충격에 몰아넣었다.*

바우하우스는 1919년부터 1933년까지 불과 14년 유지됐던 독일의 작은 '예술학교'다. 그것도 정치적·경제적 혼란으로 바이마르, 데사우, 베를린 세 도시를 전전하며 겨우 유지됐던 작은 학교다. 한국에 알려진 바우하우스는 '건축학교' 혹은 '디자인학교'다. 건축하는 이는 바우하우스를 '건축학교'로 소개하고, 디자인을 전공하는 이는 바우하우스를 '디자인학교'로 소개한다. 그러나 바우하우스를 그저 건축학교나 디자인학교로 설명하는 것은 '코끼리 다리 만지기'다. 그들의 주장대로라면 칸딘스키나 클레를 '건축가'나 '산업디자인 전문가'로 소개해야 한다. 전혀 그렇지 않다. 한국에는 바우하우스에 관한 전문서적 또한 그리 많지 않다. 그 내용도 상당히 어설프다. 일본을 통해 건너온 이차 자료가 대부분이다. 그래서 직접 유럽을 돌아다니며 자료를 수집하기로 한 것이다. 사실 몇 년 전만 해도 독일에서 구할 수 있는 바우하우스 자료는 그리 대단치 않았다. 언젠가부터 완전히 달라졌다. 그 때문에 내가 그렇게 바빠진 거다.

갑자기 분주해진 바우하우스 아카이브

2010년대 초반까지만 해도 바이마르에 있는 바우하우스 박물관의

* 바이마르에서 베를린으로 올라오는 길에 라이프치히에 들렀다. 라이프치히 중심가의 게반트하우스에 들러 리카르도 샤이Riccardo Chailly, 1953~가 지휘자로 있는 '라이프치히 게반트하우스 오케스트라'의 연주를 들었다. 내게는 게반트하우스의 음향이 베를린 필하모니의 음향보다 더 좋다. 그날 연주된 곡목은 우연히도 '말러의 《교향곡 10번》'이었다. 구스타프 말러는 《교향곡 10번》의 1악장만을 겨우 완성하고 1911년 심장 패혈증으로 사망했다. 1악장 이외에는 대략의 스케치만 남겨놓고 말러가 사망한 까닭에 말러의 《교향곡 10번》은 여러 사람에 의한 완성본이 존재한다. 우리가 라이프치히에서 들었던 것은 영국 음악학자인 데릭 쿡Deryck Cooke, 1919~1976이 완성한 버전이다.

자료 정리는 아주 어설펐다. 바우하우스가 처음 자리 잡았던 건물에는 제대로 된 안내판도 없었다. 바우하우스가 본격적으로 자리 잡았던 데사우의 사정도 마찬가지였다. 본관만 겨우 정비됐을 뿐, 바우하우스 선생들이 살았던 '마이스터하우스Meisterhaus'는 임시로 복구된 수준이었다. 대학 세미나 프린트물 수준의 안내 자료만 제공했다. 물론 그 허접한 자료도 돈을 주고 구입해야 했다. 텅 비어 있는 건물의 입장료까지 받았다. 입장료와는 별도로 사진 촬영 요금마저 요구했다. 돈과 서비스는 서로 비례한다는 자본주의의 아주 기본적인 원리조차 익히지 못한 안내인들은 자기들끼리 구석에 모여 수다를 떨었다.**

2010년대 중반부터 사정은 사뭇 달라졌다. 일단 바우하우스 본관으로 유명한 데사우 바우하우스가 이전과는 전혀 다른 방식으로 소개됐다. 자부심에 가득 차 있었다. 그 자부심에 걸맞게 안내인들은 상세한 지식과 설명으로 방문객의 마음을 사로잡았다. 데사우에 비해 바우하우스가 시작된 바이마르는 여전히 뭔가 부족했다. 바우하우스의 주체가 데사우로 옮겨 갔다는 '주도권 상실'의 분위기도 있는 듯했다.

내게는 바이마르 시절의 바우하우스가 가장 중요하다. 유럽의 모든 아방가르드 예술가가 몰려들어 예술과 기술의 통합이 어떻게 가능한가를 논의했기 때문이다. 데사우 바우하우스는 그러한 혼란스러운 논의가 일단락된 후 '기능주의' 신념이 본격적으로 구현된 학교다. 베를린 바우하우스는 나치에 쫓겨 다니며 어떻게든 폐교만은 면하려고 했던 시기의 학교다. 이

** 독일이 통일된 지 수십 년이 지났지만, 동독 지역의 구석구석에는 사회주의의 엉성한 흔적이 지금도 여전하다. 심리적·문화적 차원의 진정한 통일은 분단만큼의 시간이 흘러야 가능하다는 게 내 생각이다. 사회주의 체제에서 교육받은 사람들이 완전히 은퇴해야 진정한 통일이 이뤄진다는 이야기다. 1945년에 분단되어 1990년에 통일했으니 독일의 분단 기간은 45년이다. 그러니까 2035년이 되어야 비로소 독일의 통일이 완성된다.

BAUHAUS

데사우의 바우하우스 본관. 그로피우스는 바이마르에서 이곳으로 이사 오면서 '예술과 기술이 통합되는 세상'을 꿈꿨다.

시기는 내용적으로 그리 크게 논할 것이 없다. 따라서 이 책은 바이마르 바우하우스에 집중할 예정이다. 시대를 앞서갔던 예술가들이 바이마르의 바우하우스에 몰려들어 좌충우돌하던 그 시기, 도대체 무엇이 그들을 그토록 열광케 했는가를 자세히 살펴보려 한다.

베를린 티어가르텐 공원Großer Tiergarten 한 귀퉁이에 서 있는 '바우하우스 아카이브Bauhaus-Archive'의 자료도 그리 신통치 않았다. 일단 건물이 풍기는 인상 자체가 그리 매력적이지 않았다. 내가 베를린에 머물던 1987~2000년 당시, 그 건물은 아예 존재감이 없었다. 그 건물 앞으로 수천 번을 지나다녔지만, 나는 한 번도 그곳에 들어가보고 싶다는 생각을 한 적이 없다. 무슨 건물인지 궁금하지도 않았다. 그 주변 건물도 허름했다. 통일되기

베를린 티어가르텐의 '바우하우스 아카이브' 입구. 1990년대 유학 시절, 나는 적어도 수천 번은 이 앞을 지나다녔다. 그러나 한 번도 이 우중충한 건물에 관심을 갖지 않았다. 이 건물이 내게 이토록 중요한 대상이 될 줄 몰랐다. 관심이 있어야 보인다.

전, 서베를린의 중심은 카이저빌헬름기념교회를 중심으로 하는 쿠담 지역이었다. 바우하우스 아카이브가 있는 지역은 그저 스쳐 지나가는 장벽 근처 변두리였을 뿐이다.

통일 후, 베를린 티어가르텐 주변에는 큰 변화가 일어난다. 1993년 연방의회가 통일된 독일의 수도를 본에서 베를린으로 옮길 것을 결정했다. 각 나라들은 베를린에 제각기 폼 나는 공관을 지으려고 했다. 경쟁적으로 자국을 대표하는 건축가를 동원해 공관을 설계했다. 그렇게 완성된 각국의 공관들은 건축 박람회의 모델하우스처럼 아주 멋지게 서 있다. 그 건물들 사이에 1979년에 세워진 특이한 굴뚝 모양의 바우하우스 아카이브 건물이 있다. 건물의 절반은 지하로 가라앉아 있다. 고작 14년 존속한 바우하우스의 운명만큼이나 쓸쓸해 보인다. 아카이브 내부의 전시물이나 운영 시스템도 뭔가 엉성했다. 그러나 바우하우스 100주년인 2019년이 다가오면서 분위기가 급변하기 시작했다.

일단 이전에는 전혀 볼 수 없었던 전시물이 설치됐다. 어디 있다가

베를린 티어가르텐에 있는 바우하우스 아카이브. 바우하우스 100주년이 가까워지자, 어설픈 프린트물을 보여주며 설명하던 몇 해 전(왼쪽)과는 비교할 수 없을 정도로 전시품이 다양해졌다. 도슨트의 설명 수준도 높아졌다(오른쪽).

이제야 나타났나 싶은 자료가 구석구석 가득했다. 비좁은 전시 공간 가득히 다양한 이야기가 넘쳐나고 있었다. 관람객도 삼사 년 전과는 비교되지 않을 정도로 많아졌다. 도슨트의 설명도 수준이 달라졌다. 솔깃한 내용이 들려와 따라다니다 보니 한두 시간이 훌쩍 지나 있었다. 아카이브 입구에는 새로 건립될 바우하우스 박물관의 설계 공모전 결과물들이 전시되어 있었다.* '근대 미학의 성전'으로 바우하우스를 새롭게 기념하려는 것이다.

바우하우스 아카이브만 그런 것이 아니었다. 황금빛 베를린 필하모니Berliner Philharmonie 건물과 신국립미술관Neue Nationalgalerie 사이에 수줍게 자리 잡은 '공예 박물관Kunstgewerbemuseum'에도 바우하우스를 전후한 문화·예술의 경향들이 구체적 공예품을 통해 소개되고 있었다. 전에는 바우하우스의 역사와 교육 내용을 소개하는 지루한 자료들뿐이었다. 그러나 이제는 바우하우스가 도대체 어떠한 역사적·문화적 맥락에서 가능했고 오늘날 우리 삶에는 어떠한 영향을 미쳤는가에 대해 설명하는 자료들이 가는 곳마다 눈에 띄었다.

칸트슈트라세의 자비니플라츠에 자리 잡고 있는 책방 '뷔허보겐Bücherbogen'은 바우하우스와 관련된 자료의 보고였다. 아주 우아한 '예술서 편집숍'이기도 했다. 고가도로 같은 지상 위의 전철길 아래에 자리 잡은 이 책방은 분위기가 참 묘했다. 건물 외벽의 커다란 아치형 창문이 특이하게 멋지다. 그러나 내부는 지하 벙커처럼 낡은 벽돌로 된 벽이 전부다. 장식이 전혀 없다. 그런데 그 낡은 벽돌 벽과 그 앞에 잔뜩 쌓여 있는 알록달록한 예술 서적들은 절묘한 조화를 이룬다. 간간이 머리 위로 기차 지나가는 소

* 2019년 바우하우스는 설립 100주년이 되었다. 이를 기념하여 독일 정부는 5,600만 유로를 투입하여 바이마르, 데사우의 바우하우스 관련 건물들을 새롭게 개관했다. 나치 독일, 그리고 동독 사회주의에 묻혀 있던 독일의 문화적 자존심을 새롭게 기억하려는 시도다. 2023년 현재, 베를린의 바우하우스 아카이브는 여전히 보수 중이다.

리가 들렸다. 그러나 방해받는 느낌은 전혀 없었다. 그곳에서 나는 엄청난 양의 책을 샀다. 다행히 책방에서는 한국까지 책을 배송해주는 서비스를 하고 있었다. 이 서점에서만 거의 100권은 산 듯하다. 베를린과 데사우, 바이마르에 있는 박물관과 미술관에서 구입한 책들까지 합치면 이번 여행의 도서 구입비는 정말 엄청났다. 살면서 이렇게 많은 책을 구입한 적은 없었다.

베를린 자비니플라츠에 있는 서점, 뷔허보겐. 고가철도 아래의 아치형 창문이 참 인상적이다.

Unit 2.

인간은 언제부터 창조적이었을까?

'원래부터 있었던 것'은 하나도 없다

오늘날 누구나 '창조적'이 되어야 살아남는다고 이야기한다. 한국만 그런 것이 아니다. 세계적으로 그렇다. 그러나 불과 몇십 년 전만 하더라도 한국 사회에서 '창조'는 아주 낯선 단어였다. '성실'하고 '근면'해야만 살아남는 사회였다. 그렇다면 도대체 언제부터 사람들은 '창조적'이라는 단어를 사용했던 것일까? 이 같은 궁금증이 생기면 나는 바로 '구글 엔그램 뷰어Google Ngram Viewer'에 들어가 검색한다. 아뿔싸, 검색 결과는 놀라웠다. creativity는 불과 100년도 안 된 단어였다. 단어의 사용 빈도를 보여주는 그래프를 잘 살펴보면 creativity는 1920년대부터 적극적으로 사용되기 시작하여 1980년 이후에나 비로소 꽃을 피운 단어였다.

어떤 대상에 관해 알고 싶을 때 가장 먼저 해야 하는 것은 그 대상, 그 언어가 도대체 언제부터 사용되기 시작했는가를 살펴보는 일이다. 사용되기 시작한 시점의 문화적·사회적 맥락, 즉 구성사적 맥락을 읽어야 그 뜻이 정확해진다. 세상의 거의 모든 것은 원래 있었던 것이 아니다. 언젠가 만들어진 것이다. 어떤 대상을 '원래 있었던 것'으로 보는 것과 '만들어진 것'으로 보는 것은 하늘과 땅 차이다. '만들어진 것'으로 보면 내가 현재의 그 대상을 바꿀 수 있다. 아예 새로 만들 수도 있다. 그러나 '원래 있었던 것'으로 보면 내가 개입할 영역이 전혀 없다.* 그저 반복할 뿐이다. 그래서 구성사적 관점, 즉 역사적 관점이 중요한 것이다.

20세기 이후 한반도의 근대화는 두 갈래다. '서양을 대리한 일본'에 의해 강제로 진행된 근대화, 그리고 광복 이후에 '미군 부대'를 통해 유입된 압축적 근대화다. 비유하자면 '나훈아·이미자식의 근대'와 '패티김·조영남식의 근대'다. 뒤늦게 한반도의 근대화 과정을 새로운 시각으로 정리해보려는 시도는 '분단'이라는 이념적 장애물에 아주 쉽게 걸려든다. 주제와 관계없이 모든 논의를 '보수' 혹은 '진보'의 영역으로 환원하려는 답답한 시도들 때문이다. 그러나 보다 심각한 문제는 우리가 받아들인 서구 근대의 모든 것을 당연하게 여기는 것이다.

* '지식의 종속'이란 바로 이 지식의 구성사적 맥락에 무지할 때 생긴다. 대부분의 학문은 하늘에서 떨어진 것이 아니다. 시대적 상황에 따라 구성된 것이다. 특히 '심리학'이나 '사회학' 같은 근대 학문은 구성사적 맥락을 정확히 이해해야 한국 사회에 쓸모 있는 지식이 된다.

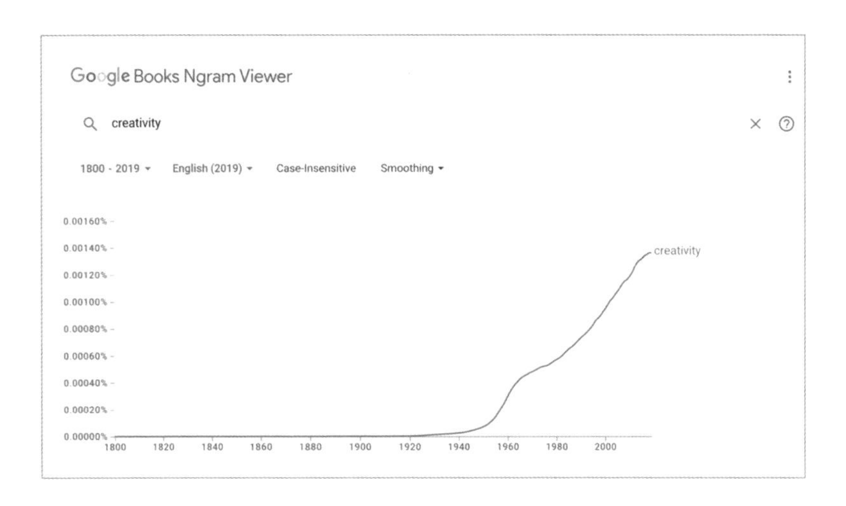

구글 엔그램 뷰어에서 creativity를 검색한 결과. 오늘날 일상어가 되어버린 '창조'라는 개념은 불과 100년 전에 사용하기 시작한 단어다. 그렇다면 다시 궁금증이 생긴다. 도대체 왜 그때 '창조'라는 단어가 필요해졌을까?

당연하게 여기는 순간 '창조'는 불가능해진다. '왜?', 그리고 '어떻게?' 생겨났는가에 관한 질문이 빠져 있기 때문이다. 할 수 있는 일이라고는 그저 '받아들이는 것'뿐이다. 그러나 어느 날 하늘에서 툭 떨어진 것은 없다! 에디톨로지적으로 이야기하자면 세상의 모든 것은 과거 어느 한때의 '편집물'이다. 존재하는 것들의 편집 과정과 그 맥락의 이해를 전제로 하는 에디톨로지에서 '창조'는 그리 놀라운 것이 아니다. 모든 것은 만들어진 것, 즉 편집된 것이기 때문이다. 현존하는 편집의 방식을 해체하고 재구성하려는 사람에게만 창조의 기회는 주어진다.

의식의 흐름

'creativity'라는 단어가 1920년대부터 사용되기 시작했다면 그 시대에 '창조'와 관련된 뭔가 특별한 사건이 있었다는 뜻이다. 당시 상황을 제대로 서술할 수 있는 정확한 개념이 그 당시에는 없었다는 이야기도 된다. 그래서 새로운 개념, 즉 '창조'가 필요했던 것이다. 그렇다면 또 다른 질문이 생긴다. 도대체 어떠한 상황이었기에 '창조'라는 단어가 그토록 급하게 필요했을까? '창조'라는 개념 구성을 필요로 했던 첫 번째 사건은 '의식의 흐름stream of consciousness'이라는 심리학적 개념의 등장이다. '의식의 흐름'은 1890년에 미국 심리학자 윌리엄 제임스William James, 1842~1910가 『심리학의 원리The Principles of Psychology』라는 책에서 처음 언급한 개념이다.* 제임스는 인간 의식의 본질을 이렇게 규정한다.

따라서 심리학자로서 우리에게 주어진 첫 번째 사실은 어떤 종류의 사고든 사고가 진행되고 있다는 사실이다. (…) 만약 영어에서 "비가 온다it rains", "바람이 분다it blows"와 같이 "사고한다it thinks"라고 표현할 수 있다면, 사고란 사실을 가장 단순하게 가정을 최소로 줄여서 기술하게 될 것이다. 그렇게 표현할 수 없으므로 우리는 단지 "*사고가 진행한다*thoughts goes on"라고 간단하게 말해야 한다.[1]

한 개인의 의식은 고정된 것이 아니라 끊임없이 변화하며, 마치 강처럼 흘러간다는 것이 제임스의 주장이다. 불연속적 단위로 자를 수 없다.** 유사한 개념은 지크문트 프로이트Sigmund Freud, 1856~1939도 주장했다. 인간의 무의식에 들어가는 통로로 프로이트는 '자유연상Freie Assoziation'을 주장했다.[2] 의식의 통제를 받지 않고 자연스럽게 이어지는 자유로운 연상을 좇아가면 무의식의 내용을 확인할 수 있다는 것이다. '의식의 흐름' 또는 '자유연상'이야말로 창조적 사고의 본질이다.

우리가 가장 창조적일 때는 멍하니 있을 때다. 멍한 상태라고 해서 생각을 하지 않는 것은 절대 아니다. 오히려 평소에는 할 수 없는, 전혀 다른 차원의 생각을 하고 있다. '의식의 흐름'의 폭이 논리적 사고를 할 때와는 전혀 다른 방식으로 너무 넓어져서 그 범위를 도무지 확인할 수 없기에 멍하니 있는 것이다. 가끔 '지금 내가 왜 이런 생각을 하지?' 할 때가 있다. 그러나 가만히 그 흐름을 되짚어가면 그 출발점이 어딘지 확인할 수 있다. 그러면 자기 상상력의 범위에 스스로도 놀라게 된다. 멍하니 있을 때, 보통 사람도 천재적인 생각을 할 수 있다는 이야기다. 그러나 보통의 경우, 그 천재적인 생각을 구체적으로 재현할 수 있는 용기가 없다. '천재'는 의식의 흐름

* 윌리엄 제임스가 1890년에 발간한 『심리학의 원리』에서 처음 사용한 개념은 '생각의 흐름stream of thought'이었다. 이후 1893년 개정판부터는 '의식의 흐름'으로 바뀌었다.

** 에디톨로지에서 창조의 단위로서 '편집의 단위'를 가정하는 것은 인간 의식에 접근하는 방법론이다. 마치 연속적으로 이어지는 '선'을 불연속적 '점'의 연속으로 가정하는 것과 마찬가지다.

을 그 한계까지 밀어붙인다. 그리고 다시 출발점으로 돌아와 그 생각을 구체화할 수 있다.

'자유연상'이나 '의식의 흐름'이 창조와 연관되는 가장 결정적인 까닭은 '메타언어meta-language'*의 창출과 관련되어 있기 때문이다. 에디톨로지적으로 표현한다면 '의식의 흐름'을 통해 '편집의 차원'을 달리하는 생각이 가능해진다. 통상의 맥락과는 전혀 다른 차원의 생각이 서로 연결되기 때문이다. 그 낯선 연결고리를 개념화할 때 '메타언어'가 창출되는 것이다.

'의식의 흐름'이나 '자유연상'이 심리학에서 개념화될 수 있었던 이유는 19세기 말에서 20세기 초에 걸쳐 일어난 '시각적 전환visual turn'** 때문이다. 사진기의 출현으로 이제까지의 역할을 잃게 된 화가들이 '재현'에서 자유로워져 인상주의, 표현주의를 거쳐 추상주의까지 이르는 변화와 발전이 '시각적 전환'의 내용이다. 객관적 세상의 '재현'이 아닌, 시각적 인상을 주체적으로 '표현'하게 된 '시각적 전환'은 인간의 공간 의식과 시간 의식에 근본적 변화를 가져왔다.

인간은 생전 듣도 보도 못한 것은 생각할 수 없다. 언젠가는 봤던 것

* 최근 '메타언어'와 유사한 개념들이 많이 사용된다. '메타표상meta-representation', '메타인지metacognition' 등이다. 철학적 개념으로는 '자기 성찰self-reflection'이다. 심리학, 특히 발달심리학에서 최근 '마음 이론'과 관련하여 '메타인지'에 관한 논의가 매우 활발하다. 그러나 1970년대 장 피아제의 발달심리학에서 이미 다양하게 실험한 개념이기도 하다. 1979년, 발달심리학자 존 플라벨John H. Flavell, 1928~은 메타인지를 "인지적 현상에 대한 지식과 인식knowledge and cognition about cognitive phenomena"이라고 정의했다(Flavell 1979, pp. 906-911). '자신의 생각에 대해 판단하는 능력', 즉 '생각에 대한 생각thinking about thinking'이 바로 '메타인지'라는 이야기다. 이 책에서 말하는 '메타언어'란 '개념들 사이의 관계를 설명하는 개념' 혹은 '어떤 개념이나 현상 배후에 숨겨진 의도와 맥락을 밝혀내는 또 다른 언어'를 뜻한다.

** '시각적 전환'은 학술적으로 자리 잡은 개념은 아니다. 그러나 비슷한 개념들은 많이 사용되고 있다. 'iconic turn', 'pictorial turn', 'imagic turn', 'visualistic turn' 등등. 아울러 '시각적 전환'의 시작을 언제로 설정하는가에 대해서는 많은 이론이 존재한다. 나는 '사진의 일상화'와 '인상주의의 출현'을 시각적 전환의 시작으로 생각한다.

을 새로운 맥락에서 떠올릴 뿐이다. 그러나 재현으로부터 자유로워진 '시각적 전환'은 물처럼 흘러가는 인간 의식의 흐름을 혁명적으로 바꿔놓았다.*** 재현, 즉 모방할 수 없게 되었으니 화가들에게 남아 있는 유일한 가능성은 '새로운 것'을 창조하는 것이었다. 추상회화가 가능해지자, 인간의 의식은 이제까지 경험하지 못했던 새로운 자유, 즉 '편집의 자유'를 얻게 되었다. '시각적 전환'은 인간의 '섹슈얼리티sexuality'에 관한 혁명적 인식 전환도 가져왔다. 이 같은 시각적 전환이 없었다면 구스타프 클림트Gustav Klimt, 1862~1918나 에곤 실레Egon Schiele, 1890~1918의 '야한 그림'은 물론 프로이트의 '정신분석학'도 없다.

빈의 레오폴트 미술관에서 실레의 그림을 사진 찍는 관람객. 요즘 유럽 미술관에서는 실레의 그림이 가장 '핫'하다. 근대 '시각적 전환'은 인간의 '섹슈얼리티'에도 엄청난 변화를 야기했다.

오스트리아 링슈트라세Ringstraße나 프랑스 파리의 에펠탑을 둘러싼 근대건축 논쟁의 시작은 1851년 런던에서 시작된 '만국박람회Weltausstellung'를 통한 시각적 자극과 깊은 관련이 있다.**** 이 모든 시각적 전환의 결과들은 깔때기처럼 1919년에 개교된 '바우하우스'로 수렴됐다.

*** 사진기가 가져온 인간 의식의 혁명적 전환을 주목하는 학자는 그리 많지 않다. 20세기 전반에는 발터 벤야민, 20세기 후반의 학자로는 프리드리히 키틀러Friedrich Kittler, 1943~2011 정도를 꼽을 수 있다. 키틀러는 아예 기술결정론을 주장하며 사진기를 '시각적 미디어'가 아니라 '광학적 미디어'라고 강조한다. 인간의 미학은 언제나 기술에 종속된다는 환원론적 주장이다(키틀러 2011, p. 13 이하).

**** 만국박람회 등을 통한 동서양의 만남은 '시각적 전환'에 결정적 역할을 했다. 일본의 우키요에와 같은 시각적 자극은 특별했다. 이를 당시 유럽에서는 '자포니즘Japonism'이라 불렀다. 원근법적 재현에 얽매이지 않는 세계를 선명한 색채, 밝은 화면, 과장된 명암대비, 뚜렷한 윤곽선으로 그려내는 우키요에는 인상주의 이후의 화가들에게 엄청난 충격을 주었다. 그들은 '재현'의 대안적 가능성을 일본 회화에서 찾으려 했다(Budde 1993, p. 164 이하).

Unit 3.

애플과 바우하우스

죄다 베낀 스티브 잡스

2015년에 제작된 〈스티브 잡스〉라는 영화를 봤다. 〈127시간127 Hours〉이라는 인상 깊은 영화를 만들었던 감독 대니 보일Danny Boyle, 1956~의 작품이다. 이전에 나왔던 '잡스 영화'들과는 확연히 달랐다. 스티브 잡스Steve Jobs, 1955~2011의 복잡한 내면 묘사가 아주 훌륭했다. 보일 감독은 관객과의 심리적 줄다리기에 아주 노련하다. 이 영화에서 그는 잡스의 '입양아 콤플렉스'에 초점을 맞춘다. 잡스의 성공 뒤에 숨겨진 입양아 콤플렉스가 가까운 이들과의 상호작용에 어떻게 작용했는가를 아주 흥미롭게 보여준다.

딸과의 화해 장면은 진부했다. 누구나 기대하는, 아주 익숙한 결말이다. 그러나 잡스는 애플 컴퓨터의 기술을 책임졌던 또 다른 '스티브', 즉 스티브 워즈니악Steve Wozniak, 1950~과는 끝내 화해하지 않는다. 딸과의 관계처럼 비즈니스 영역에서도 회심한(?) 잡스의 모습을 보고 싶어 하는 관객들의 기대를 끝내 저버린다. 그래서 재미있다. 보일 감독은 애플의 신제품 프레젠테이션을 준비하는 잡스를 워즈니악이 찾아와 벌이는 설전에서 '못된 잡스'를 아주 흥미롭게 보여준다. 애플의 신제품 프레젠테이션에서 자신이 설계한 애플 II에 관해 한마디만 해달라는 부탁을 잡스가 거절하자 워즈니악은 악에 받쳐 소리친다.

"네가 한 게 뭐지? 도대체 네가 한 게 뭐야! 넌 프로그램 코드를 만들 줄도 몰라! 넌 엔지니어도 아니고, 디자이너도 아니야! 넌 못 박는 것조차 못해! 컴퓨터 회로판을 설계한 사람은 바로 나야! 그래픽 유저 인터페이스는 제록스 PARC에서 훔쳐 온 거야. (…) 맥은 죄다 다른 사람들이 만들었어. 그런데 어째서 내가 적어도 하루에 열 번은 '스티브 잡스는 천재다'라는 기사를 읽어야만 하지? 도대체 네가 하는 일이 뭐야?"

잡스는 아주 쿨하게 대답한다.

"난 오케스트라의 지휘자야. 넌 훌륭한 연주자이고. 넌 저기에 앉으면 되겠네. 거기가 제일 좋은 자리야!"

와, 잡스의 오만함을 이렇게 잘 표현할 수 있을까? 물론 작가의 상상력이 동원된 장면이다. 그러나 컴퓨터 생산의 가장 기본적인 회로조차 설계할 수 없었던 잡스가 세기의 천재로 여겨지는 것이 워즈니악에게만 이상했던 것은 아니다. 정말 잡스가 애플에서 한 일은 무엇일까? 오케스트라 지휘자를 자처하는 잡스는 자신과 워즈니악이 담당하는 창조의 영역이 각기 다르다고 주장한다.* 오케스트라 지휘자에 비유한 것은 자신은 대상과 직접적 관련은 갖지 않는다는 뜻이다. 지휘자는 관객들이 듣는 구체적 소리를 직접 만들어내지는 않는다. 악기의 소리는 연주자들이 만들어낸다.

애플, '소니 스타일'에서 '바우하우스 스타일'로

잡스가 죽은 후 발간된 월터 아이작슨Walter Isaacson, 1952~의 『스티브 잡스Steve Jobs, 2011』에는 잡스가 구상했던 애플 디자인 철학에 관해 상세

* 창조의 영역이 다른 '메타적 창조'와 '대상적 창조'에 관해서는 Unit 38 참조.

한 내용이 나온다. 처음에는 소니Sony의 디자인을 흉내 내고자 했으나 바로 브라운Braun의 디자인으로 옮겨 갔다는 것이다. 1983년 '미래는 더 이상 과거의 미래가 아니다'라는 주제로 열린 '애스펀 디자인 컨퍼런스Aspen Design Conference'에서 잡스는 자신의 디자인 철학에 관해 다음과 같이 이야기한다.

> 현재 산업디자인의 흐름은 소니의 하이테크 스타일입니다. 주로 암회색이고, 가끔 검은색을 사용해 이상한 짓을 하기도 하지요. 그렇게 하는 것은 쉽습니다. 하지만 위대하지는 않습니다. (…) 우리가 하려는 것은 하이테크 제품을 만들어 깔끔한 패키지에 담아 소비자들이 패키지만 보고도 하이테크 제품인 줄 알게 하는 것입니다. 아름다운 백색 제품을 만들어 작고 깔끔한 패키지에 담을 것입니다. 브라운사의 전자 기기에서 느낄 수 있는 느낌을 제공하고자 하는 것입니다. (…) 밝고 순수하며 하이테크에 충실한 제품을 만들 것입니다. 온통 검은색으로만 된 소니의 우중충한 산업 스타일을 버리고 말입니다. (…) 그게 우리의 접근 방식입니다. 매우 단순한 스타일. 우리는 실제로 뉴욕현대미술관에 전시될 만한 수준을 목표하고 있습니다. 회사의 운영 방식, 제품 디자인, 홍보, 이 모든 것이 한 가지로 귀결됩니다. 단순하게 가자. 정말로 단순하게.[3]

잡스는 아버지 집 차고에서 회사를 만들 때부터 소니의 디자인에 푹 빠져 있었다. 1983년 컨퍼런스에서 "소니의 디자인은 더 이상 아니다!"라고 공식적으로 선언하지만, 소니의 디자인은 잡스에게 지속적 '표절' 대상이었다. 2011년에 시작된 애플과 삼성의 소송전에서 삼성은 애플이 소니의 디자인을 표절했다는 증거로 '소니처럼Sony-like'이라는 사진을 제출했다. 애플 스스로도 표절했는데, 어찌 삼성의 표절을 문제 삼을 수 있느냐는 반론이다. 그러나 이 사진은 진짜 소니의 물건이 아니었다. 2006년에 애플 디자인팀에서 개발한 새로운 아이폰의 프로토타입prototype이었다.

'소니라면 어떻게 디자인했을까What would Sony do?'라는 질문을 먼저 던지고 애플 내부에서 이에 대한 대답을 찾아본 것이다. 애플 디자이너들이 캐드로 요약정리한 이미지의 '소니처럼' 디자인을 자세히 살펴보면 분명히 소니 디자인을 그대로 베낀 것은 절대 아니다. 그러나 소니 제품의 디자인 특징들을 잘 뽑아냈다. 소니의 디자인 특징들을 편집해서 아이폰을 만들어냈던 것이다.4

애플이 삼성을 '카피캣copycat'이라고 욕할 자격은 없다는 이야기다. 모든 창조적 작업은 이전에 존재하던 것들의 편집에 불과하기 때문이다. 문제는 얼마나 세련되게 편집하는가다. 애플에 비해 삼성은 무척 촌스럽게 편집했을 따름이다. '촌스럽다'는 것은 그 편집의 결과가 소비자들을 설득하는 데 실패했다는 뜻이다. 삼성은 '창조적' 느낌을 주는 '메타언어'를 만들어내지 못했다.

'소니는 우중충하다'는 '소니 디스' 발언을 한 애스펀 디자인 컨퍼

'소니처럼' 아이폰. 아이폰을 디자인하면서 애플은 '소니라면 어떻게 만들었을까?'라는 질문을 던지고 프로토타입을 만들었다.

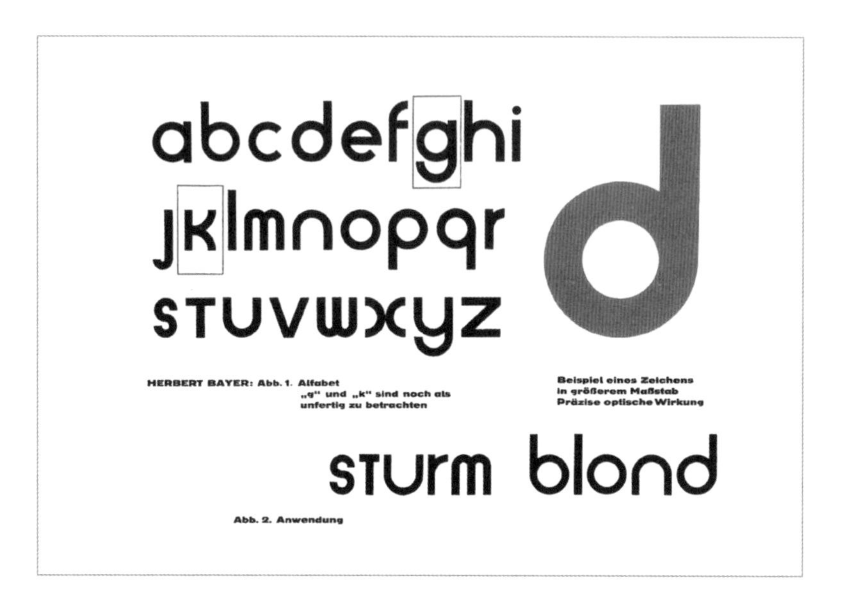

바이어가 개발한 장식을 없앤 산세리프 소문자 글자체. 잡스가 '소니 스타일'에서 '바우하우스 스타일'로의 전환을 외친 곳은 바우하우스 출신의 바이어가 디자인한 콜로라도의 애스펀 리조트에서다.

런스가 열린 바로 그곳에서 잡스는 바우하우스 디자인을 받아들일 계기를 얻게 된다. 애스펀 리조트를 디자인한 이는 헤르베르트 바이어Herbert Bayer, 1900~1985였다. 그는 애스펀 리조트의 전체 조형을 위한 토목 작업과 건물 설계는 물론 식당 및 객실의 구석구석, 작은 소품에 이르기까지 직접 작업했다. 바이어는 독일 바우하우스 철학을 누구보다도 완성된 형태로 체험한 사람이었다. 그는 바이마르 바우하우스에서 1921년부터 1925년까지 공부했다. 바우하우스가 데사우로 이사한 후부터는 인쇄 공방의 선생으로 일하기도 했다. 오늘날 바우하우스식 타이포그래피로 여겨지는 소문자의 산세리프sans serif 글자체가 바로 바이어의 작품이다. 그는 이 글자체를 '유니버설 타입Universal-Type'이라 불렀다. 그는 오늘날 우리가 '그래픽디자인graphic design'이라고 부르는 영역의 선구자로 여겨진다.*

나치의 억압을 피해 1938년에 미국 뉴욕으로 이주한 바이어는 1945년에 대규모 프로젝트를 제안받는다. 바로 애스펀 리조트의 설계였다. 리조트가 건립되고 수십 년이 지난 후, 잡스는 이곳에서 바이어가 디자인한 '바우하우스식 깔끔한 디자인'에 깊은 감명을 받았다. 그는 애플의 디자이너들에게 '소니 스타일'에서 벗어나 '바우하우스 스타일'로 옮겨 갈 것을 요구한다.

* 스티브 잡스는 자신이 중퇴한 리드 칼리지에서 배운 것이라고는 '타이포그래피' 수업뿐이었다고 수시로 이야기했다. 그때 잡스가 인상적으로 느꼈던 산세리프체를 대중화한 이가 바로 헤르베르트 바이어다.

Unit 4.

무엇이 자본주의를 종교로 만드는가?

의미는 리추얼로 만들어진다

'기억한다'는 인지적 과정은 의미 구성을 전제로 한다. 일상에서 기억을 통해 의미를 구성하는 행위를 '리추얼ritual'이라고 한다.[5] 리추얼을 통해 존재의 의미가 확인될 때 불안과 고통을 견뎌낼 수 있다. 집단도 마찬가지다. 리추얼이 발달한 집단일수록 응집력이 강하다.* '함께 있다'는 의미를 끊임없이 재생산하기 때문이다. 불안하고 힘들수록 리추얼은 반복된다. 집단 리추얼의 기초는 역사적 기억이다. 그런 의미에서 '집단 기억collective remembering'으로서의 역사학은 '의미구성학意味構成學'이라 해야 옳다. 각 개인들의 흩어진 기억들을 모아 집단의 이야기로 편집해내기 때문이다.[6]

* 부정적 의미에서 이 같은 집단 리추얼의 힘이 가장 발달한 곳은 북한이다. 김일성 광장에서 군사 퍼레이드를 죽어라 반복하는 이유는 집단 유지가 불안한 까닭이다. 세계의 독재국가가 다 망했지만, 오직 북한만이 여전히 유지되는 이유는 바로 이 집단 리추얼 때문이다. 북한의 각종 리추얼은 현대 국가에 적합한 형태가 아니다. 전근대적 종교에 가깝다. 북한은 종교 국가라고 봐야 한다. 동독의 마지막 독재자인 에리히 호네커Erich Honecker, 1912~1994가 가장 흉내 내고 싶었던 인물이 김일성金日成, 1912~1994이다. 1912년 동갑내기였던 둘은 실제로 매우 가까웠고, 수시로 만났다. 호네커는 김일성의 군사 퍼레이드를 흉내 내고 싶어 했다. 그는 베를린장벽이 무너지기 바로 몇 달 전에도 동베를린의 중심가인 운터덴린덴 거리에서 대규모 군사 퍼레이드를 개최했다. 이미 아돌프 히틀러의 나치즘을 호되게 겪은 독일인에게 시대에 뒤떨어진 '김일성식 리추얼'은 어떤 감흥도 없었다.

베를린 브란덴부르크 성문. 1989년 베를린장벽이 무너지기 불과 한 달 전, 동독의 당 서기장이었던 호네커는 이 거리에서 동독 건국 40주년을 기념하는 대규모 군사 퍼레이드를 벌였다. 이 같은 기념행사, 즉 리추얼의 목적은 '기억을 통한 의미 구성'이다.

의미 구성 과정이 가장 세련된(!) 리추얼은 종교 의례다. 유교적 전통에 따른 명절의 차례, 불교의 불공, 상징적 행위로 가득한 천주교의 미사, 설교자의 메시지가 강조되는 기독교의 예배와 같은 종교적 리추얼은 다양한 장치를 동원하여 의식에 참여한 사람들의 기억을 재구성하며 지속해서 의미를 생산한다. 그래서 종교를 가진 사람이 종교가 없는 사람보다 오래 살며 행복하다고 느낀다. 살아야 하는 의미를 매번 확인할 수 있기 때문이다. 의미가 생성되지 않고 형식만 남아 있다면 이는 더 이상 리추얼이 아니다. 습관일 따름이다.

전통 사회에서 의미 부여 기능을 했던 각종 리추얼은 이제 부담스럽고 귀찮을 따름이다. 그렇다고 리추얼 자체가 사라지는 것은 아니다. 사람들은 또 다른 리추얼을 찾아 나섰다. 그리고 변화된 욕구에 부응하는 새로운 리추얼을 드디어 찾아냈다. 쇼핑이다.* 종교적 리추얼이 동원된 상품의 대량생산과 집단적 소비에 숨겨져 있는 자본주의 사회의 문화심리학적 본질을 간파한 이는 발터 벤야민Walter Benjamin, 1892~1940이다. 벤야민에게 자본주의는 상품과 화폐 교환의 특별한 형식에 그치는 것이 아니었다. '종교적 현상'이었다. 종교로서의 자본주의를 그는 '제의 종교Kultreligion'라고 불렀다.7

* 이 맥락에서 사치가 자본주의를 낳았다는 베르너 좀바르트Werner Sombart, 1863~1941의 독특한 견해를 주목할 필요가 있다(좀바르트 2017). 남녀 간의 사랑과 성욕에서 야기되는 과시적 소비가 자본주의라는 독특한 경제체제를 낳았다는 좀바르트의 주장은 시대를 앞선 매우 혁신적 주장이었다. 발터 벤야민의 '전시 가치'에 대한 주장과 더불어 21세기 자본주의 해석에 매우 유용한 이론이다.

독일 라이프치히의 시내 중심부에 위치한 매들러 파사주Mädler Passage 내부. 4층 건물로 내부 길이가 142m에 달하는 매들러 파사주는 1914년에 지어졌다. 20세기 초, 유럽 도시에는 이 같은 아케이드(파사주)가 우후죽순으로 생겨났다. 날씨와 상관없이 365일 쇼핑이 가능한 아케이드는 그때까지 없었던 독특한 자본주의 문화를 만들어냈다. 벤야민은 아케이드에서 일어나는 문화 현상을 '제의 종교'라고 칭했다. '제의 종교'와 '전시 가치'에 대한 벤야민의 서술은 마르크스의 '교환가치'와 '사용가치'라는 낡은 이분법보다 훨씬 창조적이다.

쿨트Kult는 리추얼 같은 상징 형식의 예배가 극대화된 형태를 의미한다. 쿨트에서 거래되는 것은 '제의 가치Kultwert'다. 자본주의의 모든 상품 판매, 구매 행위는 리추얼을 동반한다. 자본주의 상품 거래의 리추얼에서 교환되는 것은 제의 가치의 일종인 '전시 가치Ausstellungswert'다.[8]

20세기 초, 유럽의 대도시 곳곳에 생겨난 백화점, 아케이드(파사주) 같은 새로운 형태의 건물은 중세의 성당 같은 엄숙함과 경건함을 느끼게 했다. 아울러 스테인드글라스 같은 장식이 유리창을 가득 메우고 있는 쇼윈도와 밤새도록 꺼지지 않는 조명은 진열된 상품에 대한 신비로운 환상을 불러일으켰다. 아케이드에 들어섰을 때 사람들이 품게 되는 상품에 대한 환상은 그 상품의 실제 사용가치와는 무관하다. 벤야민은 이를 전시 가치라고 부른다(시작은 아우라가 상실된 복제된 예술작품이었다). '제의 가치'의 자본주의적 변형이다.

기존 종교와 구별되는 자본주의적 제의의 가장 큰 특징은 제의를 위한 기념일이 따로 없다는 사실이다. 날짜를 정해 신을 예배하는 기존 종교와는 달리 '물신物神'을 숭배하는 자본주의적 제의는 매일 열린다. 사람들은 매일 아케이드의 좁은 골목을 몰려다니며 진열된 상품을 찬양하고 예배한다. 자본주의적 제의는 사람들의 죄를 씻어주지 않는다. 오히려 죄를 짓게 한다고 벤야민은 주장한다. 바로 여기에 벤야민의 탁월함이 있다.

카를 마르크스Karl Marx, 1818~1883는 상품의 '사용가치'와 '교환가치'의 분열로 야기되는 소외 현상을 자본주의적 모순의 핵심으로 지적한다. 마르크스의 소외론은 그의 경제학적 가치론이 심리학적 통찰을 포함하는 아주 드문 지점이다. 그러나 벤야민의 제의론은 마르크스의 소외론에서 한발 더 나아간다. 자본주의 사회에서 인간의 운명은 단순히 생산물, 생산과정, 생산수단으로부터 소외되는 것에 그치지 않는다. 자본주의는 각종 제의를 통해 사람들을 끊임없이 죄짓게 하며, 궁극적으로 신마저 죄를 짓게 한다고 벤야민은 주장한다. 그의 비관론은 이어진다.

> 죄를 씻을 줄 모르는 엄청난 죄의식은 제의를 찾아 그 제의 속에서 그 죄를 씻기보다 오히려 죄를 보편화하려고 하며, 의식意識에 그 죄를 두들겨 박고 결국에는 무엇보다 신 자신을 이 죄 속에 끌어들임으로써 신 자신도 속죄에 관심을 갖도록 만든다. (…) 이 자본주의라는 종교운동의 본질은 종말까지 견디기, 궁극적으로 신이 완전히 죄를 짓게 되는 순간까지, 세계 전체가 절망의 상태에 도달할 때까지 견디기다. 그것은 이러한 절망의 상태를 희망하는 것이다. 종교가 존재의 개혁이 아니라 존재의 붕괴인 점에 바로 자본주의가 지닌, 역사적으로 전대미문의 요소가 있다.[9]

자본주의적 제의로서의 애플 신제품 발표회

종교로서의 자본주의를 분석하는 벤야민의 통찰은 격한 감동까지 느끼게 한다. 그의 시대가 20세기 초반이었음을 생각해보라. 벤야민의 '종교적 외피를 입은 자본주의' 분석은 100년의 세월이 지난 오늘날에 더욱 빛을 발한다. 스티브 잡스의 애플은 벤야민이 이야기하는 자본주의적 제의에 가장 잘 들어맞는 사례다. 창조적 혁신가로 추앙받는 잡스는 벤야민의 관점으로 보자면 자본주의라는 제의 종교의 '교주'다. 그를 추종하는 '애플빠'는 사이비 종교의 신도들과 유사한 행태를 보인다.

실제로 잡스처럼 종교적 제의에 충실했던 기업가는 없다. 그가 시도했던 애플의 신제품 발표회를 기억해보라. 환호로 시작해서 벅찬 감동으로 끝나는 신제품 발표회는 시작부터 끝까지 종교적 제의였다. 전 세계 사람들은 TV와 인터넷을 통해 새로운 제품을 실시간으로 예배했다. 이미 숱한 아이폰, 아이팟, 아이패드가 집 곳곳에 처박혀 있어도 새로운 버전의 제품이 나오면 이들은 무조건 또 구매했다. 필요해서 구매하는 것이 아니다. 애플의 신제품을 손에 넣어야만 '구원'을 얻을 수 있다고 생각하기 때문이다. 잡스의 신제품 발표회는 무의식까지 지배하는 리추얼이었다. 잡스의 터틀넥과 청바지는 예배를 주재하는 성스러운 예복이었다.

여기서 이야기는 다시 소니와 애플의 관계로 돌아간다. 잡스의 트레이드마크가 된 청바지와 검은 터틀넥은 잡스의 '소니처럼'에서 시작했다. 1980년대 초반, 잡스는 일본의 소니를 방문했다. 똑같은 옷을 입고 일하는 소니 직원들의 모습을 흉내 내고 싶었던 잡스는 소니 유니폼을 디자인한 이세이 미야케三宅一生, 1938~2022에게 애플 유니폼도 만들어달라고 부탁했다. 미국으로 돌아온 잡스는 직원들에게 소니 스타일의 나일론 조끼를 자랑스럽게 보여줬다. 그러나 그에게 돌아온 것은 직원들의 야유였다. 뭔, '일본스러운 짓'이냐는 거였다.

애플 유니폼의 꿈을 접어야 했던 잡스는 '잡스 유니폼'이라도 만들기로 결심했다. '블랙 터틀넥, 리바이스 501 청바지, 뉴발란스 회색 운동화'는 그가 생각해낸 잡스 유니폼이었다. 그는 다시 이세이에게 블랙 터틀넥 수백 장을 주문해서 옷장 가득히 채워 넣었다. 잡스 유니폼은 21세기를 대표하는 제의 종교의 교

잡스의 검은 상의와 청바지는 애플이라는 자본주의적 종교에 가장 잘 어울리는 의상이었다. 직원들에게 애플 유니폼을 입히지 못하자, 그는 스스로 '잡스 유니폼'을 만들어 입었다.

주에 걸맞은 선택이었다. 잡스의 애플이 소니를 뛰어넘을 수 있었던 이유는 이 같은 제의 종교적 요소 때문이다. 소니는 디자인이 뛰어났지만, 상품에 어울리는 리추얼을 만들어내지 못했다.

잡스는 달랐다. 대중 앞에서 그의 일거수일투족은 사이비 종교의 교주처럼 철저하게 계산된 것들이었다. 애플의 신제품 발표회는 잘 짜인 종교 행사였다. 발터 벤야민의 자본주의 분석과 예언이 100년 후에 스티브 잡스의 애플을 통해 제대로 완성된 것이다.

Unit 5.

특별했던 소니와 애플의 디자인

통일된 독일의 수도 베를린 한가운데 세워진 소니센터

1989년 11월 9일에 베를린장벽이 붕괴됐고, 독일은 공식적으로 1990년 10월 3일에 통일됐다. 당시 나는 현장에서 독일의 통일 과정을 직접 경험했다. 돌이켜보니 당시의 하루하루는 어마어마한 역사적 사건들의 연속이었다. 그때 나는 현장에 있으면서도 그 사건들이 갖는 의미를 전혀 깨닫지 못했다. 그저 디플롬 학위 취득에 숨이 가쁠 따름이었다. 그러나 베를린의 외관은 날마다 눈에 띄게 달라졌다.

통일 후, 독일 의회는 베를린을 수도로 결정했다. 의회가 결정하자, 그동안 섬처럼 고립됐던 베를린이 놀랍게 변화하기 시작했다. 가장 큰 변화는 그동안 서베를린 외곽의 버려진 곳이었던 포츠담 광장에서 시작됐다. 새로운 건물들이 무섭게 들어섰다. 10년쯤 지나자 포츠담 광장은 통일 전의 모습을 그 누구도 기억할 수 없을 정도로 변해버렸다.

현재 포츠담 광장에서 가장 화려한 건물은 소니센터다. 소니센터는 베를린 학생 기숙사가 있던 곳에 건축됐다. 그곳의 학생 기숙사는 당시 학생 기숙사 중에서 가장 넓고, 월세 또한 저렴했기에 학생들 사이에 매우 인기가 있는 곳이었다. 수년은 족히 기다려야 겨우 들어갈 수 있었다. 나 또한 오랫동안 대기자 명단에 있었다. 그런데 통일이 되자, 바로 그 학생 기숙사를 허물고 엄청난 규모의 세련된 건물이 들어서기 시작했다. 건물이 거의 완공되자, 외벽 높은 곳에 'Sony' 로고가 새겨졌다. 초현대식 쇼핑몰과 영화관, 호텔과 카지노가 화려하게 들어선 그곳이 일본의 '소니센터'라는 것을 알게 된 한국 유학생들은 매우 허탈해했다. 일본은 통일된 독일의 수도 베를린 한복판에 이 엄청난 규모의 빌딩을 짓는데, 세계 유일의 분단국이 되어버린 내 조국 대한민국은 도대체 뭘 하고 있는지 한숨이 나왔다.

당시, 비자를 연장할 때도 대한민국 국적자들은 제3세계 출신 사람들이 하염없이 기다리는 낡은 건물에 가야 했다. 아, 그 좁은 공간에 꽉 들어찬 다양한 나라 사람들에게서 풍겨 나오는 그 역한 냄새는 정말 참기 어려웠다. 그러나 일본 국적자들은 미국이나 유럽에서 온 이들과 마찬가지로 세련되고 깨끗한 옆 건물로 안내됐다. 그리고 불과 몇 분 만에 비자를 받고 건물을 떠났다. 비자를 연장할 때마다, 똑같이 '노랗게' 생겼는데 옆 건물로 향하는 일본 유학생들을 보며 얼마나 서글펐는지 모른다. 그런 와중에 독일의 새로운 수도인 베를린에 세워지는 가장 현대적 건축물이 일본 소니의 것이라는 사실에 한국 유학생들은 다시 한번 좌절해야 했다. 그런데 어느 날 그 소니센터가 한국 기업에 팔렸다. 21세기에 들어서면서 한없이 기울기 시

작한 소니로부터 대한민국 국민연금이 2010년에 그 건물을 인수한 것이다. 그리고 7년 만에 두 배의 값을 받고 되팔았다. 참으로 흥미로운 반전이다.

독일의 수도 한가운데에 소니센터가 설립된 것은 우연이 아니었다. 1970~1980년대에 소니의 비약적 성장은 독일 전자 회사 '베가Wega'를 인수한 덕분이다. 베가는 1923년 슈투트가르트에서 시작된 라디오 생산업체였다. 한때 브라운과 어깨를 나란히 하며 독일을 대표하는 전자 회사로 성장했지만, 1975년에 일본 소니가 인수했다. 소니에 인수될 당시 베가는 획기적인 디자인으로 유명했다. 현대적이고 진취적인 베가의 전자제품은 세계의 모든 디자인상을 휩쓸었다.

소니는 베가와의 합병을 통해 베가라는 브랜드의 세련된 이미지를 소니에 덧입히고자 했다. 소니는 '베가'라는 이름을 수십 년이 지난 2005년까지 사용했다. 베가 인수를 통해 소니 디자인은 혁명적으로 변했다. 기술

베를린 소니센터 전경. 7개 건물이 묘하게 연결된 포츠담 광장의 소니센터는 통독 후 베를린으로의 수도 이전을 기념하는 건물로 여겨진다. 베를린 한복판에 세워진 소니센터는 당시 한국 유학생들의 '민족적 자존심(?)'에 큰 상처를 주었다. 그 소니센터를 한국의 국민연금이 2010년에 구입했다. 그리고 7년 만에 두 배의 수익을 올리고 되팔았다.

력은 뛰어났지만 촌스럽기 그지없던 소니 제품들은 전혀 다른 모습으로 거듭났다. 소니의 TV, 휴대용 카세트 워크맨, 소형 오디오 등의 새로운 디자인은 당시 세계를 깜짝 놀라게 했다. 베가를 인수하며 베가 디자인을 책임졌던 독일 디자이너 하르트무트 에슬링거Hartmut Esslinger, 1944~와의 공동 작업도 계속됐기 때문이다.10

브라운에 디터 람스Dieter Rams, 1932~가 있었다면, 이에 맞서는 베가에는 젊고 야심 찬 에슬링거가 있었다. 에슬링거는 '단순함이 최고'라는 원칙에 따라 소니 디자인을 새롭게 기획했고, 이 새로운 디자인 언어를 '국제주의 양식international style'이라고 불렀다.11 '국제주의 양식'이란 바우하우스 교장인 발터 그로피우스가 자신의 건축설계 방식을 일컬어 사용했던 용어다.* 에슬링거는 그로피우스의 바우하우스 철학을 소니 전자 기기에 심고자 했던 것이다.

다시 스티브 잡스의 애플로 돌아가보자. 잡스가 그렇게 흉내 내고 싶어 했던 독일 가전회사 '브라운'의 디자인은 대부분 브라운 수석 디자이너였던 디터 람스의 작품이다. 1955년에 입사하여 1998년에 은퇴할 때까지 40여 년 동안 브라운 제품의 디자인을 책임졌던 디터 람스는 독일을 대표하는 산업디자이너다. 애플 디자인의 책임자였던 조너선 아이브Jonathan Ive, 1967~가 디터 람스의 디자인을 대놓고 흉내 냈다는 것은 널리 알려진 사실이다. 그런데 조금 더 파고들면 애플 디자인의 '편집 과정'이 그리 단순하지 않다는 것을 알게 된다. 특히 소니와의 관계가 그렇다.

디터 람스의 디자인은 울름조형대학Hochschule für Gestaltung Ulm 교수였

* 20세기 초, 유럽의 많은 건축가들이 '국제주의 양식'이라는 명칭으로 활약했다. 기능주의 혹은 '신즉물주의新卽物主義, Neue Sachlichkeit'에 기초한 국제주의 양식은 대부분 바우하우스와 직간접적으로 연관되어 있다. 한때 '국제주의 양식'과 '바우하우스 양식'은 동의어로 쓰이기도 했다(Lötscher & Kühmichel 2016, p. 270).

던 한스 구겔로트Hans Gugelot, 1920~1965의 디자인 철학에 뿌리를 두고 있다. 초기 브라운 제품은 대부분 울름조형대학과의 산학협동을 통해 생산됐다. 울름조형대학은 바우하우스의 마지막 졸업생인 막스 빌Max Bill, 1908~1994이 독일에서 사라진 바우하우스 전통을 잇기 위해 설립한 학교다.** 이렇게 '애플 – 조너선 아이브 – 디터 람스 – 한스 구겔로트 – 브라운 – 울름조형대학 – 바우하우스'의 연결고리가 생겨난다.

애플 디자인의 뿌리는 바우하우스였다!

'애플의 디자인 철학'은 조너선 아이브가 확립한 것으로 알려져 있다. 그러나 이는 사실과 많이 다르다. 아이브가 잡스와 같이 일하기 시작한 것은 잡스가 애플에 복귀한 1997년 이후의 일이다. 아이브가 애플에 입사한 것은 1992년이다. 그러나 당시에 잡스는 애플에 있지 않았다. 그보다 7년 전인 1985년, 자신이 만든 애플에서 쫓겨났기 때문이다. 잡스가 없는 애플에서 아이브는 그저 월급쟁이 디자이너에 불과했다.

잡스가 브라운 디자인을 공개적으로 처음 언급한 것은 1983년이다. 아이브가 애플 디자인에 관여하기 훨씬 전에 잡스는 브라운 디자인을 적극

** 막스 빌의 울름조형대학도 경제적 사정으로 그리 오래가지 못하고 문을 닫았다. 그 후 바우하우스 전통은 미국으로 넘어갔다고 봐야 한다. 바우하우스의 주요 인물들은 나치 독일을 피해 대부분 미국으로 이주했다. 그곳에서 건축 대학, 디자인 대학을 세웠다. 심지어는 가장 미국적인 기업 '플레이보이'의 로고도 바우하우스 전통에서 설명해야 한다. 턱시도 타이를 매고 귀를 쫑긋하게 세운 검은 토끼를 디자인한 그래픽디자이너 아트 폴Art Paul, 1925~2018은 뉴바우하우스 출신으로 라즐로 모홀리-나기의 제자였다(Ukrainian Institute of Modern Art Bauhaus Chicago Committee 2013, p. 100 이하). 뉴바우하우스는 바우하우스 선생이었던 모홀리-나기가 바우하우스 재건을 목표로 1937년 시카고에 세운 학교다. 1946년 모홀리-나기가 사망하고 3년 후 뉴바우하우스는 일리노이공과대학으로 통합됐다.

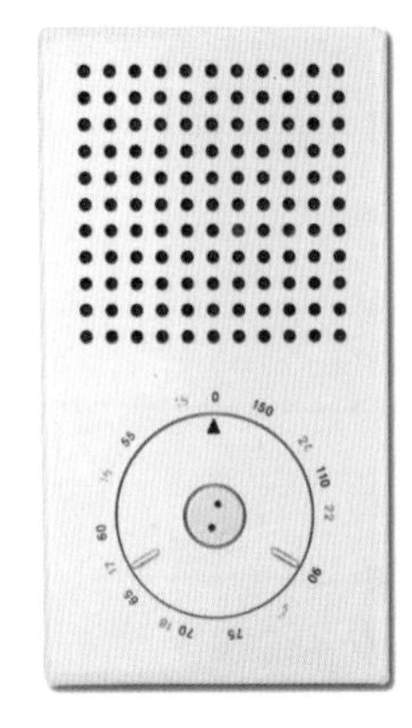

브라운의 포켓 라디오 'T3(왼쪽)'와 애플의 '아이팟' 1세대(오른쪽). 이렇게 애플은 브라운 디자인을 '편집'했다.

적으로 '편집'하고자 했다. 그해에 '브라운의 디터 람스' 같은 디자이너를 뽑고 싶었던 잡스는 디자인 콘테스트를 개최한다. 이때 우승한 사람이 앞에서 설명한 독일의 하르트무트 에슬링거였다. 잡스가 한물간 디자인이라고 폄하한 소니 디자인을 책임졌던 사람이 바로 에슬링거였다는 사실을 기억해보면 소니에 대한 잡스의 태도는 참으로 이중적이다. 에슬링거의 회사 '프로그 디자인frog design'*은 그해에 바로 잡스와 계약을 맺고 애플 컴퓨터의 전형처럼 여겨지는 날렵한 스타일의 '애플IIc'와 '매킨토시 SE'를 세상에 선보였다. 사람들은 그때까지 전혀 볼 수 없었던 스타일의 컴퓨터인 매킨토시 SE

* 하르트무트 에슬링거의 프로그 디자인은 애플과 소니 이외에도 야후, 루이비통, 루프트한자, 아디다스 등의 디자인에 관여했다. 프로그 디자인의 'frog'는 영어의 '개구리'를 뜻하는 것 같지만 실제로는 '독일연방공화국Federal Republic of German'의 약자다. 일반적으로 이 같은 약자를 쓰는 경우, 대문자를 쓰는 것이 보통이다. 그러나 이렇게 소문자로 쓴 이유에 대해 에슬링거는 다음과 같이 이야기했다. "이름을 소문자로 쓴 이유는 바우하우스의 비계급적 언어에 경의를 표하며 회사의 민주적 기풍을 강화하려는 의도였습니다(아이작슨 2011, p. 257)." 이렇게 바우하우스는 애플을 통해 '현존現存'하고 있다.

에슬링거가 디자인한 독일 베가 TV(왼쪽)와 소니가 베가를 인수한 후에 생산한 트리니트론 TV(오른쪽)

에 열광했다.

깔끔하게 각지고 매력적인 검은색의 소니를 디자인했던 에슬링거는 애플 컴퓨터의 디자인을 책임지면서부터 새로운 디자인 원칙을 내세웠다. 이른바 '백설공주Snow White' 디자인이다. 제품 전체를 흰색으로 하고, 컴퓨터의 홈을 얇고 긴 형태로 파며, 모서리를 부드럽고 간결하게 만드는 이 디자인 원칙을 에슬링거는 백설공주 디자인이라고 불렀다.[12] 그러나 가만히 들여다보면 백설공주 디자인 또한 그리 새로운 것이 아니다. 디터 람스가 1963년에 디자인한 브라운의 대표적 오디오기기인 SK 5의 별명이 바로 '백설공주의 관Snow White's Coffin'이었기 때문이다. 이름만이 아니다. 에슬링거가 관여한 애플 컴퓨터와 람스의 오디오기기들 사이의 디자인적 유사성은 사진만 슬쩍 비교해봐도 바로 분명해진다.

에슬링거는 바우하우스에서 브라운으로 이어지는 독일 디자인 전통을 미국식으로 살짝 비틀었을 뿐이다. 아직 인터넷이 발달하지 않았을 때의 일이다. 오늘날 이런 식으로 하면 바로 '표절'이라 욕먹고 매장된다. 애플 컴퓨터의 디자인이 시장에서 각광을 받자 에슬링거는 어깨에 힘을 주며 "형태는 감정을 따른다Form Follows Emotion"라는 디자인 철학을 주장했다. 그러나 이 또한 아주 오래된 바우하우스의 슬로건인 "형태는 기능을 따른다Form Follows Function"의 패러디에 불과하다. 에슬링거는 이렇게 선배 람스의 디자인을 대놓고 훔쳐 와서 소니와 애플의 제품들을 디자인했던 것이다. 잡스는 파블로 피카소Pablo Picasso, 1881~1973가 남긴 "유능한 예술가는 모방하고, 위대한 예술가는 훔친다Good artists copy, great artists steal"라는 이야기를 수시로 했다. 에슬링거는 잡스가 원했던 바로 그 '위대한 예술가'였다. 현대 산업디자인의 혁명으로 여겨지는 애플의 디자인은 이 같은 뒤틀린 '편집'의 결과였다.

디터 람스가 디자인한 전설의 브라운 SK 5, 일명 '백설공주의 관(왼쪽)'과 에슬링거가 '백설공주' 디자인에 따라 설계한 '맥킨토시 SE(오른쪽)'. 서로 뭔가 닮았다.

Unit 6.

노래하는 피아노

바이마르의 프란츠 리스트

결혼이 원천적으로 금지되는 천주교 신부나 불교 승려가 되는 것은 60대 이후로 미루는 것이 좋다고 나는 생각한다. 오래 살게 되었기 때문이기도 하고, 적어도 그 정도의 나이는 되어야 자기 의지로 성적 욕구를 통제할 수 있기 때문이다. 물론 섹슈얼리티에 관한 지크문트 프로이트의 통찰을 높이 평가하는 심리학자로서의 생각이다. 종교적 계율과 생물학적 본능 사이에서 일어나는 그 엄청난 죄의식의 고통을 이겨낼 수 있는 젊은 사람은 정말 드물다. 십계명을 지키는 것이 얼마나 어려우면 신이 돌판에 불로 새겼겠느냐는 투덜거림도 있다. 아예 '11번째 계명'이 있다는 우스갯소리까지 있다. '절대 들키지 말라.'

젊어서 온갖 염문을 뿌린 피아니스트 프란츠 리스트Franz Liszt, 1811~1886는 50대에 로마가톨릭의 신부가 되었다. 당시 평균수명을 고려하면 50대는 그리 젊은 나이가 아니다. 젊은 시절에 잘 놀다가 힘 떨어지자 우아한 종교인이 된 것이다. 아주 기막힌 전략이다. 젊은 시절 리스트가 사랑을 나눈 여자들을 보면 죄다 백작부인, 공작부인, 후작부인이다. 남의 '부인'들이란 이야기다. 이유가 있다. 귀족 '부인'들은 사랑에 굶주렸기 때문이다.

당시 귀족들에게 결혼은 '서로 사랑해서 하는 것'이 아니었다. 가문을 이어나갈 아이를 낳기 위한 것이었다. '사랑해서 결혼한다'는 도덕적 원칙이 성립된 것은 100년도 채 안 됐다. 19세기 유럽 남자들은 살롱이나 카페의 여인, 혹은 사창가의 여인과 사랑을 했다. 남편의 관심을 받지 못한 귀족 부인들은 바람둥이 음악가들의 아주 쉬운 표적이었다. 그래서 음악가의 연인은 죄다 남의 부인인 거다. 리스트와 사랑에 빠진 마리 다굴Marie d'Agoult, 1805~1876 백작부인은 가정을 버리고 리스트를 따라나섰다.* 이 둘 사이에서 태어난 둘째 딸 코지마는 후에 리하르트 바그너Richard Wagner, 1813~1883의 부인이 된다. 코지마 역시(!) 첫 번째 남편을 버리고 바그너와 결혼했다. 그 엄마에 그 딸이다.

젊은 날의 리스트는 스타 마케팅의 귀재였다. '피아노 독주회'라는 형식의 연주회를 처음 연 사람이 바로 그다. 물론 피아노 독주회의 또 다른 선구자들이 언급되기도 하지만, 피아노가 독주회 악기로 인정받게 된 것은 순전히 리스트의 공로다. 피아니스트의 얼굴을 볼 수 있도록 무대의 피아노 방향을 튼 것도 리스트다. 리스트는 자칫 지루해질 수 있는 피아노 독주회를 다양한 장치로 흥미롭게 만들었다. 그는 항상 흰 장갑과 손수건을 가지고 무대에 등장했고, 기분이 내키면 객석의 귀부인들에게 던지기도 했다. 물론 피아노의 파가니니로 불릴 만큼의 현란한 기교는 기본이었다.

젊은 시절, 내키는 대로 살던 리스트가 말년에 거룩한 성직자의 옷을 입고 후진을 양성한 곳이 바로 바이마르다. 오늘날 바이마르는 괴테와 실러의 도시로만 유명하다. 리스트 이야기는 별로 나오지 않는다. 그러나 리스트가 없었다면 '바이마르음악대학Weimar Musikhochschule'은 없다. 바이마르음악

* 일본 소설가 무라카미 하루키村上春樹, 1949~가 2013년에 발표한 소설 『색채가 없는 다자키 쓰쿠루와 그가 순례를 떠난 해色彩を持たない多崎つくると、彼の巡禮の年』에 언급되어 때아닌 호황을 누린 프란츠 리스트의 피아노 작품집 《순례의 해Années de Pèlerinage》는 리스트가 마리 다굴 백작부인과 여행하면서 작곡한 것이다.

대학의 공식 명칭은 '바이마르 프란츠 리스트 음악학교'다. 리스트를 기념하는 음악대학이라는 이야기다. 1872년에 리스트의 제자 카를 뮐러하르퉁Carl Müllerhartung, 1834~1908의 주도로 설립된 바이마르음악대학은 독일 최초의 오케스트라 학교였다.13

리스트는 바이마르에서 학생들을 지도하면서 '헝가리 부다페스트 국립음악원'을 설립하는 데도 관여했다. 오늘날 '리스트 음악원'으로 알려진 헝가리 국립음악원은 바이마르음악대학이 설립된 이듬해인 1873년에 개

바이마르 프란츠 리스트 음악학교. 괴테의 바이마르가 '황금 시절Die Goldene Zeit'이었다면, 리스트의 바이마르는 '은銀의 시절Die Silberne Zeit'이었다.

교했다. 리스트가 정식으로 그곳의 원장으로 임명된 것은 1875년이다. 독일 바이마르와 헝가리 부다페스트를 오가며 수많은 제자를 양성하는 데 몰두한 리스트의 말년은 참으로 우아했다. 자기 딸과 결혼했지만 죽을 때까지 정신 못 차리고 세상을 떠난 철없는 친구 바그너를 용서하는 관대함도 보여준다. 바람둥이는 대부분 끝까지 정신 못 차리다가 초라하고 구차하게 세상을 떠나며 '권선징악勸善懲惡'의 사례가 된다. 그러나 바람둥이가 정신을 차리면 리스트처럼 격조 있는 말년을 보내는 경우가 가끔 있다. 리스트의 음악은 혼자 빛나기 어렵다. 그의 음악과 대비되는 프레데리크 쇼팽Frédéric Chopin, 1810~1849의 음악이 있어야 한다. 경쟁자가 있어야 이야기가 흥미롭다. 또 그래야만 역사에 오래 기억된다. '역사history'는 '이야기story'인 까닭이다.

피아니스트이면서 다양한 강연과 저술 활동을 하고 있는 미국의 스튜어트 아이자코프Stuart Isacoff, 1949~는 피아노곡을 작곡하고 연주한 이들을 크게 네 가지 유형으로 분류한다.14 아이자코프가 '발화주의자the Combustibles'*라고 명명한 부류에는 루트비히 판 베토벤Ludwig van Beethoven, 1770~1827, 리스트처럼 피아노 건반을 폭발시키듯 두들기는 이들이 포함된다. 음을 묘하게 뒤섞어 야릇한 '화성harmony'을 창조해내는 클로드 드뷔시Claude Debussy, 1862~1918 같은 이들은 '연금술사the Alchemists'로 불린다. 미국 재즈에서 나타나는 피아노 음악의 형태는 주로 '리듬주의자the Rhythmitizers'의 창작물이다.

마지막으로 아이자코프는 피아노 소리를 노래처럼 작곡하려고 시도했던 이들을 '선율주의자the Melodists'로 분류한다. 오페라 선율을 끌어들인 듯한 피아노곡을 많이 작곡한 볼프강 아마데우스 모차르트Wolfgang Amadeus Mozart, 1756~1791, 그리고 독일 예술가곡인 리트Lied를 가장 많이 작곡한 프란츠 슈베르트Franz Schubert, 1797~1828가 대표적 선율주의자다. 오늘날 연주회에서

* 한국어로 번역된 스튜어트 아이자코프의 『피아노의 역사』에서는 '흥분가들'이라고 번역됐다.

자주 연주되는 피아노곡은 대부분 이 범주에 속한다. 그만큼 사람들이 '노래하는 피아노'를 편안하게 여긴다는 이야기다. 노래하는 피아노의 정점에는 쇼팽의 피아노곡이 있다. 쇼팽의 부드럽고 우아한 피아노곡이 없었다면 동시대를 살았던 리스트의 격렬함도 존재할 수 없었다. 그러나 가만히 들여다보면 피아노곡을 '노래하듯' 작곡하는 것이 처음부터 가능했던 것은 아니다. 피아노의 기술적 발전이 동반된 결과다.

피아노는 건반을 두드리는 첫 순간에 가장 큰 소리가 나고, 그 소리는 점차 작아지며 사라진다. 피아노의 전신인 하프시코드는 현을 뜯어 튕기며 찰랑거리는 소리를 낸다. 피아노는 반대다. 현을 해머로 두드려 소리를 낸다. 그 결과, 현을 뜯는 하프시코드에 비해 피아노는 훨씬 큰 소리를 낼

피아노의 내부. 현을 두드려 소리를 내는 피아노는 현악기와 타악기의 특성이 섞여 있어 꽤 그럴듯한 레가토를 구현할 수 있다.

수 있게 되었다. 아울러 연주자 마음대로 소리 크기도 조절할 수 있게 되었다. 피아노라는 이름 자체가 '피아노포르테pianoforte'에서 나왔다. 마음대로 소리를 크거나 작게 할 수 있다는 의미다. 이 같은 타악기 특성이 강한 피아노를 노래하듯 사용할 수 있게 만들어가는 과정이 바로 피아노의 역사인 것이다.

오늘날 연주회에서 사용하는 피아노의 형태에 가장 근접해 있는 것은 1808년에 처음 생산된 세바스티앵 에라르Sébastien Érard, 1752~1831의 그랜드 피아노다. 다이내믹한 리스트의 연주나 화려한 쇼팽의 연주가 가능했던 것은 1821년 이후에 개량된 에라르 피아노의 '이중 이탈 구조' 덕분이다. 이중 이탈 구조란 피아노 건반을 두드려 소리를 냈을 때 이 건반이 아직 원위치로 돌아오지 않아도 바로 다른 건반을 두드려 소리를 낼 수 있게 만드는 장치를 뜻한다.

건반 위를 미끄러지듯 옮겨 다니는 쇼팽의 연주는 이러한 피아노의 기술적 변화가 없었다면 불가능했다. 그러나 아무리 노래하듯 연주하고 페달 기술이 발전해도, 현을 해머로 두드리는 소리를 조작해 현악기같이 '레가토legato'로 소리가 끊어지지 않도록 피아노를 연주하는 것은 어렵다. 그렇다면 쇼팽의 노래하는 피아노는 어떻게 가능한 걸까?

쇼팽의 피아노와 게슈탈트 심리학

2015년 가을, 폴란드 바르샤바에서 열린 제17회 국제쇼팽피아노콩쿠르에서 갓 스물을 넘긴 한국의 조성진이 1등을 차지했다. 그 후, 한국에는 갑자기 쇼팽 열풍이 일었다. 조성진의 쇼팽 실황연주 앨범이 불티나게 팔렸다. 남들이 다 좋다고 하면 괜히 의심하는, 아주 오래된 내 꼬인 심성이 되살아났다. 유난히 어려 보이는 조성진의 쇼팽 해석이 과연 그렇게까지 감동적일까 하는 생각이 든 것이다. "지난 몇 년 동안 쇼팽만 생각하고 쇼팽처럼 살았다"는 그의 인터뷰 기사는 내 의심을 더 자극했다. 어설픈 수준의 녹음을 실황 녹음이라며 팔아대는 상술도 몹시 마땅치 않았다.

조성진의 쇼팽을 반복해서 들었다. 그리고 조성진이 화제가 되기 몇 달 전에 사망한 체코 피아니스트 이반 모라베츠Ivan Moravec, 1930~2015의 쇼팽 연주를 유튜브에서 찾아 비교하며 들었다. 앞으로 살아갈 날이 훨씬 많은, 젊은 조성진의 연주는 싱그러웠다. 집중하는 젊은 연주자에게서 흘러넘치는 에너지는 즐거웠지만, 매스컴에서 부풀려진 조성진을 벗겨내려고 애쓰며 그의 음반을 들었다. 그러나 그의 연주는 근거 희박한 나의 의심을 덜어내기에 충분했다. 훌륭했다. 85년의 삶을 살고 세상을 떠난 모라베츠의 쇼팽 연주는 조성진의 쇼팽과는 많이 달랐다. 푹 빠져들게 하는 깊이가 있었다. 쇼팽의 곡이 연주자에 따라 이토록 달라질 수 있는가 하는 생각도 들었다.

같은 곡을 듣고 각기 다른 '해석'을 가능케 하는, 바로 이 부분이 노래하는 피아노의 본질이다. 음악을 듣는 감상자에게 말을 걸어오는 연주,

1 '노래하는 피아노'를 완성한 쇼팽
2 피아니스트 조성진의 쇼팽피아노콩쿠르 실황 앨범 재킷
3 피아니스트 모라베츠, 그가 연주하는 쇼팽과 조성진의 쇼팽은 많이 다르다.

감상자의 해석을 가능케 하는 연주가 노래하는 피아노의 핵심이라는 이야기다. 아무리 페달을 밟아가며 소리를 길게 해도 건반악기의 특성상 뚝뚝 끊어질 수밖에 없는 피아노 소리를 청중은 노래처럼 이어서 들어야 한다. 그래야만 노래하는 피아노가 된다. 노래하는 피아노는 연주자만의 책임이 아니다. 연주자와 청중 사이의 상호작용이 만들어내는 결과물이다. 물론 연주자에 따라 청중과의 상호작용은 달라지고, 그 사이에서 만들어지는 노래의 양상도 달라진다.

인류가 발명한 악기 중에 피아노가 가장 위대한 악기로 여겨지지만, 음과 음 사이의 빈틈은 어쩔 수 없다. 음의 연속성을 완벽하게 담보할 수 없는 피아노의 이 결정적 약점이 청중에게 말을 걸고, 청중의 해석을 유도한다. 레가토가 완벽하지 않은 피아노의 약점이 청중과 연주자의 상호작용을 가능케 한다는 피아노의 역설이다. 연주회장에서 연주자는 몸짓과 표정으로 그 빈틈을 메울 수 있다. 실제로 연주자가 호흡을 멈추고 건반을 향해 아주 천천히 움직일 때, 청중도 숨을 멈추고 연주자의 행위를 좇아간다. 연주회장에서만 느낄 수 있는 감동이다. 그러나 녹음의 경우, 연주자와 청중은 오직 소리만으로 서로 상호작용한다. 현장에서의 상호작용이 훨씬 역동적이다.

쇼팽의 피아노곡은 연주자와 청중의 상호작용이 가장 최적화되어 있는 구조다. 베토벤이나 요하네스 브람스Johannes Brahms, 1833~1897의 꽉 찬 구조에 비해, 쇼팽의 곡들은 연주자의 해석이 훨씬 자유롭다. 연주자의 자유로운 해석은 청중의 적극적 해석을 유도하고, 연주자와 청중의 상호작용은 극대화된다. 쇼팽에 의해 완성된 노래하는 피아노의 원리는 20세기 초 독일 '게슈탈트 심리학Gestaltpsychologie'의 핵심 이론과 맞닿아 있다.

감각적 자극을 받아들여 인지적 해석이 이뤄지는 과정을 설명하는 게슈탈트 심리학의 원리 가운데 '완결성의 원리Gesetz der Geschlossenheit'[15]가 있다. 인간은 불완전하게 주어지는 자극을 완전한 것으로 바꾸려는 충동이 있다는 것이다. 예를 들어 우리는 아래 그림에서 삼각형을 본다. 그러나 자세히 들여다보면 여기에 삼각형은 존재하지 않는다. 한구석이 잘려 나간 하얀색 원이 3개 있을 뿐이다. 그러나 인간은 불완전한 정보를 못 견디는 까닭에 자기한테 주어진 불충분한 정보를 자신의 지식 범위 내에서 '편집해서' 완전한 것으로 해석한다. 그 결과, 이 불완전한 그림을 삼각형이라고 생각한다. 그래야 마음이 편해지기 때문이다.

우리가 잠 못 이루며 고민하는 것은 대부분 이 불완전한 정보의 조각들을 짜 맞춰 완전한 것으로 만들려는 심리와 관련되어 있다. 아무리 큰 문제도 그 인과관계가 분명하면 잠을 잘 잘 수 있다. 그러나 아주 사소한 일도 정보의 빈틈이 존재하면 밤새 잠 못 이루고 생각하게 된다. 그 빈틈을 채우기 위해서다. 아침에 일어나면 이렇게 사소한 일로 괴로워했는가 하는 생각에 한숨이 나올 때도 많다. 이렇게 설명이 안 되고 해석이 어려운 일은 우리를 불안하게 만든다. '노래하는 피아노'가 행복한 이유는 이 불안한 빈틈이 연주자와의 상호작용을 통해 해소되기 때문이다.

게슈탈트 심리학에서 주장하는 '완결성의 원리'. 삼각형이 보이지만 삼각형은 없다.

Unit 7.

왜 인상주의인가?

관람객과 상호작용하는 그림

미술관에서는 뭔가 부족하고 어색해 보이는 인상주의 그림 앞에 사람들이 몰려 있다. 그냥 보는 것이 아니라, 아주 골똘히 생각하며 그림 앞에 한참을 머문다. 다른 전시실의 훨씬 거대하고, 사진처럼 정밀한 그림들 앞은 그냥 지나친다. 도대체 왜 그럴까?

게슈탈트 심리학의 '완결성의 원리'로 설명하면 사뭇 설득력이 있다. 인상주의 이전의 그림은 대상의 완벽한 '재현representation'이 목표였다. 사진처럼 실물과 똑같이 그려야 잘 그린 그림이었다. 그러나 사진이 나오면서 대상의 완벽한 재현을 목적으로 하는 그림은 설 자리가 없어졌다. 회화의 존재 이유에 결정적 위기가 도래했을 때 인상주의 화가들은 전혀 새로운 방식으로 탈출구를 찾아냈다. '편집'이라는 방법론의 도입이다. 인간 내면의 심리적 충동이나 감정, 시선을 화폭 위에 편집하여 관람객과의 상호작용을 적극적으로 추구했다. 관람객과의 상호작용이 그림의 목적이 된 것이다. 그 이전의 그림에서 관람객과의 상호작용은 그리 중요한 가치가 아니었다. 그림은 그저 왕궁과 귀족들의 화려한 저택 벽면을 장식하는 수단일 뿐이었다. 화가는 귀족들과의 상호작용을 꿈꿀 수도 없었고, 시도할 필요도 없었다. 화가는 예술가가 아니었다. 왕과 귀족과 교회에 속한 기술자였다.

근대 회화의 아버지로 여겨지는 폴 세잔Paul Cézanne, 1839~1906의 정물화를 예로 살펴보자. 「바구니가 있는 정물La Table de cuisine, 1888~1890」을 처음 보면 뭔가 어색함을 느끼게 된다. 2개의 관점이 섞여 있기 때문이다. 아래쪽 식탁은 위에서 내려다보는 시선으로 그렸다. 그러나 뒤쪽의 사과 바구니는 정면에서 바라보는 시선으로 그렸다. 인상주의 회화가 나타나기 전의 상식으로 본다면, 세잔의 이 그림은 아주 엉터리다. 대상을 바라보는 두 가지 관점이 한 화폭에 존재하기 때문이다. 사람의 관점은 하나다. 그림은 그 하나의 시선을 화폭에 옮기는 것이었다. 두 시선이 공존하는 그림은 있을 수 없었다. 무엇보다도 관람객의 눈을 불편하게 하기 때문이다. 그러나 바로 여

세잔의 「바구니가 있는 정물」. 탁자 위의 과일은 위에서 내려다보는 시선으로 그렸고, 바구니의 과일은 정면에서 바라보는 시선으로 그렸다. 두 시선이 한 장의 화폭에 섞여 있다. 사진이 나오기 전까지 이런 그림은 없었다.

기에 세잔의 위대함이 있다. 그는 고전적 회화 구성의 가장 기본적인 원칙을 해체했다. 그 결과, 그의 그림은 관람객과의 상호작용이 가능해졌다.

관람객은 불완전한 정보에서 삼각형을 찾아내듯이(81쪽 그림 참조), 세잔의 '불편한(!)' 그림에서 자신만의 새로운 해석을 끌어내려고 시도하게 된다. 안 그러면 마음이 몹시 불편해지기 때문이다. 실제와 똑같이 그린 그림은 관람객에게 말을 걸지 않는다. 그저 대상을 지시할 뿐이다. 이 맥락에서 '가리킨다'와 '가르친다'는 같은 의미다. '계몽'하려고 한다는 이야기다.

상호작용을 통한 창조적 에디톨로지

파블로 피카소는 세잔이 시작한 고전적 시선의 해체를 보다 적극적으로 시도한다. 피카소의 그림 「화관을 쓴 마리 테레즈Retrato de Marie-Thérèse Walter con guirnalda, 1937」의 모델은 한 사람이지만, 모델의 얼굴은 두 방향을 향하고 있다. 세잔의 정물화에서 나타난 관점의 모순을 더욱 노골화한 것이다. 이런 시도는 피카소의 인물화에서 일정 기간 지속해서 나타난다. 앞에서 이야기한 완결성의 원리에 빗대어 설명하면 피카소의 그림은 옆 페이지의 그림 2와 같다고 할 수 있다. 삼각형이 제대로 보이는 81쪽 그림에 비해 그림 2에서 삼각형을 뽑아내기는 매우 어렵다. 그러나 삼각형을 대체할 다른 대안은 없다. 그래서 우리는 그리 내키지 않지만 그림 2에서 여전히 삼각형을 보려 한다.

세잔에서 인상주의 화가들을 거쳐 피카소로 이어지는 근대 회화의 게슈탈트적 시도는 시각적 대상에서 더는 제거할 수 없는 근본적 요소를 찾아내려 한다. 세잔은 원기둥이나 구, 혹은 원뿔로 대상을 해체하여 재구성하려고 했다. 피카소는 「소」 연작 같은 습작에서 볼 수 있듯이 대상의 단순

1 피카소의 「화관을 쓴 마리 테레즈」. '옆을 바라보는 여자'와 '정면을 바라보는 여자'가 동시에 그려져 있다.
2 한구석이 잘려 나간 원 3개에서 우리는 여전히 삼각형을 본다. 그러나 많이 억지스럽다.

화를 통해 해체와 재구성의 새로운 차원을 열어나가려 시도했다. 세잔이나 피카소의 시도는 대상 구성의 단위와 편집의 원칙을 찾아내어 화폭 위에 재구성하려는 인류 최초의 창조적 프로젝트였다. 이렇게 대상의 재현이 무의미해진 회화는 바로 관람객과의 상호작용을 가능케 하는 '에디톨로지'를 통해 새로운 가능성을 찾았던 것이다.

대상의 해체와 재구성을 통한 편집 가능성의 모색은 바우하우스의 바실리 칸딘스키와 파울 클레가 시도한 교육원리에서도 일관되게 나타난다.* 그러나 칸딘스키, 클레 이후의 현대 회화는 막 나가기 시작한다. 예를 들어 미국의 잭슨 폴록Jackson Pollock, 1912~1956 같은 작가는 '액션 페인팅action painting'이라는 새로운 표현형식을 시도한다. 엄청난 크기의 캔버스 위에 물감을 뿌리고, 흘리고, 쏟아부어 그림을 그린다. 이 같은 현대 회화 앞에 선 관람객들은 좌절한다. 더 이상의 게슈탈트 구성이 불가능하기 때문이다.

* 바우하우스를 이끌었던 칸딘스키와 클레의 업적에 관해서는 Unit 94 참조.

1 폴록의 액션 페인팅. 폴록의 작품은 너무 막 나간 현대미술의 전형이다. 코끼리가 코로 물감을 뿌리는 것과 그가 뿌리는 것의 차이는 무엇일까?
2 현대 회화는 관람객들과 더 이상의 상호작용을 거부한다. 현대 미술가들이 그려낸 이 빠진 동그라미에서 의미를 찾아내는 작업은 전적으로 관람객의 몫이 되기 때문이다.

관람객들에게 액션 페인팅과 같은 현대 회화는 위 그림 2와 같은 '이 빠진 동그라미들'의 무의미한 집합일 따름이다. 도무지 그 정보의 빈틈을 메울 수 없는 현대 회화 앞에서 관람객들은 불안해 어쩔 줄 모른다. 그래서 그림을 이야기할 때 사람들이 가장 많이 하는 말이 "제가 그림을 잘 몰라서요!"다. 그림을 조금 안다는 사람들도 명품 잡지에 언급된 현대 작가들의 이름을 늘어놓을 뿐이다. 낯선 외국 이름만 쭉 늘어놓아도 '그림을 좀 아는 사람'이 되기 때문이다.*

현대음악에서도 상황은 마찬가지다. 쇼팽의 음악에서처럼 극대화됐던 관객들과의 상호작용은 아널드 쇤베르크Arnold Schönberg, 1874~1951의 '무조음악Atonale Musik' 이후에 급격하게 축소된다. 오늘날의 현대음악은 청중을 궁지에 몰아넣고, 어찌할 바를 모르게 만든다. 이해할 수 없는 개념으로 무장

* 아무튼 낯선 이름을 쫙 늘어놓고 이야기를 시작하는 이들은 대부분 가짜다.

한 평론가들의 공허한 해석만 난무한다. 막힌 길이다. 관객들의 해석을 가능케 하는 편집의 기본단위들을 제거해버리면 더 이상의 상호작용은 일어나지 않기 때문이다. 오늘날 클래식 음악의 문제는 청중의 무지함 때문이 결코 아니다. 청중과의 상호작용을 시도하지 않는 '음악 생산자' 집단의 오만과 게으름 때문이다. 무능력일 수도 있다.

청중과의 상호작용을 가능케 한 쇼팽의 '노래하는 피아노'는 흰 건반 52개, 검은 건반 36개, 총 88개 건반으로 이뤄진 7옥타브 반의 피아노가 있었기 때문이다. 무한한 소리를 검고 하얀 피아노 건반으로 '규격화'하고 '유형화'했기 때문에 음의 에디톨로지가 가능했다. 피아노는 끊임없이 이어지는 레가토를 포기하고, 88개 단위(건반)로 음을 규격화·유형화했다. 연속적인 음을 비연속적 단위로 끊어내는 이 같은 표준화는 어쩔 수 없이 빈틈을 포함할 수밖에 없다. 그러나 이를 통해 다른 차원의 창조가 가능해진다. 표준화된 단위들의 편집을 통해 화성이라는 전혀 다른 차원의 메타언어가 창조된다는 이야기다.**

바로 여기에 '창조성'이라는 단어가 1920년대에 나타나게 된 이유가 있다. 근대적 창조성은 어떠한 형태로든 유형화, 표준화를 동반하기 때문이다. 대상을 단위로 끊는 것, 즉 '편집의 단위unit of editing'를 통해 새로운 '편집의 차원level of editing'을 가능케 하는 것, 바로 그것이 창조적 방법론의 핵심이기 때문이다. 근대 피아노 음악도 마찬가지다. 연속적 음을 단위로 끊고 표준화하여 편집의 가능성을 극대화했다. 그리고 건반의 특성으로 인해 어쩔 수 없이 생겨나는 소리의 빈틈을 청중과의 상호작용으로 메웠다. 그래서 피아노를 빼고는 근대 서양음악을 이야기할 수 없는 것이다.

우리 전통음악이 세계화되지 못한 이유도 바로 이렇게 우리 소리를

** 창조와 관련된 표준화, 규격화에 관해서는 Unit 21 참조.

유형화하고 표준화하려는 노력이 빈약했기 때문이다. KBS 클래식FM에서는 하루 종일 서양의 클래식 음악만 틀어준다. 아, 물론 구색을 갖추기 위해 하루에 딱 한 번 오후 5시에 한국 전통음악*을 틀어준다. 몇 년 전만 하더라도 2시간(오전 11시와 오후 5시)이 편성됐지만, 이제는 오후에 딱 1시간뿐이다. 슬픈 것은 전통음악 시간을 알리는 가야금, 거문고의 시그널 음악이 나오면 청취자들의 채널이 대부분 돌아간다는 사실이다. 그렇게 우리 스스로도 '우리 전통음악'을 피해 간다. 아무리 '무형문화재'로 지정하고 정부 예산을 퍼부어도 상황은 변하지 않는다. 유형화, 표준화를 통해 편집의 단위가 만들어지는 피아노와 같은 악기를 만들어내지 못했기 때문이다.

회화의 경우도 마찬가지다. 세잔에서 피카소, 그리고 바우하우스의 칸딘스키와 클레가 시도한 것은 바로 이 편집의 단위를 명확히 하려는 시도였다. 상호작용을 통한 창조적 에디톨로지가 가능하려면 편집의 단위와 편집의 차원에 관해 고민해야 한다. 아울러 그 결과물들은 상호작용적이어야 한다. 바로 이 지점에 바우하우스가 있는 것이다. 바우하우스는 건축, 공예, 디자인, 사진 등과의 에디톨로지가 행해진 '창조 학교'였다.

* 사실, 우리가 전통음악이라 여기는 것들도 가만히 생각해보면 언젠가 다른 문화에서 유입된 것들이다. 피아노와 바이올린도 어느 순간에 유입되어 이제 전통악기보다 더 우리 것처럼 되어버렸다. 세계 피아노계를 휩쓰는 조성진이나 임윤찬 같은 대한민국의 젊은이를 보라. 그런데 가야금, 거문고 같은 것들만 우리 전통악기이고 피아노, 바이올린은 여전히 서양 악기라고 생각한다. 재미있는 사실은 서양에서 들어와 이름 자체가 '양금洋琴'인 악기는 우리 국악기로 여겨진다는 것이다. 도대체 우리 것과 남의 것을 구분하는 시간 기준은 어떻게 되는 걸까?

Unit 8.

바이마르 바우하우스

바이마르 바우하우스가 훨씬 더 흥미로운 이유

바우하우스는 1919년 독일 동쪽 튀링겐주의 작은 도시 바이마르에서 국립학교로 개교했다. 그리고 6년 후인 1925년, 바우하우스는 바이마르에서 120km 정도 떨어진 공업 도시 데사우로 이사하여 시립학교로 새롭게 출발한다. 데사우에서 바우하우스 구성원들은 행복했다. 자신들의 이념이 반영된 학교 건물도 새롭게 건축하고, 교수진을 위한 실험적 숙소도 지었다. 바우하우스의 황금기였다. 그러나 그 황금기도 그저 7년에 불과했다. 1932년, 나치의 등장과 함께 급변한 데사우의 정치적 상황으로 인해 바우하우스는 베를린으로 쫓겨났다. 베를린의 바우하우스는 아무런 지원도 받지 못하는 사립학교였다. 애썼지만, 역부족이었다. 베를린의 바우하우스는 얼마 버티지 못했다. 거의 이삿짐을 정리하다가 없어진 수준이었다.

'국립학교'에서 '시립학교'로, 그리고 다시 '사립학교'로 도시를 바꿔가며 개교한 바우하우스의 공식적인 폐교는 1933년이다. 그러나 바우하우스의 역사를 1938년까지로 잡는 이들도 있다. 바우하우스가 해체된 후, 발터 그로피우스를 비롯한 바우하우스의 여러 교수가 미국 시카고로 건너가 1937년에 '뉴바우하우스New Bauhaus'를 설립했기 때문이다. 시카고의 뉴바우하우스도 불과 1년밖에 유지되지 않았다. 그러나 뉴바우하우스는 '디자인연구소The Institute of Design'로 이어지고, 이후에 일리노이공과대학으로 통합되어 오늘날까지 이어지고 있다.*

지금도 바이마르와 데사우는 바우하우스의 정통성을 두고 경쟁한다. 시간만 염두에 두고 계산한다면, 두 도시 가운데 어느 쪽도 유리하지 않다. 바우하우스 14년 역사에서 6년은 바이마르, 7년은 데사우에 있었기 때문이다. 그러나 공간을 기준으로 이야기하면 데사우가 훨씬 유리하다. 우리가 바우하우스라고 하면 떠올리는 건물, 즉 바우하우스 본관이 바로 데사우에 있기 때문이다. 전면에 가지런한 철골구조와 유리창이 가득한 바우하우스 본관은 당시로서는 아주 획기적인 건물이었다. 그뿐만 아니다. 데사우에는 그로피우스가 교수들을 위해 실험적으로 설계한 주택도 남아 있다.

건물 같은 하드웨어만 두고 본다면 바이마르는 데사우에 형편없이 밀린다. 실제로 사람들은 바우하우스를 보기 위해 데사우를 방문한다. 반면 바이마르 관광객은 대부분 괴테와 실러의 흔적을 찾는다. 바이마르는 공식적으로 요한 볼프강 폰 괴테Johann Wolfgang von Goethe, 1749~1832의 도시다. 처음 방문한 사람은 괴테 하우스만 대충 둘러보지만, 괴테의 흔적만 가지고도 바이마르는 그리 간단한 도시가 아니다. 바이마르에서는 일단 괴테가 직접 설계한 '일름 공원Park an der Ilm'을 봐야 한다. 폭이 넓지 않은 일름 강을 가운데 두고 양쪽으로 폭 300m, 길이 1.6km에 이르게 이어지는 상당한 크기의 영국식 정원**이다. 걸어도 걸어도 끝이 없다. 공원 중간에는 괴테의 별장도 있

* 시카고의 뉴바우하우스에 관해서는 크리스티나 로위스Kristina Lowis, 1974~가 편저한 『New Bauhaus-Chicago』를 참조.

** 영국식 정원은 자연스레 넓게 펼쳐진 잔디밭이 특징이다. 정원 구석구석에 큰 나무들을 한가롭게 배치하고, 정원 가운데로는 작은 시냇물을 흐르게 하여 정원의 실제 크기보다 넓어 보이게 한다. 프랑스식 정원은 좌우대칭의 인공미를 강조하고, 일본식 정원은 자연을 축소하여 만들어놓은 듯한 느낌을 준다. 한국에도 정원의 전통이 있다. 그러나 그 연구가 참으로 빈약하다. '소쇄원'이나 '창덕궁 후원'만으로 한국 정원을 설명하기는 역부족이다.

고, 인위적으로 조성한 허물어진 성 같은 폐허도 있다. 괴테도 마음이 급하면 복고풍의 짝퉁(?)을 아무 거리낌 없이 사용했다.

일름 공원이 시작되는 곳에는 안나 아말리아 도서관이 있다. 괴테는 35년 동안이나 이 도서관의 관장을 역임했다. 약간은 허접해 보이는 도서관 외부에 비해 내부는 입이 다물어지지 않을 정도로 아름답다. 잘 진열된 책들도 한 권 한 권이 모두 예술작품이다. 안나 아말리아Anna Amalia, 1739~1807는 1756년에 바이마르 대공인 에른스트 아우구스트 2세Ernst August II. Konstantin, 1737~1758와 결혼했다. 그러나 결혼한 지 불과 2년 만에 남편이 사망한다. 부부는 그 짧은 기간에 아들 둘을 낳았다.

안나 아말리아는 어린 아들 카를 아우구스트Karl August, 1757~1828를 대공에 앉히고, 그가 성장할 때까지 섭정했다. 괴테를 바이마르로 초빙한 사람이 바로 안나 아말리아의 아들인 카를 아우구스트 대공이다. 그는 괴테와 신분을 뛰어넘는 친구로 평생을 지냈다. 괴테는 26세에 바이마르로 건너와

괴테가 직접 설계한 바이마르의 영국식 정원, 일름 공원. 독일 정원은 대부분 프랑스나 영국의 정원을 흉내 낸 것들이다.

안나 아말리아 도서관. 곡선의 구조가 아름다운 도서관이다.

죽을 때까지 50여 년을 이곳에서 쭉 지냈다.*

안나 아말리아 도서관도 아름답지만, 바로 그 건너편에 새로 건축한 신관도 환상적이다. 지하에서 천장까지 뚫려 있는 사각형 공간에 가득하게 전시된 책들은 그 자체만으로도 예술품이다. 1층의 여유로운 공간에 놓여 있는 가죽 의자에 앉으면 넋이 빠져 시간 가는 줄 모른다. 괴테의 바이마르이기도 하지만, 바이마르는 제1차 세계대전이 끝난 후 그 유명한 '바이마르 공화국'이 선포된 장소이기도 하다.** 바이마르의 전체 역사나 독일 근대사

* 사실 카를 아우구스트 대공이 없었다면 요한 볼프강 폰 괴테도 없다. 그는 괴테가 원하는 모든 것을 후원했다. 일름 공원도 괴테가 마음대로 디자인하게 했다. 공국의 재상으로 각종 중요한 업무를 맡았지만, 괴테가 여행을 떠나고 싶을 때는 언제든 떠나게 해줬다. 심지어는 일흔이 넘은 괴테가 17세 소녀 울리케 폰 레베초를 사랑하여 괴로워할 때 그녀의 부모에게 괴테의 청혼 이야기를 대신 꺼낸 이도 카를 아우구스트였다. 울리케의 어머니에게 딸과 괴테의 결혼이 성사되면 가족 모두를 자기 궁정에서 원 없이 살게 해주겠다고 약속까지 했다. 물론 이 결혼은 성사되지 않았다(Gersdorff 2005, p. 62).

** 독일 문화사에서 바이마르가 갖는 의미는 데사우에 비할 바가 아니다. 단순히 괴테와 실러의 도시에 머무르지 않는다. 독일 근대 문화의 황금시대를 열었던 도시다(게이 2004).

를 염두에 둔다면 이 도시에서 바우하우스가 차지하는 비중은 그리 크지 않다. 그러나 오늘날 대한민국에 사는 우리에게 바이마르의 바우하우스가 갖

안나 아말리아 도서관 길 건너편에 있는 신관 내부. 본관과는 사뭇 대조적인 직선의 도서관이다.

는 의미는 독일 문학을 대표하는 괴테, 실러의 업적을 훌쩍 뛰어넘는다. 한국 사회를 특징짓는 단어 '아파트 공화국'에서 '아파트'의 기원이 바로 바우하우스이기 때문이다. 그뿐만 아니다. 바우하우스는 모더니티의 구체적 실험장이었다.

헨리 반 데 벨데의 편지

1915년 4월 11일, 당시 바이마르 작센대공 미술공예학교 교장이었던 헨리 반 데 벨데Henry Van de Velde, 1863~1957는 그로피우스에게 자기 후임으로 와줄 수 있느냐는 편지를 보냈다.16 벨기에의 대표적 건축가 겸 공예가였던 반 데 벨데는 1901년에 작센대공국*의 초청으로 바이마르에 왔다. 원래 화가가 되고자 했던 그는 파리에 유학하여 인상주의 그림을 배우기도 했다. 그러나 회화의 미래에 대해 회의적 태도를 갖게 된 후, 건축과 공예에 집중하여 아르누보Art Nouveau, 유겐트슈틸Jugendstil, 데 스틸De Stijl 같은 당시의 새로운 예술운동에 깊이 관여했다. 벨기에 사람이지만, 1907년 결성된 '독일공작연맹獨逸工作聯盟, Das Deutsche Werkbund'의 핵심 멤버로 활동하기도 했다.

프랑스나 영국에 비해 독일의 예술적 수준이 형편없이 떨어진다고 느낀 작센대공국의 빌헬름 에른스트Wilhelm Ernst, 1876~1923 대공은 당시 유럽의 대표적 '문화인'이었던 반 데 벨데를 바이마르에 초청했다. 그는 대공의 기대에 부응하여 공예연구소를 만들고, 1906년에는 바우하우스의 모태가 되

* 작센대공국의 정식 명칭은 '작센-바이마르-아이제나흐 대공국Großherzogtum Sachsen-Weimar-Eisenach'이다. 수도는 바이마르다. 1815년에 대공국으로 승격했다. 1871년 오토 폰 비스마르크가 독일제국을 통일할 때 독일로 통합됐다. 1918년에 군주제가 폐지되면서 작센대공국도 사라졌다. 1920년부터 현재에 이르기까지 바이마르는 튀링겐 주에 속해 있다.

1 바우하우스의 역사는 벨기에의 디자이너 반 데 벨데로부터 시작한다.
2 바이마르의 작센대공 공예학교 구舊 교사. 작센대공국은 유겐트슈틸의 대가인 반 데 벨데를 초빙하여 이곳에 공예학교를 세웠다.

는 작센대공 공예학교도 설립했다. 그리고 스스로 그 학교의 교장에 취임했다. 이후 자신의 공예학교 교사를 새로 건축하고, 바이마르 니체 아카이브의 실내 인테리어를 디자인하는 등 예술 도시로서 바이마르의 위상을 높이는 데 크게 기여했다. 그러나 1914년 제1차 세계대전이 발발하자, 그의 조국 벨기에는 독일의 적국이 되었다. 반 데 벨데는 독일을 떠나야만 했다.17

반 데 벨데는 얼마 전 쾰른에서 열린 독일공작연맹 전시회에서 만났던 그로피우스를 떠올렸다. 당시 독일의 건축과 공예에 관해 혁신적 의견을 피력했던 그로피우스야말로 바이마르 공예학교에 대한 자신의 계획을 계승할 수 있는 가장 적합한 인물이라고 생각했다. 그러나 전쟁의 혼란 가운데 외국인 교장의 뜻대로 일이 진행될 수는 없었다. 반 데 벨데의 공예학교는 1915년에 폐쇄되고 만다. 그로피우스의 교장 초빙도 없었던 이야기가 되어버렸다.

그로피우스는 집요했다. 작센대공 공예학교가 폐쇄됐으나 바이마르의 지인들을 통해 그쪽 분위기를 계속 탐색했다. 드디어 1916년 1월, 바이마르의 정치와 행정을 관할하던 작센대공국의 빌헬름 에른스트 대공을 직접 만날 수 있는 기회가 주어졌다. 빌헬름 에른스트 대공은 그로피우스로부터 바이마르의 건축과 예술의 미래에 대해 이야기를 듣고자 했다. 일개 기병대 장교에 불과했던 그로피우스에게는 엄청난 기회였다. 그는 '예술과 산업, 그리고 건축의 미래'에 관한 자신의 의견을 자세하게 설명했다. 그러고는 그 내용을 서류로 요약하여 작센대공국 내각에 보냈다.

빌헬름 에른스트 대공이 젊은 건축가 그로피우스의 제안을 흥미롭게 여긴다는 소문이 바이마르 예술가들에게 알려졌다. 작센대공 미술학교에서

반 데 벨데가 설계하고 건축한 바이마르 작센대공 공예학교 신新 교사. 1911년에 완공된 이 건물의 작센대공 공예학교는 1915년에 폐교됐다. 제1차 세계대전 동안에 병원으로 쓰였던 이곳에서 그로피우스는 1919년 바우하우스를 개교했다. 현재는 바이마르 바우하우스대학의 본관이다.

는 건축과를 신설할 예정이니 교수로 와달라고 그로피우스에게 먼저 연락을 해왔다. 바이마르 예술교육에 관해 큰 그림을 그리고 있는 그로피우스를 자신들의 통제하에 두려는 꼼수였다. 당연히 그로피우스는 이 제안을 거절했다. 그러나 전쟁으로 인해 모든 상황이 불확실해지면서 그로피우스와 바이마르의 인연도 그렇게 끝나는 것 같았다.18

1918년 11월 11일, 드디어 제1차 세계대전이 끝났다. 전쟁이 끝남과 동시에 '11월 혁명'이 일어나자 젊은 예술가들은 '11월 그룹'과 '예술을 위한 노동자평의회'를 조직했다. 전쟁에서 복귀한 그로피우스는 이 같은 혁명적 조직의 리더로 자연스럽게 부각됐다. 1919년 1월, 그로피우스는 예전에 접촉했던 바이마르 작센대공국 내각의 사람들과 다시 접촉을 시도했다. 베를린에서 시작된 혁명의 기운이 바이마르에도 번져왔지만, 아직까지는 작센대공국의 관리들이 임시정부를 꾸려 행정을 관할하고 있었다. 반 데 벨데의 작센대공 공예학교는 전쟁 중에 이미 폐교됐고, 학교 건물은 전쟁 부상자들을 치료하는 병원으로 쓰였다. 작센대공 미술학교는 유지되고 있었으나 유명무실한 수준이었다. 작센대공국 관리들은 혁명기에 그로피우스가 어떤 활약을 했는지 익히 알고 있었다. 그들은 자발적으로 그로피우스에게 바이마르의 상황을 알려왔다. 작센대공 미술학교의 학장직에 취임할 의사가 있는지도 물어왔다.

그로피우스는 과감한 제안을 했다. 폐교된 공예학교와 유명무실한 미술학교를 합쳐서 새로운 예술학교를 세우겠다는 계획이었다. 새로운 시대의 영향력 있는 젊은 혁명가 그로피우스를 바이마르로 '모셔 오고자' 했던 눈치 빠른 관료들은 알아서 그로피우스의 계획을 추진했다. 그로피우스의 계획대로 새로운 예술학교의 예산안이 제출됐다.

드디어 그로피우스는 이 새로운 학교의 교장으로 초빙됐다. 존재하지도 않는 공예학교와 유명무실한 미술학교의 병합을 누가 결정했는지 아무도 모른다. 그리고 누가 어떻게 그로피우스를 이 새로운 학교의 교장으로 초빙하고 승인했는지에 관해서도 아는 이가 없었다.* 그로피우스 혼자 북 치고 장구 쳤다. 작센대공국의 재산은 빌헬름 에른스트 대공의 소유였지만 혁명으로 인해 국유화되는 과정이었다. 누구도 주인이 아니었던 혁명의 시기에 바우하우스는 그로피우스의 추진력과 정치력에 의해 그렇게 순식간에 시작됐다.19

이 맥락에서 바우하우스 설립을 둘러싼 당시 독일의 정치적 상황을 조금 더 살펴볼 필요가 있다. 독일제국의 마지막 황제 빌헬름 2세Wilhelm II, 1859~1941, 재위 기간 1888~1918가 네덜란드로 망명한 것은 1918년 11월 10일이다. 그 다음 날 독일은 패배를 인정하고 휴전협정에 서명한다. 이듬해인 1919년 1월 19일, 국민회의를 구성하기 위한 선거가 시행됐으나, 어느 정당도 절대 다수를 확보하지 못했다. 사민당, 중앙당, 민주당이 연합하여 연립내각을 구성하고 대통령에 사민당의 프리드리히 에베르트Friedrich Ebert, 1871~1925를 선출했다.

국민회의의 첫 회합은 베를린이 아니라 바이마르에서 열렸다. 베를린은 패전으로 인한 폭동과 소요로 매우 혼란스러웠기 때문이다. 다른 이유도 있었다. 독일 정치가들은 독일의 전통적 문화도시인 바이마르에서 새로운 공화국이 시작된다는 것을 알리고 싶었다. 전쟁국이라는 오명에서 벗어나고 싶었던 것이다. 그래서 1918년부터 아돌프 히틀러Adolf Hitler, 1889~1945가 집권하는 1933년까지의 독일 공화국을 '바이마르공화국'이라 부르는 것이다. 이 바이마르공화국의 존속기간은 바우하우스의 존속기간과 아주 깔끔하게 일치한다.

* 후에 작센대공국의 관리였던 프리츠 남작이라는 사람이 나타나서 자신이 발터 그로피우스를 초빙했다고 주장하기도 했다.

바이마르 작센대공 공예학교 본관의 내부 계단. 물 흐르는 듯한 곡선의 아름다움이 반 데 벨데 디자인의 특징을 잘 보여준다.

Unit 9.

페터 베렌스

페터 베렌스와 그의 엄청난 조수들

바이마르 공예학교 교장으로 임명될 때까지 발터 그로피우스의 삶은 아주 드라마틱했다. 1883년, 부유한 가정에서 태어난 그로피우스는 유명한 건축가였던 삼촌에게서 많은 영향을 받는다. 1903년에 뮌헨대학 건축과에 입학했지만 바로 학업을 중단하고 건축 현장에서 일하기 시작했다. 그로피우스의 최종 학력은 '대학 중퇴'다. 1907년부터는 베를린에 있었던 페터 베렌스Peter Behrens, 1868~1940의 건축 사무소에서 일했다. 훗날 20세기 최고의 건

베렌스(왼쪽)와 1908년 베렌스 사무실의 조수들(오른쪽). 가장 오른쪽에 도판을 들고 있는 이가 그로피우스이고 가장 왼쪽에 있는 이는 미스 반데어로에다. 르코르뷔지에도 베렌스의 사무실에서 잠시 일했다.

축가로 알려진 이들이 한때 베렌스의 조수로 일했다.

그로피우스는 바우하우스의 마지막 교장이 되는 루트비히 미스 반데어로에Ludwig Mies van der Rohe, 1886~1969를 그곳에서 만났다. 미스 반데어로에는 나치의 탄압을 피해 미국으로 건너가서 뉴욕 시그램 빌딩, 시카고연방센터 등을 설계하여 미국식 고층 건물 시대를 열었다. 세계적 건축가로 성장하는 스위스 출신의 르코르뷔지에Le Corbusier, 1887~1965도 베렌스의 건축 사무소에서 잠시 조수로 일했다.*

이 엄청난 인물들을 조수로 거느렸던 페터 베렌스라는 사람은 도대체 누구일까? 페터 베렌스는 독일 디자인의 아버지로 여겨진다. 오늘날 'CICorporate Identity'라고 불리는 체계적 '기업 이미지 통합'을 최초로 시도한 이가 바로 베렌스다. 그는 1907년부터 독일의 대표적 종합가전회사 'AEG'의 모든 디자인을 책임졌다. AEG의 상업광고부터 전기주전자 같은 전자제품, 노동자 주택, 편지 봉투에 이르기까지 거의 모든 영역의 디자인을 그가 맡아 개발했다. 한 기업의 디자인을 이렇게 한 사람이 통합적으로 관리한 것은 당시로서는 아주 획기적인 일이었다. '산업디자인'이라는 개념은 이렇게 생겨났다.[20]

베렌스의 활약은 단지 디자인 영역에 그치지 않는다. 그가 1909년에 설계해서 완성한, 베를린 북부의 모아비트 지역에 세워진 AEG 터빈 공장은 오늘날까지도 전설처럼 여겨진다. 1978년까지 가동됐던 공장의 외부는

* 르코르뷔지에는 페터 베렌스의 사무실에서 불과 5개월 정도 조수로 일했다. 그 기간에 발터 그로피우스나 루트비히 미스 반데어로에와 함께 일한 것은 아니었다. 베렌스의 새로운 건축 방식에 감동하여 찾아갔지만, 베렌스는 독일식 도제제도에 따라 르코르뷔지에에게 온갖 잡일만 시켰다. 베렌스는 새로운 프로젝트를 쉬지 않고 수주해왔고, 그의 직원들은 주말도 없이 혹사당했다. 베렌스는 자아도취에 빠져 있던 듯했다고 르코르뷔지에는 기억했다. 그는 베렌스를 '정신적으로 아픈 사람'이라고 생각하며 이해하려고 했다. 그러나 르코르뷔지에는 춥고 음습한 베를린의 겨울을 그리 오래 견딜 수 없었다(신승철 2020, p. 80 이하).

그리스 신전 같은 웅장함을 느끼게 한다. 유리로 이루어진 벽의 중간중간에 세워진 철골 기둥이 그리스 신전의 돌기둥처럼 그대로 노출되어 있는 까닭이다. 터빈 공장은 유리와 철골을 이용한 새로운 건축 기법의 시작을 당당하게 선언하는 기념비적 건물이다.

베렌스는 공장건축도 예술 작업의 대상이 된다는 사실을 분명하게 보여줬다. 아울러 '산업사회'의 도래를 그리스 신전 같은 형태의 공장건축을 통해 과감하게 선언했다. 이제 공장에서 예배(!)해야 한다는 것이다. 이 공장건축에는 그로피우스를 비롯한 다른 조수들도 참여했다. 유리와 철골을 이용한 AEG 터빈 공장을 건축한 경험의 흔적은 그 후 수십 년에 걸쳐 그

베렌스가 설계한 AEG 터빈 공장. 생산 시설인 공장에서 그리스 신전 같은 엄숙함이 느껴진다. 산업사회에서 공장은 새로운 숭배의 공간이다.

로피우스, 르코르뷔지에, 미스 반데어로에 등에 의해 세워진 건축물에 깊이 새겨졌다. 베렌스는 새로운 사회에 어울리는 조직과 기구를 설립하는 데도 적극적이었다. AEG 디자인을 맡기 시작한 1907년, 그는 헤르만 무테지우스Hermann Muthesius, 1861~1927, 헨리 반 데 벨데 등과 더불어 독일공작연맹*의 출범에 주도적 역할을 했다.

* 젊은 발터 그로피우스는 1914년 독일공작연맹에서 주최한 쾰른 전시회에서 떠오르는 스타로 주목을 받는다.

터빈 공장 전면의 AEG 로고. 베렌스가 디자인했다. 'CI'라고 불리는 체계적 '기업 이미지 통합' 작업은 바로 여기서부터 시작됐다.

그로피우스의 충실한 동료, 아돌프 마이어

수년간 유럽과 미국, 일본을 돌아다니면서 바우하우스에 관한 자료를 수집하는 동안 아주 특이하게 여겨지는 일이 있었다. 바우하우스의 거의 모든 선생은 자기 생각을 책으로 정리해 출판했다. 오직 그로피우스가 직접 쓴 책만은 찾아보기 힘들었다. 연설문이나 프로젝트 계획서가 고작이었다. 그토록 엄청난 일을 했다면 그가 직접 쓴 저서가 많이 남아 있어야 했다. 그러나 아무리 찾아도 얄팍한 문서 모음집, 강연집 몇 권이 전부였다. 이를 설명하기 위해서는 10여 년 동안 그로피우스의 그림자로 지냈던 아돌프 마이어Adolf Meyer, 1881~1929를 논의에 끌어들여야 한다.

그로피우스와 마이어는 1907년 베렌스의 건축 사무소에서 만났다. 마이어는 그때부터 1925년까지 그로피우스 곁에서 거의 모든 행정적 업무를 도맡아 처리했다. 그로피우스가 베렌스의 건축 사무소에서 나와 개인 건축 사무소를 열었을 때 마이어도 따라 나왔다. 그로피우스가 바이마르에서 바우하우스를 창립할 때도 마이어는 잡다한 업무를 모두 책임졌다. 마이어는 그로피우스의 아주 충직한 동료였다. 마이어 없이는 그로피우스의 창조적 계획들이 구체화될 수 없었다. 하지만 마이어에 대한 그로피우스의 태도는 매우 인색했다. 오늘날 남아 있는 그로피우스 관련 자료에서 아돌프 마이어의 이름은 지극히 사무적인 맥락에서만 언급될 뿐이다. 대부분은 이름조차 언급되

그로피우스의 충실한 동료였던 마이어는 글쓰기에 약점이 있던 그로피우스의 발표문들을 다듬었다. 아울러 그로피우스의 창조적 작업 배후에서 챙겨야 하는 행정적 업무를 혼자 도맡았다.

지 않고 '2인자der zweite Mann'라 불렸다.[21] 21세기 스티브 잡스에게 스티브 워즈니악이 있었던 것처럼, 20세기 발터 그로피우스에게는 아돌프 마이어가 있었다. 마이어도 잡스의 워즈니악처럼 그로피우스가 지휘하는 오케스트라에서 아주 훌륭한 연주자였을 뿐이다.

그로피우스가 마이어를 포기할 수 없었던 이유는 자신에게 아주 치명적인 약점이 있었기 때문이다. 글쓰기다. 오늘날 그로피우스의 저작을 거의 찾아볼 수 없는 이유도 바로 그 때문이다. 선언문이나 연설문이 대부분인 그의 초기 글들은 거의 모두 마이어가 정리했다. 마이어가 없었다면 그로피우스의 아이디어는 글로 남겨지기 어려웠다.

그로피우스에게는 글쓰기보다 더 결정적인 약점이 있었다. 대학에서 건축을 전공하다가 중퇴한 그로피우스는 건축 도면을 제대로 그릴 능력이 없었다. 그로피우스가 대충의 스케치와 아이디어를 구술하면 마이어가 그의 생각을 건축 도면으로 옮겼다. 마이어가 없었다면 그로피우스의 전설적인 건물들은 건축될 수 없었다는 이야기다. 그로피우스가 평생 이해할 수 없을 정도로 마이어에 대한 언급을 꺼렸던 이유를 미루어 짐작할 수 있다.[22]

마이어는 그로피우스를 보조하는 업무보다는 건축가로서의 능력을 발휘하고 싶었다. 바이마르 바우하우스에서는 건축을 가르칠 수 있으리라 기대했다. 그러나 그로피우스는 마이어에게 여전히 행정적 처리와 개인 건축 사무소의 잡다한 일들만 맡겼다. 실망한 마이어는 1925년 바우하우스가 바이마르에서 데사우로 옮겨 갈 무렵 그로피우스에게서 미련 없이 독립했다. 1929년 그는 사고로 의식불명이 되었고, 얼마 후 사망했다.

Unit 10.

알마 말러

'당신이 성공할수록, 당신은 나의 것'

젊은 발터 그로피우스가 일만 한 것은 아니었다. 사랑도 했다. 드라마틱한 사랑이었다. 페터 베렌스의 건축 사무소에서 독립하여 개인 건축 사무소를 열었던 1910년, 그로피우스는 티롤 지방의 한 휴양지에서 구스타프 말러의 부인 알마 말러를 알게 된다. 당시 알마는 서른한 살이었고, 그로피우스는 네 살 연하인 스물일곱 살이었다. 자신보다 열아홉 살이나 많은 남편과 살고 있던 알마에게 젊은 그로피우스는 너무나 매력적이었다. 프로이센 사내의 당당함이 물씬 풍겨 나왔다. 섬세하고 예민한 음악가 남편 말러와는 사뭇 달랐다.23 그로피우스만 이 연상의 여인을 사랑했던 것은 아니었다. 그로피우스와 알마의 관계가 소원해졌을 때 알마와 사랑에 빠지는 화가 오스카 코코슈카Oskar Kokoschka, 1886~1980는 일곱 살 연하였고, 알마의 마지막 남편인 작가 프란츠 베르펠Franz Werfel, 1890~1945은 열한 살 연하였다. 알마에게는 분명 연하의 남자들을 사로잡는 뭔가 특별한 것이 있었다.

알마의 흥미로운 연애사를 조금은 자세하게 살펴볼 필요가 있다. 20세기 초반의 유럽 문화를 엿볼 수 있기 때문이다. 일단 그녀의 이름이 모든 걸 말해준다. 알마의 결혼 전 이름은 '알마 쉰들러Alma Schindler'다. 그리고 그녀의 마지막 이름은 '알마 말러 베르펠Alma Mahler-Werfel'이다. 그녀가 그로피우스를 처음 만났을 때는 오스트리아 빈의 스타 작곡자이자 지휘자였던 구스타프 말러의 부인이었다. 그녀의 마지막 남편은 프란츠 베르펠이다. 그사이에 5년여에 걸친 그로피우스와의 짧은 결혼 생활(1915년 8월~1920년 10월)이 있었다. 그러나 그녀는 자기 이름에서 그로피우스는 뺐다. 잠시 뜨거웠던 그로피우스와의 사랑은 알마 자신의 부끄러운 내면만을 고스란히 드러낸 채 끝났기 때문이다.

알마는 오스트리아 빈의 풍경화가 에밀 야코프 쉰들러Emil Jakob Schindler, 1842~1892와 가수 출신인 안나 소피 쉰들러Anna Sofie Schindler, 1857~1938 사이에서 태어났다. 알마는 아버지의 아틀리에에서 그림을 그리고 피아노를 연주하며 어린 시절을 보냈다. 그녀가 열세 살이 되던 해에 아버지가 사망하자 어머니는 아버지의 문하생이었던 카를 몰Carl Moll, 1861~1945과 재혼했다. 알마의 어머니도 숱한 염문으로 유명했다. 몰과는 쉰들러의 사망 전부터 '깊

1 알마 말러. 첫 결혼의 상대자는 지휘자 구스타프 말러였다. 말러가 급사한 후, 네 살 연하의 그로피우스와 재혼했다. 그로피우스와의 결혼 생활은 오래가지 않았다. 프로이센의 거친 남자 그로피우스와 빈의 화려한 환경에서 자란 알마는 처음부터 어울리지 않았다.
2 패기만만했던 젊은 그로피우스. 알마는 섬세한 남편 말러와는 전혀 다른, 젊고 튼튼한 그로피우스의 매력에 빠져들었다.

은 관계'였다. 어린 알마는 아버지를 쉽게 버린 어머니를 미워했다. 그러나 알마 자신의 남자관계는 어머니보다 훨씬 더 복잡해진다.

의붓아버지 카를 몰은 '빈 제체시온'의 멤버였다. 빈 제체시온의 리더였던 구스타프 클림트는 몰의 집에 자주 드나들었다. 열일곱 살 알마는 의붓아버지의 동료인 클림트와 가까워졌다. 자신의 첫 키스 상대가 바로 클림트였다고 알마는 훗날 털어놓았다. 클림트의 사생활을 잘 알았던 몰은 두 사람을 떼어놓는다. 알마는 의붓아버지를 극도로 미워하게 되고, 이때의 경험으로 인해 나이가 들면서는 더욱 자유로운 사랑을 추구한다.24

1901년, 스물두 살의 알마는 마흔한 살의 구스타프 말러를 만나 사랑에 빠진다. 말러는 이미 성공한 음악가였다. 그 이듬해에 둘은 결혼한다. 그러나 이들의 결혼 생활은 그리 순탄치 않았다. 화려한 파티나 사람들과의 사교가 삶의 전부였던 알마와 조용히 작곡에 몰두하고 싶었던 말러는 자주 부딪쳤다. 씀씀이가 헤픈 알마와의 결혼 생활을 유지하기 위해 말러는 더욱 부지런히 일해야 했다. 1907년, 첫째 딸이 사망하자 둘 사이의 관계는 더욱 힘들어졌다. 말러는 신경질적인 젊은 아내를 피해 세계 각국을 돌아다니며 연주 활동에 몰두했다. 남겨진 알마는 몹시 외로워했다. 물론 수시로 다른 남자를 만났다.

1910년 6월, 알마는 오스트리아 티롤 지방의 작은 휴양도시 토벨바트로 여행을 떠났다. 그곳에는 자신의 건축 사무소를 막 시작한 젊은 그로피우스도 휴양을 와 있었다. 둘은 만나자마자 바로 사랑에 빠졌다. 몇 주간의 짧고 뜨거웠던 그로피우스와의 사랑을 뒤로하고 알마는 당시 말러의 여름 별장이 있던 토블라흐로 돌아갔다. 알마는 그로피우스에게 우체국의 지정 우편함으로 은밀하게 편지할 것을 부탁했다. 그러던 어느 날 그로피우스는 남편 말러에게 직접 편지를 보냈다. 불같이 화를 내는 알마에게 그로피우스는 실수로 보냈다고 했다. 그러나 편지의 수신인은 아주 분명하게 "구스타프 말러님께an: Herrn Gustav Mahler"로 되어 있었다.25 그로피우스는 자신과 알마의 관계를 아주 의도적으로 말러에게 알리려고 했던 것이다.

1910년 여름 어느 날, 그로피우스는 더 큰 일을 저지른다. 토블라흐에 머물고 있던 말러를 직접 찾아간 것이다. 그는 말러가 자주 다니는 산책길의 다리 밑에서 기다렸다. 아내의 젊은 연인과 마주친 말러는 별장으로 그를 데려왔다. 침착하려고 애쓰면서 거실과 방을 오가던 그는 알마에게 그로피우스와 자신 중에 한쪽을 선택하라고 요구했다. 알마는 큰 망설임 없이 말러를 선택했다. 당시 빈 최고의 음악가였던 말러의 부와 명예를 포기할 수는 없었기 때문이다. 절망하며 돌아간 그로피우스에게 알마는 이렇게 편지했다. "내가 그대를 여전히 사랑한다는 것을 알아주세요. 밤낮으로 당신만 생각합니다. (…) 당신이 성공할수록 당신은 나의 것이 됩니다je mehr Du bist und leistest, desto mehr wirst Du mir sein!!"26

"성공할수록……." 혈기왕성한 그로피우스의 심리적 성취동기를 추측할 수 있는 내용이다. 이제 막 개인 건축 사무소를 시작한 젊은 그로피우스는 어떻게든 성공해야만 했다. 적어도 구스타프 말러 수준은 되어야 알마의 선택을 받을 수 있었기 때문이다. 한편 알마의 부정에 말러는 너무나 고통스러웠다. 이 혼란스러운 시기에 발표한 《교향곡 8번》을 알마에게 헌정하며 알마의 마음을 돌리려 했다. 괴로움에 어쩔 줄 몰라 하던 말러는 네덜란드에서 휴양 중이던 지크문트 프로이트를 만나 상담까지 받았다.

프로이트는 그의 결혼 생활에 관해 프로이트다운 정신분석학적 해석을 내놓는다. 어린 알마는 일찍 세상을 떠난 아버지가 그리워 19년 연상의 말러와 결혼했다는 것이다. 말러에게는 '어머니 애착Marienkomplex'27이라는 진단을 내렸다. 딸처럼 어린 부인에게서 어머니의 품 같은 따뜻함을 찾고자 한다는 것이다. 이래저래 말러와 알마의 관계는 풀기 힘들다는 것이 프로이트의 정신분석학적 결론이었다. 말러에게는 아주 잔인한 분석이었다.

당시 말러는 《교향곡 10번》을 작곡하고 있었다. 악보 곳곳에 말러는 괴로움을 고백하는 낙서를 써놓았다. "너를 위해 살고, 너를 위해 죽으리라, 알름쉬für dich leben, für dich sterben, Almschi"라고도 썼다. '알름쉬'는 알마의 애칭이다. 말러는 그녀를 결코 포기할 수 없었다. 1911년 5월 18일, 구스타프 말러는 사망했다. 그로피우스와 알마가 사랑에 빠졌던 바로 그 이듬해의 일이다. 부인의 외도로 인한 충격이 그의 갑작스러운 죽음에 어떤 식으로든 영향을 미쳤음은 분명하다. 전혀 진전되지 않았던 미완성 《교향곡 10번》의 자필 악보를 폐기하라는 유언도 남겼다. 그러나 후에 알마는 다른 작곡가에게 말러의 미완성 《교향곡 10번》을 완성하도록 의뢰했다. 말러가 남긴 막대한 판권을 그녀는 하나도 포기할 수 없었다. 오늘날 말러의 《교향곡 10번》은 각기 다른 완성본에 따라 다양하게 연주된다.

구스타프 말러의 《교향곡 8번》 재킷. 말러는 그로피우스와 사랑에 빠진 아내 알마에게 《교향곡 8번》을 헌정하며 그녀의 마음을 돌이키려 했다.

'늙은 말러'와 '어린 코코슈카' 사이의 프로이센 남자

말러의 사망일인 5월 18일은 그로피우스의 스물여덟 번째 생일이기도 했다. 알마를 그리워한 그로피우스는 그녀와 바로 재회하지만 심하게 다투고 헤어진다. 알마에게는 이미 그로피우스보다 더 젊은 애인 코코슈카가 있었기 때문이다. 말러가 죽자, 알마는 그로피우스가 아닌 표현주의 화가 오스카 코코슈카와 사랑에 빠졌다. 일곱 살 연하인 코코슈카와의 사랑은 휴양지에서의 짧은 불장난에 불과했던 그로피우스와의 관계와는 비교할 수 없는, 아주 희한한 경험이었다. 그러나 코코슈카의 집요함과 질투를 알마는 견딜 수 없었다(알마와 코코슈카의 특별한 사랑 이야기에는 별도의 책 한 권이 필요하다).

알마는 코코슈카의 아기를 임신했지만 몰래 낙태했다. 전쟁터에 나가는 것을 어떻게든 피하려 했던 코코슈카를 '겁쟁이'라고 비웃기도 했다. 열 받은 코코슈카는 알마와 자신이 꼭 껴안고 있는 모습을 그린 「바람의 신부Die Windbraut, 1913~1914」를 팔아서 말을 샀다. 그러고는 오스트리아 황제의 기병대에 입대했다. 당시 폼 나는 기병대에 입대하려면 전시의 어려운 경제 상

코코슈카가 알마와의 사랑을 그린 「바람의 신부」. 알마는 평화롭게 잠들어 있지만, 그녀를 안은 코코슈카는 눈을 부릅뜨고 있다. 코코슈카는 이 그림을 팔아서 말을 샀다. 그리고 그 말을 가지고 오스트리아 황제의 기병대에 입대했다. 알마가 '남자다운 남자'를 원해서였다.

황 때문에 개인 소유의 말을 끌고 가야 했다. 1915년 여름, 코코슈카는 머리에 총을 맞는 심각한 부상을 입었지만 살아남았다. 그리고 아주 오래오래 살았다.

1914년 여름, 그로피우스는 군에 입대해 독일과 프랑스 국경에 있는 포게젠 지역의 전투에 참여했다. 젊은 그로피우스는 군인으로서도 매우 훌륭했다. 몇 번의 죽을 고비를 넘기며 활약했고, 그 공로를 인정받아 철십자 훈장을 받았다. 코코슈카와의 관계가 채 끝나지 않은 1915년 초부터 알마는 '군인' 그로피우스와 다시 편지를 주고받기 시작했다. 훈장까지 받은 멋진 군인 그로피우스와의 사랑은 알마에게 '늙은 말러'와 '집착하는 어린 코코슈카' 사이의 극단적 관계를 변증법적(?)으로 종합한 것이었다. 그러나 많은 시간이 흐른 후에 알마는 그로피우스가 '전형적인 프로이센 남자'였다고 비

1 오스트리아 빈 외곽의 작은 마을 푀흘라른Pöchlarn에 있는 코코슈카 하우스. 코코슈카는 시대의 모순과 정신착란에 가까운 사랑을 온몸으로 그린 화가였다.
2 코코슈카 전시회 포스터. 코코슈카의 그림은 사람의 마음을 뒤흔드는 강렬한 힘이 있다.

웃었다. 유머도 없고, 자신을 둘러싼 빈의 남자들에 비해 예술에 대해서도 전혀 아는 바가 없다고 불평했다. 그러나 그로피우스에게는 섬세한 빈 남자들에게 없는 결정적 '한 방'이 있었다. 강한 육체였다. 1910년 초여름, 휴양지에서 만났을 때부터 그로피우스는 알마에게 육체적으로 특별했다. 코코슈카가 군대에 입대하자, 알마는 휴가 나온 그로피우스와 다시 만나며 새롭게 얻은 자유를 만끽했다. '군인' 그로피우스에게 보낸 알마의 편지에는 포르노 소설에 가까운 내용이 자주 나온다. 전쟁터의 군인이 읽으면 '환장할 내용들'이다.

그로피우스는 전쟁터를 오가며 알마와 뜨겁게 사랑했다. 1915년 초부터는 그로피우스가 부상 후유증으로 신경쇠약에 걸려 휴양했다고 공식적으로 기록되어 있다. 그러나 그해 여름, 더 정확히는 1915년 8월 18일에 두 사람은 베를린에서 비밀리에 결혼했다. 그로피우스 주변의 모든 사람이 알마와의 결혼을 반대했기 때문이다. 그로피우스는 이틀간 특별 휴가를 받아 구청의 호적사무소에서 결혼식을 올렸다. 구청 앞을 우연히 지나가던 행인 2명이 결혼 증인석에 섰다.[28]

'붉은 살롱'의 특별한 손님, 프란츠 베르펠

'슬프고 아름다운 소설' 같은 알마와 그로피우스의 결혼은 이내 현실이 되었다. 그로피우스는 바로 전쟁터로 돌아가야 했다. 알마는 전쟁터의 그로피우스에게 온갖 불만의 편지를 보냈다. 그로피우스의 어머니, 즉 시어머니에 대한 불평이 가장 많았다. 물론 채워지지 않는 성적 판타지가 가득한 편지도 자주 보냈다. 그사이, 알마는 그로피우스의 아이를 가졌다. 임신한 알마의 불평은 더욱 심해졌다. 전쟁터의 그로피우스는 그 편지를 받을 때마다 냉탕과 온탕을 오가며 미칠 지경이 되었다. 그 이듬해인 1916년 10월에 알마는 딸 '알마 마농 그로피우스Alma Manon Gropius, 1916~1935'를 낳았다.

1917년이 되자 그로피우스는 벨기에로 발령지가 바뀌었다. 새로운 임무도 부여받았다. '군견 훈련'이었다. 제1차 세계대전 당시에는 다양한 목적으로 군견이 쓰이고 있었다. 알마는 '군인 그로피우스'의 임무가 경기병 장교에서 군견 훈련사로 바뀐 것을 몹시 부끄러워했다. 출산 후 몸을 추스르자 알마는 예전 생활로 돌아갔다. 빈으로 돌아가 매일 밤 파티를 개최하며 시간을 보냈다. 물론 자신이 베를린에서 그로피우스와 결혼했고 딸까지 낳았다는 사실은 비밀이었다.

'그로피우스의 부인'이 아닌 '말러의 미망인' 알마가 자신의 '붉은 살롱Roter Salon'에서 개최하는 파티에는 빈의 음악가, 미술가, 학자 등 각 분야의 스타들이 드나들었다. 그 남자들과 알마는 수시로 사랑에 빠졌다. 물론 대부분 금방 끝났다. 그러나 작가인 프란츠 베르펠과의 사랑은 달랐다. 알마보다 열한 살 연하인 베르펠은 작고 뚱뚱했다. 그러나 그는 피아노를 연주할 줄 알았고 노래도 아주 잘 불렀다. 알마의 살롱을 빛내는 특별 게스트였다. 베르펠에겐 또 다른 특별함도 있었다. 알마는 나중에 베르펠에겐 아주 특이한 '변태적 습관'이 있다고 썼다. 자신은 그의 변태적 욕망을 채워주느라 힘들었다고도 썼다. 그러나 알마가 튼튼한 군인, '프로이센 남자'에게서 느낄 수 없었던 '독특한 그 경험'을 즐겼음이 분명하다.

1918년 초, 알마는 베르펠의 아이를 임신했음을 알게 되었다. 임신 초기에는 그 아이가 누구의 아이인지 정확히 몰랐다. 그러나 임신 시기와 그로피우스의 휴가 기간이 차이 나는 것을 계산한 후, 알마는 베르펠의 아이라고 확신했다. 1918년 여름, 임신 말기의 알마는 베르펠과 격렬한 성관계를 가졌다. 이 때문에 아기를 조기에 출산하게 되었다. 아들이었다. 이름은 '마르틴'으로 지었다. 그러나 조산 과정에서 심각한 장애를 갖고 태어난

알마와 베르펠의 행복한 한때. 열한 살 연하의 작가 베르펠은 공식적으로 알마의 마지막 남편이다.

아기는 그 이듬해 5월에 사망했다.29

아들이 태어날 때, 알마 곁에는 베르펠이 아닌 그로피우스가 있었다. 그로피우스는 그 어떤 의심도 하지 않았다. 그러나 얼마 지나지 않아서 알마가 베르펠과 막 태어난 자신들의 아이에 관해 전화로 수다 떠는 걸 우연히 듣게 된다. 그로피우스는 알마가 당황할 정도로 침착했다(구스타프 말러를 기억하며 자업자득이라고 생각했을 수도 있다). 그는 수년 전에 구스타프 말러가 알마에게 그랬던 것처럼 베르펠과 자신 중 한 사람을 선택하라고 했다. 아울러 자신은 알마를 포기할 마음이 전혀 없다고 했다. 알마는 또다시 아주 어정쩡하게 행동했다. 그로피우스와의 부부 관계를 유지하며 베르펠과의 연인 관계도 지속했다. 그사이에 전쟁은 끝이 났다. 그로피우스와 베르펠 사이를 오가던 알마에게 전쟁에서 심각한 상처를 입고 후송된 코코슈카까지 다시 나타났다. 이번에는 베르펠이 알마에게 누구를 사랑할 것인지 선택하라고 요구했다.

당시 코코슈카가 미쳤다는 소문이 돌았다. 그가 인형과 함께 다닌다는 것이었다. 그 인형은 코코슈카가 뮌헨의 인형 제작자에게 알마와 똑같이 만들어달라고 주문한 것이었다. 그는 인형 제작자에게 꼭 껴안을 수 있는 크기로 부드럽게 만들어달라고 요청했다. 코코슈카는 페티시즘의 끝판왕이었다. 코코슈카가 자신을 닮은 인형을 옆에 끼고 돌아다닌다는 이야기를 듣고 경악한 알마는 베르펠에게 '나의 유일한 사랑은 당신뿐'이라고 편지했다.

코코슈카의 알마 인형. 전쟁터에서 얻은 심각한 부상에서 회복되어 돌아온 코코슈카는 떠나간 알마를 잊지 못했다. 알마와 똑같은 크기의 인형을 주문·제작하여 한동안 곁에 두고 살았다.

1919년 5월 아들이 죽자, 알마는 그로피우스와의 관계를 끝내기로 결심했다. 1919년 4월에 개교한 바이마르 바우하우스 일로 정신없는 그로피우스에게 이혼하자는 편지를 보냈다. 그로피우스는 이혼에는 동의하나 딸 마농의 양육권은 포기할 수 없다고 했다. 딸의 양육권을 둘러싼 그로피우스와 알마의 다툼은 1년이 넘도록 지속됐다. 그러나 알마의 집요한 요구를 그로피우스는 당해낼 수 없었다. 게다가 그로피우스는 형편없는 조건 속에서 막 개교한 바우하우스 때문에 아주 힘든 시간을 보내고 있었다.

결국 1920년 10월 11일, 알마와 그로피우스는 베를린 법정에서 공식적으로 이혼했다. 이혼 사유는 흥미롭게도 '그로피우스의 부정不貞'이었다. 그로피우스는 '창녀와의 관계'를 가짜로 증명했다. 자신의 사회적 체면을 지키기 위해 알마가 그렇게 요구했고, 그로피우스는 순순히 알마의 요구를 받아들였던 것이다.30 이해하기 힘든 그로피우스의 태도는 둘 중 하나다. 엄청난 '젠틀맨'이었거나, 어떻게든 알마로부터 자유로워지고 싶었거나.

알마와 복잡하게 얽혀 있었지만, 그로피우스는 그동안 바우하우스를 성공적으로 개교했다. 그러나 바우하우스에서는 알마가 소개한 요하네스 이텐Johannes Itten, 1888~1967과 그로피우스 사이의 권력투쟁이 시작되고 있었다.

Unit 11.

바우하우스의 설립

새로운 예술학교에는 새로운 이름을

1918년, 전쟁이 끝나자 그로피우스는 베를린으로 갔다. 그곳에서 전쟁 전에 함께했던 예술가들과 '예술을 위한 노동자평의회'*를 설립했다. 예술을 위한 노동자평의회의 설립 목적은 귀족이나 신흥 부르주아계급을 위한 예술을 타파하고 '모든 사람을 위한 예술'의 가능성을 모색하는 데 있었다.

1919년 3월에 뿌려진 예술을 위한 노동자평의회 명의의 전단에는 "예술과 민중은 통일돼야 한다", "예술은 소수의 즐거움을 위한 것이 아니라 민중을 위한 것이어야 한다"라는 주장과 더불어 "미술, 공예, 조각 같은 개별 예술 양식들을 대大건축예술의 날개 아래 통합하는 것"이 '예술을 위한 노동자평의회의 설립 목적'이라는 내용이 전면에 실려 있었다.31 이러한 주장의 배후에는 건축가였던 그로피우스와 브루노 타우트Bruno Taut, 1880~1938가 있었다.

타우트는 1914년 독일공작연맹의 쾰른 전시회에서 독특한 표현주의 양식의 '유리집 파빌리온'을 전시하여 그로피우스와 더불어 큰 주목을 받았다. 전쟁이 끝난 후, 타우트와 그로피우스는 아방가르드 예술가들의 리더로 자연스럽게 부상했다. 타우트는 당시 유럽 예술계를 휩쓸던 '자포니즘'을 대

* 1918년에 창립되어 1921년까지 지속된 '예술을 위한 노동자평의회'의 초대 회장은 브루노 타우트였고, 발터 그로피우스는 2대 회장을 역임했다.

표하는 건축가이기도 했다. 나치가 집권하자, 그는 소비에트연방으로 망명했다.

나치를 피해 독일을 떠난 대부분의 예술가들이 미국을 망명지로 택했지만, 타우트는 '소비에트연방의 사회주의는 건축가들의 새로운 실험실이 될 것'이라는 희망을 갖고 모스크바로 향했다. '건축의 열쇠Schlüssel zur Architektur'를 얻을 수 있다고 생각했던 것이다.32 그러나 그 꿈이 헛된 것임을 바로 깨달은 타우트는 그 이듬해인 1933년에 일본으로 다시 망명했다. 일본에서 3년 반을 머문 뒤, 터키로 떠나 그곳에서 사망할 때까지 머물렀다. 블라디보스토크에서 일본 쓰루가 항으로 오는 배에서 타우트는 아주 흥미로운 기록을 남겼다. 조선의 해안을 지나며 동해에서 보이는 조선에 대한 인상을 다음과 같이 서술했다.

> 조선의 해안선은 말하자면 대산맥의 파노라마인데, 이 산맥이 마치 지도와 똑같은 모습을 보여주는 것이 매우 신기하고 희한한 일이었다. 마을의 가옥 배치도 역시 같은 느낌이었다. 멀리서 세계 노동절 행사인가 하고 바라봤더니 실은 조선에서는 집들이 등고선상等高線上에 테라스처럼 서로 달라붙어 있었던 것이다.33

타우트는 일본에 머물며 유럽에 일본 미학을 자세히 소개하는 한편, 다양한 활동을 통해 일본의 근대건축에도 큰 영향을 미쳤다. 일본 건축에서 '일본적인 것'의 정체성이 정립되는 데 타우트의 기여는 결정적이었다.34 특히 타우트가 일본적 미니멀리즘으로 극찬한 교토의 가쓰라리큐桂離宮는 그를 통해 일본적인 것을 대표하는 건축물로 거듭났다고 해도 과언이 아니다.

타우트가 1919년 3월에 발표한 '건축의 날개 아래 모든 예술을 통합하자'는 예술을 위한 노동자평의회 강령은 이후 1919년 4월에 발표한 그로피우스의 바우하우스 선언문에도 그대로 반영된다. 전쟁의 폐허를 딛고 새로운 세계를 개척하는 데 앞장서고자 했던 그로피우스는 비슷한 시기에 조직된 급진적 예술가들의 조직인 '11월 그룹'에도 열정적으로 참여했다. 이 조직에는 이후 바우하우스의 동료 교수가 되는 라이오넬 파이닝어Lyonel Feininger, 1871~1956, 루트비히 미스 반데어로에 같은 이들과 더불어 막스 페히슈타인Max Pechstein, 1881~1955 같은 표현주의 화가, 다다이스트 등 당시 독일의 대표적 아방가르드 예술가들이 대대적으로 참여했다. 당시 그로피우스의 이 같은 활약을 들여다보면 참으로 놀랍다. 그는 단순한 건축가가 아니었다. 불과 30대 중반의 나이였던 그로피우스는 당시 독일의 문화예술계를 이끄는 실질적 리더였다. 그의 탁월한 리더십은 바우하우스의 설립과 불안정한 초기 운영 과정에서 더욱 확실하게 발휘됐다.

1919년 2월경, 불행한 개인사를 잊기 위해 부지런히 뛰어다니던 그로피우스에게 바이마르에서 반가운 소식이 날아들었다. 바이마르 임시정부*는 그동안 폐쇄됐던 바이마르 공예학교를 부활시켜, 그 맞은편에 있는 유명무실한 미술학교와 통합하고 이 통합 학교의 교장으로 그로피우스를 임명하기로 결정했다는 것이었다. 그로피우스는 새롭게 통합된 예술학교의 이름을 '바우하우스BAUHAUS'로 짓자고 요청했다. 당시로서는 듣도 보도 못한 아주 획기적인 명칭이었다. 바이마르 임시정부는 1919년 4월 12일에 학교 이름을 '바이마르 국립 바우하우스'로 공식 승인했다(그로피우스가 바우하우스 교장으로 정부와 정식 계약을 맺은 것은 그보다 며칠 전인 1919년 4월 1일이었다).

* 당시 독일의 정치 상황은 매우 혼란스러웠다. 전쟁이 끝나고 군주제는 폐지됐으나 영방領邦은 계속 유지됐다. 각 영방에는 임시정부와 의회가 세워졌다. 바이마르도 예외가 아니었다. 당시 바이마르 임시정부는 전후 독일의 국가 체제가 정비되어 바이마르가 튀링겐주의 주도가 될 때까지 구舊 작센대공국을 관리했다.

> 바이마르 4월 12일, 공화국 임시정부는 통합된 미술학교와 공예학교를 다음과 같이 개명하고자 하는 요청을 승인했음을 미술학교 학장실에 통보합니다. *바이마르 국립 바우하우스*Staatliches Bauhaus in Weimar(구舊 작센대공 미술학교Hochschule für bildenden Kunst와 구舊 작센대공 공예학교Großherzogliche Kunstgewerbeschule의 통합)**35**

바우하우스 프로그램

그로피우스는 바우하우스 교장에 취임하자마자 바우하우스 교육 프로그램을 발표했다. 그가 지금까지 생각해왔던 예술과 건축, 그리고 그가 펼치고 싶은 교육 내용을 4페이지로 요약했다. 베를린의 예술을 위한 노동자평의회나 11월 그룹에서 활동하며 주장했던 내용이 드디어 바우하우스라는 교육기관으로 구체화된 것이다. 우선, 그가 도대체 무슨 생각을 하고 있는지 그가 발표한 교육 프로그램을 자세히 들여다볼 필요가 있다. 4페이지짜리 「바이마르 국립 바우하우스 프로그램」은 다음과 같은 선언으로 시작한다.

> '바이마르 국립 바우하우스'는 구 작센대공 미술학교와 구 작센대공 공예학교를 통합하고, 아울러 건축예술 부서를 신설하여 세워진다.

통합된 학교의 새로운 이름인 바우하우스는 그로피우스가 만든 '조어造語'다. 그가 통합 학교의 이름을 바우하우스로 고집한 이유는 단어의 뜻을 들여다보면 바로 드러난다. 바우하우스는 '짓는다'는 뜻인 'bauen'의 명사형 'Bau'와 '집'을 뜻하는 'Haus'를 이어 붙인 것이다. '집을 짓는다

bauen Haus'라는 일상용어를 새로 출범하는 학교의 고유명사로 만든 것이다. 'Bauhaus'를 한국어로 그대로 번역하면 '집짓기'가 된다. 과거 예술학교와는 전혀 다른 차원을 목적으로 하는 학교 이름이 고작(?) '집짓기'였다는 이야기다. 그러나 이는 그로피우스가 주도한 예술을 위한 노동자평의회의 목적이었던 '예술의 대중화'와 '모든 예술을 건축으로 통합'하고자 한 건축가로서의 자기 신념을 한 단어로 아주 명쾌하게 구현한 것이었다.

오늘날 독일 전역에서는 BAUHAUS라고 빨간 글씨로 적어놓은 간판을 볼 수 있다. 그러나 이 '바우하우스'는 그로피우스의 '바우하우스'와 아무 관계가 없다. 건축자재와 도구를 파는 체인점이다.

독일인들은 가구나 작은 가르텐하우스Gartenhaus*를 직접 만든다. 워낙 인건비가 비싸기도 하거니와, 스스로 물건을 제작하는 공예의 전통이 하나의 문화로 자리 잡았기 때문이다. 오늘날 'DIYDo it Yourself'라고 부르는 문화가 일찌감치 자리 잡은 독일이다. 보다 폭넓은 관점에서 보자면, 건축자재 체인점 바우하우스는 그로피우스의 바우하우스 철학이 자본주의적으로 구현된 형태라고 할 수 있다. 바우하우스라는 작은 학교는 역사 속으로 사라졌지만, 공예와 예술의 통합이라는 바우하우스 철학은 독일인의 일상에 하나의 문화로 자리 잡았다.

* 독일 사람들은 정원에 '가르텐하우스(정원 집)' 같은 작은 집을 짓고 채소나 유실수를 스스로 경작한다. 정원 부지를 스스로 장만하지 못하는 서민들을 위해 정부가 철도 옆 같은 쓸모없는 땅을 최소한의 임대료만 받고 '클라인가르텐Kleingarten(작은 정원)'으로 사용할 수 있게 제공하기도 한다.

모든 예술은 건축의 날개 아래로…

바우하우스 설립에 관한 짧은 공식 선언에 이어, 그로피우스는 건축의 날개 아래에 모든 예술 분야를 통합하겠다는 자신의 철학을 '바우하우스의 목적Ziele des Bauhauses'과 '바우하우스의 원칙Grundsätze des Bauhauses'에서 보다 구체적으로 설명한다.

바우하우스의 목적

바우하우스는 모든 예술적 창조성을 통합하도록 노력한다. 모든 예술 분야의 교육(조각, 회화, 공예, 수공업)을 통합하여, 더는 나눌 수 없는 요소로 이루어진 새로운 건축예술Baukunst로 재통합한다. 비록 오래 걸리겠지만, 바우하우스의 궁극적 목적은 '기념하는 예술monumentaler Kunst'과 '장식적 예술dekorativer Kunst'의 구분이 사라지는 모든 예술 작업의 통합이라는 커다란 구조다.
바우하우스는 모든 건축가, 화가, 조각가를 능력 있는 공예가나 독립적인 창조적 예술가가 되도록 각자의 능력에 맞춰 교육할 것이다. 아울러 앞서 나가며 가능성 있는 공예가들의 단체도 만들 것이다. 같은 정신에 기초한 이 공예가들은 건축물을 '골격건축Rohbau, 완성Ausbau, 장식Ausschmückung, 설치Einrichtung'라는 전체적 관점에서 통합적으로 '디자인gestalten'하는 법을 배우게 될 것이다.

바우하우스의 원칙

예술은 모든 방법을 뛰어넘는다. 예술은 그 본질에 있어 가르칠 수 있는 것이 아니다sie ist an sich nicht lehrbar.* 그러나 공예는 가르칠 수 있다. 건축가, 화가, 조각가는 그 어원을 따져보면 모두 공예가다. 따라서 모든 예술적 창조의 필수 불가결한 기초가 되는 철저한 공예 교육은 작업장과 실습장, 그리고 일터의 모든 학생에게 요구된다. 우리 작업장은 점차 완성될 것이고, 외부 작업장과의 위탁 교육 계약은 곧 체결될 것이다.

학교는 작업장의 심부름꾼이며, 언젠가는 작업장의 일부가 될 것이다. 따라서 바우하우스에 선생이나 학생은 없다. 장인(마이스터)과 기능공, 그리고 실습생만이 있을 뿐이다. 교육 방법은 작업장의 특징에 따라 결정된다.

- 수공업적 능력에 따른 유기적 학습 형태의 개발
- 모든 경직된 방식의 제거. 창의성 강조, 개성의 자유, 그러나 엄격한 학습
- 바우하우스 마이스터 평의회 혹은 외부 마이스터가 참여한 가운데 조합 규칙에 따라 실시되는 마이스터 및 장인 자격시험의 도입
- 마이스터 작업에 학생들의 참여
- 학생들에게 작업 주문이 들어오도록 중개
- 공공건물이나 종교 건물 같은 다양한 유토피아적 건축계획을 긴 안목으로 공동 설계. 마이스터와 학생의 공동 작업(건축가, 화가, 조각가)을 통해 건축에 포함된 모든 요소와 부분이 점차 조화를 이루도록 함
- 국내의 공예와 산업을 이끄는 지도자들과의 지속적 접촉
- 전시회나 다양한 행사 참여를 통해 공공 생활 및 대중과 접촉

* 발터 그로피우스는 '예술은 가르칠 수 없다'라고 단언한다. '창조성'은 교육할 수 없다는 이야기이기도 하다. 그럼 그의 바우하우스는 도대체 무엇을 가르치려고 했을까? 창립 선언문에서는 '공예'를 가르친다고 했다. 그러나 시간이 흐르면서 그의 생각은 바뀐다(이에 관해서는 Unit 40 참조).

- 건축과 관련하여 사진이나 조각을 보여주는 등 새로운 전시 방식 시도
- 작업 이외에도 연극, 강연, 시문학, 음악, 가장무도회를 통해 마이스터와 학생 사이에 친밀한 관계가 유지되도록 배려. 이 같은 모임이 즐거운 의식Zeremoniells, 儀式이 되도록 계획

신입생을 모집하기 위해 배포됐던 4쪽짜리 팸플릿에는 이렇게 바우하우스의 목적과 원칙들이 소개되어 있고, 이어서 교육 내용을 자세하게 소개하고 있다. 팸플릿의 첫 페이지에는 라이오넬 파이닝어의 판화가 실려 있

PROGRAMM
DES
STAATLICHEN BAUHAUSES
IN WEIMAR

Das Staatliche Bauhaus in Weimar ist durch Vereinigung der ehemaligen Großherzoglich Sächsischen Hochschule für bildende Kunst mit der ehemaligen Großherzoglich Sächsischen Kunstgewerbeschule unter Neuangliederung einer Abteilung für Baukunst entstanden.

Ziele des Bauhauses.

Das Bauhaus erstrebt die Sammlung alles künstlerischen Schaffens zur Einheit, die Wiedervereinigung aller werkkünstlerischen Disziplinen — Bildhauerei, Malerei, Kunstgewerbe und Handwerk — zu einer neuen Baukunst als deren unablösliche Bestandteile. Das letzte, wenn auch ferne Ziel des Bauhauses ist das Einheitskunstwerk — der große Bau —, in dem es keine Grenze gibt zwischen monumentaler und dekorativer Kunst.

Das Bauhaus will Architekten, Maler und Bildhauer aller Grade je nach ihren Fähigkeiten zu tüchtigen Handwerkern oder selbständig schaffenden Künstlern erziehen und eine Arbeitsgemeinschaft führender und werdender Werkkünstler gründen, die Bauwerke in ihrer Gesamtheit — Rohbau, Ausbau, Ausschmückung und Einrichtung — aus gleich geartetem Geist heraus einheitlich zu gestalten weiß.

Grundsätze des Bauhauses.

Kunst entsteht oberhalb aller Methoden, sie ist an sich nicht lehrbar, wohl aber das Handwerk. Architekten, Maler, Bildhauer sind Handwerker im Ursinn des Wortes, deshalb wird als unerläßliche Grundlage für alles bildnerische Schaffen die gründliche handwerkliche Ausbildung aller Studierenden in Werkstätten und auf Probier- und Werkplätzen gefordert. ~~Die eigenen Werkstätten sollen allmählich ausgebaut, mit fremden Werkstätten Lehrverträge abgeschlossen~~ werden.

Die Schule ist die Dienerin der Werkstatt, sie wird eines Tages in ihr aufgehen. Deshalb nicht Lehrer und Schüler im Bauhaus, sondern Meister, Gesellen und Lehrlinge.

Die Art der Lehre entspringt dem Wesen der Werkstatt:

Organisches Gestalten aus handwerklichem Können entwickelt.

Vermeidung alles Starren; Bevorzugung des Schöpferischen; Freiheit der Individualität, aber strenges Studium.

Zunftgemäße Meister- und Gesellenproben vor dem Meisterrat des Bauhauses oder vor fremden Meistern.

Mitarbeit der Studierenden an den Arbeiten der Meister.

Auftragsvermittlung auch an Studierende.

Gemeinsame Planung umfangreicher utopischer Bauentwürfe — Volks- und Kultbauten — mit weitgestecktem Ziel. Mitarbeit aller Meister und Studierenden — Architekten, Maler, Bildhauer — an diesen Entwürfen mit dem Ziel allmählichen Einklangs aller zum Bau gehörigen Glieder und Teile.

Ständige Fühlung mit Führern der Handwerke und Industrien im Lande.

Fühlung mit dem öffentlichen Leben, mit dem Volke durch Ausstellungen und andere Veranstaltungen.

Neue Versuche im Ausstellungswesen zur Lösung des Problems, Bild und Plastik im architektonischen Rahmen zu zeigen.

Pflege freundschaftlichen Verkehrs zwischen Meistern und Studierenden außerhalb der Arbeit; dabei Theater, Vorträge, Dichtkunst, Musik, Kostümfeste. Aufbau eines heiteren Zeremoniells bei diesen Zusammenkünften.

Umfang der Lehre.

Die Lehre im Bauhaus umfaßt alle praktischen und wissenschaftlichen Gebiete des bildnerischen Schaffens.

A. Baukunst,
B. Malerei,
C. Bildhauerei

einschließlich aller handwerklichen Zweiggebiete.

Die Studierenden werden sowohl handwerklich (1) wie zeichnerisch-malerisch (2) und wissenschaftlich-theoretisch (3) ausgebildet.

1. Die handwerkliche Ausbildung — sei es in eigenen allmählich zu ergänzenden, oder fremden durch Lehrvertrag verpflichteten Werkstätten — erstreckt sich auf:
   a) Bildhauer, Steinmetzen, Stukkatöre, Holzbildhauer, Keramiker, Gipsgießer,
   b) Schmiede, Schlosser, Gießer, [illegible]her,
   c) Tischler,
   d) Dekorationsmaler, Glasmaler, Mosaiker, Emalliöre,
   e) Radierer, Holzschneider, Lithographen, Kunstdrucker, Ziselöre,
   f) Weber.

Die handwerkliche Ausbildung bildet das Fundament der Lehre im Bauhause. Jeder Studierende soll ein Handwerk erlernen.

2. Die zeichnerische und malerische Ausbildung erstreckt sich auf:
   a) Freies Skizzieren aus dem Gedächtnis und der Fantasie,
   b) Zeichnen und Malen nach Köpfen, Akten und Tieren,
   c) Zeichnen und Malen von Landschaften, Figuren, Pflanzen und Stilleben,
   d) Komponieren,
   e) Ausführen von Wandbildern, Tafelbildern und Bilderschreinen,
   f) Entwerfen von Ornamenten,
   g) Schriftzeichnen,
   h) Konstruktions- und Projektionszeichnen,
   i) Entwerfen von Außen-, Garten- und Innenarchitekturen,
   k) Entwerfen von Möbeln und Gebrauchsgegenständen.
3. Die wissenschaftlich-theoretische Ausbildung erstreckt sich auf:
   a) Kunstgeschichte — nicht im Sinne von Stilgeschichte vorgetragen, sondern zur lebendigen Erkenntnis historischer Arbeitsweisen und Techniken,
   b) Materialkunde,
   c) Anatomie — am lebenden Modell,
   d) physikalische und chemische Farbenlehre,
   e) rationelles Malverfahren,
   f) Grundbegriffe von Buchführung, Vertragsabschlüssen, Verdingungen,
   g) allgemein interessante Einzelvorträge aus allen Gebieten der Kunst und Wissenschaft.

Einteilung der Lehre.

Die Ausbildung ist in drei Lehrgänge eingeteilt:

I. Lehrgang für Lehrlinge,
II. „ „ Gesellen,
III. „ „ Jungmeister.

Die Einzelausbildung bleibt dem Ermessen der einzelnen Meister im Rahmen des allgemeinen Programms und des in jedem Semester neu aufzustellenden Arbeitsverteilungsplanes überlassen.

Um den Studierenden eine möglichst vielseitige, umfassende technische und künstlerische Ausbildung zuteil werden zu lassen, wird der Arbeitsverteilungsplan zeitlich so eingeteilt, daß jeder angehende Architekt, Maler oder Bildhauer auch an einem Teil der anderen Lehrgänge teilnehmen kann.

Aufnahme.

Aufgenommen wird jede unbescholtene Person ohne Rücksicht auf Alter und Geschlecht, deren Vorbildung vom Meisterrat des Bauhauses als ausreichend erachtet wird, und soweit es der Raum zuläßt. Das Lehrgeld beträgt jährlich 180 Mark (es soll mit steigendem Verdienst des Bauhauses allmählich ganz verschwinden). Außerdem ist eine einmalige Aufnahmegebühr von 20 Mark zu zahlen. Ausländer zahlen den doppelten Betrag. Anfragen sind an das Sekretariat des Staatlichen Bauhauses in Weimar zu richten.

APRIL 1919.

Die Leitung des
Staatlichen Bauhauses in Weimar:
Walter Gropius.

그로피우스의 바우하우스 선언문에 들어 있는 바우하우스 교육 프로그램. 그로피우스는 바우하우스의 교장 계약이 끝나자마자 신입생을 모집하기 위해 바우하우스 선언문과 교육 프로그램을 발표했다.

다. 바우하우스의 설립이 확정되자, 그로피우스는 제일 먼저 파이닝어를 만나 도움을 청했다. 그로피우스와 파이닝어는 11월 그룹을 설립할 때 처음 만났다. 불과 몇 개월 전의 일이었다. 파이닝어는 그로피우스를 적극적으로 지원했다. 그는 그로피우스에게 아주 실질적인 도움을 줄 수 있었다. 이미 여러 해 동안 바이마르에 살았던 그는 바이마르 지역의 많은 예술가와 개인적 교분을 맺고 있었기 때문이다.

파이닝어는 그로피우스의 교육 프로그램에 들어갈 판화에 그로피우스의 철학을 그대로 담으려고 노력했다. 고딕 성당과 별들이 그려진 판화다. 많이 단순해 보인다. 그러나 그로피우스에게는 시간이 없었다. 자신의 철학을 담기만 하면 되었다. 그림의 해석은 아주 쉽다. 그림 가운데 큰 성당은 건축이고, 그 아래 작은 집들은 회화, 조각, 공예 같은 기타 예술 영역이다. 건축이라는 큰 카테고리에 기타 예술 분야가 통합돼야 한다는 뜻이다. 성당 주위를 빛내는 별들은 조각가, 화가, 건축가를 뜻한다고 봐야 한다. 마음 급한 그로피우스는 팸플릿의 안쪽 페이지에 자신의 바우하우스 설립 이념을 선언문 형식으로 한 번 더 자세히 써넣었다.

> 모든 조형적 행위의 궁극적 목표는 건축이다! 한때 건축을 장식하는 것이 미술의 가장 중요한 과제였다. 미술은 더 큰 건축예술의 필수 요소였다. 그러나 오늘날 미술은 스스로 만족하는 상태에 있다. 모든 공예가의 의도적인 공동 작업을 통해서만 이 같은 고립 상태에서 벗어날 수 있다. 전체로 보나, 부분으로 보나 건축이 여러 요인의 종합적 형태임을 건축가, 화가, 조각가는 다시 인식하고 깨달아야 한다. 그렇게 해야만 비로소 미술작품은 살롱 예술Salonkunst로 전락하면서 상실했던 건축 정신을 다시 찾게 된다.
>
> 낡은 예술학교는 이러한 통일을 이루려고 하지 않았다. 이뤄낼 능력도

바우하우스 선언문에 포함된 파이닝어의 판화. “모든 예술을 건축의 날개 아래 통합한다”라는 그로피우스의 바우하우스 이념을 명료하게 표현하고 있다. 가운데 있는 고딕형의 큰 성당은 건축이며, 그 아래의 작은 집들은 기타 예술 분야를 의미한다. 하늘에 빛나는 세 별은 조각가, 화가, 건축가로 해석할 수 있다.

없었다. 예술은 가르칠 수 있는 것이 아니기 때문이다. 예술학교는 다시 작업장과 통합돼야 한다. 스케치하고 그리기만 하는 무늬 도안가와 예술 공예가의 세계는 이제 다시 건설하는 세계로 바뀌어야 한다. 만약 조형적 행위에 대해 열정을 가진 젊은이가 옛날처럼 수공업을 배우기 시작한다면 불완전한 예술 훈련 때문에 비생산적인 '예술가'라고 비난받는 일은 앞으로 더 이상 없을 것이다. 그의 기술은 이제 자신의 탁월함을 발휘할 수 있는 수공예로 남아 있게 되는 까닭이다.

건축가, 조각가, 화가, 우리 모두는 수공업으로 돌아가야 한다! '직업으로서의 예술'은 없기 때문이다. 예술가와 공예가 사이에 본질적 차이는 존재하지 않는다. 예술가는 고급스러운 공예가다. 예술가의 의지와는 상관없이 무의식중에, 하늘의 은총이 찰나의 순간에 그의 수작업으로부터 예술을 꽃피게 하는 것이다. 따라서 모든 예술가에게 공예적 기초는 필수적이다. 그곳에 창조적 구성 능력의 원천이 있다.

공예가와 예술가 사이에 교만한 장벽을 세우고자 했던 계급 차별의 오만함을 제거한 수공예가들의 새로운 조합을 세우자! 모든 것이 하나의 형태로 통합되는 새로운 미래의 건설을 우리 함께 희망하고, 상상하고, 이뤄내자. 건축과 조각과 회화가 수백만 수공업자들의 손을 통해 하늘로 올라가 새롭게 도래할 신앙의 빛나는 상징이 되리라.

발터 그로피우스

Unit 12.

라이오넬 파이닝어

그로피우스의 든든한 동료

'실습생→기능공→장인'으로 이어지는 독일의 수공업 교육체계를 본떠서 새로운 예술학교로서의 바우하우스를 만들겠다고 발터 그로피우스는 선언했지만, 중세의 낡은 장인 제도를 어떻게 근대의 교육체계로 구현할 것인가에 대해서는 아무런 계획이 없었다. 바우하우스의 선언적 교육 프로그램을 체계화할 수 있는 예술교육 전문가도 그로피우스 주위에는 없었다. 바로 이때 알마 말러가 요하네스 이텐을 소개했다.* 빈에서 미술가이자 교육가로 활동하던 이텐은 알마가 주최하는 요란한 파티에 간혹 초대되는 인사였다. 그로피우스는 이텐을 바우하우스 선생으로 초빙했고, 이텐은 그로피우스의 막연한 바우하우스 교육 계획을 구체화하는 데 큰 힘이 된다.

바우하우스는 새로 개교했지만, 그로피우스는 기존의 작센대공 미술학교 교수와 학생들을 그대로 받아들여야만 했다. 바우하우스 설립 당시, 그로피우스가 자기 권한으로 초빙할 수 있는 선생은 단 3명뿐이었다. 더 이상의 예산은 지원되지 않았다. 자신의 가장 가까운 동료였던 아돌프 마이어조차 바우하우스의 정식 교원으로 선발하지 못했다. 마이어는 고작 행정 보

* 바우하우스가 개교할 때까지만 해도 발터 그로피우스와 알마 말러의 관계는 최악은 아니었다. '동지적 의리'는 있었다.

조 인력으로 취직하여 바우하우스 개교의 온갖 잡무를 처리했다. 초빙된 교원 3명은 라이오넬 파이닝어, 게르하르트 마르크스Gerhard Marcks, 1889~1981, 그리고 요하네스 이텐이었다.

나이 많은 축에 속했던 파이닝어는 젊고 혈기 넘쳤던 바우하우스 선생들 사이의 갈등을 조정하는 역할을 맡았다.

바우하우스의 설립이 결정된 후, 그로피우스는 제일 먼저 파이닝어를 선생으로 초빙했다. 훗날 바우하우스가 체계를 갖췄을 때 그로피우스를 비롯한 바우하우스 선생들은 대부분 30대였다. 파이닝어는 바실리 칸딘스키와 더불어 시니어 그룹에 속했다. 이 두 사람은 바우하우스 내부의 갈등과 반목을 조정하고 해결하는 역할을 도맡았다. 신뢰감을 주는 부드러운 성격의 파이닝어는 묵묵히 그로피우스를 지원했다.

파이닝어는 뉴욕으로 이민한 독일계 부모 밑에서 태어났다. 아버지는 바이올린 연주자였고, 어머니는 성악가였다. 파이닝어 또한 피아노를 즐겨 연주했고, 작곡도 했다. 그는 청소년기에 독일로 건너와서 미술을 공부했다. 졸업 후, 잡지에 풍자화를 연재하면서 화가로 활동을 시작했다. 베를린의 아방가르드 예술가들이 주로 활동하던 슈투름Sturm 화랑에서 전시회를 열기도 했다. 당시 베를린 지식인 사회에서 슈투름의 영향력은 지대했다.*

겔메로다 교회

그로피우스가 이후에 바우하우스 선생으로 초빙한 사람들은 대부분

* 슈투름에 관해서는 Unit 53 참조.

이 슈투름에서 활동했던 인물들이다. 파이닝어가 바우하우스의 초청에 기꺼이 응했던 이유 중 하나는 전쟁 전, 그의 둘째 부인이 되는 율리아 베르크Julia Berg, 1880~1970를 바로 바이마르에서 알게 되었기 때문이다. 파이닝어는 바이마르 입구의 작은 마을 '겔메로다Gelmeroda'의 교회를 매우 즐겨 그렸다. 그의 수많은 실험적 작품 덕분에 이 작고 볼품없는 마을 교회는 이후 무척 유명해졌다.

파이닝어를 초청한 일은 바이마르의 관료와 예술가 사이에 큰 반발

1 파이닝어는 바이마르 입구의 작은 마을인 겔메로다에 있는 교회를 즐겨 그렸다. 기껏해야 20명 정도 들어갈 수 있는 이 작은 교회를 파이닝어의 그림과 비교하며 둘러보는 것은 특별한 즐거움이다.

2 파이닝어가 그린 겔메로다 교회 「겔메로다 IXGelmeroda IX, 1926」

을 불러일으켰다. 예술과 산업이 결합된 '수공예학교'를 복원한다면서 아방가르드 예술가인 파이닝어를 바우하우스의 첫 번째 선생으로 초빙했기 때문이다. 바이마르 사람들의 비판은 옳았다. 사실 파이닝어는 예술교육에는 문외한이었다. 파이닝어 다음으로 초빙한 마르크스 또한 예술교육과는 전혀 관련 없었다. 그 역시 아방가르드 조각가였다. 그로피우스는 전통적 아카데미 예술에 반기를 든 마르크스를 1914년 쾰른에서 열린 독일공작연맹 전시회에서 처음 알게 되었다. 전쟁 후, 마르크스도 11월 그룹과 예술을 위한 노동자평의회의 멤버가 되었다.

예술학교의 교육 프로그램을 체계적으로 계획하고 운영할 수 있는 사람은 오직 이텐뿐이었다. 몇 년 후, 그로피우스는 이텐과의 대립과 갈등을 통해 '수공예'라는 낡은 예술교육론을 폐기 처분한다. 그리고 '추상Abstraktion'과 '구성Konstruktion'이라는 창조적 편집방법론을 바우하우스의 교육 프로그램으로 세워나가게 된다. 이텐과의 치열한 갈등이 없었다면 수공예 교육을 폐기하는 그로피우스의 혁신적 결단 또한 없었을 것이다.

Unit 13.

방랑기능공

슈베르트의 '겨울 나그네'는 왜 그렇게 방황했을까?

독일 가곡이 인기 있던 시절이 있었다. 경제적으로 궁핍하고 정치적으로 암울했던 시절, 한국의 '나름' 지식인들은 슬프고 우울한 독일 가곡을 즐겨 들었다. 특히 프란츠 슈베르트와 로베르트 슈만Robert Schumann, 1810~1856의 연가곡이 인기 있었다. 매번 디트리히 피셔디스카우Dietrich Fischer-Dieskau, 1925~2012의 노래와 제럴드 무어Gerald Moore, 1899~1987의 피아노 반주였다. 프리츠 분더리히Fritz Wunderlich, 1930~1966와 헤르만 프라이Hermann Prey, 1929~1998의 음반도 있지만, 피셔디스카우의 지적인 비음이 주는 묘한 슬픔과는 비교할 수 없었다.

슈베르트의 《겨울 나그네》 음반 재킷. 무어가 반주하고 피셔디스카우가 노래한 음반이 압도적이다. 수십 년이 지나도록 이 연주를 능가하는 앨범은 나오지 않았다. 그나저나 왜 그렇게 독일 청년들은 방황해야 했을까?

슈베르트의 대표적 연가곡은 《겨울 나그네Winterreise》와 《아름다운 물방앗간의 아가씨Die schöne

Müllerin》다. 두 곡 모두 슈베르트가 활동한 당시에 최고의 인기 시인이었던 빌헬름 뮐러Wilhelm Müller, 1794~1827의 시에 슈베르트가 곡을 붙였다. 흥미로운 것은 두 곡의 주제가 모두 '방랑Das Wandern'이라는 사실이다. 《아름다운 물방앗간의 아가씨》의 첫 곡은 제목이 아예 내놓고 '방랑'이다. 물방앗간 기술을 제대로 익혀 '장인'이 되고자 하는 청년은 '방랑'이 자신의 즐거움이라며 호기롭게 여행을 떠난다.

두 번째 곡은 〈어디로Wohin?〉다. 어디로 가야 할지 모르고, 그저 시냇물이 흘러가는 대로 따라간다는 것이다. 세 번째 곡은 〈정지Halt!〉다. 물길을 따라가다 보니 물방앗간이 나왔다. 여기서 일단 그는 방랑을 멈춘다. 그곳의 장인에게 새로운 기술을 배워야 하기 때문이다. 그러나 그곳에서 청년은 치명적인(!) 운명의 아가씨를 만나게 된다. 주인집 딸이다. 청년은 아가씨의 마음을 사로잡기 위해 애쓴다. 안타깝게도 물방앗간 아가씨의 마음은 이미 다른 곳에 가 있다. 모든 슬픈 이야기가 그렇듯, 그녀에게 잘생긴 사냥꾼이 느닷없이 나타난 것이다. 소심한 청년의 어쩌지 못하는 마음이 계속해서 이어진다. 청년의 사랑은 끝내 이뤄지지 않는다. 절망한 청년은 결국 물속에 뛰어든다. 연가곡 《아름다운 물방앗간의 아가씨》는 이렇게 비극적으로 끝이 난다.

시작할 때는 그래도 희망에 가득 차 방랑을 시작했던 《아름다운 물방앗간의 아가씨》와 달리, 슈베르트의 또 다른 가곡 《겨울 나그네》*는 처음

* 독일어 'Winterreise'를 직역하면 '겨울 방랑' 혹은 '겨울 여행'으로 해야 옳다. 'Winter'는 '겨울'이고, 'Reise'는 '여행'이다. 누가 왜 '겨울 나그네'로 처음 번역했는지 아무리 찾아도 자료가 없다. 이런 경우 우리가 항상 의심하듯 일본식 번역일 것이라는 생각이 들었다. 일본 자료를 찾아보니 '冬の旅(ふゆのたび)', 즉 '겨울 여행'으로 번역되어 있다. '겨울 나그네'로 번역된 것은 아마도 '나그네'에 대한 한국인 특유의 감상이 스며든 것으로 생각된다. 이 연가곡을 우리말로 번역할 때 제목을 '겨울 여행'이나 '겨울 방랑'으로 직역하는 것보다는 '겨울 나그네'로 하는 것이 이 곡의 내용을 더욱 잘 전달한다.

부터 처절하다. 무슨 그리 큰 잘못을 했는지 연가곡은 주인공 청년이 야반도주하는 이야기로 시작된다. 그냥 도망치기는 그랬는지, 청년은 사랑하는 여인의 문 앞에 '안녕히Gute Nacht'라는 쪽지를 써놓고 떠난다. 그 내용도 참 구구절절하다. '낯선 사람으로 왔다가 낯선 사람으로 떠난다'는 것이다. 나그네는 시종일관 헤맨다. 추운 겨울날, 손풍금을 돌리며 구걸하는 길거리 노인과 그 옆의 개를 멍하니 바라보는 모습으로 노래는 끝난다.

슈베르트의 가곡을 들을 때마다 그 아름다운 멜로디에 한없이 감동하지만, 내게는 근본적 의문이 있었다. 슈베르트의 청년들은 왜 그렇게 어디론가 떠나야만 했을까? 도대체 방랑하지 않으면 노래가 되지 않는 걸까? 자료를 좀 찾아보니, 내 의문에 대한 대답은 아주 간단했다. '도제제도徒弟制度, apprenticeship' 때문이다. 중세 말기부터 시작된 독일의 도제제도는 산업사회가 본격화되는 19세기 초까지 지속된다. 독일 특유의 수공업 기술 교육 시스템인 이 도제제도 때문에 독일 청년들은 그렇게 들로 산으로 헤매고 다닐 수밖에 없었던 것이다.

수공업 분야의 장인匠人, 즉 '마이스터Meister'가 되기 위해서는 우선 실습생부터 시작해야 한다. 실습생을 '도제徒弟, Lehrlinge'라고 불렀다. 실습생은 해당 분야 장인의 집과 공장에서 도제 신분으로 일정 기간을 보내야 했다. 대부분 가내수공업이었기 때문이다. 그곳에서 기술을 익히면 '수공업 협회'에서 시행하는 기능공 시험을 치른다. 이 시험을 통과하면 '기능공技能工, Geselle'이 된다. 기능공 시험에 합격하면 실습생은 자신이 지금까지 기술을 익힌 마이스터의 집을 떠나야 한다. 또다시 일정 기간 다른 지역의 장인들을 찾아다니며 기술의 변화와 발전을 두루 익혀야 하기 때문이다.

세상을 돌아다니며 다양한 기술을 익히는 기능공을 '방랑기능공放浪技能工, Wandergeselle'이라 부른다. 영어로는 'journeyman'이다. 말 그대로 '여행하는 사람'인 것이다. 이 방랑의 시간을 잘 견뎌내야 드디어 '장인', 즉 '마이스터'가 될 수 있다. 독일의 도제제도란 이렇게 '실습생Lehrlinge→기능공Geselle→장인Meister'의 3단계*로 이루어져 있다. 오늘날까지 그 치밀함을 널리 인정받는 독일 산업의 경쟁력은 이 같은 도제제도 덕분이다. 한 지역에서 발견된 새로운 기술은 '방랑기능공'을 통해 전국 구석구석까지 바로 전파됐기 때문이다. 앞에서 이야기한 슈베르트의 물방앗간 청년은 이제 막 기능공 시험에 합격하고 장인의 꿈에 부풀어 희망에 찬 방랑을 떠나는 기능공이었다.

흥미롭게도 1919년에 발표한 바우하우스 교육 프로그램에서 발터 그로피우스는 이 같은 독일 특유의 도제제도를 그대로 유지하겠다고 선언했다. 산업화가 한창 진행되던 당시 독일의 상황에서 그로피우스는 왜 느닷없이 수공업 도제제도의 부활을 선언한 것일까? 이를 이해하려면 영국의 수공업 부흥 운동을 이끌었던 윌리엄 모리스William Morris, 1834~1896와 그의 사상을 독일에 들여온 헤르만 무테지우스가 주도한 '독일공작연맹'이 청년 그로피우스에게 미친 영향을 자세히 살펴봐야 한다.** 이 주제를 본격적으로 다루기 전에 독일 특유의 방랑 문화를 둘러싼 사회문화적 맥락을 좀 더 자세히 살펴보자.

독일인은 방랑하고, 프랑스인은 산책한다

방랑에 대한 독일인들의 집착은 독일 가곡에 그치지 않는다. 방랑에 대한 기록을 빼면 독일의 근대문학은 그리 감동적이지 않다. 요한 볼프강 폰 괴테의 시나 소설, 리하르트 바그너의 악극은 방랑의 기록으로 가득

* 각 단계를 영어 단어로 표현하면 'apprentice→journeyman→master'이다.

** 독일공작연맹에 관한 내용은 Unit 21 참조.

하다. 그뿐만 아니다. 오늘날 독일인들의 생활 습관에도 오래된 방랑 문화의 흔적이 구석구석 숨겨져 있다. 여름이 되면 죄다 캠핑카를 끌고 어디론가 떠나는, 매우 유난스러운 독일인들의 휴가 문화도 그 흔적 중 하나다.

그림도 마찬가지다. 독일인들이 가장 사랑하는 그림을 뽑으라고 하면 단연 카스파르 다비트 프리드리히Caspar David Friedrich, 1774~1840의 그림 「안개 바다 위의 방랑자Der Wanderer über dem Nebelmeer, c. 1818」다. 함부르크 미술관에 전시되어 있는, $1m^2$도 채 되지 않는 이 작은 그림을 독일 사람들은 독일의 영혼을 가장 잘 표현한 그림으로 여긴다. 높은 바위산 정상에서 고독하게 안개 깔린 바다를 내려다보는 방랑자의 뒷모습은 장엄하지만 어딘가 서글프다. 이러한 모순적 정서를 독일인들은 '멜랑콜리Melancholie'***라고 부른다.

프리드리히의 「안개 바다 위의 방랑자」가 아주 독일적이라면, 귀스타브 카유보트Gustave Caillebotte, 1848~1894의 「비 오는 날, 파리 거리Rue de Paris, temps de pluie, 1877」 같은 작품은 매우 프랑스적이다. 프리드리히의 그림에서는 방랑자의 불안, 고독, 슬픔 같은 어두운 정서가 느껴지는 반면, 카유보트의 그림에서는 부르주아의 여유와 품격이 가득하다.

두 사람의 다른 그림을 비교해봐도 그렇다. 프리드리히는 대부분 어두운 느낌의 숲과 자연을 그렸다. 그러나 카유보트는 19세기 파리를 원근법적 시각으로 화려하게 그렸다. 책을 읽거나, 발코니에서 파리 시내를 내려다보거나, 여유롭게 산책하는 그림이다. 프리드리히의 「숲속 사냥꾼Der Chasseur im Walde, 1814」과 카유보트의 「발코니의 남자L'Homme au balcon, c. 1880」를 나란히 두고 비교하면 너무나 상반된 느낌에 놀라게 된다. 그림의 구도나 그림에 쓰인 색깔도 극과 극이다. 그러나 프리드리히가 음울하게 그려낸 독일은 결코 우연이 아니다.

*** 독일인의 정서를 특징짓는 멜랑콜리에 관해서는 Unit 46 참조.

함부르크 미술관에 전시되어 있는 프리드리히의 「안개 바다 위의 방랑자」. 독일인이 가장 '독일적'이라 여기는 그림이다.

카유보트의 「비 오는 날, 파리 거리」. 여유롭고 화사하다. 슬픔과 우울은 프랑스 정서가 아니다.

프리드리히의 「숲속 사냥꾼」(왼쪽)과 카유보트의 「발코니의 남자」(오른쪽). 두 그림은 모든 면에서 극적으로 대비된다.

시종일관 눈물이 마르지 않는 슈베르트의 겨울 나그네와 산 정상에서 안개로 가득한 산 아래를 고독하게 내려다보는 프리드리히의 방랑자는 독일이 겪은 아주 특수한 역사적 과정을 상징적으로 보여준다. 뒤늦게 근대국가가 성립되는 과정에서 나타난 독일 특유의 우울하고 무거운 문화를 독일 역사학자들은 '독일의 특수경로'라는 개념으로 설명한다. 유럽의 다른 나라들과 구별되는 독일만의 특수한 역사적 경로가 있다는 이야기다.

Unit 14.

독일의 특수경로

설명하기 힘든 나치의 유대인 학살

1980년대 말, 나의 독일 유학 시절 이야기다. 독일 대학의 학생 식당인 '멘자Mensa' 한구석에는 항상 한국 학생 몇 명이 모여 있었다. 인터넷이 없던 시절이다. 제각기 한국에서 직접 보내주는 신문이나 잡지를 읽고 고국

베를린자유대학의 학생 식당 '멘자'. 한국 유학생들은 멘자 한구석에서 각자의 버전으로 고국의 소식을 전했다. 똑같은 사건이라도 어느 신문을 읽고 왔느냐에 따라 전혀 다른 이야기를 했다.

에서 무슨 일들이 일어나는지 정보를 교환했다. 서로 정보의 소스가 다르다 보니 정보의 왜곡도 심했다. 같은 사건을 두고 《조선일보》나 《중앙일보》를 읽고 이야기하는 쪽과 《한겨레신문》을 읽고 이야기하는 쪽의 내용이 완전히 달랐다. 동일한 현상에 대한 해석의 차이로 논쟁은 매번 뜨거웠다. 고국에 심각한 사태가 벌어지면 점심 먹은 자리에서 저녁까지 먹었다. 지구 반대편의 외로운 유학생들이 향수를 달래는 방법이기도 했다.

고국 이야기만 한 게 아니었다. 독일 학계에서 일어나고 있는 논쟁도 한국 학생들 사이에서 그대로 반복됐다. 당시 '멘자 토론'에서 가장 뜨거웠던 주제는 독일의 나치 과거사에 관한 것이었다. 아직 독일이 통일하기 전이었기 때문에 좌파와 우파의 정치적 입장에 따라 과거사를 바라보는 시각이 노골적으로 달랐다. 제2차 세계대전이 끝난 후 독일은 분단됐고, 독일인들은 과거 나치의 범죄에 관해 사죄와 반성을 반복했다. 그런데 느닷없이 내가 다니던 베를린자유대학 정치학과 교수 에른스트 놀테Ernst Nolte, 1923~2016가 나치 과거사에 대한 비판 방식에 역사학적 문제가 있다는 주장을 하고 나섰다. 이후 위르겐 하버마스Jürgen Habermas, 1929~와 같은 독일의 대표적 좌파 지식인이 반박하면서 논쟁이 본격적으로 시작됐다. 이른바 '역사가 논쟁Historikerstreit'이다.* 1986~1987년 사이에 독일 사회를 떠들썩하게 했던 이 논쟁은 독일의 대표적 역사 논쟁으로 여겨진다.

놀테의 주장은 이렇다. 나치의 유대인 학살은 인류 역사에서 그리 예외적인 사건은 아니었다. 나치의 범죄를 독일 민족의 유별난 야만성과 잔인함으로만 설명하면 너무 안이한 해석이다. 나치의 유대인 학살은 제1차 세계대전 당시에 오스만제국이 150만 명에 이르는 아르메니아인을 학살한

* 독일을 대표하는 신문 《프랑크푸르터 알게마이네 차이퉁Frankfurter Allgemeine Zeitung》과 《디 차이트Die Zeit》의 지면을 통해 진행된 논쟁은 루돌프 아우그슈타인Rudolf Augstein, 1923~2002 등이 편저한 『Historikerstreit』로 정리되어 출판됐다.

'아시아적 방법의 흉내nach asiatischer Art'**36에 지나지 않고, 소련의 강제수용소인 '굴라크Gulag'***의 잔인함은 나치의 유대인 학살에 전혀 뒤지지 않는다. 오히려 독일의 유대인 학살은 굴라크의 모방이었다. 아울러 이 같은 야만적 학살은 인류 역사에서 항상 있었고, 오늘날에도 여전히 진행되고 있다. 한마디로 독일 나치의 잔혹함은 보편적 역사 현상 중 하나라는 이야기다.37 한국 유학생들은 이 같은 주장이 어떻게 전후 좌파 지식인들의 총본산이라 할 수 있는 베를린자유대학 교수의 입에서 나올 수 있느냐며 흥분했다. 독일 나치의 유대인 학살은 어떠한 이유로도 정당화될 수 없는 흉악한 범죄였고, 이제까지의 인류 역사에서 볼

독일 나치의 부헨발트 유대인 수용소. 일부 독일 역사학자들은 나치가 유대인을 학살한 것이 인류 역사에서 그리 예외적인 사건은 아니었다고 주장한다.

** '아시아적 방법'은 아돌프 히틀러의 추종자였던 막스 에르빈 폰 쇼이브너-리히터Max Erwin von Scheubner-Richter, 1884~1923의 표현이다. 그는 터키의 영사로 있으면서 1915~1916년 사이에 일어난 오스만제국의 아르메니아 집단 대학살을 목격했다. 후에 이 사건을 "아시아 민족에 대한 아시아적 방법"이라 썼다(그는 1923년 히틀러의 뮌헨 폭동에 참가했다가 경찰의 총을 맞고 사망했다. 히틀러는 자신의 책 『나의 투쟁』을 그에게 헌정했다). 2016년 6월 24일, 로마 교황은 아르메니아를 방문하여 당시의 그 사건을 '제노사이드genocide', 즉 '인종 대학살'이라고 규정했다. 터키 정부는 바로 반발했다. 일단 피해자의 규모가 과장되어 있고, 당시 국가 간의 충돌을 제노사이드로 규정해서는 안 된다는 것이다.

*** 소련의 강제수용소를 뜻한다. 러시아어로는 원래 '주먹кулак'을 뜻하지만, 1930년대에 이오시프 스탈린Iosif Stalin, 1879~1953이 수백만의 반체제 인사를 가두어 강제 노동을 시키면서 강제수용소를 뜻하는 단어가 되었다. 굴라크가 국제사회에 알려진 것은 알렉산드르 솔제니친Aleksandr Solzhenitsyn, 1918~2008이 1973년에 쓴 장편소설 『수용소군도』를 통해서다(소설의 원제목은 '굴라크 군도The Gulag Archipelago'다).

수 없었던 아주 예외적 사건으로 여겨지는 때에 느닷없이 놀테의 주장이 나온 것이다. 나치의 범죄가 '보편적 현상'이라는 놀테의 주장을 받아들이면 그 같은 현상은 언제든 반복될 수 있다는 이야기가 된다. 제1차 세계대전과 제2차 세계대전의 주범인 독일의 역사학계에서는 절대 받아들일 수 없는 주장이었다. 독일 역사가들에게 나치 독일은 아주 특수한, 일탈적 현상이어야만 했다.*

독일식 '교양'의 기원

실제로 독일 역사학자들은 나치의 과거를 근대 독일 역사의 '특수경로Sonderweg'**로 해석했다. 대표적 학자가 한스울리히 벨러Hans-Ulrich Wehler, 1931~2014 교수다. 도대체 어째서 독일은 두 차례나 세계대전을 일으키고, 아돌프 히틀러의 나치와 같은 전대미문의 독재 체제가 가능했는가? 근대화 과정이 늦기는 했지만, 경제적으로도 다른 유럽 나라들에 비해 결코 뒤지지 않는 수준이었는데, 왜 영국이나 프랑스의 의회민주주의 발전과는 다른 길을 갔는가? 이 같은 질문에 벨러 교수는 유럽의 다른 나라들과는 구별되는 독일만의 '특수경로'가 있었다고 대답한 것이다.38

* 사실 에른스트 놀테의 주장이 독일 좌파 학자들에게 큰 반발을 일으킨 또 다른 원인은 독일 나치즘과 소련 공산주의를 거의 동일한 야만으로 파악했기 때문이다. 소련 공산주의의 폭력과 야만에 대해 비판하기를 주저하던 당시의 서독 좌파 학자들에게 놀테의 주장은 큰 위협이었다.

** 독일 역사학에서 암묵적으로 당연시되던 '특수경로' 개념이 수면 위로 올라와 격렬한 논쟁의 대상이 된 것은 1980년에 독일어로 출간된 영국 역사학자 데이비드 블랙번David Blackbourn, 1949~과 제프 일리Geoff Eley, 1949~의 『독일 역사 서술의 신화들 - 좌절된 1848 시민혁명Mythen deutscher Geschichtsschreibung. Die gescheiterte bürgerliche Revolution von 1848』 때문이다. 블랙번과 일리는 독일의 '특수경로'란 신화, 즉 허구에 불과할 뿐이라고 일축했다(블랙번 & 일리 2007).

베를린자유대학 교수를 거쳐 빌레펠트대학 역사학과 교수를 역임한 벨러는 베를린자유대학의 위르겐 코카Jürgen Kocka, 1941~ 교수와 더불어 '빌레펠트 학파Bielefelder Schule'를 대표하는 학자다. 빌레펠트 학파는 역사적 영웅이나 정치적 사건 중심의 역사 서술에 반대하여 사회구조적 현상, 예를 들어 시대정신이나 대중적 욕구의 변화, 지식의 구조나 기술의 진보 등등의 의미를 강조하는 역사학을 추구한다. 역사는 정치사가 아니라 사회사 혹은 정신사라는 이야기다. 프랑스 아날학파Annales-Schule***의 독일식 대답인 셈이다.

벨러 등이 주장하는 '독일의 특수경로 테제'의 핵심은 '독일의 근대역사는 유럽의 다른 나라, 특히 프랑스나 영국의 역사와는 질적으로 다르다'는 것이다. 중세까지는 비슷했다. 그러나 18세기 후반부터 20세기 초반까지 독일의 역사는 주변 국가들과 달리 반민중적이고 반의회주의적 경향으로 흐른다. 영국에서는 산업혁명을 겪으며 정치 질서가 근본적으로 바뀌어가고, 프랑스에서는 1789년 부르주아혁명을 겪으며 그때까지 전혀 경험해보지 못한 공화정이라는 새로운 정치적 실험이 진행되고 있을 때, 독일은 유럽 역사의 거대한 흐름과 전혀 다른 방향으로 흐르고 있었다.

신흥 부르주아계급이 주도하여 왕족과 귀족 중심의 정치체제를 뿌리부터 뒤집어엎는 혁명을 경험했던 프랑스나 영국과는 달리, 독일의 부르주아계급은 현실적 정치 질서의 변혁보다는 엉뚱한 정신적 이상주의를 추구한다. 이른바 '바이마르 고전주의Weimarer Klassik'다. 독일 인문주의를 대표하

*** 아날학파는 프랑스에서 1929년에 창간한 《경제사회사 연보Annales d'histoire économique et sociale》에서 유래했다. 아날학파는 전통적 역사 서술이 정치와 연대年代에 따른 서술, 그리고 영웅적 인물에게 초점을 맞춘 서술이라고 비판한다. 그 대안으로 정치가 아니라 사회, 연대기 서술이 아니라 사회구조적 설명, 개인이 아니라 집단으로 역사 서술 방식이 바뀌어야 한다고 주장한다. 그 결과 사회구조와 변화, 사회계층, 계급 등이 역사의 중심 카테고리로 떠올랐다. 하나의 공통분모로 수렴되기 어려운 아날학파의 연구는 전통적인 학문 분과들 사이에 경계를 허물고 다양한 방법론을 모색했다(이거스 1999, p. 85 이하).

는 요한 볼프강 폰 괴테와 프리드리히 폰 실러Friedrich von Schiller, 1759~1805, 그리고 '질풍노도Strum und Drang' 시기의 지식인들이 바로 그 중심에 서 있다.39 발터 그로피우스의 바우하우스가 바로 이 절충주의적 독일 근대정신의 발흥지인 바이마르에서 시작한 것은 결코 우연이 아니다.

크리스티안 다니엘 라우흐Christian Daniel Rauch, 1777~1857의 괴테 흉상(1921). '독일의 특수경로 테제'에 따르면 바이마르 고전주의를 이끈 괴테에게서 독일식 특수경로는 시작됐다. 현실 정치와 괴리된 독일식 낭만주의 혹은 이상주의의 결과가 나치 독일의 유대인 학살이었다는 것이다.

프랑스혁명은 '자유'와 '평등', 그리고 '형제애'라는 개념을 사회변혁의 전면에 내세웠다. 현실 변화의 힘이 실린 개념들이다. 그러나 혁명을 위한 힘을 모을 수 없었던 당시 독일 지식인은 아주 생뚱맞은 개념들을 내세운다. '아름다운 영혼schöne Seele', '미학Ästhetik', '조화Harmonie' 같은 추상적 개념들이다. 철저하게 비합리적인 '천재' 개념도 이 맥락에서 나타난다.40 아무것도 할 수 없는 현실의 제약을 벗어나 꿈의 세계로 상승하여 신비한 힘을 소유하게 되는 천재적 인간에 대한 환상이 만들어진 것이다. 카스파르 다비트 프리드리히의 「안개 바다 위의 방랑자」는 바로 이러한 독일 시민계급의 뒷모습을 그린 것이다.

독일 지식인들은 현실 정치의 변혁을 통해 사회구조의 구체적 해결을 추구하기보다는 사회문제를 내면화하여 관념적으로 해결하려 했다. 그들의 언어에서 '예술의 숭고함'과 같은 추상적 단어가 난무하기 시작했다. 서로 알아들을 수 없는 추상적 언어들로 자기 생각을 정리하는 '독일 지식인의 자폐증'은 바로 이때부터 시작한다.

현실 정치를 멀리하는 독일 지식인의 관념주의는 지적 고립으로 이어졌다. 현실은 고상한 지식인이 개입하기에는 너무 추하고 더러운 곳이라는 것이다. 대안으로 이들은 '교양敎養, Bildung'이라는 개념을 만들어냈다. 오늘날 모든 사람이 기초적으로 갖춰야 할 지적·도덕적 덕목의 수련을 뜻하는 '교양'이라는 개념이 바로 이때 만들어진 것이다.* '교양'을 가리키는 독일어 '빌둥Bildung'은 '모양을 만들다, 조직하다'를 뜻하는 동사 '빌덴bilden'의 명사형이다. 무지한 백성들을 가르쳐서 고상하고 우아한 시민으로 만들겠다는 것이다. 사회변혁을 구체적으로 이끌어냈던 영국이나 프랑스의 '부르주아' 혹은 '시민'과는 구별되는 '교양시민Bildungsbürgertum'이라는 개념도 만들어졌다. '시민'이라는 일반적 명칭 대신 '교양'이라는 수식어가 붙는 독일적 '교양시민'은 이후 수시로 논란의 중심에 서게 된다.41

현실과 괴리된 추상적이고 이상주의적인 가치들을 추구한 독일의 시민 의식은 결국 홀로코스트로 이어졌다. 정치는 어차피 천박한 것이라는 생각이 유대인 학살이라는, 인류 역사상 최악의 범죄로 이어지고 만 것이다. 이것이 바로 독일 역사학계에서 전후에 나치 독일의 과거를 반성하며 '독일의 특수경로'라는 개념에서 규명하고자 했던 핵심 내용이다. 도대체 베토벤, 괴테, 실러의 나라에서 어떻게 나치가 가능했느냐는 질문에 대한 대답인 것이다.** 그러나 독일의 특수경로는 단지 나치 시대의 반성에서 멈추지 않는다.

* 프랑스나 영국의 근대 부르주아적 교양이 살롱이나 클럽을 중심으로 형성됐다면, 이와 달리 독일의 교양 이념은 대학을 중심으로 형성됐다. 아울러 종교적 신앙의 세속화된 형태, 즉 '세속화된 경건성Weltfrömmigkeit'이 독일식 교양의 특징이다(이광주 2018, p. 207 이하).

** '독일의 특수경로' 개념은 오늘날 많은 반론이 제기되고 있다. '특수경로'는 '보편경로'가 있다는 것을 전제하기 때문이다. 역사에 어찌 '보편적 발전 경로'가 있을 수 있느냐는 비판이다. 영국이나 프랑스의 역사 발전 과정을 인류 역사의 보편적 발전 모델로 여기는 서구 중심적 역사관은 낡은 세계관일 뿐이라는 이야기다. 모든 역사는 '특수경로'다!

Unit 15.

예술을 위한 예술

독일 학술 언어는 왜 그렇게 어려운 걸까?

독일어로 공부하는 것은 힘들다. 특히 인문·사회·과학 분야의 공부는 특별하게 어렵다. 일단 독일의 학문 언어는 일상어와 상당히 다르다. 미국의 학문은 아주 실용적이다. 철학적 개념들도 별로 난해하지 않다. 그러나 독일의 학문적 개념들은 대부분 라틴어, 그리스어에 뿌리를 둔다. 한국 학자들과 마찬가지로, 독일 학자들도 자신들의 언어를 일반인이 알아들으면 아주 큰일 나는 줄 안다. 그 기원은 '독일의 특수경로'의 출발점인 바이마르 고전주의에 있다. 독일 학자들이야 그렇게 해야 폼도 나고 먹고살기에 유리하겠지만, 독일의 한국 유학생들에게 자폐적 독일 학문 언어는 생존의 문제를 야기한다. 독일에서 그렇게 고생하며 학위를 땄지만 한국에서 제대로 취직하기 어렵기 때문이다.

내가 유학할 당시, 베를린자유대학의 한국인 유학생은 500명 정도였다. 학비도 없고, 좌파적 학문을 아무 두려움 없이 할 수 있었던 까닭에 서베를린에는 유난히 한국 유학생이 많았다. 그 가운데 박사 학위를 취득한 사람은 대략 10% 정도다. 박사 학위를 취득한 사람 가운데 한국에서 교수가 된 사람은 또다시 10% 정도다. 500명 중 겨우 대여섯 명이 한국에서 정식 교수가 되었다는 이야기다. 나머지는 대부분 '석좌 강사'로 지낸다. 석좌 강사는 정식 교수는 되지 못하고 평생 강사로 연명하는 이들이 신세 한탄을 할 때 자조적으로 쓰는 단어다.

당시 독일 유학생 가운데 겨우 1% 정도가 한국에 돌아와 제대로 신분을 보장받으며 활동한다는 이야기다. 물론 한국 학계를 주도하는 사람들이 대부분 미국에서 유학했다는 사실이 가장 큰 원인일 것이다. 그러나 독일 학술 언어가 한국 현실과 괴리되어 있다는 것도 또 다른 원인이다. 솔직히 나는 뜬구름 잡는 독일 학문의 문제를 지금까지 드러내놓고 이야기하지 못했다. 그러나 독일의 특수경로에 관한 자료를 정리하면서 나와 똑같은 생각을 하는 이를 발견했다. 헝가리 출신 역사학자 아르놀트 하우저Arnold Hauser, 1892~1978다.

1980년대에 내가 대학을 다닐 때부터 내 책장에 꽂혀 있던 하우저의 『문학과 예술의 사회사Sozialgeschichte der Kunst und Literatur, 1951』에서 지금까지 드러내지 못했던 내 의심이 단번에 날아가는 글을 발견했다. 독일에서 10여 년 유학하고 받은 디플롬 학위와 철학박사 학위를 훈장처럼 여겨왔지만, 독일 학문 언어는 현실 관련성이 떨어진다는 불안감이 내게는 은밀하게 있었다. 바로 이 부분을 하우저는 아주 확실하고 분명하게 지적한다. 헝가리 태생이지만 독일어와 독일 문화에 능통한 하우저의 주장에 의하면 독일 학문 언어의 허세는 18세기 후반부터 시작된 독일 특수경로의 결과로 나타났다는 것이다.

하우저에 따르면 '독일적 사고', '독일적 표현 방식'이라 불리는 정신적 태도를 독일 전체 국민성의 발현으로 간주해서는 안 된다. 특정한 사회계층, 즉 정치에서 소외되어 현실적 영향력을 잃어버린 부르주아 지식인들에 의해 생겨난 하나의 사고 양식 및 언어형식일 뿐이기 때문이다. 독일 지식인층은 시간이 흐를수록 경험적 현실은 경멸하면서 무한하며 영원하고 절대적인 것을 지향하는 형이상학적 세계관으로 빠져들었다는 것이 하우저의 주장이다.

독일 철학은 사실 이마누엘 칸트에서부터 일반 대중과 구별되기 시작했다. 이해할 수 없는 난해함이 사고의 깊이나 전문성을 나타내는 듯한 현상이 더욱 심화되면서 독일의 학술 언어는 갈수록 모호해졌다. 그 결과 독일 지식인들의 언어는 현실과 괴리되어 '단순하고 냉철하며 확실한 진리에 대한 감각'을 점차 상실하게 되었다고 하우저는 구체성을 상실한 독일 학술 언어를 비판한다.42

물론 18세기, 19세기 초반의 독일 학계에 대한 비판이다. 그러나 그 흔적은 오늘날 독일 학문에 여전히 남아 있다. 아주 강하게 남아 있다. 나는 지금까지 독일 학문이 어려운 이유를 날씨 때문이라고 농담처럼 이야기했다. 매일 시커먼 구름이 하늘을 뒤덮고 있으니 독일 사람들은 저 구름 위에는 도대체 무엇이 있을까를 생각한다. 그러다 보니 '뜬구름 잡는 이야기'만 하게 되었다고 설명했다. 달리 설명할 방법이 없었다. 그러나 하우저는 정확하고, 자신 있게, 그리고 아주 확실한 근거들을 동원하여 '독일 학문의 자폐성'을 비판한다.

현실의 변화에 개입하지 못하는 학문은 추상적이 될 수밖에 없다. 그뿐만 아니다. 추상적 학문은 자기만의 성을 공고히 쌓고, 그 영역에 아무도 침범하지 못하게 한다. 스스로 고립되어간다는 이야기다. 문학과 학문 영역에서 시작된 독일식 자폐증은 프로이센의 정치와 문화를 흉내 내고 싶어 했던 메이지 시대의 일본 지식인에게 강력한 영향을 미친다. 그리고 일본식으로 변조된 독일식 자폐증은 일본의 식민지를 겪어야 했던 한국에도 그대로 수입된다. 그 흔적은 오늘날 한국 지식인 혹은 전문가의 행태에 여전히 남아 있다. 아무도 이해할 수 없는 법조문이 그렇고, 대충 흘려 쓰는 병원 의사의 처방전이 그렇다. 대학 논문도 마찬가지다. 아주 쉬운 개념도 너무나 어렵게 쓴다. 문장구조도 잔뜩 꼬여 있다. 만연체 문장을 한참 읽다 보면 주

독일의 학술 언어는 어렵다. 독일 책에는 그 어려운 내용이 여백 없이 빽빽하게 적혀 있다. 역사학자 하우저는 독일 학술 언어는 현실과 괴리된 '허세의 언어'라고 비판한다.

어와 술어가 헷갈리는 경우가 허다하다. 주어가 중간에 사라져버리기 때문이다.

예술가의 창작 활동은 왜 그토록 고통스러워야 할까?

근대음악의 기초를 집대성했다고 여겨지는 요한 제바스티안 바흐Johann Sebastian Bach, 1685~1750가 활동했던 17세기 말, 18세기 초까지 음악은 철저하게 교회와 귀족을 위한 것이었다. 교회 예배의 한 영역으로, 혹은 궁정의 연회 분위기를 띄우기 위해 음악은 작곡되고 연주됐다. 음악가는 교회와 궁정에 속한 기술적 '장인'에 불과했다. 바흐의 대위법이나 푸가의 경우, 오늘날 우리가 이해하는 방식의 예술적 창작 행위라기보다는 뛰어난 장인의 기술로 봐야 한다. 주제를 주면 그 자리에서 4성, 5성, 6성 푸가, 심지어는 8성 푸가까지 즉흥적으로 연주하는 것은 예술이라기보다는 숙련된 기술에 가깝다. 실제로 바흐는 프리드리히대왕Friedrich II, 1712~1786, 재위 기간 1740~1786 앞에서 자신의 푸가 기법을 즉석에서 자랑하기도 했다. 그러나 당시 자신의 연주가 불만족스러웠던 바흐는 이후 프리드리히대왕이 제시한 주제로 6성 푸가를 다시 정리하여 《음악의 헌정Das Musikalische Opfer》을 작곡했다.

당시 일반인이 음악을 접할 기회는 교회 예배나 축제가 전부였다. 궁정 음악회에 일반인이 참석하는 것은 원천적으로 불가능했다. 그러나 18세기 중반이 지나면서 상황은 달라지기 시작했다. 산업혁명이 유럽 전역으로 확대되고 지역 간 교역이 활발해지면서 경제활동을 주도하는 신흥 부르주아계급, 시민계급이 힘을 가지기 시작했다. 이제 경제적 여유가 있는 이들은 '음악협회Musikverein' 같은 조직을 만들어 정기 연주회를 열기 시작했다. 귀족과 왕족을 제외한 일반인에게는 특별한 엔터테인먼트가 없던 시절이다. 당연히 음악회는 큰 인기를 끌 수밖에 없었다.

소규모로 시작한 음악회의 청중이 늘어나면서 보다 큰 연주 장소가 필요해졌다. 마침내 음악협회나 동업자조합 같은 단체들은 자신들만의 전용 연주 공간을 마련하게 된다. 아예 단체 이름이 연주 공간의 이름이 되기도 한다. 대표적 예가 '빈 음악협회Wiener Musikverein'와 '라이프치히 게반트하우스Leipzig Gewandhaus'다. 오늘날 두 곳 모두 최고의 음향을 갖춘 연주 홀로 손꼽힌다.* '음악협회'는 말 그대로 '음악 애호 단체'를 뜻하고, '게반트하우스'는 '포목 회관' 혹은 '직물 회관'을 의미한다. 라이프치히 직물 조합에서 음악가를 고용해 대규모 음악회를 연 것이 오늘날의 라이프치히 게반트하우스로 발전한 것이다. 펠릭스 멘델스존Felix Mendelssohn, 1809~1847은 한때 게반트하우스 오케스트라의 지휘자를 역임했고, 요하네스 브람스는 빈 음악협회 오케스트라를 지휘했다.

각 음악 애호 단체의 연주 공간이 마련되자 그 공간을 위한 전속 음악가가 고용됐다. 드디어 귀족과 교회로부터 자유로워진 음악가들이 나타나기 시작했다. 그들은 실력에 따라 보수를 받았다. 비로소 '수공예 기술자로서의 음악가'에서 '예술가로서의 음악가'로 혁명적 전환이 이뤄진 것이다. 음악가의 독립은 이미 바흐 때부터 준비되고 있었다. 바흐는 라이프치히 성 토마스 교회의 음악감독인 '칸토르Kantor' 직을 맡고 있었지만, 여가 시간에

* 물론 지금의 두 건물 모두 당시 건물이 아니다. 빈 음악협회 건물은 1870년에 개관한 후 여러 차례 보수했다. 1781년에 처음 세워진 라이프치히 게반트하우스는 1884년에 새로운 음악 홀인 노이에 게반트하우스Neue Gewandhaus를 마련했다. 당시 최고의 시설로 인정받았던 노이에 게반트하우스는 제2차 세계대전 중에 파괴됐다. 현재 공연장은 동독 시절인 1981년에 다시 개관한 것이다. 동서독 분단 시대에 서베를린의 베를린 필하모니와 라이프치히 게반트하우스 오케스트라는 서로 경쟁하듯 뛰어난 음향과 프로그램을 뽐냈다. 베를린 필하모니에는 헤르베르트 폰 카라얀이 있었고, 라이프치히 게반트하우스 오케스트라에는 쿠르트 마주어Kurt Masur, 1927~2015가 있었다. 독일 음악의 최고 시절이었다.

라이프치히 성 토마스 교회 앞에 있는 바흐 동상. 바흐는 예술가라기보다는 숙련된 기술자, 즉 장인으로 봐야 한다. 대위법이나 푸가 같은 그의 작곡 기법은 짧은 시간 동안 대량의 악보 생산을 위한 전문 기술이었다.

는 아마추어 연주 단체인 '콜레기움 무지쿰Collegium Musicum'을 지도하기도 했다. 《커피 칸타타Coffee Cantata》나 《사냥 칸타타Hunting Cantata》 같은 세속음악을 작곡하여 성 토마스 교회 인근의 '카페 치머만Café Zimmermann'에서 일반인을 위한 연주회도 열었다. 볼프강 아마데우스 모차르트는 음악가의 경제적 자립이 진행되던 과도기에 활동했고, 루트비히 판 베토벤은 왕과 귀족, 그리고 교회로부터 경제적으로 독립해 성공한 최초의 음악가였다.

독립한 음악가들은 오로지 실력으로 승부를 봐야 했다. 악보 출판과 연주회 수익금으로만 먹고살아야 했다. 이때부터 음악은 이전보다 훨씬 더 드라마틱해지기 시작했다. 청중에게 감동을 줘야 했기 때문이다. 바로크 시대의 음악은 뭔가 밋밋하다. 찰랑찰랑한 즐거움은 있었지만, 가슴을 파고드는 감동은 없었다. 왕과 교회의 권위로부터 자유로워진 음악가의 음악은 달라야 했다. 청중의 몰입을 유도하는 다양한 심리학적 수단이 동원되기 시작했다. 속도의 변화가 더욱 과감해졌다. 주제도 명확히 제시됐다. 특히 음악이 끝나는 부분을 강조하여 감동을 극대화했다. 셈여림의 갑작스러운 변화나 조성 변화를 알리는 각종 악상기호가 동원됐고, 쉼표도 아주 적절하게 활용됐다. 묵직하게 쥐어짜며 장엄하게 연주를 끝내기도 했고, 연주를 끝낼 듯 끝내지 않으며 청중을 애타게 하기도 했다. 바흐의 음악, 모차르트의 음악, 베토벤의 음악이 어떻게 끝나는가를 한번 비교해보라. 그 차이는 아주 분명해진다.

귀족과 왕의 후원에서 자유로워진 예술가들은 자신들의 창작 행위를 정당화할 수 있는 새로운 이데올로기가 필요했다. 자신들의 행위가 단순히 먹고살기 위한 장인의 기술은 분명 아니어야 했다. 바로 이때부터 모든 의도와 가치로부터 자유로운 '예술을 위한 예술'이라는 새로운 이데올로기가 시작된다. 독일의 특수경로의 결과로 나타났던, 정치적·사회적 맥락으로부터 고립된 '이상주의의 내면화' 과정은 예술을 위한 예술의 성립을 가능케 하는 비옥한 토양이었다. 바로 이때부터 시인, 소설가, 화가, 음악가들은 스스로 도취되기 시작했다. 예술이라는 고귀한 가치에 헌신한다는 자부심으로 치장하기 시작한 것이다. 경제적 궁핍함은 고독을 통한 창조적 몰입의 대가로 정당화됐다. 예술가에 대한 사회적 존중도 요구하기 시작했다. 그러나 한때 잘나가던 예술을 위한 예술은 어느 순간부터 독일의 자폐적 학문과 비슷한 길을 걷기 시작했다.

자기만의 세계로 숨어 들어가 세상과의 연결고리를 스스로 끊는 경향을 보이기 시작한 것이다. 대중의 취향은 천박한 것이고, 대중의 몰이해가 진정한 예술가의 길처럼 여겨졌다. 현실 세계와 거리를 둘수록 훌륭한

라이프치히 게반트하우스의 야경. '게반트하우스'는 '직물 회관'을 뜻한다. 교역을 통해 부를 축적한 신흥 부르주아는 독립된 공간을 마련하여 자신들만의 음악회를 열기 시작했다.

예술가라고 생각하기 시작했다. 진정한 예술가는 기행을 일삼거나 일찍 죽어야 한다는 환상도 생겨났다. '창작의 고통', '고독', '슬픔'은 예술가의 전유물이 되었다. 자신들의 예술 활동을 '천형天刑'이라 여기기도 하고, 삶이 괴롭지 않으면 예술가가 될 수 없다는 생각에 사로잡히기도 했다.

예술을 위한 예술의 자폐적 경향은 각 예술 분야의 담 쌓기로 이어졌다. 자신만의 영역을 신비화하며 다른 예술 영역과 구별 짓기 시작한 것이다. 그뿐만 아니다. 다른 영역이 침범해오는 것을 막기 위해 각기 자신들만의 언어를 개발하기 시작했다. 상호작용의 가능성마저 차단하기 시작한 것

빈 뮤직페어라인. '뮤직페어라인'은 음악 애호가들의 모임을 뜻한다. 음악 애호가들이 주최하는 음악회가 궁정이나 교회 밖에서 열리기 시작했다. 음악가들은 드디어 자신들만의 청중을 위한 음악을 연주하기 시작했다.

이다. 대중과의 소통은 물론 각 예술 분야 사이의 소통도 어려워졌다. 독일 학술 언어의 자폐증 현상이 예술을 위한 예술에도 시작된 것이다.

역사적으로 발터 그로피우스의 바우하우스는 이 같은 문화적 맥락에서 있다. 그로피우스가 1919년에 발표한 바우하우스 교육 프로그램은 건축이라는 새로운 '종합예술Gesamtkunstwerk'을 통해 자기 영역의 담벼락을 높이 쌓고 그 안에 숨어 있는 개별 예술 사이의 소통을 끌어내겠다는 선언이다.

Unit 16.

유리 혁명 1. 유리 벽

베를린 칸트슈트라세의 주차 궁전

베를린장벽이 무너지기 전, 서베를린의 중심은 쿠담 거리였다. 거리 중간까지 식탁을 내놓고 장사하는 노천카페와 레스토랑에는 항상 관광객들이 가득했다. 버스커들의 공연으로 거리는 언제나 즐거웠다. 밤이면 네온사인이 화려한 쿠담 거리와 평행하는 또 다른 분위기의 거리가 있다. 쿠담 거리와는 극과 극이었다. 낮에도 어두침침했다. 전자 밀수품을 파는 가게들에는 동구권 언어들이 넘쳐났다. 안전을 위해 창문에 쇠창살까지 설치한 그 가게들 사이로 섹스 숍과 싸구려 카지노 스타일의 전자오락실이 있었다.

밤이면 상상하기 힘든 높이의 하이힐을 신은 매춘부들이 비키니를 입고 그 길거리에 서 있었다. 흥미롭게도 그 거리 이름은 '칸트슈트라세Kantstraße'다. 그 음산한 거리가 독일의 유명한 철학자 이마누엘 칸트Immanuel Kant, 1724~1804를 기념하는 거리인 것이다. 칸트슈트라세의 중간에는 그 지역의 그로테스크한 분위기를 한껏 고조하는, 아주 많이 낡은 주차장 건물이 하나 있다. 건물 전면은 수십 년째 수리하지 않아서 형편없이 낡아 있었다. 구석구석 금이 가 있는 유리로 장식된 이 낡은 건물을 나는 베를린에 10여 년을 살면서 한 번도 주목한 적이 없다. 서베를린 주민들도 대부분 그랬을 것이다. 바우하우스를 공부하면서 이 건물이 바우하우스의 흔적이라는 것을 비로소 알게 되었다. 이름하여 '칸트 주차 궁전Kant-Garagenpalast'이다. 현재는 '궁전'이라고 부르기에 그 형세가 몹시 궁핍하여 그저 '칸트 주차장'이라고 부른다.

칸트 주차장을 건축한 사람으로는 리하르트 파울리크Richard Paulick, 1903~1979, 헤르만 츠바이겐탈Hermann Zweigenthal, 1904~1968 등이 언급된다. 리하르트 파울리크라는 이름이 특별히 눈길을 끈다. 그는 데사우 바우하우스에서 발터 그로피우스의 조수로 일한 인물이다. 그가 바우하우스의 데사우 시대를 이끌었던 또 한 명의 중요한 선생인 게오르크 무헤Georg Muche, 1895~1987와 함께 작업한 흔적은 지금도 데사우 곳곳에 남아 있다. 그러나 파울리크의 독자적 활동이 본격적으로 시작된 곳은 베를린이었다. 그는 데사우를 떠나 1920년대 말부터 베를린에 건축 사무소를 두고 일했다. 칸트 주차장은 바로

베를린 칸트슈트라세의 칸트 주차장(왼쪽은 현재 모습). 1920년대 말, 독일에서 가장 현대적인 독립 주차 빌딩으로 지어진 이 건물(오른쪽)은 그로피우스의 제자였던 파울리크가 설계했다.

그 무렵의 건축물이다.43

정치 활동에도 적극적이었던 파울리크는 1931년 '독일 사회주의 노동당SAPD, Sozialistische Arbeiterpartei Deutschlands'*의 설립에 주도적으로 참여했다. 1933년, 나치가 집권하자 그는 망명하여 중국 상하이에서 1949년까지 지내다가 귀국했다. 그러나 당시 그의 조국은 동독과 서독으로 갈라져 있었다. 그는 동쪽을 선택했다. 그리고 전쟁으로 폐허가 된 동베를린을 재건하기 위해 건축가로서의 능력을 적극 발휘했다. 당시에 지어진 파울리크의 건축물은 대부분 동베를린에 그대로 남아 있다. 그의 대표적 건물은 동베를린의 가장 중심가였던 '스탈린 알레Stalinallee'에 세워졌다.** 1961년 11월, '카를 마르크스 알레Karl-Marx-Allee'로 이름이 바뀐 이 거리는 파울리크가 설계한 압도적 규모의 건물로 더욱 유명해졌다.

파울리크는 제2차 세계대전이 끝난 후 동독 사회주의 건축의 한 획을 긋는 중요한 인물이 된다.

1950년대 초반에 세워진 파울리크의 건물은 '스탈린 알레'라는 거리 이름에 어울리게 '사회주의적 고전주의Sozialistischer Klassizismus' 혹은 '스탈린 고딕Stalingodik'으로 불리며 사회주의 건축의 고전으로 여겨진다. 그의 기능주

* '독일 사회주의 노동당'은 당시 '독일 사회민주당SPD, Sozialdemokratische Partei Deutschlands' 내의 좌파 진영이 갈라져 나온 정당이다.

** 1949년부터 1961년까지 '스탈린 알레'라고 불렸던 이 거리는 이오시프 스탈린의 일흔 번째 생일을 축하하는 의미로 헌정(!)됐다. 거리의 원래 명칭은 '그로세 프랑크푸르터 슈트라세Große Frankfurter Straße'였다. 스탈린 사후에 스탈린 격하 운동이 시작되자 '스탈린 알레' 간판은 조용히 내려졌다. 1961년, '카를 마르크스 알레'로 이름이 바뀌었고, 통일된 후 현재까지 그 이름은 바꾸지 않았다. 마르크스주의는 실패했지만, 철학자 카를 마르크스의 사상은 인정하겠다는 독일 사회의 암묵적 합의다.

의적 바우하우스 이력이 동독 사회주의의 '모뉴멘탈리즘Monumentalism'적 과시욕과 불행하게 결합한 모습이다.* 유사한 스탈린 고딕 양식의 건물은 수년 후부터 북한 평양의 중심가도 채우기 시작했다.**

동베를린의 스탈린 알레에서 대규모 사회주의 건축 프로젝트가 진행되자, 서베를린에서도 이에 대립하는 건축 프로젝트가 진행된다. 서베를린

* 스탈린 사후에 일어난 탈스탈린화에 따라 사회주의적 고전주의 건축물은 '설탕 과자 스타일Zuckerbäckerstil'이라는 이름으로 조롱거리가 된다.

** 평양의 과시용 건물들은 대부분 스탈린 고딕 양식의 북한식 변형이라 할 수 있다. 바우하우스는 이렇게 황당한 방식으로 우리의 분단 현실과 관계를 맺고 있다.

동독 시절, 사회주의 모뉴멘탈리즘을 상징적으로 보여주는 스탈린 알레의 건물. 바우하우스 출신인 파울리크가 설계했다. 바우하우스의 기능주의는 이념적으로 사회주의와 아주 쉽게 결합됐다.

티어가르텐에 인접한 한자 구역Hansaviertel을 개발하기 시작한 것이다.*** 이 프로젝트에 앞장선 사람이 바로 파울리크의 바우하우스 스승이었던 그로피우스였다. 나치 정권을 피해 미국으로 건너가 하버드대 건축대학원 교수로 지내던 그는 1950년대 초반에 귀국하여 바우하우스 유산을 찾기 위해 동분서주했다. 그 와중에 참여한 프로젝트가 바로 한자 구역을 개발하는 것이었다. 한때 스승과 제자였던 이들이 베를린장벽을 사이에 두고 서로 대립하는 건축 프로젝트에 참여하게 된 것이다.

젊은 파울리크가 그로피우스의 바우하우스 이념에 충실했을 때 지은 칸트 주차장으로 다시 돌아가보자. 건축 당시 칸트 주차장은 대단히 주목받는 건물이었다. 주차만을 위한 고층 건물이 독일에서 처음 세워졌기 때문이다. 칸트 주차장은 대도시의 독립된 주차 건물이 완비해야 할 조건을 골고루 구비했다. 입구에는 주유 시설을 갖췄고, 주차 건물 안으로 올라가는 길과 밖으로 내려오는 길을 서로 분리하여 회전하도록 만들었다. 지금도 주차장으로 사용되는 이 건물 입구에는 여전히 주유소가 있다. 그러나 칸트 주차장이 주목받았던 이유는 이 같은 기능적 측면만이 아니었다. 유리로 된 건물 전면 때문이었다. 주차장 건물을 유리 벽으로 장식한 것은 당시로서는 아주 획기적인 시도였다.

*** 한자 구역의 개발은 1957년에 열린 국제건축전시회Internationale Bauausstellung Interbau를 계기로 이뤄졌다. 동베를린의 스탈린 알레에 세워진 대규모 건물들에 대항하여 세워진 한자 구역의 건물들은 총 53명의 전 세계 유명 건축가들을 초청해 건설됐다. 발터 그로피우스 이외에 브루노 타우트의 동생 막스 타우트Max Taut, 1884~1967, 오스카르 니에메예르Oscar Niemeyer, 1907~2012, 아르네 야콥센Arne Jacobsen, 1902~1971, 알바 알토Alvar Aalto, 1898~1976 등 당대 최고의 건축가들이 각자의 건축 콘셉트를 자랑하는 건물을 세웠다. 물론 당대 최고의 건축가였던 르코르뷔지에도 참여했다. 자부심이 대단했던 르코르뷔지에는 자신의 건축물이 한자 구역에 다른 건축가들과 나란히 세워지는 것을 원하지 않았다. 그는 프랑스 마르세유에 1952년에 시범적으로 세웠던 '유니테 다비타시옹Unité d'habitation'과 거의 동일한 형태의 건물을 베를린 올림픽 경기장 인근에 세웠다. 그의 건물만 다른 지역에 세워진 공식적 이유는 그의 건물이 다른 건물에 비해 압도적으로 크기 때문이었다(Pehnt 2017, p. 33 이하).

물론 데사우 바우하우스 본관의 압도적인 전면 유리 벽과 비교할 수는 없다. 그러나 데사우의 바우하우스 본관과 비교해보면 칸트 주차장의 형식과 내용이 바우하우스의 혁신적 시도를 그대로 흉내 내고 있음을 알 수 있다. 건물 외벽을 유리로 구현하는 것은 바우하우스 관련자들이 일관되게 추구한 지향점이었다. 유리 벽은 단순히 건축 기술의 혁신만을 의미하는 것이 아니기 때문이다.

유리 벽, 공간 에디톨로지의 혁명적 전환

'유리 벽'은 강철 기둥이 있어야만 가능한 구조다. 벽돌을 쌓아 건물을 지탱하는 구조와 강철 기둥으로 세워진 건물의 가장 큰 차이는 창문의 모양과 기능에 있다. 벽돌 건물의 창문 구조는 대부분 직사각형이다. 물론 아치형 창문도 있다. 그러나 그 기본 형태는 직사각형을 벗어나지 않는

미스 반데어로에의 베를린 신국립미술관. 강철 기둥과 유리 벽으로만 이뤄진 이 건물은 '유리 혁명'이 가져온 공간 에디톨로지의 대표적 사례다.

미스 반데어로에가 설계한 시카고의 일리노이공과대학 크라운 홀. 미스 반데어로에가 12년 후에 설계하여 완공한 베를린 신국립미술관의 축소판이라 할 수 있다.

다. 창문의 크기도 일정하다. 벽돌 기둥 때문이다. 창문은 벽돌 기둥에 의해 그 크기와 모양이 제한된다. 그러나 강철 기둥 건물은 벽 전체를 창으로 만들 수 있다. '유리창'이 아니라 '유리 벽'이 가능해진다는 이야기다. 유리 벽과 강철 기둥의 특징은 바우하우스의 마지막 교장인 루트비히 미스 반데어로에의 건축물에서 아주 잘 드러난다. 그가 마지막으로 설계한 베를린의 '신국립미술관Neue Nationalgalerie'은 강철과 유리만으로 지어졌다. 미국 시카고에서 그가 일리노이공과대학 건축학부 교수로 일하던 1956년에 완공한 일리노이공과대학 '크라운 홀Crown Hall'은 베를린 신국립미술관과 형제 건축물이라 할 수 있다.

근대 이전, 유리 창문 너머로 세상을 내다보는 일은 왕과 귀족만의 특권이었다. 유리 생산 기술은 국가 기밀에 속했다. 유리를 소유했다는 것은 '시선'과 '빛'을 소유하고 있음을 뜻했다. 왕과 귀족이 주로 궁전의 창문 너머로 자기 영토를 내려다보는 시선을 소유했다면, 교회는 유리창으로 들

베를린에 있는 카이저빌헬름기념교회의 신관 스테인드글라스. 왕과 귀족의 창문이 안에서 밖으로 내다보는 시선을 위한 것이었다면, 교회의 스테인드글라스는 밖에서 안으로 들어오는 빛을 조작하여 종교적 경험을 극대화하기 위한 것이었다. 같은 유리지만 하나는 바깥을 향하고, 다른 하나는 안쪽을 향하며 전혀 다른 기능을 한다.

어오는 빛을 소유했다.* '스테인드글라스'다. 창문을 통해 내다보는 시선을 포기하는 대신, 외부에서 들어오는 빛의 조작을 통해 신비한 느낌을 극대화했다.

* 시선이 가지는 권력적 속성에 관해서는 미셸 푸코가 파놉티콘의 분석을 통해 자세히 설명했다(푸코 2020). 그러나 시선의 물리적 속성이 우리의 구체적 삶 속에 어떻게 반영되어 작동하는가에 대해서는 박정자의 『시선은 권력이다』가 훨씬 더 흥미롭다.

유리의 대량생산**이 가능해지면서 보통 사람들도 창문을 통해 세상을 내다볼 수 있게 되었다. 그뿐만 아니다. 베란다 혹은 발코니를 건물에 설치하고, 창문을 열고 나가 세상을 내려다보는 특권에 스스로 감동하기도 했다. 데사우에 있는 바우하우스 학생 기숙사의 작은 방마다 발코니를 설치한 사실에 당시 사람들이 경탄을 금치 못했던 이유도 바로 여기에 있다. 가난한 학생들이 귀족들의 전유물이었던 그 '시선'을 소유하게 되었기 때문이다.

데사우 바우하우스 학생 기숙사의 발코니. 가난한 학생들이 '발코니의 시선'을 소유하게 된 것은 혁명적인 일이었다.

그로피우스와 미스 반데어로에의 바우하우스 건축에서 유리창은 유리 벽으로 확대된다. 이제 사람들은 구태여 내다볼 필요가 없어졌다. 그저 시선을 돌리기만 하면 바깥 풍경이 안으로 쏟아져 들어왔다. 이는 단순한 건축학적 기술의 진보가 아니다. 공간 에디톨로지의 혁명적 전환이다. 수천 년간 지속되어온 건물 안과 밖의 경계가 사라졌기 때문이다.

** 빛의 특성을 연구하여 양자역학까지 이어지는 '광학 혁명optical revolution'의 본질은 '유리 혁명'이다. '유리 혁명'은 천문학은 물론 세균학, 화학의 발전을 가능케 했다. 유리를 사용해 오목렌즈, 볼록렌즈를 만들어냈기 때문이다. 요하네스 구텐베르크의 인쇄 혁명 또한 안경의 개발이 동반되지 않았다면 불가능한 것이었다. 그뿐만 아니다. 유리 혁명은 사람들의 의식 자체를 바꿔놓았다. 사람들은 유리 혁명을 통해 '볼 수 있어야 믿을 수 있다'는 생각을 하게 된 것이다. 과학적 사고의 시작이다(멈퍼드 2013, p. 190 이하. 유리 혁명과 바우하우스의 관계에 관해서는 Unit 54 참조).

오늘날 대중매체를 통해 생산되는 문화 콘텐츠는 대부분 '유리 혁명'과 관계되어 있다. 유명 연예인의 사생활 구석구석을 비춰주는 '관찰 예능' 같은 TV 프로그램의 '훔쳐보기'는 유리 혁명의 매우 현대적 결과물이다. SNS로 자신의 일거수일투족을 사진으로 찍어 올리며 '좋아요'를 눌러달라고 강요하는 '드러내기' 또한 유리 혁명의 변종이다. 그저 벽돌 벽이 유리 벽으로 바뀐 것만이 아니다. '유리 벽'이라는 공간 에디톨로지의 변화는 인식론적 전환을 동반했다는 이야기다.

미국 화가 에드워드 호퍼Edward Hopper, 1882~1967의 「오전 11시Eleven A.M., 1926」. 유리창을 통해 타인을 훔쳐보는 벌거벗은 여인을 우리는 다시 훔쳐본다. 유리 혁명은 훔쳐보기와 드러내기라는 문화적 현상을 동반한다. 오늘날 TV, SNS 같은 매체는 대부분 이 같은 '시각적 변태성'과 깊이 관련되어 있다.

Unit 17.

유리 혁명 2. 유리 렌즈

'똑같이 그린 그림'이 잘 그린 그림일까?

몇 년 전, '조영남 그림 대작 사건'이 터졌다. 사실 나는 그게 그렇게 큰 사건이 되리라고는 생각하지 못했다. 유명 화가들은 대부분 조수를 두고 있기 때문이다. 그러나 대중의 분노는 엄청났다. 매스컴은 온종일 사건의 본질과는 관계없는 조영남의 이혼, 여자관계, 심지어는 인간성까지 들춰내며 비난했다. 과연 그럴 만한 일이었을까?

조영남에 대한 대중의 분노는 두 가지다. 하나는 조수가 대부분 그린 그림에다가 간단한 덧칠과 사인만 하고 자기 그림이라며 팔았다는 것이다. 또 하나는 조수에게 고작 그림 한 점당 10만 원의 수고료를 지급했다는 것이다. 여기서 '수고료 10만 원'은 논외로 해야 한다. 그건 조영남과 그의 조수 두 사람 사이의 일이다. 더구나 조영남의 조수는 그 수고료가 적다고 고소한 적이 없다. 문제의 핵심은 조영남이 스스로 그리지 않은 그림을 자기 그림으로 팔았다는 사실이 범죄냐는 것이다. 조영남 그림 대작 사건이 한국 사회에 던지는 질문은 상당히 묵직하다. 이제까지 아무도 공식적으로 제기하지 않았던 회화의 본질에 관한 질문이기 때문이다.

일단 어떤 그림이 잘 그린 그림이냐는 질문이다. 과연 대상과 똑같이 그린 그림이 잘 그린 것일까? '그림 그리기'의 근본적 의미부터 먼저 짚어봐야 한다. 내가 2014년경 일본 교토의 사가예술대학에서 미술 공부를 할 때의 일이다. 살아 움직이는 닭을 데생하는 수업이었다. 30도가 훨씬 넘는 초여름이었다. 일본의 여름은 무척 덥고 습하다. 정말 괴롭다. 그 더운 날, 늙수그레한 아저씨인 나를 포함해 1학년 학생들은 커다란 책상을 가운데 두고 둥그렇게 둘러앉았다. 담당 교수는 커다란 닭 두 마리를 안고 들어오더니, 책상 위에 올려놓았다. 그러고는 교실 창문을 닫으라고 했다. 닭이 창밖으로 날아갈 수도 있다는 것이다.

창문을 꽉 닫은 교실은 한증막 같았다. 에어컨도 없었다. 학생들은 땀을 비처럼 쏟으며 쉴 새 없이 움직이는 닭을 그려야 했다. 닭을 살아 있는 듯 똑같이 그리는 것이 이 수업의 목표였다. 학생들은 닭이 잠시 움직임을 멈출 때마다 죄다 한쪽 눈을 감고, 연필로 닭의 크기를 가늠했다. 나도 마찬가지였다. 여기에 아주 중요한 의문의 지점이 있다. 우리는 왜 그런 행동을 했을까? 어느 때인가 대상의 크기를 그렇게 가늠해서 도화지에 옮겨야 한다고 배웠기 때문이다. 그러나 그것만으로 한쪽 눈을 감는 행위가 설명되는 것은 아니다.

책상 위의 움직이는 닭 그리기. 뒤늦은 일본 미술 유학 시절, 30도가 넘는 찜통 교실에서 닭을 책상 위에 올려놓고 '똑같이' 그려야 했다. 나는 자동적으로 한쪽 눈을 감고 연필로 닭의 크기를 정확히 재려고 했다. 도대체 왜 한쪽 눈을 감았을까?

눈으로 계속 땀이 흘러들었다. 무지하게 따가웠다. 그날의 그 고통스러움을 나는 지금도 아주 구체적으로 기억한다. 왜 나는 책상 위의 닭을 그 모양 그대로 도화지에 그려야만 했던 것일까? 우리가 일반적으로 이해하는 회화란 3차원을 2차원으로 잡아내는 작업이다. 3차원의 대상을 2차원으로 축소한다는 이야기다. 대상을 2차원으로 축소하지만, 3차원 같은 경험을 재생할 수 있어야 한다. '2차원적 그림의 3차원적 경험'이 가능케 하려면 특별한 기술이 필요하다. 원근법이다.44 르네상스 시대의 화가들이 이 기술을 찾아냈다. 그러나 원근법은 인간의 눈이 가진 한계를 넘어서는, 특별한 시각적 왜곡의 기술이다. 2차원 화면의 그림을 3차원으로 재현하는 원근법은 세상을 보는 렌즈가 하나임을 전제로 하기 때문이다.

두 눈을 뜨고 있으면 원근법이 정확히 적용되지 않는다. '항등성恒等性의 원리law of constancy'가 작동하여 실제의 물리적 거리나 크기와는 다르게 느껴진다. 항등성의 원리란 대상의 맥락이 바뀌어도 대상의 특성이 바뀌지 않고 왜곡되는 현상을 뜻한다. 예를 들어 연필의 크기가 1m 앞에 있을 때나 2m 앞에 있을 때나 똑같이 보인다면 '완전 항등完全恒等'이라 한다. 우리 뇌는 대상을 있는 그대로 지각하지 않는다. 자기 경험에 따라 대상의 특성을 일관되게 인식하려고 고집을 피운다. 사랑하는 사람과 이별할 때 그 거리가 아무리 멀어져도 그 사람의 물리적 크기는 변하지 않는다. 산등성이의 커다란 달을 사진으로 찍어서 보면 눈으로 보는 것보다 훨씬 작게 나온다. 모두 항등성의 원리 때문이다.45

르네상스 화가들은 카메라의 전신인 '카메라 옵스큐라camera obscura'를 통해 항등성 제로의 투시화를 그릴 수 있게 되었다. 대상을 똑같이 그릴 수 있게 되었다는 이야기다. 한쪽 눈을 감고 연필로 대상의 크기를 가늠하는 석고 데생이 서양 회화 교육에서 가장 중요하고 필수적인 것으로 여겨지는 것도 바로 이 때문이다. 렌즈가 하나인 사진기처럼 한쪽 눈을 감아 크기를 가늠하면 항등성을 최소화할 수 있다.

창문이 꽉 닫힌 사우나 같은 교실에서 고통스럽게 책상 위의 닭을 똑같이 그려야 하는 데생 수업을 하면서 나는 아주 '게으른 생각'을 했다. 큰 종이를 교실 벽에 붙이고 닭의 사진을 빔 프로젝터로 비춰서 그림을 그리면 어떨까? 벽에 비치는 닭 모양 그대로 선을 긋고, 벽에 비친 색 그대로 물감을 칠하면 진짜 똑같이 그릴 수 있다고 옆의 어린 학생들에게 제안했다. 같은 반 학생들은 그러면 절대 안 된다고 했다. 담당 교수에게는 물어볼 필요도 없는 일이었다. 당연히 안 된다고 했을 것이다. 그러나 그러면 정말 안 되는 걸까?

사진기가 없던 시절, 그림의 목적은 아주 분명했다. 시간과 공간의 한계를 갖는 유한한 대상을 언제든 볼 수 있게 재현하는 것이었다. 인물화를 그리는 목적은 고정된 한 시점의 대상을 정확히 묘사하는 데 있었다. 사랑하는 사람은 늙어 언젠가는 사라지지만 그림으로 그려놓으면 언제든 반복하여 볼 수 있다.

오늘날, 우리는 스마트폰으로 언제든 원하는 대상을 촬영할 수 있다. 어떤 화가가 그린 것보다도 정확하게 대상을 포착할 수 있다. 실제보다 훨씬 아름답게 만들 수도 있다. 그리고 언제든 스마트폰 화면으로 재생해서 볼 수 있다. 이처럼 첨단 재현 기술이 개발된 오늘날, '똑같이 그리기'는 도대체 무슨 의미를 갖는 걸까? 물론 하나의 손기술로서 '똑같이 그리는 능력'은 여전히 사람들의 찬사를 받을 것이다. 그러나 과거의 회화가 가졌던 사회적 기능, 즉 '과거 한 특정 시간의 대상을 잡아 고정시키는 행위'는 이제 의미 없다. 똑같이 그리는 재현 능력은 '벽돌쌓기' 혹은 게임기의 '버튼 누르기' 같이 손기술일 뿐이다. 그러나 사람들은 여전히 '실물과 똑같은 그림'을 '잘 그린 그림'이라고 생각한다. 화가들이 인물화를 섣불리 그리지 못하는 이유는 사람들의 이 같은 판단 기준 때문이다.

나도 마찬가지다. 가까운 사람을 나름대로 열심히 그려 선물하면, 고마워는 하지만 고개를 갸우뚱한다. 말은 하지 않아도 표정이 '전혀 안 닮았

피카소가 그린 자신의 초상화 앞에 앉은 스타인. 그 위대한 화가 피카소가 그렸다는데 하나도 안 닮았다. 어떻게 해석해야 할까?

는데?'라고 말하고 있다. 내가 그토록 정성스럽게 그린 그림은 그 사람의 집 어느 한 구석에 처박혀 다시는 빛을 보지 못한다. 뛰어난 아마추어 화가였던 영국의 윈스턴 처칠Winston Churchill, 1874~1965도 나와 비슷한 경험이 많았던 모양이다. 그는 풍경화만 그렸다. 그가 남긴 인물화는 거의 없다. 왜 매번 풍경화만 그리느냐는 질문에, 인물화를 그리면 꼭 '닮았네, 안 닮았네' 하는 평가를 받기 때문이라고 처칠은 투덜댔다. 천하의 파블로 피카소도 자신이 뻔질나게 드나들던 살롱의 여주인 거트루드 스타인Gertrude Stein, 1874~1946의 초상화를 수십 차례 수정하며 정성스럽게 그렸다. 그러나 스타인 본인은 물론 주위의 모든 사람이 하나도 안 닮았다고 수군댔다. 심지어는 티베트 승려를 그린 것 아니냐는 비아냥까지 들었다.

그림에 응용된 유리 혁명, 카메라 옵스큐라와 볼록렌즈

사진기의 발명 전까지 똑같이 그리기는 화가의 의무였다. 똑같이 그리지 못하면 먹고살기 힘들었다. 화가들은 온갖 장비를 동원해 어떻게든 똑같이 그리려고 했다. 정확한 재현을 위해 다양한 기술과 장비를 사용하는 것도 화가의 능력에 속했다. 독일 화가 알브레히트 뒤러Albrecht Dürer, 1471~1528가 대표적이다. 오늘날, 한국인들에게 「기도하는 손Betende Hände, 1508」이라는 '택시 그림'으로 유명한 뒤러는 이탈리아 유학을 다녀온 후, 뒤처진 독일 회화 수준을 끌어올리려고 애썼다. 독일 화가들의 '대상을 똑같이 그리는 능력'이 유럽의 다른 나라들, 특히 이탈리아 화가들과 비교하면 형편없이 뒤떨어졌기 때문이다.

뒤러의 「기도하는 손」. 그에게는 3차원 대상을 2차원 평면에 정확히 묘사하는 것이 '그리기'의 유일한 목표였다.

뒤러의 판화에는 그가 개발한 '똑같이 그리는 특별한 기술'에 대한 기록이 많이 남아 있다. 옆 페이지 그림 1처럼 격자를 이용하는 아주 단순한 방법에서 시작한 기술은 갈수록 진화했다. 가장 훌륭한 방법은 긴 선을 이용하는 그림 3과 같은 방법이다.46 우선 그림의 소실점에 해당하는 지점에 못을 박고 실을 묶어 고정한다. 그리고자 하는 대상은 일정한 거리를 두고 박혀 있는 못의 반대편에 놓는다. 못과 대상 사이에는 화폭을 세운다. 그리고 묶여 있는 선의 반대편 끝을 그리고자 하는 대상의 각 부분에 댄다. 이

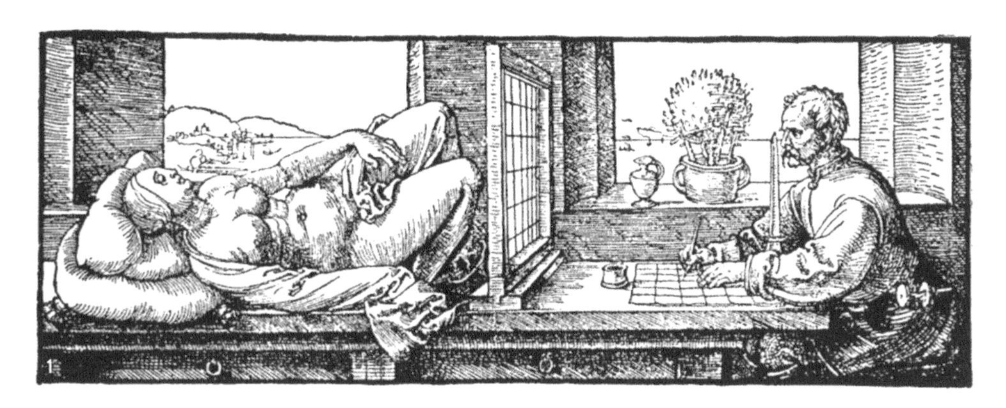

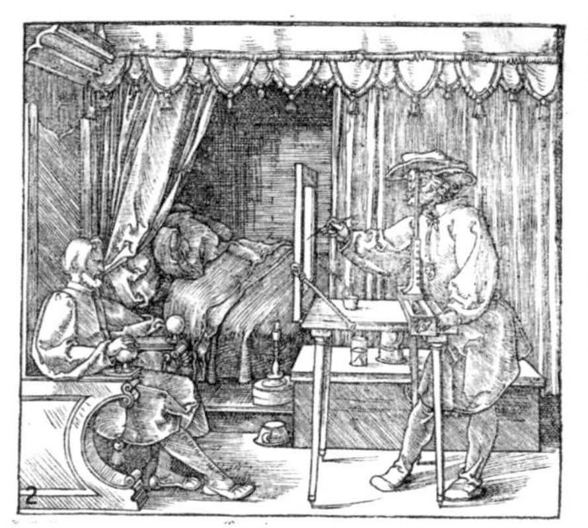

똑같이 그리기 위해 뒤러가 고안한 다양한 기술. 당시에는 똑같이 그리는 것이 잘 그린 그림이었다.

때 화폭의 각 부분을 지나는 실의 위치에 점을 찍고, 그 점들을 연결하면 원근법 원리에 충실한 그림이 된다. 뒤러의 이 방법은 특히 곡선의 대상을 정확히 표현하는 데 매우 효과적이었다. 실이 지나는 위치에 점을 찍기 위해 특별히 설계된 화면을 실제 화면으로 옮기는 별도의 작업이 필요했을 것이다.

영국 화가 데이비드 호크니David Hockney, 1937~는 『명화의 비밀Secret Knowledge, 2001』에서 뒤러의 기발한 재현 장치는 이내 시대에 뒤떨어진 기술이 되고 말았다고 이야기한다.47 원근법적 재현 기술을 자세히 소개한 뒤러의 목판화는 1520년대의 것이다. 그러나 뒤러의 목판화로부터 채 10년도 지나지 않아 1533년에 그려진 한스 홀바인Hans Holbein, 1497~1543의 「대사들Die Gesandten」이라는 작품은 뒤러의 재현 기술만으로는 도저히 설명할 수 없는 아주 정교한 묘사를 보여준다. 예를 들어 홀바인의 이 그림 속 류트를 한번 살펴보자. 앞서 설명한 뒤러의 기계로 아무리 정확하게 점을 찍어도 이렇게 자세하게 그릴 수는 없다. 류트 옆 지구본을 확대해보면 그 정교함은 거의 사진 수준이다.

더 흥미로운 것은 그림 아래쪽의 허연 물체다. 이는 해골을 비스듬히 그려 넣은 것이다. 그저 눈으로만 보고 이토록 정확한 비율로 비스듬하게 그리는 것은 불가능하다. 우리 뇌는 식탁 위의 접시를 길쭉한 타원이 아니라 둥근 형태로 보려 하거나, 비스듬히 열린 문을 계속 직사각형으로 보려는 무의식적 경향이 있다고, 앞서 '항등성의 원리'로 설명했다. 이 같은 의식의 작용을 배제하고 비스듬한 해골을 완벽하게 그려 넣은 것은 유리를 이용한 광학기계의 도움이 없었다면 불가능한 것이었다고 호크니는 주장한다.48

호크니에 따르면 1400~1500년대를 전후로 서양화가들의 재현 능력에 엄청난 변화가 일어났다. 물론 그 변화의 시기는 나라마다 조금씩 차이가 있다. 그 변화의 예를 호크니는 1475년경에 그려진 멜로초 다포를리Melozzo da Forlì, 1438~1494의 교황 초상화(「바르톨로메오 플라티나를 바티칸 도서관

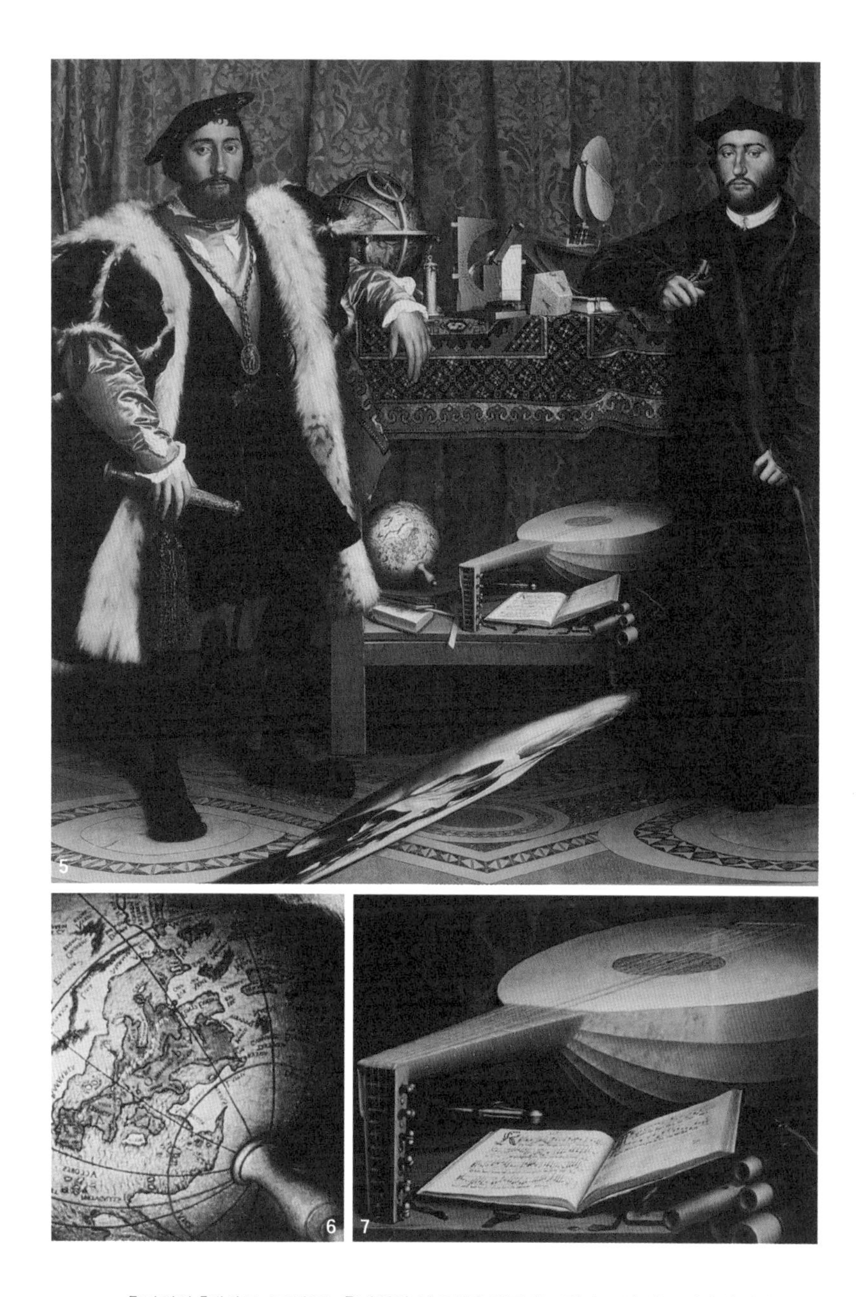

홀바인의 「대사들」(그림 5). 홀바인의 이 그림은 뒤러의 그림과 10년 정도 시차가 있다. 그러나 홀바인의 그림 속 지구본(그림 6)과 류트(그림 7)의 정교함은 뒤러의 그림과는 비교할 수 없을 만큼 높은 수준이다. 10년 사이에 도대체 무슨 일이 있었던 것일까?

장에 임명하는 식스토 4세 교황Sisto IV nomina il Platina prefetto della biblioteca Vaticana」)와 1519년에 그려진 라파엘로 산치오Raffaello Sanzio, 1483~1520의 교황 초상화(「교황 레오 10세와 추기경들Ritratto di Leone X coi cardinali Giulio de' Medici e Luigi de' Rossi」)를 비교하며 설명한다. 불과 50년 사이에 나타난 변화라고 보기에는 그림의 사실적 표현 방식에 엄청난 차이가 있다. 그 비밀은 바로 라파엘로의 교황 초상화 안에 있다고 호크니는 설명한다. 교황이 손에 쥐고 있는 '볼록렌즈'다.49

렌즈의 사용에 관한 기록은 13세기 후반부터 나타난다. 그러나 1450년 요하네스 구텐베르크Johannes Gutenberg, c. 1400~1468의 인쇄 혁명으로 독서 욕구의 증대와 안경의 개발이 뒤따랐고 1500년경부터 '유리 혁명'은 본격적으로 시작됐다. 오목렌즈와 볼록렌즈가 만들어지고, 이에 상응하는 광학 기술이 획기적으로 발전한 것이다. 회화의 느닷없는 정교함과 믿기 힘든 사실성도 바로 이 유리 혁명의 결과라고 호크니는 주장한다.

'카메라 옵스큐라', '카메라 루시다camera lucida'는 유리 혁명의 증거다. 원근법적 재현을 회화의 근본으로 여겼던 르네상스 시대에 카메라 옵스큐라를 사용하는 것은 공공연한 비밀이었다. 방을 어둡게 하고 한쪽 벽에 작은 구멍을 뚫으면 반대쪽 벽에 외부의 상이 거꾸로 맺히는 원리를, 렌즈를 사용해 기계적으로 구현한 카메라 옵스큐라 실험 내용은 레오나르도 다 빈치Leonardo da Vinci, 1452~1519의 노트에도 자세하게 나온다.*

카메라 옵스큐라는 시간이 지나면서 카메라 루시다라는 휴대하기 간편한 형태로 진화하며 화가들의 애장품이 된다. 카메라 루시다는 렌즈를 통해 외부의 대상을 화폭 위에 비추는 장치다. 카메라 루시다를 통해 대상을 화폭 위에 비추고 그대로 베끼기 시작했다는 이야기다. 당시 화가들이 이런

* 레오나르도 다빈치는 인간 눈의 구조를 카메라 옵스큐라로 처음 설명했다(다빈치 2006, p. 60 이하).

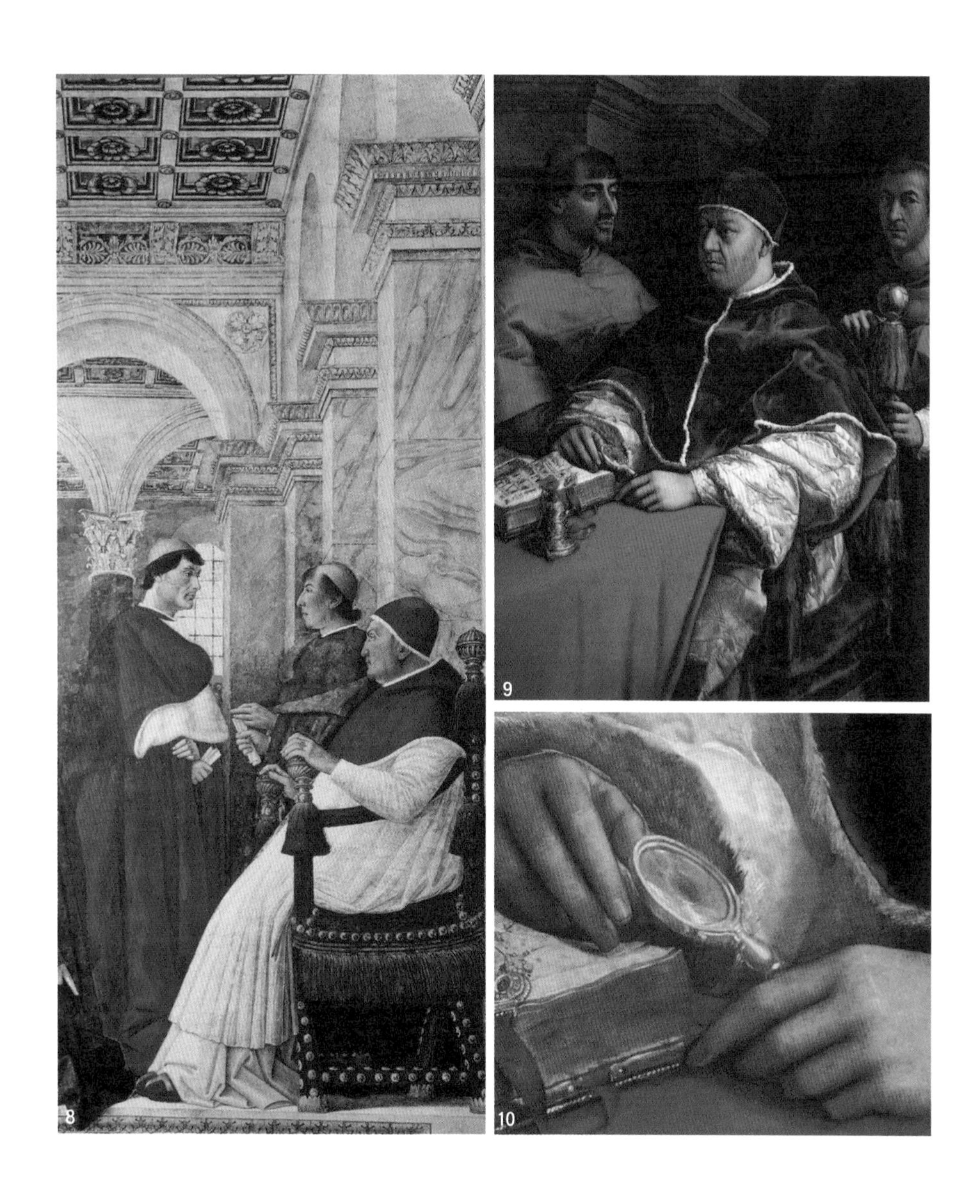

1475년경에 다포를리가 그린 교황 초상화(그림 8)와 1519년에 라파엘로가 그린 교황 초상화(그림 9). 불과 50년이 지났을 뿐이지만 두 그림의 사실적 표현 방식은 엄청난 차이를 보인다. 비밀은 볼록렌즈(그림 10)다.

식으로 그림을 그렸다면, 오늘날 내가 빔 프로젝터로 대상을 종이에 비추고 그림을 그리는 것은 왜 안 된다고 하는 걸까? 왜 '그때는 맞고 지금은 틀리다'는 걸까?

렌즈를 통과한 피사체의 모습을 필름에 저장하는 사진 기술이 일반화될 때까지 화가들은 카메라 옵스큐라, 카메라 루시다를 사용해 그림을 그렸다. 그런다고 아무도 문제 삼지 않았다. 당시의 화가들이란 수공업자였다. 다양한 광학 기술을 이용한 그들의 작업은 수공업적 숙련도와 같은 차원으로 여겨졌다. 화가의 미학적·예술적 감수성은 논의의 대상이 아니었다. 회화의 수준과 화가의 능력을 판단하는 가장 중요한 기준은 '똑같은가', '닮았는가'였을 뿐이다.

'좋은 그림'이란?

회화가 '예술을 위한 예술'의 영역, 즉 숭고한 미학적 가치를 생산하는 영역으로 편입된 것은 인상주의 이후의 일이다. 앞서 설명한 게슈탈트 심리학의 '완결성의 원리'*가 작동하여 화가와 그림을 보는 관람자 사이에 상호작용이 가능해지면서 회화는 예술의 영역에 편입되기 시작했다. 대상을 정확하게 재현하는 수준으로 그림을 평가하던 방식이 바뀌기 시작했다. '좋은 그림'이란 관람객과의 '상호작용 여부'로 판단되기 시작한 것이다.

20세기에 들어서자 사람들은 아예 '그린다'는 행위 자체를 의심하기 시작했다. 구태여 붓과 물감으로 화폭에 그림을 그리지 않아도 화가(혹은 작가)와 관람자 사이의 상호작용은 얼마든지 가능해졌기 때문이다. 사진, 영

* '완결성의 원리'에 관해서는 Unit 6 참조.

화 같은 다양한 시각 매체의 등장은 이 같은 의심을 더욱 부추겼다. 오늘날 스마트폰의 공짜 앱만 가지고도 멋진 그림을 만들 수 있다. 이를 크게 인쇄하여 벽에 붙이면 유명 화가가 직접 그린 그림인지, 컴퓨터로 그린 그림인지 구분하기조차 힘들다. 이쯤 되면 손으로 직접 그린다는 행위가 도대체 무슨 의미가 있는지 질문할 수밖에 없다.

실제로 그랬다. 1917년, 마르셀 뒤샹Marcel Duchamp, 1887~1968이 변기를 전시하며 '샘'이라 이름 붙였을 때 '손으로 그리는 예술'로서 회화가 가졌던 독점적 지위는 끝났다. 그 후 다양한 작가들이 손으로 그리는 행위로서의 회화를 모독(!)하기 시작했다. 깡통이나 쓰레기를 작품으로 전시하기도 하고, 디즈니 만화 주인공이나 영화배우의 사진을 크게 확대하고는 예술작품이라 주장했다. 그 작품들은 이제 상상할 수 없는 가격으로 거래된다.

시간이 흐를수록 각 예술 영역을 개념적으로 구분하는 것조차 의미 없는 일이 되고 말았다. 회화, 조각, 공예, 수공예 같은 영역 구분은 이제 쓸모없어졌다는 이야기다. 발터 그로피우스가 장르의 구분 없이 '건축의 날개 밑으로 헤쳐 모여!'를 외친 것은 이러한 시대 흐름을 앞서 읽었기 때문이다. 산소 부족을 경고하는 '잠수함의 토끼'처럼 20세기 예술의 위기를 느낀 그로피우스는 바우하우스의 교육 프로그램을 통해 새로운 비전을 제시하려고 했다.

조영남의 대작 사건은 바로 이 같은 '그리기'의 사회적 맥락에서 이해돼야 한다. 누구도 그가 그린 화투가 실제 화투와 똑같아서, 혹은 그의 붓질이 대단히 '예술적'이어서 그의 화투 그림을 구매하지는 않았을 것이다. 가수 조영남이라는 흥미로운 인물이 그렸기 때문에, 아니면 화투를 그린 그의 상상력이 재미있어서 그림을 구매했을 것이다. 만약 다른 사람이 화투 그림을 그렸다면 그 사람은 조영남을 흉내 냈다고 비난받았을 것이다. 화투를 그림으로 그렸다면 당연히 조영남의 것으로 생각한다는 이야기다. 더군 다나 그가 화투 그림에 직접 사인을 했다면 조수가 그렸더라도 그것은 조영남의 그림이다. 그의 조수가 그 화투 그림을 자기 그림이라며 팔려고 한다면 아무도 사지 않을 것이기 때문이다.

마르셀 뒤샹도 마찬가지다. 뒤샹이 변기를 직접 제작했다는 이야기는 없다. 동네 귀퉁이의 세라믹 상점에서 변기를 사들여 "R. Mutt"라고 서명했을 뿐이다. 오늘날 유명 팝아트 작가들 가운데 자신이 직접 작업하는 경우는 별로 없다. 잘나가는 작가는 조수 수십 명, 수백 명과 함께 작업한다. 그런데도 그들의 작품은 수억 원, 수십억 원에 팔려나간다. 그런 작품은 이제 우리나라의 유명 백화점이나 골프장에서 흔히 볼 수 있다. 그들에 비하면 조영남은 아주 양호하다. 덧칠이라도 한 번씩은 꼭 했기 때문이다.

이렇게 조영남을 변호하면, 어디다 대고(!) 조영남을 앤디 워홀Andy Warhol, 1928~1987이나 로이 리히텐슈타인Roy Lichtenstein, 1923~1997같이 위대한 세계적 팝아티스트들과 비교하느냐고 한다. 아, 제발 그러지 말자. 워홀이나 리히텐슈타인의 작품이 조영남의 화투 그림보다 더 훌륭하다는 객관적 기준이 과연 있는가? 그들의 작품이 고작 몇백만 원 하는 조영남의 것보다 엄청나게 비싸다는 사실 이외에 그 작품들 사이의 예술적 차이를 설명할 수 있을까? 그들이 변기나 통조림 깡통을 예술의 대상으로 삼았던 것처럼 조영남은 화투라는

조영남의 화투 그림. 그는 '패가망신'하는 화투를 너무 오래 가지고 놀았다. 그래서 그렇게 고생한 거다. 달리 설명하기 힘들다.

'패가망신의 도구'를 예술의 대상으로 만들었다. 그 정도면 조영남도 그들만큼이나 충분히 예술적(!)이지 않을까?

조영남은 결국 대법원까지 가서 무죄판결을 받았다. 그러나 나는 조영남이 감옥에 갔어야 했다고 생각한다. 그러면 대한민국의 유명 작가들도 바로 그들의 조수, 조교들에게 협박을 받게 될 것이고, 이런 사태가 두려운 유명 작가들이 현대미술에서 '대작代作'의 의미에 대해 내놓고 이야기했을 텐데 말이다. 조영남이 감옥에 갔어야만 한국 사회에서 '현대미술' 혹은 '예술'에 관해 제대로 된 논쟁이 시작됐을 것이라는 이야기다.

Unit 18.

라이프치히

분트의 심리학 실험실

바우하우스가 있었던 바이마르와 데사우는 독일 동부의 중심 도시인 라이프치히의 영향권에 있다. 제철이나 화학 등의 공업이 발달했던 라이프치히는 나폴레옹 1세Napoléon Bonaparte, 1769~1821와의 전쟁 이후 유럽의 새로운 문명에 예민하게 반응하는 안테나 같은 도시였다. 그 역할에 맞게 라이프치히에는 대학, 연구소, 박물관이 몰려 있다. 학술, 출판 같은 지식산업도 다른 도시에 앞서 발전했다. 물론 요한 제바스티안 바흐, 펠릭스 멘델스존, 로베르트 슈만 등이 활약한 음악의 도시로도 유명하다.

19세기 말, 근대 학문 형성사에서 매우 주목할 만한 변화가 라이프치히에서 시작됐다. '심리학'이라는 학문이 바로 그곳에서 발생한 것이다. 1879년, 빌헬름 분트Wilhelm Wundt, 1832~1920의 심리학 실험실이 라이프치히대학에 처음 설립됐다. '심리학'이라는 용어는 물론 그 이전에도 있었다. 그러나 철학이나 의학의 하위 분야로 여겨졌을 뿐이다. 분트는 당시 학문의 새로운 모범으로 여겨지는 자연과학적 방법론을 인간 심리 연구에 처음으로 적용했다. 철학적 연구 주제를 자연과학적으로 접근하는 이 신선한 방식 덕분에 심리학은 바로 독자적 학문 분야로 자리 잡게 되었다.

1990년, 나는 분트의 라이프치히 심리학 실험실을 처음 방문했다.

베를린장벽은 무너졌으나 여전히 동독의 공산당 정권이 살아 있을 때다. 서베를린의 한국 총영사관에서는 섣부른 동독 여행을 금했다. 동베를린에는 여전히 북한 대사관이 있었기 때문이다. 그러나 그런 금지 명령을 따르기에 당시 나는 너무 젊었다. 무엇보다도 사회주의의 실제 모습을 직접 내 눈으로 확인하고 싶었다. 베를린장벽이 무너지기 전까지만 해도 동독은 현실 사회주의국가 중에 으뜸가는 모범 국가였다.

내가 동독 한가운데에 있는 서베를린으로 유학한 것은 제대로 된 사회주의국가를 직접 보고 싶었기 때문이다. 당시 내게 동독은 북한 같은 사이비 사회주의국가와는 질적으로 다른, 진정한 마르크스주의의 미래를 약속하는 국가였다. 정치적으로나 경제적으로 후진성을 극복하지 못하는 내 조국의 대안이 될 수도 있다고 생각했다. 그런데 그런 동독이 베를린장벽과 함께 한순간에 무너져 내리고 있었다. 당시에 내 정신적 충격은 말도 못 할 정도였다. 역사의 가장 앞자리에 서 있다고 생각했는데, 한순간에 역사의 가장 뒷자리로 밀려난 듯한 느낌이었다. 그래도 동독의 도시를 직접 돌아보며 사회주의가 회생할 수 있으리라는 희망을 확인하고 싶었다. 하지만 현실은 내 기대와 전혀 달랐다.

동베를린, 라이프치히, 드레스덴을 돌아보며 나는 절망했다. 도로는 곳곳이 파여 있었고, 거의 모든 건물의 벽에는 아주 오래된 페인트칠 흔적만 남아 있었다. 백화점이나 거리 상점에서 살 만한 물건은

베를린장벽이 무너진 그 이듬해에 방문한 분트의 라이프치히 심리학 실험실에서 구한, 분트 실험실 광경을 담은 자료 사진

전혀 없었다. 판매원들은 가게에 들어선 손님에게 눈길 한 번 주지 않고 자기들끼리 잡담만 했다. 도로를 굴러다니는 소형 자동차들은 모두 조악한 강화플라스틱으로 만들어진 '트라반트Trabant'*였다. 거의 모든 차에서 견디기 힘든 검은 매연이 뿜어져 나오고 있었다. 더 이상 어떤 기대도 할 수 없는 현실 사회주의의 몰락을 직접 눈으로 확인하며, 나는 심리학을 정말 열심히 공부하기로 마음먹었다. 다른 대안이 없었다.

내 결심을 굳히기 위해 심리학의 발상지로 여겨지는 라이프치히대학의 분트 실험실을 물어물어 찾아갔다. 당시 서방의 심리학자들 가운데 동독의 그곳까지 찾아갈 수 있는 사람은 거의 없었다. 분트의 실험실은 라이프치히대학의 본관 건물에서 멀리 떨어진 한적한 동네의 작은 건물 꼭대기에 있었다. 분트의 오래된 실험실 장비들은 협소한 장소이지만 그런대로 잘 전시되어 있었다. 안내자는 일본 사람이냐면서 분트의 제자들 이름을 펼쳐 보였다. 당시 분트의 제자 중에는 일본 사람도 몇 명 있었다. 한 세기 전 일본은 그렇게 앞서 있었다.

2016년, 나는 26년 만에 라이프치히의 분트 심리학 실험실을 다시 찾았다. 분트의 자료가 26년 전에 방문했을 때와는 전혀 다른 방식으로 정리되어 있을 것이라고 내심 기대했다. 역사적 의미를 새롭게 부각하며 정리할 수 있는 시간이 충분히 흘렀기 때문이다. 그러나 아뿔싸, 이건 최악이었다. 당시 깔끔하게 정리되어 있었던 분트의 실험실 기계들이 좁은 방 하나에 이삿짐처럼 쌓여 멋대로 뒹굴고 있었다. 이제 제대로 된 시간적·공간적 분류는 아예 불가능해 보였다.

* 1957년에 처음 출시된 트라반트는 당시만 하더라도 최첨단 자동차였다. 600cc, 2기통의 전륜구동으로 매우 가볍고 효율적인 차였다. 1991년 독일의 통일과 함께 단종될 때까지 트라반트는 디자인에서나 기술에서나 거의 아무런 변화 없이 생산됐다. 당시 동독 주민들에게는 이 작은 자동차를 소유하는 것이 유일한 사치였다.

안내자라며 억지로 끌려 나온 듯한 젊은 연구원은 몹시 부끄러워하며 어깨만 연신 올려댔다. 심리학의 발생지라며 모든 심리학 교과서에서 자랑스럽게 언급되는 분트의 실험실이 이럴 수는 없는 일이다. 더구나 '아카이브의 나라'** 독일이 이러면 안 된다.

** 독일은 '기록'과 '정리'의 나라다. 거의 강박적 수준이다. 오죽하면 "괜찮아요?"라는 질문이 "모든 게 다 잘 정리되어 있습니까Alles in Ordnung?"일까. 독일에서는 정리가 안 되어 있으면 '괜찮지 않은 것', 즉 '잘못된 것'이다.

2016년에 목격한 라이프치히대학의 분트 심리학 실험실 잔해. 통일된 지 26년이 지난 후, 근대 심리학의 창시자 빌헬름 분트의 실험실은 이렇게 '폐허(?)'가 되어 있었다.

라이프치히대학의 본관 입구. 1409년에 설립된 라이프치히대학은 동독 시절에 '카를마르크스대학'으로 이름이 바뀌었다. 동독이 무너진 1990년, 대학은 본래 이름을 되찾았다.

베토벤이 구해낸 '예술'

실망하여 돌아서서 라이프치히역으로 향했다. 오래된 시내 중심가의 건물들 사이에서 아주 특이하게 거대한 사각형 건물이 눈에 띄었다. 사면이 뽀얀 유리로 둘러싸인, 지극히 바우하우스적인 그 건물은 '조형예술박물관MdbK, Museum der bildenden Künste'이었다. 들어가보니 알브레히트 뒤러나 페테르 파울 루벤스Peter Paul Rubens, 1577~1640, 루카스 크라나흐Lucas Cranach, 1472~1553의 작품들이 전시되어 있었다. 그러나 인상적 건물의 외관이나 전시 공간의 세련됨에 비해 전시된 작품들은 그리 흥미롭지 않았다. 단 하나의 작품만 내 눈길을 사로잡았다. 건물 입구에 전시된 베토벤 상像이었다. 막스 클링거Max Klinger, 1857~1920가 16년간의 제작 기간을 거쳐 1902년에 완성한 대리석의 「베토벤 좌상Beethoven-Büste」이다. 전시장 전체를 압도하는 엄청난 작품이다. 이 하나의 작품만으로도 라이프치히 조형예술박물관의 존재 가치는 충분해 보였다.

클링거의 「베토벤 좌상」은 1902년 4월 15일부터 6월 27일까지 빈에서 열린 제14회 빈 제체시온 전시관의 한가운데에 놓여 있었던 작품이다.* 이 제체시온 전시회는 여러모로 유명하다. 그 유명한 구스타프 클림트의 「베토벤 프리즈Beethoven Fries, 1902」가 벽에 그려졌고, 개막식 행사에서는 구스타프 말러가 루트비히 판 베토벤의 《교향곡 9번》을 발췌해 연주했다.[50] 사실 클링거의 「베토벤 좌상」이 전시회의 중심이었지만, 당시에는 클림트의 벽화가 더 화제가 되었다. 특히 오귀스트 로댕Auguste Rodin, 1840~1917이 클링거의 작품에는 눈길 한 번 제대로 주지 않고 클림트의 벽화만을 격찬한 이야기는 유명하다. 그러나 클링거의 작품을 직접 눈으로 보면 로댕의 평가가 그리 정당한 것이 아님을 느끼게 된다. 베토벤의 내면에 숨겨져 있는 인간

* 빈 제체시온의 베토벤 전시회에 관한 더 자세한 내용은 Unit 118 참조.

으로서의 고뇌와 음악가로서의 자부심이 극적으로 표현됐다. 귀족과 교회로부터 진정으로 자유로워진 최초의 음악가였고, 천박한 부르주아들의 과시 용품으로 전락해가던 예술을 구해낸 '영웅'으로서의 위엄에 저절로 겸손한 자세가 된다.

높은 곳에서 관조하는 듯한 「베토벤 좌상」 주위를 수십 바퀴 돌았다. 갑자기 의문이 들었다. "베토벤의 '예술'이 과연 내가 오늘날 알고 있는 그 '예술'과 같은 것인가?"라는 의문이었다. '왕과 귀족, 그리고 교회를 위한 예술'과 베토벤 이후에 본격적으로 가능해지는 '예술을 위한 예술'의 의미는 근본적으로 다르다. 그렇다면 오늘날 지구 반대편의 전혀 다른 문화적 맥락에서 살아온 내가 이해하는 '예술'의 내용이 과연 이 박물관에 전시된 '예술'의 내용과 같은 것인가?

예술의 본질에 관한 내 질문은 박물관 명칭에 포함된 '조형예술'이라는 단어를 통해 좀 더 구체화됐다. 박물관에는 분명히 회화와 조각과 사진,

어스름한 저녁 무렵의 라이프치히 조형예술박물관

그리고 도무지 어느 한 분야로는 분류할 수 없는 다양한 예술작품이 전시되어 있다. 이 모든 것이 조형예술인가? 질문은 이어졌다. 'bildende Kunst'가 '조형예술'로 번역된다면 '예술Kunst'과의 차이는 무엇일까? 조형예술이 예술의 하위개념이라면 조형예술 이외에 예술의 또 다른 하위 영역에는 어떤 것이 있을까? '미술'은 또 어디에 속하는 것일까? 우리가 당연히 알고 있다고 생각하는 예술과 미술의 개념은 도대체 언제부터 생겨난 것일까? '미술관'과 '박물관'의 차이는 도대체 무엇일까? '뮤지엄Museum'은 언제 박물관으로 번역되고, 언제 미술관으로 번역될까?

라이프치히 조형예술박물관에 있는 클링거의 「베토벤 좌상」. 1902년 빈 제체시온 전시관 한가운데에 놓였지만, 클림트의 벽화에 밀려 빛을 보지 못했다.

Unit 19.

예술과 기술

'예술'은 원래 '기술'이었다!

독일어 'bildende Kunst'를 번역한 '조형예술'은 3차원 혹은 2차원 공간에 표현되는 '시각적 표현예술'의 총칭이다. bildende Kunst는 영어로는 'fine arts'로 번역된다. 이런 경우에 bildende Kunst는 '예술' 혹은 '순수예술'로 번역되어 조형예술보다는 좀 더 확장된 의미를 갖는다. '과학science'이 좁게는 '자연과학'이고, 넓게는 '학문'을 뜻하는 것과 비슷하다.

흥미로운 점은 이 개념이 그리 오래된 개념이 아니라는 사실이다. 'bilden'은 '모양으로 만들어내다', '형상화하다'라는 의미다.* 이 단어와 예술이 합쳐진 'bildende Kunst'는 19세기 초반에 생겨난 개념이다. 주로 회화, 조각, 건축이 여기에 포함된다. 조형예술에 대립되는 개념은 '표현예술darstellende Kunst'이다. 연극, 무용, 영화처럼 시간의 흐름을 갖는 예술 양식을 지칭한다. 그러나 문헌을 뒤지다 보니 이 같은 독일어권의 예술 구분이 보편적으로 적용되는 것은 아니었다. 자료를 계속 조사했다. 희한하게도 너무나 당연할 것 같은 예술의 장르 구분이 어느 자료에도 명확하게 설명되어 있지 않았다.

* '교양'의 독일어인 'Bildung'의 어원도 'bilden'이다(Unit 14 참조). '건축', '예술', '교양'의 독일어가 모두 'bilden'에서 출발한다는 사실이 아주 흥미롭다.

일단 우리가 가지고 있는 막연한 일반 상식으로 예술을 떠올리면 대충 이런 식이 된다. 예술이 가장 큰 범주가 되고, 그 아래에서 미술은 시각예술, 음악은 청각예술, 무용은 무대예술 등으로 나뉜다. 문학은 조금 애매하다. 예술에 속하는 것 같기도 하고, 예술과는 구분되는 별도의 분야 같기도 하다.

답답하면 찾아 들어가는 포털 사이트의 지식 검색에 들어가 '예술의 장르'로 검색했다. 검색 결과는 더 산만했다. "표상 형식表象形式에 의한 '공간예술'과 '시간예술', 목적에 따른 '자유예술(순정예술)'과 '효용예술', 대상對象 관계에 의한 '재현예술(모방예술)'과 '자유예술(비모방예술)' 등."

오늘날까지도 예술의 영역 구분이 그리 분명치 않다는 이야기다. 그러나 인류 역사와 더불어 시작된 예술적 행위에 대한 설명이 명확하지 않은 것은 어찌 보면 당연하다. 끊임없이 경계를 뛰어넘는 창조적 작업인 예술의 한계와 영역이 명확하게 규정된다면, 그것은 이미 예술이 아니기 때문이다. 실제로 예술의 역사가 그랬다. 예술 개념의 역사에 관해 가장 흥미로운 저작을 남긴 폴란드 미학자 블라디스와프 타타르키비츠Władysław Tatarkiewicz, 1886~1980의 『미학의 기본 개념사Dzieje sześciu pojęć, 1975』를 읽다 보면 예술의 개념은 지극히 최근의 개념임을 알 수 있다. 지금도 여전히 해체와 재구성을 반복하는 현재진행형이다.

일단 어원부터 살펴보자. 영어로 예술은 'art'다. 이 단어는 그리스어의 '테크네téchne'를 번역한 라틴어의 '아르스ars'에서 유래한 것이다. 예술의 기원이 '솜씨', '기술'이었다는 이야기다. 타타르키비츠에 따르면 이 같은 기술 혹은 솜씨는 일정한 규칙을 전제로 한다.[51] 집을 짓거나 그릇을 만드는 기술은 이미 정해진 원리나 규칙을 알고 있어야만 발휘될 수 있다. '규칙에 관한 지식을 기반으로 한 기술'을 뜻하는 art는 독일어 Kunst의 어원을 살펴보면 더 잘 이해된다. 'Kunst'는 '할 수 있다'는 의미의 'können'에서 유

스위스 바젤 인근의 비트라 뮤지엄Vitra Museum에 전시된 의자들. 예술인가, 기술인가?

래했다.* 어떤 분야든 해당 분야의 '지식'을 가지고 '기술'을 연마해야만 할 수 있는 것이 예술이었다는 이야기다.

기술과 예술이 동의어였다는 사실은 참 놀랍다. 오늘날 우리가 예술이라고 하면 떠올리는, 규칙을 파괴하는 창조성이나 창의력 같은 단어는 예술의 어원인 art와는 정반대 개념이었다는 것이다. 그래서 고대 그리스에서

* 'Kunst'의 어원이 'Können'인 것은 다수의 독일어 어원사전에서 확인할 수 있다. 때에 따라 '알다'라는 의미의 'Kennen'이 언급되기도 한다. '능력'과 관련된 단어라는 것이다. 이와 관련해 다음과 같은 독일식 아포리즘이 있다. "예술은 'Können(할 수 있다)'에서 나왔다. 만약 'Wollen(원한다)'에서 나왔다면 '불스트' 혹은 '분스트'라고 했을 것이다Kunst kommt von Können, käme sie von Wollen, hieße sie Wulst(oder Wunst)". 이 말의 출처는 명확하지 않다. 프리드리히 니체가 했다고도 하고, 요한 고트프리트 폰 헤르더Johann Gottfried von Herder, 1744~1803가 했다고도 한다.

자유로운 상상력이 발휘돼야 하는 '시'는 예술 영역에서 제외됐다. 시인은 예술가가 아니라 예언가 혹은 주술가에 가까웠다. 반대로 음악은 아주 쉽게 예술 영역이 되었다. 음의 높낮이와 길이가 피타고라스Pythagoras, ?B.C. 580~B.C. 500의 수학적 원리로 명확하게 설명됐기 때문이다. 규칙적이어야만 예술이 될 수 있었다는 이야기다. 규칙성과 더불어 활용 가능한 지식에 근거한 기술만이 예술 영역에 포함됐다. 특정 영역의 해박한 지식과 관련된 기술로서의 그리스적 예술 개념은 큰 변화 없이 중세 이후까지 계속됐다.

창조와 즐거움을 생산하는 활동으로서의 예술

기술과 동의어였던 예술이 '규칙에 관한 지식'과는 관계없는 '상상력의 영역'으로 재규정된 것은 18세기 중반에 이르러서다. 프랑스 사상가 샤를 바퇴Charles Batteux, 1713~1780는 1746년에 그의 책 『하나의 통일적 원리에 귀결되는 아름다운 예술Les beaux-arts réduits à un même principe』에서 '순수예술beaux-arts', 즉 'fine arts'라는 개념을 처음 사용했다.52 순수예술의 반대편에는 실용성에 기초한 '기능술', 즉 기술을 배치했다. 기술과 동의어였던 예술에서 기술이 떨어져 나가는 순간이다. 기술과 규칙, 지식 같은 요소들로 정의되던 예술은 이제 쉽게 정의할 수 없는, 지극히 심리학적인 원리로 메꿔진다. 바퇴가 이야기하는, 순수예술이 공유하는 '동일한 한 가지 원리'란 바로 '즐거움'이다.

바퇴가 정의한 '즐거움을 주는 순수예술'에는 음악, 시, 회화, 조각, 무용이 들어간다. 그러나 인간의 모든 활동을 '즐거움과 기능성의 이분법'으로 정확히 나눌 수는 없다. 바퇴는 어쩔 수 없이 즐거움과 기능성을 모두 포함하는 '제3의 영역'을 설정한다. '건축'과 '수사법'이다. 그러나 시간이 흐르면서 제3의 영역은 순수예술의 영역으로 다시 편입되었다. 이렇게 '순수예술'과 '응용예술'이라는 이분법은 굳어져 오늘날까지 자리 잡게 된다. 그러나 순수예술 내부에서는 이합집산이 여전히 계속되었다. '문학'과 '시각예술'의 분리가 일어나고, '시각예술'이 점차 '파인 아츠', 즉 '순수예술'을 대표하는 개념이 되었다. 오늘날 문학은 때에 따라 파인 아츠에 속하기도 하고, 그 영역 바깥으로 나와 '인문학humanities'을 대표하기도 한다. 거꾸로 예술이 인문학에 포함되는 경우도 있다. 이렇게 예술과 인문학의 개념 정의는 여전히 논쟁거리다.

예술과 기술이 분리되고, 예술을 '즐거움'이라는 지극히 주관적인 개념으로 규정하기 시작하면서 예술은 '창조성'이라는 또 다른 특성을 자기 영역으로 끌어들였다. 이 또한 18세기의 일이다. 당시만 하더라도 '창조'라는 단어는 인간에게 적용할 수 없는 단어였다. 창조란 '무에서 유의 창조'를 뜻하기 때문이다. 이는 신神의 고유 영역이었다. 오직 신만이 할 수 있는 일을, 인간의 행위를 설명하는 단어로 사용할 수는 없는 일이었다. 그러면 벌 받았다.

타타르키비츠에 따르면 예술가의 행위에 창조라는 단어를 처음 사용한 이는 17세기 폴란드 시인인 마치에이 카지미에시 사르비에프스키Maciej Kazimierz Sarbiewski, 1595~1640였다. 사르비에프스키는 "시인은 고안confingit하고 새롭게 창조한다de novo creat"라고 표현하며, 그때까지 오로지 신의 영역이었던 창조를 인간의 영역으로 끌어내렸다.53 그러나 이때 인간이 할 수 있는 '창조'란 언제까지나 신의 방식을 '흉내' 내는 것이었다. 다만 신의 어떤 것을 흉내 내는가에 대한 설명은 없다. 서로 어울릴 수 없는 흉내와 창조의 개념적 모순을 해결할 방법은 없어 보였다.

'신을 흉내 내는 것'과 '새로운 것을 창조하는 것' 사이의 개념적 모순을 해결할 수 있는 실마리는 계몽주의 철학자 고트프리트 빌헬름 폰 라이프니츠Gottfried Wilhelm von Leibniz, 1646~1716의 '가능적 세계mögliche Welt'라는 개념에서 찾을 수 있었다. 라이프니츠 철학의 핵심은 '단자론Monadologie'이다. 자연과학의 원자, 즉 '아톰atom'이 물질세계의 기본단위가 되는 것처럼 '모나드monad'는 형이상학 영역에서 더 이상 분할할 수 없는 세계 구성의 기본단위다. 신이 창조한 세상은 가장 이상적인 모나드의 결합이다. 무한한 모나드의 결합 가능성 중에서 최고, 최선의 결합이 바로 신이 창조한 세상이라는 것이다. "우리 세계는 가능한 모든 것 중 최고의 세계다Unsere Welt ist die beste aller möglichen Welten."[54]

신이 창조한 세상 이외의 가능적 세계를 예술가들의 창조성과 연결한 것은 라이프니츠의 철학을 계승한 '라이프니츠-볼프학파Leibniz-Wolffische Schule'였다. 라이프니츠-볼프학파는 복잡하기 그지없는 라이프니츠의 철학을 일반인이 쉽게 이해할 수 있도록 정리하여 설명했다. 그 와중에서 라이프니츠의 철학은 왜곡되고 변질된다. 그러나 바로 여기서 창조성은 인간의 영역에서 가능한 것이 된다. 스위스 철학자 요한 야코프 브라이팅거Johann Jakob Breitinger, 1701~1776는 "신은 왜 수많은 가능성 중에서 하나만 선택했을까?"라는 질문을 던지며 다음과 같이 주장했다.

> 현실적인wirklich 여러 사물로 이루어진 세계가 나타내는 현재의 배치Einrichtung가 반드시 필연적인 것은 결코 아니므로, 창조자가 다른 목적을 가지고 있었다면 전혀 다른 본성을 갖춘 존재자를 창조erschaffen하여 그들을 전혀 다른 질서 속에서 결합하고, 그들에게 전혀 별개의 규칙을 부여하는 것도 가능했을 것이다.[55]

신이 직접 창조하지 않았지만, 창조할 수 있었던 가능적 세계를 시인이나 소설가는 예술작품이라는 형식으로 구현해낼 수 있다는 이야기다. 신의 작업을 모방하지만, 신이 직접 실현하지 않았던 가능적 세계, 즉 신이 하마터면 창조할 수도 있었던 가능적 세계를 시인과 소설가는 모방한다는 것이다. 이렇게 '신에게 가능적으로 존재하는 창조의 모방'이라는 기막힌 표현으로 '창조'와 '모방'의 딜레마를 해결했다.

19세기에 들어서면 신이 창조할 수도 있었던 가능적 세계에서 신에 관한 설명이 슬그머니 빠진다. 예술가는 이제까지 경험할 수 없었던 것을 창조적으로 표현하는 신과 같은 존재가 된다. '창조의 모방'에서 모방은 빠지고 창조만 남게 된 것이다. 이후로 '창조성'은 '심리적 즐거움'과 더불어 '예술을 위한 예술'을 구성하는 매우 중요한 특징이 된다. 한마디로 예술은 '즐거움을 생산하는 창조 활동'인 것이다. 그렇다고 예술의 개념이 그리 쉽게 정리된 것은 아니었다. 이미 해결된 줄 알았던 '기술'의 문제가 산업혁명 이후에 다시 나타난다. '공예Crafts' 때문이다.

도대체 공예는 예술인가, 기술인가?

Unit 20.

공예와 예술

'공예'는 예술인가, 기술인가?

논란의 시작은 1851년에 런던 하이드파크에서 열린 인류 역사 최초의 만국박람회*였다. 산업혁명 이후 인간이 겪은 급격한 변화가 모두 전시됐다. 박람회장 중심에는 유리와 철골로 만들어진 수정궁Crystal Palace이 세워졌다. 당시 사람들에게 벽돌이 전혀 없는 건물은 충격이었다. 사람이 드나들 수 있는 이토록 거대한 유리 건물은 처음이었다. 숙련된 벽돌공의 감각만으로 짓는 벽돌집과는 차원이 달랐다. 유리와 철골만으로 건물을 짓기 위해서는 '표준화' 혹은 '규격화'가 필수였다. 표준화는 단순히 기능적 정교함의 문제가 아니었다. 인간 인식능력의 혁명적 전환을 가져왔다.

한번 표준화되면 생산성은 상상할 수 없을 정도로 증가한다. 하이드파크의 수정궁은 철재 4,500톤과 대형 판유리 293,655개가 사용된 대규모 건축이었다. 그러나 이 엄청난 건물을 짓는 데 걸린 시간은 겨우 5개월에 불과했다. 가장 무거운 재료는 8m가량의 철 기둥으로 1톤을 넘지 않았다. 수십만 개의 자재들이 조립되어 건설됐다는 이야기다. 시공 전 모든 재료와 과정의 표준화가 없었다면 절대 불가능한 일이었다. 수정궁에 사용된, 표준

* 박람회의 문화사적 의미에 관해서는 Unit 114 참조.

화에 기초한 조립 공법은 이후에 유럽 각 도시의 철교, 역사驛舍, 대형 전시장의 건축에 그대로 적용됐다.56

전시회의 핵심 주제는 '예술과 산업Art and Industry'이었다. 만국박람회의 수정궁과 그 주변의 박람회 건물에 전시된 물품들은 당시 세계 최고 수준의 영국 기술을 한눈에 보여줬다. 그러나 전시된 공산품이 보여준 예술적 수준은 절망스러웠다. 박람회가 끝난 후, 영국 산업의 예술적 한계를 극복하기 위한 노력이 다양하게 시도됐다. 무엇보다도 디자인*과 예술교육의 중

라이프치히 역사 내부. 기차역은 산업혁명의 핵심이 그대로 전시된 박물관이다. 철골구조와 유리로 된 기차역은 표준화에 기초한 효율적 건축의 백미다.

요성이 강조됐다. 소규모로만 존재하던 예술교육 전문 기관이 대규모로 확충됐다.

1852년에는 36개의 디자인학교가 설립되고 1864년에는 91개로 늘어나서 16,000명의 디자인 전공 학생이 공부할 수 있게 되었다. 공예 박물

* '디자인'의 어원은 스케치를 의미하는 이탈리아어 '디세뇨disegno'다. 16세기경부터 사용된 이 단어가 영어 단어 'design'으로 소개된 후 스케치, 계획, 설계를 의미하는 건축학적 용어로 주로 쓰였다. 공업 생산품의 형태 및 도안과 관련한 용어로 본격 사용되기 시작한 것은 1851년 런던 만국박람회부터다(베렌츠 2013, p. 10 이하).

기차역 전면에는 항상 커다란 시계가 있다. 출발 시각과 도착 시각이 정해지지 않은 기차는 아무 의미가 없기 때문이다.

관도 생겨났다. 1852년, 런던 만국박람회를 총기획했던 헨리 콜Henry Cole, 1808~1882은 박람회가 끝나자마자 영국 최초의 공예 박물관인 '사우스켄싱턴박물관South Kensington Museum'을 설립했다. 지금의 '빅토리아앨버트박물관Victoria & Albert Museum'이다.57 디자인 전문 잡지도 생겨났다. 그러나 산업과 예술의 관계와 관련하여 이 같은 긍정적 변화만 있었던 것은 아니다. 아예 기계문명 자체를 거부하는 운동도 시작됐다.

미술공예운동

다들 산업혁명의 놀라운 결과에 감탄하고 있을 때 기계문명과 예술 사이에 극복될 수 없는 모순을 주장하는 사람들이 나타났다. 존 러스킨John Ruskin, 1819~1900과 윌리엄 모리스다. 화가이면서 건축평론가이자 사회비평가였던 러스킨은 노동자 착취에 기반한 산업혁명의 폐해를 신랄하게 비판했다. 그는 조악하고 천편일률적인 물건을 기계로 생산하는 것을 집어치우고, 인간의 본래 모습을 간직한 수공업으로 복귀해야 한다고 주장했다. 기계로 대량생산을 하는 방식은 아예 '사기'라고 단언하기도 했다. 그는 『건축의 일곱 등불Seven Lamps of Architecture, 1849』이라는 책에서 다음과 같이 쓰고 있다.

> 우리가 기억해야 할 마지막 기만 행위 역시 비난받아 마땅한 것이다. 손으로 하던 일을 주형이나 기계로 대신하는 것인데, 일반적으로 생산의 사기라고 표현할 수 있다. 이 같은 행위에 반대하는 이유는 두 가지로서 모두 중대하다. 하나는 주형과 기계로 하는 일은 죄다 작업의 질이 나쁘다는 것이고, 다른 하나는 정직하지 못하다는 것이다. (…) 내 생각에 정직하지 못하다는 것은 중대한 사안이며 절대 무조건적으로 그 일을 거부

하기에 충분한 이유라고 본다.58

기계 장식과 인조 유리 같은 산업사회의 공산품은 진짜처럼 사람들의 눈을 속이기 때문에 사기라는 것이다. 차라리 남루한 흙벽돌을 그대로 사용하는 편이 오히려 옳다는 주장이다. 이러한 러스킨의 생각을 구체화하여 인간의 손으로 직접 생산하는 '공예' 재건 운동을 펼친 이가 바로 윌리엄 모리스다. 그는 1887년 런던에서 설립된 '미술공예전시협회the Arts and Crafts Exhibition Society'*의 이론가로 활동하며 중세 수공업자들의 조직인 '길드guild'의 부활을 위해 노력했다. 모리스는 1891년부터 1896년에 그가 죽을 때까지 이 협회의 회장직을 역임했다.59

예술은 오직 수공예를 통해서만 가능하다고 주장하면서 모든 종류의 기계 생산을 거부하는 러스킨과 모리스의 수공업 부활 운동을 일컬어 '미술공예운동Arts and Crafts Movement'**이라 한다. 그러나 이들의 요구는 시대착오적이었다. 아무리 비인간적 생산방식에 의거한 대량생산이라고 할지라도 기계문명 자체를 부정할 수는 없는 일이었다. 실제로 기계 생산을 거부하고 모든 공정을 수작업으로 했던 모리스의 공방에서 나온 제품들을 일반 노동자가 구매하는 것은 불가능했다. 기계 생산품보다 훨씬 비쌌기 때문이다. 착취 없는 생산과 대중을 위한 예술을 추구했지만, 그가 생산한 수공예품들은 아이러니하게도 탐욕스러운 부자들의 과시 용품으로 전락해버리는 모순적 사태가 일어났다.60 그러나 모리스의 미술공예운동은 세계 곳곳에 강력한 영향을 미친다.

* '미술공예운동'이라는 개념은 바로 이 '미술공예전시협회'의 명칭에서 유래한 것이다(권명광 & 명승수 1983, p. 43).

** 'Arts and Crafts Movement'는 그 명칭이 갖는 본래 의미의 맥락상 '예술공예운동'이라 번역해야 옳다. 그러나 '미술공예운동'으로 이미 널리 통용되는 까닭에 그 명칭을 이 책에서도 그대로 사용한다. '예술'과 '미술'의 번역 문제에 관해서는 Unit 22 참조.

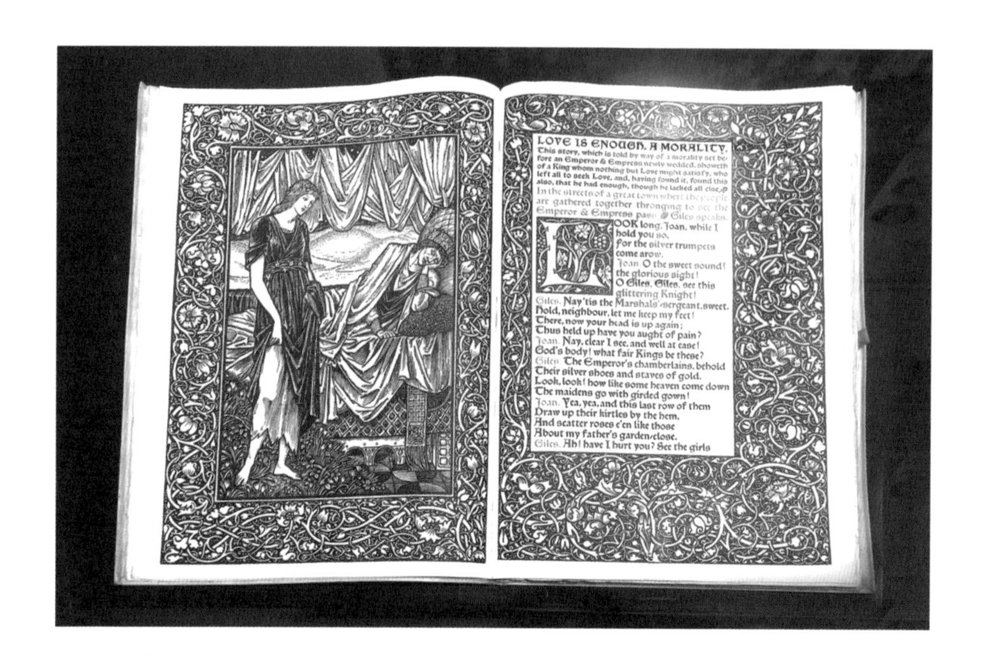

LOVE IS ENOUGH, A MORALITY.
This story, which is told by way of a morality set before an Emperor & Empress newly wedded, showeth of a King whom nothing but Love might satisfy, who left all to seek Love, and, having found it, found this also, that he had enough, though he lacked all else.
In the streets of a great town where the people are gathered together thronging to see the Emperor & Empress pass Giles speaks.
LOOK long, Joan, while I hold you so,
For the silver trumpets come arow.
Joan. O the sweet sound! the glorious sight!
O Giles, Giles, see this glittering Knight!
Giles. Nay 'tis the Marshals' sergeant, sweet.
Hold, neighbour, let me keep my feet!
There, now your head is up again;
Thus held up have you aught of pain?
Joan. Nay, clear I see, and well at ease!
God's body! what fair Kings be these?
Giles. The Emperor's chamberlains, behold
Their silver shoes and staves of gold.
Look, look! how like some heaven come down
The maidens go with girded gown!
Joan. Yea, yea, and this last row of them
Draw up their kirtles by the hem,
And scatter roses e'en like those
About my father's garden-close.
Giles. Ah! have I hurt you? See the girls

모리스가 디자인한 책(위)과 벽지(아래). 모리스는 기계 생산을 부정하고 가난한 사람들을 위한 수공업의 부활을 선언했다. 그러나 그의 작품을 구매한 사람들은 아이러니하게도 극소수 상류층이었다. 수공업 생산이 기계 생산보다 훨씬 비쌌기 때문이다.

영국의 미술공예운동이 던진, '기계문명'과 '아름다움'의 관계에 관한 질문의 대답은 세계 각국에서 다양한 방식으로 시도됐다. 프랑스와 벨기에에서는 '아르누보'라는 이름으로, 신흥 강국이었던 미국에서는 프랭크 로이드 라이트Frank Lloyd Wright, 1867~1959를 중심으로 한 주거 디자인, 인테리어 산업으로 전개됐다. 독일과 오스트리아에서는 '유겐트슈틸'이라는 이름으로, 체코·헝가리·폴란드 같은 나라들에서는 민족주의 아이덴티티를 드러내는 형식으로 이어졌다.61

매우 흥미로운 것은 일본의 경우다. 우리에게 익숙한 이름인 야나기 무네요시柳宗悦, 1889~1961의 '민예운동'도 바로 영국의 미술공예운동과 깊은 상관이 있다.* 우리가 자주 들었던 "조선의 정서는 한恨이다" 혹은 "중국은 형태의 예술이고, 일본은 색의 예술이며, 조선은 선의 예술이다" 같은 이야기는 모두 야나기에게서 나왔다. 그의 이론과 활동은 독일의 바우하우스와 한국의 도자기 같은 공예품이 어떻게 연관되는가를 설명해주는 아주 중요한 연결고리다.

* 영국의 미술공예운동을 일본의 시라카바파에게 소개한 이는 버나드 리치다(MacCarthy 2015, p. 98). 현재 영국박물관 한국관에 전시되어 있는 달항아리는 1935년 리치가 영국에 들여온 것이다. 미술공예운동이 시라카바파의 야나기 무네요시에게 미친 영향에 관해서는 Unit 26 참조.

Unit 21.

표준화 논쟁

표준화는 창조성의 적인가?

1860년경부터 시작된 영국의 '미술공예운동'은 독일어권에서는 '유겐트슈틸'이라는 이름으로 수용됐다. 미술공예운동을 주도한 영국의 '미술공예전시협회'에 상응하는 단체들도 유럽의 각 나라에서 조직됐다. 오스트리아 빈에서는 오토 바그너Otto Wagner, 1841~1918의 제자이며 빈 제체시온의 창립 멤버였던 요제프 호프만Josef Hoffmann, 1870~1956의 주도로 '빈 공방Wiener Werkstätte'이 1903년에 설립됐다.

독일에서는 1907년에 '독일공작연맹'이 뮌헨에서 조직됐다. 이 단체는 건축가이자 외교관이었던 헤르만 무테지우스와 정치가 프리드리히 나우만Friedrich Naumann, 1860~1919이 주도했다. 프로이센 제국의 외교관으로 영국에 머물면서 미술공예운동과, 이와 관련된 영국 사회의 시행착오를 눈으로 직접 확인한 무테지우스는 기술과 예술의 결합을 통해 독일의 뒤처진 경제를 발전시키고 싶었다. 이를 위해 무엇보다도 전문가들의 조직이 우선돼야 한다고 생각했다.*

당시 바이마르에 머물렀던 벨기에 출신의 아르누보 건축가 헨리 반 데 벨데도 독일공작연맹의 창립에 적극 참여했다. 독일공작연맹이 결성되기 바로 한 해 전인 1906년, 반 데 벨데는 바이마르 작센대공 공예학교를 설립했다. 영국 미술공예운동의 한계로 지적됐던 '기계 생산'에 대한 독일공작연맹의 입장은 출발부터 아주 분명했다. 초대 회장을 역임한 건축가 출신의 테오도어 피셔Theodor Fischer, 1862~1938는 이렇게 선언한다.

> 도구와 기계 사이에는 결정적 경계선이 없다. 기계를 다루고 도구화하면 높은 수준의 제품을 만들 수 있게 된다. 이것은 도구나 기계나 같다. 제품이 조악해지는 것은 기계 때문이 아니라 기계를 정확하게 사용하지 않기 때문이다.62

기계는 수단일 뿐이고, 그 수단을 사용하는 인간의 기술적 수준에 의해 생산품의 미학적 수준이 결정된다는 주장이다. '기계 생산'을 긍정적으로 받아들이겠다는 선언이기도 하다. 그러나 기계문명이라는 문명사적 전환이 가져오는 혼란은 그렇게 한마디 선언으로 간단히 정리될 수는 없는 일이었다. 기계를 받아들이지만, 그저 하나의 생산수단으로만 인정하려는 소극적 입장과 기계문명을 적극적으로 수용하려는 입장은 1914년 쾰른에서 열린 독일공작연맹 전시회에서 크게 부딪친다. 이른바 '규격화'**를 둘러싸고 벌

* 헤르만 무테지우스는 '유겐트슈틸'을 막힌 길이라고 비판했다. 기계 생산을 적극적으로 활용하는 보다 혁신적인 건축, 디자인 운동이 필요하다고 생각하여 독일공작연맹 설립을 주도했다. 건축가이며 프로이센의 외교관이었던 그는 독일의 근대 문화사에서 발터 그로피우스에게 결코 뒤지지 않는, 매우 중요한 역할을 한 인물이지만, 후대에 그리 높은 평가를 받지 못했다. 직업 관료의 이력 때문이기도 하고, 예술가들과 수시로 부딪쳤던 논쟁적 성향 때문이기도 하다. 그로피우스는 "무테지우스는 불친절하고 불편한 사람이며, 헨리 반 데 벨데에게 매우 공격적인 태도를 취했다"라고 적고 있다(Isaacs 1985, p. 125). 무테지우스는 독일공작연맹의 주도적 설립과 더불어 일본의 건축, 가구, 실내장식 등을 적극 소개하며 독일어권의 자포니즘을 주도한 인물이기도 하다. 대학을 졸업하자마자 메이지 시대의 일본에 4년간 머물며 브루노 타우트에 앞서 일본 건축의 특징을 독일에 자세히 소개했다(Ganzer 2016, p. 38 이하).

** 이 맥락에서 '규격화'와 '표준화'는 같은 의미다. 독일공작연맹의 '규격화 논쟁'을 현대적으로 표현하면 '표준화 논쟁'이라 할 수 있다.

어진 '규격화 논쟁Typisierungsdebatte'이다. 그러나 이는 합리적 논쟁이라기보다는 '신념 전쟁Glaubenskrieg'[63]에 가까웠다. 처음부터 합의점을 찾기 위한 논쟁이 아니었다는 이야기다.

논쟁은 무테지우스의 규격화, 즉 '표준화Standardisierung'에 관한 일방적 선언에서 시작됐다. 기계를 통한 대량생산이 가능하려면 표준화가 필수적이라고 무테지우스는 생각했다. 1914년 7월 초, 그는 독일공작연맹이 미래에 추구해야 할 '10개 원칙'을 발표했다. 한마디로 표준화를 적극적으로 추구해야만 독일 산업의 미래가 있다는 주장이다. "건축은 물론 이와 연관된 독일공작연맹의 모든 활동은 '표준화'를 추구해야 한다. (…) 표준화를 통해서만 일반적이고 확실한 취향에 들어가는 입구를 찾을 수 있다."[64] 표준화를 해야만 대중의 취향이 높아질 수 있으며, 이를 통해 독일 제품이 효과적으로 관리되고 외국에 더 많이 수출될 수 있다고 그는 주장했다.

독일이 살 길은 표준화와 이를 통한 대량생산과 수출뿐이라는 그의 주장에 많은 이들이 즉각 반발했다. 표준화에 헌신하라는 무테지우스의 주장은 자신을 '예술을 위한 예술'에 헌신하는 예술가로 생각하고 있던 수많은 독일공작연맹 회원의 자존심을 건드렸다. 반대하는 주장이 쏟아져 나왔다. 반 데 벨데, 아우구스트 엔델August Endell, 1871~1925, 브루노 타우트가 서둘러 반대의 깃발을 들었다. '수출용 예술'은 결코 용납할 수 없다고 했다. 특히 반 데 벨데는 무테지우스가 예술가의 창조성은 전혀 안중에 두지 않는다면서 무테지우스의 10개 원칙에 상응하는 10개 반대 주장을 내놓았다. 그 가운데에서 첫 세 가지를 한번 살펴보자.

1. 독일공작연맹에 여전히 예술가가 존재하는 한, 그리고 그들이 독일공작연맹의 운명에 영향력을 행사하는 한, 그들은 규격의 설정이나 표준화에 항의할 것이다. 예술가는 본질적으로 감정이 격렬한 개인주의자

이며 동시에 자유의지를 갖고 있는 창조자다. 그들은 자발적으로 일정한 형태나 규격을 강요하는 원리에는 결코 따르지 않을 것이다. (…)

1914년 쾰른에서 개최된 독일공작연맹 전시회 포스터. 전시회는 표준화에 대한 논쟁으로 뜨거웠다. 그로피우스는 이 전시회를 계기로 독일 건축계를 책임질 미래의 리더로 떠올랐다.

2. 예술가는 효과적 '집중'을 하지만, 그들은 자기 자신의 의지나 생각보다 더욱 강한 흐름이 있고 그 흐름이 본질적으로 시대정신에 적합한 것이 무엇인가를 인식하도록 요구한다는 사실을 잘 알고 있다. 이 흐름은 여러 가지가 있을 수 있다. 예술가는 의식적이든, 무의식적이든 이 흐름을 일반적 영향으로 받아들인다. (…)
3. 그러나 우리 가운데 한 사람이라도 이렇게 얻거나 발견한 형식과 장식을 하나의 유형으로 타인에게 강요하려고 생각하지는 않는다. 우리가 시작한 것이 많은 세대에 걸쳐 행해질 때 비로소 새로운 양식의 형태로 정착될 것이고, 또 이런 시기를 통해 그 노력이 계속 이어짐으로써 형型이라든가 표준화에 대해 말할 수 있게 될 것이다.65

예술가들을 '수출 역군'으로 몰아가지 말라는 주장이다. 아울러 표준화는 예술가의 창조성을 망가뜨린다는 것이다. 창조란 오롯이 개인의 영역이며, 문화적 수준이란 자연스럽게 발전하는 것이지, 무테지우스의 주장처럼 인위적으로 바뀔 수 있는 것이 아니라는 비판이다. 무테지우스와 반 데 벨데 사이의 논쟁은 '창조성의 본질'에 관한 논제로 옮아갔다. 표준화에 기초한 기계산업이야말로 집단적 창조의 새로운 가능성을 열어준다는 것이 무테지우스의 주장이고, 창조는 오로지 예술가 개인의 몫이라는 것이 반 데 벨데의 주장이다.

표준화와 관련된 이 논쟁은 자연스럽게 다음과 같은 질문으로 이어진다. 창조성이 오롯이 개인의 영역인가? 산업사회에서 '집단적 창조성'이라는 새로운 개념이 가능한가? 표준화는 정말 창조성의 적인가? 등등. 그러나 아쉽게도 이 논쟁은 바로 그다음 달에 발발한 제1차 세계대전으로 인해 더 이상의 토론 없이 끝나고 만다. 그렇다면 당시 30대 초반의 발터 그로피우스는 어떤 입장이었을까?

집단적 창조를 위한 '표준화'

독일공작연맹의 '앙팡 테리블enfant terrible'이었던 그로피우스는 예술가 개인의 창조성과 자유를 주장하는 반 데 벨데의 편에 선다. 당시 그의 이 같은 입장은 훗날 반 데 벨데가 그로피우스에게 자신의 후임으로 바이마르 공예학교 교장직을 추천하는 계기가 된다. 그러나 그로피우스는 당시 표준화에 관한 무테지우스의 주장 자체를 비판하지는 않았다. 그의 비판은 예술가들의 자존심을 건드리는 무테지우스의 세련되지 못한 행동에 대한 것이었다. 예술가들에게 '애국주의'를 강요하면 안 된다는 것이 젊은 그로피우스의 생각이었다. 그러나 표준화 문제에 대한 그로피우스의 당시 입장은 그리 명확하지 않았다.

기계 생산에 관한 그의 애매한 태도는 바이마르에서 바우하우스를 설립할 때까지 지속됐다. 수공업 도제제도를 바우하우스의 교육 원칙으로 정한 1919년의 바우하우스 선언문에서도 그의 모호한 태도는 여전했다. 기술과 창조성의 관계에 관해 그의 입장은 1923년에 이르러서야 비로소 명확해진다. 1923년, 그로피우스는 바이마르에서 열린 바우하우스 전시회에서 '예술과 기술 – 새로운 통합Kunst und Technik–eine neue Einheit'*이라는 제목으로 연설한다. 수공업이 아니라, 이제는 기술이 예술 영역과 통합돼야 한다는 주장이다. 여기서 수공업과 기술의 결정적 차이는 '표준화'에 있다. 기계문명에 기초한 산업사회에서 창조란 더 이상 개인의 상상력만으로 가능한 것이 아님을 그로피우스는 '예술과 기술의 통합' 선언을 통해 명확히 했던 것이다.

아무리 창조적 개인이라 할지라도 그는 이미 한 공동체의 역사와 문화가 발전시켜온 창조적 성과들을 내면화한 '문화적 개인'이다. 문화적 개인

* '예술과 기술의 통합'에 관한 발터 그로피우스의 생각은 바이마르 바우하우스의 스타(?)였던 요하네스 이텐과의 갈등 과정에서 명확해졌다. 이에 관해서는 Unit 39 참조.

은 생물학적 개인과 구별된다. 문화적 개인은 자신이 속한 사회에서 오랫동안 전승되어온 표준화의 산물들을 기초로 새로운 '편집', 즉 '창조'를 시도한다. 개인의 내면에서 비밀스럽게 진행되던 이 창조 과정을 방법론적으로 구체화한 것이 바로 그로피우스의 바우하우스다. 집단적 창조가 가능하려면 표준화는 필수다. 창조의 에디톨로지가 가능하려면 일단 표준화에 기초한 '편집의 단위'가 명확해야 한다. 그래야 집단 내 소통이 가능하다. 이를 통해 '편집의 차원'이 높아지며 해체와 재구성의 편집 과정이 끊임없이 전개될 수 있다. 바우하우스가 아니라면 결코 함께 일할 수 없었을 다양한 분야의 선생과 학생들이 부딪치며 발전시킨 바우하우스의 교육과정은 이 같은 창조의 본질을 아주 분명하게 보여준다.

1914년 쾰른에서 열린 독일공작연맹 전시회에서 일어난 무테지우스와 반 데 벨데 사이의 논쟁을 그린 당시의 신문 삽화를 배경으로 실제 의자를 전시했다(바이마르 신미술관). 반 데 벨데는 자기만의 독특한 의자 뒤에 서 있고(왼쪽), 무테지우스는 표준화된 의자 뒤에 서 있다(가운데). 목수는 자신이 실제로 만든 투박한 의자 뒤에 서 있다(오른쪽).

Unit 22.

개념적 사생아, 미술

'미술'이 '예술'과 '회화' 사이에 끼어들다

오늘날 우리가 너무나 당연하게 여기는 개념들의 어원을 찾아보면 일본 메이지 시대의 번역어인 경우가 상당히 많다. 특히 학술 용어가 그렇다. 사회社會, 문화文化, 개인個人 등등. 원래부터 있었던 개념이 아니다. 이런 단어들이 불과 100여 년 전에 생겨났다는 사실을 알게 되면 아주 당황스럽다. 개념이 없으면 현상은 존재하지 않는다.*66

세계관이 달랐기 때문이다. 서구 문물을 적극적으로 수입하던 일본 메이지 시대의 지식인들은 동양에는 존재하지 않는 개념들을 일일이 한자어로 번역해야만 했다. 개념이 없으면 서양을 전혀 이해할 수 없었기 때문이다. 한국에서는 1970년대 이후 서구에서 유학한 젊은 학자들이 한국어의 문화적 맥락에 맞는 새로운 번역을 적극적으로 시도했다. 그러나 이미 일상어가 되어버린 일본식 개념들을 전부 바꿀 수는 없는 일이다. 중국도 마찬가지다. 한자는 중국의 언어지만 그들도 학술 언어는 많은 경우 일본식 한

* 개념의 번역이 문화 전반에 미치는 영향에 관해서는 그 연구가 드물다. 특히 식민지 경험으로 인해 근대 일본에서 번역된 개념들이 한국에서 어떻게 기능하고 있는가에 대해서는 논의 자체를 기피하는 경향이 있다(근대 일본의 서구 개념 번역과 더불어 개념의 번역이 인간 의식과 사회 전반에 미치는 영향에 관해서는 백욱인의 『번안사회』, 이경구 외의 『개념의 번역과 창조』, 사카이 나오키의 『번역과 주체』를 참조).

자 번역어를 사용한다. 이는 일본에 대한 정서적 불쾌감과는 별개의 일이다. 지난 역사에서 그렇게 된 일이다. 세계 공용어로 '영어'를 사용해야 하는 것과 마찬가지다. 그러나 굴곡진 근현대사를 제대로 알고서 일본식 번역어를 사용하고 영어를 사용해야 한다. 이 같은 현상을 '원래 있었던 것'으로 여겨서는 안 되기 때문이다.

서양 문물을 받아들이던 일본의 번역어 중에는 엄청난 고민의 산물도 있지만, 아주 황당한 예도 있다. 바로 '미술美術'이다. 오늘날 우리에게 너무나 자연스러운 미술이라는 단어도 메이지 시대의 산물이다. 우리 언어에서는 미술보다는 '회화繪畫'가 더 오래된 개념이다. 그러나 어느 순간부터 미술이 예술藝術과 회화 사이를 비집고 들어왔다. 이제는 예술이나 회화보다는 미술이 더 익숙하다. 초등학교 시절부터 있었던 '미술 시간' 때문이다. 어느 도시건 골목마다 '미술 학원'이 있다. 그림을 잘 그리거나 못 그리거나 미술

골목마다 미술 학원 간판은 흔히 볼 수 있다. 오늘날 미술은 지극히 당연한 단어다. 그러나 미술이라는 개념은 아주 우연히, 그리고 황당하게 만들어졌다.

은 이제 우리의 일상 언어다. 문제는 미술, 회화, 예술 같은 개념들 사이의 모호함이다.

'예술'은 한자 문화권의 고대 문헌에서도 발견되는 아주 오래된 단어다. 영어 art, 독일어 Kunst의 어원*을 생각하면 'art' 혹은 'fine arts'가 예술로 번역되는 것은 크게 어색하지 않다. 한자 문화권의 문헌에서 예술은 '학예學藝', 혹은 '무예武藝'와 '기술技術'을 합친 의미다. 예술이라는 단어가 영어 art에 상응하는 오늘날의 의미로 쓰이기 시작한 것은 1872년에 간행된 일본 최초의 일영·영일사전인 『화영어림집성和英語林集成』의 재판再版에 실리면서부터다. 이 사전은 의사이자 미국 장로교회 선교사였던 커티스 헵번Curtis Hepburn, 1815~911이 만들었다.**

헵번은 art에 상응하는 한자어를 예술로 정의하며 '감상의 대상이 되는 것을 인위적으로 창조하는 기술'로 설명했다. 그는 예술의 하위 분야로는 건축·공예·회화를 포함하는 '공간예술', 음악·문예 같은 '시간예술', 오페라·무용·연극 같은 '종합예술' 등이 있다고 썼다. 헵번은 당시 서구에서도 겨우 확립되기 시작한 예술의 구분을 자신이 집필한 사전에 자세하게 수록했다. 상당한 수준이다.

흥미롭게도 미술이라는 단어는 『화영어림집성』 제2판까지는 수록되어 있지 않다. 미술이라는 단어가 처음 나타난 것은 1886년에 간행된 제3판

* 'art'의 개념 구성에 관해서는 Unit 19 참조.

** 『화영어림집성』 초판은 1867년에 출판됐다. 커티스 헵번은 개화기 일본 문화에 지대한 영향을 미쳤다. 의사로서 근대 의학을 일본에 전수했을 뿐만 아니라 최초의 일영사전을 편찬했기 때문이다. 그의 사전 『화영어림집성』을 뛰어넘는 전문적 일영사전은 그로부터 29년이 지난 후에 비로소 발간됐다. 1896년 산세이도三星堂에서 펴낸 『화영대사전和英大辭典』이다. 일본이 서구 문물을 받아들이기 시작하던 30년가량 일본 지식인들은 헵번의 일영·영일사전으로 서구 문화를 번역하고, 또 일본 문화를 서구에 소개했다. 그뿐만 아니다. 헵번은 일본어를 영어로 표기하는 '헤본식ヘボン式 일본어 로마자 표기법'을 만들었다. 이 표기법은 오늘날까지 큰 변화 없이 그대로 쓰이고 있다. 컴퓨터의 영어 자판을 이용해 일본어를 써넣을 때 헵번의 일본어 로마자 표기법은 필수다.

에서부터다. 그러니까 1872년 이후에 미술 개념이 만들어졌다는 뜻이다. 당시 일본인들이 새롭게 만들어낸 미술은 이미 존재하던 회화와 같은 의미가 아니었다. 회화는 2차원 화폭에 구현된 그림만을 의미한다. 미술은 회화보다 훨씬 넓은 개념이다. 하지만 예술의 포괄적 의미에는 미치지 않는다. 회화와 예술 사이에 있는, 이 어중간한 미술이라는 용어가 공식적으로 처음 나타난 것은 1872년이다.67

빈 만국박람회의 전시 물품 분류표

1867년, 일본의 도쿠가와 막부가 파리 만국박람회에 공식적으로 참석했을 때 유럽인들의 관심은 엄청났다.* 그 이듬해인 1868년에 도쿠가와 막부는 무너지고 메이지 정부가 시작됐다. 서양과의 교류에 적극적이었던 메이지 정부는 1873년 빈 만국박람회에도 공식 참가를 결정했다. 1872년

* 일본 제품이 만국박람회에 처음 전시된 것은 1853년 아일랜드 더블린에서 개최된 만국박람회에서다. 그러나 이 전시에서는 다양한 경로로 영국에 건너온 일본 제품들을 소박하게 늘어놓았을 뿐이었다. 일본인 스스로 기획한 전시가 아니었다. 그 후 1862년에 개최된 '런던 만국박람회'에서는 보다 다양한 일본 제품이 전시됐다. 그러나 이 또한 영국인에 의한 전시였다. 1859년부터 영국의 초대 일본 공사로 일하던 러더포드 올콕Rutherford Alcock, 1809~1897이 자기가 수집한 900여 점에 가까운 공예품을 중국 전시장 옆에 전시한 것이었다. 이때 일본 근대화의 아버지라 할 수 있는 후쿠자와 유키치 등이 '견구사절단遣毆使節團'의 일원으로 유럽을 방문했다. 후쿠자와는 이 경험을 바탕으로 『서양사정西洋事情』을 1866년에 펴냈다. 메이지 시대 최고의 베스트셀러였다. 『서양사정』에서 후쿠자와는 '박람회博覧会'라는 용어를 처음 사용했다(北澤憲昭 1989, p. 123). 이후, 근대화에 미치는 박람회의 엄청난 효과를 깨닫게 된 일본의 개화파는 일본이 주체가 되어 만국박람회에 참가할 것을 적극적으로 주장했다. 1867년, 도쿠가와 막부는 '파리 만국박람회'에 공식적으로 처음 참가했다. 그 후 6년이 지난 1873년, 일본 메이지 정부에 의한 '빈 만국박람회' 참가는 유럽에 '자포니즘'을 불러일으키는 계기가 되었다. 동서양의 문화 충돌이 박람회를 통해 일어난 것이다. 한국 정부가 본격적으로 만국박람회에 참여한 것은 일본보다 20년 늦은 1893년 '시카고 만국박람회'부터다.

초, 빈 정부로부터 박람회에 전시될 물품에 관한 공식 분류표가 일본 정부에 도착했다. 그 가운데 "Darstellung der Wirksamkeit der Kunstgewerbe-Museen"이라는 항목이 있었다. 이를 번역하면 '공예 박물관의 기능에 관한 전시'다. 의역하자면 '공예품과 그것의 기능에 관한 전시'라고 할 수 있다. 이를 당시 메이지 정부의 번역 담당관은 "美術(西洋ニテ音楽, 画学, 像ヲ作ル術, 詩学等ヲ美術ト云フ)ノ博覧場ヲ工作ノ為ニ用フル事"라고 번역했다.68

"미술(서양에서는 음악, 그림, 조각상 제작 기술, 시학 등을 미술이라 한다)의 박람장에 공작을 위해 이용하는 일"이라고 번역한 것이다. 번역 담당관은 'Kunstgewerbe'라는 단어에 해당하는 일본어를 찾지 못했다. 그 자리에 '美術'이라는 한자어를 급조해 번역했다. '美術'이라는 개념을 창조(!)해낸 것이다. 자신의 번역에 확신이 없었던 그는 '미술'이라는 단어 뒤에 원문에는 없는 "서양에서는 음악, 그림, 조각상 제작 기술, 시학 등을 미술이라 한다"라는 설명을 덧붙였다. 그러나 그의 엉터리 번역이 미친 파장은 엄청났다. 일본에서 미술은 회화, 조각, 공예, 건축을 포괄하는 개념으로 사용되기 시작한 것이다. 산업화 추세가 빨라지고 공예품의 기계 생산이 확대되자 미술 개념과 더불어 '공예'라는 또 다른 개념이 슬그머니 등장하기 시작한다.**

** 오늘날, 'Kunstgewerbe'는 '공예'로 번역된다.

Unit 23.

민중

'민중'과 '한'

미술 개념이 나타난 후 18년이 지난 1890년, 일본 국내 박람회인 제3회 내국권업박람회内国勧業博覧会의 전시 물품 분류표에 '미술공예美術工藝'와 '미술공업美術工業'이라는 개념이 새롭게 등장했다. 미술과 구분되는 미술공예, 미술공업이라는 또 다른 영역이 생겨난 것이다. 1895년이 되자, 미술과 완전히 구별되는 공예라는 독립된 분류가 나타났다. 제4회 내국권업박람회에서였다. 흥미롭게도 이 분류표에는 한쪽에 공예가 있고, 다른 한쪽에 미술과 미술공업이 한데 묶여 있다. 이때 '공예'는 '공업생산품' 혹은 '공업工業'을 뜻한다. 오늘날 우리가 이해하는 공예는 미술공업이었다.

공업과 같은 뜻으로 쓰이던 공예가 오늘날의 의미를 갖게 된 것은 한참 후의 일이다. 기타자와 노리아키北澤憲昭, 1951~는 당시 미술, 공예, 미술공업, 공업의 관계를 옆 페이지의 도표와 같이 설명한다.[69] 서구로부터 밀어닥치는 산업화에 혼란스럽게 적응하는 모습이다. 이렇게 뒤섞여 사용되던 미술과 공예, 그리고 공업이 개념적으로 명확히 분리될 때까지는 많은 시간이 필요했다.

'미술'과 '공예', '공업(생산품)'의 분화 과정을 설명하려면 먼저 '민중民衆' 개념을 살펴봐야 한다. 미술과 공예 개념의 형성 과정을 좇아가다 보면 느닷없이 민중 개념이 튀어나오기 때문이다. 아주 흥미로운 '지식 계보학'이다. 지금은 흘러간 옛이야기가 되어버린 '민중', 그리고 '민중신학' 이야기부터 꺼내야겠다. 요즘은 듣기 어려운 단어가 되어버렸지만, 20세기 후반 한국에서 민중은 상당히 뜨거운 개념이었다. '민중문학', '민중가요', '민중 민주주의' 등등. 이 같은 민중 개념의 탄생은 민중신학에서 시작됐다. 군사독재의 암울한 시절이었다. 1970~1980년대, 남아메리카에서 가톨릭 신부들을 중심으로 전개된 해방신학과 유사한 움직임이 한국에서도 일어났다. 개신교 신학자들이 민중신학이라는 이름으로 사회변혁의 이론적·실천적 가능성을 모색했다. 이러한 흐름을 주도한 신학자가 2명 있었다. 서남동徐南同, 1918~1984과 안병무安炳茂, 1922~1996다.

서남동은 연세대 신학과 교수였다. 그의 이름을 처음 들었을 때 참 특이하다고 생각했다. 동서남북에서 '북'만 빠져 있기 때문이다. 그의 부모가 네 글자로 이름을 지었다면 그의 이름은 분명 '서남동북'이 되었을 것이라고 나는 생각했다. 서남동은 일제강점기 때 일본 교토의 도시샤대학에서

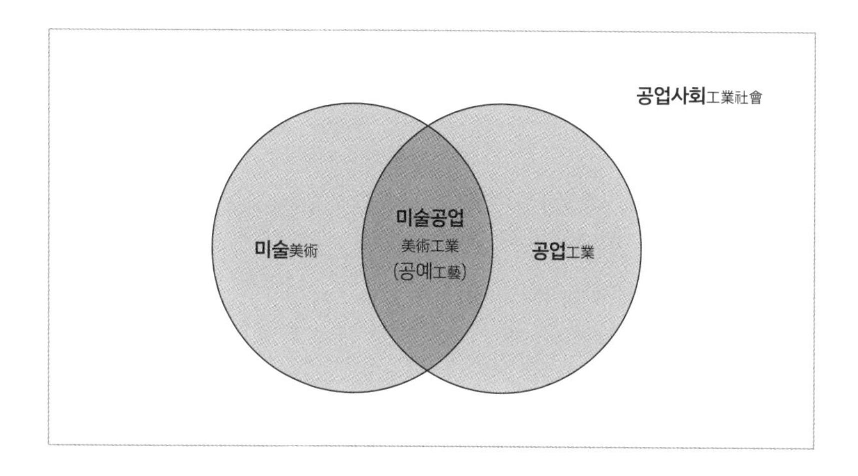

일본 메이지 시대의 미술, 공예, 공업의 개념 구분

유학했고, 안병무는 해방 후 독일 하이델베르크에서 유학한 후 한신대 교수를 지냈다. 일본 도시샤대학에서 공부한 서남동과 독일 하이델베르크에서 공부한 안병무의 신학적 내용은 사뭇 달랐다. 그러나 1970년대 반정부 운동을 함께하면서 두 사람은 서로 공유할 수 있는 개념을 찾아냈다. 바로 '민중'이다. 당시로서는 상당히 낯선 개념이었다.

'국민國民'이라는 개념도 있었고, '인민人民'이라는 개념도 있었다. 그러나 당시 한국의 암울한 정치적·사회적 상황을 뒤엎을 변혁의 주체를 지칭하는 새로운 개념이 필요했다. '국민'은 당시 정권을 쥐고 있었던 독재 세력의 용어였다.* '국민'은 국가와 민족에 충성을 다해야 하는 존재였다. 당시 독재 정권은 '국민교육헌장'을 제정했다. 학생들은 매주 월요일마다 "우리는 민족 중흥의 역사적 사명을 띠고 이 땅에 태어났다"라고 소리 내어 외워야 했다. '국민'의 존재 이유와 삶의 목적은 국가가 정해주는 것이었다. 독재 정권에 저항하는 민주화 진영에서 이 같은 의미의 '국민'이라는 단어를 사용할 수는 없는 일이었다.

'인민'은 더욱 사용하기 어려웠다. 공산주의 국가들이 사용하는 단어였기 때문이다. 북한의 공식 명칭은 '조선민주주의인민공화국'이고, 중국의 공식 명칭은 '중화인민공화국'이다. 북한 군대의 이름은 '조선인민군'이고, 중국 군대의 이름은 '중국인민해방군'이다. 자본가계급에 저항하는 계급투쟁의 주체가 바로 '인민'이다. 남북 분단 상황에서 독재 정권에 저항하는 민주 세력이 '인민'이라는 단어를 사용하면 바로 '빨갱이'로 몰리게 되어 있었다. 아울러 이념적 지향점이 전혀 다른 북한의 용어를 구태여 사용할 필요는 없었다. 민주화 운동의 주체를 지칭할 수 있는 개념이 새롭게 필요했다.

* '국민'은 영어 'nation'의 번역이지만 군부독재 시절 '국민'은 그 화용론에 있어서는 일본 군국주의의 색채가 짙은 개념이었다. 문민정부가 들어선 후, '국민학교'가 '초등학교'로 바뀌는 이유다.

그래서 찾아낸 개념이 바로 '민중'이었다.**

안병무가 독일 하이델베르크로 유학을 간 것은 실존주의 신학으로 유명한 루돌프 불트만Rudolf Bultmann, 1884~1976 때문이었다. '역사적 예수'가 아닌 '신앙고백의 대상으로서 예수'가 기독교 신앙의 본질이라는 불트만 신학은 일제의 잔혹함과 한국전쟁의 참혹함을 직접 겪어야 했던 안병무에게 아주 매력적으로 다가왔다. 그러나 그가 학위를 마치고 돌아와 마주친 한국의 현실은 자신이 공부한 불트만식 실존주의 신학을 적용하기 어려운 상황이

** 1970년대 중반, '민중'과 기독교 신학을 개념적으로 연결하여 사회변혁의 동력으로 삼으려 했던 이들의 활동은 다음과 같다. "서남동은 성서의 민중 전통과 한국 역사의 민중 전통의 합류를, 안병무는 마가복음서에 등장하는 오클로스(민중) 신학을, 현영학은 한국 민중의 가면극에 나타난 민중의 해학을, 문동환은 민중 교육의 의식화 운동을, 서광선은 민중 종교의 사회학적 현상을, 김용복은 민중의 사회전기를, 한완상은 즉자적卽自的 민중과 대자적對自的 민중의 상호관계성을, 허병섭은 민중 현장의 신학화 작업을 민중신학의 주요 테제로 삼고 연구했다(김명수 2011, p. 131)."

1970~1980년대 '민중'이라는 개념이 없었다면 한국의 민주화는 어려웠을 것이다. 민중 개념은 어떻게 생겨난 걸까? 당시 민중의 연관 검색어는 '한恨'이었다. 이 개념적 연관 관계는 또 어떻게 가능했던 걸까?

었다. 존재의 본질을 사변적으로 고민하기에는 경제적으로나 정치적으로나 하루하루가 급박한 상황이었다. 신학의 해석학적 맥락이 독일과는 전혀 달랐다. 안병무는 불트만 신학이 이야기하는 '실존적 결단의 대상으로서 예수'에게서 멀어져갔다. 그리고 갈릴리 호숫가 주변의 '낮은 자'들과 함께한 '나사렛예수', 즉 '역사적 예수'를 자신이 추구해야 할 신학의 과제로 삼았다. 역사적 예수를 구체적으로 경험한 갈릴리 주변의 낮은 자들을 안병무는 '민중'으로 번역했다. 역사적 예수가 추구한 것은 바로 '민중 해방'이었다는 것이다.70

신학적 맥락에서 안병무에 앞서 '민중'을 언급한 이는 서남동이었다. 서남동은 아예 '기독교의 탈서구화'를 주장했다. 그가 주장하는 민중신학은 역사적·사회적 맥락에 따라 신의 말씀에 대한 해석이 달라져야 하며, 한국 민중이 겪는 고난에 희망의 언어를 전할 수 있어야 한다는 것이다. 서구 신학은 인간을 '죄에 빠진 존재'이자 '구원의 대상'으로 이해한다. 수동적 인간관이다. 그러나 서남동의 민중신학에서 죄의 의미는 서구 기독교의 그것과 다르다. 민중은 죄를 짊어지고 있지만, 스스로 그 죄에서의 구원을 이뤄가며 역사를 만들어가는 적극적 존재다.71

서구 신학에서 '죄'는 가해자의 언어이며, 죄로부터의 구원은 단순한 심리적 차원에 머물고 있다고 서남동은 비판했다. 그는 민중의 정서인 '한恨'에 주목했다. '죄'는 지배자의 언어이지만, '한'은 민중의 언어라는 것이다. 민중신학은 민중에게 맺힌 '한'을 풀 수 있는 '한풀이'를 제시할 수 있어야 한다는 것이 서남동의 주장이다. 서구 신학은 회개와 죄의 용서에서 멈춘다. 그러나 죄와 용서의 신학은 새로운 사회로의 변혁으로 이어지지 않는다. '한'이야말로 반복되는 구조적 죄악의 변혁을 이뤄낼 수 있으며, '한'의 민중이 변혁의 주체가 된다는 것이다. 서남동은 한국 사회에서 민중이 겪는 슬픔과 고통에 주목하면서 민중 해방의 단초가 되는 '한'이라는 개념에 자신

의 신학적 역량을 집중했다.[72]

전혀 다른 신학적 배경을 가진 서남동과 안병무가 '민중신학'을 어떻게 공유할 수 있었으며, 이들이 주장하는 '민중' 개념은 도대체 어디서 시작됐느냐는 것이 내 질문이다. 서남동이 민중신학을 처음 이야기한 것은 1975년이다. 같은 해에 안병무도 민중을 언급하기 시작한다. 그러나 '국민'도 아니고 '인민'도 아닌 '민중'이라는 개념이 어디서 왔는가에 대해 두 사람은 전혀 이야기하지 않는다. 물론 이들보다 앞선 함석헌咸錫憲, 1901~1989의 책에서도 민중이라는 단어가 나타나긴 하지만, 그는 '민중'보다는 순우리말인 '씨알'을 더 선호했다.

야나기 무네요시의 '민예'

개념은 하늘에서 떨어지지 않는다. 누군가 어느 시절에 만들어낸다. 그 개념이 어떤 맥락에서 만들어졌는가를 찾는 일은 지식 구성사 혹은 지식 편집사에서 가장 중요한 작업이다. 한자 문화권에서 민중 개념이 적극적 의미를 갖게 된 것은 일본 다이쇼 시대大正時代, 1912~1926에 나온 문헌들에서다. 권위주의적이었던 메이지 천황이 사망하고 심신이 허약했던 다이쇼 천황이 즉위하자, 당시 일본 사회의 각 분야에서 사회주의, 민주주의, 자유주의와 관련된 다양한 이념의 실험이 일어났다. 일본에서는 러일전쟁이 끝난 후부터 군국주의가 대두할 때까지 이 같은 사회 분위기를 가리켜 '다이쇼 데모크라시'라고 부른다.[73] 민중 개념은 바로 다이쇼 데모크라시의 산물이다.

다이쇼 시대에 들어서면서 산발적으로 사용되던 민중 개념이 본격적으로 논의된 것은 1916년 《와세다 문학早稲田文学》에 발표된 혼마 히사오本間久雄, 1886~1981의 논문 「민중예술의 의의 및 가치民衆芸術の意義及び価値」에서부터다. 이 글에서 혼마는 민중을 다음과 같이 정의한다. "민중이란 말할 것도 없이 평민을 뜻한다. 즉 상류계급 내지 귀족계급을 제외한 중류계급 이하의 노동계급을 모두 포함한 일반 민중, 일반 평민 계급에 속하는 사람들인 것이다. 따라서 민중예술이란 평민예술이라는 것과 다름 아니다."74

이후 오스기 사카에大杉栄, 1885~1923, 가토 가즈오加藤一夫, 1828~1951* 등에 의해 '민중'과 '민중예술'은 시대의 화두가 된다. 서구 사상의 수입에 적극적이었던 당시의 일본 지식인들에게 가장 인기 있었던 사상가는 카를 마르크스, 존 러스킨, 윌리엄 모리스, 레프 톨스토이Lev Tolstoy, 1828~1910 등이었다. 이들은 산업사회와 근대화가 가져온 서구 사회의 가장 심각한 문제로 프롤레타리아의 처절한 삶을 지적했다. 이제 막 서구화, 산업화가 진행되기 시작했던 일본에서 새로운 사회에 대한 열망을 품은 일본 지식인들에게 이들의 사상은 매우 매력적으로 다가왔다. 이들에게 '프롤레타리아'라는 개념을 문화예술적 맥락에서, 보다 포괄적으로 설명할 수 있는 번역어가 필요했다. 바로 '민중'이었다.

민중예술과 관련된 일본 지식인 사회의 논의가 무르익을 무렵, '민중'과 '공예'를 결합하여 '민예民藝'라는 개념을 만든 사람이 있었다.** 일본판 '미술공예운동'이라 할 수 있는 '민예운동'을 이끈 야나기 무네요시***다. 그는 '민화民畵'라는 개념도 처음 사용했다.

젊은 시절, 야나기는 일본 초기 기독교를 대표하는 신학자이자 사상가였던 우치무라 간조內村鑑三, 1861~1930의 사상에 푹 빠졌다. 우치무라는 "소년

* 가토 가즈오는 1918년에 『민중예술론民衆芸術論』을 출판했다.

** 야나기 무네요시는 1926년에 배포한 '일본민예미술관설립취의서'에서 folk art의 번역어로 '민예民藝'라는 신조어를 사용했다(森仁史 2009, p. 156).

*** 한국에서는 주로 '야나기 무네요시'로 불리지만 서구에서는 '야나기 소에쓰'라 불린다. '요시悅'의 한자 발음이 '소에쓰'였고, 무네요시 스스로도 '소에쓰'라 불리기를 원했다. 당시 외국인과의 편지에서 그는 자기 이름을 매번 'Yanagi Soetsu'로 표기했다. 외국 문헌에서 그의 이름을 검색하려면 'Yanagi Soetsu'로 입력해야 한다.

들이여, 야망을 가져라Boys, be ambitious!"로 유명한 홋카이도 삿포로 농학교 교장이었던 윌리엄 스미스 클라크William Smith Clark, 1826~1886에게서 영향을 받아 기독교 신자가 된다. 그러나 미국 유학을 다녀온 후 서구 기독교와는 구별되는 '무교회주의'라는 독특한 형태의 기독교를 일본에 정착시킨다.

당시 우치무라의 제자 중에는 야나기를 비롯한 《시라카바白樺》**** 문인이 많았다. 한국인 몇 명도 그의 제자였다. 바로 김교신金敎臣, 1901~1945과 함석헌이다. 이들은 우치무라의 무교회주의 사상을 한국에 심었을 뿐만 아니라 《성서조선聖書朝鮮》이라는 동인지를 발행하며 독립운동에도 적극 참여했다. 김교신은 한국의 프롤레타리아, 즉 '민중'의 삶에 관심을 가지다가 광복 직전에 세상을 떠났다. 함석헌의 '씨알 사상'은 광복 후 반독재운동의 사상적 버팀목이 되며 1970~1980년대 서남동, 안병무의 민중신학으로 이어졌다. 야나기를 비롯한 다이쇼 시대의 지식인들이 사용하던 언어인 '민중'과 관련된 다양한 개념이 김교신, 함석헌의 사상에 스며든 것은 당연하다. 바로 이 맥락에서 야나기의 '민중'과 한국의 '민중신학' 사이에 개념적 관련성이 생겨난다.

야나기는 일본 도시샤대학에서 강사로 학생들을 가르치기도 했다. 영국 시인 윌리엄 블레이크William Blake, 1757~1827를 일본에 본격 소개하고 연구한 사람이 바로 야나기 무네요시였다. 그가 영문학과에서 영국의 시인이자 화가인 블레이크의 사상을 강의할 때 조선 유학생 정지용鄭芝溶, 1902~1950이 그의 강의를 들었다.75 정지용의 영어로 된 졸업논문이 바로 「윌리엄 블레이크 시에 있어서의 상상력The Imagination in the Poetry of William Blake」이었다.76 당시 조선의 문화적 상황을 고려할 때 블레이크에 관해 정지용이 논문을 썼

**** 《시라카바》는 1910년 일본에서 반자연주의적·이상주의적 경향의 작가들이 모여서 창간한 잡지 이름이다. 이 잡지를 중심으로 활동한 작가들을 '시라카바파白樺派'라고 부른다.

다면 야나기가 정지용에게 어떤 영향을 미쳤는지 충분히 짐작할 수 있다. 조선의 문화유산에 관해 누구보다도 깊은 혜안을 가졌던 야나기는 당시 조선 유학생들에게 정신적 지주 같은 존재였다.*

칠팔 년의 시간적 차이가 있지만, 서남동이 유학한 곳도 바로 도시샤대학이다. 단순히 학연만을 가지고 이야기하는 것이 아니다. 서남동의 민중신학에서 가장 중요하게 이야기되는 '한'의 정서와 야나기가 당시 조선의 예술을 '비애悲哀의 미'로 규정한 것은 아주 깊은 내용적 유사성을 갖기 때문이다.** 물론 민중신학이 제시하는, '한풀이'를 통한 한의 현실적 극복 방법과 야나기가 이야기하는, 체념에 가까운 '비애'는 그 결론이 정반대 방향이다. 그러나 도대체 한국의 전통문화와 '한' 혹은 비애 같은 정서가 어떻게 개념적으로 연결될 수 있었느냐는 질문을 따라가다 보면 이 같은 문화사적 연관성이 나타난다.

일본 교토의 도시샤대학에 있는 정지용 시비. 윤동주 시비를 보고 싶어 도시샤대학을 방문한 한국인들은 윤동주 시비 바로 옆에 있는 정지용 시비를 보고 놀란다. "「향수」를 쓴 정지용도 이 대학을 나온 거야?"

* 야나기 무네요시는 변영로, 오상순, 남궁벽 등과 같은 '폐허' 동인들과 깊은 사상적 교류를 했다. 남궁벽은 야나기의 집에서 잠시 하숙하기도 했다(가토 2012, p. 271 이하).

** 서남동과 비슷한 시기에 유학하고 감리교신학대학 학장을 지낸 윤성범尹聖範, 1916~1980은 유교와 기독교를 접목한 '성誠의 신학'을 주장하며 토착화 신학을 추구했다. 서남동의 '탈서구화 신학', 윤성범의 '토착화 신학'은 야나기 무네요시가 추구한 '일본적 민예'와 상당히 유사한 경로를 보인다.

Unit 24.

야나기 무네요시

"조선인을 생각한다"

1919년 3·1 만세 운동이 일어났을 때 '민중'과 '민중예술'을 이야기하던 당시 일본의 지식인들은 어떤 반응을 보였을까? 다들 조용했다. 3·1 만세 운동이 일제의 진압에 의해 서서히 가라앉던 5월 20일, 일본《요미우리신문讀賣新聞》에 느닷없이 「조선인을 생각한다」라는 제목의 글이 실렸다. "조선에 대해 아는 것이 별로 없지만, 이번 사건에 대해서 쓰지 않을 수 없다"라는 내용으로 시작하는 이 글에서, 야나기 무네요시는 최근 조선에서 일어난 일에 대해 일본의 개혁적 지식인들이 입을 다물고 있다는 사실에 눈물을 흘리게 된다고 고백한다.* 아울러 군대의 힘으로 조선인들을 억누르는 조선총독부의 통치 방법을 비난한다.

《요미우리신문》에 실린 그의 글은 한 번에 끝나지 않았다. 5월 20일부터 24일까지 총 다섯 번에 걸쳐 연재됐다. 연재 마지막에 야나기는 당시 일본인으로서는 말하기 어려운 한일 고대사에 관해 다음과 같이 썼다.

* 「조선인을 생각한다」라는 글에서 야나기 무네요시는 조선에 지인이 한 사람도 없다고 밝혔다. 하지만 신문에 이 글이 연재된 후, 감동한 한국 유학생들이 그를 방문하며 조선인들과의 본격적 교류가 시작됐다(가토 2012, p. 286 이하).

> 일본의 고대 예술은 조선의 은혜를 입었다. 호류사나 나라의 박물관을 찾는 사람은 그 사실을 잘 알고 있다. 우리가 지금 국보라고 해외에 자랑하는 것은 거의 중국과 조선의 은총을 받지 않은 게 없을 것이다. 그런데도 오늘날 일본은 고유한 조선 예술을 파괴하는 것으로써 그에 보답한 것이다. (…) 나는 세계 예술에서 훌륭한 위치를 차지하는 조선의 명예를 보존하는 것이 일본이 행해야 할 정당한 도리라고 생각한다.77

사실 그가 이해한 3·1 만세 운동과 일본의 식민지정책에 대한 비판은 사태의 본질에서 많이 벗어나 있다. 그는 대륙의 중국이 수없이 조선의 자유와 독립을 강제로 빼앗았지만, 한일병합 이후 일본은 약탈이나 억압으로 조선을 괴롭히는 일은 하나도 하지 않았다고 주장한다. 적어도 중국처럼 무식하게 조선을 억압하지 않는다는 이야기다. 아울러 일본이 군인이나 정치가를 통해 조선을 통치하려 해서는 안 되며 "우정이나 평화의 참뜻을 알고 있는" 종교가나 예술가가 앞장서서 조선과 일본의 관계를 조율해야 한다는, 아주 맥없는 주장을 펼치기도 한다. 조선의 독립에 관해서는 한마디 없이 일본과 조선이 서로 사랑하며 식민지의 평화를 이뤄야 한다는 말로 3·1 만세 운동의 본질을 비켜 간다.* 그의 연재는 이렇게 끝이 난다.

> 조선인들이여, 비록 내 나라의 지식인 전부가 그대들을 괴롭히는 일이 있더라도 그들 중에는 이 한 편의 글을 쓴 사람이 있다는 사실을 알아주길 바란다. (…) 이렇듯 우리나라가 올바른 길을 걷고 있지 않다는 분명한 반성이 우리 사이에 있다는 사실을 알아주길 바란다. 나는 이 짧은 글

* 조선에 대한 야나기 무네요시의 관심은 1912년 가을, 조선 도자기에 심취한 버나드 리치가 조선에 가서 그곳의 흙으로 도자기를 만들어보겠다고 한 이야기를 들으면서 시작됐다. 그만큼 피상적이고, 낭만적이었다(조윤정 2012, p. 322).

로써 조금이라도 그대들에 대한 나의 정을 피력할 수 있다면 크나큰 기쁨이 되겠다.

야나기가 발표한 일련의 글들은 당시 좌절에 빠져 있던 조선 청년들에게 큰 위로가 되었다. 야나기의 글을 읽고 감동한 조선 유학생 남궁벽南宮璧, 1894~1921은 1920년 2월 2일에 그를 방문했다.[78] 귀국을 앞두고 있던 염상섭廉想涉, 1897~1963도 남궁벽을 통해 야나기와 친분을 맺고 그의 원고를 번역하여 《동아일보》에 싣는다. 남궁벽은 변영로卞榮魯, 1897~1961, 오상순吳相淳, 1894~1963 같은 재일 유학생들도 야나기에게 소개했다. 이들은 그 이듬해에 동인지 《폐허》를 창간했다.

비정치적이며 '사랑과 평화'의 예술지상주의자였던 야나기와의 만남은 남궁벽에게 3·1 만세 운동의 실패와 조선의 비관적 미래에 대한 심리적 부담에서 벗어나도록 해줬다. 조선의 암울한 현실에서 예술로 물러나는 퇴로를 열어준 셈이었다고 『야나기 무네요시의 두 얼굴』의 저자 정일성은 평가한다.[79] 《폐허》에 실린 글들이 퇴폐주의적 경향을 보이는 것 역시 이와 무관하지 않다고도 주장한다.

남궁벽을 비롯한 《폐허》 동인들은 야나기와 깊은 유대를 가지면서 야나기 부부가 조선을 방문하여 강연회와 음악회를 개최하도록 적극적으로 후원했다. 야나기는 이후 20여 차례 조선을 방문했다. 그는 '조선의 미'에 대해 강연했고, 성악가였던 그의 아내 나카지마 가네코中島兼子, 1892~1984는 음악회를 개최하여 조선 공예품들을 수집할 수 있는 자금을 마련했다. 이러한 노력의 결과로 1924년 4월 9일, 야나기는 경복궁 안에 '조선민족미술관'을 자비로 개관했다. 한국 최초의 공예품 박물관은 이렇게 야나기 무네요시라는 일본인의 손에 의해 시작됐다.

「조선인을 생각한다」라는 글을 발표한 바로 그다음 달인 1919년 6월,

야나기는 「석굴암의 조각에 대해서」라는 글을 잡지 《예술藝術》에 기고했다. 석굴암의 역사와 관련해 불교 철학은 물론 석재 및 기하학적 배치에 관한 해석까지 포함하는, 매우 포괄적이며 깊이 있는 연구 논문이다. 그뿐만 아니었다. 당시 일본의 조선총독부가 경복궁 근정전 앞에 총독부 건물을 신축하며 광화문 철거를 계획하고 있다는 사실을 알게 된 야나기는 아주 강한 논조로 비판하는 글을 썼다. 《개조改造》에 발표된 「아, 광화문이여!」라는 글에서 야나기는 일본 독자들에게 이렇게 이야기를 시작한다.

> 부디 다음과 같은 사상을 가져주길 바란다. 조선이 발흥하고 일본이 쇠퇴하여 급기야 일본이 조선에 병합됨으로써 궁성이 폐허가 되고, 그 자리에 저 양식의 일본총독부 건물이 대신 세워지고, 저 푸른 해자 너머로 멀리 보이는 흰 벽의 에도성이 헐리는 광경을 상상해주길 바란다. (…) 반드시 모든 일본 사람은 이 무모한 행위에 대해 노여움을 느끼리라. 그러나 이 같은 일이 지금 경성에서 강요된 침묵 속에서 일어나려 하는 것이다.80

야나기 무네요시. 조선 공예 문화를 높이 평가한 야나기에 대한 한국인들의 평가는 극과 극이다. 식민지 조선의 슬픔을 함께하고 조선인보다 조선 문화를 더 사랑했다는 긍정적 평가도 있지만, 일본 제국주의의 본질을 숨기고 식민지 통치를 정당화한 이중적 인물이라는 부정적 평가도 있다.

일본 국민들에게 제발 조선인들과 처지를 바꿔 생각해보라는 이야기다. 아주 설득력 있다. 광화문을 의인화하여 "광화문이여, 광화문이여!"를 부르짖는 그의 글은 다시 《동아일보》에 실리고, 영문으로도 번역되어 미국에까지 전해졌다. 결국 조선총독부는 강력한 반대 여론에 밀려 광화문을 완전히 철거하지 못하고 경복궁 동문인 건춘문 북쪽으로 옮겼다.*

* 이후 광화문은 한국전쟁 중에 폭격으로 소실됐다가 1968년에 현재 위치로 복원됐다.

일제강점기에 지어진 조선총독부 건물과 광화문. 광복 후 한국 정부는 '중앙청'이라는 이름으로 이 건물을 사용하다가 1996년에 완전히 해체해 철거했다. 야나기에 대한 평가가 양극으로 갈릴지라도 일제강점기에 광화문이 철거되지 않고 보존될 수 있었던 것에는 그의 역할이 결정적이었음을 인정해야 한다.

'선'과 '비애'의 조선 예술

3·1 만세 운동과 광화문 철거 계획으로 야기된 야나기 무네요시의 관심은 조선의 예술로 이어졌다. 그는 한국의 공예에 특별히 관심을 가졌다. 아울러 한국과 중국과 일본의 공예 문화를 비교하는 글을 여러 편 발표했다. 그리고 "중국은 형태形態, 일본은 색채色彩, 한국은 선線"으로 특징짓는 그의 예술론은 지금까지도 회자되는 매우 흥미로운 주장이다. 그는 동아시아 삼국의 문화심리학적 특징을 예술과 연관 지어 다음과 같이 설명한다.*

> 중국 예술은 의지의 예술이며, 일본 예술은 정취의 예술이었다. 그러나 둘 사이에서 숙명적으로 비애를 짊어지지 않으면 안 되었던 것이 조선 예술인 것이다. (…) 슬퍼하는 자는 위로를 받는다고 예수가 말하지 않았던가. 비애란 신神의 마음으로 지켜지는 것이다. 신은 위로하는 일을 잊지 않는다. (…) 예술의 미가 비애의 미를 통해 선명해지는 것은 그것이 보이지 않는 신의 무한한 따뜻함으로 지켜지고 있기 때문이다.81

야나기는 조선의 미가 중국이나 일본의 그것과는 차원이 다르다고 주장한다. 조선의 역사가 끊임없는 슬픔의 역사였으며, 바로 이 슬픔이 조선의 미를 낳았다고도 이야기한다. 이 슬픔의 미가 사람을 매혹하는 것은 인간의 차원이 아니라 신의 차원이기 때문이라는 신비주의적 설명도 한다. 조선은 신의 보호를 받는 나라이기 때문에 참고 견디면 곧 좋은 날이 올 것이라며 다소 애매한 위로를 덧붙인다. 일본의 국보는 모두 조선의 작품이라는 주장도 보탠다. 그는 예술의 구성 요소를 '형태', '빛깔', '선'으로 나누며

* 야나기 무네요시는 도쿄제국대학에서 심리학을 전공했다. 야나기의 글에 심리학적 용어가 동원되는 것은 우연이 아니다.

동아시아 삼국의 예술을 다음과 같이 비교한다.**

> 대륙과 섬나라와 반도, 하나는 땅에서 안정하고, 하나는 땅을 즐기고, 하나는 땅을 떠난다. 첫째의 길은 강하고, 둘째의 길은 즐겁고, 셋째의 길은 쓸쓸하다. 강한 것은 형태를, 즐거운 것은 색채를, 쓸쓸한 것은 선을 택하고 있다. 강한 것은 숭배되기 위해서, 즐거운 것은 맛보이기 위해서, 쓸쓸한 것은 위로받기 위해서 주어졌다. 각자는 다른 운명을 부여받았지만, 신은 모든 것을 미의 세계에서 맺어준다.82

'조선의 비애미'와 관련된 증거를 야나기는 조선인들의 생활 속에서 찾아낸다. 그는 우선 조선인의 의복이 모두 하얀색이라는 사실에 초점을 맞춘다. 색을 사용한다고 해도 연한 물빛뿐이라는 것이다. 다양한 색깔의 옷은 즐겁고 행복할 때 입는 옷이다. 조선에서도 명절에는 화려한 색깔의 옷을 입는다. 그러나 즐겁고 안정된 삶을 누릴 수 없는 조선의 현실이 흰색 옷을 입게 만든다는 것이다.

조선인들에게 즐거움이 사라진 또 다른 증거로, 야나기는 장난감이 많은 중국이나 일본과 비교하면 조선 아이들의 장난감이 매우 적다는 사실에 주목한다. 아울러 조선의 도자기에는 꽃병이 없다는 사실도 조선 사람들의 슬픔을 나타내는 것이라고 그는 주장한다. 중국과 일본이 따라갈 수 없는, 뛰어난 도자기 기술을 자랑하는 나라에 꽃병이 없는 까닭을 달리 어떻게

** 조선의 미를 '선'의 미로 설명하는 야나기 무네요시의 예술론은 《폐허》 동인이었던 오상순의 글(「허무혼의 독어獨語 – 폐허행」, 《폐허 이후》 1호, 1924)에도 그대로 나타난다. "버들! 오- 버들/너는 다른 아모 것도 아니다/동양예술東洋藝術의 상징象徵/조선朝鮮의 사람과 자연自然의 혈맥血脈을 통通하야/영원永遠히 유구悠久히 흘러가는 선線의 예술藝術의 상징!/목숨은 짧다, 그러나 예술藝術은 유구悠久하다(최호영 《일본비평》 2014, p. 265 재인용)."

설명할 수 있느냐는 것이다. 음악도 마찬가지다. 일본과 중국의 음악에 비해 조선의 음악에서는 깊은 애상을 느끼게 된다고 야나기는 이야기한다.

광복 후, 야나기에 대한 한국 사회의 평가는 극단으로 갈린다. 한편에서는 야나기가 식민지 시대의 조선인들을 진심으로 대했고, 조선 예술의 가치를 처음으로 체계화하여 설명한 사람으로 여겨진다. 1984년에는 대한민국 정부가 그에게 '보관문화훈장'을 수여하기도 했다. 그러나 다른 한편에서 조선의 비애미에 관한 야나기의 예술론은 격한 비판의 대상이 된다. 조선의 백자와 흰옷을 상복에 비유한 것이나, 한국의 불운한 근대사를 한국

조선 백자 '달항아리'. 야나기 무네요시는 조선의 미를 '선'의 아름다움이라고 정의했다. 아름다움의 구성 요소를 형태, 색깔, 선으로 나누고, 이를 동아시아 삼국의 예술과 연관 지어 설명하는 야나기의 예술론은 대단히 문화심리학적이다.

미술의 특징과 연관 짓는 것은 왜곡된 제국주의적 시각이라는 것이다. 당시 조선의 상황을 함께 아파하고, 조선인에게 용기를 주는 글들을 발표했지만, 정작 조선을 식민지로 삼은 일본 군국주의에 대한 비판이 빠져 있는 그의 예술론은 '부자가 하인을 동정하는 수준'이라는 주장까지 있다.

오늘날 한국의 예술 문헌에서 야나기에 대한 언급이 거의 없는 이유도 바로 이 같은 비판의 여파다. 그러나 비현실적 낭만주의 세계관이었지만, 당시 야나기의 태도가 교활하다거나 이중적이었다는 비판은 지나치다. 일본 제국주의가 숨기고 있었던 군국주의의 본얼굴을 깨닫기에 야나기를 둘러싼 당시의 시대정신은 그리 성숙하지 못했다. 산업화와 더불어 제국주의, 국가주의, 사회주의, 민족주의가 동시에 밀어닥치던 당시의 상황에서 야나기가 평생 유지하려 애썼던 생명과 평화의 사상은 그리 쉽게 폄하돼서는 안 된다.

조선인들조차 무지했던 조선의 문화예술에 관해 그가 가졌던 깊은 관심 또한 높이 평가돼야 한다. 오늘날 한국의 문화예술을 야나기처럼 동아시아적 맥락에서 개념화하며 설명할 수 있는 사람이 과연 몇 명이나 되는가? 한 역사적 개인에 대한 비판은 반드시 그를 둘러싼 역사적 맥락과의 관련성 속에서 이뤄져야 한다. 오늘날의 윤리적·도덕적·이념적 잣대만으로 과거의 행위를 평가하고 비난하는 것은 참으로 불성실한 자세다. 야나기에 대한 비판도 마찬가지다. 한국 문화를 대하는 그의 진지한 태도를 도외시하고 단지 한국 문화를 이용했을 뿐이라는 비난은 참으로 야박하다. 야나기의 본질적 문제는 다른 데 있다.

Unit 25.

자발적 오리엔탈리즘

야나기의 공예론과 오리엔탈리즘

근대 일본의 아이덴티티는 전적으로 서구라는 '타자의 시선'을 전제로 만들어진 것이다. 아주 오랫동안 일본이 속해왔던 동아시아라는 문화적 맥락에서 형성된 것이 아니라, 서양과 충돌하던 메이지 시대 이후에 급조된 것이라는 이야기다. 바로 이 지점에서 야나기 무네요시의 역할은 상당히 주목할 만하다. 야나기의 '민예운동'이란 서양의 '오리엔탈리즘orientalism'에 대한 대답이었기 때문이다.83 오리엔탈리즘이란 팔레스타인 출신의 미국인 문학평론가 에드워드 사이드Edward Said, 1935~2003의 개념으로 "서양이 자신들의 상상력에 맞게 창조해낸 가공의 동양"을 가리킨다. 이는 사이드가 분석한 '중동middle east'에만 해당하는 것이 아니다. 한국과 일본이 속한 '극동far east'도 오리엔탈리즘과 무관하지 않다.

아시아를 구분하는 '중동', '극동'이라는 표현 자체가 유럽에서 떨어진 거리를 뜻한다. 유럽인들의 매우 자의적인 아시아 구분이다. 근대 이후, 서구는 자신들의 개념 체계에 들어오지 않는 '비서구 세계'에 신경질적 반응을 보인다. 이를 뉴욕대학의 로버트 영Robert Young, 1950~ 교수는 '서양의 나르시시즘occidental narcissism'으로 설명한다.84 근대 서양의 제국주의적 시선은 아시아의 경우처럼 오리엔탈리즘이라는 자신들의 개념 체계 안으로 들어

오면 안심한다. 그러나 전혀 개념화되지 않는 다른 문화에 대해서는 한없는 공격성을 드러낸다는 것이다.

근대화 과정에서 일본은 아시아를 대표하여(?) 서구의 오리엔탈리즘에 가장 먼저, 그리고 매우 적극적으로 응했다. 근대 이후, 일본이 중국을 누르고 아시아의 맹주를 자처하게 된 것은 전적으로 이 같은 '자발적 오리엔탈리즘'* 때문이다. 바로 이 맥락에 야나기의 민예운동이 있다. 그가 주장하는 '민예', 즉 일본의 전통 공예는 원래 있었던 것이 아니다. 빈 만국박람회와 파리 만국박람회 이후에 유행처럼 일어난 '자포니즘'이라고 하는, 서구인들의 오리엔탈리즘 환상에 아주 잘 들어맞도록 가공한 상품일 뿐이다.

오늘날 일본 관광지에는 작고 아기자기한 공예품이 넘쳐난다. '오미야게お土産' 용이다. 오미야게란 한자 그대로 지역 토산품을 뜻한다. 대부분 해당 지역의 먹거리나 공예품이다. 일본 여행을 다녀온 친구들이 선물한 오미야게는 몇 초만 감동적이다. 시간이 흐를수록 허무하다. 서양인들은 이 허무함에 극도로 열광한다. 서양에는 없는 것들이기 때문이다. 그러나 이 허무한 공예의 나라 일본은 원래 없었다. 한번 만들어진 '공예의 나라', '장인의 나라' 일본은 시간이 흐를수록 실재하는 일본이 된다. 이 같은 '공예의 나라 일본'을 창조하는 데 야나기의 민예운동은 아주 결정적인 역할을 했다.

서양이 자신들의 취향대로 만들어내는 과정을 오리엔탈리즘이라 한

* '자발적 오리엔탈리즘'이란 서구라는 타자의 시선을 내면화하여 그들이 상상하는 동양이 되도록 적극적으로 노력하는 것을 뜻한다. 자발적 오리엔탈리즘은 2007년에 발간한 내 책 『일본 열광』에서 구성된 개념이다(김정운 2007, p. 85). 이 개념은 일본을 분석하는 데 아주 유용하다. 아울러 근대화 과정을 일본의 식민지로 겪었던 한반도의 근대사를 분석하는 데도 매우 효과적이다. 일본 바깥에서 체재하며 근대 일본에 대한 비판적 시각을 견지하는 일본 학자들도 비슷한 개념들을 사용한다. '역전된 오리엔탈리즘reverse orientalism' 혹은 '동양적 오리엔탈리즘oriental orientalism' 같은 것들이다. 그러나 동양이 근대 서구를 수용하는 과정을 설명하는 데 '자발적'이라는 표현은 매우 중요하다. '책임'의 소재를 분명히 하기 때문이다.

일본의 공예품 상점. 일본에 처음 방문한 관광객들은 일본의 아기자기한 공예품에 열광한다. 그러나 정작 사 오면 대부분 아무짝에도 쓸모없다. '공예의 나라', '장인의 나라' 일본은 원래 있었던 것이 아니다. 야나기 무네요시가 일으킨 '민예운동'의 산물이다.

다면, 그 반대 과정은 '옥시덴탈리즘occidentalism'이라 한다. 동양에서 기대하고 생각하는 대로 '만들어지는 서양'을 뜻한다. 예를 들어 1970~1980년대 명동에 있었던 음악 감상실의 내부 장식은 대부분 유겐트슈틸이나 아르누보 흉내를 냈다. 물론 일본을 통해 건너온 유럽식 장식이다. 그러나 그런 모양의 유겐트슈틸, 아르누보는 유럽 본토에는 없다. 일본인 혹은 한국인들이 원하는 유럽을 자신들의 방식으로 만들어낸 것이다.

지금은 그 양상이 많이 달라졌지만, 한때 도시 변두리의 러브호텔은 죄다 유럽의 성을 흉내 내어 지어졌다. 천박한 한국식 옥시덴탈리즘의 대표적 사례다. 신도시 외곽의 레스토랑에는 예쁜 꽃으로 장식된 스위스풍 창문이 꼭 있다. 레스토랑 안으로 들어가면 독일 마이센 도자기 등으로 채워진 유리 장식장이 있다. 한국 중산층이 창조해낸 '일산 혹은 분당의 유럽'이다. 우리 주변을 둘러보면 이 같은 옥시덴탈리즘은 얼마든지 발견된다. 아, 앙

드레 김도 있다. 그의 패션은 오늘날 유럽에서는 찾아보기 힘든 '아르데코Art Déco' 양식이다. 장엄한 배경음악에 눈꽃이 휘날리고, 남녀 모델들의 심오한 표정으로 막을 내리는 그의 패션쇼만큼 감동적인(?) 옥시덴탈리즘도 유럽에는 없다.

비동시성의 동시성

오리엔탈리즘, 옥시덴탈리즘의 이중적 구조에 근대 일본은 '자발적 오리엔탈리즘'이라는 또 하나의 창조적(?) 과정을 만들어냈다. 서양이 원하는 동양을 자발적으로 만들어 제공하는 방식이다. 서구적 타자의 시선에 맞

1 경기도 신도시에 지어지고 있는 어느 아파트. 매우 어설픈 서양식 '캐슬'이다. 한때 '가든garden'에서 고기를 구워 먹고, '파크park'에서 잠을 자던 한국인들이 신도시 아파트로 이사를 가면서부터는 서양풍 '캐슬castle'에서 잠을 자기 시작했다. 적나라한 한국식 '옥시덴탈리즘'이다.

2 아주 독특한 사람, 앙드레 김. 그의 '아르데코' 양식은 정작 유럽에서는 찾아보기 힘들다. 한국적 옥시덴탈리즘이다.

게 자발적으로 창조되는 동양은 이제 동양도, 서양도 아닌 아주 특이한 문화적 '하이브리드hybrid'다. 야나기의 민예운동은 바로 이 같은 하이브리드의 산물이다. 공예품 같은 물건에만 해당하는 것이 아니다. 자발적 오리엔탈리즘은 일본적이라고 내세우는 사상과 철학에서도 발견된다. 선불교를 칸트 철학의 용어로 번역하려 했던 일본 교토학파의 철학자 니시다 기타로西田幾多郎, 1870~1945의 '선禪 철학'에도 자발적 오리엔탈리즘의 흔적은 짙게 깔려 있다. 교토 은각사 입구에 있는 '철학의 길'은 그가 사색하며 산책하던 길이라고 한다. 칸트의 산책로를 흉내 낸, 아주 어설픈 모조품이다. 그러나 봄이 되면 벚꽃이 너무 예쁘다. 근대 일본은 항상 이런 식이다.

윌리엄 모리스의 '미술공예운동' 여파가 독일에서는 발터 그로피우스의 '바우하우스'로, 일본에서는 야나기 무네요시의 '민예운동'으로 이어졌다는 사실은 아주 흥미롭다. 그로피우스와 야나기는 동시대 인물이다. 그러

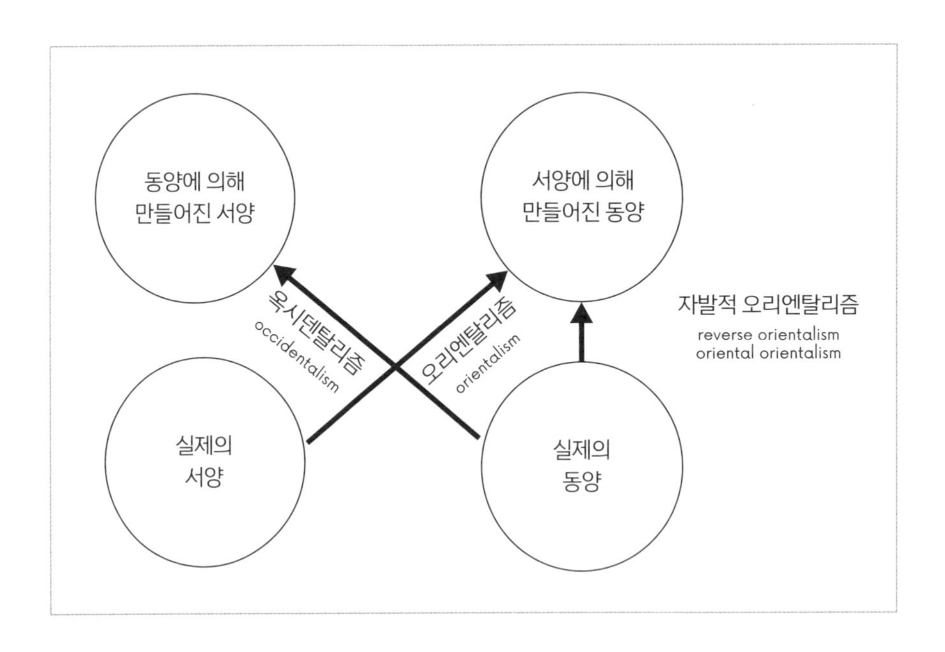

오리엔탈리즘과 옥시덴탈리즘, 그리고 자발적 오리엔탈리즘의 구조85

나 한 명(그로피우스)은 산업화를 적극 수용했고, 다른 한 명(야나기)은 헨리 반 데 벨데처럼 낭만주의적 장인주의를 선택했다. 봉건과 근대, 그리고 포스트모던이 공존하는 한국에는 이 둘의 영향이 모두 존재한다. 그로피우스의 바우하우스는 '아파트 공화국'에 숨겨져 있고, 야나기의 '민예'는 서양에 수출되는 한국의 '전통문화'에 숨겨져 있다. 이런 특이한 상황을 독일의 철학자 에른스트 블로흐Ernst Bloch, 1885~1977는 '비동시성의 동시성Gleichzeitigkeit des Ungleichzeitigen'86이라고 정의한다.

교토 은각사 입구에 있는 철학의 길. 일본 교토학파를 이끌었던 니시다 기타로가 매일 사색하며 산책했다고 해서 '철학의 길'이다. '칸트의 산책로'를 어설프게 흉내 냈다.

Unit 26.

시라카바파

일본 '시라카바파'와 야나기 무네요시

오늘날 일본 관광지에 가면 아주 진지한 표정으로 구경하는 서양인들의 모습을 자주 보게 된다. 서양인들을 매혹하는 일본 문화는 대부분 일본식 '자발적 오리엔탈리즘'의 산물이다. 서양이 원하는 동양의 모습을 적극적으로 만들어줬기 때문이다. 물론 유사한 자발적 오리엔탈리즘은 오늘날 한국과 중국 관광지 곳곳에서도 자주 목격된다. 그러나 아주 촌스럽다. 일본만큼 교묘하고 치밀하지 못하다. 이 맥락에서 서구라는 타자의 시선을 전제로 하는 일본식 자발적 오리엔탈리즘의 원형이라 할 수 있는 야나기 무네요시의 민예운동 성립 과정을 좀 더 자세히 들여다볼 필요가 있다.

야나기 무네요시가 우치무라 간조의 영향에서 벗어나 문화예술에 관한 지적 호기심을 가지게 된 것은 '시라카바파'에 합류하면서부터다. 시라카바파가 일본 근대 문화의 형성 과정에서 차지하는 역할은 아주 특별하다. 신분제 같은 사회적 억압에서 벗어나 자신의 내적 요구에 충실한 '근대적 개인'의 출현과 밀접한 관계를 맺고 있기 때문이다.[87]

오늘날 일본인은 한국인이나 중국인과 비교하면 매우 개인주의적인 성향을 보인다. 당황스러울 정도로 서구적이다. 유럽인보다 더 서구적일 때도 있다. 시라카바파 문학은 이 같은 일본식 개인주의의 기원을 아주 흥미롭게 보여준다. 이들은 작품에서뿐만 아니라 실제 삶에서도 전통으로부터의 자유를 적극적으로 추구했다. 시라카바파 동인은 대부분 귀족 집안의 자제였다. 그들은 대부분 황족이나 화족華族*, 그리고 재계 실력자의 자녀들만 다닐 수 있었던 '가쿠슈인学習院' 출신이었다. 그 결과, 전통에 얽매일 수밖에 없는 자신의 환경과 근대적 내면세계의 갈등은 시라카바파 문학의 중요한 주제가 된다.

황족이나 화족은 아니었지만 해군 장군이었던 아버지 덕분에 야나기 무네요시도 가쿠슈인에 다녔다. 가쿠슈인을 졸업하고 도쿄제국대학에 입학

* '화족'이란 메이지 시대에 서양식 귀족 제도를 흉내 내어 만들어진 것이다. 메이지 정부와 다이쇼 정부는 전통 귀족뿐만 아니라 정재계 실력자들에게도 공작, 후작, 남작 같은 작위를 부여했다. 한반도의 친일파들도 이런 화족의 칭호를 받았다.

시라카바파 동인 기념사진. 뒷줄 왼쪽에서 다섯 번째가 야나기 무네요시이고, 가운데 줄 왼쪽에서 세 번째는 무샤노코지 사네아쓰다. 이들은 부르주아적 삶과 개인주의라는 이상을 어떻게 통일할 것인가를 고민했다.

하던 해에 야나기는 시라카바파 회원이 된다. 시라카바파의 리더 격이었던 무샤노코지 사네아쓰武者小路実篤, 1885~1976는 레프 톨스토이의 영향을 가장 많이 받았다. 그는 귀족 집단을 '벌레'로 간주한 톨스토이 사상 때문에 상당히 괴로워했다. 잠시 극단의 이기주의를 추구하기도 하지만, 다시 톨스토이적 이상 공동체를 추구하며 1918년 미야자키현에 '새마을新しき村'*을 만들기도 했다. 무샤노코지가 추구한 '새마을'은 농업에 기초한 일종의 공산주의 실천 공동체였다.88 신분을 초월하여 새로운 세계의 가능성을 모색하는 그의 실천은 야나기를 비롯한 시라카바파 동료들에게 큰 영향을 미쳤다.

가쿠슈인에서 다이쇼 천황의 학창 시절 놀이 친구였던 아리시마 다케오有島武郎, 1878~1923**는 야나기와 마찬가지로 우치무라 간조가 설파하는 기독교에 깊이 감동하여 그의 밑에서 수학했다. 그러나 하버드대학에서 3년간 유학하며 기독교 신앙에 깊은 회의를 품고 일본으로 돌아왔다. 일본으로 돌아온 후에도 여전히 사상적으로 방황하던 아리시마에게 시라카바파는 일종의 구원이었다. 무샤노코지가 '새마을' 운동을 펼치자, 아리시마는 무샤노코지를 뛰어넘는 매우 혁명적인 일을 벌였다. 1922년, 홋카이도에 있는 자신의 농장을 소작인들에게 아예 무상으로 증여한 것이다. 그 이듬해인 1923년, 아리시마는 더욱 극적인 일을 벌였다.

* 한국의 '새마을운동'과 이름이 같다는 사실이 매우 흥미롭다. 박정희 정권의 '10월 유신'이 '메이지 유신'에서 그 명칭을 가져왔다는 사실을 고려한다면, '새마을운동'과 무샤노코지 사네아쓰의 '새마을'의 명칭이 일치하는 것 또한 그저 우연은 아닐 것이다. 유사한 의심(!)을 서승의 『옥중 19년』에서도 확인할 수 있다(서승 2018, p. 168).

** 아리시마 다케오의 삶과 문학은 1920년대 조선 동인지 문학의 작가들, 예를 들어 김동인, 염상섭, 전영택, 박종화 등에게 많은 영향을 미쳤다. 특히 아리시마의 소설을 번역하기도 했던 김동인은 레프 톨스토이와 아리시마 다케오의 소설을 가장 좋아한다고 고백했다. 황순원은 아리시마의 『카인의 후예』와 동일한 제목의 소설을 썼다. 시대적으로 많은 차이가 나지만, 박경리의 소설 『토지』에서도 아리시마는 자주 언급되는 작가다. 2017년 〈박열〉이라는 제목으로 영화화된 사회주의자 박열과 그의 부인 가네코 후미코를 경제적으로 지원하기도 했던 아리시마는 시라카바파 회원들 중에서 오늘날까지 가장 많이 회자되는 인물이다(김희정 2015, pp. 217-242).

도쿄 인근의 가루이자와 별장에서 《부인공론婦人公論》 기자인 하타노 아키코波多野秋子, 1894~1923와 동반 자살을 한 것이다. 유부녀와의 이루어질 수 없는 사랑 끝에 택하는, 이른바 '신주心中'였다. 에도시대 때 '신주'는 '목숨을 건 사랑'을 뜻했다. 실제로 죽는 것은 아니었다. 그러나 '자유연애'가 유행하면서 '신주'는 사랑하기 때문에 함께 죽는 '정사情死'의 의미로 바뀌었다. '다케오의 정사'는 일종의 문화혁명이었다. '죽음'이 사랑과 함께 개인적 선택의 영역으로 넘어온 것이기 때문이다. 죽음을 자기 권한으로 만들 때 개인주의는 완성된다. 그 후로 일본에는 이를 모방한 '정사'가 사방에서 일어났다.***

버나드 리치

무샤노코지나 아리시마와는 달리, 야나기는 서구적 개인주의를 적극적으로 추구하지 않았다. 당시에 유행하던 사회주의 사상과도 거리를 두었다. 자신의 사회적 역할을 선택하는 데 야나기는 매우 신중하고 조심스러웠다. 실행에 옮기는 속도는 느렸지만, 한번 선택한 결정은 아주 집요하게 밀어붙였다. 바로 '민예운동'이다. '민중'과 '공예'의 합성어인 '민예'는 야나기가 만든 신조어다. 그가 이렇게 민중예술에 관심을 두게 된 계기는 두 가지다. 하나는 후기 인상주의나 윌리엄 모리스의 '미술공예운동' 같은 당시 유럽 예술의 새로운 경향이고, 또 다른 하나는 조선의 도자기다.

시라카바파 동인들은 유럽의 새로운 예술 사조에 깊은 관심을 보였

*** 3년이 지난 후, 오사카에서 〈사의 찬미〉 녹음을 마치고 돌아오던 윤심덕이 유부남 김우진과 현해탄(대한해협)에서 실종됐다. '정사'였다. 한국에서는 이들이 일본인의 아주 못된 '신주'를 흉내 냈다는 비난이 쏟아졌다.

다. 실제로 야나기는 독일 화가 하인리히 포겔러Heinrich Vogeler, 1872~1942에게 직접 편지를 보내기도 했다. 화가, 건축가, 디자이너이며 동시에 사회주의자였던 포겔러는 독일의 초기 유겐트슈틸을 대표하는 작가였다. '예술가 마을 보르프스베데Künstlerkolonie Worpswede'*를 이끌었던 포겔러는 《시라카바》의 표지 그림을 직접 그려주기도 했다. 독일의 포겔러와는 단지 편지로만 교류했지만, 동판화가이며 도예가였던 영국인 버나드 리치Bernard Leach, 1887~1979는

* '예술가 마을'로 번역할 수 있는 '퀸스틀러콜로니Künstlerkolonie'는 도시를 떠나서 전원생활을 추구하는 예술가들의 집단 거주지를 뜻한다. 장 프랑수아 밀레가 살며 그림을 그렸던 프랑스의 작은 마을 바르비종도 일종의 예술가 마을이었다. 급격한 산업화가 이뤄지던 19세기 말, 암울한 도시는 예술가들에게 어울리는 곳이 아니었다. 화가들은 한적한 시골에 집단 거주지를 마련하고 예술 활동에 몰입하려 했다. 유럽에는 이 같은 예술가 마을이 수십 곳이다. 이렇게 예술가 대부분이 산업화와 도시화에 저항할 때 독일의 바우하우스는 정반대의 길을 간다. 기계문명을 적극적으로 수용했다. 기계문명과 예술은 서로 적대적인 관계가 아니라는 것이다. 바로 여기에 바우하우스의 특별함이 있다.

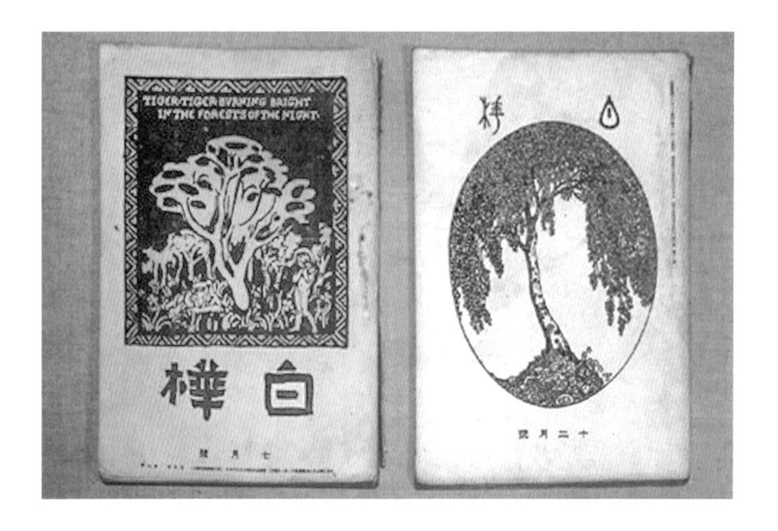

시라카바파의 잡지 표지. 왼쪽은 영국 도예가 리치가, 오른쪽은 독일의 초기 유겐트슈틸을 대표하는 화가 포겔러가 그렸다. 유럽 아르누보의 분위기가 농후하다.

영국의 미술공예운동을 비롯한 당시 유럽의 최신 문화를 시라카바파 동인들에게 직접 전해줬다. 특히 야나기에게 미친 리치의 영향은 절대적이었다.

1887년 홍콩에서 태어난 리치는 10세 때 영국으로 돌아와 '슬레이드 미술학교Slade School Of Art'와 '런던미술학교London School Of Art'에서 드로잉, 에칭을 비롯한 다양한 미술교육을 받는다. 런던의 일본 유학생들을 통해 일본 문화를 접하며 일본에 대해 깊은 관심을 갖게 된 리치는 마침내 1909년에 도쿄로 갔다. 그곳에서 당시 일본에서는 생소했던 에칭 기법 등을 소개하며 일본 예술가들과 교류하다가 야나기 무네요시를 만났다.89

1910년, 야나기는 도쿄제국대학에 입학하여 심리학을 전공한다. 그러나 자연과학적 실험방법론에 매몰되어 있는 분트식 구조주의 심리학에 경도된 도쿄제국대학의 심리학 커리큘럼에 야나기는 좌절했다. 빌헬름 분트와 비교하면 보다 인문학적 경향이 강한 윌리엄 제임스의 심리학이나 앙리 베르그송Henri Bergson, 1859~1941의 철학에 더 관심을 가졌다. 하지만 대학 시절의 그를 매혹한 것은 윌리엄 블레이크였다. 영국의 시인이자 화가이며 신비주의자였던 블레이크는 상당 기간 야나기의 사상적 토대가 되었다. 직관과 상상의 힘을 강조하는 블레이크의 사상은 자연과학적 분트 심리학에 실망한 야나기에게 훌륭한 대안이었다.90

Unit 27.

일본의 민예운동

'일용잡기'야말로 일본적이다!

윌리엄 블레이크의 사상도 매혹적이었지만 야나기 무네요시를 더욱 감동시킨 것은 블레이크에서 존 러스킨, 그리고 윌리엄 모리스로 이어지는 예술론이었다. 야나기는 블레이크를 공부하면서 색채와 선의 예술적 기능에 눈뜨고, 미세한 장식 도안에도 관심을 갖는다. 그뿐만 아니다. 당시 유럽에서 '동양적인 것'이 첨단의 것으로 여겨지고 있다는 것도 알게 된다. 이른바 '오리엔탈리즘적 시선'을 깨달은 것이다. 일본 예술을 포함해 동양 예술 전반에 대한 야나기의 관심은 이렇게 서구라는 타자의 시선을 통해 구축되었다. 서양의 것을 무조건 수용하는 것이 근대화로 여겨졌던 일본 사회에 대한 야나기의 비판도 이때부터 시작된다.91

야나기는 버나드 리치와의 교우 관계를 통해 동양 공예품, 그중에서도 특히 조선 도자기가 지닌 예술적 가치에 눈을 뜨게 된다. 당시 일본에는 서양을 일방적으로 수용하는 데 반대하여 '서양은 물질문명, 동양은 정신문명'이라는 이분법이 대두하고 있었다. 야나기는 동양의 정신문명은 예술을 통해 구체화됐고, 동양 예술의 대표적 사례가 바로 조선 도자기라고 생각했다. 조선 도자기가 표현하는 형태미가 동양 예술의 최고이고, 중국 예술이 그 뒤를 따르고 있지만, 일본을 대표할 수 있는 예술이 없다는 사실도 야나기는 바로 깨달았다. 서구에 소개되는, 일본을 대표하는 예술품들이란 죄다 조선과 중국의 모조품에 지나지 않는다고 야나기는 과감하게 주장했다.* 군사적으로나 경제적으로나 조선과 중국을 압도하며 동양의 타민족을 '열등한 민족'으로 여기던 당시 일본 사회에서 이 같은 주장을 하기는 그리 쉬운 일이 아니었다. 그래서 야나기를 함부로 비판할 수 없는 것이다. 그러나 그는 일본인이었다.

모쿠지키 불상. 야나기 무네요시는 조선과 중국의 영향으로부터 자유로운 일본 고유의 예술적 특징을 이 불상에서 찾고자 했다. 그러나 자신이 펼치는 이론이 무리임을 알고 바로 포기했다.

조선 예술에 빠져들수록 조선이나 중국과 구별되는 독자적 일본 예술을 명확하게 밝혀야 한다는 의무감에서 야나기는 자유로울 수 없었다. 야나기는 조선의 영향을 받지 않고 중국과도 관계없는 일본만의 순수한 문화예술을 찾아내려고 애썼다. 그러나 일본 귀족들의 예술품에서 일본의 고유한 예술적 특징을 찾아낼 수는 없었다. 그러던 중 야나기는 도쿠가와 시대(1603~1868)의 '모쿠지키 불상木喰佛像'을 우연히 발견했다. 1924년 1월의 일이었다. 그는 모쿠지키 불상을 어떤 곳에서도 찾아볼 수 없는 '일본 고유의 불상'이라 칭하며 서양의 고딕 예술에 버금가는 것으로 찬양했다.92

* "엄밀히 일본의 국보에서 조선의 작품, 또는 그 유풍遺風을 전한 것을 빼버리고 나면 무엇이 남겠는가. 이런 일은 저 탁월한 아스카飛鳥의 황금시대를 일본사에서 말살하는 일이 아닌가. 일본 예술은 조선의 미로 인하여 꾸며진 것이다. 만일 저 현명한 쇼토쿠 태자가 조선의 문화를 받아들이지 않았다면 일본은 자랑해야 할 국보의 몇백 개를 잃었을 것이다. 아스카 문화를 회고할 때 우리는 조선의 문화를 흠모하는 것이다(야나기 1989, p. 19)."

야나기는 모쿠지키 불상을 예술과 신앙의 결합물로 설명했다. 그러나 모쿠지키 불상을 일본 문화의 전형으로 삼고자 했던 야나기의 설명은 여러모로 무리가 많았다. 일단 서양 중세의 고딕과 같은 맥락으로 도쿠가와 시대를 설명한 것은 시대적 전제부터 어긋나 있다. 일본의 고대나 근대는 조선과 중국의 영향에서 벗어날 수 없었지만, 일본의 중세에는 비교적 일본 고유의 문화가 존재했다고 야나기는 생각했다. 그래서 모쿠지키 불상을 일본 중세의 예술로 설명하고자 했던 것이다.[93] 그러나 모쿠지키 시대는 근대에 가까웠다. 그뿐만 아니라 불상을 제작한 모쿠지키 고쿄木喰五行, 1718~1810는 야나기가 일본의 전통 불교로 주장했던 정토淨土 계열의 승려가 아니었다. 모쿠지키는 진언종眞言宗 계열의 떠돌이 승려였다. 야나기의 민예론에서 '모쿠지키 쇼닌'으로 언급되지만 '쇼닌上人'은 정토 계열의 정통파 승려에게만 붙이는 호칭이었다.

모쿠지키 불상에서 일본 문화의 전형을 찾고자 했던 시도가 무모한 것임을 깨닫게 된 야나기는 일본의 '일용잡기日用雜器'에 눈을 돌린다. 야나기는 일본의 회화나 조각이 조선의 영향에서 벗어날 수 없고, 당나라 흉내를 낸 것이 대부분이라고 고백한다. 그러나 일본 민중의 일상생활에서 활용되는 직물류, 목공품, 옷장, 일용 도자기 같은 공예품은 모방도 아니고, 추종도 아닌 일본 고유의 것이라고 야나기는 단언한다. 바로 이 같은 일용잡기의 '조잡함'에서 일본 문화의 고유함과 독창성이 발견된다는 것이다.[94]

일본의 일용잡기에서 발견한 야나기의 '민중예술'은 이후 윌리엄 모리스의 '미술공예운동'을 흉내 낸 '민예운동'으로 발전했다. 1926년이 되면 야나기는 "조선은 선, 중국은 형태, 일본은 색채"라는 문화비교론도 포기한다. 모쿠지키 불상도 물론 포기했다. 대신 '민예'라는 개념에 전념한다. 1926년에 배포한 「일본민예미술관설립취의서日本民藝美術館設立趣意書」에서 야나기는 다음과 같이 주장한다.

민예는 외래의 수법에 빠지지 않고, 타국의 모방에 그치지 않으며, 모든 아름다움을 고국의 자연과 피에서 품어내어 민족의 존재를 선명하게 나타냈다. 아마 미의 세계에서 독창적인 일본을 가장 뚜렷하게 보이고 있는 것은 이 '조잡한 것'의 영역일 것이다.95

야나기는 민중이 사용하는 일용잡기의 '조잡함'에서 일본 문화의 고유함과 독창성을 찾을 수 있다고 주장한다.

'일본민예미술관'의 설립에는 1924년 야나기 자신이 주도하여 경복궁에 '조선민족미술관'을 개설한 경험도 깊은 영향을 미쳤다. 야나기는 조선이나 중국에서는 민중의 일상에 깊이 관여되어 있는 일용잡기에 어떤 관심도 없었다고 생각했다. 그리고 바로 이 일용잡기야말로 '일본 고유의 미'가 발휘되는 영역이라고 주장했다. 이를 민예라는 개념을 통해 정리하려 했던 것이다.

군국주의 이데올로기에 편입된 민예운동

야나기의 민예론은 시라카바파가 시도했던 프롤레타리아 예술론의 구축과 같은 맥락에 있다. 그러나 그가 이전에 시도했던 조선의 예술론에서도 볼 수 있듯, 철저하게 비정치적인 야나기의 예술론은 '비정치성의 정치성'이라는 자기모순에 빠지게 된다.* 다이쇼 데모크라시 시기를 지나 일본 군국주의가 본격적으로 등장하자, 야나기의 민예론은 서구와 대립하여 일본 국민을 하나로 묶어내는 이데올로기적 도구로 전락하고 만다.

'자발적 오리엔탈리즘'이 '일본 군국주의'와 결합한 것이다. 야나기의 민예론과 일본 군국주의의 이념적 협업이 가능했던 것은 바로 '비정치성의 정치성' 때문이다. 야나기는 평생 생명주의자, 평화주의자를 자처했지만, 민예론의 사상적 기초가 되는 일본 예술의 아이덴티티는 철저하게 서구라는 타자의 시선을 전제로 하고 있었다. 아울러 그의 민예론은 일본 군국주의가 필요로 했던, 즉 서구와 동등하게 맞설 수 있는 '일본 민족'의 자부심을

* 야나기 무네요시가 식민지 조선의 지식인들에게 깊은 영향을 미쳤던 이유도 바로 이 '비정치성의 정치성' 때문이다. 현실 변혁에 지극히 무기력했던 식민지 지식인들의 자기 정당화가 아주 쉬워지기 때문이다.

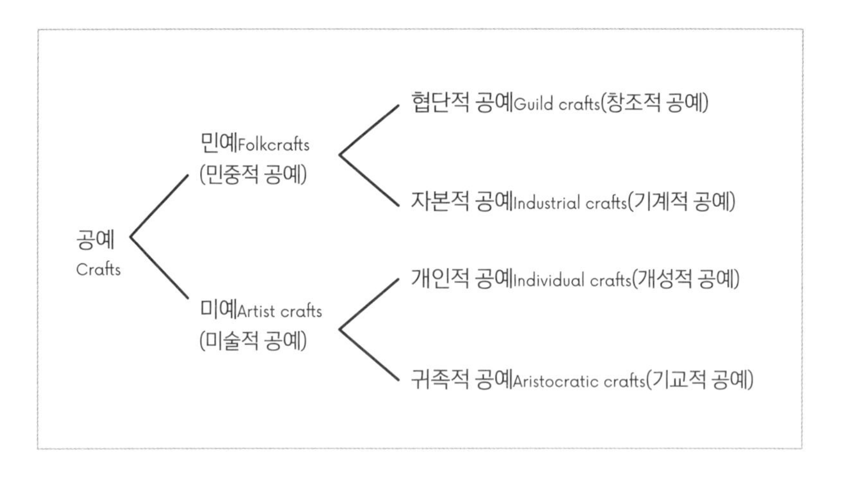

'공예'와 '민예'의 개념적 관계에 관한 야나기 무네요시의 분류(영문 번역은 저자 추가).**96**
야나기는 일본 '민중'의 구체적 삶에서 '일본 고유의 미'를 찾고자 했다. 바로 그 '조잡함의 미학'을 '민예'라는 개념으로 체계화한다. 이 도표는 '민예'와 서구에서 수입된 '공예'의 개념적 관계를 설정하고자 하는 시도다.

구축하는 데 아주 효과적인 도구가 되었다. '배타적 민족주의'는 '타자의 시선'이 없다면 형성될 수 없다. 일본 문화가 자기 정체성을 성립하는 데 지대한 영향을 미친 야나기의 '민예론'이 오늘날 거의 언급되지 않는 이유도 바로 이 군국주의의 흔적 때문이다.

야나기의 민예운동과 모리스의 미술공예운동의 공통점은 산업화와 기계문명에 대한 저항이다. 그러나 두 '운동'의 동기는 사뭇 달랐다. 모리스의 미술공예운동이 산업혁명으로 인한 노동자들의 고통스러운 삶과 대량생산의 미학적 빈곤함에 대한 저항에서 출발했다면, 야나기의 민예운동은 서양이라는 타자의 시선에 대응하는 자발적 오리엔탈리즘에서 출발했다.

1853년 매슈 캘브레이스 페리Matthew Calbraith Perry, 1794~1858 제독의 강압으로 개항했지만, 청일전쟁(1894~1895)과 러일전쟁(1904~1905)에서 승리하며 일본인들에게는 자신들이 서구 제국들과 동등한 위치에 올라섰다는 자부심이 생겼다. 서양의 기술 문명에는 미치지 못하지만, 서양에 비해 정신문명은 앞서 있다는 주장이 퍼져나가기 시작했다. 밑천이 아주 허술한 정당화였다. 그러나 이러한 당시의 일본 사회 분위기에서 야나기가 만들어낸 '예술, 철학, 종교의 삼위일체로서의 민예론'은 크게 각광받는다.

출발점은 달랐지만 기계 생산, 기술 문명, 산업사회를 거부하고 중세의 수공업을 대안으로 삼았던 야나기의 '민예운동'과 모리스의 '미술공예운동'이 가지는 한계는 명확했다. 미술공예운동의 생산품은 부유한 신흥 부르주아지들만이 누릴 수 있는 사치품이 되어버렸고, 민예운동은 군국주의 이데올로기로 편입됐다. 산업사회의 도래가 그렇게 안이하게 저항할 수 있는 변화는 결코 아니었던 것이다.

Unit 28.

요하네스 이텐

비밀의 교장 선생

가장 먼저 합류했으나 가장 먼저 바우하우스를 떠난 요하네스 이텐은 막 설립된 시골 학교인 바이마르 바우하우스를 단숨에 유명하게 만든 인물이었다. 아울러 그는 초기 바우하우스의 교육 커리큘럼에 가장 강력한 영향을 미친 마이스터였다. 시작부터 이텐은 발터 그로피우스와 껄끄러운 관계였다. 이텐을 그로피우스에게 소개한 사람이 바로 그로피우스의 부인인 알마 말러였기 때문이다. 바우하우스 설립 초기, 이텐은 그로피우스의 약점을 교묘하게 파고들었다. 그로피우스가 기계 생산과 산업사회에 대한 태도를 확실하게 설정하지 못하고 있을 때, 이텐은 독일의 전통적 도제식 지도 방식을 재해석하며 바우하우스의 전체 교육 방향을 주도적으로 이끌었다.

스위스에서 태어난 이텐은 어려서 아버지와 형을 잃고, 자녀 양육에는 아무런 관심 없는 폭력적인 양아버지 밑에서 자랐다. 부모로부터 학비 지원은 기대하기 어려웠다. 이텐은 경제적으로 빨리 독립하기 위해 선생이 되는 길을 선택했다. 나중에 함께 바우하우스 선생이 되는 파울 클레와는 어린 시절부터 잘 알고 지냈다. 하지만 아버지에게서 경제적으로나 정서적으로 풍족한 지원을 받고 자란 클레는 이텐과는 대조적인 어린 시절을 보냈다. 이텐은 고생 끝에 교원 과정을 마치고 선생이 되었지만 겨우 1년 정도만 교사 생활을 했다. 어릴 때부터 관심을 가졌던 미술을 공부하기 위해 예술 아카데미에 입학했기 때문이다.97

바우하우스 선생으로 초빙되기 전, 이텐은 슈투트가르트 예술 아카데미를 졸업하고 빈에서 사설 미술학교를 운영하고 있었다. 이텐에게는 특별한 카리스마가 있었다. 물론 외모도 매력적이었다. 여성들에게 인기가 아주 많았다. 이런 일화도 있다. 미술 공부를 제대로 하기 위해 당대 최고의 선생이었던 아돌프 횔첼Adolf Hölzel, 1853~1934의 제자가 되려고 슈투트가르트에 갔지만, 그가 가르치는 학교에 바로 입학할 수는 없었다. 대신 횔첼의 조교였던 이다 케르코비우스Ida Kerkovius, 1879~1970라는 여성의 지도를 받게 된다. 그러나 그 관계는 곧 역전하여 그녀는 이텐의 제자가 되었다. 이후에 이텐이 빈에서 사설 미술학교를 열자, 그녀는 그곳으로 따라와 이텐의 학생이 되었다. 이텐이 바우하우스 선생이 되자, 그녀도 바이마르로 옮겨 와 바우하우스 학생이 되었다. 바우하우스 시절에는 이텐의 관심을 얻으려고 그 앞에서 일부러 기절하는 여학생도 있었다.

1916년부터 3년 동안 빈에서 살면서 이텐은 다양한 문화계 인사를 만났다. 빈의 혁명적 건축가 아돌프 로스Adolf Loos, 1870~1933, 표현주의 화가 오스카 코코슈카, 12음계의 아널드 쇤베르크, 구스타프 클림트 등이다. 주로 알마의 '붉은 살롱'에서 만났다. 앞서 설명한 대로, 이러한 인연으로 알마는 이텐을 그로피우스에게 소개했다.98 이텐은 빈에서 클림트의 마지막 연인이었던 에미 안벨랑Emmy Anbelang, c. 1896~1918을 만나 사랑에 빠졌다. 그녀 또한 이텐의 미술학교 학생이었다. 그러나 그녀는 클림트가 사망한 1918년에 그와 같은 병(스페인 독감)으로 사망했다. 이텐은 이듬해인 1919년에 그녀의 자매 힐데가르트 안벨랑Hildegard Anbelang, 1894~1952과 결혼했다. 두 사람은 1938년에 이혼했다. 참고로 안벨랑 자매는 당시 빈에서 가장 돈이 많은 가문 출신이었다.

슈투트가르트 예술 아카데미를 졸업하고 빈으로 이사를 오기 직전, 이텐의 외모에 큰 변화가 생겼다. 남들의 시선을 끄는 특이한 의상을 입기 시작했다. 머리카락도 동양 수도승처럼 완전히 밀어버렸다. 바우하우스 선생이 된 후에는 더욱 특별해 보이는 긴 가운을 입었다. 날카롭지만 조각상 같은 얼굴에 빡빡 깎은 머리, 그리고 보라색, 흰색, 회색의 긴 가운을 번갈아 입는 이텐은 사뭇 사이비 종교 지도자처럼 보였다. 실제로 그는 '마즈다즈난Mazdaznan'이라는 신흥종교에 깊이 빠져 있었다.

마즈다즈난은 조로아스터교의 일종으로 독일계 미국인 오토 하니시Otto Hanisch, 1856~1936가 1890년 시카고에서 만든 신흥종교다. '마즈다즈난'이란 '모든 것을 알고 있는 신의 생각'이라는 뜻을 가진 페르시아어다. 영적·지적·물질적 차원으로부터 완전히 자유로운 개인을 추구하는 마즈다즈난 교리는 20대 초반의 젊은 이텐을 사로잡았다. 기독교, 선불교, 유대교, 조로아스터교 등을 섞어놓은 교리는 육체와 영혼의 관계를 특히 강조했다. 신과의 관계는 신체의 건강 상태로 알 수 있다는 것이다. 그 교리에 따라 이텐은 채식주의를 실천하며 몸을 가볍게 하고, 독특한 호흡법과 긴장-이완의 체조를 일상에서 반복했다. 바우하우스 시절, 이텐은 자기 학생들에게 마즈다즈난 호흡법과 명상을 교과과정의 일부로 가르쳤다. 그는 학

'마즈다즈난'이라는 동방 종교에 심취한 이텐. 바이마르 바우하우스의 젊은 학생들은 그의 의상과 헤어스타일을 흉내 냈다. 당시 바이마르에서는 마즈다즈난 수도복이 바우하우스 공식 교복처럼 여겨졌다.

교 농장에서 재배한 농산물로 학생들과 단체로 채식을 하기도 했다. 학생들에게 이텐은 '비밀의 교장 선생der geheime Direktor'이었다.99

바우하우스 학생들은 이텐의 독특한 의상과 헤어스타일을 흉내 냈다. 그 결과, 바이마르에서 마즈다즈난 수도복은 바우하우스 공식 교복처럼 여겨지기도 했다. 이는 나중에 바이마르 시민들이 바우하우스에 대해 거부감을 가지는 원인 중 하나가 된다. 이텐은 학생들에게 마즈다즈난 철학도 가르쳤다. 이는 단순한 종교 교리의 학습이 아니라 예술적 인식론의 기초이기도 했다.

> 인간은 세계가 드러낸 현상을 감각기관의 도움으로 인식한다. 우리 감각은 구체적으로 존재하는 형태들을 느끼고 인식하는 모든 경험의 입구다. 이 감각기능은 대립 효과 법칙에 따른다. 즉 우리는 어두운 것이 있으므로 밝은 것을 보고, 작은 것에 대립하기 때문에 큰 것을 본다. 우리가 보고, 듣고, 냄새를 맡고, 맛보고, 만지고, 느끼는 모든 것은 대립하는 또 하나의 것과 관계되어 있다.100

바우하우스 기초과정

1923년, 그로피우스가 '예술과 기술의 통합Einheit von Kunst und Technik'을 바우하우스의 교육목표로 정하기 전까지 '수공예와 예술의 통합Einheit von Handwerk und Kunst'은 바우하우스의 암묵적 교육 지향점이었다. 그로피우스는 이 같은 교육 이념을 실현하기 위해 '형태 마이스터Meister der Form, 줄여서 Formmeister'와 '기능 마이스터Meister des Handwerks, 줄여서 Werkmeister'라고 불리는 두 종류의 마이스터가 동시에 학생들을 지도하도록 했다.101 이텐, 바실리 칸딘스키, 오스카 슐레머Oskar Schlemmer, 1888~1943, 클레와 같이 그로피우스가 초청한 예술가들에게는 '형태 마이스터'라는 호칭을 붙였고, 전통적 수공예 장인들은 '기능 마이스터'라고 불렀다. 그러나 형태 마이스터와 기능 마이스터가 지도하는 작업장 수업은 기초과정Vorlehre을 이수한 후에야 가능했다. 이 기초과정을 개발한 사람이 바로 이텐이다.

바우하우스 초기에는 6개월, 나중에는 2학기 동안 진행된 기초과정의 핵심은 갖가지 재료의 특성을 느끼고 이해하는 데 있었다. 학생들에게는 종이, 유리, 나무, 쇠 등 재료들의 특성을 살려서 입체를 구성하는 과제가 주어졌다. 재료의 특징을 최대한 경험하는 바우하우스의 재료 학습은 오늘날의 독일 디자인에도 크게 영향을 미쳤다. 바우하우스 이후로 독일 디자

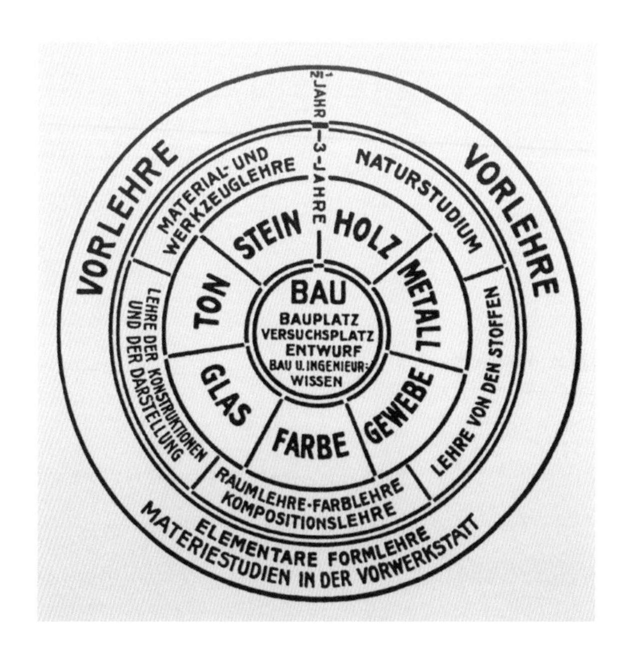

1923년 바우하우스의 교육 커리큘럼.**102** '형태 마이스터'와 '기능 마이스터'가 함께 학생들을 지도했다. 그러나 본격적 수업을 받기 전, 학생들은 '기초과정'을 필수로 이수해야 했다. 기초과정을 만든 이가 바로 이텐이다.

인은 가능한 한 재료의 기능적·장식적 특징을 인위적 가공 없이 구현하려고 한다. 이텐은 학생들에게 뛰어난 화가의 그림들을 보고 그 구조를 분석한 후 자기가 느낀 감정을 그림으로 표현하도록 하는 '대가 작품 분석' 과정을 이끌기도 했다. 이텐이 만든 이 같은 기초과정은 그가 바우하우스를 떠난 후에도 계속되어 바우하우스 교육과정의 대표적 특징이 된다.[103]

이텐은 학생들에게 스스로를 다음 세 가지 기질 유형 중에서 하나로 분류하도록 했다. 물질적-인상주의적 유형(뛰어난 관찰로 사물을 똑같이 재현하려는 경향), 지적-구성적 유형(어떤 대상의 구성을 목표로 하는 경향), 영적-표현적 유형(자기 느낌에 따라 작업하려는 경향).[104] 그러나 이텐의 열정은 시간이 흐를수록 한쪽으로 치우쳤다. 현실과 분리된 영적 차원을 강조하는 쪽으로 흘러갔던 것이다. 자신의 종교적 교리와 예술교육의 경계도 점점 흐려졌다.

기초과정 수업 장면.[105] 종이, 유리, 나무, 쇠 등 재료들이 지닌 특성을 학생들이 스스로 익히도록 했다.

그로피우스는 긴장했다. 그뿐만 아니었다. 선생들 사이에서도 묘한 편 가르기가 시작됐다. 이텐을 중심으로 게오르크 무헤, 클레, 슐레머, 칸딘스키 등이 한편이 되는 듯했다. 이들은 모두 표현주의 화가들이 주로 활동했던 베를린 화랑 '슈투름'과 관계가 있었다. 라이오넬 파이닝어와 게르하르트 마르크스만 분명하게 그로피우스 편에 섰다. 이 같은 초기의 긴장 관계는 1923년에 이텐이 스스로 바우하우스를 떠나면서 비로소 해소된다. 그리고 새로운 기술의 다양한 예술적 적용을 고민하던 라즐로 모홀리-나기László Moholy-Nagy, 1895~1946가 이텐의 후임으로 들어오면서 '예술과 기술의 통합'이라는 바우하우스의 교육 방향은 명확해진다.

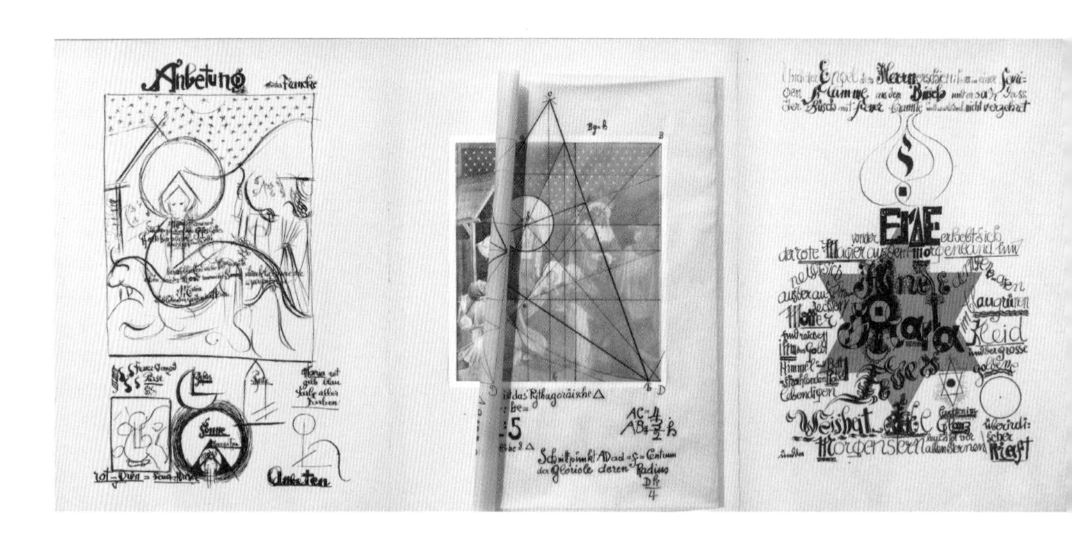

이텐이 학생들에게 가르친 '대가 작품 분석'의 한 예.**106** 학생들은 대가의 작품에 숨겨진 구조를 읽어내어 자신만의 방식으로 표현해야 했다.

Unit 29.

훔쳐보는 것을 훔쳐보기

훔쳐보기

지금은 많이 늙었지만 샤론 스톤Sharon Stone, 1958~은 여전히 나에게 가장 에로틱한 배우다. 1992년에 개봉한 〈원초적 본능Basic instinct〉에서 '다리 바꿔 꼬기' 장면은 지금 봐도 엄청나다. 자신을 심문하는 형사들이 속옷을 입지 않은 자신의 다리 사이를 훔쳐보도록 다리를 바꿔 꼬면서도 아주 쿨한 표정을 짓는 샤론 스톤의 연기는 압권이다. '관음증voyeurism'이라는 인간의 아주 오래된 본능을 기막히게 편집하여 자극한다. '훔쳐보지만, 보지 않은 것으로 하기'라는 이중의 심리적 장치가 묘하게 작동한다. 오늘날 인터넷 SNS를 통한 '훔쳐보기' 혹은 '드러내기' 또한 '원초적 본능'과 동일한 심리기제에 기초하고 있다.

〈원초적 본능〉을 능가하는 관음증 영화가 있다. 〈원초적 본능〉을 개봉한 바로 다음 해인 1993년에 상영된 〈슬리버Sliver〉라는 영화다(오래된 영화들이지만, 그 이후로 관음증과 관련하여 이 영화들을 능가하는 영화를 본 적이 없다). 공교롭게도 〈슬리버〉의 주연 또한 샤론 스톤이다. 〈슬리버〉의 관음증은 아주 독특하다. 이혼한 샤론 스톤이 인생을 새롭게 시작하려고 '슬리버'라는 이름의 아파트로 이사를 온다. 그런데 그녀가 이사한 직후부터 의문의 살인사건이 연속해서 일어난다. 혼란스러운 상황에서 샤론 스톤은 아파트의 젊

영화 〈원초적 본능〉의 '다리 바꿔 꼬기' 장면. 샤론 스톤과 그녀의 다리 사이를 훔쳐보는 형사들 사이에는 '훔쳐보지만, 보지 않은 것으로 하기'라는 무언의 약속이 작동한다.

영화 〈슬리버〉에서 집주인 윌리엄 볼드윈은 자기 아파트 곳곳에 감시 카메라를 숨겨놓고 모든 사람의 행동을 훔쳐본다. 샤론 스톤을 훔쳐보는 그의 뒷모습을 관객들은 카메라의 시선을 통해 또다시 훔쳐본다. '훔쳐보기의 훔쳐보기'라는 '메타적 시선'을 경험하는 것이다.

고 매력적인 주인인 윌리엄 볼드윈William Baldwin, 1963~과 사랑에 빠진다.

윌리엄 볼드윈은 자기 아파트 곳곳에 감시 카메라를 몰래 설치하고, 입주민의 모든 사생활을 훔쳐보는 지독한 관음증 환자였다. 물론 샤론 스톤의 침실과 욕실에도 감시 카메라가 설치되어 있었다. 그는 그녀의 일거수일투족을 감시하며, 어떻게 해야 그녀의 마음을 사로잡고, 어떤 방식으로 그녀를 성적으로 흥분시킬 수 있는가를 잘 알고 있었다. 〈원초적 본능〉에서는 샤론 스톤이 다리를 바꿔 꼬는 장면이 압도적이지만, 〈슬리버〉에서는 샤론 스톤이 목욕하는 모습을 훔쳐보며 흥분하는 윌리엄 볼드윈의 '훔쳐보기'가 압권(?)이다.

목욕하는 샤론 스톤의 몸 구석구석을 훑어가던 카메라 앵글이 넓어지면서 느닷없이 그녀의 목욕 장면이 보이는 모니터가 나타난다. 그리고 카메라 앵글은 아주 천천히 더 넓어지면서 그 화면을 뚫어지게 들여다보고 있는 윌리엄 볼드윈의 뒷모습을 보여준다. 그 순간, 관객들은 샤론 스톤을 훔쳐보는 윌리엄 볼드윈을 또다시 훔쳐보는 '이중적 훔쳐보기', 즉 '훔쳐보기의 훔쳐보기'라는 '메타적 시선'에 긴장(!)하게 된다. 관음증의 수준을 비교하자면 〈슬리버〉가 〈원초적 본능〉보다 한 수 위다.

'리얼리티 쇼'와 '관음증'

최근 들어 '리얼리티 쇼'라는 이름의 예능 프로그램이 TV 방송의 대세가 되기 시작했다. 리얼리티 쇼란 어느 특정한 상황에서 출연자들의 행동을 있는 그대로 비춰주거나, 팬들이 궁금해하는 연예인의 사생활을 말 그대로 '리얼real'하게 보여주는 프로그램이다. 이 같은 리얼리티 프로그램은 관음증이라는 인간의 근원적 욕구와 텔레비전이라는 대중적 엔터테인먼트 도구가 가장 효율적으로 결합한 형태라고 할 수 있다.

사실 '몰래카메라hidden camera'를 동원하여 사람들의 행동을 관찰하는 프로그램은 TV가 보급되던 초기부터 있었다. 그러나 체계적 연출을 통해 사람들의 행동을 관찰하는 리얼리티 프로그램의 시작은 1991년에 네덜란드 국영방송 KRO에서 방영했던 〈28번지Nummer 28〉라는 프로그램이다. 암스테르담 시내, 어떤 거리의 28번지에 대학생 7명을 몇 달 동안 살게 하고 그들이 어떻게 행동하는지, 집 안에서 무슨 일이 일어나는지를 방송하는 것이었다. 당시로서는 획기적인 프로그램이었다. 그러나 〈28번지〉는 관음증에 대한 죄의식이 조금은 작동하는 방송이었다. 출연자들은 자유롭게 집 밖을 드나들 수 있었고, 모든 행동이 여과 없이 방영되는 것은 아니었다.

진정한 의미에서 리얼리티 프로그램의 시작으로는 1999년에 방영된 〈빅 브라더Big Brother〉를 꼽는다. 이 또한 네덜란드에서 방영됐다. 〈빅 브라더〉는 고립된 집에서 참가자 16명을 살게 하고 이들의 생활을 3개월이 넘도록 '라이브'로 보여주는 방송이었다. 집 안 곳곳에 카메라를 설치하고 모든 참가자에게는 개인 마이크를 채워서 그들의 상황과 행동이 그대로 드러나도록 했다. 시청자들은 훔쳐볼 뿐만 아니라 마음에 들지 않는 출연자를 투표로 1명씩 차례로 쫓아낼 수 있었다. 시청자들은 프로그램 제목처럼 조지 오웰George Orwell, 1903~1950의 소설 『1984』의 '빅 브라더'가 가진 권력을 즐겼다. 〈빅 브라더〉는 엄청난 논란과 동시에 대단한 인기를 누린 프로그램이었다. 2000년대에 들어서면서 리얼리티 프로그램은 거의 모든 나라에서 가장 인기 있는 프로그램이 된다. 무인도에서 살아남기 위해 사람들이 보이는 행동을 그대로 보여주는 〈서바이버Survivor〉 같은 프로그램은 수많은 나라에서 비슷한 포맷으로 방영됐다.

한국에서도 리얼리티 프로그램은 대세다. 오디션 프로그램과 더불어 리얼리티 프로그램이 빠지면 예능 프로그램은 없다고 이야기해도 좋을 정도다. 그러나 서구와 비교하면 한국의 리얼리티 프로그램은 많이 소박하다. 관음증의 수준이 매우 착하다는 이야기다. 심지어는 '훔쳐보기'를 통해 교훈하기도 한다. 아빠의 육아 체험을 통해 가족애를 강조하거나(《슈퍼맨이 돌아왔다》), 군대 훈련 체험을 통해 애국심을 고취하기도 한다(《진짜 사나이》).

리얼리티 프로그램도 진화한다. 예전 리얼리티 프로그램과 비교해보면, 최근에 방영되는 리얼리티 프로그램의 가장 두드러진 특징은 출연자들의 '독백'이다. 인상적 장면이 나온 후, 출연자가 자기 모습을 지켜보며 당시에 느꼈던 심정을 '성찰적(?)'으로 설명하는 장면을 자주 보여준다. 출연자가 자신의 행동을 지켜보면서 생각과 느낌을 설명하는 이 같은 내러티브 장면에서 시청자의 재미는 묘하게 상승한다. 출연자의 행동뿐만 아니라 그 속마음까지 훔쳐볼 수 있기 때문이다. '훔쳐보기의 교차편집'이라 할 수 있다. 리얼리티 프로그램의 연출 기법도 더욱 발전했다. 꽤 오랫동안 인기가 계속되는 〈미운 우리 새끼〉라는 리얼리티 프로그램도 '훔쳐보기의 교차편집'이라는 점에서 본다면 여타 예능 프로그램과 유사한 포맷처럼 보인다. 그러나 이 프로그램은 사뭇 다르다. 출연자들은 자기 행동에 관해 설명하지 않는다. 그들은 그저 관찰 대상일 뿐이다.

대신 출연자의 어머니들이 출연하여 결혼할 나이가 훨씬 지난 아들들의 철없는 행동을 보고 느낀 점을 한탄하며 이야기한다. 이 장면을 지켜보는 시청자들은 〈진짜 사나이〉나 〈슈퍼맨이 돌아왔다〉 같은 프로그램에서 느꼈던 교훈적 재미와는 전혀 다른 차원의 재미를 느끼게 된다. 아들의 행동을 훔쳐보는 어머니의 마음을 또다시 훔쳐보는 시선을 경험하기 때문이다. 즉 '훔쳐보기의 훔쳐보기'라는 이야기다. 〈슬리버〉에서 기능했던 '메타적 관음증'과 같은 구조의 색다른 시선이 〈미운 우리 새끼〉라는 프로그램에서 구현된다.

반복해서 이야기하지만, 창조는 편집이다. TV 프로그램이나 영화는 카메라를 이용해 시선을 편집한 결과다. 시선의 편집 과정에서는 '편집의 차원'이 다양해야 재미있다.107 TV 프로그램 연출자나 영화감독은 카메라의 시선을 편집하여 시청자와 관객에게 색다른 경험을 제공한다. 〈진짜 사나이〉나 〈슈퍼맨이 돌아왔다〉에서 시선의 편집은 '교차적'이며, 〈미운 우리 새끼〉에서 사용된 시선의 편집은 '메타적'이다. 오늘날 영상 매체의 편집처럼 창조적인 작업도 없다.*

* 영상 편집이 차원을 달리하는 창조적 작업이 된 계기는 '몽타주montage' 기법의 발견이다. '몽타주'는 프랑스어로 '조립' 혹은 '편집'을 한다는 뜻이다. 전혀 다른 맥락의 장면이 하나의 연속적 영상으로 편집될 때 관찰자가 느끼는 정서적 경험은 인류가 이제까지 경험했던 것과는 질적으로 다른 것이었다. 몽타주는 여전히 2차원 평면에 머무는 회화의 '콜라주'가 도저히 따라갈 수 없는 차원의 창조적 방법이었다(Unit 94 참조). 몽타주 기법을 본격 응용한 최초의 영화는 소비에트의 영화감독 세르게이 예이젠시테인Sergei Eisenstein, 1898~1948이 1925년에 제작한 〈전함 포템킨The Battleship Potemkin〉으로 알려져 있다. 그러나 그 이전에 다양한 몽타주 기법을 실험한 데이비드 그리피스David Griffith, 1875~1948의 단편영화들을 언급하지 않고 예이젠시테인의 몽타주 기법을 이야기할 수 없다(김용수 2006, p. 18 이하).

Unit 30.

지식은 분류다

책장의 책은 어떤 원칙으로 꽂히는가?

어떤 사람의 지적·문화적 수준을 파악하려면 그 사람의 책장에 꽂혀 있는 책들을 보면 된다. 아울러 책장에 꽂혀 있는 책이 어떻게 분류되어 있는가를 보면 그 판단은 더욱 정확해진다. 책이 '크기'에 따라 가지런히 분류되어 꽂혀 있을 때가 있다. 가장 저렴한 경우다. 이 경우, 책은 그저 장식일 뿐이다. 물론 '책 장식'은 유명 디자이너 가구나 고가의 그림으로 장식하는 경우보다는 훨씬 우아하다. 교수같이 '나름 지식인'을 자처하는 사람들의 연구실이나 서재를 방문해보면, 책장에 꽂힌 책들이 알파벳 순서 같은 익숙한 분류법에 따라 정리된 경우가 가끔 있다. 이 또한 그리 감동적이지 않다. 본인이 직접 정리하지 않고, 조수나 조교가 분류하여 정리했을 확률이 높기 때문이다. 그래서 책 주인의 '현재 진행형' 관심이 그대로 드러나는 책장을 발견하면 무척 반갑다.

아주 단순해 보이지만, 책을 책장에 꽂는 행위는 대단히 창조적인 작업이다. 독일에 다녀올 때마다 엄청난 양의 책을 사서 우편으로 보낸다. 아마존 같은 인터넷 서점을 이용할 수도 있지만, 직접 서점에서 책을 살펴보며 구매할 때에 비해 정확도(!)가 상당히 떨어진다. 여행을 마치고 집으로 돌아와 수백 권을 책장에 정리하는 것은 그리 쉬운 일이 아니다. 정리할 때마다 새로운 정리 체계를 세우느라 무척 애를 먹는다. 여행에서 얻게 된 새로운 지식 체계에 따라 책을 다시 정리해야 하기 때문이다. '지식 편집'은 책장 정리라는 행위로 구체화된다.

산업혁명은 책 생산과 소비의 기본 메커니즘을 변화시켰다. 1시간에 수천 장을 찍어내는 증기 인쇄기가 발명됐고, 인쇄소에서는 각종 '읽을거리'가 쏟아져 나왔다. 대량생산, 대량소비에 맞는 노동자를 확보하기 위해 공교육이 확립되기 시작한 것도 이때부터다. 노동자들은 생산과정에서 요구되는 최소한의 지식을 갖춰야 했기 때문이다. 이들을 위한 얇은 '읽을거리'를 출판하는 것은 큰 돈벌이가 되었다. 말랑말랑한 연애소설도 대량으로 출판됐다. 도시로 인구가 집중되면서 신문, 잡지, 전문 서적을 매개로 하는 다양한 형태의 문화 네트워크도 생겨났다. 그리고 이 네트워크에 종사하는 전문인들이 생겨났다. 이른바 '지식인'의 출현이다. 지식인의 주된 임무는 급격하게 쏟아져 나오는 정보, 지식의 분류라는 새로운 역할에 있었다.*

책이 대량으로 출판되면서 일부 특권층의 전유물이었던 도서관의 역할과 기능도 바뀌었다. 엄청난 속도로 출판되는 책들에 사람들이 쉽고 간단하게 접근할 수 있는 시스템을 갖춰야 했다. 도서 분류 체계의 합리화가 다양한 방식으로 시도됐다. 그 결과, 국제적으로 통용되는 도서 분류 체계가

* 프랑스 역사학자인 파스칼 오리Pascal Ory, 1948~와 장프랑수아 시리넬리Jean-François Sirinelli, 1949~는 '지식인' 개념이 드레퓌스 사건에서 출발했다고 주장한다. 알프레드 드레퓌스Alfred Dreyfus, 1859~1935의 무죄를 주장하는 교수, 박사 학위 소지자, 예술가, 전문직 종사자들을 뭉뚱그려 '지식인intellectuel'이라는 어휘를 조르주 클레망소Georges Clemenceau, 1841~1929가 1898년에 처음 사용했다는 것이다(오리 & 시리넬리 2005, p. 5 이하). 공식적인 '지식인' 어휘 사용은 그때부터이지만, '지식인'의 개념과 역할은 '분류'에서 출발한다는 것이 내 생각이다. 분류는 '편집의 단위'를 만드는 행위다. 분류와 해체, 그리고 재분류의 과정에서 '편집의 차원'이 달라진다. 창조가 가능해진다는 이야기다. 도서관, 박물관, 미술관의 소장품들을 분류하기 시작할 때부터 다양한 형태의 '지식인'이 출현했다고 봐야 한다. 극히 제한된 영역에서의 분류를 책임졌던 지식인들은 산업혁명 이후 넘쳐나는 정보, 지식의 분류에 참여하며 그 존재감을 넓혀갔다.

나타났다. 멜빌 듀이Melvil Dewey, 1851~1931가 1876년 미국에서 처음 내놓은 '듀이십진분류법DDC, Dewey Decimal Classification System'이다.108

듀이는 지역 도서관 사서들의 개별적 직관에 의존하는 도서 분류 체계로는 무서운 속도로 팽창하는 출판 시장의 변화를 좇아갈 수 없다고 생각했다. 그는 누구나 받아들일 수 있는 논리에 기초한 도서 분류의 국가적 표준이 필요하다고 주장했다. 개인의 자율성이 아니라 산업사회에서 가장 중요한 가치였던 '표준화'가 도서관에도 필요하다는 주장이다. 듀이는 모든 도서를 계층화된 시스템에 맞춰 분류했다. 이는 미국이 신흥 산업국이었기에 가능했다. 독일공작연맹의 '표준화 논쟁'이 보여주듯, 이미 오래된 분류 체계가 제각기 작동하던 유럽 사회에서 표준화는 그리 간단한 일이 아니었다.

'십진분류법十進分類法'이라는 이름이 의미하듯, 듀이는 모든 도서를 일단 10개의 상위 '유형class'으로 구분했다. 그리고 각 유형에 세 자리 숫자를 붙였다. 총류(000), 철학(100), 신학(200), 사회학(300), 문헌학(400), 자연과학(500), 공예(600), 예술(700), 문학(800), 역사(900). 이 같은 10개 유형은 각각 10개의 하위 '영역division'으로 다시 나뉜다. 예를 들어 '사회학(300)'에 속하는 나머지 '영역'은 다음과 같다. 통계학(310), 정치학(320), 정치경제(320), 법학(340), 행정학(350), 사회단체 및 제도(360), 교육학(370), 상업 및 커뮤니케이션(380), 관습 및 풍속(390). 물론 앞으로 나타날 새로운 책들을 위해 비워놓은 영역도 있다. 각 영역은 또다시 1,000개의 개별 제목으로 세분된다.

한국은 1964년 한국도서관협회에서 발행한 '한국십진분류법KDC, Korean Decimal Classification'을 사용한다. 이는 듀이십진분류법을 한국 실정에 맞게 재조정한 것이다. 그 이전에는 1947년에 박봉석朴奉石, 1905~?이 개발한 '조선십진분류법KDCP'에 따라 도서를 분류했다. '한국십진분류법'은 '지식 기반

사회'라는 급격한 변화를 뒤늦게 따라가며 개정을 거듭했다. 현재는 2013년에 개정된 제6판을 사용하고 있다.[109]

일본 역시 듀이십진분류법을 기본으로 하여 일본 실정에 맞게 변형한 '일본십진분류법NDC, Nippon Decimal Classification'을 사용한다.[110] 듀이의 십진분류법과 한국, 일본의 십진분류법에서 상위 10개 유형을 비교하면 아래 도표와 같다. 바로 눈에 띄는 차이도 있다. 예를 들어 일본십진분류법에는 '종교' 유형이 없고 대신 '산업'이라는 유형이 들어가 있다. 유형들의 순서도 나라마다 다르다. 하위 영역으로 내려갈수록 문화적 차이는 심해진다. 한국의 경우, 10개 유형에 '아동도서'와 '학습용 참고서'를 별도의 유형으로 추가하여 실제로는 12개 유형으로 도서를 분류한다. 한국 특유의 교육열이 반영된 결과로 볼 수 있다.

번호	미국십진분류법	한국십진분류법	일본십진분류법
000	총류	총류	총기總記
100	철학	철학	철학
200	신학	종교	역사
300	사회학	사회학	사회과학
400	문헌학	자연과학	자연과학
500	자연과학	기술과학	기술 · 공학 · 공업
600	공예	예술	산업
700	예술	언어	예술
800	문학	문학	언어
900	역사	역사	문학

미국·한국·일본의 도서십진분류법. 전형적인 트리구조다. 미국의 '듀이십진분류법'을 기본으로 출발했지만, 시간이 흐를수록 각 나라의 도서 분류법은 달라졌다. 오늘날 이 같은 십진분류법의 효용성에 대한 의구심은 커져간다.

트리구조에 따른 계층적 분류의 한계

150년 전에 만들어진 10개 '유형'의 '십진분류법'에 기초한 엄격한 '계층구조'만 가지고서 빠르게 증가하는 새로운 영역의 책들을 모두 수용하여 분류하는 것은 애초부터 불가능한 일이었다. 그래서 듀이의 십진분류법이 탄생한 미국에서조차 십진분류법을 버리고 알파벳으로 책을 분류하는 도서관들이 늘어나기 시작했다. 체계적인 분류란 불가능하니 아주 기초적인 분류만 하겠다는 것이다.

엄격한 계층적 구조로 세워진 십진분류법의 한계는 대형 책방에만 가봐도 바로 알 수 있다. 대형 책방은 적극적으로 고객의 취향을 반영한 나름의 도서 분류 체계로 책을 판매대에 전시한다. 도서관용으로 개발된 십진분류 체계와는 그 형식과 내용이 다를 수밖에 없다. 훨씬 유연하다. 그러나 이 같은 분류 체계는 여전히 '계층적'이라는 한계를 갖는다. 도서 판매의 온라인 시장이 급속히 성장하는 오늘날, 판매대에 도서를 전시하기 위한 분류 체계는 시간이 흐를수록 그 의미가 축소될 수밖에 없다. 십진분류법이든, 대형 책방의 오프라인 분류법이든 계층적 분류 체계는 온라인상에서는 그리 큰 의미가 없다. 모두 '검색'으로 이뤄지기 때문이다. '검색'에서 계층적 분류 체계는 아무런 도움이 안 되는 낡은 형식에 불과하다.

도서관도 마찬가지다. 자료가 대부분 디지털화되어 웬만한 자료는 도서관에 갈 필요 없이 '검색'으로 찾고, 인터넷으로 주문할 수 있는 시대가 되었다. 검색에서 검색으로 끊임없이 이어지는 지식의 네트워크에서 '계층적 분류'는 이제 그 효용이 극히 제한적이다. 드니 디드로Denis Diderot, 1713~1784의 백과사전 이후로 수백 년 동안 가장 혁신적이었던 '계층적 사고'가 이제 인터넷에서 검색으로 이어지는 '네트워크적 사고'에 자리를 내주게 된 것이다.[111]

물건을 파는 백화점도 예외는 아니다. 층마다 상품 분류가 획일화되어 있는 백화점이 현대인들의 취향을 더 이상 따라가지 못하자 나타난 것이 신사동 가로수길이나 홍대 앞의 '편집숍'이다. 편집숍의 물건들은 백화점에서도 볼 수 있는 물건들이지만, 아주 독특한 방식으로 분류되어 있다. 백화점의 분류가 '계층적'이라면, 편집숍의 분류는 '네트워크적'이다.112 편집숍 주인의 지극히 개인적인 취향에 따라 진열되어 있는 까닭이다. 편집숍 방문자들은 주인의 독특한 취향을 즐기며 물건을 구매한다. 오직 그곳에서만 느낄 수 있는, 낯설지만 즐거운 경험이다.

책방도 마찬가지다. 백화점식 대형 책방은 시간이 갈수록 맥을 못 추게 되어 있다. 그렇다고 모든 도서 구매가 온라인으로 옮겨 가는 것은 아니다. '책방'이라는 오프라인 공간이 주는 독특한 문화 체험이 있기 때문이다. 그래서 요즘에는 책방 주인의 취향이 반영된 '동네 책방'이 사방에 생겨나고 있다. 음악 관련 도서만 모아놓은 책방, 맥주를 마시며 책을 읽는 카페인 동시에 술집이기도 한 책방, 시집만 모아놓은 책방, 미스터리 소설책만 파는 책방 등등. 다양한 책방들의 책장에는 대형 서점과는 전혀 다른 방식인 네트워크적 분류에 따라 책이 꽂혀 있다. 시대와 상황에 맞게 도서 분류 체계는 변하게 되어 있다. 분류 체계의 변화 과정만 추적해도 책의 내용이 시대에 따라 어떻게 변화했는가를 알 수 있다. '책에 관한 책', 책에 관한 '메타적 시선'을 얻게 되는 것이다.

'책'을 '지식'으로 바꿔서 얘기해보자. 네트워크적 지식의 시대가 도래했다고 계층적 지식이 사라지는 것은 절대 아니다. 그 유용성이 사라졌다는 이야기도 절대 아니다. 단지 계층적 지식이 이제까지 누려왔던, 유일한 지식 체계로서의 전능한 지위를 더는 유지할 수 없게 되었다는 이야기다. 절대적 위치에 있는 것들이 상대화될 때 우리는 메타적 시선을 갖게 된다.

Unit 31.

좋은 이웃의 법칙

좋은 책은 고구마 줄기와 같다

누가 내게 13년간의 독일 유학 생활을 통해 배운 것을 한마디로 요약하라면 '책을 뒤쪽부터 읽는 법'이라고 하겠다. '색인'과 '참고 문헌'의 사용법을 배웠다는 이야기다. 참 희한하게도 '독일 책'은 읽기 싫어지도록 편집되어 있다. 일단 책 크기가 무척 작다. 대부분 '문고판文庫判'*이다. 책이 작은 만큼 글자도 작다. 여백도 거의 없다. 책을 펼치는 순간 한숨부터 바로 나온다. 물론 활자도 크고 양장으로 멋지게 만든 책도 가끔 있다. 그러나 그런 책은 비싸다. 장식용이기 때문이다. 유학생은 어쩔 수 없이 문고판 크기의 작은 책을 읽을 수밖에 없다. 한 손에 가뿐히 들어온다는 것이 독일식 문고판의 유일한 장점이다. 전철이나 공원 의자에 앉아 편하게 읽을 수 있다. 그러나 독일 책의 특별함은 따로 있다.

대부분의 책 마지막에 '참고 문헌' 목록과 더불어 자세한 '색인Register'이 꼭 정리되어 있다. 색인의 종류도 책의 특성에 따라 다양하다. '이름 색

* '문고판'은 독일어 '타셴부흐Taschenbuch'의 번역어다. '타셴부흐'는 '호주머니'를 뜻하는 '타셴Taschen'과 '책'을 뜻하는 '부흐Buch'의 합성어로, 말 그대로 '호주머니에 넣고 다니는 책'이라는 뜻이다. 동양에서는 1893년에 출판된 '데이코쿠 문고帝國文庫'가 최초의 문고판이지만, 이름만 '문고'였을 뿐 그 크기가 매우 큰 호화 장정이었다. 일본에서 처음 출판된 본격 문고판은 1927년에 출판된 '이와나미 문고岩波文庫'라고 할 수 있다.

인', '사항 색인', '장소 색인' 등등이다. 중요한 개념이나 이름이 해당 책의 몇 페이지에 몇 번에 걸쳐서 나오는가를 자세하고 정확하게 기록하고 있다. 영어나 프랑스어로 된 책들에서 이처럼 자세한 색인은 찾아보기 힘들다. 유학 초기에는 색인이 왜 이렇게 꼼꼼히 정리되어 있는지 잘 이해하지 못했다. 그러나 박사과정에 들어가고, 연구를 위해 처리해야 하는 정보의 양이 많아질수록 책 뒷부분에 색인이 있다는 게 얼마나 고마웠는지 모른다. 읽어야 하는 책이 너무 많아졌기 때문이다.

색인을 적절하게 사용하다 보면 책을 처음부터 끝까지 모두 읽는 경우는 거의 없다. 더 많은 정보를 처리하기 위해 마음이 급해지기 때문이다. 읽던 책을 펴둔 채 다른 책의 색인을 뒤지게 된다. 그리고 그 색인에 나온 페이지를 읽다 보면 또 다른 책의 색인으로 건너뛴다. 낯선 이름이나 개념

'좋은 이웃의 법칙'. 좋은 책일수록 보다 많은 책을 고구마 줄기처럼 끌고 들어온다. 그리고 이렇게 내적 연관성을 갖는 책들은 서로 이웃해 책장에 꽂히게 된다.

이 튀어나오면 이 같은 일이 예외 없이 반복된다. 이런 식으로 수많은 책을 건너뛰며 읽다 보면 어느 책이 좋은 책인지가 분명해진다. 좋은 책일수록 색인을 반복해서 뒤지게 된다.

색인과 더불어 '각주脚註'*, '미주尾註' 또한 독일 책에서는 아주 자세하다. 너무 자세해서 본문의 내용을 집중해서 읽을 수 없을 정도다. 그래서 독일 책이 훌륭하다. 좋은 책일수록 주변에 많은 책을 펼쳐놓게 하기 때문이다. '고구마 줄기처럼' 보다 많은 책을 끌어들여야 좋은 책이라는 이야기다.

엄청난 독서량을 자랑하던 20세기 마지막 르네상스적 지식인 움베르토 에코Umberto Eco, 1932~2016에게 "어떤 책이 좋은 책인지 어떻게 알 수 있느냐?"고 기자가 물었다. 에코는 그저 "척 보면 안다"라고 대답했다. 그 기사를 읽었을 때 참 '오만하다'고 생각했다. 그러나 박사 논문을 마치고 나서야 비로소 '척 보면 안다'라는 말이 무슨 뜻인지 알게 되었다. 나도 이제 책을 펼쳐서 목차와 색인을 살펴보면 책의 내용과 수준을 대충 짐작할 수 있고, 어떤 책이 고구마 줄기처럼 다른 책을 끌고 들어오는지 대강은 알 수 있다.

한때, 내가 깨우친 '책의 뒤쪽부터 읽는 공부법'을 조금 자극적으로 설명한 적이 있다. '책은 끝까지 읽는 것이 아니다'라고 주장했다. 모든 책을 끝까지 다 읽어야 한다면 하루에도 수없이 쏟아져 나오는 그 엄청난 책을 어떻게 다 읽을 수 있겠느냐고 덧붙였다. 내가 원하는 것만 찾아 읽기도

* 독일어로는 'Fußnote', 영어로는 'footnote'라고 한다. 책의 아래쪽에 적는다는 뜻의 '각주'는 19세기부터 사용되기 시작했다. 논리의 진행 방향에 집중해야 하는 본문에서는 따로 이야기할 수 없는 내용들을 본문 페이지의 아래쪽에 적어놓는 특별한 장치다. '전자책'이 종이책을 앞설 수 없는 가장 치명적 결점은 '각주'나 '미주' 사용이 쉽지 않다는 점이다. '각주'의 황금기는 제1차 세계대전 이전의 독일 대학이었다. 특히 레오폴트 폰 랑케Leopold von Ranke, 1795~1886의 역사학에서 각주가 차지하는 비중은 특별하다. 각주의 역사는 12세기 이전까지 거슬러 올라간다. 앤서니 그래프턴Anthony Grafton, 1950~의 『각주의 역사』는 사람들이 '본문'을 읽다 놓치는 '각주'와 같은 주변적 사항들이 얼마나 중요했는가를 보여주는 탁월한 책이다(그래프턴 2016).

바쁘기에 색인을 이용한 발췌독을 하라는 이야기였다(물론 '문학'은 예외다). '색인'을 뒤져가며 내 관심을 좇아 '주체적 책 읽기'를 해야 한다고 주장하기 위해서였다. 그러나 사람들은 '수박 겉핥기식 독서를 하라'는 이야기로 이해했다. '독서의 엄숙함'을 모독당했다는 듯, 욕만 바가지로 먹었다.

책의 뒤쪽부터 읽는 공부법을 보다 효과적으로 설명할 수 있는 더 좋은 표현이 없을까 많이 고민했다. '좋은 책은 고구마 줄기처럼 다른 책들을 끌고 온다'라는 내 주장을 훨씬 우아하게 표현한 개념을 만났다. '좋은 이웃의 법칙Das Gesetz der guten Nachbarschaft'113이다. '좋은 이웃의 법칙'은 독일 함부르크의 문화학자 아비 바르부르크Aby Warburg, 1866~1929의 개념이다. 6만여 권의 책을 모았던 독일 최고의 장서가 바르부르크는 자신이 수집한 장서를 도서관의 형식적 분류나 알파벳 분류와는 구별되는, 자기 나름의 방식으로 배열했다. 자기 관심에 따라 드러나는 책들 사이의 내적 연관성을 찾아내어 장서를 분류한 것이다.

바르부르크의 도서관은 '의식의 흐름'이 공간적으로 구현된 곳이다.114 연구 관심이 변하면 당연히 책의 분류 방식도 변했다. 바르부르크는 싫증 내지 않고 끊임없이 책의 배열을 바꿨다.115 도서관의 책장도 분류 작업이 편리하도록 타원형으로 만들었다. 이 같은 자신의 도서 분류 방식을 바르부르크는 '좋은 이웃의 법칙'이라고 불렀던 것이다. 지금 읽고 있는 책과 이웃한 책이야말로 문제 해결의 통찰과 영감을 준다는 이야기다. 창조를 가능케 하는 '메타적 시선'은 '좋은 이웃의 법칙'과 밀접한 관계에 있다. 계층적 사고만으로는 주어진 범주를 벗어나는 사고가 매우 어렵다.

놀라웠다. 그리고 즐거웠다. '좋은 책은 고구마 줄기와 같다'는 내 주장은 바르부르크의 좋은 이웃의 법칙과 동일한 내용이었다. 내가 색인을 따라 끊임없이 책들을 펼쳐놓는 것은 바르부르크가 이야기하는 '책들 사이의 내적 연관성을 찾아나가는 방식'과 같다. 좋은 이웃의 법칙은 내 투박한 표현과는 격이 다른, 아주 고급스러운 개념이다. 검색에서 검색으로 이어지는 '네트워크적 지식의 확장'을 바르부르크는 100여 년 전에 아주 우아한 르네상스적 표현으로 '좋은 이웃의 법칙'이라고 정의한 것이다.

사실 나는 바르부르크를 그저 '금수저 장서가'로만 알고 있었다. 그는 부유한 유대인 은행가 집안의 장남으로 태어났으나 동생들에게 가업을 물려줬다. 책 읽는 것이 돈 버는 것보다 훨씬 즐겁다는 이유에서였다. 대신 동생들에게 원 없이 책을 사볼 수 있는 돈을 평생 후원해달라고 했다는 일화가 내가 알고 있는 바르부르크의 전부였다.* 그런데 '좋은 이웃의 법칙' 덕분에 그에 대한 관심이 급상승했다.

문화심리학자 바르부르크

내가 아비 바르부르크를 제대로 알게 된 것은 에른스트 곰브리치 Ernst Gombrich, 1909~2001를 통해서다. 곰브리치의 책에서는 심리학적 주제가 많이 다뤄진다. 주로 예술에 대한 인지심리학적 설명들이다.116 오늘날의 심리학 이론과는 상당한 차이가 있지만, 20세기 초반의 게슈탈트 심리학적 접근과 비교해서 공부하면 뜻밖에 얻어지는 통찰이 많다. 곰브리치의 책을 읽으며 습관대로 색인을 수시로 뒤지다 보니 어느 순간 '문화심리학 Kulturpsychologie'117이라는 개념이 눈에 들어왔다. 20세기 초반에 쓰인 곰브리치의 책에 문화심리학이라는 단어가 있다는 것은 내게는 무척 놀라운 일이었다.

* 아비 바르부르크가 한 살 어린 동생인 막스 바르부르크Max Warburg, 1867~1946에게 장자의 권리를 포기하는 대신, 책을 구매하는 비용을 평생 보장해달라고 요구한 것은 불과 열세 살 때였다.

내가 박사 학위를 얻기 위해 논문을 쓰던 20세기 후반까지만 해도, '비교문화심리학cross-cultural psychology'이라는 표현은 익숙해도 문화심리학은 상당히 낯선 개념이었다. 문화심리학은 러시아 심리학자 레프 비고츠키Lev Vygotsky, 1896~1934*의 유물론적 심리학을 현대적으로 재해석하는 과정에서 나타난, 매우 현대적인 개념이기 때문이다. 그런데 곰브리치라는 20세기 초중반에 활동했던 미술사학자가 문화심리학이라는 표현을 쓴 것이다. 그 내용을 깊이 찾아 들어가니, 1886년에 바르부르크가 본대학에 입학하자마자 큰 지적 충격을 받은 학문이 바로 문화심리학이었다는 것이다.

대학 시절, 바르부르크에게 영향을 끼친 교수는 헤르만 우제너Hermann Usener, 1834~1905, 카를 람프레히트Karl Lamprecht, 1856~1915, 카를 유스티Carl Justi, 1832~1912였다. 그중에서도 특히 인문학적 질문을 엄밀한 자연과학적 방법론과 연계해 연구해야 한다는 우제너의 강의는 바르부르크에게 큰 감명을 주었다.118 아울러 고대사를 제대로 이해하려면 심리학과 인류학을 통해야만 한다는 그의 강의는 바르부르크가 평생 추구했던 문화사 및 예술사에 관한 관심의 토대가 된다.

좋은 이웃의 법칙에 따라 또 다른 책들을 뒤져가다 보니, 바르부르크에게 깊은 영향을 주었던 또 다른 역사학 교수 람프레히트가 근대 실험심리학의 창시자로 여겨지는 빌헬름 분트와 지적으로 깊이 교류했다는 사실도 알게 되었다. 참으로 신기했다.

오늘날 심리학자들은 1879년에 라이프치히대학에 설립된 분트의 심리학 실험실을 과학적 실험심리학의 기원으로 이야기하지만, 분트가 평생

* 20세기 초반의 러시아 심리학자인 레프 비고츠키가 20세기 후반에 '문화심리학자'로서 '재해석'된 것은 같은 해에 태어난 스위스 발달심리학자 장 피아제와의 논쟁을 통해서다. '자기중심적 언어egocentric speech'에 대한 피아제 이론을 비판한 비고츠키의 논문을 피아제가 뒤늦게 (비고츠키의 사후에) 읽고 답하면서 비고츠키 심리학이 서방 세계에 알려졌다(Wygotski 1986, p. 17 이하).

자신의 연구 주제로 삼았던 것은 '민족심리학Völkerpsychologie'[119]이었다. 각 민족의 문화, 역사와 인간 심리의 관계에 관한 연구다. 오늘날 개념으로 번역하면 바로 '문화심리학'인 것이다.[120] 젊은 바르부르크를 둘러싼 이 같은 지적 배경을 곰브리치는 당시로서는 상당히 낯선 개념인 '문화심리학'이라고 정의했다. 분트의 '민족심리학'과 바르부르크의 '문화심리학'은 동일한 개념이다. 아울러 내가 전공한 문화심리학자 비고츠키가 1925년에 처음 쓴 책이 『예술심리학Die Psychologie der Kunst』[121]이었다. 이 또한 바르부르크의 문화심리학과 유사한 방향이다. 미국의 '행동주의 심리학'이 나오기 전, 유럽의 심리학 연구가 어떤 방향으로 흐르고 있었던가를 분명히 알 수 있는 대목이다. 그러나 오늘날 이같이 탁월한 심리학적 연구 주제들은 지크문트 프로이트의 정신분석학이 쫓겨났듯 심리학 영역에서 쫓겨났다.

만년의 바르부르크. 바르부르크는 제대로 된 '문화심리학자'였다. '좋은 이웃의 법칙'에 따라 책을 뒤져나가다 보니 그는 나와 아주 가까운 곳에 있었다.

Unit 32.

함부르크 바르부르크 하우스

타원형 서가

베를린에서 함부르크 하일비히슈트라세 116번지의 바르부르크 하우스Warburg Haus로 향했다. 사진작가 윤광준은 스코다 디젤 밴을 미친 듯이 몰았다. 시속 200km 가까운 속도였다. 3시간 가까이 나는 차창 위 손잡이를 꽉 붙들고 긴장하며 조수석에 앉아 있어야 했다. 오전 10시에 바르부르크

하우스의 관리인과 약속했기 때문이다. 바르부르크 도서관을 보려면 미리 예약해야 한다. 그러나 함부르크의 바르부르크 하우스에는 그렇게 예약해서 볼 만큼 대단한 자료가 없었다. 1933년, 나치 독일의 탄압을 피해 바르부르크 연구소의 장서와 자료를 모두 영국 런던대학으로 옮겼기 때문이다. 오늘날 제대로 된 바르부르크 연구소는 런던에 가야 볼 수 있다. 그러나 '좋은 이웃의 법칙'에 따라 책이 꽂혀 있었던 타원형 서가는 함부르크에 원래 상태 그대로 남아 있었다.

바르부르크 하우스에는 은퇴한 미술사 교수가 자료를 정리하고 있었다. 자기 제자가 한국에도 있다면서 그는 자랑스럽게 아비 바르부르크와 관련된 유명 학자들의 이름을 열거했다. 물론 에른스트 곰브리치를 첫 번째로 언급했다. 만약 바르부르크 연구소가 없었다면 곰브리치는 절대 유명해

바르부르크 하우스 내부. 바르부르크의 문화사 관련 책들이 '좋은 이웃의 법칙'에 따라 꽂혀 있다. 지금도 이 장소에서는 함부르크대학과 연계하여 수시로 세미나가 열린다.

질 수 없었다. 그의 빛나는 저서 『서양미술사』는 영국으로 옮겨 간 바르부르크 도서관의 풍요로운 자료를 바탕으로 쓴 책이다. 오스트리아 빈 출신의 곰브리치는 '바르부르크 연구소The Warburg Institute'의 제4대 소장이었다. 곰브리치는 1929년에 세상을 떠난 바르부르크를 한 번도 직접 본 적이 없다. 하지만 1936년 영국 런던의 바르부르크 연구소에 조교로 취직한 후 은퇴할 때까지 40년이 넘는 시간을 바르부르크 연구소에 머물렀다.

함부르크에 있는 바르부르크 하우스. 6만 권에 이르는 바르부르크의 장서는 이 집에 없다. 나치 독일의 억압을 피해 1933년에 모두 영국 런던으로 옮겨 갔다.

에르빈 파노프스키Erwin Panofsky, 1892~1968도 언급됐다. 함부르크대학에서 교수로 지내다가 나치를 피해 미국으로 건너가 뉴욕대학, 프린스턴대학 등에서 가르친 그는 생전에 바르부르크와 깊은 학문적 교류를 한 사람이다. 오늘날 '도상해석학圖像解釋學, Ikonologie'을 대표하는 파노프스키의 연구 성과들*은 엄밀히 말하자면 바르부르크가 했던 연구의 외연을 확장한 것에 불과하다.

1892년, 바르부르크는 슈트라스부르크대학에 제출한 박사 학위논문에서 도상해석학적 방법론을 처음으로 사용하여 산드로 보티첼리Sandro Botticelli, 1445~1510의 그림 「비너스의 탄생Nascita di Venere, c. 1485」과 「봄La Primavera, c. 1480」을 분석했다.122 '도상해석학'이란 이미지와 상징을 분류하고 서술하

* 예를 들면 에르빈 파노프스키의 『도상해석학 연구』.

는 데 그치는 기존의 '도상학圖像學, Ikonographie'에서 한발 더 나아가 해당 상징과 이미지가 각 문화·역사적 맥락에서 가지는 의미를 도출해내는 예술작품 분석 방법을 뜻한다.

르네상스 시기의 독일을 대표하는 화가 알브레히트 뒤러에 관한 연구**로 박사 학위를 받은 파노프스키는 '원근법'이란 보편적이며 과학적인 인식 체계가 아니라 지극히 서구적인 상징체계에 불과할 뿐이라고 주장한 것으로도 유명하다.[123] 1919년부터 함부르크대학에서 강의한 철학자 에른스트 카시러Ernst Cassirer, 1874~1945도 바르부르크 도서관 덕을 톡톡히 본 사람이다. 유대인이었던 카시러 또한 1933년에 독일을 떠났다. 자연과학적 '설명Erklären'과 인문과학적 '이해Verstehen'의 이분법을 거부하고, '상징 형식'이야말로 세계를 이해하는 유일한 통로임을 주장하는 카시러의 대표적 저서 『상징 형식의 철학Philosophie der symbolischen Formen, 1923~1929』[124]은 바로 이 함부르크 시기에 집필된 것이다.

므네모시네 아틀라스

바르부르크는 단지 6만여 권의 장서, 그리고 그의 덕을 본 학자들 때문에 유명한 것이 아니다. 그의 독창적 개념들, 예를 들어 '므네모시네Mnemosyne'[125], '사유 공간思惟空間, Denkraum'[126], '파토스 정형Pathosformel'[127] 같은 개념들은 바르부르크가 얼마나 시대를 앞선 학자였던가를 보여준다. 1980년 이후로 주목받기 시작한 바르부르크의 이 같은 개념들은 최근의 '문화연구cultural studies'와 깊은 내용적 유사성을 보여준다. 그뿐만 아니라 이미지와 상

** 에르빈 파노프스키는 후에 자신의 박사 학위 논문을 확대하여 알브레히트 뒤러에 관한 종합적인 책 『인문주의 예술가 뒤러 1, 2』를 펴냈다.

징을 모아서 몽타주 형식으로 보여주는 그의 미완성 프로젝트 '므네모시네 아틀라스Mnemosyne Atlas'128는 '문화란 편집된 기억'이라는 시대를 앞선 주장이다. 이는 최근 역사학의 경향인 '기억 연구'와도 내용적으로 매우 깊은 유사성을 갖는다.

색인을 추적하다 보니 바르부르크와 발터 벤야민의 방법론적 유사성을 연구한 논문도 찾을 수 있었다. 둘의 공통점은 철저하게 에디톨로지적 사고를 했다는 사실이다. 흥미롭게도 벤야민과 바르부르크 모두 1980년대 이후에나 비로소 관심받기 시작했다. 바르부르크와 벤야민의 에디톨로지는 '메타적 시각'이 어떻게 가능한가를 구체적으로 보여준다.

사진 자료로만 남아 있는 바르부르크의 므네모시네 아틀라스. '문화는 기억'이라는, 시대를 앞선 주장이 벽 한가득 편집되어 있다.

Unit 33.

퀸스틀러콜로니

아돌프 횔첼

여행을 하다 보면 예상치 못했던 경험에 가슴 설레기도 하고, 예상했던 것과 전혀 다른 상황에 맥 빠질 때도 있다. 계획에는 전혀 없었던, 아주 우연히 발견한 장소에서 전혀 몰랐던 사실을 알게 되면 그렇게 기쁠 수가 없다. 뮌헨 인근의 '프란츠 마르크 박물관Franz Marc Museum'이 바로 그런 경우다.

뮌헨에서 오스트리아 국경의 알프스산맥을 향해 1시간 정도 차를 몰고 가면 코헬 호수가 있다. 독일에서는 아주 흔히 볼 수 있는, 그리 특별하지 않은 호수 주변을 어린아이와 개를 동반한 가족들이 한가롭게 산책한다. 그 호수를 내려다보는 산기슭에 프란츠 마르크 박물관이 있다. 호수를 바라보며 박물관으로 올라가는 오솔길이 참 예쁘다. 2층 건물의 아주 작은 박물관에는 호수를 내려다보며 커피를 마실 수 있는 우아한 카페가 있다.

프란츠 마르크Franz Marc, 1880~1916는 바실리 칸딘스키와 더불어 독일 표현주의를 대표하는 '청기사파Der Blaue Reiter' 회원이다. 나는 마르크와 아우구스트 마케August Macke, 1887~1914가 자주 헷갈린다. 둘 다 청기사파 회원이기도 하고, 아주 강한 톤의 원색으로 그림을 그렸다는 점도 비슷하다. 이름이 '마'로 시작하는 것도 그렇다. 두 사람 모두 제1차 세계대전 중 사망했다는 점도 나를 헷갈리게 한다. 마케는 27세이던 1914년에, 마르크는 36세이던

코헬 호수가 내려다보이는 언덕의 프란츠 마르크 박물관

1916년에 사망했다.

대상의 정확한 재현이라는 고전적 회화관에서 벗어나려고 몸부림친 인상주의가 독일어권으로 들어오면 표현주의를 거쳐 추상주의로 진화한다. 이 과정에 두 사람 모두 참으로 큰 역할을 했다. 마르크와 마케, 이 둘의 죽음은 독일 화단의 큰 손실이었다. 추상주의의 대세가 바실리 칸딘스키, 피터르 몬드리안Pieter Mondriaan, 1872~1944, 카지미르 말레비치Kazimir Malevich, 1878~1935 같은 북유럽 화가들과 러시아 화가들의 몫으로 넘어갔기 때문이다. 이후 나타난 아돌프 히틀러의 나치 정권은 20세기 초반에 나타난 독일 아방가르드 문화운동의 싹을 뿌리째 뽑아버렸다.

독일의 아돌프 횔첼도 참으로 아쉬운 화가다. '최초의 추상화가'라는 면류관을 칸딘스키에게 뺏겼기 때문이다. 최초의 추상화로 사람들은 칸딘스키가 1910년에 그렸다는 수채화를 꼽는다. 그러나 휠첼은 1905년에 이미 「붉은색 구성 1Komposition in Rot 1」이라는 제목의 추상화를 그렸다. 아울러 다양한 형태의 추상화 실험을 했다.129 안타깝게도 휠첼을 최초의 추상화가로 명확하게 기록한 미술사가는 없다. 휠첼이 추상회화를 추구하며 정리한 색채론은 바우하우스의 요하네스 이텐이 이어받는다.130 그 결과, 오늘날 휠첼은 추상화가가 아니라 색채 이론가로 더 많이 알려져 있다. 역사에 길이 남는 대가가 되려면 자기 업적을 '문화기억'의 수준으로 올려놓을 수 있는 뛰어난 제자가 있어야 한다. 뛰어난 제자를 키우는 일은 훌륭한 선생을 모시는 것보다 100배는 더 힘들다.

휠첼이 뮌헨의 예술 아카데미를 졸업한 후 사설 미술학교를 설립했던 다하우Dachau도 아주 우연히 발견한 매력적인 동네다. 뮌헨에서 북동쪽으로 30분 정도 운전해 가면 도착하는 작은 도시 다하우는 안타깝게도 나치의 강제 포로수용소로 더 유명하다. 그러나 다하우는 제2차 세계대전 이전에는 독일의 대표적 '퀸스틀러콜로니', 즉 '예술가 마을'이었다.131

유럽에 화가들 중심의 예술가 마을이 형성된 것은 무엇보다 프랑스 인상주의의 영향이다. 빛으로 인해 달라지는 다양한 풍경을 화폭에 담았던 프랑스 인상주의처럼 당시의 유럽 화가들은 산과 들로 나가서 자연 풍경을 그리려 했다. 19세기 초중반, 장 프랑수아 밀레Jean François Millet, 1814~1875를 비롯한 프랑스 화가들이 파리 인근의 바르비종Barbizon에 모여든 것처럼 독일 화가들도 풍광이 아름다운 시골 마을에 모여들었다. 곳곳에 자연스럽게 예술가 마을이 형성됐다.132

물론 산업혁명 이후 발명된 튜브물감도 예술가 마을의 형성을 가능케 한 중요한 원인이 된다. 야외에서 그림을 그리기가 간편해졌기 때문이다. 물감을 담을 수 있는 금속 튜브는 1824년 영국에서 처음 발명됐다. 이후 성질 급한 화가들을 통해 유럽 전역으로 급속히 퍼져나갔다. 이 과정에서 다

빨강, 파랑, 노랑의 원색이 강렬한 마르크의 「푸른 말 1 Blaues Pferd I, 1911」

횔첼의 추상화 「붉은색 구성 1」. 1905년 작품이다. 최초의 추상화로 알려진 칸딘스키의 수채화보다 5년 먼저 그려졌다. 그러나 횔첼을 추상화가로 기억하는 이는 별로 없다. 색채 이론가로 더 알려져 있다.

'최초의 추상화'로 여겨지는 칸딘스키의 1910년 수채화. 사실 이 그림은 칸딘스키가 1913년에 그렸지만 '최초의 추상화가'라는 타이틀을 얻기 위해 제작 연도를 1910년으로 앞당겼다는 설도 있다. 어쨌거나 칸딘스키는 1908년경부터 추상화를 시도했다.

독일의 대표적 퀸스틀러콜로니 다하우의 중심에 있는 작은 다하우 성과 그 성에 딸린 대칭의 질서 정연한 정원

하우는 '보르프스베데Worpswede'*와 더불어 독일을 대표하는 예술가 마을이 된다. 다하우에 예술가 마을이 만들어지기 시작한 것은 1897년 횔첼과 그의 동료들이 세운 '새로운 다하우Neu-Dachau'라는 미술학교 때문이다. 1900년 전후로 독일의 대표적 인상주의 화가 막스 리베르만Max Liebermann, 1847~1935과 로비스 코린트Lovis Corinth, 1858~1925, 그리고 대표적 표현주의 화가 에밀 놀데 Emil Nolde, 1867~1956 같은 이들이 다하우를 거쳐 갔다. 지금도 이 예술가 마을 구석구석에는 그 흔적이 남아 있다.133

* '보르프스베데'는 야나기 무네요시와 편지를 주고받은 하인리히 포겔러가 이끌었던 독일의 대표적인 예술가 마을이다(Kirsch 1991). Unit 26 참조.

또 한 명의 색채학자 오스트발트

뮌헨 근처에서는 '프란츠 마르크 박물관'과 '예술가 마을 다하우'를 우연히 발견했고, 라이프치히 인근에서는 길을 잘못 들어 시골길을 헤매다가 '빌헬름 오스트발트 기념관'을 발견했다. 사실 빌헬름 오스트발트Wilhelm Ostwald, 1853~1932라는 이름은 그때 처음 알았다. '빌헬름 오스트발트 기념관'의 관광 안내판을 보고 별 기대 없이 들어갔다. 자료를 보니, 그는 1909년 '촉매작용에 관한 업적 및 화학평형과 반응속도에 관한 연구'라는 전혀 이해할 수 없는 제목으로 노벨화학상을 받은 근대 물리화학의 개척자였다.

오스트발트는 라이프치히대 교수에서 은퇴한 후, 그로스보텐Grossbothen이라는 작은 마을에서 또 다른 연구에 몰두했다.134 자연과학과 철학을 연결하려는 엄청난 프로젝트였다. 그 결과, 이마누엘 칸트의 정언명령

라이프치히 인근의 작은 마을 그로스보텐에 있는 '빌헬름 오스트발트 기념관' 내부의 서재

처럼 에너지 체계에서도 보편적 원리와 실천을 요구할 수 있다는 『에너지 명령Der energetische Imperativ』이라는 책을 1912년에 펴낸다. 그러나 그의 지적 업적이 총정리되어 있어야 할 '빌헬름 오스트발트 기념관'도 라이프치히대학의 '분트 심리학 실험실'처럼 아주 엉망이었다. 엄청난 분량의 책과 자료가 정리되지 않은 채 어수선하게 널려 있었다. 낯선 동양인의 느닷없는 방문에 당황한 사서 할머니 둘이 어쩔 줄 몰라 했다.

빌헬름 오스트발트 기념관에 남겨진 색채학 자료들

어수선하기 그지없는 그의 자료 중에서 내 눈길을 확 잡아당긴 것이 있었다. 다양한 색채 관련 자료들이었다. 오스트발트는 위대한 색채학자이기도 했다. 아마추어 화가였던 오스트발트는 자신만의 독특한 색상환과 색입체를 만들었다. 그는 '색채학'과 관련된 책도 여러 권 남겼다. 그러나 미국 색채학자 앨버트 헨리 먼셀Albert Henry Munsell, 1858~1918과의 경쟁에서 밀려 오늘날에는 그리 큰 주목을 받지 못하는 색채 이론이 되고 말았다. 오늘날 대부분의 나라에서는 색채를 색상, 명도, 채도라는 세 가지 속성으로 정리한 '먼셀 표색계表色系, Munsell color system'를 표준으로 채택하고 있다. 하지만 오스트발트의 색채학 성과들은 가까운 도시인 바이마르에 바우하우스가 설립되자 그곳으로 아주 자연스럽게 흘러들어 갔다. 바우하우스에서 강의됐던 칸딘스키와 클레, 그리고 이텐의 색채 이론은 횔첼의 색채론과 더불어 오스트발트의 색채학 연구 성과에 크게 빚지고 있다.135

Unit 34.

심리학적 색채론

독일이 매우 사랑한 '청색'

19세기 초, 독일 라이프치히에서는 '베르테르 복장Werthers Kleidung'이 금지됐다. 요한 볼프강 폰 괴테의 『젊은 베르테르의 슬픔Die Leiden des Jungen Werthers, 1774』이 처음 출간된 지 수십 년이 지났지만, 소설 속 주인공인 베르테르를 흉내 내어 자살하는 젊은이가 여전히 많았기 때문이다. 이때 '베르테르 복장'이란 파란색 연미복에 노란색 조끼, 노란색 가죽 바지를 뜻한다.136 괴테는 의도적으로 베르테르 복장의 색을 골랐다. 베르테르가 입은 파랑과 노랑은 훗날 괴테의 '색채론'에서 '기본색Grundfarbe'이 된다.

요한 게오르크 치젠시스Johann Georg Ziesensis, 1716~1776의 『베르테르 의상을 입은 에른스트 루트비히 왕자Prinz Ernst Ludwig von Sachsen-Gotha-Altenburg in Werthertracht』

파랑은 상당히 독일적이다. 역사적으로 파랑은 오랫동안 아주 귀한 색에 속했다. 청색 염료가 금보다 비쌌던 시절도 있었다. 대부분의 민족 언어에는 '파랑'을 지칭하는 단어조차 없었다. 18세기 초, 독일 프로이센왕국의 염료 기술자였던 요한 야코프 디스바흐Johann Jacob Diesbach, 1670~1748는 여러 가지 색소를 섞어 파란색을 만들어냈다. '베를린 블루Berlin blue' 혹은 '프러시안 블루Prussian blue'라고 불렸다.137 디스바흐의 발명 이전에 청색 염료는 대청大靑으로 만들었다. 그러나 당시에 대청은 무척 구하기 힘들었다. 교회의 스테인드글라스 장식이나 귀족계급의 옷 치장을 위해서만 사용할 수 있었다. 그러나 디스바흐의 청색 염료는 만들기도 쉬웠고, 색깔도 무척 멋졌다. 프로이센 군대의 군복도 바로 이 색깔이었다.

프러시안 블루. 18세기 초, 독일에서 프러시안 블루가 개발될 때까지 파랑은 귀족들만이 사용할 수 있는 매우 귀한 색이었다.

괴테의 『젊은 베르테르의 슬픔』이 발표될 즈음, 파랑은 독일 젊은이 사이에서 크게 유행하는 색이 되었다. 독일 낭만주의자들은 파랑을 '멜랑콜리 색'으로 숭배하며 자신들의 상징으로 여겼다. 파랑은 도저히 다다를 수 없는 하늘과 바다의 색이었기 때문에 더욱 간절하게 느껴졌다. 독일 낭만주의의 대표적 화가인 카스파르 다비트 프리드리히의 그림에서 이 같은 '멜랑콜리 파랑'은 특히 두드러진다.138 19세기 말, 독일 뮌헨대학의 교수였던 아돌프 폰 베이어Adolf von Baeyer, 1835~1917는 '인디고블루indigo blue'를 화학적으로 합성하는 데 성공했고, 독일 회사 바스프BASF사는 이 인디고블루 특허를 사들여 양산하기 시작했다.

미국의 파랑은 독일의 '멜랑콜리 파랑'과는 사뭇 다르다. 소박하고 튼튼한 청교도적 색깔이다. 미국의 초기 자본주의는 지극히 종교적이었다. 종교 박해를 피해 아메리카 대륙으로 건너온 만큼 프로테스탄트 신념이 일상을 지배했다. 의복은 가능한 한 소박하고 실용적이어야 했다. 튼튼한 천에 인디고블루로 염색하면 값도 쌌고, 오래 입을 수 있었다. 그러나 천이 염료를 완전히 흡수하기에는 너무 두꺼워 염색이 되다 말았다. 이렇게 물이 빠진 듯한 '청바지'는 당시 미국 사회에서 노동복으로 크게 사랑받았다. 대공황에서 벗어나 미국 자본주의가 안정되기 시작하던 1930년대 말이 되면 '청바지'는 여가 활동을 상징하게 되고, 1960년대에 이르면 반항하는 젊은이들의 색이 된다. 이렇게 파랑이 갖는 의미와 무게는 시대마다 달라진다.

신호등에 '파란불'은 없다

초록과 파랑을 아예 구별하지 않는 문화도 있다. 아프리카 나미비아

프리드리히의 「해변의 수도승Der Mönch am Meer, 1808~1810」. 프리드리히의 그림에서 '멜랑콜리 파랑'은 아주 두드러진다.

의 힘바족은 초록과 파랑을 구별하지 않는다. 색채 구별 실험에서 여러 개의 초록색 사각형 사이에 파란색 사각형 하나가 끼어 있었지만, 힘바족은 이를 구별하지 못했다. 그러나 같은 초록색이지만 약간 밝은 초록색 사각형이 하나 섞여 있는 그림은 아주 쉽게 구별했다. 서양인들은 그 밝은 초록색 사각형을 거의 찾아내지 못했다.[139] 연구자들은 "색을 표현하는 단어가 없다면 색 자체를 아예 경험하지 못한다"라고 주장한다.*

신호등의 '녹색'을 여전히 '파란불'이라고 부르는 한국과 일본도 비슷한 사례라고 할 수 있다. 1930년, 일본에 교통신호가 처음 도입됐다. 신호의 색을 각각 '적색', '황색', '녹색'으로 정했으나 사람들은 녹색을 습관적으로 청색이라고 바꿔 불렀다.[140] 서양 문물이 들어오기 전, 일본인들은 녹색과 청색을 구별하지 않았고, 녹색은 청색으로 불렸기 때문이다. 서양의 색채 시스템이 도입되며 녹색과 청색의 구분이 명확해진 오늘날까지 그 습관은 여전히 남아 있다.

한국 또한 마찬가지다. 여전히 녹색 신호등을 '파란불'이라고 한다. 한자어 녹색은 있으나 녹색을 나타내는 순수 우리말은 없기 때문이다. 녹색 들판이지만, 우리는 '푸른 들판' 혹은 '파란 들판'이라고 한다. '녹색' 채소도 '푸른 채소'라고 한다. 한국에서 '푸른색'은 '녹색'과 '청색'을 다 포함한다. 참고로 녹색이 자연을 상징하는 색이 된 것은 19세기 말의 일이다. 그 이전에 자연을 표현하는 색은 각 문화마다 제각각이었다. 오늘날 우리가 너무나 자연스럽게 여기는 '색'과 '대상'의 관계가 지극히 문화상대주의적이라는 이야기다.

* 후속 연구에 따르면 색을 구별하는 능력은 보편적이지만, 발달 과정에서 색을 지칭하는 언어를 익히고 활용하면서 색 구별의 문화적 차이가 나타난다(Bornstein 2007, p. 3 이하).

Unit 35.

색채학자 괴테

말년의 괴테는 색채학자로 불리길 원했다

아주 우연히 방문한 뮌헨 인근의 프란츠 마르크 박물관, 다하우 예술가 마을, 그리고 라이프치히 외곽의 빌헬름 오스트발트 기념관은 서로 반나절 거리다. 내가 어쩌다 방문하게 되었다는 점 이외에는 전혀 상관없어 보이는 이 마을들의 공통점이 우연히도 하나 더 있다. 아주 치명적인 우연이다. 세 곳 모두 색채와 관련이 있다는 사실이다. 프란츠 마르크의 그림은 빨강, 파랑, 노랑의 삼원색을 이용한 아주 적극적인 색채 실험이었다. 다하우의 화가 아돌프 횔첼과 그로스보텐의 물리화학자 빌헬름 오스트발트는 위대한 색채학자였다. 마르크, 횔첼, 오스트발트 이 세 사람은 아주 비슷한 시기에 각기 다른 방식으로 색채에 집중했다.

라이프치히와 뮌헨 사이에 바우하우스가 세워진 바이마르가 있다. 횔첼, 오스트발트, 그리고 마르크의 '색채론'이 당시 바우하우스에 영향을 미치지 않았을 리 없다. 이곳저곳 자료를 뒤져보니 실제로 그랬다. 이 세 사람의 색채학적 관련성은 요하네스 이텐을 통해 바이마르의 바우하우스로 흘러들어 갔다. 바이마르, 그리고 색채학과 관련하여 우리가 건너뛰면 안 되는 아주 흥미로운 사실이 하나 더 있다. 요한 볼프강 폰 괴테다. 괴테와 색채학이라니…….

괴테는 위대한 색채학자였다. 괴테 자신도 본인의 업적 가운데 1810년에 펴낸 『색채론Farbenlehre』**141**을 가장 자랑스럽게 생각했다. 그는 자신의 색채론이 영국 과학자 아이작 뉴턴Isaac Newton, 1643~1727의 색채론을 뛰어넘는다고 생각했다. 괴테는 뉴턴의 자연과학적 색채론과는 구별되는 인문학적·문화심리학적 색채론을 펼쳤다. 요한 페터 에커만Johann Peter Eckermann, 1792~1854의 『괴테와의 대화Gespräche mit Goethe, 1836』를 읽어보면 괴테가 자기 '색채론'을 얼마나 자신만만해했는지, 그리고 뉴턴을 얼마나 의식했는지 적나라하게 나온다. 이미 공고하게 자리 잡은 뉴턴의 광학 이론에 맞서는 것이 그리 간단한 일은 아니라는 에커만의 의심스러운 지적에 괴테는 이렇게 대답한다.

바이마르의 괴테 하우스. 관광객은 대부분 이곳을 보기 위해 바이마르를 방문한다. 버스에서 우르르 내린 사람들은 괴테 하우스를 돌아본 후, 바이마르 국립극장 앞에 세워진 괴테와 실러의 동상을 배경으로 사진을 찍고는 바로 떠난다. 그러나 괴테가 위대한 '색채학자'였음을 아는 이는 별로 없다.

나는 그런 일에는 익숙해 있고, 또 각오도 되어 있네. 그런데 자네는 어떻게 생각하나? 위대한 뉴턴과 모든 수학자, 그리고 뉴턴과 함께 위대한 계산가들이 색채론에서 결정적 오류를 범하고 있다는 것, 그리고 내가 이 위대한 자연의 대상에 관하여 수백만 명 중에 올바른 것을 알고 있는 유일한 사람이라는 사실을 20년 동안이나 말해왔으니, 과연 자랑할 만하지 않다는 말인가? 이러한 우월감 때문에 나는 적대자들의 어리석은 오만함에도 견딜 수 있었다네. 사람들은 온갖 방법으로 나와 내 학설을 적대시하고 내 생각을 웃음거리로 만들려고 했지. 하지만 나는 그 모든 것에도 불구하고 나의 완성된 작품에 대해 커다란 기쁨을 느껴왔네. 반대자들의 공격은 다만 내가 그들의 인간적 약점을 확인하는 데 오히려 도움을 주었을 뿐이야.142

자신의 색채론은 뉴턴의 광학 이론이 도저히 따라올 수 없는 수준에 있다는 것이다. "수백만 명 중에 올바른 것을 알고 있는 유일한 사람"이라는 괴테의 자신만만함을 도대체 어떻게 해석해야 할지 참 난감해진다. 괴테가 위대한 것은 문학 영역에서다. 과학 영역에서는 아니다. 사람들은 대부분 그렇게 알고 있다. 그러나 만년의 괴테 스스로는 문학보다도 색채학에 훨씬 더 자신 있었다.

색채는 '눈'과 '빛'의 상호작용이다

괴테는 자신의 색채론이 세상에 어떻게 받아들여지는지도 정확히 알고 있었다. 그러나 자신의 색채론이 뉴턴의 이론을 제치고 세계인들의 관심을 받을 것이라는 희망을 죽을 때까지 놓지 않았다. 안타깝게도 사람들은 괴테를 여전히 문학가로만 기억한다. 그를 색채학자로 기억하는 이는 별로 없다. 나 역시도 바우하우스에 몰입하기 전까지 괴테가 『색채론』을 썼다는 사실조차 모르고 있었다.

'불확정성의 원리'로 유명한 베르너 하이젠베르크Werner Heisenberg, 1901~1976가 제2차 세계대전이 격렬하던 1941년에 괴테의 색채론을 재평가하는 논문 「현대물리학의 관점에서 본 괴테와 뉴턴의 색채론Die Goethesche und die Newtonsche Farbenlehre im Lichte der modernen Physik」을 쓴 이후로 괴테의 색채론은 다시 주목받기 시작했다. 물론 학계의 평가는 여전히 뉴턴 편이다. 자연과학적으로 정확한 자료에 기초한 뉴턴의 광학 이론을 사변적인 괴테의 색채론이 대체할 수는 없다는 것이다. 뉴턴은 수학적이지만, 괴테는 문학적이다. 그렇다고 괴테가 색채에 대한 자연과학적 접근을 포기했다는 의미가 아니다. 괴테는 '자연과학'이라는 시대적 패러다임을 적극적으로 수용했다. 그러나 괴테가 가지고 있는 설득의 수단은 '계산 가능한 숫자'가 아니라 '수사적 언어'였다. 당연히 근대 과학 언어에 기초한 뉴턴의 이론에 밀릴 수밖에 없었다. 그러나 오늘날 관점에서 보자면 괴테의 색채론이 전제하는 '인식론'은 뉴턴의 과학적 광학 이론을 훌쩍 뛰어넘는다.

뉴턴에게 색채란 관찰자와는 아무 관계 없는 '객관적 실체'다. 물론 망막이라는 인간의 감각기관이 개입하지만, '인식주체'와는 아무 상관 없는 생물학적 현상일 뿐이다. 뉴턴의 광학 이론에는 대상과 주체 사이의 상호작용이라는 인식론적 전제가 끼어들 여지가 없다. 오늘날 우리가 '과학'이라는 개념과 더불어 떠올리는 연관 검색어 '객관성', '검증', '수학', '데이터' 같은 단어들은 뉴턴의 영향권에 속해 있다. 뉴턴의 과학에서는 '주체의 작동'이 배제된 지식이야말로 진정한 지식이다. 그러나 괴테는 달랐다. 그는 색채를 '빛Licht'과 '어둠Finsternis'의 양극성 사이에 존재하는 현상으로 파악하며, 색채와 인식주체 사이에 일어나는 다양한 상호작용에 관심을 가졌다.143

뉴턴에게 색채란 빛의 작용이다. 색채가 사물에 속한 것이 아니라 빛에 속한다는 사실을 밝혀낸 것이 뉴턴의 위대함이다. 예를 들어 빨간 사과는 장파장 이외의 것을 모두 흡수한다. 그 결과, 사과에 흡수되지 않은 장파장의 빛, 즉 빨간색이 물체 표면에서 반사되어 우리 눈에 와닿는다. 즉 사과가 빨간 것이 아니라 빨간색 장파장이 사과에 흡수되지 않아서 빨갛게 보인다는 것이 뉴턴의 발견이다. 그러나 괴테는 색을 빛의 작용으로만 설명하는 뉴턴의 이론에 반발한다. 괴테에게 색채란 빛과 눈의 상호작용으로 생겨나는 것이다. 이와 관련하여 괴테는 『색채론』 서두에서 이렇게 설명하고 있다.

> 눈의 존재는 빛으로 인해 생겨난 것이다. 빛은 동물의 둔감한 보조 기관들로부터 자신과 유사한 하나의 기관을 생성시킨다. 그리하여 눈은 빛과 만나면서 빛을 위한 기관으로 형성되며, 이로써 내부의 빛과 외부의 빛은 서로 감응하게 되는 것이다. (…) 색채란 시각과 관련된 하나의 근원적 자연현상이며, 시각은 여타의 모든 감각과 마찬가지로 분리와 대립, 혼합과 결합, 고양과 중화, 전달과 분배 등을 통하여 자신을 드러내고 이러한 일반적 자연의 공식들에 의해 가장 잘 직관되고 파악될 수 있는 것이다.144

눈과 빛의 상호작용으로 나타나는 색채는 당연히 인간의 심리적 특징과도 깊은 관계를 갖는다. 바로 이 부분에서 괴테는 뉴턴의 색채론에서 한발 더 나아가 현대 색채심리학의 이론까지 선점한다. 인식주체를 포함하고 자연과학, 철학, 문학 사이의 경계를 뛰어넘는 괴테의 색채론은 수백 년을 앞선 엄청난 프로젝트였다. 특히 '객관성의 신화'가 파기된 오늘날 과학철학적 관점에서 보면 괴테의 색채론이 지니고 있는 가치는 더욱 돋보인다. 바로 이 점을 하이젠베르크가 지적했던 것이다.145

Unit 36.

경탄과 경외

괴테의 색상환

오늘날 '색채심리학color psychology'은 심리 치료는 물론 건축이나 디자인 영역에서 매우 중요하게 다뤄진다. 어떤 색을 사용했느냐에 따라 대상의 느낌이 달라지기 때문이다. 무게나 온도도 색에 따라 다르게 느껴진다. 사물에 입히는 색과 문양에 따라 그 사물이 가진 문화적 내용과 가치가 달라지기도 한다.[146] 물건만 그런 것이 아니다. 사람도 어떤 색의 옷을 입었느냐에 따라 사회적 지위와 교양 수준이 달라 보인다. 하지만 인간의 의식은 물론 무의식에도 아주 강한 영향을 미치는 색채심리학이 심리학의 연구 대상이 되어 체계적으로 논의된 것은 그리 오래되지 않았다. 20세기 후반의 일이다. 그런데 200여 년 전에 쓰인 요한 볼프강 폰 괴테의 『색채론』은 현대 색채심리학의 내용을 앞당겨 다루고 있다.

1809년에 제작된 괴테의 색상환色相環, hue circle[147]을 보면 괴테가 구상하던 색채심리학의 전모(!)가 좀 더 자세히 드러난다. 괴테는 일단 '기본색'으로 빨강*, 노랑, 파랑을 배치했다. 그리고 기본색과 이웃한 색을 섞을 때 나오는 또 다른 세 가지 색, 즉 주황, 녹색, 남보라를 각각의 기본색 중간에

* 요한 볼프강 폰 괴테는 '빨강'을 보라에 가까운 빨강인 '자색Purpur'이라고 적었다.

배치했다. 아이작 뉴턴은 음악의 7음계를 흉내 내어 일곱 가지 무지개 색을 주장했지만, 괴테의 기본색은 여섯 개다.

괴테의 색상환을 자세히 들여다보면 안쪽 원과 바깥쪽 원에 각각의 색이 가지는 특징을 형용사로 적어놓았다. 일단 안쪽 원에 적혀 있는 단어를 살펴보면 다음과 같다. 빨강에는 '아름다운schön', 주황에는 '고귀한edel', 노랑에는 '좋은gut', 녹색에는 '유용한nützlich', 파랑에는 '세속적인gemein', 보라에는 '불필요한unnötig'이라는 형용사를 적어놓았다. 좀 더 크게 그려진 바깥쪽 원은 네 가지 성질을 명사로 표현하고 있다. 각각의 성질은 인접한 두 가지 색깔을 포함한다. 빨강과 주황에는 '이성Vernunft', 노랑과 녹색에는 '오

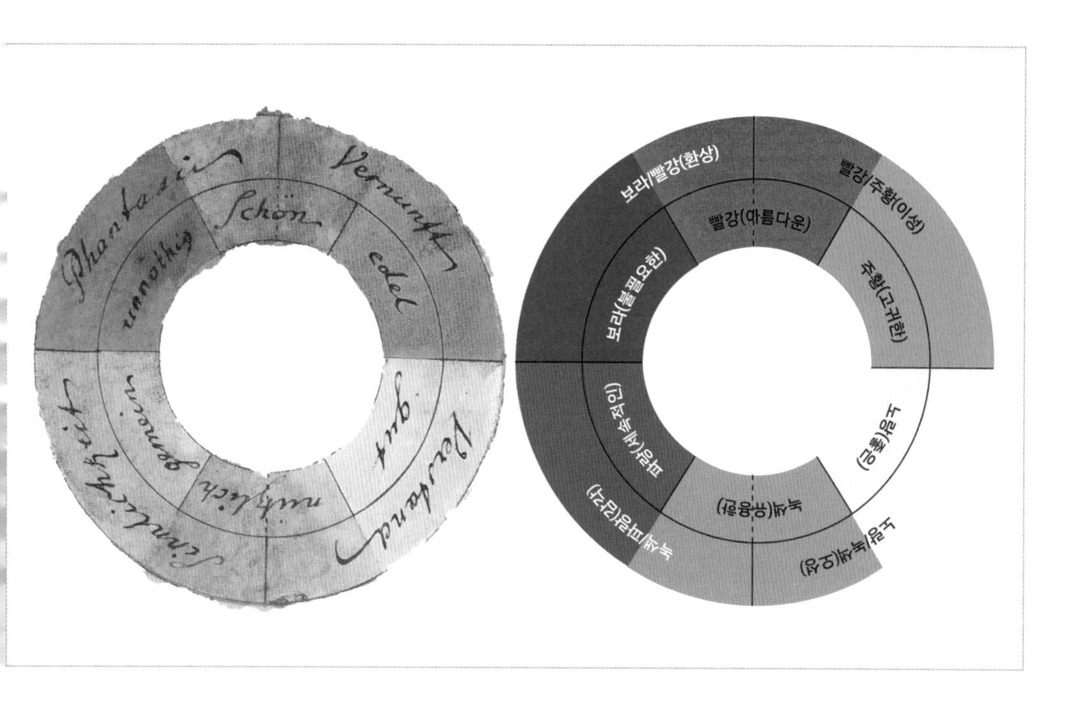

여섯 개의 기본색을 인간의 심리적 특징과 연관 지어 서술한 괴테의 색상환. 인간 심리와 색의 관계를 다루는 '색채심리학'의 역사는 그리 오래되지 않았다. 그러나 괴테의 색채론을 자세히 들여다보면 그의 색채론이야말로 현대 색채심리학의 기원임을 확인하게 된다.

성Verstand', 녹색과 파랑에는 '감각Sinnlichkeit', 보라와 빨강에는 '환상Phantasie' 이라는 명사가 적혀 있다.

왜 빨강이 '아름다운' 색이고, 파랑이 '세속적인' 색인가를 '객관적'으로 확인할 방법은 없다. 보라가 '불필요한' 색이라는 것도 당황스럽다. 만약 뉴턴이 이 같은 괴테의 『색채론』을 읽었다면 대단히 '비과학적'이라며 비웃었을 것이다. 색깔이 가진 의미가 그리 간단하고 명확하게 정리될 수는 없는 일이기 때문이다. 괴테가 살았던 바이마르 시대와 오늘날의 시간적 격차를 뛰어넘어 각각의 색이 가진 의미를 객관적으로 설명할 수도 없다. 그러나 각각의 색이 일정한 시대적·문화적 가치를 갖고 있으며 주체의 특정한 심리적 경험과 관련된다는 괴테의 색채론은 색채에 관한 '메타언어'다. '대상의 영역', 즉 '색채에 관한 이야기'와 '메타의 영역', 즉 '색채 이야기에 관한 이야기'는 전혀 다른 영역이다. '메타의 영역'에 관한 논의를 '대상의 영역'으로 끌어내려 비판하는 것은 옳지 않다. 마치 당시 시대 상황을 고려하지 않고 오늘날 기준으로 예수나 석가모니 또는 공자가 '남성중심주의자'라고 비판하는 것과 마찬가지다.

흥미로운 것은 이 같은 괴테의 메타적 시선 뒤에 숨겨진 색채 현상을 개념화하는 원리다. 색채 현상을 지배하는 기본 원리는 '빛'과 '어둠'의 양극성이다. 빛은 '플러스(+)'이고 어둠은 '마이너스(-)'다. 이를 괴테는 '파랑'과 '노랑'의 대립으로 확대하여 설명한다. '플러스'에 속하는 것에는 '빛Licht', '노랑Gelb'과 더불어 '작용Wirkung', '밝음Hell', '힘Kraft', '따뜻함Wärme', '가까움Nähe', '밀어내기Abstoßen', '산성酸性과 밀접함Verwandtschaft mit Säuren' 같은 특성이 있다. 반대로 '마이너스'에 속하는 것들은 '어둠Dunkel'과 '파랑Blau'에 이어서 '약탈Beraubung', '그림자Schatten', '약함Schwäche', '차가움Kälte', '멀리 떨어짐Ferne', '끌어당김Anziehen', '알칼리성과 밀접함Verwandtschaft mit Alkalien' 같은 것이다.148 플러스와 마이너스에 속한 각각의 개념들을 살펴보면 계층적 구분에 익숙한 사람들에게는 아주 황당해 보일 것이다. 그러나 네트워크적 구분, 즉 '연관 검색어'라는 관점에서 보자면 괴테의 대립적 색 구분은 아주 흥미롭다.

색채와 관련된 이 양극적 요소들, 즉 '노랑'과 '파랑', 또는 '빛'과 '어둠'이 부딪치면 또 다른 차원으로 '상승Steigerung'하여 새로운 통일체를 형성한다. 바로 '빨강'이다.149 괴테의 색상환에서 '빨강'이 가장 위에 있는 이유다. '긍정적인 것(노랑)'과 '부정적인 것(파랑)'의 대립은 상승하여 '빨강'이라는 '최고점der höchste Punkt'에 도달한다. 그렇다고 긍정적인 것과 부정적인 것 사이의 대립과 모순이 완전히 극복되는 것은 아니다. 그 양극성이 부딪치며 상승하여 그 결과로 나타나는 최고의 것은 각각의 요소가 그대로 존재하면서 '총체성Totalität'을 드러낸다. 그 결과를 괴테는 색상환으로 일목요연하게 정리하려 했다. 괴테는 자기 색상환을 무척 자랑스러워하며 이렇게 요약하고 있다.

> 색상환이 우리 눈앞에 생겨났고, 생성의 다양한 관계가 분명히 드러났다. 쌍을 이루는 순수한 근원적 대립들이 그 전체의 토대다. 그러고 나서 상승이 일어나며 이 둘은 제삼의 것으로 접근한다. 이로써 각각의 영역에서 가장 짙은 것과 가장 선명한 것, 가장 단순한 것과 가장 제약된 것, 가장 평범한 것과 가장 고귀한 것이 생겨난다. 그리고 두 가지 통일(혼합, 결합이라고 불러도 무방하다)이 주목을 받게 되는데, 하나는 처음의 단순한 대립들의 통일이며 다른 하나는 상승된 대립적 요소들의 통일이다.150

색채 모순은 해결되지 않는다

괴테의 색채론이 기반하는 '양극성', '상승', '총체성'의 원리는 지크문트 프로이트의 정신분석학과 상당히 닮았다. 프로이트의 정신분석학도 '이드Id'와 '에고Ego'의 대립과 그 결과로 나타나는 '슈퍼에고Super-Ego'로의 상승이라는 구조를 전제하기 때문이다. 게오르크 헤겔Georg Hegel, 1770~1831의 변증법도 유사한 상승 구조를 갖는다.* 하지만 서로 대립하는 모순들이 더 높은 단계에서 해결되며 발전하는 헤겔의 변증법과는 달리, 프로이트의 정신분석학이나 괴테의 색채론에서 모순은 제거되지 않는다.

'파랑(마이너스)'과 '노랑(플러스)'의 대립이 상승하여 또 다른 결과물 '빨강'이 나타나지만, 그렇다고 파랑과 노랑의 모순적 관계가 해결된 것이 결코 아니다. 오히려 이렇게 모순된 것들과 그 대립의 결과물이 총체적으로 드러나는 게 괴테의 색상환이다. 모순은 모순대로 존재하고, 모순의 대립이 승화하여 나타난 결과물도 이전 모순들과 동시에 총체적으로 존재한다. 프로이트의 정신분석학이 지적하는 것도 바로 이 부분이다. 도덕과 윤리의 슈퍼에고가 생성됐다고 인간의 본능적 충동인 이드와 에고의 대립이 사라지는 게 아니다. 이드와 에고의 모순 관계는 무의식의 차원으로 스며들어 더 집요하고 강력하게 작용한다. 이 같은 이드, 에고, 슈퍼에고의 모순 관계를 총체적으로 봐야 한다는 것이 프로이트 정신분석학의 이론적 전제다. 이처럼 프로이트와 괴테는 '모순과 대립'이 삶의 본질이라는 점에서 의견의 일치를 보인다.

모순과 대립을 존재의 본질로 하는 것들을 괴테는 '원原현상Urphänomen'이라고 부른다. 괴테는 원현상 이외에도 '주主현상Haupterscheinung'

* 게오르크 헤겔은 요한 볼프강 폰 괴테의 색채론은 물론 괴테와 아이작 뉴턴의 대립적 세계관을 매우 흥미롭게 여겼다(Gage 1993, p. 202).

혹은 '순수현상reinen Phänomen'이라는 표현도 섞어 사용한다.151 괴테의 원현상 개념은 이마누엘 칸트의 선험철학에 영향을 받아 생겨난 개념이다. 1790년 이후 프리드리히 폰 실러를 통해 칸트철학을 접하게 된 괴테는 자신의 자연과학적 연구에 칸트의 철학적 개념들을 적용하려 애썼다.

직관을 통해서만 알 수 있는 원현상에 대한 괴테의 주장은 '직관적 지성'의 가능성을 열어둔 칸트의 『판단력 비판Kritik der Urteilskraft, 1790』에서 끌어온 개념이다. '빛과 밝음'이라는 원현상과 '암흑과 어둠'이라는 또 다른 원현상, 그리고 이 대립적 관계 속에서 나타나는 '흐림'과 '색채' 같은 또 다른 원현상들은 이성적 사유가 아니라 직관을 통해 그 모습을 드러낸다는 것이 괴테 색채론의 핵심 주장이다. 더 이상의 이성적 사유와 분석이 불가능한 원현상을 대하는 인간의 태도는 '경탄Erstaunen'과 '경외Ehrfurcht'다. 경탄의 대상으로서 원현상에 관해 괴테는 이렇게 이야기한다.

> 인간이 도달할 수 있는 최상의 경지는 경탄이라네. 그리고 근원현상**을 보고 경탄한다면 그것으로 만족해야 하네. 더 높은 것은 허락되지도 않고, 더 이상의 것도 그 뒤에서 찾을 수 없으니 말일세. 이것이 한계야. 하지만 근원현상을 목도한 인간은 보통 거기에서 만족하지 않고 그 이상으로 나아갈 수 있다고 생각한다네. 마치 거울 속을 들여다보고 난 후 즉시 뒤집어서 그 뒷면에 무엇이 있는가를 보려는 아이들처럼 말이야.152

원현상을 접할 때 이성적 사유가 작동을 멈추고 인간에게 주어진 한계를 경험하게 된다. 이때 인간이 취하는 마지막 태도는 경탄이라는 것이다. 경탄에 대한 괴테의 주장 또한 칸트의 『판단력 비판』에서 빌려 온 개념

** 한국어 번역본 『괴테와의 대화』에서는 '원현상'을 '근원현상'으로 번역했다.

이다. 괴테의 파우스트는 새벽의 장엄한 일출이나 아름다운 무지개를 볼 때 경탄한다. 이는 칸트의 '숭고das Erhabene' 개념에서 끌어온 것이다. 칸트는 『판단력 비판』에서 숭고함을 느껴 경탄을 금치 못하게 하는 것들의 예를 다음과 같이 적고 있다.

> 기발하게 높이 솟아서 마치 위협하는 것 같은 암석, 번개와 천둥소리를 동반해 함께 몰려오는 하늘 높이 솟아오른 먹구름, 온통 파괴력을 보이는 화산, 폐허를 남기고 가는 태풍, 파도가 치솟는 끝없는 대양, 높은 곳에서 힘차게 흘러내리는 폭포 같은 것들153

괴테의 색채론은 이처럼 자연에 존재하는 색채들의 원현상을 발견하고 그것들이 주는 아름다움, 숭고함에 경탄하는 것으로 끝난다. 원현상을 발견할 뿐, 원현상을 더 분석하거나 또 다른 원현상을 만들어내려 시도하는 것은 거울이 신기하다고 거울 뒤를 돌려보려는 어리석은 아이 같은 짓이라고 비웃는다. 인간의 직관적 사유 능력은 거기까지다. 원현상에서 더 나아가려는 것은 인간의 한계에 도전하는 월권이라고 단호하게 선을 긋고 있는 것이다. 괴테의 시대만 하더라도 원현상의 '창조'는 인간의 몫이 아니었기 때문이다. 창조는 신의 영역이었다.

Unit 37.

이텐의 색채대비 원리

이텐은 '경탄' 너머를 화폭에 '창조'하고 싶었다!

바우하우스에서 요하네스 이텐이 몰두한 일은 '색의 표준화'였다. 이텐이 바우하우스에 남긴 자료의 곳곳에서 색의 표준화와 관련된 흔적이 발견된다. 사실 색에 대한 이텐의 관심은 전적으로 아돌프 횔첼의 영향이다. 스물다섯 살이던 1913년 10월, 이텐은 횔첼이 강의하고 있던 슈투트가르트 예술 아카데미로 향한다. 새롭게 시작하는 미술 공부에 대한 의지를 불태우며 젊은 이텐은 스위스 제네바에서 횔첼이 있는 슈투트가르트까지 500km 가까운 거리를 두 발로 걸어갔다.154

대상의 재현을 포기하고 추상회화로 넘어갈 때 화가들은 화폭을 채우기 위한 새로운 구성단위를 찾아야 했다. 마치 음악가가 음표라는 기본단위로 음악을 작곡하듯 추상화가들은 점, 선, 면, 그리고 색채를 기본단위로 사용하여 새로운 그림을 그리기 시작했다. 횔첼은 추상화를 위한 색채의 작용을 체계적으로 연구한 최초의 화가였다. 슈투트가르트 예술 아카데미에서 이텐은 횔첼의 강의를 통해 '색채'라는 마법 속으로 들어갔다. 특히 횔첼의 '색채대비Farbkontraste' 원리155는 이텐의 마음을 단번에 사로잡았다.

1961년에 출간한 이텐의 『색채의 예술Kunst der Farbe』이라는 책에 수록된 일곱 가지 색채대비 원리는 당시에 횔첼이 가르쳤던 내용과 여섯 가지가 동일하고 한 가지만 다르다.* 수십 년이 지난 후에도 횔첼의 색채대비 원리를 큰 수정 없이 그대로 사용했지만 이텐은 자신의 색채대비 원리가 대부분 횔첼에게서 나왔다는 사실을 분명하게 밝히지 않았다. 후세의 미술학도들은 아무런 의심 없이 색채대비 원리가 이텐의 것이라고 배운다. 그래서 횔첼은 여러모로 참 '아쉬운 사람'이다. '최초의 추상화가'라는 타이틀은 바실리 칸딘스키에게 뺏겼고, 색채 이론가로서의 명성은 이텐에게 뺏겼기 때문

* 요하네스 이텐은 아돌프 횔첼의 색채대비 원리에 빠져 있는 '동시대비'를 추가했다.

1 이텐이 그린 「어린이 그림Kinderbild, 1921~1922」. 어린아이의 옷, 방 귀퉁이에 있는 장난감 통, 바닥 카펫 등, 그림 곳곳이 색채대비 실험으로 가득하다.

2 이텐의 「불의 탑Turm des Feuers」 복제품. 1920년에 제작된 「불의 탑」은 '마즈다즈난'의 교리를 빨강, 파랑, 노랑의 삼원색으로 입체화한 작품이다. 이텐은 각각의 색을 사람의 유형과 연관 지어 설명하기도 했다. 그에 따르면 빨강은 '물질적 유형', 노랑은 '지적 유형', 파랑은 '영적 유형'을 표현한다.

이다.**

오늘날 우리가 미술 시간에 배웠던 색채대비 효과는 대부분 이텐의 『색채의 예술』에 나오는 내용이다. 더 정확히 말하자면 횔첼의 여섯 가지 색채대비 원리와 이텐의 한 가지 색채대비 원리다. 그 내용을 간단히 정리하면 다음과 같다.156 그림과 함께 확인하면 흥미롭다.

1. 색상대비Farbe-an-sich-Kontrast : 색채의 차이를 극대화한다. 주로 원색을 사용한다. 색채 사이를 흰 선이나 검은 선으로 구분하면 대비 효과가 극대화된다. 피터르 몬드리안의 「빨강, 파랑, 노랑의 구성 2Compositie II in Rood, Blauw en Geel, 1930」는 이러한 색채대비를 극대화한 경우다.

2. 명암대비Hell-Dunkel-Kontrast : 색의 밝고 어두움의 차이를 극대화하는 효과다. 흰색과 검은색의 대비가 가장 효과적이다. 명암대비 효과는 검은 먹으로만 그리는 동양화에서 가장 두드러진다. 명암대비 효과를 가장 잘 사용한 서양화가는 렘브란트 하르먼스 판레인Rembrandt Harmensz van Rijn, 1606~1669으로, 「황금 투구를 쓴 남자De Man met de Gouden Helm, c. 1650」가 대표적이다.

3. 한난대비Kalt-Warm-Kontrast : 따뜻한 느낌의 색과 차가운 느낌의 색을 함께 사용하여 그림이 주는 감각적 효과를 극대화한다. 일반적으로 노랑·주황·빨강은 따뜻한 색으로, 초록·파랑은 차가운 색으로 구분된다. 「에스타크에서 본 마르세유 만Die Bucht von Marseille, von L'Estaque aus gesehen, 1885」은 한난대비를 잘 이용한 폴 세잔의 풍경화다. 집은 따뜻한 색으로, 바다와 하늘

** 추상화와 관련해 아돌프 횔첼의 기여가 미술사에서 저평가되는 이유에는 횔첼 자신의 책임도 있다. 혁명적 실험을 지속하면서도 보수적인 예술 아카데미의 정치적 맥락을 평생 떠나지 않았기 때문이다. 횔첼은 '신중한 전위예술가behutsamer Avantgardist'라는 모순적 별명으로 불리기도 했다(Venzmer 2000, p. 15).

1 몬드리안의 「빨강, 파랑, 노랑의 구성 2」
2 렘브란트의 「황금 투구를 쓴 남자」

은 차가운 색으로 대비시켜 상쾌한 느낌을 준다.

4. 보색대비Komplementärkontrast : 보색이란 대비를 이루는 한 쌍의 색상으로, 두 가지 색을 섞었을 때 검은색이나 회색이 만들어지는 경우를 뜻한다. 서로 대립하며 서로 보완하는 묘한 관계의 색들이다. 대표적인 보색으로는 노랑과 보라, 주황과 파랑, 빨강과 초록이 있다. 폴 고갱Paul Gauguin, 1848~1903은 보색대비를 잘 응용한 화가다. 「운디네 – 파도 속에서Undine – In den Wellen, 1889」는 쉽게 사용할 수 없는 초록과 빨강의 보색대비를 기막히게 사용했다.

5. 동시대비Simultankontrast : 어떤 색이 있을 때 우리 눈은 화면 위에 존재하지 않는 '주어진 색의 보색'을 찾는 경우가 있다. 이때 보이는 색은 전적으로 눈의 작용이다. 한마디로 화면에 있는 색이 실제 색과는 다르게 보이는 현상을 뜻한다. 동시대비는 이 원리를 설명하는 것이다. 예를 들어 녹색

3 세잔의 「에스타크에서 본 마르세유 만」
4 고갱의 「운디네-파도 속에서」

바탕에 흰색이 올려져 있으면 그 흰색은 빨간색을 띠는 것처럼 보인다. 우리 눈이 초록의 보색인 빨강을 찾아서 보기 때문이다. 빈센트 반 고흐Vincent Van Gogh, 1853~1890의 「밤의 카페 테라스Caféterras bij nacht, 1888」는 카페 벽의 노랑과 바닥의 주황을 볼 때 우리 눈이 보색을 찾는 과정에서 생기는 묘한 느낌을 극대화한 그림이다. 우리 눈은 노랑의 보색인 보라를 찾기도 하고, 주황의 보색인 파랑을 찾기도 한다. 그러나 카페 뒤쪽의 색은 보라도 파랑도 아닌, 아주 애매하게 푸른색이다. 우리 눈은 정확한 보색을 찾기 위해 계속 흔들리게 된다.

6. 채도대비Qualitätskontrast : 채도란 색의 순도를 뜻한다. 채도대비는 순수하고 강한 색과 둔하고 흐릿한 색의 대비를 통해 화가가 강조하려고 하는 부분을 눈에 가득 들어오게 하는 방법이다. 인물 사진을 찍을 때 가장 많이 사용하는 '아웃포커싱Out-Focusing' 기법과 유사한 효과를 보인다. 그 반대

의 경우도 있다. 즉 대상을 흐리게 하고, 배경의 일정 부분을 명확하게 할 때다. 카스파르 다비트 프리드리히의 「안개가 끼어 있는 해안Meeresstrand im Nebel, 1807」은 바닷가는 명확하게 그리고, 배는 안개 속에 흐릿하게 보이도록 함으로써 신비로운 느낌을 극대화한다.

7. 면적대비Quantitätskontrast : 각 색채가 화면에서 차지하는 면적의 비율에 따라 그림이 주는 느낌이 달라진다. 색의 명도와 채도에 따라 면적의

5 고흐의 「밤의 카페 테라스」

6 프리드리히의 「안개가 끼어 있는 해안」
7 고흐의 「아를의 별이 빛나는 밤」

비율을 달리하며 화가가 전달하고자 하는 의도를 극대화할 수 있다. 괴테는 여러 색이 동시에 쓰일 때 추구해야 할 조화로운 면적의 비율을 계산하기도 했다. 고흐가 그린 「아를의 별이 빛나는 밤La nuit étoilée, Arles, 1888」의 경우, 밤하늘과 바다의 파란색이 차지하는 면적이 별의 노란색보다 훨씬 넓다. 그러나 노란색의 강렬함이 작은 면적에도 불구하고 파란색과 편안한 조화를 이루고 있다.

괴테의 색채론이 '모순과 대립의 원현상'을 발견하는 데 그쳤다면, 이텐의 색채론은 이 모순을 체계적으로 구현할 수 있는 원리에 집중되어 있다. 모순과 대립을 인위적으로 만들어내겠다는 것이다. 바로 그 부분에 창조가 있기 때문이다. 그러나 이 모순과 대립의 색채대비 원리가 제대로 기능하려면 각 색채를 표준화해야만 한다. 그러지 않으면 모순과 대립의 재현은 지극히 우연적인 사건에 지나지 않게 된다. 반복할 수 없는 창조는 우연일 뿐이다.

이텐의 색상환

색채의 표준화, 즉 '편집의 단위'를 체계화하려는 이텐의 노력은 1961년의 『색채의 예술』에서 발표한 '색상환Farbkreis'과 '색채구Farbkugel', '색채별Farbstern'의 구성 원리를 통해 완성된다. 특히 3단계를 거치며 체계적으로 구성되는 이텐의 색상환은 아주 흥미롭다.157

이텐은 자신의 색상환 구성 원리를 다음과 같이 설명한다. 1단계에서는 삼각형 안에 '기본색'인 노랑, 빨강, 파랑을 같은 크기로 집어넣는다. 이어 이 삼원색 삼각형의 꼭짓점을 연결하는 원을 그리고, 이 원 안에 들어

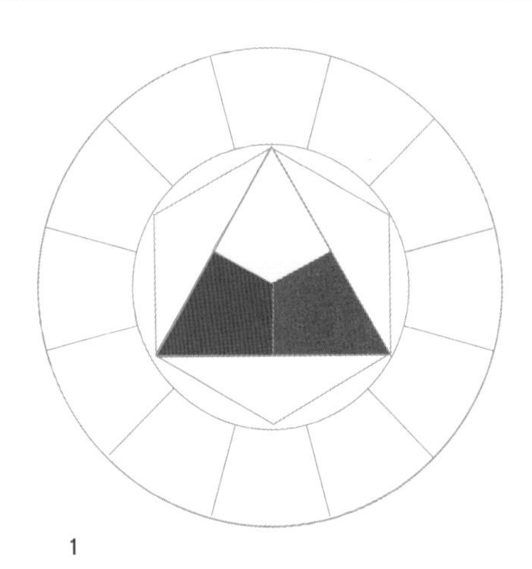

1

이텐의 색상환 1단계. 삼각형 안에 기본색인 노랑, 빨강, 파랑을 같은 크기로 집어넣는다.

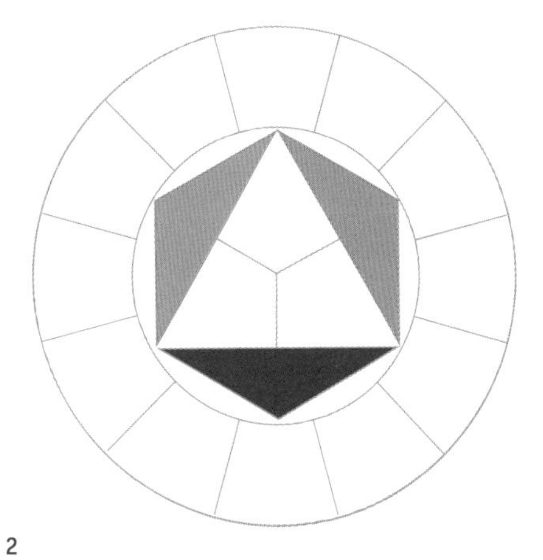

2

이텐의 색상환 2단계. 가운데에 있는 정삼각형을 둘러싸는 원과 정육각형을 그리면 3개의 이등변삼각형이 나타난다. 각 이등변삼각형에는 밑변과 연결된 정삼각형의 두 가지 색을 섞는다. 그러면 주황, 초록, 보라의 '이차색'이 만들어진다.

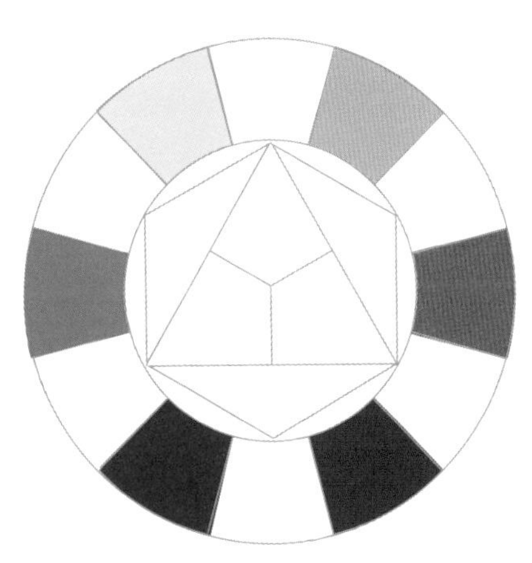

3

이텐의 색상환 3단계. 가운데의 삼각형, 원, 육각형 이 모두를 포괄하는 큰 원을 그린다. 그리고 육각형의 꼭짓점이 닿는 부분들을 기준으로 같은 면적의 사다리꼴을 12개 그린다. 각 꼭짓점이 닿는 사다리꼴들에는 이미 만들어진 일차색(빨강, 노랑, 파랑)과 이차색(주황,초록, 보라)을 칠하고, 아직 비어 있는 사다리꼴에는 양쪽 색을 정확하게 5:5로 섞어서 칠한다. 그러면 황등(노랑+주황), 주홍(주황+빨강), 적자(빨강+보라), 청자(보라+파랑), 청록(파랑+초록), 황록(초록+노랑)이라는 6개의 '삼차색'이 만들어진다.

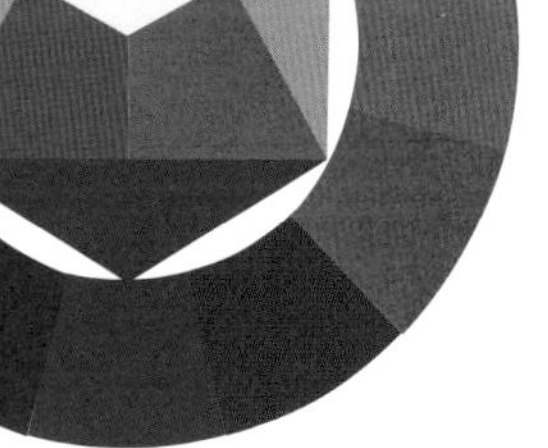

4

이텐의 색상환. 3단계를 거치며 완성되는 색의 구성 원리가 매우 흥미롭다.

가며 삼각형의 꼭짓점이 포함되는 정육각형을 그린다. 그러면 정삼각형과 원 사이에 이등변삼각형이 3개 생긴다. 이 이등변삼각형에는 밑변이 접하고 있는 정삼각형의 두 가지 색을 섞는다. 그러면 317쪽의 그림 2와 같은 세 가지 '이차색'을 얻게 된다.

2단계에서 얻어지는 이차색은 주황(노랑+빨강), 초록(노랑+파랑), 보라(빨강+파랑) 이렇게 세 가지다. 이때 삼원색을 정확히 5:5로 배분해야 한다. 그다음 3단계에서는 삼각형, 원, 육각형 이 모두를 포괄하는 큰 원을 하나 더 그린다. 그리고 육각형의 꼭짓점이 닿는 부분들을 기준으로 같은 면적의 사다리꼴을 12개 그린다. 각 꼭짓점이 닿는 사다리꼴들에는 이미 만들어진 일차색(빨강, 노랑, 파랑)과 이차색(주황, 초록, 보라)을 칠한다. 그리고 아직 비어 있는 사다리꼴에는 양쪽 색을 정확하게 5:5로 섞어서 칠한다. 그러면 황등(노랑+주황), 주홍(주황+빨강), 적자(빨강+보라), 청자(보라+파랑), 청록(파랑+초록), 황록(초록+노랑)이라는 6개의 '삼차색'이 만들어진다. 열두 가지 색으로 이뤄진 이텐의 색상환은 이렇게 완성된다.

『창세기』의 야훼는 7일에 걸쳐 세상을 창조한다. 매일 새로운 창조가 이뤄질 때마다 '신이 보시기에 좋았더라Gott sah, dass es gut war'라고 『창세기』는 기록하고 있다. 야훼 또한 자신의 창조물을 보고 경탄했다는 이야기다. 창조는 경탄을 동반한다. 괴테도 모순과 대립을 통해 상승하며 드러나는, 야훼가 창조한 총체적 현상을 보고 경탄하고 싶어 했다. 이텐은 한 단계 더 나아가 창조를 가능케 하는 편집의 과정을 체계화했다. 스스로 창조하는 신이 되어서 자기 창조물을 보고 경탄하고 싶었던 것이다. 창조가 신의 영역에서 인간의 영역으로 내려온 후, 모든 예술가가 추구한 것은 바로 그 '경탄'이다. 경탄을 동반하지 않으면 창조가 아니기 때문이다.

Unit 38.

편집의 차원이 다른 창조

보티첼리 그림의 부활

한때 기업에서 창조 경영에 대한 강연을 많이 했다. 흥미롭게도 강의 듣는 태도를 비교해보면 임원들의 집중도가 가장 높다. 젊은 직원들의 몰입도가 가장 떨어진다. 매년 계약을 갱신해야 하는 '계약직'인 임원들의 내부 경쟁이 그만큼 치열하다는 뜻이다. 그러나 임원들의 '부지런한 태도'에는 몇 가지 문제가 숨어 있다. 일단 '부지런함'과 '창조적 태도'의 차이를 구별하지 못한다. 더 치명적인 것은 자신들이 맡은 영역에서의 창조성과 직원들의 창조성이 서로 다르다는 것을 구별하지 못할 때가 많다는 사실이다.

도대체 한국에서 만들어내는 자동차나 스마트폰의 디자인이 왜 그토록 허접한가를 제품 담당자들에게 물어보면, 대답은 항상 같다. 젊고 뛰어난 디자이너가 애써 기획한 제품을 임원들이 제각기 한마디씩 하며 바꾼다는 것이다. 결국 최종 생산물은 누더기가 되고 만다. 건축도 마찬가지다. 건축가들을 만나면, 한국 정도의 경제 수준이면 건축학적으로 의미 있는 건물들이 좀 더 많이 있어야 하는 것 아니냐고 물어본다. 그들의 대답은 거의 좌절 수준이다. 아무리 창조적 건축을 시도해도 건축주가 그냥 내버려두지 않는다는 것이다. 결국 전문가인 건축가의 원래 의도는 사라지고, 건축주의 허접한 미적 수준만 고스란히 드러나는 건물이 되고 만다.

창조성 발달 전문가인 성균관대 최인수 교수는 한국 사회의 가장 큰 문제가 바로 이 부분에 있다고 지적한다. '창조의 영역'이 다를 수 있음을 모른다는 것이다.158 그는 이를 산드로 보티첼리의 그림 「비너스의 탄생」을 예로 들어 설명한다. 그림을 그린 보티첼리가 창조적인가? 아니면 수백 년 동안 거들떠보는 이가 전혀 없었던 보티첼리 그림의 진가를 처음 알아본 사람이 창조적인가? 보티첼리의 사례를 좀 더 자세히 들여다보자.

피렌체의 우피치 미술관에는 보티첼리의 「비너스의 탄생」이 가장 눈에 띄는 위치에 걸려 있다. 파리의 루브르 박물관에 레오나르도 다빈치의 「모나리자Mona Lisa, 1503」를 보러 간다면, 우피치 미술관에는 「비너스의 탄생」을 보러 간다고 할 정도로 우피치 미술관을 대표하는 그림이다. 흥미로운 것은 이 그림이 처음부터 그렇게 각광받지 않았다는 사실이다.

보티첼리의 「비너스의 탄생」은 수백 년 동안 아무도 관심을 가지지 않았던 그림이다. 이 그림의 가치를 처음 알아본 사람은 영국 문예평론가 러스킨이다. 보티첼리가 창조적인가? 러스킨이 창조적인가?

500년 가까이 보티첼리의 그림을 찾는 이는 아무도 없었다. 레오나르도 다빈치, 부오나로티 미켈란젤로Buonarroti Michelangelo, 1475~1564, 라파엘로 산치오라는 걸출한 이탈리아 르네상스 3인방에 밀려 보티첼리는 까맣게 잊힌 화가였다. 보티첼리 특유의 비현실적 구도와 굽이치는 곡선을 이용한 신비적 표현은 그 당시 전혀 주목받지 못했던 화풍이었다. 역사상 보티첼리처럼 그렇게 오랫동안 무시당한 화가는 없을 것이라는 한탄도 나왔다. 그렇게 수백 년 동안 창고 한구석에 처박혀 있던 보티첼리의 그림이 사람들의 뜨거운 관심을 받게 된 것은 영국의 존 러스킨 덕분이었다.

앞서 설명했듯이 러스킨은 윌리엄 모리스에게 큰 영향을 미쳐 영국의 미술공예운동을 가능케 한 예술·건축·문예 평론가다. 엄밀하게 이야기하자면, 바우하우스의 이념은 러스킨에서부터 시작한다고 할 수 있다. 바로 그 러스킨이 보티첼리의 그림을 부활시킨 것이다. 그러나 러스킨이 처음부터 보티첼리 그림의 진가를 알아본 것은 아니다. 러스킨이 활동하던 당시, 영국에서는 '라파엘전파前派, Pre-Raphaelite'가 결성되어 활발하게 활동하고 있었다. '라파엘전파'는 라파엘로, 미켈란젤로 같은 르네상스 시대의 그림들을 절대시하고 이를 흉내 내기에 급급한 당시 영국 화단에 반대하여 젊은 화가들이 1848년에 결성한 단체다. 너무 이상화되어 맥 빠진 르네상스 그림을 모방하기보다는 자연스러운 사실주의 화풍을 추구했던 '라파엘 이전의 회화'로 돌아가자는 화가들이 모인 것이다. 이들의 활동을 적극적으로 옹호하며 이론적으로 뒷받침한 이가 바로 존 러스킨이었다.

1851년, 러스킨이 라파엘전파를 옹호하는 글을 발표했다.159 그 후, 라파엘전파의 대표적 화가 존 에버렛 밀레이John Everett Millais, 1829~1896는 러스킨과 무척 가까워졌다. 둘은 함께 여행을 다니며 그림을 그리기도 했다. 러스킨 역시 훌륭한 화가였다. 그의 책 『드로잉Elements of Drawing, 1857』160은 당시에 회화 입문 교재로 널리 읽혔다. 그러나 어느 순간부터 둘 사이는 틀어지기 시작했다. 러스킨의 아내가 밀레이와 사랑에 빠진 것이다. 급기야 러스킨의 아내는 1854년에 이혼하고 밀레이와 재혼한다. 러스킨과 밀레이가 서로 멀어진 후, 라파엘전파는 자연스럽게 해체된다.

밀레이와의 관계는 틀어졌지만, 라파엘전파와 관련된 러스킨의 예술·철학적 관심은 지속됐다. 러스킨이 보티첼리의 그림을 처음 접한 것은 그 후 20여 년이 지난 뒤였다. 1877년, 러스킨의 조수가 보티첼리의 그림 「마리아와 아기 예수Madonna col Bambino, 15세기」를 300파운드(오늘날 가치로 환산하면 불과 몇십만 원)에 사 왔을 때 러스킨은 "이렇게 추한 그림은 본 적이 없

보티첼리의 「마리아와 아기 예수」. 이 그림을 처음 봤을 때 러스킨은 "이렇게 추한 그림은 본 적이 없다"라며 비웃었다. 그러나 러스킨은 점차 보티첼리의 그림에 빠져든다.

다"라고 비웃었다. 그러나 그 후 러스킨은 보티첼리의 그림에 점차 빠져들어 광팬이 된다. 특히 보티첼리의 「비너스의 탄생」은 르네상스 회화의 특징인 원근법이나 해부학을 무시하는 듯한 물결치는 윤곽선으로 러스킨의 마음을 사로잡았다.

보티첼리의 이 특별한 여인은 러스킨의 마음만 사로잡은 것이 아니다. 앞서 설명한 대로 '좋은 이웃의 법칙'을 이야기한 아비 바르부르크의 박사 논문 주제가 바로 보티첼리의 「비너스의 탄생」과 「봄」이었다.161 '살아 움직이는 생명의 형상Bilder des bewegten Lebens'을 특유의 몽환적 선으로 표현한

보티첼리의 「봄」. 바르부르크는 생명의 움직임을 특이한 곡선으로 그려낸 보티첼리의 그림으로부터 '파토스 정형'이라는 개념을 발전시킨다. 생동하는 리듬의 2차원적 구성 가능성을 보티첼리의 그림에서 본 것이다.

보티첼리의 그림은 바르부르크가 몰두한 르네상스 연구의 핵심 개념인 '파토스 정형'으로 발전한다. 그러나 러스킨의 보티첼리 재발견이 없었다면 바르부르크의 혁명적 르네상스 연구도 없다. 러스킨이 보티첼리의 그림을 재발견하여 산업화와 기계화에 근거한 물질주의의 대안으로 해석하지 않았다면 오늘날의 보티첼리는 없다는 이야기다.

'대상적 창조'와 '메타적 창조'

보티첼리와 러스킨, 도대체 누가 더 창조적인 걸까? 대부분의 사람들은 그림을 그린 보티첼리를 창조적이라고 생각한다. 그의 그림이 없었다면 이런 논의 자체가 불가능하기 때문이다. 그러나 러스킨의 보티첼리 재발견과 당시 영국의 시대적 상황에 맞는 재해석이 없었다면 보티첼리는 존재하지 않는다. 러스킨이 없었다면 보티첼리는 아무도 기억하지 않는 수많은 무명 화가 중 하나일 뿐이라는 이야기다. 기억하지 않으면 존재하지 않는다!

결론은 당연하다. 보티첼리, 러스킨 두 사람 모두 창조적이다. 그러나 두 사람의 창조 영역을 구별해야 한다. 나는 보티첼리의 창조는 '대상적 창조Gegenständliche Kreativität'라고 부른다. 구체적 대상의 창조와 관련된다는 뜻이다. 반면 러스킨의 창조는 '메타적 창조Meta-Kreativität'다. 대상적 창조의 결과를 다른 차원의 메타적 맥락에서 다루는 행위라는 뜻이다. '형이상학Meta-physics'과 '자연학Physics'의 관계에서 형이상학이 '자연에 관한 메타적 학문'인 것처럼 '메타적 창조'는 '대상적 창조에 관한 또 다른 차원의 창조'를 뜻한다. 사실 창조에 관한 이 같은 구분은 '크레타 거짓말쟁이의 역설'에서 빌려 왔다.

"한 크레타 사람이 크레타 사람은 모두 거짓말쟁이라고 말했다"라는 문장은 모순이다. 모든 크레타 사람이 거짓말쟁이가 되려면 이 문장을 말한 사람은 진실을 말한 것이 되어야 한다. 그러나 이 문장을 말한 크레타 사람은 모든 크레타 사람 가운데 한 사람이다. 즉 거짓말쟁이인 크레타 사람이라는 것이다. 거짓말쟁이인 크레타 사람이 자신만 예외적으로 진실을 말할 수는 없는 일이다. 폴란드 출신 철학자 알프레트 타르스키Alfred Tarski, 1901~1983는 이 모순을 '대상언어Objekt-Sprache'와 '메타언어Meta-Sprache'로 구분하여 풀어낸다.162 "한 크레타 사람이 크레타 사람은 모두 거짓말쟁이라고 말했다" 라는 문장에는 2개 언어가 섞여 있다는 것이다. 즉 '크레타 사람은 모두 거짓말쟁이'라는 문장 1과 '한 크레타 사람이 ……라고 말했다'라는 문장 2이다. 문장 1은 '대상언어'인 반면, 문장 2는 '메타언어'다. 이 둘은 전혀 다른 영역의 언어다. 질적으로 다른 언어를 함께 섞었기 때문에 이 같은 모순이 발생했다는 게 타르스키의 설명이다.

심리학적 '자기 성찰'도 마찬가지다. 자기 성찰은 논리적으로 따지면 모순이다. 내가 '인식의 주체'인 동시에 '인식의 객체'가 되는 까닭이다. 내가 '나는 지금 거짓말을 하고 있다!'라고 이야기할 때, 나는 스스로의 문제를 반성하는 아주 훌륭한 사람인 것 같지만, 실제로는 전혀 그렇지 않다는 이야기다. 내가 지금 거짓말을 하고 있다는 말 자체가 거짓이 되기 때문이다. 그러나 이 문장 또한 '대상언어(나는 지금 거짓말을 하고 있다)'와 '메타언어(……라고 생각한다)'의 관계를 구분하면 모순은 쉽게 해결된다.*

보티첼리의 대상적 창조와 러스킨의 메타적 창조에 대한 구분을 에디톨로지의 개념과 연관 지어 설명하자면 이렇다. '대상적 창조'는 '편집의 단위'와 주로 관계하며, '메타적 창조'는 '편집의 차원'과 관계된다. '편집된 것의 또 다른 편집'이라는 이야기다. 물론 이 둘의 영역이 매번 그렇게 명확

* 자기 성찰과 메타인지의 관계에 관해서는 Unit 108 참조.

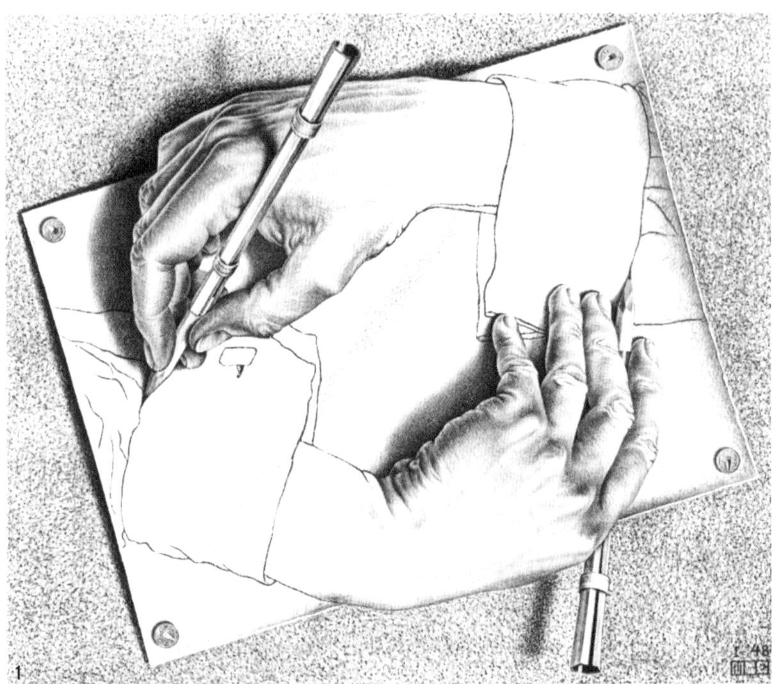

1 마우리츠 코르넬리스 에셔Maurits Cornelis Escher, 1898~1972의 「그리는 손Handen tekenen, 1948」은 심리학적 '자기 성찰'이 갖는 '자기 지시성self-referencing'의 모순, 즉 자신이 '인식의 주체'인 동시에 '인식의 객체'가 되는 모순을 아주 잘 표현한다.

2 에셔의 「반사구를 들고 있는 손Hand met spiegelende bol, 1935」처럼 반사구 속의 '나 1'과 이를 바라보는 '나 2'를 구분하면 '자기 지시성'의 모순이 쉽게 해결된다.

하게 나뉘는 것은 아니다.

오늘날 영화감독이나 PD는 주로 메타적 창조의 영역과 관련된다. 연기자들의 내면이 가장 극적으로 표현되도록 독려하고, 그 장면들을 편집해 또 다른 차원의 창조물을 만들어내기 때문이다. 연기자들의 연기는 대상적 창조의 영역과 관련된다. 책이나 잡지의 편집자도 마찬가지다. 작가는 주로 대상적 창조의 영역과 관계하지만, 책의 편집자는 메타적 창조와 관련한다. 편집자가 작가처럼 열심히 일하겠다고 덤벼들면 바로 망한다. 창조적 편집자는 작가들로 하여금 자신이 가진 최고의 것을 끌어내도록 유도해야 한다.

리더는 메타적 창조의 영역에서 일한다. 메타언어와 대상언어가 뒤섞이면 풀리지 않는 모순이 생겨나는 것처럼, 리더가 자기 영역인 메타적 창조의 영역을 떠나 대상적 창조의 영역에서 눈썹이 휘날리도록 부지런하면 그 집단은 쫄딱 망한다. 그런 의미에서 스티브 잡스가 자신을 '오케스트라의 지휘자'라고 칭한 것은 아주 적절한 '메타적 창조'의 메타포다.*

* 스티브 잡스에 관한 내용은 Unit 3 참조.

Unit 39.

그로피우스와 이텐의 갈등

발터 라테나우

1919년 4월의 야심 찬 '바우하우스 선언'은 환상이었다! 원대한 포부로 시작했으나 바이마르 바우하우스는 시간이 지날수록 온갖 난관에 부딪혔다. 무엇보다 돈이 가장 큰 문제였다. 바이마르 정부는 재정 지원을 약속했지만 1년이 지나도록 감감무소식이었다. 당시 패전국 독일의 인플레이션은 살인적이었다. 1919년 6월에 체결된 베르사유조약에 따라 독일은 1,320억의 금 마르크Goldmark를 전쟁배상금으로 내야 했다. 도무지 배상할 수 없는 엄청난 액수였다. 바우하우스가 설립된 것은 베르사유조약이 체결되기 불과 두 달 전이었다. 배상금 때문에 독일은 엄청난 정치적·경제적 불안정에 빠져들었다. 1922년 6월에는 배상금 해결을 위해 전력을 다했던 외무장관 발터 라테나우Walther Rathenau, 1867~1922가 극단적 우익 세력에 의해 암살됐다.

발터 라테나우는 독일 역사에서 매우

1922년에 암살된 독일의 외무장관 발터 라테나우를 기려 발행된 우표(1952). AEG를 설립한 라테나우 가문은 독일계 유대인의 대표적 성공 사례였다.

특이한 인물이다. 그는 유대인이었지만 철저하게 독일인이 되고자 했다. 근대 유럽의 유대인 사회에서 전통에 충실한 유대인으로 살 것인가, 아니면 근대화된 유럽 사회에 적응한 유대인, 즉 '근대적 유럽인'으로 살 것인가는 매우 중요한 논쟁 거리였다. 특히 독일 지식인 사회에 자리 잡기 시작한 유대인들에게 이 문제는 '실존의 문제'였다. 전통에 충실한 유대인들은 근대 유럽 사회에 적응하려는 유대인들을 '배신자'로 여겼다.163

크게 부를 쌓고 독일 부르주아사회에서 성공적으로 자리 잡은 라테나우 가문은 '전통적 유대인'과 '근대적 유럽인' 사이에서 갈등하는 젊은 유대인들에게 아주 중요한 '참고 문헌'이었다. 예를 들어 아비 바르부르크를 평생 괴롭혔던 강박증과 정신분열증은 유대인이라는 '인종적 아이덴티티'와 독일 지식인이라는 '실존적 아이덴티티' 사이의 갈등에서 비롯된 것이다. 그가 일찌감치 은행가로서의 가업을 계승하기를 거부하고, 책 속에 파묻혀 살기로 결정한 것은 바로 이 같은 내적 갈등의 결과다. 바르부르크는 비슷한 연배의 발터 라테나우와 교류하며 독일 사회에서 유대인의 역할에 관해 함께 고민했다.*

라테나우 가문은 바우하우스의 발터 그로피우스와도 인연이 있다. 발터 라테나우의 아버지인 에밀 라테나우Emil Rathenau, 1838~1915가 설립한 회사가 바로 AEG이기 때문이다. 그로피우스의 스승이자 독일 근대 디자인의 선구자로 여겨지는 페터 베렌스가 1907년부터 일했던 바로 그 회사다. 에밀 라테나우는 1882년에 미국 토머스 에디슨Thomas Edison, 1847~1931의 전구 특허

* 발터 라테나우는 독일 사회에 동화되려고 애썼다. 어떻게든 '애국적 독일인'의 모습을 보여주려고 했다. 외무장관이 된 것도 바로 그 때문이었다. 반유대주의자들과 의견을 공유하며 유대인에 대한 자기혐오를 드러내기도 했다. 아비 바르부르크는 라테나우와도 구별되고, 시오니즘과도 거리를 두는 새로운 아이덴티티를 고민했다. 바르부르크는 자신을 "유대인의 피를 이어받은, 마음은 함부르크인, 영혼은 피렌체인"으로 규정했다(다나카 2013, p. 22 이하).

를 사들였다. 그 후 그는 독일에서 독점적으로 전구를 생산하며 회사를 키워 1887년에 AEG를 설립했다. AEG는 한때 독일에서 두 번째로 큰 기업으로까지 성장했다. 독일에서 에밀 라테나우의 경영 방식은 근대적 기업 경영의 효시로 여겨진다.

1912년부터 아들 발터 라테나우는 AEG 이사회의 의장직을 계승했다. 그는 아버지가 경영할 때부터 인연이 있던 베렌스에게 편지 봉투부터 공장 건축에 이르기까지 AEG의 모든 디자인 작업을 맡겼다. 자본주의 상품의 생산과 판매에서 디자인이 어떤 의미를 지니는가를 일찌감치 깨달았기 때문이다. 발터 라테나우의 이 같은 미학적 안목은 우연이 아니었다. 독일 인상주의의 선구자이자 베를린 제체시온의 리더였던 막스 리베르만이 그의 외삼촌이었다. 어릴 적 그는 삼촌에게서 그림을 배웠다. 미학적 안목은 그의 집안 내력이었다.*

발터 라테나우가 암살된 1922년 이후, 독일 경제는 더욱 걷잡을 수 없는 상황으로 치달았다. 1923년 1월에 1달러의 환율은 7,260마르크였다. 같은 해 9월이 되면 1달러가 9,100만 마르크가 되고, 12월에는 42억 마르크

* 발터 라테나우의 어머니 마틸데 라테나우Mathilde Rathenau, 1845~1926에 관한 이야기도 유명하다. 아들 발터가 1922년에 살해되고 그를 암살한 에른스트 테호브Ernst Techow, 1901~1945가 체포되자, 마틸데는 테호브의 어머니에게 편지를 보낸다. "말할 수 없는 슬픔으로 세상에서 가장 불쌍한 여인인 당신에게 손을 내밀어 이야기합니다. 당신의 아들에게 살해당한 내 아들을 대신해서 당신의 아들을 용서합니다. 그가 이 땅의 정의 앞에서 자기 죄를 고백하고 하나님 앞에서 회개한다면 하나님도 그를 용서하실 것입니다. 만약 당신의 아들이 고귀한 영혼의 내 아들을 알았다면 그의 총은 내 아들을 향하지 않고 자기 자신을 향했을 것입니다. 당신의 영혼에 평화가 있기를 기원합니다(Volker 2003, p. 159)." 마틸데의 편지는 당시 독일 사회에 큰 감동을 주었다. 더 흥미로운 일이 수십 년 후에 다시 일어났다. 이른바 '테지에르Tessier의 전설'이다. 영국 작가 조지 헤럴드George W. Herald가 1943년에 『내가 좋아하는 암살범My favorite Assassin』이라는 소설을 발표했다. 마틸데의 용서 편지에 깊이 감화받은 암살범 테호브가 제2차 세계대전 말기의 프랑스 마르세유에서 유대인 700명의 생명을 구했다는 이야기다(Herald 2013). 그러나 이 이야기는 나중에 근거가 아주 희박한 것으로 밝혀졌다.

가 된다.164 바우하우스 학생이었던 헤르베르트 바이어**가 디자인한 200만 마르크 지폐를 보면 그 상황이 충분히 미루어 짐작된다.

패전국 독일에서 바우하우스의 꿈을 꾸다

독일의 인플레이션은 1923년에 극에 달하지만, 바우하우스가 설립된 1919년부터 인플레이션은 이미 시작되고 있었다. 그로피우스가 전국을 돌면서 바우하우스 후원금을 부지런히 모금해 오면 불과 며칠 만에 그 가치가 절반으로 하락해버렸다. 학생들의 생활은 형편없었다. 당시 바우하우스 학생들은 대부분 기숙사에 거주했다. 제대로 된 식사가 나올 리 없었다. 그

** 헤르베르트 바이어는 훗날 미국으로 이주하여 애스펀 리조트를 총괄 디자인했다. 스티브 잡스는 그곳에서 애플 디자인의 혁신을 발표했다(Unit 3 참조).

바우하우스 학생이었던 바이어가 디자인한 200만 마르크 지폐. 1조 마르크 지폐도 있었다. 당시 독일인들이 지폐를 불쏘시개로 썼다는 말은 결코 과장이 아니었다.

로피우스는 학생들에게 하루 한 끼 식사라도 제대로 제공하려고 부지런히 뛰어다녔다. 셀 수도 없이 많은 '구걸 편지Bettelbrief'를 써야 했다.165 심지어 부자들을 찾아가 '명예 훈장'을 정부로부터 받게 해준다고 약속하고 기부금을 받아 오기도 했다. 학생들은 스스로 바우하우스 주변의 빈 땅에 채소를 경작했다. 일부는 바이마르 시내에 나가 아르바이트를 했다. 난방도 큰 문제였다. 학생들은 직접 탄광에서 석탄을 실어 날랐다.

형편없이 부족하지만 의식주는 어떻게 해서라도 해결할 수 있었다. 더 큰 문제는 교육을 위한 재료, 공구였다. 전쟁 중에 바이마르 학교의 모든 교육 기자재는 징발되거나 매각됐다. 학생들의 기본 의식주도 제대로 해결하지 못하는 바우하우스가 교육 기자재를 스스로 구입할 능력이 있을 리 만무했다. 교육 공간도 형편없이 부족했다. 인근 공방이나 수공업자들의 도움이 절실했다. 공장이나 공방을 교육장으로 제공하는 이들에게는 바우하우스의 '기능 마이스터' 자격을 부여하고 학교 교직원으로 임용했다.

예를 들어 오토 도르프너Otto Dorfner, 1885~1955는 책 제본 설비를 빌려줬고, 헬레네 뵈르너Helene Börner, 1867~1962는 직물기를 빌려줬다. 레오 에머리히Leo Emmerich, 1890~1970는 도자기를 만들 수 있도록 화로 공장을 빌려줬다. 막스 크레한Max Krehan, 1875~1925도 도자기를 만들 수 있는 공방을 빌려줬다. 이 네 사람은 당연히 기능 마이스터로 바우하우스에 자리 잡았다. 이 같은 편법으로 도자기 공방을 비롯한 몇 개의 공방은 그럭저럭 운영될 수 있었다.166 반면 바우하우스 때문에 자신들의 생존이 위협받는다고 느낀 인근의 수공업자들은 집단으로 들고일어나 바우하우스를 비난했다.

공방에서 기능 마이스터들을 통해 배우는 도제 실습과 학교에서 형태 마이스터들을 통해 습득하는 이론 교육을 토대로 공예 교육의 이론과 실제를 통합하겠다는 그로피우스의 의기양양한 '바우하우스 교육 프로그램'은 패전국 독일의 현실 앞에서 그저 허무맹랑한 이야기가 되어갔다. 그로피우스의 교육 프로그램을 읽고 꿈에 부풀어 학교에 입학한 학생들의 실망은 이루 말할 수 없었다. 귀족들을 위한 '살롱 예술'은 더는 필요 없다는 그로피우스의 주장에 흥분해 잘 다니고 있던 예술 아카데미를 그만두고 바우하우스에 입학한 학생들은 아르바이트로 부자들을 위한 초상화를 다시 그려야 했다. 그로피우스에 대한 학생들의 반감은 커져만 갔다.

학생들끼리도 패가 갈려 싸웠다. 1919년 여름 학기, 바이마르 바우하우스에 입학한 학생은 180명 정도였다. 학생들은 두 부류로 갈렸다. 일부는 바우하우스 이전의 '작센대공 미술학교', '작센대공 공예학교'에 다니던 학생들이었다. 그로피우스는 어쩔 수 없이 이들을 새로 출범하는 바우하우스 신입생으로 받아들여야 했다. 입학생의 절반 이상을 차지하는 130여 명이었다. 물론 작센대공 미술학교와 작센대공 공예학교의 교수진도 대부분 바우하우스로 흡수됐다. 어쩔 수 없이 바우하우스에 흡수된 학생들과 교수진은 틈만 나면 그로피우스에게 반기를 들었다.

또 다른 쪽에는 그로피우스의 바우하우스 선언문을 읽고 입학한 학생 30~40명, 그리고 오스트리아 빈에서부터 요하네스 이텐을 따라온 학생들이 16명 있었다. 바우하우스에 합류하기 전, 이텐이 운영하던 사설 미술학교의 일부 학생들이 바이마르까지 따라온 것이다. 두 번째 학기인 1919년 겨울 학기에는 여학생 101명, 남학생 106명이 바우하우스에 새로 등록했다. 꽤 성공적인 학생 모집이었다. 그러나 입학 후, 바우하우스의 형편없는 실체를 알게 된 학생들은 바로 자퇴했다. 이 숫자 또한 꽤 높았다.

특히 이텐이 끌고 온 학생들이 골치였다. 이텐은 신흥종교의 교주 같은 카리스마를 가지고 있었다. 아울러 다른 마이스터들에 비해 이텐은 가장 오랜 시간 학생들과 함께 지냈다. 이텐의 인기는 그로피우스나 다른 마이스터들과 비교할 수 없었다. 이텐을 추종하는 학생들은 대부분 이텐이 주도한 '기초과정'에 몰려 있었다. 자신들만의 그룹을 형성하고 있었던 것이다.[167]

이텐은 자기 학생들을 경제적으로도 특별하게 배려했다. 기숙사, 학습 공간, 그리고 배고픔을 해결할 수 있는 아르바이트를 찾아줬다. 다른 학생들에 비해 이들의 생활환경은 견딜 만한 수준이었다. 춥고 배고픈 다른 학생들의 원성은 하늘을 찔렀다.

1919년 5월 18일, 바이마르에 도착한 라이오넬 파이닝어에게 작은 일에도 서로 부딪치며 상대방을 격렬하게 공격하는 바우하우스의 초기 분위기는 참으로 적응하기 힘든 것이었다. 파이닝어는 아내인 율리아에게 보내는 편지에서 1919년 초기 바우하우스의 분위기를 다음과 같이 쓰고 있다.

> 이곳 바우하우스의 지난 며칠간은 미친 듯이 어지러웠소. 도처에서 반란의 기운이 나타나고 있소. 원인은 포상 건이오. 분개하여 자리를 박차고 나온 사람도 많고, 또 한 패거리는 사실상 그로피우스의 즉각 해임을 요구하는 탄원서를 장관에게 제출하려 하고 있소! 어젯밤에는 그로피우스와 반대파 사이에 일대 토론이 벌어졌소. 그로피우스는 회의 석상에 나타

1921~1923년 사이의 바이마르 바우하우스에 재직했던 마이스터들과 학생들. 왼쪽 위에서 두 번째에 슐레머, 가운데 줄 위에서 두 번째에 슈툴츨 등이 보인다. 장밋빛 비전 일색의 창립 선언문과 달리 바우하우스의 실제 학습 환경은 형편없었다. 학생들은 그로피우스에게 불만을 퍼부었고, 개성이 강한 마이스터들은 각기 부딪쳤다.

나 할 말이 있는 모든 사람의 이야기를 경청했소. 그 결과, 긴장이 해소되어 분위기가 많이 좋아졌소. 이 소인배들은 독일의 축소판이오. 그들은 걸핏하면 소동을 일으키고, 정신을 잃을 정도로 흥분하며 남의 말을 제대로 알아듣지도 못하오. 그들은 쉽사리 이성을 잃어버리고, 갖은 가공할 이야기에 귀를 기울이는 경향이 있소. 학생들이 그로피우스를 가장 맹렬히 비난하는 것은, 그리고 전혀 근거가 없지도 않은 것은 그가 시대를 상징하는 예술, 최선단最先端의 예술을 항상 옹호하겠다고 말했다는 것 때문이오. 그렇지만 150명이나 되는 젊은이들이 모여 있는 학교가 어찌 '선단적인 예술'을 실천하리라고 기대할 수 있겠소! 그것은 사실상 그들에게 어떤 우상을 모방하고 분명히 수십 년은 걸릴 어떤 발전 과정을 초월하라고 강요하는 것을 의미할 뿐이오. 이것에 관해 나는 오늘 그로피우스에게 말해줄 생각이오. 그렇소, 요즘은 세계사 안팎으로 숱한 사건들이 일어나고 있소.168

파이닝어는 공식 석상에서는 그로피우스를 옹호하는 발언을 자주 했지만, 아내에게는 그로피우스가 처한 현실에 대해 아주 솔직하게 털어놓는다. "전혀 근거가 없지도 않은 것은"이라는 파이닝어의 표현은 참으로 의미심장하다. 그 역시도 바우하우스에 관한 그로피우스의 원대한 계획이 뭔가 미심쩍다는 뜻이다. 그러나 그로피우스에 대한 파이닝어의 평가는 매우 호의적이었다. 그는 아내에게 보내는 편지에서 그로피우스와 그의 부인 알마 말러에 대해 이렇게 적었다.

지금 뭐라 쓰고 싶지는 않지만, '그로피우스'라는 사람에 대해서 많이 생각하고 있소. 부부 모두 매우 자유분방하고 진지하며 남달리 마음이 넓은 사람들이오. 우리나라에서는 아주 보기 드문 인물들로서 그들을 빼놓고 이야기할 수가 없는 사람들이오. 물론 사람들은 그들에게 반발을 보이고 이방인이나 불온 분자처럼 취급하오. (…) 나는 그를 도와 내 힘이 닿는 데까지 지원해주고 싶소. 그는 실로 성실하고 공정하며 이상에 불타고 이기심이 없는 사람이니까요. 창조적이건 아니건 그는 여기서 아무도 따를 수 없는 인물이고, '그녀' 역시 뛰어난 개성을 가지고 있소.[169]

학교 안에서만 문제가 있었던 것이 아니다. 학교 바깥의 주민들도 들고일어났다. 인근 주민들은 이텐의 마즈다즈난 수도복을 흉내 낸 옷을 입고, 육식을 거부한다면서 마늘 냄새를 잔뜩 피우고 몰려다니는 바우하우스 학생들을 혐오스럽게 느꼈다. 지금도 독일인들에게 마늘 냄새는 외국인 혐오의 원인이 된다. 1950~1960년대부터 독일로 노동 이민을 온 터키인들도 한국 사람만큼 마늘을 많이 먹기 때문이다. 그로피우스의 아내 알마도 바우하우스 학생들에게서는 왜 이렇게 마늘 냄새가 심하게 나느냐고 불평하기도 했다.

급기야 1919년 12월 30일에 공산주의자, 스파르타쿠스단, 볼셰비키 분자, 유대인 같은 반反독일적 무리가 독일 문화의 중심지인 바이마르 가운데에 진을 치고 독일의 돈으로 독일 문화를 파괴하고 있다는 청원서가 바이마르 문화성에 공식적으로 접수됐다.[170] 그로피우스는 "학생들은 대부분 아리안 혈통이며 독일어를 사용하고, 유대인도 일부 있지만 대다수가 기독교로 개종했다"라는 답변을 제출해야만 했다.

'낭만의 섬'

바이마르 바우하우스에 닥친 본질적 위기는 학생들이나 인근 주민들 때문이 아니었다. 마이스터들 때문이었다. 마이스터 반란의 시작은 작센 대공 미술학교에서 어쩔 수 없이 따라온 교수들이었다. 이들은 대부분 순수 회화를 가르쳤다. 순수 회화에 대한 그로피우스의 부정적 입장이 처음부터 못마땅할 수밖에 없었다. 그로피우스는 그들이 가르쳤던 순수 회화를 '살롱 예술'이라 비판하면서 순수 회화와 공예를 구별하여 우월감을 느끼는 태도에서 벗어날 것을 요구했기 때문이다.

회화와 공예가 근본적으로 다른 것이 아니며 두 분야의 교수들이 함께 학생들을 가르치면 형태, 색채, 구성에 관한 통찰력을 학생들에게 가르칠 수 있다는 것이 그로피우스의 생각이었다. 그러나 전통 회화를 가르치던 교수들은 예술가(화가, 조각가)와 공예가의 구분을 없애야 한다는 그로피우스의 요구를 받아들이기 힘들었다. 그들에게 공예는 예술이 아니었기 때문이다. 공방의 장인들과 마찬가지로 '마이스터'라는 호칭으로 불리는 것 자체가 못마땅했다. 그들은 바우하우스 학생들과 주민들이 들고일어나자 기다렸다는 듯이 그로피우스를 비판하기 시작했다.

바우하우스 설립 이듬해인 1920년 9월, 결국 작센대공 미술학교의 교수였던 막스 테디Max Thedy, 1858~1924를 비롯한 마이스터 몇 명이 학생 28명을 데리고 바우하우스를 나와서 별도의 미술학교를 설립했다.[171] 재미있는 것은 바우하우스에서 뛰쳐나와 새로운 학교를 세웠다고는 하지만, 여전히 바우하우스와 같은 건물을 사용했다는 사실이다. 그러지 않아도 비좁은 학교 시설을 누가 더 많이 이용하고, 국가로부터 어느 쪽이 더 많은 예산을 확보하는가에 관한 짜증 나는 싸움은 바우하우스가 데사우로 떠날 때까지 지속됐다.

전통적 순수 회화를 고수하는 구 미술학교의 교수들이 떨어져 나가자, 이제는 학교 내부의 기초과정에 모여 있던 요하네스 이텐 일파가 바우하우스를 기반부터 뒤흔들었다. 이텐이 기획한 '기초과정'이 입학 전 필수 교육과정으로 자리 잡으면서부터 이텐 일파는 그로피우스의 통제에서 완전히 벗어나게 되었기 때문이다.

바이마르 바우하우스의 본관 건물 내부. 바우하우스로 통합됐던 작센대공 미술학교 교수들 가운데 테디를 비롯한 일부 교수진은 바우하우스가 설립된 바로 그 이듬해에 다시 독립하여 '국립 바이마르 미술대학'을 설립하고 본관 한쪽을 차지했다.

1921년, 기초과정은 6개월 과정으로 결정됐다. 학생들은 이 기초과정을 거친 후 성적에 따라 바우하우스 입학 여부를 통보받았다. 입학이 정식으로 승인되면 지원자는 여러 공방 가운데 하나를 선택하여 1명의 '기능 마이스터'와 1명의 '형태 마이스터' 밑에서 공부한다. 이렇게 확립된 바우하우스 교육과정은 많은 장점이 있었지만, 학교의 리더십과 관련하여 결정적 취약점을 드러냈다. 기초과정을 담당한 이텐에게 학생 선발의 권력이 집중된 것이다. 바우하우스가 안정된 시스템을 구축한 후라면 아무 문제가 없겠지만, 학교의 기반 자체가 흔들리는 설립 초기의 상황에서 기초과정의 독립은 그리 바람직한 것이 아니었다.172

시간이 흐르면서 기초과정에 자리 잡은 이텐과 그의 추종자들은 바우하우스 내부의 또 다른 학교처럼 보였다. 그로피우스가 학교 재정을 확충하기 위해 바깥으로 눈코 뜰 새 없이 뛰어다니는 사이, 이텐은 학교 안에 자신만의 영역을 구축하는 데 성공한 것이다. 결국 견디다 못한 그로피우스가 이텐과 갈등한 내용을 다른 마이스터들에게 공개했다. 1922년 2월 3일, 그로피우스는 8쪽에 달하는 문서를 바우하우스 마이스터들에게 공개했다. 그 내용을 꼼꼼히 읽어보면 당시 상황은 상당히 심각했다.

> 바우하우스의 가장 중요한 문제에 대한 견해 차이 때문에 요즘 마이스터들도 걱정하고 있는 바이지만, 바우하우스의 창립자로서 나는 주로 나 자신을 위해서 바우하우스가 바탕을 두고 있는 이론적 및 실천적 원리들을 재검토해보고자 한다.
> '예술을 위한 예술'이라는 종래의 태도는 이미 시대에 뒤진 생각이 되었다는 것, 그리고 오늘날 우리와 관계를 맺고 있는 것들은 모두 고립해서는 존재할 수 없게 되었고 그것들은 우리의 발전적인 자세 속에서 뿌리내려져야 한다는 것을 우리는 모두 잘 알고 있다. (…)
> 최근 마이스터인 이텐은 영리주의적인 외부 세계와는 완전히 대조되는 개별적인 작품 제작을 하든지, 아니면 산업과의 제휴를 모색하든지 양단간에 결정을 보자고 요구했다. (…)
> 만약 바우하우스가 외부 세계의 작업 및 작업 방식과 인연을 끊는다면 그것은 기인奇人들의 도피처가 되고 말 것이다. 사람들로 하여금 '자기들이 사는' 세계의 기본 성격을 인식하도록 교육시키고, 그들의 지식과 상상력을 결합시켜 그 세계를 상징하는 전형적인 형태를 창조할 수 있도록 하는 데 바우하우스의 책임이 있다. 따라서 중요한 것은 개인의 창조적 활동을 세계의 광범한 실용적 작업과 결합하는 일이다! 우리가 우리 주위의 세계를 완전히 거부하고 만다면 우리가 빠져나갈 수 있는 유일한 길은 '낭만浪漫의 섬'뿐일 것이다.173

이텐의 도발은 거셌다. 한마디로 '예술'을 할 것인가, '공장'을 할 것

이텐을 따르는 학생들만의 파티 포스터. 오스트리아 빈에서부터 이텐을 따라온 학생들은 바이마르의 가난한 학생들과 섞이기를 거부했다. 그들만의 파티도 별도로 열곤 했다. 그로피우스와 이텐의 리더십 경쟁은 시간이 지날수록 치열해졌다.

인가를 선택하라는 것이었다. 바우하우스의 설립 이념, 즉 '모든 예술을 건축의 날개 아래에 통합하겠다'라는 그로피우스의 비전에 대한 정면 도전이다. 한마디로 '실용적 예술'을 목적으로 하는 그로피우스의 설립 이념을 포기하고, 자기 예술관을 기초로 바우하우스를 새로 시작하자는 도발이었다. 물론 이 같은 도발은 그를 '우상'으로 믿고 따르는 학생들이 있었기에 가능했다. 그러나 이텐의 도전은 그로피우스가 자신의 리더십을 다시 확인하는 계기가 되었다. 그로피우스는 결연했다. '예술을 위한 예술l'art pour l'art'*은 지난 시대의 구호일 뿐이다. 현실과의 연결고리를 상실한 예술의 미래는 없다.

고립된 '낭만의 섬'이 바우하우스의 미래가 될 수는 없다는 그로피우스의 회람 문서는 이텐의 주장을 '죽어가는 종교'에 빗대어 비난하면서 끝난다. 그로피우스의 결연한 태도에 마이스터들의 의견은 이텐의 반대편으로 결집됐다. 결국 이텐은 그 이듬해에 바우하우스를 떠났다. 그러나 바우하우스의 위기는 이텐의 축출로 끝나지 않았다. 또 다른 위기가 기다리고 있었다. 그는 이텐보다 더 대적하기 힘든 성격의 사내였다. '데 스틸' 운동의 창시자이자 리더인 테오 판 두스부르흐Theo van Doesburg, 1883~1931였다.

* '예술을 위한 예술'은 원래 프랑스의 테오필 고티에Théophile Gautier, 1811~1872가 사용한 단어다. '생활을 위한 예술', 즉 실용적 예술을 거부하고 아무짝에도 쓸모없는 것이 아름답다고 주장했다. 한마디로 모든 실용적인 것은 추하다는 주장이다. 고티에의 느닷없는 유미주의는 황당하지만, 이러한 그의 선언이 당시 사회의 전근대적인 도덕적 속박으로부터 인간의 행동을 자유롭게 했다는 점에서는 큰 의미가 있다. 예술의 이 같은 '기능', 즉 인간을 자유롭게 하는 기능을 극대화한 이는 고티에의 제자인 샤를 보들레르Charles Baudelaire, 1821~1867다. 보들레르는 발터 벤야민을 통해 독일에 소개됐다.

Unit 40.

교수 호칭

'교수' vs. '마이스터'

독일에서 '박사'는 무척 자랑스러운 호칭이다. 한국에서 자신을 소개할 때 "김정운 박사입니다"라고 한다면 '이 사람 뭐야?' 할 것이다. 그러나 독일에서는 다르다. '박사' 학위가 있다면 어디서나 당당히 자기 이름 앞에 '박사'라는 타이틀을 붙인다. 자신을 소개할 때뿐만이 아니다. 집 앞 우체통이나 문패에도 '박사'가 사는 집이라고 자랑스럽게 써놓는다. 내가 집 앞에

내가 박사 학위를 취득했을 때 연구소 동료들이 선물한 '박사 문패'. 독일에서는 자신의 학위를 현관이나 우체통에 자랑스럽게 밝힌다. 스스로를 소개할 때도 '박사' 학위를 함께 말한다.

'Dr. Kim'이라고 붙여놓으면 동양인을 다분히 무시하는 독일일지라도 최소한의 리스펙트는 기대할 수 있다. 내가 박사 학위를 취득했을 때 연구소 동료들이 'Dr. Chung-Woon Kim'이라 쓰인 문패를 선물해줬다. 지금도 이 문패는 '여러가지문제연구소' 입구에 붙어 있다.

박사 학위가 두 개인 사람도 가끔 있다. 그러면 'Dr. Dr. Kim'이라고 써놓는다. 박사이면서 교수라면 호칭이 조금 더 길어진다. 'Prof. Dr. Kim'이다. 한국의 석사 학위에 해당하는 '디플롬diplom' 학위를 취득했다면 디플롬 학위의 내용까지 이름 앞에 써넣는다. 그러면 이렇게 된다. 'Prof. Dr. Diplom. Psych. Kim.' 아주 요란하다. 독일 특유의 호칭 남발 문화는 베를린 같은 북부의 리버럴한 도시에서는 이제 많이 없어졌다. 그러나 뮌헨같이 보수적인 독일 남부 도시에서는 아직도 이런 호칭을 사용한다.

제2차 세계대전 이전까지 독일 사회를 지탱해온 '공공성Öffentlichekit'* 은 이 같은 지식인에 대한 기본적 존중에 기반하고 있다. 그러나 두 차례의 세계대전을 일으킨 주범이 되면서 독일 사회의 지식인에 대한 태도는 많이 달라졌다. 오늘날 교수, 박사 타이틀을 이름 앞에 넣는 것은 낡은 장식일 뿐이다. 그렇다고 지식인에 대한 사회적 예우가 완전히 사라진 것은 아니다. 비판적 성찰이 필요한 일정 영역에서는 여전히 유지되고 있다. 예를 들면 온갖 주제의 토론으로 가득한 주말판 신문이다. 독일인들의 주말 아침 식사는 이 주말판 신문에서 다룬 주제에 관해 토론하는 것으로 오전 내내 지속

* 독일 철학자 위르겐 하버마스에게 '공공성'은 모든 종류의 억압적 권력에 대항하는 의사소통 행위를 의미한다. 특히 비합리적 공권력에 저항하는 시민사회의 공공성은 비판적 이성을 무기로 하는 지식인 사회의 활발한 소통을 통해 가능하다. 시작은 카페나 살롱에서의 자유로운 토론이었다(최근에는 15세기에 시작된 '편지공화국'을 그 기원으로 여기기도 한다. Unit 88 참조). 그러나 20세기 중반 이후에 다양한 형태의 대중매체가 등장하면서 비판적 지식인의 활동 무대인 공공성 영역은 급격히 축소됐다. SNS 시대라고 할 수 있는 21세기에 들어서면서 하버마스가 이야기하는 공공성 영역은 더욱 찾아보기 힘들어졌다(Habermas 1962).

된다.

바우하우스 설립 초기에 발터 그로피우스가 겪은 위기는 '교수' 호칭과도 관련이 있다.174 그로피우스는 교수 호칭을 없애고 '마이스터Meister'라는 호칭으로 통일했다. 이론과 실제의 구별을 없애는 교육혁명을 위해서는 선생들의 호칭부터 바꿔야 한다는 것이었다.175 당시 독일 사회의 교수 호칭이 가지는 권위를 생각하면 가히 혁명적인 발상이었다. 그러나 학생들의 창조적 사고를 가능케 하려면 그 정도의 형식 파괴는 기본이라는 것이 젊은 교장 그로피우스의 생각이었다.

교수 호칭을 없애려는 본질적 이유는 기존 예술교육의 권력 구조 때문이었다. 19세기, 유럽 각국의 예술 아카데미 교수들이 갖고 있던 권력은 하늘을 찔렀다. 예술 아카데미 교수들의 취향을 벗어나는 예술은 꿈도 꿀 수 없었다. 이들 교수와 연계된 다양한 형태의 예술가 집단(예를 들어 화가협회, 화랑 등등)이 미술 시장을 지배했기 때문이다. 새로운 시도를 하는 미술가에게는 자신의 그림을 전시할 기회 자체가 원천적으로 봉쇄됐다. 경계를 뛰어넘는 새로운 시도를 장려해야 할 예술계가 젊은이들의 창조성을 구조적으로 가로막고 있었다는 이야기다.

경계를 허무는 예술교육 개혁

19세기 말에서 20세기 초에 걸쳐 유럽의 각 도시에서 일어나는 '제체시온Secession' 운동은 바로 이러한 보수적 예술 아카데미로부터의 '분리'를 뜻한다. 빈, 뮌헨, 베를린 등에서 일어난 제체시온 운동의 결과, 기존 예술 아카데미를 대신할 수 있는 대안적 예술교육 시스템이 다양하게 시도됐다. 기존의 엄격한 고급 예술과 저급 예술의 구분, 순수예술과 응용예술의 구분, 회화·조각·건축·공예의 영역 구분 등의 높은 장벽을 없애고 산업혁명 이후의 사회 변화에 걸맞은 예술교육을 새롭게 시작해야 한다는 주장이 강하게 제기됐다.

당시 유럽에서 일었던 '예술교육 개혁Kunstschulreform'의 대표적 사례로는 1903년 요제프 호프만과 콜로만 모제르Koloman Moser, 1868~1918가 주도하여 설립한 '빈 공방'*, 1903~1907년 사이에 페터 베렌스의 주도하에 운영됐던 '뒤셀도르프 예술공예학교Düsseldorfer Kunstgewerbeschule', 1902년에 설립된 뮌헨의 '오브리스트-뎁쉬츠-학교Obrist-Debschitz-Schule' 등이 유명하다. 그중 '빈 공방'은 '바우하우스 이전의 바우하우스Bauhaus vor dem Bauhaus'176로 불릴 만큼 바우하우스의 교육 시스템과 유사한 방식으로 운영됐다. 독일 예술교육학자인 라이너 비크Rainer Wick, 1944~는 20세기 초반 예술가들이 대안적으로 추구했던 예술교육 개혁의 내용을 다음과 같은 일곱 가지로 요약한다.177

1. 기존 예술 아카데미는 시대에 뒤떨어진 시스템이다. 아카데미에서 가르치는 예술은 지난 시대의 비현실적 내용이다.
2. 확실하게 가르칠 수 있는 것은 공예뿐이다. 예술적 창조는 가르칠 수 있는 것이 아니다.
3. 예술학교는 공방에 흡수돼야 한다. 학교는 공방을 보조하는 기능으로 운영해야 한다.
4. 학습을 위한 공방을 추구할 것인가, 아니면 생산품을 만들어 파는 공방을 지향할 것인가? 이는 교육 책임자의 철학과 주변 상황에 따라

* 빈 공방이 설립될 당시, 오스트리아 빈에서 일어났던 문화 변동은 바우하우스의 역사보다 더 흥미롭다. 바우하우스는 주로 회화, 조각, 공예 및 건축 분야와 관련됐지만, 당시 빈의 문화혁명은 건축, 회화는 물론 문학과 음악에 이르기까지 문화예술의 거의 모든 분야와 관련되어 있었다. 지크문트 프로이트의 정신분석학도 이 문화혁명의 산물이다(쇼르스케 2014).

다르다.

5. 통합예술교육을 추구한다. 각 예술 분야를 분리해서 교육하는 형태는 낡은 방식이다. 새로운 예술교육은 각 분야의 경계를 뛰어넘어 통합적으로 시도돼야 한다.
6. 건축이 가장 위에 있다. 새로운 예술교육의 최종 지점은 종합예술로서의 건축이다.
7. 예비 과정이 설립돼야 한다. 각 분야의 예술이 공유하는 영역을 예비 과정으로 설립하고 필수 과정으로 가르쳐야 한다.

비크의 글을 읽어보면 당시 시대가 공유한 예술교육 개혁의 내용은 바우하우스와 거의 동일하다. 그로피우스의 바우하우스 프로그램은 그 당

이론과 실제의 결합이라는 교육목표를 위해 세워진 바우하우스 공방. 바우하우스의 예술교육은 '고급 예술'과 '저급 예술'의 구분, '순수 회화'와 '공방 공예'의 구분은 물론 회화, 공예, 조각, 건축이라는 장르를 뛰어넘는 '에디톨로지'의 실험실이었다.

시에 논의되던 교육개혁의 내용을 매우 훌륭하게 편집한 것이었다. 특히 '공예로 돌아가자'라는 구호는 급변하는 산업사회에 적응하지 못하던 당시 예술계의 심리적 불안을 잘 보여준다. 그러나 그로피우스는 이러한 과거 회귀의 충동이 가진 위험성을 바우하우스 운영 몇 년 만에 본능적으로 알아챘다. 바우하우스의 그로피우스가 위대한 것은 이 같은 '예술과 공예의 통합'이라는 과거 회귀의 구호를 과감하게 포기했다는 사실에 있다. 바로 이 부분에서 '발터 그로피우스의 바우하우스'와 '윌리엄 모리스의 미술공예운동' 사이에 결정적 차이가 존재하는 것이다.

모든 종류의 호칭을 폐기하자

교수 호칭을 없애고 마이스터 호칭으로 대신하자는 그로피우스의 제안은 전통적 예술 아카데미를 완전히 해체하자는 예술교육 개혁의 아주 구체적인 실천이었다. 바우하우스 초기에는 교수 호칭을 없애자는 그로피우스의 제안에 대부분 찬성했다. 바우하우스에 초빙되어 온 인사들은 대부분 기존 예술 아카데미의 교수들과 미술 시장의 카르텔로 인해 심한 피해를 경험한 아방가르드 예술가들이었기 때문이다.

그러나 시간이 흐르면서 교수 호칭에 대한 논란이 생겼다. 다들 수군거렸다. 이는 단순한 호칭의 문제가 아니었기 때문이다. 일단 공방을 책임지는 기능 마이스터의 불만이 불거졌다. 호칭은 같은 마이스터이지만 실제로는 전통적 교수 대접을 받는 형태 마이스터들에 대한 기능 마이스터들의 불만은 시간이 흐를수록 커졌다. 눈에 잘 드러나지 않는 신분 차별이었다. 같은 대우를 약속했지만 실제로는 큰 차이가 있었다. 예를 들어 책 제본 설비를 임대해주고 기능 마이스터 지위를 얻었던 오토 도르프너는 얼마 지나

지 않아 자신과 형태 마이스터 사이에 존재하는 차별 대우를 비난했다.178

그로피우스가 어렵게 초빙해 온 대부분의 기능 마이스터들은 얼마 버티지 못하고 바우하우스를 떠났다. 오늘날 바우하우스의 형태 마이스터들이 누리는 명성에 비해 기능 마이스터들의 이름이 거의 언급되지 않는 이유다.

초빙받아 온 형태 마이스터들도 만족스러웠던 것은 아니다. 예술가인 자신들과 기술 장인들을 동일한 마이스터 호칭으로 부르는 것이 못마땅했다. 더구나 기능 마이스터 중에는 단지 작업장을 빌려주고 국립학교의 기능 마이스터 칭호를 얻은 사람도 많았다. 교육자 자질이 전혀 없는 이들과 자신들이 같은 호칭으로 불리는데 기분이 좋을 리 없었다.

1922년 봄, 요하네스 이텐과의 갈등이 어느 정도 일단락되자, 그로피우스는 마이스터들 사이에서 불만스럽게 오가는 교수 호칭에 관해 선생들의 의견을 구하는 문서를 회람한다. 흥미롭게도 그로피우스는 이 문제를 형태 마이스터들에게만 물어봤다. '이론과 실천의 통합'이라는 바우하우스의 혁신적 구호와는 달리, 그로피우스 스스로도 바우하우스 운영을 형태 마이스터들에게만 의지하고 있었던 것이다. 선생들은 각자의 의견을 문서에 개진했다. 그동안 숨기고 있던 속내들이 드러났다. 의견은 제각각이었다.

게오르크 무헤는 마이스터 호칭에 대해 반대하는 본심을 분명하게 드러냈다. 그냥 교수 호칭을 쓰자고 했다. 로타 슈라이어Lothar Schreyer, 1886~1966도 교수 호칭을 다시 사용하는 데 적극적으로 찬성했다. 바우하우스를 떠나기 직전의 이텐은 아무래도 좋지만 교수 호칭을 사용하는 쪽이 낫겠다고 적었다. 파울 클레는 교수 호칭이 폐기됐는데도 학생들이 자신을 여전히 교수라고 부르는 것이 괴롭다고 했다. 어차피 학생들이 교수라는 호칭을 사용한다면 계속 사용하는 것이 좋겠다고 적었다.

게르하르트 마르크스는 아주 시니컬하다. 가정부를 구하기 위해 교

바이마르 바우하우스 시절의 도자기 공방. '형태 마이스터'와 '기능 마이스터'의 이원적 교육 체계로 예술교육 개혁을 실천하겠다고 큰소리쳤던 그로피우스는 자신의 계획을 불과 몇 년 만에 수정해야만 했다.

수라는 호칭을 사용했다면서 '죽을죄(!)'를 졌다고 고백하고는 어떤 호칭도 사용하지 말자며 극단적인 주장을 한다. 한마디로 이런 하찮은 문제로 시간을 낭비하느니 아예 호칭을 없애버리면 아주 간단해지지 않느냐는 것이다. 오스카 슐레머는 막 나간다. 이번 기회에 아예 모든 종류의 호칭을 없애는 '국제 캠페인'을 벌이자는 것이다.* 이번에도 라이오넬 파이닝어만이 그로피우스 편이었다. 자신은 교수로 불리나 마이스터로 불리나 큰 상관이 없으나, 바우하우스 선언문에 마이스터라는 호칭으로 선생들을 부르기로 했으

* 요하네스 이텐은 조롱하듯 다음과 같이 썼다. "우리가 모든 칭호(도제, 직인, 준마스터, 학장, 사무처장 등)를 거부하고 오스카 슐레머가 제안한 국제적 '칭호 반대 투쟁'을 시작하든지, 아니면 마이스터보다는 교수가 덜 건방지게 들리는 칭호라고 생각한다. 따라서 나는 교수에 찬성이다(빙글러 2001, p. 81)."

니, 그 선언문 그대로 하자고 주장했다. 토론 결과, 그로피우스는 선생들의 호칭을 계속 마이스터로 하기로 결정했다.

1922년 이후, 기능 마이스터라는 호칭은 서서히 사라졌다. 실습장을 담당하는 장인들은 '공방장Werkstattleiter'이라는 이름으로 바뀌고 시간강사 수준의 대우를 받게 되었다. 호칭을 둘러싼 갈등은 아주 보수적으로 해결됐다. 교수 중심의 학교로 되돌아간 것이다. 바우하우스가 데사우로 이사한 1925년 이후로는 교수라는 호칭을 다시 공식적으로 사용했다. 바우하우스 출범 당시에 그로피우스가 야심 차게 부르짖었던 '형태 마이스터'와 '기능 마이스터'의 통합 교육 시스템은 그렇게 폐기됐다. 아울러 '공예로 돌아가자'라는 바우하우스의 슬로건도 사라졌다.

그렇다고 공방 중심의 바우하우스 교육 시스템이 아예 붕괴된 것은 아니었다. 이론과 실기를 가르치며 산업과 공예, 예술과 건축을 아우를 수 있는 '새로운 유형의 인간'을 훈련하겠다는 그로피우스의 교육목표는 바뀌지 않고 지속됐다. 변한 게 있다면 '공예' 대신 '기술'이 들어갔다는 사실이다. 하지만 이는 단순한 단어의 교체가 아니었다. 근본적인 교육철학의 변화였다.*

* 예술과 기술의 통합에 관한 내용은 Unit 21 참조.

Unit 41.

위기에 처한 그로피우스의 리더십

조머펠트 하우스

1923년 봄, 요하네스 이텐은 결국 바우하우스를 떠나 취리히 인근의 마즈다즈난 수련원으로 들어갔다. 그러나 발터 그로피우스와의 치열한 논쟁이 있었던 1922년 초부터 이텐과 바우하우스의 실질적 관계는 이미 끝나 있었다. 마즈다즈난 수련원에서 3년의 세월이 지나자, 이텐은 베를린 빌머스도르프 지역에 자기 이름을 전면에 내건 사설 미술학교 '이텐-슐레Itten-Schule'를 설립했다.179 1929년에는 데사우에 건립된 바우하우스 본관 건물과 경쟁이라도 하듯, 학교 건물도 아주 단순하게 기능주의적으로 건축했다.

지금은 사라진 베를린 빌머스도르프에 세워진 '이텐-슐레'. 데사우로 옮겨 간 바우하우스가 학교 건물을 새로 건립하자, 이텐은 경쟁하듯 자신의 학교 건물도 기능주의적으로 건축했다.180

1927년, 바우하우스의 가장 나이 어린 선생이었던 게오르크 무헤는 바우하우스에서 이텐-슐레로 자리를 옮겼다. 1923년 이후에도 이텐과 그로피우스의 갈등이 끝나지 않았음을 보여주는 사건이다. 바우하우스에서 이텐-슐레로 옮겨 간 사람은 무헤뿐만이 아니었다. 이텐의 후임으로 임용되어 바우하우스에 온 라즐로 모홀리-나기의 부인인 루치아 모홀리Lucia Moholy, 1894~1989도 이텐-슐레로 갔다. 1929년에 남편과 이혼하고 베를린으로 옮겨 와서 사진 수업을 맡았다. 이텐과 정반대의 예술교육 철학을 가졌던 모홀리-나기의 부인인 루치아가 이텐을 따라나섰다는 사실이 흥미롭다.*

그로피우스와 이텐 사이에 불거진 갈등의 본질은 리더십 투쟁이었다. 그로피우스는 이텐의 주장을 '예술인가, 공장인가?'라는 양자택일의 논리로 몰아가며 이텐의 예술관을 구시대적 '예술을 위한 예술'로 치부했지만, 이는 그로피우스에게 닥친 리더십 위기를 회피하기 위한 물타기 전략이었다. 사실 구체적 예술교육의 내용을 따져보자면 이텐이 그로피우스보다 훨씬 앞서 있었다. 이텐의 색채론 같은 교육 방법론이 그로피우스에게는 없었다. 대학을 중퇴한 이력이 전부인 그로피우스는 예술교육 경험이 전혀 없는 현장의 건축가였다.**

교장인 그로피우스는 바우하우스에 닥친 경제적 궁핍함을 푸는 게 먼저였다. '예술은 가르칠 수 없지만, 공예는 가르칠 수 있다'라며 공방 실습을 강조했지만, 현실의 벽은 너무 높았다. 돈이 많이 드는 공방 실습은 지지부진했다. 건축의 날개 아래에 모든 예술을 품겠다고도 했으나, 제대로 된 건축 수업은 시작도 하지 못했다.*** 그로피우스에게 바우하우스의 구체적인 교육 방법론을 고민하는 것은 사치였다. 그로피우스는 돈을 벌기 위해

* 루치아 모홀리는 베를린으로 옮겨 온 후, 나치 저항운동을 하다가 사형당하게 되는 테오도어 노이바워Theodor Neubauer, 1890~1945라는 공산주의자와 동거했다.

** 발터 그로피우스는 1903년 뮌헨공과대학에 입학하여 건축학을 공부하기 시작했으나 1908년에 중단했다. 대학과 관련된 그로피우스의 이력은 이것이 전부였다(Isaacs 1985, p. 55 이하).

바우하우스의 교육 이념과는 전혀 상관없는 건축 프로젝트를 수주하려고 바이마르와 베를린을 분주하게 오갔다.

효과적 시간 관리를 위해 그로피우스는 오랜 동료 아돌프 마이어와 함께 세웠던 베를린의 개인 건축 사무소를 바우하우스로 옮겨 왔다. 개인 건축 사무소였지만, 바우하우스 학생들은 그곳의 크고 작은 프로젝트에 참여하여 학비를 벌 수 있었다. 일부는 졸업 후 정규직으로 취직하기도 했다. 그로피우스의 건축 사무소에서는 비공식적 건축 교육도 이뤄졌다. 그로피우스가 어렵게 얻어 온 첫 번째 프로젝트는 베를린 목재상 아돌프 조머펠트Adolf Sommerfeld, 1886~1964의 빌라 건축이었다.

1920~1921년 사이에 베를린 달렘 지역에 건축된 조머펠트 하우스는 그로피우스의 건축물에 관해 아는 사람이라면 많이 의아하게 느낄 수 있는 건물이다. 이 빌라는 알프스 산속에 있는 여관도 아니고, 미국 서부 개척 시대의 통나무집도 아니다. 철골과 유리를 사용하여 직선의 단순함을 추구했던 그로피우스의 건축물이 맞나 싶다. 그저 희한한 나무 장식의 건물일 뿐이다. 그러나 그 전후 사정을 살펴보면 왜 이런 황당한 건물이 나왔는지 충분히 이해된다.

일단 당시 패전국 독일에서 자기 집을 건축할 수 있는 사람은 그리 많지 않았다. 지독한 재정난에 시달리던 그로피우스에게는 건축 프로젝트가 가능하다는 사실 자체만으로도 감격스러운 일이었다. 당시 독일은 베르사유조약에 따라 전쟁에서 사용한 전함을 모두 해체했다. 목재상이었던 조머펠트는 이때 해체된 전함의 폐자재 가운데 목재만 잔뜩 얻어 와 쌓아뒀다. 바로 이 목재를 사용해 집을 건축하는 조건으로 그로피우스에게 프로젝

*** 바우하우스에서 본격적 건축 수업은 발터 그로피우스가 사임하고 후임으로 하네스 마이어Hannes Meyer, 1889~1954가 교장으로 취임한 1927년부터 가능해졌다. 바이마르 바우하우스 시절에 건축 수업은 없었다.

트를 맡겼던 것이다. 유리나 철골을 사용한 건축은 처음부터 고려 대상이 아니었다. 무조건 나무로 집을 지어야 했다.

그로피우스는 제대로 된 실습 공방을 갖지 못했던 학생들에게 건축 현장에서 실습할 기회를 제공했다. 흥분한 학생들은 자신들의 실력을 최대한 발휘했다. 현관 장식은 요스트 슈미트Joost Schmidt, 1893~1948가 맡았다. 당시 실습생이었던 슈미트는 훗날 바우하우스가 데사우로 옮겨 간 후에 조각 공방과 인쇄 공방을 맡아서 학생들을 가르쳤다. 「바실리 체어Wassily-Chair, 1925」로 유명해지는 마르셀 브로이어Marcel Breuer, 1902~1981는 의자를 비롯한 가구를 맡았다. 창문과 집 안 조명, 문손잡이 등도 바우하우스 학생들이 도맡아 제작했다. 학생들은 실습도 하고 돈도 벌 수 있는 프로젝트에 몰입했다.[181] 하

1921년, 그로피우스가 건축한 베를린의 조머펠트 하우스. 그로피우스가 추구하던 건축 철학과는 도무지 연결이 안 되는 통나무집이다.

지만 조머펠트 하우스는 그로피우스가 꿈꾸던 건축물과는 거리가 먼 건물이었다. 두고두고 그로피우스의 자존심을 상하게 했다.

3월 희생자 추모비

비슷한 시기, 그로피우스의 것이라고 보기에는 뜬금없는 또 하나의 건축물이 지어졌다. 바이마르 중앙공동묘지에 있는 '3월 희생자 추모비Denkmal für die März-Gefallenen'다.[182] 1919년, 바이마르공화국이 공식적으로 출범한 후에도 독일의 정치적 혼란은 계속됐다. 1920년 3월에는 우파 민족주의 세력이 바이마르공화국에 반대하는 '카프 쿠데타Kapp-Putsch'를 일으켰고, 좌파는 총파업으로 이에 맞섰다. 이 대치 국면에서 총파업을 이끌던 노동자 9명이 희생됐다. 그 이듬해인 1921년, 정국이 안정되자 당시 바이마르 시의 권력을 잡고 있던 사회민주당은 희생된 9명을 추모하는 추모비 설립을 그로피우스에게 의뢰했다.

'3월 희생자 추모비'는 바이마르 시의 공동묘지 중앙로가 끝나는 언덕에 세워졌다. 다양한 형태의 삼각형이 하늘을 향해 올라가는 모양의 이 추모비를 사람들은 '표현주의적'이라고 평가했다. '번개' 형태를 빌려서 "근원성과 시작, 빛과 순수를 위한 표현으로서 수정 결정체를 강조"[183]했다는 것이다. 그러나 그로피우스는 '번개'를 형상화했다는 표현주의적 해석을 거부했다. 번개는 하늘에서 땅으로 떨어지는 것이고, 이 조형물은 땅에서 하늘로 향하는 형태라는 것이다. 또한 이 추모비가 사회주의 진영의 추모비라는 것도 부정했다. 1920년에 사망한 좌파 노동자들을 추모하는 추모비로 세운 게 아니라는 것이다. 독일의 민주화 과정에서 사망한 모든 희생자를 추모한다는 생각으로 건축했다고 덧붙였다.[184] 세월이 한참 지난 1948년의 설

1 바이마르 중앙공동묘지에 있는 '3월 희생자 추모비'. 번개를 형상화했다고 사람들은 생각했으나, 그로피우스는 아니라고 했다. 위에서 아래로 내리치는 번개와 달리 이 조형물은 위를 향해 올라간다는 것이다.

2 1922년 5월 1일 추모비 제막식에서 배포된 책자 표지. 위에서 내려다보면 다양한 형태의 삼각형이 말려들면서 열린 삼각형을 만들어가는 추모비의 공간적 구성을 볼 수 있다.

명이다. 한마디로, 그때는 여러모로 어려워서 닥치는 대로 건축했다는 이야기다.

한 가지 재미있는 사실이 있다. 그로피우스의 조형물과 아주 유사한 조형물이 이텐의 건축 모형 중에도 존재한다는 것이다. 비록 모형이지만 시간적으로는 이텐이 먼저다. 그로피우스가 베꼈다는 이야기다. 아무튼 둘의 관계는 참으로 설명하기 어렵다. 구체적 예술교육의 내용으로 보자면 이텐 쪽이 훨씬 풍부했다. 따르는 학생도 많았다. 그로피우스는 안팎의 정치

흥미롭게도 이텐의 건축 모형 중에도 그로피우스의 추모비와 아주 유사한 형태의 조형물이 있다. 시간적으로는 이텐이 먼저다. 그로피우스가 베꼈다는 이야기다.

적 위협에 대처하느라, 다른 한편으로는 재정적 어려움에 대처하느라 정신 없었다. 그러나 그 와중에도 그로피우스는 바우하우스의 거시적 방향성을 사회 변화와 연관 지어서 지속적으로 확인하고 있었다. 예술이 처한 시대적 맥락에서 보자면 둘의 차이는 분명했다.

이텐의 예술교육은 '대상적 창조'와 관련되어 있고, 그로피우스의 예술교육은 '메타적 창조'와 관련되어 있다.* 거의 비슷한 시기에 세워지고 비슷한 기간 동안 지속됐지만 오늘날 '이텐-슐레'를 기억하는 이는 거의 없다.** 반면 그로피우스의 바우하우스는 시간이 흐를수록 재평가된다. 두 학교가 지향하는 창조성의 차원이 달랐기 때문이다. 이텐이 평가되는 것은 항상 바우하우스의 '기초과정'과 관련해서다. 이텐은 평생 그로피우스의 종속변수일 수밖에 없었다.

* '메타적 창조'와 '대상적 창조'의 개념적 구분에 관해서는 Unit 38 참조.

** 베를린의 이텐-슐레는 1926년에 설립되어 1934년까지 존속했다. 이텐-슐레는 요하네스 이텐이 독일인이 아니라는 이유로 나치가 폐교했다. 당시 아돌프 히틀러는 아리안 혈통을 위한 교육 시설만 인정했다.

Unit 42.

두스부르흐

'포악한' 예술가

발터 그로피우스에게 '학교 안의 또 다른 학교'를 만들고 있는 요하네스 이텐은 상당한 위협이었다. 이텐으로 인한 그로피우스의 불안에 기름을 끼얹은 또 하나의 인물이 있었다. 테오 판 두스부르흐다. 무엇보다 먼저 두스부르흐 때문에 생긴 문제를 적나라하게 드러내는 라이오넬 파이닝어의 편지부터 살펴보자. 1922년 9월 7일, 아내 율리아에게 보낸 그의 편지 중 일부다.

> 칸딘스키의 말에 따르면 두스부르흐는 바이마르에서는 활동의 제약이 많기 때문에 가을 이전에 곧 베를린으로 떠날 것이라고 하오. 솔직히 말해서 바우하우스에서 지금 자기가 무엇을 이룩하려 하는지 아는 사람이 몇이나 되는지, 고생을 참고 스스로 무엇인가를 만들어낼 만큼 끈기가 있는 사람이 몇이나 되는지 의심스럽소. (…) 어째서 많은 사람이 두스부르흐의 횡포에는 그렇게 자진해서 따르면서 바우하우스가 내놓는 요청이나 제안에는 이렇게 한사코 반대하는지? 별로 어떻게 해볼 도리가 없다고 믿고 있소. 바우하우스의 이념을 충분히 강화하여 내외로부터의 반대를 극복하든지, 아니면 붕괴되는 수밖에 없소. (…) 바우하우스가 지운

의무 때문에 우리는 거기에 따라가지 않을 수 없지만, 두스부르흐에게는 그런 것이 전혀 없소. (…) 두스부르흐가 바우하우스의 마이스터가 된다면 대체로 해로울 것은 없을 것이오. 오히려 그는 우리를 괴롭히고 있는 저 엄청난 낭만주의의 반대 인력counterattraction이 될 것이므로 유익할 수도 있을 것이오. 다만 그는 자기 자신의 분수를 지키지 못하고 조만간 이텐처럼 모든 일을 지시하려 들겠지요.185

"두스부르흐의 횡포"라고 번역되어 있지만, 원문에는 "tyranni"라고 되어 있다. '포악'하다는 것이다. 마음 착하고 소심한 파이닝어가 두스부르흐에 대해 포악하다는 단어를 사용할 정도라면 상황이 아주 심각하다는 뜻이다. 바우하우스 설립 초기부터 지속됐던 이텐과의 갈등이 겨우 해결되어가는 시점에 "조만간 이텐처럼 모든 일을 지시하려" 달려들 것 같은 두스부르흐라는 인물이 나타나 바우하우스를 뒤흔들고 있는 것이다. 게다가 그

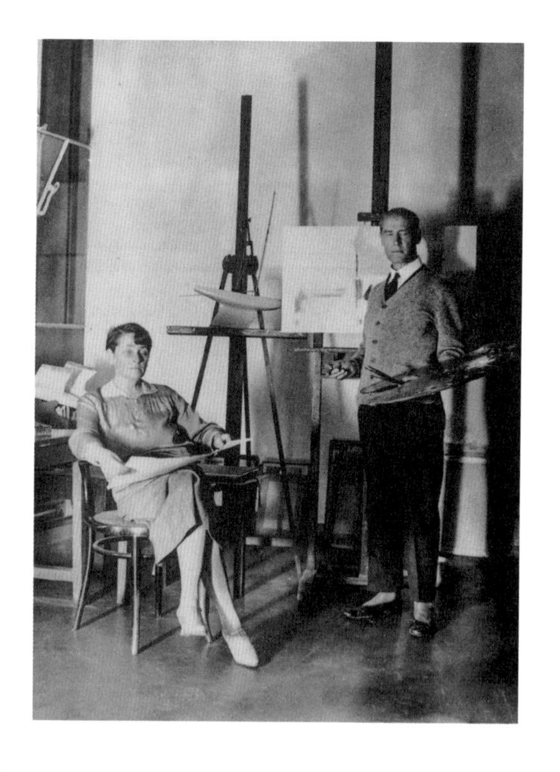

데사우 바우하우스 시절의 파이닝어와 그의 아내 율리아. 둘은 어려운 사정으로 인해 서로 떨어져 지내야만 했다. 파이닝어는 바우하우스에서 일어나는 일을 아내 율리아에게 시시콜콜 보고했다. 그의 편지들은 오늘날 바우하우스 연구에 아주 귀중한 자료가 된다.

가 조만간 바우하우스 마이스터가 될 것 같다는 소문도 돌았다. 그러나 그 소문의 진원지는 두스부르흐 자신이었다. 그로피우스는 전혀 그럴 생각이 없었다.

두스부르흐가 이텐의 '낭만주의'를 제거하는 데 한몫할 수도 있다는 이야기를 파이닝어가 하고 있는 것을 보면, 그로피우스는 '이이제이以夷制夷'의 해결책도 생각하고 있었던 듯하다. '포악'하고 거만하면서 자신만만한 두스부르흐에게 맞서는 그로피우스는 동료들의 눈에 어떤 사람이었을까? 파이닝어의 편지에 나타난 그로피우스의 성격도 만만치 않다. 파이닝어가 위 편지를 쓴 같은 해, 10월 5일 자 편지를 보면 이런 내용이 나온다.

> "자기 진가를 지금 발휘하지 못하는 자는 그 기량과 함께 죽어버리시오"라고 그는 회의 중에 말했소. 그렇다면 나 같은 놈은 벌써 죽어야 했던 거요.186

그로피우스는 회의하다가 열 받으면 '그따위로 일하려면 나가 죽어버려'라고 말하곤 했다는 이야기다. 오늘날이라면 언어폭력으로 큰 문제가 될 언행이다. 만약 파이닝어가 그로피우스에게 인간적 호감을 느끼지 않

바이마르 바우하우스 시절의 그로피우스. 그로피우스는 수시로 화를 냈다. 그러나 곧바로 후회하고 어쩔 줄 몰라 했다. 시종일관 괴팍했던 두스부르흐와는 많이 달랐다.

았다면 두스부르흐에게 사용했던 '모든 것을 통제하려는 포악한 사람'이라는 표현을 똑같이 썼을 것이다. 그러나 파이닝어는 그로피우스를, 자신 같은 보통 사람들이 갖지 못한 '정확한 현실감각'을 지닌 사람으로 평가한다. 같은 편지에는 그로피우스에 대해 다음과 같은 서술도 있다.

> 그로피우스는 때때로 까다롭게 굴지만 곧 그것을 뉘우치고는 어쩔 줄 몰라 한다오.187

파이닝어가 서술한 그로피우스와 두스부르흐의 성격을 비교해보면 둘의 차이는 아주 분명해진다. 두스부르흐는 의지할 수 있도록 확신에 찬 모습을 보여줬다. 반면 그로피우스는 자주 화내고, 바로 후회하며, 흔들리는 모습도 보였다. 그러나 그로피우스는 정확한 판단 능력을 갖추고 있었다. 이 판단 능력은 위기 때마다 강력한 힘을 발휘했다. 파이닝어의 편지로 추정컨대, 이텐과의 리더십 대결과는 달리 두스부르흐와의 대결은 그로피우스에게 그리 간단치 않았음이 분명하다. 일단 둘의 갈등은 명확하게 수면 위로 떠오르지 않았다.

두스부르흐의 등장은 그로피우스와 이텐의 대립과도 깊은 상관이 있다. 일단 '낭만주의Romantismus'라는 표현이다. 이텐을 쫓아내기 위한 문서를 회람시킬 때 그로피우스는 "낭만의 섬die romantische Insel"이라는 표현을 사용했다. 이텐의 노선을 따른다면 바우하우스가 외부 세계와는 고립된 낭만의 섬으로 전락할 것이라는 이야기다. 이 맥락에서 낭만주의라는 표현은 부정적인 의미였다. 한마디로 낭만주의는 20세기 새로운 시대와 전혀 어울리지 않는 시대착오적 생각이라는 것이다.

바이마르에 막무가내로 밀고 들어온 두스부르흐

누가 바우하우스 사람들을 '낭만주의자'라고 비웃었을까? 왜 바우하우스 사람들은 '낭만주의자'라는 비난을 두려워했을까? 바로 두스부르흐 때문이다. 이와 관련해 두스부르흐와 함께 네덜란드 '데 스틸' 운동의 회원이었던 헝가리 출신 화가 빌모스 후사르Vilmos Huszár, 1884~1960가 1922년 《데 스틸》 잡지에 쓴 내용을 살펴보면 바우하우스를 바라보는 데 스틸 진영의 시선이 아주 분명하게 요약되어 있다.

그는 바우하우스 선생들의 특징을 각각 한마디씩 요약하며 초토화한다. 파울 클레는 '병든 꿈'을 꾸고 있으며, 이텐의 그림은 '공허하고', 그로피우스의 중앙공동묘지 조각은 '천박하다'는 것이다. 바우하우스가 큰소리치며 출발한 '통일된 예술 세계'는 도대체 어디에 있느냐고 비아냥거린다. 참

1922년 가을, 바이마르에서 열린 '구축주의자들과 다다이스트들의 콩그레스' 사진. 오른쪽에서 네 번째가 두스부르흐다. 사진 속 자세만으로도 그가 어떤 인물인지 바로 짐작이 간다.

으로 잔인한 비평이다. 후사르의 평가에 따르면 바우하우스에서는 오스카 슐레머만이 제대로 된 예술가다. 그러나 그 정도의 수준은 자신들(데 스틸)에게는 익숙하다면서 바우하우스에 진정 필요한 선생은 따로 있다고 '친절하고도 자상한(?)' 충고까지 곁들인다.188 그는 다름 아닌 두스부르흐다.

후사르의 비평에 신경이 쓰였는지, 바우하우스의 공식 문장紋章도 1922년부터 (후사르가 유일하게 칭찬한) 슐레머의 디자인으로 바뀐다. 학교 설립부터 1921년까지 쓰였던 문장은 경연 대회를 거쳐 결정된 카를 페터 뢸 Karl Peter Röhl, 1890~1975의 '별 난쟁이Sternenmännchen'가 들어간 문장이다. 동양의 음양 이론, 고대이집트의 상징, 중세, 낭만주의 등 여러 의미를 담아서 복잡하게 표현한 초기 문장과 슐레머의 간결한 문장은 극한 대비를 보여준다. 참고로, 슐레머의 바우하우스 문장은 1984년에 애플 매킨토시 컴퓨터의 '알림' 표시로 다시 나타난다. 이처럼 근대 회화에서 가져온 애플의 아이콘을 한두 가지 더 소개하면 옆 페이지의 예시와 같은 것들이 있다. 미니멀리즘이라고 하늘에서 뚝 떨어진 것은 아니라는 이야기다. 아무튼 애플은 이 같은 근대미학적 맥락에서 탄생한 아주 세련된 기업이다.

그로피우스와 두스부르흐는 1920년부터 알고 지냈다. 두 사람은 모두 1883년생으로 나이가 같다. 각각 독일과 네덜란드에서 가장 주목받고 있는 예술가였다. 두스부르흐는 1921년에 바이마르를 처음 방문했다. 바우하우스 설립으로 인해 엄청난 변화의 바람이 불고 있던 바이마르에 정착할 목적으로 거주할 집까지 마련하고 네덜란드로 돌아갔다. 1922년 3월, 그로피우스는 두스부르흐에게 자신의 수업 시간에 그의 작품을 소개하고 싶다고 편지를 보냈다. 두스부르흐가 이미 예상하던 바였다. 두스부르흐는 작품을 보내달라는 그로피우스의 요청에 자신이 직접 바우하우스로 와서 소개하고 싶다며 10일 이내에 가겠다고 답장했다. 바이마르에 묵을 집도 있으니 특별한 배려도 필요 없다고 전했다.

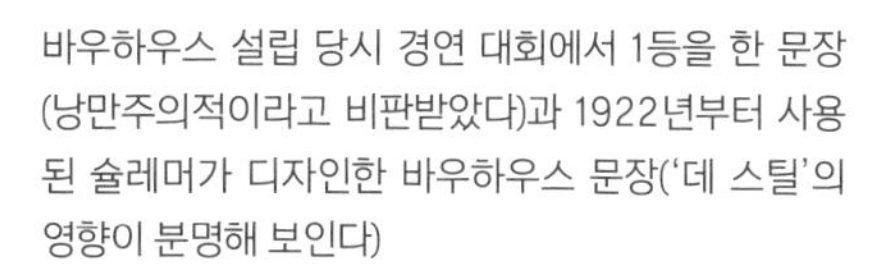
바우하우스 설립 당시 경연 대회에서 1등을 한 문장(낭만주의적이라고 비판받았다)과 1922년부터 사용된 슐레머가 디자인한 바우하우스 문장('데 스틸'의 영향이 분명해 보인다)

1984년에 매킨토시 컴퓨터의 '알림' 표시로 다시 등장한 슐레머의 바우하우스 문장

피카소의 「두 인물Deux Personnages, 1934」과 애플 OS X 아이콘

마티스의 「다발La Gerbe, 1953」과 1984년 애플 매킨토시 광고

그러나 그로피우스는 단지 두스부르흐의 작품만 학생들에게 소개하려고 했을 뿐이었다. 네덜란드의 최신 경향이 어떤지 보여주고 싶었다. 두스부르흐에게 직접 강연까지 맡길 생각은 추호도 없었다. 그로피우스는 이미 두스부르흐의 성품을 여러 경로로 듣고 있었다. 그러나 두스부르흐는 이러한 그로피우스의 생각과는 상관없이 1922년 4월 29일 바이마르에 도착했다. 그로피우스가 이텐과의 갈등으로 정신없는 사이, 마구 밀고 들어온 것이다.189

Unit 43.

직선과 곡선

인류 최초의 화가들은 왜 '소'를 그렸을까?

그림을 그리려고 캔버스 앞에 앉으면 막막하다. 무엇을 그려야 할지 도무지 생각이 떠오르지 않는다. 한번 막히면 아주 오랫동안 붓을 들지 못한다. 도대체 화가들은 처음 그림을 그릴 때 무엇을 그렸을까? '소'다! 인류 최초의 화가들이라고 할 수 있는 스페인 알타미라 동굴벽화나 프랑스 라스코 동굴벽화를 그린 이들은 '소'를 그렸다. 물론 사슴도 있고, 말도 있고, 돼지도 있다. 그러나 '소'가 압도적으로 많다. 알타미라 동굴벽화나 라스코 동

스페인 알타미라 동굴벽화의 소 그림(왼쪽)과 프랑스 라스코 동굴벽화의 소 그림(오른쪽). 왜 인류 최초의 화가들은 죄다 '소'를 그렸을까?

굴벽화 모두 구석기시대의 그림이다. 소를 이용해 경작한 농경시대가 아니다. 그런데도 그들은 죄다 소를 그렸다. 왜 그랬을까?

소를 그린 화가는 구석기시대의 화가만이 아니었다. 한국의 이중섭 李仲燮, 1916~1956도 소를 열심히 그렸다.190 그의 소는 참 다양하다. '흰 소', '황소', '싸우는 소', '소 두 마리', '소와 소녀' 등등. 특히 이중섭의 「흰 소c. 1954」는 우리가 흔히 떠올리는 그런 소가 아니다. 거의 맹수 수준이다. 이렇게 강력한 소 그림이 또 어디에 있을까 싶다. 그러나 이중섭이 그리고 싶었던 소의 모습이 가장 잘 드러난 그림은 「길 떠나는 가족1954」에 그려진 소일 것이다.

참 많은 이야기가 들어 있는 그림이다. 소를 끌고 있는 남자는 이중섭 자신이다. 환호하는 그의 모습을 보고 있자면 처절한 가난으로부터 사랑하는 가족을 데리고 탈출하는 그 흥분과 기쁨이 그대로 전해진다. 그러나 '가족이 함께 사는 것'은 이중섭에게 결코 이뤄질 수 없는 꿈이었다. 「길 떠나는 가족」 스케치는 이중섭이 가족에게 보낸 편지 한 귀퉁이에도 똑같이 그려져 있다. 그는 가족에게 보내는 편지에 빈 귀퉁이가 있으면 꼭 그림으로 채워 넣었다. 편지 내용과 그림이 어우러져 이중섭의 간절한 마음이 그대로 전해진다. 아들 태현(일본 이름 야스카타)에게 보내는 편지다. 그림 아래의 편지 내용은 이렇다.

> 야스카타에게. 나의 야스카타. 건강하지? 학교 친구들도 모두 잘 지내지? 아빠도 건강하게 전시회 준비를 잘하고 있어. 아빠가 오늘… (엄마와 야스나리, 야스카타가 소달구지를 타고… 아빠는 앞에서 소를 끌고… 따뜻한 남쪽으로 함께 가는 그림을 그렸어. 소 위에 있는 것은 구름이야.) 그럼 잘 지내.
>
> 아빠 중섭.

……やすかたくん……

わたくしのやすかたくん。げんきでせうね。がっこうのおともだちも
みなげんきですか。パパげんきでてんらんかいのじゅんびを
しています。パパがきょう……『ママ、やすなりくん、やすかたくん
が うしくるまにのって……パパはまえのほうでうしくんを
ひっぱって…あたたかいみなみのほうへいっしょにゆくえをか
きました。うしくんのうへはくもです。』ではげんきでね。
パパ

1 이중섭의 「흰 소」. 이쯤 되면 소가 아니다. 맹수다. 이중섭의 참담한 개인사와 도무지 연결이 안 되는 강렬함이다.

2 이중섭의 「길 떠나는 가족」. 이중섭의 그림에는 유난히 소를 소재로 한 그림이 많다. 특히 온 가족이 행복하게 지냈던 1년 동안의 제주도 피난살이를 기억하며 그린 이 작품에서 소 그림은 참 많은 이야기를 해준다. 환호하며 소를 끌고 있는 사람은 이중섭 자신이다.

3 이중섭의 「길 떠나는 가족」은 그가 아들 태현에게 보낸 편지에도 똑같이 그려져 있다.

추상화에서 직선과 곡선의 차이

파블로 피카소도 소를 그렸다. 소의 형상을 사실주의적 재현에서 단지 몇 가닥의 선만으로 단순화하고 추상화하는 과정을 보여주는 피카소의 「소El Toro, 1945~1946」 연작은 아주 흥미롭다. 더욱 재미있는 것은 1945년 12월부터 1946년 1월 사이에 그려진 피카소의 소와 구석기시대에 그려진 알타미라 동굴벽화의 소가 상당히 닮아 있다는 사실이다. 실제로 피카소는 이 동굴벽화에서 영감을 얻었다.[191] 그러나 피카소가 보여주는 단순화, 추상화의 압권은 1931년에 단 4개의 선으로 그린 누드화다. 장난기가 가득한 여인의 누드화에 비해 피카소의 「소」 연작은 '추상화'라는 지향점을 분명하게 보여준다. 피카소의 천재성이 아주 잘 드러난다. 그러나 이 같은 소의 추상화 연작은 피카소 고유의 창조물이 아니다. 피카소에 훨씬 앞서서 그려진 유사한 소 그림 연작이 있다.

테오 판 두스부르흐의 소 그림들이다. "유능한 화가는 베끼고 위대한 화가는 훔친다"라는 자신의 평소 주장대로 피카소는 두스부르흐가 30여 년 전에 그린 소 그림 연작을 아주 유사하게 모방했다. 두스부르흐의 소 그림에도 여러 버전이 있다. 1916~1917년에 그린 스케치 형식의 연작, 소의 형태를 충분히 유추할 수 있는 구아슈 물감으로 그린 그림, 그리고 완전히 추상화되어 소의 흔적을 찾기 어려운 그림 등이다(371쪽 그림 참조).[192]

두스부르흐의 소와 피카소의 소는 같은 수준의 추상화에 다다르지만, 둘 사이에는 결정적 차이가 존재한다. 두스부르흐의 소에는 곡선이 없다. 직선으로 이뤄진 사각형만 있다. 피카소의 소는 곡선으로 이뤄져 있다. 직선과 곡선의 차이는 엄청나다. 직선은 편집할 수 있지만, 곡선은 편집이 어렵다. 편집이 가능해야 메타언어가 탄생한다.[193] 두스부르흐가 바이마르 바우하우스를 '촌스럽다'고 비웃은 이유도 바로 곡선의 흔적 때문이다.

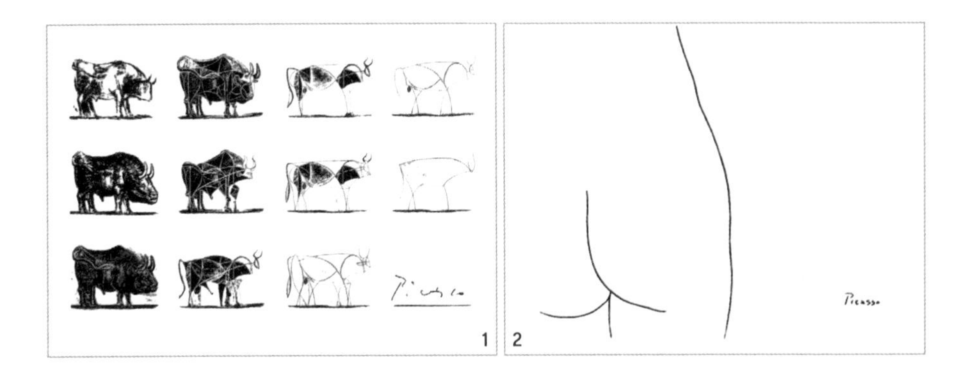

1 피카소의 「소」 연작. 사실주의적 재현에서 단지 몇 가닥의 선만으로 소의 모습을 단순화하고 추상화하는 과정을 흥미롭게 보여준다. 재미있는 것은 피카소의 소와 알타미라 동굴벽화의 소가 상당히 닮았다는 사실이다.

2 피카소가 단지 4개의 선을 가지고 그린 누드화 「Nude, 1931」. 단순화의 진수를 보여준다. 그러나 피카소의 회화는 여전히 곡선이다.

피카소만 두스부르흐의 소를 흉내 낸 것이 아니다. 뉴욕 팝아티스트 로이 리히텐슈타인Roy Lichtenstein, 1923~1997도 수차례에 걸쳐 두스부르흐를 모방해 그림을 그렸다.194 한국인들에게 리히텐슈타인은 '현대미술과 돈'의 관계를 적나라하게 보여준 작가로 유명하다. 2008년 삼성 비자금 사건의 수사 과정에서 리히텐슈타인의 「행복한 눈물Happy tears, 1964」이라는 '만화 짝퉁(!)' 작품이 당시 가격으로 87억 원이나 한다는 사실이 알려졌기 때문이다.

만화 캐릭터를 원색의 점으로 표현한 작품들로 유명한 리히텐슈타인은 한때 추상화에 몰두했다. 그 시절에 남긴 작품 중에는 '소'를 주제로 한 것이 많다. 두스부르흐나 피카소처럼 추상화 과정을 순차적으로 보여주는 리히텐슈타인의 작품은 두 가지가 있다. 1973년, 1982년의 작품이다. 1973년 작품에는 곡선의 흔적이 남아 있다. 그러나 1982년 작품에서는 곡선이 완전히 사라진다.

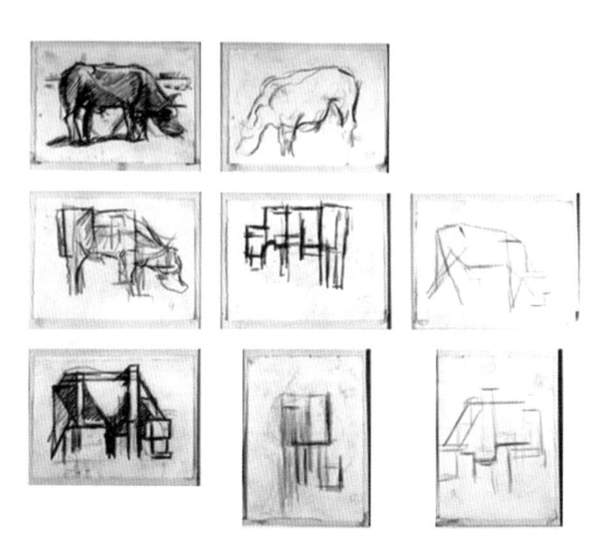

1

2

3

1 두스부르흐가 1916~1917년에 스케치한 「소」 연작. 단순화, 추상화의 과정이 피카소의 「소」 연작(1945~1946)과 유사하다.

2 두스부르흐의 「소de koe, c. 1918」. 소의 형태가 여전히 남아 있지만 직선과 사각형으로 단순화했다.

3 두스부르흐의 「소de koe, c. 1918」. 더 이상 소의 형태를 떠올릴 수 없을 정도로 직선과 사각형만 남아 있다.

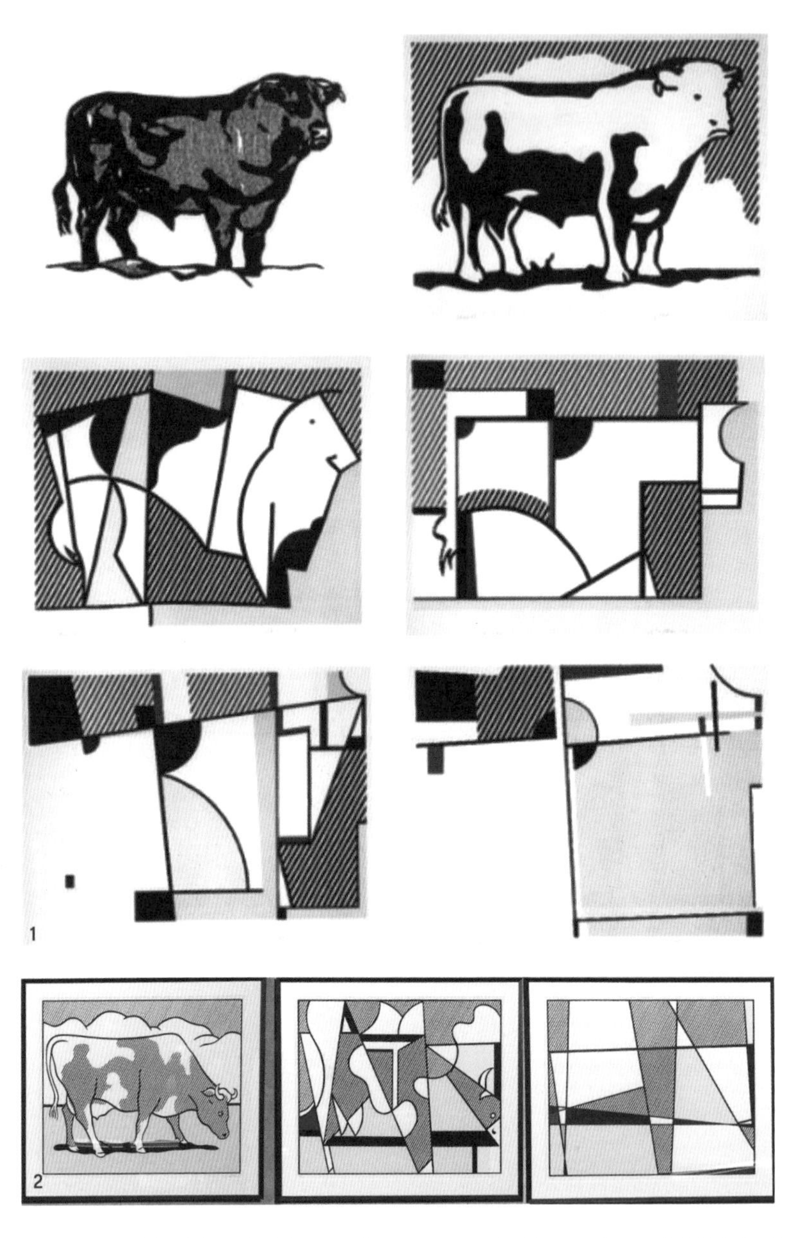

1 리히텐슈타인의 「소 연작Bull Profile Series, 1973」. 이때의 소 그림에는 곡선이 여전히 남아 있다.

2 리히텐슈타인의 「소 연작Cow Going Abstract, 1982」. 10년 간격을 두고 그려진 소 그림에서는 곡선이 완전히 사라졌다.

Unit 44.

흉내 내기

소통적 음악과 인지적 미술

인간의 가장 중요한 생물학적 욕구는 '흉내 내기'다. 인간은 '거울 뉴런mirror neuron'이라는 뇌의 신경세포를 통해 상대방의 동작이나 표정 같은 다양한 정서 표현 방식을 똑같이 흉내 내도록 프로그램되어 세상에 태어난다.195 거울 뉴런을 통한 흉내 내기가 없다면 의사소통은 불가능하다. 아기는 주변 사람들을 흉내 내며 소통하는 방식을 배우기 때문이다. 상대방의 기쁨, 슬픔, 고통은 그 표현 방식을 흉내 낼 수 있을 때 공감도 할 수 있다. 우리는 상대방의 표정과 몸짓을 흉내 내며 그의 내면을 유추한다는 이야기다. 언어적 소통이 불가능한 외국인을 만났을 때 우리가 할 수 있는 유일한 소통 방법은 그의 표정과 몸짓을 따라 하는 것이다. 그를 흉내 내면서 그가 사용하는 단어를 따라 말하고 그 단어와 그의 몸동작을 연관 지어 그가 하려는 말뜻을 찾아낸다. 아기가 언어를 배우는 것도 바로 이 같은 과정을 통해서다.*

* 아동의 언어 및 인지 발달 과정에서 '흉내 내기Nachahmung'의 중요성을 체계적으로 설명한 이는 스위스 발달심리학자 장 피아제다. 그러나 '흉내 내기'만으로 발달이 이뤄지는 것은 아니다. 피아제에 따르면 '조절Akkomodation'로서의 '흉내 내기'는 그 반대의 과정, 즉 외부 세계를 자신의 욕구와 의도에 따라 변형시키는 '동화Assimilation'로서의 '놀이Spiel'와 쌍을 이뤄 아동의 인지 발달을 가능케 한다(Piaget 1975). 피아제의 '흉내 내기-놀이'의 개념적 장치는 추상회화의 이론적 기초가 되는 빌헬름 보링거의 '감정이입 충동-추상 충동'의 대립적 모델과 상당히 유사하다(Unit 92 참조).

음악은 이 흉내 내기가 문화적으로 구조화된 형태다. 음악의 필요성을 문화심리학적으로 설명하자면 '함께 움직이기 위해서' 혹은 '함께 느끼기 위해서'라고 할 수 있다. 원시시대 음악은 함께 춤추기 위해서 연주됐다. 불을 피우고, 그 주위를 돌며 함께 춤을 췄다. 기쁜 일이 있거나 슬픈 일이 있으면 함께 춤을 췄다. 전쟁에 나가기 전에도 함께 춤을 췄다. 음악에 맞춰 같은 동작으로 춤을 추면서 느끼는 감정은 동일하기 때문이다. 같은 정서를 느끼면 '같은 편'이 된다. 동일한 정서 상태가 소통의 시작이다. 음악은 소통이다!

미국 언어학자 놈 촘스키Noam Chomsky, 1928~가 이야기하는 '언어습득장치LAD, Language Acquisition Device'**196**는 바로 '흉내 내기'와 관련된다. 촘스키에 따르면 언어의 다양한 규칙을 습득하고 적용하는 능력인 언어습득장치는 생득적이다. 그러나 촘스키의 이론에는 생득적이라는 언어습득장치에 대한 심리학적 설명이 빠져 있다. '흉내 내기'는 바로 이 언어습득장치의 기원에 대한 심리학적 설명이라고 할 수 있다. 막 태어난 아기에게도 상대방의 표정과 몸짓을 흉내 낼 수 있는 능력이 있다는 사실은 다양한 실험을 통해 검증됐다.**197**

타인과 공유하는 어떤 것이 있어야 소통할 수 있다. 언어를 매개로 한 소통이 가능한 것은 단어의 의미를 공유하고 있기 때문이다. 흉내 내기는 이 같은 '공유'의 원초적 형태다. 그러나 아무리 흉내 내기라는 생득적 능력을 갖추고 태어나도 그 능력을 끊임없이 활용하며 개발할 수 있는 환경이 없다면 언어 발달은 이뤄지지 않는다. 언어 발달을 가능케 하는 인간만의 특별한 환경을 가리켜서 제롬 브루너Jerome Bruner, 1915~2016는 '언어습득지원체계LASS, Language Acquisition Support System'**198**라고 부른다.

LASS의 가장 중요한 기제는 타인의 시선을 따라가는 '시선 공유joint attention'*와 '가리키기pointing'**다. 같은 대상을 볼 수 있어야 그 대상의 이름,

즉 어휘 획득이 가능해진다. 엄마는 아기의 시선이나 손가락의 방향을 따라가서 아기가 무엇을 보고 있는지 확인한다. 그리고 그 대상의 이름을 소리 내어 알려준다. 아기는 바로 엄마의 그 소리를 흉내 내기 시작한다. '강아지', '자동차', '인형' 등등. 언어는 이렇게 습득된다. '언어습득장치'와 '언어습득지원체계'의 활성화와 더불어 인간의 인지능력도 발달한다.

타인과의 소통이 내면화된 결과가 '생각'이다. 어려운 일이 있으면 우리는 자신도 모르게 중얼거린다. 바로 이렇게 '중얼거리는 현상'이야말로 '생각'의 발생학적 토대가 '소통'이라는 증거다. 타인과의 소통이 내면화된 생각은 '내 안의 또 다른 나와의 소통'이라는 이야기다. 발생학적으로 '소통'이 먼저이고 '생각'은 나중이다. 아동을 둘러싼 문화적 환경이 어떠한가에 따라 언어 습득 방식은 물론 언어 습득 내용까지 달라진다.199 이렇게 내면화된 소통의 형식과 내용을 심리학에서는 '인지cognition'라고 부른다.

언어습득지원체계에 관한 브루너의 이론은 우리의 인지 내용, 즉 생각이 결코 초월적이거나 객관적일 수 없다는 주장이다. 생각은 철저하게 상대적이며 문화적이다. 이와 관련해 브루너는 가난한 집의 아이들일수록 동전을 더 크게 지각하는 현상200과 같은 일련의 문화-인지 관련 연구 결과를 발표했다. 1950~1960년대, 브루너의 '문화상대주의적 인지발달론'은 장

* '시선 공유'는 '간주관성inter-subjectivity'의 심리학적 기원이다(Gallagher 2011, p. 293 이하).

** 영유아기에 '시선 공유'는 주로 '가리키기'라는 행동으로 구현된다. '가리키기'는 인간의 의사소통에서 가장 중요한 발달심리학적 현상이다(토마셀로 2015, p. 106 이하). 아직 언어를 습득하지 못한 아기는 엄마에게 손가락으로 사물을 가리키며 의도적 의사소통을 시작한다. 이때 아기의 가리키기는 두 가지 방식으로 구분된다. 엄마에게 그 물건을 달라고 요구하는 '전前명령적 가리키기proto-imperative pointing'와 그 물건은 무엇이냐고 묻는 '전前서술적 가리키기proto-declarative pointing'다(Tofteland 2018, p. 281 이하). 이 구분은 '도구적 합리성instrumentelle Rationalität'과 '의사소통적 합리성kommunikative Rationalität'을 구분하는 위르겐 하버마스 이론의 발달심리학적 설명이라 할 수 있다.

피아제Jean Piaget, 1896~1980 식의 '보편적 인지발달론'*이 주도하던 당시의 심리학계를 크게 뒤흔들었다.

'흉내 내기'는 언어 발달은 물론 인지 발달에서도 결코 결핍돼서는 안 되는 요소다. 아동이 자신을 둘러싼 환경을 탐색할 때 사용하는 가장 강력한 수단이 바로 이 '흉내 내기'이기 때문이다. 세상의 모든 장난감이 인형이거나 동물, 자동차처럼 주위 물건들을 작게 모방한 것이 대부분인 이유도 바로 그 때문이다. 대상을 작게 '재현'한 것들이다.

아기가 처음 배우는 단어들은 이런 장난감과 깊은 관계가 있다. 물론 아기가 가장 먼저 배우는 단어는 '엄마'다. 이는 전 세계 공통이다. 그러나 그 이외의 단어들은 문화마다 달라진다. 대도시에 사는 남자아이들은 대부분 '엄마' 다음으로 '자동차'라는 단어를 익힌다. 독일에서 태어나 독일 유치원을 다닌 내 큰아들은 말을 막 배우기 시작할 때 온종일 '아우토Auto(자동차)'만 외치고 다녔다. '아우토'에 이어서 내 아들이 배운 단어는 '폴리차이Polizei(경찰)'였다. 내 아들만 그런 것이 아니었다. 내 아들 또래의 독일 아이들이 가지고 노는 장난감 중에는 초록색의 독일 경찰 마크가 선명하게 찍힌 자동차가 꼭 있었다. 자동차를 가지고 노는 아이들은 한결같이 '띠또띠또' 하며 놀았다. 독일에서 태어난 아이들에게 자동차는 곧 '경찰차'였다. 자동차 강국인 독일 사회에서 독일 경찰이 갖는 신뢰와 권위는 이렇게 '경찰차'로부터 시작된다. 생각은 이렇게 문화적으로 구조화된다.

강아지를 키우는 아이들은 '강아지'라는 단어를 먼저 배운다. 이 아이들에게 다리가 4개인 동물은 모두 강아지다. 아이들의 강아지는 점차 세분화되어 강아지와 고양이 등으로 나뉜다. 대상을 지칭하는 단어는 대부분이 같은 추상화, 일반화를 거친다. 물론 그 반대 과정도 있다. '레고 블록'처

* 인간의 인지능력이란 동일한 발달단계를 거쳐 보편적 논리의 수준에 다다른다는 단선론적 발달론이다.

럼 아주 의미 없어 보이는 장난감도 있다. 그러나 아이들은 이 레고 블록을 조립하여 주위 물건과 비슷하게 만들어낸다. 이미 대상과 똑같이 만들어진 장난감으로는 대상의 움직임이나 소리를 흉내 내지만, 조립장난감으로는 자신이 파악한 대상의 구조를 흉내 낸다. 좀 더 발전한 흉내 내기다.

인간의 모든 문화는 흉내 내기의 연속선상에 있다. 이를 철학이나 문학에서는 '미메시스Mimesis'라고 정의한다.201 음악은 귀로 들리는 자연의 소리들을 흉내 낸 것이고, 그림이나 조각은 눈에 보이는 모습들을 흉내 낸 것이다. 흥미로운 것은 '소통적 흉내 내기'와 '인지적 흉내 내기'는 그 구조가 서로 다르다는 사실이다. '소통적 흉내 내기'는 '즉각적 흉내 내기'라면, '인지적 흉내 내기'에는 '기호記號적 매개semiotic mediation'가 포함된다. 인지적 흉내 내기가 한 차원 더 간접적인 형태라는 이야기다.

우리가 무언가를 생각한다는 것은 '실제 사물'이 아닌 '사물의 표상'

독일의 경찰차 장난감. 도시에서 자라는 아기는 대부분 '엄마' 다음으로 '자동차'와 관련된 단어를 배운다. 독일에서 자란 내 큰아들은 '엄마' 다음으로 '아우토'와 '폴리차이'를 배웠다. 독일 사회에서 독일 경찰의 권위가 강력한 것은 당연하다.

을 떠올리는 것이다. 우리 뇌 안에서 재현되는 '표상'은 외부 대상을 언어, 상징 등을 통해 기호화한 결과다. 우리 뇌 안에 소나 돼지를 직접 넣을 수는 없는 일이다. 원시시대에 들소를 잡은 사냥꾼들은 자신들이 잡은 소의 숫자를 기억하기 위해 활의 한 귀퉁이에 칼로 표시를 했다. 이 표시가 내면화되어 기억, 생각이 된다. '그림'은 이 같은 기호적 매개의 가장 원초적인 형태다. 외부 대상을 '기호'로 뇌에 간직하는 방식과 '그림'으로 종이 위에 간직하는 방식은 그 원리가 같다. '표상'과 '재현'이다. 흥미롭게도 이 두 단어의 영어 표현은 동일하다. 'representation'이다.

'인지적 흉내 내기'는 회화적이고, '소통적 흉내 내기'는 음악적이다. 발생학적으로는 '음악'이 먼저다. 레프 비고츠키가 주장하는 것처럼 '소통'이 문화적으로 내면화된 결과가 바로 '생각'이기 때문이다.[202] 음악은 글로벌하게 바로바로 공유할 수 있지만, 미술은 한 박자 늦게 세계화되는 이유도 바로 이 때문이다. 요즘 젊은이들이 희한하게 손가락질을 하면서 흑인풍 힙합 춤을 추고 랩을 하는 것은 그리 이상하지 않다. 한국 아이돌 그룹의 춤과 음악을 지구 반대편의 남아메리카 청소년들이 따라 하며 열광하는 것도 마찬가지다. 음악이기 때문이다.

음악은 아주 쉽게 공유된다. 발생적으로 '흉내 내기'라는 인간의 가장 근본적인 소통의 욕구, 소통의 본능과 관계되어 있기 때문이다. 그러나 회화는 조금 다르다. 앤디 워홀의 장난 같은 그림, 원숭이도 그릴 수 있을 것 같은 잭슨 폴록의 '액션 페인팅'이 어째서 훌륭한 그림인지 설명하기 힘들다. 왜 그토록 비싼 값에 거래되는지는 더더욱 이해하기 어렵다.*

* 이런 의문과 관련하여 현대 회화의 본질을 설득력 있게 설명해주는 책은 아무리 찾아도 없다. '그것은 미술이다!'라는 단언은 불가능하더라도 '그것은 미술이 아니다!'라고 이야기할 수 있어야 '예술'은 가능하다(스타니스제프스키 1997). 그러나 이 같은 '부정否定'의 존재 확인 방식조차 불가능한 오늘날, 백남준의 "예술은 사기다!"라는 선언은 사뭇 솔깃하게 들린다(홍가이 2017, p. 57 이하).

미술은 음악을 흉내 내기 시작했다

오늘날 '미술평론가'와 '음악평론가'의 위상은 완전히 다르다. 음악을 감상하는 데는 음악평론가의 도움이 그리 크게 필요하지 않다. 들으면 자기 취향에 맞는 음악인지 아닌지가 바로 분명해지기 때문이다. 음악평론가의 해설이란 주로 작곡가나 연주자의 이름을 언급하며 음악의 역사적 배경을 설명하는 정도다. 음악평론가의 평가가 음반 판매량에 미치는 영향도 미미하다. 그러나 미술은 다르다. 미술평론가의 영향력이 절대적이다. "제가 음악을 잘 몰라서……"라고 말하는 사람은 별로 없다. 그러나 "제가 미술을 잘 몰라서……"라고 말하는 사람은 많다. 거의 모든 사람이 그런다. 도대체 미술을 어떻게 대해야 하는지 몰라서 겁먹은 사람들에게 미술평론가는 어떤 것이 좋은 작품인지 결정(!)해준다.

매일 라디오로 접할 수 있는 음악에 비해, 미술은 마음을 크게 먹고 갤러리에 방문하지 않는 한 일반인이 접할 기회가 거의 없다. 그러나 그림을 잘 모른다면서도 유명 그림의 가격은 자주 이야기된다. 일반인이 할 수 있는 그림 관련 이야기는 '그림 가격'뿐이다. 그림에 대해 달리 할 수 있는 이야기가 없기 때문이다. 주로 그림 가격을 이야기하는 또 다른 이유는 그림 가격의 객관적 기준이 없기 때문이다. 왜 그렇게 비싼지 도무지 이해가 안 되기 때문에 계속 이야기한다. 이해가 어려울수록 이야기는 길어진다.

'똑같이 그리기'가 미술작품의 수준을 평가하는 기준일 때는 이렇게 혼란스럽지 않았다. 작품의 평가는 아주 단순하고 명료했다. 그러나 누구나 사진기를 손에 쥘 수 있는 시대가 되자, '똑같이 그리는 미술가들'이 설 자리가 없어졌다. 인상주의부터 시작한 돌파구 찾기는 마침내 '음악 흉내 내기'로 이어진다. 음악은 대상을 재현할 필요가 없는 예술 장르다. 악보 위에 음표를 그려 넣어 창조하는 음악은 그 자체로 완결 구조를 갖는다. 음표는 '온

음'을 기본으로 하고, 이를 둘로 나누면 '2분음표'가 된다. 이는 다시 '4분음표', '8분음표', '16분음표' 등으로 계속 나누어진다. 이렇게 수학적 원리로 만들어진 음의 길이를 다양한 방식으로 조합하면 '리듬rhythm'이 되고, 음의 높낮이를 가지고 조합하면 '멜로디melody'가 된다. 높이가 각기 다른 3개 이상의 음이 모이면 각 음 사이의 간격을 통해 '하모니harmony'가 만들어진다. 음들의 수직·수평 관계를 통해 구성되는 리듬, 멜로디, 하모니는 지극히 수학적이다. 음악은 외부 세계의 재현과는 상관없는, 자기 완결적 구성 원리를 가진 예술이라는 이야기다.

시작은 바실리 칸딘스키였다. 1910년, 그는 자신의 추상화 이념을 음악과 연결하여 조목조목 서술한 『예술에서의 정신적인 것에 대하여Über das Geistige in der Kunst』를 발표한다. 리하르트 바그너, 클로드 드뷔시, 로베르트 슈만, 아널드 쇤베르크 등의 음악가들을 언급하면서 칸딘스키는 재현할 대상이 필요 없는 음악의 자유로움을 한없이 부러워한다. 음악을 모방하여 회화가 가야 할 방향에 관해 그는 이렇게 쓰고 있다.

> 음악적인 음은 영혼에 이르는 직접적인 통로를 가지고 있다. 그리고 그것은 인간이 '음악을 본래적으로 가지고 있기' 때문에 반향을 일으킨다.
> "노란색, 오렌지색, 붉은색은 환희와 풍요의 관념을 일깨우고 표상한다는 사실을 누구나 알고 있다." (들라크루아)
> 위에 인용한 말은 예술 일반, 특히 음악과 회화의 깊은 연관성을 보여주고 있다. 회화는 통주저음通奏低音, Generalbaß을 가져야 한다는 괴테의 생각은 분명히 이러한 연관성에 기초해 형성됐던 것이다. 이러한 선구적인 발언을 통해 그는 오늘날의 회화적 상황을 예고했던 것이다. 이러한 상황은 회화가 자기 예술 매체의 도움을 통해 추상적 의미로 성장해 마침내는 순수한 회화적 구성에 도달하게 되는 길의 출발점이 된다.

이러한 구성을 위해 색채와 형태, 두 가지의 수단이 사용된다.203

음악이 인간의 내면에 존재하는 음악을 '음표'라는 기본단위를 가지고 리듬·멜로디·하모니로 표현하듯, 회화도 '색'과 '형태'를 가지고 대상의 재현과는 무관한 독자적 세계를 구현해야 한다는 주장이다. 음악과 같은 회화의 내적 완결성을 칸딘스키는 '내적 필연성의 원리Prinzip der inneren Notwendigkeit'라고 정의했다. 모든 형태나 색은 '인간의 영혼을 움직이게 하는' 고유의 내용을 갖고 있다는 주장이다.204

예를 들어 쇤베르크에게 보낸 편지에서 칸딘스키는 회화에서 사용되는 '선'이 대상의 재현과 무관하게 사용돼도 그 '선' 자체가 주는 느낌이 있다고 주장한다. 마치 서예에서 글자 모양이 그 '단어 의미'와 상관없이 사람에게 독특한 느낌을 불러일으키듯, 회화에서 사용되는 '선'도 마찬가지 방식으로 사용될 수 있다는 것이다.205 음악적 구성을 모범으로 하는 추상회화의 가능성에 관한 칸딘스키의 주장은 유럽 곳곳에서 큰 반향을 일으켰다.*

칸딘스키의 『예술에서의 정신적인 것에 대하여』 표지. 추상회화의 이론에 관한 최초의 책이다. 러시아 출신의 칸딘스키가 사용한 독일어에는 문법적 오류는 물론 내용적 난해함이 혼재한다. 그러나 추상회화를 이야기할 때 결코 건너뛸 수 없는 책이다.

* 바실리 칸딘스키가 지향한 추상회화에 관해서는 Unit 121 참조.

Unit 45.

데 스틸

수직과 수평의 근본원리

근대 회화의 위기는 유럽의 거의 모든 화가가 느끼고 있었다. 네덜란드의 테오 판 두스부르흐도 그중 한 명이었다. 1913년, 추상주의에 관한 바실리 칸딘스키의 주장을 접한 두스부르흐는 추상회화의 가능성을 칸딘스키와는 다른 방식으로 추구했다. 앞서 소개한 '소 그림 연작'은 바로 이때의 작품이다. 제1차 세계대전에 참전한 두스부르흐는 제대 후 잡지사에서 일하다가 자신보다 열한 살 위인 피터르 몬드리안의 작품을 접하게 된다.

몬드리안 또한 칸딘스키처럼 추상회화의 가능성을 모색하고 있었다. 칸딘스키가 음악에서 추상회화로의 탈출구를 찾고자 했다면, 몬드리안은 수학에서 그 가능성을 찾았다. 그에게 가장 큰 영향을 준 사람은 수학자이자 신지학자神智學者였던 마티외 스훈마커

1920년대의 두스부르흐. 그가 여러 가명을 가지고 활동했다는 사실이 사후에 밝혀졌다. 자기주장을 지지하는 글을 다양한 가명으로 잡지에 기고했다. 그의 천재성은 다들 인정하지만, 그의 성품에 관해서는 긍정적 기록이 하나도 없다.

르스Mathieu Schoenmaekers, 1875~1944였다.* 몬드리안은 자신이 추구하는 추상회화를 '신조형주의'라고 불렀다. '신조형주의'는 스훈마커르스가 만든 '신조형Nieuwe Beelding'에서 따온 단어다. 몬드리안이 신조형주의 원칙으로 원색만을 사용한다고 선언한 것도 스훈마커르스의 사상에서 나온 것이다. 우주에는 노랑, 빨강, 파랑만이 존재한다고 스훈마커르스는 주장했다. 노랑은 수직, 파랑은 수평의 창공을 표현하는 색이며 빨강은 노랑과 파랑의 조합이라는 것이다. 아울러 수직과 수평으로 구성되는 우주의 근본원리에 관해 다음과 같이 쓰고 있다.

> 완전히 상반되면서 근본적인 두 가지가 있다. 하나는 힘의 수평선이다. 수평선은 태양의 주위를 도는 지구의 궤적이다. 다른 하나는 수직선이다. 수직선은 태양의 중심에서 시작되는 광선의 완전히 공간적인 운동이다.206

노랑, 빨강, 파랑의 삼원색과 수평선과 수직선, 그리고 이 수직과 수평의 조합인 정사각형과 직사각형으로 모든 것을 환원하는 몬드리안 특유의 '신조형주의'는 이처럼 스훈마커르스의 '수학적 세계관'에 뿌리를 두고 있다.** 음악적 구성 원리를 추구하는 칸딘스키의 추상회화에서 영향을 받은

* 특히 1915년과 1916년에 출간된 마티외 스훈마커르스의 『새로운 세계의 이미지Het Nieuwe Wereldbeeld』와 『조형수학의 원리Beginselen der Beeldende Wiskunde』를 통해 피터르 몬드리안은 수학적 회화의 가능성을 찾을 수 있었다(Blotkamp 1994, p. 111).

** 1915년에 피터르 몬드리안은 마티외 스훈마커르스를 처음 만나 그의 철학에 푹 빠졌다. 그러나 불과 2년이 채 지나지 않아 몬드리안은 스훈마커르스와의 모든 관계를 끊어버렸다. 1918년 테오 판 두스부르흐에게 보낸 편지에서 몬드리안은 신지학의 이념을 스훈마커르스에게서 배운 것이 아니라, 신지학의 창시자인 헬레나 블라바츠키Helena Blavatsky, 1831~1891에게서 모두 배웠다고 썼다. 몬드리안은 스훈마커르스를 '끔찍한 사람'이라고도 이야기했다(Tosaki 2017, p. 18).

두스부르흐가 몬드리안의 수학적 신조형주의에 어떤 이질감도 느끼지 않은 것은 어찌 보면 당연하다. 음악 역시 음의 수직적·수평적 결합에 기초하기 때문이다. 음의 구성 원리가 수학적 원리에 따른다는 것을 처음 발견한 사람 또한 수학자 피타고라스다. 아울러 근대음악을 완성한 요한 제바스티안 바흐의 대위법은 철저하게 수학적 원리에 기초한 '벽돌쌓기'로 평가된다. 바흐의 대위법이란 음을 수학적 계산에 따라 벽돌처럼 쌓아나가는 방식이라는 이야기다.

네덜란드의 데 스틸 운동은 회화적 창조의 '구성단위'를 음악처럼 명확히 해서 순수 추상의 세계를 추구하는 세상이 도래했음을 의미한다. 음악처럼 미술에도 '편집의 단위'를 명확히 하고, 편집의 원리를 모색하는 '에디톨로지의 시대'가 시작된 것이다. 두스부르흐와 몬드리안은 의기투합하여 1917년에 '데 스틸'이라는 예술 혁신 운동을 조직했다. 바이마르에 바우하우스가 설립되기 2년 전이다. 제1차 세계대전 당시 중립국을 표방했던 네덜란드는 유럽의 다른 나라들로부터 몇 년간 고립됐다. 그러나 이렇게 고립된 시간에 네덜란드 예술가들은 전쟁 이후에 다가올 새로운 사상과 변화를 발 빠르게 준비하고 있었다.

몬드리안의 「구성 ASamenstelling A, 1920」. 몬드리안의 신조형주의는 직선과 사각형, 즉 수직과 수평으로 모든 것을 환원한다.

'데 스틸De Stijl'은 '양식style'을 뜻하는 독일어 'der Stil'에서 따온 단어다.

이 이름은 1860년에 독일의 고트프리트 젬퍼Gottfried Semper, 1803~1879가 발표한 『기술적·구조적 예술에서의 양식 혹은 실용 미학Der Stil in den technischen und tektonischen Künsten oder Praktische Ästhetik』에서 따왔다고 전해진다.207 그러나 이들이 추구한 '양식'의 구체적 의미는 '특수하지만, 보편적인 것Das Allgemeine trotz des Besonderen'이 양식der Stil이라는 스훈마커르스의 정의에서 가져온 것이다.208

몬드리안은 데 스틸 운동의 이론과 구체적 적용 및 제작을 담당했고, 두스부르흐는 조직과 선전을 맡았다. 이듬해인 1918년, 두스부르흐와 몬드리안 이외에 화가인 빌모스 후사르, 바르트 판 데어 렉Bart van der Leck, 1876~1958 등과 건축가인 게리트 리트벨트Gerrit Rietveld, 1888~1964, 로베르트 판트 호프Robert van't Hoff, 1887~1979, 야코뷔스 아우트Jacobus Oud, 1890~1963 등이 잡지 《데 스틸》 2호에 게재된 선언문에 서명하면서 데 스틸 운동에 동참했다.

선언문에서 그들은 회화에서 '개별적인 것das Individuelle'과 '보편적인 것das Universelle'이 대립하고 있다고 주장한다. 아울러 '개별적인 것'은 낡은 시대 의식이며, '보편적인 것'은 새로운 시대 의식이라고 강조한다. 자신들이 추구할 '새로운 예술Die neue Kunst'은 이제까지 억눌린 새로운 시대 의식, 즉 "보편적인 것을 추구함으로써 개별적인 것과 보편적인 것 사이의 균형을 추구하는 데 있다"라고 선언한다.209 '개별과 보편의 이원론'을 극복한 균형론을 주장하는 것 같아 보이지만, 데 스틸 운동의 본질은 이제까지 예술에서 억압됐던 보편적인 것을 적극 추구하는 데 있었다. 이는 전적으로 개인의 창조적 역량에 기초하는 근대 예술관의 부정을 의미한다. 그래서 데 스틸 회원들은 예술 창작의 주체나 저작권 같은 것은 중요하지 않다고 여겼다. 두스부르흐가 다양한 가명으로 활동했던 것도 이 맥락에서 보면 그리 큰 문제가 되지 않는다. 물론 '남의 것'을 그냥 가져다 쓰는 것도 비난받지 않는다.

보편적인 것의 부활은 극단의 추상주의적 형태 언어를 추구함으로써 가능하다고 여겼다. 극단의 추상주의적 형태 언어란 모든 색을 빨강, 노랑, 파랑의 삼원색과 흑백으로 환원하고, 구성은 수직과 수평만을 허용하는 것을 의미한다. 이제까지 억압되어온 보편성이란 형태와 색상의 극단적 조형 원리를 통해서만 드러난다는 것이다. 자연의 우연적 형태인 곡선은 부정된다. 오로지 명료한 직선만을 사용한다. 언제든 어디서든 동일하게 반복할 수 있어야 보편적인 것이 되기 때문이다. "직선은 인간이 만든 선이고, 곡선은 신이 만든 선이다"라고 주장한 스페인 건축가 안토니오 가우디 Antonio Gaudi, 1852~1926의 통찰은 탁월한 것이다. 두스부르흐는 후일 자신이 만든 잡지 《데 스틸》의 이름을 '직선The Straight Line'으로 하려 했다고 밝히기도 했다.210

인간 예술의 근본을 바꿔놓겠다는 웅대한 포부로 시작한 데 스틸 운동은 그리 오래가지 않았다. 선언문에 서명한 동료들은 대부분 바로 데 스틸을 떠났다. 무엇보다도 두스부르흐의 독불장군식 성격 때문이었다. 동료들이 떠나면 두스부르흐는 자기 이념에 동조하는 다른 사람들로 다시 채웠다. 데 스틸의 구성원은 수시로 바뀌었다.

두스부르흐와 몬드리안의 결별도 극적이었다. 두스부르흐가 느닷없이 '대각선diagonal'을 사용했기 때문이다. 1923년부터 두스부르흐는 수직과 수평의 원칙을 고수하는 몬드리안을 불편하게 여기기 시작했다. 몬드리안의 신조형주의는 수직과 수평에 대한 집착 때문에 변화의 원동력이 되는 '대립'과 '불균형', 그리고 이를 통해 일어나는 '역동성'을 포착하는 데 실패했다고 두스부르흐는 비판했다. 이때부터 두스부르흐는 대각선을, 변화를 일으키는 역동성의 근원적 형태로 여기고 이를 다양한 방식으로 적용하여 실험하기 시작한다.211

러시아 구축주의

몬드리안과 갈등을 겪으면서 두스부르흐는 자신들보다 앞서 추상회화의 미래를 모색하던 러시아 '구축주의' 예술가들과 접촉했다. 제1차 세계대전 전후로 러시아 예술가들은 다양한 실험을 통해 새로운 예술의 가능성을 탐색하고 있었다. '러시아 아방가르드Russian avant-garde'로 불리던 당시 러시아 문화예술계의 다양한 움직임은 낯선 단체 이름으로 모이고 흩어지기를 반복했다. 구축주의도 그중 하나였다.

이때 칸딘스키의 추상주의에 대립하는 '기하학적 추상geometrische Abstraktion'을 들고나온 이가 카지미르 말레비치다. 결국 칸딘스키의 '곡선적 추상주의'는 말레비치 등의 '직선적 추상주의'에 밀려나고 만다.

말레비치의 「검은 사각형」. 곡선으로 '산만한' 칸딘스키의 추상화와는 확실하게 대비된다. 말레비치의 회화는 '기하학적 추상'이라 불린다.

두스부르흐는 말레비치와 더불어 러시아 구축주의의 또 다른 핵심 인물이었던 엘 리시츠키El Lissitzky, 1890~1941와 긴밀히 교류하면서 '요소주의Elementarism'라는 자신만의 표현 방식을 적극적으로 추구했다.212 자신의 의견과 다른 주장이 나타나면 'I. K. 본셋I. K. Bonset' 혹은 '알도 카미니Aldo Camini' 같은 가명을 사용해 잡지에 기고했다. 반대자들을 공격하고, 자기주장에 많은 동조자가 있는 것처럼 조작하기도 했다. 잡지 《데 스틸》을 마치 자신의 개인 홍보물로 여겼던 것이다. 물론 이런 사실은 그의 사후에 밝혀졌다.

두스부르흐는 제 생각만 옳다고 밀어붙이는 인물이었다. 영민하고 시대의 변화를 읽어내는 동물적 감각을 가졌지만, 라이오넬 파이닝어의 평가대로 '포악'한 사람이었다. 이 무자비한 인물이 한편으로는 '기초과정'에서 전횡을 일삼은 요하네스 이텐에게 흔들리고, 다른 한편으로는 정치적 탄압과 경제적 궁핍함을 벗어날 탈출구를 찾지 못하던 바이마르 바우하우스에 도착했다.

Unit 46.

독일 낭만주의

그런 '낭만'은 없다

"당신은 참 낭만적이야!"라고 한다면 이성 앞에서는 한없이 부드럽고 나긋나긋한 특징을 가졌다는 뜻이 되기도 하고, '참 철없다'는 뜻이 되기도 한다. 한자 문화권에는 '낭만'이라는 단어가 없었다. 20세기 초에 일본에서 급조된 단어다. '낭만浪漫'이라는 단어를 처음 사용한 이는 나쓰메 소세키夏目漱石, 1867~1916다.[213] 소설가이자 영문학자였던 소세키는 1907년에 자신이 펴낸 『문학론文學論』에서 '로망Roman'*이라는 단어를 '낭만'으로 번역했다. 이때 '로망'은 우리가 오늘날 이해하는 남녀 사이의 '로맨틱하다'는 뜻이 아니라 '허구' 혹은 '상상'을 의미한다. 소세키가 번역한 '낭만'은 한자의 본래 의미와는 전혀 관계없다.

소세키가 서양어 '로망'을 번역하기 위해 '낭만'이라는 단어를 만들어낸 이유를 자세히 들여다보면 다소 허망해진다. 한자 '浪漫'을 일본어로는 '로망ろまん'이라 읽는다. 그래서 '로망'을 '낭만'으로 번역한 것이다. 그러나 낭만의 한자어가 가지는 뜻, 즉 '물결 랑浪'과 '질펀한 만漫'의 조합이 전달하

* 'roman'의 사전적 의미는 '소설'이나 '이야기'다. 형용사 'romantic'의 원래 뜻은 오늘날의 '로맨틱'과는 전혀 상관없다. '로만어romantic language' 혹은 '로망스어'는 고전 라틴어에 대비되는 로마 시민들의 통속어를 뜻한다.

는 이미지는 세속적이고 자유로운 상상의 내용을 산문으로 표현하는 '로망' 이라는 단어와 아주 그럴듯하게 어울렸다.

오늘날 일본에서 '낭만'이라는 한자 단어는 그리 많이 쓰이지 않는다. 문학의 '로맨티시즘'과 관련해서는 그저 가타카나로 '로망ロマン'이라고 쓴다. 흥미롭게도 이 어설픈 일본식 한자 조어 '낭만'은 식민지 조선에서 제대로 자리 잡는다. 1919년 3·1 운동 이후, 독립 의지를 상실한 지식인들에게 개인주의적이고 퇴폐적 유미주의 세계를 추구하는 '낭만주의'는 식민지 현실에서의 도피를 정당화해주는 아주 그럴듯한 이념이었다. 실제로 1936년에는 《낭만浪漫》이라는 시詩 동인지가 나오기도 했다. 이렇게 자리 잡은 식민지 이데올로기 '낭만주의'는 광복 후에도 계속된다. 형제끼리의 잔혹한 전쟁과 분단, 그리고 계속되는 경제적 궁핍함을 잊기 위한 '도피 이데올로기'가 필요했기 때문이다. 이후 '낭만주의'는 한국식 '예술지상주의'로 진화하여 군부독재 시절의 '참여문학 대 순수문학' 논쟁에서 순수문학 진영의 이론적 토대가 되기도 했다. 그러나 2000년대 들어 경제적 풍요와 절차적 민주주의가 자리 잡으면서 '낭만' 혹은 '낭만주의'는 한국인들에게 지극히 사적인 단어가 되었다.

독일 낭만주의 탄생의 맥락도 비슷했다. 18~19세기 독일은 유럽의 다른 나라들에 비해 정치적·경제적으로 후진성을 면치 못했다. 1648년에 맺어진 '베스트팔렌평화조약Westfälischer Friedensverträge' 때문이다.

1936년에 창간된 시 동인지 《낭만》 표지. 퇴폐적 유미주의의 세계로 안내하는 낭만주의는 식민지 조선의 지식인들에게 현실도피의 이데올로기가 되었다. 18~19세기에 '낭만주의'가 꽃피었던 독일의 경우도 마찬가지였다. 낭만주의는 당시 유럽에서 경제적으로 낙후되고 정치적으로도 후진성을 면하지 못한 독일의 지식인들이 선택할 수 있었던 이념적 대안이었다.

30년 전쟁이 끝난 후 신성로마제국이 해체되고 합스부르크 왕가는 오스트리아제국으로 쪼그라들었다. 독일 지역은 300여 개의 영방국가領邦國家, Territorialstaat*로 나뉘었다. 다른 국가들은 베스트팔렌평화조약으로 외교적 주권을 갖는 중앙집권적 근대국가로 발전해갔으나, 잘게 쪼개진 독일만은 예외였다. 독일이 통일된 근대국가 형태를 갖추게 된 것은 겨우 1871년에 이르러서다.

1871년 오토 폰 비스마르크Otto von Bismarck, 1815~1898에 의해 통일되기 전까지 분열되어 있던 국가들(!)에 살고 있던 독일 지식인들을 위로해준 것은 '낭만주의'였다. 프랑스혁명 이후 새롭게 정의되기 시작한 민족과 국가 개념을 고민하던 독일 지식인 사이에서 '낭만주의'는 영국이나 프랑스에서와는 구별되는, 아주 특별한 문화적 가치를 포괄하는 개념이 되었다.** 프랑스어로 소설을 뜻하는 '로망roman'은 비현실적 내용을 다루는 통속소설 같은 문학 형식을 지칭하는 단어였다. 그러나 '로망'이 독일어로 옮겨 오면서 '낭만적romantisch'이라는 형용사로 바뀌고 이어서 '창조성', '천재', '주관', '개인주의' 같은 개념과 연관된 독일 특유의 '낭만주의Romantik'로까지 진화한다. 오늘날 우리가 너무나 당연하게 여기는 '창조적 천재' 같은 개념은 바로 이 시대의 산물이다.

* '영방국가'와 '연방제 국가聯邦制國家, federal state'는 다른 개념이다. '연방제 국가'는 국가의 권력이 중앙정부와 주州에 동등하게 분배된 복합적 형태의 국가 체제를 뜻한다. '영방국가'는 중세 후기에서 1871년 독일이 통일되기까지 신성로마제국을 구성했던 지방 제후들의 국가를 뜻한다(Grossfeld et al 2000, p. 29 이하).

** 독일어에서 '문화Kultur'와 '문명Zivilisation'의 개념적 구별이 생긴 것도 이때부터다. '문명'은 구체적 사회 발전과 관련되지만, '문화'는 '이상적'이고 '고차원적(!)'인 교양과 관련된다(Jünke et al 2004, p. 14 이하). 독일어의 '문화'와 '문명'의 구분은 일본을 거쳐 한반도에 수입되어 오늘날의 한국어 개념에도 어렴풋하게 반영되어 있다.

독일의 낭만은 '멜랑콜리'였다!

영국에서는 물질과 정신의 관계가 전혀 다른 차원으로 재정립되는 산업혁명이 있었고, 프랑스에서는 왕과 귀족 중심의 세계관 자체가 뒤집히는 정치혁명이 있었다. 이웃 나라들의 엄청난 변화를 지켜보는 독일의 시민계급과 지식인들은 박탈감에 어쩔 줄 몰라 했다. 현실을 개혁할 마땅한 정치적 수단도 없었다. 이들에겐 현실과는 괴리된 관념의 세계, 상상의 세계가 유일한 위안이었다. 이 같은 정신적 도피를 정당화할 수 있는 이념이 필요했다. 낭만주의는 아주 훌륭한 대안이었다.*

독일 낭만주의는 이때부터 이성적 합리성, 보편적 질서를 부정하고 개인주의적 자유와 개별적 경험에 근거한 혼돈, 무질서를 통해 얻어지는 예술적 창조, 상상의 세계를 본격적으로 추구하게 된다.** 현실 역사의 변화를 추구하기보다는 신화의 세계에서 고차원적 삶의 지혜를 찾고자 했다. 이는 한편으로 종교적 신비주의로 이어지기도 했다. 요한 고틀리프 피히테Johann Gottlieb Fichte, 1762~1814, 이마누엘 칸트로 이어지는 독일 관념 철학은 독일 낭만주의의 또 다른 얼굴이다. 예나대학의 프리드리히 폰 슐레겔Friedrich von Schlegel, 1772~1829과 그의 형이 함께 발행한 잡지 《아테네움Athenäum》은 당시 독일 낭만주의 운동의 구심점이었다.[214]

집단적 역사 발전과는 구별되는 개인의 예술적 창조를 찬양한 독일 낭만주의는 '근대적 개인주의'의 기원이 된다고, 영국 문학비평가 이언 와트Ian Watt, 1917~1999는 주장한다.[215] 그는 독일 낭만주의가 완성한 근대적 개인의

* 정치적 자유의 대안으로 '교육', '문화', '미학', '예술', '감각', '사랑'과 같은 개념들이 낭만주의의 틀에서 급속하게 부상했다(바이저 2011, p. 167 이하).

** 독일의 '특수경로'는 바로 이때부터 시작된다고 주장하는 역사학자들도 있다. 나치 독일의 만행이 낭만주의의 결말이라는 이야기다(Unit 14 참조).

원형을 요한 볼프강 폰 괴테의 『파우스트Faust, 1831』에서 찾는다. 괴테가 60년 가까이 고치고 또 고친 『파우스트』는 근대 개인주의 관념이 형상화되는 과정을 잘 보여준다는 것이다. 자신의 신념과 욕구를 위해서라면 지옥에라도 가겠다며 악마와 협상하는 파우스트는 중세 문헌에서는 전혀 볼 수 없었던 개인이다. 자아실현 욕구에 불타는 개인에게 남겨진 것은 고통이다. 자아실현은 처음부터 불가능한 것이기 때문이다. '자기만족'에 빠지는 순간, 파우스트는 죽어야 한다. 이 같은 자기 파괴에 이르는 과정까지도 불사하는 자기 고양의 과정을 슐레겔은 '낭만화Romatisieren'라고 불렀다.216 창조적 개인의 낭만적 운명은 처음부터 이렇게 고통스러웠다.

영원한 안식이 주어지지 않는 고통스러운 운명의 낭만주의적 개인을 특징짓는 핵심 정서는 '멜랑콜리Melancholie'다.217 낭만주의가 전혀 낭만적이지 않은 이유다. 멜랑콜리는 고대 그리스 시대부터 수천 년 동안 '어두운' 인간의 심리적 상태를 특징짓는 단어였다. '멜랑콜리'는 그리스어로 '검은색'을 뜻하는 '멜라니아melania'와 '담즙'을 뜻하는 '콜레cholē'가 합쳐진 단어다. '검은 담즙'이 많은 사람은 음울하고 무기력하다고 고대 그리스인들은 생각했다. 서구 사회에서 멜랑콜리는 '검은 담즙의 과잉'으로밖에는 설명할 수 없는 '이유 없는 슬픔Traurigkeit ohne Ursache'218과 동의어로 여겨졌다. 20세기 심리학 담론이 본격화되면서 '멜랑콜리'는 '우울depression'이라는 정신병리학적 전문용어로 대체된다.

고대 그리스 이후로 한동안 그리 중요하게 언급되지 않던 멜랑콜리가 인류 역사에서 다시 주목받게 된 것은 15세기경이다. 이탈리아 메디치 가문의 가정교사였던 마르실리오 피치노Marsilio Ficino, 1433~1499는 피렌체의 귀족과 예술가들에게 플라톤 철학을 전파했다. 르네상스 시대의 이탈리아에 플라톤주의가 널리 퍼진 것은 전적으로 피치노의 공이다. 피렌체의 플라톤주의가 고전적 플라톤주의와는 달리 종교적 신비주의 경향을 띠게 된 것도 피치노 때문이다. 특히 별과 인간 삶의 관계에 대한 피치노의 독특한 사상은 화가인 산드로 보티첼리에게도 영감을 주어 그가 「봄」과 「비너스의 탄생」을 그리는 데 큰 영향을 미쳤다. 보티첼리 그림의 핵심 주제는 별과 관련된 신화였다.

멜랑콜리와 관련해 피치노가 중요한 이유는 그가 처음으로 멜랑콜리를 창조적 개인의 특징으로 설명했기 때문이다. 피치노는 창조-멜랑콜리의 개념적 연합에 한 가지를 더 추가한다. 별, 즉 '토성Saturn'이다.219 피치노는 미래를 예측하고 개인의 운명을 점치는 고대 점성술과는 달리 개인의 심리적 특징을 설명하는 수단으로 점성술을 사용했다. 오늘날 한국과 일본에서 혈액형으로 사람의 성격을 설명하는 '사이비 심리학'이 판치듯, 서양에서는 별자리로 사람의 성격을 설명하는 '황당 심리학'이 판친다.* 피치노가 바로 그 기원인 것이다.

피치노는 철학, 의학, 마술과 점성술을 통합한 『인생의 세 가지 책de triplici vita, 1489』에서 천재적 학자와 예술가는 토성의 영향을 받는다고 주장한다. 토성은 우울질 광기를 담보로 천재적 상상력을 제공한다는 것이다.220 한마디로 피치노는 멜랑콜리 없이는 어떠한 예술적 창조도 가능하지 않고, 모든 창조성은 멜랑콜리에서 나온다고 주장하고 있는 것이다. 바로 이때부터 우울과 슬픔은 예술가의 숙명이 되었다. 활짝 웃고 있는 예술가의 자화상이나 사진을 본 적이 있는가?

* 요즘 유행하는 'MBTI'도 그중 하나다! MBTI 또한 혈액형이나 별자리로 사람의 성격을 구분하는 것과 그리 큰 차이가 없다.

Unit 47.

멜렌콜리아 I

멜랑콜리는 턱을 괴고 온다!

천재적 예술가의 숙명인 '멜랑콜리'를 구체적 이미지로 형상화한 이는 독일 르네상스를 대표하는 화가 알브레히트 뒤러였다. 뒤러의 동판화 「멜렌콜리아 I Melencolia I, 1514」이 바로 그것이다. 독일 낭만주의자들은 이 손바닥만 한(약 19×24cm) 뒤러의 동판화를 끌어와 '우울은 예술가의 숙명'이라는 근대적 편견을 완성했다. 오늘날 예술가를 자처하는 이들이 세상의 무게는 혼자 다 진 것처럼 슬픈 표정으로, 우중충한 옷을 입고 담배를 지독하게 빨아대는 건 바로 이 동판화 때문이라고 나는 생각한다. 이후로 예술가는 행복하고 즐거우면 부끄럽게 생각했다. 돈까지 잘 벌면 죄의식을 느껴야 했다.

상당 기간 지속되었던 우울하고 고독한 예술가의 이미지는 자본주의와의 결탁을 자랑스러워하는 현대 예술에서 끝났다. 앤디 워홀 같은 이의 크게 웃는 사진을 보라. 웃기 시작한 현대 예술가들과의 경쟁에서 밀린 마지막 검은 담즙질 예술가는 마크 로스코Mark Rothko, 1903~1970다. 로스코는 우울한 예술가의 경쟁력을 자살로 지키려고 했다. 어느 정도 효과는 있었다. 그의 그림을 보고 울었다는 사람이 많은 걸 보면 그렇다.

뒤러의 「멜렌콜리아 I」은 우울이 정신의학 영역에서 예술 영역으로

뒤러의 동판화 「멜렌콜리아 I」. 이 동판화는 우울이 예술가의 운명이 될 것임을 예언했다.

이동한 최초의 묘사로 평가받는다.[221] 이 동판화는 다양한 상징으로 가득하다. 아직도 그 상징들이 무엇을 의미하는가에 대해서는 의견이 분분하다. 그림의 주인공은 천사다. 그는 턱을 괴고서 어딘가를 주시하고 있다. 아무 표정도 없다. 그 옆의 아기 천사는 주인공의 흉내를 내며 뭔가를 열심히 적고 있다. 주인공의 발아래에는 비쩍 마른 개가 몸을 둥글게 틀고 엎드려 있다.

'권태'다. 권태와 우울은 자주 함께 온다. 웅크린 비쩍 마른 개와 묘한 자세의 주인공은 그림 전체의 분위기를 몹시 견디기 힘들게 만들고 있다. 개 앞으로는 톱, 대패, 망치 같은 도구들이 흐트러져 있다. 주인공 뒤로는 사다리가 벽에 비스듬하게 세워져 있고 그 벽에는 저울, 모래시계, 종 등이 걸려 있다. 열여섯 칸으로 이뤄진 '마방진magisches Quadrat'도 걸려 있다. 각 열의 네 숫자를 합하면 모두 34가 된다.

뒤러의 「멜렌콜리아 I」 속 '마방진'. 각 칸의 숫자를 가로나 세로, 그리고 대각선으로 합하면 모두 34가 된다. 맨 아래 칸의 가운데에 있는 15와 14는 뒤러의 어머니가 세상을 떠난 1514년을 뜻한다고 해석한다. 이래저래 「멜렌콜리아 I」은 음울한 그림이다.

도무지 이해하기 힘든 상징들로 인해 뒤러의 「멜렌콜리아 I」은 아비 바르부르크, 에르빈 파노프스키 등이 주도한 '도상해석학'의 중요한 연구 대상이 된다. 특히 이 그림의 제목이 왜 '멜렌콜리아 I'인가에 대해서는 여전히 논쟁 중이다. 흔히 연작의 첫 번째 그림으로 생각하기 쉽지만, 뒤러는 더 이상 '멜렌콜리아'라는 제목으로 그림을 그리지 않았다. 파노프스키는 박쥐가 펼쳐 보이는 그림의 제목 '멜렌콜리아 I'에서 'I'의 의미를 마르실리오 피치노의 『인생의 세 가지 책』에 근거해 해석한다.[222]

토성의 영향 아래에서 검은 담즙의 우울증을 가진 사람은 천재적이다. 이 천재에는 세 가지 유형이 있다. 첫 번째 천재는 '지성'이나 '이성'보다 '상상력'이 강한 사람이다. 주로 예술가나 장인이다. 두 번째 천재는 '추론적 이성'이 강한 과학자, 의사, 정치가다. 세 번째 천재는 '직관적 지성'이 뛰어난 신학자다. 뒤러의 동판화에서 턱을 괴고 있는 천사는 첫 번째 유형에 속하는 천재다. 가장 낮은 수준의 천재이기도 하다. 그래서 '1'을 의미하는 로마 숫자 'I'가 적혀 있다는 것이 파노프스키의 해석이다.

뒤러의 「멜렌콜리아 I」은 독일 문화의 독특함을 설명하는 데도 빠지지 않는다. 뒤러는 독일이 자랑하는 화가다. 뒤러가 없었다면 독일 미술사는 참으로 비참할 뻔했다. 르네상스 시대까지 이탈리아나 프랑스와 비교하여 독일에서는 자랑할 만한 화가가 거의 없었다. 뒤러가 독일인들의 주목을 받게 된 것은 근대 이후 독일의 자부심을 회복하려는 시도 때문이다. 나폴레옹 1세의 프랑스와 전쟁을 치른 후, 뒤러는 특별한 주목을 받았다. 1828년, 나폴레옹을 몰아낸 후 뉘른베르크에 있는 뒤러의 생가는 기념박물관이 되었다. 독일이 나폴레옹 3세Napoleon III, 1808~1873, 재위 기간 1852~1870와의 전쟁에서 승

뒤러의 「기사, 죽음, 그리고 악마」. 히틀러와 괴벨스, 그리고 니체와 바그너가 가장 사랑한 그림이다. 그들은 이 그림이 가장 독일적이라고 생각했다.

리한 후 프로이센 중심으로 통일된 1871년에는 뒤러의 탄생 400주년을 축하하는 대대적 행사가 뉘른베르크에서 열렸다.223

뒤러가 1514년에 제작한 「멜렌콜리아 I」과 바로 그 전해에 제작한 동판화 「기사, 죽음, 그리고 악마Ritter, Tod, und Teufel, 1513」는 아돌프 히틀러와 나치의 선전상이었던 미술 애호가 요제프 괴벨스Joseph Goebbels, 1897~1945가 가장 사랑한 그림이다. 리하르트 바그너와 프리드리히 니체Friedrich Nietzsche, 1844~1900도 이 기사 판화를 가장 좋아했다. 니체는 죽음과 악마에 맞서는 고독한 기사에게서 초인의 모습을 발견했다고 했다. 뒤러의 이 두 동판화는 독일인들의 '쌍둥이 자화상'으로 여겨진다. '고독하지만 결의에 찬 기사'와 '우울하고 고독한 예술가'라는 양면성이 독일인의 아이덴티티라는 것이다.224 함부르크 출신의 미술사가 호르스트 브레데캄프Horst Bredekamp, 1947~는 이 두 그림이 독일인들에게 갖는 의미를 이렇게 쓰고 있다.

> 19세기 독일 정신의 자기 인식을 두 판화만큼 구체적으로 보여주는 것은 없을 것입니다. 기사는 빠져나갈 기회도 희망도 없이 지극히 적대적인 환경에 처해 있습니다. 악마에게 포위당하여 그도 어쩔 수 없는 풍경입니다. 기사는 시대에 굴하지 않고 선택한 길을 강철같이 굳건한 마음으로 걸어가는 독일인의 자기 인식을 전형적으로 보여줍니다. 이런 의미에서 기사는 온갖 장애물과 적이 가로막아도 자기 길을 고수하는 견고함을 상징합니다. 멜랑콜리아는 정반대입니다. 멜랑콜리아는 르네 데카르트의 계몽주의에 대한 대안으로 규정될 수 있는 독일 정신을 상징한다고 여겨졌습니다. 멜랑콜리아는 프랑스 합리주의에 대한 독일 낭만주의의 대안입니다. 여기서 중요한 것은 몸과 마음이라는 기계가 아니라, 몸과 마음이라는 기계에 동력을 제공하는 정신입니다. 이런 이유로 독일 정신은 다른 어떤 민족의 정신보다 더 심오하며 복잡하다고 규정됐습니다.

그런데 이러한 인식에는 자기 파괴, 행동 제약, 자기반성의 요소도 포함되어 있고, 이것이 자칫하면 광기로 흐를 수 있습니다. 아이러니하지만, 이른바 19세기 독일 정신의 양극적 인식을 이 두 작품만큼 명확하게 보여주는 것도 없습니다.225

프랑스 합리주의에 대항하는 독일 낭만주의의 대안은 '우울'이었다. 뒤러의 「멜렌콜리아 I」로 매개되는 독일의 음울한 낭만주의는 유럽의 다른 나라들로 수출되어 슬픔의 정서, 멜랑콜리, 비관주의에 가득 찬 시대정신이 18세기 유럽 문화 전체를 지배하게 된다.226 「멜렌콜리아 I」은 바르부르크, 파노프스키의 도상해석학에서만 그렇게 해석되는 것이 아니다.

멜랑콜리 자세

발터 벤야민에게도 뒤러의 「멜렌콜리아 I」은 독일적 슬픔의 '원형原型, Archetype'이 된다. 벤야민은 자신의 교수 자격시험 논문으로 제출한 『독일 비애극의 원천Ursprung des deutschen Trauerspiels, 1928』에서 「멜렌콜리아 I」을 집중적으로 다루고 있다. 그는 "독일의 비애극은 자신이 설정한 무대 장면들과 인물들을 뒤러의 날개 달린 멜랑콜리라는

벤야민이 사랑한 클레의 「새로운 천사」. 벤야민이 실제로 소장하기도 했다. 그러나 벤야민에게 가장 큰 영감을 준 그림은 뒤러의 「멜렌콜리아 I」이었다.

수호신에게 바치고 있다"라고 결론을 내린다.227 흔히 벤야민이 가장 좋아한 그림으로 파울 클레의 「새로운 천사angelus novus, 1920」를 이야기하지만, 그가 가장 오래 바라보며 고민한 그림은 뒤러의 「멜렌콜리아 I」이었다.

독일 지식인들, 예술가들의 사진에 턱을 괴거나 두통을 앓는 것처럼 미간을 찡그린 사진이 유독 많은 것은 바로 이 같은 낭만주의의 영향이라는 것이 내 가설이다. 이렇게 생각하고 살펴보면 턱을 괴거나 이마에 손을 얹은 독일 지식인의 사진이 유난히 눈에 들어온다. 예술가나 지식인은 우울해야 하고 사람들 사이에서는 이마나 턱에 손을 댄 채 아주 무표정하게 있어야 한다는 '멜랑콜리 자세'는 한때 한국 사회에서도 흔하게 볼 수 있었다.

1 멜랑콜리 자세를 취한 바르부르크. 독일 지식인은 우울해야 하고, 턱을 괴거나 두통을 앓는 듯 머리에 손을 대야 한다.

2 벤야민의 가장 대표적인 사진. 뒤러의 「멜렌콜리아 I」 속 천사처럼 그도 머리에 손을 대고 있다. 독일 낭만주의가 창조해낸 예술적 개인은 우울해야 한다.

Unit 48.

두스부르흐 vs. 이텐

"너희들은 모두 낭만주의자야!"

독일 낭만주의를 통해 근대적 개인은 완성됐다. 그 개인은 창조적 존재다. 그러나 고독과 멜랑콜리, 우울은 창조적 개인의 숙명이다. 즐거운 천재는 없다. '우울한 낭만주의'는 근대 독일 문화를 유럽의 여타 나라들과 구별 짓는 아주 독특한 요소다. 요한 볼프강 폰 괴테로부터 바우하우스에 이르는, 그 낭만주의적 전통이 자리 잡은 바이마르에 네덜란드의 명랑한 혁명가 테오 판 두스부르흐가 도착했다. 그는 바이마르의 이 자랑스러운 낭만주의를 아주 하찮게 여기며 비웃는다.

두스부르흐의 독단적이고 거침없는 성격이 이미 네덜란드의 데 스틸 구성원들을 뿔뿔이 흩어놓은 후였다. 두스부르흐는 바우하우스의 선생 자리를 원한다고 직간접적으로 자기 의사를 밝혔고, 바우하우스 선생과 학생 사이에 그런 소문이 파다했다. 그러나 발터 그로피우스는 아무 반응이 없었다. 성격 급한 두스부르흐는 바이마르 곳곳을 돌아다니며 그로피우스와 바우하우스에 대한 비난을 퍼부었다.

그로피우스의 공식 강의 요청이 없자 두스부르흐는 아예 자신의 개인 아틀리에를 바우하우스 근처에 차렸다. 그리고 그곳에서 학생들을 가르치기 시작했다. 그로피우스가 바우하우스의 미래에 대한 정확한 방향을 설정하지 못한 채 흔들리며 학교를 운영하자 이에 실망한 바우하우스 학생들은 수시로 두스부르흐의 강의실에 드나들었다.

그의 수업을 듣기 위해 학생들이 아틀리에에 모이면 두스부르흐는 바우하우스의 문제점에 대해 마구 떠들면서 공격했다. 목소리가 클수록 자기 생각을 사람들의 마음속에 깊이 심어줄 수 있다고 생각하는 것 같은 그의 행동은 바우하우스와 학생들을 불안하게 만들었다. 두스부르흐의 장황한 연설은 참석한 학생 4명의 생각을 바꾸어놓았으며 이들은 바우하우스 사람들에게 "너희들은 모두 낭만주의자야!"라고 비난했다.228 '낭만주의자'라는 비판이 당시 바우하우스 진영을 얼마나 불안하게 만들었는가는 앞서 소개한 라이오넬 파이닝어의 편지에서도 볼 수 있었다.

허약해 보이는 그로피우스의 리더십을 뒤흔들어 바우하우스를 '접수

1922년 바이마르 시내에 마련한 두스부르흐의 개인 스튜디오. 서 있는 사람이 두스부르흐다. 앉아 있는 여자는 그의 부인인 넬리 판 두스부르흐Nelly van Doesburg, 1899~1975다. 벽에 걸린 그림의 '대각선'이 두드러져 보인다.

(!)' 하겠다는 두스부르흐의 의도는 1921년 그가 처음 바이마르를 방문했을 때부터 분명했다. 1921년 9월 12일, 네덜란드 헤이그의 작가 안토니 콕Antony Kok, 1882~1969에게 두스부르흐가 보낸 우편엽서에는 바우하우스에 대한 그의 의도가 분명하게 드러난다. 그는 엽서 전면에 있는 바우하우스 본관 사진의 건물 기둥에 '데 스틸'이라는 단어를 가득히 그려 보냈다. 참으로 유치하지만, 바우하우스를 향한 두스부르흐의 강렬한 욕심을 이보다 더 분명하게 보여줄 수는 없다. 엽서의 낙서는 앞뒤 가리지 않는 그의 집요한 정신 구조 또한 아주 적나라하게 보여준다. 그로피우스가 이러한 두스부르흐의 생각을 파악하지 못했을 리 없다.

갈피를 잡지 못하는 바우하우스의 교육과정에 실망하고 있던 학생들에게 두스부르흐의 아틀리에에서 이뤄지는 수업은 '쩍쩍 갈라진 마른땅의

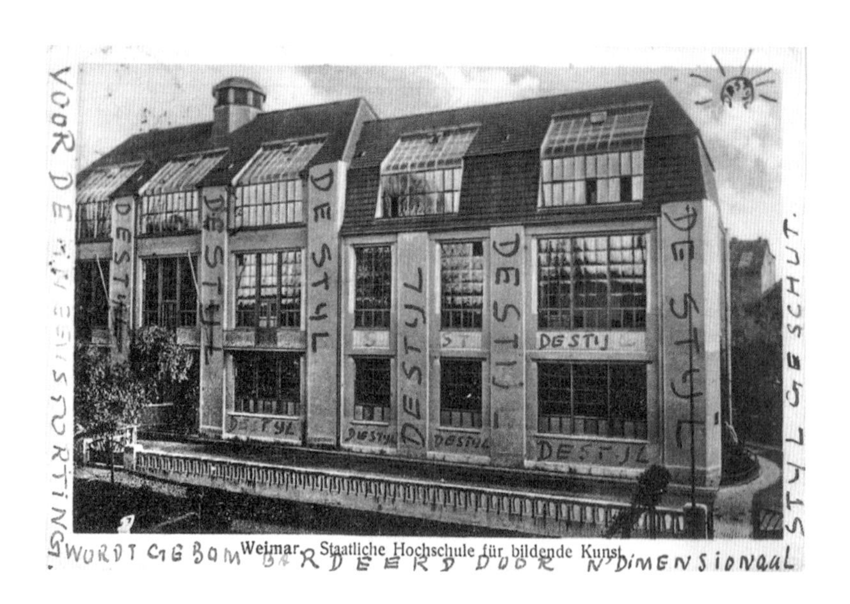

1921년, 두스부르흐가 바이마르를 방문했을 때 헤이그에 있는 친구 콕에게 보낸 우편엽서. 바우하우스 본관 기둥마다 '데 스틸'을 잔뜩 써넣은 그의 낙서는 바우하우스를 '접수(!)'하고 말겠다는 의도를 분명하게 보여준다.

단비' 같은 것이었다. 예술은 창조적 개인의 개별적이고 우연적인 현상이 아니라 보편적이며 공유할 수 있는 것이어야 한다고 두스부르흐는 주장했다. 모든 조형은 직선과 사각형으로 단순화하여 누구나 '편집'할 수 있는 예술 세계를 지향해야 한다고 두스부르흐는 가르쳤다. 이러한 그의 주장은 '수공예로의 회귀'를 주장하는 바우하우스의 초기 교육 이념과 확실하게 구별되는, 매우 신선하고 세련된 것이었다.229

엉겅퀴 연구자와 사각형 인간

두스부르흐의 강의에 가장 감동한 학생은 카를 페터 룈이었다. 바우하우스 문장경연대회에서 '별 난쟁이'를 모티브로 한 그림을 제출하여 1등으로 당선됐던 바로 그 학생이다.* 룈은 요하네스 이텐의 교육철학과 두스부르흐의 데 스틸 사이의 대결을 상징적으로 보여주는 그림인 「엉겅퀴 연구자Der Distelseher, 1922」를 《메카노Mécano》라는 잡지에 발표했다. 《메카노》는 두스부르흐가 'I. K. 본셋'이라는 가짜 이름으로 '다다이즘'을 소개하기 위해 1922년 네덜란드에서 창간한 잡지다.

'엉겅퀴 연구자'라는 제목 아래 "바우하우스에 헌정DEdié au BAUHAUS"이라고 쓰여 있다. 엉겅퀴는 풀이나 나무 같은 자연 재료를 주고 예술적 영감을 떠올리게 하는 이텐의 기초과정을 빗대어 표현한 것이다. 풀을 들고 나체로 서 있는 '자연인'은 사각형 인간을 마주하고 있다. 그림 오른쪽에 있는 설명에는 "1922년 바이마르에서 일어난 자연인과 기계인의 충돌"이라고 되어 있다. '자연인'은 이텐이고, '기계인'은 물론 두스부르흐다. 1922년 바우

* 카를 페터 룈의 문장은 낭만주의적이라 비판받고, 1922년에 오스카 슐레머가 디자인한 데 스틸 양식의 문장으로 교체됐다(Unit 42 참조).

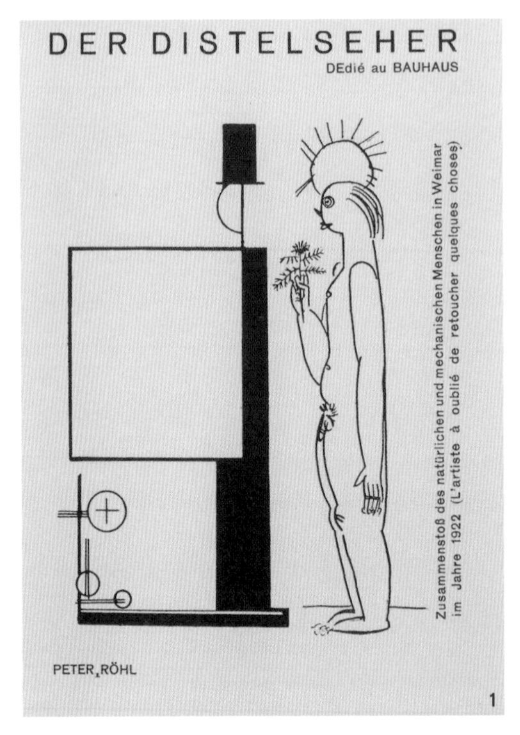

1 바우하우스 학생이었던 뢸이 두스부르흐가 창간한 다다이스트 잡지 《메카노》에 발표한 「엉겅퀴 연구자」. '엉겅퀴 연구자'는 이텐을 지칭한다. 이텐이 마주 대하고 있는 사각형 사람은 두스부르흐다. 둘의 예술관 차이를 아주 분명하게 보여준다.

2 1923년에 두스부르흐가 'I. K. 본셋'이라는 가짜 이름으로 《메카노》에 발표한 포스터. 자신이 바우하우스를 '원'에서 '사각형'으로 바꿨다고 자화자찬하는 내용이다. 아울러 데 스틸 운동은 유럽 예술의 발전에 큰 영향을 주었다고 주장하고 있다.

하우스라는 구체적 시간과 장소에서 일어난 '직선과 곡선의 문화사적 대립'을 아주 잘 표현한 그림이다.230 뢸은 바우하우스가 1925년에 데사우로 옮겨 갈 때 바우하우스를 완전히 떠났다.

1922년 9월, 두스부르흐는 바이마르에서 '구축주의자와 다다이스트 콩그레스Konstruktivisten- und Dadaisten Kongreß'를 개최했다. 사실 다다이스트와 구축주의자는 서로 화합하기 어려운 이들이었다.231 이 콩그레스의 목적은 오직 두스부르흐가 바우하우스 사람들에게 자기 존재감을 과시하기 위함이었다. 이 콩그레스에는 이텐이 축출된 후 그 자리에 초빙되는 라즐로 모홀리-나기, 그리고 두스부르흐가 피터르 몬드리안의 영향에서 벗어나 러시아 구축주의를 수용하는 데 큰 영향을 끼친 엘 리시츠키도 참석했다.

바우하우스에 진입하려고 애쓰던 두스부르흐는 일이 제대로 풀리지 않자 1923년에 네덜란드로 돌아갔다. 돌아가자마자 잡지 《메카노》에 바우하우스에서의 업적(?)을 포스터 형식으로 발표했다. 포스터 제목은 '사각형 찬가Salut für das Quadrat'다.232 포스터에는 온통 그로피우스의 바우하우스에 대한 조롱이 가득하다.

포스터 위쪽의 동그라미는 그로피우스가 지었던 통나무집 조머펠트 하우스 등등 1919년에 설립된 바우하우스의 활동들을 상징한다. 그 오른쪽의 사각형과 1922년은 두스부르흐가 바이마르에 도착한 후 바이마르의 모든 것이 사각형으로 변했다는 것을 뜻한다. 두스부르흐가 바이마르 바우하우스를 통째로 바꿔놓았다고 '본셋'이라는 가짜 이름으로 자화자찬하고 있는 것이다. 가운데의 또 다른 사각형은 1916년 네덜란드에서 창립된 데 스틸 운동을 뜻하고, '신조형주의' 같은 자신들의 활동이 유럽의 예술 발전에 큰 영향을 미쳤다고 쓰여 있다. 포스터 아래쪽에는 "이미 많은 사람이 사각형을 사용하고 있었으나 소수만이 사각형을 이해하고 있었다"라고 되어 있다. 두스부르흐의 가늠하기 어려운 성격을 보여주는 아주 흥미로운 포스터다.

그로피우스의 '싸움의 기술'

두스부르흐가 바이마르에 머문 기간은 불과 2년에 불과했다. 1921년에 처음 여행차 바이마르를 방문한 시간까지 합쳐도 3년이 채 안 된다. 그러나 바우하우스에 미친 두스부르흐의 영향은 실제로 엄청났다. 'I. K. 본셋'이라는 가명으로 발표한 그의 포스터는 결코 허풍이 아니었다. 바이마르 학생들은 두스부르흐를 통해 '멜랑콜리한 낭만의 고립된 섬'에서 빠져나와 산업사회라는 시대적 맥락으로 건너가야 한다는 것을 깨닫게 되었다. 아울러 대중과 소통하지 않는 예술작품이 가진 한계도 확실하게 알게 되었다. 어떻게든 자본주의 시장에서 소비될 수 있는 물건을 만들어야 바우하우스가 살아남을 수 있다는 현실감각도 배웠다.

예를 들어 두스부르흐를 통해 소개된 게리트 리트벨트의 「빨강·파랑 의자der Rot-Blaue Stuhl, 1918」는 데 스틸 운동의 사각형이 어떻게 구체적 생활과 연관되는가를 바우하우스의 젊은 학생들에게 아주 분명하게 보여줬다. 이 의자에 감동한 학생 중에는 훗날 「바실리 체어」로 리트벨트보다 더 유명해지는 마르셀 브로이어도 있었다.233 페터 켈러Peter Keler, 1898~1982가 1922년에 만든 「요람Wiege」에서는 리트벨트의 영향이 아주 분명하게 드러난다.

두스부르흐를 통해 바우하우스에 소개된 러시아 구축주의자 리시츠키도 기회가 될 때마다 바이마르에 방문해 바우하우스 학생들을 가르쳤다. 특히 리시츠키가 개발한 '프라운Proun'이라는 이름의 기하학적 추상은 공간지각과 관련된 새로운 차원을 바우하우스 학생들에게 보여줬다.234 리시츠키의 새로운 공간구성 실험에 영향받은 두스부르흐는 '반구성counter-construction'이라는 제목으로 일련의 실험을 진행했다.235 피터르 몬드리안과의 결별에 직접적 원인이 되는 대각선을 적극적으로 사용하기 시작한 것이다. 그 결과 두스부르흐는 '엑소노메트릭'*이라는 공간 투사법을 응용해 건축설계까지 포함하는 다양한 작품을 만들어냈다.

* 정확한 표현은 'axonometric projection'이다. '평행투영'의 대표적 방식으로 '축측투영'이라고 번역된다(Unit 107 참조).

1

2

1 리트벨트의 「빨강·파랑 의자」. 리트벨트의 의자는 데 스틸 운동의 사각형과 직선이 어떻게 실생활에 구체적으로 응용될 수 있는가를 보여줬다. 두스부르흐가 소개한 데 스틸 운동을 통해 바우하우스 학생들은 '수공예로의 회귀'가 아니라 산업사회라는 미래의 변화를 선취해야 살아남을 수 있다는 현실을 깨달았다.
2 브로이어의 「바실리 체어」. 리트벨트의 의자에 자극받아 여러 변형을 거친 후에 완성된 의자다. 훗날 바우하우스를 대표하는 가구가 된다.

3

3 켈러의 「요람」. 바우하우스 학생의 작품으로 유명한 이 요람도 두스부르흐를 통해 전해진 데 스틸 운동의 영향으로 만들어졌다.

두스부르흐의 「반구성, 엑소노메트릭, 개인주택Counter-construction, Axonometric, Private House, 1923」. 두스부르흐는 대각선을 '엑소노메트릭'이라는 공간 투사법과 연결시켰다. 이를 통해 선원근법을 이용한 재현에는 어쩔 수 없이 포함되는 수학적 왜곡을 극복할 수 있었다.

두스부르흐가 바우하우스 학생들에게 끼친 영향은 참으로 엄청났다. 그러나 두스부르흐의 가장 큰 공적은 그로피우스에게 이텐을 쫓아낼 명분과 구실을 주었다는 사실에 있다. 두스부르흐에게 동조하는 학생들이 늘어나자, 그로피우스는 이텐을 '낭만주의'의 주범으로 몰아세웠다. 그로피우스는 욕설처럼 되어버린 '낭만주의자'를 이텐에게 뒤집어씌우면서 이텐식 교육이 지속되면 바우하우스는 고립된 '낭만의 섬'이 되고 말 것이라고 주장했다. 이텐의 예술교육론은 '예술을 위한 예술'이라는 낡은 이념일 따름이며,

그의 교육 이념을 좇다 보면 급격하게 변화하는 외부 세계와 단절되고 만다는 것이다.

그로피우스는 '바우하우스 내부'에서 학생들의 인기를 독차지하던 이텐을, '바우하우스 외부'에서 학생들의 인기를 독차지하던 두스부르흐의 선동을 이용해 축출했다. 1919~1923년에 일어났던 이텐과 두스부르흐, 그리고 그로피우스의 삼국지는 이렇게 그로피우스의 완벽한 승리로 끝났다.

Unit 49.

표현주의

베를린에는 꼭 들러야 할 미술관 2곳이 있다!

유학 시절, 내게 베를린은 고통의 도시였다. 맑은 날은 손에 꼽을 정도였다. 날씨가 흐리면 저혈압으로 머리가 깨질 듯이 아팠고, 속은 몹시 거북했다. 주말마다 밤새도록 깨어 있어야 하는 야간 경비 아르바이트를 상당히 오래 했다. 쉬는 날에는 잠만 잤다. 미술관과 박물관은 어쩌다 한국에서 손님이 오면 모시고 가는, 특별한 곳이었다. 그러나 요즘 경험하는 베를린은 엄청나다. 구석구석 온통 귀한 구경거리 천지다. 수십 년이 지난 요즘, 베를린에 가면 '지적 사치'를 복수하듯 누리게 된다. 박물관과 미술관 관람, 그리고 음악회 가는 일로 베를린 일정은 매번 바쁘다.

누가 내게 베를린에서 꼭 가봐야 할 곳을 추천하라면 우선 샤를로텐부르크 궁전의 맞은편에 있는 '베르그루엔 미술관Museum Berggruen'을 꼽고 싶다. 페르가몬 왕국의 유적을 통째로 뜯어 와서 전시하고 있는 '페르가몬 박물관'을 비롯해 온갖 화려한 미술관들이 모여 있는 베를린 중심부의 '박물관 섬Museumsinsel'*은 관광객용이다. '내놓고 자랑하는 곳'이라는 뜻이다. 그러나 베르그루엔 미술관은 '은근히 자랑하는 곳'이다. 미술에 관해 조금의 관심만 있다면 너무 행복해지는 곳이다.

베를린 샤를로텐부르크 궁전 맞은편의 베르그루엔 미술관(오른쪽의 둥근 지붕 건물). 베르그루엔 미술관은 '은근히 자랑하는 곳'이다.

일단 파블로 피카소의 그림이 엄청나게 많다. 수십 점이나 있는 파울 클레의 그림도 너무 좋다. 앙리 드 툴루즈 로트레크Henri de Toulouse Lautrec,

* 동서독이 분리되어 있을 때 양쪽 국가의 경쟁은 학술, 문화 영역에서도 불꽃이 튀었다. 베를린은 그 문화 전쟁이 첨예하게 일어났던 장소다. 전통의 베를린대학(훔볼트대학)은 동베를린 지역에 있었기에 서베를린에는 베를린자유대학이 1948년에 설립됐다(나는 이 학교에서 공부했다). 동베를린의 '박물관 섬'과 인근의 '아우구스트 베벨 광장'에 대항하기 위해 서독 정부는 서베를린 티어가르텐 지역에 '문화포럼Kulturforum'이라는 문화 지구를 만들기로 결정했다. 아돌프 히틀러의 총애를 받았던 건축가 알베르트 슈페어가 베를린을 세계의 수도로 만들기 위해 드넓은 토지에 기초 토목공사를 해놓았던 바로 그 자리였다. 베를린 필하모니 콘서트홀이 박물관 섬 인근의 콘체르트하우스에 대항하는 건물로 제일 먼저 건설됐다. 동베를린의 국립미술관에 대항해서는 바우하우스 3대 교장이었던 루트비히 미스 반데어로에가 설계한 신국립미술관을 비롯해 회화미술관, 미술공예박물관, 국립도서관 등이 차례로 문화포럼 지역에 건설됐다. 동베를린 스탈린 알레의 건축물과 서베를린 한자 지역의 국제건축전시회 건축물을 비교하고(Unit 16 참조), 동베를린의 박물관 섬과 서베를린 문화포럼의 건축물들을 둘러보며 그 차이를 비교하는 일은 매우 흥미로운 일이다(Zimmermann 2018, p. 164 이하).

1 베르그루엔 미술관에 있는 피카소의 여인 초상화(Sketch of Women). 이런 피카소의 에스키스가 수십 점 전시되어 있다. 우리가 알고 있던 피카소의 그림이 아니다.
2 베르그루엔 미술관 입구에 있는 자코메티의 「서 있는 큰 여자 III」

1864~1901, 앙리 마티스Henri Matisse, 1869~1954의 그림도 있다. 미술관 문을 열고 들어가 복도 입구 한가운데에 서 있는 알베르토 자코메티Alberto Giacometti, 1901~1966의 삐쩍 마른 조각 「서 있는 큰 여자 IIIGroße Stehende Frau III, 1960」를 보면 '아!'라는 낮은 탄성이 절로 나온다.

브뤼케 미술관

베르그루엔 미술관이 '은근히 자랑하는 곳'이라면 베를린 남쪽의 달렘 지역에 있는 '브뤼케 미술관Brücke Museum'은 '사뭇 부끄러워하는 곳'이다. 언뜻 보면 동네의 시립 유치원 같다. 전시 내용도 소박하다. 그러나 미술관

베를린 브뤼케 미술관 입구. 전시회를 알리는 깃발이 없다면 꼭 동네 유치원처럼 보인다. 지극히 독일적인 다리파 그림들을 전시하는 곳이다. 표현주의 회화에 관심이 있는 사람이라면 꼭 가봐야 한다.

이름이 시사하듯, '다리파Die Brücke'의 진수를 맛볼 수 있는 곳이다. 1967년에 설립된 브뤼케 미술관에는 다리파의 대표 작가인 카를 슈미트-로틀루프Karl Schmidt-Rottluff, 1884~1976와 에리히 헤켈Erich Heckel, 1883~1970이 기증한 그림들이 전시되어 있다. 표현주의와 관련된 전시회도 수시로 열린다.

인상주의가 지극히 프랑스적이라면, '표현주의Expressionismus'는 매우 독일적이다.* 인상주의 그림의 달력은 많아도 독일 표현주의 그림의 달력은 거의 없다. 표현주의 그림은 아주 불편하기 때문이다. 테오 판 두스부르흐의 '낭만주의자'라는 비판을 바우하우스 사람들이 그토록 두려워한 이유는 바로 이 표현주의와 깊은 관련이 있다. 두스부르흐가 지칭한 '낭만주의'란 당시 독일 문화예술계의 트렌드였던 '표현주의'를 지칭한 것이었기 때문이

* 물론 독일에도 막스 리베르만 같은 인상주의 화가들이 있다. 그러나 프랑스 인상주의 회화들과 비교하면 양적으로나 질적으로 많은 차이가 있다. 일단 독일에는 '인상파'라고 언급할 수 있는 인상주의 화가들의 그룹이 존재하지 않았다(Platte 1971, p. 14 이하).

브뤼케 미술관 내부. 베를린 사람들은 주말에 이런 곳을 어슬렁(!)거린다. 혼자 관람하는 것이 잘 어울리는 풍경이다.

다. 세련되지 못하고 촌스럽다는 뜻이기도 하다. 그러나 심리학적 관점에서 보자면 표현주의가 갖는 문화적 가치는 엄청나다.

'표현주의'는 말 그대로 작가가 자신의 내면세계, 내적 체험을 밖으로 드러낸다는 의미다.* 단어의 뜻만으로도 '인상주의Impressionismus'의 반대말이 분명하다. 받아들인다는 뜻인 '인상im-pression'의 반대는 '표현ex-pression'이다. 그러나 무엇이 어떻게 반대인지는 그리 명확하지 않다. 인상주의자들 역시 자신들의 느낌을 '표현'했기 때문이다. 표현주의를 개념적으로 명확히 규정하는 것은 불가능하다.** 단지 시대적 맥락에서 어렴풋한 경향을 추측

* 표현주의의 특징을 '육체로부터의 해방Befreiung des Körpers'과 '내면의 발견Entdeckung der Psyche'으로 요약하기도 한다(Bassie 2014). '인간 내면의 발견'은 지크문트 프로이트의 '무의식의 발견Entdeckung der Unbewußten'과 밀접한 관련을 갖는다. 구성주의적 관점에서 보자면 '발견Entdeckung'이 아니라 '발명Erfindung' 혹은 '편집'이라고 해야 옳다. '무의식'이란 구성된 창조물이기 때문이다. 인간의 내면을 편집 혹은 창조하여 표현하는 '표현주의'의 등장 또한 '창조' 개념의 형성과 관련되어 매우 중요한 사건이다.

** 오늘날, 표현주의는 주로 20세기 초반의 독일 회화와 관련하여 언급되지만, 그 시작은 지극히 프랑스적이었다. 독일에서 '표현주의'라는 단어가 처음 언급된 것은 1911년 베를린 제체시온 전시회에서였다. 흥미롭게도 이 전시회에서는 프랑스 화가 앙리 마티스의 그림을 '표현주의'로 분류했다. 실제로 마티스가 자신의 그림을 '표현주의'라고 불렀다는 주장도 있다(베어 2003, p. 7). 그 후 몇 년간 독일에서는 빈센트 반 고흐, 폴 세잔, 에드바르 뭉크, 마티스의 그림이 표현주의 그림으로 불리기도 했다. 그러나 제1차 세계대전 전후로 '다리파'와 '청기사파'의 활동이 활발해지자 '표현주의'는 바로 이들을 지칭하는 개념으로 자리 잡았다(Steinkamp 2012, p. 17).

할 따름이다. 문헌들에 나타난 표현주의의 특징은 대충 다음과 같이 정리할 수 있다.

일단 색을 섞지 않고 원색을 주로 사용한다. 색과 형태의 표현이 자유롭다. 대상을 있는 그대로 그리지 않고 자기 느낌을 강조해서 그린다. 인상주의만 하더라도 시시각각 달라지는 사물의 모습을 재현하려고 애썼다. 그러나 표현주의는 인상주의에 비해 묘사의 범위가 훨씬 자유롭다. 원근법도 과감히 제거한다. 예쁘게 혹은 똑같이 그리는 것이 중요한 게 아니다. 자신의 내면을 표현하는 것이 더 중요하다. 그래서 표현주의 그림은 대부분 즉흥적이고 선이 거칠다. 급하다는 이야기다.236

파리의 인상주의에서 벗어나 표현주의로 넘어오는 중간 단계로는 빈센트 반 고흐나 에드바르 뭉크Edvard Munch, 1863~1944의 그림이 언급된다. 여인의 아름다움이나 여가를 즐기는 삶을 그림의 주제로 삼았던 인상주의와는 달리 고흐나 뭉크의 주제는 삶의 구체적 현실이었다. 우리 현실에서 즐거움은 순간이고, 고통과 권태가 대부분이다. 미화되지 않는 삶의 본질적 표현이라는 바로 그 지점에 표현주의가 있다.

'표현주의'라는 개념은 18세기 말부터 다양한 맥락에서 사용됐다. 1900년대 독일의 베를린 제체시온 전시회 카탈로그나 슈투름 화랑의 전시회에서 산발적으로 사용되던 표현주의라는 용어가 하나의 개념으로 정착한 것은 당시 오스트리아 빈의 대표적 지식인이었던 헤르만 바르Hermann Bahr, 1863~1934의 책 『표현주의Expressionismus』237가 출간된 1916년 후였다. 빈 제체시온의 이론적 지지자이기도 했던 그는 저서에서 인상주의 이후 유럽의 급진적 예술 사조를 표현주의라는 이름으로 뭉뚱그려 정리했다. 시간이 흐르면서 표현주의는 독일의 급진적 화풍을 지칭하는 단어로 자리 잡게 된다. 그러나 표현주의로 지칭된다고 모두 동일한 형식과 내용을 지닌 것은 아니다.

독일 표현주의에는 일단 두 그룹이 가장 유명하다. '다리파'와 '청기사파'다. '다리', '청기사'라는 명칭에 도대체 무슨 의미가 있을까 궁금해 할 필요는 없다. 젊은 화가들이 의기투합하여 함께 활동하는 자신들의 그룹을 지칭한 이름일 뿐이다. 록그룹 이름과 마찬가지라는 이야기다. 예를 들어 1980년대에 크게 인기를 끈 록그룹 R.E.M.은 꿈꿀 때 나타나는 안구의 빠른 운동을 뜻하는 'Rapid Eye Movement'의 첫 글자만 따온 것이다. R.E.M.은 그나마 나름대로 고민한 이름이다.

'딱정벌레'를 뜻하는 전설의 '비틀스The Beatles'는 아주 황당하게 지어진 이름이다. 당시 영국에서 인기 있던 밴드가 '크리케츠The Crickets', 즉 '귀뚜라미'였다. 그래서 그 흉내를 내 '딱정벌레'라고 지은 것이다. '나훈아'의 모창 가수 '너훈아'와 같은 수준이다. 정말 아무 생각 없이 지은 이름이다. 미술사에서 열거되는 낯선 이름들에 당황할 필요가 전혀 없다는 이야기다.

표현주의 화가 키르히너의 그림 「석양의 소들Kühe bei Sonnenuntergang, c. 1919」. 표현주의 그림은 뭔가 불편하다. 우리 삶 자체가 고통스럽기 때문이다.

Unit 50.

다리파

드레스덴의 공대생들

1905년 드레스덴에서 시작된 '다리파'의 이름이 건너다니는 '다리Brücke'인 이유를 프리드리히 니체의 철학과 연관 지어 설명하는 미술사 책이 많다. 『차라투스트라는 이렇게 말했다Also sprach Zarathustra, 1883~1885』의 내용 중 "너희는 다리일 뿐이다Ihr seid nur Brücken"라는 문장에서 가져왔다는 것이다. 인간은 짐승 단계에서 높은 단계의 초인으로 올라가기 위한 중간 다리일 뿐이라는 것이 니체의 주장이다.238 그러나 이것은 다리파가 표현주의를 대표하는 미술 그룹으로 유명해진 이후의 설명일 뿐이다.

당시 드레스덴에는 엘베강을 건너가는 다리가 많이 있어서 화가들이 그 다리들을 소재로 그림을 많이 그렸기 때문이라고 설명하는 편이 훨씬 설득력이 있다. 아니면 다리파의 창립 회원들이 다리 건축과 이래저래 관련이 있는 드레스덴공과대학 출신이었기 때문이라는 설명도 그럴듯하다. 동아리처럼 모여서 그림을 그리던 그들이 처음부터 자신들의 화풍이 다음 시대를 연결하는 '다리'가 될 것이라고 예측했을 리는 만무하다. 그리고 그들에게는 통일된 화풍이라 할 만한 것도 별로 없었다. 다리파는 1920년까지 지속됐지만 그 구성원은 수시로 바뀌었다. 창립 회원으로는 당시 드레스덴 공대생이었던 4명의 이름이 언급된다. 에른스트 키르히너Ernst Kirchner, 1880~1938, 에리히 헤켈, 카를 슈미트-로틀루프, 그리고 프리츠 블라일Fritz Bleyl, 1880~1966. 이들 중 미술교육을 제대로 받은 이는 한 명도 없다. 미술을 전공한 막스 페히슈타인은 1906년에, 오토 뮐러Otto Müller, 1874~1930는 1910년에 각각 다리파에 합류했다.

자료를 좀 더 찾아보니, 헤켈의 일기에 슈미트-로틀루프가 '다리'라고 이름을 지었다는 기록이 나온다. 단지 이쪽에서 저쪽으로 건너간다는 의미의 다리라는 단어가 어떤 명확한 방향성도 없는 자신들을 지칭하는 데 적합한 단어이기 때문에 다리파라고 했다는 것이다.239 체계적 미술 수업도 받지 않았고 기존 질서에는 무조건 반대하고 싶었던 20대 초반의 청년들이 장난처럼 지은 이름이 바로 '다리'였던 것이다.

실제로 1906년에 키르히너가 목판화로 발표한 '다리파 강령Programm der Brücke'을 보면 자신들이 어디로 갈 것인가에 대해서는 아무 언급이 없다. 그저 낡은 세력과의 대립만을 분명하게 규정한다. 선언문의 짧은 내용은 다음과 같이 지극히 추상적이다. "진보에 대한 믿음, 그리고 창조자와 관람자의 새로운 세대가 도래했다는 믿음으로 우리는 모든 젊은이를 부른다. 미래를 책임질 젊은이로서 우리는 현실에 안주하는 낡은 세력에 대항하여 행동과 삶의 자유를 쟁취

MIT DEM GLAUBEN
AN ENTWICKLUNG
AN EINE NEUE GE-
NERATION DER SCHAFFEN-
DEN WIE DER GENIESSEN-
DEN RUFEN WIR ALLE JU-
GEND ZUSAMMEN UND
ALS JUGEND, DIE DIE ZU-
KUNFT TRÄGT, WOLLEN
WIR UNS ARM- UND LE-
BENSFREIHEIT VERSCHAF-
FEN GEGENÜBER DEN
WOHLANGESESSENEN AL-
TEREN KRÄFTEN. JEDER GE-
HÖRT ZU UNS, DER UN-
MITTELBAR UND UNVER-
FÄLSCHT DAS WIEDER-
GIEBT, WAS IHN ZUM
SCHAFFEN DRAENGT.

키르히너가 1906년에 목판화로 발표한 '다리파 강령'. 자신들이 추구하는 회화에 관한 구체적 내용은 없다. 그러나 기득권 세력에 대한 반대만은 분명하다. 미술교육을 전혀 받지 않은 드레스덴 공대생들의 동아리 모임이었던 '다리파'는 이 강령 발표 이후 본격 미술가 그룹으로 발전한다.

하고자 한다. 창조의 충동을 왜곡하지 않고 직접 표현하는 사람은 모두 우리 편이다."240

다리파 구성원들 스스로도 훗날 창립 초기에 자신들이 추구하는 바가 분명치 않았음을 고백한다. 그래도 그들이 그린 그림에는 어렴풋한 공통점은 있었다. 그림을 '목판화'처럼 그렸다는 사실이다. 실제로 다수의 목판화를 제작하기도 했다. '단순한 형태'와 '분명한 색'이야말로 회화의 본질이라고 여겼던 그들에게 목판화만큼 흑백의 대비가 분명하고, 선의 표현이 확실한 매체는 없었다.241 이들의 작업에는 일본 목판화, 아프리카 조각 등이 강한 영향을 미쳤다. 드레스덴에서 다리파는 끊임없이 실험했다.

다리파가 미술을 좋아하는 혈기 왕성한 청년들의 취미 모임에서 제대로 된 미술가 그룹으로 발전한 것은 페히슈타인이 베를린으로 옮겨 간 1908년 이후의 일이다. 헤켈과 키르히너는 베를린에 자주 방문하여 페히슈타인과 함께 그림을 그렸다. 베를린이라는 대도시는 그들의 그림에 큰 변화를 가져왔다. 그들은 드레스덴에서와는 전혀 다른 그림을 그리기 시작했다.

다리파가 실험한 것은 단지 그림만이 아니었다. 삶의 방식까지도 실험 대상이었다. 페히슈타인, 헤켈, 키르히너는 드레스덴 북쪽에 있는 모리츠부르크 인근의 호수에서 집중적으로 그림을 그리기로 했다. 인근의 여인들이 모델로 초청됐다. 그중에는 '프랜치Fränzi'와 '마르첼라Marcella'라는 애칭으로 불렸던 10대 소녀들도 있었다.* 혈기 왕성한 세 청년은 호수와 여자를 대상으로 그림을 그렸다. 주로 자연과 어울리는 인간의 몸, 즉 나체를 주

* 모리츠부르크에서는 '프랜치'라고 불렸던 리나 프란치스카 페어만Lina Franziska Fehrmann, 1900~1950이 기꺼이 에른스트 키르히너, 에리히 헤켈, 막스 페히슈타인의 누드모델이 되어주었다. 그때 그녀의 나이는 불과 아홉 살이었다. 이후로 약 3년간 그녀는 다리파 화가들의 뮤즈가 되었다. 다른 모델들과 달리 그녀는 활발하게 움직이는 나체의 모습으로 다리파 화가들의 화폭에 그려졌다. 프랜치의 신원은 후에 밝혀졌지만, 마르첼라는 지금까지도 다리파 화가들의 그림으로만 알려져 있다(Kim 2002, p. 88 이하).

1910년의 다리파 전시회 포스터. 다리파는 목판화의 표현 방식을 회화에 구현하려고 했다. 그들은 목판화만큼 형태를 단순화하고 색을 분명하게 표현하는 매체는 없다고 생각했다.

제로 한 그림이었다. 모델들과 화가들은 함께 나체로 호숫가를 뛰어다녔다. 물론 그림 이외의 다양한 육체적 실험(!)도 했다.* 이후로 다리파는 하나의 미술가 그룹이라고 이야기할 만한 뚜렷한 경향성, 즉 '자연과 나체'라는 주제를 공유하게 된다. '자연과 나체'라는 다리파의 주제는 당시 독일에서 유행했던 'FKK 운동Freikörperkultur-Bewegung'과도 깊이 관련되어 있다.242

* 비슷한 시기에 오스트리아의 에곤 실레는 빈 인근의 노이렌바흐에서 유사한 실험을 하다가 미성년자 성추행 혐의로 감옥살이를 했다. 요즘 같으면 다리파 화가들이나 에곤 실레나 모두 전자 발찌를 찼을 것이다.

페히슈타인의 「모리츠부르크에서 목욕하는 사람들Badende in Moritzburg, 1910」. 다리파 청년들은 모여 살면서 '자연과 나체'라는 주제에 몰입했다.

나체는 자유다

'에프카카FKK, Freikörperkultur'. 직역하면 '자유로운 몸의 문화', 의역하면 '나체 문화' 정도가 되겠다. 지금도 독일에는 나체로 물놀이를 할 수 있는 해변이나 호숫가가 많다. 호수가 많은 베를린 인근에도 '에프카카'가 여러 군데 있다. 심지어는 수영장도 날을 정해놓고 나체로 수영할 수 있도록 한다. 이런 곳에 수영복을 입고 돌아다니면 엄청나게 주목받는다. 가끔 수영복을 입고 연신 두리번거리며 지나가는 이들을 보면 대부분 동양 남자다. '어이구야' 하는 부러움과 부끄러움이 섞여 있는 한국 감탄사도 자주 들린다. 독일 사우나에는 서로 모르는 남녀가 다 벗고 그 좁은 공간에 함께 있어야 한다.

호숫가에서 나체로 수영하는 일이야 아주 오래된 일이겠지만, '에프카카'라는 개념이 하나의 문화로 자리 잡은 것은 1898년 독일 에센에서 '에프카카 협회FKK-Verein'가 처음 결성되면서부터다.[243] 세기말 유럽에서 '자연과 나체'는 아주 강력한 문화적 과제였다. 옷 벗고 수영하는 일에 무슨 협회까지 결성할 필요가 있겠느냐는 생각이 들기도 하지만, 당시 독일인들에게 에프카카는 단순히 자유롭게 옷 벗고 수영하는 것에 국한된 일이 아니었다. 인간에게 가장 자연스러운 나체를 왜 부끄러워하느냐는 근본적 질문이 당시 시대정신과 관련하여 제기됐기 때문이다. 나체야말로 자연과 가장 조화로운 방식이라는 것이다.

에프카카는 채식주의 같은 문

독일 해변의 '에프카카' 표지판. 세기말 유럽에서 '자연과 나체'는 아주 중요한 문화적 도전이었다. 가장 자연스러운 모습인 나체를 왜 부끄러워해야 하느냐는 질문이다.

화 트렌드와 결합하기도 하고, 정치적 저항 수단이 되기도 했다. 유럽의 68세대가 추구한 남녀평등 문화와 이념적으로 결합하여 에프카카는 1970년대 유럽에서 크게 유행했다. 통일되기 전, 동독에서도 에프카카가 유행했다. 동독 정권에 대한 암묵적 저항이 에프카카를 통해 표출됐다. 독일이 통일된 후, 흥미롭게도 동독 사람들에게 에프카카는 동독 시절의 향수를 자극하는 대표적인 문화적 기억이 되었다.244 오늘날 에프카카는 점차 사람들의 관심에서 사라져가는 추세다. 에프카카 관련 단체도 줄어들고 있다. '나체'와 연관됐던 '자유', '자연' 같은 개념적 연결고리가 이제는 그다지 감동적이지 않은 까닭이다.

Unit 51.

제체시온

뭉크 스캔들

드레스덴과 베를린을 오가던 다리파 회원들은 1910년 베를린에서 '노이에 제체시온Neue Secession(신분리파)'이라는 단체를 결성한다. '제체시온Secession(분리파)' 자체가 '어디로부터인가 분리됐다'는 뜻인데, 이 분리파에서 또 다른 분리파가 갈라져 나온 것이다.

'제체시온'은 19세기 말~20세기 초에 주로 독일과 오스트리아에서 일어났던 젊은 예술가들의 개혁 운동을 지칭한다. 기존 미술 관련 단체, 미술상, 예술 아카데미 교수들 사이의 카르텔에서 분리하여 자유롭게 활동하겠다는 의미에서 '제체시온', 즉 '분리파'라는 것이다. 제체시온 운동의 초기에는 '유겐트슈틸'의 적극적 추구라는 공통점을 갖고 있었다.* 그러나 시간이 흐를수록 지향점과는 상관없이 기존 예술 권력을 향한 저항이라는 의미가 강조됐다.

* 20세기 초반, '제체시온'은 프랑스에서 시작된 '아르누보'를 지향하는 독일어권 예술가들을 지칭하는 개념이었다. 초기에는 프랑스의 '아르누보Art Nouveau'에 상응하는 다양한 독일어가 사용됐다. '아르누보'를 직역한 '노이에쿤스트Neue Kunst', '새로운 스타일'이라는 뜻의 '노이어슈틸Neuer Stil', '제체시온슈틸Sezessiosstil', '젊은 스타일'을 뜻하는 '유겐트슈틸Jungendstil' 등의 개념이 경쟁적으로 사용됐다. 이후 이런 산발적인 번역들은 모두 '유겐트슈틸'로 수렴됐다(Simon 2017, p. 53 이하).

제체시온의 시작은 1892년에 결성된 '뮌헨 제체시온'이었다. 뮌헨 제체시온은 당시에 '화가들의 군주'로 불렸던 프란츠 폰 렌바흐Franz von Lenbach, 1836~1904에 저항하는 프란츠 폰 스툭Franz von Stuck, 1863~1928과 그를 따르는 젊은 화가들의 모임이었다. '뮌헨 제체시온'을 둘러싼 렌바흐와 스툭의 대립은 세기말 유럽 미술 사조의 변화를 확실하게 보여준다.[245] 제체시온의 흔적이 가장 잘 보존된 까닭에 유럽에서 가장 유명한 '빈 제체시온'은 뮌헨 제체시온보다 몇 년 늦은 1897년에 결성됐다. '베를린 제체시온'은 그 이듬해인 1898년에 결성됐다. 이 가운데 베를린 제체시온의 결성 과정이 아주 흥미롭다.

베를린 제체시온의 결성 계기는 1892년 베를린에서 일어난 '뭉크 스캔들Munch-Skandale'**이었다. 에드바르 뭉크의 '처절한 그림'을 도저히 이해할 수 없었던 베를린의 보수적 화단과 관람객들은 뭉크의 전시회에 크게 반발했고, 전시회는 열린 지 불과 8일 만에 문을 닫았다. 이 사건을 계기로 뭉크는 매우 유명해져서 "스캔들로 유명해지다succès de scandale"[246]라는 프랑스 관용어의 대표적 사례가 된다. 한편 독일 미술사에서 뭉크 스캔들은 '현대 미술'의 시작으로 평가받는 사건이기도 하다. 이후 기존 예술 아카데미에 반대하는 젊은 화가들의 조직적 움직임이 눈에 띄게 활발해졌다. 결국 1898년, 베를린 미술 전시회의 보수적 전시 기준에 반대하는 젊은 화가들을 중심으로 베를린 제체시온이 결성됐다. 베를린 제체시온의 리더는 독일 인상주의를 대표하던 막스 리베르만이었고, 케테 콜비츠Käthe Kollwitz, 1867~1945 같은 여성 화가도 참여했다.

** '뭉크 스캔들'은 베를린의 보수적인 예술가들을 큰 충격에 빠트렸지만, 동시에 베를린이 아방가르드 예술가들의 새로운 메카로 자리 잡는 계기가 되었다. 파울 카시러와 헤르바르트 발덴 같은 미술상은 베를린으로 몰려드는 아방가르드 예술가들을 후원하는 갤러리와 출판사를 잇달아 열었다(Raff 2006, p. 46 이하).

베를린 반제에 있는 독일 인상주의 화가 리베르만 빌라의 정원

리베르만은 수완을 발휘하여 당시에 부지런하게 활동하던 젊은 미술상 파울 카시러Paul Cassirer, 1871~1926*를 베를린 제체시온의 일원으로 받아들였다. 의결권은 없지만 베를린 제체시온 의장단의 일원으로도 추대했다. 리베르만과 카시러는 독일 주류 사회 진입에 성공한 유대인이라는 동질감도 있었다.247 카시러는 파리의 인상주의 그림들을 베를린으로 가져와 독일 작가들의 작품과 함께 전시회를 개최하여 큰 인기를 끌었다. 경제적으로 힘들어하는 독일 인상주의 화가들을 재정적으로 적극 후원하기도 했다. 카시러는 빈센트 반 고흐의 작품들도 들여와 독일 전역에서 전시회를 개최하고 수십 점을 직접 구매했다. 오늘날 고흐의 명성은 상당 부분 카시러 덕분이라 해도 과언이 아니다.248 리베르만의 리더십과 카시러의 사업 수완으로 베를린

* 철학자 에른스트 카시러는 파울 카시러의 사촌이다.

제체시온은 독일 인상주의가 자리 잡는 데 크게 이바지했다고 인정받는다. 그러나 빛이 있으면 그림자도 있다.

'분리파'는 또 다른 분리파를 낳고…

성공적인 전시회가 연속되고 재정적으로 풍요로워지면서 베를린 제체시온은 어느새 또 다른 권력이 되어버렸다. 이들에게 가장 먼저 반기를 든 이는 드레스덴에서 올라온 다리파의 막스 페히슈타인이었다. 1910년 베를린 제체시온 전시회에 자기 그림을 출품했으나 거부당하자 이에 분노한 페히슈타인은 '노이에 제체시온', 즉 '새로운 제체시온'의 결성을 선언했다. 물론 다리파 동료들이 뒤에 있었기에 가능한 일이었다. 같은 해, 거부당한

베를린 제체시온의 1908년 전시회를 위해 모인 심사위원들. 앞줄 오른쪽에 앉아 있는 사람이 리베르만이다. 카시러는 왼쪽에서 다섯 번째에 서 있는 아주 젊은 사람이다.

자신의 작품을 비롯해 다리파 동료들의 작품을 모아 '베를린 제체시온에서 퇴짜 맞은 이들의 전시회Kunstausstellung-Zurückgewiesener der Secession Berlin'라는 자극적인 제목으로 전시회를 개최했다.249 전시회 포스터에는 베를린 화랑의 권력자인 리베르만과 카시러를 화살로 겨누는 여전사의 그림이 그려졌다.

분노와 치기에서 시작된 노이에 제체시온 전시회의 결과는 처참했다. 사방에서 비난이 쏟아졌다. 관람객들은 그림 주변에 온갖 욕설을 써놓았다. 그러나 노이에 제체시온 회원들은 기죽지 않고 계속 전시회를 개최했다. 그들은 젊었다. 시간이 흐르면서 노이에 제체시온 전시회는 사람들의 호응을 얻기 시작했다. 1913년, 헤르바르트 발덴Herwarth Walden, 1878~1941의 '슈투름' 화랑에서 열린 '첫 독일 가을 살롱' 전시회에서는 청기사파와 다리파

1910년 노이에 제체시온 전시회 포스터. 다리파의 페히슈타인이 주도한 노이에 제체시온의 첫 번째 전시회 포스터에는 베를린 제체시온의 권력자인 리베르만과 카시러를 화살로 겨누는 여전사가 그려졌다. 노골적 선전포고였다. 그러나 그 결과는 처참했다.

의 만남이 이뤄지기도 했다. 슈투름을 운영한 발덴은 카시러를 능가하는 안목을 지닌 미술상이었다.*

베를린 노이에 제체시온은 제1차 세계대전이 발발한 1914년까지 지속됐다. 1910년부터 1914년까지 4년 동안 총 일곱 번의 전시회가 개최됐다. 물론 모두 성공적인 것은 아니었다. 그러나 전시회가 반복되면서 사람들은 '표현주의'라는 낯설기 짝이 없는 화풍을 점차 열린 마음으로 받아들이기 시작했다. 노이에 제체시온 전시회는 국제적으로도 알려져 베를린에서 일어나고 있는 새로운 예술운동을 세계가 주목하게 되었다.

노이에 제체시온과 다리파의 운명은 서로 비슷한 시기에 끝난다. 1914년에 발발한 전쟁 때문이다. 그러나 다리파의 해체는 이미 그 전에 예고됐다. 결정적 계기는 1913년에 에른스트 키르히너가 펴낸 『다리파 연감 Chronik der Künstlergruppe Brücke』이었다. 이 책에서 키르히너는 다리파에서 자신의 역할을 과장하여 서술했다. 동료들은 강하게 키르히너를 비난했다. 키르히너가 별다른 반응을 보이지 않자 동료들은 다리파의 해체를 결의했다. 큰 상처를 받은 키르히너는 다시는 다리파 동료들을 보지 않겠다고 결심한다. 다리파는 해체되고, 노이에 제체시온도 해산됐다. 제1차 세계대전도 터졌다. 다들 뿔뿔이 흩어졌다.250 그러나 독일 표현주의는 아직 의지할 곳이 남아 있었다. 발덴의 잡지 《슈투름》과 부속 화랑이다.

흥미로운 에피소드가 하나 더 있다. 다리파의 또 다른 멤버이며 노이에 제체시온 결성에 참여한 에밀 놀데의 그 후 인생이다.** 놀데는 적극적 반유대주의자가 되었다. 자기 작품을 거부한 리베르만과 카시러, 2명 모두 유대인이었기 때문이다. 1910년 베를린 제체시온 전시회에서 거부당한 쓰

* 슈투름에 관해서는 Unit 53 참조.

** 에밀 놀데는 1913년에 시베리아를 거쳐 일본으로 가는 여행을 떠났다. 거의 1년 동안 지속된 이 여행에서 놀데는 잠시 식민지 조선에 들렀다(Bassie 2014, p. 189).

라린 기억이 그의 나머지 인생 경로를 완전히 바꿔놓은 것이다. 그는 인상주의만을 유일한 예술로 여기며 권력을 휘두른다고 리베르만을 비난했고, 카시러는 돈으로 예술가들을 굴복시킨다고 욕했다.

외국을 떠돌던 놀데는 아돌프 히틀러의 나치가 권력을 잡자 독일로 돌아왔다. 놀데는 나치 당원이 되어 예술계 반유대주의의 선봉에 섰다.251 독일 회화의 우월함을 주장하며 인상주의는 물론 초현실주의 같은 그림이 독일 내에서 전시되는 것을 앞장서서 반대했다. 나치의 선전장관이자 집요한 예술 수집가였던 요제프 괴벨스와 히틀러의 건축가 알베르트 슈페어Albert Speer, 1905~1981는 놀데를 적극 후원했다. 그러나 놀데의 이용 가치가 떨어지자 나치는 그의 작품을 퇴폐적이라 규정하고 그의 공식 활동을 금지했다.*

* 에밀 놀데는 제2차 세계대전이 끝난 후, 반복해서 자신이 나치의 희생양이었다고 주장했다. 이유는 놀데의 작품이 나치에 의해 '퇴폐미술entartete kunst'로 낙인찍혔다는 것이다. 단지 그것뿐이었다. 1910년 이후의 반유대주의적 언행과 나치 협력의 흔적은 그의 사후에 여러 역사학자에 의해 밝혀졌다(Saehrendt 2005, p. 105 이하).

Unit 52.

11월 혁명

바이마르공화국과 '11월 그룹'

독일 표현주의의 '다리파', '청기사파'는 결성된 지 불과 몇 년 만에 해체됐다. 그들이 이전에 속했던 베를린, 뮌헨의 '제체시온' 또한 몇 년 유지되지 못했다. 흥미로운 점은 하나의 단체가 해체되면 바로 또 다른 단체가 만들어진다는 것이다. 그런 의미에서 제1차 세계대전은 예술가들의 이합집산에 아주 그럴듯한 구실이었다. 단체의 해체 이유가 아주 명확했기 때문이다. 전쟁이 끝나자 예술가들은 기다렸다는 듯 다시 모여서 단체를 조직하기 시작했다.

제일 먼저 꾸려진 것은 '예술을 위한 노동자평의회Arbeitsrat für Kunst'였다. 브루노 타우트와 발터 그로피우스가 주도한 예술을 위한 노동자평의회는 주로 건축가 중심인 조직이었다.* 물론 이 조직도 그리 오래가지 않았다. 1918년에 시작해 1921년에 끝났다. 의미 있는 활동도 별로 없었다. 그

* 도시 노동자들의 주거 개선을 위해서는 사회변혁이 전제돼야 한다는 건축가들의 때늦은 인식 변화가 '예술을 위한 노동자평의회'의 결성을 가능케 했다. 사회변혁에 기여하지 못하는 예술은 아무런 의미 없다는 사회참여의 예술론을 공유하는 수많은 예술가가 의기투합했지만, 이들의 활동은 대부분 선언에 그치고 말았다. 브루노 타우트와 더불어 예술을 위한 노동자평의회를 주도했던 발터 그로피우스는 이때의 성공과 실패를 바탕으로 바우하우스 건립 의지를 불태우게 된다(Müller 2022, p. 28 이하).

러나 이 조직을 통해 전후 독일의 문화예술계를 이끌고 나갈 굵직한 인물들이 서로 친분을 맺게 된다.

'예술을 위한 노동자평의회'와 같은 해에 창립된 '11월 그룹Novembergruppe'도 아주 중요한 조직이다. 11월 그룹은 1918년 12월 3일에 결성됐다. '슈투름' 화랑을 근거지로 활동하던 예술가들이 모여서 시작했다. 당시 독일의 아방가르드 예술가들은 앞다투어 11월 그룹에 몰려들었다. 이 같은 잡종적 성격을 빗대어 11월 그룹의 예술적 특징을 '쿠보-푸토-엑스프레시오니스무스Kubo-futo-expressionismus'라고 부르기도 했다. '큐비즘Kubismus', '미래주의Futurismus', '표현주의Expressionismus'의 첫 음을 조합해 만든 단어다. 한마디로 '잡탕'이라는 거다.

11월 그룹은 다리파의 막스 페히슈타인, 세자르 클라인César Klein, 1876~1954 등이 주도했다. 바우하우스 선생으로 초빙되는 라이오넬 파이닝어, 마르셀 브로이어, 바실리 칸딘스키, 루트비히 미스 반데어로에 같은 이들도 11월 그룹의 멤버였다. 11월 그룹의 공식 해체는 아돌프 히틀러의 집권 후인 1935년으로 되어 있다. 그러나 실제로는 1921년경에 내부 갈등으로 이미 해체된 상태였다. 모이면 바로 흩어지는 예술가 집단의 특징을 그대로 보여주지만, 그만큼 혼란의 시대였다는 것을 시사하기도 한다. 이데올로기적으로는 좌우 대립이 극한 상황으로 치달으며, 나치즘이라는 전대미문의 광기가 시작되고 있을 때였다. 이 혼란스러운 시대에 11월 그룹과 이들의 활동 무대였던 헤르바르트 발덴의 슈투름이 독일 문화사에서 가지는 의미는 특별하다.252

'11월 그룹'이라는 명칭은 1918년 독일에서 일어났던 '11월 혁명Novemberrevolution'*에서 따온 것이다. 11월 혁명은 제1차 세계대전이 끝나갈 무렵, 독일 킬 군항의 해군 반란에서 시작하여 독일 전역으로 퍼졌던 민중봉기를 지칭한다. 1918년 10월 24일, 독일 해군 수뇌부는 영국 해군을 상대로 대규모 공격 결정을 내렸다. 그러나 당시 독일의 전세는 이미 기울 대로 기울어 있었다. 독일 정부는 새롭게 연합군으로 참전한 미국과의 휴전협정을 공개적으로 진행하고 있었다.

전쟁에 지칠 대로 지친 독일 해군 병사들은 터무니없는 공격 명령에 불복종하는 폭동을 일으켰다. 폭동은 바로 진압됐고, 체포된 병사들에게는 즉시 사형이 선고됐다. 그러자 병사들의 반란이 대규모로 일어났다. 11월 4일, 병사들은 항구 도시 킬에 정박한 군함을 점거하고 붉은 기를 꽂았다. 이후에 시민과 노동자가 가세하면서 11월 7일이 되자 황제의 독일제국에 반대하는 폭동이 독일 전역으로 확대됐다. 당시 특별히 거론되는 혁명 지도자는 없었다. 극도로 혼란스러운 상황에서 노동자평의회, 병사평의회, 농민평의회가 우후죽순 결성되어 지역의 행정을 떠맡겠다고 나섰다.

이틀 후인 11월 9일, 프로이센의 왕이자 독일제국의 황제인 빌헬름 2세는 황제의 지위를 스스로 내놓고 네덜란드로 망명을 떠났다. 같은 날, 집권당이던 사민당의 필리프 샤이데만Philipp Scheidemann, 1865~1939이 제국의회 건물 창문에서 데모대를 향해 독일공화국의 출범을 선언했다. 얼떨결에 외친 샤이데만의 '독일공화국 만세'로 독일의 군주제는 완전히 폐기됐다.253 흥미로운 것은 이 같은 독일공화국의 출범 과정에서 독일제국의 황제나 그 일가, 그리고 각 주를 다스리던 귀족들은 그 누구도 피 한 방울 흘리지 않았다는 사실이다. 그들은 황제가 망명하자 각자의 지위를 자발적으로 내놓았다. 평의회 대표들이 찾아오자 기다렸다는 듯 자신들의 자리를 내버리고, 평화

* 러시아의 혁명은 진정한 의미의 사회주의 혁명이 아니었다. 마르크스 이론에 따르자면 진정한 산업 대국이었던 독일에서 혁명이 일어났어야 했다. 그러나 독일의 '11월 혁명'은 실패한 사회주의 혁명의 대표적 사례가 된다. 나치즘과 스탈린주의는 바로 이 독일의 '실패한 혁명the lost revolution'의 결과물로 이해돼야 한다고 영국 사회학자 크리스 하먼Chris Harman, 1942~2009은 주장한다. 흥미롭게도 나치의 하켄크로이츠Hakenkreuz가 처음 등장한 것은 11월 혁명 이후 반反혁명 군대의 문장으로 사용되면서부터였다(하먼 2007).

롭고 화려한 개인 생활을 찾아갔다. 유럽의 다른 나라들과는 달리, 독일에서 군주제 폐기와 공화제 출범은 '혁명'이라고 부르기에는 너무나 빨리, 그리고 아주 간단히 이뤄졌다. 그래서 오늘날까지도 독일에 '혁명'이 있었다는 사실에 대해 다들 고개를 갸우뚱하는 것이다.

바로 그 이듬해인 1919년, 바이마르공화국의 초대 대통령이 된 프리드리히 에베르트와 초대 수상이 된 샤이데만은 반혁명 세력이었던 황제의 군대와 결탁하여 노동자평의회, 병사평의회, 농민평의회를 피로 숙청한다. 어설프게 이뤄진 독일의 11월 혁명은 불과 1년도 지나지 않아 혁명 주체가 모두 제거되고 만 것이다. 어렵게 얻어진 바이마르공화국의 형식적 민주주의마저 10여 년이 지나 히틀러의 나치당에 자리를 내줬다. 결국 독일의 11월 혁명은 군주제의 종말만을 가져왔을 뿐이다. 자랑스럽게 내놓기에는 참으로 많이 부족한 혁명이 되고 만 것이다.

1 독일의 마지막 황제 빌헬름 2세(1902). 젊은 시절, 독일 통일의 영웅인 비스마르크도 쫓아내며 의기양양했던 빌헬름 2세는 1918년 11월 9일에 아주 간단히 황제 지위를 포기했다. 독일연방의 각 지역을 지배하던 귀족들도 기다렸다는 듯 저항 없이 바로 물러났다. 독일의 '11월 혁명'이 뭔가 어설픈 이유다.

2 빌헬름 2세가 네덜란드로 망명을 떠나기 위해 벨기에·네덜란드 국경의 기차역에 서 있다. 왼쪽에서 네 번째가 빌헬름 2세다.

'등에 칼 꽂기'

이즈음에 '등에 칼 꽂기Dolchstoß von hinten'라는 특이한 독일어 표현이 회자되기 시작했다. 이른바 '배후중상설背後重傷說, Dolchstoßlegende'254이다. 제1차 세계대전에서 패배한 후, 독일군 총사령부를 지휘했던 파울 폰 힌덴부르크Paul von Hindenburg, 1847~1934와 에리히 루덴도르프Erich Ludendorff, 1865~1937는 "독일 병사들은 전쟁에서 절대 패배하지 않았다"라고 주장했다. 국내의 샤이데만이나 에베르트 같은 사민주의자들과 좌파 정치인들, 그리고 유대인들이 전쟁에서 용감하게 싸우는 병사들의 '등 뒤에서 칼을 꽂았기 때문에' 전쟁에서 패했다는 것이다.

사실 1918년 초반만 해도 독일제국이 전쟁에서 패배하리라고 생각한 독일인은 없었다. 1917년 11월, 러시아에서 볼셰비키 혁명이 일어났기 때문이다. 러시아가 전쟁에서 물러나면 동부전선에 있던 군대를 빼내어 서부전선으로 돌리면 되므로 충분히 승산이 있다고 생각했다. 그러나 예상치 못했던 일이 일어났다. 유럽에서의 전쟁에 참여하기를 주저하던 미군이 연합군으로 참전한 것이다.

미군이 참전하면서 연합군의 전력은 이전과는 비교할 수 없이 강해졌고, 독일군은 지쳐 무너졌다. 전쟁의 의미와 이유를 상실한 군대는 스스로 무장해제됐다. 4년간의 참호전을 거치면서 독일제국의 군대는 전쟁을 시작할 때의 그 용맹스러운 프로이센 군대가 아니었다. 그러나 전쟁을 지휘했던 지휘부는 병사들의 심리적 무장해제를 이해할 수 없었다. 모래성처럼 무너져버린 독일군의 현실을 받아들일 수도 없었다. 어떻게든 패전 이유를 찾아야 했다. 등에 칼 꽂기라는 표현은 바로 이런 심리적 정당화 과정에서 나온 것이다.

원래 등에 칼 꽂기라는 표현은 리하르트 바그너의 오페라 《니벨룽겐의 반지Der Ring des Nibelungen》에서 처음 사용됐다.* 이 표현을 힌덴부르크와 루덴도르프가 패전 이유로 강조해서 사용한 후, 배후중상설을 표현하는 용어로 오늘날까지 널리 쓰이게 된 것이다. 히틀러는 이 표현을 유대인을 대상으로 적극 유포했다. 제1차 세계대전에서 독일이 패망한 주요 원인이 유대인의 배신이라고 선동하며, 유대인은 언제든 독일을 배신할 수 있는 집단이라고 독일인을 세뇌한 것이다.255 '등에 칼을 꽂는다'라는 표현은 이처럼 지극히 낡은 인종주의 배경을 가진 용어다.

* 리하르트 바그너의 음악극 《니벨룽겐의 반지》에서 주인공 지크프리트를 친구이자 정적인 하겐이 등 뒤에서 창을 꽂아 살해한다. 이 이야기는 독일 근대사와 관련하여 다양한 형태로 인용된다(Münkler 2016, p. 157 이하).

1 사민당의 샤이데만이 목숨을 걸고 싸우는 전방 참호 병사들의 등에 칼을 꽂았다고 주장하는 1924년 독일 우익 신문의 만평. 이때부터 '등에 칼을 꽂는다'는 표현이 관용적으로 쓰이기 시작했다.

2 유대인이 등에 칼을 꽂아 제1차 세계대전에서 독일이 패망했다는 내용을 선전하는 1919년 오스트리아 우편엽서. 히틀러의 나치당은 반유대주의를 부추기기 위해 '등에 칼을 꽂는다'라는 표현을 선동적으로 사용했다.

Unit 53.

슈투름

저항과 혁명의 잡지들

제1차 세계대전을 전후로 다양한 신문·잡지가 출간됐다. '대중Masse'은 잡지와 신문 같은 매체로 매개되어 본격적으로 등장한 개념이다. 사람들의 관심은 대중매체에 실리는 각종 주장과 평론에 집중됐다. 《파켈Die Fackel》, 《악치온Der Aktion》, 《슈투름Der Sturm》, 《크베어슈니트Der Querschnitt》 등은 당시 독일, 오스트리아에서 영향력 있던 잡지들이다. 잡지 이름을 읽을 때 혀로 느껴지는 발음부터 뭔가 심상치 않다. 그 뜻을 알고 보면 더욱 그렇다. '파켈'은 '횃불'이다. '악치온'은 '행동', '슈투름'은 '폭풍', 그리고 '크베어슈니트'는 '횡단면'이다. 모든 잡지의 이름이 뭔가를 송두리째 뒤집어엎을 태세다. '저항', '변혁', '혁명'이라는 당시의 시대정신이 잡지 이름에서부터 구현되고 있었다.

잡지 편집자들의 면면을 보면 더욱 흥미롭다. 1899년에 오스트리아 빈에서 창간되어 1936년까지 출간된 풍자 잡지 《파켈》의 편집자는 카를 크라우스Karl Kraus, 1874~1936였다. 크라우스는 시인이자 극작가로 20세기 초반 독일어권에서 가장 유명한 풍자가였다. 그는 유대인이다. 그러나 그는 자신의 유대인 아이덴티티를 거부하고 가톨릭으로 개종했다. 그는 유대인 아이덴티티를 고집하는 이들을 몹시 싫어했다. 거의 '자기 증오'에 가까웠다. 당시 오스트리아에서는 『유대인 국가Der Judenstaat, 1896』라는 책을 집필하며 시오니즘을 창시한 테오도어 헤르츨Theodor Herzl, 1860~1904의 이름이 유대인 사이에서 널리 회자됐다. 그는 한때 크라우스의 출판사 동료였다. 크라우스는 「시온을 위한 왕관Eine Krone für Zion, 1898」이라는 소책자를 출간하여 헤르츨의 시오니즘이 시대착오적이라고 비판했다. 이후 빈 사람들은 헤르츨이 나타나면 "폐하가 왕림하셨습니다!"라며 비웃었다.256

군주제가 폐지되고 민주주의라는 새로운 사회질서가 성립되던 서유럽에서 유대인이라는 민족적 아이덴티티를 지키려는 것은 우스운 짓이라고 크라우스는 생각했다. 좌충우돌하며 당시 독일어권 지식인들과 부딪치기를 주저하지 않았던 크라우스에게 자신이 창간한 잡지 《파켈》은 아주 훌륭한 무기였다. 그는 내키는 대로 썼다. 특히 '표현주의'라는 용어를 처음으로 공식화한 빈의 대표적 지식인인 헤르만 바르는 크라우스의 대표적 공격 대상이었다. 분노한 바르는 크라우스를 명예훼손으로 고소하기도 했다.

같은 유대인이었던 정신분석학의 대가 지크문트 프로이트, 작가 아르투어 슈니츨러Arthur Schnitzler, 1862~1931와 같은 이들도 크라우스의 신랄한 비판에 시달렸다. 하지만 크라우스와 친분을 유지하며 《파켈》에 글을 발표한 유명인도 많았다. 하인리히 만Heinrich

1899년에 창간된 잡지 《파켈》 표지. 《파켈》을 창간한 크라우스는 유대인이었지만 자신의 유대인 아이덴티티를 부정했다. 그는 '시오니즘'을 주장하는 유대 민족주의 지도자들을 가차 없이 비판했다. 프로이트와 그를 따르는 빈의 정신분석학자들도 크라우스의 단골 풍자 대상이었다.

Mann, 1871~1950, 아널드 쇤베르크, 프란츠 베르펠, 오스카 와일드Oscar Wilde, 1854~1900 등이다.

크라우스에게는 드물지만 아주 살가운 친구도 있었다. 빈의 '문제적 건축가'이며 자신 못지않은 독설가였던 아돌프 로스다. 둘 다 빈의 '왕따'였던 까닭이다. 로스는 크라우스에게 젊은 화가 오스카 코코슈카를 소개했다. 로스는 자신보다 열여섯 살이나 어린 코코슈카의 특별한 재능을 아꼈다. 로스는 코코슈카에게 당시에 그가 다니던 '빈 공방'을 당장 그만두고, 자신만의 세계를 자유롭게 추구하라고 조언했다. 로스는 자기 친구들을 코코슈카에게 소개하여 초상화를 그리게 했다. 그렇게라도 경제적 도움을 주려고 했다. 코코슈카가 그린 초상화를 친구들이 마음에 들어 하지 않으면 로스가 그 값을 대신 냈다. 로스는 코코슈카의 진정한 후원자였다.257 로스는 코코슈카에게 크라우스의 초상화도 그리게 했다. 크라우스도 코코슈카가 그린 자신의 초상화가 마음에 들지 않았던 모양이다. 그는 나중에 이렇게 썼다. "코코슈카가 내 초상화를 그렸다. 나를 아는 사람들이 그 그림을 보면 못 알아볼 것 같다. 그런데 나를 모르는 사람들이 보면 분명히 나라고 알아볼 것 같다."258

내용적으로 좌충우돌하는 《파켈》에 비해 좌파 성격이 강했던 《악치온》은 1911년부터 1932년까지 발행됐다. 동프로이센 출신의 출판업자인 프란츠 펨페르트Franz Pfemfert, 1879~1954가 발행했다. 초기에는 '다리파'와 '청기사파' 화가들을 포함한 표현주의 예술가들의 글이 많이 실렸다. 시간이 흐를수록 급진적 정치 성향의 글이 많이 발표됐다. 《크베어슈니트》는 알프레트 플레히트하임Alfred Flechtheim, 1878~1937이 1921년에 창간한 잡지다. 플레히트하임은 베를린 제체시온을 후원한 파울 카시러, 《슈투름》의 헤르바르트 발덴과 더불어 독일 바이마르 시대의 3대 미술상으로 꼽힌다.259 흥미롭게도 이들은 모두 유대인이다. 아울러 독일의 아방가르드 예술가들을 적극 후원했다

1910년 《슈투름》에 실린 크라우스의 초상화. 코코슈카가 그렸다. 크라우스는 코코슈카가 그린 자신의 초상화를 보고 몹시 심란해하며 이렇게 말했다. "나를 아는 사람들이 그림을 보면 못 알아볼 것 같다. 그런데 나를 모르는 사람들이 보면 분명히 나라고 알아볼 것 같다."

는 공통점도 있다.

《크베어슈니트》는 원래 플레히트하임 소유의 갤러리를 홍보하기 위한 잡지였다. 그러나 1920년대 중반부터 아방가르드 예술에 대한 사람들의 인식이 바뀌고 호의적 관심이 급증하면서 문학, 무용, 회화, 사진까지 다루는 종합예술잡지로 확대됐다. 그러나 1936년, 나치당의 요제프 괴벨스는 《크베어슈니트》의 사소한 외국어 표현을 문제 삼아 잡지를 폐간시켰다. 나름 예술 애호가였던 괴벨스에게 아방가르드 예술은 좌파 예술가 아니면 유대인들의 사회 분열 책동으로 여겨졌다.

발덴의 '슈투름'이 없었다면 바우하우스도 없다

《슈투름》은 20세기 초에 발행된 잡지들 가운데 아방가르드 예술 쪽으로 가장 큰 영향력을 발휘했다. 1910년에 창간한 이 잡지도 유대인에 대한 정치적 탄압이 극심해지던 1932년에 폐간됐다. 발행자였던 발덴이 모스크바로 망명을 떠났기 때문이다. 발덴의 '슈투름'은 단순히 잡지의 이름뿐만이 아니었다. '슈투름 갤러리'도 있었고, '슈투름 서점'도 있었다. 잡지를 출간한 '슈투름 출판사Sturmverlag'에서는 표현주의 예술가의 서적이 많이 출판됐다. 한마디로 당시로서는 매우 드문 종합문화예술사업 그룹이었다.

발덴의 '슈투름'이 유명해진 계기는 1913년 9월부터 12월까지 베를린에서 열린 '첫 독일 가을 살롱Erster Deutscher Herbstsalon'이라는 이름의 전시회였다. '첫 독일 가을 살롱'이라는 타이틀은 프랑스의 '살롱도톤Salon d'Automne', 즉 '가을 살롱' 전시회에서 가져온 것이다. 야수파, 입체파를 탄생시킨 프랑스의 '살롱도톤'처럼 '첫 독일 가을 살롱' 또한 독일 화단에서 '표현주의'라는 새로운 흐름을 탄생시켰다.

'첫 독일 가을 살롱' 전시회는 1912년 쾰른에서 있었던 '존더분트 전시회Sonderbundausstellung'에 대항하는 전시회로 기획됐다. 앞서 언급한 《크베어슈니트》의 플레히트하임이 공동 주최자였던 '존더분트 전시회'에서는 인상주의를 중심으로 한 주류 화가들의 작품이 대거 전시됐다. 유명한 외국 화가들의 작품도 다수 출품된 국제적 규모의 전시회였다. 플레히트하임과 경쟁하던 발덴은 '존더분트 전시회'에서 찬밥 신세였던 독일의 젊은 아방가르드 작가들을 끌어모아 '첫 독일 가을 살롱'이라는 이름으로 전시회를 열었다.260

발덴이 운영하던 '슈투름 극장Sturm-Bühne'의 책임자는 로타 슈라이어였다. 1916년부터 1926년까지 잡지 《슈투름》의 편집자를 역임하기도 했던 슈라이어는 1921년부터 1926년까지 바우하우스 선생도 겸직했다.261 바이마르와 데사우 바우하우스에서 연극을 비롯한 무대예술을 가르쳤다. 소규모였지만, 발덴은 1916년에 '슈투름 예술학교Sturm-Kunstschule'까지 설립했다.262 이 학교의 선생이었던 게오르크 무헤는 슈라이어처럼 발터 그로피우스의 초청으로 바우하우스 선생이 되었다. '슈투름 예술학교'에서는 코코슈카도 선생으로 재직했다.

발덴의 '슈투름' 인맥이 없었다면 그로피우스의 바우하우스도 없었다. '슈투름'을 매개로 바우하우스에 초빙된 선생들은 라이오넬 파이닝어, 요하네스 이텐, 바실리 칸딘스키, 파울 클레, 라즐로 모홀리-나기, 게오르크 무헤, 오스카 슐레머, 로타 슈라이어, 루트비히 미스 반데어로에 등이다.

'첫 독일 가을 살롱' 전시회 카탈로그. 뜬금없는 '가을 살롱'이라는 타이틀은 프랑스의 '살롱도톤'을 흉내 내어 지은 것이다.

코코슈카가 그린 《슈투름》의 발행인 발덴의 초상화(1910). 발덴의 '슈투름'이 없었다면 바우하우스도 없다. 바우하우스 선생들은 대부분 '슈투름'을 통해 맺어진 인연으로 초빙됐기 때문이다.

바우하우스에서 중요하게 언급되는 선생 가운데, 게르하르트 마르크스를 제외하고는 거의 모든 선생이 '슈투름' 출신이라고 할 수 있다.

나치를 피해 모스크바로 망명을 떠난 발덴의 삶은 비극적으로 끝났다. 발덴은 매우 적극적인 공산주의자였다. 정치 성향 때문에 당시 부인과도 이혼했다. 그는 1918년에 결성된 '독일 공산당 Kommunistische Partei Deutschlands'의 창립 회원이기도 했다. 그래서 망명지로 모스크바를 선택한 것이다. 그러나 모스크바로 건너간 후에도 아방가르드 예술과 관련된 출판을 계속하다가 1941년에 체포됐다. 그리고 그해에 시베리아의 한 감옥에서 사망했다. 왜 체포됐는지, 어떻게 죽었는지는 아무도 모른다. 그의 죽음도 1966년에 러시아를 방문한 그의 딸에 의해 겨우 밝혀졌을 뿐이다.263

1918년의 발덴. 독일 공산당원이었던 그는 나치를 피해 모스크바로 망명했다. 1941년 체포되어, 같은 해 시베리아 감옥에서 사망했다.

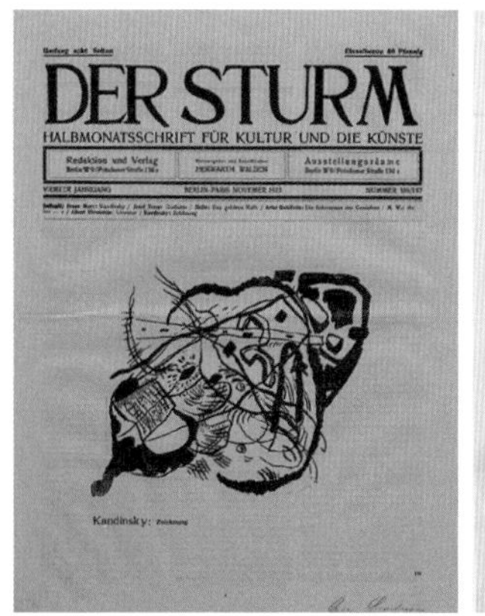

칸딘스키, 뮌터, 클레도 잡지 《슈투름》의 표지화를 그렸다.

Unit 54.

유리 사슬

'유리 사슬'이라는 이름의 '단체 채팅'

바우하우스 설립 전, '예술을 위한 노동자평의회'와 '11월 그룹' 회원들과의 공식·비공식 교류는 발터 그로피우스에게 매우 중요했다. 특히 '유리 사슬Gläserne Kette'264이라는 이름의 비공식 모임은 아주 특별했다. 1919년, 예술을 위한 노동자평의회를 주도했던 브루노 타우트는 공적 모임에서 자유로운 생각을 교환하는 것이 어렵다고 생각했다. 당시 좌파 예술가, 좌파 지식인에 대한 극우 세력의 정치적 탄압이 심해지고 있었다. 타우트는 대안으로 편지로만 교류하는 모임을 고안했다. 그는 가까운 이들에게 공유하고 싶은 생각이나 질문, 혹은 비판할 것이 있으면 편지로 회람하자고 제안했다. 그 모임이 바로 '유리 사슬'이다. '사슬'처럼 생각이 꼬리에 꼬리를 무는 모임이라는 것이다. 마치 오늘날 '카톡'이나 '트위터'에 누군가 자기 생각을 올리면 '친구'를 맺은 이들이 그 주제에 대한 자신의 생각을 쭉 이어 올리는 것과 마찬가지다. 이렇게 타우트는 회원들끼리 생각을 공유하는, 당시로서는 아주 선구적인 '단체 채팅' 모임을 만든 것이다.

처음에는 20여 명이 시작했지만, 적극적으로 참여한 사람은 13명이었다. 초기에 적극적으로 참여했던 그로피우스는 바이마르 바우하우스의 일이 바빠지자 슬그머니 빠졌다. 그러나 이 소규모 단체 채팅 모임에서 논의된 내용은 바우하우스 교육의 지향점과 관련하여 그로피우스의 생각에 결정적 영향을 미쳤다. '유리 사슬'에 참여하는 사람의 이름도 오늘날의 인터넷 ID처럼 가명으로 했다. 오늘날도 마찬가지이지만 ID를 보면 그 사람의 특징과 관심을 바로 알 수 있었다. 타우트의 ID는 '유리Glas'였다. 그로피우스의 ID는 측정 단위를 뜻하는 '척도Maß'였다.265

유리는 타우트가 제1차 세계대전 이전부터 몰두하던 주제였다. 전쟁 직전인 1914년 5월, 쾰른에서 열렸던 독일공작연맹 전시회에서 타우트는 '유리집 파빌리온Glashaus-Pavillon'266을 지어 전시했다. 도대체 무슨 목적의 건물인지 전혀 이해되지 않는 이 건물 덕분에 타우트는 국제적 명성을 얻었다. 같은 장소에 전시된 그로피우스의 '이상적 공장eine zeitgemäß-moderne Musterfabrik'도 주목을 받았으나, 타우트의 유리집 파빌리온만큼은 아니었다. 그만큼 타우트의 유리집은 시대를 초월하는 건물이었다.

그로피우스가 출품한 '이상적 공장'. 그로피우스의 건축은 이때부터 이미 기능주의적이었다.

1 1914년 쾰른 독일공작연맹 전시회에 타우트가 출품한 '유리집 파빌리온'. 현재는 사라진 이 건물의 벽 곳곳에는 셰르바르트의 경구가 새겨졌다. 이 특이한 유리집으로 타우트는 국제적 주목을 받게 된다.

2 타우트의 '유리집 파빌리온' 내부. 외부도 특이하지만, 내부는 더 애매하다. 물이 위에서 흘러내리는 계단식 사우나처럼 생겼다. 도대체 무슨 목적의 건물인지 알 수 없다.

타우트의 '유리집'과 그로피우스의 '이상적 공장'은 묘한 대조를 이룬다. 이 전시회 개회식에서 있었던 헤르만 무테지우스와 헨리 반 데 벨데 사이의 표준화 논쟁과 관련해 살펴보면 더욱 흥미롭다. 표준화 논쟁에서 타우트와 그로피우스는 모두 무테지우스의 '표준화'에 반대하고, 반 데 벨데의 '예술가 개인의 창조성'에 찬성하는 입장을 취했다. 그러나 두 사람이 출품한 건물을 살펴보면 타우트의 유리집은 예술가의 자유로운 상상력을 주장하는 반 데 벨데의 입장에 가깝지만, 그로피우스의 이상적 공장은 규격화된 형태다. 무테지우스의 주장에 가깝다는 이야기다.

1923년 요하네스 이텐이 바우하우스에서 쫓겨난 후, 그로피우스가 새로운 교육목표로 삼은 '예술과 기술의 새로운 통합'은 바로 이 '표준화'의 적극적 도입을 뜻한다. 창조적 에디톨로지를 위한 '편집의 단위', 즉 표준화된 기본단위를 포기할 수 없었기 때문이다. 그로피우스가 유리 사슬 모임에서 사용한 ID가 '척도'였던 것도 결코 우연이 아니었다.

반면 그로피우스와 타우트가 격하게 공유하는 주제가 있었다. '유리'다. 쾰른 전시회부터 바우하우스, 그리고 미국으로 망명을 떠난 이후까지 그로피우스가 끝까지 포기하지 않았던 주제가 바로 유리다. 유리 때문에 타우트와 그로피우스는 의기투합할 수 있었다. 그래서 단체 채팅방 이름도 유리 사슬이었다. 타우트가 유리에 관심을 가졌던 것은 순전히 파울 셰르바르트Paul Scheerbart, 1863~1915의 영향이다. 셰르바르트는 그리 별 볼 일 없던 판타지 소설 작가였다. 베를린에서 먹고살기 위해 허접한 소설이나 잡문을 발표하며 지냈다. 그러나 '빛'과 '유리'에 관한 그의 글은 건축가 타우트에게 특별한 감동을 주었다.*

유리와 유토피아

유리 건축의 기원은 1851년 런던 만국박람회의 '수정궁'이다. 정원 관리인이었던 조지프 팩스턴Joseph Paxton, 1801~1865이 온실용 건물에서 착안하여 단기간에 건설한 수정궁은 놀라운 건축 혁명이었다.** 그러나 팩스턴의 건축이 가지는 문명사적 의미를 당시 사람들은 깨닫지 못했다. 그저 국제적 박람회에 걸맞은 이벤트성 건축물로만 여겼다. 그 후 60여 년이 지나도록 유리 건축은 팩스턴의 수정궁에서 한 발짝도 더 나아가지 못하고 있었다.

"이제 새로운 시대에 걸맞은 새로운 유리 건축양식이 필요하다"라는 셰르바르트의 주장에 타우트는 크게 공감했다. 셰르바르트의 주장은 발터 벤야민의 사상에도 큰 영향을 미쳤다. 벤야민의 유명한 '아케이드 프로젝트'는 셰르바르트의 판타지 소설에서 출발한다.***

타우트는 쾰른 독일공작연맹 전시회의 '유리집 파빌리온'을 셰르바르트에게 헌정했다. 그리고 건물 곳곳에 셰르바르트가 주장한 문구를 새겨 넣었다. "채색 유리는 증오를 없앤다Das bunte Glas zerstört den Haß", "유리 궁전이 없다면 우리 삶은 짐이 될 뿐이다Ohne einen Glaspalast ist das Leben eine Last", "유리는 우리에게 새로운 시대를 가져다준다Das Glas bringt uns die neue Zeit", "벽돌 문화는 우리를 괴롭게 할 뿐이다Backsteinkultur tut uns nur leid" 등등. 이 같은 타우트의 헌사에 셰르바르트도 화답했다. 같은 해, 셰르바르트는 슈투름 출판

* 파울 셰르바르트의 글은 막연했던 브루노 타우트의 유리 건축에 철학적 근거를 제시했다. 둘이 처음 만난 것은 1914년 쾰른 독일공작연맹 전시회가 열리기 불과 1년 전이었다. 둘은 만나자마자 숱한 편지를 주고받으며 유리 건축에 대한 생각을 공유했다. 천군만마를 만난 듯한 기분에 타우트는 셰르바르트를 '유리 아빠Glaspapa'라고 불렀다(Ikelaar 1996, p. 97 이하).

** 수정궁의 문명사적 의미에 관해서는 Unit 114 참조.

*** 발터 벤야민은 『아케이드 프로젝트』 도입부에서 파울 셰르바르트의 『유리 건축』에 나온 '유리와 유토피아'의 관계를 언급했다(벤야민 2008, p. 91).

사에서 출판된 자기 책 『유리 건축Glasarchitektur, 1914』을 타우트에게 헌정했다. 이 작은 책자에서 셰르바르트는 사방이 벽으로 막힌 방에서 해방되지 않으면 더 높은 차원의 문화에 도달할 수 없다고 주장했다. 아울러 창문뿐만 아니라 벽까지 채색된 유리로 해야 햇빛, 달빛, 별빛이 모두 방 안으로 들어올 수 있고, 이렇게 체감할 수 있는 빛의 변화가 삶의 방식을 근본적으로 바꿀 수 있다는 것이다.267

벽면이 모두 유리로 되어 있는 123층, 555m의 롯데월드타워. 오늘날 고층 건물의 벽면은 대부분 유리로 되어 있다. 유리 벽이 가지는 문화적 의미를 가장 먼저 찾아낸 사람은 독일 베를린의 판타지 소설가였던 셰르바르트다.

1 1914년 쾰른 독일공작연맹 전시회에서 반 데 벨데가 전시한 '독일공작연맹 극장'
2 표현주의 건축을 대표하는 포츠담의 '아인슈타인 타워'. 1919년에 건축을 시작하여 1922년에 완공한 이 건물은 멘델존이 설계했다. 그는 타우트의 '유리집 파빌리온'에서 받은 영감을 극단으로 몰아가 재현이 불가능한 유기적 건축물을 만들어냈다.

타우트의 유리집 파빌리온은 독일 표현주의 건축의 시작으로 평가받는다. 타우트에게 크게 영향받은 또 다른 젊은 건축가 에리히 멘델존Erich Mendelsohn, 1887~1953은 1922년에 표현주의 건축을 대표하는 건물로 여겨지는 '아인슈타인 타워Einsteinturm'*를 베를린 인근 도시인 포츠담에 건설했다. 아인슈타인 타워는 멘델존이 1914년 쾰른 독일공작연맹 전시회에서 반 데 벨데가 전시한 '독일공작연맹 극장das Werkbund-Theater'과 타우트가 전시한 유리집 파빌리온으로부터 얻은 영감을 종합한 건물이다.

특이하게도 멘델존은 타우트가 그토록 집착한 유리를 과감히 포기하고 석고와 시멘트로 덮인 유기적 형태의 건물을 만들었다. 타우트에서 멘델존으로 이어지는 독일 건축 조형의 표현주의적 변화 과정은 그로피우스가 추구하는 방향과는 정반대의 길이었다. 개성이 강한 표현주의 건축물은 도시화·산업화 과정에서 건축가에게 요구되는 구체적 실천과는 거리가 먼 작업이었기 때문이다. 이래저래 그로피우스는 표현주의에서 점점 멀어지게 되었다.

* '아인슈타인 타워'는 아인슈타인의 상대성이론을 실험하기 위한 목적으로 설계된 건물이다. 에리히 멘델존은 건축 자재로서 철근콘크리트의 가능성을 시험해보고 싶었던 개인적 관심을 과학적 실험의 목적과 함께 이 건물에 구현했다. 알베르트 아인슈타인은 포츠담의 '알베르트 아인슈타인 공원'에 건축된 이 건물을 처음 보고 "유기적인걸 Organisch!"이라고 했다(Richter & Sträter 2015, p. 57). 아인슈타인의 이 한마디로 멘델존의 아인슈타인 타워는 독일의 '유기적 건축organische Architektur'을 대표하는 건물이 된다. 유기적 건축은 기능주의적인 바우하우스 건축과는 정반대의 스타일이다.

Unit 55.

전쟁과 미술

'여가'를 그린 인상주의

요하네스 이텐이 바이마르 바우하우스를 떠나고 테오 판 두스부르흐도 고향으로 돌아가자, 바우하우스의 발터 그로피우스는 표현주의와 완전히 결별했다. 산업화, 도시화라는 시대 변화를 적극적으로 받아들이기로 한 것이다. 그러나 그가 새롭게 선택한 '표준화', '규격화'는 '추상'이라는 또 다른 시대정신과 맞닿아 있었다. 추상은 표현주의라는 계단을 딛고 올라간 결과물이다. 표현주의라는 중간 단계가 없었다면 '추상'과 '기능주의'라는 새로운 차원은 불가능했다는 이야기다. 이쯤에서 여전히 참으로 애매한 표현주의를 심리학적 관점에서 한 번 더 정리할 필요가 있다.

우선 '다리파'와 '청기사파'를 같은 종류의 '표현주의'로 간주할 수 있느냐는 질문이다.268 자세히 들여다보면 두 그룹의 그림은 매우 다르다. 수많은 미술사 책에서 두 그룹이 독일 표현주의를 대표한다고 서술되어 있지만, 두 그룹의 공통점을 찾아내기는 그리 쉽지 않다. 거친 붓질, 원색의 사용 같은 화풍으로 일반화하기 어려운 작품도 많다. 하지만 도무지 하나가 될 수 없는 사람들이 하나가 될 때가 있다. 같은 목적을 추구하기 때문이 아니다. 공통의 적이 있기 때문이다. 이 경우도 마찬가지다. 다리파, 청기사파가 표현주의라는 이름으로 하나로 취급되는 것은 이들이 함께 저항하는 대상이 있었기 때문이다. '인상주의'다.269 구체적 공간으로 이야기하자면 '파리'다. 표현주의는 '파리로부터의 탈출'이라고 할 수 있다.

인상주의의 파리가 가진 세계관은 사뭇 긍정적이다. 이들의 정서는 설렘과 희망이다. 이제 막 시작된 산업화와 도시화를 기대에 가득 차 바라본다. 당시 도시 노동자들은 '기계'로 매개되는 새로운 노동 방식으로 인해 정해진 시간에 함께 일하고, 정해진 시간에 함께 쉬어야 했다. '함께 일하고 함께 쉬는 것'은 인류 역사에서 처음으로 일어난 사건이다. 노동시간과 여가 시간이 정확하게 구분되기 시작한 것이다. 물론 정해진 여가 시간을 제대로 보장받는 노동자는 없었다. 대부분의 노동자는 장시간 노동에 시달리며 자기 몸 하나 간수하기도 어려웠다. 그러나 노동시간과 여가 시간을 통일하여 구분하는 것 자체가 엄청난 문화혁명이었다.*

'여가 시간'이 정해졌다는 것은 일정한 시간에 사람들이 함께 모여 놀 수 있게 되었다는 것을 의미한다. 당연히 여가 관련 산업이 발전하게 되었다. 여가 시간을 즐기는 '여가 문화'도 새롭게 나타나기 시작했다. 인상주의 화가들은 대부분의 노동자가 처한 현실에는 전혀 관심 없었다. 새롭게 나타난 '여가 활동'에 눈을 돌렸다.** 꽃이 핀 정원을 그렸고 바다와 산, 그리고 아름다운 여인을 그렸다. 이들이 그린 그림의 주제는 '호수에서 보트 타기', '노천카페에서 차 마시기', '피아노 치는 젊은 여인', '들판 산책', '바닷가에서 속삭이는 연인', '놀이공원에서 춤추기', '도시 상가 산책' 등등이다. 파리는 '마약'이었다.*** 이 마약에 취하면 현실은 모두 아름답게 왜곡됐다.

* 실제로 독일 여가학자 호르스트 오파쇼브스키Horst Opaschowski, 1941~는 '여가 혁명Freizeit-Revolution'이라는 표현을 쓰기도 한다(Opaschowski 2013, p. 83).

** 인상주의 그림은 대부분 인류 역사상 최초로 공식화된 '여가 활동'에 관한 기록이라 할 수 있다. 여가Freizeit, free-time, 즉 '자유 시간'은 공장 노동의 표준화가 진행된 결과다. 인상주의 그림에서 산업화의 산물인 기차역이나 공장의 굴뚝과 매연, 다리 혹은 불바르Boulevard 같은 복잡한 도로는 매우 밝고 환하게 그려졌다(Feist 1993, p. 9 이하).

오귀스트 르누아르Auguste Renoir, 1841~1919의 「보트 파티에서의 점심 식사Le déjeuner des canotiers, 1880~1881」. 인상주의 화가들은 '여가 문화'를 그렸다. 인류는 역사상 처음으로 시간을 정해서 일하고, 정해진 시간에 집단적으로 쉬기 시작했다. 놀랍고 새로운 경험이었다. 그러나 노동자의 대부분은 이 '여가 시간'에 지친 몸을 겨우 추스를 뿐이었다. 인상주의 화가들의 '파리'는 마약이었다. 독일 표현주의는 이 마약에서 깨어날 때의 고통을 그렸다.

*** 파리 같은 대도시에서 인간은 전혀 새로운 체험을 하게 된다. 환한 조명으로 밝혀진 대도시의 '거리 산책'이나 '윈도쇼핑'과 같은 새로운 공간적 경험은 이제까지 존재하지 않았던 정서적 경험을 가능케 했다. 그 결과, 낮이고 밤이고 도시를 한가롭게 거니는 '산책자flaneur'가 등장하게 된다(Corbineau-Hoffmann 2011, p. 118).

'공포'를 그린 표현주의

표현주의는 이 같은 인상주의의 현실 왜곡에서 벗어나려는 시도였다. 뒤늦은 공업화가 유럽의 어떤 도시보다도 빠르게 진행되던 독일의 대도시는 '파리의 낭만'과는 거리가 멀었다. 도시 노동자들의 삶은 처참했다. 사람들은 일자리를 찾아 앞다투어 도시로 몰려들었다. 새로 유입되는 노동인구를 받아들일 준비가 전혀 되어 있지 않던 도시는 좁았고, 더러웠고, 범죄로 넘쳐났다. 당시 독일 노동자의 구체적 삶을 보여주는 사진을 보면 오늘날의 독일과 연관 지어 상상하기 어렵다.

자연과 인간의 나체를 자유롭게 표현했던 '다리파'의 에른스트 키르히너는 베를린으로 옮겨 온 후, 암울하기 짝이 없는 대도시에서 미래 없는

1907년 베를린의 한 노동자 가족사진. 2개의 방에 11명이 살고 있다. 당시 도시 노동자의 현실은 처참했다.

이들의 현실(예를 들면 매춘부들)을 날카로운 선과 거친 붓질로 표현했다. 키르히너 같은 독일 표현주의자들에게 대도시는 파리 인상주의의 대도시와는 정반대였다. 대도시의 화려함에 매혹당했지만, 경험할수록 그 현실은 외롭고, 혼란스럽고, 고단했다. 불안과 매혹이 공존하는 대도시에 그들은 신경질적으로 반응했다.270 처음부터 인상주의와는 정반대의 현실 인식에서 출발한 독일 표현주의는 제1차 세계대전이라는, 그 누구도 상상하지 못했던 전쟁을 겪으면서 더욱 과격하게 전개됐다.

'다리파' 키르히너의 「포츠담 광장Potsdamer Platz, 1914」. 산업사회의 장밋빛 측면을 그린 파리 인상주의 화가들과는 달리 독일 표현주의 화가들은 대도시의 불안한 삶을 거친 붓질로 표현했다.

1914년, 산업사회로의 급격한 변화로 모두가 혼란스러워하고 있을 때, 도대체 무엇을 위한 것인지 이해하기 힘든 전쟁이 일어났다. 흥미롭게도 전쟁이 터지자, 유럽인들은 대부분 환호했다. 전쟁을 치르고 나면 이 혼란스러운 현실이 바뀔 거라고 생각한 것이다. 오스트리아의 유대인 작가 슈테판 츠바이크Stefan Zweig, 1881~1942는 제1차 세계대전이 발발했을 때 당시 사람들의 반응을 이렇게 적고 있다.

전쟁에 대한 공포는 갑작스런 열광으로 돌변했다. 행렬이 지나가고 갑자기 도처에서 기, 리본, 음악이 터져 나오고 젊은 신병들은 의기양양하게 행진했다. 그들의 얼굴은 밝았다. 보통 때 같으면 아무도 안중에 두지 않았고 찬양하지도 않았던 미미한 평범한 사람들인 그들에게 사람들이 환호성을 보냈기 때문이다. (…) 신분, 언어, 계급의 모든 구별은 그 순간 넘쳐 나오는 형제애의 감정으로 덮였다. 낯선 사람들도 거리에서 서로 말을 나누었고, 오랫동안 피하고 지내던 사람들도 서로 손을 맞잡았으며, 도처에 생기 넘치는 얼굴이 보였다. 각 개인은 자기 자아가 드높여지는 것을 체험했고, 그는 이제 이전의 고립된 인간이 아니었다. 그는 군중 속에 끼어들었으며, 민족의 일부였고, 이제까지 주목받지 않았던 그의 인격은 하나의 의미를 가지게 되었다. 이것은 아침 일찍부터 밤까지 편지를 분류하고, 되풀이하여 분류하고, 월요일부터 토요일까지 쉬지 않고 분류를 계속하던 보잘것없는 우체국 직원, 서기, 구둣방 주인이 갑자기 로맨틱한 다른 가능성을 그의 인생에서 가질 수 있게 되었음을 의미하는 것이기도 했다.*271

* 참으로 위대한 책 『어제의 세계Die Welt von Gestern, 1942』를 쓴 슈테판 츠바이크는 오스트리아 빈의 대표적 작가였다. 유대인이며 평화주의자였던 그는 제2차 세계대전이 발발하자 유대인 박해를 피해 빈을 떠나서 런던, 미국을 거쳐 브라질에 정착했다. 그러나 미국과 일본의 태평양전쟁이 발발하자 평화주의자였던 그는 절망했다. 1942년 2월 22일, 그는 아내와 함께 동반 자살을 했다. 그가 친구들에게 남긴 유서의 마지막 내용이다. "60세가 지나서 다시 한번 완전히 새롭게 인생을 시작한다는 것은 특별한 힘이 요구되는 일입니다. 그러나 내 힘은 고향 없이 떠돌아다닌 오랜 세월 동안 지쳐 버리고 말았습니다. 그러므로 나는 제때에, 그리고 확고한 자세로 이 생명에 종지부를 찍는 것이 옳다고 생각합니다. 아, 나의 인생에서, 정신적 작업은 언제나 가장 순수한 기쁨이었으며, 개인의 자유는 지상 최고의 재산이었습니다. 나의 모든 친구에게 인사를 보내는 바입니다! 원컨대, 친구 여러분은 이 길고 어두운 밤 뒤에 아침노을이 마침내 떠오르는 것을 보기를 빕니다! 나는, 이 성급한 사나이는 먼저 떠나겠습니다(츠바이크 2014, 유서)." 『어제의 세계』를 쓸 때 그는 아무런 자료도 없었다고 한다. 유럽의 소문난 장서가였지만 모든 책을 고향에 두고 올 수밖에 없었기 때문이다. 그러나 오로지 기억에 의지해 쓴 책이기에 『어제의 세계』는 더욱 감동적이다.

사람들은 어린아이처럼 순진했다. 집안에 누군가 죽으면 당분간은 공부하라는 잔소리를 듣지 않아도 된다고 안심하는 철없는 어린아이처럼 전쟁을 통해 자신의 현실을 잊으려 했다. 더 나아가 이 고통스러운 현실이 전쟁을 치르고 나면 바뀔 거라는 기대까지 했다. 물론 엄청난 착각이었다. 전쟁 발발 후, 불과 몇 달이 지나지 않아 사람들은 전쟁의 본질을 깨닫기 시작했다. 느닷없이 시작된 제1차 세계대전은 4년간 지루하게 지속됐다. 상상할 수 없는 숫자의 병사들이 죽거나 다쳐 돌아왔다. 그들에게 닥친 현실은 전쟁 이전과는 비교할 수도 없는 처참한 것이었다. 도무지 이해할 수 없었던 전쟁의 원인에 대해 츠바이크는 이렇게 쓰고 있다.

> 오늘날 조용히 과거를 반추하며 어찌하여 유럽이 1914년 전쟁에까지 이르렀는지를 자문해본다면 이성에 맞는 단 하나의 이유도, 단 하나의 동기도 찾아낼 수가 없다.272

전쟁에서 살아남은 이들은 자신들이 처한 현실을 비로소 직시할 수 있었다. 전쟁 전만 하더라도 호숫가를 나체로 뛰어다니며 자연과 인간의 새로운 관계를 화폭에 담거나, 대도시의 허무와 불안을 그리고자 했던 표현주의 화가들도 전쟁이 끝나자 생각이 완전히 바뀌었다. 적나라한 전쟁의 광기를 직접 체험했기 때문이다. 함께 예술의 미래를 논했던 수많은 동료가 전쟁에서 돌아오지 못했다. 표현주의 예술가들은 자신들의 처참한 현실과 괴리된 예술은 더는 예술일 수 없다고 생각하기 시작했다. '예술을 위한 노동자평의회'나 '11월 그룹'은 바로 이 같은 의식 변화의 결과였다. 표현주의 예술가들은 생존하기 위해 고통스러워하는 인간의 내면을 그리기 시작했다. 그 내면의 본질은 '공포'였다. 전쟁 전 막연했던 불안은 그저 낭만이었을 뿐이다. 전쟁 후, 황폐해진 도시에서 살아남은 사람들이 겪는 심리적 경험은

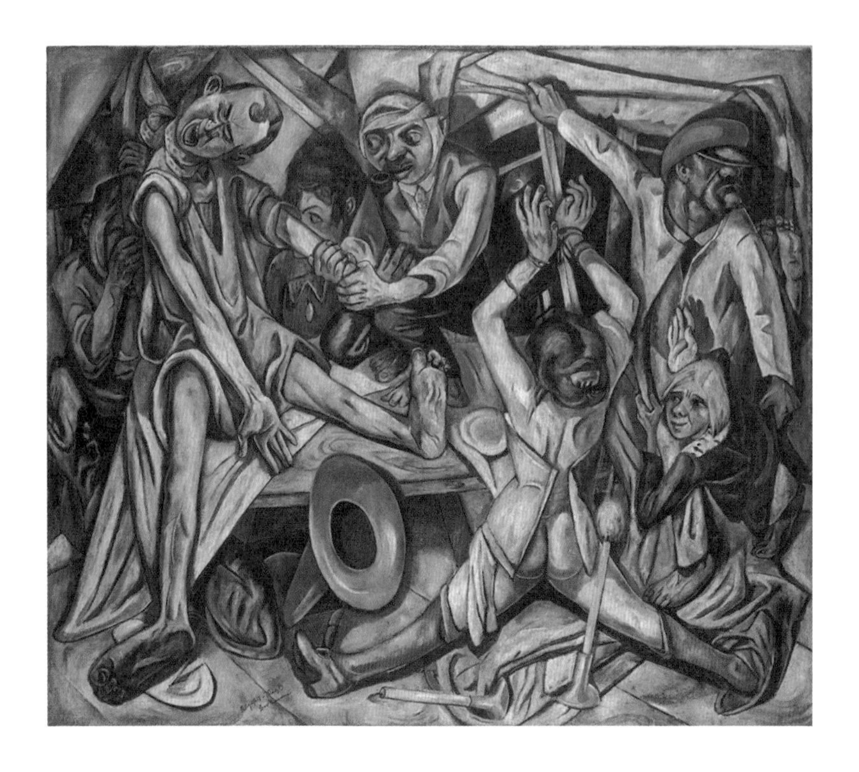

막스 베크만Max Beckmann, 1884~1950의 「밤Die Nacht, 1918~1919」. 전쟁을 겪은 후, 표현주의 화가들의 그림은 막연한 '불안'의 표현에서 구체적 '공포'의 표현으로 전환됐다.

공포가 전부였다.

물론 개인이 느끼는 공포는 인류가 시작할 때부터 있었다. 그러나 인간을 막다른 골목으로 정신없이 몰아넣는, 이 같은 전쟁의 광기로 인한 '집단적 공포'는 인류가 이제까지 전혀 겪어보지 못한 것이었다. 건축가들은 좌절과 소외의 공간에서 겪는 인간의 집단적 공포를 구체적으로 해결하려 나섰다. 유리 벽으로 스며드는 영롱한 빛을 '유리집 파빌리온'에 담고자 했던 '낭만적 표현주의자' 브루노 타우트는 도시 노동자들을 위한 주거 단지 설계에 앞장섰다. 전쟁이 끝난 후, 타우트는 무엇보다도 도시 뒷골목의 '힌터

호프hinterhof'*에 갇혀 살던 도시 노동자들에게 베란다와 정원을 돌려주려는 다양한 프로젝트에 참여했다. 힌터호프란 집 뒤쪽의 정원을 뜻한다. 원래는 한갓지고 여유로웠던 집 뒤쪽의 정원에, 도시로 몰려드는 노동자들을 위해 또 다른 집들이 마구잡이로 지어졌다. 힌터호프의 집 안으로는 거의 해가 들지 않고, 습기가 마르지 않아 곰팡이로 가득했다. 녹색 정원은 꿈도 꾸지 못했다.

타우트가 1926년에 설계한 베를린 남쪽 '옹켈 톰스 휘테'의 노동자를 위한 공공임대주택단지. 정원과 베란다는 필수였다. 햇빛을 전혀 볼 수 없었던 노동자들을 위한 주택이기 때문이다.

* '창업 시대Gründerzeit'라고 불리는 1871년 독일제국의 통일 이후 제1차 세계대전이 일어나기까지, 제국의 수도 베를린은 전국에서 몰려드는 노동자들의 주거 문제로 골머리를 앓았다. 대책으로 마련된 것이 집 뒤에 또 다른 집을 짓는 것이었다. 처음에는 '뒷집Hinterhaus'으로 불렸고, 오늘날에는 '힌터호프', 즉 '뒤뜰'로 불린다. 산업화 시대의 베를린 노동자들의 비참한 삶을 상징하는 개념이었다(Asmus 1982). 하지만 오늘날 베를린 특유의 아방가르드적 분위기는 대부분 이 힌터호프라는 장소와 깊은 연관이 있다(Sinka 2013, p. 200 이하).

1926년에 타우트가 설계한 베를린 남쪽의 '옹켈 톰스 휘테Onkel Toms Hütte'의 공공임대주택단지가 그 결과물 중 하나다.273 타우트는 옹켈 톰스 휘테에 정원과 테라스, 혹은 베란다가 갖춰진 노동자들을 위한 집을 지었다. 전쟁 전, 그가 설계해 주목받았던 '유리집 파빌리온'의 흔적은 찾아볼 수 없는 기능주의 주택이다. 데사우로 옮겨 간 그로피우스가 바우하우스에서 추구했던 기능주의 주택과 아주 흡사하다. 하지만 타우트는 전쟁 전에 추구했던 표현주의가 사뭇 아쉬웠던 모양이다. 주택의 벽과 창문 곳곳을 과감한 원색으로 칠해놓았다. 제2차 세계대전을 겪으며 옹켈 톰스 휘테의 집들은 모두 폐허가 되었다. 그러나 1970년대에 당시 서베를린 정부는 타우트가 설계했던 건물들을 원래 모습 그대로 재현했다. 지금도 그곳은 여전히 공공임대주택이며, 노동자들이 정원을 가꾸고 베란다와 테라스에서 커피를 마시며 지내고 있다.

Unit 56.

베를린, 전쟁을 기억하는 방식

도시는 기억이다

베를린 노이쾰른 지역에는 '카를 마르크스 슈트라세'가 있다. 사회주의가 망한 지 아주 오래된 지금도 여전히 길 이름이 카를 마르크스 거리다. 유학 시절, 그 지역에 살던 내 친구는 매번 걱정이 많았다. 한국의 '안기부('국정원'의 옛날 명칭)'에서 자신의 독일 주소를 보고 '간첩'으로 의심하면 어떡하느냐는 것이었다. 서베를린에 '카를 마르크스'라는 이름이 붙은 거리가 있다는 사실을 한국에서 어떻게 이해할 수 있겠느냐는 그의 걱정은 근거 없는 것이 아니었다. '동백림東伯林 간첩단 사건'*의 기억이 아직 남아 있을 때였다. 어쨌든 독일 역사에서 카를 마르크스는 결코 지워질 수 없는 이름이 분명하다.

도시는 다양한 방식으로 역사를 기억한다. 단지 거리 이름만이 아니다. 동상 같은 기념물들이 곳곳에서 역사를 기록하고 있다. 그러나 이 같은

* '동백림 사건'은 1967년에 일어났던 사건이다. 당시 중앙정보부는 서유럽에 거주하던 200명에 가까운 유학생과 교민이 동베를린의 북한 대사관과 접촉하여 간첩 활동을 했다고 발표했다. 내 유학 시절 초기, 베를린은 여전히 동서로 분단되어 있었다. 서베를린 거주자들은 당일로 동베를린을 다녀올 수 있었다. 그러나 유학생들은 감히 동베를린에 다녀올 엄두를 내지 못했다. '동백림 사건'의 공포가 20년이 지난 당시까지도 남아 있었기 때문이다. '동백림'은 동베를린의 한자 표기다.

기념물들을 조금 더 자세히 들여다볼 필요가 있다. 어떤 일들을, 어떤 방식으로 기억하고 있느냐를 읽어내야 하기 때문이다. 역사학에서는 이를 '문화적 기억kulturelles Gedächtnis'이라는 개념으로 설명한다. 한 개인이 과거 경험을 선택적으로 기억하여 자기 아이덴티티를 구성하는 것처럼, 한 사회의 구성원들은 텍스트, 그림, 리추얼 등 다양한 매체를 통해 과거 사건을 선택해 '집단 기억'을 구성한다. 전제는 '기억이란 결코 객관적이지 않다'라는 것이다. 사전에서 '객관적'의 반대말은 '주관적'이지만, 문화심리학적으로 '객관적'의 반대말은 '담론적'이다.

'담론적으로 구성되는 기억'은 아비 바르부르크가 '사회적 기억soziales Gedächtnis'*으로 처음 개념화했다. 독일의 얀 아스만Jan Assmann, 1938~과 알라이다 아스만Aleida Assmann, 1947~ 부부는 이를 '문화적 기억'으로 확대했다. 프랑스 역사학자 피에르 노라Pierre Nora, 1931~는 '기억의 터Les Lieux de Mémoire'라는 개념을 내세운다.** 집단은 특정 장소로 매개되는 기억을 구성원들과 공유함으로써 다른 집단과 구별된다는 것이다. '장소적 기억'이라고도 할 수 있는 집단적 기억의 터는 구성적이고 선택적이다. 집단적 기억이든, 개인적 기억이든 모든 기억은 현재 관점에 따라 언제든 새롭게 구성되고 만들어지는 담

* 아비 바르부르크는 '사회적 기억' 이외에도 '기억 공동체Erinnerungsgemeinschaft', '집단 기억Kollektives Gedächtnis'과 같은 시대를 앞선 혁신적 개념들로 문화를 분석하려 했다. 그는 '예술'을 '사회적 기억의 매체'로 여겼다(Erll 2005, p. 19 이하). 바르부르크 이외에도 프랑스 사회학자 모리스 알박스Maurice Halbwachs, 1877~1945가 '집단 기억' 연구의 선구자로 여겨진다. 이들은 심리학 연구 주제였던 '기억'을 집단적, 역사적, 문화사회적 현상으로 접근했다(Pethes 2008, p. 51 이하).

** 피에르 노라가 기획하고 120여 명의 프랑스 역사학자가 참가하여 완성한 총 5권(1권 '공화국', 2권 '민족', 3권 '프랑스들 1', 4권 '프랑스들 2', 5권 '프랑스들 3')의 대작 『기억의 장소』는 '기억'이 어떻게 공간이나 상징 등을 매개로 선택되고 전승되는가에 대해 프랑스를 예로 들어 흥미롭게 보여준다(노라 2010). 기억은 문화적으로 선택된다. 그래서 '집단 기억'은 언제나 갈등과 투쟁의 과정을 겪을 수밖에 없다. 정신분석학자 지크문트 프로이트는 개인의 기억 또한 투쟁과 갈등의 영역으로 간주했다. 프로이트는 이 갈등 과정의 분석을 개인의 무의식에 접근하는 통로로 삼았다.

베를린 브란덴부르크 문 옆에 세워진 '학살된 유럽 유대인을 위한 추모비'. 2,711개 관 모양의 회색 콘크리트 비석 사이로 걸어 들어가면 아주 묘한 기분이 든다. 공식 명칭은 '추모비'이지만 '경고비'라고 부른다. '경고비'는 두 번의 세계대전을 일으킨 독일에서만 가능한 기억의 방식이다.

론적 특징을 지닌다.

기억의 터라는 관점에서 볼 때, 베를린 브란덴부르크 문 옆에 세워진 홀로코스트 추모비는 참으로 인상적이다. 관처럼 생긴 짙은 회색 콘크리트 비석이 줄지어 있다. 2,711개라고 한다. 이 추모비의 공식 명칭은 '학살된 유럽 유대인을 위한 추모비Denkmal für die ermordeten Juden Europas'다. 그러나 보통

'홀로코스트 경고비Holocaust-Mahnmal'로 부른다.* '경고하다mahnen'와 '표시mal'가 합쳐진 단어다. 독일이 통일된 후, 통일의 상징이 된 브란덴부르크 문 곁에 홀로코스트를 경고하는 기념물을 세운 것은 상당히 깊은 의미가 있다. 통일된 독일은 이제 다시는 유럽의 위협이 되지 않겠다는 선언이기 때문이다.

베를린 유학생들이 '깨진 교회'라고 부르던 '카이저빌헬름기념교회Kaiser-Wilhelm-Gedächtniskirche' 또한 기억의 공간이라는 관점에서 보자면 아주 흥미롭다. 베를린 사람들은 이 건물을 '깨진 이빨hohler Zahn'로 부른다. 이 교회는 원래 제1차 세계대전의 주역이었던 독일제국의 황제 빌헬름 2세가 자기 할아버지인 빌헬름 1세Friedrich Wilhelm I, 1688~1740, 재위 기간 1713~1740를 기념하기 위해 세운 교회다. 빌헬름 1세는 '철혈재상Der Eiserne Kanzler'이라 불렸던 오토 폰 비스마르크와 함께 독일을 통일한 황제다. '기념교회'의 'Gedächtnis'라는 단어의 뜻은 '기억'이다. 말 그대로 독일을 통일한 할아버지 황제를 기억하겠다는 의도로 지어졌다. 그러나 오늘날 '깨진 교회'가 '기억'하는 것은 독일 통일의 황제 빌헬름 1세가 아니다.

1943년 11월 23일, 영국 공군의 공습으로 카이저빌헬름기념교회는 건물 대부분이 파괴되고, 종탑 부분만 깨진 이빨처럼 남았다. 전쟁이 끝난 후, '깨진 교회'는 제2차 세계대전의 참상을 기억하는 '평화를 위한 경고비Mahnmal für den Frieden'로 그 기억의 목적이 바뀌게 된 것이다.274 독일이 통일되기 전, '깨진 교회'는 공간적으로나 심리적으로나 서베를린의 중심이었다. 오늘날 독일인들은 이런 방식으로 자신들이 일으킨 전쟁을 기억하고 있다.

* 베를린의 브란덴부르크 문 인근에 있는 승전 기념비, 전쟁 영웅들의 동상 사이에서 '홀로코스트 경고비'는 단연 압도적이다. 미술관에서 엄청난 크기의 고전주의 그림들이 가득한 전시실은 텅 비어 있지만 작은 인상주의 그림들 앞에는 인파가 몰리는 것처럼, 베를린의 관광객들은 숱한 승전 기념물을 지나쳐 '홀로코스트 경고비' 사이로 기꺼이 들어간다. 기억 투쟁의 승리다.

한국 유학생들은 '깨진 교회'로 부르고, 독일인들은 '깨진 이빨'로 부르는 베를린의 '카이저 빌헬름기념교회'. 독일제국의 첫 번째 황제였던 빌헬름 1세를 기억하기 위해 독일제국의 마지막 황제였던 빌헬름 2세가 세운 교회다. 제2차 세계대전이 끝난 후, '깨진 교회'는 '황제를 기억하는 곳'이 아니라 '전쟁을 경고하는 곳'으로 바뀌었다.

아주 특별한 방식으로 구성된 기억의 장소들

기억의 방식이 아주 명료한 앞의 두 곳에 비해, 독특한 방식으로 구성된 기억의 장소가 베를린에는 두 곳이 있다. 우선 브란덴부르크 문을 지나 운터덴린덴 동쪽으로 걷다 보면 훔볼트대학이 나온다. 길 건너편에는 '아우구스트 베벨 광장August Bebel Platz'이 있다. 원래 이름은 '포룸 프리데리치아눔Forum Fridericianum'이었다. 동독 정부가 1947년에 사회민주당을 설립한 아우구스트 베벨August Bebel, 1840~1913의 이름으로 광장의 명칭을 바꿨다. 동독 정부가 사라졌지만 아우구스트 베벨 광장의 이름은 바뀌지 않았다. 그 이름은 여전히 기억할 만한 가치가 있다고 독일인들은 생각한 모양이다. 이 광장은

'프리드리히대왕'으로 불리는 프리드리히 2세가 세운 '포룸 프리데리치아눔'. 제2차 세계대전이 끝난 후 '아우구스트 베벨 광장'으로 이름이 바뀌었다. 프리드리히대왕은 광장을 중심으로 도서관, 오페라극장, 성당을 건설하여 과학, 예술, 종교의 통합을 상징하는 장소로 만들었다. 그러나 나치 독일은 바로 그 광장 한가운데에서 책을 불태우는 독일판 '분서갱유'를 저질렀다.

유럽 북부의 작은 공국에 불과했던 프로이센을 유럽의 강국으로 발전시킨 '프리드리히대왕' 프리드리히 2세가 조성했다.

평생 전쟁만 했던 프리드리히 2세는 프로이센을 수준 높은 '문화국 Kulturstaat'으로 만들어 독일의 야만적 이미지를 지워버리고 싶어 했다. 베를린 한복판에 왕립 도서관과 오페라극장, 그리고 성당을 건설해 과학, 예술, 종교를 통합하는 상징적 광장으로 만들어 그 꿈을 구체화했다.* 그러나 프리드리히 2세가 '문화국 프로이센'을 이루려던 꿈은 나치 독일에 의해 완전히 무너졌다. 유명한 독일식 '분서갱유 Bücherverbrennung'가 바로 이 광장에서 일어났기 때문이다.

동서양을 막론하고 책을 태우는 것은 가장 야만적인 행위다. 1933년 5월 10일, 요제프 괴벨스의 지시를 받은 나치 대학생들은 나치 이데올로기와 맞지 않는 책들의 화형식을 거행했다. 에리히 레마르크 Erich Remarque, 1898~1970, 지크문트 프로이트, 베르톨트 브레히트 Bertolt Brecht, 1898~1956, 하인리히 하이네 Heinrich Heine, 1797~1856, 카를 마르크스, 알베르트 아인슈타인 Albert Einstein, 1879~1955 등 그동안 독일이 그토록 자랑스러워했던 작가와 학자들의 책이 불태워졌다. 총 2만 권에 달한다. 이유는 간단했다. '독일 정신'에 어울리지 않는다는 것이었다. 그들은 외쳤다. "비독일적인 정신을 거부한다 Wider den undeutschen Geist!"275 그러나 그 독일 정신의 실체는 아무도 몰랐다.

오늘날 베를린은 이 사건을 아주 특별한 방식으로 기억한다. 1995년, 이스라엘 출신의 설치미술가 미샤 울만 Micha Ullman, 1939~은 광장에 지하 8m 깊이의 땅을 파고 2만 권의 책을 꽂을 수 있는 빈 책꽂이를 집어넣었다. 이

* 제2차 세계대전 이후 베를린이 동서로 나뉘자, 서독 정부는 동베를린에 있는 '박물관 섬'과 '포룸 프리데리치아눔', 즉 '아우구스트 베벨 광장'의 대안이 될 만한 공간을 서베를린에 건설했다. 서베를린 티어가르텐 지역의 '문화포럼'이 바로 그곳이다. 이 또한 일종의 '기억 투쟁'이라 할 수 있다(Unit 49 참조).

1 아우구스트 베벨 광장의 '비어 있는 도서관'. 지하에는 나치 시절에 불태워진 2만 권의 책을 꽂을 수 있는 빈 책장이 있다.
2 '비어 있는 도서관'에 수학여행을 온 독일 학생들이 안내자의 설명을 듣고 있다.

른바 '비어 있는 도서관'이다. 그 옆에는 하이네의 비극 『알만조르Almansor, 1823』에서 따온 경고문을 작은 철판에 새겨 넣었다. "이는 단지 서곡에 불과하다. 책을 태우면 결국 사람도 불태우게 될 것이다Das war ein Vorspiel nur. Dort, wo man Bücher verbrennt, verbrennt man auch am Ende Menschen."*

아우구스트 베벨 광장의 길 건너편, 훔볼트대학 옆에는 '노이에 바헤Neue Wache'가 있다. 굳이 번역하자면 '새로운 초소' 정도 되겠다. 원래는 왕궁을 지키는 근위대의 초소로 사용하기 위해 세운 건물이다. 독일 신고전주

* 1817년, 독일 바르트부르크에서는 나폴레옹의 압제에서 해방된 것을 축하하는 독일 학생들의 축제가 열렸다. 그곳에서 독일 대학생들의 첫 전국적 조직인 '부르셴샤프트Burschenschaft'가 결성됐다. 흥분한 학생들은 나폴레옹과 관련된 책은 물론 유대인 작가들의 책도 불태우며 축제를 즐겼다. 독일에서 태어난 유대인이었던 하인리히 하이네는 이를 지켜봤다. 그리고 인용한 문장처럼 100여 년 후에 닥쳐올 홀로코스트의 비극을 예고했다(Brüggenthies 2022, p. 67).

'비어 있는 도서관' 옆에 새겨진 하이네의 경고문. "책을 태우면 결국 사람도 불태우게 될 것이다." 나치가 집권하기 100여 년 전, 하이네는 이렇게 홀로코스트의 비극을 예언했다.

의를 대표하는 카를 프리드리히 싱켈Karl Friedrich Schinkel, 1781~1841이 설계하고 1818년에 완공했다. 그러나 이 건물의 용도는 건축하자마자 바뀌었다. 독일 역사에서 일어난 여러 전쟁을 추모하는 기억의 장소로 사용된 것이다. 초기에는 나폴레옹과의 전쟁에서 죽은 병사들을 기리는 프로이센의 추모관이었고, 제1차 세계대전 후에는 바이마르공화국의 추모관으로 사용됐다. 제2차 세계대전이 끝난 후에는 동독의 '파시즘과 군국주의로 희생된 이들을 기리는 경고비'로 사용됐고, 오늘날에는 독일에서 일어난 모든 사건의 희생자를 추모하는 장소가 되었다. 현재 이곳의 공식 명칭은 '전쟁과 폭력에 희생된 이들을 위한 독일연방공화국 중앙기념장소Zentrale Gedenkstätte der Bundesrepublik Deutschland für die Opfer von Krieg und Gewaltherrschaft'다.[276]

독일이 통일되고 3년이 지난 1993년, 당시 총리였던 헬무트 콜Helmut Kohl, 1930~2017은 '노이에 바헤'의 내부에 반전 조각가였던 케테 콜비츠의 「죽은 아들과 어머니Mutter mit totem Sohn, 1938」라는 조각을 설치하기로 결정했다. 조각품의 진본은 크기가 작아 건물 규모와 어울리지 않아서 이를 확대한 복제품을 설치했다. '피에타Pietà'로 불리기도 하는 이 조각은 콜비츠 자신이 겪은 경험을 형상화한 것이다. 그녀의 둘째 아들은 제1차 세계대전에서 사망했다. 당시 군대에 입대하려면 스물한 살이 되어야만 하는데 당시 그녀의 둘째 아들은 군대에 입대하기에는 아직 어린 나이였다. 전쟁의 현실을 전혀 몰랐던 콜비츠는 아들의 입대를 적극적으로 막지 않고, 암묵적으로 허락하는 태도를 취했다. 군대에 가면 그저 멋있는 줄 알았던 철없는 아들과 그 어머니였다.[277] 그러나 그렇게 집을 떠나 군대에 입대한 아들은 불과 열흘 만에 전사했다. 콜비츠는 견딜 수 없는 슬픔과 죄책감으로 괴로워하며 이 작품을 만들었다.

콜 총리가 콜비츠의 동상 「죽은 아들과 어머니」를 '노이에 바헤'에 설치하겠다고 했을 때 반발이 드셌다. 반대의 주된 이유는 콜비츠의 동상은

'노이에 바헤(위)'와 그 내부에 설치된 콜비츠의 조각상 「죽은 아들과 어머니」(아래). 웅크린 채 죽어간 아들을 안고 있는 어머니는 뻥 뚫린 천장으로 비가 오면 비를 맞고, 눈이 내리면 눈을 그대로 맞는다. 동상 앞에는 "전쟁과 폭력에 희생된 이들을 기리며Den Opfern von Krieg und Gewaltherrschaft"라는 문구가 새겨져 있다.

제1차 세계대전과 관련됐기에 제2차 세계대전에서 희생된 사람들을 추모하기에는 적절치 않다는 것이었다. 그러나 시간이 지날수록 콜 총리의 결정은 '신의 한 수'로 여겨진다. 비가 오면 뚫려 있는 천장의 작은 구멍으로 떨어지는 그 비를 어머니는 그대로 맞고, 눈이 오면 어머니의 머리와 어깨에 눈이 쌓인다. 맑은 날에는 천장의 구멍을 통해 내려오는 빛 한 줄기가 동상을 비춘다. 「죽은 아들과 어머니」와 마주쳤을 때 관람객들이 경험하는 깊은 충격은 그 어떤 논리적 설명도 필요로 하지 않는다.

Part 2

전쟁의 시대, 그 무렵 우리는

Unit 57.

군복과 교복

프로이센의 '베를린 전승 기념탑'

1919년에 시작한 바이마르공화국은 히틀러가 집권한 1933년에 끝나고, 히틀러의 나치 독일은 1945년에 끝났다. 전쟁이 끝난 후, 독일은 동독(독일민주공화국Deutsche Demokratische Republik)과 서독(독일연방공화국Bundesrepublik Deutschland)으로 나뉘었다가 1990년에 동독이 서독으로 편입되는 방식으로 통일됐다. 지금의 국호는 서독 국호 그대로 '독일연방공화국'이고, 수도는 1991년 본에서 베를린으로 이전했다. 독일은 1871년에 처음 통일된 이후 크고 작은 전쟁은 물론이고, 두 번에 걸친 세계대전의 주역이었다. 신기하지 않은가? 도대체 독일은 어떤 나라이기에 이토록 호전적이었을까? 독일 내부의 문제였을까? 아니면 당시 유럽의 주변 나라들이 독일을 투쟁적으로 만들었던 것일까?

'경고비'로 기억되는 히틀러의 나치 독일과는 달리, 독일제국이 시작된 프로이센의 기억은 주로 '기념비' 형태로 구성된다. 가장 대표적인 곳이 '베를린 전승 기념탑Berliner Siegessäule'이다. 1864년에 세우기 시작해서 1873년에 완공한 전승 기념탑은 프로이센이 독일제국으로의 통일을 이루기 위해 치른 세 번의 전쟁을 기념하기 위해 건축됐다. 전승 기념탑의 원래 설립 목적은 1864년에 있었던 덴마크와의 전쟁을 기념하기 위한 것이었다. 그러나

독일제국의 성립 과정에서 치렀던 세 번의 전쟁을 기념하는 '베를린 전승 기념탑'. 벽의 부조에는 비어 있는 부분이 많다. 일부는 혼란 중에 분실됐고 일부는 부조의 내용에 자존심이 상한 프랑스가 뜯어 간 까닭이다. 프랑스는 독일과 큰 외교 행사가 있을 때마다 한 조각씩 돌려준다.

전승 기념탑을 건립하고 있던 1866년에 오스트리아와의 전쟁이 일어났다. 통일의 마지막 전쟁은 1870~1871년에 있었던 프랑스와의 전쟁이다. 그러니까 전승 기념탑을 건립하면서 세 번의 전쟁을 치렀다는 이야기다. 세 번의 전쟁에서 모두 승리하면서 프로이센은 독일제국으로 우뚝 서게 된다. 베를린 전승 기념탑은 독일제국의 성립 과정을 이렇게 실시간으로 기록한 '기억의 터'가 된다.[1]

베를린 전승 기념탑은 원래 제국의회 의사당 앞에 있었다. 그러나 히틀러가 '세계 수도 게르마니아Welthauptstadt Germania'를 계획하면서 1938~1939년 사이에 현재 위치로 옮겨졌다. 전승 기념탑과 함께 세워졌던 오토 폰 비스마르크, 알브레히트 폰 론Albrecht von Roon, 1803~1879, 헬무트 그라프 폰 몰트케Helmuth Graf von Moltke, 1800~1891의 동상들도 지금 장소로 함께 옮겨졌다. 그중 몰트케 장군은 한국 중년 아저씨들의 사뭇 심란한 심리 구조와도 관련이 있다.

'베를린 전승 기념탑' 인근에 있는 헬무트 그라프 폰 몰트케 장군의 동상. 몰트케 장군은 독일 군대를 세계 최강의 군대로 만든 '작전참모제도'의 아버지다.

몰트케는 프로이센 군대의 자부심이었던 '작전참모제도Generalstab'를 완성한 사람이다.[2] 참고로, 또 다른 헬무트 요하네스 루트비히 폰 몰트케Helmuth Johannes Ludwig von Moltke, 1848~1916 장군이 있다. 그는 제1차 세계대전 개전 당시의 참모총장이다. '슐리펜 계획Schlieffen-Plan'을 자기 마음대로 해석하여 집행했다는 이유로 온갖 비난을 다 받는 사람이다.3 비스마르크 시대에 활약한 헬무트 그라프 폰 몰트케 장군의 조카이기도 하다. 정리하자면 작전참모제도를 완성한 이는 삼촌 몰트케 장군이고, 제1차 세계대전이 일어났을 때 참모총장을 역임한 이는 조카 몰트케 장군이다.

작전참모제도

작전참모제도의 핵심은 계획, 편성, 보급, 철도, 동원과 관련된 대규모 부대의 실용적 운용에 있다. 한마디로 대규모 부대가 한꺼번에 움직일 때 수송과 보급, 그리고 협력의 문제를 어떻게 해결할 것인가에 관한 계획이다. 몰트케의 해결책은 '분산하여 이동하고, 집중하여 적을 치는 것'이었다.* 육군을 다수의 야전군으로 분산하고, 다양한 통로로 이동하여 적과의 전투에서 집중하여 싸우는 전략이 가능하려면 각 단위부대의 지휘관들이 자율적으로 리더십을 발휘하여 상급 부대의 지휘관과 상호 협력할 수 있는 탁월한 능력을 갖춰야 한다. 몰트케는 통일된 교육 훈련을 통해 젊은 장교들을 길러냈다. 장교들은 부대를 지휘할 때 상황에 따라 융통성을 발휘하는 능력과 권한을 가지게 되었다.** 몰트케가 수립한 작전참모제도는 오늘날 '합참의장'이 권력 서열상 가장 높은 위치에 있는 현대적 군사 제도의 교과

* 독일의 발달한 철도 체계는 독일 작전참모제도의 뛰어난 전략과 전술을 가능케 했다. 1866년 오스트리아와의 전쟁에서 철도를 이용한 헬무트 그라프 폰 몰트케의 전략은 처음으로 빛을 발했다(그로스 2016, p. 81 이하).

** 독일어에는 'generalstabsmäßig'이라는 표현이 있다. '아주 정확히 조직된', '한 치의 오차도 없이 계획된'과 같은 뜻이다. 독일어로 참모제도란 '정교한 계획'과 동의어라는 이야기다.

서라고 할 수 있다.*

1870~1871년 사이에 있었던 프랑스와의 전쟁에서 몰트케의 작전참모제도는 완성된 형태를 갖추어 그 효력을 확실하게 보여줬다. 1870년 9월, 프로이센은 스당 전투에서 나폴레옹 3세를 포함해 10만 명의 프랑스군을 포로로 잡았다. 프로이센 군대는 계속 프랑스를 밀어붙여 1871년 1월에는 파리 시민들이 세운 파리코뮌을 무너뜨리고 파리까지 점령했다. 1월 18일, 빌헬름 1세는 베르사유궁전에 있는 거울의 방에서 자신을 독일 황제로 칭하고 독일제국의 수립을 선포했다. 독일은 제국 선포와 황제 선언을 왜 남의 나라에 가서 했을까? 나폴레옹 1세에게 당한 것에 대한 복수다. 과거 프로이센은 나폴레옹 1세에게 엄청나게 짓밟혔다. 그러나 복수는 또 다른 복수를 낳게 되어 있다. 프랑스인들의 자존심을 짓밟은 독일제국의 선포식은 프랑스로부터 또다시 복수당했다. 제1차 세계대전이 끝난 후의 무자비한 베르사유 조약이 바로 그것이다.

몰트케 장군은 오늘날 한국의 '군사 문화'에도 지대한 영향을 미친 사람이다. 메이지유신 이후 일본 육군은 프랑스식 군사 조직을 흉내 내고 있었다. 그러나 프랑스가 프로이센 군대에 형편없이 무너지는 것을 보고 방향을 바꿨다. 일본 육군을 독일식으로 만들고자 했던 것이다.4 메이지 정부는 1882년에 설립된 일본 육군대학교의 기초를 잡아줄 수 있는 독일 장교를 보내달라고 독일 정부에 요청했다. 이 초청을 받고 1885년에 일본으로 온 사람이 바로 몰트케 장군의 부관이었던 클레멘스 야코프 메켈Klemens Jacob Meckel, 1842~1906이다.**5

* 한국의 '합참의장'은 '합동참모본부'의 장長을 뜻한다. 육군, 해군, 공군을 통합하여 지휘하는 최고 사령관이다. 이 같은 합참의장의 특별한 지위는 독일의 작전참모제도에서 유래한다.

** 클레멘스 야코프 메켈에 관해서는 Unit 67 참조.

메켈이 전수한 프로이센 군대 문화는 일제강점기를 통해 한국 사회에 슬그머니 이입됐다. 심지어 병영 내의 구질구질한 억압 구조까지 그대로 전달됐다. 한국의 50대 이후 세대가 학창 시절에 입었던 교복조차 프로이센 군복에서 유래한 것이다. 프로이센 군복이 일본 제국주의 군복으로 변형되고, 일본 군복은 일본 학생복으로 둔갑했다. 한반도의 식민지 학생들도 일본 학생복을 따라 입었다. 이렇게 프로이센 군복의 변형인 중고등학교 남학생 교복이 1980년대 초까지도 한국에 있었던 것이다.

한국의 50대 이후 세대가 입었던 교복의 기원은 독일 프로이센 군복이다. 프로이센의 군대 문화가 일본의 왜곡된 병영 문화와 결합하여 한국의 중고등학교에까지 침투했던 것이다. 한국의 50대 이후 아저씨들의 트라우마는 바로 이 교복에서 시작된다.

Unit 58.

제1차 세계대전의 이유

원인도 결과도 모호한 전쟁

독일인들에게는 아주 작은 나라에 불과했던 프로이센*이 프랑스와 러시아 사이를 비집고 나와서 유럽의 가장 강력한 나라가 되었던 과거 역사에 대한 자부심이 있다. 그런데 제1차 세계대전에 대한 독일의 기억은 별로 없다. 제1차 세계대전과 관련된 '기억의 터'도 찾아보기 힘들다. 기억하기 싫다는 이야기다. 제2차 세계대전이야 아돌프 히틀러라는 분명한 범죄자가 있었고, 나치 독일이 저지른 죄악도 엄청나기에 인정하기 싫어도 인정할 수 밖에 없는 증거와 증인들이 넘쳐났다. 그런데 제1차 세계대전은 그 원인은 물론 결과도 참으로 모호한 전쟁이다. 그 애매한 전쟁에 대한 책임까지 독일이 뒤집어쓰기는 싫은 까닭이다.

실제로 그렇다. 제1차 세계대전은 참으로 이상한 전쟁이다. 일반적 역사 지식만으로는 제1차 세계대전의 원인과 결과가 그리 잘 이해되지 않는다. 제1차 세계대전의 공식적 원인은 1914년 6월 28일 사라예보**에서 일어

* 이 책에서 '프로이센'은 '독일', 더 정확히는 '독일제국'의 또 다른 명칭이다. 1871년 통일된 독일제국은 프로이센 이외에 22개 영방領邦과 3개의 자유시(함부르크, 브레멘, 뤼벡)로 구성됐다. 프로이센의 왕이 독일 황제로 즉위했고, 프로이센의 수상이 독일제국의 재상을 맡았다. 제1차 세계대전이 끝날 때까지 프로이센은 독일제국을 대표하는 나라였다. 이 책에서 '독일'과 '프로이센'을 병행해서 사용하는 이유다.

난 오스트리아 황태자 암살 사건이다. 그런데 왜 오스트리아 황태자 암살 사건 때문에 전 세계가 불나방처럼 전쟁에 뛰어들었는가에 대한 설명은 별로 들어본 적 없다. 참으로 애매하다. 왜 독일이 그 전쟁의 주역이 되었고, 패전국이 되었는가를 생각해보면 더 아리송해진다.***

시작은 앞서 이야기한 대로 오스트리아 황태자 프란츠 페르디난트 Franz Ferdinand, 1863~1914가 사라예보에서 살해된 사건이다. 사라예보는 보스니아 헤르체고비나의 도시다. 북부는 보스니아이고, 남부는 헤르체고비나

** 한국인들에게 사라예보는 탁구로 더 유명하다. 물론 이에리사를 기억하는 나이 든 사람들에게만.

*** 일부 역사학자는 제1차 세계대전을 '일어날 것 같지 않았던 전쟁improbable war'이라고 말한다. 극히 우발적인 전쟁이었다는 이야기다. 이래저래 제1차 세계대전은 도무지 설명하기 힘든 전쟁이었다(Afflerbach 2007, p. 161 이하).

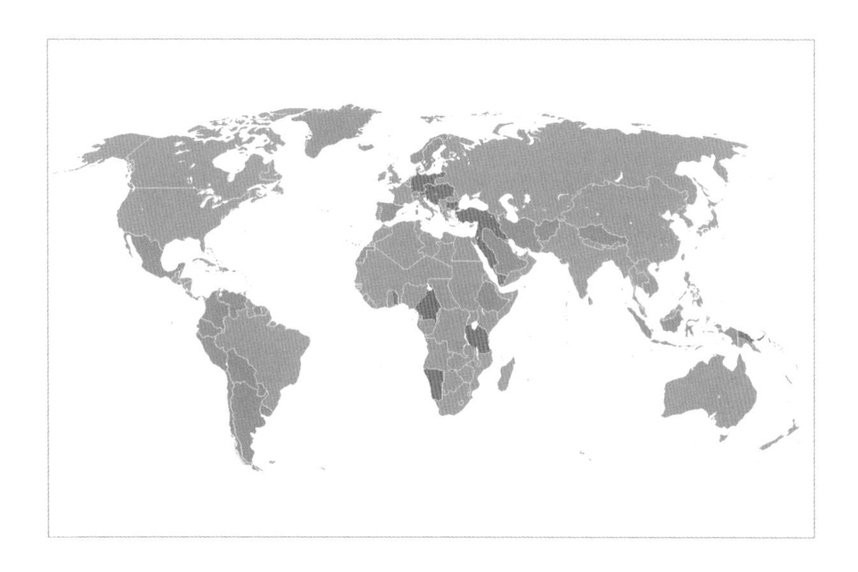

제1차 세계대전 참전국. 초록색은 연합국과 연합국을 지지한 나라들이고, 주황색은 그 반대편, 즉 독일과 오스트리아 편에 선 나라들이다. 회색은 중립국이다. 이렇게 제1차 세계대전은 온 인류가 한꺼번에 미친 듯 말려들었던 사상 초유의 전쟁이었다. 제1차 세계대전의 공식 명칭은 'The Great War'다. 다시는 있을 수 없는 어마어마한 전쟁이기에 'The'라는 정관사를 붙인 것이다. 그런데 불과 몇십 년 지나지 않아 훨씬 더 큰 'Great War'가 발발했다.

다. 1991년, 구소련이 붕괴하면서 유고슬라비아 연방이 해체됐을 때 보스니아 헤르체고비나도 독립했다. 그 후 이슬람교·슬라브계 동방정교 중 하나인 세르비아 정교·가톨릭교 신자들 사이의 오래된 종교 갈등과 크로아티아계·세르비아계 민족들 사이의 갈등으로 인해 대규모 학살이 있었고, 그 갈등은 지금까지도 계속된다. 제1차 세계대전이 이곳에서는 현재진행형이라는 이야기다.

종교 갈등과 민족 갈등을 억누르고 있던 오스만튀르크제국이 약화되면서 그 영향권에 있던 세르비아가 1878년에 먼저 독립했다. 그러나 보스니아 헤르체고비나는 오스트리아제국(더 정확히는 오스트리아·헝가리제국)에 합병됐다.* 보스니아에 살던 세르비아인들은 당연히 오스트리아로부터의 독립을 원했다.

오스트리아의 황제 프란츠 요제프 1세Franz Joseph I, 1830~1916, 재위 기간 1848~1916는 고령이었고, 황태자 프란츠 페르디난트는 그를 이어서 곧 황제에 즉위할 예정이었다. 이런 상황에서 보스니아의 민족문제를 해결하기 위해 사라예보에 방문한 페르디난트가 암살당한 것이다. 오스트리아는 암살 사건의 배후인 세르비아에 선전포고를 했다. 그러나 망해가는 제국이었던 오스트리아는 전쟁을 치를 능력이 없었다. 게다가 세르비아를 후원하던 러시아가 개입하면 큰 낭패였다. 동맹국인 독일의 군사적 후원이 절대적으로 필요했다. 독일은 문제가 생기면 오스트리아를 지켜주겠다고 굳게 약속했다.

러시아 또한 오스트리아와의 전쟁이 일어날 때 세르비아를 후원하기로 이미 약속한 상태였다. 오스트리아와 세르비아 사이의 '애들 전쟁'이 독

* 오스트리아·헝가리제국의 공식 명칭은 독일어로 'Die im Reichsrat vertretenen Königreiche und Länder und die Länder der heiligen ungarischen Stephanskrone(제국의회의 대표 왕국과 영토들, 그리고 신성 이슈트반 왕관의 영토들)'이다. 물론 헝가리어로 된 나라 이름은 따로 있다. 이 나라를 설명하려면 또 수십 쪽의 분량이 필요하다. 이 책에서는 그냥 '오스트리아'로 부른다.

일과 러시아 사이의 '어른 전쟁'이 될 수밖에 없는 상황이었다. 1914년 7월 28일, 드디어 오스트리아는 세르비아에 선전포고를 했다. 러시아도 세르비아를 후원하기 위해 7월 31일에 총동원령을 내렸고 그 이튿날인 8월 1일, 독일은 러시아에 선전포고를 했다. 이틀 뒤인 8월 3일에 독일은 프랑스에도 선전포고를 했다. 바로 이 부분에서 의문이 든다. 독일은 왜 뜬금없이 프랑스에 선전포고를 했느냐는 것이다.**

프랑스의 복수와 독일의 공포

1871년 파리의 베르사유궁전에서 독일제국을 선포한 이후로 독일은 프랑스의 보복에 대한 공포가 있었다. 프랑스에 너무 큰 모욕을 가했기 때문이다. 엄청난 배상금도 뜯어냈다. 이 배상금의 일부는 베를린 제국의사당의 건립 기금으로 쓰였다. 프랑스는 절치부심했고, 독일은 전전긍긍했다. 오토 폰 비스마르크가 빌헬름 2세에게 쫓겨날 때까지 가장 애쓴 외교 전략은 바로 '프랑스의 고립'이었다. 조금이라도 복수의 여지를 주지 않으려고 애썼다.*** 그러나 프랑스는 전쟁의 참화를 딛고 바로 일어났다. 자존심이 상할 대로 상한 프랑스 국민은 전쟁배상금을 갚기 위해 프랑스판 '금 모으기

** 또 하나의 변수는 영국이었다. 독일 정부에게 영국의 참전은 도박과 같은 것이었다. 영국의 경우, 독일의 군국주의에 대한 반감보다는 러시아 정권에 대한 반감이 더 클 것이라고 독일 정부는 판단했다. 당시 독일의 군비 확장이 영국에 대한 도전으로 여겨지긴 했지만, 프랑스나 러시아에 비해서는 그리 큰 위협이 아닐 거라고 생각한 것이다. 그러나 도박은 빗나갔다. 영국 참전의 결정적 이유는 독일의 벨기에 침공이었다. 영국은 16세기 이래로 유럽 대륙의 저지대, 즉 네덜란드와 벨기에, 그리고 프랑스의 북서부 지역을 지켜야 한다는 정책을 굳게 유지하고 있었다(하워드 2015, p. 39 이하).

*** 오토 폰 비스마르크가 세운 외교 전략의 핵심은 "프랑스를 제외한 모든 국가가 우리(독일)를 필요로 하고, 이들이 우리에게 적대적인 동맹을 결성하는 것을 막을 수 있는 국제 환경의 창출과 유지"였다(박상섭 2014, p. 24).

운동'까지 벌였다. 불과 석 달도 안 되어 전쟁배상금을 다 갚아버렸다. 당연히 프랑스의 복수에 대한 독일의 두려움은 더 커졌다.

전쟁이 발발하기 전, 러시아와 프로이센의 관계는 좋았다. 독일제국을 선언한 후에도 러시아와의 밀월 관계는 지속됐다. 비스마르크가 실각하면서 독일과 러시아의 관계는 급변했다. 빌헬름 2세가 비스마르크의 친러시

베를린 전승 기념탑 옆에 있는 비스마르크 동상. 비스마르크가 계속 집권했더라면 제1차 세계대전은 전혀 다른 양상으로 전개됐을 것이다. 독일 통일을 이룩한 후, 비스마르크는 프랑스의 복수를 가장 두려워했다. 그는 어떻게든 프랑스를 외교적으로 고립시켜 전쟁이 다시 일어나는 것을 피하려고 했다.

아 정책을 급히 수정한 것이다. 정치적 이유보다 경제적 이유가 컸다. 프로이센 지주 계층의 인기를 얻고자 빌헬름 2세는 1880년 이후 몇 차례에 걸쳐 곡물에 대한 관세를 인상했다. 1887년에 러시아 국채 거래를 금지하는 조치까지 내렸다. 독일에 곡물을 수출하며 산업화 재원을 마련하려던 러시아는 당황했다. 아울러 당시 발칸 지역을 둘러싼 러시아와 오스트리아의 갈등에 독일은 자주 오스트리아 편을 들었다. 이후 러시아의 경제와 외교는 프랑스 쪽으로 급격히 기울었고, 1894년에는 프랑스와 동맹까지 맺게 된다.

기회만 되면 독일에 복수하려고 벼르던 프랑스에게 줄곧 친독일 외교정책을 펼쳐온 러시아와의 동맹은 아주 값진 외교 성과였다. 1894년 프랑스-러시아 동맹은 1907년 프랑스-러시아-영국 간의 '삼국협상Triple Entente'으로 확장된다. 삼국협상도 당시로서는 의외의 사건이었다. 아시아, 아프리카 식민지를 두고 영국과 프랑스는 서로 경쟁하던 관계였기 때문이다. 영국과 러시아의 관계도 그리 매끄럽지 않았다.* 그러나 독일의 급성장에 영국은 매우 긴장하고 있었다. 더구나 독일은 영국이 절대적으로 우위를 점했다고 여기던 해군 전력을 급속히 키우고 있었다. 결국 영국은 그토록 미워하던 프랑스와 1904년에 협정을 맺고, 1907년 삼국협상으로까지 발전시켰다. 그만큼 독일이 무서웠기 때문이다.

삼국협상과 삼국동맹을 잘 구별해야 한다. 각각 다른 세 나라이기 때문이다. 프랑스-러시아-영국의 '삼국협상'은 독일-오스트리아-이탈리아의 '삼국동맹Dreibund, Triple Alliance'에 대항하는 것이었다. 삼국동맹은 복수에 불타는 프랑스를 외교적으로 고립시키려는 비스마르크의 전략이었다. 1879년

* 1904년에 일어난 러일전쟁으로 동아시아 지역에서 러시아의 남하 정책은 저지된다. 영국은 일본을 뒤에서 적극적으로 지원했다. 일본의 승리는 영국의 승리이기도 했다. 러일전쟁에 패한 러시아는 발칸반도로 관심을 돌렸다. 러시아는 발칸반도를 둘러싸고 독일, 오스트리아와 대립했고, 독일의 약진을 두려워하던 영국과 협조하며 삼국협상을 맺게 된다. 당시 유럽은 이렇게 수시로 적과 동지가 뒤바뀌는 복잡한 상황이었다.

에 독일-오스트리아 동맹이 맺어졌고, 1882년에 이탈리아가 추가로 참여하며 삼국동맹이 되었다.* 삼국동맹은 5년마다 갱신되어 제1차 세계대전이 발발할 때까지 유지된다. 삼국동맹과 삼국협상의 대립은 결국 제1차 세계대전으로 폭발한다.

삼국동맹, 삼국협상과 더불어 '삼제동맹Dreikaiserbund, Three Emperors' Alliance'이라는 것도 있다. 1873년에 독일-오스트리아-러시아 황제들이 동맹을 맺었기에 삼제동맹이라고 한다. 이 또한 비스마르크의 외교 성과였다. 그러나 발칸반도를 둘러싼 러시아와 오스트리아 사이의 갈등으로 인해 삼제동맹은 5년밖에 유지되지 않았다.

* 이탈리아는 1914년에 삼국동맹에서 탈퇴하여 1915년에 연합군 쪽으로 돌아섰다.

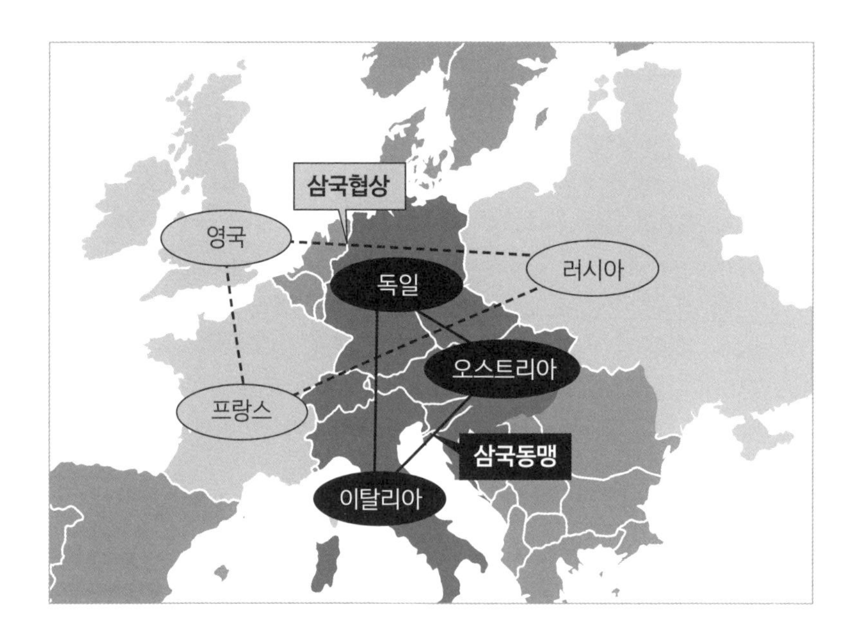

제1차 세계대전이 일어나기 직전의 유럽은 삼국협상과 삼국동맹이 서로 대립하는 양상이었다.

Unit 59.

슐리펜 계획

'만약'의 신화

'삼제동맹', '삼국협상', '삼국동맹'이라는 유럽 강대국들의 이합집산은 1914년 8월 3일 독일이 프랑스에 내리는 선전포고의 역사적 배경이 된다. '일어날 것 같지 않은 전쟁'이었지만, 그렇다고 느닷없는 전쟁은 아니었다는 이야기다.

언젠가 치러야 하는 프랑스와의 일전을 독일은 나름대로 철저히 준비하고 있었다. 어차피 당할 복수라면 아예 선제공격하겠다는 계획까지 세우고 있었다. '슐리펜 계획'이다. 1892년 이후 러시아와 프랑스가 갑자기 가까워지며 동맹 협상을 시작하자, 독일 참모본부는 러시아와 프랑스를 상대로 전쟁이 일어날 것을 예상하고 군사적 대응을 준비하기 시작했다. 1891년부터 1906년까지 독일 총참모장을 역임한 알프레트 폰 슐리펜Alfred von Schlieffen, 1833~1913은 구체적 작전 계획을 수립했다. 1905년의 일이다.

슐리펜 계획의 핵심은 프랑스와 러시아를 동시에 상대하여 전쟁할 경우, 프랑스와의 서부전선에 병력을 집중하고, 러시아와의 동부전선에서는 가능한 한 시간을 끄는 전략을 펼친다는 것이다. 프랑스와의 전선에서는 오른쪽에 주력군을 투입하여 파리를 크게 우회해 포위하는 전략을 세웠다. 프랑스와의 전면전을 6주 이내에 속전속결로 끝내고, 동부전선으로 주력부

대를 이동하여 러시아에 맞선다는 큰 그림이다. 그러나 슐리펜 계획은 전제부터 큰 착오가 있었다.6

일단 독일은 전쟁 상대국인 러시아와 프랑스를 너무 얕잡아 봤다. 물론 슐리펜 계획을 세울 당시에 프랑스군의 전력은 독일군에 상대가 안 되었다. 그러나 약 10년 후, 제1차 세계대전이 발발할 시기가 되면 두 나라의 육군 전력은 그리 큰 차이가 없게 된다. 독일이 해군에 집중 투자하면서 육군의 군비 증강에 소홀했기 때문이다. 아울러 슐리펜은 러일전쟁에서 패한 러시아는 전쟁에 다시 집중할 수 있는 상황이 아니라고 생각했다. 따라서 프랑스와의 전선에 독일군 전력을 대부분 배치해도 그리 큰 문제가 없으리라 여겼다.

그러나 독일이 선전포고를 할 즈음, 러시아군은 프랑스의 지원으로 상당한 전력을 회복하고 있었다. 아울러 드넓은 러시아 대륙을 횡단하여 군대를 신속히 이동시킬 수 있는 철도망도 갖춰가고 있었다.

실제 전쟁이 일어나자 당시 참모총장이었던 헬무트 요하네스 루트비히 폰 몰트케 장군은 슐리펜 계획을 대폭 수정해야만 했다. 프랑스 침공을 위한 우회로로 벨기에를 선택했지만 벨기에의 저항은 의외로

'슐리펜 계획'의 입안자인 슐리펜 장군. 프랑스와 러시아를 동시에 상대하여 전쟁할 경우, 프랑스와의 서부전선에 병력을 집중하고 러시아와의 동부전선에서는 가능한 한 시간을 끄는 전략을 편다는 것이 슐리펜 계획의 핵심이다. 프랑스 파리를 6주 이내에 점령하고 러시아에 맞선다는 것이다. 그러나 슐리펜 계획은 1905년에 세워졌다. 10년 후에 일어날 전쟁에는 적용할 수 없었다. 독일은 프랑스와 러시아의 전력을 너무 얕잡아 봤다.

강력했다. 영국의 참전도 예상보다 빨리 이뤄졌다. 한마디로 프랑스와의 서부전선에서 계획했던 속전속결 전략은 아무짝에도 쓸모없는 것이 되고 만 것이다. 서부전선은 누구도 예상치 못했던 장기 참호전에 들어가고, 잘못된 전략을 세운 몰트케 장군은 해임됐다.*

사실 영국은 대륙에서 일어나는 전쟁에 참전하기를 꺼렸다. 그러나 다급해진 러시아와 프랑스는 '삼국협상'을 근거로 영국의 분명한 태도를 요구했다. 모호한 태도를 유지하던 영국은 독일이 벨기에를 침공하자 8월 4일에 비로소 독일에 선전포고를 했다.** 영국 참전의 공식적 이유는 중립국인 벨기에를 보호하기 위한 것이었다. 그러나 이는 핑계에 불과했다. 영국은 독일이 벨기에를 침공하지 않았더라도 독일을 상대로 전쟁을 벌였을 것이라고 학자들은 주장한다. 영국은 독일의 급작스러운 경제성장과 군비 증강을 두려워했다. 특히 독일 해군력의 증강은 세계 최강의 영국 해군을 위협하고 있었다.

영국이 겁먹었던 독일의 급속한 경제성장은 단순 수치만 비교해봐도 분명해진다. 1890년 영국 인구는 3,800만 명이었고, 독일 인구는 4,900만 명이었다. 제1차 세계대전이 일어나기 직전인 1910년이 되면 영국 인구는 4,500만 명, 독일 인구는 6,500만 명이 된다. 철 생산량을 비교하면 독일의 성장은 더욱 두드러진다. 1890년 영국의 선철 생산량은 800만 톤이었고, 독일은 410만 톤이었다. 이때만 해도 유럽에서 산업사회로의 이행이 가장 빨

* 세월이 한참 흐른 후, '슐리펜 계획'과 관련하여 아주 흥미로운 주장이 제기됐다. 슐리펜 계획이라는 것은 애초부터 없었다는 주장이다. 실제로 슐리펜 계획이라는 공식적 작전 계획 문서는 존재하지 않았다. 단지 1905년에 알프레트 폰 슐리펜이 남긴 비망록의 내용이 전부였다. 그러나 전쟁에서 패하자, 몰트케가 아니라 슐리펜이 독일군을 지휘했더라면 패하지 않았을 것이라는 '만약의 신화'가 독일군 사이에 퍼지면서 슐리펜 계획이 마치 역사적 사실처럼 되었다는 것이다(Zuber 2002).

** 일본도 1914년 8월 28일에 영일동맹을 핑계로 독일에 선전포고를 했다. 중국과 동남아시아를 차지하기 위한 식민지 경쟁에서 독일을 제압하려는 의도였다.

랐던 영국에 독일은 상대가 안 된다. 그러나 1914년이 되면 두 나라의 철 생산량은 완전히 역전된다. 영국은 1,100만 톤에 불과하지만, 독일은 1,470만 톤이 된다. 강철의 경우, 두 나라의 격차는 더 심해진다. 1890년 영국은 총 360만 톤을, 독일은 230만 톤을 생산했다. 1914년이 되면 영국은 650만 톤, 독일은 1,400만 톤을 생산하게 된다.[7]

티르피츠의 독일 해군

독일의 산업이 발전하는 만큼 해외 교역량도 기하급수적으로 증가했다. 그러나 독일이 해외 교역을 위해 사용하는 북해와 발트해의 해로를 영국이 봉쇄할 경우, 독일은 꼼짝 못 하고 당할 수밖에 없는 상황이었다. 이 같은 잠재적 위협을 인지하고 빌헬름 2세에게 해군력의 증강을 강력하게 제안한 이는 당시 해군 장관이었던 알프레트 폰 티르피츠Alfred von Tirpitz, 1849~1930였다. 티르피츠는 독일이 중국의 칭다오 지역을 조차租借하는 과정에 참여했고, 같은 해인 1897년 본국으로 소환되어 해군 장관에 임명됐다.

1916년에 장관을 사직할 때까지 티르피츠는 독일 해군의 기반을 단단하게 닦았다. 장관에 임명되자마자, 그는 황제에게 독일제국의 적을 영국으로 상정하고 영국 함대와 겨룰 만한 대형 전함을 건조할 것을 제안했다.* 독일 해군의 전력을 단계적으로 강화해 1914~1915년까지는 영국의 해군 전력과 대등한 힘을 가져야 한다는 것이다. 해군 전력 증강을 위한 티르피

* 알프레트 폰 티르피츠는 독일의 가장 위협적인 해양 세력으로 영국을 지목했다. 티르피츠는 대함대 건설을 통해 영국을 견제해야 한다고 주장하며 1898년부터 1912년까지 수차례에 걸쳐 '함대법Flottengesetze'을 제정했다. 그 결과, 독일 해군은 1900~1904년 사이에 14척의 전함을 건조하면서 영국 해군과의 군비 경쟁을 시작했다(심킨스, 주크스 & 히키 2008, p. 29 이하).

츠의 계획이 알려지자 영국은 긴장했다.

1905년 러일전쟁에서 세계 최강이라 알려진 러시아의 발트함대와 일본 해군이 벌인 해전의 결과는 영국을 더욱 긴장시켰다. 이 해전에서 일본이 승리할 수 있었던 가장 큰 원인은 "함정의 속도, 함포 사격술, 새로운 폭약의 사용 및 대구경(12in, 30.5cm)의 사용이었다."[8] 일본은 당시 해전에서 소구경 포를 사용하는 근접전을 펼치지 않고, 먼 거리에서 대구경 포를 발사하여 러시아 전함이 미처 접근하기도 전에 파괴하는 원거리 전투 전략을 사용했다. 물론 새로운 폭약의 사용과 대구경 포의 발사가 가능한 대형 전함이 있었기에 가능한 전략이었다. 일본의 이 '거함거포주의巨艦巨砲主義'는 제2차 세계대전이 끝날 때까지 지속됐다. 일본의 마지막 초대형 전함 '야마토大和'는 69,000톤이었다. 그러나 전쟁에서 야마토가 제대로 활약한 적은 없었다. 항공모함과 비행기로 해전의 패러다임이 바뀌었기 때문이다.

영국은 바로 빠른 속도와 거포로 무장한 대형 전함을 건조하는 계획을 세웠다. '드레드노트Dreadnought' 전함이다. 1906년, 영국은 드레드노트 전함을 건조하며 새로운 형태의 함대를 꾸리기 시작한다. 독일도 뒤질세라 드레드노트급 전함을 건조하기 시작하여 1910년에는 4척의 드레드노트급 전함을 갖추게 된다.

이후 영국과 독일의 대형 전함 건조 경쟁은 더욱 심해졌다. 이 같은 해군 군비경쟁은 영국과 독일의 상대방에 대한 적대감을 고조시켰고, 양국 국민들의 감정도 악화됐다. 이런 상황이 1914년 영국 참전의 또 다른 원인이 된 것이다.[9] 그러나 영국 해군에 도전하려 했던 독일 해군 장군 티르피츠의 노력은 1912년경에 물거품이 되었다. 빌헬름 2세의 외교정책이 느닷없이 바뀌었기 때문이다.

1912년, 제1차 발칸전쟁이 발발하자 빌헬름 2세는 예전과 달라진 러시아의 힘에 긴장한다. 영국과 경쟁하여 남부럽지 않은 해외 식민지를 구축하려던 이른바 '세계정책'*을 포기하고, 중부 유럽 안에서의 패권을 굳히는 '중부유럽정책'으로 전환하게 된다.** 이 같은 빌헬름 2세의 정책 전환에는 병력 증강을 둘러싼 육군과 해군의 갈등도 한몫했다. 티르피츠의 해군 증강 계획은 뒤로 미뤄졌고, 육군 전력 강화에 집중하게 되었다.10

* '세계정책'이라는 이름으로 독일이 해외 식민지를 획득하고자 시도했던 노력은 아프리카 일부와 중국의 산둥반도 일부를 차지하는 데 그치고 말았다. 빌헬름 2세의 '세계정책'에 관해서는 Unit 76 참조.

** 다른 유럽 나라들에 비해 적은 규모의 식민지를 차지하고 있던 독일은 유럽에 대한 통제권을 행사하는 쪽으로 관심을 돌렸다. 빌헬름 2세는 베를린이 파리의 뒤를 이어서 유럽의 새로운 정치적 수도가 되고, 런던을 제치고 경제적 수도가 되어야 한다고 생각했다. 여기에 독일의 군국주의적 과격함이 더해지면서 독일은 유럽의 가장 위험한 국가가 되고 말았다(테일러 2022, p. 78 이하).

영국의 드레드노트 전함. 'dreadnought'는 '두려워할 것 없다'라는 뜻의 거대 전함이다. 러일전쟁 이후 해전의 패러다임이 바뀐다. 드레드노트급 대형 전함에서 대구경 포를 발사하는 '거함거포주의'가 시작된 것이다. 그 끝은 제2차 세계대전의 일본 전함 '야마토'다.

제국의 시대에는 육군과 해군이 이렇게 결정적 순간마다 부딪쳤다. 뒤늦게 제국주의에 합류한 일본에서도 육군과 해군의 갈등은 심각했다. 특히 제2차 세계대전이 발발할 당시에 육군을 대표하던 도조 히데키東條英機, 1884~1948와 해군을 대표하던 야마모토 이소로쿠山本五十六, 1884~1943 사이의 갈등은 아주 유명하다. 일본은 참으로 조목조목 독일을 흉내 냈다.

제1차 세계대전이 발발하자 바다는 영국 해군의 차지였다. 1916~1917년에 독일 해군은 전함 간의 해전은 피하고, 유보트U-boat를 이용해 연합국이나 중립국의 상선을 가리지 않고 공격하는 '무제한 잠수함 작전'을 펼쳤다. 그러나 무제한 잠수함 작전은 치명적 실수였다. 유럽 대륙에서 일어

독일 육군의 헬무트 요하네스 루트비히 폰 몰트케 장군(왼쪽)과 티르피츠 해군 장군(오른쪽). 빌헬름 2세는 티르피츠의 제안에 따라 해군 전력 증강에 힘을 쏟다가 1912년 이후에는 육군 중심 전략으로 방향을 전환했다. 훗날 역사가들은 이 같은 육군 중심 전략으로의 변화가 지구를 두 차례나 전쟁으로 몰아넣은 독일 팽창정책의 시작이 되었다고 평가한다.

난 전쟁에 거리를 두고자 했던 미국의 상선까지 공격하여 기어이 미국의 참전을 불러왔다. 결국 서부전선의 끝없는 소모전은 미국의 참전으로 인해 균형이 깨지고 독일은 항복했다.

일본 육군 대신과 총리를 지낸 도조 히데키(왼쪽)와 해군 연합함대 사령관으로 진주만공격을 지휘한 야마모토 이소로쿠(오른쪽). 이 둘도 매번 부딪쳤다. 독일과 일본에서 육군과 해군은 아주 비슷한 양상으로 대립했다.

Unit 60.

피셔 논쟁

'수정주의', 독일만의 책임은 아니다

1918년, 전쟁은 끝났다. 하지만 전쟁에서의 승자와 패자가 명확하게 갈리지는 않았다. 양쪽 진영에 엄청난 피해만 남았다. 황제의 나라들은 모두 망했다. 독일제국의 빌헬름 2세는 네덜란드로 달아났고, 오스트리아제국의 사실상 마지막 황제였던 프란츠 요제프 1세는 전쟁의 끝을 보지 못하고 사망했다. 그의 후계를 이어야 했던 황태자 프란츠 페르디난트는 이미 암살당했다. 독일과 연합국 사이에서 눈치를 보다가 전쟁이 발발한 후에 독일과 동맹을 맺었던 오스만튀르크제국도 망했다.* 연합국 측에 섰던 러시아의 마지막 차르 니콜라이 2세Nikolai II Alexandrovich Romanov, 1868~1918, 재위 기간 1894~1917 역시 1917년 혁명으로 축출되고, 1년 후에 모든 가족이 우랄산맥에서 총살된다. 영국과 프랑스가 주도했던 세계 패권도 전쟁 후에는 미국으로 넘어간다. 낡은 세계가 무너지고, 새로운 세계가 시작된 것이다. 그러나 문제는 여전히 남았다.

* 1915년 당시 영국의 해군상이었던 윈스턴 처칠이 주도한 연합국의 공세를 막아낸 '다르다넬스 전투'는 터키 역사에서 가장 장렬했던 전투다. '갈리폴리 전투'로도 알려진 이 전쟁은 영국으로서는 최악의 상륙작전이었다. 57만 명의 연합군 병사 중 절반 이상이 사망 혹은 부상을 당했다. 이 전쟁으로 영웅이 된 케말 파샤Kemal Pasha, 1881~1938는 전쟁이 끝난 후 오스만튀르크제국의 터에 터키를 건국한다.

제1차 세계대전의 책임이 어느 쪽에 있는가의 문제다. 당연히 전쟁의 책임은 패전국에 돌아간다. 사실상 패전국이 모호했지만, 전쟁 후 체결된 베르사유조약문 제231조에는 전쟁의 모든 책임이 독일과 그 동맹국들에 있음이 명시됐다. 독일은 강하게 반발했다. 독일은 패했다고 생각한 적이 없기 때문이다. 독일의 정치가와 지식인들은 베르사유조약문 제231조에 조목조목 반대하는 문서를 작성하며 저항했다.* 이때 앞장서서 문서를 작성한 사람 중에는 독일을 대표하는 사회학자 막스 베버Max Weber, 1864~1920도 있다.** 그러나 이미 저울은 기울어져 있었다.

독일은 몹시 억울했지만 어쩔 수 없었다. 시간이 조금 흐르자 독일 내부에서는 전쟁 참여의 정당성을 주장하는 사람들이 나오기 시작했다. 당시 유럽의 정세에서 어쩔 수 없는 결정이었다는 것이다. 오히려 영국과 러시아, 프랑스에 전쟁의 책임이 있다는 주장까지 제기됐다. 이를 역사학계에서는 '수정주의Revisionismus'라고 부른다.***

독일과 프랑스, 영국의 관계가 많이 호전됐던 1920년 중반에 이르게

* 독일의 대표적 지식인들은 전쟁 초기에도 독일제국의 군사행동을 찬성한다는 선언을 했다. 이른바 '93인 성명서Manifest der 93'다. 선언자 명단에는 독일 유겐트슈틸의 선구자였던 페터 베렌스를 비롯해 조각가 막스 클링거, 화학자 빌헬름 오스트발트, 독일 인상주의의 대표적 화가 막스 리베르만, 뮌헨 제체시온의 리더였던 프란츠 폰 스툭과 같은 예술가들(이들은 이 책의 주요 등장인물이다)을 비롯해 근대 심리학의 창시자 빌헬름 분트, 물리학자 막스 플랑크Max Planck, 1858~1947, 정치가 프리드리히 나우만, 진화생물학자 에른스트 헤켈Ernst Haeckel, 1834~1919 등이 포함되어 있다(Ungern-Sternberg & Ungern-Sternberg 1996).

** 막스 베버는 학문의 '가치중립'을 주장했다. 그러나 현실에서 베버는 지극히 정치적이었다. 전쟁 중에는 쇼비니즘적 발언도 서슴지 않았다. 그는 독일을 패전국으로 적시한 베르사유조약에 가장 강력하게 저항한 독일의 대표적 지식인이었다. 그는 "우리에게는 하나의 공동 목표만이 있습니다. (…) 이 평화조약을 휴지 조각으로 만드는 일입니다"라고 전국을 돌며 강연했다(임상우 1992, p. 294).

*** 전쟁의 원인 제공자를 특정할 수 없다는 수정주의의 대표적 입장은 전쟁 기간 중에 영국 수상을 역임했던 로이드 조지Lloyd George, 1863~1945의 자서전에서 다음과 같이 표현된다. "각국은 아무런 우려나 당황의 흔적도 없이 전쟁이라는 끓어오르는 가마 속으로 미끄러져 들어갔다"(박상섭 2014, p. 345 재인용).

되면 독일의 전쟁 책임론이 많이 약화된다. 제1차 세계대전은 모두가 어쩔 수 없이 끌려 들어간 전쟁이었다는 것이다. 이른바 전쟁의 '공동책임론'이다. 그러나 이는 혁명 후 연합국들과 멀어진 소련의 소비에트 정권 때문이다. 패전의 책임을 통째로 뒤집어쓴 독일이 소련 측으로 기울지 않도록 연합국 측은 어느 정도의 아량을 베풀어야 했다. 당시 독일은 소련에 대립하는 서유럽 진영의 최전선이었다.

제2차 세계대전이 끝난 후, 제1차 세계대전에 대한 '공동책임론'은 아주 당연한 것으로 여겨졌다. 제2차 세계대전의 원인이야 당연히 아돌프 히틀러의 나치 독일이지만, 제1차 세계대전의 책임까지 독일에 지울 수는 없었다. 냉전 체제가 전쟁 전보다 훨씬 공고해졌기 때문이다. 구태여 오래전의 부스럼을 긁어 서독을 소련 측으로 밀어버릴 필요는 없었다. 제1차 세계대전이 발발한 이유가 오늘날 우리에게 그토록 아리송한 이유는 바로 이 때문이다. 그러나 독일 내에서는 사정이 좀 달랐다.

제1차 세계대전의 책임도 독일에 있다

'피셔 논쟁Fischer-Kontroverse'****이 시작된 것이다. 시작은 1959년 독일 학술 잡지인 《역사 학보Historische Zeitschrift》에 당시 함부르크대학의 사학과 교수였던 프리츠 피셔Fritz Fischer, 1908~1999가 「독일의 전쟁 목적Deutsche Kriegsziele」

**** 제1차 세계대전에서 독일제국의 책임에 관한 '피셔 논쟁'은 길게 잡으면 1959년부터 1985년까지, 짧게 잡으면 1962년부터 1971년까지 이어진 역사학자들 사이의 논쟁이다. 제1차 세계대전이 독일제국의 침략주의적 의도에서 시작됐다는 피셔의 주장은 나치즘을 독일제국의 시작에까지 소급하여 '연속적'으로 설명하려는 나치즘 연구에도 영향을 미쳤다. 한마디로 아돌프 히틀러의 나치즘은 1871년 독일제국의 성립에서부터 이미 시작되고 있었다는 주장이다(Ishida 2013, p. 356 이하).

이라는 제목의 논문을 발표하면서부터다. 한마디로 제2차 세계대전에 대한 책임만큼 제1차 세계대전에 대한 책임도 독일에 있다는 것이다.

독일 사회의 충격은 엄청났다. 제2차 세계대전의 상처가 겨우 아물어가던 시점에 제1차 세계대전의 책임까지 독일에 있다는 피셔의 주장은 감당하기 힘든 일이었다.

'피셔 논쟁'의 주역인 피셔의 『세계 권력 획득』. 피셔는 히틀러의 나치 독일은 제1차 세계대전 이전부터 준비된 독일 팽창정책의 일부였다고 주장했다.

피셔는 1961년에 자기주장을 증명하는 자료들을 긁어모아 아예 책으로 발간했다. 『세계 권력 획득Griff nach der Weltmacht』[11] 이라는 제목의 단행본이다. 1969년에는 자신의 독일 책임론을 더욱 확대하여 『망상의 전쟁Krieg der Illusionen』[12]이라는 책도 펴냈다. 두 책에서 피셔는 독일제국에서는 1905년 이후에 군인들만이 아니라 민간인들도 독일의 팽창정책을 지지했다고 주장했다.

피셔는 제1차 세계대전은 1914년에 일어난 오스트리아 황태자 암살 사건 때문이 아니라, 1912년 '독일군사참모회의Kriegrat'[13]에서 이미 결정된 사안이었다면서 관련 자료를 제시한다. 1912년, 빌헬름 2세가 알프레트 폰 티르피츠의 해군 증강 정책을 포기하고 육군을 중심으로 하는 '중부유럽 정책'을 펼치기 시작했음을 고려하면, 피셔의 '1912년 전쟁 결정' 주장은 어느 정도 개연성이 있다고 할 수 있다. 그러나 피셔의 주장은 여기서 멈추지 않는다. 히틀러의 나치 독일은 제1차 세계대전에서부터 나타났던 독일제국 팽창정책의 연장선으로 봐야 한다고 한발 더 나아간 것이다. 반발은 엄청났다. 독일의 당시 대통령을 비롯한 정치인들까지 나서서 피셔의 주장을 반박했다. '피셔 논쟁'은 1980년대 중반까지 지속됐다. 심지어 피셔에 대한 인신공격까지 가해졌다. 나치 협력자라는 비난부터 동독 스파이라는 주장까지 나왔다. 공식 석상에서 사람들은 피셔와의 악수마저 거절했다.

흥미롭게도 피셔가 열렬한 나치주의자였음이 2000년대에 들어 밝혀졌다. 신학을 공부한 피셔는 나치의 장학금도 받았고, 히틀러를 지지하는 교단인 '제국교회Reichskirche'에도 적극 가담했다. 그가 함부르크대학에서 자리를 잡게 된 것 역시 히틀러 추종자였기에 가능했다는 자료도 나왔다. 자신의 나치 가담을 숨긴 채 독일의 과거 청산만을 주장한 피셔의 개인사는 많은 사람을 실망시켰다. 하지만 제1차 세계대전의 독일 책임론과 관련한 피셔 논쟁은 제2차 세계대전과 관련한 '역사가 논쟁'*과 더불어 전후 독일 역사학계의 가장 뜨겁고 의미 있는 논쟁으로 평가받는다.

* '역사가 논쟁'에 관해서는 Unit 14 참조.

Unit 61.

폼 나는 독일어는 일제강점기의 유산이다

그때, 나는 왜 독일로 유학 갔을까?

역사는 '사실事實'이 아니고 '사실史實'이다. 개인의 역사든, 국가의 역사든 과거는 항상 '현재 관점'에서 재구성된다는 뜻이다. 관점에는 항상 주체의 문제의식이 존재한다. 바우하우스 공부는 '역사적 맥락'에 던져진 한 개인의 아주 단순한 의문에서 출발한다. 그때 나는 왜 독일로 유학을 갔을까?

1987년 11월에 나는 독일 서베를린으로 유학을 떠났다. 당시 베를린으로 직접 가는 비행기 노선은 없었다. 서방 항공기는 소련 상공을 지날 수 없었기에 알래스카를 경유해 기름을 넣고 가야 했다. 위장병 때문에 한약을 잔뜩 넣은 가방을 다리 사이에 끼고 18시간을 버텨야 했던 당시의 비행기 좌석을 생각하면 지금도 다리가 저려온다. 그때는 독일도 한국과 마찬가지로 분단국이었다. 내가 독일로 유학 간 것은 도피에 가까웠다.

내 대학 시절은 '1980년 광주민주화운동'으로 시작해서 '박종철 고문치사사건'으로 야기된 '1987년 민주화 투쟁'으로 끝났다. 원래는 건축과를 가고 싶었다. 그러나 재수를 하면서 생각이 바뀌었다. 인문·사회과학을 전공하는 선배들이 사용하는 '보캐블러리vocabulary'는 뭔가 달랐다. 참으로 폼 나 보였다. 목표가 바뀌었다. 사학과나 사회학과에 가야만 한다고 생각했다. 고려대학교 인문계열에 입학했다. 그러나 채 1년을 못 다니고 제적됐다.

제적되고 바로 강제징집을 당해 화천 백암산 일대에서 30개월 군 복무를 하고 제대했다. 제대하니 군사정권은 그동안 제적된 학생들을 일괄 복교시켜 주는 '유화 조치'를 취했다. 복교를 하니 1학년 때의 성적을 기준으로 어쩔 수 없이 심리학과를 가야 했다. 당시 심리학과는 가장 인기 없는 학과였다. 정말 뜻이 있거나, 성적이 나빠서 어쩔 수 없이 가는 학과였다. 운 좋게 복교는 되었으나 복교 이후의 대학 시절은 비참했다. 그저 운동권 언저리를 쭈뼛거리며 지냈을 뿐이다. 많이 비겁했고, 끊임없이 죄의식에 시달렸다.

졸업할 때가 되니 친구들은 노동운동을 해야 한다며 인천, 부천으로 갔다. 나는 그쪽 체질은 전혀 아니었다. 그렇다고 취직할 수는 없었다. 한국 같은 제3세계의 대기업은 서구 자본주의의 끄나풀에 불과한 '매판買辦 자본주의'라고 그토록 비판했는데 어찌 삼성, 대우 같은 대기업에 취직할 수 있을까. 계속 공부하는 것이 그나마 부끄럽지 않은 피난처였다. 그러나 국내 대학원 진학은 불가능했다. '수업 거부'를 외칠 때마다 앞장섰던 나를 제자로 받아줄 교수는 없었다. '미제국주의'라고 돌을 던졌던 미국으로 유학을 갈 수도 없었다.

대안은 당시 한국처럼 분단되어 있던 독일이었다. 우리와 고민의 내용도 같으니 공부할 내용도 많으리라 생각했다. 마르크스주의가 독일 같은 서구 선진국에서는 어떻게 수용되고 있는가도 궁금했다. 당시 '서구 좌파'의 본거지는 서독의 서베를린과 마르부르크였다. 독일의 학비가 무료인 것도 아주 큰 매력이었다. 생활비는 적당한 아르바이트로 해결할 수 있었다. 이런 잡다한 이유로 나는 '학생들의 천국'이라는 서베를린으로 유학을 떠났다. 여기까지는 내 독일 유학의 아주 사적인 이유였다. 그러나 '독일 유학'이라는 지극히 개인적인 선택은 더 큰 문화적·역사적 맥락에서 이뤄진다. 당시 독일은 우리에게 어떤 나라였을까?

'독문과'가 왜 그렇게 많았을까?

지금은 많이 달라졌지만, 지난 세기의 한국인에게 독일어, 독일 문학, 독일 학문은 격조 있고 '폼 나는' 것이었다. 독일은 괴테와 실러, 그리고 베토벤의 나라였다. 괴테의 『파우스트』를 끝까지 읽은 사람은 별로 없었지만, 누구나 괴테의 문학은 아는 체했다. 베토벤의 교향곡을 처음부터 끝까지 차분히 앉아 들어본 적은 없었지만, 《교향곡 5번》이 '운명'이고 '빠빠빠빰'으로 시작한다는 것을 모르는 사람은 없었다.

독일어를 조금 할 줄 안다는 것이 대단하게 여겨지던 때였다. 요즘 학교에서 독일어를 제2외국어로 선택하는 학생들은 거의 없다. 그러나 내가 고등학교를 다녔던 1970년대만 하더라도 독일어는 가장 인기 있는 제2외국어였다. 어느 학교에서나 독일어를 가르치는 선생님은 '독사'로 불렸다. '독일어를 가르치는 스승'이라는 뜻도 있겠지만, '독사'처럼 집요하고 무섭다는 뜻도 있다. 대부분 몽둥이로 '데어der 데스des 뎀dem 덴den'을 외우게 했기 때문이다.* '데어 데스 뎀 덴'은 독일어의 '남성 명사' 앞에 붙는 정관사들이다. 영어와는 다르게 독일어의 명사에는 '성性'이 있고 각 성에 맞게 관사를 써야 한다. '격格'에 따라 정관사, 부정관사의 어미도 달라진다. 이를 일일이 외우기란 무척 어려운 일이다. '데어 데스 뎀 덴, 디 데어 데어 디……'로 이어지는 정관사 전체를 학교체육대회 응원 구호로 썼던 기억도 있다.

종합대학에는 대부분 '독문과' 혹은 '독어독문학과'가 설치되어 있었다. 한때 우리나라는 인구 대비 독문과 출신이 가장 많은 나라였다. 1980년대 중후반까지도 독일어 관련 학과의 인기는 꽤 높았다. 그러나 당시 한국

* 그 시대의 독일어 교사들은 거의 예외 없이 폭력적이었다. 독일어의 그 어려운 규칙을 짧은 시간에 가르치려니 그랬을 수도 있겠지만, 일본이 받아들인 독일 군국주의와 어떤 식으로든 관계가 있다는 것이 내 가설이다.

과 독일 사이의 경제적·문화적 교류 수준을 고려할 때 독일어를 제2외국어로 선택하는 이가 그렇게까지 많을 필요는 없었다. 독일어 관련 학과를 졸업하고 취직할 곳이 별로 없었다. 먹고살기에는 그리 실용적인 학과가 아니었다는 이야기다. 실제로 여행 자유화가 이뤄지고 해외 교역이 활발해진 1990년대 이후로 독일어의 위상은 급격히 추락했다. 대신 활용도가 훨씬 높은 일본어나 중국어 관련 학과가 그 자리를 차지했다. 폼 나는 독일어는 '거품'이었다. 내 독일 유학도 이 거품에서 크게 벗어나지 못한다. 도대체 독일어는 당시 한국에서 왜 그렇게 폼 나는 것이었을까?

'폼 나는 독일어'는 일제강점기의 유산이다. 내가 독일로 유학 간다고 했을 때 아버지가 가장 반가워하셨다. 일제강점기 때 이북에서 의학전문학교醫專를 다니신 아버지는 꽁꽁 언 손을 호호 불어가며 독일어로 된 의학용어를 외웠던 기억을 몇 번이고 말씀하셨다. 6·25 전쟁 이후에 남쪽으로 내려와 개신교 목회자의 삶을 사셨지만, 아버지에게 독일어에 대한 기억은 여전히 '자부심' 그 자체였다. 내 아버지만 그런 것이 아니었다. 일제강점기에 대학을 다닌 한국인들에게 독일은 아주 특별한 곳이었다. '폼 나는 독일어'는 광복 이후 1980년대까지 지속됐다. '독일 철학'과 '독일 문화'는 '교양敎養'**의 상징이었다. 고교 평준화 이전에 고교 입학시험을 봤던 노인들은 지금도 독일어 단어를 기억한다. 내가 독일에서 공부했다고 하면 자신들이 학창 시절에 독일어를 얼마나 열심히 했는가를 자랑스럽게 이야기한다.

우연이 아니다. 일제강점기 동안 한국인이 경험한 근대 일본은 독일의 아류였다고 해도 과언이 아니기 때문이다. 근대 일본의 법과 문화 곳곳에는 독일의 흔적이 아주 깊이 새겨져 있다. 이와 관련해 독일에서 법학을 전공하던 친구가 아주 흥미로운 이야기를 했다. 한국에 있을 때, 지도교수

** '교양'은 독일어 'Bildung'의 일본식 번역이다.

가 쓴 교과서가 일본 법학책을 그대로 베낀 것이 밝혀져 크게 문제가 된 적이 있었다고 한다. 그런데 독일에 유학을 와서 공부하다가 그 문제의 교과서와 거의 똑같은 독일의 법학 교과서를 발견했다는 것이다. 그러니까 자기 지도교수는 일본 책을 베꼈고, 그 일본 책의 저자는 독일 책을 그대로 베꼈다는 이야기다.

법학책에 국한된 이야기가 아니다. 실제로 독일의 법과 제도는 이와 유사한 과정을 거쳐 한국에 들어왔다. 메이지 시대 이후, 일본의 사법과 행정 영역에서 독일의 영향은 절대적이었다. 1896년에 제정된 일본 민법은 대부분 독일 민법을 그대로 옮겨 온 것이다. 오늘날 일본에서 사용하는 법률 용어들은 대부분 이에 상응하는 독일어를 번역한 것이다. 일본의 이 민법 체계가 일제강점기에 한국으로 도입되어 오늘날의 법체계로 자리 잡았다.[14] 한국의 법 관련 영역에서 대륙법이 대세인 이유도 바로 이 때문이다.

의학도 마찬가지였다. 오늘날 한국 병원의 의사들은 환자가 못 알아듣게 영어를 섞어서 간호사에게 지시한다. 처방전도 영어로 마구 흘려 쓴다. 그러나 이런 모습은 아주 오래됐다. 서양의학이 일본에 들어온 후부터 있었던 현상이다. 차이라면 당시 일본 의사들은 영어 대신 독일어를 썼다. 근대 이후, 새로 서양의학을 배워 진료하는 일본 의사들 사이에서는 진료기록이나 처방전을 독일어로 쓰는 것이 유행이었다. 독일어로 쓰고 말할 수 있다는 것만으로도 아주 특별한 권위를 인정받던 시대가 있었다는 이야기다. 그래서 아버지는 나의 독일 유학을 그렇게 자랑스러워하셨던 것이다.

메이지 시대 일본에서 '교양'이란 곧 독일 철학과 독일 문화를 뜻했다. 일본에서는 1886년에 제정된 '제국대학령帝國大學令'에 따라 제국대학이 설립됐다.* 제국대학에서는 서양 학문을 본격적으로 수입해 소개했다. 당시 학생들 사이에서는 〈데칸쇼부시デカンショ節〉라는 노래가 유행했다. "데칸쇼, 데칸쇼 하면서 한 반년 지내보세. 아요이요이. 그다음 반년은 누워서 지내세! 요이 요이 데칸쇼デカンショデカンショで半年暮らす. アヨイヨイ. あとの半年ねて暮らす. ヨーオイ ヨーオイ デッカンショ." 전체 노래 내용은 입학시험을 치르느라 고생했으니 이제 마음껏 놀아보자는 뜻이다. 그런데 재미있는 것은 후렴구처럼 쓰이는 '데칸쇼'의 뜻이다.

'데칸쇼'란 '데카르트', '칸트', '쇼펜하우어'의 첫 글자를 따온 것이다. 이들의 철학책을 읽다 보면 지루하고 졸음이 온다는 것을 노래로 풀어낸 것이다. 뒤집어 생각하면 프랑스의 르네 데카르트René Descartes, 1596~1650로 대표되는 근대 철학, 그리고 이마누엘 칸트와 아르투어 쇼펜하우어Arthur Schopenhauer, 1788~1860의 독일 철학을 제국대학 학생들에게 '교양'으로 강요했다는 뜻이다. 이른바 '데칸쇼 교양'**이다.

* 도쿄대학은 제국대학령이 제정되기 10년 전인 1877년에 이미 개교했다. 설립 초기, 도쿄대학은 프랑스 학제를 모방했지만 1880년대에 들어서면서는 독일 대학 제도를 도입했다. 20세기 초반 일본에는 중학교, 고등학교, 대학교로 이어지는 학제가 갖춰졌다. 이때 고등학교와 대학 예과에서는 '교양 교육'이라는 이름으로 서유럽의 문학과 역사, 철학에 대한 교육이 실시됐다. 오늘날 한국 대학에서 당연한 듯 사용하는 '교양과정', '교양학부'의 기원이다(이대화 2018, p. 195 이하).

** 식민지 조선의 경성에도 1924년에 경성제국대학이 설립됐다. 이곳에서도 당연히 '데칸쇼 교양'이 강요됐다(이충우 1980, p. 78).

Unit 62.

멈추지 않는 한국 사내들의 군대 이야기

그 시절 나는 '곡괭이'로 화장실 청소를 했다!

1982년 초, 강원도 화천 백암산의 겨울은 참으로 견디기 어려웠다. 체감온도는 영하 20도를 훨씬 더 내려가는 듯했다. 눈이 한번 내리면 겨우내 녹지 않았다. 흰 눈이 쌓인 들판에는 까마귀가 참 많았다. 하얀 들판과 까만 까마귀는 묘하게 어울렸다. 당장이라도 마음만 먹으면 집에 돌아갈 수 있을 것 같은데 30개월을 꼬박 낯선 풍경의 이곳에서 보낼 생각을 하니 마음이 한없이 가라앉았다.

정신없는 한 주의 훈련이 끝나고 주말 휴식 시간이었다. 이름만 휴식 시간일 뿐 대부분 '사역'을 나가야 했다. 훈련소 조교는 나를 비롯한 훈련병 두세 명에게 곡괭이와 삽을 주며 화장실 청소를 하라고 내보냈다. 왜 곡괭이와 삽을 주는가 의아했다. 하지만 바로 깨달았다. '푸세식' 화장실에는 훈련병들의 분뇨가 차곡차곡 쌓여서 산처럼 뾰족하게 얼어붙어 있었기 때문이다. 당장이라도 엉덩이를 찌를 듯한 위세로 서 있는 '분뇨 얼음탑' 때문에 앉는 자세 자체가 불가능했다. 곡괭이로 그 얼어붙은 분뇨를 깨고, 삽으로 평평하게 다지는 것이 화장실 청소였다.

화장실 사역을 마치고 페치카의 참나무가 활활 타오르는 따뜻한 내무반에 조금 앉아 있으려니, 다른 훈련병들이 코를 막으며 우리에게 욕설을 퍼부었다. 냄새가 난다는 거였다. 곡괭이와 삽으로 분뇨를 깰 때 군복에 튀어 붙었던 얼음 조각들이 녹으면서 나는 냄새였다. 그때 그 얼음 조각들은 내 얼굴에도, 머리카락에도 튀었다. 아, 가끔은 입에도 들어왔다!

곡괭이와 삽으로 하는 화장실 청소는 한국의 전방 군대에서만 겪는다고 생각했다. 그런데 유사한 장면을 일본 흑백영화에서도 봤다. 〈인간의 조건〉이라는 제목의 영화였다. 그 영화 속에서도 일본군들이 곡괭이로 화장실 청소를 했다. "사역 몇 명" 하며 병사들을 불러내는 것도 똑같았다. 1959년에 제작된 영화 〈인간의 조건〉은 일본 소설가 고미카와 준페이五味川純平, 1916~1995의 자전적 대하소설 『인간의 조건人間の條件』*을 영화화한 것이다. 소설은 1955년에 처음 출간되어 지금까지 1,500만 부가 넘게 팔렸다. 영화 감독은 전후 일본을 대표하는 고바야시 마사키小林正樹, 1916~1996다. 영화 또한 소설처럼 아주 길다. 3부작으로 거의 10시간에 가까운 대작이다.

태평양전쟁이 끝나가던 1943~1945년의 만주가 배경이다. 좌익 사상을 가진 주인공 '가지'는 의미 없는 제국주의 전쟁에 징집되는 것을 피하려고 만주 광산의 노무 관리자를 지원한다. 군대와 다를 바 없는 만주 지역의 광산에 파견되면 소집 면제를 받을 수 있기 때문이다. 중국 포로들에 대한 현지 일본인 관리자들의 잔인한 처우에 그는 계속 문제를 제기한다. 결국 가지는 광산에서 쫓겨나 관동군에 강제징집이 되고 만다. 군대에서도 고참들과의 갈등은 계속되고, 가지는 졸병들에 대한 가학적 내무반 분위기를 바꾸기 위해 고군분투한다. 일본이 패하자 가지는 소련군 포로가 된다. 포로수용소 내에서도 가지는 절망한다. 광산에서나, 군대에서나, 포로수용소에서나 인간의 존엄을 지킬 수 있는 최소한의 조건은 허용되지 않았다. 포로수용소를 탈출하는 데 성공한 그는 아내 '미치코'에게 돌아가려고 눈길을

* 한국에도 번역되어 총 6권의 전집으로 출간됐다(고미카와 2013).

하염없이 걷다가 쓰러진다. 눈은 계속 쌓여 그의 몸을 덮어버린다.

내게는 일본 군대의 실상을 보여주는 영화 장면이 무척 흥미로웠다. 만주를 점령한 일본 관동군의 내무반 생활을 적나라하게 보여주는 이 영화를 보면, 우리나라의 군대 문화가 도대체 어디서 왔는가가 분명해지기 때문이다. 영화 속 내무반의 모든 장면이 너무 익숙했다. 수십 명이 나란히 누워자야 하는 침상의 구조는 물론, 총기가 세워져 있는 총기대도 1980년대 초반 한국 군대의 내무반과 똑같았다. 매일 밤, 부동자세로 점호를 하는 방식도 너무 익숙했다. 총원 몇 명, 현재 인원 몇 명, 어쩌고…… 하는 보고자의 구호, 그리고 사병들이 침상 끝에 서서 순서에 따라 목청껏 번호를 붙여 내무반의 현재 인원수를 확인하는 방식까지 똑같았다. 그뿐만 아니다. '쫄병'을 괴롭히는 고참들의 치졸한 행태도 어쩌면 그렇게 똑같은지 놀라울 정도였다. 구타로 시작해서 구타로 끝나는 내무반 생활도 수십 년의 시간 차이가 있지만 다를 바가 거의 없었다. 마음에 안 들면 바로 소리치는 '엎드려 뻗쳐' 같은 기합까지 동일했다.

군대 시절, 중대장은 아버지 같고 선임하사나 중사가 맡는 '인사계'는 어머니 같은 존재라는 이야기를 많이 들었다. '의사疑似 가족으로서의 내무반'은 청일전쟁과 러일전쟁 당시의 일본 군대에 이미 존재하던 이데올로기였다. 당시 일본 육군에는 '군대

고바야시 마사키 감독의 1959년 영화 〈인간의 조건〉. 고미카와 준페이의 자전적 대하소설 『인간의 조건』을 영화화한 것이다. 소설은 1955년에 출간되어 지금까지 1,500만 부 넘게 팔렸다. 영화에 나오는 1940년대 일본 관동군의 내무반은 수십 년이 지난 후 내가 경험한 1980년대 한국 전방 부대 내무반과 거의 똑같다.

내무서軍隊內務書'라는 것이 존재했다. 거기에는 "군대에서 상관은 부모다. 따라서 부모를 받들듯이 상관을 모셔야 한다"라는 내용이 있다. 가족이 군대의 기본단위라는 것이다. 아울러 내무반에서 구타와 처벌은 부모의 훈육처럼 받아들여야 했다.15

또 '군대 이야기'다!

또 '군대 이야기'다. 하지만 할 수 없다. 이삼 년의 군대 생활이 한국 남자들에게 미치는 영향은 엄청나기 때문이다. 성인으로서의 자의식이 막 생기자마자 느닷없이 살벌한 환경에 던져지기 때문이다. 낯선 곳에서의 남자들만의 세상이다. 그것도 전쟁에 대비하여 '살인 훈련'을 받는 곳이다. 20대 초반의 사내들이 성인이 되어 처음 겪는 이 살벌한 체험은 평생 '정신적 트라우마'로 남는다. 그래서 술잔만 돌면 군대 이야기를 하는 것이다. 왜 우리가 청춘을 그곳에서 보내야 했는지, 평생에 걸쳐 묻고 또 묻는 것이다. 이건 개인의 문제가 아니다. '까라면 까'야 하는 권위적 상명하복上命下服의 군대 경험은 여전히 한국 사회를 지배하는 문화이기 때문이다. 아무리 '요즘 군대는 달라졌다'지만, 군대는 군대다. 한국 남자들의 행태를 이해하려면 군대를 이해해야 한다. 물론 군대 문화에 관한 이야기를 구태여 내가 할 필요는 없다. 검색하면 이에 관한 이야기가 넘쳐난다. 내 의문은 이 독특한 '한국 군대'가 도대체 어디서 왔느냐는 것이다.

오늘날 대한민국 군대의 기원은 1945년 12월 5일에 미군정이 설치한 '군사영어학교'와 1946년 1월 15일에 불과 1개 대대 병력으로 창설된 '남조선국방경비대'다. 물론 상하이 대한민국임시정부의 광복군을 대한민국 군대의 시작으로 이야기해야 옳으나, 광복군은 오늘날 '한국 사내들이 실제로 경험하는 군대'의 기원과는 그리 큰 상관이 없다. 해방 후의 한국 군대에서는 광복군과 싸웠던 일본군 출신들이 주도권을 잡았기 때문이다.* 남조선국방경비대는 1948년 8월 15일 대한민국 정부 수립 이후 대한민국 육군으로 전환됐다.

한국 군대의 형식은 미군 조직을 모방하여 만들어졌으나, 그 내용은 제국주의 시절의 일본 군대를 그대로 이어받았다고 해도 과언이 아니다. 당시 한국 군대의 핵심 인력이 대부분 일본육군사관학교 출신이었기 때문이다. 초기 한국 군대의 육군참모총장 리스트만 살펴봐도 일본 군대의 영향은 분명해진다. 일본 군대 출신의 한국 육군참모총장들은 다음과 같다.[16]

> 1대 육군참모총장 이응준(일본 육사 26기, 일본군 대좌), 2·4대 육군참모총장 채병덕(일본 육사 49기, 일본군 소좌), 3대 육군참모총장 신태영(일본 육사 26기, 일본군 중좌), 5·8대 육군참모총장 정일권(일본 육사 55기, 만주군에서 편입, 만주군 상위), 6대 육군참모총장 이종찬(일본 육사 49기, 일본군 소좌), 7·10대 육군참모총장 백선엽(봉천군관학교, 만주군 중위), 9대 육군참모총장 이형근(일본 육사 56기, 일본군 대위), 11대 육군참모총장 송요찬(일본 육군 군조), 12대 육군참모총장 최영희(일본군 소위), 13대 육군참모총장 최경록(일본 도요하시예비사관학교, 일본군 소위), 14대 육군참모총장 장도영(일본군 소위), 15대 육군참모총장 김종오(일본군 소위), 16대 육군참모총장 민기식(일본군 소위), 17대 육군참모총장 김용배(일본군 소위), 18대 육군참모총장 김계원(일본군 소위), 19대 육군참모총장 서종철(일본군 소위), 21대 육군참모총장 이세호(일본군 소위)

* 남조선국방경비대의 출범에 참여한 사람들은 세 부류다. 일본군 혹은 일제가 만주에 세운 만주국 군대 출신, 일본에 학병으로 끌려갔던 이들, 그리고 임시정부의 광복군이나 중국군 출신이다.

마지막 일본군 출신 육군참모총장인 이세호의 임기는 1975년 3월 1일부터 1979년 1월 31일까지다. 그러니까 대한민국 군대가 창설된 1946년부터 1979년까지의 거의 모든 기간에 일본군 출신이 한국 군대의 최고 책임자였다는 이야기다. 참모총장을 역임하지는 못했지만 한국 군대의 고위직을 차지했던 수많은 사람이 일본군 경력을 가지고 있었다. 가장 결정적인 것은 1961년에 군사 쿠데타를 일으켜 1979년까지 대한민국 대통령을 지낸 박정희 또한 일본 육사 출신(만주군관학교에서 편입)으로, 광복 당시에 일본 육군 소위였다는 사실이다. 수십 년간 한국 군대를 장악한 지휘관들의 면면을 볼 때 한국 군대에 미친 일본 군대의 그림자를 쉽게 지울 수는 없다는 이야기다.

대한민국 군대의 초기 지도자들이 보인 친일 행적에 관해서 이야기하려는 것이 아니다. 한국 근대사에서 일본 관련 담론은 우리가 경험한 일제강점기의 일본 제국주의, 혹은 친일 문제에 관해서만 이야기된다. 논의가 너무 제한적이다. 우리가 경험한 그 제국주의 일본은 어떻게 형성됐는가 하는 질문이 빠져 있기 때문이다. 일본이 아시아의 이웃 나라를 침탈할 수 있었던 것은 다른 나라들에 비해 수십 년 앞서 서구 문물을 적극적으로 수용했기 때문이다. 일본의 군대 또한 서구의 군사 제도를 받아들인 것이다. 도대체 그 군대가 어디서 왔느냐는 것이 내 질문이다.

Unit 63.

왜 그토록 육군 복무신조를 복창했나

일본 군대의 기원

청일전쟁, 러일전쟁을 거쳐 제1차 세계대전, 제2차 세계대전에 이르기까지 일본 군대는 거의 10년에 한 번꼴로 전쟁을 벌인다. 대부분 일본이 먼저 일으킨 전쟁이다. 일본은 비슷한 시기의 독일만큼 호전적이었다. 하지만 주로 유럽에서 벌어진 제1차, 제2차 세계대전에 지구 반대편의 일본이 참여한 양상은 매우 흥미롭다. 제1차 세계대전에서 일본은 영국, 미국, 러시아 등의 연합국 측에 참여하여 독일을 대상으로 전쟁을 했다. 그러나 제2차 세계대전에서는 독일과 같은 편이 되어 미국을 상대로 전쟁을 했다. 일본 군대는 이쪽 편, 저쪽 편으로 옮겨 다니며 전쟁에 광분했다.

제2차 세계대전에서 패할 때까지 일본 군대는 그야말로 승승장구했다. 수백 년 동안 아시아 대륙의 주인을 자처했던 청나라와 그 후의 중국을 상대로 승리했고, 유럽 대륙에서 아시아 대륙까지 가장 넓은 영토를 차지하고 있던 러시아와의 전쟁에서도 승리했다. 무적으로 여겨지던 러시아 발트 함대는 일본 해군에 의해 괴멸됐다. 매번 어려워 보이던 싸움을 가까스로 뒤집어 승리한 일본 군대는 20세기 최강의 국가였던 미국을 상대로 하는 태평양전쟁에도 겁 없이 달려들었다. 19세기 후반에서 20세기 초반에 걸쳐 일본 군대가 보여준 행태는 정말 놀랍도록 무모했다.

일본에서는 근대 일본 군대의 기원을 1869년으로 삼는다.17 '일본군의 아버지'로 일컬어지는 오무라 마스지로大村益次郎, 1825~1869가 병부대보兵部大輔에 올라 일본 육·해군의 기초를 닦았던 해다. 오무라는 원래 의사였다. 20대 초반에 당시 나가사키에서 활동하던 독일 의사 필리프 프란츠 폰 지볼트Philipp Franz von Siebold, 1796~1866 밑에서 서양의학을 배웠다. 당시 쇄국정책을 폐기하도록 요구하는 서양 군대에 일본의 전통 사무라이는 결코 상대될 수 없다는 사실을 깨닫고, 오무라는 의사직을 버리고 서양식 군함 제조 기술과 항해술을 익혔다. 이후 그는 조슈번長州藩 군사학교의 교관이 된다.*

오무라는 서구식 무기를 적극적으로 들여올 뿐만 아니라, 신분제를 타파하고 국민개병제國民皆兵制를 설파했다. 에도의 도쿠가와 막부를 폐지하고 메이지 천황을 옹립하는 과정에서 그가 훈련시킨 군대는 크게 활약한다. 메이지 시대가 열리자 오무라는 그간의 공로를 인정받아 메이지 정부 군

* 조슈번은 사쓰마번薩摩藩과 더불어 일본 개항기를 주도한 지역이다. 우리에게 아주 익숙한 이토 히로부미도 이 조슈번 출신이다.

러일전쟁 당시에 조선 반도를 행군하는 일본 군대. 청일전쟁부터 태평양전쟁이 끝날 때까지 거의 10년 간격으로 전쟁을 일으킨 일본 군대는 놀랍도록 호전적이었다. 도대체 왜 그랬을까?

대 창설의 주역이 된다. 그러나 너무 급하게 진행되는 군 개혁에 앙심을 품은 이들이 1869년 9월에 오무라를 암살했다. 그가 사망한 후, 야스쿠니 신사에 그의 동상이 세워졌다. 일본 최초의 서양식 동상인 그의 동상은 지금도 그곳에서 볼 수 있다.* 오무라가 죽자, 같은 조슈번 출신의 야마가타 아리토모山縣有朋, 1838~1922**가 그의 자리를 이어받았다.

야스쿠니 신사 한가운데 있는 오무라 마스지로 동상. 오무라는 근대 '일본군의 아버지'로 여겨진다. 그는 일본 군대의 근대화를 성급하게 밀어붙이다가 암살당했다. 그의 동상은 일본 최초의 서양식 동상으로도 유명하다. 동상은 일본 군국주의가 채택한 문화적 기억의 대표적 형태다.

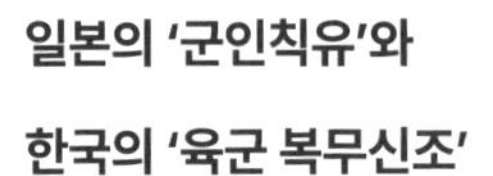

일본의 '군인칙유'와 한국의 '육군 복무신조'

1877년, 메이지유신의 주역이었던 사이고 다카모리西鄕隆盛, 1828~1877는 자신이 세운 메이지 정부에 대항하여 반란을 일으켰으나 진압됐다. 내전을 진압했으나 제대로 된 대우를 받지 못했다고 여긴 일부 정부군 병사들은 1878년에 반

* 매스미디어가 발달하기 전, 프로이센과 같은 군국주의 국가들은 동상 같은 '기억의 도구'를 다양하게 활용했다. 누구나 볼 수 있는 곳에 세워진 건축물은 '승리'와 '영웅'을 만들어내고 '위대한 시절'에 관한 이야기를 반복적으로 재생산하는 가장 훌륭한 수단이었다(Schneider 1998, p. 338 이하). 프로이센과 유사한 군국주의의 길을 갔던 근대 일본도 이 같은 대중 심리 조작의 수단을 적극 도입했다.

** 야마가타 아리토모는 같은 조슈번 출신인 이토 히로부미와 치열한 경쟁 관계였다. 지역 파벌에 그리 큰 관심을 두지 않았던 이토와 달리 야마가타는 조슈번 파벌의 수장으로 활동했다.

야마가타 아리토모. 이토 히로부미와 번갈아가며 당시 일본의 정치를 주도했다. 일본 군대의 정신적 지침인 '군인칙유'를 제정해서 모든 일본군이 부동자세로 외우게 했다.

란을 일으켰다. 이른바 '다케바시竹橋 사건'이다.18 이 사건에는 천황의 근위포병대대 병사들 대부분이 가담했다. 천황의 근위대가 반란을 일으켰다는 사실에 정부는 큰 충격을 받았다. 정부가 군대를 충분히 통제하지 못하고 있다는 사실이 드러난 것이기 때문이다.*** 당시에 육군경陸軍卿을 맡고 있던 야마가타는 군인들이 황제에게 충성하는 정신이 부족하다 여겨 '군인훈계軍人訓戒'를 발표했다. 1882년에는 이를 간결하게 명문화한 '군인칙유軍人勅諭'****를 반포하고, 모든 군인이 외우게 했다. 태평양전쟁이 끝날 때까지 모든 일본 군인이 부동자세로 제창하고 외워야 했던 군인칙유는 다음과 같은 5개 조항으로 되어 있다.19

1. 군인은 충절을 다하는 것을 본분으로 삼아야 한다軍人は忠節を尽くすを本分とすべし!

1. 군인은 예의가 발라야 한다軍人は礼儀を正しくすべし!

1. 군인은 무용을 숭상해야 한다軍人は武勇を尊ぶべし!

1. 군인은 신의를 중시해야 한다軍人は信義を重んずべし!

*** 이 사건으로 군대의 통수권이 정부나 의회로부터 독립하여 천황에게 속하게 된다. 그 결과 '참모본부'는 독립적으로 설치되어 운영된다. 이때의 '참모본부 독립'이 일본 군국주의의 시작으로 여겨진다. 이 배후에는 야마가타 아리토모가 있다. 일본 군국주의의 원흉으로 야마가타가 지적되는 이유다(위텐런 2014, p. 32).

**** '군인칙유'는 1890년에 만들어진 '교육칙어'와 더불어 일본제국을 구성하는 '천황과 병사', '천황과 신민'의 관계를 규정하는 핵심적 텍스트로 작동하게 된다(코모리 2003, p. 92).

1. 군인은 자질을 으뜸으로 여겨야 한다軍人は質素を旨とすべし!

오늘날 군대를 다녀온 한국 남자들에게는 이 오래된 일본의 군인칙유가 어딘가 익숙하다. 한국 남자들도 이와 비슷한 것을 군대 시절 내내 외워야 했다. '육군 복무신조'*다. 훈련소에 입소하면 가장 처음 외워야 한다. 점호 시간마다 간부들은 병사들이 육군 복무신조를 제대로 숙지하고 있는지 확인했다. 제대로 외우지 못하면 내무반 콘크리트 바닥을 뒹굴어야만 했다. 다음은 육군 복무신조 내용이다.

우리는 국가와 국민에 충성을 다하는 대한민국 육군이다.
(우리의 결의)
하나. 우리는 자유민주주의를 수호하며 조국 통일의 역군이 된다.
둘. 우리는 실전과 같은 훈련으로 지상전의 승리자가 된다.
셋. 우리는 법규를 준수하고 상관의 명령에 절대복종한다.
넷. 우리는 명예와 신의를 지키며 전우애로 굳게 단결한다.

오늘날 대한민국 육군 복무신조의 내용과 형식이 100여 년 전 메이지 시대 일본 군대의 군인칙유와 사뭇 흡사하다는 사실은 참으로 우리를 당황스럽게 한다. 매일 부동자세로 외워야 하는 훈련 방식도 동일하다. 흥미롭게도 이와 비슷하게 부동자세로 외워야 하는 것이 나의 학창 시절에도 있었다. '국민교육헌장'이다. "우리는 민족중흥의 역사적 사명을 띠고 이 땅에 태어났다. 조상의 빛난 얼을 오늘에 되살려 안으로 자주독립의 자세를 확립하고, 밖으로 인류 공영에 이바지할 때다. 이에 우리의 나아갈 바를 밝혀 교

* '복무신조'라고 줄여 말하기도 한다. 2000년대 초반에는 '우리의 결의'라고 부르기도 했다. 포함된 단어도 시대마다 조금씩 달라지지만, 기본 구조는 동일하다.

육의 지표로 삼는다"라면서 '나라가 지정해주는 내 탄생의 이유'를 외워야 했던 국민교육헌장이 탄생한 배경 또한 육군 복무신조와 비슷하다. 국민교육헌장은 메이지 시대인 1890년부터 일본 학생들이 부동자세로 외워야 했던 '교육칙어敎育勅語'**를 모방한 것이었다.

그뿐만 아니다. 큰 행사가 있을 때마다 우리가 국기를 앞에 두고 가슴에 손을 얹은 채 외워야 하는 "나는 자랑스러운 태극기 앞에 자유롭고 정의로운 대한민국의 무궁한 영광을 위하여 충성을 다할 것을 굳게 다짐합니다"라는 내용의 '국기에 대한 맹세' 또한 이 맥락에서 크게 벗어나지 않는다.*** 국기에 대한 맹세는 일제강점기 때 일본인들이 식민지의 조선인들에게 외우게 했던 '황국신민서사皇國臣民誓詞'의 변종이라는 의심을 지우기 힘들다.****

** '교육칙어'의 정확한 명칭은 '교육에 관한 칙어敎育關勅語'다. 1890년에 제정되어 1948년까지 사용됐다. 1968년에 만들어진 우리나라의 국민교육헌장은 1994년에 공식적으로 사용을 종료했다.

*** 이 버전은 2007년에 개정된 것이고, 최초의 맹세문은 "나는 자랑스런 태극기 앞에 조국의 통일과 번영을 위하여 정의와 진실로써 충성을 다할 것을 다짐합니다"이다. 1974년부터는 "나는 자랑스런 태극기 앞에 조국과 민족의 무궁한 영광을 위하여 몸과 마음을 바쳐 충성을 다할 것을 굳게 다짐합니다"로 바뀌었다. 왜 우리는 '국기'에 내 몸과 마음을 다 바치겠다는 맹세를 해야 할까? 정말 그것이 내 삶의 궁극적 목적일까?

**** '황국신민서사'에는 성인용 버전과 아동용 버전이 따로 있었다. 아동용 버전은 다음과 같다.

1. 우리들은 대일본제국의 신민입니다私共は、大日本帝国の臣民であります.

1. 우리들은 마음을 합하여 천황 폐하에게 충의를 다하겠습니다私共は、心を合わせて天皇陛下に忠義を尽します.

1. 우리들은 인고단련하여 훌륭하고 강한 국민이 되겠습니다私共は、忍苦鍛錬して立派な強い国民となります.

Unit 64.

독일 군대와 일본 군국주의

서부전선 이상 없다

에리히 레마르크의 『서부전선 이상 없다Im Westen nichts Neues, 1929』는 내 군대 시절 내무반의 진중문고陣中文庫에 꽂혀 있었다. 레마르크의 또 다른 소설 『개선문Arc de Triomphe, 1946』도 그때 문고판으로 읽었다. 『개선문』은 전쟁과 전쟁 사이의 파리를 배경으로 한다. 나치에 쫓겨 파리로 도망한 주인공은 개선문 부근 카페에서 여인을 만나기만 하면 '칼바도스'를 마셨다. 지금도 나는 파리에서 비행기를 갈아탈 때마다 면세점에서 칼바도스를 사 온다. 내 젊은 날, 백암산 참호에서 읽은 '포켓 문고'는 이토록 두고두고 내 삶에 구체적 영향을 미친다.

1929년에 출간된 레마르크의 소설 『서부전선 이상 없다』는 『인간의 조건』처럼 여러 번 영화화됐다. 출간된 바로 이듬해인 1930년 독일에서는 오스트리아 출신의 영화감독 게오르크 파브스트Georg Pabst, 1885~1967가 〈서부전선 1918년Westfront 1918〉이라는 제목으로 영화화했다. 파브스트의 영화가 베를린에서 상영됐을 때 나치 추종자들이 영화관에 난입하여 영화 상영을 방해하기도 했다. 미국에서는 러시아 출신의 영화감독 루이스 마일스톤Lewis Milestone, 1895~1980이 소설과 같은 제목으로 영화화했다. 마일스톤은 이 영화로 아카데미 감독상을 받았다. 1979년에 미국 영화감독 델버트 맨Delbert

Mann, 1920~2007이 제작한 것도 있다. 이 영화에는 한국에서도 한때 무척 인기가 있었던 〈월튼네 사람들The Waltons, 1972~1981〉에서 작가 지망생 맏아들로 나왔던, 왼쪽 뺨에 특이하게 큰 점이 있는 리처드 토머스Richard Thomas, 1951~가 주연을 맡았다. 그러나 이 영화에 대한 객관적 평가는 1930년에 만들어진 마일스톤의 영화에 비해 많이 떨어진다.*

〈서부전선 이상 없다〉의 주인공 '파울 보이머'는 훈련소에서 아주 집요하게 잔인한 하사 '히멜슈토스'를 만난다. 입대 전에 우편배달부였던 히멜슈토스는 훈련소 조교를 맡고 있었다. 히멜슈토스는 훈련병들에게 사디즘

* 2022년, 넷플릭스에서도 〈서부전선 이상 없다〉를 제작했다. 그러나 제1차 세계대전 당시 참호 전쟁의 비참함에 초점을 맞췄을 뿐, 주인공의 내면 묘사나 전쟁을 둘러싼 당시 독일의 상황 서술은 빠져 있다. 그저 음향효과가 뛰어난 21세기적 전쟁 영화일 뿐이다. 그런데도 2023년 아카데미상을 4개나 수상했다.

리처드 토머스 주연의 영화 〈서부전선 이상 없다All Quiet On The Western Front〉. 1979년에 제작된 이 영화보다는 1930년에 미국에서 제작된 루이스 마일스톤 감독의 영화가 작품성이 더 뛰어나다는 평가를 받는다. 그러나 왼쪽 뺨의 점이 인상적인 〈월튼네 사람들〉 큰아들이 주인공을 맡은 이 영화도 훌륭하다.

에 가까운 행태를 보인다. 파울 보이머는 "우편배달부의 힘이 우리 부모, 우리 교육자, 그리고 플라톤에서 괴테에 이르는 모든 문화계 인사를 합친 것보다 더욱 막강하다는 사실을 우리는 인정하지 않을 수 없게 되었다. (…) 경례, 부동자세, 분열 행진, 받들어총, 우향우, 좌향좌, 뒤꿈치를 맞붙이며 차렷하기, 욕지거리 및 온갖 부당한 횡포……. 우리는 이내 이런 것에 익숙해졌다"[20]라고 고백한다.

히멜슈토스가 '군대'라는 이름으로 자행한 온갖 악행에 대해 파울 보이머가 고발하는 내용이 당시 이등병이었던 내게 얼마나 공감이 되었던지, 지금도 위 문장을 읽었던 휴전선 참호 앞의 스산한 갈대밭 풍경을 잊을 수가 없다. 당시 최전방에서는 봄가을이면 '화공 작전'이라는 이름으로 휴전선 철책 앞뒤에 자란 풀과 나무들을 태웠다. 적의 침투를 확인할 수 있는 시야를 확보하기 위해서였다. 화공 작전이 지나간 자리는 갈대밭이 되었다. 봄

1930년에 제작된 루이스 마일스톤 감독의 영화 〈서부전선 이상 없다〉의 훈련 장면. 일본 군대는 독일 군대를 그대로 흉내 냈다.

이 되기 전, 갈대밭은 차가운 겨울바람에 아주 쓸쓸하게 흔들렸다.

제1차 세계대전 당시의 독일군 파울 보이머가 적진을 응시하던 질척이는 참호나, 일본 관동군에서 탈영한 가지가 헤매던 끝없이 펼쳐진 만주의 겨울 들판이나, 세계 유일의 분단국으로 남아 있는 대한민국 육군 이등병이었던 내가 넋 놓고 바라보던 갈대밭이나, 말단 소총수가 느끼던 감상은 똑같았다. 집단에 맞서기에는 너무나 허약한 '개인'의 무력함이었다. 참으로 흥미로웠던 것은 1910년대 후반의 독일 군대를 그린 소설 『서부전선 이상 없다』의 주인공 '파울 보이머', 1940년대의 일본 관동군을 그린 소설 『인간의 조건』의 주인공 '가지', 1980년대 초반의 한국 군대 이등병 '김정운'이 경험한 '군대 내무반'의 현실이 너무나 비슷했다는 사실이다. 도대체 왜 그랬을까?

'프랑스 군대'에서 '독일 군대'를 모델로

일본 육군은 오무라 마스지로가 시작했지만, 그 형태와 내용을 결정지은 이는 야마가타 아리토모다. 그는 여러모로 한반도의 운명과 관련되어 있다. 야마가타는 조슈번 출신이다. 일본의 메이지 시대는 조슈번長州藩(현재 야마구치현) 출신과 사쓰마번薩摩藩(현재 가고시마현) 출신 인사들의 독무대였다. 이를 가리켜 '번벌藩閥 정치'라고 한다.

그 파벌의 역사는 지금까지 이어지고 있다. 총리를 지냈던 아베 신조安倍晋三, 1954~2022는 조슈 파벌이고, 아베 이전의 총리였던 고이즈미 준이치로小泉純一郎, 1942~는 사쓰마 파벌에 속한다. 아버지의 지역구를 이어받아 중의원이 된 그의 차남 고이즈미 신지로小泉進次郎, 1981~는 언젠가 아버지를 이어서 총리가 될 것이라고 예견된다. 이렇게 일본은 아직도 개화기 때의 파벌이 번

같아 정권을 좌우하는 희한한 나라다.

일본열도의 서남쪽 가장 아래에 있는 조슈번과 사쓰마번은 서양 문물에 가장 먼저 노출된 지역이다. 서양 문물의 위력을 다른 지역에 앞서 경험한 이 두 지역의 인사들은 봉건제 일본을 개혁하는 데 앞장섰다. 이들이 개혁에 앞장선 보다 근본적인 이유는 도쿠가와 이에야스德川家康, 1543~1616의 에도막부로부터 정치적으로 철저하게 소외됐기 때문이다. 메이지유신 당시 '폐번치현廃藩置県'*, 즉 '번藩' 단위의 봉건영주제를 폐지하고 '현県' 단위의 근대적 지방행정구역으로 전환하던 격변기에 조슈번과 사쓰마번 출신 인사들은 수백 년 동안의 소외를 딛고 정국의 주도권을 쥐게 된다.**

개화기의 조슈번 출신 인사로는 야마가타 아리토모를 비롯해 이토 히로부미伊藤博文, 1841~1909, 총리를 역임한 가쓰라 다로桂太郎, 1848~1913, 조선총독부 초대 총독이었던 데라우치 마사타케寺内正毅, 1852~1919, 러일전쟁의 영웅으로 '군신軍神'이라 불린 노기 마레스케乃木希典, 1849~1912, 아베 신조 전 총리의 외조부인 기시 노부스케岸信介, 1896~1987 등이 유명하다.

메이지유신의 지도자로 여겨지는 요시다 쇼인吉田松陰, 1830~1859도 조슈번 출신이다. 요시다의 영향을 크게 받아서 메이지유신을 이끌어 소위 '유신 3걸'이라 불리는 사람 가운데 한 명인 기도 다카요시木戸孝允, 1833~1877 또한 조슈번 출신이다. 유신 3걸 중 다른 두 명인 사이고 다카모리와 오쿠보 도시미치大久保利通, 1830~1878는 사쓰마번 출신이다. 사쓰마번 출신으로 언급할

* 도쿠가와 이에야스가 권력을 잡은 1603년부터 정권을 메이지 천황에게 반환한 1867년의 '대정봉환大政奉還'까지 '에도시대(도쿠가와 시대)'에는 260여 개의 지방에 영주가 있었다. 이 영주를 다이묘 혹은 번주藩主라고 했다. 그리고 이들이 다스리는 지역을 '번藩'이라고 했다(박훈 2014, p. 26).

** '폐번치현', '대정봉환'과 같은 혁명적 변화 뒤에는 사쓰마번과 조슈번 사이에 맺어진 '삿초동맹薩長同盟'이라는 밀약이 있었다. 서로 견원지간이었던 두 번이 1866년에 동맹을 맺어 막부를 무너뜨릴 수 있었던 것은 양쪽을 오가며 협상을 성사시킨 사카모토 료마坂本龍馬, 1836~1867의 노력이 있었기 때문이다(성희엽 2016, p. 356 이하).

만한 이들로는 해군 대장 출신으로 총리를 역임했던 야마모토 곤베에山本權兵衛, 1852~1933, 해군 원수로 러일전쟁의 해전 영웅이었던 도고 헤이하치로東鄉平八郎, 1848~1934*** 등이 있다.

조슈번과 사쓰마번은 정치뿐만 아니라 군대도 서로 각기 다른 영역에서 주도권을 쥔다. 메이지유신 후 태평양전쟁이 끝날 때까지 수십 년간 육군은 조슈번이, 해군은 사쓰마번이 주도권을 쥐고 경쟁적으로 세력을 키워나간다.**** 여기서 조슈번이 주도한 일본 육군의 발전 과정이 특히 흥미롭다. 일본 육군이야말로 일본 군국주의의 핵심 내용이기 때문이다.

이토 히로부미. 야마가타 아리토모와 더불어 개화기 조슈번의 대표적 인물이다. 일본 군대의 '통수권'을 정부로부터 독립시키겠다는 야마가타의 계획에 이토는 암묵적으로 동의했다. 군대가 정치에 관여하지 않겠다는 것으로 편하게 이해한 것이다. 그러나 의회와 정부로부터 독립한 일본 군대는 오히려 정치권력을 손에 쥐게 된다. 프로이센 군대를 그대로 흉내 낸 것이다. 이후 '군국주의'라는 단어는 독일과 일본에 가장 잘 어울리는 단어가 되었다.

일본 해군은 영국의 영향을 강하게 받았지만, 일본 육군은 독일제국의 군 체제를 그대로 들여왔다. 일단 오무라 마스지로에 이어서 일본 육군의 건설을 책임진 야마가타 아리토모가 독일 육군에 능통한 사람이었다. 1868년 메이지유신이 성공하자, 야마가타는

*** 도고 헤이하치로는 러일전쟁에서 승리한 후 자신은 이순신 장군과 감히 비교할 수 있는 사람이 아니라고 뜨악한 겸양을 떨었던 이로 유명하다.

**** 사쓰마번이 일본 해군의 주도권을 쥐게 된 것은 1863년 사쓰에이 전쟁薩英戰爭(사쓰마번과 영국 사이에 벌어진 전쟁) 이후다. 나름 선전하기는 했지만, 영국 해군 군함의 위력을 직접 눈으로 경험한 사쓰마번은 전쟁 이후에 영국 군함을 집중적으로 구입했다(박영준 2014, p. 415 이하).

그 이듬해에 서구식 군대를 연구하기 위해 독일 프로이센을 방문했다. 이때 함께 간 사람이 사이고 다카모리의 동생 사이고 쓰구미치西郷従道, 1843~1902다. 쓰구미치는 1877년에 형 다카모리가 반란을 일으켰을 때 계속 정부군에 남아서 형의 군대와 싸웠다. 이후에 그는 해군 대장이 되었고, 해군 최초로 원수 칭호를 받았다. 사쓰마번 출신들의 해군 인맥 출발점이라 할 수 있다.

야마가타 아리토모와 사이고 쓰구미치는 당시 유럽에서 강력한 군사국가로 발돋움하던 프로이센 군대로부터 강한 인상을 받았다. 당시 프로이센은 오스트리아와의 전쟁에서 막 승리하고, 독일통일을 위한 마지막 장애물인 프랑스와의 전쟁을 준비하고 있을 때였다. 1870년 7월에 야마가타 일행은 유럽 시찰을 마치고 일본으로 귀국했다. 같은 달, 유럽에서는 프로이센·프랑스전쟁이 발발했다. 전쟁이 개시된 후, 채 두 달도 지나지 않아 프로

1870~1871년 독일통일을 이룰 당시의 프로이센 작전참모본부. 북독일의 작은 공국이었던 프로이센이 독일통일의 주역이 되는 데는 작전참모본부의 역할이 결정적이었다. 가운데에서 팔짱 낀 사람이 헬무트 그라프 폰 몰트케 장군이다.

이센군은 '스당 전투'에서 프랑스군을 완전히 격파했다. 이 전투로 나폴레옹 3세의 프랑스 제2제정은 몰락했다.

당시 일본에서는 '나폴레옹의 프랑스'가 유럽의 최고인 줄 알고 있었다. 1869년, 프랑스군을 모델로 '오사카병학료大阪兵學寮'를 설립하고 470명의 생도가 프랑스식 병술을 배우고 있었다. '오사카병학료'는 1874년에 도쿄에서 개교하는 일본육군사관학교의 전신이다. 생도들은 프랑스어로 수업을 받아야 했다. 그런데 바로 그 프랑스 군대가 프로이센 군대에 일방적으로 패배한 것이다. 야마가타는 일본 군대 시스템을 프로이센식으로 바꿀 것을 결심했지만 바로 실행에 옮길 수는 없었다. 이제 막 시작된 일본 육군의 요직을 프랑스식 군사 제도에 익숙한 이들이 맡고 있었기 때문이다. 야마가타가 프로이센식 군사 제도를 본격적으로 도입하는 것은 수년 후에나 가능해진다.

Unit 65.

독일 유학파가 일본 육군을 장악하다

러일전쟁의 노기 마레스케

일본 육군의 대표적 독일파로는 가쓰라 다로가 있다. 가쓰라는 1870~1873년 독일에서 유학을 마친 후 1875~1878년, 1884~1885년 두 차례에 걸쳐 독일 주재 일본 대사관에서 무관으로 근무할 정도로 독일 정세에 밝은 사람이었다. 독일에서 돌아온 가쓰라는 군대의 교육 방향을 프랑스식에서 독일식으로 바꿔야 한다고 주장했다.[21] 야마가타 아리토모는 가쓰라를 등용하여 일본 군대의 독일화를 적극 추진했다. 야마가타 밑에서 승승장구하던 그는 러일전쟁이 끝난 후 일본의 총리대신까지 역임했다. 러일전쟁 후인 1905년 10월, 일본이 미국과 은밀히 맺은 그 유명한 '가쓰라·태프트 밀약The Katsura·Taft Agreement'의 '가쓰라'가 바로 이 사람이다. '가쓰라·태프트 밀약'이란 러일전쟁에서 승리한 일본의 조선 지배권을 미국이 인정하고, 미국

가쓰라 다로. 일본 육군의 대표적 독일파였다. 독일에서 유학하고 두 번이나 독일 주재 일본 대사관에서 근무한 그는 프랑스식 군제를 모델로 하던 당시 일본 육군을 독일식 군제로 바꾸는 데 결정적인 역할을 했다. 훗날 그는 미국의 필리핀 지배와 일본의 조선 지배를 맞바꾼 이른바 '가쓰라·태프트 밀약'의 주인공이 된다.

의 필리핀 지배권을 일본이 인정하기로 자기들끼리 몰래 나눈 약속이다.

일본군 내부의 독일파로 언급할 만한 또 한 사람이 있다. 1887~1888년에 독일에서 유학했던 노기 마레스케다. 그는 러일전쟁의 영웅이다. '해군에는 도고, 육군에는 노기'라는 말이 유행할 정도였다. 해군에서 도고 헤이하치로를 영웅으로 내세웠다면, 육군에서는 노기 마레스케를 영웅으로 선전했다. 그러나 전략가로서 노기는 그리 대단한 전과가 없다. 오히려 패배의 전적만 화려하다. 세이난 전쟁에서 사이고 다카모리의 부대에 패하는 바람에 천황이 하사한 연대 깃발을 뺏기는 수모까지 당했다. 그런데도 참모장을 거쳐 장군까지 된다. 1887년, 장군이 된 후 독일에 유학하여 통일된 독일제국 군대의 전술과 전략을 공부하고 돌아온다. 청일전쟁 때는 여단장으로 출전했으나 이때도 그리 큰 전과가 없었다.

1904년에 러일전쟁이 일어나자, 쉬고 있던 노기는 3군사령관으로 출전했다. 이때 노기를 부정적으로, 또는 긍정적으로 아주 유명하게 만들어준 '203고지' 전투가 벌어진다. 러시아 극동함대가 정박하고 있던 뤼순항을 점령하기 위해 뤼순항이 한눈에 내려다보이는 해발 203m 고지를 점

러일전쟁 당시 203고지 전투를 다룬 1980년 영화 〈203고지二百三高地〉 포스터. 203고지 전투는 일본 육군이 두고두고 벌이는 무모한 육탄전의 효시가 된다. 203고지 전투를 지휘했던 노기 마레스케 사령관은 전쟁 당시 할복자살을 결심할 정도로 격렬한 비난을 받았다. 자신의 13만 병력 중 절반을 잃었기 때문이다. 그러나 전쟁이 승리로 끝나자 분위기가 반전되어 그는 '군신'으로 추앙받게 된다. 메이지 천황이 죽자 노기는 할복자살했다. 그를 기리는 신사神社가 서울 남산에 있었다.

령하라는 명령이 떨어졌다. 노기는 무모한 총공격명령을 내렸다. 고지에 콘크리트로 요새를 만들고 기관총과 철조망으로 대비하고 있던 러시아군에게 육탄으로 돌격할 것을 명한 것이다. 공격할 때마다 일본군은 전멸당했다. 노기의 돌격 명령으로 13만 일본 병사 가운데 6만 명 가까이 사망했다. 장교로 참전한 그의 두 아들도 이 전쟁에서 사망했다. 우여곡절 끝에 일본군은 러시아군의 203고지를 점령했지만, 노기 마레스케 사령관에 대한 일본 국민의 비난은 엄청났다. 노기는 귀국한 후 사임과 동시에 할복자살할 생각을 했지만 메이지 천황이 극구 만류했다.

러일전쟁이 간신히 일본의 승리로 끝나자 노기는 전쟁 영웅으로 국민의 환호를 받는다. 아들 둘을 모두 전쟁에서 잃었다는 사실이 일본식 '노블레스 오블리주'의 사례로 적극적으로 홍보됐기 때문이다. 전쟁 후, 노기는 귀족 자제들의 학교인 가쿠슈인의 원장이 되었다. 가쿠슈인에서는 쇼와 천황을 비롯한 일본 근대사의 중요한 인물들이 교육을 받았다. 야나기 무네요시를 비롯한 시라카바파 문인들도 노기가 원장으로 있던 시절의 가쿠슈인 출신이다. '다이쇼 데모크라시'를 이끌었던 대표적 문인들이 일본 군대의 무모함을 상징하는 노기의 교육을 받았다는 사실이 꽤 흥미롭다.

서울 남산원(사회복지시설)에 남아 있는 노기 신사 터의 수조. 신사에 들어가기 전 손을 씻는 용도였다.

실패를 거듭한 노기 마레스케를 오늘날까지 유명하게 만들어준 사건은 그의 할복자살이다.22 1912년, 메이지 천황이 사망하자 그는 부인과 함께 할복자살했다. 러일전쟁 당시에 장군으로서 그의 체면을 끝까지 지켜준 메이지 천황에 대한 충성이라고 일본인들은 해석한다. 이 같은 그의 무모한 죽음을 일본 사회는 우상시하여 그를 '군신軍神'으로 섬겼다. 실제로 그를 추모하며 섬기는 노기 신사가 지금도 도쿄 한가운데에 있다. 일제강점기에는 서울 남산에 그의 신사가 건축됐다. 지금도 그 노기 신사의 흔적이 남아 있어 일본인 관광객이 가끔 들른다.

천황은 육·해군을 통수한다

일본군 내부에서 프랑스파에 밀려 있던 야마가타 아리토모나 가쓰라 다로 같은 독일파가 권력을 잡기 시작한 것은 1878년 일본 군대에 독일식 참모국이 설치되면서부터다. 세이난 전쟁이 끝난 후, 일본군 지도부는 병력의 숫자는 물론 병기도 훨씬 우수했던 정부군이 반란군에 고전한 이유를 분석했다. 결론은 비효율적 전시 명령 체계였다. 야마가타는 군사작전 및 군사행동과 관련해 특별한 권한을 행사하는 조직이 필요하다고 건의하여 기타의 정부 조직과는 분리된 별도의 참모본부를 설립했다.23*

군대가 의회나 정부에서 독립하여 독자적 활동을 할 수 있는 법적·정치적 토대를 마련한 것이다. 정치와 군사의 분리를 뜻하는 참모본부의 독립은 '통수권統帥權'의 독립이기도 했다. 통수권은 '군령권軍令權'이라고도 한다. 당시 내무대신이었던 이토 히로부미는 야마가타의 제안에 적극 찬성했다.

* '다케바시 사건'도 독립된 참모본부 설립의 중요한 원인이었다(Unit 63 참조).

군대가 정치에 참여하지 않겠다는 선언으로 이해했던 것이다. 이후, 이토가 기초하여 1889년에 발포한 메이지 헌법 제11조에는 "천황은 육·해군을 통수한다天皇は、陸海軍を統帥する"라는 문구가 들어갔다.[24] 그러나 일본 천황은 상징적 역할만을 한다. "천황은 육·해군을 통수한다"라는 이 문장의 실질적 의미는 참모총장이 군대의 통수권을 갖는다는 것이다. 초대 참모총장은 물론 야마가타 아리토모였다. '천황의 참모본부'가 실제로는 '야마가타의 참모본부'가 된 것이다.

제1차 세계대전이 끝날 때까지 독일제국의 참모본부 역시 정부로부터 독립된 기구였다. 야마가타는 독일 참모제도의 바로 이 부분에 주목하여 그대로 흉내 냈던 것이다. 그러나 참모본부의 독립은 이후에 걷잡을 수 없는 비극적 결과를 초래하게 된다. '군국주의'의 출현이다. 군국주의는 국가를 완전히 군대의 통제하에 두는 것을 의미한다. 군대가 의회나 정부보다 더 높은 권력을 갖는 국가를 가리켜 군국주의라고 한다.

미국이나 과거 소련, 러시아, 중국도 강력한 군대를 가지고 있었지만, 이들 군대에 대해 군국주의라는 단어를 쓰지 않는다. 군대가 의회와 정부의 지배를 받는 까닭이다. 군대의 각급 지휘관은 최고 통수권자의 위임을 받아 군대를 지휘하게 되어 있다. 독일제국이나 일본이 군국주의로 몰락했던 이유는 바로 의회와 정부로부터 독립한 참모본부 때문이다. 일본의 경우, 육군 참모본부가 독립하자 해군 참모본부도 독립하여 천황의 직속 기관이 된다.

참모본부가 독립하고 병력 규모가 늘어나자 야마가타는 1882년 11월에 '육군대학교'를 설립했다.[25] 군대를 제대로 지휘할 수 있는 지휘관을 전문적으로 양성하는 기관을 설립한 것이다. 물론 1874년에 이미 설립한 육군사관학교가 있었지만 프랑스 군제에 따른 교육과정이었다. 야마가타는 육군사관학교를 졸업한 후 이미 장교로 임관된 이들을 대상으로 재교육하는 육군대학교를 설립한 것이다. 물론 교육 내용은 독일식 전략과 전술이었다.

1884년 당시 육군경이던 오야마 이와오大山巖, 1842~1916를 대표로 하는 시찰단이 유럽을 순회했다.[26] 이 시찰단에는 앞서 설명한 가쓰라 다로를 비롯해 미우라 고로三浦梧樓, 1847~1926, 가와카미 소로쿠川上操六, 1848~1899, 노즈 미치쓰라野津道貫, 1841~1908 같은 당시 일본 육군의 핵심 장교들이 포함됐다. 이후에 가와카미와 가쓰라는 육군 개혁의 핵심으로 부상하게 되고, 이어서 침략 전쟁의 주역이 된다. 미우라는 조선의 일본 공사가 되어 1895년에 명성황후의 시해를 주도했다. 오야마 일행은 유럽 국가의 군사 전반에 관한 자료를 조사했다. 그러나 시찰의 주된 목적 가운데 하나는 새로 설립한 육군대학교에 적합한 교관을 독일에서 초빙하는 것이었다.

Unit 66.

제식훈련

오늘날에는 아무 쓸모 없어 보이는 '제식훈련'

군인이 받는 가장 기초적 군사교육은 '제식훈련制式訓鍊, close-order drill'이다. 병사들이 줄을 반듯이 하여 발맞춰 행군하고 '좌향좌', '우향우', '뒤로 돌아'같이 절도 있는 동작을 반복한다. 사실 오늘날 전쟁에서 제식훈련의 전술적 가치는 거의 없다. 탱크와 비행기, 그리고 각종 포탄과 기관총이 오가는 전장에서 집단으로 줄을 맞춰 씩씩하게 걷는 일은 상상도 할 수 없다. 바로 전멸이다. 그래도 오늘날 세계의 모든 군대는 여전히 제식훈련을 받는다. 소위 '군인 정신'이라 불리는 규율과 단결의 집단의식을 불어넣기 위한 가장 효율적 수단이기 때문이다. 그러나 제식훈련이 처음부터 그렇게 심리적 도구 역할만 했던 것은 아니다. 제식훈련은 한때 아주 강력한 무기였다.

16세기 말 네덜란드 군대에서 근대식 제식훈련이 시작됐다고 한다. 그러나 그 역사적 기원을 따지자면 고대 그리스의 '팔랑크스Phalanx'와 로마의 '레기온Legion'이라는 전투대형까지 거슬러 올라가야 한다.27 긴 창과 커다란 방패를 든 군사들이 밀집된 대형으로 진군하는 그리스의 팔랑크스는 당시에 최강의 전투력을 발휘했다. 이후 로마군은 레기온이라는, 더욱 진화한 밀집 대형을 개발했다. 보병의 대형 단위가 3단으로 구성되는 레기온은 뛰어난 기동력을 갖춘 강력한 전투대형이었다. 팔랑크스나 레기온 같은 전투대형이 제대로 작동하기 위한 기본 전제는 '잘 훈련된 병사들'이다. 적의 어떠한 공격에도 전투대형이 흐트러지면 안 되기 때문이다. 이를 위한 '훈련'이 바로 제식훈련이다.*

역사 속으로 사라졌던 그리스·로마 군대식 전투대형이 다시 나타난 것은 개인화기로서 소총이 사용되기 시작하면서다. 소총을 처음 사용한 것은 14~15세기경이다. 화승총이라고도 불리는 '아퀴버스arquebus'라는 원시적 형태의 소총이 칼이나 창과 함께 사용되기 시작했다. 화승火繩, 즉 도화선을 이용해 탄약을 점화하는 방식의 총이다. 임진왜란 때 일본군이 사용한 '조총鳥銃'도 이 아퀴버스의 일종이다. 아퀴버스 같은 화승총이 가진 장점은 석궁이나 활에 비해 간단한 훈련으로도 바로 사용할 수 있다는 것이다. 물론 화살이나 창에 비해 살상력도 훨씬 뛰어났다. 15세기 말이 되면서부터 아퀴버스는 보다 강력한 화력의 '머스킷musket'으로 바뀐다. 머스킷은 아퀴버

* 제식훈련을 일본에서는 기본교련基本教練이라 했다. 오래전 한국의 중고등학생들이 반드시 배워야 했던 바로 그 '교련'이다.

'제식훈련'. 오늘날 전투에서 이렇게 뭉쳐 다니면 몰살당한다. 그런데도 제식훈련은 계속되고 있다. 왜 그럴까?

스보다 총신이 길기 때문에 사거리가 훨씬 길었고 방향도 정확했다. 시간이 지나면서 머스킷은 중량도 가벼워졌고, 총신 끝에는 대검을 꽂아 근접전에서 칼이나 창을 대신할 수 있게 되었다.

머스킷도 아쿼버스처럼 탄환을 총구 쪽에서 장전하는 전장前裝식이었고 화승식 발사 장치를 사용했다. 그러나 화승식 발사 장치는 너무 복잡했다. 우선 총을 세우고 '꽂을대'를 사용하여 총구에 화약, 뭉치, 총알 등을 다져 넣어야 한다. 그러고 나서 총을 지면과 평평하게 들고 또 다른 화약을 약실에 넣은 후 불이 붙은 화승을 격발장치에 댄다. 그제야 겨냥하고 방아쇠를 당길 수 있다. 문제는 여러 단계인 발사 순서 가운데 하나라도 틀리거나 건너뛰면 총이 발사되지 않는다는 점이다. 그래도 화승총을 포기할 수는 없었다. 화약의 폭발력으로 엄청난 속도로 발사되는 총알은 어떠한 갑옷도 관통할 수 있었고, 단 한 방으로 적을 제압할 수 있었기 때문이다.

42단계 머스킷 발사 동작

스페인에 대항해 독립전쟁을 하던 네덜란드 장군 마우리츠 반 나사우Maurits van Nassau, 1567~1625는 화력은 뛰어나지만, 발사 절차가 복잡하기 그지없는 이 개인화기를 보다 효율적으로 사용하기 위한 방법을 고민했다. 해결책으로 고대 그리스와 로마의 전투대형을 끌어왔다. 병사들은 일정한 형태의 대형을 유지하면서 제일 앞줄의 병사들이 머스킷을 발사한다. 총을 발사한 병사들이 대형의 맨 뒤로 돌아가서 다시 장전하는 사이에 그다음 줄의 병사들이 총을 발사한다. 이렇게 하면 총은 연속적으로 발사되면서 각 개인이 제각기 장전하고 발사하는 방식보다 훨씬 빠르고 강력한 화력을 구축하게 된다. 그러나 이 같은 발사 방식은 매우 잘 훈련된 병사들만이 수행할 수

있는 것이었다.28

나사우는 머스킷 발사 동작을 42단계로 나누었다. 그리고 각 동작에 간단한 구호를 붙였다. 병사들이 그 구호에 맞춰 각 단계를 일사불란하게 수행하도록 훈련한 것이다. 단순히 총을 장전하고 발사하는 방법뿐만 아니라 발을 맞춰 행군하고 대열을 유지하는 방법도 가르쳤다. 나사우의 이 세밀한 훈련 방법이 오늘날 제식훈련의 기원이다.*

* 네덜란드 군대의 제식훈련이 유럽 군대 전체로 퍼지게 된 것은 18세기 초반 프로이센의 레오폴트 1세에 의해서다. 1712년부터 1747년까지 프로이센의 원수로 지낸 그는 '동보同步 행진', 즉 '발맞추어 행진'하는 것을 프로이센 군대에 철저히 훈련시켰다. 아울러 전장총의 발사 과정을 절도 있는 동작으로 분할하여 지독하게 연습시켰다. 레오폴트 1세의 제식훈련은 프로이센 군대의 명성을 드높였지만, 그 과정은 혹독했다. 훈련을 위한 폭력은 아주 간단히 정당화됐다(슈나이더 2015, p. 338 이하). 프로이센 군대의 제식훈련을 미국 군대에 전파한 사람은 프로이센 장교였던 프리드리히 빌헬름 폰 슈토이벤Friedrich Wilhelm von Steuben, 1730~1794이다. 그는 후에 미국 군대에서 장군이 되었다. 수백 년 전 프로이센에서 훈련을 위해 정당화된 군대 내의 야만적 폭력은 일본 군대를 거쳐 오늘날의 한국 군대까지 이르렀다.

1 그림으로 설명한 42단계 머스킷 발사 동작에 관한 책. 바로 이 자세한 발사 동작 훈련이 오늘날 '제식훈련'의 기원이다.

2 머스킷 발사 동작들 가운데 하나. 네덜란드의 나사우 장군은 각 동작에 간단한 구호를 붙여서 병사들이 일사불란하게 움직이도록 훈련했다.

제식훈련의 전술적 가치는 후장後裝식 총이 나오면서부터 사라진다. 후장식 총은 앉아서 혹은 엎드려서 사격할 수 있다. 병사들은 더 이상 대열을 맞춰 총을 발사할 필요가 없어졌다. 전장식 머스킷과 비교하여 후장식 노리쇠 장전 라이플의 압도적 위력이 발휘된 곳은 1866년 프로이센과 오스트리아 사이에 벌어진 쾨니히그래츠 전투다.[29] 그렇지만 제식훈련이 가지는 '심리적 가치' 때문에 제식훈련은 여전히 기초 군사훈련의 필수 과정으로 오늘날까지 지속되고 있다.

16세기 말 나사우의 제식훈련이 어떻게 대한민국 군대에까지 전해졌을까? 군대뿐만 아니다. 고등학교 시절에 '교련복'을 입었던 세대라면 군대 사열 못지않게 엄격했던 월요일의 열병식을 기억할 것이다. 밴드부의 행진곡에 맞춰 걷다가 일제히 '교장 선생님께 경례'를 했다. 도대체 왜 고등학생들에게 그러한 제식훈련을 가르쳤을까? 또 우리는 왜 그 훈련을 당연하게 받아들였을까? 교련복을 입고서 절도 있게 행군하던 그 까까머리 고등학생들이 이제 한국 사회를 이끌고 있다. 오늘날 한국 사회에 제식훈련의 영향은 전혀 없는 걸까?

1970년대 서울 시내 고등학교의 교련 장면. 고등학생들에게 이처럼 군복을 입혀 제식훈련을 시킬 생각은 도대체 어떻게 가능했을까? 그러나 당시에 이런 훈련은 너무나 당연하게 여겨졌다.

Unit 67.

일본 군대 호전성의 기원

프로이센의 몰트케 참모총장은 자신의 참모를 일본에 파견했다

1884년 8월, 독일제국을 방문한 일본의 오야마 이와오 육군경 일행은 독일제국 군대의 대규모 군사훈련을 참관한다. 독일제국 군대는 그들이 알고 있던 다른 나라의 군대와는 차원이 달랐다. 보병과 포병, 그리고 공병과 병참까지 일사불란하게 움직였다. 독일제국 군대의 야전 훈련은 근대 군대의 총체적 전략과 전술이 어떤 것인가를 제대로 보여줬다. 프랑스 군대 체제에 익숙했던 오야마 일행은 왜 야마가타 아리토모가 독일제국 군대에 경도됐는가를 깨달았다. 그뿐만 아니었다. 마치 한 사람처럼 움직이는 독일 병사들의 절도 있는 태도도 일본 참관단에겐 놀라운 충격이었다.* 오야마는 헬무트 그라프 폰 몰트케 독일제국 참모총장에게 일본에 신설된 육군대학교의 교관으로 유능한 독일 장교를 파견해달라고 요청했다.

제대로 된 부탁이었다. 몰트케야말로 독일제국을 실제로 가능케 한 사람이었기 때문이다. 프로이센 주도의 독일통일은 물론 오토 폰 비스마르

* 정작 독일 군대가 오야마 이와오 일행을 감동시킨 것은 따로 있었다. 첫 번째로 독일 군대는 육군 중심이었다는 것이다. 독일은 대륙 국가여서 전략상 해군의 지위가 육군과 비교해 형편없이 낮았다. 더 중요한 것은 독일의 총참모부가 정부로부터 독립된 기구였다는 사실이다. 이 두 가지가 섬나라 일본 육군이 독일 육군을 흉내 내게 된 결정적 사유였다(위텐런 2014, p. 36 이하).

1 베를린 전승 기념탑에서 내려다본 독일제국 영웅들의 동상. 가운데 동상이 비스마르크, 왼쪽 동상이 론, 오른쪽 흰색 동상이 몰트케다.

2 (왼쪽부터) 비스마르크, 론, 그리고 몰트케

크의 작품이었다. 그러나 참모총장 몰트케의 군사작전이 없었다면 독일제국의 성립은 불가능했다. 1871년, 독일제국을 성립하는 데 가장 크게 기여한 인물로 비스마르크, 몰트케와 더불어 알브레히트 폰 론이 있다. 론은 몰트케와 더불어 프로이센의 참모총장을 역임하고 통일 전쟁 당시에는 전쟁장관을 맡았다. 이 세 사람을 기리는 동상이 베를린 전승 기념탑 옆에 세워져 있다. 이들의 활약으로 당시에는 "군대를 가진 국가들이 있는 반면, 국가를 가진 군대도 있다"라는 농담이 돌았다. 물론 프로이센을 가리키는 이야기였다. 프로이센에서 시작되는 군국주의의 본질을 의미하는 말이기도 하다.

프로이센의 작전참모본부는 통일된 독일제국에서도 의회나 정부의 간섭을 받지 않는 무소불위의 특권을 누렸다.[30] 앞서 설명한 일본 군대의 '통수권' 독립은 바로 독일제국 작전참모본부의 사례를 흉내 낸 것이다. 독일제국 군대의 통수권 독립은 제1차 세계대전에서 패할 때까지 지속된다. 독일제국 형성기에 활약한 비스마르크, 론, 몰트케에 비교될 만한 세 인물이 제1차 세계대전 당시의 독일에도 있었다.

파울 폰 힌덴부르크, 에리히 루덴도르프, 그리고 또 다른 몰트케인 헬무트 요하네스 루트비히 폰 몰트케다. 그러나 이들의 명성은 앞선 인물들에 비해 현저히 떨어진다. 오히려 악명에 가깝다. 이들의 패배는 독일 작전참모본부의 패배를 뜻했다. 독일 군대의 통수권 독립은 제1차 세계대전의 패배와 함께 끝난다. 반면 프로이센을 모방한 일본 군대의 통수권 독립은 제2차 세계대전이 끝날 때까지 계속됐다.

헬무트 그라프 폰 몰트케는 자신의 참모인 클레멘스 야코프 메켈 소좌를 파견하기로 결정한다.[31] 메켈은 1885년부터 1888년까지 일본 육군대학교의 교관으로 있었다. 일본 육군대학교는 1882년에 개교했지만 메켈이 올 때까지 장교를 위한 특별 교육과정으로서의 커리큘럼을 개발하지 못하고 있었다. 메켈은 제식훈련의 구령 붙이는 방법부터 교육했다. 장교들이 참모로서 숙지해야 할 군사학 지식도 체계적으로 교육했다. 그뿐만 아니다. 군사전략 단위를 '사단師團'으로 하도록 제의하여 일본 육군의 근본 체제를 독일제국 군대와 유사하게 만들었다. 일본 군대의 체계화에 메켈의 기여는 결정적이었다. 그러나 메켈이 간과한 게 있었다.

약탈로 보급품을 해결한 일본 군대

일단 일본군 장교와 독일제국군 장교 사이에는 장교로서의 기본 소양에서 결정적 차이가 있었다. 독일 장교들은 당시로서는 최고의 교양 교육을 받은 자들이었다. 프로이센이 나폴레옹 1세와의 전쟁에서 패한 후 가장 공들인 분야가 '교양'이었다. 이때 교양이란 단순히 '품위 있는 태도'나 '고상한 지식'만을 뜻하는 것이 아니다. '독일 민족'에게 어울리는 수준 높은 인문학적 지식을 뜻한다. 교양과 연결해 강조된 단어가 전문적 직업교육을 뜻하는 '교육Ausbildung'이다. 독일제국 군대의 장교는 수준 높은 교양 교육을 받은 후 군사교육을 받았다.* 그러나 일본 군대의 장교는 전혀 달랐다. 정치나 사회, 그리고 문화에 대한 어떤 식견도 없었다. 전쟁에 필요한 교육만을 받았을 뿐이다. 인간을 존중하는 그 어떤 문명적 토대 없이 그저 효과적으로 사람을 죽이는 기술만 익힌 일본군 장교들이 무슨 일을 저질렀는가는 그 후에 우리를 비롯한 인근의 아시아 국가들이 뼈저리게 겪었다.

일본 군대가 그토록 무자비했던 근본 원인은 하나 더 있다. 일본군

* 프로이센의 '군국주의'는 프로이센 장교 계급의 귀족적이고 보수적인 기풍에 기반한다는 점에서 다른 나라들에서 나타나는 군국주의적 경향과 차이를 보인다. 배타적이고 오만한 프로이센 장교 계급은 서민적 가치를 경멸하며 자신들만의 고급문화를 만들어갔다(클라크 2005, p. 803).

장교들의 소양 부족보다 훨씬 더 결정적이다. 군수, 병참, 보급에 관한 무지함이다. 독일 참모 제도의 우수성은 바로 군수, 병참, 보급과 전투의 유기적 결합에 있다. 실제 전투를 하는 데 필요한 제반 조건을 효율적이고 신속하게 연결하는 총체적 관리가 독일 참모 제도의 핵심이다. 그러나 일본에 신설된 육군대학교에 군수병과는 아예 없었다.[32] 참모본부에도 군수 담당 부서가 없었다. 일본군은 군수참모의 필요성을 전혀 느끼지 못했다. 일본 군대는 군수품을 스스로 해결하는 원시적 구조였다. 전투에서 승리하면 군수품은 약탈로 해결했다. 전근대적 군대가 그랬던 것처럼 약탈로 식량 및 보급품을 해결하는 것을 당연하게 여겼다.

근대적 형태의 군대를 조직하기 위해 온갖 시도를 했음에도 불구하고, 일본 군대는 이 같은 원시적 군대 운영에서 한 발짝도 벗어나지 못했다. 제2차 세계대전이 끝날 때까지 그랬다.[33] 일본 군대, 특히 일본 육군의 만행은 구조적으로 예견된 것이었다. 독일에서 파견된 메켈 또한 이 부분에 전혀 관심을 기울이지 않았다. 장교로서의 기본 실무를 가르치기에도 시간이 너무 짧았기 때문이다. 일본 군대는 이렇게 출발부터 자멸의 요소를 품고 시작했다.

메켈 소좌. 1884년 8월, 독일제국을 방문한 일본의 오야마 이와오 육군경은 몰트케 참모총장에게 새로 설립한 육군대학교에 교관을 파견해달라고 요청한다. 몰트케는 자기 부하인 메켈 소좌를 일본에 파견한다. 메켈은 독일제국의 참모 제도를 일본 군대에 그대로 전수한다. 그러나 참모 제도의 핵심인 군수, 병참, 보급은 제대로 교육하지 못했다. 바로 이 때문에 일본 군대는 역사상 가장 잔인하고 포악한 군대가 된다. 병참과 보급을 약탈로 해결했기 때문이다.

메켈의 첨단 군사교육을 받은 육군대학교 출신 장교들은 승승장구했다. 졸업 후 10년을 버티면 자동적으로 대좌(대령)가 된다는 이야기가 있을 정도였다. 군인으로 성공하려면 반드시 육군대학교를 나와야 했다. 육군대학교의 졸업 성적은 대좌가 될 때까지의 모든 인사에 반영됐다. 졸업식 때 성적이 우수한 장교들에게는 천황이 직접 군도軍刀를 하사했다. '신神'이라 여기는 천황에게서 직접 군도를 받는 것은 군인으로서 최고의 영광이었다. 우수한 성적으로 졸업한 이들에게는 외국 유학 특전도 주었다.

육군대학교 1기 졸업생은 10명에 불과했다. 수석 졸업생은 도조 히데노리東條英教, 1855~1913였다. 그는 수석 졸업자답게 뛰어난 인재였다. 졸업 후, 독일로 유학을 떠났다. 이후 독일군 전략, 전술의 고전으로 여겨지는 카를 폰 클라우제비츠Carl von Clausewitz, 1780~1831의 『전쟁론Vom Kriege, 1832』을 연구하여 일본군 전략, 전술의 기초를 잡는 데 큰 영향을 미쳤다. 그러나 그의 이후 경력을 살펴보면 육군대학교 1기 수석 졸업자로서는 그리 화려하지 않았다. 장군이 되어서도 '일본체육회 체조연습소' 소장을 맡았을 뿐이다. 이유는 그가 난부번南部藩 출신이었기 때문이다. 당시에 사쓰마번과 조슈번 출신이 아니면 제아무리 육군대학교 출신의 뛰어난 인재라고 해도 설 자리가 없었다.

도조 히데노리의 아들 도조 히데키도 아버지와 똑같은 길을 걸었다. 육군대학교를 졸업하고 스위스와 독일에서 무관으로 근무했다. 그는 1936년에 일부 청년 장교들이 '2·26 쿠데타'를 일으키자 이들을 진압하는 데 큰 공을 세워 육군의 핵심부로 진입했다. 이후 그는 우리가 아는 대로 태평양전쟁의 주범이 된다. 히데키는 권력을 잡은 후 사쓰마번과 조슈번 출신이라면 치를 떨며 탄압했다. 바로 육군대학교를 수석으로 졸업하고도 변변치 못한 군인으로 삶을 마감했던 아버지의 한 때문이었다.34

Unit 68.

밴드부의 기원

한때 고등학교에는 죄다 '밴드부'가 있었다!

일제강점기에 고등학교까지 다닌 내 아버지는 행진곡을 아주 좋아하셨다. 아침마다 행진곡을 틀어 자녀들을 깨우셨다. 아버지가 행진곡을 좋아한 것은 아주 모순된 감정이다. 한편으로는 유소년기, 청년기의 아름다운 추억이고, 다른 한편으로는 군국주의 일본 식민지의 쓰라린 기억이기 때문이다. 수년 전, 내가 교토에서 미술대학을 다닐 때 아버지가 방문하셨다. 교토 외곽의 아라시야마에 단풍 구경을 갔다. 그곳은 단풍철이 되면 일본 각지에서 관광객이 몰려든다. 내가 다녔던 미술대학이 바로 그곳에 있었다. 아버지는 일제강점기 때 단풍 명소로 이름만 듣던 곳을 실제로 본다며 매우 즐거워하셨다. 일본 사람들과 일본어로 대화하면 이북에서 지냈던 유년 시절의 추억이 자연스럽게 떠오른다고도 하셨다. 식민지 시절의 아픈 기억과 유년 시절의 즐거운 추억이 동시에 떠오른다는 것은 기쁨과 고통을 동시에 느껴야 하는 정서적 분열 상태다. 그러나 이런 불안정한 심리 상태가 우리 아버지들에게만 해당되는 것은 아니다.

학창 시절, 교련복을 입고 월요일 조회 때마다 제식동작을 취하며 군대식 사열과 분열을 해야 했던 우리 세대도 마찬가지다. 학창 시절의 즐거운 추억은 항상 다양한 형태의 폭력과 연관되어 있다. '교련'이라는 이름의 군사훈련도 그중 하나다. 제식훈련은 단순한 '단체 훈련'이 아니다. 미셸 푸코Michel Foucault, 1926~1984가 이야기한 '감시와 처벌의 내면화'다.35 한번 교육받은 집단적 규율에 대한 맹목적 순종은 평생토록 지속된다. 오늘날 젊은이들이 기겁하는 '대한민국 개저씨들'의 구체적 내용은 어떤 방식으로든 청소년기의 군사훈련 및 청년기의 군 복무와 관련된다는 것이 나의 문화심리학적 가설이다.

고등학교 시절, 조회 시간에는 항상 '밴드부'가 행진곡을 연주했다. 그 당시, 밴드부는 아주 특별한 조직이었다. 학교행사뿐만 아니라 온갖 지역 행사에 동원됐다. 수업 시간 열외는 당연했다. 누군가 스포츠 경기에서 메달을 따거나 콩쿠르에서 상을 타면 서울 시내에는 카퍼레이드가 열렸고, 각 학교의 밴드부는 빠짐없이 그곳에 동원됐다.

밴드부의 폭력성은 유명했다. 거의 모든 고등학교가 그랬다. 선배들의 '군기軍紀 잡기'가 엄격했다. 고등학생들에게 '군기'라는 용어가 도대체 왜 필요했을까? 밴드부의 원형이 '군악대'이기 때문이다. 군대의 군악대에서 유래한 밴드부이니 '군기'라는 용어 사용도 맥락에서 그리 크게 벗어난 것이 아니다. 한반도에 서양 관악기는 군악대를 통해 소개됐다. 군악대나 밴드부는 주로 관악기를 연주한다. 클라리넷, 트롬본, 색소폰 같은 관악기는 입으로 바람을 불어 넣는 악기다.*

관악기가 제대로 구색을 갖춰 우리나라에 들어온 것은 1901년이다. 독일인 프란츠 폰 에케르트Franz von Eckert, 1852~1916가 52대의 관악기와 타악기를 들고 한반도에 도착한 것이다. 물론 그전에도 러시아 군사 교관들을 통해 일부 관악기가 소개되고, 제한적이나마 음악교육이 이뤄졌으나, 악단 편

* 영어로는 '바람'을 불어 넣기에 'wind instrument'라고 하고, 독일어로는 '불어 넣는다'는 뜻의 'blasen(블라젠)'이 들어가 'Blasinstrument'라고 한다. '브라스밴드'라는 관악대의 한국식 표현은 독일어 '블라젠'을 차용한 일본식 표현이다.

1970년대 고등학교 밴드부의 행진 모습. 1960~1970년대 대부분의 고등학교에는 밴드부가 있었다. 밴드부의 '행진곡'과 '제식훈련'에 대한 기억은 항상 폭력의 경험을 동반한다. 아주 특별한 한국적 형태의 '비자발적 기억involuntary memory'이다. 밴드부가 폭력적이었던 이유는 단순하다. 제식훈련 자체가 '제도화된 폭력'이기 때문이다.

성을 위한 관악기가 구색을 갖춰 들어온 것은 이때가 처음이다.36 프로이센 해군 군악대 출신인 에케르트는 1900년 12월에 설치된 대한제국 군악대의 지휘관으로 초빙받았다. 고종 황제는 프로이센식 군악대를 원했다. 조선보다 훨씬 앞서 설치된 일본의 군악대가 프로이센식이었기 때문이다.37 고종 황제는 프로이센 군악대의 위용을 직접 목격하기도 했다.

1899년, 프로이센의 알베르트 빌헬름 하인리히 왕자Albert Wilhelm Heinrich, 1862~1929가 독일 기함 '도이칠란트Deutschland'호를 타고 제물포에 왔다.** 하인리히 왕자는 제1차 세계대전 당시의 황제였던 빌헬름 2세의 동생

** 알베르트 빌헬름 하인리히 왕자의 방문은 독일 국가를 대표하는 인사가 최초로 한국을 공식적으로 방문한 것이라 할 수 있다(https://kulturkorea.org/de/magazin/erster-deutscher-staatsbesuch-korea). 하인리히 왕자가 한국을 방문한 해는 1898년이라는 기록도 있고, 1899년이라는 기록도 있다(최종고 2005, p. 171 이하).

프로이센 해군 군악대 출신인 에케르트는 1901년에 관악기와 타악기 52대를 가지고 한반도로 들어왔다.

이다. 하인리히 왕자 일행은 해군 군악대를 동반하고 한성으로 올라와 고종 황제를 알현했다. 이때 시범으로 공연한 독일의 해군 군악대는 고종을 비롯한 궁정 사람들에게 깊은 인상을 남겼다. 고종은 이듬해에 대한제국 군악대를 창설하고, 독일 영사관에 이 군악대를 지도할 사람을 소개해달라고 부탁했다. 독일 영사관은 이미 일본에서 20년가량 머무른 경험이 있는 에케르트를 추천했다. 이렇게 에케르트는 한반도에 오게 된 것이다.

흥미롭게도 일본 군악대를 프로이센식으로 만든 사람도 바로 에케르트다. 일본은 1884년에 육군사관학교에 군악대를 설치했다. 앞서 설명한 대로 초기 일본 육군은 프랑스식 제도를 따랐다. 군악대도 프랑스인이 지도했다. 그러나 1890년부터는 독일인 에케르트가 일본 군악대를 맡게 된다. 에케르트는 이미 일본에서 1879년부터 해군 군악대를 맡고 있었다. 초기의 일본 해군 군악대는 영국 군악대를 모방했으나 에케르트가 맡으면서 프로이센식으로 바뀌었다. 일본 해군과 육군의 군악대를 모두 에케르트가 지도했다는 이야기다.[38] 클레멘스 야코프 메켈이 프로이센식 제식훈련과 더불어 참모본부 제도를 일본에 이식했다면, 프란츠 폰 에케르트는 프로이센식 군악대를 일본에 도입했다.

대한제국 애국가와 일본의 기미가요는 한 사람이 작곡했다

흥미로운 사실이 하나 더 있다. 에케르트가 〈대한제국 애국가大韓帝國愛國歌〉는 물론 일본의 〈기미가요君が代〉를 작곡했다는 사실이다. 〈기미가요〉는 1870년에 처음 만들어졌다. 가사는 오야마 이와오가 일본인들에게 익숙한 단가短歌에서 가져왔다. 이 단가는 "기미가요와君が代は"로 시작한다. 당시 일본 포병 대위였던 오야마는 나중에 육군경이 되어 독일 군대의 훈련을 참관하게 되는 바로 그 사람이다. 처음 작곡은 에케르트에 앞서서 일본 해군 군악대를 지도하고 있었던 존 윌리엄 펜턴John William Fenton, 1828~1890이 했으나 일본 관료들은 탐탁지 않아 했다. 펜턴이 해임되고 후임으로 에케르트가 임명되자 그에게 〈기미가요〉를 다시 작곡해달라고 요청했다. 그 결과, 1888년에 일본의 전통 멜로디에 기초한 에케르트의 〈기미가요〉가 발표된다.[39]

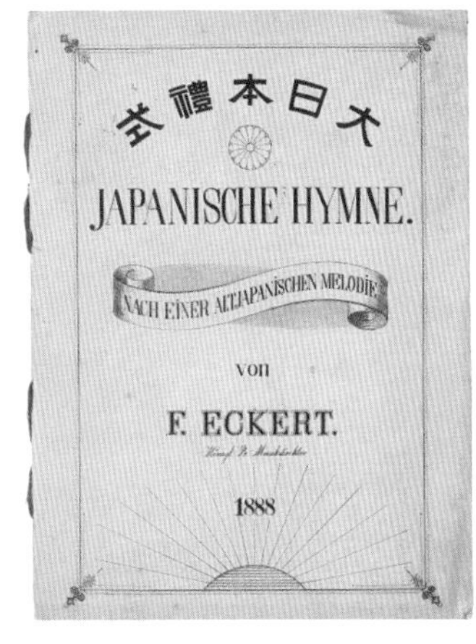

에케르트가 일본 전통 멜로디에 기초하여 1888년에 작곡한 일본 국가 〈기미가요〉 표지. 〈기미가요〉 가사는 프로이센의 참모 제도를 일본에 도입한 오야마 이와오가 일본인 모두에게 익숙한 단가를 변형해서 만들었다. 표지에 "일본 멜로디에 따라"라고 쓰여 있다.

20년 동안 일본 군악대를 지휘하며 일본에 서양음악을 소개한 에케르트는 1899년에 독일로 돌아갔다. 그러나 1901년, 이제 막 시작하는 대한제국 군악대를 지도하기 위해 에케르트는 다시 동아시아로 돌아온다. 조선에 도착하자마자 그는 군악대의 지도와 더불어 대한제국의 국가를 만들어달라는 요청을 받게 된다. 일본에서처럼 한국의 전통 민요 멜로디를 따와 〈대한제국 애국가〉를 만들었다. 1902년, 그의 애국가는 독일에서 인쇄되어 다른 나라에 배포됐다. 이 애국가는 1910년 국권을 침탈당할 때까지 대한제국의 공식 국가로 사용됐다.[40] 1948년, 대한민국 정부를 수립한 후에는 안익태 작곡의 애국가가 대한민국 국가로 공식 지정됐다.

1900년에 세워진 대한제국의 황실군악대는 다양한 활동을 하며 서양음악을 한반도에 소개했다. 사람들은 관악기와 타악기로 연주되는 강력한 음향의 서양음악에 열광했다. 그러나 1905년 을사조약이 체결되고 1907년 군대해산 명령이 떨어지자, 에케르트가 이끌던 황실군악대도 설 자리를 잃게 되었다. '황실군악대'는 '제실군악대帝室軍樂隊'로 축소됐고, 1910년 한일병합조약이 체결되자 '이왕직양악대李王職洋樂隊'로 개명됐다. '이왕직'이란 '이씨李氏' 왕가와 관련한 업무를 총괄하던 기구를 뜻한다. 대한제국이 사라지고 황제의 직위가 '왕王'으로 격하됐기 때문이다. 이왕직은 일본 황실 업무를 담당하던 '궁내성宮內省'에 소속된 기관이었다.

1902년, 에케르트가 작곡한 〈대한제국 애국가〉 표지

이왕직양악대도 그리 오래가지는 못했다. 무엇보다 1914년에 제1차 세계대전이 시작되면서 에케르트의 독일 국적이 문제가 되었다. 일본이 연합국 진영에 서면서 독일과 일본은 적대국이 되었기 때문이다. 에케르트에 대한 공식 지원이 불가능해지면서 이왕직양악대는 1915년에 공식적으로 해산됐다. 그러나 몇몇 단원은 이왕직양악대 이름으로 그 후 몇 년 동안 계속해서 활동했다. 1919년 이후, 단원들은 악단 이름을 '경성악대京城樂隊'로 바꾸고 민간 악단의 형태로 1930년까지 계속 활동했다. 에케르트와 더불어 이 모든 변화 과정을 주도한 한국인은 백우용白禹鏞, 1883~1930이다.[41] 그는 일제강점기에도 서양음악과 한국 전통음악의 접점을 찾는 노력을 지속했다.

일본의 경우, 군국주의가 득세하면서 학생들에게 프로이센식 군복을 입히고 군대식 제식동작을 교육하기 시작했다. 이때 군악대처럼 학생들의 악단이 맡은 역할은 아주 중요했다. 단순한 동작을 반복하는 제식훈련에 행진곡 같은 음악이 동반되면 학생들의 태도가 완전히 달라지는 까닭이다. 일본에서 학생들의 악단은 활동 영역에 따라 '브라스 밴드ブラスバンド, brass band', '마칭 밴드マーチングバンド, marching band', '취주악대吹奏楽隊', '고적대鼓笛隊' 같이 다양한 이름으로 불렸다. 대학이나 고등학교의 스포츠 경기에 응원단으로 참여하는 것도 중요한 활동 중 하나였다. 일제강점기, 한반도의 학교에도 이 같은 군악대의 일본식 응용은 그대로 접목되어 한국 중년 사내들의 뇌리에 지금까지 남아 있는 '밴드부'까지 이르게 되는 것이다.

1900년대 초반, 파고다공원(현재 탑골공원)에서 기념 촬영한 에케르트와 양악대 단원들. 가운데에 모자를 쓰고 양복을 입은 사람이 에케르트다. 그의 곁에 서 있는 이는 1930년대까지 '양악대'의 명맥을 이어간 백우용이다.

Unit 69.

행진곡

오스만튀르크제국의 군악대 '메흐테르'

제식훈련에 동반되는 음악, 즉 행진곡의 연주가 군악대의 주된 업무다. 집단적 행동의 흥을 돋우는 음악 형식인 행진곡은 고대부터 있었다. 그러나 군악대가 연주하는 행진곡이 오늘날과 같은 형태로 자리 잡게 된 것은 16~17세기의 오스만튀르크제국과 유럽 기독교 국가들 사이의 전쟁부터다.

당시 오스만튀르크 군대는 유럽 군대와는 달리 '메흐테르Mehter'라는 군악대를 운영했다. 메흐테르는 오스만튀르크제국의 보병 상비군인 '야니차렌Janitscharen'42에 소속된 악대였다. 야니차렌은 '새로운 군대'를 뜻한다. 유목민들의 집합체였던 초기 오스만튀르크제국의 군대는 주로 말을 타고 전쟁하는 '기병騎兵'들로 이뤄졌다. 그러나 보병이 없는 군대는 고지에 깃발을 꽂을 수 없다. 들판에서 말을 달리며 전쟁을 하기에는 매우 유리하지만, 성벽을 타고 올라가서 성을 점령하는 전쟁은 할 수 없었다. 그래서 보병들로 이뤄진 군대를 조직해 새로운 군대, 즉 야니차렌이라 불렀다. 주로 외국인 노예를 어릴 때부터 살인 병기로 훈련시켜 만들어진 야니차렌은 활을 주무기로 하고, 칼과 도끼로도 무장했다. 승리가 계속되면서 야니차렌은 오스만튀르크제국의 정예부대로 인정받았고, 유럽의 다른 국가들에는 공포의 대상이 되었다.

오스만튀르크 보병 부대 '야니차렌'의 군악대 '메흐테르'. 오스만튀르크 군대는 유럽 군대와는 달리 메흐테르라는 군악대를 운영했다. 보병 부대는 절도 있게 행진하고 과감하게 공격해야 한다. 군악대는 이러한 보병 부대의 사기를 북돋는 데 효과적이었다.

야니차렌이 유럽에서 공포의 대상이 되었던 또 다른 이유는 야니차렌에서 운영한 군악대 메흐테르 때문이다.43 공격이나 퇴각의 신호로만 악기를 사용했던 유럽 군대들과는 달리, 야니차렌의 메흐테르는 집단심리적 효과를 높이기 위해 악기를 연주했다. 리듬과 멜로디에 따라 용감해지고, 때로는 무모해지기도 하는 음악의 심리적 기능을 적극 활용한 것이다. 멜로디를 연주하는 관악기, 리듬을 강조하는 북과 심벌즈 같은 타악기로 구성된 메흐테르는 술탄의 의전 행사나 병사들이 행진할 때 연주했을 뿐만 아니라 격렬한 전투 와중에도 연주했다. '돌격 행진곡' 같은 음악이다. 야니차렌의 용맹함을 경험한 적군들에게 야니차렌의 행진곡은 공포의 심리적 반응을 불러일으켰다. 이런 이유로 음악을 무기로 삼았던 메흐테르를 '최초의 군악대'로 간주하는 것이다. 지금도 터키의 관광지에서는 야니차렌의 행진곡을 수시로 들을 수 있다.

야니차렌은 당시 유럽의 클래식 음악에도 큰 영향을 미쳤다. 이른바 '야니차렌무지크Janitscharenmusik'[44]다. 야니차렌무지크의 특징은 '빠른 템포'다. 병사들의 사기를 돋우던 야니차렌의 관악기와 타악기가 야니차렌무지크라는 이름으로 유럽의 주류 음악으로 흡수되었다. 야니차렌무지크는 오스트리아에서 시작됐다. 당시 오스트리아는 오스만튀르크와의 전쟁을 가장 험하게 경험한 나라였기 때문이다. 당시 오스트리아 빈의 많은 음악가가 오스만튀르크 음악을 차용해 작곡했다.[45]

볼프강 아마데우스 모차르트의 《후궁으로부터의 도피Die Entführung aus dem Serail》나 흔히 '터키행진곡Alla Turca'으로 알려진 《피아노 소나타 11번》 3악장이 대표적이다. '터키 협주곡'이라고도 불리는 모차르트의 《바이올린 협주곡 5번》 또한 전형적 야니차렌무지크로 여겨진다. 이름 자체가 '군대 교향곡Militärsinfonie'인 프란츠 요제프 하이든Franz Joseph Haydn, 1732~1809의 《교향곡 100번》은 터키 음악을 중간중간 삽입해 넣은 것으로 유명하다. 하이든은 증조할아버지가 오스만튀르크와의 전쟁에서 사망했는데도 터키 음악을 적극적으로 자기 음악에 수용했다. 루트비히 판 베토벤은 〈아테네의 폐허Die Ruinen von Athen〉라는 연극의 부수음악으로 터키행진곡 주제를 썼다. 아울러 그의 《피아노를 위한 변주곡》에도 터키행진곡 주제가 들어간다.

터키의 메흐테르를 유럽에서 가장 적극적으로 수용한 나라는 프로이센이다.[46] 프로이센이 독일의 작은 영방국가에서 유럽 동북부의 강력한 군사 국가로 발전하던 때, 프로이센 군대에서 '제식훈련'과 '군악대'는 이전과는 차원이 다른 역할을 맡게 된다. '프리드리히대왕'이라 불리는 프리드리히 2세 때다. 프랑스에 나폴레옹 1세가 있다면 독일에는 프리드리히대왕이 있다고 할 만큼 독일 역사에서 중요한 왕이다. 베를린 근교의 포츠담에 있는 상수시 궁전이 그의 여름 궁전이다.

프랑스에 나폴레옹 1세가 있다면 독일에는 프리드리히대왕이 있다. 베를린 근교의 포츠담에 있는 상수시 궁전은 프리드리히대왕의 여름 궁전이다.

그의 아버지 프리드리히 빌헬름 1세Friedrich Wilhelm I , 1688~1740, 재위 기간 1713~1740는 '군인 왕'이라 불릴 정도로 대단히 호전적인 왕이었다. 왕궁 정원을 연병장으로 바꾸고 병사들의 제식훈련을 지켜보는 것을 인생의 낙으로 삼을 정도로 '열병 마니아'였다.47 그는 아들 프리드리히 2세도 강한 군인으로 키우려 했다. 그러나 프리드리히 2세는 섬세하고 심약했다. 프로이센의 건조하기 짝이 없는 군대 문화를 싫어해서 주로 프랑스 옷을 입고 프랑스 소설을 읽었다. 플루트를 즐겨 연주하는 아마추어 음악가이기도 했다.

아버지 프리드리히 빌헬름 1세는 이런 아들이 몹시 못마땅했다. 사람들이 보는 앞에서 아들을 구타하기도 하고, 아들의 멱살을 잡아서 연병장에 사열한 군인들 앞으로 질질 끌고 다니기도 했다. 아버지의 엄한 교육을 견디지 못한 프리드리히 2세는 친구인 한스 헤르만 폰 카테Hans Hermann von Katte, 1704~1730와 프랑스로 탈출할 계획을 세웠다. 카테는 프리드리히 2세보다 여덟 살이나 많았으나 문학과 예술에 대한 관심을 공유하는 친구였다. 그러나 탈출은 실패로 돌아갔고, 아버지는 아들의 눈앞에서 친구 카테의 목을 칼로 쳤다. 이 사건은 프리드리히 2세의 삶에 지울 수 없는 트라우마로 작용한다. 이후 프리드리히 2세의 성격과 태도는 급변했다. 누구보다도 강한 군인으로 변한 것이다.48

집단행동에 쓰인 행진곡이라는 마취제

프리드리히 2세는 평생 '전쟁광'으로 살았다. 여자도 멀리했다. 형식적 결혼은 했지만 자식은 없었다. 동성연애자라는 설도 있고, 성적으로 불구였다는 설도 있다. 검소한 생활로 모범을 보였다. 자비로운 군주가 되려고도 애썼다. 오늘날 독일인들이 '감자'를 주식으로 먹게 된 것도 바로 프리드리히 2세의 공이다. 당시 굶주림에 시달리던 독일인들에게 프리드리히 2세는 감자를 심으라고 명령했다. 구황작물로서 감자가 지닌 효과를 먼저 알았던 것이다. 음악은 평생토록 좋아했다.

'프리드리히대왕'으로 불리는 프로이센의 프리드리히 2세. 절도와 규율로 훈련받고 명령에 철저히 복종하는 '독일 병정'의 이미지는 그의 재위 때부터 시작된 것이다. '제식훈련'과 '행진곡'의 조화도 이때부터다.

프리드리히 2세는 끊임없는 전쟁을 통해 프로이센을 북유럽의 중심 국가로 키워나갔다. 그는 병사들을 엄한 규율로 훈련했다. 아버지의 군대보다도 더욱 절도 있게 행진하도록 병사들을 단련했다. 지치지 않는 체력과 조직적 움직임으로 잘 훈련된 그의 군대는 다른 나라의 군대와는 비교할 수 없을 정도로 빠르고 정확하게 이동했다. 이런 속도와 조직력으로 적의 약점을 기습 공격하는 전술을 주로 사용해 승리했다.

프리드리히 2세는 연전연승했다. 프로이센 영토는 급격하게 넓어졌다. 이렇게 군사작전을 통해 성장한 프리드리히 2세의 프로이센은 훗날 '독일 군국주의'의 토대가 된다. 프리드리히 2세의 공세적 프로이센 군대는 '독일 병정'의 전형으로 여겨지게 되었다. 독일에서 군악대가 자리 잡은 것은 바로 이 프리드리히 2세 때부터다. 절도 있고 통일된 집단행동을 위한 제식훈련에 군악대의 음악은 아주 훌륭한 동반자였다. 병사들이 동일한 보폭을 유지하며 행진할 수 있도록 타악기를 이용한 행진곡이 다양한 형태로 개발됐다.

1816년, 프로이센의 프리드리히 빌헬름 3세Friedrich Wilhelm III, 1770~1840, 재위 기간 1797~1840는 야니차렌무지크의 악기들을 군악대의 정식 악기로 포함시키는 칙령을 발표했다. 일부 음악가들만이 은근히 사용하던 터키 군악대의 '시끄러운 악기Lärminstrument'들이 유럽의 공식적인 연주용 악기로 인정받게 된 것이다.49

프리드리히 2세에게서 시작된 '제식훈련'과 '행진곡'의 교집합은 오토 폰 비스마르크의 독일제국으로 완성됐다. 1884년에 독일제국 군대가 훈련하는 모습을 참관한 오야마 이와오 육군경 일행이 그토록 감동했던 것은 바로 제식훈련과 행진곡이 함께할 때 작용하는 강렬한 '군대 효과'였다. 바로 이 군대 효과가 오늘날 한국 중년 사내들의 고등학교 시절, 교련복과 밴드부의 추억에 여전히 내재해 있는 것이다.

제2차 세계대전이 끝난 후, 독일 사회에서는 '나치 독일'이 가능했던 이유에 관해 다양한 영역에서 처절한 반성이 있었다. 그중 하나가 '집단으로 행해지는 모든 행위'에 대한 반성이다. 배타적 '민족의식'을 고취하는 나치의 가장 효과적인 전략이 '군사 퍼레이드'와 같은 통일된 집단행동이었다. 수십만 인파가 광장에 모여 "하일 히틀러Heil Hitler!"를 외치며 '히틀러 경례Hitlergruß'를 하는 모습은 독일 나치즘을 이야기하면 누구나 떠올리는 장면이다. 이 같은 집단행동에 참여하면 각 개인은 어떠한 반성 능력도 상실하게 된다. 이때 행진곡 같은 음악의 작용은 결정적이다. 마취제나 마약보다도 더 치명적이다.

전후 독일에서는 집단적 행위에 대한 알레르기 같은 반응이 생겨났다. 젊은이들은 모든 종류의 집단행동을 거부했다. 졸업식 행사도 대부분

1891년 당시 독일제국 보병의 군악대. 일본의 오야마 이와오 육군경 일행이 그토록 감동한 독일제국 군대의 위용은 보병들의 절도 있는 행진이었다. 일본 육군은 프로이센 군대의 참모제도와 제식훈련, 그리고 군악대를 바로 모방했다. 1969년 김신조 일당의 기습을 계기로 시작된 한국 학생들의 교련 시간에도 이 군악대의 음악이 함께했다(한국 학교의 교련은 1990년대 초 소련 및 동구권의 붕괴 이후에 중단됐다).

대학에서 사라졌다. 집단으로 모여 축사나 격려사를 듣는 행사는 언제든 나치즘과 같은 위험한 '집단의식'으로 이어질 수 있다는 것이다. 심지어는 공식 행사에서 함께 노래하는 '제창'도 사라진다. 나치 시대의 제창이 어떤 결과를 초래했는가를 경험했기 때문이다.

전후 독일 학교에서는 학생들에게 제창 대신 리코더 합주 같은 '착한 음악'을 배우도록 했다. 오늘날 독일에서 금관악기로 연주하는 민속음악은 그래도 살아남았다. 진보적 성향의 독일 북부와는 달리 보수적인 바이에른 지방에서는 '옥토버페스트Oktoberfest' 같은 축제에서 사람들이 함께 노래하는 이른바 '떼창'도 자주 볼 수 있다. 이런 모습에 리버럴한 북부 독일의 젊은이들은 아주 질색한다. 모든 종류의 '집단행동'은 합리적 사유의 경계선을 언제든 넘어설 수 있는 위험을 내포한다.

히틀러 경례. 나치 독일은 군대에서만 사용하던 '제식훈련'과 '행진곡'을 일반 국민에게도 아주 적절하게 응용했다. '히틀러 경례'와 더불어 진행되는 군대식 사열은 마취제처럼 작용했다. '위대한 게르만 민족'이라는 '집단의식' 앞에서 모든 비판 의식은 마비됐다.

Unit 70.

한반도의 분할 시도

한반도 분단은 아주 오래된 기획이었다!

독일은 1990년 10월 3일에 공식적으로 통일됐다. 분단의 상징이었던 베를린장벽이 무너진 것은 그보다 약 1년 전인 1989년 11월 9일이었다. 이제 한반도만 유일하게 분단국으로 남아 있다. 왜 이렇게 한반도의 통일은 힘든 것일까?

한반도의 분단은 주변 강대국들의 아주 오래된 기획이었기 때문이다.[50] 역사상 자료로 남아 있는 한반도 분할의 첫 번째 시도는 임진왜란 때다. 1592년 9월, 명나라 군대와 일본 군대가 대동강 근처에서 대치하고 있었다. 일본의 고니시 유키나가小西行長, 1558~1600는 명나라의 심유경沈惟敬, 1537~1599과 협상을 시도했다. 고니시는 대동강 동쪽의 땅은 일본이 가지고, 서쪽은 조선의 땅으로 인정하는 안을 제시했다.

이미 일본 군대가 대동강 인근까지 점령했기 때문에 현재의 그 자리에서 전쟁을 끝내자는 제안이었다. 아울러 당시 조선은 명나라와 조공 관계에 있었기에 조선과 명나라를 동일시하여 대동강 서쪽 땅을 점유하라고 요구한 것이다. 심유경은 고니시의 주장을 받아들여 평양의 서북쪽은 조선 지역으로, 남동쪽은 일본 지역으로 분할하기로 밀약을 맺었다. 하지만 이 같은 명나라와 일본의 한반도 분할 시도는 그저 계획으로 끝났다. 이후에도 일본은 임진왜란이 끝날 때까지 몇 번에 걸쳐 한반도의 분할을 요구했다.

두 번째 한반도 분할 시도는 1894년 청일전쟁 직전에 시도됐다. 아시아에서 지배권을 넓혀가던 영국과 미국은 일본과 청나라의 격돌을 피하고 싶어 했다. 자신들의 의도대로 진행되던 국제정치 질서가 일본의 급격한 세력 확장으로 요동치는 것을 원하지 않았다. 당시 한반도에서 일본과 청나라가 군사적으로 충돌하리라는 것은 누구나 예상할 수 있었다. 허약한 조선 정부는 청나라와 일본 사이를 오락가락하고 있었다. 게다가 러시아가 동아시아에 세력을 넓히려고 한반도 쪽으로 남하하고 있었다.

1876년, 조일수호조규(일명 강화도조약)가 체결된 후 한반도에서 일본의 영향력은 크게 확대됐다. 그러나 일본식 개혁 모델을 따라서 만들어진

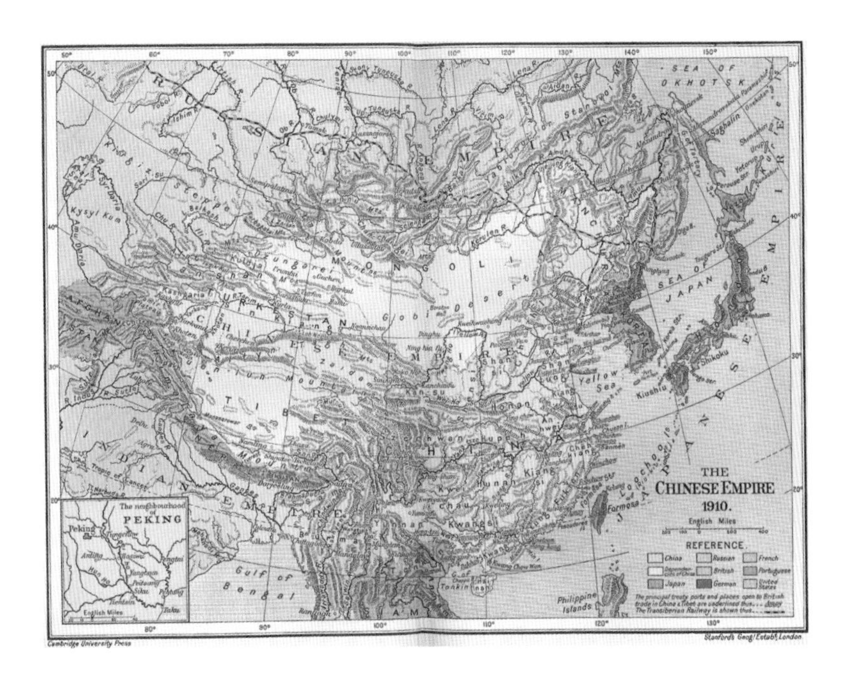

1910년 당시의 아시아 지도. 한반도 분할 시도의 역사는 깊다. 1945년 분할 이전에도 세 번의 시도가 있었다. 오늘날 한반도의 통일이 이토록 힘들고 어려운 것은 한반도 주변 열강들에 의한 한반도 분할 시도가 아주 오래된 음모였기 때문이다.

신식 군대에 비해 형편없는 처우를 받던 구식 군대가 폭동을 일으킨 1882년의 임오군란 이후에는 청나라의 영향력이 다시 강화됐다. 그리 오래가지 않아 상황은 다시 반전했다. 1884년에 청나라가 베트남에서 일어난 프랑스와의 전쟁 때문에 조선에 주둔하던 청나라 병사들의 절반을 철수하자, 그동안 위축되어 있던 개화파가 '갑신정변'을 일으킨 것이다.

일본식 개혁 모델을 흉내 내고자 했던 갑신정변은 '삼일천하'로 끝난다. 갑신정변이 허무하게 끝난 이듬해, 청나라의 이홍장李鴻章, 1823~1901과 일본의 이토 히로부미는 '톈진조약'을 맺었다. 톈진조약의 핵심 내용은 한반도에서 청나라 군대와 일본 군대의 동시 철수였다. 그러나 "앞으로 한반도에 각 나라가 출병하게 되면 상호 통지하자"라고 한 톈진조약의 마지막 조항은 10년 후 청일전쟁을 예고하는 것이었다. '상호 통지하자'라는 단서는 한 나라가 파병하면 다른 나라도 마찬가지로 파병하게 됨을 뜻하기 때문이다.51

일본 군대와 청나라 군대 사이의 본격적 전투가 일어나기 바로 직전

서양 언론에 그려진 20세기 초의 한반도 상황(조르주 비고Georges Bigot, 1860~1927의 「낚시 놀이Une Partie De Pêche, 1887」). 일본과 청나라가 마주 앉아 물고기로 희화화된 조선을 낚으려는 모습을 러시아가 지켜보고 있다.

인 1894년 7월 18일, 영국은 청나라와 일본에 한반도 분할 점령을 제안했다.[52] 서울을 기준으로 남쪽의 4개 도(경상, 전라, 충청, 강원)는 일본이 점령하고, 북쪽의 3개 도(평안, 함경, 황해)는 청나라가 점령하자는 계획이었다. 조선 국왕은 일본과 청나라의 감시하에 단지 경기도만을 다스리도록 하자는 내용도 포함됐다. 청나라는 영국의 이 제안을 받아들이려고 했다. 그러나 일본은 영국의 제안을 거부하고 7월 25일과 29일에 청나라 군대에 기습 공격을 감행했다. 이어진 청나라와의 본격 전투에서 일본은 연전연승했다. 이후로 청나라와 일본의 한반도 분할 지배에 관한 논의는 아예 없던 것이 되고 만다.

한반도 분할 음모에는 매번 일본이 연관되어 있다

청일전쟁이 끝나자마자 세 번째 한반도 분할 시도가 이뤄졌다. 이번에는 일본과 러시아다. 일본이 먼저 러시아에 제안했다. 청나라와의 전쟁에서 승리했지만, 유럽 강대국인 러시아와 전쟁을 치르기에 일본은 아직 많이 부족했다. 일단 남하하는 러시아를 저지해야 했다. 당시 조선에서는 1895년 '명성황후시해사건'이 일어나 친일파가 다시 내각을 장악했다. 공포를 느낀 고종과 왕세자가 러시아 공사관으로 피신하는 '아관파천'은 그 이듬해인 1896년 2월의 일이다. 일본은 드러내놓고 한반도에 욕심을 내는 러시아 세력을 어떻게 할 것인가 고민했다. 아이디어는 야마가타 아리토모의 머리에서 나왔다. 1896년 5월 24일, 야마가타는 일본의 특명전권대사로 러시아 니콜라이 2세의 대관식에 참석했다. 이때를 이용해 그는 한반도 분할 지배를 러시아에 제안했다.[53]

싸우지 말고 나눠 가지자는 것이다. 이때 야마가타가 제안한 분할의 기준선이 대동강인지, 한강인지는 불분명하다. 아무튼 한반도의 분할선으로 북위 38도선 혹은 39도선이 이때부터 논의되기 시작했다. 남쪽은 일본이 지배하고, 북쪽은 러시아의 관할로 하자는 제안이다. 야마가타의 제안에는 러시아와 일본의 점령 지역 중간에 '비무장지대'를 두자는 안도 포함됐다. 이 제안은 당시에 일본을 우습게 여기던 러시아가 거절했다.

러일전쟁을 바로 앞둔 1903년, 이번에는 러시아가 일본에 다시 한반도 분할 지배를 제안했다. 지난 수년간 일본의 한반도 점령이 아주 노골적으로 신속하게 진행됐기 때문이다. 분할 기준선은 몇 년 전 일본의 제안보다 위로 올라가 대동강이나 압록강 부근이 거론됐다. 일본을 의식한 러시아는 자신들의 극동 정책을 만주 지역에서 멈추고자 했다.* 그러나 일본은 영국의 지원을 믿고 러시아의 제안을 단칼에 거절했다. 당시 일본을 이용해 러시아의 남하 정책을 막으려 했던 영국은 1902년 영일동맹을 맺었다. 한반도에서의 위태로운 대립 국면은 더 이상 지속되지 않았다. 한반도를 단독으로 지배하려는 야욕을 노골적으로 드러낸 일본과 러시아는 결국 1904년에 전쟁을 하게 된다. 러일전쟁이다. 이 전쟁 역시 일본의 승리로 끝났다. 일본의 승리는 일본인 스스로도 놀랄 정도의 사건이었다.

네 번째 한반도 분할 시도는 제2차 세계대전이 끝난 1945년에 이뤄졌고, 실제로 한반도가 분할되어 분단 상황은 지금까지 이어지고 있다. 한반도를 둘러싼 강대국의 이해관계가 아직도 진행 중인 까닭이다. 해결은 여전히 어려워 보인다. 흥미로운 것은 임진왜란 때부터 시작된 한반도의 모든 분할 음모에 일본이 연관되어 있다는 사실이다.

* 당시 일본과 러시아 사이에는 '한반도 분할론' 이외에도 '만한교환론滿韓交換論'도 있었다. 만주는 러시아가, 한반도는 일본이 차지하자는 것이었다. 그러나 이 논의 또한 러일전쟁으로 없었던 일이 된다(하라다 2013, p. 261 이하).

Unit 71.

레벤스라움

한반도의 '지정학적 특수성'은 언제부터 '특수'했던 걸까?

한반도 분단과 관련하여 '지정학적 특수성'이라는 단어가 참 많이 언급된다. 지리학적 특수성이 아니라 지정학적 특수성이다. '반도'라는 지리학적 특수성이라면 바로 이해되지만, 지정학적 특수성은 도대체 무슨 뜻일까? 다들 당연하게 여기지만, '지정학地政學'이라는 학문이 무슨 학문인지 제대로 아는 이는 없다. 오늘날 지정학은 우리에게 '지정학적 특수성'이라는 개념과 관련해서만 익숙할 뿐이다.

'지정학'은 독일어로 'Geopolitik'다. '지리'와 '정치'를 섞은 단어다. 이처럼 전혀 다른 영역의 두 단어가 섞일 때는 그 배후에 숨겨진 맥락이 있다. 이 경우에는 '국가' 혹은 '사회'를 살아 있는 유기체처럼 파악하려는 '사회진화론'이다. 지정학이라는 용어를 학문적으로 처음 사용한 사람은 스웨덴 정치학자 루돌프 셸렌Rudolf Kjellén, 1864~1922이다. 그는 1899년 《스웨덴 인류학·지리학회지》에 발표한 자신의 논문에서 "지정학이란 지리적 유기체 혹은 공간적 현상으로서의 국가에 관한 학문Geopolitik ist die Lehre über den Staat als geographischen Organismus oder als Erscheinung im Raum"이라고 정의했다.54 한마디로 국가를 '공간에서 살아 숨 쉬는 유기체'처럼 파악하자는 주장이다.

셸렌의 지정학은 독일 지리학자 프리드리히 라첼Friedrich Ratzel, 1844~

1904의 영향을 크게 받았다. 라첼은 '레벤스라움Lebensraum(생활공간)'이라는 단어를 만들어낸 사람이다.55 '생활Leben'과 '공간Raum'을 합친 레벤스라움은 국가도 유기체처럼 숨 쉴 수 있는 공간이 충분해야 지속적으로 진화하고 발전할 수 있다는 개념이다. 문화가 '뒤떨어진' 나라는 생존할 수 없고, 자기 공간을 강력하게 확장하는 '고등 문화'의 국가에 내줘야 한다는 라첼의 레벤스라움은 제국주의 식민지 확대를 위한 아주 기특한 이데올로기였다.56

라첼은 동물학, 지리학을 공부했으나 라이프치히대학에서 일하게 된 1886년 이후에는 민족학, 지정학으로 자신의 연구 분야를 넓혔다. 당시 라이프치히대학에서는 국민경제학의 대가 빌헬름 로셔Wilhelm Roscher, 1817~1894나

레벤스라움을 선전하는 나치 시대의 포스터. 프랑스나 영국보다 인구가 두 배 반이나 많은 독일은 그에 상응하는 공간이 필요하다는 주장이다. 국가도 유기체처럼 크기에 비례하는 공간이 필요하다는 '레벤스라움' 개념은 이웃 국가들에 대한 나치의 침략을 정당화했다.

현대 심리학의 창시자로 꼽히는 빌헬름 분트 같은 학자들이 사회진화론을 다양한 방식으로 응용하고 있었다. 진화하는 유기체처럼 사회나 국가도 진화하고 발전한다는 전제하에 국가의 경제나 민족의 발전 경로를 서술하려는 시도가 당시 독일 학계를 지배하고 있었다.

라첼의 레벤스라움과 셸렌의 지정학은 카를 하우스호퍼Karl Haushofer, 1869~1946를 통해 본격적으로 독일 나치즘의 사상적 기초가 된다. 1908년, 독일제국 참모본부의 장교로 일하던 39세의 하우스호퍼는 부인과 함께 '참관장교' 자격으로 일본을 방문해 약 1년을 머물렀다. 1년에 불과한 하우스호퍼의 일본 방문은 그의 인생뿐만 아니라 독일은 물론 일본과 한반도, 더 나아가 세계의 운명을 뒤흔드는 사건이 된다.[57]

짧은 기간이지만 일본부터 한반도, 중국까지 동아시아 일대를 돌아보고 독일로 귀국한 하우스호퍼는 이때의 경험을 바탕으로 박사 학위 논문을 작성했다. 1913년 뮌헨대학에 제출한 그의 박사 학위 논문 제목은 「대大일본의 군사력, 세계적 지위, 미래Groß-Japans Wehrkraft, Weltstellung und Zukunft」다. 이 논문은 같은 해에 『대大일본Dai Nihon』이라는 책으로 출간됐다. 그 후 그는 제2차 세계대전이 끝날 무렵까지 일본에 관한 책을 여러 차례 발간했다. 1941년에 발간된 그의 책 『일본, 제국을 건설하다Japan baut sein Reich』[58]는 일본 제국주의의 성립 과정에 관한 매우 자세한 종합 보고서다. 하우스호퍼의 책들에는 당시 한반도의 상황에 관한 내용도 다수 포함되어 있다. 일본의 천황제와 아시아 후발 제국주의의 성립 과정에 관해 상세한 정보를 담은 그의 책들은 일본과 나치 독일 사이의 외교 관계에 아주 강력한 영향을 미쳤다.

박사 학위를 취득하자마자 발발한 제1차 세계대전에 하우스호퍼는 장교로 참전했다. 전쟁이 끝날 무렵에는 장군으로 승진했다. 전쟁이 끝난 이듬해인 1919년, 그는 뮌헨대학의 교수자격시험에 합격해 1921년부터는 뮌헨대학의 교수로 일하게 된다. 이때부터 그는 라첼의 레벤스라움 개념에 기초한 지정학을 본격적으로 펼치기 시작했다. 1923년부터는 독일의 보수적 지리학자들과 함께 《지정학지Zeitschrift für Geopolitik》라는 학술지를 발간했다. 바이마르공화국을 비판하고 독일제국으로의 복귀를 주장하는 국수주의적 주장을 본격적으로 개진하기 위해서였다.

하우스호퍼가 라첼의 레벤스라움을 자신의 이론적 기반으로 삼게 된 것은 개인적 인연도 한몫했다. 라첼이 아버지의 친구였기 때문이다.[59] 하우스호퍼에게 레벤스라움은 자기 집을 방문한 라첼과 아버지의 대화를 통해 어릴 때부터 아주 익숙하게 들어온 개념이었다. 그가 정교화한 지정학적 개념으로서의 레벤스라움이 아돌프 히틀러의 나치 이데올로기가 되는 과정에도 개인적 인연이 아주 중요한 역할을 했다. 히틀러의 최측근으로 한때 이인자 자리에까지 올랐던 루돌프 헤스Rudolf Hess, 1894~1987가 하우스호퍼의 학생이었다. 하우스호퍼의 조교였던 헤스는 히틀러가 1923년 뮌헨 맥주 홀에

하우스호퍼(왼쪽)와 헤스(오른쪽). 하우스호퍼의 제자인 헤스는 하우스호퍼의 레벤스라움 개념을 히틀러에게 전달했다. 이후 레벤스라움은 나치의 아주 중요한 이데올로기가 된다.

서 쿠데타를 일으켰을 때 히틀러와 함께 체포됐다. 감옥에서 헤스는 히틀러가 구술하는 『나의 투쟁Mein Kampf』을 받아 적었다. 이후 그는 히틀러의 비서로 활동하다가 히틀러가 집권하자 총통 후계자로 승진한다. 하우스호퍼의 레벤스라움 개념은 헤스를 통해 히틀러에게 정확하게 전달될 수 있었다.

레벤스라움과 대동아공영권

제1차 세계대전에서 패전한 후, 베르사유조약으로 인해 독일은 영토의 상당 부분을 빼앗겼다. 히틀러는 독일의 생존 공간, 즉 레벤스라움이 독일 인구에 비해 형편없이 부족하다고 여겼다. '미개한 슬라브인'들의 땅을 빼앗아야 한다고 생각했다. 하우스호퍼의 레벤스라움 개념은 그러는 것이 당연하다고 히틀러를 부추겼다.

하우스호퍼가 일본에 체류한 경험은 레벤스라움이 히틀러식 실천 개념이 되는 데도 아주 구체적인 영향을 미쳤다. 하우스호퍼는 한마디로 일본의 '광팬'이었다. 그는 평생 일본을 이상적 국가의 모델로 생각했다. 그의 눈에 일본이라는 국가는 전쟁을 위해 존재하는 듯했으며, 국민은 언제든 전쟁에 참여할 준비를 하고 있었다. 프로이센의 군국주의와는 비교할 수 없을 정도로 완벽한 '총력전'을 준비하고 있었다. 하우스호퍼는 독일 지식인과 관료가 전쟁에 대해 취하는 시니컬한 태도를 비판하며 언제나 전시戰時와 다름없는 일본의 일상을 부러워했다.

20세기 초반, 항상 전쟁을 치러왔던 일본과 수많은 공국들 사이에 전쟁이 끊이지 않았던 독일이 비슷한 시기에 인류 역사상 가장 잔인한 군국주의 국가가 된 것은 결코 우연이 아니었다. 일상의 병영화가 일어나는 군국주의는 아주 구체적인 장치들이 있어야 기능한다. 앞서 설명한 행진곡과 제식훈련 같은 것들이다. 일본은 프로이센 군대의 행진곡과 제식훈련을 배워 갔다. 그러고는 어린 학생들에게도 행진곡과 제식훈련을 가르쳤다. 하우스호퍼는 독일보다 더 독일스럽게 군국주의화되어가는 일본이 몹시 부러웠다. 독일도 일본처럼 전 국민이 전쟁을 준비해야 한다고 가는 곳마다 주장했다. 그 흔적은 그가 저술한 일본 관련 책들에 아주 노골적으로 드러난다.

하우스호퍼가 이론을 세우고 히틀러가 나치 이데올로기로 구체화한 레벤스라움은 일본 군국주의에도 아주 강력한 영향을 미친다. 일본의 '대동아공영권大東亞共榮圈' 개념이다. '서양에 맞서서 아시아가 하나로 뭉쳐야 하고, 그 중심에는 일본이 있어야 한다'라는 주장은 서구 제국주의가 아시아의 문호를 강제로 개방하기 시작한 19세기 중반부터 있었다.* 그러나 일본

1905년 10월, 러일전쟁에 승리한 후 귀환하는 병사들을 환영하는 도쿄 신바시역의 인파. 하우스호퍼는 독일보다도 더 독일스럽게 군국주의화되어가는 일본에 아주 깊은 인상을 받았다.

군국주의 이데올로기로서 대동아공영권이 공식 천명되고 실제로 작동한 것은 1940년대 이후의 일이다. 대동아공영권이 개념화되고 실제로 작동할 수 있었던 것은 독일의 다양한 지정학적 개념이 일본에 소개됐기 때문이다. '공간운명Raumschicksal', '공간편재Raumordnung', '공동체Gemeinschaft', '광역경제Grossraumwirtschaft', '자급자족Autarkie' 같은 독일식 지정학 용어들은 대동아공영권이라는 일본의 침략주의를 정당화하는 데 아주 중요한 이데올로기가 되었다.

* 러일전쟁 직전인 1903년, 만주에서 러시아의 완전 철수를 주장하며 강경 무력 노선을 주장한, 소위 '칠박사의견서七博士意見書'로 유명한 도쿄제국대학 교수였던 토미즈 히론도戶水寬人, 1861~1935는 지정학적으로 일본은 태평양을 지배할 수 있는 유리한 위치에 있는 까닭에 동아시아 패권을 두고 영국, 러시아, 미국 등과 경쟁해야 한다고 주장했다(Wallentowitz 2011, p. 288).

Unit 72.

유라시아

'유럽'과 '아시아'를 합친 단어, '유라시아'

군국주의 일본의 '대동아공영권'은 독일 카를 하우스호퍼의 '레벤스라움'을 응용한 개념이다. 대동아공영권은 이제 역사 저편으로 사라졌지만, 오늘날까지 여전히 우리에게 익숙한 지정학 관련 개념이 있다. 이른바 '대륙 세력Land power'과 '해양 세력Sea power'이다. 한반도의 지정학적 특수성을 설명할 때 빠지지 않고 사용되는 단어다. 남하하여 '바다로 나아가려는 대륙 세력'과 북상하여 '대륙으로 진출하려는 해양 세력'의 충돌 지점이 바로 한반도라는 것이다.

최근 들어 중국의 급성장과 더불어 대륙 세력이라는 용어도 자주 들려온다. 광복 이후에 대한민국은 해양 세력의 대표자 격인 미국의 영향권에 있고, 북한은 대륙 세력을 대표하던 소련, 그리고 소련이 해체되고 난 후 대륙 세력의 새로운 강자로 등장한 중국의 영향권에 있다는 이야기는 우리에게 아주 익숙하다. 아울러 최근 대한민국의 정치적 혼란은 해양 세력과의 협력에서 대륙 세력과의 연대로의 방향 전환과 관련되어 있다는 분석도 자주 듣는다.

대륙 세력과 해양 세력을 서로 적대적인 지정학적 개념으로 처음 사용한 이는 영국 지정학자 해퍼드 매킨더Halford Mackinder, 1861~1947다.60 옥스퍼드대학과 런던대학의 교수로 재직하고 런던정치경제대학 학장을 역임하기도 했던 매킨더는 영국에서 '지정학'이라는 새로운 지리 연구 방법론을 정교하게 발전시킨 사람이다. 사회진화론이라는 새로운 사조가 유럽 사상계를 휩쓰는 새로운 패러다임으로 등장했을 때, 독일의 프리드리히 라첼이나 스웨덴의 루돌프 셸렌이 유기체로서의 국가 모델을 가지고 대륙의 지정학을 개척했다면, 영국에서는 매킨더가 그 역할을 했다.* 매킨더는 '지리학'이라는 학문이 영국 대학에서 뒤늦게나마 정식 교과목으로 자리 잡도록 하는 데 큰 기여를 했다. 독일과 프랑스 대학에서는 지리학이 경쟁적으로 인정받았

* 카를 하우스호퍼는 프리드리히 라첼의 이론보다 해퍼드 매킨더의 이론을 더 많이 인용했다. 아돌프 히틀러는 하우스호퍼가 인용한 매킨더의 이론을 들먹이며 독일에 대한 러시아의 위협을 경고했다(브로턴 2014, p. 519).

보수 진영의 태극기 집회에는 왜 꼭 성조기가 함께 나타날까? 한반도의 '지정학적 특수성'은 해양 세력에 속하는가, 혹은 대륙 세력에 속하는가에 대해 오래된 논쟁을 낳았다. 물론 주변 강대국에 의해 강요된 논쟁이다. 태극기 집회는 이 맥락에서 이해돼야 한다.

지만, 영국에서 지리학에 관한 관심은 상대적으로 적었다.

매킨더는 책상에서만 지리학을 연구하지 않았다. 매우 열정적인 등반가였다. 교수로 재직하면서도 틈틈이 아프리카 일대의 산에 올랐다. 1909~1912년에 있었던 영국의 로버트 팰컨 스콧Robert Falcon Scott, 1868~1912과 노르웨이의 로알 아문센Roald Amundsen, 1872~1928의 남극점 정복 경쟁처럼, 19세기 후반에는 아프리카 대륙을 둘러싼 영국과 독일의 탐험 경쟁이 치열했다. 이 경쟁에서는 독일이 한발 앞섰다. 독일의 한스 마이어Hans Meyer, 1858~1929가 1889년 아프리카에서 가장 높은 산인 킬리만자로산 정상에 올랐다. 그는 산봉우리 이름을 당시 독일 황제의 이름을 따서 '카이저 빌헬름 봉Kaiser-Wilhelm-Spitze'으로 붙였다.* 동아프리카 지역의 식민지 확보 경쟁에서 독일과 사사건건 부딪쳤던 영국은 긴장했다. 케냐산에는 무조건 영국이 먼저 올라야 했다. 케냐산은 높이 5,199m로, 아프리카에서는 높이 5,895m인 킬리만자로산 다음으로 높다. 이때 앞장선 등반가가 바로 매킨더다. 1899년 9월, 매킨더는 드디어 케냐산 정상에 올랐다.61

케냐산 정상에 오른 매킨더. 1889년, 독일의 마이어가 아프리카에서 가장 높은 킬리만자로산 정상에 올랐다. 동아프리카의 식민지 경쟁에서 독일과 대립하던 영국은 긴장했다. 1899년 9월 13일, 영국의 매킨더는 아프리카에서 두 번째로 높은 케냐산에 올랐다.

케냐산 등정에 성공한 후, 매킨더는 다시 지리학 연구에 몰두했다. 1902년, 영국의 보호무역주의를 옹호하는 책인 『영국과 영국해Britain and The British Seas』를 출판하여 섬나라인 영국의 지리적 특징이 어떻게 영국을 해양

* 1961년, 탄자니아가 독립한 후 산봉우리 이름은 '우후루 피크Uhuru Peak(자유봉)'로 바뀌었다.

대국으로 만들었는가를 이론적으로 설명했다. 몇 년 후, 그의 이름을 두고두고 회자하게 만든 '치명적' 논문이 발표된다. 1904년 1월 25일, 왕립지리학회에서 매킨더는 「역사의 지리적 중심축The Geographical Pivot of History」이라는 제목의 논문을 발표했다.62 해양 대국으로서 영국의 지위가 더 이상 지속되기 힘들 것이라는 부정적 전망을 지정학적으로 설명한 논문이었다.

매킨더는 400년간 이어진 뱃길 탐험의 시대는 끝났다고 선언했다. 한마디로 '콜럼버스 시대의 종언'이었다. 매킨더가 영국의 미래를 부정적으로 전망하자 왕립지리학회 회원들은 웅성댔다. 일부는 자리를 뜨기도 했다. 그러나 영국이 주도한 해양 시대의 몰락에 이어서 대륙에서 시작되는 새로운 시대를 준비해야만 한다는 매킨더의 주장은 계속됐다. 이때 그는 '유라시아'라는 낯선 개념으로, 다가올 미래를 새롭게 주도할 세력을 소개했다.

'유라시아Eurasia'는 '유럽Europe'과 '아시아Asia'를 합친 단어다. 매킨더는 유럽과 아시아를 하나의 합쳐진 '대륙'으로 봐야 한다고 주장했다. 당시 영국인들에게 아시아라는 낯선 세계와 유럽이 하나가 된다는 것은 꿈도 꿀 수 없는 일이었다. 아무도 상상하지 못한 미래를 매킨더는 유라시아라는 합성어로 표현했다. 세계 권력의 미래는 유라시아에 있다고 주장한 것이다. 느닷없는 아시아의 등장에 당황하는 청중에게 매킨더는 유럽 역사는 아시아 역사의 종속변수에 불과하다는 것을 다양한 사례를 들어 증명했다.63 한마디로 유럽 역사란 아시아 유목민의 침략에 대한 저항의 역사에 불과하다는 것이다.

'대륙 세력'과 '해양 세력'

유라시아라는 낯선 개념과 더불어 해퍼드 매킨더는 대륙 세력과 해양 세력의 충돌이라는 새로운 세계관을 제시했다. 19세기까지는 대양을 중심으로 움직이는 해양 세력이 세상을 지배했다면 새로운 세기는 대륙 세력이 주도할 것이라는 예언이다.64 이전에는 유목민들이 말을 타고 유럽을 침략했다. 유럽인들은 배를 타고 '신세계'를 찾아냈다. 그러나 새롭게 발견될 세상은 이제 더는 없다. 앞으로 아시아 대륙을 철도망이 뒤덮게 되면 아시아 대륙을 차지한 세력이 세계사의 주인공이 될 차례라고 매킨더는 주장했다. 요약하자면, 세계사를 주도하는 세력의 이동 수단이 '말→배→기차' 순서로 바뀐다는 것이다. 그는 자기 생각을 대표적 '지정학 지도'로 일컬어지는 '권력의 자연적 위치The Natural Seats of Power'로 요약해서 표현했다.65

옆의 지도에서 점이 찍혀진 유라시아의 '중추 지대pivot area'*는 중앙아시아와 시베리아를 가리킨다. 중추 지대를 둘러싼 동심원은 두 개가 있다. 매킨더는 작은 동심원을 '내부 또는 주변 초승달Inner or Marginal Crescent' 지대라고 지칭했다. 유럽과 북아프리카, 인도와 중동, 그리고 중국 일부가 여기에 포함된다. 바깥의 큰 동심원은 '외부 또는 섬 초승달Outer or Insular Crescent' 지대다. 주로 바다로 이뤄진 이 지역에는 섬나라인 영국과 일본**, 오스트레일리아, 캐나다, 북아메리카, 남아메리카가 포함된다. 외부 초승달 지역의 대표적 해양 세력인 영국은 뛰어난 선박 건조 기술, 항해술, 함대 등을 통해 내부 초승달 지역을 식민지로 만들었다. 19세기에 들어서서 신흥 해양 세력으로 성장한 미국은 대서양을 사이에 두고 영국과 경쟁하기 시작했다.

해양 세력을 대표하는 영국과 이를 위협하는 대표적 대륙 세력인 러시아가 20세기 세력균형의 '상수常數'라면, 새롭게 성장하는 독일은 아슬아

* 해퍼드 매킨더는 후에 '중추 지대'의 이름을 '심장 지대Heartland'로 바꾼다.

** 매킨더는 지리적으로 작은 동심원에 가까운 영국과 일본에 별도로 '외부의outer'라고 표기했다.

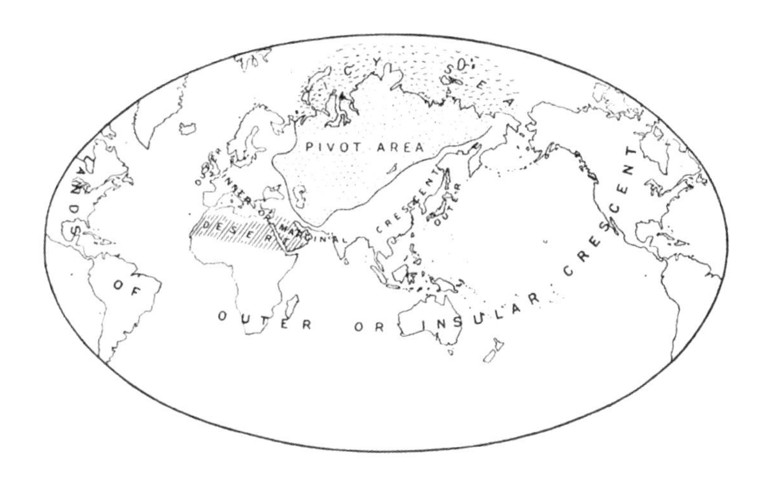

매킨더의 지정학 지도 '권력의 자연적 위치'. 이 지도를 통해 매킨더는 '중추 지대'를 지배하는 '대륙 세력'이 '해양 세력'을 대신하게 될 것이라고 예언했다. 매킨더가 생각한 중추 지대의 지배자는 '러시아'였다.

슬하게 유지되는 세력균형의 '변수變數'라고 매킨더는 파악했다. 독일과 러시아의 동맹은 해양 세력에 가장 강력한 위협이 될 것이므로 영국은 프랑스 등과 동맹을 맺어 대륙 세력의 남하를 저지해야 한다고도 주장했다. 이를 설명하면서 매킨더는 당시에는 거의 알려지지 않았던 한국을 해양 세력과 대륙 세력의 충돌 지점으로 예측했다.66 오늘날 한반도의 '지정학적 특수성'은 지정학의 창시자 눈에는 처음부터 아주 분명하게 보였다는 이야기다. 매킨더는 독일과 러시아의 연합을 경계하며 다음과 같은 유명한 어록을 남긴다.

> 중유럽과 동유럽을 지배하는 자가 심장 지대를 지배한다Who rules Central and Eastern Europe commands the Heartland. 심장 지대를 지배하는 자가 세계 섬을 지배한다Who rules the Heartland commands the World-Island. 세계 섬을 지배하는 자가 세계를 지배한다Who rules the World-Island commands the World.67

헤르만 크낙푸스의 그림 「유럽 민족들이여, 너희 재산을 지켜라」. 중국과 일본을 경계하는 '황화론'은 1895년에 빌헬름 2세가 크낙푸스에게 그리라고 지시한 이 그림에서 시작됐다. 왼쪽 유럽 민족들에게 독일의 천사 미카엘이 오른쪽에서 용을 타고 날아오는 부처를 경계하라고 가리킨다. 부처는 동양을 상징한다.

매킨더는 아시아의 세력균형과 관련한 예측을 하면서 또 하나의 변수를 들었다. 중국이다. 중국은 중추 지대와 내부 초승달 지대에 걸쳐 있다. 대륙과 더불어 바다를 가지고 있다는 이야기다. 중추 지대에서 일본이 중국과 힘을 합쳐서 주도권을 잡게 되면 세계 평화에 큰 위협이 될 수 있다는 '황화론黃禍論, yellow peril'*을 매킨더는 미래 예측의 결론에 첨가한다.68

'황화론'은 당시 유럽에 막 퍼지기 시작한, 낯선 동양에 대한 공포의 표현이었다. 자신들과 전혀 다른 세계인 중국과 일본에 대한 정보가 파편적

* '황화', 즉 '노랑 위험'은 1970년 이후 일본과 더불어 아시아 '호랑이 국가들Tigerstaaten'의 경제성장에 대한 경계심을 표현하기 위해 한때 유럽 매스컴에서 자주 사용했던 용어다.

으로 전해지면서 유럽은 동양에 대해 막연한 적대감을 표현하기 시작했다. 이 적대감을 공식적으로 표현한 사람은 독일 황제 빌헬름 2세였다. 1895년, 빌헬름 2세는 '유럽이 황화die gelbe Gefahr로부터 스스로를 지켜야 한다'는 내용을 담은 자신의 스케치를 화가 헤르만 크낙푸스Hermann Knackfuß, 1848~1915에게 전달했다. 그 스케치를 바탕으로 제대로 된 그림을 그려달라고 지시한 것이다. 이 그림의 제목은 「유럽 민족들이여, 너희 재산을 지켜라Völker Europas, wahrt eure heiligsten Güter, 1895」다.**69** 그림을 살펴보면, 왼쪽에 있는 유럽 민족들에게 독일을 대표하는 천사 미카엘이 오른쪽에서 용을 타고 날아오는 부처를 경계하라면서 가리키고 있다. 부처는 물론 동양을 상징한다.

동양에 대한 빌헬름 2세의 막연한 공포를 매킨더는 지정학적 설명으로 정당화했다. 실제로 일본은 아시아 패권을 둘러싸고 유럽을 위협하는 국가로 성장했고, 대륙 세력을 대표하는 러시아와 격돌하여 승리를 거뒀다. 개항 초기에 독일의 문화와 군사 제도를 적극 수입했던 일본은 제1차 세계대전 당시 독일의 반대편인 연합국에 가담하여 독일의 조차지를 빼앗으려 했다. 빌헬름 2세의 공포와 매킨더의 예언이 실제가 되는 순간이었다.

Unit 73.

권세강역과 이익강역

일본의 한반도 침략은 어떻게 구체화됐나?

세계 평화와 관련해 영국, 러시아라는 '상수'와 더불어 독일, 일본이라는 '변수'를 지적한 해퍼드 매킨더의 예언이 발표되고 바로 2주 후, 러일전쟁이 발발했다. 러일전쟁은 대륙 세력을 대표하는 러시아와 해양 세력(영국)의 지원을 받는 일본의 전쟁이다. 영국은 1902년에 영일동맹을 맺어 러시아의 남하를 저지하려 했다. 사실 일본은 매킨더가 처음에 생각했던 해양 세력의 주요 멤버는 아니었다. 당시 일본은 매킨더가 세계 권력 질서의 주요 요인으로 포함하기에 그리 대단한 국가가 아니었기 때문이다.

지정학과 관련한 러일전쟁의 의미를 다루기 전에, 일단 일본이 지정학적 이데올로기를 도입하는 과정에 관해 조금 더 자세히 살펴볼 필요가 있다. 카를 하우스호퍼의 '레벤스라움'이 본격적으로 소개되어 '대동아공영권'이라는 이데올로기로 번역되기 이전에도, 일본에는 유럽에서 유행하던 지정학적 개념이 이미 다양한 경로로 소개됐다. 앞서 자주 등장한 개화기 일본의 대표적 독일파 야마가타 아리토모는 이 맥락에서 아주 결정적인 역할을 했다. 1888년 말, 평생 경쟁자였던 이토 히로부미가 총리로 있던 내각의 내무대신 자격으로 야마가타는 선진국의 지방 제도를 알아보기 위해 유럽을 방문했다.

1889년 6월, 오스트리아 빈에 머물던 그는 빈대학의 '국가학Staatswissenschaft' 권위자인 로렌츠 폰 슈타인Lorenz von Stein, 1815~1890을 만났다.70 '국가학'이란 독일식 학문 명칭으로 영국이나 미국 같은 영어권 국가의 '정치학Politics'에 해당한다. 민족국가 성립이 한참 뒤처졌던 독일에서는 국가 주도의 근대화에 관한 논의가 다른 국가들에 비해 훨씬 활발했다. 이는 일본도 마찬가지였다. 주로 국가 체제의 성립 및 유지와 연관된 '법학'이 논의의 중심이었다.

독일 국가학을 대표하는 스위스 태생의 하이델베르크대 교수 요한 블룬칠리Johann Bluntschli, 1808~1881가 1869년에 쓴 『문명국가의 근대 국민법Das moderne Völkerrecht der Civilisirten Staaten als Rechtsbuch dargestellt』은 1880년 중국에서 『공법회통公法會通』이라는 제목으로 번역되어 우리나라에 들어왔다.* 1896년, 이 책은 조선에서 재편집되어 같은 제목으로 다시 출판됐다. 1897년에 고종이 대한제국을 선포할 당시, 입법·관제·군대·외교와 관련된 '대한국국제大韓國國制'는 『공법회통』을 참조해 만들어졌다.71 일본 역시 독일 국가학을 적극 수용했다. 물론 대한제국이나 중국보다 훨씬 빨랐다. 일본에서는 가토 히로유키加藤弘之, 1836~1916가 블룬칠리의 1852년 저서인 『일반 국법Allgemeines Staatsrecht』을 『국법범론國法汎論』이라는 제목으로 1876년에 번역해 출간했다.**

중국에 머물던 윌리엄 마틴William A. P. Martin, 1827~1916은 미국 법학자 헨리 휘턴Henry Wheaton, 1785~1848의 『국제법의 요소Elements of International Law: with a Sketch of the History of the Science, 1836』를 1864년에 한역하여 『만국공법萬國公法』이라는 제목으로 출간했다. 1865년 일본에 소개된 이 책은 1868년에 일본어로

* 중국에서 1880년에 번역된 요한 블룬칠리의 『공법회통』은 중국인의 번역이 아니었다. 당시 중국에 선교사로 와 있던 윌리엄 마틴이 한자를 익혀 청나라에서 한역漢譯한 것이다.

** 1876년에 가토 히로유키가 번역하기 시작한 『국법범론』은 1888년에 히라타 도스케平田東助, 1849~1925에 의해 완결된다(박양신 2008, p. 243 이하).

번역됐고, 조선에는 1880년에 알려졌다.* 『만국공법』은 당시 아시아 국가들에서 서구 국제법을 이해하는 기본 교과서 역할을 했다.** 국가 체제의 형성과 관계된 국가법으로는 『공법회통』과 『국법범론』을 교과서로 독일법이, 외교와 관계된 국제법으로는 『만국공법』을 교과서로 영미법이 아시아에 도입된 것이다.

당시 일본에서 가장 먼저 독일어를 익혀 독일 '국가학'을 번역하고 소개한 가토 히로유키***는 메이지유신 이후 일본의 국가 구조를 독일 국가학 이론에 기초해 세우려고 했다. 그는 1870년부터 천황의 개인 강사가 되어 독일 국가학을 천황에게 직접 가르치기도 했다. 물론 교재는 블룬칠리의 『국법범론』이었다.[72] 1877년, 가토는 도쿄대학의 전신인 도쿄카이세이학교東京開成學校 총장을 맡았다. 오늘날 그는 도쿄대학의 초대 총장으로 여겨진다. 가토는 오늘날 우리가 너무나 당연하게 사용하는 '민족', '국민' 같은 단어를 처음 구별하여 일본에 소개했다. 그는 독일어 'Nation'을 '민종民種'으로, 'Volk'를 '국민國民'으로 번역했다.**** '민종'은 이후 다른 일본 학자들에 의해 '족민族民' 혹은 '민족民族'으로 수정됐다.***** 가토는 블룬칠리의 국가론에

* 일본의 경우에는 『만국공법』 같은 중요 서적이 일본어로 번역되어 소개됐지만, 조선의 경우에는 한문 번역본만 있었다. 한자에 익숙한 사대부 이외에는 읽을 수 없었다는 이야기다. 당시 일본과 조선의 결정적 차이다(문소영 2013, p. 54 이하).

** 1868년과 1870년 두 번에 걸쳐 일본어로 번역된 헨리 휘턴의 『만국공법』은 1866년과 1870년 사이에 3편이 출간된 후쿠자와 유키치의 『서양사정』과 더불어 일본 막부 말기 최고의 베스트셀러였다. 그만큼 당시 일본인들은 서양 세계에 대한 호기심으로 가득 차 있었다. 당연히 중국과 조선에 비해 개항에 훨씬 적극적이었다(마루야마 & 가토 2000, p. 114 이하).

*** 가토 히로유키는 네덜란드어를 먼저 익혔다. 프로이센과 일본이 국교를 맺자, 네덜란드어와 독일어가 유사하다는 이유로 프로이센 기계 사용법 번역에 투입됐다. 일본의 독일학은 이렇게 시작됐다(다치바나 2008, p. 82).

**** '국민'이라는 단어는 후쿠자와 유키치의 『서양사정』에서 처음 나타났다. 그러나 학문적으로 '국민'과 '민족(민종)' 개념을 구별하여 처음 제시한 것은 가토 히로유키다(박양신 2008, p. 238 이하).

따라 천황제 중심의 근대 '국민국가'를 세우려고 했다.

도쿄대학의 초대 총장 가토 히로유키. 그는 메이지 천황의 개인 강사가 되어 독일 국가학 이론에 기초한 일본국을 세우려 했다. 당시 그에게 천황은 근대국가를 세우기 위한 수단에 불과했다. 그러나 군부와 우익 세력의 공격을 받자 그는 변절했다. 자기 생각이 망상이었다면서 과거 주장을 총체적으로 부정했다.

요한 블룬칠리는 국가를 하나의 '유기체'로 파악하는 사회진화론적 국가론을 대표하는 학자였다. 야마가타가 1889년에 만났던 빈대학의 로렌츠 폰 슈타인 교수는 블룬칠리의 '유기체 메타포Organismus-Metapher'73를 더욱 체계화하고 구체화한 인물이다. "국가의 육체는 영토"이며, "국가의 정신은 민족"이라는 슈타인의 주장이 '유기체 메타포'의 핵심 내용이다.

야마가타가 슈타인을 만나기 7년 전인 1882년 8월, 이토 히로부미는 오스트리아 빈으로 슈타인을 찾아가 메이지 헌법 제정에 관한 조언을 구했다. 당시에 이미 은퇴한 교수였던 슈타인은 이토 일행에게 몇 달에 걸쳐 권력분립의 기본 구조, 국가가 실행해야 하는 사회정책 등 근대국가에 관한 강의를 했다. 아울러 이토는 독일제국의 오토 폰 비스마르크 수상에게서 베를린대학의 루돌프 폰 그나이스트Rudolf von Gneist, 1816~1895 교수를 소개받아 독일제국 헌법을 자세히 공

***** 한국에서 독일어 'Nation'과 'Volk'는 맥락에 따라 '민족'과 '국민', 혹은 '국가'로 뒤섞여 번역된다. 오늘날에는 'Nation'은 '국민', 'Volk'는 '민족'으로 번역되는 양상이다. 이 두 개념의 혼란스러운 번역 과정은 한국에서의 '민족주의' 개념의 형성과 그 변화에 관해 연구돼야 할 부분이다. 특히 한반도 통일의 당위성과 관련해 매우 중요한 주제다.

부하고 일본으로 돌아갔다.74

러시아의 한반도 점령을 경고한 로렌츠 폰 슈타인

수년 전에 이토가 슈타인으로부터 메이지 헌법을 제정하기 위한 조언을 받았다면, 1889년에 야마가타 아리토모는 그에게서 자신이 생전 들어보지 못한 아주 희한한 지정학적 개념을 배우게 된다. 이른바 '권세강역'과 '이익강역'이다.75 독일어 'Machtsphäre'를 번역한 권세강역權勢疆域은 오늘날 표현으로는 '권력 영역'이다. 이익강역利益疆域은 'Interessensphäre'의 번역으로, '이익 영역'이다. 권세강역은 국가의 주권이 미치는 영토의 범위를 뜻하고, 이익강역은 국가의 권세강역을 지키기 위해 필요한 완충지대를 뜻한다. 한 국가의 이익과 직접적으로 관련된 인접 국가라고 할 수 있다.

당시에 야마가타는 슈타인을 만나자마자 러시아의 시베리아 횡단철도가 일본의 안보에 미칠 영향에 대해 물었다.* 당시 아시아에서는 러시아가 시베리아 횡단철도를 건설하여 남하 정책을 펼칠 것이라는 두려운 소문이 돌고 있었다. 실제로 시베리아 횡단철도는 2년 후인 1891년에 착공됐다. 그때까지 일본은 러시아가 먼바다를 통해서만 공격해올 것으로 생각했다. 그러나 시베리아 횡단철도가 블라디보스토크까지 연결되고 러시아 함대가 그곳에 배치된다면 일본에 대한 러시아의 위협은 아주 직접적이고 치명적일 것이라고 야마가타는 생각했다.

* 일본인들 사이의 러시아에 대한 공포는 뿌리 깊은 것이었다. 19세기, 일본인들은 서구의 어떤 나라보다도 러시아의 침략 가능성이 높다고 생각했다. 에도막부 말기의 유학자 아이자와 야스시會澤安, 1782~1863는 러시아의 일본 침략 가능성에 대해 아주 구체적으로 경고했다(아이자와 2016, p. 126 이하).

슈타인은 러시아의 시베리아 횡단철도가 일본에 실제로 그렇게 큰 위협이 될 수 없다고 야마가타를 안심시켰다. 선로가 하나뿐인 시베리아 횡단 열차로 수송할 수 있는 병력이 일본을 위협할 만큼의 인원이 되기는 어렵다는 것이다. 게다가 블라디보스토크 항구는 얼어 있는 시간이 길어서 일본이 대비할 시간은 얼마든 있다고 설명했다. 슈타인은 일본에 대한 러시아의 위협은 다른 방식으로 올 것이라고 예언했다. 시베리아 횡단철도가 일본열도에 직접 미칠 영향은 그리 크지 않으나, 러시아가 이 철도를 이용해 조선을 침략한다면 일본의 상황은 아주 심각해진다고 주장했다. 러시아가 한반도로 내려와 동해안 항구를 점령하여 해군기지를 설치하면 가장 먼저 공격 대상이 되는 나라는 일본이라는 것이다. 슈타인은 동해안 원산 앞바다의 '영흥만'이라는 장소까지 콕 집어서 야마가타에게 겁을 주었다.

오스트리아 빈대학 교수였던 슈타인은 국가 유기체론을 주장했다. "국가의 육체는 영토"이며, "국가의 정신은 민족"이라는 것이다. 이토 히로부미는 슈타인에게 메이지 헌법의 기초를, 야마가타 아리토모는 '권세강역'과 '이익강역'이라는 개념을 경쟁적으로 배웠다. 권세강역과 이익강역이라는 지정학적 개념은 이후 일본의 한반도 침략을 정당화하는 이데올로기가 된다.

러시아의 한반도 점령은 일본의 이익강역이 불안해지는 것을 뜻한다. 이익강역이 불안해지면 바로 일본의 권세강역도 불안해진다. 슈타인은 야마가타에게 일본의 권세강역, 즉 일본의 영토를 지키기 위해서는 일본의 이익강역을 안전하게 확보할 필요가 있다는 조언을 한다. 슈타인이 지적한

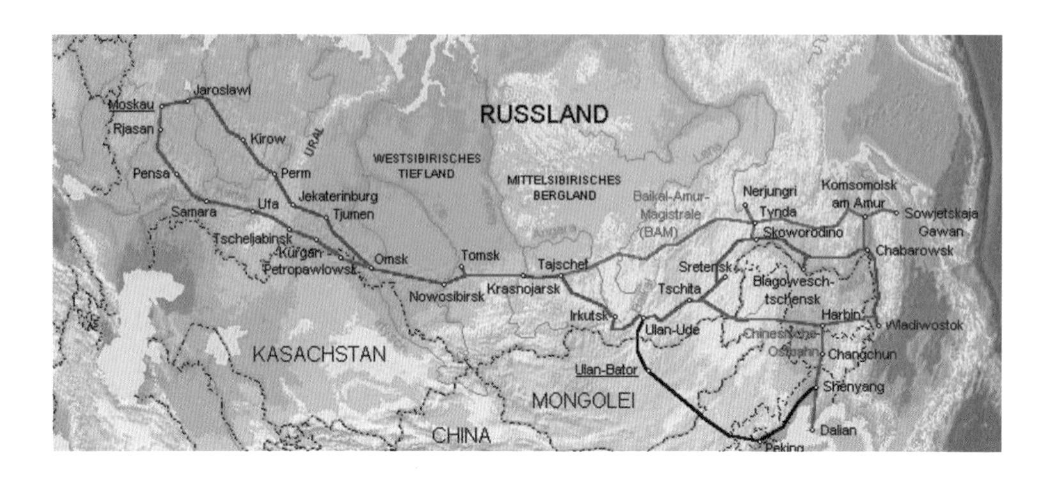

시베리아 횡단 열차. 분홍색 선은 1891년 당시에 러시아가 계획했던 원래 노선이고, 빨간색 선은 오늘날 실제로 운영되고 있는 노선이다. 슈타인은 야마가타 아리토모에게 러시아의 시베리아 횡단 열차가 한반도의 동해안 항구까지 연결되면 일본에 치명적인 위협이 될 것이라고 경고했다.

일본의 가장 중요한 이익강역은 바로 조선이었다. 슈타인은 일본이 이익강역을 지키기 위해 조선을 직접 점령할 필요는 없다고 이야기한다. 러시아나 청나라와 불필요하게 부딪친다는 것이다. 대신 조선을 중립국으로 만들기 위해 영국, 독일, 프랑스 등 당시 강대국들의 승인만 받으면 된다는 외교적 전략까지 제시했다.[76]

Unit 74.

정한론과 베스트팔렌평화조약

조선국은 자주 국가

조선을 침략하겠다는 '정한론征韓論'은 일본의 메이지유신 이후에 사무라이들의 불만을 외부로 돌리기 위한 술책이었다. 그러나 어찌 보면 정한론의 빌미는 당시 조선 정부가 제공했다고도 할 수 있다. 1868년, 일본은 메이지유신을 통해 막부 체제가 종식되어 왕정복고王政復古가 되었음을 조선 정부에 알리고, 양국의 외교 관계를 정식으로 논의하고자 사신을 보내려고 했다. 그러나 당시 조선은 일본을 정식 국가로 인정하지 않았다. 아울러 외교적 격식을 갖추지 않았다는 이유로 사신의 접견조차 거부했다. 일본이 보낸 외교문서에 청나라만이 사용할 수 있는 '황皇'이나 황제의 명령을 뜻하는 '칙勅' 같은 표현을 사용했다는 이유에서였다.[77] 외교적 접근이 차단된 일본 정부는 조선에 대한 무력행사를 논의하기 시작했다. 정한론의 시작이다. 이 같은 정한론을 구체적으로 제안한 자는 사이고 다카모리였다.

메이지 정부 인사들이 격론 끝에 정한론은 아직 시기상조라는 결론에 이르자, 사이고는 메이지 정부에서 물러나 낙향했다. 사이고 다카모리의 설부른 군사적 정한론에는 반대했지만, 조선을 어떻게든 청나라 영향권에서 떼어내야 한다는 생각은 당시 대부분의 일본 정치가들이 공유하고 있었다. 1877년, 고향에 머물던 사이고는 세이난 전쟁을 일으켰지만, 정부군에 의해 반란은 진압되고 그는 자결했다.

사이고 다카모리가 반란을 일으키기 1년 전인 1876년, 운요호사건을 빌미로 조선과 일본 사이의 첫 국제법 조약인 강화도조약이 맺어졌다. 정식 명칭이 '조일수호조규朝日修好條規'인 강화도조약의 첫 번째 조항은 "조선국은 자주 국가로서 일본국과 동등한 권리를 보유한다"라는 선언으로 시작한다.*78 조선이 '자주국'이라는 선언은 언뜻 보면 아주 당연한 전제처럼 보인다. 왜 일본은 이렇게 당연한 내용을 양 국가가 처음으로 맺는 조약에 명시하려고 했을까? 당시 조선의 외교적 권한이 청나라에 종속되어 있었기 때문이다. 흥미롭게도 강화도조약은 청나라 이홍장이 고종에게 적극적으로 조언하여 이뤄졌다. 조선이 일본의 속국으로 전락할 것을 걱정한 이홍장은 다른 서양 열강과도 근대적 조약을 맺으라고 권했다.

일본이 조선과 맺은 첫 조약에 '조선국이 자주 국가'라고 선언한 것은 조선이 청나라 영향권에서 벗어나야만 자신들의 마음대로 조선을 요리할 수 있기 때문이었다.** 이후, 조선이 타국과 맺는 국제조약에는 매번 조선이 '자주 국가'임이 선언된다. 그러나 조선이 외국과 처음 맺은 근대적 국제조약인 강화도조약은 불평등조약이었다. 일본의 '영사재판권' 같은 '치외법권'을 인정했기 때문이다. 일본의 치외법권을 인정한다는 것은 조선을 자주 국가로 인정하는 것과 서로 모순된다. 자주 국가란 법제가 제대로 정비되어 자국민의 생명, 재산, 자유를 보장하는 문명국가임을 뜻한다. 그러나 치외법권을 요구한다는 것은 조선의 법과 제도가 미개하고 불완전하므로

* 이는 로렌츠 폰 슈타인이 야마가타 아리토모에게 가르쳐준 전략이기도 했다.

** 당시 일본은 조선을 비롯한 아시아 국가들과 맺은 조약의 근거로 앞서 언급한 헨리 휘턴의 『만국공법』을 언급한다. 당시에는 '국제법'이라는 단어보다는 '만국공법'이 더 널리 쓰였다. 만국공법이란 당시 동아시아를 지배하던 청나라 중심 '중화 질서'의 해체를 뜻하는 것이었다. 즉 청나라는 '세계의 중심'이 아니라 '만국의 하나'로 여겨야 한다는 것이다(김현주 2019, p. 121 이하).

일본의 법과 제도에 따라 일본인들의 자유로운 활동을 보장받겠다는 뜻이다. 조선은 '문명국가'가 아니라는 이야기다.

불평등조약의 대표적 사례가 되는 치외법권은 일본이 미국과 체결한 1854년의 '미일화친조약'과 그 연장선에서 이뤄진 1858년의 '미일수호통상조약'에서 처음 다뤄졌다. 당시 일본은 영사재판권에 대한 미국의 요구를 큰 저항 없이 받아들였다. 강화도조약 당시의 조선처럼 무지했기 때문이다. 치외법권과 더불어 관세를 해당 국가가 자유롭게 정할 수 있는 '관세자주권의 부정', 그리고 조약을 맺은 나라 이외의 다른 나라와의 조약에 새로운 조항이 추가됐을 때 해당 조약국도 그 나라와 동등한 권리를 획득할 수 있다는 '최혜국 대우'가 당시 일본이 서구 열강과 맺은 불평등조약의 내용이었다. 일본은 이처럼 얼떨결에 맺은 불평등조약을 수정하고 진정한 주권국가로 인정받는 데 꽤 오랜 시간이 걸렸다. 그사이에 조선을 상대로 자신들이 당했던 불평등조약을 그대로 체결하면서 약육강식의 국제법 실상을 구체적으

1876년 조일수호조규 장면. 서양식 제복을 입은 일본 대표들과 전통 의상을 입은 조선 대표들의 모습이 대비된다. 일명 '강화도조약'의 첫 번째 항목은 '조선국이 자주 국가'임을 선언하는 것이었다. 그래야 청나라의 간섭 없이 일본 마음대로 조선을 요리할 수 있었기 때문이다.

로 실천했다. 이처럼 무지막지한 약육강식의 국제법은 도대체 언제부터 '법'이 된 것일까?

국가 주권과 통치권 개념의 확립

역사가들은 1648년의 '베스트팔렌평화조약'을 국제법의 기원으로 여긴다. 이때부터 주권국가, 영토 국가 같은 단어들이 사용됐고, 국가와 국가 사이의 권리와 의무에 관한 중요 규칙들이 만들어졌기 때문이다.* 베스트팔렌평화조약은 독일 지역을 무대로 프로테스탄트 국가들과 가톨릭 국가들 사이에 벌어진 유럽 최대의 종교전쟁인 '30년 전쟁(1618~1648)'을 끝내며 맺어졌다. 보헤미아 프로테스탄트 신도들의 반란으로 야기된 30년 전쟁은 종교전쟁으로 시작했지만, 시간이 흐르면서 유럽 국가들 사이의 영토 전쟁으로 변질됐다. 유럽 인구의 1/3이 사망한, 이 무모한 전쟁을 끝내기 위해 가톨릭 국가의 대표들은 뮌스터에, 프로테스탄트 국가의 대표들은 오스나브뤼크에 각각 모여 협상을 시작했다. 뮌스터와 오스나브뤼크가 독일 북서부의 베스트팔렌 지역에 속한 도시들인 까닭에 베스트팔렌평화조약이라 불린다.

베스트팔렌평화조약은 승전국과 패전국 사이에 맺어진 조약이 아니었다. 전쟁에 뛰어든 유럽의 거의 모든 왕국과 제후국이 참여해 지루한 협상 끝에 맺은 조약이다. 그 협상의 결과로, 신성로마제국은 붕괴됐고 독일 지역은 수많은 제후국으로 분열됐다. 독일의 근대국가 확립이 늦어진 이유

* 모든 국가는 '주권'을 가지며, 각 주권국가 간의 관계를 '국제관계'라고 규정하는 국제법의 시작을 베스트팔렌평화조약으로 잡는 기존의 역사학적 견해를 '베스트팔렌 신화the myth of Westphalia'로 비판하는 견해도 있다(구선영 2019, p. 7 이하).

1648년 베스트팔렌평화조약. 독일 지역을 무대로 프로테스탄트 국가들과 가톨릭 국가들 사이에 벌어진 30년 전쟁은 베스트팔렌 지역의 뮌스터와 오스나브뤼크에서 이뤄진 평화 협상으로 종식됐다. 이때부터 국가들끼리 서로 내정간섭을 하지 않는다는 '영토 국가', '주권국가' 개념이 생겨났다. 국가 위의 권력이었던 '교황' 같은 상위 권력이 더 이상 존재하지 않게 되었기 때문에 국가 간의 '외교' 룰이 중요해진 것이다.

는 바로 이 베스트팔렌평화조약 때문이다. 독일과는 달리, 스위스와 네덜란드는 독립했고 프랑스는 알자스-로렌 지역을 얻었다. 이후 프랑스는 절대왕정-중앙집권 국가로 발전하며 유럽의 새로운 강자로 부상했다.** 종교적 관점에서 본다면 베스트팔렌평화조약으로 인해 가톨릭 중심의 중세 질서가 붕괴되고, 마르틴 루터Martin Luther, 1483~1546의 종교개혁이 완결됐다고도 말할

** 30년 전쟁의 최대 수혜국이 된 프랑스는 가톨릭 국가였으나 프로테스탄트 진영에서 싸웠다. 30년 전쟁이 본질상 종교전쟁이 아니었다는 이야기다.

수 있다.

오늘날 관점에서 베스트팔렌평화조약은 근대국가 체제의 토대가 마련된 계기로 평가받는다. 우선 국가의 '주권'과 '통치권' 개념이 이 조약을 통해 확립됐다. 한 국가 안에서 일어난 일에 대해서는 해당 국가에 결정권이 있으며 다른 국가나 교회의 개입은 가능하지 않다는 '내정불간섭의 원칙'이 성립된 것이다. 각 국가에는 자기 국경 내에서 '법률 선포와 해석의 권한', '전쟁 수행의 권한', '병사 징집의 권한' 등이 주어졌다. 더불어 '다른 국가들과 자유롭게 동맹을 맺을 권한'도 주어졌다. 각 국가가 신성로마제국 황제의 통제권에서 벗어나 자유롭게 국가 간의 평등한 외교 관계를 자주적으로 맺을 수 있게 된 것이다. 주권국가 위로는 어떠한 상위 권력도 존재하지 않는다. 따라서 국가들 사이의 외교 관계가 이때부터 세계 질서의 균형을 유지하기 위해 매우 중요한 역할을 하게 된다. '국제법'은 바로 이 같은 주권국가 간의 관계를 조절하기 위해 고안해낸 방법인 것이다.[79]

베스트팔렌평화조약을 통해 근대국가 체제는 확립됐지만, 국제법과 관련해서는 또 다른 심각한 문제가 생겨났다. 주체가 명확한 국내법과는 달리, 국가들 사이의 협상 결과로 맺어진 국제법은 처음부터 그 해당 범위가 불명확했기 때문이다. 도대체 국제법의 적용 범위를 어디까지 할 것인가가 애매했다는 것이다. 국제법상 주권국가로 인정할 수 있는 나라들은 서구 기독교 문명을 기반으로 한다는 아주 자의적이고 암묵적인 합의가 이때부터 주어진다.* 비서구권, 비기독교 국가들을 '주인 없는 땅', '미개한 지역'으로 여겨, 그곳을 먼저 차지하는 국가가 '임자'가 되는 황당한 제국주의, 식민지

* 국제법의 공식적인 적용 대상이 되려면 '문명국 표준'이라는 기준을 채워야 한다. 그 표준이란 기독교 문명국으로서의 규범이나 생활양식을 기본으로 한다. 어차피 베스트팔렌평화조약이란 기독교 국가들, 즉 프로테스탄트 국가들과 가톨릭 국가들 사이의 약속이었다. 아울러 유럽법에 준거한 법전과 사법제도를 갖춰야 한다(야마무로 2010, p. 25 이하).

주의가 국제법으로 정당화된 것이다.

역사 발전이 단선론적으로 진행되고, 역사 발전의 가장 상위에 있는 국가들은 아래쪽 국가들, 즉 미개한 국가들을 일깨우고 이끌어야 한다는 계몽주의적 정당화가 있었기에 타국의 식민지화는 어떠한 거리낌도 없이 진행됐다. '식민지화는 해도 된다. 오히려 식민지화하는 것이 미개한 지역의 사람들에게는 더 좋은 일이다'라는 생각이다. 한반도에 대한 일본의 이른바 '식민지 근대화론' 배후에도 이 같은 서구 제국주의 논리가 깔려 있다.

'미개한 지역'에서는 해당 지역에서 작동하는 고유의 규칙과 규범을 무시하고, 서구인들의 안전을 지키기 위한 치외법권을 요구했다. 이들 미개한 나라는 문명국이 아니기에 관세자주권도 인정받을 수 없었고, 서구 국가 중 어떤 나라라도 먼저 해당 지역과 관계를 맺으면 그 이외의 나라들도 동일한 법적 권한을 요구하는, 최혜국 대우라는 불평등조약의 국제법상 정당화가 이때부터 가능해진 것이다.

얼떨결에 서구 열강들과 불평등조약을 맺은 일본은 이를 만회하기 위해 처절하게 노력했다. 일단 '서구 문명국'의 기준을 맞추기 위해 서구식 법과 제도를 만들기 시작했다. 이토 히로부미와 야마가타 아리토모가 오스트리아 빈대학의 국가학 교수인 로렌츠 폰 슈타인을 만나러 간 것도 바로 이 때문이다. 군대도 프로이센을 흉내 내며 체계적으로 만들었다. 그뿐만 아니다. 서구인들의 일상 문화를 그대로 받아들여야 문명화된다고 생각했다.

당시 일본인들에게 '문명화'는 곧 '서구화'였다. 이와쿠라 사절단(1871~1873) 같은 대규모 시찰단이 수시로 파견되어 서구 문화를 자세히 기록해 돌아왔다. 일본인들은 사절단이 보고한 내용대로 서구를 흉내 내기 시작했다. 예를 들어 메이지 정부가 1883년 도쿄에 2층 규모로 건축한 '로쿠메이칸鹿鳴館'에서는 서양인들의 파티 문화를 흉내 낸 무도회가 매일 밤 개최됐다. 서양 댄스를 출 줄 아는 사람이 많아야 문명국이 된다고 생각했던 것

이다.[80]

이토록 사소한 부분까지 서구의 '문명 표준'에 맞추기 위한 일본의 눈물겨운 노력은 결국 성공을 거뒀다. 서구 열강과 맺은 영사재판권은 1894년 이후에 폐지됐고, 관세자주권은 1911년 이후에 회복됐다. 그러나 서구의 국제법 울타리에 들어가려는 일본의 노력이 이 같은 성과를 볼 수 있었던 가장 결정적 계기는 청일전쟁과 러일전쟁에서의 승리였다.

로쿠메이칸에서 열린 서양식 파티. 일본은 서구 문명을 그대로 흉내 내야 '국제법'상 인정받는 주권국가가 된다고 생각했다. 도쿄에 '로쿠메이칸'이라는 건물을 만들어 밤마다 무도회를 열었다. 서양인들은 비웃었지만, 일본인들은 심각했다. 서양 댄스를 출 줄 알아야 문명국이 된다고 생각했기 때문이다.

Unit 75.

히로시마의 대본영

오쓰 사건

빈에서 돌아온 야마가타 아리토모는 1890년 3월에 『외교정략론外交政略論』을 발간했다. 이 책에서 그는 '주권선', '이익선'이라는 희한한 용어를 소개한다. 빈대학의 로렌츠 폰 슈타인 교수에게서 배운 '권세강역'과 '이익강역'을 일본인들이 이해하기 쉽게 번역한 것이다. 권세강역은 주권선으로 바뀌었고, 이익강역은 이익선으로 바뀌었다. 야마가타는 주권선을 지키는 것이란 타국의 침략을 용인하지 않는 것이며, 일본의 지리적 우위를 잃지 않기 위해서는 이익선을 우선 방어해야 한다고 주장했다.[81]

같은 해 12월에 총리대신이 된 야마가타는 새로운 제국 헌법에 따라 처음 열린 제국의회에서 시정연설을 했다. 야마가타의 연설은 15분에 불과했다. 그러나 그의 연설은 1945년에 일본 군국주의가 망할 때까지 일본의 모든 정치, 군사의 기본 노선이 된다. 야마가타의 연설 내용은 간단했다. 일본의 국경인 주권선만큼이나 이익선도 중요하다는 것이다. 이익선이 무너지면 주권선에도 큰 위협이 생기기 때문이다. 야마가타는 조선이 일본의 이익선이라는 것을 공식적으로 아주 분명하게 언급했다. 그는 『외교정략론』에서 다음과 같이 쓰고 있다.

> 우리나라 이익선의 초점은 실로 조선에 있다. 시베리아철도는 이미 중앙아시아로 나아가 앞으로 수년 안에 준공될 것이고, 러시아의 수도를 출발하여 십수 일이 지나면 헤이룽강黑龍江 물을 말에게 먹일 수 있다. 우리들은 시베리아철도가 완성되는 날이 곧 조선에 많은 일이 일어나는 때가 될 것임을 잊어서는 안 될 것이다. 또한 조선에 많은 일이 일어나는 때는 곧 동양에 일대 변동이 발생하는 때가 될 것임을 잊어서는 안 될 것이다. 그러나 조선의 독립은 이를 유지할 수 있는 그 어떠한 보장이 있는가. 이를 어찌 우리 이익선에 대한 무엇보다 위극危極한 자충刺衝으로 느끼지 않을 수 있을 것인가.82

야마가타는 '일본의 이익선인 조선을 위협하는 것은 시베리아 횡단철도'라는 슈타인의 훈수를 이런 방식으로 일본 정치가들에게 전달했다. 미국, 영국, 프랑스, 독일에 이어서 동아시아에 뻗쳐올 러시아의 위협을 강조하며 의원들에게 군비 확장 예산의 비준을 설득하려 했다. 세계 최강의 육군을 가진 러시아가 해군이 주력인 영국의 제지가 불가능한 시베리아를 거쳐서 중국이나 조선에까지 직접 군사작전을 펼친다면 일본의 위기는 눈앞의 현실이 된다는 것이다.

실제로 러시아의 시베리아 횡단 열차가 가지는 군사적 의미는 아주 특별했다. 당시에 바다는 영국이 지배하고 있었다. 대서양, 지중해, 인도양의 모든 해로가 영국의 수중에 있었기에 유럽 국가들은 자국의 아시아 정책에 대해 영국의 허가(?)를 받을 수밖에 없었다. 러시아만이 예외였다. 러시아는 육로를 통해 아시아에 진출할 수 있었기 때문이다. 1885년, 영국 해군은 조선의 거문도를 점령하여 러시아의 태평양 진출에 강하게 저항할 것임을 예고하기도 했다. 일명 '거문도 사건'이다.* 그러나 시베리아 횡단 열차가 놓이면 전혀 다른 상황이 전개된다. 시베리아 횡단철도는 영국의 '팍스

브리태니카Pax Britannica'의 근간까지도 흔들 수 있는 것이었다. 철도로 이동하는 러시아 육군은 동아시아의 중국, 일본, 조선뿐만 아니라 영국의 통치 아래에 있던 인도, 파키스탄에까지 영향력을 확대할 수 있었다. 이 같은 러시아의 세력 확대는 영국보다는 일본에 더 큰 위협이었다.

'오쓰 사건'을 묘사한 삽화. 남하하는 러시아에 대한 일본의 불안은 시베리아 횡단철도의 건설로 더욱 커졌다. 급기야 러시아의 니콜라이 황태자가 시베리아 횡단철도 기공식에 참가하기 직전 일본을 방문했을 때 일본인 순사가 그를 습격하는 일까지 일어났다.

야마가타가 설명하는 시베리아 횡단 열차의 위협에 일본인들은 두려워졌다. 이후 러일전쟁이 발발할 때까지 러시아에 대한 공포는 극대화되어 '공로병恐露病'이라는 단어가 생길 정도였다. 야마가타의 의회 연설이 있고 불과 몇 달이 지나지 않아 러시아 시베리아 횡단 열차에 대한 일본인들의 공포를 단적으로 보여주는 사건이 일어났다. 이른바 '오쓰 사건'이다.

훗날 러시아의 마지막 황제 니콜라이 2세가 되는 러시아 황태자 니콜라이 알렉산드로비치 로마노프Nikolai Alexadrovich Romanov, 1868~1918, 재위 기간 1894~1917는 1891년 5월 31일 블라디보스토크에서 열릴 시베리아 횡단철도 기공식에 참석하기 전에 일본을 방문했다. 5월 11일, 교토 인근 시가현의 현

* 거문도 사건은 아프가니스탄과 한반도를 둘러싼 영국과 러시아의 식민지 쟁탈 과정에서 일어난 사건이었다. 당시 영·러 대결 구도에서 아프가니스탄과 한반도는 대등한 전략적 가치를 가졌다. 중앙아시아에서 러시아의 남하를 막고 식민지 인도를 지켜내기 위한 영국의 전략적 요충지가 아프가니스탄이었고, 한반도는 러시아가 대양으로 나아가기 위한 거점이었다. 영국은 아프가니스탄에서 러시아와의 협상을 유리하게 이끌기 위해 거문도를 점령했다. 아울러 영국은 발칸반도에서의 외교 문제도 거문도 점령을 연계하여 협상했다(최덕규 2016, p. 57 이하).

청 소재지인 오쓰를 산책하던 니콜라이 황태자를 보기 위해 수많은 인파가 몰려들었다. 그때 오쓰의 경비 순사였던 쓰다 산조津田三藏, 1855~1891가 니콜라이 황태자를 습격했다.

시골의 일개 순사가 러시아 황태자의 머리를 일본도로 내려친 것이다. 칼날은 빗나가 황태자의 머리를 살짝 스쳤다. 쓰다는 니콜라이 황태자의 일본 방문이 일본 침공을 위한 사전 시찰이라는 당시의 소문을 듣고 암살을 시도했다고 자백했다. 일본은 온 나라가 뒤집혔다. 지난 수십 년간 서구 열강들로부터 호되게 당했던 일본인들에게 러시아의 보복에 대한 공포는 실제로 엄청났다. 계엄령이 선포됐고, 겁먹은 일본 국민은 니콜라이 황태자에게 집단으로 사과 전보를 보냈다. 사건 이틀 뒤에는 메이지 천황이 직접 교토를 방문해 사죄했다. 러시아와의 외교 관계가 악화될 것을 걱정한 어느 일본인이 교토부청 앞에서 자살하는 일도 벌어졌다.[83]

문명적 일본과 야만적 청나라 사이의 전쟁

러시아에 대해서는 그토록 두려움에 떨었던 일본이 아시아의 오래된 맹주인 청나라에 대해서는 사뭇 다른 태도를 보였다. 특히 한반도의 패권 다툼에서 일본은 절대 청나라에 밀리지 않으려 했다. 가장 먼저 문호를 개방한 일본으로서는 서양 열강들이 극히 두려웠지만, 동양에서는 해볼 만하다는 생각이었다.

1894년, 동학농민운동이 발발하자 겁먹은 조선 정부는 청나라에 긴급 지원을 요청했다. 그 요청에 응한 청나라가 그해 6월 한반도에 파병하자 일본도 톈진조약을 근거로 조선에 군대를 급파했다. 동학농민운동이 잠잠해진 이후에도 일본은 군대를 철수하지 않았고, 오히려 청나라 군대를 습격하기도 했다. 이후, 평양과 산둥반도 일대에서 일본과 청나라 사이에 본격적인 전쟁이 벌어졌다. '청일전쟁'이다. 전쟁 초기, 일본은 청나라와 조선을 적국으로 전쟁한다고 선언했다가 나중에 조선을 적국에서 슬그머니 빼낸다. 그러고는 야만국 청나라로부터 '조선을 해방하기 위한 전쟁'이라는 선전과 더불어 '동양 전국全局의 평화를 위한 전쟁'이라는 명분을 만들어냈다. 당시 일본인들은 청일전쟁을, 서양을 대신한 '문명'으로서의 일본과 동양의 '야만'을 대표하는 청나라 사이의 전쟁으로 이해했다.*

지정학적으로 본다면 청일전쟁은 해양 세력 영국과 대륙 세력 러시아의 대리전이었다고 봐야 한다. 영국은 러시아의 남하를 두려워했다. 바다는 자신들이 지킬 수 있었지만, 육지를 통해 남하하는 러시아와 대결할 수는 없는 일이었다. 대안은 일본이었다. 일본이 육지에서 러시아의 남하를 막도록 하는 것이었다.

1894년, 영국은 일본과 '영일통상항해조약'을 체결했다. 이 조약을 통해 영국은 일본에 치외법권을 폐지하고 관세자주권을 부분적으로 인정하는 선물을 주는 대신, 러시아의 남진을 저지하는 역할을 맡겼다.84 반면 청나라는 급속히 성장하는 일본의 북상을 저지해야 한다는 점에서 러시아와 같은 입장이었다. 해양 세력인 영국과 일본이 한쪽에 있고, 대륙 세력인 러시아와 청나라가 반대편에 있는 형국이다. 그렇다고 일본이 일관되게 해양 세력을 대표했던 것은 아니다. 일본은 대륙 세력과 해양 세력을 오가며 자신들의 이익을 추구하려 했다.

* 청나라에 대한 공식적 선전포고가 있기 며칠 전, 일본의 《시사신보時事新報》는 「청일의 전쟁은 문명과 야만의 전쟁이다」라는 제목의 사설을 게재했다. "수많은 청군은 모두 무고한 인민으로 그들을 몰살하는 것은 가여운 일인 것 같다. 그러나 세계의 문명 진보를 위해서 그 방해물을 배제하고자 한다면 다소의 살풍경을 연출하는 일은 아무래도 피할 수 없는 기세라 하겠다." 세계 문명 발전을 위해 청나라 군대를 몰살하겠다는 가당치도 않은 일본의 전쟁 정당화 논리다(하라다 2013, p. 99).

일본이 생각한 청일전쟁. 일본인들은 청일전쟁을 '문명적 일본'과 '야만적 청나라'의 전쟁으로 생각했다. 그리고 그 야만적 청나라로부터 조선을 해방해야 한다고 선전했다.

청일전쟁 당시, 일본군 역사상 매우 중요한 일이 결정된다. 최초로 '대본영大本營'이 히로시마에 설치된 것이다.85 최초의 대본영이 히로시마에 설치됐다는 사실은 아주 흥미롭다. 태평양전쟁 당시에 원자폭탄이 최초로 떨어진 곳이 바로 그곳이기 때문이다. 오늘날 일본은 히로시마를 원자폭탄의 희생 지역으로 '기념(?)'하고 있지만, 수십 년간 일본 침략주의의 사령탑이었던 대본영이 처음 설치된 곳임은 숨기고 있다.

일본 침략주의의 상징인 대본영은 청일전쟁을 필두로 일본이 전쟁을 일으킬 때마다 특별한 역할을 부여받아 태평양전쟁이 끝날 때까지 존속했다. 대본영은 오늘날 개념으로는 '합동참모본부'라고 할 수 있다. 천황 직속의 통수 기관인 대본영의 설치는 1893년 5월 19일 '전시 대본영 조례戰時大本營條例'로 법제화했다.86 청일전쟁이 일어나기 1년 전이다. 전시에는 대본영이 육해군을 지휘하는 총사령부가 되고 참모총장이 천황의 막료장이 되어 육해군을 총지휘하는 명령 체계가 수립된 것이다. 그러나 대본영에는 처음부터 치명적 문제가 내포되어 있었다. 대본영에 대한 정치가들의 개입이 철저하게 배제됐기 때문이다. 대본영에서 이미 결정된 일을 정부에 통고하는 형식의 '대본영 정부 연락 회의' 정도가 있었을 뿐이다.

청일전쟁 당시 히로시마에 설치된 대본영. 대본영은 오늘날의 '합동참모본부'라고 할 수 있다. 히로시마는 원자폭탄이 처음 떨어진 곳으로만 기억되고 있다. 일본의 '피해자 코스프레' 장소인 히로시마는 일본의 잔인한 침략주의가 시작된 곳이다.

무모한 전략으로 승리한 일본

정치가들의 배제와 더불어 일본 대본영이 가진 또 하나의 결정적 문제가 있었다. 육군 주도였다는 사실이다. 이른바 '육주해종陸主海從'이다.87 이미 설명했듯이 일본 해군은 영국 해군을 모델로 했고, 일본 육군은 프로이센, 즉 독일제국 군대를 모델로 했다. 해군력은 함대의 무장력에 따라 결정된다. 따라서 해전이 일어날 경우, 물량 차이를 객관적으로 계산하여 작전을 수립하는, 냉정하고 객관적인 태도를 일본 해군은 줄곧 취했다. 그러나 육군은 달랐다. 병참을 고려하지 않는 비합리적 전략으로 일관했다. 그러한 육군이 대본영을 장악하고 있었던 것이다. 육군 주도의 일본 군대가 갖고 있는 고질적 문제는 청일전쟁에서 이미 시작됐다. 청일전쟁과 러일전쟁 당시의 대본영은 육군의 최고 원로인 야마가타 아리토모의 손아귀에 있었다.

당시 일본 군대는 청나라 군대보다 훨씬 효율적인 무라타 소총으로 무장했다. 그러나 일본 육군 병사들은 소총, 탄약과 더불어 18kg이나 되는 배낭을 짊어지고 혹독한 더위에 한반도를 행군하여 중국까지 올라가야 했다. 압록강 인근에서 맞은 겨울은 혹독했다. 일본 병사들은 그런 추위를 한 번도 겪어보지 못했다. 병사자가 속출했다. 그런데도 당시 제1군 사령관으로 출전한 야마가타는 '절대 포로가 되지 말라'고 엄명했다.

전쟁터에서 먹을 것과 입을 것을 알아서 해결해야 했던 일본군은 더욱 잔인해졌다. 민간인 학살도 아주 쉽게 자행했다. 청일전쟁 당시, 뤼순에서 일본군이 일으킨 민간인 집단 학살 사건은 세계적 비난을 받았다. '정신력'이 물질적 제반 조건을 초월한다는 일본군 특유의 '무대뽀無鐵砲' 전략은 청일전쟁, 러일전쟁을 거치면서 더욱 공고해졌다. '만세 돌격万歲突擊', '옥쇄玉碎' 같은 일본군 특유의 개념은 일본 육군의 병참 전략 부재를 감추는 단어들이었다.*

청일전쟁에서 부상당하거나 사망한 일본군의 실상만 살펴봐도 일본 군대의 무모함은 바로 드러난다. 전쟁 후, 일본군 전사자와 중상자는 17,282명으로 보고됐다. 청일전쟁에 참여한 일본군 전체 병력의 1/10에 해당하는 엄청난 숫자다. 황당한 것은 전체 전사자와 중상자의 90% 이상이 동상이나 흑사병, 각기병, 이질, 콜레라같이 전투와는 무관한 질병 때문이었다는 사실이다.88

1894년 11월, 야마가타 제1군 사령관은 적극적 동계 작전을 지시했다. 그러나 추위와 일본 군대의 병참 실태를 고려할 때 야마가타의 작전은 누가 봐도 무리였다. 그러나 육군의 최고 원로인 야마가타를 저지할 사람은 없었다. 야마가타 휘하의 장군들은 당시 총리대신을 맡고 있던 이토 히로부미에게 긴급한 사정을 보고했다. 이토 총리는 천황에게 진언하고 천황이

* "전쟁으로 전쟁의 보급을 해결한다以戰養戰"라는 일본 군대의 야만적 행위는 일본의 번주蕃主들이 군대와 토비土匪를 한가지로 여기던 사고방식의 연장이라 할 수 있다(위톈런 2014, p. 38).

이를 받아들여 야마가타를 귀국시키는 사태가 벌어졌다. 야마가타와 이토는 총리대신을 서로 번갈아 맡으며 일본의 침략주의를 진두지휘했으나, 문관이었던 이토와 육군 지휘관이었던 야마가타의 구체적 방법론은 극적으로 차이가 났다. 안중근安重根, 1879~1910 의사가 이토를 처단한 후로는 야마가타 주도의 '육주해종'이 더욱 강화됐고, 수십 년 후 일본 군국주의는 비극적 결말을 맞게 된다. 오늘날 일본에서는 이토가 그렇게 갑자기 죽지 않았더라면 야마가타의 폭주를 멈출 수 있었을 거라면서 안중근 의사에 대한 이상한 섭섭함(?)을 토로하는 이들이 가끔 있다.

어쨌든 1895년 4월, 청일전쟁은 일본의 일방적 승리로 끝났다. 짧은 시간 동안 성공적 산업화를 이뤄낸 일본을 봉건적 구태가 여전했던 청나라 군대가 당할 수는 없었다. 1895년 4월 17일, 일본과 청나라는 '시모노세키조약'을 체결했다. 청나라가 항복한 것이다. 시모노세키조약에서도 "조선국이 완전한 자주 독립국임을 인정한다"라는 내용이 첫 번째 조항에 포함된다. 이때 조선국을 독립국으로 인정하는 주체는 청나라다.** 강화도조약에서 조선과 일본이 함께 서명한 '조선은 자주국'이라는 내용을 청나라가 다시 공식적으로 확인하는 상황이 벌어진 것이다.

** 시모노세키조약의 제1조는 다음과 같다. "청국은 조선국이 완전무결한 독립 자주국임을 확인한다. 따라서 자주독립을 훼손하는 청국에 대한 조선국의 공헌貢獻·전례典禮 등은 장래에 완전히 폐지한다(http://contents.history.go.kr/mobile/hm/view.do?levelId=hm_119_0030)."

Unit 76.

삼국간섭

독일의 배신과 일본의 복수

청일전쟁에서 승리한 일본은 의기양양했다. 승전 전리품으로 조선에 대한 청나라의 영향력을 배제하고 단독으로 조선을 지배할 수 있는 권한을 얻었다. 그뿐만 아니라 청나라로부터 타이완과 랴오둥반도를 넘겨받고 2억 냥의 배상금도 받게 되었다. 2억 냥은 당시 일본 돈으로 3억 엔에 해당한다. 당시 일본의 한 해 예산이 1억 엔에 미치지 못한다는 것을 계산하면 엄청난 규모의 배상금이었다. 청일전쟁 결과, 일본은 자신들의 이익선을 북쪽으로는 조선을 지나 랴오둥반도까지, 남쪽으로는 타이완까지 넓혔다고 생각했다. 그러나 문제는 엉뚱한 곳에서 생겼다. 개화 초기부터 밀접한 관계를 가져왔고, 자신들의 편이라고 굳게 믿었던 독일이 느닷없이 배신한 것이다. 아울러 일본이 그토록 두려워하는 러시아가 프랑스와 같은 편이 되어 청일전쟁의 전리품인 랴오둥반도를 도로 빼앗아 간 것이다. 이른

삼국간섭으로 인해 일본은 청일전쟁의 승리로 얻은 랴오둥반도를 포기해야만 했다.

바 '삼국간섭'이다.

시모노세키조약이 체결된 지 겨우 5일이 지났을 때의 일이다. 독일과 프랑스, 그리고 러시아가 일본에 랴오둥반도 소유권을 포기하라고 요구했다. 일본이 랴오둥반도를 소유하는 것은 청나라 수도를 지속적으로 위협하고, 조선 독립을 방해하여 극동아시아의 평화를 파괴한다는 이유에서였다. 그러나 이 같은 표면적 요구의 배후에는 러시아와 독일의 특별한 이해관계가 있었다. 러시아는 일본이 시베리아 횡단철도를 의식해서 랴오둥반도를 점령했다고 생각했다. 앞으로 일본이 조선을 장악하고 만주까지 진출한다면 극동아시아에 대한 러시아의 지배권에 커다란 위협이 되리라고 여겼다.[89]

러시아는 일본이 랴오둥반도 반환 요구를 거절하면 러시아 함대를 앞세워 일본과 전쟁까지도 불사할 계획을 세웠다. 일본이 청나라를 이겼다지만, 청나라는 '아시아의 병자the Sickman of Asia'일 뿐이었다. 일본 정도는 간단히 제압할 수 있다고 러시아는 생각했다. 그러나 극동아시아를 지배하려면 중국을 야금야금 삼켜오던 유럽의 다른 국가들

실각하는 비스마르크. "늙은 수로안내인이 배를 떠나다"라는 제목으로 영국 잡지 《펀치Punch》에 실린 시사만평. 빌헬름 2세는 비스마르크를 쫓아내고 "우리도 해가 비치는 우리 자리를 요구할 뿐이다"라면서 적극적으로 식민지를 차지하려 했다.

을 의식해야 했다. 러시아는 먼저 독일에 협조를 요청했다.*

그 무렵, 일본과 좋은 관계를 유지하던 독일에서는 외교정책에 큰 변화가 일어나고 있었다. 절묘한 외교정책으로 유럽의 세력균형을 유지했던 오토 폰 비스마르크는 1888년에 즉위한 새로운 황제 빌헬름 2세와 대러시아 외교정책을 두고 갈등했다. 비스마르크는 1년이 조금 지난 1890년 3월에 실각했다.** 비스마르크의 실각 이후, 빌헬름 2세는 이른바 '세계정책Weltpolitik'을 주창하며 비스마르크의 '현실정책Realpolitik'과는 거리를 두려 했다.

해가 비치는 곳

1871년 프로이센 주도의 독일통일부터 제1차 세계대전 패배까지 독일제국은 '현실정책' 시기(1871~1890)와 '세계정책' 시기(1890~1918)로 나뉜다.[90] 빌헬름 2세는 중부 유럽의 강자로는 만족할 수 없었다. 영국이나 프랑스처럼 적극적으로 식민지를 얻고자 했다. 빌헬름 2세의 외교정책에 대해 당시 외무장관이었던 베른하르트 폰 뷜로Bernhard von Bülow, 1849~1929는 1897년 의회에서 다음과 같이 분명하게 선언했다.

한마디로 말해서 우리는 누구를 음지로 밀어 넣으려는 생각은 없다. 단

* 프랑스는 1894년에 러시아와 동맹을 맺고 시베리아 횡단철도를 건설하는 데 차관까지 제공한 상태였다. 러시아가 프랑스와 특별하게 상의할 필요는 없었다는 이야기다. 프랑스와 러시아의 동맹은 1907년에 영국까지 참여하면서 '삼국협상'으로 발전하게 된다.

** 8년 후, 오토 폰 비스마르크는 사망했다. 그러나 죽을 때까지 빌헬름 2세에 대해 섭섭함을 감추지 않았다. 비스마르크는 자기 묘비에 "황제 빌헬름 1세의 진정한 독일 충신Ein treuer deutscher Diener Kaiser Wilhelms I"이라 새겨달라고 했다. 빌헬름 1세의 손자인 빌헬름 2세와 자신은 아무 관계 없다는 이야기다. 독일의 철혈재상도 이렇게 뒤끝이 길었다(Röhl 2001, p. 965 이하).

지 우리도 해가 비치는 곳에 우리 자리를 요구할 뿐이다.91

"해가 비치는 곳Platz an der Sonne." 참으로 분명하게 뷜로는 독일제국의 욕심을 표현했다. 자신들도 영국처럼 지구 반대편에 식민지를 얻고, '해가 지지 않는 나라'가 되고 싶다는 것이었다.

청일전쟁에서 일본이 승리하자 독일은 갑자기 조급해졌다. 청일전쟁이 일어나기 전까지만 해도 독일은 조선과 청나라, 그리고 일본 사이에 일어나는 갈등 상황에 개입하기를 꺼렸다. 전쟁으로 치닫는 청나라와 일본의 관계를 중재하기 위한 영국의 노력에 동참하기도 거부했다. 일본과는 우호적 관계를 계속 유지했다. 그러나 일본이 청일전쟁에서 승리하며 극동아시아의 질서가 근본적으로 흔들리자, 독일은 아시아에서 해군기지를 가져야 한다는 욕심을 부리기 시작했다. 독일이 소외된 채 영국, 러시아, 프랑스, 일본이 청나라 분할 경쟁을 하는 것을 우려한 것이다.

이때 빌헬름 2세는 느닷없이 '황화론'를 주장하며 러시아에 적극적인 극동 정책을 요구했다. 러시아와 프랑스는 독일 빌헬름 2세의 공격적인 '세계정책'에 대항하기 위해 1894년에 동맹을 맺었지만, 아시아의 청나라 분할에서마저 독일과 적이 될 까닭은 없었다. 일본을 제치고 적당히 협상하여 나눠 가지면 될 일이었다. 더구나 훗날 큰 위협이 될 '노란 나라' 일본과 중국을 미리 제압하자는 빌헬름 2세의 황화론은 상당히 설득력이 있었다.92

독일, 러시아, 프랑스는 공동으로 1895년 4월 23일 일본 외무성에 랴오둥반도를 포기할 것을 공식적으로 요청했다. 일본 정부는 당황했다. 러시아 한 나라만 상대하기도 버거운데 독일과 프랑스가 동시에 랴오둥반도의 반환을 요구한 것이다. 더구나 적어도 자신들에게만은 적대적이지 않으리라 생각했던 독일마저 배신했다. 영국에 외교적 지원을 요청했으나 돌아온 대답은 부정적이었다. 영국으로서는 일본 때문에 유럽에서 직접적 이해

관계가 걸린 나라들과 구태여 부딪칠 필요는 없었다.

결국 일본은 청나라로부터 3천만 냥을 돌려받는 조건으로 랴오둥반도를 포기하게 된다. 1897년, 독일인 선교사 피살 사건을 빌미로 독일은 청나라를 침략하여 산둥반도 이남의 자오저우만膠州灣을 차지했다. 칭다오가 있는 곳이다. 독일 맥주보다 더 독일스러운 칭다오 맥주는 이때 만들어졌다. 러시아는 일본이 반환한 랴오둥반도의 뤼순과 다롄을 청나라로부터 조차하여 철도를 부설하고 군항을 설치했다. 이렇게 러시아는 물론 독일도 극동아시아의 '부동항'을 차지하게 된 것이다.

독일의 배신에 일본이 복수하기까지는 그리 오랜 시간이 걸리지 않았다. 제1차 세계대전이 일어나자 일본은 뒤늦게 영국과의 군사동맹을 구실로 독일에 선전포고한 것이다. 전쟁이 끝나자 일본은 독일이 차지하고 있던 산둥반도를 바로 빼앗았다.

Unit 77.

대륙이 되고 싶었던 일본

일본이 그토록 열심히 철도를 깔아댄 이유

삼국간섭으로 인해 청일전쟁은 '재주는 곰이 넘고, 돈은 엉뚱한 주인이 버는' 형국이 되었다. 물론 '곰'은 일본이고, '엉뚱한 주인'은 러시아다. 아시아의 대국인 청나라와 죽어라 전쟁했지만, 일본은 청나라의 랴오둥반도를 입에 넣었다가 도로 뱉은 모양이 된 것이다. 1896년, 청나라는 일본의 랴오둥반도 침략을 앞장서서 막아준 대가로 동청철도東淸鐵道* 부설권을 러시아에 허락했다. 시베리아 횡단 열차의 만주 노선인 동청철도는 만주 북부의 '치타'에서 출발해 '하얼빈'을 거쳐 '블라디보스토크'까지 이어지는, 만주 지역을 관통하는 노선이다. 1901년에 완공된 동청철도는 일본이 러시아와의 전쟁을 결단하는 원인이 된다. 바이칼호 연안의 철도가 일부 미완성이었지만, 동청철도는 시베리아 횡단 열차의 완성을 뜻했다. 시베리아 횡단 열차가 완성되면 러시아의 공격에 대항할 수 있는 일본군의 작전 범위가 크게 좁아진다.

러시아는 청일전쟁의 결과를 매우 즐겼다. 1897년, 독일이 자오저우만을 차지하자 러시아도 청나라로부터 '뤼순'과 '다롄'을 25년간 조차했다.

* 하얼빈철도의 옛 이름이다. 현재 중국에서는 장춘철도長春鐵路라고 부른다.

러시아가 그토록 원하던 부동항을 확보한 것이다. 그뿐만 아니다. '하얼빈'에서 '뤼순'에 이르는 동청철도 지선(남만주철도)의 부설권도 확보했다. 하얼빈을 기점으로 동쪽과 남쪽으로 갈라지는 동청철도 노선은 한반도를 고깔모자처럼 덮고 있는 모양이다.93 한쪽은 압록강 끝과 연결되고 다른 한쪽은 두만강 끝과 연결된다. 조선 철도가 연결되면 한반도를 거쳐 일본까지 내려오는 것은 아주 간단한 일이 된다. 일본의 두려움이 전혀 근거 없는 게 아니었다.

몇 년 후, 역설적으로 러시아가 얻어낸 동청철도 지선은 일본 제국주의의 아주 효과적인 침략 수단이 되고 만다. 러일전쟁에서 승리한 일본은 동청철도 지선의 이름을 '남만주철도南滿洲鐵道'*로 바꾸어 만주를 침략하는 수단

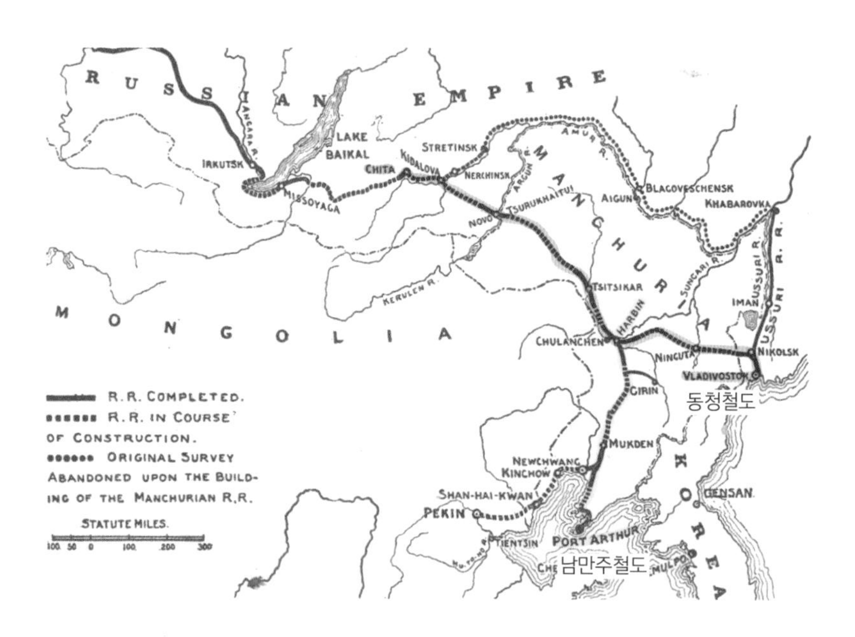

'동청철도'와 '남만주철도'. 청일전쟁 후, 러시아는 어부지리로 2개의 만주 철도 부설권을 얻는다. 드디어 시베리아 횡단 열차가 동쪽 끝의 바다에까지 닿게 된 것이다. 두 철도 노선은 한반도를 고깔모자처럼 싸고 있다. 지도 윗부분에서 '치타Chita'부터 '하얼빈Harbin'을 거쳐 '블라디보스토크Vladivostok'까지 연결되는 노선이 동청철도다. 남만주철도는 하얼빈에서 아래쪽으로 '포트 아서Port Arthur'까지 이어진다. '포트 아서'는 '뤼순'의 서양식 명칭이다.

으로 활용했다. 1906년에 창설된 일제 남만주철도주식회사의 초대 총재는 고토 신페이後藤新平, 1857~1929였다. 그가 작성했다고 알려진 「만주경영책경개滿洲經營策梗概, 1905」에 따르면 "전후 만주 경영의 유일한 비결은 겉으로 철도 경영의 가면을 쓰고, 속으로 각종 시책을 단행함에 있다"라고 되어 있다.94

의사 출신인 고토는 1890년 독일에 유학하여 위생학, 세균학 등을 공부하고 돌아와 청일전쟁에 참여한 병사들의 검역을 책임지기도 했다. 청일전쟁 후, 그는 일본이 차지한 타이완에서 철도 건설, 수력발전, 상하수도 정비 등의 정책을 성공적으로 수행한 능력을 인정받았다. 러일전쟁이 끝나자 식민지 경영 전문가로 발탁되어 '만철滿鐵', 즉 '남만주철도'의 경영을 책임졌다. 일본의 젊은 인재들은 새로운 성공의 기회를 찾아 만철로 몰려들었다. 이후 만철은 일제의 대륙 침략 정책을 수립하고 시행하는 일본 제국주의의 싱크 탱크 역할을 하게 된다.

고토 신페이. 러일전쟁 후 러시아로부터 빼앗은 남만주철도를 운영하기 위한 남만주철도주식회사의 초대 총재는 고토였다. 그는 일본이 '해양 세력'이 아니라 '대륙 세력'이 되어야 한다고 믿었다.

이토 히로부미가 1909년 하얼빈역에서 안중근 의사의 총에 맞는 사건에도 고토가 한몫했다. 타이완 총독부에서 일할 때 고토는 유럽의 지정학을 집중해서 공부했다. 그는 유럽과 아시아를 하나의 대륙으로 봐야 한다는 '유라시아' 개념에 크게 공감했다. 아시아에서는 일본이 대표로 나서서 독일이나 러시아 같은 유럽의 대륙 세력과 연합해야 당시에 새롭게 떠오르는 미국에 맞설 수 있다

* 하얼빈에서 뤼순 항으로 이어지는 남만주철도가 일본의 손아귀로 넘어가자, 시베리아 횡단 열차의 종착역은 블라디보스토크가 된다. 러시아는 시베리아 횡단철도를 1916년에 이르러서야 겨우 완공했다.

고 생각했다. 비록 청일전쟁, 러일전쟁을 거치면서 독일, 러시아와의 관계가 복잡해졌지만, 일본은 더는 해양 세력이 아니라 대륙 세력이 되어야 한다는 게 만철을 책임지던 고토의 생각이었다.[95]

남산의 안중근 의사 동상. 고토 신페이는 일본이 러시아와 손잡고 대륙 세력이 되어야 한다고 이토 히로부미를 설득했다. 러시아 재무대신을 만나러 하얼빈역에 도착한 이토는 안중근 의사에게 저격당한다.

섬나라이기에 영국과 더불어 해양 세력인 것이 당연한 줄 알았던 당시의 일본 정치가들에게 고토 신페이의 대륙정책은 무척이나 낯선 것이었다. 그러나 육군이 지배하는 제국주의 국가였던 일본에서 고토의 주장은 매우 혁명적인 인식의 전환이기도 했다. 고토는 러시아와 손잡고 대륙 세력이 되기 위한 교두보를 만들자고 이토 히로부미를 설득했다. 이에 설득당한 이토가 러시아 재무대신을 만나기 위해 하얼빈으로 향했던 것이다. 이토는 하얼빈 역에서 러시아 재무대신을 만나 불과 25분 대화한 후 안중근 의사의 총탄에 고꾸라졌다. 이토가 죽었지만, 대륙 세력이 되려는 섬나라 일본의 꿈은 계속됐다. 1910년 한일 병합韓日併合으로 유라시아 대륙과 드디어 연결된 것이다.

한일 병합으로 대륙과 연결된 일본

청일전쟁 이후 일본은 청나라로부터 전쟁배상금 3억 엔을 받고, 거기에 랴오둥반도를 돌려주는 대가로 받은 반환금까지 포함하면 총 3억 6천만 엔을 얻었다. 일본은 이 배상금 대부분을 육군과 해군의 군비 확장에 지출했다. 그뿐만 아니었다. 철도와 제철소를 건설하는 데 국가 예산을 공격적으로 투자했다. 일본 국내의 철도뿐만 아니라 타이완과 한반도의 철도 건설에도 적극적으로 나섰다. 10년 전 프로이센의 참모 제도를 일본 육군에 전수해준 클레멘스 야코프 메켈 소좌의 조언도 한몫했다. 독일 참모 제도의 핵심은 철도를 이용한 신속한 병력 이동에 있었다. 제국주의는 철도를 통한 신속한 군대 이동 없이는 성립 불가능하다. 제국주의는 언제나 철도 건설과 함께 이동했다.

코앞에 닥친 러시아의 위협에 대처하는 일본의 가장 중요한 전략은 무엇보다도 먼저 조선에 철도를 부설하는 것이었다.[96] 조선의 첫 번째 철도인 제물포와 노량진 사이의 경인선은 1899년 9월 18일에 개통됐다. 원래 경인선 부설권은 1896년 3월에 미국인 제임스 모스James R. Morse가 얻었다. 당시 고종은 러시아 공사관으로 피신한 상태였다. 이른바 '아관파천'이라 불리는 시기다. 철도의 중요성을 일찌감치 알고 있었던 일본은 몹시 당황했다. 조선의 철도 부설권을 얻기 위해 여러 통로로 조선 정부에 접근했으나 명성황후가 시해된 을미사변으로 인해 일본에 대한 고종과 조선 대신들의 감정은 좋을 리 없었다. 그러자 일본 정부는 모스에게 접근했다.

모스는 경인철도 부설권을 얻고 토목공사를 이미 시작했지만, 철도를 완성하기 위한 자금을 모집하는 데 큰 어려움을 겪고 있었다. 1897년 4월부터 시작된 줄다리기 끝에 모스는 1898년 12월에 170만 2,000엔에 경인철도 부설권을 일본에 넘겼다. 러시아로 인해 마음이 급했던 일본은 바로 그 이듬해에 경인선을 개통했다. 우리나라 최초의 열차는 노량진에서 인천 제물포까지 33.8km를 1시간 30분에 주파했다. 시속 20여km로 달린 것이다.[97]

일본은 집요했다. 한편으로는 모스에게서 경인철도 부설권을 가져오기 위한 협상을 진행하고, 다른 한편으로는 경부철도 부설권을 가져오기 위해 조선 정부를 압박했다. 결국 두 나라는 1898년 9월 '경부철도합동조약京釜鐵道合同條約'을 맺었고, 1901년 일본 도쿄에 '경부철도주식회사'가 설립됐다.98 일본의 대규모 민간 자본이 조선의 철도 설립에 참여한 것이다. 서울과 부산을 잇는 경부선은 1905년 1월 1일에 개통했다. 같은 해 9월 11일에는 일본 시모노세키와 부산을 잇는 관부연락선을 통해 일본 철도와 경부선이 연결됐다.

서울과 신의주를 잇는 경의선은 1906년 4월에 완공됐고, 1908년 4월 1일에는 부산에서 신의주까지 달리는 직통 급행열차인 융희호隆熙號가 처음 운행되기 시작했다. 동남쪽의 부산에서 서북쪽의 신의주까지 한반도를 관통하는 최단 거리의 종단 철도가 완성된 것이다.*

* 조선의 철도 건설은 철저하게 일본 제국주의의 군사적 목적을 위해 속성으로 건설됐다. 식민지 조선의 철도는 만주와 일본을 연결하여 유사시 일본 군대의 병력 및 물자 수송을 위한 것이었다. 조선인들의 경제적 필요성 때문이 아니었다(박천홍 2003, p. 86 이하).

1897년 3월 22일에 거행된 경인철도 기공식. 일본은 한반도 철도 건설에 목을 맸다. 만주 침략 도구로 쓰기 위해서다. '철도를 통한 신속한 병력 이동'에 관해 탁월한 노하우를 가진 독일 참모 제도를 일찌감치 학습했기 때문이다.

Unit 78.

제국주의와 철도

식민지에는 철도부터 깔았다!

우리나라의 첫 철도인 경부선과 경의선은 러시아의 시베리아 횡단 열차를 저지하고 만주 지배권을 확립하기 위한 일본의 군사적 목적으로 기획됐다. 그 의도는 열차의 '궤간軌間, track gauge'을 결정하는 과정에서 분명해진다. 궤간이란 선로의 간격을 의미한다. 궤간의 국제 기준은 1.435m다. 이를 '표준궤標準軌, standard gauge'라고 한다. 일본은 한반도를 관통하는 열차의 궤간을 표준궤로 했다.99

표준궤간이 1.435m가 된 이유는 철도가 영국에서 시작됐기 때문이다. 기차가 상용화되기 전, 영국에는 말이 끄는 마차를 위한 레일이 설치되어 있었다. 주로 광산에서 썼던 '트램로드tramroad', 즉 광차鑛車 궤도다. 말들이 더 많은 양의 석탄을 효과적으로 나르게 하기 위해서였다. 일반적으로 영국 마차는 말 두 마리가 끌었다. 말의 힘이 더 필요할 때는 말 네 마리를 2열로 연결해 끌게 했다. 트램로드의 선로 폭은 이 마차의 바퀴 폭과 동일했다. 말 두 마리의 엉덩이가 서로 부딪치지 않고 달릴 수 있는 최소한의 간격이 1.435m였다. 영국은 이 간격을 열차의 궤간으로 표준화한 것이다.100

표준궤간보다 더 넓은 경우는 '광궤廣軌, broad gauge', 더 좁은 경우는 '협궤狹軌, narrow gauge'라고 한다. 광궤를 까는 기술적 이유는 출력이 더 높은 열차를 사용할 수 있기 때문이다. 열차가 더 크고, 많은 물건을 나르는 데도 유리하다. 오늘날 광궤는 러시아, 스페인, 핀란드, 캐나다, 아일랜드, 인도 등에서 볼 수 있다. 나치 독일에서는 궤간의 폭이 3m에 달하고, 차량의 폭이 6m인 초대형 광궤 고속 열차 '브라이트슈푸어반Breitspurbahn'을 계획한 적도 있다.[101]

러시아 철도는 1.520m로 광궤다. 러시아가 광궤로 했던 이유는 광대한 국토를 이동하기 위해서 더 많은 석탄과 물을 사용해야 했기 때문이다. 하지만 러시아의 광궤는 군사적으로 더 효율적이었다. 표준궤를 사용하는 독일 기차가 러시아 지역으로 쉽게 이동할 수 없었기 때문이다. 독일 군대는 전통적으로 철도를 최대한 활용하는 전략을 택했다. 그러나 러시아 지역을 침략할 때마다 독일군은 병력 이동과 물자 수송에 큰 어려움을 겪었다.[102] 스페인도 군사적 이유로 광궤를 설치했다. 스페인은 프랑스를 두려워했다. 프랑스의 나폴레옹 1세에게 호되게 당했기 때문이다. 프랑스 철도와 같은 표준궤로 할 경우, 또다시 프랑스로부터 쉽게 침략당할 수 있을 것이라는 두려움 때문에 광궤를 설치했다.[103]

협궤는 표준궤보다 좁

나치 독일의 초대형 광궤 열차 '브라이트슈푸어반' 프로젝트. 궤간의 폭이 3m에 달하고 차량의 폭은 6m에 이르는 초대형 열차를 만들려던 나치 독일의 계획은 실현되지 않았다.

은 경우를 지칭한다. 폭은 아주 좁으면 0.6m 이하로 내려가기도 한다. 협궤의 설치 이유는 단순하다. 경제적이기 때문이다. 산악 지형에 주로 협궤를 설치한다. 건설비가 절약되고 빠르게 설치할 수 있다는 장점도 있다. 그러나 열차 속도에 제한이 있고, 안정성에도 문제가 있다. 서구 열강은 자신들의 식민지에 경제적 목적으로 철도를 설치한 경우 대부분 협궤를 택했다. 보다 효율적인 수탈을 위해 빠른 시간에 적은 투자로 많은 노선을 설치해야 했기 때문이다. 그래서 식민지 시대에 설치된 철도는 대부분 협궤다.

표준궤와 협궤의 크기 차이를 한눈에 비교할 수 있도록 배치한 선로의 모습. 위쪽이 협궤, 아래쪽이 표준궤다.

일본 국내 철도도 협궤로 출발했다.104 일본 최초의 철도는 1872년 10월 14일 도쿄의 신바시와 요코하마 구간에 설치됐다. 도쿄·요코하마 구간은 영국 자본과 영국 기술로 설치됐다. 당시 철도 건설 책임자였던 이토 히로부미는 영국 은행에서 융자를 받아 철도 건설 비용을 마련했다. 그러나 열차 선로는 경제적인 이유로 영국 시스템인 표준궤가 아니라 영국 식민지에 주로 설치하던 방식인 협궤로 결정됐다. 오늘날 일본의 간선철도에는 여전히 협궤 열차가 달리고 있다. 그러나 고속으로 달려야 하는 신칸센 같은 경우 표준궤를 사용한다.

경인선을 표준궤로 하기까지

기차는 일본인들에게 서구의 기계문명을 상징하는 것이었다. 1854년 1월, 미국의 매슈 캘브레이스 페리 제독은 2차로 일본에 들어갔다. 페리 제독은 미국의 근대 산업화 결과물들을 보여주며 개국 협상을 했다. 이때 보여준 물건 중에는 모형 철도와 모형 증기기관차도 있었다. 모형 철도였지만 실제로 궤도 위를 스스로 움직일 수 있는 것이었다. 기차는 일본인들에게 엄청난 충격을 주었다. 전혀 경험해보지 못한 기계문명과의 첫 접촉은 공포에 가까웠다. 이때의 충격과 공포는 이후 러시아의 시베리아 횡단 열차에 대한 공포로까지 이어진다. 일본인들은 페리가 가져온 모형 증기기관차를 유심히

페리 제독이 선물로 가져온 모형 증기기관차에 올라탄 일본 사무라이. 페리 제독이 타고 온 전함은 추상적 공포였다. 바다 멀리 정박해 있었기 때문이다. 그러나 눈앞에서 스스로 움직이는 기차는 일본인들에게 아주 구체적인 공포로 다가왔다.

관찰하고, 그 이듬해에 비슷한 모양의 기차를 자력으로 만들어내기도 했다.

조선 경인선은 표준궤였다. 그러나 표준궤로 설치하여 실제 기차가 달리기까지는 우여곡절이 있었다. 1896년, 조선의 경인철도가 처음 계획됐을 때는 표준궤로 결정했다. 그러나 당시 러시아는 한반도의 철도 건설에 예민하게 반응했다. 조선 철도는 시베리아 횡단철도와의 연결을 위해 광궤로 해야 한다고 생각했다. 시베리아 횡단 열차가 조선에 이르게 되면 조선의 항구를 통해 일본까지 내려가는 것은 아주 간단한 일이기 때문이다. 러시아 입장에서 본다면 조선 철도의 광궤 설치는 아시아 침략의 완성을 뜻했다.[105]

1937년 일본에서 제작되고 조선총독부 철도국 수원운전사무소에서 조립한 협궤 증기기관차 13호. 주로 수인선(수원~인천 송도), 수여선(수원~여주)에서 소금과 쌀을 운반했다. 협궤 열차는 운행비나 보수비가 저렴하지만, 속도가 느리고 안전성이 떨어졌다. 1987년, 수인선이 폐선되면서 운행이 중단됐다.

비슷한 시기에 프랑스는 경의선 부설권을 고종에게 허가받았다.* 사실은 당시 러시아 공사관에 피신하고 있던 고종에게 압력을 가하여 프랑스에 부설권을 주도록 한 것이다. 프랑스는 러시아의 시베리아 횡단 열차에 투자하고 있었던 까닭에 러시아의 이 같은 의도에 반대할 이유가 없었다. 조선은 경의선도 표준궤로 하려고 했으나 광궤로 계획은 변경됐다. 그러나 러시아가 고종을 자신들의 공사관에 볼모로 잡아두고 독점적으로 영향력을 행사하는 것을 영국이나 미국, 그리고 일본이 그냥 두고 볼 수는 없었다. 온갖 견제가 시작됐다. 결국 이들 나라와의 마찰을 피해 러시아는 청나라로부터 가까스로 얻어낸 만주의 동청철도에 집중하기로 했다. 그사이 일본이 제임스 모스에게서 경인철도 부설권을 가져가면서 일본식 협궤에 대한 논의가 있었지만 결국은 표준궤로 건설됐다.

협궤냐, 표준궤냐에 관한 논의는 경부선과 경의선 설치와 관련해서도 계속됐다. 결국 일본은 조선의 열차 선로는 일본식 협궤가 아니라 표준궤로 결정했다. 당시 만주와 청나라 지역에 세워지고 있던 열차 선로가 대부분 표준궤였기 때문이다. 조선 식민지화를 통해 대륙 세력의 강자로 부상하려 한 일본은 한반도 철도를 대륙 철도와 연결하여 러시아의 시베리아 횡단 열차가 달리는 광궤철도에 맞서고자 했던 것이다.**

* 프랑스가 얻은 경의선 부설권은 조선 정부로 다시 환원됐지만, 러일전쟁 당시에 일본이 군사용으로 사용하기 위해 빼앗아 갔다(박홍수 2015, p. 343 이하).

** 러일전쟁은 철도 전쟁이라고 할 수 있다. 1904년 2월, 일본은 러시아와의 전쟁이 터지자마자, 경부선 공사(1901년 기공)를 속성으로 진행해 1905년 1월에 완성했다. 아울러 전쟁 바로 다음 달인 1904년 3월에 경의선 공사를 시작하여 1905년 3월 신의주까지 철도를 임시로 연결했다. 반면 1891년에 공사를 시작한 러시아의 시베리아 횡단 철도는 전쟁 때까지 아직 완공되지 않은 상태였다. 게다가 바이칼 호수가 얼어붙어 열차 페리가 운행되지 않았다. 러시아는 철도 전쟁에서 패할 수밖에 없었다. 러일전쟁은 1905년 9월에 공식적으로 끝났지만, 이미 그 이전인 7월 29일에 미국과 일본이 몰래 만나서 필리핀과 조선을 서로 주고받기로 약속했다. '가쓰라·태프트 밀약'이다(박홍수 2015, p. 355 이하).

Unit 79.

기차와 시간

인간은 기차를 만들고, 기차는 시간을 만들었다

독일 철학자 위르겐 하버마스는 오래전 『인식과 관심Erkenntnis und Interesse, 1968』106이라는 책에서 '인식을 이끄는 관심'에 관해 설명했다. 우리 지식은 비역사적인 것이 아니라 구체적인 역사적 상황에 처해진 인식주체의 '관심'에 따라 결정된다는 것이다. 실증주의가 이야기하는, 주체가 생략된 '객관적 지식'에 대한 반론이다. 내 존재도 마찬가지다. '내가 누구인가?'라는 실존적 질문은 내가 지난 3일간 검색한 단어들을 조합해보면 분명해진다. 오늘날 스마트폰의 검색 결과는 철저하게 내 관심을 반영한다.

존재Sein는 관심Interesse이다! '검색 결과'보다 더 명확한 '존재 검증'은 없다. 당신은 도대체 지난 수일간 무엇을 검색했는가? 한 개인에게만 해당하는 것이 아니다. 오늘날 사람들이 갖는 관심의 내용을 보여주는 가장 유의미한 지표는 인터넷상 검색 결과다. 그래서 다들 '검색어 순위'에 그렇게 집착하는 것이다(지금은 대부분의 포털 사이트에서 사라졌지만). 심지어는 검색어 순위를 조작하는 정치집단도 나왔다.

오늘날 구글의 검색 결과만큼 흥미로운 지표는 없다. 사람들의 관심을 아주 적나라하고 정확하게 보여주는 까닭이다. 사람들은 도대체 무엇을 검색할까? 흔히들 'sex'라고 생각할 것이다. 아니다. 흥미롭게도 사람들이 가장 많은 관심을 갖는 영역은 'sex'가 아니다. 'time'이다. 두 단어의 검색 결과는 엄청난 차이가 났다. 구글 엔그램 뷰어에서도 sex와 time 두 단어를 검색해 비교해봤다. 'time'의 사용 빈도가 월등하게 높았다. 현대인은 '섹스'보다 '시간'에 훨씬 많은 관심을 보인다. 놀랍다. 시간이라는 추상적 개념이 섹스라는 신이 창조한 자연적 본성보다 훨씬 강력하다는 이야기이기 때문이다.

미국 철학자 루이스 멈퍼드Lewis Mumford, 1895~1990는 오늘날 인간의 현대 문명을 결정한 가장 중요한 요소는 '시계'라고 단언한다. 산업혁명의 증기기관보다 시계가 더 결정적이라는 것이다. 멈퍼드는 이렇게 이야기한다.

> 점차 사회의 요소요소에 기계식 시계의 효과가 더 폭넓고 엄격하게 영향을 미치기 시작했다. 시계는 잠에서 깨어나서 잠자리에 들 때까지 사람

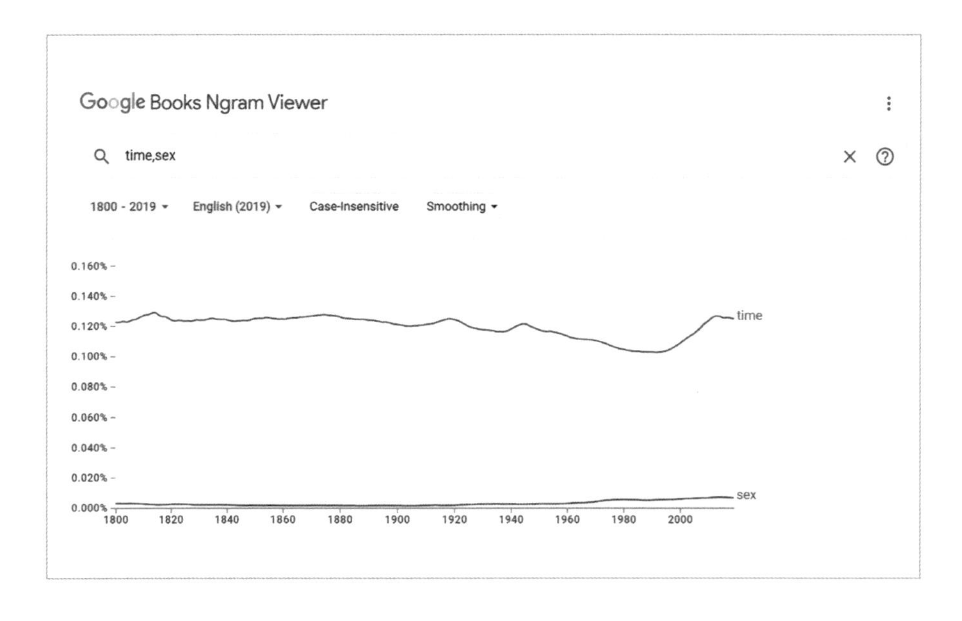

'time'과 'sex'의 사용 빈도를 구글의 엔그램 뷰어에서 비교해봤다. 'time'의 빈도가 월등히 높았다.

> 들의 일거수일투족을 지배했다. 하루를 추상적 시간 단위로 이해한다면, 해가 짧은 겨울밤이라도 굳이 일찍 잠자리에 들 필요가 없어졌다. 자연스럽게 하루의 모든 시간을 활용할 목적으로 등 심지, 굴뚝, 등, 가스등, 백열등이 잇따라 발명됐다. (…) 추상적 시간이 새로운 생활양식을 구축하면서 인간의 유기적 기능은 통제됐다. 사람들은 시계의 명령에 따라 배고프지 않아도 밥을 먹었고 졸리지 않아도 잠자리에 들었다.107

오늘날 현대인이 겪는 '비만', '불면증' 같은 '문화병'은 시계로 야기되는 강박적 환경 때문이다. 졸리면 자고, 배고프면 먹어야 하는데, 배고프지도 않은데 시간이 되었으니 먹어야 하고, 그다지 졸리지도 않은데 시간이 되었으니 잠을 청해야 하는 이 낯선 문화가 새로운 질병을 야기했다는 이야기다. 미국 신경외과 의사인 조지 밀러 비어드George Miller Beard, 1839~1883 역시 『미국의 신경증American nervousness, 1881』이라는 책에서 이전에는 없었던 현대인의 정신 질환을 일으킨 원인으로 시계를 지목했다.

어느 순간부터 사람들은 시계를 손목에까지 차고 다니기 시작했다. "한순간을 놓치면 평생의 희망이 망가진다A delay of a few moments might destroy the hopes of a lifetime"108라는 강박 때문에 사람들은 수시로 시계를 들여다봐야 했다. 시계를 볼 때마다 막연한 불안에 긴장되고 가슴이 뛰기 시작했다. 이 같은 증상에 대해 비어드는 신경을 뜻하는 '뉴런neuron'과 무기력하다는 뜻인 '아스테니아asthenia'를 합쳐 '신경쇠약neurasthenia'이라는 단어를 만들었다.

비어드에 따르면 신경쇠약의 결정적 원인은 시계다. 왜, 그리고 언제부터 인류는 시간을 정확히 지키기 시작했을까? 기차를 타야 했기 때문이다! 시계는 기차 때문에 정확해졌다. 다양한 장소를 연결하여 달리는 기차는 지역마다 서로 다른 시간을 하나로 통일해야만 했다. 그러지 않으면 기차는 운행될 수 없었다. 기차로 인해 인간은 이제까지 존재하지 않았던 시간 의식, 공간 의식을 처음 갖게 되었다.[109] 정확한 기차 시간만큼 인간을 긴장시키는 것은 없었다. 일상의 약속이야 조금 늦어도 양해를 구할 수 있었다. 그러나 기차 시각은 치명적이었다. 수시로 기차를 탈 수 있는 오늘날과는 달리, 초기 기차는 많아야 하루에 한두 번이었다. 기차를 놓치면 오랫동안 계획했던 모든 일이 수포로 돌아갔다. 기차를 기다릴 때 수시로 시계를 들여다보며 긴장하고 맥박이 뛰는 것은 당연한 일이었다. 시계 때문이 아니라 기차 때문에 인간은 신경쇠약에 걸리기 시작했던 것이다.

원래 졸리면 자고, 배고프면 먹었다!

물론 기차가 세상에 등장하기 전에도 시간은 어느 문명권에나 있었다. 그러나 '하나의 시간'이 아니었다. '수많은 시간'이었다. 지구상 각 지역은 매일 뜨고 지는 해와 달을 기준으로 시간을 정했다. 해가 뜨면 잠에서 깨어나 활동을 시작하고, 해가 지면 활동을 끝내고 다들 집으로 돌아가 잠을 청했다. 분초를 다툴 만큼 중요한 일도 없었다. 그러나 어느 순간부터 인류는 지구 어디에서나 정확한 하나의 시간을 갖기로 했다. 이른바 '표준시standard time'다.

표준시의 필요성을 가장 강력하게 주장한 사람은 스코틀랜드 출신의 캐나다 엔지니어 샌드퍼드 플레밍Sandford Fleming, 1827~1915이었다.[110] 캐나다 철도 회사에서 일하던 플레밍은 1876년 어느 날 아일랜드를 방문했다. 그곳에서 그는 황당하게 기차를 놓치는 경험을 했다. 기차 시간표에는 기차가 분명히 '오후'에 출발한다고 되어 있었다. 그러나 실제로는 '오전'에 출발하는 기차였다. 기차 시간표가 잘못 인쇄됐던 것이다. 그러나 그 지역의 사람들에게 기차는 항상 오전에 출발하는 것이었다. 기차 시간표의 인쇄 오류는 그리 큰 문제가 아니었다. 그러나 외부인인 플레밍은 잘못 인쇄된 기차 시간표 때문에 그다음 날 오전까지 넋 놓고 기차를 기다려야만 했다.

14세기에 처음 나온 기계식 시계는 오전과 오후를 나누지 않았다. 천문학적 구조와 유사한 24시간 시스템으로 만들었다. 그러나 대부분의 서유럽 국가들은 점차 12시간제를 선택했다. 자정부터 정오까지 12시간을 한 단위로 하고, 하루는 정오 이전을 뜻하는 'a.m.ante meridiem, before midday'과 'p.m.post meridiem, past midday'의 두 단위로 나누는 것이 훨씬 실용적이었기 때문이다. 결국 시계의 단위는 오늘날까지 '이중 12시간 시스템double 12-hour system'으로 유지되고 있다.

통일을 대비해 큰 규모로 건설된 광명역. 인간은 기차를 타면서부터 추상적 '시간'을 구체적으로 의식하기 시작했다. 미래의 추상적인 한반도 통일도 이렇게 '광명역'으로 구체화된다.

플레밍은 '12시간 시스템'이 기차 시간표에는 적합하지 않다는 것을 피부로 깨달았다. 그는 기차 시간표에 '24시간 시스템'을 도입할 것을 강력하게 주장했다. 그러나 기차 시간표를 24시간 시스템으로 통일한다고 문제가 해결되는 것은 아니었다. 당시에는 국가마다 시간이 제각각이었기 때문이다. 한 국가 내에서도 지역마다 시간이 달랐다. 기차 승객은 출발하는 곳의 시간과 도착하는 곳의 시간을 일일이 계산하며 기차를 타야 했다. 1870년경, 횡단 열차로 미국을 여행하는 사람들은 역에 기차가 설 때마다 시간을 수십 번씩 새로 맞춰야 했다.

1878년, 플레밍은 24시간 시스템을 한 국가뿐만 아니라 전 세계에서 통일해 사용하자고 주장했다. 지역 시간을 폐기하고 '시간'을 '경도'와 연결하여 세계를 24개의 시간대로 나누자고 제안한 것이다. 그러나 더 큰 문제가 있었다. 도대체 어느 곳을 '밤 12시와 낮 12시가 시작되는 곳'으로 삼을 것이냐의 문제였다. 지구에 '가로'로 줄을 긋는 '위도'의 경우, 그리 큰 문제는 없었다. 지구가 자전하기에 '남극'과 '북극', 그리고 '적도'에 대해 모두가 쉽게 동의할 수 있었다.

24시간을 보여주는 시계. 14세기에 처음 만들어진 기계식 시계는 24시간을 다 보여줬다. 시간이 흐르면서 사람들은 시간을 '오전'과 '오후'로 나누는 '이중 12시간 시스템'이 더 효율적이라고 생각했다.

지구에 '세로'로 금을 긋는 '경도'가 문제였다. 지구가 360도 원주를 가지고 있는 것은 누구나 인정할 수 있다. 그러나 경도의 경우 도대체 어디를 중심선으로 할 것인가에 대해 누구나 동의할 수 있는 객관적 기준이 없었다. 경도의 기준, 즉 '본초자오선本初子午線, prime meridian'을 결정하는 문제는 그리 간단치 않았다.[111] '기준의 결정'은 권력의 문제이기 때문이다.

본초자오선에 관한 논의에 동양의 국가들은 낄 여지가 없었다. 이때 결정된 기준은 오늘날까지 우리를 헷갈리게 한다. 예를 들어 한국이 정말 '극동아시아Far-East Asia인가?' 같은 질문이다. '동쪽 끝'이라는 이야기인데, 도대체 어디를 기준으로 동쪽 끝이라는 이야기인가?

본초자오선을 기준으로 동쪽 끝이라는 이야기다. 수십 년 전에 우리나라 가수들이 그토록 자주 순회공연을 다녔다는 '동남아시아South-East Asia'는 도대체 어느 나라인가? 우리 군대가 파병을 나가 있던 '베트남'을 뜻한다. 그런데 우리나라를 기준으로 보면 베트남은 서쪽에 있다. '서남아시아'가 옳다. 그런데도 우리는 매번 베트남을 동남아시아라고 부른다.

그렇다면 '중동Middle East'은 도대체 어디인가? '동쪽의 중간'이라는 뜻인데, 어째서 그곳이 동쪽의 중간인가? 서양이 자의적으로 그려낸 동양에 대한 왜곡과 편견을 비판하는 에드워드 사이드의 『오리엔탈리즘Orientalism, 1978』112을 처음 읽었을 때 많이 의아했던 기억이 있다. 사이드가 이야기하는 '오리엔트Orient'는 한국이나 중국, 일본이 아니었기 때문이다. 사이드의 책에서 오리엔트는 팔레스타인이나 터키 같은 근동Near East 혹은 중동의 나라들이었다. 우리는 그 지역을 오리엔트, 즉 '동양'이라고 생각하지 않는다. 그런데 서구의 관점에서 볼 때 근동이나 중동, 극동은 모두 오리엔트다. 유럽의 제국주의가 지구의 다른 나라를 식민지로 삼던 시절에 만들어진 명칭들이다. 우리는 이렇게 21세기에도 여전히 낡은 '서구중심주의적 관점' 때문에 헷갈린다. 이 모두가 기차 시간을 위한 표준 시간의 결정 과정에서 생겨난 문제였다. '표준' 혹은 '기준'의 문제는 이렇게 항상 권력관계를 동반한다.

Unit 80.

세계 표준시

본초자오선

1884년 10월 13일, 미국 워싱턴에서 열린 '국제 자오선 회의International Meridian Conference'에서 영국의 그리니치천문대가 있는 곳이 '본초자오선'으로 결정됐다. 인류 역사상 처음으로 '세계 표준시'가 결정된 것이다. 물론 유럽의 다른 국가들은 쉽게 동의하지 않았다. 특히 프랑스는 영국에 '세계의 기준'을 양보하고 싶지 않았다. 한번 결정된 기준은 웬만해선 바꿀 수 없기 때문이다. 프랑스는 파리를 세계 표준시의 기준으로 할 것을 요구했다. 그러나 유럽 선박 회사들은 이미 오래전부터 그리니치천문대를 본초자오선으로 하는 지도를 사용하고 있었다. 미국도 영국을 지지했다. 프랑스가 계속 고집하자, 투표로 결정하기로 했다. 영국 그리니치를 기준으로 할 것인가에 대한 찬반 투표 결과는 압도적이었다. 25개 참가국 중에서 22개국이 영국 그리니치천문대의 손을 들어줬다. 프랑스는 기권했다.113 프랑스는 본초자오선을 영국에 양보하는 대신에 자신들이 사용하는 '미터법'을 국제 기준으로 하자고 제안했다. 미터법과 본초자오선을 교환하려 한 것이다.114

프랑스는 1799년부터 미터법을 사용하기 시작했다. 북극에서 파리를 지나 적도까지의 사분 자오선, 즉 자오선의 4분의 1을 1천만분의 1로 나눈 길이를 '1m'로 정했다. 아울러 증류수 무게를 측정해서 킬로그램의 기준

미터법으로 만들어진 접는 자. '미터m'는 자오선의 1/4을 1/10,000,000로 나눈 단위다(1875년 '미터조약' 당시). '인치inch'는 '피트feet'를 12등분 한 것이다. '피트'는 사람 발의 크기를 기준으로 만들어졌다. '미터'가 훨씬 더 정교한 단위다.

으로 삼았다.* 프랑스로서는 부피와 무게까지 표준화하는 미터법이 채택된다면 본초자오선은 얼마든지 양보할 수 있었다. 그러나 프랑스의 의도는 관철되지 않았다. 본초자오선을 얻은 영국은 미터법을 채택하지 않았다. 미터법으로의 결정은 아주 오랜 시간이 지난 후에 이뤄졌다. 2010년, 유럽연합 국가들이 미터법을 표준 척도로 사용할 것을 결정하고 나서야 영국은 '야드파운드법'을 포기하게 된 것이다.[115] 그러나 미국은 여전히 야드파운드법을 고집하고 있다.

찬반 투표로 결정된 본초자오선이 국제적으로 실제 작동하는 기준이 될 때까지는 꽤 많은 시간이 걸렸다. 오늘날 우리나라는 그렇게 정해진 표준시간대에 적응해 살고 있다. 우리도 물론 몇 차례 소심하게(?) 저항해보기도 했다. 그리니치천문대를 기준으로 하는 표준시 전체 체계에 대한 저항

* 프랑스혁명 이후, 혁명 지도자들은 봉건제를 '평등하고 합리적인 체제'로 바꿔야 했다. 일상에서 사람들이 '평등'을 느낄 수 있으려면 모두가 동의할 수 있는 합리적이고 객관적인 척도는 필수였다(크리스 2012, p. 75 이하).

은 아니었다. 일본 표준시에 대한 저항이었다. 고종의 대한제국은 1908년에 동경 127.5도를 기준으로 하는 한국 표준시를 처음 시행했다.* 그러나 불과 4년 후, 일제 조선총독부는 한반도의 표준시를 동경 135도를 기준으로 하는 일본 표준시로 통일했다.

1954년, 한국전쟁이 끝나자 이승만 정부는 다시 동경 127.5도를 기준으로 삼았다. 하지만 박정희 군사정부는 쿠데타를 일으키자마자 다시 일본 표준시로 되돌렸다. 북한은 일제강점기 때의 표준시를 내내 사용하다가 2015년 8월 15일에 127.5도를 기준으로 표준시를 변경했다. 그러나 2018년

* 한국의 표준시도 역시 시작은 기차 시간표 때문이었다. 일본은 1905년에 일부 개통된 경부철도를 일본의 중앙표준시에 맞추도록 했다(박천홍 2003, p. 330).

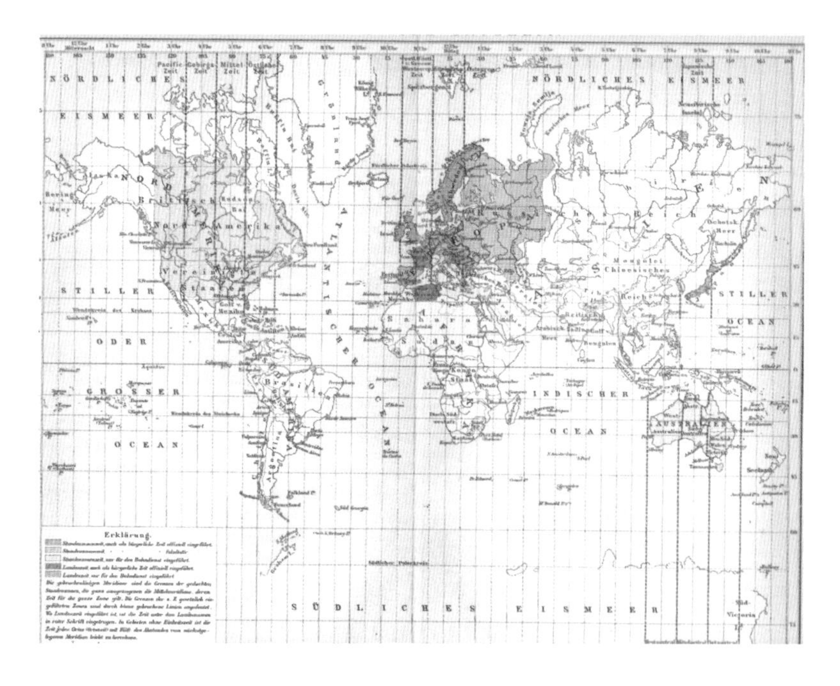

1897년에 출판된 지도. '표준시간대'가 자세히 표시되어 있다. 영국 그리니치천문대를 기준으로 경도 15도를 지날 때마다 1시간씩 차이가 난다. 표준 시간의 기준이 영국이 되면서 우리는 '극동아시아에 속한 나라'가 되었다.

5월 5일, 남북정상회담 이후에 남쪽과 동일한 표준시간대를 채택했다.[116]

옆 페이지의 지도는 1897년 독일에서 출판된 것이다. 1884년에 결정된 영국 그리니치천문대를 기준으로 하는 '표준시간대'가 자세히 표시되어 있다. 이 지도에서 실선은 경도를 표시한다. 그리니치천문대를 중심으로 좌우로 7.5도 떨어진 지역을 같은 시간대로 포함했다. 지구는 360도이며 24시간 동안 자전하기 때문에 경도 15도를 지날 때마다 1시간씩 차이가 난다. 유럽은 3개 시간대로 나뉘었다. 영국 그리니치천문대가 위치한 지역을 '서유럽 시간westeuropäische Zeit'이라 했다. 그리니치천문대로부터 15도 동쪽에 있는 독일을 비롯한 유럽의 대륙 지역은 '중유럽 시간mitteleuropäische Zeit'이라 했고, 30도 동쪽에 있는 모스크바 주변 지역은 '동유럽 시간osteuropäische Zeit'이라 했다.[117] 북아메리카는 5개 시간대가 된다. '날짜변경선'은 경도 0도인 영국의 180도 반대편이다. 미국의 알래스카와 러시아의 캄차카반도 사이를 지나는 선이다. 혼란을 피하기 위해 사람이 사는 육지나 섬을 피해 바다 위로 날짜변경선이 지나간다.

독일 참모 제도의 아버지는 표준시를 강력히 요청했다

표준시와 관련된 국제적 환경 변화에 독일도 신속하게 대응했다. 전 국토가 빠르게 철도로 연결됐기 때문이다. 영국보다 10년 늦은 1835년, 독일 남부의 바이에른 지역에 뉘른베르크와 퓌르트 사이를 운행하는 열차가 최초로 설치됐다. 늦게 출발했지만, 유럽의 어떤 나라보다도 빨리 산업화를 이룬 독일은 1849년에 독일 전역을 촘촘히 연결하는 6,000km의 철도망을 갖췄다.[118] 독일 전역을 연결하는 이 철도망이 있었기에 프로이센 주도의 독일통일이 가능했던 것이다. 프로이센 군대는 참모본부의 지휘 아래에

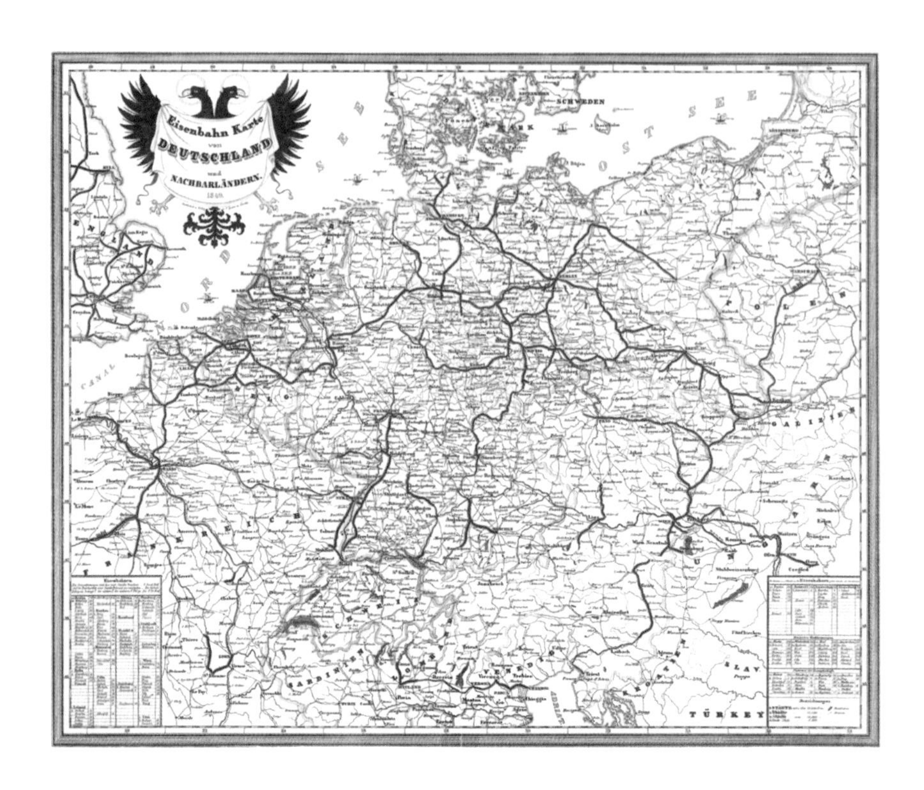

1849년 당시의 독일 철도망. 독일 철도는 1835년에 처음 설치됐다. 불과 15년도 못 되어 독일 전역이 철도망으로 연결됐다. 철도는 프로이센이 주도하는 독일통일을 가능케 했다.

서 어떤 나라의 군대보다도 신속하고 정확하게 작전을 전개했다. 철도 덕분이다.*

1871년에 프로이센 주도로 독일제국이 성립됐지만, 20여 년이 지나도록 독일은 5개 시간대로 나뉘어 있었다. 기준도 없이 제각각이었다. 그러나 표준시의 필요성에 대해서는 오히려 반대 의견이 많았다. 지역마다 자신

* 독일의 오토 폰 비스마르크는 철도망의 확장과 철도의 국유화를 강력하게 추진했다. 무엇보다도 군사적 이유에서였다. 독일 철도가 선제공격할 수 있는 속도에 집중했다면, 프랑스 철도는 적들의 침략에 신속하게 대응하기 위한 방어적 전략에 초점을 맞췄다(월마 2019, p. 186 이하).

들의 시간에 맞춰온 각종 행사가 혼란에 빠진다는 반대 의견도 있었다. 교회 벽에 걸려 있는 해시계가 불필요해진다고 반대하기도 했다. 특히 자연의 해시계에 맞춰 일하는 농부들의 저항이 가장 심했다. 이 같은 반대를 독일 참모 제도의 아버지인 헬무트 그라프 폰 몰트케 장군은 단 한 번의 연설로 잠재웠다.

죽기 불과 한 달 전인 1891년 3월 16일, 몰트케는 독일 제국의회에서 병력 이동 수단으로서 기차가 얼마나 중요한가를 역설했다. 아울러 기차 시간을 통일하지 않으면 어떠한 문제가 생기는가도 자세히 설명했다. 독일 통일 과정에서 치렀던 세 번의 전쟁, 특히 오스트리아 군대를 괴멸한 쾨니히그래츠 전투에서 철도의 전술적 가치를 몸으로 깨달은 전쟁 영웅의 연설은 독일 국민을 설득하는 데 매우 효과적이었다. 독일의 표준시는 '중유럽 시간'에 맞춰 1893년 4월 1일에 공식적으로 결정됐다. 1884년 10월 워싱턴의 국제 자오선 회의 이후, 8년 반 만에 독일의 시간은 하나로 통일됐다.[119]

제1차 세계대전 당시 병사들을 수송하던 열차. 독일 참모본부의 가치는 신속하고 정확한 병력 이동의 전략, 전술에 있었다. 독일 전역을 촘촘하게 연결하는 철도가 있었기에 가능했다. 기차는 대포를 능가하는 무기였다.

Unit 81.

징병제는 평등이다

징집된 아마추어 병사가 프로 병사보다 강한 이유

여수 돌산에 가면 '둔전마을'이 있다. 공식 지명은 '여수시 돌산읍 둔전리'다. 여수 돌산대교를 지나 돌산의 남쪽 끝 향일암으로 가려면 해발 460m인 봉황산을 돌아가야 한다. 봉황산을 향해 언덕을 오르다 보면 왼쪽으로 차분하게 가라앉은 분지에 아주 잘 정리된 논밭을 보게 된다. '둔전屯田'

이다. 둔전은 국가가 관리하는 농경지를 뜻한다. 주로 군대의 식량을 확보하기 위해 전쟁이 없을 때 군사들을 동원해 농사를 짓게 한다. 우리나라 역사에서는 신라 시대부터 둔전의 기록이 발견된다. 중국이나 서양의 역사를 살펴봐도 병사들의 식량을 조달하기 위한 둔전 같은 제도는 아주 오래된 것임을 알 수 있다.

여수 돌산의 둔전마을은 임진왜란 때 이순신이 만들었다고 전해진다. 왜군은 주로 경상도로 쳐들어왔다. 경상도 피난민들은 이순신이 지키고 있는 전라도 지역으로 밀려들었다. 당시 이순신의 전라좌수영은 여수에 있었다. 이순신은 갈 곳 없는 피난민들을 돌산에 살게 하며 군량을 경작하게 했다고 한다. 군사들도 전쟁이 없으면 함께 농사를 지었다.

농사를 짓다가 전쟁이 일어나면 전투에 나가야 하는 '아마추어 병사들'이 전투만을 전문으로 하는 '프로 병사들'을 이길 수는 없다. 병사들의 식량을 따로 마련할 수 없어서 병사들에게 직접 식량을 경작시키는 둔전을 운

여수 돌산의 '둔전마을'. 이순신 장군이 경상도에서 피난 온 사람들에게 돌산의 빈 땅에서 농사를 지으며 살도록 했다고 전해진다. 당시 군사들은 전투가 없을 때 피난민들과 함께 농사를 지었다.

용하는 나라가 전쟁을 잘할 수는 없다. 국력이 강할수록 '용병' 같은 프로 군사들을 운용했다. 일본 '사무라이'나 유럽 '기사'가 그 경우다. 그러나 '총'이라는 개인 화기가 등장하면서 '아마추어 병사들'은 달라졌다.

장전에서 발사까지 시간이 오래 걸렸던 시대까지만 해도 총은 뛰어난 무사의 칼이나 활에 비할 수 있는 무기가 아니었다. 그러나 장전과 발사 동작을 표준화한 '제식훈련'이 개발되면서부터 상황은 급변했다. 총을 가진 병사들의 훈련은 단계별로 모듈화됐고, 아주 짧은 기간에 간단하면서도 효과적으로 행해졌다. 평생 기술을 연마해야 하는 프로 병사들과 달리 아마추어 병사들의 양성은 비용 대비 효과가 놀라웠다. 사이고 다카모리가 일으킨 1877년의 '세이난 전쟁'이 사무라이들의 참패로 끝났던 이유도 바로 그 때

1860년대의 일본 사무라이. 1876년에 시행한 폐도령은 사무라이들에게서 칼을 빼앗았다. 군인과 경찰 이외에는 칼을 휴대하는 것이 법적으로 금지됐다. 불만에 가득 찬 사무라이들은 사이고 다카모리를 우두머리로 반란을 일으켰다. 그러나 '프로 싸움꾼' 사무라이들은 징집된 병사들을 당해내지 못했다. 근대식 무기를 사용하는 것은 간단한 훈련으로도 충분했다. 장인 수준의 교육이 필요하지 않았다. 제식훈련으로 길러진 병사 집단은 '전투 기계'였다.

문이다.

일본의 중앙정부는 1873년 '국민개병령國民皆兵令'를 선포했다.120 국민개병제, 즉 징병제는 사무라이들의 목줄을 죄었다. 전문 칼잡이 무사들로 구성됐던 군대가 평민들의 군대로 재편되는 것이었기 때문이다. 정부는 무사들을 강제로 퇴출했다. 당연히 무사들에게 지급되던 급여도 사라졌다. 국민개병령이 선포되자, 사이고 다카모리는 '정한론'을 주장했다.* 정한론의 공식적 이유는 새로 출범한 메이지 정부를 아주 대놓고 하대한 조선에 대한 보복이었다. 그러나 당시 일본의 내부를 자세히 들여다보면 외부와의 전쟁을 일으켜 프로 싸움꾼이었던 사무라이들의 역할을 새롭게 찾아주려는 의도가 더 컸다. 그러나 정한론은 좌절됐고, 사이고는 고향인 가고시마에 돌아가 사무라이들이 자급자족할 수 있는 자치 시스템을 구축하려 했다.

1876년, 사무라이의 상징이자 자부심이었던 칼까지 뺏겼다. 군인과 경찰 이외에는 칼을 찰 수 없도록 한 '폐도령廃刀令'이 시행된 것이다.121 불만에 가득 찬 사무라이들은 사이고를 찾아왔다. 주저하던 사이고는 결국 사무라이들을 규합하여 자신이 세운 메이지 정부에 대항하는 전쟁을 일으켰다. 국민개병제가 실시된 후 불과 3년 만의 일이었다. 개전 초기에 승승장구하던 사무라이들은 시간이 지날수록 정규군의 물량 공세를 당해낼 수 없었다. 징집됐지만 근대식 화기로 무장한 정부군의 화력은 사이고가 이끄는 사무라이 군대의 화력과 비교할 수 없을 정도로 막강했다.

아무리 용맹하고 경험이 많은 사무라이라고 할지라도 경험이 미천한 신병들이 집단적으로 발사하는 총알을 피할 수는 없었다. 세이난 전쟁은 사

* 사이고 다카모리는 자신을 조선에 파견해달라고 요구했다. 내각은 유럽으로 시찰을 떠난 이와쿠라 사절단이 돌아오면 결정한다는 단서 조항을 달아 사이고의 요구를 들어주기로 했다. 그러나 유럽에서 돌아온 이와쿠라 도모미岩倉具視, 1825~1883는 국내 사정을 이유로 그의 파견을 무기한 연기했다. 이렇게 그의 정한론은 좌절됐지만 채 2년이 되지 않아 운요호사건이 일어났다(김태웅 & 김대호 2019, p. 38 이하).

징병제로 동원된 나폴레옹 군대는 특별한 무기를 장착했다. '애국심'이다. 목숨을 담보로 돈을 받고 싸우는 '용병'이 아니었다. 나라를 스스로 지켜야 한다는 애국심으로 무장한 나폴레옹 군대는 유럽을 휩쓸었다.

이고가 할복자살하는 것으로 끝이 났다. 일본 제일의 사무라이 집단으로 추앙받던 사이고 다카모리의 군대가 징집된 아마추어 병사들에게 괴멸된 것이다. 싸움 기술을 평생 익힌 '장인' 싸움꾼들이라도 근대식 무기와 이를 효과적으로 활용하기 위한 '제식훈련'으로 길러진 병사들의 '집단'을 이겨낼 수 없었다. 훈련된 병사들은 '전투 기계'였다. 오랜 기간의 훈련이 필요하지 않은 소총은 국민개병제와 아주 잘 어울리는 조합이었다.

소총 같은 근대 무기가 징병제와 효과적으로 결합한 최초의 군대는 나폴레옹 1세의 프랑스 군대였다.* 프랑스혁명 이후, 프랑스는 국민이 주인

* 단순한 징병제가 아니었다. 징병제와 혁명 정신의 결합이 나폴레옹 군대의 힘이었다.

이 되는 나라, 즉 '국민국가'가 되었다. 봉건영주에게 충성하며 세금을 바치던 사람들이 이제 '국가'의 주인이 된 것이다. 국가는 국민의 것이기에 스스로 지켜야 하는 것이라는 국민국가 이데올로기가 성립됐다. 국민국가라는 의식과 신념이 있어야 징병제는 제대로 작동한다.** 아울러 같은 연령대의 모든 국민이 일정 기간 국가를 위해 헌신해야 한다는 보편적 징병 의무가 있어야 '국민'이라는 아이덴티티가 성립할 수 있다. 징병제는 모든 국민에게 동일한 권리와 의무가 있다는 '평등'을 확신할 수 있어야 제대로 기능한다. 징병제와 평등은 동전의 양면이다.

'프랑스 국민'이라는 애국심은 '프랑스 역사', '프랑스어'를 가르치는 '국민교육'을 통해 재생산됐다. 제아무리 잘 훈련된 프로이센의 직업군인들이라 할지라도 이렇게 애국심에 불타는 프랑스 군대를 이길 수 없었다. 애국심으로 무장한 나폴레옹 군대에 짓밟힌 독일은 수십 년 후에 오토 폰 비스마르크의 절묘한 외교정책과 헬무트 그라프 폰 몰트케의 참모 제도를 통해 독일통일을 이룩하며 자존심을 회복한다.

불평등에 유난히 예민한 대한민국

일본의 애국심은 혁명을 통해 얻어진 프랑스의 애국심과는 아주 달랐다. 일본 국민에게 근대국가로서의 애국심은 청일전쟁에서 승리하면서 비로소 생겨났다. 세이난 전쟁에서는 애국심을 논할 수 없었다. 메이지유신

** 소총의 기능이 개선되면서 새로 도입된 전술이 산병전술散兵戰術이다. 병사들이 부대의 앞 또는 측면으로 흩어져 소규모로 펼치는 전술이다. 밀집대형 전술과 달리 산병전술은 병사 각 개인의 애국심이 전제되지 않으면 작동하지 않는다. 병사가 도주할 경우에 통제할 방법이 없기 때문이다(성희엽 2016, p. 596).

을 통해 근대국가 흉내는 내게 되었지만, 일본은 여전히 '천황의 나라'였기 때문이다. 1890년에 메이지 헌법이 선포되고 '대일본제국 신민臣民'이라는 개념이 새로 생겨났지만, 신민은 국가의 국민이라기보다는 여전히 황제의 신하에 가까운 봉건적 개념이었다. 메이지유신 이후 처음 일어난 대규모 내전인 세이난 전쟁은 '봉건 사무라이들'과 '천황의 군대' 사이에 일어난 전쟁이었을 뿐이다. 일본에서도 국민개병제가 시행되긴 했지만, 혁명 이후 프랑스 군대처럼 '국민국가의 군대'가 아니었다. 하지만 청나라와의 전쟁을 거치면서 일본인들 사이에는 '국민'이라는 자각이 생겨났다.[122]

이전까지는 '어느 번藩'에 속한 사람인가가 중요했다. 하지만 전쟁에서 승리하자 청나라보다 강대해진 '대일본제국의 국민'이라는 자의식이 일본인들 사이에 생겨났다. 특히 전리품으로 가져온 랴오둥반도를 다시 반환해야 했던 삼국간섭은 일본인들의 국민 의식을 더욱 강화했다. 청나라를 대신해 서양 세력에 맞서는 새로운 '아시아의 맹주'라는 의식과 더불어 삼국간섭의 치욕을 잊지 말자는 복수심은 러시아에 대한 적개심으로 바뀌었고, 결국은 '러일전쟁'으로 이어졌다.

국민개병제와 세이난 전쟁, 청일전쟁, 삼국간섭으로 이어지는 일련의 역사적 사건들을 통해 형성된 일본인들의 국민 의식은 '보통선거'에 대한 요구로 이어졌다. 1889년 2월에 메이지 헌법이 제정되고 1890년에 일본 최초의 국회의원 선거, 즉 제국의회 선거가 치뤄졌다. 그러나 이때 선거권을 가진 사람은 만 25세 이상의 '남자'와 '15엔 이상을 납부한 자'로 한정되어 있었다. 이 조건을 충족한 사람은 45만여 명에 불과했다. 당시 일본 인구의 1.1%에 해당한다.[123] 그러나 시간이 흐를수록 참정권 확대에 관한 사회적 논의가 불같이 일어났다.

국민개병제로 인해 청일전쟁에 참전한 이들 가운데 1만 7,000여 명의 사상자가 생겼다. 전쟁이 일어나면 징집되어 죽거나 다칠 수도 있는데

선거권이 없다는 것은 말이 안 된다는 생각이 널리 퍼지기 시작했다. 삼국간섭이 일어난 것은 일본의 외교가 약했기 때문이고, 일본 정부가 국민의 의견을 제대로 반영하지 못했기 때문이라는 주장도 보통선거에 관한 국민의식을 고취했다. 의회를 통해 국민의 의견을 제대로 반영해서 '삼국간섭' 같은 치욕은 다시 겪지 말아야 한다는 것이다.

프랑스의 경우, 민권 혁명으로 국민국가가 세워진 후 국민이 스스로 나라를 지켜야 한다는 의식에서 국민개병제가 시작됐다. 이를 기반으로 나폴레옹 군대가 유럽 대륙을 휩쓸며 승승장구할 수 있었다. 나폴레옹은 이후에 스스로 황제가 되면서 프랑스 국민의 기대를 보기 좋게 배신하지만, 초기의 나폴레옹은 프랑스혁명의 이념을 구현할 영웅으로 크게 추앙받았다. 일본의 경우, 정반대 과정이 일어났다. 천황의 국가에서 국민개병제가 실시되고, 청일전쟁에서 승리하며 비로소 국민국가라는 의식이 생겨났다. 그리고 국민국가의 제도적 토대가 되는 보통선거에 대한 요구가 그 후에 나타난 것이다.

청일전쟁 이후, 일본에서는 '국어國語'라는 개념도 탄생한다. 그 이전까지는 그저 '일본어'라고 했다. 그러나 1897년, 『광일본문전広日本文典』에서 각국의 언어를 '그 나라의 국어'라고 설명하며 국어라는 개념이 처음 사용됐다. 청일전쟁을 통해 '국민'이 만들어지고, 이어서 국민의 언어인 '국어'의 개념이 생겨난 것이다.[124] 1900년에는 소학교령 시행규칙을 제정하여 국어 과목을 공식적으로 설치했다. 현대 일본어가 공식적으로 체계화되기 시작한 것이다.

한 국가에서 징병제가 가지는 의미는 이렇게 크다. 오늘날 분단 상황에서 모든 청년이 군대에 가야 하는 '대한민국 군대'가 가지는 의미는 메이지 시대 일본의 국민개병제와 비할 바가 아니다. 오늘날 누구도 예상치 못한 방식으로 격변하는 대한민국 현대사는 바로 이 분단 상황의 징병제, 그리고 여기서 비롯된 대한민국 특유의 '평등 의식'과 깊은 상관관계가 있다.

오늘날 대한민국에서 일어나는 정치적 사건의 배후에는 아주 독특한 '평등사상'이 깔려 있다. 문화심리학적으로 '한국적 평등사상'의 근거는 두 가지로 요약할 수 있다. '압축 성장'과 '분단으로 인한 징병제'다. 서양이 수백 년에 걸쳐 이룬 근대화 과정을 대한민국은 불과 수십 년 만에 해치웠다. 이같이 역사적 사례를 찾아보기 힘든 압축 성장은 국민 사이에 '성공'은 느닷없이, 그리고 아주 우연히 일어난다는 생각을 가지게 했다. 내 이웃의 성공은 '능력'이 아니라 느닷없는 '땅값 상승' 같은 우연의 결과, 혹은 '권력자와의 뒷거래' 같은 비리의 결과라고 생각하게 된 것이다. 실제 그러하기도 했다. 오늘날에도 우리는 여전히 타인의 성공을 절대 인정하지 않는다. 나와 다른 어떤 특별한 능력이 있어서 타인이 성공한 것이라고는 결코 생각하고 싶어 하지 않는다.

2022년 육군훈련소 훈련병. 대한민국의 유별난 '평등사상'은 분단 상황의 징병제 때문이라는 것이 내 문화심리학적 가설이다.

한국적 평등사상의 또 다른 이유는 징병제다. 대한민국에서 '군대'는 누구나 가야 하는 의무다. 이 같은 의무는 국민적 동의를 전제로 하고 있다. '평등'에 대한 동의가 없다면 징병제는 성립할 수 없다. 특히 분단 상황에서 언제 일어날지 모를 '전쟁'의 공포를 감당해야 하는 징병제는 '사회가 평등하다'는 전제가 흔들리면 절대 성립할 수 없는 제도다. 군대는 남자들만의 문제가 아니다. 아들을 군대에 보내야 하는 모든 엄마의 문제이기도 하다. 그래서들 그렇게 '군대 문제'에 예민한 것이다.

Unit 82.

쇼크의 기원

프로이트의 '자극방어'

화약을 사용하는 소총이라는 개인화기가 주어지고 이를 효과적으로 운용하기 위한 제식훈련이 시작되면서 보병 부대는 이전과는 전혀 다른 차원의 전력을 갖게 되었다. 폭약의 폭발력이나 총탄의 사정거리와는 비교할 수 없는 '심리적 전력'이다. 기계처럼 잘 훈련된 절도 있는 동작으로 몰려오는 보병 집단은 적에게 엄청난 공포를 야기했다. 이러한 공포는 이후 '쇼크 shock'라는 심리학 용어로 개념화됐다.

오늘날 '쇼크'는 주로 정신적 평형을 해치는 갑작스러운 장애를 지칭한다. 그러나 이 단어는 원래 군사 용어였다. 쇼크의 독일어인 'Schock'의 의미는 '불확정적인 양, 많은 사람, 무리나 병사들 무리'를 나타내는 개념이었다.125 이 '무리' 혹은 '집단'의 개념이 '갑작스러운 심리적·신체적 장애'의 의미로 바뀌게 된 것은 지크문트 프로이트의 정신분석학 때문이다.

쇼크는 보병의 제식훈련과 개인화기의 집중사격 전술이 개발됐던 18세기부터 일상용어로 존재하고 있었다. 잘 훈련된 병사들이 무리를 지어 먼 거리에서 다가오며 일제히 사격하는 '집중사격 전략'이 개발됐을 때 적들은 이제까지 느끼지 못한 엄청난 공포를 느끼게 되었다. 총과 칼로 적을 살상하는 것보다 심리적 위협이 훨씬 더 효과적인 무기였다. 쇼크에 빠진

적들은 싸워보지도 못하고 스스로 무너졌다.[126]

프로이트는 제1차 세계대전이 끝난 후에 쇼크를 자신의 자극방어 Reizschutz 개념과 연결 지어 정신분석학적 개념으로 발전시켰다. 1920년에 발표한 『쾌락 원리를 넘어서Jenseits des Lustprinzips』[127]라는 책에서 프로이트는 '자극방어'란 '위험 상황을 미리 예측하고 준비하려는 심리적 상태'라고 정의한다. 쇼크는 이 같은 심리적 예측과 준비를 뛰어넘는 외적 위협에 내던져져 어떤 심리적 방어도 작동하지 못한 결과로 나타난다는 것이다. 자극방어가 작동하지 못하는 상황이 곧 쇼크라는 이야기다.

개별 병사들이 칼이나 창으로 부딪치는 중세 시대의 전투에서는 부상을 당하는 부위가 대부분 정해져 있었다. 그러나 개인화기가 개발되고 병

제식훈련으로 무장한 프로이센 군대. 제식훈련은 차원이 다른 무기였다. 기계처럼 절제된 동작으로 밀려오는 무리는 '공포'였다. 이 경험은 후에 '쇼크'라는 심리학적 개념으로 자리 잡는다.

사 집단이 '전술 단위체'가 되는 집중사격 전략이 개발된 이후에 병사들이 당하는 부상은 이전과는 완전히 달랐다. 도대체 어느 부위에 어떻게 부상당할지 전혀 가늠이 안 되었다. 자극방어가 전혀 작동할 수 없는 이 같은 쇼크 상태는 제1차 세계대전에서 극대화됐다. 기관총, 비행기 폭격, 탱크, 독가스와 같은, 이전에는 상상도 할 수 없었던 무기들이 전쟁에 투입되기 시작했다. 도무지 예상할 수 없는 죽음과 부상의 공포에 병사들은 전투에 투입되기 전부터 쇼크로 무너져 내렸다. 제1차 세계대전에 참전한 병사들의 이 같은 공포를 프로이트는 쇼크라는 정신분석학적 개념으로 설명한 것이다. 이후 쇼크 개념은 '트라우마trauma'라는 개념으로 확장되어 설명된다.128

기마 충격 전투와 등자

볼프강 쉬벨부쉬Wolfgang Schivelbusch, 1941~는 '쇼크'라는 단어의 기원이 '충돌하다Zusammenstoßen'라고 밝힌다.129 보병의 '일제사격 전략' 이전에 '기마 충격 전투mounted shock combat'가 이미 쇼크를 유발했다는 것이다. 기마 충격 전투란 우리가 서양 기사騎士를 주제로 한 영화에서 흔히 볼 수 있는 '마상창馬上槍 시합'의 전투 자세로 싸우는 방식을 뜻한다. 말 위의 병사가 창을 겨드랑이에 끼고 적에게 돌진한다. 기병은 창의 방향을 적에게 정확히 겨누기만 하면 된다. 말이 달려가는 힘이 적에게 그대로 전달되기 때문에 인간의 힘에만 의존하는 공격과는 비교할 수 없는 파괴력을 갖는다.

기마 충격 전투가 가능하려면 '등자鐙子, Stirrup'라는 발걸이가 필수적이다. 등자가 나타나기 전까지 기병은 그리 위협적인 존재가 아니었다. 등자 없이 말 위에서 몸의 균형을 유지하는 것은 결코 쉬운 일이 아니었기 때문이다. 어릴 때부터 말을 타며 자란 유목민이 아니고서야 허벅지의 힘만으

프랑스 「바이외 태피스트리Bayeux Tapestry」에 그려진 11세기 중세 기사단의 전투 장면. '등자'에 발을 끼운 기사들이 창과 방패를 양손에 들고서 싸우고 있다. '등자'라는 아주 작은 발명품이 중세 사회를 가능케 했다고 미국 역사학자 린 화이트 주니어는 주장한다.

로 몸의 균형을 유지하며 칼과 창을 휘두르는 것은 거의 불가능했다. 적의 목을 치려고 칼을 힘껏 휘두르면 낙마하기 일쑤였다. 창으로 적을 찔러도 그 창을 다시 뽑는 일이 불가능했다. 그냥 창을 버리고 앞으로 달려 나가야만 했다. 보병이 아래에서 조금만 위협을 가해도 기병은 바로 무너졌다. 이렇게 허점 많던 기병이 등자라는 작은 기구를 사용하면서부터는 이전과 비교할 수 없이 강한 군대가 되었다.

등자를 이용해 몸의 균형을 안정적으로 유지할 수 있게 되면서 기병의 두 손은 자유로워졌다. 이제 창과 칼을 높은 위치에서 자유롭게 휘두를 수 있게 되었다. '사람의 힘'이 달려 나가는 '말의 힘'으로 대체되면서 보병은 기병의 공격을 감당하기 힘들어졌다. 보병들은 기병이 나타나면 바로 겁을 먹었다. 이 같은 '기마 충격'의 쇼크가 '무리를 이뤄 진격하는 병사들'에 의한 쇼크 이전에 이미 있었다는 것이 쉬벨부쉬의 주장이다.

'등자'라는 아주 작은 도구의 역사적 의미를 제일 먼저 제기한 학자는 미국 역사학회 회장을 역임했던 린 화이트 주니어Lynn White Jr., 1907~1987다.130 그는 아예 등자 덕분에 봉건제가 가능했다고 주장한다. '기마 충격 전투'가 가능해지면서 기병은 군대의 필수 조직이 되었다. 그러나 기병을 양성하고 유지하기 위해서는 많은 돈이 필요했다. 또한 지속적 훈련도 필요했다. 영주들만이 기병을 양성할 수 있었다. 영주는 기사에게 재산을 나눠주고, 그들로부터 군사적 보호를 약속하는 서약을 받았다. 전문적 용병인 기사가 등장한 것이다.

주군과 기사의 주종 관계에 기초한 봉건제가 이렇게 '등자'라는 새로운 기술을 통해 등장했다는 것이 화이트 주니어의 주장이다. 등자 같은 특정 기술이 사회구조 변화의 결정적 요소가 된다는 그의 주장은 큰 논란을 낳았다. '기술결정론technological determinism'이라는 것이다.131 등자가 아무리 혁명적 기술이라 할지라도 기술만으로 사회변혁을 설명할 수는 없다는 비판이다. 그러나 '기술'과 '사회변혁'이 완벽한 인과관계로 설명될 수는 없지만 깊은 상관관계를 갖는다는 점을 고려한다면, 등자와 봉건제에 관한 화이트 주니어의 주장은 매우 통찰력이 있다.

Unit 83.

문명은 직선이다

철도의 탄생

증기기관은 제임스 와트James Watt, 1736~1819가 1765년에 발명했다. '열에너지'가 '운동에너지'로 전환되기 시작한 것이다. 이른바 '산업혁명Industrial Revolution'의 시작이다. 산업혁명이라는 용어를 처음 사용한 이는 역사학자 아널드 토인비Arnold Toynbee, 1852~1883다. 역사를 '도전과 응전'이라는 개념으로 설명해서 유명해진, 이름이 똑같은 아널드 토인비Arnold Toynbee, 1889~1975는 그의 조카다. 조카에게는 미치지 못하지만 나름 유명했던 삼촌 토인비는 1884년에 출판한 『18세기 영국 산업혁명 강의Lectures on the Industrial Revolution of the Eighteenth Century in England』132라는 책에서 산업혁명이라는 용어를 처음 사용했다. 1760~1830년 사이에 영국에서 일어난 근대 경제체제로의 급격한 전환 과정을 지칭한 것이다. 그러나 이 같은 영국의 변화를 과연 '혁명'이라고 일컬을 수 있는가에 대해서는 전문가들 사이에 합의가 쉽게 이뤄지지 않는다.*133

와트의 증기기관 발명 이후 수십 년이 지난 1825년 9월 27일에 영국 스톡턴과 달링턴 구간을 달리는 철도가 세계 최초로 운행됐다. 열차를 설계한 조지 스티븐슨George Stephenson, 1781~1848이 직접 운전한 '로커모션 1호

* 산업혁명의 본질에 관해서는 Unit 85 참조.

Locomotion No. 1'는 승객 450명을 태우고 15km가 채 못 되는 구간을 달렸다. 시속 16km 정도의 속도였지만, 마지막 내리막길에서는 시속 24km까지 달렸다. 1830년에는 리버풀과 맨체스터 사이의 56km 구간이 건설되어 기차가 공식적으로 승객을 실어 나르기 시작했다.134 와트의 증기기관 등장에서 최초의 철도 운행까지는 삼촌 토인비가 설정한 영국의 산업혁명 시기와도 거의 일치한다.

리버풀·맨체스터 구간의 철도 운행은 산업혁명의 완성을 알리는 사건이었다. 리버풀은 이른바 '삼각무역triangular trade'의 중심 항구였다. 삼각무역이란 세 나라 사이의 무역을 뜻하지만, 실제로는 '노예무역'을 뜻한다. 영국 상인들은 옷감이나 무기 등을 아프리카로 싣고 가서 노예와 교환한 후, 북아메리카 대륙이나 서인도제도에 가서 노예를 팔아넘기고, 그 돈으로 그곳의 물품을 사서 영국으로 돌아왔다. 리버풀은 당시 이 같은 영국 노예무역의 종착지였다.*

1825년 영국의 스톡턴과 달링턴 구간에 설치된 철도 위를 달리는 세계 최초의 기차. 승객 450명을 태우고 약 15km 구간을 시속 16km로 달렸다.

1 리버풀과 맨체스터 사이의 챗 모스 늪지대를 관통하는 직선의 철도. 토머스 탤벗 베리 Thomas Talbot Bury, 1809~1877의 그림 「챗 모스를 가로지르는 철도View Of The Railway Across Chat Moss, 1831」
2 리버풀 지하를 관통하는 와핑 터널의 공사 장면. 토머스 탤벗 베리의 「터널The Tunnel, 1833」

리버풀 항구에는 설탕이나 차처럼 당시 영국 사회에 인기 있던 기호품들이 수입됐다. 목화도 그중 하나였다. 리버풀로 수입된 목화는 맨체스터 같은 지역으로 옮겨졌다. 수력과 증기를 이용해 옷을 생산한 맨체스터는 면직물 생산의 중심지로 크게 발전했다. 맨체스터에서 만들어진 완제품은 수출하기 위해 다시 리버풀로 옮겨져야 했다. 주로 운하를 이용했다. 그러나 당시에 독점적으로 운영됐던 운하 이용료는 터무니없이 비쌌다. 기껏 생산한 면직물의 수익을 운하 운영자들에게 다 내주는 꼴이었다. 때마침 대안이 나타났다. 철도였다.

* 삼각무역과 산업혁명의 관계에 관해 많은 논쟁이 있지만, 리버풀의 사례는 유럽의 자본주의 발전이 삼각무역의 폭력에 기초하고 있음을 잘 보여준다(조홍식 2019, p. 407 이하).

리버풀과 맨체스터 사이의 생키 브룩 계곡을 지나는 고가철도

리버풀·맨체스터 구간의 철도 공사에는 당시에 축적된 과학기술이 총동원됐다. 두 도시를 철도로 연결하기 위해서는 생키 브룩 계곡을 지나는 다리를 60개 이상 설치해야 했다. 그뿐만 아니다. 맨체스터 외곽에는 26km^2에 달하는 엄청난 늪지대가 있었다. '챗 모스Chat Moss'라 불리는 이 늪지대를 통과하기 위해 끝이 보이지 않는 일직선의 긴 둑을 쌓고, 그 위에 선로를 설치했다. 도시 아래로 터널을 뚫기도 했다. 리버풀 지하를 가로지르는 2,030m에 이르는 '와핑 터널Wapping Tunnel'이다. 세계 최초의 도시 지하 터널은 이렇게 탄생했다.[135]

신은 곡선으로 창조했고 인간은 직선으로 바꿨다

철도는 직선의 가장 대표적인 형태다. 산이 막히면 터널을 뚫고, 늪

지대에는 둑을 쌓고, 계곡에는 다리를 놓아 철도를 만들었다는 것은 산업혁명의 본질을 아주 분명하게 보여준다. '직선'이다! 자연 상태에서 직선을 발견하기란 매우 어렵다. 직선은 지극히 인간적인 창조물이다. 철도가 산업혁명의 상징이 되는 이유는 바로 직선이기 때문이다.136 철도는 기술적으로 결코 '곡선'일 수 없다. 철도는 곡선이라는 자연의 저항을 뚫고 달려야 했다. 우선 바닥의 곡선, 즉 요철로 평탄치 않은 지형을 평평하게 해야만 했다. 곡선의 자연은 가장 빠르고 효율적인 직선으로 개조됐다.

철도의 방향 또한 직선이어야만 했다. 철도에서 곡선 방향은 곧 '선로 이탈'을 의미한다. 3차원 공간을 2차원으로 표현한 원근법의 회화처럼, 철도는 3차원 공간을 2차원의 직선으로 연결했다. 끝없이 이어지는 철도의 평행선이 '원근법적 소실점'의 대표적 사례가 되는 이유도 바로 이 때문이다.* 직선은 인간의 문명이 이뤄낸 가장 위대한 성과였다. 동물의 힘에 의지한 과거의 동력은 '매끈함, 견고함, 평탄함, 직선'이라는 네 가지 특징을 가진 기계 동력으로 대체됐다.

직선은 인간의 창조 영역이다. 곡선으로 세상을 창조한 신처럼, 인간도 직선으로 자신들의 세상을 창조하기 시작했다. '반복 가능한 것'은 언제든 '예측 가능한 것'이고 '통제 가능한 것'이라는 근대적 세계관은 '직선'에 기초하고 있다. 직선이 인간 문명의 본질임을 지적한 이는 오스트리아의 화가이자 건축가인 프리덴스라이히 훈데르트바서Friedensreich Hundertwasser, 1928~2000였다. 물론 그는 직선을 아주 많이 혐오했다. 그는 1958년에 발표한 『곰팡이 선언문Verschimmelungsmanifest』**에서 '직각'과 '직선'의 근대 합리주의

* 에른스트 곰브리치는 '원근법은 폭력'이라고까지 주장했다(Gombrich & Gombrich 1994, p. 258).

** 원제목은 '건축에 있어서 합리주의에 반대하는 곰팡이 선언문Verschimmelungsmanifest gegen den Rationalismus in der Architektur'이다.

직선의 철로. 신이 곡선으로 세상을 창조했다면, 인간은 직선으로 자신들의 세상을 바꿨다.
철도가 시작이다.

오스트리아 빈의 중심가에 있는 로스 하우스. 주변의 다른 건축물과 확연히 구별되는 단순한 직선의 건물이다. 이 건물을 설계한 로스는 '장식은 범죄'라고 주장했다.

와 기능주의를 신랄하게 비판했다. 훈데르트바서의 기능주의 비판은 빈이라는 근대 건축 및 예술의 실험실을 배경으로 한다. 20세기 초반, 오스트리아 빈은 모더니티가 가장 적극적으로 실험된 곳이었다.

독일식 '아르누보'인 '유겐트슈틸'이 식물의 곡선을 적극적으로 수용하는 장식을 추구했을 때, 이를 가장 격렬하게 비판한 이는 아돌프 로스였다. 체코슬로바키아 출신으로 빈에서 건축가로 활동하던 로스는 모든 종류의 장식을 배제한 건축을 추구했다. 건축보다도 건축비평, 예술비평으로 더 유명했던 그는 "장식은 범죄다Ornament und Verbrechen"라는 과격한 주장을 펼쳤다. 로스의 이 같은 주장은 당시 빈을 대표하는 예술가 집단이었던 '제체시온'을 통째로 거부하는 것이었다. 로스의 건축 철학은 후에 르코르뷔지에나

오스트리아 빈의 훈데르트바서 뮤지엄인 쿤스트 하우스. 로스와는 정반대로 훈데르트바서는 "직선은 비도덕적이다"라고 주장했다. 그는 집의 거주자가 자기 마음대로 창문 주변을 장식할 수 있는 '창문 권리'를 주장하기도 했다.

1943년의 독일 '아우토반(왼쪽)'과 프랑크푸르트 인근의 현재 '아우토반(오른쪽)'. 수십 년이 지났지만 아우토반의 '직선'은 변함이 없다. 직선의 '철도'는 근대 도로의 전형이 되었다. 과거에 곡선이던 도로는 이제 철도처럼 직선으로 건설됐다.

발터 그로피우스의 바우하우스가 추구했던 기능주의 건축의 토대가 된다. 요즘 유행하는 '미니멀리즘'은 바로 이 기능주의적·비장식적 예술의 흐름을 계승한다고 할 수 있다.

훈데르트바서는 바로 이 기능주의 건축과 모더니즘 예술을 직선이라며 비판한 것이다. 유겐트슈틸과 제체시온의 전통으로 회귀하자는 주장이기도 하다. 그는 "직선은 무신론적이며 비도덕적이다Die gerade Linie ist gottlos und unmoralisch"라고 비판하며 그 대안으로 신이 창조한 '착한 곡선guten Kurve'에 기초한 장식을 강조했다. 그는 '창문 권리Fensterrecht'를 주장하기도 했다. "모든 사람은 자기 집을 둥그렇게 장식하고, 창문에 기대어 손이 닿는 범위에서 창문 주변의 벽을 자기 마음대로 색칠할 수 있는 권리"가 있어야 한다는 것이다.137 지금도 빈에서는 집의 임대차 계약서에 훈데르트바서의 '창문 권리'를 넣는 경우가 종종 있다.

도로는 직선이어야 하고 평평해야 한다는 근대 공학의 원리를 아주 이상적으로 구현한 철도는 기존 도로에 대한 관념도 바꿨다. 예전 도로는 강이 있으면 강을 따라 구불구불하게 달렸다. 산이 있으면 비탈을 피해 한참을 돌아서 올라갔다. 그러나 직선의 철도가 나타나면서 도로도 직선으로 뚫리기 시작했다. '고속도로'다. 고속도로가 처음 생긴 곳은 독일이다. 1932년 8월 개통된, 쾰른과 본 사이를 연결하는 도로였다. 당시에는 '교차로 없는 자동차 길kreuzungsfreie Kraftfahrstraße'이라 불렀다.138 어느 순간부터 사람들은 이 긴 단어 대신 '아우토반Autobahn'이라는 단어를 사용하기 시작했다. 아우토반은 철도를 뜻하는 '아이젠반Eisenbahn'에서 나왔다. 철도처럼 도로도 평평하고 직선으로 만들겠다는 이야기다.*

* 오늘날 독일의 아우토반은 아돌프 히틀러의 작품으로 여겨진다. 실제로 히틀러는 권력을 잡은 지 12일 만에 독일 전역을 고속도로로 연결하겠다는 '아우토반 프로젝트'를 발표했다(Asholt 2007, p. 109).

Unit 84.

4차 산업혁명 같은 것은 없다!

전혀 혁신적이지 않은 개념, 4차 산업혁명

사방에서 '4차 산업혁명'을 부르짖는다. 도대체 1차, 2차, 3차 산업혁명의 내용이 무엇인지 아는 이는 별로 없다. 그래서 찾아봤다. 4차 산업혁명을 처음 들고나온 클라우스 슈바프Klaus Schwab, 1938~의 책은 그 순서를 다음과 같이 정리하고 있다. 우리가 흔히 산업혁명이라 일컫는 1차 산업혁명은 1760년대 영국에서 일어난, 증기기관으로 대표되는 기계혁명을 의미한다. 2차 산업혁명은 대략 19세기 말에서 20세기 초까지 진행됐다. 2차 산업혁명의 핵심은 전기와 생산 조립 공정이다. 3차는 20세기 중반에 시작된 컴퓨터와 인터넷 혁명이다. 그리고 4차 산업혁명은 '유비쿼터스 모바일 인터넷ubiquitous and mobile internet'과 인공지능을 기반으로 21세기에 시작됐다고 슈바프는 주장한다.139

4차 산업혁명이라는 개념을 주장한 클라우스 슈바프는 참으로 창의적인 사람이다. 사물인터넷, 클라우드 컴퓨팅, 자율주행, 3D 프린팅, 인공지능 등등과 '4차'라는 숫자를 편집해 느닷없이 세계적 '석학(!)'으로 거듭났기 때문이다. 사실 슈바프는 학문적 정체가 그리 분명치 않다. 원래 엔지니어였다. 스위스 취리히연방공과대학에서 기계공학으로 박사 학위를 받았다. 그 후, 프리부르대학에서 경제학으로 박사 학위를 받고 제네바대학에서 교수 생활을 했다. 그러나 그가 걸어온 전체 삶의 행로를 살펴보면 학자라기보다는 비즈니스맨에 가깝다.

1971년, 그는 '유럽 매니지먼트 콘퍼런스'를 창립하여 유럽에 미국식 '매니지먼트'라는 개념을 소개했다. 1979년부터는 매년 국가들의 경쟁력 순위를 매기는 『국가 경쟁력 보고서Global Competitiveness Report』를 출간하여 주목을 받았다. 아주 훌륭한 전략이었다. 국가의 '순위'에 관심을 가지지 않을 나라는 별로 없기 때문이다.

평가 기준이 어떤 것인가에는 관심 없다. 몇 등인가가 중요하다. 바로 이 부분에 착안하여 국가별 순위를 매긴 슈바프의 성공은 계속된다. 이른바 '다보스 포럼Davos Forum'이다. 그는 『국가 경쟁력 보고서』의 성공을 매개로 1987년에는 유럽 매니지먼트 콘퍼런스를 확대하여 '세계 경제 포럼World Economic Forum'을 열었다. 다보스 포럼이라고도 불리는 세계 경제 포럼은 슈바프의 최고 히트작이었다. 다보스 포럼은 세계 각국의 전·현직 대통령을 포함한 유명 정치인과 경제장관, 교수, 언론인들이 매년 스위스의 시골 휴양지 다보스에서 모여 세계 경제 현안을 토론하는 최고급 '사교 클럽'이 되었다. 이곳을 다녀오지 못하면 '글로벌 지식인'으로 인정받지 못하는 분위기다.

아주 성공한(?) 비즈니스맨 슈바프는 '4차 산업혁명'이라는 캐치프레이즈로 일약 세계적 석학으로 인정받는다. 그러나 '4차 산업혁명'이 그렇게 인정받을 수준의 개념은 아니다.

수천만 원에 이르는 포

럼 참가비는 일반인이 감당할 수 있는 수준이 아니다. 돈을 낸다고 참가 자격이 자동으로 주어지는 것도 아니다. 회사 매출액이 포럼에서 정하는 국제적 수준에 올라야만 참가 자격이 주어진다. 비영리단체인데도 세계적으로 가장 뜨거운 정치적·경제적 사안들에 대한 논의가 이뤄진다. 21세기에 도무지 비교할 만한 대상이 없을 만큼 화려한 다보스 포럼이지만, 정작 이렇다 할 만한 구체적 미래 예측이나 정치적·경제적 대안 제시가 없다는 비판을 받았다. 고심하던 슈바프는 2016년에 4차 산업혁명이라는 야심 찬 개념을 발표했다.

사실 4차 산업혁명은 독일에 이미 존재하던 '인더스트리 4.0Industrie 4.0'이라는 개념에서 끌어온 것이다. 인더스트리 4.0은 2011년 하노버 박람회에서 처음 소개된 개념이다. 독일 화학자 헤닝 카거만Henning Kagermann, 1947~ 등은 하노버 박람회에서 한계가 분명해 보이는 독일 제조업의 미래를 진단하며 인더스트리 4.0이라는 개념으로 준비할 것을 요구했다. 즉 '사물

독일의 '인더스트리 4.0'. '4차 산업혁명'은 막다른 길에 몰린 독일 제조업의 탈출구를 마련하기 위해 제시된 '인더스트리 4.0'을 흉내 낸 개념이다.

인터넷' 같은 생산과정의 디지털화를 통해 제조업의 자동화를 서둘러 실시하지 않으면 독일 제조업의 미래는 없다는 주장이다. 1차 증기기관, 2차 자동화되는 생산과정, 3차 인터넷 같은 것은 이때 다 나온 내용이다.140 이후, 독일 정부나 경제계는 인더스트리 4.0이라는 개념하에 '정보통신기술'과 '제조업'의 통합을 적극 추진하기 시작했다. 슈바프는 바로 이같이 독일에서 전문가들 사이에 회자되던 '인더스트리 4.0'이라는 개념을 '4차 산업혁명'이라는 개념으로 살짝 바꿔 다보스 포럼에 소개한 것이다.

슈바프의 의도는 적중했다. 미래 변화에 대한 대중의 막연한 불안감을 아주 효과적으로 구체화했기 때문이다. 불안감을 부추기는 데는 앨빈 토플러Alvin Toffler, 1928~2016의 '물결wave' 개념보다 '혁명'이 훨씬 더 효과적이었다. 농업이라는 '제1의 물결'과 산업혁명이라는 기술혁신의 '제2의 물결'을 지나서 '정보화'라는 '제3의 물결'이 밀려온다고 말한 토플러의 주장은 디지털 혁명이 막 시작되던 1980년대에 큰 반향을 일으켰다.141 슈바프는 다보스 포럼에 모인 전 세계 정치, 경제, 학계 리더들에게 혁명을 언급하며 오늘날의 급격한 변화를 설명했다. 그의 4차 산업혁명 개념은 칼럼과 책을 통한 토플러의 주장보다 훨씬 빨리, 그리고 매우 효과적으로 전달됐다. 한국 사회에는 혁명의 불안감이 더욱 강력하게 전달됐다. 박근혜 정부의 몰락과 겹쳤기 때문이다.

'4차 산업혁명'은 왜 대한민국에서만 회자되는가?

지구상 어떤 나라보다 한국에서 4차 산업혁명은 매우 특별하게 논의된다. 그 이유를 자세히 들여다보면 흥미롭다. 매우 정치적인 개념이 되었기 때문이다. 결론부터 이야기하자면, 4차 산업혁명 개념이 느닷없이 부상한 것은 순전히 박근혜 정부의 몰락 때문이다. 박근혜 정부의 몰락은 한국 사회에서 산업화 세대의 몰락을 의미한다.

20세기 한국 사회는 '산업화 세대'와 '민주화 세대'의 대립과 충돌로 설명할 수 있다. 그러나 21세기에 들어서면서 두 세력의 대립은 변증법적으로 마무리됐어야 한다. 둘 다 사라졌어야 한다는 이야기다. 그러나 산업화 세대의 우상인 박정희 대통령의 딸 박근혜가 21세기에 다시 권력을 잡았다. 뒷전으로 물러났던 산업화 시대의 인재들이 다시 등용됐다. 정책은 과거로 회귀했다. 그런데 박근혜 정부는 뜬금없는 '창조 경제'를 부르짖었다. 바로 이 모순적 상황에서 박근혜 정부의 몰락이 시작된 것이다.

대통령이 되면 누구나 자신이 가장 잘 아는 분야에 집중한다. 김대중 대통령은 통일 대통령이 되고 싶었다. 대통령이 되자마자 '통일원'을 '통일부'로 개칭하고 자신의 정책적 역량을 집중했다. 대한민국 대통령으로서는 처음으로 북한을 방문하기도 했다. 스스로 컴퓨터 프로그램을 개발하기도 했던 노무현 대통령은 정보통신부에 특별한 관심을 보였다. 삼성전자 사장을 정보통신부 장관으로 임명하는 파격적 조치를 취하기도 했다. 이명박 대통령은 전임자가 공을 들여 키웠던 정보통신부를 해체했다. 그리고 '국토해양부'를 신설했다. 자신이 가장 잘 아는 분야가 건설이기 때문이다. 그는 현대건설 사장 출신이다. 어쨌거나 모든 대통령은 자신이 잘 안다고 생각하는 분야에 관심을 집중했다. 그런데 희한한 일이 일어났다.

박근혜 대통령이 2013년에 '미래창조과학부'를 만든 것이다. '미래'도 모호한데 '창조'와 '과학'까지 붙여서 새로운 부처를 만들었다. 박근혜 대통령의 과거 행적과 미래, 창조, 과학의 연관성은 찾을 수 없었다. 그러나 박근혜 대통령의 행보는 멈추지 않았다. '창조 경제'를 부르짖으며 전국을 돌아다녔다. 가는 곳마다 '창조경제혁신센터'를 만들었다. '창조'와 '문화'를 결합한다며 뮤직비디오 감독에게 국가 창조 경제의 기획을 맡겼다. 누가 그 부처의 장관이었는지 기억하는 사람은 거의 없다. 그 빈틈으로 '말 타는 소녀'를 불법으로 지원하는 일까지 벌어졌다. 창조 경제를 압축 성장의 산업화 시대 방식으로 시도했던 것이다. 그 결과는 우리가 아는 그대로다.

한국 사회에서 4차 산업혁명이 난무하는 이유는 바로 이 때문이다. 창조 경제, 창조 경영, 창조 사회 같은 개념들이 몰락한 박근혜 정부의 언어였기 때문이다. 그 대안이 필요했다. 때마침 4차 산업혁명이 나타난 것이다. 아주 절묘했다. 새로운 대통령을 뽑는 선거 기간 내내 후보자들은 너나 할 것 없이 4차 산업혁명을 부르짖었다. 문재인 정부가 들어서자 대통령 직속 '4차산업혁명위원회'가 만들어졌다. 참으로 황당하다. 산업화 시대의 완벽한 몰락과 더불어 등장한 문재인 정부가 지극히 낡은 산업화 시대의 구호인 '산업혁명'을 또다시 부르짖었기 때문이다.

4차 산업혁명은 대중을 호도하기 아주 쉬운 개념이다. 일단 숫자가 들어가면 사람들은 뭔가 객관적이라고 느낀다. 더구나 4차까지 진행됐다니

문재인 정부의 대통령 직속 '4차산업혁명위원회'. 박근혜 정부가 몰락한 후, 한국 사회에서 '창조 경제'는 기피 단어가 되었다. 때마침 '4차 산업혁명'이라는 개념이 '다보스 포럼'에서 제시됐다. 문재인 정부는 '4차산업혁명위원회'를 대통령 직속 기관으로 출범시켰다. 그러나 이 위원회 또한 아무 하는 일 없이 문재인 정권 5년을 보냈다.

더욱 믿을 만하다고 생각한다. 그러나 아무도 그 내용이 뭔지 구체적으로 묻지 않는다. '4차' 뒤에 따라붙는 '산업혁명'은 개념을 더욱 신뢰하게 만들어준다. 증기기관이 발명된 산업혁명은 아주 당연한 사실로 여겨지기 때문이다. 그래서 다들 아무 생각 없이 4차 산업혁명을 받아들였던 것이다.

그러나 '혁명'이라고 하려면 도대체 이전 시대와 어떻게 투쟁하고, 새로운 가치가 어떻게 만들어졌는가를 물어야 한다. 그러나 4차 산업혁명과 연관되어 떠오르는 '살부'*의 기억은 전혀 없다. 4차 산업혁명은 산업혁명 이후에 지속된 기술 발전의 일부에 불과할 뿐이다. '4차' 아니라 '10차', '100차' 단계에 이르렀더라도 '산업혁명'이라는 낡은 개념으로는 결코 오늘날의 이 엄청난 변화를 설명할 수 없다.

* '살부'와 혁명에 관해서는 Unit 90 참조.

Unit 85.

니덤의 질문

'산업혁명'이 아니다. '지식 혁명'이다!

아날로그에서 디지털로의 이행이 가져온 오늘날의 변화를 산업혁명이라는 표현으로 뭉뚱그려 정리하는 것은 아주 무모한 일이다. 일단 우리가 지극히 당연하게 여기는 '1차 산업혁명'이 과연 '산업혁명'인가에 대한 비판이 매우 거세다. '혁명'이란 단기간에 이뤄지는 격렬한 변화를 일컫는 말이다. 그러나 영국에서 증기기관의 발명으로 촉발된 변화가 과연 혁명이라고 일컬을 만큼 급격한 변화였느냐는 비판이다. 증기기관 같은 기계들이 어느 날 갑자기 하늘에서 뚝 떨어진 것이 아니기 때문이다.* 산업혁명이라 일컬어지는 영국 사회의 변화는 유럽 르네상스에서 시작된, 그리고 아주 서서히 진행된 기술혁신 과정의 일부에 불과하다는 것이다.

왜 하필 영국에서 산업혁명이 일어났는가에 대한 논의도 쉽게 합의를 얻지 못한다. 산업혁명이 영국만의 독특한 발전 과정이라는 주장을 '영국 예외주의British exceptionalism'라고 한다.142 예를 들어 명예혁명이나 다른 나라들에 앞선 사유재산권 보호 제도 같은 영국의 특수성이 영국의 산업혁명을

* 산업혁명의 '혁명성'에 관한 논의는 당시 사회 변화의 연속성과 단절성의 논의로 이어진다. 오늘날에는 장기간에 걸친 연속적 변화로 봐야 한다는 주장이 힘을 얻는 추세다. 혁명이 아니라는 이야기다(송병건 2008, p. 298).

1868년 독일 켐니츠의 공장. 왜 영국에서 '산업혁명'이 일어났는가에 대한 기존의 설명은 독일 같은 후발 산업화 국가들의 발전 과정을 제대로 설명하지 못한다. 영국처럼 높은 임금의 노동력과 풍부한 석탄 생산량이 우연하게 결합하여 산업화가 일어난 것이 아니기 때문이다.

가능케 했다는 주장이다. 외부 문물에 개방적이었던 영국 문화가 주된 원인이라기도 하고, 농업경제 의존도가 다른 나라들에 비해 낮았기 때문이라기도 한다. 심지어는 영국의 '장자 상속제'가 산업혁명을 가능케 했다는 주장도 있다. 유럽의 다른 나라들에 비해 장자 상속 전통이 유난했던 영국에서 장자 이외의 자손들이 영국 사회의 변화를 앞당겼다는 것이다. 장자가 아닌 이들이 어릴 때 경험했던 경제적 풍요를 유지하기 위해 상업이나 수공업에

진출하여 더욱 열심히 일했다는, 특이하지만 아주 흥미로운 학설이다.[143]

노동, 자본, 토지, 천연자원같이 생산과 관련한 보편적인 경제학적 변인들로 산업혁명을 설명하기도 한다. 18세기 중반에는 영국의 임금이 다른 나라들에 비해 상대적으로 높았고, 반대로 석탄 가격이 상당히 낮았던 우연적 상황이 영국에서 산업혁명이 일어나게 된 근본 원인이라는 것이다. 영국의 경우, 낮은 농업 생산성이 높은 식량 가격을 낳았고, 높은 식량 가격은 높은 임금으로 이어졌다. 반면 인도나 중국의 경우, 농업에서 높은 생산성을 유지했다. 중국 농부들은 1년에 이모작, 삼모작까지 할 수 있는 탁월한 농업기술을 확보하고 있었다. 토지가 비옥해질 때까지 휴경지를 확보해야 하는 영국에서는 상상할 수 없는 일이었다. 아시아에서는 영국과는 반대의 과정이 일어났다. 높은 농업 생산성은 낮은 식량 가격을 낳았고, 낮은 식량 가격은 상대적으로 낮은 임금으로 이어졌다.[144]

높은 임금과 더불어 '극도로 비효율적인 증기기관에 무제한으로 석탄을 공급할 수 있는' 영국의 지리적 조건이 우연적으로 만나 산업혁명이 일어났다는 '영국 우연론'은 상당히 설득력이 있다. 영국의 경우, 도시화와 더불어 주요 에너지원이었던 목탄 가격이 급상승한 반면, 매장량이 많은 석탄은 대부분 얕은 곳에 매장되어 있었기 때문에 석탄을 캐내기 위한 비용이 그리 많이 들지 않았다.

1800년대 영국의 석탄 생산량은 세계 석탄 생산량의 90%에 달했다. 비싼 임금 탓에 노동력의 사용은 줄이고, 대신 석탄은 무한정 쓸 수 있었던 영국의 우연적 상황이 증기기관 같은 기계의 도입을 유도했고, 그 결과 산업혁명이 가능했다는 것이다.[145] 인도나 중국의 경우, 임금은 낮고 노동력은 풍부하여 증기기관을 발명하고 사용해야 할 이유가 전혀 없었다. 이처럼 '영국 우연론'은 다른 나라들과의 비교를 통해 영국의 경제구조가 상대적으로 기계를 도입하는 데 유리한 측면이 있었음을 강조한다. 그러나 영국 우연론 또한 문제가 없는 것은 아니다. 영국 이후에 산업혁명을 이룬 기타 유럽 국가들에 대한 설명이 불가능하기 때문이다. 후발 산업화 국가들은 영국처럼 고임금 구조이거나 석탄 자원이 풍요롭지 않았다. 산업혁명을 단순히 생산요소로만 설명할 수도 없다는 이야기다.

미국 노스웨스턴대학 경제학과 교수 조엘 모키르Joel Mokyr, 1946~는 제3의 설명을 내놓는다. 산업혁명의 원인을 '산업계몽주의'에서 찾아야 한다는 것이다.146 합리적 세계관으로 무장한 '계몽주의'는 당시 큰 발전을 이루던 자연과학적 지식을 실생활에 유용한 '실용적 지식useful knowledge'으로 바꿨다. 이른바 산업계몽주의다. 산업혁명과 산업계몽주의의 관계에 관한 모키르의 설명은 이제까지의 산업혁명에 대한 설명을 뒤집는 매우 획기적 주장이다. 산업혁명이 아니라 '지식 혁명'이라는 주장이기 때문이다. 특히 당시의 지식 혁명을 이끌었던 '편지공화국'의 역할에 관한 모키르의 주장은 매우 흥미롭다. 모키르의 지식 혁명에 대한 설명에 앞서, 보다 근본적인 의문 하나를 풀고 가야 한다. 왜 동양에서는 산업혁명이 일어나지 않았을까?

중국에서는 왜 산업혁명이 일어나지 않았을까?

18세기까지만 하더라도 중국은 세계에서 가장 부강한 나라에 속했다. 유럽이 중국의 선진 문물을 받아들이기에 여념이 없었던 시절도 있다. 그러나 산업혁명은 서유럽이 중국을 비롯한 동아시아를 경제적·군사적으로 뛰어넘는 결정적 계기가 된다. 이후 중국을 비롯한 아시아 국가들은 대부분 서유럽 국가들의 식민지로 전락했다. 오늘날까지도 미국과 유럽 주도의 세계 질서는 여전히 유지되고 있다. 영국 경제학자 앵거스 매디슨Angus Maddison, 1926~2010은 1인당 국내총생산GDP per capita을 비교하여 서유럽 국가들의 느닷

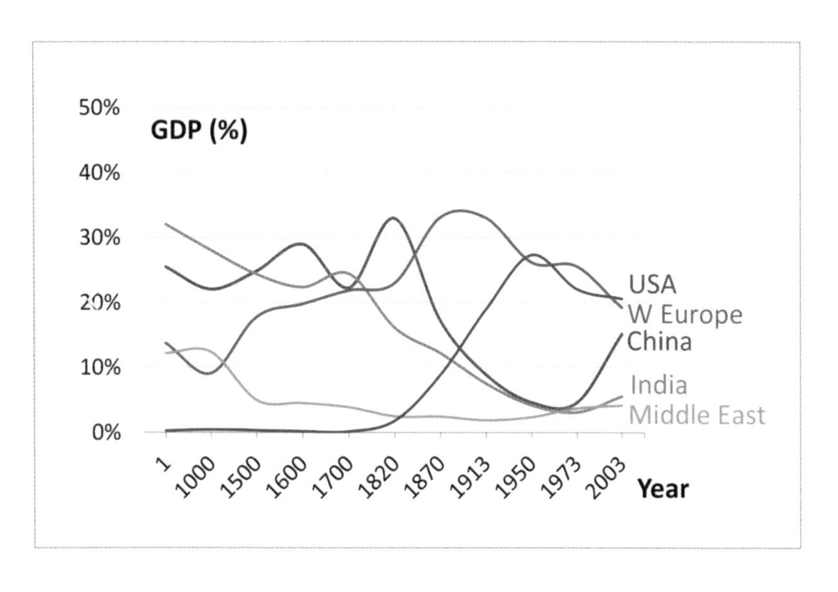

기원후 2003년까지의 주요 국가별 국내총생산 변화

없는 경제성장을 위처럼 시각적으로 분명하게 보여준다.147

동서양 격차가 벌어지는 이 결정적 시기를 가리켜 시카고대학 역사학과 교수인 케네스 포메란츠Kenneth Pomeranz, 1958~는 '대분기The Great Divergence'라고 명명했다. 포메란츠는 대분기 시점을 18세기 중반 이후로 잡는다.148 '유럽의 기적'이라고도 불리는 대분기를 어떻게 설명해야 할까? 이 질문은 다음과 같은 질문으로 이어진다. 영국에서 시작해서 서유럽 전체로 퍼져나간 산업혁명*이 왜 동양에서는 일어나지 않았을까?

사실 이 같은 질문은 20세기 중국의 경제적 급성장과도 깊은 관련이 있다. 중국의 경제성장은 일본이나 한국의 경제성장과는 전혀 다른 의미

* 앞서 이야기한 대로 '산업혁명'은 논란의 여지가 많은 개념이다. 그러나 이 책에서는 불필요한 혼란을 피하기 위해 그대로 사용하기로 한다.

를 갖는다.* 중국이 개방·개혁 정책을 취하기 전까지, 그리고 유럽과 미국을 위협하는 경제 대국이 되기 전까지 동양에 대한 서양의 우월함은 당연한 것 같았다. 역사의 발전을 '단선론적'으로 파악하는 서구 중심적 세계관에서 중국을 비롯한 아시아 국가들은 서구의 발전 과정을 그대로 따라야 한다고 여겨졌다. 구태여 서유럽의 발전과 중국의 발전을 비교할 필요가 없었다. 그러나 중국의 경제적 급성장으로 인해 이 같은 서구 중심적 역사관은 의문시되기 시작했다.

일본이나 한국의 경제적 성장은 미국의 지원을 빼놓고 설명하기 어렵다. 서구 중심적 세계관을 수정할 만큼 위협적인 것은 아니었다는 이야기다. 그러나 중국의 경우는 질적으로 달랐다. 느닷없는 중국의 경제성장으로 인해 서구 사회는 '서구의 우월함(?)'이 당연한 것이 아님을 깨닫게 된 것이다. 서구의 우월함이란 역사의 어느 한 시기부터 시작됐으며, 그 기간 또한 지난 200여 년에 불과하다는 것이다.

왜 중국에서는 산업혁명이 일어나지 않았을까? 이 질문을 대중적 어젠다로 처음 제기한 이는 영국의 생화학자이자 역사학자인 조지프 니덤 Joseph Needham, 1900~1995이다.[149] 그 이전까지 중국에는 '과학'이란 없었다고 다들 생각했다. 과학이란 오로지 서유럽인의 창조물이었다는 것이 '상식'이었다. 이 같은 상식에 반기를 든 사람이 바로 니덤이었다. 1940년대 초, 우연한 기회에 중국을 방문하여 수년간 체류한 니덤은 중국인들의 과학적 지식이 자신들의 그것과는 근본적으로 다를 수 있다는 사실을 깨닫는다. '중국에는 과학이 없다'라는 당시 유럽인들의 상식과는 전혀 다른 가설, 즉 '중국의 과학은 서구의 과학과 다르다'라는 생각을 하게 된 것이다. 중국에 대한

* 일본과 한국의 경우, 미국을 주축으로 하는 서구 자본주의 체제 내에서의 성장이었다. 그러나 중국은 다르다. 오늘날 중국의 경제성장과 관련된 논의는 오래된 동양과 서양의 이분법을 여전히 유지하고 있기 때문이다.

니덤의 관심은 이미 결혼해 있던 니덤 앞에 어느 날 갑자기 나타난 중국 여인 루궤이전魯桂珍, 1904~1991과의 '공개된 사랑'도 한몫했다. 니덤과 마찬가지로 생화학자이자 역사가였던 그녀는 평생 니덤의 훌륭한 조력자가 된다.

니덤은 귀국해서 이 같은 의문을 해결하려는 프로젝트를 케임브리지대학출판부에 제안한다. 이른바 '중국의 과학과 문명Science And Civilisation In China'이라는 제목의 시리즈다. 처음에는 1권으로 쓰려 했던 책이 7권으로 늘어났다. 중국 과학에 관한 개론 및 역사로 시작한 책은 수학, 천문학, 지리학, 물리학, 화학, 생물학을 포괄하는 방대한 분량의 책이 되었다. '중국의 과학과 문명'에 관한 니덤의 프로젝트는 니덤의 사후에도 여전히 진행 중이다.**

** 처음에는 두터운 한 권의 책으로 구상했지만, 조지프 니덤은 곧 7권으로 출판 계획을 수정했다. 하지만 시간이 갈수록 연구 내용이 방대해지면서 이 계획도 수정됐다. 그 결과, 제4권은 3권의 책으로, 제5권은 총 13권의 책으로, 제6권 역시 총 6권의 책으로 분화됐고, 제7권은 2권으로 분화됐다. 현재까지 총 27권의 책이 출간됐다. 연구는 아직도 진행 중이다(이문규 2017, p. 83 이하).

루궤이전, 니덤, 그리고 그의 부인 도로시. 루궤이전은 니덤의 '중국의 과학과 문명' 프로젝트에 평생 함께했다. 둘의 사랑은 도로시도 용인했다.

니덤은 중국의 전통 과학이 적어도 16세기 이전까지는 서구 과학에 뒤떨어지지 않았음을 주장한다. 특히 수학이나 천문학 같은 영역에서는 동시대 서양의 과학 지식을 훨씬 뛰어넘었다는 것이다. 그러나 중세까지 그렇게 앞섰던 중국의 과학이 어느 순간부터 정체되기 시작했고, 마침내는 서구의 근대과학보다 훨씬 뒤처지게 되었다. "왜 중국 과학은 중세에 머물렀을까?" 바로 이 부분이 '니덤의 퍼즐The Needham Puzzle' 혹은 '니덤의 질문The Needham Question'이라 일컬어지는 의문이다. 니덤의 질문은 계속된다.

왜 중국에서는 과학혁명이 발생하지 않았는가? 왜 중국 과학은 근대과

중국의 제지술 과정을 묘사한 그림. "15세기까지 최고의 과학기술을 자랑한 중국에서는 왜 산업혁명이 일어나지 않았을까?"라는 니덤의 질문은 근본적으로 잘못됐다는 비판도 제기됐다. '산업혁명'이라는 지극히 서유럽적인 사건이 왜 중국에서 일어나지 않았느냐고 묻는 것이기 때문이다.

학으로 발전하지 못했는가? 어떤 요인이 중국 과학이 근대과학으로 나아가는 것을 방해했을까? 만약 그런 요인이 있었다면, 그럼에도 불구하고 왜 중국 과학은 15세기까지만 높은 수준을 유지할 수 있었을까? 어떤 것이 근대과학이 시작된 유럽만의 고유한 요인이었을까?[150]

니덤은 자신의 질문에 대해 여러 대답을 시도했지만 가장 중요한 원인으로 중국의 '관료 사회'를 든다. 상업과 자본에 대한 봉건적 관료 사회의 부정적 태도가 중국의 사회경제적 변화에 대한 저항으로 나타났다는 것이다. 아울러 수학, 천문학, 화학 같은 학자들의 '과학적 지식'이 장인들의 '실용적 지식'과 결합하지 않았던 부분도 중요한 요인으로 지적한다.[151]

Unit 86.

산업계몽주의

'꿀벌'은 실용적 지식을 만들어낸다

'니덤의 질문'이 근본적으로 잘못됐다는 비판도 있다. '산업혁명'이라는 지극히 유럽적인 사건이 '왜 중국에서 일어나지 않았느냐'고 묻는 것 자체가 말도 안 된다는 것이다. '왜 내 아들처럼 뛰어난 녀석이 옆집에서는 안 태어났느냐'고 묻는 것과 마찬가지라는 이야기다. '내 아들'이 어떻게 그토록 뛰어나게 되었는가를 설명하면 될 일을, 옆집 아들이 왜 내 아들처럼 훌륭하지 못한가를 설명하려는 시도 자체가 매우 불순한 의도를 가진 것 아니냐는 반론이다. 조지프 니덤의 유난스러운 '중국 사랑'에도 불구하고 그의 질문은 유럽중심주의에서 한 치도 벗어나지 못했다는 비판이다.*

『대분기』를 저술한 케네스 포메란츠는 전혀 다르게 대답한다. 일단 수많은 자료를 근거로 단언하듯 그는 주장한다. 영국의 산업혁명은 전적으로 '우연'에 불과하다는 것이다. 그 우연이란 바로 '석탄'이다. 그것도 지표면에서 낮은 곳에 위치한 '노천 탄광'의 존재가 영국 산업혁명의 원인이라는 것이다.152 여기에 원자재를 싸게 공급할 수 있었던 영국 식민지의 존재 또

* 산업혁명이 유럽만의 '그 산업혁명'을 가리키는 것이 아니고, 중국에도 나름의 '산업혁명'이 있었다는 주장도 있다. 산업혁명이 유럽만의 고유 현상이 아니라는 것이다(Hart 2013, p. 45 이하).

한 큰 역할을 했다. 이 맥락에서 포메란츠와는 전혀 결이 다른 주장을 펼치는 조엘 모키르의 『성장의 문화』153는 상당히 주목할 만하다.

모키르는 이제까지의 산업혁명에 대한 설명과는 근본적으로 다른 해석을 시도한다. 산업혁명은 영국만의 현상이 아니고 서유럽 전역에 걸쳐서 일어난 현상이며, 그 원인은 방직기계와 증기기관의 발명이 아니라 '산업계몽주의'라는 '지식의 편집'에 있다는 주장이다.** 아울러 모키르도 산업혁명에 대한 자신의 해석을 근거로 '니덤의 질문'에 대답하려고 시도한다. 산업혁명의 원인이 '지식의 혁신'에 있다는 주장과 함께 '지식의 편집과 전승'이라는 관점에서 동서양의 차이를 해석하는 그의 설명은 매우 흥미롭다.*** 에디톨로지적 측면에서는 더욱 그렇다.

모키르는 산업혁명이 서유럽에서 일어난 이유를 '실용적 지식'에 대한 서유럽 지식인들의 극적 태도 변화에서 찾는다. 18세기 후반에 시작된 유럽의 계몽주의는 '이성'과 '진보'의 정치적 신념이다. 그러나 보다 본질적인 측면에서 보자면, 계몽주의는 '실증주의'에 기초한 전방위적 인식 혁명이기도 하다. 이 같은 인식 혁명은 하루아침에 이뤄진 게 아니다. 영국의 프랜시스 베이컨Francis Bacon, 1561~1626과 아이작 뉴턴의 '과학혁명Scientific Revolution'154에서부터 준비됐던 일이다. 모키르는 베이컨 같은 이들을 '문화적 사업가cultural entrepreneurs'로 규정한다. 문화적 사업가란 기존 문화를 그저 받아들이지 않고, 의식적으로 선택하고 바꾸려 하는 이를 말한다. 소수의

** 물론 조엘 모키르는 '편집'이라는 단어를 사용하지는 않는다. '편집'은 내가 덧붙인 단어다. 그러나 '편집'은 이 맥락에서 매우 적절한 개념이다.

*** 에릭 와이너Eric Weiner, 1963~는 아주 평범한 언어로 비슷한 대답을 한다. 서양과는 달리, 중국인들에게 창의성이란 전통으로부터의 단절이 아니라 전통의 계승 혹은 전통으로의 회귀를 뜻한다는 것이다. 서양의 창의성이란 성서의 창조 신화와 깊은 관련이 있다. 신이 세상을 7일 만에 창조한 것처럼 인간도 난데없이 새로운 것을 만들어내야 한다는 강박이 서양의 창의성이라면, 동양의 창조는 발명이 아니라 발견에 가깝다는 것이다(와이너 2018, p. 138 이하).

혁신적 사업가들이 경제의 패러다임을 바꾸듯 문화적 사업가들이 문화의 틀을 바꾼다는 것이다.

베이컨은 연역법에 기초한 서양철학의 주류였던 관념의 형이상학을 부정하고, '관찰'과 '실험'에 기초한 귀납적 사고를 강조한다. 그러나 베이컨의 위대함은 귀납적 사고라는 과학방법론에 있는 것이 아니라 '지식의 중요함'을 강조했다는 데 있다고 모키르는 주장한다. "아는 것이 힘이다 scientia est potentia"라는 말로 요약되는 베이컨의 핵심 주장은 지식이란 "생산활동에 유용하게 쓰여야 하고, 과학은 산업 현장에 적용해야 하며, 사람들은 자신의 물질적 조건을 개선할 신성한 의무가 있다는 사상"[155]이라고 모키르는 요약한다.

베이컨의 유명한 '거미·개미·꿀벌의 비유'는 바로 이 맥락에서 이해해야 한다. 스스로 만든 재료만을 이용해 집을 짓는 '거미'는 연역적 사고에 기초하여 형이상학적 주장만 반복하는 이들을 가리킨다. 그저 자기 식량을

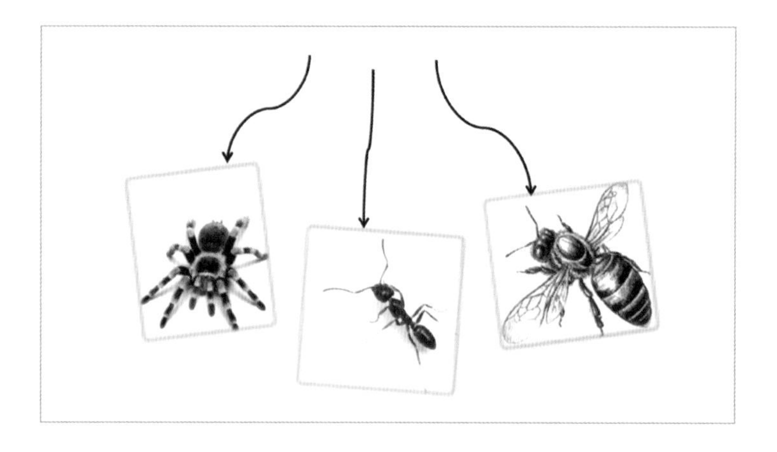

베이컨의 '거미·개미·꿀벌의 비유'. 베이컨은 지식을 세 가지로 구분한다. 스스로 만든 재료만으로 집을 짓는 거미(형이상학), 식량을 모으고 소비만 하는 개미(실생활에 도움이 안 되는 과학), 그리고 사방에서 재료를 모아서 꿀이라는 새로운 지식을 만들어내는 꿀벌(유용한 실용적 지식)과 같은 지식이다.

모으고 소비할 뿐인 '개미'는 관찰과 실험 데이터를 축적하기만 할 뿐 실생활에 어떤 도움도 주지 못하는 과학자들을 비유한다. '꿀벌'은 다르다. 꽃밭을 돌아다니며 재료를 모아서 스스로 소화하여 꿀을 생산한다. 베이컨의 원문은 다음과 같다.

> 경험론자들은 개미처럼 오로지 모아서 사용하고, 독단론자들은 거미처럼 자기 속을 풀어서 집을 짓는다. 그러나 꿀벌은 중용을 취해 뜰이나 들에 핀 꽃에서 재료를 구해다가 자신의 힘으로 변화시켜 소화한다.156

실험과 관찰에 근거해 얻어지는 과학적 지식은 '형식적 지식formal knowledge'일 뿐이다. 이 형식적 지식이 실제 생활에 적용되어 물질적 진보를 이룰 수 있는 '실용적 지식'으로 변환해야만 '꿀벌'이 된다는 이야기다. 좀 더 분명하게 설명하자면, '지식을 보유한 사람들'과 '물건을 만드는 사람들' 사이의 긴밀한 협력, 그리고 그들이 소유한 지식 사이의 편집이 '진보'를 가능케 한다는 것이다.157 이 같은 베이컨의 사상이 이후 유럽 사회의 산업계몽주의에 이념적 토대가 되고, 이 산업계몽주의가 서유럽의 산업혁명을 가능케 했다는 것이 모키르의 주장이다.

과학과 기술의 결합

모키르는 이를 설명하기 위해 지식을 '명제적 지식propositional knowledge'과 '처방적 지식prescriptive knowledge'으로 나눈다. 명제적 지식이란 문서화된 지식을 뜻한다. 문서로 만들어졌기에 지식 전달에 용이하다. 반면 처방적 지식은 장인들의 지식처럼 쉽게 문서화할 수 없는, 경험에 근거한 지식을 뜻한다. 명제적 지식은 과학자, 지식인 사이의 '과학'이다. 반면 처방적 지식은 일상생활에 유용한 '기술'이다. 베이컨이 진정한 지식으로 여긴 '꿀벌'은 학자의 명제적 지식과 장인이나 기술자의 처방적 지식이 상호작용하여 현실적 유용성이 극대화되는 지식의 생산을 의미한다.[158]

모키르가 명제적 지식과 처방적 지식을 구분한 것은 영국 철학자 마이클 폴라니Michael Polanyi, 1891~1976의 '명시적 지식explicit knowledge'과 '암묵적 지식implicit knowledge'의 구분을 반복한 것이다. 그러나 두 사람의 차이는 있다. 두 지식의 결합을 강조한 모키르와 달리 폴라니는 암묵적 지식이 더 중요하다고 주장한다. "우리는 말할 수 있는 것보다 훨씬 더 많이 알고 있다"[159]라는 전제하에 창조적 능력이란 비언어적인 암묵적 지식과 더 밀접히 관계되어 있다는 것이 폴라니의 주장이다. 똑같은 지식이라도 문서만으로 전달하는 상황과 실제로 만나서 이야기하며 전달하는 상황 사이에는 엄청난 차이가 존재한다는 것이다.

암묵적 지식에 관한 폴라니의 주장은 한때 한국에서 크게 유행했던 노나카 이쿠지로野中郁次郎, 1935~의 『지식 경영』에서 매우 중요하게 인용됐다.[160] '지식 경영Knowledge Management'은 기업에서 창조적 지식의 창출과 공유가 어떻게 가능한 것인가에 대한 질문과 관계되어 있다. 기업에서 정말 필요한 지식은 문서나 공식 회의로 공유되기보다는 지극히 사적인 영역에서 공유된다는 것이 노나카의 주장이다. 자판기 앞이나 화장실에서나 디저트를 먹는 동안에 정말 기업에 중요하고 창조적인 지식이 공유된다는 것이다. 그 바탕에는 문서화할 수 없는 암묵적 지식이 깔려 있다.

암묵적 지식의 중요성을 강조하는 폴라니나 노나카의 주장과는 달리, 모키르는 명제적 지식이 관계하지 않는다면 암묵적 지식, 즉 처방적 지식은 정체될 수밖에 없다고 주장한다. 주변 기술의 개선은 가능하지만, 사회의 혁명적 변화는 불가능하다는 것이다. 현실적으로 쓸모없어 보이는 명제적 지식, 즉 '과학'이 지속적으로 발전하고, '기술'과의 결합이 일어날 수 있는 문화야말로 혁신의 전제라는 것이다. 이를 가리켜서 모키르는 '산업계몽주의'라고 명명한다. 바로 이 산업계몽주의야말로 산업혁명을 가능케 한 진짜 원인이었다는 것이다.

공식 회의 장면. 지식 경영을 연구한 결과에 따르면 정작 중요한 지식, 즉 '암묵적 지식'은 공식적 회의에서는 잘 공유되지 않는다.

Unit 87.

디지털 인문학

인포그래픽

숫자화, 계량화는 전체적 사태를 한눈에 파악하는 데 아주 훌륭한 도구가 된다. 그림으로 상황을 표현하면 훨씬 설득하기 쉽다. '인포그래픽 infographic'이다. 지하철 노선도는 가장 대표적인 인포그래픽이라 할 수 있다.

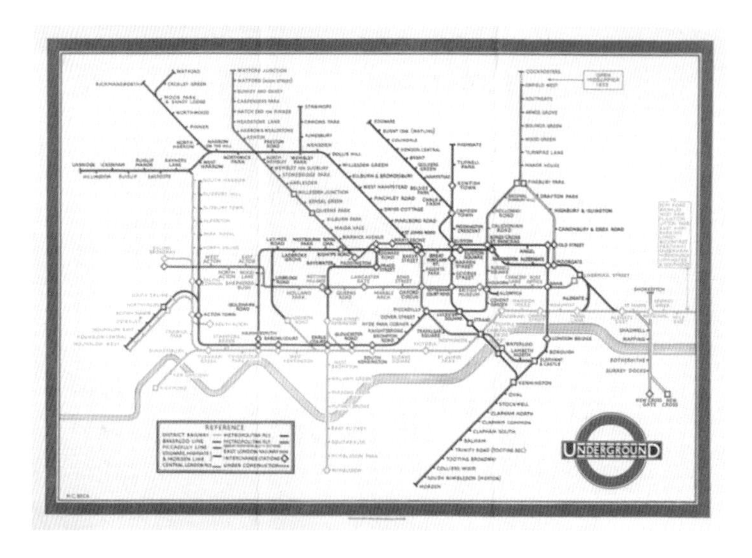

1933년 런던 지하철 노선도. 수직, 수평, 45도의 선과 색으로 지하철 노선을 단순하게 표현한 런던 지하철 노선도는 인포그래픽의 대표적 사례다.

노선별로 색을 달리하고, 환승역을 강조하고, 노선을 수직과 수평, 그리고 45도 각도로만 표현하면 승객들이 지하철을 더 쉽게 이용할 수 있다. 우리나라 서울의 지하철 노선도도 채택하고 있는 이 같은 원칙의 지하철 노선도 인포그래픽은 해리 벡Harry Beck, 1902~1974이 그린 1933년의 런던 지하철 노선도에서 시작됐다.161

정보를 체계적 도형으로 구현한 근대적 인포그래픽의 시작은 스코틀랜드 엔지니어 윌리엄 플레이페어William Playfair, 1759~1823가 작성한 '영국의 무역수지 도표'였다.162 플레이페어는 1700년부터 1780년까지 덴마크와 노르웨이를 대상으로 한 영국의 수출입 무역수지를 일목요연하게 볼 수 있는 그래프를 만들었다. 플레이페어의 도표에서 시작된 근대 인포그래픽은 이후 정보 전달의 거의 모든 영역에 걸쳐 다양한 형태로 전개됐다.

정보 전달에서 인포그래픽이 갖는 힘을 가장 잘 보여주는 예는 플로

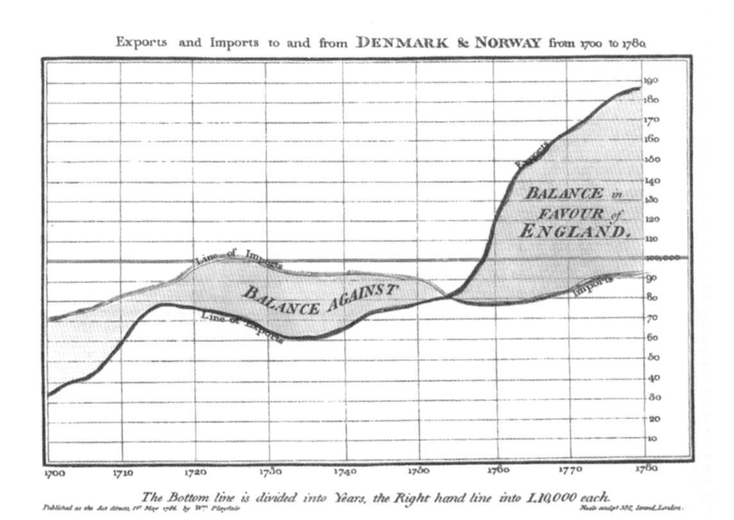

플레이페어가 제작한 1700~1780년 영국의 무역수지 도표. 이 도표는 근대적 인포그래픽의 시작으로 여겨진다.

렌스 나이팅게일Florence Nightingale, 1820~1910의 폴라 그래프polar graph다.163 러시아와 오스만튀르크제국 사이에 벌어진 크림전쟁(1853~1856)에서 영국은 러시아의 남하를 막기 위해 오스만튀르크제국을 지원했다. 이때 참전한 영국 병사 가운데 정작 전투로 인한 사망자는 그리 많지 않았다. 대부분은 전염병으로 죽어갔다. 부상병을 간호하기 위해 전쟁터로 파견된 나이팅게일은 이 사실을 현장에서 깨닫게 된다. 이 같은 사실을 빅토리아 여왕에게 설명하기 위해 그녀는 그 상황을 아주 잘 표현해주는 그래프를 개발했다. 이 그래프에서 푸른 부분은 전염병으로 인한 사망자를 표시하고, 붉은 부분은 전투로 인한 사망자, 그리고 검은 부분은 기타 사망자를 표시한다. 나이팅게일의 그래프는 누가 봐도 전염병을 예방하기 위한 위생 대책의 필요성을 깨닫게 했다.

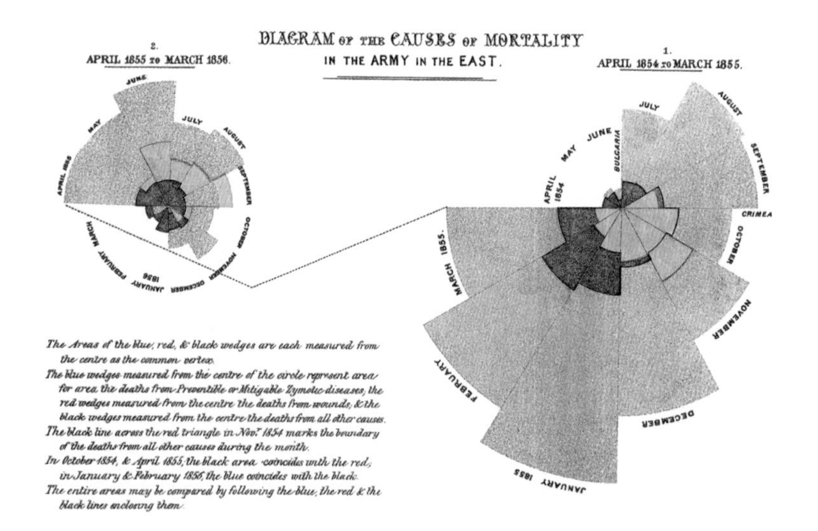

나이팅게일의 인포그래픽. 푸른 부분은 전염병으로 인한 사망자, 붉은 부분은 전투로 인한 사망자, 검은 부분은 기타 사망자를 표시한다. 크림전쟁에서 사망한 병사는 대부분 전투 때문이 아니라 전염병 때문이라는 사실을 매우 설득력 있게 표현했다.

빅데이터를 통해 얻는 새로운 통찰

현대 디지털 테크놀로지를 바탕으로 정보 인포그래픽에 혁명적 변화를 가져온 것은 '구글 엔그램 뷰어'다. 놀랍다. 구글은 1500년 이후에 발간된 800만 권의 책을 디지털 데이터로 만들었다. '엔그램n-gram'이란 컴퓨터 언어로 주어진 텍스트에서 n개의 단어나 아이템이 연속적으로 나타나는 경우를 뜻한다. 엔그램 방식을 취하면 빈도수가 적거나 그리 중요하지 않은 경우들을 제거할 수 있다. 엔그램 뷰어는 데이터가 풍요로울수록 강력해지는 인포그래픽의 효과를 한눈에 보여준다. 단순히 데이터를 효과적으로 전달해주는 인포그래픽에서 한발 더 나아가 새로운 통찰을 가능케 한다.

활자화된 문서에서 언급되는 단어의 빈도수만으로도 우리는 해당 단어의 역사적 의미를 유추해낼 수 있다. 예를 들어 구글 엔그램 뷰어에서

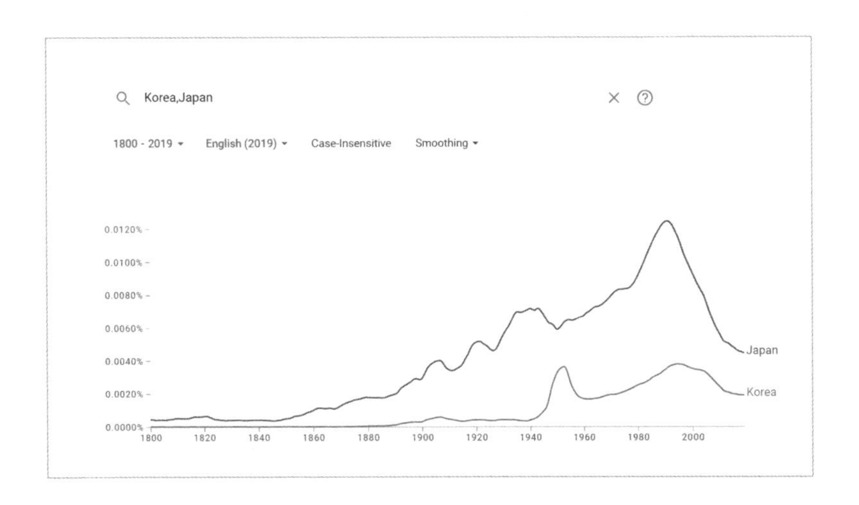

구글 엔그램 뷰어에서 'Korea'와 'Japan'을 검색한 결과. 서구 문헌에서 'Japan'은 '1990년'에 가장 많이 언급됐고, 그다음으로는 태평양전쟁이 시작되던 '1941년'과 '1942년'에 많이 언급됐다. 한편 'Korea'의 경우, 언급된 빈도수는 1990년에 가장 높았다. 그다음으로 높았던 해는 '1953년'이다. 1953년에는 한국전쟁의 휴전이 있었다. 그렇다면 1990년에 한국과 일본에는 무슨 일이 있었던 걸까?

'Korea'와 'Japan'을 검색했다. 그 결과는 685쪽 그래프와 같다. 서구 문헌에 'Japan'은 '1990년'에 가장 많이 언급됐고, 그다음으로는 '1941년'과 '1942년'에 많이 언급됐음을 알 수 있다. 이때는 태평양전쟁이 시작되던 해다. 그러나 'Korea'의 경우, 그 양상이 조금 다르다. 'Korea'는 1990년에 언급된 빈도수가 가장 높았다. 그다음으로 높았던 해는 '1953년'이다. '1953년'은 한국전쟁의 휴전이 이뤄지던 해다. 왜 그해에 서구 문헌에서 'Korea'를 많이 언급했는지 그 이유는 충분히 추론할 수 있다. 그러나 '1990년'에 'Korea'의 빈도수가 왜 높았는지 잘 이해되지 않는다.

우리는 1990년과 연관된 사건들을 추적하며 그 이유에 대한 가설을 세우기 시작한다(1990년에 어떤 의미 있는 사건이 일어났는지 나는 아직 찾지 못했다). 1990년에 'Japan'의 빈도수도 상당히 높았던 것을 보면 동아시아 전반에 관한 관심일 수도 있을 것이다. 이런 방식으로 데이터들 사이에 숨겨진 패턴이나 관계를 찾아내어 뜻밖의 통찰을 얻게 되는 것을 '데이터 마이닝data mining'이라 부른다.[164] 값비싼 광물을 채굴mining하듯이, 데이터 사이의 의미 있는 관계를 채굴한다는 뜻이다.

최근 들어 디지털화된 정보를 이용한 인문학적 연구가 활발해졌다. 이른바 '디지털 인문학Digital humanities'[165]이다. 디지털 인문학 분야에서 개인적으로 가장 인상 깊었던 연구는 미국 스탠퍼드대학에서 진행하고 있는 '편지공화국 매핑Mapping the Republic of Letters' 프로젝트다.[166] 17~18세기 유럽과 미국의 지식인들이 어떻게 지식을 공유해왔는가를 '편지 교신'을 추적하여 밝혀내려는 시도다. 예를 들어 옆 페이지의 사진은 1650~1785년 사이에 유럽 계몽주의의 주요 인물인 볼테르Voltaire, 1694~1778와 존 로크John Locke, 1632~1704의 편지 교류를 시각적으로 보여준다. 노란색은 볼테르의 흔적이고 파란색은 로크의 흔적이다. 이 인포그래픽을 얼핏 보는 것만으로도 볼테르의 사상과 로크의 사상은 각기 다른 적용 범위를 갖고 있음을 알 수 있다.

로크의 편지는 대부분 영국에서 주고받았지만, 볼테르가 주고받은 편지의 흔적은 유럽 대륙 전체에 걸쳐 있다. 이같이 아주 단순한 데이터를 통해 우리는 영국과 대륙의 지적 교류 방식과 지식 형성 과정에 관해 많은 가설을 세울 수 있고, 그 가설을 검증하기 위해 다양한 연구를 진행할 수 있다.

전신과 전화가 발명되기 전, 서유럽 지식인에게 '편지'는 지식을 전파하고 공유하는 매우 중요한 수단이었다. 따라서 이 편지의 흐름을 추적하면 유럽을 대표하는 지식인들의 사상과 철학이 어떻게 전파됐는가를 추적할 수 있다. 즉 지식의 계보를 정확히 확인할 수 있다는 이야기다. 실제로 당시 지식인들이 주고받았던 편지의 발신지, 수신지, 발신 날짜 등의 데이터를 통해 그동안 문헌으로만 전해지던 '편지공화국'의 존재가 구체적으로 드러나게 되었다.

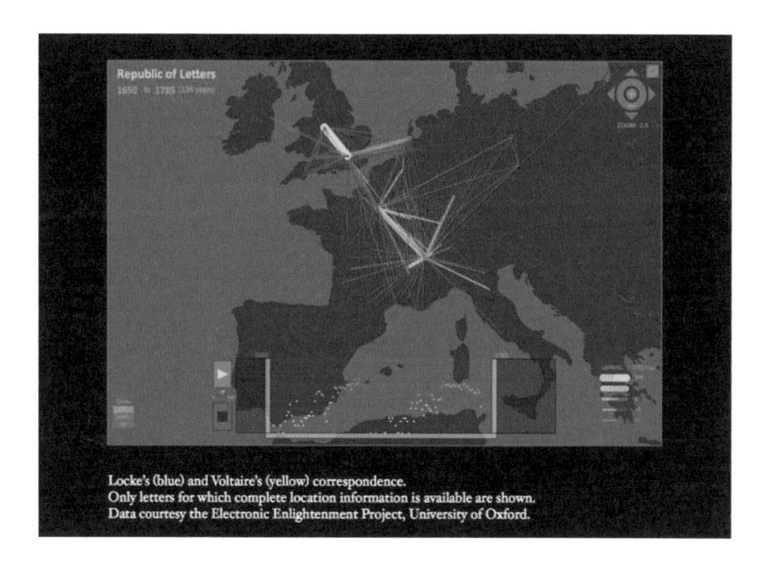

Locke's (blue) and Voltaire's (yellow) correspondence.
Only letters for which complete location information is available are shown.
Data courtesy the Electronic Enlightenment Project, University of Oxford.

존 로크(파란색)와 볼테르(노란색)가 각자 주고받은 편지의 흔적(미국 스탠퍼드대학의 '편지공화국 매핑 프로젝트)'.167 이 간단한 데이터를 토대로 우리는 아주 다양한 가설을 세울 수 있고, 그 가설을 검증하기 위해 흥미로운 연구를 수행한다.

Unit 88.

편지공화국

영토를 초월한 지식 공동체의 출현

오늘날 '손편지'가 가지는 문화적 의미는 이제 사라져간다. 기껏해야 '성의 있음'을 표시하는 정도다. 음성 통화, 영상통화는 물론 엄청난 양의 동영상 자료까지 보낼 수 있는 SNS에 비해 손편지는 도무지 상대가 안 된다. 그러나 한때 인류 역사에서 '편지'가 차지했던 의미는 대단했다. 오늘날의 인간 문명은 편지 교환을 기초로 가능했다고 해도 과언이 아니다. 한때 '편지공화국'이라는 '공동체'가 있었다. 산업혁명을 가능케 한 '산업계몽주의'는 이 편지공화국 소속 지식인들의 공동 산물이었다.

편지공화국Respublica litteraria이라는 표현이 처음 등장한 것은 1417년 이탈리아에서였다. 당시 베네치아공화국의 대표적 휴머니스트였던 프란체스코 바르바로Francesco Barbaro, 1390~1454가 포조 브라치올리니Poggio Bracciolini, 1380~1459에게 보낸 편지에서다.**168** 자기 원고를 독일과 프랑스 동료들에게 소개해달라는 부탁과 더불어 자신이 속한 유럽의 지식인 사회를 편지공화국이라고 불렀다. 그러나 당시에 이 표현은 그리 주목받지 못했고, 곧 잊혔다. 당시 이탈리아 인문학자들 사이에는 편지공화국과 유사한 표현이 많이 사용됐다. '지식인 사회societas literatorum', '박식한 세계orbis eruditus', '편지 공동체sodalitas litteraria' 등. 당시만 해도 편지공화국이 그리 특별한 표현은 아니었던 것이다.

편지공화국이 의미 있는 개념으로 다시 등장한 것은 1494년 네덜란드 인문학자 데시데리위스 에라스뮈스Desiderius Erasmus, 1466~1536에 의해서였다. 영국 런던, 프랑스 파리, 스위스 바젤 등 유럽 전역을 무대로 활동한 에라스뮈스는 지적 문화를 무시하는 야만에 저항하여 편지공화국을 지켜야 한다는 주장을 했다.169 이때 가톨릭 사제였던 그가 편지공화국이라는 표현에 'republic of epistles' 대신 'republic of letters'를 사용한 것은 의미심장하다. 성서의 신약은 대부분 편지 형태로 되어 있다. 21편이 편지로 쓰여 있고, 그중에서 사도 바울의 편지가 14편이다. 성서의 편지에 사용하는 단어가 바로 'epistles'다. 가톨릭 사제인 에라스뮈스에게는 이 단어가 훨씬 익숙했다. 그러나 그는 의도적으로 'letters'라는 단어를 사용했다.

1517년에 시작된 마르틴 루터의 종교개혁에 앞서 에라스뮈스는 타락한 가톨릭교회를 날카롭게 비판했다. 이미 무너져버린 중세의 '기독교 공화국respublica Christiana'에 대한 대립적 개념으로 편지공화국이라는 표현을 사용한 것이다.170 그러나 정작 종교개혁운동이 시작되자 에라스뮈스는 뒤로 물러났다. 독일의 루터는 에라스뮈스의 지지를 몇 번이나 요청했으나, 그는 이를 외면했다.

에라스뮈스는 끊임없이 여행을 다니며 편지를 썼다. 현재 1,600여 통이 남아 있는 그의 편지 발신지로 유럽의 거의 모든 도시가 망라되어 있다. 그는 편지를 어떻게 써야 하는가에 대해서도 몇 번에 걸쳐 자세하게 설명했다. 예를 들면 이런 식이다.

> 가능한 한 편지는 논의, 장소, 시간, 수신인에 딱 어울려야 한다. 중대한 문제는 진지하게, 평범한 문제는 깔끔하게, 사소한 문제는 세련되고 재치 있게 다루되 쓴소리는 간절하면서 기개 있게, 위로는 달래면서 친절

유럽에서 국민과 영토에 기반한 '국가'가 출현하던 시기에 영토와는 상관없는 '편지공화국'이라는 지식 공동체가 생겨났다. 지구상의 수많은 문화권에서 유럽 문화가 패권을 잡을 수 있었던 것은 바로 이 같은 지식 공동체 덕분이다. 새로운 지식의 출현, 즉 '지식의 편집'은 이들이 무수히 주고받은 '편지'를 통해 가능했다.

하게 해야 한다.171

16세기에 들어서면서부터 편지공화국의 범위는 전 유럽에 걸쳐 확대됐다. 편지공화국 소속 지식인들은 산업혁명 시기까지 아주 활발하게 활동했다. 유럽의 봉건제가 '국민'과 '국토'에 기초한 '국가'라는 근대적 체제로 변화해가는 과정에서, 지리적 영토 개념에 구애받지 않는 '편지 공동체'라는 지적 커뮤니티가 출현한 것이다. 국경도 없고, 정부도 없었으며, 모든 시민은 평등하고 자신의 노력만으로 명성을 쟁취해야 했던 편지공화국은 오로지 편지와 출판물로만 운영됐다.[172] 수백 년에 걸쳐 편지 공동체가 유지될 수 있었던 것은 과학적 지식을 소유하고자 했던 유럽의 왕들과 귀족들의 후원 덕분이다. 훌륭한 학자를 후원하는 것은 그만큼의 평판을 얻는 효과가 있었다. 그러나 편지공화국이 지속될 수 있었던 가장 큰 요인은 '인정 투쟁'이라는 학자들만의 독특한 심리적 욕구 때문이다. '동료 학자들의 평가'는 편지공화국을 유지하는 데 가장 중요한 동력이었다. 금전적 인센티브나 명예보다는 동료 학자들의 인정을 얻기 위해 편지공화국의 참여자들이 그토록 지적 혁신에 몰두했던 것이다.[173]

'고대인과의 투쟁'을 시작한 '편지공화국'

보통 편지공화국은 15세기에 시작하여 산업혁명 시기에 소멸한 것으로 이야기된다. 그러나 네덜란드 위트레흐트대학의 디르크 판미르트 Dirk Van Miert, 1974~ 교수는 편지공화국은 오늘날까지 지속되고 있다고 주장한다.[174] 그는 15세기에 시작한 편지공화국에 '고대 문헌의 재활성화revitalizing ancient literature'라는 이름을 붙인다. 르네상스 지식인들은 그리스, 로마의 고전들을 적극적으로 발굴하여 재해석하며 '지식'이라는 무형의 성과물들을 축적하기 시작했다. 이탈리아, 프랑스, 스페인 등의 학자들은 편지공화국이라는 국경을 초월하는 네트워크를 통해 각기 다른 지역에서 쌓아온 '지식'을 공유하며 '편집'하기 시작했다. 고전 철학과 고대 역사에 집중한 이탈리아 인문주의자들의 활약이 특히 돋보이는 시대였다.

고대 문헌의 재활성화는 1453년에 일어난 비잔틴제국의 수도 콘스탄티노플의 함락이 계기였다. 그리스, 로마 문화의 전통이 잘 보존되어 있던 콘스탄티노플이 오스만튀르크제국에 의해 무너지자 그곳에서 활동하던 예술가와 학자들이 앞다투어 이탈리아로 탈출했다. 당시 이탈리아에는 그리스어로 된 고전을 읽을 수 있는 학자들이 그리 많지 않았다. 아리스토텔레스 철학과 같은 그리스 고전은 기껏해야 라틴어로 번역된 것이 전부였다. 그런데 갑자기 그리스 원전에 능한 학자들이 합류하면서 이탈리아 학자들의 지식 편집은 차원을 달리하게 된다.

이탈리아 르네상스는 알프스를 넘어 유럽 전체로 퍼져나갔다. 16세기 편지공화국의 연구 주제는 그리스, 로마의 고전뿐만 아니라 기독교의 고전과 유물로 그 범위가 넓어졌다. 텍스트로서의 성서를 연구했을 뿐만 아니라 기독교 유물, 동상이나 동전, 기념물 등으로 연구 자료도 다양해졌다. 편지공화국 소속 학자들이 다른 학자들에게 보낸 편지에는 다양한 자료가 동봉됐다. 동전에 종이를 올려놓고 눌러 만든 자국, 건물이나 동상의 그림, 무덤에서 나온 자료들의 필사본 등등이다. 시간이 흐르면서 의학적 실험, 천문학적 관찰, 식물학적 관찰 등의 보고 자료들도 공유하기 시작했다. 이런 자료들을 그리스, 로마의 자료들과 비교하면서 편지공화국 지식인들은 고대인들에 대한 지적 도전을 시작했다. 이른바 '고대인과의 투쟁'이다.

장조제프 뱅자맹 콩스탕Jean-Joseph Benjamin Constant, 1845~1902의 「모하메드 2세의 콘스탄티노플 입성L'Entrée du sultan Mehmet II à Constantinople le vingt-neuf mai 1453, 1876」. 1453년의 콘스탄티노플 함락을 그린 그림이다. 그리스, 로마의 자료가 잘 보존되어 있던 비잔틴제국의 수도 콘스탄티노플이 오스만튀르크제국에 의해 함락되자 그리스, 로마 원전에 능한 콘스탄티노플의 학자와 예술가들이 대거 이탈리아로 탈출했다. 이탈리아 르네상스는 바로 이들이 있었기에 가능했다.

고대인과의 투쟁은 시간이 갈수록 치열해져 17세기에 최고조에 이른다. 고대인들에 대한 비판이 가능해지면서 관찰과 실험으로 무장한 지식혁명으로 인해 서양이 동양을 앞서게 된다는 것이 『성장의 문화』의 저자 조엘 모키르의 주장이다. 산업혁명 이전, 중국의 과학기술은 유럽을 능가했다. 중국의 지식 시스템은 유럽이 감히 쫓아갈 수 없는, 아주 높은 수준이었다. 이 같은 지식 시스템은 '과거제도'와 같은 '신분'을 뛰어넘을 수 있는 '사다리'가 존재했기 때문에 가능했다. 물론 이때의 신분 상승은 그 범위가 정해져 있었다. 그러나 변경 불가능한 서양의 신분제도와는 질적으로 다른 것이었다.

중국의 수나라 때부터 시작된 과거제도를 통과하려면 일정한 수준 이상의 지적 능력을 발휘해야 했다. 그러나 어느 순간부터 그 지적 수준의 판단 기준이 '고대인들의 지식'의 모방과 반복에 그치기 시작했다. '실용적 지식'을 천시하면서 고대인의 지식에 근거한 '형식적 지식'만을 유일한 지식으로 인정했다. 기술을 천시하고 고전을 반복해서 외우는 지식 문화가 일반화되기 시작한 것이다.

그 결과, 서양의 '산업계몽주의'로 일어났던 '기술(실용적 지식)'과 '과학(형식적 지식)'의 통합이 동양에서는 일어나지 않았다. 아울러 과거제도 같은 지식 인센티브 시스템은 편지공화국의 지식 인센티브 시스템과는 전혀 다른 구조로 움직였다. 동양의 과거제도는 교류를 통한 지식의 공유보다는 지식의 독과점을 위한 구조로 변했다. 이 지식의 독과점 구조는 고대인과의 투쟁보다는 고대인의 모방을 통해 유지됐다. 모키르는 동서양의 차이를 이렇게 설명한다.

> 유럽의 계몽주의는 근대인과 고대인의 싸움에서 그들 세대가 과거 세대보다 우월한 문화와 지식의 총체를 창출했고, 이것이 더 나은 세계로 이

> 끄는 관문이라고 굳게 믿은 근대인이 거둔 승리의 결과였다. 이것과 비슷한 일이 동양에서도 일어났을까? 기독교 교회나 이슬람 정부 같은 강력한 종교 단체의 부재에도 불구하고 '고대인'에 대한 무한한 존경심은 중국 역사를 통틀어 뚜렷하게 느낄 수 있다. (…) 유교 경전을 어떻게 해석해야 하는지에 대한 논쟁이 반복해서 이뤄졌지만 그 핵심은 변함이 없었다.175

편지공화국의 '고대인과의 투쟁'은 다양한 관찰, 실험 자료들이 있었기에 승리할 수 있었다. 고대인들의 오류가 편지공화국 사방에서 관찰되고 보고됐다. 편지공화국 지식인들은 고대인들을 훨씬 뛰어넘는 지식 문화를 쌓았다는 자부심을 가지게 되었다. 만약 고대인들이 자신들의 세상에 온다면 자신들의 지식수준에 감히 범접하지 못할 것이라고 큰소리를 쳤다.

Unit 89.

고대인과의 투쟁

베이컨이 사용한 무기, 관찰과 실험

우리 학문은 주로 그리스인들에게서 물려받은 것이다. 로마인이나 아라비아인, 혹은 요즘 사람들이 보탠 것은 별로 없고, 있다고 하더라도 대수롭지 않은 것들이며, 그조차 그리스인들이 발견한 것을 기초로 세워놓은 것들뿐이다. 그러나 그리스인들의 지혜는 학자연學者然하고 논쟁적인 것이었을 뿐 진리 탐구와는 거리가 먼 것이었다. 그러므로 소피스트라는 말은 (…) 플라톤이나 아리스토텔레스, 제논, 에피쿠로스, 테오프라스토스를 포함해 그들의 계승자인 크리시포스, 카르네아데스 등과 같은 철학자 전부에게 아주 잘 어울리는 말이다. (…) 어떤 이집트 승려가 그리스인들에 대해 "그들은 평생 아이들이다. (그들이 탐구한 것은 후세 사람들에게) 고전적 지식이 될 수도 없고 (그들에게서) 고전에 대한 지식도 얻을 수 없다"라고 했다던데 이 말이, 아니 이 예언이 아주 틀린 말은 아니다. 확실히 그리스인들은 아이들 같은 데가 있었다. 언제 어디서나 조잘조잘 떠들어대지만 생산능력은 없는 애들처럼, 그들의 지혜는 말만 요란했지, 성과는 전혀 내지 못했던 것이다.176

르네상스 인문주의의 원전으로 여겨졌던 아리스토텔레스와 플라톤,

그리고 그리스 철학자 전체를 이렇게 한 방에 보내버리는 이 엄청난 주장은 도대체 누가 했을까? 프랜시스 베이컨이다. 그가 아리스토텔레스를 비롯한 그리스 철학자들을 '아이들'이라고 부르는 이유는 그들이 살았던 세상이 젊었기 때문이다.* 베이컨은 '고대antiquity'라는 표현 자체를 혐오했다. '나이 들고 늙었기 때문에 경험이 많다'라는 가당치도 않은 편견을 갖게 하기 때문이다. 오히려 자기 시대의 사람들이 고대인들보다 연장자이며 훨씬 더 성숙하다고 주장한다. 고대인의 세상과는 비교할 수 없는, 무수한 관찰과 실험의 경험이 축적된 세상에 살고 있기 때문이다. 베이컨은 '고대는 세상의 청년기Antiquitas saeculi juventus mundi'라고 다음과 같이 단언한다.

> 옛것은 사람들이 그 위에서 최상의 길이 무엇인지를 찾을 수 있다는 점에서 존중되어야 마땅하다. 그렇지만 최상의 길을 일단 찾고 나면, 사람들은 오직 그 방향으로 나아가 진보를 이루게 된다. 따라서 '고대는 세상의 청년기'라고 말하는 편이 옳을 것이다. 세상이 오래되었다는 점에서는 오히려 오늘날이야말로 진정한 고대이다. 우리가 현재로부터 역으로 계산해서 고대라고 말하는 그런 시대는 진정한 의미에서는 고대가 아니라는 뜻이다.177

베이컨에게 실험과 관찰은 '고대인과의 투쟁'에 동원된 무기였다. 그는 귀납적 관찰 방법에 관한 저서에 『신기관Novum Organum, 1620』이라는 이름을 붙였다. 책 제목 자체가 아리스토텔레스의 논리학 저서 『기관Organum』을 비웃는 것이었다. 베이컨은 인류의 가장 위대한 발명품으로 인쇄술, 화약,

* 프랜시스 베이컨은 아리스토텔레스를, 인류를 골방에 가둬놓은 '독재자'라고까지 일컫는다(베이컨 2002b, p. 57).

나침판을 든다.** 이 같은 발명품은 아리스토텔레스 같은 고대인들의 사변적 추론에 기초해서는 결코 만들어질 수 없었다는 것이다. 고대인들에게는 "철학과 이성의 힘으로 된 것은 하나도 없고, 순전히 예기치 못한 상황에서 우연히 얻은 것들"이 전부라고 비난을 가한다. '예기치 못한 상황'과 '우연'에 기초한 고대인들의 추론과는 질적으로 다른 '귀납적 방법'을 베이컨은 주장한다. 귀납적 방법이란 전해져 내려오는 권위의 논리에 의지하지 않는,

** 프랜시스 베이컨은 인쇄술, 화약, 나침판 이외에도 명주실, 설탕, 종이 등도 획기적인 발명품이라고 한다. 그중에서도 '한 번 배열해놓으면 몇 번이고 인쇄할 수 있는' 인쇄술이야말로 으뜸이라고 주장한다(베이컨 2016, p. 132).

베이컨은 '고대인과의 투쟁'에 앞장섰다. 그는 아리스토텔레스를 비롯한 고대 철학자들을 '어린이'라고 불렀다. 아리스토텔레스의 시대보다 자신의 시대가 훨씬 더 오래됐기 때문이다. 그는 '관찰과 실험'이라는 무기로 고대인과 싸웠다.

스스로 관찰하고 실험하여 자연에서 직접 진리를 구하는 방법이다.

베이컨은 귀납적 사유의 근거가 되는 관찰 데이터의 수집 사례가 아무리 많아져도 절대 겁먹으면 안 된다고 경고한다. 자연에서 관찰되는 사례가 아무리 많아 보여도 인간이 황당한 논리로 만들어내는 상상에 비하면 한 줌에 불과하기 때문이라는 것이다. 자연은 실험을 통해 그 본질을 더 잘 드러낸다고 베이컨은 강조한다. 실험이 가지는 특별한 기능에 관해 그는 이렇게 설명한다. 현대 과학 실험의 근본이념이 되는 엄청난 통찰력이다.

> 사람의 본심이나 지적 능력, 품고 있는 감정 등은 평상시보다는 교란됐을 때 훨씬 잘 드러난다. 마찬가지로 자연의 비밀도 제 스스로 진행되도록 방임했을 때보다는 인간이 기술로 조작을 가했을 때 그 정체가 훨씬 잘 드러난다.[178]

관찰과 실험으로 무장한 이상적 지식인 공동체를 베이컨은 『새로운 아틀란티스The New Atlantis, 1626』에서 '솔로몬의 전당'이라 불렀다.[179] '6일 작업 대학'이라고도 불리는 솔로몬의 전당을 설립하는 목적은 무엇보다도 "사물에 숨겨진 원인과 작용을 탐구하는" 데 있다. 그 결과를 가지고 "인간의 활동 영역을 넓히며 인간의 목적에 맞게 사물을 변화"시키기 위해 솔로몬의 전당은 인간 삶의 모든 상황에 대해 시뮬레이션을 할 수 있는 동굴, 호수, 우물, 과수원, 온천, 동물원, 식물원 등을 갖추고 있다.[180]

'사물에 숨겨진 원인과 작용의 탐구'라는 과학적 지식과 '인간의 목적에 맞게 사물을 변화시켜 인간의 활동 영역을 확장'하는 실천적 지식의 통합이야말로 베이컨이 이뤄낸 최고의 업적이었다. 바로 이 지점에서 '산업계몽주의'가 시작되는 것이다. 앞서 설명한 두 개의 지식, '형식적 지식'과 '실용적 지식'의 통합을 역설한 산업계몽주의의 철학적 기초는 이미 베이컨의

베이컨이 발표한 『대혁신Instauratio Magna, 1620』의 표지. 인간의 한계를 뜻하는 헤라클레스의 기둥을 빠져나가는 배가 그려져 있다. 고대인과의 투쟁을 통해 학문의 혁명적 변화를 기획한 베이컨의 의지를 표현한 것이다. 그는 이 책에서 '과학과 기술의 통합'이라는 산업계몽주의의 기본 철학을 아주 구체적이고 근대적인 언어로 서술했다.

또 다른 책 『학문의 진보Of the Proficience and Advancement of Learning Divine and Human, 1605』에 아주 구체적으로 서술되어 있다. 베이컨이 진작 '과학'과 '기술'의 결합을 이토록 명쾌하게 정리했다는 사실이 놀랍기만 하다.

> 자연철학을 광산과 용광로로 나눠봐도 좋을 것이다. 자연철학자가 하는 일이나 직업을 둘로 나누면 광부 역을 맡는 자가 있고, 대장장이 역을 맡는 자가 있다는 뜻이다. 전자가 찾아서 캐낸다면, 후자는 제련하고 무두질한다. 비록 이런 식으로 분류하는 것도 나쁘지는 않지만, 좀 더 익숙하고 학문적인 용어를 사용해서 자연철학을 두 부분으로 나눌 수도 있다. '원인에 대한 탐구'와 '결실의 생산'으로 나눌 수도 있고, '사변적' 지식과 '시술적operative' 지식으로, 혹은 '자연과학'과 '자연적 지혜'로 나눌 수도 있을 것이다.181

지식 혁명이 근대를 가능케 했다

1450년경, 독일의 요하네스 구텐베르크Johannes Gutenberg, c. 1398~1468는 마인츠에서 금속활자를 발명했다. 1450년 즈음에 인쇄 공장을 차려서 본격적으로 책을 대량생산하기 시작했다. 처음 출판한 책은 '성서'였다. 그러나 구텐베르크 성서는 라틴어 성서였다. 모든 사람이 읽을 수는 없었다. 성서를 모든 사람이 읽을 수 있게 된 것은 마르틴 루터의 종교개혁 이후부터다. 1517년, 루터가 비텐베르크 궁정교회의 문에 게시한 「95개조 반박문」은 독일어로 번역되어 불과 15일 만에 독일 전역으로 퍼졌다. 인쇄술이 없었다면 불가능한 일이다.

1521년 가을부터 1522년 봄까지 불과 11주 만에 루터는 신약성서를 독일어로 번역했다. 신약과 구약이 모두 독일어로 번역되기까지는 10여 년의 시간이 더 걸렸다. 하지만 사제만 읽고 해석할 수 있었던 성경을 일반 신자들이 스스로 읽을 수 있게 된 것은 엄청난 '지식 혁명'이었다. 인쇄 혁명 덕분에 정보 독점 구조가 해체되면서 동시대 지식 권력과의 투쟁이 가능해졌다. '고대인과의 투쟁'에 앞서 '동시대 지식 권력과의 투쟁'이 있었다는 이야기다. 고대인에 대한 베이컨의 그 자신감은 바로 이 동시대 지식 권력과의 투쟁이 있었기에 가능했다. 디르크 판미르트는 이 같은 16세기 지식 혁명을 편지공화국의 연장선상에서 해석하며 '기독교적·성서적 전환ecclesiastical and biblical turn'으로 명명한다.182

'지식의 축적'이라는 관점에서도 인쇄술의 발명은 인류 역사를 변화시킨 결정적 사건이었다. 이전에는 개인적 접촉을 통해 전달되는 지식이 대부분이었다. 이른바 '암묵적 지식'이다. 암묵적 지식을 전달하려면 개인 대

구텐베르크의 인쇄 혁명. 지식의 축적과 확장이 가능해지면서 지식의 옳고 그름에 대한 판단, 혹은 지식의 유용함에 대한 판단은 더 이상 소수의 권력에 속하지 않게 되었다. 동시대 지식 권력과의 투쟁이 가능해졌다는 이야기다. '고대인과의 투쟁'은 '동시대 지식 권력과의 투쟁'이기도 했다.

개인으로 지식을 전달하는 '도제제도' 같은 지식 공유 시스템이 있어야 했다. 하지만 기술 장인들의 지식 전달 방식은 지식 공유의 한계가 분명했다. 특정 지식은 지식 전달의 맥이 끊기기 일쑤였다. 한번 사라진 지식을 복구하는 일은 또다시 많은 시간을 필요로 했다. 일부 '형식화된 지식', 즉 '과학적 지식'도 필사에 의존할 수밖에 없었다. 그러나 필사를 통한 지식 전달은 필사하는 이의 의도에 따라 언제든 왜곡이 가능했다. 이렇게 왜곡된 지식은 좀처럼 바로잡기 힘들었다. 아울러 극히 소수에게만 지식 공유가 허용됐다. 대중이 공유하며 축적할 수 있는 지식은 별로 없었다.

인쇄술이 발명되자 지식의 축적이 가능해졌고, 대중이 공유할 수 있는 지식의 범위도 확대됐다. '개인적 지식'이 '공적 지식'의 영역에 편입될 기회도 획기적으로 늘어났다. 이 과정에서 '사상'이라고 하는 새로운 형태의 공적 지식이 등장하기 시작했다. '지식의 확장'이라는 측면에서 본다면 '종교개혁'도 개인적 지식이 담론의 영역으로 확장되고, 마침내 '사상'으로 구축됨을 뜻한다. 극히 소수의 지식 권력에 국한됐던 옳고 그름의 판단 기준이 대중에게 주어지면서 '보편적 지식'이 가능해지기 시작했다. 지식의 자유와 경쟁, 그리고 지식 편집의 가능성이 확대되면서 편지공화국은 더욱 번성했다. 지구 한구석에서 전혀 존재감 없었던 유럽은 그렇게 세계사의 전면에 등장했다.

Part 3

메타언어를 위하여

Unit 90.

아버지 죽이기

서구의 모더니티는 '살부'로부터 시작한다

몇 년 전, 느닷없는 프레디 머큐리Freddie Mercury, 1946~1991 열풍이 분 적이 있다. 오래전에 퀸Queen이 한창 인기 있을 때 나는 그저 〈보헤미안 랩소디Bohemian Rhapsody〉의 '갈릴레오' 부분만 열심히 따라 불렀던 기억이 있다. 다른 가사는 알아듣기 힘들었다. 가사를 알았어도 무슨 뜻인지 제대로 이해하지 못했을 것이다. 최근에서야 비로소 이해한 그 노래의 시작 부분 가사는 이렇다. "엄마, 방금 한 남자를 죽였어요. 그의 머리를 향해 총을 겨누고 방아쇠를 당겼어요. 그는 죽었어요!Mama, just killed a man/Put a gun against his head/Pulled my trigger/Now he's dead!" 그 멋진 멜로디의 가사가 '그를 죽였다'는 살벌한 고백으로 시작한다는 사실이 무척 황당했다. 도대체 머큐리는 누구를 죽였다고 노래하는

"엄마, 방금 한 남자를 죽였어요"로 시작하는 퀸의 《보헤미안 랩소디》. 도대체 누굴 죽인 것일까?

것일까?

아버지다. 전체적 맥락을 고려하면 아버지를 죽였다고 해석하는 것이 옳다. 유럽에서 아버지는 전통과 권위를 포함하여 젊은이들을 억압하는 모든 종류의 윤리와 도덕을 일컬을 때 쓰는 일반명사다. 68세대가 그랬고, 히피가 그랬다. 서양의 모더니티는 끊임없이 '아버지를 죽이는 과정'이었다.* 프레디 머큐리가 '죽였다'고 부르짖는 '그'는 바로 이 일반명사의 '아버지'다. 이성애만을 '정상'으로 여기고, 동성애를 '비정상'으로 억압하는 '아버지의 윤리와 도덕'에 대한 머큐리의 저항이기도 하다.

'보헤미안 랩소디'라는 제목부터 그렇다. 보헤미안이란 관습과 전통을 부정하고 끊임없이 떠돌아다니는 집시의 삶을 의미한다. 세기말 유럽의 예술가들은 보헤미안을 자처했다. 자코모 푸치니Giacomo Puccini, 1858~1924의 오페라 〈라보엠La Bohême〉의 주인공들은 시인, 화가, 철학자, 음악가 같은 보헤미안들이다. 아버지로부터 자유로워야 진정한 예술가로 행세할 수 있는 문화였다. 아버지를 흉내 내는 방식으로는 결코 진정한 예술가가 될 수 없다.**

지크문트 프로이트는 '오이디푸스 콤플렉스Ödipuskomplex'라는 개념으로 '살부殺父'의 서구 문화를 설명했다. 『토템과 터부Totem und Tabu』[1]라는 책에서다. 1913년에 출간한 이 책에서 프로이트는 개인 무의식에서 출발한 자신의 정신분석학적 이론을 집단 무의식으로까지 확대했다. 오이디푸스 콤플렉스가 처음으로 개념화된 것도 바로 이 책에서다. 프로이트는 『토템과 터

* 독일 정신분석학자 알렉산더 미처리히Alexander Mitscherlich, 1908~1982는 제2차 세계대전 이후의 서구 사회를 '아버지 없는 사회Vaterlose Gesellschaft'로 규정한다. 아버지 없는 사회의 가장 큰 특징은 모든 종류의 권위에 대한 저항이다(Mitscherlich 2003).

** 예수의 탄생은 역사를 기원전과 기원후로 나눈다. 그 예수는 동정녀 마리아에게서 태어났다. 아버지가 없다는 이야기다. 서양만 그런 것이 아니다. 신라의 시조인 박혁거세는 알에서 태어났다. 새로운 세계를 창조한 이들은 대부분 아버지가 없다. 아버지가 있더라도 그 아버지와 갈등하고 심지어는 아버지를 죽이기까지 한다. 아버지의 존재를 인정하면서 새로운 세계를 열어나갈 수 없다.

부』가 자신이 쓴 책 중에 "가장 위대하고 뛰어난 책이 될 것"이라고 주변 사람들에게 이야기했다. 그러나 그의 자부심과 달리 『토템과 터부』는 가장 격렬한 비판에 부딪힌 책이 되었다.

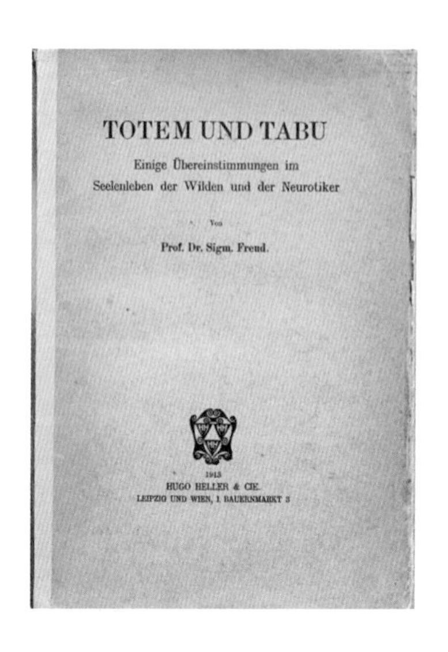

『토템과 터부』 표지. 이 책에서 프로이트는 처음으로 오이디푸스 콤플렉스를 개념화했다.

종교와 사회제도의 기원을 프로이트는 원시시대의 토템 축제를 통해 설명한다. 아들들은 아버지가 모든 여자를 독점하는 것에 분노한다. 아들들은 합심해서 아버지를 죽이고 그 시체를 나눠 먹는다. 아버지의 시체를 먹는 행위는 아버지의 능력을 자기 것으로 만들려는 시도다. 아버지의 능력과 힘에 대한 '경외심'의 표현이기도 하다. '살부' 행위는 이렇게 '경외심'과 '적개심'의 양가적 감정이다. 아들들은 아버지를 죽이고 그 시체를 먹는 축제를 통해 모순적인 감정을 해결했다(근대에 들어서면 이 같은 축제는 '혁명'이라는 새로운 이름을 얻게 된다). 하여간 프로이트의 기막힌 상상력이다.

아버지를 죽였다고 모든 것이 해결된 건 아니다. 아버지를 죽였다는 '죄의식'이 아들들에게 남겨졌다. 아버지 없는 세상에서 형제들 사이의 갈등 또한 필연적이었다. 광란의 축제가 끝나면 반드시 이런 혼란과 허탈함에 사로잡히게 된다. 아들들은 해결책을 고안해냈다. 두 가지 '터부'다. 우선 아버지를 대체하는 토템 동물을 만들고 살해를 금지한다. 그렇게 하면 아버지는 계속 살아 있는 것이 되고, '살부'의 죄의식에서 벗어날 수 있다. 또 다른 터부는 아버지의 여자들과 성관계를 하지 못하도록 금하는 것이다. 아버지에게서 빼앗은 획득물을 다 함께 포기함으로써 형제들 간의 갈등을 뿌리부터 없애버리는 것이다. 토템 터부는 '종교의 기원'이 되고, 근친상간 터부는 '사회제도의 기원'이 된다.*

'살부'의 첫 열매

종교와 사회제도의 기원을 '오이디푸스 콤플렉스'라는 '살부'의 정신분석학에서 끌어낸 프로이트의 놀라운 상상력 덕분에 서구 모더니티는 '혁명'을 사회 발전의 필수 과정으로 정당화할 수 있었다. 프로이트의 정신분석학에 크게 영향받은 오스트리아 정신과 의사 오토 그로스Otto Gross, 1877~1920는 살부와 혁명을 더욱 명확하게 연결했다. 아나키스트였던 그로스는 빌헬름 라이히Wilhelm Reich, 1897~1957[2]와 더불어 정신분석학의 '과격분자'로 분류되는 사람이다. 정신분석학을 사회변혁의 도구로 연결시키려고 했던 두 사람 모두 프로이트의 정신분석학회에서 쫓겨났다.

프로이트가 『토템과 터부』를 열심히 쓰고 있던 1913년 4월, 그로스는 베를린에서 발행되던 잡지 《악치온Die Aktion》에 살부를 혁명과 연결한 「문화적 위기 극복을 위하여Zur Überwindung der kulturellen Krise」[3]라는 제목의 짧은 글을 발표한다. 그 글의 내용은 다음과 같은 문장으로 요약할 수 있다. '무의식에 관한 심리학의 도움으로 남녀 관계가 자유롭고 행복한 미래를 맞게 되리라고 생각하는 오늘날의 혁명가들은 가장 근원적인 형태의 폭력인 아버지와 아버지의 권력에 맞서 싸워야 한다.' 실제로 그는 아버지에 의해 정신병원에 강제수용되기도 했다.

수년 전 독일에서 크게 화제가 되었던 『1913년 세기의 여름1913: der

* '토템과 터부'와 '오이디푸스 콤플렉스'는 동일한 심리학적 구조를 갖고 있다(Barth 2013, p. 209 이하).

Sommer des Jahrhunderts, 2012』의 저자 플로리안 일리스Florian Illies, 1971~는 1913년을 아예 '살부의 해das Jahr des Vatermords'로 규정한다.4 이전 시대를 지배했던 가치 체계를 뒤집어엎는 '살부'의 세계관이 '오이디푸스 콤플렉스'라는 개념으로 구체화된 해이기 때문이다. 단순히 숫자가 아닌 역사적 내용으로 구분하자면, 오늘날 우리가 20세기라고 부르는 시대는 제1차 세계대전이 일어난 1914년부터 시작됐다고 해야 한다. 그 이전의 약 30년을 유럽인들은 절망, 허무, 퇴폐의 '세기말'이라는 우울한 명칭으로 부르기도 하고, '아름다운 시절'을 뜻하는 '벨 에포크La belle Époque'라고 긍정적 의미로 부르기도 한다.* 문화사적으로 아주 특별했던 그 시기는 아버지를 죽인 1913년에 끝이 났다.

아버지를 죽이고 그 시체를 나눠 먹는 광란의 축제가 끝난 후 공포와 혼란에 빠진 '토템과 터부'의 아들들처럼, 인류는 '살부의 해'인 1913년이 지나자 인류 역사상 한 번도 겪어보지 못한 엄청난 재앙을 스스로 일으킨다. 제1차 세계대전이다. 약 1천만 명이 사망하고 약 2천만 명이 부상당한 제1차 세계대전은 1914년 7월 말에 시작되어 1918년 11월 초에 끝났다. 승자도 패자도 명확하지 않은 전쟁이었다. 전쟁이 끝난 후 독일의 작은 도시 바이마르에서는 '살부'의 첫 열매로 '바우하우스'가 설립된다. 1919년의 일이다.

* 긍정적 명칭과 부정적 명칭이 공존하는 이 시기에 인간이 비로소 신처럼 '창조적'이 되기 시작했다는 것이 이 책 전체를 관통하는 내 가설이다.

Unit 91.

창조방법론

창조는 어떻게 가능한가?

독일어에 '행위 가능성Handlungsmöglichkeit'이라는 단어가 있다. 나는 항상 이 단어로 낯선 개념이나 이론의 효율성을 판단한다. 해당 개념이나 이론으로 내가 도대체 무엇을 할 수 있는가를 생각해보면 그 가치를 바로 판단할 수 있다. 제아무리 위대한 이론도 내 행위 가능성을 열어주지 못한다면 아무 쓸모 없다. '창조방법론'과 관련해서 수년간 자료를 찾아봤지만 내 행위 가능성을 넓혀주는 개념을 찾지 못했다. 융합, 통섭, 크로스오버, 컬래버레이션, 큐레이션 등등 어깨에 힘만 잔뜩 잡는 개념들이 전부였다. 무엇인가를 구체적으로 시도하기에는 너무 공허한 개념들이었다. 그러던 어느 날, 눈이 번쩍 뜨이는 단어를 만났다. '편집'이다!

일본의 매우 특이한 인문학자 마쓰오카 세이고松岡正剛, 1944~가 쓴 『지의 편집공학知の編集工學, 1996』5이라는 책에서였다. 그 후로 '편집'이라는 개념을 붙잡고 참 많은 생각을 했다. 그 고민의 결과가 몇 년 전에 출간한 『에디톨로지』라는 책이다.* '에디톨로지', 즉 '편집학'은 한마디로 요약된다. '창조

* 물론 내가 주장하는 '에디톨로지'와 마쓰오카 세이고의 '편집'은 구체적 내용으로 들어가면 많이 달라진다. 마쓰오카의 편집이 '현미경적'이라면 내 에디톨로지는 '망원경적'이다.

는 편집이다!' 해 아래에 새로운 것은 없다. 단지 새롭게 '편집'됐을 뿐이다.

창조방법론으로서 편집은 '편집의 단위'와 '편집의 차원'이 끊임없이 해체되고 재구조화되는 과정이다. 편집의 단위는 필요에 따라 조작할 수 있는 상태의 '정보'나 '지식'을 의미한다. 창조적 행위는 각각의 편집의 단위를 새롭게 연결할 때 일어난다. 각각의 단위를 연결하는 바로 그 내용적 연결고리를 '메타언어'라고 부른다. 메타언어가 바로 내 '창조물'이다. 한번 만들어진 연결고리, 즉 메타언어는 또 다른 연결고리에 의해 새롭게 편집된다. 편집의 차원이 달라지는 것이다. 이렇게 '편집의 단위'와 '편집의 차원'이 끊임없이 얽혀 들어가는 과정을 '창조'라고 한다.

최초의 추상화가는 피카소가 아니다

파블로 피카소가 "위대한 예술가는 훔친다"라고 이야기했을 때 '훔치는 것'은 편집의 단위일 뿐이다. 피카소는 훔쳐 온 편집의 단위를 자신만의 방식으로 편집의 차원을 달리해 편집했다. 예를 들어 피카소의 '큐비즘'을 대표하는 작품인 「아비뇽의 처녀들Les Demoiselles d'Avignon, 1907」은 페테르 파울 루벤스의 「파리스의 심판Das Urteil des Paris, 1636~1638」, 폴 세잔의 「다섯 명의 목욕하는 여인들Cinq baigneuses, 1877~1878」과 「세 명의 목욕하는 여인들Trois baigneuses, c. 1875」, 엘 그레코El Greco, 1541~1614의 「요한계시록—다섯 번째 봉인의 개봉Apertura del Quinto Sello, 1608~1614」 등 다양한 그림에서 편집의 단위들을 가져왔다.

그뿐만 아니다. 사물을 원통, 원추, 원구라는 단순한 기하학적 형태로 축소하여 표현하고자 했던 세잔의 시도도 훔쳐 왔다. 르네상스 이후로 회화의 근본으로 여겨왔던 원근법이나 명암을 무시하고 다양한 시점을 한

1 피카소의 「아비뇽의 처녀들」. 피카소는 수많은 화가의 그림에서 '편집의 단위'를 '훔쳐와' 새롭게 편집했다. 이 편집을 가능케 한 '메타언어'는 훗날 '큐비즘'이라 불린다.
2 루벤스의 「파리스의 심판」
3 세잔의 「다섯 명의 목욕하는 여인들」
4 엘 그레코의 「요한계시록―다섯 번째 봉인의 개봉」

화면에 그려 넣는 세잔의 방법도 사용했다. 단순하고 강렬한 색채를 사용한 '포비즘', 아프리카의 전통 조각이나 가면 같은 편집의 단위도 이 그림에 포함되어 있다. 그러나 훔쳐 온 것들의 '짜깁기' 같은 이 그림은 당시에는 볼 수 없었던 전혀 다른 형태의 그림이 된다. 차원이 다르게 '편집'됐다는 이야기다. 훗날 피카소의 이 특별한 편집 방식은 '큐비즘'이라는 '메타언어'로 불리게 된다.

'대상의 해체와 재편집'이라는 피카소의 큐비즘은 '대상의 재현'이라는, 수천 년 동안 지속되어온 회화의 근본 원칙을 폐기하는 '추상회화'의 등장을 예고한다. 그러나 피카소는 '대상의 재현'을 완전히 포기하지 못하고 멈칫거렸다. 반면 바실리 칸딘스키는 '대상의 해체'를 더욱 적극적으로 밀어붙여 추상회화라는 또 다른 편집의 차원을 만들어냈다.

Unit 92.

두려움과 예술

던져진 존재

불안과 공포는 '유한한 존재'의 숙명이다. 가장 큰 공포는 죽음이다. 그러나 유한한 존재는 '죽는 것' 자체를 두려워하는 것이 아니다. '언제 죽을지 모른다'라는 시간의 불확실성을 두려워하는 것이다. 내가 아끼고 사랑하는 이들과 언제든 느닷없이 헤어질 수 있다는 '시간의 불확실성'과 관련하여 실존철학자 마르틴 하이데거Martin Heidegger, 1889~1976는 인간존재를 "피투성被投性, Geworfenheit",6 즉 '던져짐'이라는 개념으로 설명한다.

'던져진 존재', 즉 누군가에 의해 이 세상으로 느닷없이 던져진 존재는 언제든 또다시 죽음으로 던져질 수 있기에 한없는 두려움을 갖는다. '두려움'은 던져진 존재의 심리적 본질이다. 도대체 어떻게 흘러가는지 우리의 인식 체계로는 도무지 감당할 수 없는 '무한한 시간에 던져진 공포'를 극복하기 위해 인류는 아주 기막힌 해법을 찾아냈다. '시계'와 '달력'이다. 매일 그리고 매달, 시간을 '반복'하는 것으로 만들었다. 겨울이 지나 봄이 오면 새롭게 한 해를 시작하는 것으로 했다. 매년을 새로 시작한다고 '생각하기로 하니' 더는 불안하지 않게 되었다. 그래서 한 해가 또다시 시작되는 날을 그렇게들 기뻐하는 거다. 아무리 지난해를 형편없이 보냈더라도 새로 시작하는 이번 해에는 달라질 수 있다는 믿음도 갖는다.

그러나 또 다른 근원적 두려움이 아직 남아 있다. '무한한 공간에 대한 공포'다. 인간이 자연에 대해 갖는 두려움의 심리학적 본질은 공간에 대한 공포다. 도무지 그 크기에 대한 감을 잡을 수 없이 무한한 자연은 인류에게 시간만큼이나 두려운 것이었다. 무한한 공간의 대자연 앞에서 인간은 너무나 초라한 존재였다. 자기 위치를 확인하기 위한 다양한 수단이 동원됐다. 주로 해와 달, 그리고 별의 위치를 통해 자신이 어디 있는가를 확인하려 했다. 그러나 불완전한 수단들이었다.

인간이 공간을 통제할 수 있다는 환상을 본격적으로 갖게 된 것은 '원근법'을 발명하면서부터다. 원근법을 통해 3차원 공간을 2차원으로 축소할 수 있게 된 인간은 원근법의 소실점으로부터 '객관성'이라는 신화를, 그리고 소실점을 기준으로 정해지는 공간좌표로부터 '합리성'이라는 신념을 갖게 된다. 서양이 동양을 물질적으로 앞서게 된 결정적 계기는 바로 원근법의 발명과 이에 기초한 객관성과 합리성으로 무장한 과학적 사고 덕분이다.[7]

추상 충동

두려움과 같은 심리적 차원을 '회화'와 연관하여 설명한 심리학자가 있다. 20세기 초반, 독일의 미술사학자이자 심리학자인 빌헬름 보링거Wilhelm Worringer, 1881~1965다. 그는 인간과 자연(공간) 사이의 대립과 화해 과정에서 '예술 의지Kunstwollen'*라는 근원적 욕구가 생겨난다고 주장한다.

1908년에 자신의 박사 논문을 출간한 책 『추상과 감정이입Abstraktion und Einfühlung』[8]에서 그는 이 '예술 의지'가 '감정이입 충동Einfühlungsdrang'과 '추상 충동Abstraktionsdrang'의 두 가지 형태로 나뉜다고 설명한다. '감정이입'은 주로 자연의 아름다움을 모방하는 과정에서 경험하는 미적 체험이다. 인간의 예술 의지가 감정이입으로 표현될 때 자연의 아름다움을 재현하고 모방하는 '자연주의 미술 양식'이 나타난다. 자연과 인간이 서로 화합할 때의 심리적 경험이다.

최초로 회화와 심리학을 연결시켜 설명한 보링거. 인간과 자연이 대립하고 화해하는 상호작용에서 '예술 의지'가 생겨난다고 주장했다.

인간과 자연의 관계가 항상 그렇게 조화로운 것만은 아니다. 인간이 미지의 자연, 무한한 공간에 대해 공포와 두려움을 경험하는 부조화도 있다. 보링거에 따르면, 바로 이같이 불안한 내적 체험으로부터 '추상 충동'이 생겨난다. 추상회화는 추상 충동의 결과물이다. 근대화라는 급속한 변화에 적응하지 못한 근대 인간들의 불안이 추상회화의 사회심리학적 바탕이 된다는 이야기다.

근대인들만 추상 충동을 경험하는 것이 아니다. 자연에 대한 인간의 불안과 공포에서 발현되는 추상 충동은 원시시대의 기하학적 문양들에서도 발견된다고 보링거는 주장한다. 인류에게서 예술 의지가 발현된 과정을 살펴보면 '감정이입'보다는 '추상'이 훨씬 더 오래됐다. 두려움이 먼저였다는 이야기다. 자연을 모방하고 재현하는 '아름다운 예술'은 원시시대부터 존재해온 '추상'에 비하면 비교적 최근의 발명품이라 할 수 있다.

보링거의 주장을 요약하자면 자연과 조화할 때, 즉 자연의 아름다움

* '예술 의지'는 하인리히 브룬Heinrich Brunn, 1822~1894이라는 독일 고고학자가 1856년에 처음 사용한 개념이다. 그러나 이 개념이 중요하게 논의되기 시작한 것은 독일 미술사학자 알로이스 리글이 이 개념으로 "각 시대에는 그 시대의 특정한 예술 의지와 예술 충동을 가지고 있다"라고 주장하면서부터다. 각 시대 혹은 각 지역을 특징짓는 예술 형식에는 그 배후에 그 시대의 특정한 문제를 해결하고자 하는 예술 의지 혹은 예술 충동이 있다는 것이다. 예술사를 각 시대가 당면한 문제 해결의 역사로 보는 그의 견해는 이후 예술사 서술에 큰 영향을 미쳤다(Barasch 2000, p. 164 이하).

을 느낄 때 자연을 재현하는 '모방예술'이 생겨난다. 자연과 불화할 때는 '추상예술'이 생겨난다. 이때 추상예술이란 인간의 자의적인 형태와 상징들로 자연과 공간을 새롭게 구성하는 방식을 뜻한다. 자연에 인간의 인지 체계를 맞춰가는 '감정이입'과 자연을 인간의 인지 체계 안으로 끌어들여 재구성하는 '추상'이라는 두 가지 상호작용 방식에 대한 보링거의 심리학 이론은 독일의 청기사파, 다리파 화가들에게 큰 영향을 미쳤다.[9] 최초의 추상화가를 자처하는 바실리 칸딘스키가 자기 추상회화의 이론적 근거를 저술한 『예술에서의 정신적인 것에 대하여』는 보링거의 책이 없었다면 나올 수 없었다.

클레의 추상화 「오래된 노래Alte Klang, 1925」. 공간과 자연을 자신의 인지 체계에 맞춰서 재구성하는 '추상'은 '원근법'과 더불어 '무한한 공간'에 대처하는 인류의 위대한 발명품이다.

Unit 93.

감각의 교차편집

카라얀이 위대한 이유

이종격투기가 대세다. 한때 우리를 그토록 흥분시켰던 권투나 레슬링은 이제 TV에서 거의 볼 수 없다. 이종격투기의 시작은 1976년 6월 26일에 있었던 안토니오 이노키アントニオ猪木, 1943~2022와 무하마드 알리Muhammad Ali, 1942~2016의 대결이다. 시종일관 이노키는 누워서 경기했다. 경기는 무승부로 아주 싱겁게 끝났다. 알리는 "누워서 돈 버는 사람은 창녀와 이노키뿐"이라며 화를 냈다. 그러나 그 후 레슬링과 권투라는 전혀 다른 차원의 스포츠가 '이종격투기'라는 이름으로 다양하게 '편집'되기 시작했다.

시대는 항상 새로운 '편집'을 원한다. 편집을 거부하면 몰락한다! 스티브 잡스의 애플이 그토록 혁신적이었던 이유도 인간과 기계 사이를 매개하는 인터페이스의 새로운 편집에 있었다. 인간과 기계의 상호작용은 대단히 폭력적으로 시작했다. 인간은 기계를 '때리거나', '두들겼다'. 타자기의 자판을 '짓패던' 폭력적 습관은 컴퓨터라는 엄청나게 예민하고 지능적인 기계가 나타난 후에도 여전히 지속되고 있다. 지금 옆자리에서 컴퓨터 자판을 '짓패고' 있는 동료를 보라! 어느 사무실에든 그런 인간이 꼭 하나 있다. 그러나 잡스의 애플은 기계를 만질 수 있게 해줬다. 만지고 쓰다듬는 것은 지극히 인간적인 상호작용이다. 사랑하는 사람끼리만 만지고 쓰다듬는다. 지

극히 인간적인 상호작용을 이제 기계와 할 수 있게 된 것이다. 감각의 혁명적 편집이다.10

문학도 새로운 편집 방식을 요구하는 시대를 마주하고 있다. 시는 랩에, 소설은 유튜브나 '짤방'에 자리를 내주고 있다. 문학이 시각적, 청각적으로 편집된다는 이야기다. 클래식 음악이라고 예외는 아니다. 유럽의 유명한 클래식 음악 공연장에 가보면 노인들뿐이다. 거의 경로당 수준이다. 한국, 일본, 중국의 학생들이 없다면 유럽의 명문 음악대학은 이미 망했을 것이다. 그토록 구경하기 힘들었던 유럽의 유명한 오케스트라들이 매년 한국을 찾아오는 이유도 아시아 시장이 클래식의 마지막 보루이기 때문이다.

그나마 헤르베르트 폰 카라얀Herbert von Karajan, 1908~1989이 없었다면 클래식 음악은 망해도 벌써 망했을 것이다. 그가 클래식 음악을 처음으로

베를린 필하모니. 클래식 음악의 메카라고 할 수 있는 베를린 필하모니지만 거의 노인정 수준이다. 젊은 사람은 찾아보기 힘들다. 있다면 대부분 동양인이다. 한국, 중국, 일본이 없다면 클래식 음악은 버티기 힘들다. 전설의 서구 교향악단들이 매년 아시아를 순회하며 연주하는 이유다.

'볼 수 있게' 해줬기 때문이다. 사람들은 최초의 뮤직비디오를 1975년에 만들어진 퀸의 〈보헤미안 랩소디〉로 기억한다.* 그러나 그보다 훨씬 먼저인 1967년, 카라얀은 오페라 〈카르멘Carmen〉을 비롯한 여러 편의 오페라와 연주회를 뮤직비디오로 처음 제작했다.** 그 후에 나온 다양한 버전의 카라얀 주연, 카라얀 감독의 뮤직비디오는 우리가 익히 아는 바다. 카라얀이 위대한 것은 훌륭한 지휘자였기 때문만이 아니다. 그는 시각과 청각의 창조적 '편집자'였다.

'감각'도 편집할 수 있다!

각기 다른 차원의 감각을 스스로 편집할 수 있는 능력을 '공감각synesthesia'이라고 한다. 시각, 청각, 후각 같은 감각은 해당 물리적 자극과 일대일로만 대응한다. 소리 자극(음파)에는 청각이, 가시광선에는 시각이 반응한다. 그런데 그 대응 방식이 달라지는 경우가 있다. 소리를 들으면 색깔이 떠오르고, 냄새를 맡으면 소리가 떠오르는 경우다. 이 같은 공감각 능력은 극히 일부 사람들만 지닌 선천적 재능이다. 그러나 적절한 환경을 조성하면 누구나 공감각적 경험을 할 수 있다. 러시아 생리학자 페트르 라자레프Petr Lazarev, 1878~1942는 음악을 들을 때 전등을 껐다 켰다 하면 음악 소리가 달라지는 것을 실험으로 보여줬다. 빛이 있으면 소리가 커지고, 빛이 사라지면

* 퀸에 앞서 비틀스가 1966년에 발표한 싱글 앨범인 《Paperback Writer》와 《Rain》의 홍보용 프로모션비디오를 최초의 뮤직비디오로 꼽기도 한다. 물론 그 이전에도 여타 음악가들의 음악회 실황이나 TV 출연 영상은 있었다(Auslander & Inglis 2016, p. 35 이하).

** 1966년 1월 29일 자 《빌보드》 기사에 따르면, 헤르베르트 폰 카라얀은 다양한 뮤직비디오를 제작하기 위해 '카라얀 회사Karajan Gesellschaft'를 따로 설립했다(*Billboard* 1966. 1. 29., p. 34).

소리가 작아졌다. 전혀 다른 감각인 청각과 시각이 서로 연관되어 반응한다는 것이다.[11]

바로 이러한 공감각 훈련이 바우하우스의 예술교육에서 특별하게 강조됐다. 물론 당시에 공감각은 널리 알려진 개념이 아니었다. 1800년대 초부터 공감각적 현상이 학자들 사이에서 논의됐지만, 독일에서는 1925년 이후에야 'Synästhesie'라는 개념이 학문적으로 사용되기 시작했다.* 1920년대 초, 독일의 '게슈탈트 심리학'은 공감각적 현상에 대한 최초의 체계적인 심리학적 접근이라 할 수 있다.

바우하우스 예술교육에 대한 자료들을 살펴보면 공감각과 동일한 내용의 개념들이 곳곳에서 나타난다. '형태'와 '색채'의 관계를 공감각적으로 설명하는 바실리 칸딘스키의 "세모는 노랑, 네모는 빨강, 동그라미는 파랑"이라는 공감각적 도식은 오늘날 바우하우스를 대표하는 상징이 된다. 바우하우스는 선천적 능력인 '공감각'을 예술교육을 통해 구현하려고 했다.[12] 그 시작은 요하네스 이텐이었다.

이텐은 훗날 자신의 바우하우스 시절을 회고한 『나의 바우하우스 기초과정Mein Vorkurs am Bauhaus, 1963』에서 당시 기초과정의 목표는 "학생들의 창조력과 예술적 능력을 모든 종류의 관습으로부터 자유롭게 해방해주는 것"이라고 썼다.[13] 이를 통해 학생들의 졸업 후 직업 선택 가능성을 열어줘야 한다는 것이다. 이를 위해 학생들이 예술 작업에 쓰이는 다양한 재료를 경험하고 자신의 예술적 체험을 스스로 인식하는 능력**을 배양할 수 있도록 하는 것을 기초과정의 핵심 교육 내용으로 삼았다.

* 최초로 공감각적 현상이 보고된 것은 게오르크 토비아스 루트비히 작스Georg Tobias Ludwig Sachs, 1786~1814라는 의사가 자신의 공감각적 경험에 관해 1812년에 발표한 논문이다(Jewanski, Day & Ward 2009, pp. 293-303).

** 자신의 경험을 또 다른 관점에서 파악할 수 있는 능력은 오늘날의 심리학 용어로는 '메타인지'로 설명된다.

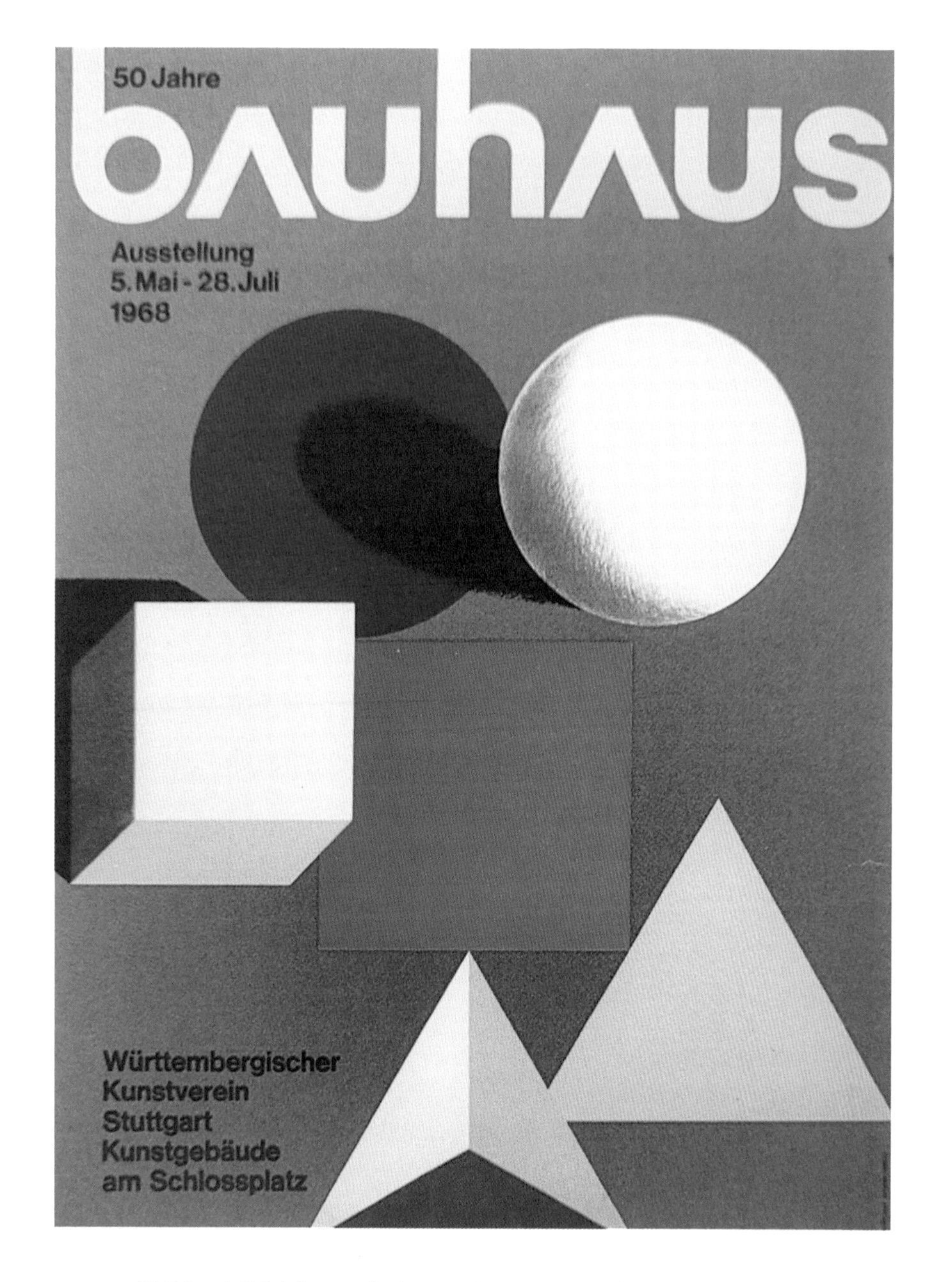

바우하우스의 상징, '세모는 노랑, 네모는 빨강, 동그라미는 파랑'. 형태와 색을 연결하거나, 소리를 듣고 특정한 색을 떠올리는 능력을 '공감각'이라고 한다. 바우하우스는 선천적 능력인 공감각을 교육으로 구현하려고 했다. '감각의 편집'이다!

예를 들어 이텐은 학생들에게 종이, 유리, 나무, 모피, 돌, 금속 같은 예술 재료들을 놀이를 통해 시각적·촉각적으로 경험하게 했다. 그리고 이러한 재료들을 다양한 방식으로 분석하게 했다. 재료의 감촉, 형태와 색채, 그리고 재료에 동반되는 리듬 등을 여러 대비적 관점을 동원해 관찰하는 것이다. 예를 들면 크다/작다, 두껍다/얇다, 많다/적다, 직선/곡선, 높다/낮다, 면적/중량, 미끄러움/거침, 단단함/부드러움, 움직임/정지, 가벼움/무거움, 강함/약함 등의 대비를 동원해 대상을 분석하는 방식이다. 색채대비에서도 동원된 방법론이다.

에디톨로지적으로는 이렇게 요약할 수 있다. 대상을 편집할 수 있는 최소의 단위로 분석한다. 분석 수단은 다양한 차원의 대비다. 그리고 각기 다른 방식으로 나눠진 편집의 단위들을 자신만의 상상력을 동원해 재구성한다. 이때 편집의 차원은 경계를 뛰어넘어 다양한 방식으로 교차된다. 이텐의 예술교육은 '편집의 단위'와 '편집의 차원'이 창조적으로 얽혀 들어가는 감각의 편집 과정이었다. 감각의 '이종격투기'였다고 할 수 있다.

Unit 94.

편집의 공방

쿨레쇼프 효과

인상주의에서 표현주의를 거쳐 추상회화로 발전하는 과정은 새로운 창조방법론을 찾아가는 과정이었다. 먼저 '콜라주collage'가 등장했다. 콜라주는 '풀칠하기', '붙이기' 같은 의미를 가진 단어다. 화가들이 이제 그림을 그리지 않고 오려 붙이기 시작한 것이다. 파블로 피카소와 조르주 브라크Georges Braque, 1882~1963의 '파피에콜레papier collé'는 '재현'에서 '편집'이라는 예술의 방법론적 혁명을 예고하는 사건이었다.

폴 세잔의 영향으로 대상을 보다 단순한 단위(원통, 원추, 구체)로 나누고, 그 단위를 다시 재편집하는 실험을 거듭하면서 피카소와 브라크는 '큐비즘'이라는 새로운 방법론을 제시했다. 1910~1911년 무렵, 그들은 파피에콜레라는 새로운 실험을 시작했다. 물감만 얹을 수 있었던 화폭에 신문, 잡지의 기사를 오려 붙이기 시작한 것이다. 콜라주 화폭에 올라온 일상의 신문, 잡지는 원래의 의미 맥락에서 벗어나 전혀 다른 의미로 다가왔다.14

흥미롭게도 피카소와 브라크의 파피에콜레 작품에는 기타나 피아노 같은 악기들이 자주 등장한다. 대상의 세계와는 전혀 관계없이 음표 같은 기본단위들만으로 새로운 세계를 창조하는 음악처럼, 미술도 이제 모방과 재현의 강박으로부터 자유로워지고 싶다는 희망의 암묵적 표현이다. 요

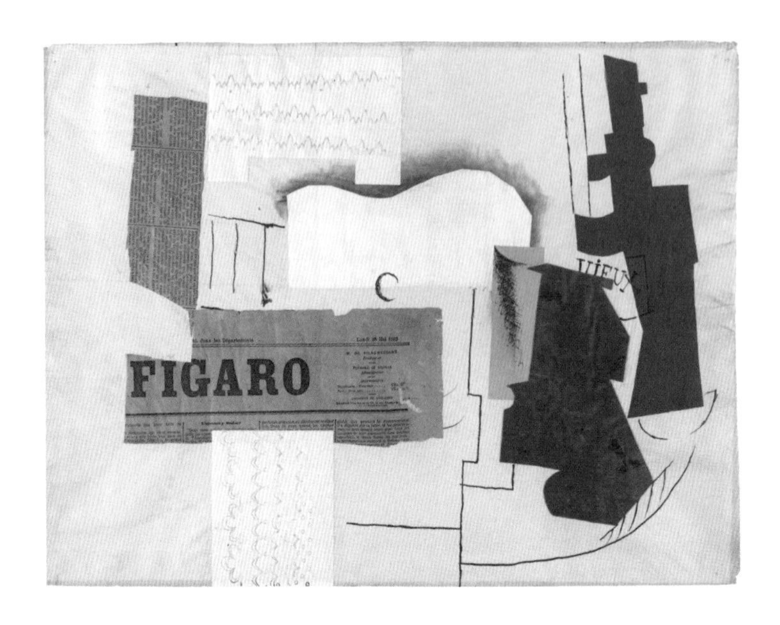

피카소의 1913년 파피에콜레 작품 「비외 마르크 술병, 유리, 기타, 신문Guitare, journal, verre et bouteille」. 대상의 모방과 재현에서 벗어난 예술가들은 화폭 위에서 다양한 실험을 하기 시작했다.

하네스 이텐, 파울 클레, 바실리 칸딘스키 같은 바우하우스 선생들도 그랬다. 그들은 대부분 피아노, 바이올린 같은 악기에 능숙했다. 그들은 '왜 미술은 음악처럼 자유로울 수 없는가?'라는 질문을 끊임없이 던졌다. '형태'와 '색채'의 기본단위로 새로운 조형예술을 추구했던 바우하우스는 '음악에 대한 미술의 열등감', 즉 '시간예술'에 대한 '공간예술'의 근원적 열등감이 낳은 결과라고도 할 수 있다.

시간이 지나면서 콜라주의 종류도 다양해졌다. 제1차 세계대전 기간에 조직된 다다이즘 예술가들의 시도는 더욱 과감했다. 신문, 잡지 같은 종이뿐만이 아니다. 상표, 철사, 실 꾸러미, 심지어는 신체의 털에 이르기까지 이전에는 상상조차 할 수 없었던 것들을 화폭에 붙였다. 그들의 시도는 '붙인다'는 의미의 '콜라주'만으로는 설명하기 어려웠다. 보다 확대된 개념이 필요했다. 사회 풍자와 비판의 도구로 콜라주 기법을 확대해나가던 다다이스트들은 자신들의 방법론에 '포토몽타주Fotomontage'라는 이름을 붙였다.15 사진들을 편집하여 자신들이 하고 싶은 이야기를 완성하려는 포토몽타주는 기존 사진들이 가진 의미를 의도적으로 왜곡하고, 다양한 편집을 통해 전혀 다른 의미를 창조하는 또 다른 형식의 '메타언어'를 가능케 했다.

콜라주, 포토몽타주가 등장할 때 영화 관련 예술가들은 각기 다른 카메라로 촬영한 장면들을 동일한 시간의 흐름에 편집해 넣는 '필름몽타주filmmontage' 기법을 찾아냈다. 동일한 장면의 영상도 그 전후로 어떤 장면이 편집되는가에 따라 전혀 다른 의미를 갖게 된다는 것이다.

러시아의 영화감독이자 심리학자였던 레프 쿨레쇼프Lev Kuleshov, 1899~1970는 피험자들에게 영화배우의 '무표정한 얼굴'을 보여주고, 이어서 '따뜻한 수프'나 '죽은 아이' 혹은 '섹시한 여인'의 사진을 보여줬다. 그 결과, 피험자들은 '무표정한 얼굴'을 각기 달리 해석했다. 동일한 표정이었지만 따뜻한 수프가 나왔

바우하우스 학생이었던 일본인 야마와키 이와오山脇巖, 1898~1987의 포토몽타주 작품 「바우하우스 때리기Der Schlag gegen das Bauhaus, 1932」

쿨레쇼프 효과. 같은 표정이라도 어떤 사진이 그다음에 나오느냐에 따라 전혀 다르게 해석된다.

을 때는 '배고픈 표정', 죽은 아이가 나왔을 때는 '슬픈 표정', 섹시한 여인이 나왔을 때는 '음탕한 표정'으로 받아들였던 것이다. 이른바 '쿨레쇼프 효과 Kuleshov effect'16다. 오늘날 우리가 경험하는 다양한 영화 기법은 쿨레쇼프 효과의 연장선상에 있다.

바우하우스의 공방 교육

바우하우스에 설치된 공방은 감각의 교차편집을 위한 다양한 실험실이었다. 발터 그로피우스는 공방 교육을 통해 바우하우스 학생들이, 주어진 멜로디를 바탕으로 끊임없이 즉흥연주를 시도하는 재즈 연주자들처럼 자원이 부족한 전후의 독일 사회를 창조적으로 편집해나가길 원했다. 그러나 공방을 구체적으로 실현하는 과정은 그리 녹록지 않았다. 형태 마이스터들을 새로 초빙하는 것이 오히려 간단했다. 그로피우스에게는 충분한 인맥이 있었다. 하지만 기능 마이스터를 찾는 것은 매우 어려웠다. 물자도 부족했고, 교육이 가능한 공방 시설을 마련하는 것도 쉽지 않았다. 우여곡절 속에 바우하우스는 아홉 가지 공방을 설치하여 교육하게 된다.

당시 바우하우스에 설치된 공방은 다음과 같다. 도기 공방Keramische Werkstatt, 인쇄 공방Grafische Druckerei, 직물 공방Textilwerkstatt, 제본 공방Werkstatt für Buchbinderei, 목조 및 석조 공방Werkstätten für Holz- und Steinbildhauerei, 유리화 및 벽화 공방Glas-und Wandmalereiwerkstatt, 가구 공방Möbelwerkstatt, 금속 공방Metallwerkstatt, 무대 공방Bühnenklasse.17

1922년 6월, 바우하우스를 빛나게 할 엄청난 인물이 새로운 형태 마이스터로 취임했다. 바실리 칸딘스키다. 당시 55세였던 칸딘스키는 바우하우스 마이스터들 중에서 최연장자였다. 칸딘스키의 영입 이후, 그로피우스의 지향점에 의구심을 갖고 우왕좌왕하던 마이스터들도 차분해졌다.* 칸딘스키가 취임한 1922년 6월부터 대규모 바우하우스 전시회가 열린 1923년 여름까지 바우하우스의 공방 교육은 체계적으로 자리를 잡아갔다.

새롭게 취임한 칸딘스키는 먼저 바우하우스에 와 있던 오래된 친구 파울 클레와 함께 유리화 및 벽화 공방을 맡았다. 클레는 '유리화 공방'을, 칸딘스키는 '벽화 공방'을 지도했다. 그가 벽화에 특별한 관심이 있었던 것은 아니다. 단지 그 자리가 비어 있었기 때문이다. 그러나 칸딘스키는 열성을 다해 벽화 공방의 학생들을 지도했다. 이 공방에서 그는 이텐의 색채 이론과는 다른 자신만의 색채 이론을 정리해서 가르쳤다.

바우하우스 초기부터 참여했던 게르하르트 마르크스와 라이오넬 파이닝어는 각각 '도기 공방'과 '인쇄 공방'을 맡았다. 파이닝어의 인쇄 공방에서는 바우하우스 선생과 학생들의 작품을 인쇄하여 판매했다. 그뿐만 아니라 당시에 유명했던 유럽 화가들의 판화집을 만들어 판매하기도 했다. 재정적으로 큰 도움은 되지 않았지만, 바우하우스를 홍보하는 데 큰 기여를 했다. 1920년에 초빙된 게오르크 무헤는 '직물 공방'을 맡았다. 직물과는 아무 관련 없었던 그는 주로 기초과정의 이텐을 보조했다. 직물 공방의 학생들은 스스로 공부해야 했다. 직물 공방에는 주로 여학생들이 참여했다. 그중 군타 슈퇼츨Gunta Stölzl, 1897~1983은 아주 특별했다. 훗날 그녀는 직물 공방의 마이스터가 되어 바우하우스의 직물 관련 생산과 교육을 이끌었다.

'목조 및 석조 공방'은 1920년에 클레와 함께 초빙된 오스카 슐레머

* 1922년 1월 16일, 발터 그로피우스는 마이스터들에게 이렇게 회람을 돌렸다. "아주 오래전부터 바실리 칸딘스키를 바우하우스에 초청하는 것에 대해 우리는 논의해왔습니다. 가까운 시일 내에 그가 러시아에서 베를린으로 온다고 합니다. 그래서 마이스터들에게 칸딘스키 초청의 건을 처리해주실 것을 요청합니다. 제가 베를린에 가서 이야기하겠습니다. 외국인이라 법적인 문제가 있을 듯하지만, 제가 처리할 수 있기를 기대합니다." 그로피우스의 급한 마음이 읽힌다. 모든 마이스터가 기꺼이 찬성의 서명을 했다(Wahl 2009, p. 314).

가 맡았고, 클레는 '유리화 공방'과 더불어 '제본 공방'도 책임졌다. '가구 공방'과 '금속 공방'은 바우하우스를 실질적으로 대표하는 공방이었다. 기술 수련과 더불어 생산, 판매가 가장 용이했기 때문이다. 그로피우스는 '가구 공방'을 직접 맡아 가르쳤다. 그 밑에서 바우하우스의 상징처럼 되어버린 「바실리 체어」를 만든 마르셀 브로이어가 공부했다.

금속 공방은 초기에 이텐이 담당했지만 그리 활발하지 못했다. 금속 공방의 본격적 활동은 이텐의 후임으로 초빙된 라슬로 모홀리-나기가 담당하면서부터 가능해졌다. 이외에도 전통적 수공예 공방과는 거리가 먼 무대 공방도 설치됐다. 이질적인 '무대 공방'은 1921년에 초빙된 로타 슈라이어가 담당했지만 바로 그만두고, 슐레머가 맡았다. 이렇게 전설적 마이스터들이 속속 공방 교육을 책임지며 내부 갈등은 점차 진정되고 바우하우스의 짧은 황금시대가 시작됐다.

슐레머의 목조 및 석조 공방(왼쪽)과 무헤의 직물 공방(오른쪽)

클레의 유리화 공방(위)과 제본 공방(아래)

Unit 95.

바우하우스는 왜 독일에서 탄생했을까?

"독일 음식은 왜 그렇게 맛이 없어요?"

내가 독일에서 유학했다니까 유럽 여행을 다녀온 이들은 자주 내게 묻는다. 독일 음식이 맛없는 이유에 관해. 거참, 말문이 막힌다. 그럴듯한 대답이 없다. 독일 음식만 맛없는 게 아니고 북유럽 음식은 죄다 맛없다. 와인 잔이나 접시 같은 식기류만 아주 폼 난다. 독일 음식을 그렇게 욕하던 이들도 독일의 식기는 최고라며 칭찬을 아끼지 않는다. 프랑스나 이탈리아의 요란스러운 그릇과는 달리 절제된 우아함이 있다. 그것을 '기능주의'라고 한다. '우아하고 품위 있지만, 기능성이 극대화된 독일 식기에 담긴 아주 맛없는 독일 음식'을 도대체 어떻게 해석해야 할까?

우연히 독일 역사에 관한 짧은 책을 읽었다. 일본 학자 이케가미 슌이치池上俊一, 1956~의 『숲에서 만나는 울울창창 독일 역사森と山と川でたどるドイツ史, 2015』[18]라는 작은 책이다. 유럽 문화사에 대해 흥미로운 소주제들을 중심으로 써나가던 그는 독일 음식이 맛없는 이유가 아마 '종교개혁' 때문일 것이라고 스쳐 지나가듯 주장했다. 유럽에서 미식 문화가 꽃핀 곳은 가톨릭 국가들이며, '현세를 즐기는 것'을 적대시했던 프로테스탄트가 북유럽의 맛없는 음식에 그 원인을 제공했으리라는 것이다. 정말 그런 걸까? 그 후 며칠을 집중적으로 생각했다. 그의 생각이 옳다! 그러나 보다 체계적인 설명이 필

요하다. 독일 음식이 맛없는 이유를 설명하기 위해서는 독일 사회학자 막스 베버까지 거슬러 올라가야 한다.

베버는 바우하우스의 발터 그로피우스와 동시대 사람이다. 물론 나이는 베버가 훨씬 많았다(베버는 1864년생이고, 그로피우스는 1883년생이다). 그러나 베버의 사상은 제1차 세계대전에서 패한 독일 사회에 큰 영향을 끼쳤다. 특히 그의 『프로테스탄티즘의 윤리와 자본주의 정신Die protestantische Ethik und der Geist des Kapitalismus, 1905』19은 역사 설명 방식과 관련해 카를 마르크스의 단선론적 역사발전론과 대립하는 또 하나의 설득력 있는 가설로 각광을 받았다. 마르크스는 '물질적인 것(생산력과 생산관계)'을 사회변동의 힘으로 파악했던 반면, 베버는 '정신적인 것(프로테스탄티즘의 윤리 같은 종교적 신념)'이 자본주의 생산의 원동력이라고 주장했다.

'왜 하필 자본주의가 서유럽에서 발생했는가?'라는 질문에 대해 베버는 종교개혁 이후의 프로테스탄티즘, 특히 칼뱅주의 교리와 연결해 대답한다. 프로테스탄티즘을 수용한 유럽의 근대 시민계급은 자본축적의 양을 신앙의 깊이를 나타내는 척도로 생각했다. 돈이 쌓일수록 물질적 욕망을 통제하고 조절하는 능력, 즉 신앙심의 깊이가 드러난다는 것이다. 현실에서의 방탕과 향락은 천국에서의 구원을 방해하는 요소이기에 절대적으로 피해야만 한다. 향락과 방탕에는 '맛있는 음식'을 탐닉하는 것도 포함된다. 이렇게 재

감자와 붉은 양배추 절임, 그리고 삶은 고기에 소스를 얹은 전형적 독일 음식. 먹어보면 짜고 질기다(그래도 영국 음식보다는 훌륭하다는 게 내 생각이다). 도대체 독일 음식은 왜 맛이 없을까?

산의 축적이 윤리적으로 정당화되는 프로테스탄티즘이 효율적인 자본축적을 가능케 했고, 이를 통해 자본주의가 발전했다는 것이다(물론 베버의 가설에 반대되는 팩트도 많다).

'금욕'과 '저축'의 자본주의 정신을 베버는 '직업'을 뜻하는 독일어 단어 '베루프Beruf'와 연결해 설명한다.20 베루프는 마르틴 루터의 독일어 번역 성서에서 처음 등장하는 단어다. 신의 '부름'과 '소명'의 라틴어 'vocatio(영어로는 calling)'를 루터는 독일어 베루프(직업)로 번역했다.21 베루프는 '부른다'라는 뜻인 '베루펜berufen'의 명사형이다. 이렇게 독일어에서 신의 '소명'과 '직업'이 같은 단어가 된 것이다. 특히 칼뱅주의는 신의 소명으로서의 직업을 강조했다. 현실에서 직업은 신의 소명이기에 충실하게 돈을 벌어야 하며, 그렇게 번 돈을 함부로 낭비해서는 안 된다. 돈은 쓰기 위해 모으는 것이 아니라 천국에 가기 위해 모으는 것이며, 그렇게 쌓인 돈은 신의 영광을 드높이는 수단이 된다.

낙타가 바늘구멍에 들어가기보다 어렵다는 '부자의 하늘나라 가기'가 베버의 이론에서는 '부자일수록 하늘나라에 더 잘 들어갈 수 있다'로 희한한 반전(!)이 일어나게 된 것이다. 물론 베버가 이야기하는 부자는 돈을 쓸 생각 없이 쌓아두기만 하는 '청렴한 부자'를 뜻한다. 20세기 초에는 사뭇 황당했던 베버의 주장은 시간이 흐를수록 흥미롭게 여겨진다. 마르크스주의 같은 역사발전론이 흔적도 없이 사라진 오늘날에는 베버나 게오르크 짐멜Georg Simmel, 1858~1918의 이론에서 강조되는 '정신적인 것'들의 역사적 기

베버에 따르면 부자일수록 하늘나라에 더 쉽게 갈 수 있다. 방탕하지 않고 재물을 많이 쌓을수록 천국에서의 구원을 보장받기 때문이다.

능이 상대적으로 부각된다.

베버의 주장과 '맛없는 독일 음식'을 연결하면 왜 프로테스탄티즘이 강했던 북유럽의 음식이 맛없는가에 대해 설명이 가능해진다. 맛있는 음식, 진귀한 음식을 탐닉하는 것이야말로 가장 전형적인 '향락'이다. 미각은 물론 시각까지 자극하는 다양한 음식의 가톨릭 문화와 달리 북유럽 음식은 간소하고 간결하다. 감자와 소시지는 프로테스탄트에게 가장 잘 어울리는 음식이다. 음식을 담는 식기도 화려해서는 안 된다. 그러나 기능적으로는 매우 효율적이어야 한다. 칼은 고기를 잘 썰어야 하며, 식기는 잘 깨지지 않는 재료로 사용하기 편리해야 한다. '기능성'이야말로 북유럽의 프로테스탄트들에게 허용된 최소한의 '허영'이었다.*

'장식'이 아니라 '기능'

베버의 이론을 염두에 두면 화려하고 장식적인 프랑스의 '아르누보', 오스트리아의 '유겐트슈틸'이 독일에 오자 투박한 '바우하우스 스타일'로 바뀌게 된 이유가 사뭇 그럴듯해진다. 바우하우스 스타일의 '기능주의'가 유럽의 다른 나라들을 제치고 왜 하필 독일에서 발생했는가에 대한 설명이 가능해진다는 이야기다. 발터 그로피우스의 바우하우스에서 화려한 장식은 불필요한 것이었다.** 귀족적 취향을 흉내 낸 부르주아들의 아르누보풍은 제거

* 프로테스탄티즘과 기능주의의 관련성은 가톨릭 문화가 지배적인 남부 도시들과 북부 도시들을 비교해보면 시각적으로도 확연하게 드러난다(Runkel 2007, p. 71 이하).

** 바우하우스의 기능주의가 본격적으로 추구된 것은 요하네스 이텐이 떠나고 그 후임으로 라즐로 모홀리-나기가 초청된 1923년 이후부터다. 바우하우스가 데사우로 옮겨 간 후, 교사校舍와 마이스터 하우스를 새로 건축하던 1925~1927년을 '기능주의적 시기 Funktionale Phase'라고 부르기도 한다(Kottke 2002, p. 9 이하).

해야 할 대상이었다.*

'장식'이 아니라 '기능'이 추구해야 할 최우선의 가치였다. 기능은 추상적 토론이나 이론이 아닌 구체적 현장, 즉 '공방'에서 구현돼야 한다. 바우하우스의 공방은 귀족이나 교회의 일방적 요구에 따라야 했던 중세의 공방과는 달랐다. 전쟁 후, 새로운 세계의 주인으로 등장한 시민사회의 가치에 상응하는 기능을 구현해야 했다. 그래서 바우하우스에서는 새로운 세상의 혁명적 이론으로 무장한 '형태 마이스터'와 그 이론에 상응하는 기능을 구체화할 수 있는 '기능 마이스터'가 하나의 공방에서 함께 가르쳤던 것이다.**

도기 공방이 가장 먼저 활발해졌다. 실습장은 물론 실습 장비를 구하지 못해 전전긍긍했던 다른 공방들에 비해 도기 공방은 개교한 후 바이마르의 화로 공장에 있는 가마를 바로 사용할 수 있었다. 그리고 이듬해에는 바이마르에서 25km 떨어진 도른부르크에 제대로 된 공방을 차렸다. 이는 그로피우스가 바이마르 인근에서 이름난 도자기 장인 막스 크레한을 기능 마이스터로 스카우트했기에 가능했다. 도기 공방의 학생들은 공방이 바이마르에서 꽤 떨어져 있어 도자기 생산에 집중할 수 있었다. 바이마르 본교에서 일어나는 이념적 혼란과 정치적 갈등으로부터 자유로웠기 때문이다. 그런 만큼 도기 공방의 작품들은 바우하우스 특유의 실험적 문화와는 많이 달랐다.22

도기 공방의 형태 마이스터는 게르하르트 마르크스가 맡았다. 조각가인 그는 그로피우스와 더불어 '예술을 위한 노동자평의회'의 멤버였다. 그로피우스와는 1914년 독일공작연맹의 쾰른 전시회부터 인연이 있었다. 마르크스는 그로피우스가 바우하우스로 초빙한 최초의 선생 3명 중 한 사람이

* "장식은 죄악"이라는 빈의 건축가 아돌프 로스는 그런 의미에서 매우 칼뱅주의적이라 할 수 있다(로스 2021).

** '형태 마이스터'와 '기능 마이스터'의 역할 구분에 관해서는 Unit 28 참조.

도기 공방의 학생이었던 테오도르 보글러Theodor Bogler, 1897~1968의 작품. 바우하우스 공방들 가운데 도기 공방이 가장 생산적이었다. 바이마르에서 25km 떨어진 곳에 위치했던 도기 공방은 바우하우스 내부의 이론적·정치적 투쟁으로부터 비교적 자유로웠기 때문이다.

도기 공방의 형태 마이스터였던 마르크스의 1924년 사진. 마르크스는 그로피우스의 바우하우스 이념에 처음부터 끝까지 동조하지 않았다. 그러나 자신이 맡았던 도기 공방은 아주 충실하게 운영했다.

었다. 그러나 그는 함께 초빙된 요하네스 이텐이나 라이오넬 파이닝어에 비해 그리 큰 존재감은 없었다. 마르크스는 바우하우스의 정치적 갈등에 적응하지 못했다. 그는 바우하우스의 추상화 경향에도 반대했다. 이전과는 달리 그의 조각은 대상의 재현이라는 전통적 예술관에 충실했다. 다행히(?) 도기 공방이 바이마르와 물리적으로 멀리 떨어져 있었기에 마르크스는 바우하우스가 데사우로 이전하던 1925년까지 큰 갈등 없이 바우하우스에 머물 수 있었다.23

독일적 전통에 충실했던 마르크스와 크레한의 도기 공방은 가장 먼저 상업적으로 성공했다. 도기를 대량으로 생산하여 판매할 수 있었기 때문이다. 도기 공방은 학생들의 수업료와 생활비까지 지원할 수 있었다. 학교 재정 문제로 골치 아팠던 그로피우스는 그런 도기 공방의 두 마이스터와 학생들이 너무나 고마웠다. 그러나 1925년, 넉넉한 성품의 아버지 같았던 크레한이 갑자기 사망하자, 마르크스는 미련 없이 바우하우스를 떠났다.

Unit 96

신이 되고 싶은 인간들

타인을 모방하는 존재

"나는 곧 나다Ich bin, der ich bin!"* 성서에 나오는 이야기다. 불타는 가시나무 덤불에서 신을 만난 늙은 모세는 두려워 떨며 물었다. "사람들이 하나님이 누구냐고 물으면 어떻게 대답해야 합니까?" 신은 대답했다. "나는 나다!" 신을 어떻게 설명해야 하는가를 물어봤는데, 신의 대답이 무척 당황스럽다. '나'는 달리 설명할 수 없으니 그저 '나'일 뿐이라고 동어반복의 대답을 하는 거다!

사람은 태어날 때부터 본능적으로 타인의 행동을 모방한다.**

신의 대답은 오히려 인간존재의 본질에 관한 설명이라고 봐야 옳다. 신은 스스로 존재하지만, 인간은 스스

* 「출애굽기」 3장 14절에 나오는 문장이다. 한국어 성서에는 "나는 스스로 있는 자이니라"라고 번역되어 있다.

** 태어날 때부터 모방을 가능케 하는 '거울 뉴런'에 관해서는 Unit 44 참조.

로 존재할 수 없다는 이야기다. 스스로 존재할 수 없는 인간은 오직 타인과의 '관계 속에 존재'한다. 타인과의 관계를 증명하는 가장 중요한 심리학적 요인은 '모방'이다. 인간은 타인의 모방을 통해 자기 존재를 확인한다. 인간은 나 이외의 또 다른 인간을 '흉내 내는 존재'라는 이야기다. 인간은 날 때부터 흉내 내는 능력을 갖추고 태어난다.24 갓 태어난 아기에게 혀를 내밀거나 입을 벌리면 아기도 똑같이 혀를 내밀거나 입을 벌린다.

'모방'을 심리학적으로 가장 잘 설명한 사람은 스위스 발달심리학자 장 피아제다. 그는 인간의 인지 발달을 '모방의 확대 과정'으로 설명했다. 눈앞에 일어나는 일들을 바로 모방하던 아동이 어느 순간부터 이전에 봤던 타인의 행동을 흉내 내기 시작한다. 시간이 흐른 후에 모방한다는 이야기다. 이를 피아제는 '지연 모방Verzögerte Nachahmung'이라 개념화했다.25 지연 모방이란 아동이 자신의 머릿속 어딘가에 타인의 행동을 저장했다가 적당한 맥락에서 다시 꺼낼 수 있는 능력을 뜻한다. 아동의 머릿속에서 뭔가 일어나기 시작한다는 뜻이다. 피아제는 지연 모방이 나타날 때(생후 16~18개월)부터 아동의 생각하는 능력, 즉 인지능력이 본격적으로 발달하기 시작한다고 주장한다.* 모방하려는 행동이 한참 후에 다시 나타나려면 그 행동이 한동안 아이의 머릿속에 담겨 있어야 하기 때문이다.

스위스 발달심리학자 피아제는 '모방'의 심리학적 의미를 가장 잘 설명한 학자다.

* 장 피아제는 자신의 딸 재클린의 지연 모방 행동을 생후 16개월 즈음에 관찰했다고 썼다. 그러나 후속 연구에 따르면 지연 모방은 피아제가 관찰하여 보고한 것보다 훨씬 더 이른 생후 6~9개월 정도에 관찰된다(Natour 2001, p. 33 이하).

인간이 '흉내 내는 존재'라면 새로운 것의 창조는 도대체 어떻게 가능한가? 피아제는 지연 모방으로부터 '표상representation'이라는 개념을 이끌어낸다.[26] 표상은 '다시re'와 '보여준다presentation'를 뜻한다. 피아제가 설명하는 인지능력이란 언젠가 봤던 것을 스스로에게 다시 보여주는 것, 즉 자신의 머릿속에 떠올리는 것이다. 피아제의 이론을 창조성과 연결하면 이렇게 설명할 수 있다. 창조적 능력이란 자신이 이미 보고서 머릿속에 기록해 놓았던 것들을 다시 꺼내어 새롭게 연결하는 편집 능력이다. 새롭게 편집하여 '표상'하고 그 새로운 편집 결과에 대한 개념, 즉 '메타언어'를 발전시키는 것이 창조성의 핵심이다.[27]

인간도 신처럼 스스로 존재하겠다는 선언, '추상'

외부에 존재하는 세계를 정확히 '재현'하던 모방적 회화를 더 이상 추구하지 않는 추상회화의 등장은 인간이 '모방을 통한 외부 세계와의 관계'를 단절하고, 신처럼 스스로 존재하겠다는 선언이었다. 추상회화의 추구는 '조절'과 '동화'로 유지됐던 환경과의 균형 잡힌 상호작용을 포기하겠다는 과감한 결단이기도 하다. 신의 영역이었던 '창조creation'가 '창조성creativity'이라는 단어로 변형되어 인간의 능력을 표현하는 개념으로 사용되기 시작한 것도 추상회화가 출현했던 바로 그때부터다.** 그러나 인간이 모방을 포기하고 신처럼 '스스로 존재하는 자'가 되는 것은 그리 간단한 일이 아니었다. 값비싼 대가를 치러야 하는, 고단하고 고통스러운 일이었다. 타자와의 관계를 거부하고 물에 비친 자신과 사랑에 빠지며 스스로 존재하고자 했던 나르

** '창조' 개념의 발생에 관해서는 Unit 2 참조.

키소스는 물에 빠져 죽었다.

"신은 죽었다"라고 외치면서 끊임없는 '자기 극복'을 통한 '힘에의 의지Wille zur Macht'라는 존재 방식을 제시했던 프리드리히 니체도 고통스러웠다. 각종 질병에 시달리다가 결국 정신병에 걸려 수시로 발작을 일으켰다. 말년에는 바이마르에 있는 빌라 질버블리크Villa Silberblick에서 누이의 보살핌을 받으며 10여 년 고통스러운 삶을 살다가 1900년에 사망했다.* 묻힐 곳을 찾지 못한 니체는 목사인 아버지가 근무했던 작은 교회의 공동묘지에 초라하게 매장됐다.

교회 측은 니체가 신을 모독했다는 이유로 교회 묘지에 매장되는 것을 강력하게 반대했다. 그러나 그가 '목사 아들'이었음을 강조하여 겨우 매장을 허가받을 수 있었다. 니체의 삶이 보여주듯, 종교개혁 이후 나타난 독일 목사 아들들의 삶은 매우 흥미롭다. 가톨릭 사제들에게는 없었던 목사 아들들은 '교회'와 '세속'의 갈등을 내면화해야 했기 때문이다. 『저먼 지니어스The German Genius, 2010』를 쓴 피터 왓슨Peter Watson, 1943~은 '아버지의 세계'와 투쟁하며 세속의 삶을 살아야 했던 독일의 '목사 아들들'이 독일 사회에 미친 영향은 지대하다고 주장한다.**

구약성서에서 신이 '스스로 존재하는 자'였다면 신약성서에서 신은 '말씀'이다. 『요한복음』은 "태초에 말씀이 있었다Im Anfang war das Wort"라고 쓰

* 공식적으로는 프리드리히 니체의 여동생인 엘리자베트 니체Elisabeth Nietzsche, 1846~1935가 니체의 말년을 돌본 것으로 되어 있지만, 실제로는 니체의 여동생이 정신착란에 빠진 자신의 오빠를 다양한 방식으로 이용했다고 봐야 옳다. 니체가 죽은 후, 그녀는 바이마르에 '니체 아카이브'를 설립해 20세기 초반 유럽에 '니체 숭배Nietzsche-Kult' 현상이 일어나는 데 깊이 개입했다. 그녀는 그의 사상이 아돌프 히틀러의 나치즘에 악용되도록 왜곡했다는 비판도 받는다. 히틀러는 헨리 반 데 벨데가 디자인한 니체 아카이브를 수시로 방문했다(Krummel 1974, p. 419 이하).

** 세속과 갈등해야 했던 독일 경건파 '목사 아들들'의 고민이 독일적 '교양'의 내용으로 자리 잡았다는 것이다(왓슨 2015, p. 148 이하).

니체의 데스마스크. 신 없는 세상에서 스스로 존재할 것을 외쳤던 니체는 아이러니하게도 아버지가 목회했던 작은 교회의 묘지에 묻혔다. 스스로 존재하는 것은 고단한 일이다.

바이마르 외곽 언덕의 니체 아카이브 외부. 병든 니체는 말년을 이곳에서 여동생 엘리자베트의 간호를 받으며 지냈다. 엘리자베트는 '니체 마케팅'의 귀재였다.

고 있다.* 요한 볼프강 폰 괴테의 『파우스트』에서 "태초에 말씀이 있었다"라는 성서의 첫 문장은 "태초에 행위가 있었다Im Anfang war die Tat!"로 바뀐다. 지크문트 프로이트는 『파우스트』의 이 번역을 저서 『토템과 터부』의 마지막에 인용한다.28 '살부殺父'의 결과인 아들들의 두려움과 고통에서 생겨난 토템과 터부에 관해 길게 설명한 끝에 "태초에 행위가 있었다"라고 마무리를 지은 것이다. 아버지가 '말씀'이었다면 아들은 그 아버지를 죽이는 '행위'를 한다는 것이다.

인간은 신처럼 '스스로 존재하는 자'가 될 수 없다. 그러나 아무리 고

* 「요한복음」 1장 1절의 본문은 다음과 같다. "태초에 말씀이 계시니라. 이 말씀이 하나님과 함께 계셨으니 이 말씀은 곧 하나님이시니라."

니체 아카이브 내부. 니체가 사망한 후, 바이마르의 작센대공 공예학교 교장인 반 데 벨데가 빌라 질버블리크의 내부 인테리어를 새롭게 디자인하여 1902년에 개관했다.

단하고 고통스러워도 대상을 모방하는 방식으로 퇴행할 수는 없는 일이다. 스스로 존재하려고 했던 추상회화는 결국 '생산'이라는 '행위'로 옮겨 간다. 바로 그 지점에 '예술과 기술의 새로운 통합'이라는 바우하우스의 정신이 있는 것이다. 스스로 존재할 것을 부르짖었던 니체가 고통스럽게 숨을 거둔 바로 그 장소인 바이마르에 그의 사망 19년 후 바우하우스가 설립됐다. 그리고 다양한 방식의 추상회화를 실험하던 고단한 예술가들은 바우하우스 선생이 되었다.

Unit 97.

바흐의 대위법과 추상회화

'모방'으로부터 자유로워지는 방법

요한 제바스티안 바흐를 '음악의 아버지'라고 한다. 근거 희박한 이야기다. 독일에서 10여 년 사는 동안 그런 말을 들어본 적이 없기 때문이다. 혹시나 해서 독일 포털 사이트를 검색해봤다. 'Bach'와 'Vater der Musik(음악의 아버지)'는 연관 검색어로 찾을 수 없다. 총 20명의 자녀를 둔 '엄청난 정력의 아버지'로는 검색된다. 더 웃긴 것은 게오르크 헨델Georg Händel, 1685~1759을 '음악의 어머니'라고 한다는 사실이다. 그럼 '음악의 삼촌'은 누구이고, '음악의 이모'는 누구인가?

오늘날에는 바흐가 음악계에서 중요한 인물로 여겨지지만, 1829년에 펠릭스 멘델스존이 베를린에서 《마태수난곡Matthäus-Passion》을 연주할 때까지 그를 특별한 음악가로 기억한 사람은 없었다.* 바흐의 작품이 그의 사후에 연주된 적도 별로 없었다. 그러나 헨델은 달랐다. 당대에는 물론 사후에도 탁월한 음악가로 기억됐다. 19세기 초의 이른바 '바흐 르네상스Bach-

* 정확히는 1829년 3월 11일의 일이다. 멘델스존이 지휘한 베를린 징아카데미의 연주는 바흐의 《마태수난곡》이 라이프치히에서 연주된 후 꼭 100년 뒤의 일이었다. 이 연주회를 '바흐라는 잊힌 작곡가의 재발견'이라 말하지만, 바흐가 그렇게까지 무명은 아니었다. 구태여 표현하자면 '《마태수난곡》의 재발견'이라 할 수 있다(Storz 2016, p. 157 이하).

Renaissance'29를 통해 바흐는 가장 '독일적인 음악가'로 재탄생했다. 그 저변에는 영국이나 프랑스에 비해 뒤늦은 근대화 과정을 겪었던 독일이 '문화'를 통해 민족적 자부심을 고취하려 한 시대적 배경이 존재한다.

독일에서 문화라는 개념은 특별하다. 우리가 일반적으로 이해하는 '일상 문화'가 아닌 '고급문화'를 의미한다. 교양 있고 품격 있는 사람들이 갖춰야 할 필수 조건으로 여겨진다. 독일에서 '음악'이야말로 이 '고급문화'를 대표한다. 오늘날 독일 작곡가들이 서양 고전음악의 전부인 듯 여겨지는 것은 바로 후발 근대국가인 독일이 적극적으로 문화 마케팅을 한 결과다.30

20세기 초에 또 다른 '바흐 르네상스'가 일어난다. '모방'과 '재현'을 포기하고 스스로 신이 되고자 했던 화가들에 의해서다.** 신 없는 세계를 스스로 '창조'해야 했던 고단한 화가들에게 바흐의 음악은 한 줄기 빛이었다. 20세기 초, 추상화가들이 바흐에게 의지하기까지의 과정을 조금 더 살펴볼 필요가 있다.

모방을 포기하기로 한 화가들 앞에 놓인 길은 두 갈래였다. 형태를 해체할 것인가? 색을 해체할 것인가? 시작은 앙리 마티스가 이끄는 프랑스의 '포비즘Fauvism(야수파)'이었다. '야수野獸적'이라는 표현 그대로, 색을 거칠고 공격적으로 사용하여 색의 해체를 시도했다. 얼굴을 파란색으로 칠한다든지, 하늘을 노랗게 칠해 실제 대상과는 전혀 다르게 표현하는 방식이다.31 1905년에 나타난 '야수파'는 하나의 분파라고 하기에는 지속 기간이 너무 짧았다. 야수파라는 이름으로 화가들은 불과 3년 남짓 활동했기 때문이다. 색의 해체라는 실험도 곧 지루해졌다. 야수파가 슬그머니 사라지고 수년이 지난 후, 색의 해체는 독일의 '다리파', '청기사파'를 통해 또 다른 방식으로 실험됐다.

** 20세기 초의 화가들에 의한 '바흐 르네상스'는 내 표현이다. 문화심리학적으로 볼 때 19세기 초의 음악가들에 의한 '바흐 르네상스'보다 훨씬 중요하다.

내심 마티스와 경쟁하던 파블로 피카소는 '형태의 해체'로 방향을 틀었다. '큐비즘(입체파)'이다. 대상을 해체하여 '정육면체cube'로 재구성하려는 시도다. '큐비즘'이라는 이름은 마티스가 붙였다. 마티스와 함께 '색의 해체'에 참여했던 조르주 브라크가 피카소 쪽으로 돌아서자, 마음이 상당히 불편했던 마티스는 브라크의 그림을 '큐브 같다'고 비꼬았다. 그러나 마티스와 마찬가지로 피카소도 자신이 추구하는 새로운 세계를 끝까지 밀어붙일 자신이 없었다. 대상의 재현을 끝내 포기할 수 없었던 것이다. 그러나 형태의 해체라는 큐비즘의 실험은 네덜란드의 '데 스틸' 그룹이나 러시아의 구축주의자들에 의해 계속됐다.

다양한 방식으로 이어지던 '색의 해체'와 '형태의 해체'는 제1차 세계대전이 끝나자 독일의 바우하우스에서 집중적으로 시도됐다. 색채의 해체에 몰두하던 표현주의자들과 형태의 해체에 몰두하던 구축주의자들이 바우하우스 선생으로 초빙됐기 때문이다. 그러나 신처럼 세상을 창조하는 일은 그리 간단한 일이 아니었다. 서구 회화의 전통 내에서는 새로운 창조의 방법론을 도무지 찾아낼 수 없었다. 지친 화가들은 음악으로 눈을 돌렸다. 음악은 대상을 모방하지 않고도 자신들만의 세계를 아주 그럴듯하게 창조하고 있었기 때문이다. 특히 바흐는 음악의 구성 원리를 분명하게 보여줬다. 음악을 그림만큼이나 사랑했던 화가들은 바흐의 방법론을 차용하기 시작했다.

바흐의 '창조방법론'은 '편집'이었다!

20세기 초의 '바흐 르네상스'는 스스로 신이 되고자 한 화가들을 통해서 시작됐다. 바우하우스 예술교육의 기초를 닦은 요하네스 이텐은 그림을 그리기 전에 바흐의 2성부 '푸가'인 《인벤션Inventions》을 꼭 들었다고 고백

이텐의 「바흐 가수」. 음악의 본질을 고민하던 이텐은 매일 바흐를 들었다. 그는 바흐의 음악 구성 방법론을 자신의 색채 구성 방법론에 적용하고 싶어 했다.

했다.32 「바흐 가수Der Bachsänger」는 이텐이 스스로 바흐 음악의 방법론, 즉 대위법의 '푸가'와 '인벤션'에 영감을 받아 1916년에 그린 그림이다. 바흐의 대위법을 색의 다양한 조합으로 표현하려는 시도라 할 수 있다.

서양음악은 그레고리오성가같이 하나의 성부로 연주하는 단선율 음악에서 다양한 선율이 서로 편집되는 방식으로 발전했다. 이때 자칫하면 혼란스러워지기 쉬운 멜로디를 어떻게 조합할 것인가에 대해 음악가들이 깊이 고민한 결과가 바로 '폴리포니Polyphonie(다성부음악)'다. '대위법Kontrapunkt'이란 폴리포니에서 각 성부가 시간적 흐름에 따라 일정한 규칙을 가지고 반복되는 방식을 뜻한다. 음악에서만 가능한 '자기 복제' 방식이다. 모방하지만, 외부 대상을 모방하지 않고 스스로를 모방한다는 이야기다.

'푸가Fuge'나 '카논Kanon'은 이 대위법의 한 양식이다. 바흐는 대위법이라는 음악의 창조방법론, 더 정확히 이야기하자면 '음의 편집 방법론'의 정점에 서 있는 인물이다. 바흐가 죽기 직전까지 몰두한 작품이 바로 《푸가의 기법Die Kunst der Fuge》이다. 음의 편집 방법론의 완성이라고 할 수 있다.33 바흐는 음이 어떻게 편집되는가를 가장 자세하고 친절하게 보여준 음악가였다.

바흐의 '창조방법론', 즉 대위법이라는 편집 방법론의 가치를 바우하우스 화가들은 아주 진지하게 주목했다.34 외부 세계와는 전혀 무관한, 음악에 내재한 수학적 법칙과 논리에 바탕을 두고 창조를 가능케 한 바흐의 대위법은 재현과 모방을 거부한 20세기 초의 추상화가들에게 구원이었다.

이텐은 바흐가 대위법의 다양한 규칙에 따라 음악을 만들었듯 색의 구성 원리를 파헤치고 싶었다. 빨강, 파랑, 노랑의 기본색이 정해진 규칙에 따라 서로 대립하거나 조화하며 열두 가지 색으로 확장해가는 이텐의 색상환은 바흐의 편집 방법론을 색채학적으로 변형한 것이라고 할 수 있다.*35

바흐의 대위법이 지닌 한계를 벗어나기 위해 '12음 기법'이라는 새로

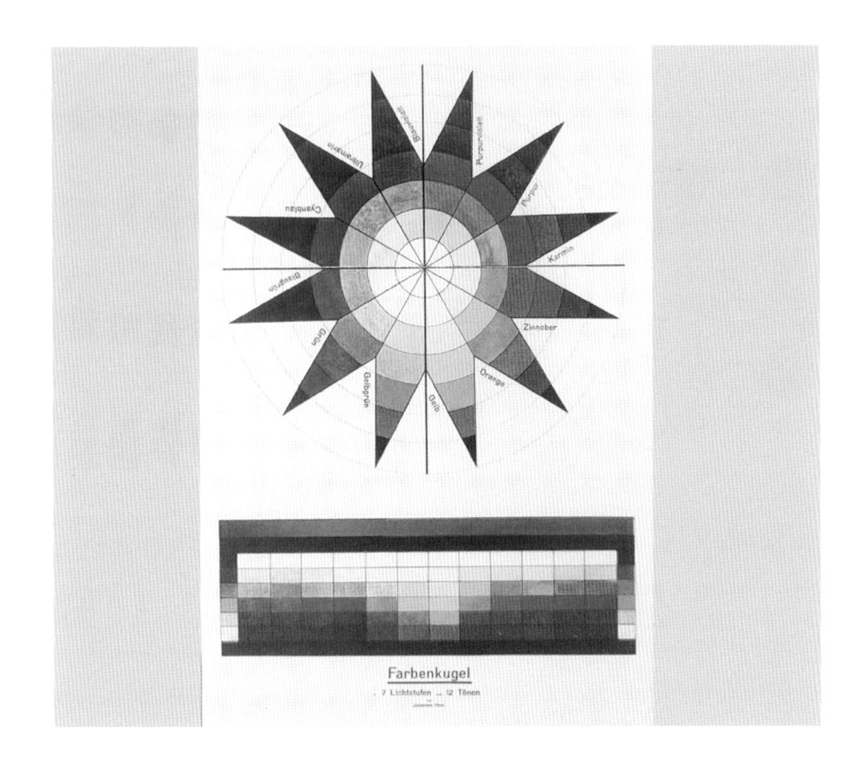

이텐의 색상환. 바흐가 대위법으로 음을 편집한 것처럼 이텐은 색을 일정한 규칙에 따라 편집했다.

운 폴리포니 '편집 방법론'을 개발한 아널드 쇤베르크가 바우하우스 선생들과 가깝게 지냈던 것은 결코 우연이 아니다. 이텐을 도와 기초과정에서 음악을 가르쳤던 게르트루트 그루노Gertrud Grunow, 1870~1944는 아예 쇤베르크의 열두 가지 음을 색 및 기하학적 형태와 연결하는 공감각적 색상환을 만들기도 했다.[36]

이텐과 그루노는 1924년에 바우하우스를 떠났다. 그러나 바흐의 편집 방법론과 근대 디자인의 본격적 결합은 바우하우스의 또 다른 주인공이

* 바우하우스 시절부터 시작한 이 방법론적 고민을 요하네스 이텐은 1961년이 되어서야 완성했다. 이텐의 색상환 구성 원리에 관해서는 Unit 37 참조.

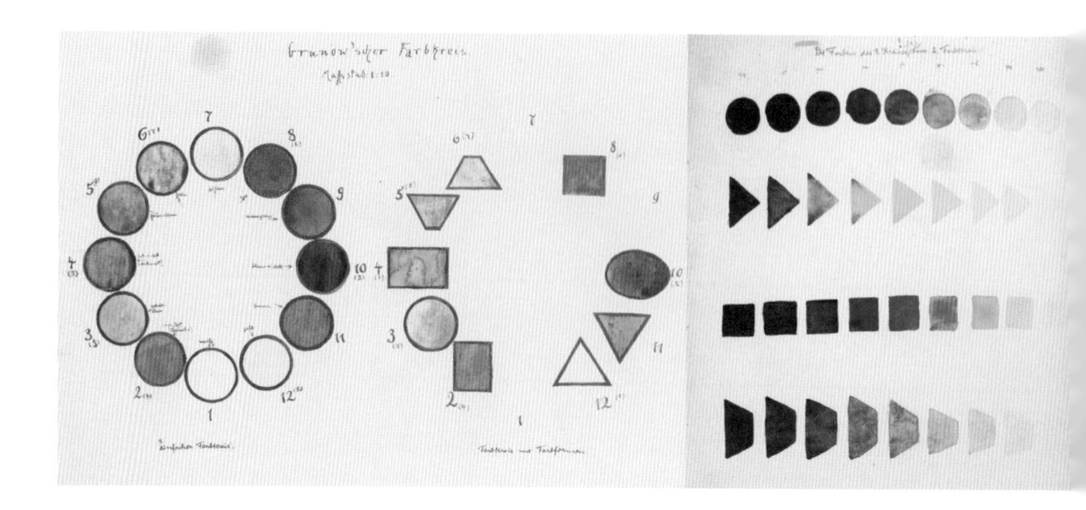

바우하우스 기초과정에서 이텐과 함께 가르쳤던 그루노는 쇤베르크의 12음에 상응하는 색과 도형의 공감각적 색상환을 만들기도 했다.

었던 바실리 칸딘스키와 파울 클레를 통해 지속됐다. 마티스나 피카소가 포기한 완전 추상을 칸딘스키와 클레가 계속할 수 있었던 이유는 바흐의 편집 방법론처럼 회화 바깥의 창조방법론에 대한 체계적 고민이 있었기 때문이다.

Unit 98.

파울 클레와 음악적 회화

문제는 리듬이다!

"저 인간은 참 교만해!" "점잖은 사람인데?" 우리는 매 순간 타인을 판단하며 산다. 그저 몇 분 마주하고 간단한 인사를 나눴을 뿐인데도 그 사람의 성격은 물론 사람 됨됨이까지 평가한다. 구체적으로 그 사람의 속마음을 들어보지도 않고, 겉으로 드러난 몇 가지 단서만으로 그런 판단을 내리는 것이다. 그 내용의 옳고 그름은 둘째로 치고, 이 같은 판단의 근거는 도대체 무엇일까? 물론 상대방이 짧은 시간에 보여준 표정, 어투, 자세 등등이다. 좀 더 구체적으로 생각해보자. 표정과 어투의 어떤 부분, 자세의 어떤 특징을 근거로 '점잖은', '교만한' 같은 고차원(?)의 판단을 내리는 걸까?

'리듬'이다! 각 사람의 표정, 어투, 자세는 특유의 리듬을 지니고 있다. 우리가 내리는 일상의 판단 근거는 바로 이 리듬에 있다. 모든 생명체는 고유의 리듬을 가진다. 각 문화는 생명체의 이 리듬에 일정한 가치와 의미를 부여한다. 모든 생명체의 리듬은 상호작용을 하는 다른 생명체의 마음과 행동에 영향을 미친다.* 흥분한 사람의 이야기를 듣다 보면 가슴이 쿵쾅거린다. 말이 느린 사람의 이야기를 듣다 보면 기분이 축 처진다. '리듬의 전

* 리듬은 인지적으로 파악되어 처리되기도 하지만, 전前의식적인 차원에서 자동적으로 처리되는 경우가 대부분이다(Fischinger 2009, p. 97 이하).

염'이다.*

'공감'은 바로 이 리듬의 전염에 기초한다. 심리학자 대니얼 스턴 Daniel Stern, 1934~2012은 이러한 현상을 '정서 조율affect attunement'이라는 개념으로 이론화했다.37 아기와 어머니는 서로에게서 감각적으로 경험되는 리듬을 서로 흉내 내고 조율하며 상호작용을 한다는 것이다. 이야기할 때 편안한 사람과 불편한 사람의 차이는 바로 리듬을 통한 정서 조율에 있다. 리듬이 맞아야 편안하다.**

음악의 세 요소로 '리듬', '멜로디', '하모니'를 이야기한다. 그중 리듬이 가장 본질적이다. 인간은 리듬을 통해 공동체를 유지했다. 원시 부족들이 불을 피워놓고 둘러서서 춤을 췄던 것은 리듬의 공유를 통해 집단의식을 고취하기 위해서였다. 화가들이 음악가들을 부러워했던 것은 바로 음악의 리듬이 지닌 '마음을 움직이는 힘' 때문이다. 음악은 사람의 마음을 감각적으로, 그리고 직접적으로 움직이지만, 회화는 '해석'이라는 인지적 작업이

* 우리가 문화적 차이라고 느끼는 경험은 대부분 이 리듬의 차이에서 기인한다. 서로 자연스러워야 하는 리듬의 교환이 삐걱거릴 때다.

** 심리학적으로 볼 때 '궁합'은 바로 이 리듬에 기초한다. '매력'도 리듬과 깊은 관계가 있다.

스위스 베른의 파울 클레 미술관. 바람에 흔들리는 밀밭 같은 이 미술관은 파리 퐁피두 센터의 설계자로 유명한 이탈리아 건축가 렌조 피아노Renzo Piano, 1937~가 설계했다. 4,000점에 달하는 클레의 작품을 소장하고 있다.

동반돼야 한다. 고상하기는 하지만, 음악에 비해 한 발짝 늦다. 음악처럼 효율적이지도 않다.

파울 클레는 음악과 비교되는 회화의 한계점을 가장 절실하게 느꼈다. 음악이 가지는 '공감의 힘'을 어떻게든 회화로 번역하려고 시도했다. 바우하우스 선생으로 지내는 동안, 그는 음악을 회화로 표현하는 작업에 집중했다. 요하네스 이텐, 바실리 칸딘스키와 마찬가지로 음악적 경험과 회화적 경험의 '공감각적 편집'이 이제 막 시작한 추상회화가 나아갈 길이라 생각했다.38

음악가 집안에서 태어난 클레는 어릴 적부터 음악교육을 받았다. 다양한 악기를 연주할 수 있었던 그의 아버지 한스 클레Hans Klee, 1849~1940는 대학에서 음악을 가르쳤다. 바우하우스 기초과정을 확립한 이텐도 한때 한스 클레에게서 음악을 배웠다. 클레의 어머니도 성악을 전공한 음악 교사였다. 클레는 바이올린에 뛰어난 재능을 보였다. 고등학교를 졸업할 당시에 음악가가 될 것인가, 화가가 될 것인가를 두고 심각하게 고민하기도 했다. 화가가 된 후에도 수시로 바이올린을 연주했다. 한때는 스위스 베른 시의 오케스트라에서 바이올리니스트로 활약하기도 했다. 피아니스트인 부인 릴리 슈툼프Lily Stumpf, 1876~1946도 실내악 연주 모임에서 만났다.39 바우하우스 선생을 할 때도 현악사중주, 피아노 트리오를 결성해 수시로 작은 연주회를 여느라 바빴다.***

뛰어난 아마추어 바이올리니스트였던 클레(오른쪽 끝). 바우하우스 시절, 그는 수시로 현악 트리오, 콰르텟, 퀸텟을 결성해 연주회를 열었다.

*** 바우하우스 동료였던 라이오넬 파이닝어는 이렇게 이야기했다. "클레가 그림을 그린다고? 그건 아주 흥미로운 일이지. 클레가 바이올린을 연주하는 것은 당연한 일이고"(Leonhardmair 2014, p. 269).

회화에서 '시간'은 어떻게 구현되는가?

클레를 언급할 때면 꼭 나오는 이야기가 있다. "예술이란 눈에 보이는 것을 재현하는 것이 아니라 보이지 않는 것을 보이게 하는 것"40이라는 클레의 주장이다. 하지만 이 문장은 클레가 한 말이 아니다. 18세기 말의 독일 화가 필리프 오토 룽게Philip Otto Runge, 1777~1810의 말을 클레가 인용했을 뿐이다. "음악은 18세기에 이미 완성됐지만, 회화는 이제 막 시작됐을 뿐이다"41라는 주장은 클레가 오리지널이다. 그는 루트비히 판 베토벤과 볼프강 아마데우스 모차르트의 음악, 그리고 이탈리아 오페라를 특히 좋아했다. 하지만 그가 회화를 통해 구현해내고 싶었던 음악은 요한 제바스티안 바흐의 대위법이었다. 클레에게 바흐의 대위법은 음악에 숨겨져 있는 창조방법론의 비밀을 알려주는 너무나 귀중한 자료였다.42

일단 클레는 음악의 원리를 회화에 일대일로 적용해보려고 시도했다. 바우하우스의 형태 마이스터로 초빙되어 학생들을 가르치면서 막연했던 '음악적 회화'의 구상을 구체화할 수 있었다. 가르치면서 배운다는 말이 맞다. 가르칠 때 자기 지식을 상대화하는 '메타인지'가 활성화되기 때문이다. 그가 바우하우스 시절에 정리해놓은 자료를 살펴보면 고지식할 정도로 집요하게 음악적 요소를 회화에 적용하여 구현하려고 애썼다. 클레는 이러한 자신의 시도를 '조형적 형태학Bildnerische formlehre'이라고 정의했다.43

우선 그는 음악의 멜로디를 '선'으로 구현하고자 했다. 음악에서 멜로디가 다성부로 전개되는 것을 '수렴하는 선konvergierende Linien'과 '분산하는 선divergierende Linien'의 상호작용을 통해 회화적으로 구현할 수 있다는 것이다.44 그뿐만 아니다. 음악에서 기본 박자(2박자, 3박자, 4박자)가 분화되어 다양한 박자 구조를 갖는 방식을 '도형의 형태와 크기'로 표현하려고 시도하기도 했다. 이런 자신의 주장을 학생들에게 구체적으로 보여주기 위해 클레

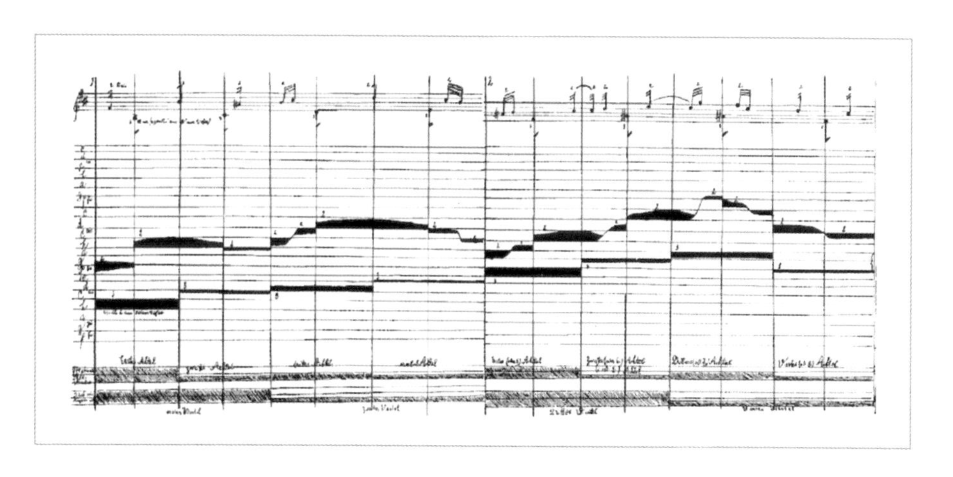

클레가 회화적으로 구현한 바흐의 《바이올린과 하프시코드를 위한 소나타 G장조》 중 4악장 〈아다지오〉의 시작 부분**45**

는 바흐의 《바이올린과 하프시코드를 위한 소나타 G장조》 중 4악장 〈아다지오〉의 시작 부분을 도형으로 표현하기도 했다.

클레의 조형적 형태학에서 가장 흥미로운 것은 리듬의 회화적 구현이었다. 음악은 시간예술이고 회화는 공간예술이다. 음악에서 리듬은 시간의 흐름을 표현하는 가장 강력한 도구다. 그러나 회화에서 시간의 흐름을 표현하는 것은 그리 쉬운 일이 아니다. 클레는 구조와 형식이 명확한 바흐의 음악에 기초하여 다양한 실험을 계속했다.

클레의 1921년 작품인 「붉은색 푸가Fuge in Rot」나 1930년 작품인 「리듬적인 것Rhythmisches」 같은 작품을 보면, 그가 '시간의 흐름'으로서의 '리듬'을 어떻게 회화적으로 구현하려고 했는지 알 수 있다. 「붉은색 푸가」에서는 푸가의 구조와 조성 변화가 물결처럼 묘사되어 있다. 시간의 흐름을 한 장면에 묘사하는 '비동시성의 동시성'을 구현한 것이다. 「리듬적인 것」에서는 모방과 반복이라는 푸가의 시간적 변화를 어긋나게 배치한 검은색, 회색, 흰색이 칠해진 다양한 크기의 사각형으로 구현하고 있다. 클레는 '동시성

클레의 1921년 작품 「붉은색 푸가」(위)와 1930년 작품 「리듬적인 것」(아래)

Gleichzeitigkeit'이라는 측면에서만 본다면 회화가 음악보다 훨씬 유리할 수 있다고 주장했다.46

클레는 시간의 흐름을 '관점의 전환'으로 표현하려고 시도하기도 했다. 1930년 작품인 「아드 마르기넴Ad Marginem」에서처럼 그림을 사각형의 어느 쪽에서도 바라볼 수 있도록 하는 방식이다. 마치 조선 시대에 영조가 정순왕후를 왕비로 맞이하는 장면을 묘사한 『영조정순왕후가례도감의궤英祖貞純王后嘉禮都監儀軌, 1759』에 실린 그림처럼 사방에서 볼 수 있는 '멀티플 퍼스펙티브multiple perspective'를 구현한 것이다. 그림을 빙 돌아가면서 보면 영화를 보는 것처럼 시간의 흐름에 따라 장면이 변하는 것같이 보인다. 그러나 이 실험은 리듬을 구현한 작품들처럼 그렇게 성공적이지는 않다. 클레 스스로도 이 같은 실험을 계속하지는 않았다. 앞의 여러 실험을 거친 후, 클레는 바흐의 폴리포니 방법론을 적극 활용하여 마침내 음악을 '색'으로 구현한다.

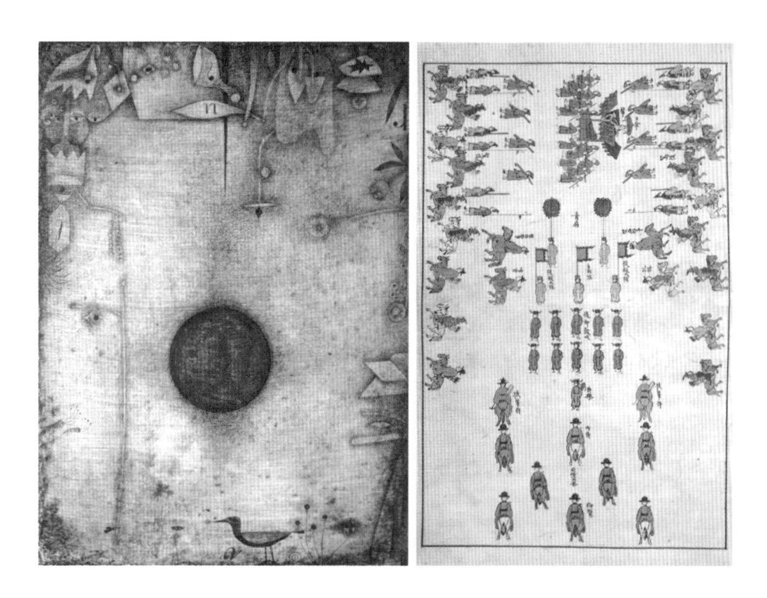

클레의 1930년 작품 「아드 마르기넴」(왼쪽)과 『영조정순왕후가례도감의궤』에 실린 그림(오른쪽)

Unit 99.

시각적 사고

생각은 '문장'일까, '그림'일까?

가끔 중얼거릴 때가 있다. 내 목소리를 행여 누군가 들었을까 화들짝 놀란다. 도대체 왜 중얼거리는 걸까? 복잡한 문제가 있을 때, 화날 때, 아니면 몹시 창피할 때 우리는 중얼거린다. 심리학에서는 이 현상을 '자기중심적 언어egocentric speech'라고 부른다. 러시아 심리학자 레프 비고츠키는 이 현상을 내가 '내 안의 또 다른 나'와 대화하는 것이라고 설명한다. '사고'는 타인과의 대화가 내면화된 '내적 언어inner speech'이며, 성인이 중얼거리는 현상은 복잡한 문제를 해결하려는 내적 언어가 은연중에 외부로 새어 나온다는 것이다.*

자기중심적 언어와 관련해 놓치지 말아야 할 중요한 것이 하나 더 있다. '혼자 중얼거리기'는 우리가 '문장'으로 생각한다는 것을 뜻한다.** '문장을 통한 생각'은 대부분 '연역법'이나 '귀납법'이라는 논리적 추리 방식에 기

* 이 현상을 철학적 개념으로 바꾸면 '자기 성찰'이 된다(Junefelt 2007, p. 4 이하).

** '문장으로 생각하기'라는 레프 비고츠키의 주장을 가장 먼저 인용한 이는 발터 벤야민이다(Benjamin 1996, p. 68 이하). '문장으로 생각하기'란 타인에게 말하듯 '상호작용적으로 생각한다'는 뜻이다. 모든 고등 심리 작용은 상호작용에서 먼저 나타나고 그 이후에 내면화된다는 주장이다. 장 피아제류 발달심리학 이론의 '사회화Sozialisierung' 개념을 완전히 뒤집는 '내면화Verinnerlichung' 개념이다.

초한다. 미국 논리 철학자 찰스 퍼스Charles Peirce, 1839~1914는 주어진 명제를 통해 결과를 끌어내는 연역법을 '설명적 추론'이라고 하며, 주어진 사례를 통해 결과를 끌어내는 귀납법을 '평가적 추론'이라고 한다. 연역법은 어떤 것이 '반드시must be' 어떠하다는 것을 보여줄 뿐이고, 귀납법은 무엇이 '실제로actually' 어떻게 작동한다는 것만 보여줄 뿐, 두 방식 모두 새로운 것을 만들어내는 창조적 사고와는 아무 관계가 없다. 문장을 통한 생각은 새로운 것의 창조와는 크게 관계없다는 이야기다.

창조적 사고는 '혹시나may be'의 '유추법abduction'***이라는 또 다른 사유 체계를 통해 가능하다고 퍼스는 주장한다. 창조적 사고를 가능케 하는 '혹시나'라는 질문의 사유 체계는 대부분 '그림을 통한 생각'과 관련되어 있다. 게슈탈트 심리학자 루돌프 아른하임Rudolf Arnheim, 1904~2007은 이를 '시각적 사고visual thinking'라고 명명한다.47 그림이나 사진 같은 이미지로 매개되는 생각이다. 오늘날의 지각심리학이나 인지심리학에서는 이를 '심상mental imagery'이라고 부른다. 순식간에 일어나는 통찰insight적 경험은 논리에 기초한, 문장을 통한 생각과는 거리가 멀다. '의식의 흐름'은 대부분 이미지적이다.

바우하우스에서 파울 클레는 학생들과 주로 그림을 통해 소통했다. 자신의 생각도 가능한 한 그림을 통해 정리하려 했다. 클레는 시각적 사고의 대가였다. 무척 소심한 성격의 그는 학생들의 얼굴을 마주 보는 것조차 부끄러워했다. 강의에서 전달해야 할 모든 내용을 글과 그림으로 준비했다. 바우하우스 시절에 그가 남겨놓은 수천 장의 강의 자료는 지금까지도 정리되지 않고 있다. 그중 일부 내용이 『조형적 사고Das bildnerische Denken』라는 제목으로 1956년에 출간됐다.48 클레의 '조형적 사고'는 아른하임의 '시각적

*** '가추법'이라고 번역되기도 한다(드발 2019, p. 100 이하).

사고'와 같은 맥락이다.*

'종합예술'을 향하여 – '글'과 '그림'은 원래 하나였다

스위스에서 태어났지만, 클레의 국적은 아버지를 따라 독일이었다.** 미술가로서의 삶은 대부분 독일에서 이뤄졌다. 그렇게나 좋아했던 음악을 포기하고 미술가의 길을 걷기로 한 클레는 독일 아방가르드 예술가들의 집합소였던 뮌헨으로 왔다. 뮌헨 제체시온의 리더였던 뮌헨 예술 아카데미의 프란츠 폰 스툭 교수 밑에서 본격적으로 회화 공부를 시작하지만, 진지하고 무거운 스툭의 스타일은 클레의 '즐거운 그림'과는 맞지 않았다.*** 클레는 이내 학교를 그만두고 방황한다.

한때 칸딘스키와 클레의 선생이었던 스툭의 자화상. 칸딘스키나 클레 모두 스툭의 지도에 적응하지 못하고 바로 학교를 떠났다.

화려한 인상주의 화가들의 그림을 접

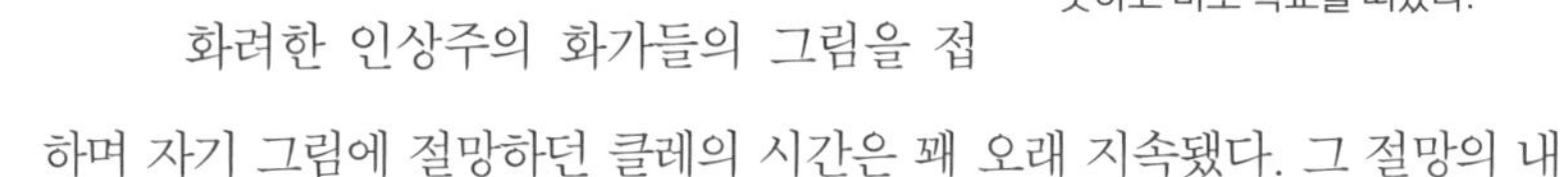

하며 자기 그림에 절망하던 클레의 시간은 꽤 오래 지속됐다. 그 절망의 내

* 흥미롭게도 유추법을 주장한 찰스 퍼스를 소개하는 독일어판 책 제목도 '조형적 사고: 찰스 퍼스Das bildnerische Denken: Charles S. Peirce'다. 실제로 퍼스는 "나는 내가 단어로 성찰한 적이 없다고 생각한다. 나는 시각적 다이어그램을 사용한다I do not think I ever reflect in words: I employ visual diagrams"라고 이야기했다. '문장'이 아니라 '그림'으로 생각한다는 이야기다(Leja 2012, p. 139).

** 훗날 나치의 억압을 피하여 스위스 국적을 신청하지만, 파울 클레의 소망은 그가 사망한 후에 비로소 이뤄졌다.

*** 파울 클레는 프란츠 폰 스툭 교수 밑에서는 그림을 도무지 제대로 그릴 수 없었다고 불평했다. 색을 사용하여 그림을 그리고 싶었는데 인체 데생만 죽어라 시켰다는 것이다(Clemenz 2016, p. 23 이하).

들로네의 「동시에 열린 도시의 창들Les Fenêtres simultanée sur la ville, 1912」

용은 자신이 '선'에는 능숙하지만 '색채'에는 무지하다는 것이었다. 선을 쓰지 않고 색채의 대비를 통해 자연을 감각적으로 그려내는 인상주의 그림들 앞에서 클레는 한없이 주눅 들었다. 그러던 어느 날, 클레는 자신도 색채를 쓸 수 있다는 자신감을 얻게 된다. 프랑스 화가 로베르 들로네Robert Delaunay, 1885~1941와의 만남을 통해서였다.49 1912년 봄, 파리를 방문해 만났던 들로네의 '오르피즘Orphism'은 클레에게는 그때까지 막연했던 '음악적 회화'의 가능성을 보여줬다. '오르피즘'은 그리스신화의 오르페우스가 음악으로 사람들의 마음을 움직인 것처럼 순수한 색채와 형태만으로 회화를 구성하려는 시도를 지칭한다. 들로네의 그림, 특히 '창' 시리즈는 클레에게 구원이었다.

문학적 관심의 끈도 놓지 않았던 클레는 들로네의 색채를 도입하여 시와 결합하는 그림을 그리기도 했다. 1917~1918년에 그린 「밤의 회색으로부터 나오자마자Einst dem Grau der Nacht enttaucht」라는 작품이다. 클레 자신의 시를 화면 가득히 채워놓고 그 사이사이를 수채화 물감으로 꼼꼼하게 칠해 놓은 작은 수채화다. 시의 내용은 이렇다.

> 밤의 회색으로부터 나오자마자
>
> Einst dem Grau der Nacht enttaucht
>
> 타오르는 불처럼 무겁고, 귀하며, 강하게 되어
>
> Dann schwer und teuer und stark vom Feuer
>
> 신으로 충만한 저녁으로 기운다.
>
> Abends voll von Gott und gebeugt.
>
> 이제는 푸른 하늘에 둘러싸여 만년설 위를 떠돈다,
>
> Nun ätherlings vom Blau umschauert, entschwebt über Firnen,
>
> 현명한 별을 향하여.
>
> zu klugen Gestirnen.

이때 시작한 문학과 그림의 편집, 활자를 모티브로 하는 그림과 관련된 실험은 클레가 죽을 때까지 지속된다. 다양한 시도를 계속하던 이 무렵, 클레는 상업적으로도 큰 성공을 거둔다. 1913년, 드디어 그의 '즐거운 그림들'이 베를린의 슈투름 화랑에 전시되어 큰 인기를 끌게 된 것이다. 아내가 피아노 교습으로 돈을 벌어 오는 동안, 집안일과 아이의 양육을 책임지며 그림을 그려야 했던 '전업주부' 클레에게 마침내 '전업 화가'로서의 가능성

들로네의 색채를 도입해 그린 클레의 「밤의 회색으로부터 나오자마자」. '음악'과 '회화'를 편집하던 클레는 '글'과 '그림'까지 편집하며 '종합예술'을 추구했다.

이 열렸다.

독일 아방가르드 화가들의 후원자인 슈투름 화랑의 헤르바르트 발덴은 클레의 즐거운 그림들이 가진 가능성을 발견했다. 뛰어난 사업 수완을 가진 발덴은 도대체 무엇을 그렸는지 알아차리기 힘든 클레의 그림에 시적인 제목을 붙이라고 요구했다. 클레는 '추상 1914'라는 그림을 「운동적 풍경Motorisches einer Landschaft, 1914」이라는 제목으로, '추상적 수채화'라는 그림은 「검은 파토스Schwarzes Pathos, 1915」라는 제목으로 바꿨다. 이런 식으로 클레는 자신의 전시 그림들에 시적 제목을 다시 붙였다.50 발덴의 아이디어는 적중했다. 독일 표현주의 화가들의 무겁고 비관적인 그림들에 지쳐 있던 베를린의 관람객들은 클레의 기분 좋아지는 그림에 푹 빠졌다. 이후로 거의 모든 클레의 그림은 시적 제목을 갖게 된다. 「도시의 보석」, 「노란 반달과 Y자가 있는 구성」, 「숲의 리비도」, 「풍경 속의 검은 기둥들」, 「현재의 여섯 경계 안에서」 등등.

이런 계기로 클레는 '언어의 마술사Wortkünstler'라는 별명을 얻게 된다.51 그러나 이 별명은 단지 그림을 팔기 위한 상업적 의도에서 생겨난 것만은 아니었다. 클레에게 '그림'과 '글'은 원래 하나였다. 클레는 끊임없이 동시대의 문학가, 철학자와 교류하며 그들의 사상을 그림에 담고자 노력했다. 그런 클레의 시도는 '음악과 회화의 편집'이라는 차원과 맞물려 '조형적 사고' 혹은 '시각적 사고'의 완성을 향해 죽을 때까지 지속된다. 음악과 회화, 글과 그림을 편집하여 '종합예술'을 추구하던 클레는 탁월한 '에디톨로지스트Editologist'였다.

Unit 100.

재료의 질감

재료의 이해가 기초다!

지금은 차이가 그렇게 많이 느껴지지 않는다. 그러나 1980년대 말, 나는 매일 절망했다. 일상에서 접하는 독일 물건은 한결같이 견고하고 깔끔했다. 자동차 외부의 철판부터 치약의 튜브에 이르기까지 내가 당시 한국에서 접했던 물건들과는 질적으로 달랐다. '독일 물건'이 가진 질감의 특별함은 지금도 여전하다. 재료를 이해하고, 재료와 기능의 상관관계를 추구하며 물건을 만들기 때문이다. 그 시작은 바우하우스였다.

'형태'와 더불어 '재료'는 바우하우스 예술교육의 양 날개였다. 바우하우스 선생들은 나무, 철, 천, 점토, 유리, 돌, 물감 같은 다양한 재료를 어떻게 다뤄야 하는지 철저하게 가르쳤다. 요하네스 이텐의 기초과정에 있었던 '엉겅퀴 실습'은 재료의 특징에 관한 학습 방법을 잘 보여준다.52 이텐은 학생들에게 엉겅퀴 잎의 가시를 피부에 문지르게 했다. 그리고 그 느낌을 종이에 표현하도록 했다. 피부로 직접 경험해야 재료의 특징을 알 수 있다는 것이다. '공감각' 훈련이다. 기초과정의 학생 군타 슈퇼츨이 엉겅퀴 실습 중에 그린 엉겅퀴 그림이 대표적이다. 슈퇼츨은 훗날 직물 공방의 마이스터가 된다.

이텐의 재료 교육은 20세기 말부터 논의되기 시작한 '카논 뉴런

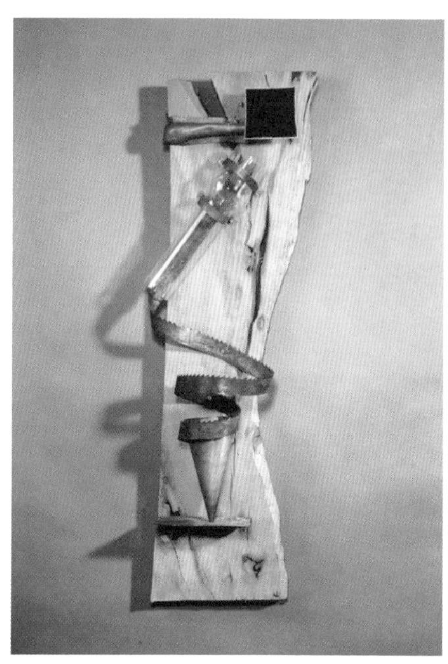

재료 실습 결과물(왼쪽). 이텐의 기초과정에서는 다양한 재료를 다루는 실습을 했다. '형태'와 '재료'는 바우하우스 예술교육의 핵심이었다. 바우하우스 기초과정의 학생인 슈퇼츨의 엉겅퀴 그림(오른쪽). 이텐은 엉겅퀴 가시에 직접 찔려본 경험을 그리도록 했다. 재료를 피부로 느끼고 그것을 다양하게 표현할 수 있어야 한다는 것이다.

canonical neuron'이나 '거울 뉴런'에 관한 뇌과학적 설명에 비춰보면 매우 흥미롭다. 1990년대 이탈리아 파르마대학의 자코모 리촐라티Giacomo Rizzolatti, 1937~ 연구팀은 원숭이 실험에서 특이한 현상을 목격했다.53 원숭이가 다른 원숭이의 행동을 보고만 있을 뿐인데도 실제로 행동할 때와 같은 뇌의 특정 부위가 활성화되는 것이었다. 이른바 '거울 뉴런'의 발견이다. 인간의 거울 뉴런은 원숭이에 비해 훨씬 정교하게 발달했다고 최근의 뇌과학 연구들은 보고하고 있다. 인지심리학적으로 거울 뉴런의 존재는 타인의 행동을 이해하고 타인의 마음에 관해 가설을 세우는 인간 특유의 '마음 이론theory of mind'*을 가능케 한다. 거울 뉴런은 타인의 감정과 고통을 내 것처럼 느끼는

'공감 능력'의 토대가 된다.

'카논 뉴런'은 거울 뉴런과 유사하지만 주로 물적 대상, 혹은 운동영역과 관련된다는 점에서 차이가 있다.54 거울 뉴런은 주로 타인의 행위를 관찰할 때 활성화되지만, 카논 뉴런은 단지 특정 물건을 보는 것만으로도 그 물건과 관련된 감각 및 운동영역이 활성화되는 것과 관련 있다. 숟가락을 보는 것만으로 숟가락을 사용할 때와 똑같은 뇌의 부위가 활성화되고, 삽을 보면 흙을 퍼내는 행위를 할 때와 동일한 뇌의 부위가 활성화된다. 거울 뉴런과 카논 뉴런은 완전히 다른 별개의 시스템이 아니다. 수시로 연합하여 뇌의 감각과 운동영역을 활성화시켜 타인 및 대상과의 상호작용에 '무의식적'으로 영향을 미친다.

카논 뉴런과 거울 뉴런의 발견 이전에도 심리학에서는 대상과 상호작용을 하는 인간 특유의 문화적 행위를 개념화하려고 시도했다. 러시아 문화심리학자 알렉세이 레온티에프Alexei Leontiev, 1903~1979는 인간이 만들어낸 물체에는 인간 노동의 역사가 담겨 있다는 것을 '대상적 행위gegenständliche Tätigkeit'라고 개념화했다.55 인간의 의식이 진화하는 과정은 노동에 사용된 도구의 역사와 상응한다는 것이다. 1970년대에 미국 생태심리학자 제임스 깁슨James Gibson, 1904~1979은 '행동 유도성affordance'56이라는 개념으로 설명했다. 대상은 목적에 맞는 일정한 행동을 유도한다는 것이다. 문을 보면 열게 되어 있고, 의자를 보면 앉게 되어 있다는 이야기다.

카논 뉴런의 존재는 우리가 어떤 물질을 볼 때 그 물질의 질감, 색상, 밀도 같은 표면적 자극만으로도 그 자극과 관련된 행동과 감각이 생생하게

* 발달심리학 용어인 '마음 이론'은 타인은 물론 자신의 마음을 이해하는 방식을 뜻한다. 아동은 발달 과정(약 4세 무렵)에서 타인의 생각이나 신념에 관한 이론적 가설을 세우기 시작한다는 것이다. 자폐아의 경우, 이 마음 이론의 작동이 늦거나 어려운 것으로 나타난다. 거울 뉴런의 작동은 마음 이론의 발달과 깊은 관련이 있다고 여겨진다 (Bernier & Dawson 2009, p. 261 이하).

살아난다는 것을 뜻한다. 손으로 직접 만든 거친 벽돌은 기계로 찍어낸 매끈한 벽돌과는 전혀 다른 느낌을 준다. 카논 뉴런의 활성화 때문이다. 바우하우스 기초과정에서 이텐이 진행한 재료 교육은 바로 이 부분에 기초한다. 재료를 보는 것만으로도 달라지는 뇌의 감각과 운동영역을 예술적 창조의 영역으로 끌어들인다는 이야기다. 엉겅퀴 가시를 보는 것만으로도 그 가시의 느낌과 관련된 감각이 활성화되는 것처럼, 온갖 예술 재료의 감각적 경험이 축적되어야 필요한 곳에 제대로 재료를 사용할 수 있다.

비록 당시의 과학적 수준으로는 확인할 수 없었지만, 관찰만으로도 활성화되는 감각과 운동의 내적 경험에 관한 창조적 직관을 이텐을 비롯한 바우하우스 선생들은 예술교육 과정으로 구체화했다. 이 같은 바우하우스의 예술교육이 독일 산업디자인의 기초가 되어 오늘날 '독일제 물건'의 특별한 질감으로 발전한 것이다. '메이드 인 코리아made in Korea'의 물건이 여전히 따라잡지 못하는 디자인의 차원은 바로 이 재료의 표면에서 느껴지는 '질감'이다. 눈에 보이는 '형태'는 바로 쫓아갈 수 있다. 그러나 질감은 단기간의 압축적 학습으로 얻어지는 것이 아니다. 오랜 시간의 '문화 학습cultural learning'으로만 가능하다.

클레는 온갖 재료의 질감을 실험했다

이텐과 마찬가지로 파울 클레도 온갖 재료를 실험했다. 모두들 사용하는 캔버스에 일반적인 물감으로 그림을 그리는 법이 없었다. 헝겊 조각, 황마, 삼베, 포장지, 신문 등을 붙여 그림을 그렸다. 이는 파블로 피카소와 조르주 브라크의 '파피에콜레'와는 다른 방식이다. 클레는 재료에 집중했다. 여러 재료를 섞어서 인형을 직접 만들기도 했다. 수채화 물감뿐만 아니라 유화 물감, 템페라, 구아슈같이 다양한 물감을 섞어 실험했다. 색깔이 있는 물질은 죄다 캔버스에 옮겨놓으려 했다. 심지어는 기름과 달걀을 이용하여 캔버스에 바탕칠하기도 했다. 비평가들은 재료의 변화가 다채로운 클레의 그림을 가리켜 "재료의 선동Provokation der Materie"57이라고 일컫기도 했다.

클레의 그림이 유독 마르틴 하이데거58, 모리스 메를로퐁티Maurice Merleau-Ponty, 1908~196159, 발터 벤야민60 같은 철학자들에게 많은 사랑을 받은 이유는 그의 그림이 만들어내는 특별한 질감 덕분이었을 거라고 나는 생각한다. 그 특별한 느낌이 거울 뉴런과 카논 뉴런이 야기하는 철학자들의 상상력을 끊임없이 자극했을 것이다.

클레 그림의 특별함은 그가 사용한 '선'에서 가장 분명해진다. 프랑스 화가 로베르 들로네의 영향으로 '색채'를 이용해 다양한 회화를 실험했

클레가 다양한 재료를 모아 만든 인형. 이 인형들을 가지고 클레는 아들에게 수시로 인형극을 보여줬다.

클레의 「줄 타는 사람」. 싸구려 만년필의 잉크가 새어 나온 듯한 느낌의 '선'은 내 궁핍하던 시절의 '카논 뉴런'을 활성화한다.

지만, 클레는 시작부터 끝까지 '선'의 화가였다. 선이라고 다 같은 선이 아니다. 어느 순간부터 클레의 그림에서는 특별한 질감의 선이 나타나기 시작했다. 예를 들면 「줄 타는 사람Seiltänzer, 1923」 같은 그림이다.

일단 그림의 선이 깔끔하지 않다. 만년필로 선을 긋다가 잉크가 새어 나온 듯한 흔적이 곳곳에 있다. 화면 여기저기에도 지저분하게 검은 물감이 묻어 있다. 그런데 참 묘한 느낌에 한참을 들여다보게 된다. 이 같은 '지저분한 선(!)'은 클레의 그림에서 자주 볼 수 있다. 클레가 이 특별한 선의 질감을 어떻게 만들어냈는지 찾아내는 데 꽤 오랜 시간이 걸렸다. 그 비밀을 몇 년 전에 방문한 스위스 베른의 파울 클레 미술관Zentrum Paul Klee에서 비로소 알게 되었다. 클레는 화선지 같은 일본 종이에 검은색 유화 물감을 가득 칠했다. 그리고 수채화 종이에 일본 종이를 거꾸로 대고 그 뒤에 못으로 그림을 그렸다. 검은색 유화 물감이 칠해진 일본 종이를 마치 먹지처럼 사용한 것이다. 유화 물감의 선이 수채화 종이 위에 그려지면 그 위에 다시 연한 수채화 물감을 칠했다. 기름 성분을 지닌 유화 물감의 선과 수채화 물감은 서로 밀어내며 묘한 대조적 질감을 만들어내도록 한 것이다.

클레 그림의 '지저분한 선'으로 인해, 내 학창 시절 싸구려 만년필의 잉크가 시도 때도 없이 흘러내려 손은 물론 교복 곳곳에 얼룩이 졌던 경험과 관련된 '카논 뉴런'이 활성화됐다. 나만 그랬던 건 아닐 것이다. 클레를 좋아한 철학자들의 카논 뉴런도 비슷한 방식으로 활성화됐을 것이다. 이런 종류의 기억을 '문화기억kulturelles Gedächtnis'*이라고 한다.

* 문자 혹은 이미지는 문화적 기억을 매개하는 주된 매체라고 얀 아스만은 주장한다(Assmann 2007). 아스만의 이론을 조금 더 확장해보면, 각 문화권에서 특별한 의미를 지니는 대상의 독특한 형태나 질감 또한 문화적 기억을 매개한다고 할 수 있을 것이다. 예를 들면 한지로 된 문창호지나 벽지의 질감으로 매개되는 고향 집과 할머니의 기억 같은 경우다.

Unit 101.

클레의 폴리포니

'학교'와 '교실'은 모순이다

아이들이 게임 때문에 공부를 안 한다고 한다. 하지만 게임 중독을 막는 방법은 간단하다. 학교에서 가르치면 된다! 게임처럼 아이들이 좋아하는 것도 학교에서 가르치면 무조건 싫어하게 되어 있다. 학교에서 하는 것은 무엇이든 재미없기 때문이다. 그러나 학교는 원래 재미있는 곳이었다. 어원부터 그렇다. 학교를 뜻하는 영어의 'school', 혹은 독일어의 'Schule'와 같은 단어의 어원은 그리스어로 '스콜레schole'다. 자신이 원하는 것을 마음대로 추구할 수 있는 '즐거운 시간', '자유로운 시간'을 뜻한다. 학교는 원래 자신이 원하는 것을 찾아내고, 그것을 마음껏 즐기는 곳이었다. 그러나 산업사회 이후, 학교는 '돈 버는 기술'을 가르치는 곳이 되었다. 대량생산, 대량소비를 가능케 하는 핵심 기술을 가능한 한 빠른 기간에, 가능한 한 많은 학생에게 가르치는 곳이 된 것이다.

한국어로도 학교는 뭔가 이상하다. '학교學校'는 '배우는 곳'이다. 배우는 학생이 주인이 되어야 한다. 그런데 '가르칠 교敎'를 쓰는 '교실敎室'의 주인은 선생이 된다. '학교'와 '교실'이 서로 모순 관계라는 이야기다. '재미있는 학교'가 되려면 학생과 선생 사이의 상호작용이 담보돼야 한다. 주체적 학습 의도를 가진 학생과의 상호작용이 가능하려면 선생도 일방적 계몽의 역할에서 벗어나야 한다. 선생 스스로 관심사를 끊임없이 공부하면서 학생들의 관심과 교차 지점을 찾아내야 진정한 의미의 상호작용이 일어날 수 있다. 특히 목표를 구체적으로 규정하기 어려운 예술 분야에서는 더욱 그렇다.

21세기 창조교육은 '니고시에이션negotiation', 즉 '협상'이어야 한다. 선생과 학생이 각자의 관심을 서로 협상하며 조화를 이뤄나가는 과정이 되어야 한다. 선생 스스로 자기가 추구하는 세계를 집요하게 학습하는 것이 전제되어야 선생과 학생 사이의 협상이 가능해진다. 그래야만 학습이 재미있다. 의무에 기반한 일방적 계몽에서 재미는 불가능하다.

100년 전, 바우하우스의 파울 클레는 상호작용이 가능한 예술교육이 어떻게 가능한가를 끊임없이 고민했다. 교육에 관한 한, 그는 철저하게 이기적이었다. 자신에게 흥미로운 것만을 학생들에게 가르쳤다. 클레는 바우하우스 안에서 일어나는 온갖 정치적 갈등에는 무관심했다. 물론 당시 유럽 곳곳에서 일어났던 노동자혁명을 지지했고, 독일 민족주의자들에 대한 거부감은 분명히 했다. 이런 그의 태도는 훗날 나치 탄압의 빌미가 되기도 한다.

바우하우스 학생인 에른스트 칼라이Ernst Kállai, 1890~1954가 1929년에 그린 클레 캐리커처. 외부 상황과는 관계없이 자신의 예술 세계에만 몰두한 클레는 '바우하우스의 부처'로 불렸다.

클레는 설립 초기부터 계속된 바우하우스의 재정 문제와도 거리를 두었다. 시장에서 팔릴 수 있는 상품을 가능한 한 빨리 만들어야 한다는 발터 그로피우스의 공공연한 압력에도 아랑곳하지 않았다. 심지어는 그로피우스가 재

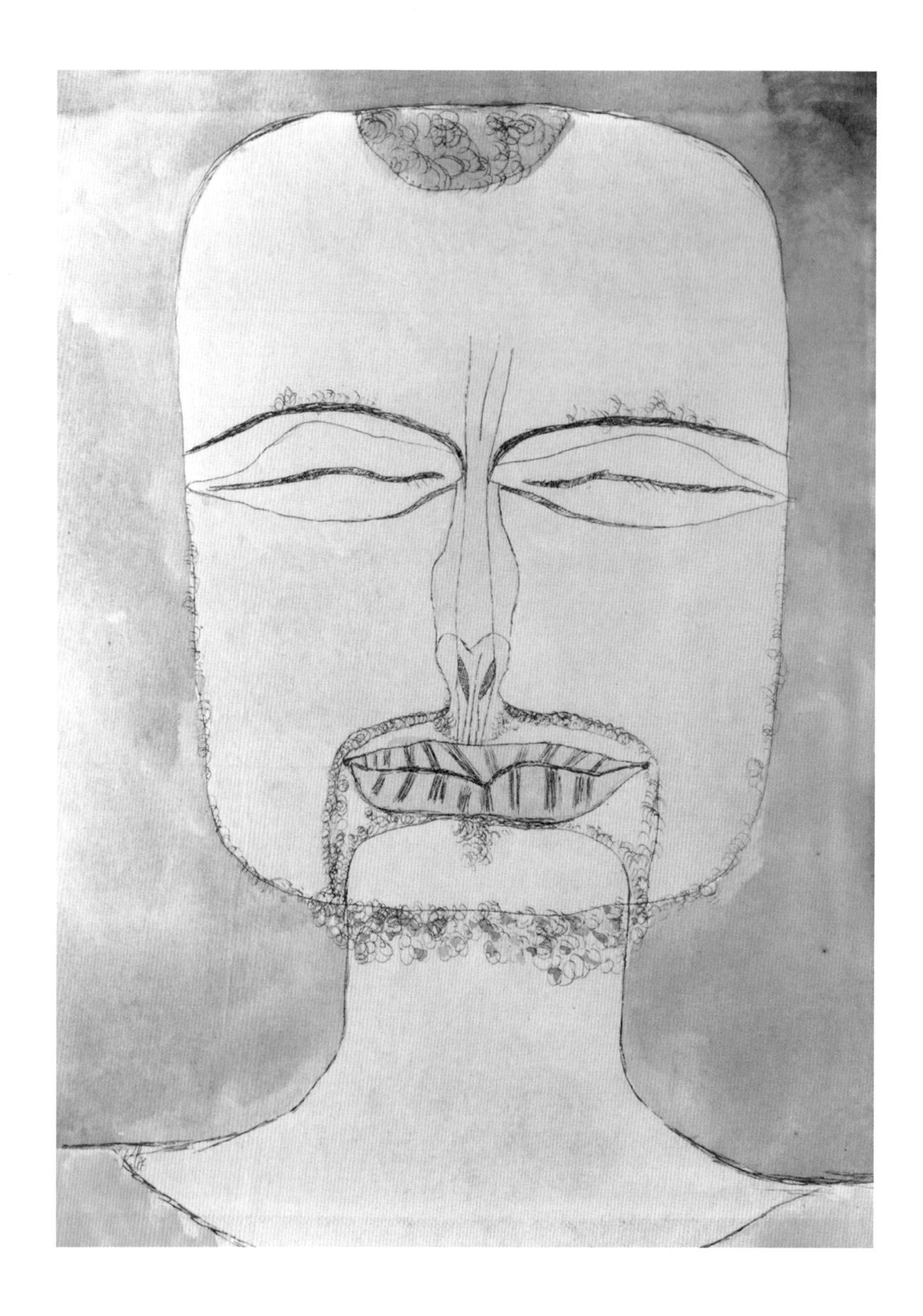

클레의 자화상 「몰입」은 부처 이미지에 상당히 근접해 있다. 눈은 감았고, 입은 굳게 닫혔으며, 귀는 아예 없다. 속세에는 아예 관심이 없다는 이야기다.

정적 궁핍에서 벗어나기 위해 제안한 선생들의 자발적 급료 삭감에도 동의하지 않았다. 학생들은 일관되게 몰두하는 그를 가리켜 '바우하우스의 부처Bauhaus-Buddha'라고 불렀다.[61] 1919년에 그린 클레의 자화상 「몰입Versunkenheit」 또한 부처 이미지에 상당히 근접해 있다. 입은 굳게 닫혀 있고, 눈은 감았다. 귀는 아예 없다. 세속의 일과는 상관없이 자신만의 세계에 몰두하겠다는 선언이다.

클레는 '색의 움직임'을 그렸다

클레가 몰두했던 궁극의 세계는 '움직임Bewegung'과 '리듬Rhythmus'이었다. 앞서 설명한 대로 시간예술로서의 '음악'을 클레는 '색채'를 통해 회화로 구현하려 했다. 이른바 '색의 움직임Bewegung der Farben'[62]이다. 방법론적 원형은 요한 제바스티안 바흐의 폴리포니였다. 클레는 바흐의 폴리포니에 근거한 색의 움직임이 어떻게 구현될 수 있는가에 대해 깊이 고민했다.[63] 클레가 1930년에 완성한 「폴리포니에 담긴 흰색Polyphon gefasstes Weiss」은 그 노력의 완성본이라 할 수 있다.

클레는 먼저 8개의 선을 한 번 혹은 두 번 꺾어서 화면을 나눈다. 이때 각 선은 서로 맞물리며 사각형을 만들어낸다. 그리고 가운데의 흰색 사각형을 중심으로 파란색, 붉은색, 오렌지색을 안쪽에서부터 연하게 칠해 나온다. 이때 세 가지 색은 3성부 폴리포니를 표현한다. 색이 한 번 칠해지는 안쪽의 사각형은 밝은색이, 색이 서로 겹치게 칠해지는 바깥 부분은 자연스럽게 어두운색이 된다. 그 결과, 마치 색이 안쪽에서 바깥쪽으로 돌아나가는 듯한 느낌을 준다. 클레의 노트를 보면 색의 움직임을 구현하기 위해 매우 정교한 수학적·논리적 계산을 반복해서 시도했음을 알 수 있다.[64]

클레가 1930년에 완성한 「폴리포니에 담긴 흰색」은 그가 추구한 '색의 움직임'이라는 예술 세계의 완성본이라 할 수 있다.

클레의 1923년 작품 「에로스Eros」는 색의 움직임을 구현한 또 다른 예다. 이 그림에서 피라미드 모양의 삼각형과 역삼각형이 겹쳐진다. 그 겹쳐지는 면들을 붉은색과 노란색 계열의 색들로 채웠다. 아래에서 위로 향하는 방향성을 분명히 하기 위해 화살표 2개를 동원했다. 그러나 1930년의 「폴리포니에 담긴 흰색」에 비하면 완성도가 많이 떨어진다. 색의 움직임이 부자연스럽고 화살표는 억지스럽다. '에로스'라는 제목도 과하다. 수업 시간이 되면 클레는 자기 그림 속에 숨겨진 원리들을 설명했다. 1923년 작품과 1930년 작품 사이에서 나타나는 이 같은 변화는 학생들과의 밀도 깊은 상호작용의 결과라고 할 수 있다. 바우하우스 학생들은 선생의 변화와 혁신을 지켜보며 자신의 예술 세계를 구축해나갔다.

클레는 유리화 공방, 인쇄 공방, 직물 공방의 형태 마이스터를 돌아가며 맡았다. 하지만 어느 공방에서든 '색의 움직임'에 관한 교육이 핵심이었다. 그의 영향을 자기 작품에 가장 많이 담아낸 제자는 직물 공방의 군타 슈퇼츨과 유리화 공방의 요제프 알베르스Josef Albers, 1888~1976다. 이들은 바우하우스 학생으로 출발해서 단시간에 마이스터 지위에 올랐다.

클레의 1923년 작품 「에로스」. 1930년 작품인 「폴리포니에 담긴 흰색」에 비하면 완성도가 많이 떨어진다.

「푸가Fuge」는 알베르스가 '젊은 마이스터Jungmeister'라는 특별한 명칭의 마이스터 지위를 얻었던 1925년의 작품이다. 스승 클레의 색의 움직임에 관한 작품들처럼 알베르스도 푸가라는 음악 형식을 화폭에 담으려고 했다. 알베르스는 이후에도 다양한 방식으로 '색의 움직임'이라는 스승 클레의 주제를 집요하게 이어갔다. 라이프치히의 그라시 박물관Grassimuseum에 있는 7m 높이의 창문들이 바로 그 흔적이다. 알베르스가 1927년에 제작했다. 이른바 '요제프 알베르스 창문Josef-Albers-Fenster'이다. 원작은 제2차 세계대전 중에 파괴됐고, 2011년에 원작과 똑같이 재건됐다. 이렇게 학생들은 선생의 변화를 보며 배운다. 변화 없는 선생과 학생 사이의 상호작용은 일어나지 않는다.

클레의 제자 알베르스의 1925년 작품 「푸가」. '색의 움직임'을 구현하려 했던 스승의 시도를 계승하고 있다.

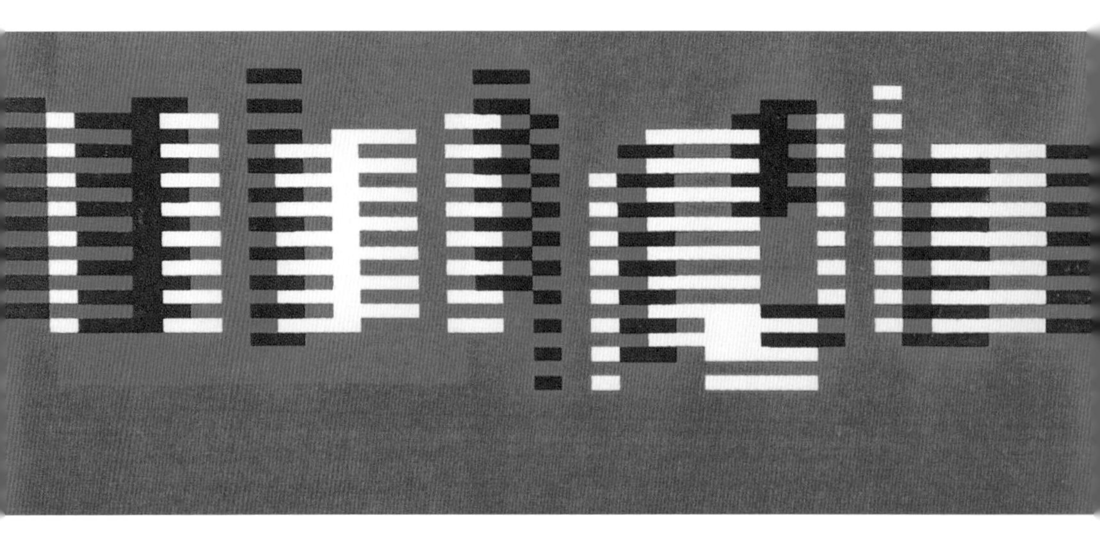

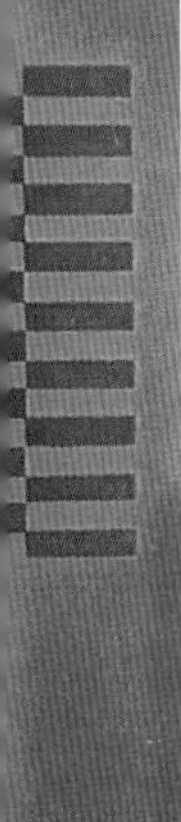

라이프치히 그라시 박물관의 '요제프 알베르스 창문'. 제2차 세계대전 중 파괴된 것을 2011년에 복원했다.

Unit 102.

개인의 탄생

'디지털 기술'의 시작, '네모난 책'

'DTData Technology의 시대'라고 한다. 인터넷에서 모바일로, 모바일에서 데이터 기술의 시대로 넘어가고 있다는 이야기다. '4차 산업혁명' 같이 뜬금없는 개념보다는 훨씬 통찰력이 있다. 그러나 엄밀히 이야기하자면 진정한 데이터 기술은 '네모난 책'이 나왔을 때 이미 시작됐다. 네모난 책, 즉 종이가 네모나게 접혀서 제본된 책이 나오면서 인간은 '지식'과 '정보'를 제대로 다룰 수 있게 되었다. 책의 원시적 형태인 파피루스는 둘둘 말아야 한다. 두루마리로 된 '지식'은 몹시 불편하다. 갑자기 기억난 내용을 확인하려면 처음부터 다시 펼쳐서 한참을 뒤져야 한다.

인류가 양피지를 펴서 가운데를 실로 꿰매어 접는 '코덱스codex'라는 형식의 책을 만들어 기록하기 시작한 것은 4세기경의 일이다. 코덱스가 나타난 이유는 자신이 원하는 내용을 빨리 찾기 위해서다. 지식이 축적되고 광범위해지면서 각 개인의 기억에 기초한 지식의 전승이 불가능해졌다. 더욱 효율적인 지식 관리 체계를 찾아내는 과정에서 코덱스가 발명된 것이다.

우선 접힌 면에 페이지의 숫자를 적어 넣었다. 지식의 분절화, 파편화가 시작된 것이다. 이 분절된 지식을 통합하여 한눈에 파악하기 쉽도록 목차를 만들고 색인index을 넣었다. 이제 필요한 지식의 내용을 확인하기가

'네모난 책'이 데이터 관리의 원천 기술이다. 네모난 종이를 실로 꿰맨 책에는 페이지, 목차, 색인이 포함된다. 게다가 책장에 세워서 가지런히 정리할 수 있다. 언제든 원하는 내용을 찾아서 볼 수 있다. 데이터 테크놀로지의 시작이다.

너무 간단해졌다. 그뿐만 아니라 다른 책과 비교하면서 내 생각을 '편집'하는 것도 가능해졌다. 게다가 책을 세워 가지런하게 보관할 수 있어서 책장을 통한 분류 자체가 하나의 데이터 기술이 되었다.

'분절화'와 '통합'이라는 데이터 편집의 기본 기술은 이렇게 '네모난 책'이 나오면서 생겨났다. 데이터 테크놀로지의 바탕이 되는 '디지털digital'의 원리는 '두루마리 책'에서 '네모난 책'으로 전환되는 과정과 동일하다. 연속된 아날로그 정보를 분리된 숫자로 바꾼 것이 디지털이다. 라틴어로 손가락을 뜻하는 '디지투스digitus'에서 유래한 '디지털'은 서로 연결되지 않고 끊겨 있는 0과 1 같은 숫자로 정보를 기록하여 관리한다.65 정보가 분절화되면 관리가 훨씬 편리하고 정확하다. 게다가 편집이 가능해졌다. 새롭게 편집된 데이터들로 창출되는 메타 데이터는 무한하다. 창조적이 된다는 이야기다. '네모난 책'을 통해 분절화된 정보가 인간의 사고 체계를 근본적으로 바꿨던 것처럼, 디지털화된 데이터 테크놀로지 또한 지식의 구성과 편집 방식에 획기적 전환을 가져오고 있다.

독일 사회철학자 위르겐 하버마스는 지식의 단편화·분절화 과정을 '모더니티'의 특징으로 설명한다. 계몽주의에서 시작된 인간의 합리성과 이성 중심주의 모더니티에 대해 비관과 허무주의로 일관한 테오도르 아도르노Theodor Adorno, 1903~1969와는 달리, 하버마스는 모더니티를 아직 '미완의 프

하버마스는 모더니티를 미완의 프로젝트로 파악했다. 아직 완성될 수 있는 여지가 있다는 점에서 근대를 긍정적으로 바라본다고 할 수 있다.

로젝트das unvollendete Projekt'로 파악한다.66 지식의 분절화, 파편화를 통한 전문화 과정이 일어났지만 이렇게 분절된 지식을 종합하는 과정이 아직 일어나지 않았다고 하버마스는 주장한다. 근대에 들어서면서 종교적 도그마에 함몰된 지식이 정치, 경제, 문학, 도덕 등과 같은 영역으로 세분화되고 분절화되어가는 과정은 자율적 지식의 출현으로 봐야 한다는 것이다. 발전이며 진보라는 이야기다. 이처럼 자율화되고 단편화된 근대의 지식을 통합적으로 재구성할 수 있는 가능성을 하버마스는 '의사소통적 합리성'의 발현에서 찾고 있다.67 통합적·종합적 지식은 '소통적'이어야만 한다

'개인'은 없었다!

개념이 있어야 현상이 있다. 오늘날 너무나 당연하게 쓰이는 '개인individual'이라는 단어는 원래부터 있었던 것이 아니다. '개인'은 없었다는 이야기다. 서구에서 개인이라는 단어는 17세기 이후부터 오늘날과 같은 의미로 쓰이기 시작했다. 'individual'의 어원은 '나눌 수 없다'는 'indivisible'이다. 더 이상 나눌 수 없는 기본단위로서의 인간을 뜻하는 개인이라는 단어는 '주체적으로 생각할 수 있는 존재', 즉 합리적 존재로서의 인간이 자기 권리를 확인하는 과정에서 만들어졌다. 특히 자율적 개인들 사이의 합의

를 통한 정치권력에의 자발적 복종을 주장한 장 자크 루소Jean Jacques Rousseau, 1712~1778의 사회계약론은 개인의 개념이 자리 잡는 데 크게 기여했다. 루소의 '개인'은 프랑스혁명으로 그 실천적 내용을 명확히 하며 근대 인간을 특징짓는 가장 중요한 단어가 된다.

우리가 쓰는 한자어 '개인' 또한 루소의 사회계약론을 번역하는 과정에서 나타난 단어다. 1877년, 일본의 하토리 도쿠服部徳가 루소의 사회계약론을 『민약론民約論』이라는 제목으로 소개하는 과정에서 '개인'이라는 단어를 처음 사용했다. 'individual'은 메이지 시대의 지식인들에게 무척이나 황당한 단어였다. '독립된, 더는 나눌 수 없는 존재'로서의 개인을 경험한 적이 전혀 없었기 때문이다. 그들은 이 낯선 단어를 어떻게 번역해야 할지 난감해서 어쩔 줄 몰라 했다. '독일개인獨一個人', '독일자獨一者', '일척수一隻獸', '일체一體', '일물一物', '히토리ひとり(혼자)' 등으로 제각기 번역했다. 그중에서 후쿠자와 유키치福澤諭吉, 1835~1901가 처음 사용한 '독일개인'이 주로 사용됐다. 일정 기간이 지난 후에 '독'이 떨어져 나가고, 이어서 '일'까지 떨어져 나가 오늘날 '개인'이 'individual'의 번역어로 자리 잡게 되었다.[68]

자연과학의 '원자atom'는 인문·사회과학의 '개인'에 상응하는 단어다. 'atom'도 'indivisible'처럼 '더는 쪼갤 수 없는'이라는 뜻이다. 영국 과학자 존 돌턴John Dalton, 1766~1844은 1808년에 발표한 『화학의 새로운 체계A New System of Chemical Philosophy』라는 책에서 세상의 모든 물질은 더는 쪼갤 수 없는 작은 알갱이로 구성되어 있다는 '원자설atomic theory'을 주장했다.[69] 그러나 물리학이 발전하면서 원자를 더 작은 단위로 쪼갤 수 있음이 밝혀졌다. 하지만 세상의 모든 물질을 가장 작은 단위로 쪼개고, 이 단위들의 결합으로 설명하려는 돌턴의 시도는 모더니티를 구성하는 가장 중요한 인식론적 기초를 마련했다고 할 수 있다.

현대물리학의 '원자'가 그랬던 것처럼 더는 나눌 수 없다고 여겨졌던

'개인' 또한 더 작은 단위로 나눠지기 시작했다. 근대 '심리학'의 탄생이다. 1879년, 독일 라이프치히대학의 빌헬름 분트가 개인의 심리를 자연과학적 방법으로 연구하겠다며 설립한 실험실이 근대 '과학적 심리학'의 기원으로 여겨진다.[70] '개인'을 기계로 관찰할 수 있고 측정할 수 있는 더 작은 심리학적 단위로 나눴기 때문이다.

많은 미국 유학생이 분트 밑에서 공부하고 돌아가서 미국에 심리학과를 세웠다. 독일에는 없던 심리학과가 미국에 최초로 생긴 것이다. 일본 유학생도 분트 밑에서 여럿 공부했다. 일본제국대학의 초창기 심리학과 교수였던 마쓰모토 마타타로松本亦太郎, 1865~1943도 분트의 제자였다.[71] 그의 조교였던 하야미 히로시速水滉, 1876~1943는 1927년에 식민지 조선의 경성제국대학에 파견되어 한반도 최초의 심리학과를 설립했다.[72] 후에 경성제국대학 총장을 역임하기도 한 그는 분트 실험실을 그대로 흉내 내어 경성제국대학 심리학 실험실을 꾸몄다. 실험실 장비가 분트 실험실만큼이나 대단했다고 한다.*

인문과학도 아니고 자연과학도 아닌 어정쩡한 상태의 초기 심리학은 '과학적 방법론'에서 자기 정체성을 찾았다. 미국 심리학 교과서가 분트 실험실을 근대 심리학의 출발로 여기는 이유다. 오늘날 '미국식 심리학'과 그 영향 아래에 있는 한국 심리학이 유독 통계학만(!) 잘하는 까닭이기도 하다. 심리통계는 인위적으로 분절화된 변인을 효율적으로 관리하는 방법이다.** 흥미롭게도 분트는 죽을 때까지 라이프치히대학의 '철학과 교수'로 재직했

* 하야미 히로시는 '장場 이론field theory'으로 유명한 독일 심리학자 쿠르트 레빈Kurt Lewin, 1890~1947의 도움으로 경성제국대학에서 사용할 심리학 실험 도구와 전문 서적을 공수해 와서 심리학 실험실을 개설했다〔한국심리학회 창립 70주년 기념학술대회(2016년 5월 20일) 전시회〕.

** 안타깝게도 현대 심리학에서는 분절화된 변인의 통합, 즉 '창조적 편집'을 통한 이론화 작업이 잘 일어나지 않는다. '과학적 방법론'에 대한 강박 때문이다.

라이프치히대학 분트 실험실의 실험 도구. 분트 심리학은 근대 심리학의 기원으로 여겨진다. 인간의 심리를 기계로 측정할 수 있는 '단위'로 쪼갰기 때문이다.

다. 그의 유명한 '실험심리학 연구소'는 사립 연구소로 유지되다가, 후에 라이프치히대학에 병합됐다. 분트는 심리학과의 독립조차 반대했다. 인간의 심리는 통합적으로 연구돼야 한다고 생각했기 때문이다. 미국 제자들이 분트의 '실험심리학'을 근대 심리학의 출발로 여기지만, 정작 분트가 추구한 심리학은 '민족심리학Völkerpsychologie'73이었다. 실험심리학적 방법론은 그의 심리학 이론 가운데 일부분이었을 뿐이다.

근대는 자꾸 나누고 쪼갰다!

분트의 실험심리학적 방법론이 주목받은 것은 지극히 '모던'했기 때문이다. '과학'이라는 이름의 모더니티는 나누고 쪼개는 것이었다! '편집의 단위'를 만든다는 이야기다. 분트는 독일 물리학자 헤르만 헬름홀츠Hermann Helmholtz, 1821~1894의 조교로 일하면서 생리학 관련 연구로 박사 학위를 받았다. 라이프치히대학으로 옮겨 온 후, 그는 자연과학처럼 정확한 측정 도구를 동원하여 인간의 심리를 연구하려 했다. 심리를 다양한 요소로 분리해서 측정 단위를 만들고 이를 정확하게 조사한 후, 그 결과를 통합하면 인간의 마음을 이해할 수 있다고 생각했던 것이다. 예를 들면 인지 과정을 주의 집중이나 기억같이 다양한 하위 요소로 쪼개고, 이를 반응 시간이나 지속 시간 같은 객관적 측정 방법을 동원해 연구하는 것이다.*

〈모던 타임스〉의 채플린. 컨베이어 벨트에서 나사를 죄는 일만 하던 채플린은 기계의 속도를 따라가지 못해 컨베이어 벨트에 빨려 들어간다. '파편화'에 대한 시대적 저항은 오늘날까지 계속된다.

과학과 기계의 발전은 쪼개고 나누는 접근 방법, 즉 분절화와 파편화의 힘을 확인시켜줬다. 20세기 초, 사람들은 '과학'의 이름으로 노동과정도 나누고 쪼갰다. '테일러주의Taylorism'라고 불리는 '과학적 관리법scientific management'이다. 노동자의 작업 과정을 작업량, 동선, 작업 범위, 노동 시간 등으로 분절화하고 표준화하여 생산성을 극대화하는 방법이다. 아울러 관리 시스템도 하위 단위로 나눌 수 있는 최대한으로 나누어 체계화하고 조직화했다. 급격한 '과학적 변화'에 당시 사회는 필사적으로 저항했다. 찰리 채플린Charlie Chaplin, 1889~1977이 컨베이어 벨트에서 기계적으로 나사 죄는 일을 하다가 그 속도를 따라가지 못해 컨베이어 벨트에 빨려 들어가는 영화 〈모던 타임스Modern Times, 1936〉는 당시 사회가 이해한 모더니티의 본질을 잘 보여준다.

* 이 같은 심리학 연구방법론을 빌헬름 분트는 '구성주의Strukturalismus'라고 정의했다. 인간의 의식을 구성하는 기본 요소들을 찾아내고 그 요소들이 결합하는 방식, 즉 '구조Struktur'를 연구한다는 것이다(Trimmel 2015, p. 15 이하).

Unit 103.

창조적 편집의 최소 단위

형식과 내용

예술이 존재하는 이유는 도대체 뭘까? 현대미술의 경향을 보면 이런 질문은 아주 당연하다. 아무리 착한 마음으로 보려 해도 '도대체 무엇을 표현하는 건가' 싶은 작품이 참 많다. 하지만 그런 질문은 '재현'의 포기가 시작된 20세기 초부터 있었다. 예술의 목적과 관련해 가장 그럴듯한 대답은 '낯설게 하기ostranenie'다.

러시아 형식주의자 빅토르 시클롭스키Viktor Shklovsky, 1893~1984의 주장이다. 1916년에 발표한 『방법으로서의 예술Kunst als Verfahren』이라는 책에서 그는 예술의 목적이란 "자동화된 인식 체계를 비틀어 새롭게 느끼게 하는 것"에 있다고 썼다.74 일상 언어가 작품의 텍스트에서 어떻게 달라지는가, 즉 어떻게 낯설게 되는가를 보여줘야 한다는 것이다. 관객들이 연극에 감정이입해 몰입하는 것을 일부러 방해하여 비판적으로 판단할 것을 요구하는 독일 극작가 베르톨트 브레히트의 '소격 효과疏隔效果, Verfremdungseffekt'는 '낯설게 하기'의 확대 버전이다.75

러시아 형식주의자들에게 텍스트는 '의미를 전달하기 위한 수단'이 아니었다. '독립되고 조직화된 총체'였다.* 텍스트를 맥락에서 분리하여 텍스트 그 자체만을 분석 대상으로 삼는 시클롭스키, 로만 야콥슨Roman

Jakobson, 1896~1982 같은 이들에게 '형식주의자'라는 이름을 붙인 이들은 그들의 혁신적 텍스트 이해를 반대하는 사람들이었다. '형식Form'과 '내용Inhalt'을 분리한다는 비난이었다. 그러나 형식주의는 문학을 문학답게 만들어주는 형식의 문제에 집중함으로써 오히려 형식과 내용의 이분법을 극복하려는 시도였다.76 그런 의미에서 '형식주의'는 오해를 초래하는 명칭이다.

'데 스틸'도 러시아 형식주의처럼 내용이 아닌 외부로 드러난 '형식'이나 '양식'을 추구하는 것처럼 오해받을 수 있다. 그러나 데 스틸의 경우, '양식'은 각 개인을 초월한 '보편적인 어떤 것'을 뜻한다. '형식과 내용'의 구분이 아니라, '개별과 보편'의 구분과 관련되어 있다는 이야기다. 이와 관련해 데 스틸은 1918년 선언문에서 '개별적인 것과 보편적인 것 사이의 균형'을 추구한다고 선언했다.77 오해를 불러일으키는 데 스틸이라는 이름은 테오 판 두스부르흐가 창간한 잡지 《데 스틸》 때문이다. 이 명칭이 별로 마음에 들지 않았던 피터르 몬드리안은 후에 '양식'을 뜻하는 '데 스틸' 대신 '신조형주의'라는 명칭을 사용했다.78

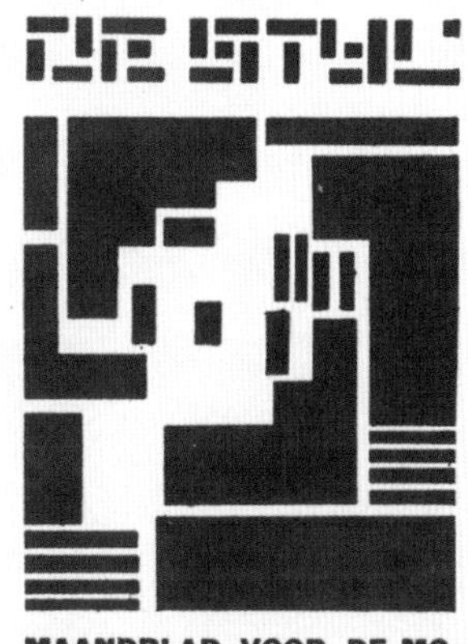

《데 스틸》 창간호 표지. '스타일'이라는 뜻의 '데 스틸'은 오해를 초래하는 명칭이었다.

러시아 형식주의나 네덜란드의 데 스틸이 거의 같은 시기에 비슷한 오해를 받으며 활동한 것은 결코 우연이 아니다. 양쪽 모두 러시아 아방가르드

* 텍스트를 독립된 연구 대상으로 삼은 러시아 형식주의가 있었기에 오늘날 '기호학'이 가능했다.

예술가인 카지미르 말레비치의 절대주의와 블라디미르 타틀린Vladimir Tatlin, 1885~1953의 구축주의에서 큰 영향을 받았기 때문이다. 러시아 형식주의의 시클롭스키나 야콥슨은 추상회화의 극단까지 밀어붙이던 말레비치의 열렬한 팬이었다. 독립적 총체로서의 텍스트를 주장하는 자신들과, 대상의 모방과는 전혀 관계없는 회화의 독자적 구성 가능성을 추구하던 말레비치의 절대주의를 공동 운명체로 생각했기 때문이다.*

데 스틸의 두스부르흐는 제1차 세계대전이 끝난 후 말레비치의 제자인 엘 리시츠키를 만나며 러시아 구축주의 쪽으로 급격히 기울어졌다. 이래저래 못마땅했던 몬드리안은 두스부르흐와 결별하고 파리로 돌아가버렸다.

말레비치의 '사각형'

20세기 초, 빠른 속도로 산업화, 도시화가 진행되던 러시아는 러일전쟁(1904~1905)에 패한 후 '피의 일요일 사건'**이 일어나는 등 급격한 정치적 변화를 겪고 있었다. 항상 그렇듯, 예술가들이 가장 먼저 이 변화의 징조를 읽었다. 러시아 화단에서는 타틀린과 말레비치가 주도했다.***

러시아 미술학교를 졸업하고 선원, 악사, 서커스 단원을 전전하며 그저 취미로 그림을 그리던 타틀린은 1914년에 파블로 피카소의 화실을 방문

* 바우하우스에서 일어난 회화와 음악의 교차편집처럼 러시아에서는 문학과 회화의 교차편집이 러시아혁명 전후에 집중적으로 일어났다(Bois 1993, p. 86 이하).

** 1905년 1월 22일, 상트페테르부르크에서 일어난 노동자 학살 사건을 뜻한다. 1,000여 명이 사망한 것으로 추산된다.

*** 블라디미르 타틀린과 카지미르 말레비치, 이 두 사람은 아주 사소한 것까지 서로 경쟁했다. 두 사람의 경쟁은 러시아혁명 전후 러시아 예술계의 방향 설정에 크게 기여했다(Boersma 1994, p. 35 이하).

하고 큰 충격을 받는다. 금속판과 철사로 만들어진 피카소의 작품 「기타 Guitarra, 1912」는 캔버스에 물감을 칠하는 기존 회화의 틀을 완전히 벗어난 것이었다. 아울러 전통적인 조각, 조소의 상식까지도 완전히 파괴하는 것이었다. 그 이후 타틀린은 아주 막 나가기(!) 시작했다. 같은 해에 회화도 아니고, 조각도 아닌 희한한 작품을 발표한다. 「재료의 선택: 철, 스투코, 유리, 아스팔트Selection of Materials: Iron, Stucco, Glass, Asphalt, 1914」다. 석회(스투코)가 칠해진 화폭에 철판 조각, 나무 조각, 유리 조각 등을 붙여놓은 것이다. 바로 이 작품이 러시아 '구축주의Constructivism'의 시작이라고 여겨진다.79

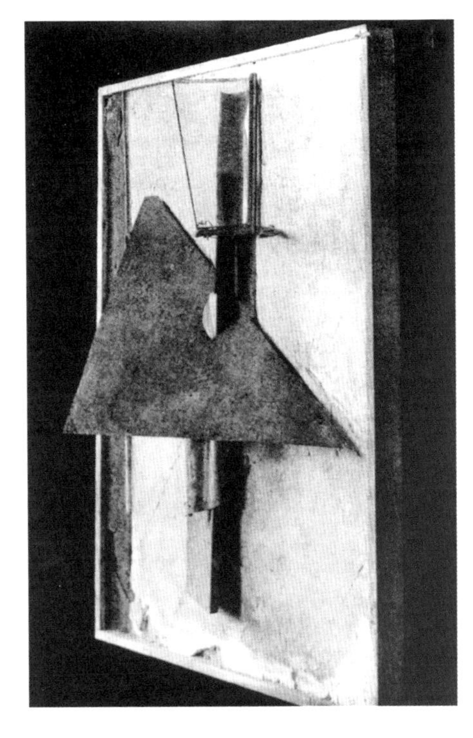

타틀린의 「재료의 선택 : 철, 스투코, 유리, 아스팔트」. 러시아 구축주의의 시작을 알린 작품이다.

색채, 형태의 재현을 자발적으로 포기한 회화에 남은 선택지는 '재료'라고 타틀린은 생각했다.**** 회화의 재료를 해체하고 새로운 재료들을 화폭에 편집했다. 철, 나무, 유리 같은 재료들이다. "재료가 형태를 만든다"라는 암묵적 주장이다. 그 반대는 성립할 수 없다는 타틀린의 구축주의는

**** 독일어에는 다른 언어로 번역하기 힘든 'Materialgerechtigkeit'라는 개념이 있다. 억지로 번역하자면 '재료 공정성' 혹은 '재료 특성에 맞는 사용' 정도가 되겠다. 바우하우스는 러시아 구축주의의 '재료 공정성'에 더해 '기능성'을 추가한 예술교육을 추구했다.

후에 "형태는 기능을 따른다Form follows function"*라는 바우하우스의 기능주의 이념으로 발전한다. 그러나 파격적인 '재료의 선택'은 회화의 색채, 형태, 재료를 완벽하게 해체했지만, 여전히 화폭이라는 사각형 프레임에 갇혀 있었다. 이듬해에 타틀린은 더 과감한 시도를 한다.

「모서리 역부조Corner counter-relief, 1914~1915」라는 작품이다. 1915년 12월, 페트로그라드(지금의 상트페테르부르크)에서 개최된 '0.10—최후의 미래주의 회화'전에 전시된 이 부조물은 벽의 양쪽 모서리에 걸쳐져 있다. 프레임도 없고 받침대도 없다. 재료가 가진 물질적 속성을 그대로 드러내며 그때까지 회화에서 추구하던 추상주의 시도들을 단번에 폐기해버렸다. 모서리에 걸린 타틀린의 작품은 평평한 벽에 걸려서 관람객들의 발걸음을 멈추게 해야 하는 회화의 평면성도 해체했다. 2차원에서 3차원으로의 확장이다. 관람객들이 서성거리며 고갯짓을 계속해야 하는 타틀린의 이 시도는 혁명적이었다. 하지만 그의 의도는 같은 전시회에 출품된 또 다른 작품에 의해 희석됐다.80

말레비치의 「검은 사각형Black square, 1915」이다. 이 작품도 타틀린의 「모서리 역부조」처럼 두 벽면이 겹치는 모서리에 전시됐다. 「검은 사각형」은 피카소의 큐비즘 이후 다음 단계에 대한 말레비치식 고민의 결과였다. 아무도 시도하지 못했던 회화의 프레임을 파괴하고 재료의 해체까지 시도한 타틀린의 구축주의가 훨씬 더 급진적이었지만, 방법론상으로는 말레비치의 '절대주의'가 한 수 위였다. 해체는 재구성 혹은 재구축을 전제해야 한다. 다음 단계를 제시하지 못하는 해체는 그저 파괴일 뿐이다. 요소화, 분절

* "형태는 기능을 따른다"라는 말을 처음 이야기한 사람은 허레이쇼 그리노Horatio Greenough, 1805~1852로 알려져 있다. 그 후에 미국 건축가 루이스 설리번Louis Sullivan, 1856~1924이 즐겨 사용한 구호다. 기능에 어긋나는 장식을 추구해서는 안 된다는 주장이었다. 그러나 이 주장은 바우하우스에 와서 러시아 구축주의 등과 연결되면서 '장식의 완전한 폐기'로까지 이해된다(Ziegler 2020, p. 199 이하).

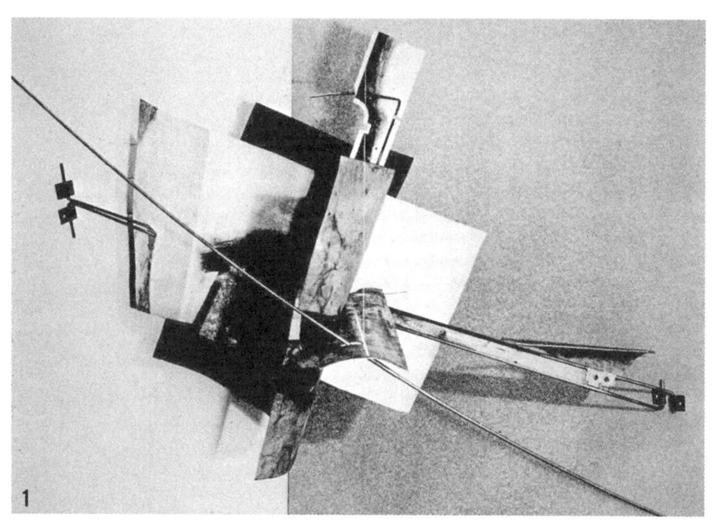

1 타틀린의 「모서리 역부조」. 벽의 양쪽 모서리에 걸쳐진 이 작품은 프레임도 없고 받침대도 없다. 타틀린은 재료가 가진 물질적 속성을 그대로 드러내며 그때까지 회화에서 추구하던 모든 시도를 단번에 폐기했다.

2 말레비치의 「검은 사각형」. 벽 모서리 가장 높은 곳에 걸려 있는 말레비치의 '사각형'은 더는 쪼갤 수 없는 마지막 단위, 즉 '영점'을 뜻한다.

화는 창조적 통합을 전제로 해야 한다는 이야기다.

말레비치는 재구성을 위한 '편집의 단위'로 '사각형'을 명확하게 제시했다. 이른바 모든 형태의 '영도零度, zero degree'다. 사각형은 그 어떤 재현과도 관련 없는 '절대적 무無, absolute nothingness', 혹은 '무조건적 무無, unconditional nothingness'로 규정된다. 새로운 창조는 바로 여기서 다시 시작해야 한다는 것이다.81 쪼개고 쪼개는 모더니티의 마지막 기본단위, 즉 '영도'를 사각형으로 규정한 말레비치의 절대주의에 내포된 새로운 창조적 가능성을 가장 먼저 깨닫고 재구성에 착수한 이들이 바로 '데 스틸' 그룹이다.*

말레비치나 타틀린이 공유한 '모서리'에 관해 이야기를 이어가자면, 이렇게 된다. 모서리에 작품을 설치한 것은 3차원 공간을 회화의 미래에 끌어오려는 시도였다. 데 스틸의 몬드리안은 2차원 평면을 고집했고, 두스부르흐는 말레비치의 제자 리시츠키를 알게 된 후 바로 3차원 공간의 편집 가능성을 모색했다. 회화에서 건축으로 재빨리 옮겨 갔다는 이야기다.

* 데 스틸의 작가 피에트 즈바르트Piet Zwart, 1885~1977는 카지미르 말레비치의 검은 사각형을 아예 자신의 상징물로 삼아 레터헤드 등에 사용했다(Lupton & Cohen 1996, p. 28 이하).

데 스틸의 다양한 전시회 포스터. 말레비치가 주장한 최종 편집 단위 '사각형'의 가능성을 제일 먼저 발견하고 실천에 옮긴 이들이 바로 '데 스틸'이다.

Unit 104.

전경과 배경의 해체

원통형 기둥이 사라지고 각진 기둥이 나타났다

20세기 초, 유럽 예술가들은 온갖 장식적인 것을 제거하면 가장 본질적인 것과 대면할 수 있다고 생각했다. 장식이 아닌 시대정신을 기초로 미술사를 서술한 독일의 한스 제들마이어Hans Sedlmayr, 1896~1984는 이 같은 시도를 '순수성을 향한 노력Streben nach Reinheit'으로 설명한다.82 19세기 말부터 '원통형 기둥'을 대체하기 시작한 '각진 기둥'이 그 대표적인 현상이라는 것이다. 천장을 받치는 '원통형 기둥'은 직립보행을 하는 인간의 육체, 그리고 인간이 지금까지 이뤄온 문화적 자부심을 상징하는 것이었다. 기둥 주위로 시대를 상징하는 다양한 조각이 붙고, 기둥의 상부와 하부로도 각종 양식의 장식이 더해지는 원통형 기둥은 각 시대의 특징을 보여주는 상징물이다. '그리스 양식', '고딕 양식'과 같은 건축양식은 대부분 이 원통형 기둥을 중심으로 표현됐다. 그러나 20세기 초, 건축에서 원통형 기둥은 추방됐다. 과거와 단절하는 건축 혁명은 '각진 기둥', 즉 무엇도 표현하지 않는 '순수한' 기하학적 기둥의 도입으로 완성됐다.

수학적 계산의 기초가 되는 '절대영점'처럼 회화에서도 '영도'가 되는 '사각형'을 도입한 카지미르 말레비치의 시도 역시 같은 맥락이다. 사각형이야말로 재현과 의미를 제거한 가장 순수한 형태라는 것이다. 「검은 사각형」이 전시되고 3년이 지난 후, 말레비치는 「흰 바탕 위의 흰 사각형White on White, 1918」을 발표한다. 어느 것과도 관련 없는 가장 추상적이고, 가장 순수한 예술을 말레비치는 '절대주의Suprematism'라고 불렀다.83

재현의 회화를 해체하고 그 자리에 들어선 말레비치의 '사각형'은 대상의 재현 이후의 암흑을 두려워한 아방가르드 예술가들에게 등대와도 같았다. 새로운 편집('구성' 혹은 '구축')의 가능성을 명확하게 보여줬기 때문이다. 사실 '그리드grid', 즉 사각형을 새로운 회화의 기본단위로 처음 채택한 화가는 파울 클레에게 큰 영감을 주었던 로베르 들로네였다.* 하지만 들로네는 시간이 지날수록 사각형보다는 색채 실험에 몰두했다. 결국 창조적 편

* 파울 클레는 로베르 들로네의 '사각형 창문 그림'을 흉내 낸 '사각형 그림Quadrat bilder'을 숱하게 그렸다(Düchting 2008, p. 44).

유럽의 오래된 건물에서 흔히 볼 수 있는 '원통형 기둥'. 둥근 기둥은 인간 자부심의 상징이었다. 20세기 초에 둥근 기둥은 추방되고, 각진 기둥이 대세가 된다. 의미와 상징을 배제한 기하학적 세계관의 승리다.

집을 위한 최소 단위로서의 사각형은 추상의 끝을 거침없이 추구했던 말레비치의 것이 되고 만다.

말레비치보다는 조금 늦게 네덜란드의 피터르 몬드리안도 사각형의 가능성을 발견했다. 파리에 머물며 큐비즘 이후를 탐색하던 몬드리안은 1914년 7월에 아버지를 병문안하기 위해 네덜란드에 잠시 들렀다. 때마침 제1차 세계대전이 터졌고, 몬드리안은 파리로 돌아갈 수 없었다. 이후 전쟁이 끝날 때까지 몬드리안은 고립된 네덜란드에 머물며 자신만의 추상회화를 구축하기 위한 기초를 닦는다.*

말레비치의 「흰 바탕 위의 흰 사각형」. 말레비치에게 가장 순수한 형태는 '흰색 사각형'이었다. 그는 이것에 '절대주의'라는 이름을 붙였다. 더는 회화에 관한 논의가 필요 없다는 뜻이다.

몬드리안의 '색채를 담은 사각형'

제1차 세계대전 기간에 네덜란드에 머물던 몬드리안은 '모듈 그리드 modular grid', 즉 '사각형의 편집'을 시도한다. 대상이 해체된 화면에 다양한 형태의 사각형을 채워 넣은 것이다. 모노크롬 사각형을 회화의 기본단위로 삼은 말레비치와 달리, 몬드리안은 색채를 담은 사각형을 편집의 기본단위

* 이 시기에 피터르 몬드리안에게 정신적으로 강력한 영향을 미친 사람은 수학자이자 신지학자였던 마티외 스훈마커르스였다(Unit 45 참조).

로 삼았다. 같은 사각형이지만 두 사람이 추구하는 바는 많이 달랐다.

말레비치가 '영도'로서의 사각형을 추구하는 동안, 몬드리안은 전경과 배경의 이분법을 해체하는 데 몰두했다. 에디톨로지적으로 표현하자면, 말레비치는 '편집의 단위'를 고민했고, 몬드리안은 '편집의 차원'을 고민했다고 할 수 있다. 몬드리안의 1917년 작품인 「선 구성Compositie in lijn」에서는 모든 이미지가 본질적이고 보편적인 수직과 수평의 직선으로 대체됐다. 그러나 이 작품에서는 여전히 전경과 배경의 대립이 존재한다. 즉 수평과 수직이 교차하는 검은 선들의 집합은 둥그런 형상의 전경을 만들어내고, 그 뒤로 비어 있는 배경이 있다.

시간이 흐르면서 몬드리안은 이 같은 '전경과 배경의 구분Differenzierung von Vordergrund und Hintergrund'84이라는 게슈탈트 원리가 작동하는 한 추

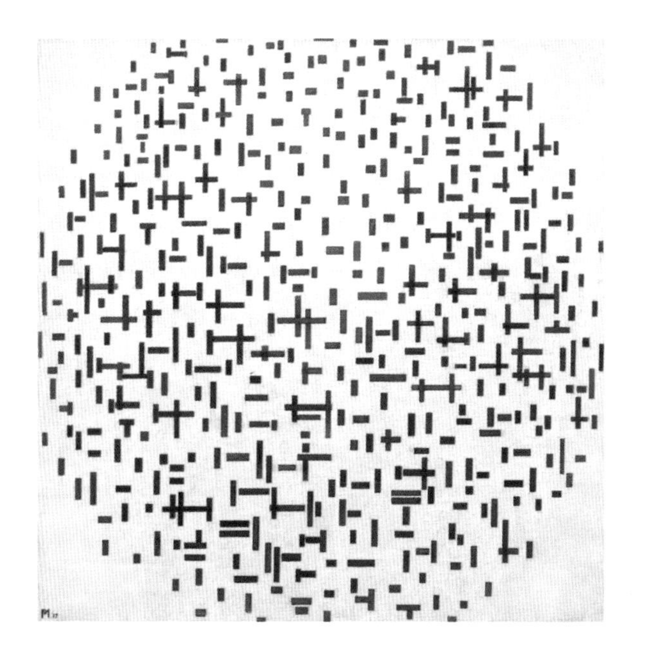

몬드리안의 「선 구성」. 이미지의 특수성은 수직과 수평의 직선이라는 보편적 요소로 대체됐다. 그러나 전경과 배경의 구분은 여전히 존재한다.

상회화는 성립할 수 없다고 생각했다. 그는 화면 가득히 다양한 크기와 색깔의 사각형을 과감하게 채워 넣었다. 회화의 기본 전제였던 전경과 배경의 구분이 사라지는 혁명이 일어난 것이다. 극단의 추상주의 형태 언어, 즉 모든 색을 빨강·노랑·파랑의 삼원색과 흑백으로 환원하고 수평과 수직만의 구성을 허용하는 '데 스틸'의 원칙이 이렇게 완성됐다. 여기서 자연의 우연적이고 특수한 형태인 곡선은 완전히 부정된다. 오직 명확한 수직과 수평의 직선만을 사용한다. 사각형과 직선은 언제든 동일하게 반복할 수 있는 것이기 때문이다. 보편성이란 반복 가능해야 한다.

몬드리안의 「색면과 회색 선의 구성Compositie met kleurvlakken en grijze lijnen, 1918」. 화면이 원색 사각형으로 가득 채워지며 '전경'과 '배경'의 구분이 사라진다.

Unit 105.

조감도와 오감도

'전지적 시점'을 남발했던 할리우드 영화

할리우드 영화에 빠지지 않는 장면이 있다. 도시 전체를 하늘에서 촬영한 장면이다. 이른바 '버드 아이 뷰 샷bird's-eye view shot'이다. 관객들은 이 같은 '전지적 시점'을 통해 드라마의 세부적 진행에 몰입되지 않고 전체 맥락을 수시로 확인할 수 있다. 드라마의 진행을 예상하며 본다는 이야기다. 하지만 영화감독은 전지적 시점을 통해 예상되는 진행을 비틀고 건너뛰며 '재미'를 창조한다.

비싼 헬기를 전세 내야만 촬영이 가능했던 버드 아이 뷰 샷이 이제 아주 흔해졌다. 허접한 개인 유튜브에서도 얼마든지 볼 수 있다. 드론 덕분이다. 그러나 비행기나 드론이 없던 시절에도 화가들은 수시로 버드 아이 뷰 샷으로 그림을 그렸다. '조감도鳥瞰圖, Vogelperspektive'다. 버드 아이 뷰 샷은 조감도에서 온 개념이다. 조감도와는 반대로 밑에서 올려다보는 도법은 독일어로 '개구리 관점Froschperspektive'이다.

조감도는 아주 오래된 회화 양식이다. 동양화에서도 아주 흔하다. 부감도俯瞰圖, 하감도下瞰圖로 불렸다. 예를 들어 추사 김정희金正喜, 1786~1856의 「세한도歲寒圖, 1844」를 살펴보자. 화면의 시점은 오른쪽 위에서 내려다보는 전형적인 '조감도' 방식을 취하고 있다. 이 그림에서 흥미로운 것은 오두막 입구

김정희의 「세한도」. '조감도'를 취하지만, 오두막의 둥근 문을 바라보는 시선은 정반대 방향의 '개구리 관점'이다. 한 화면에 2개 이상의 관점을 포함하는 '멀티플 퍼스펙티브'다.

의 둥근 문이다. 문의 내부를 그림처럼 그리려면 왼쪽 아래에서 비스듬히 올려다봐야 한다. 조감도와는 정반대 방향인 '개구리 관점'이다. 한 화면에 2개 이상의 관점이 존재하는 '멀티플 퍼스펙티브multiple perspective'다.[85]

인상주의 화가들이 하나의 소실점으로 모든 화면의 대상들이 환원되는 '싱글 퍼스펙티브single perspective'를 폐기하고 새롭게 구현하고자 했던 대안이 추사의 그림에 이미 들어 있었다는 이야기다. 하지만 서구 화가들은 새로운 기계산업과 대안적 회화를 연계해 '건축'이라는 3차원적 작업으로 옮겨 갔다. '편집의 차원'을 창조적으로 바꿨다는 이야기다. 카지미르 말레비치, 피터르 몬드리안을 거쳐 '바우하우스'로 이어지는 바로 그 과정이다.

비행기가 없던 시절, 하늘에서 내려다보는 조감도가 어떻게 가능했는가는 심리학의 오래된 주제다. 장 피아제는 '조감도'를 공간지각 능력과 관련지어 설명한다. 자기 신체가 가지는 물리적 위치를 상대화하는 능력은 '자기중심적 사고'에서 벗어나 타인의 관점에서 세상을 바라보는 '조망 수용perspective taking'이 있어야 가능하다는 것이다. 자기 관점을 상대화할 수 있어

야 조감도가 가능해진다.[86]

서구 회화에 조감도가 본격적으로 도입된 것은 근대 이후의 일이다. 물론 중세 시대의 그림에도 조감도는 존재했다. 그러나 필리포 브루넬레스키Filippo Brunelleschi, 1377~1446가 원근법을 사용하기 시작한 르네상스 시대 이후, 소실점을 한곳으로 고정한 원근법적 그림이 서양 회화의 표준이 되었다.[87]

인상주의 이후의 화가들은 앞다투어 원근법을 해체했다. 이 과정에서 일본 목판화 '우키요에浮世絵'는 유럽 화가들에게 큰 충격으로 다가왔다. 1862년 런던 만국박람회, 1867년 파리 만국박람회를 통해 일본 문화가 유럽에 본격적으로 소개됐다. 낯선 일본 문화에 유럽인들은 열광했다. 이른바 '자포니즘'이다. 에드가르 드가Edgar Degas, 1834~1917, 클로드 모네Claude Monet, 1840~1926, 에두아르 마네Édouard Manet, 1832~1883, 빈센트 반 고흐와 같은 화가들

우타가와 히로시게歌川広重, 1797~1858의 「대교에 내리는 소나기大はしあたけの夕立, 1857」(왼쪽)와 이를 모사한 고흐의 「빗속의 다리Brug in de regen, naar Hiroshige, 1887」(오른쪽). 일본 우키요에는 서양 화가들에게 원근법 해체 이후 추구해야 할 회화의 구체적 대안으로 여겨졌다.

은 일본 목판화에 홀린 듯이 빠져들었다.88

선명한 색채, 밝은 화면, 과장된 명암대비, 뚜렷한 윤곽선의 우키요에는 유럽 회화의 원근법적 재현과는 상관없는 전혀 다른 세계를 그려내고 있었다. 우키요에 속의 인물과 대상들은 화면 중심에 있지도 않았다. 마치 사진처럼 화면의 사각형 틀에 의해 대상의 일부가 잘려 나간 그림도 많았다. 대상은 화폭의 한가운데에 완성된 형태로 있어야 한다는 당시 서구 화가들의 통념이 완전히 부서지는 경험이었다. 게다가 일본 회화 특유의 '조감도'는 그들이 그토록 해체하고 싶었던 원근법적 회화의 대안이 어떻게 가능한지 구체적으로 보여줬다.

단 하나의 소실점으로 환원되는 원근법의 해체와 '자포니즘'이라는 타자의 발견, 그리고 추상회화로의 전개는 피아제식 '조망 수용', 즉 자기중심적 사고의 해체와 추상적 사고의 형성이라는 심리학적 설명과도 아주 잘 맞아떨어진다.

아파트 지라시 광고와 이상의 오감도

조감도를 일본에서는 '후키누키야다이吹拔屋臺', 즉 '하늘에서 지붕을 뚫고 내려다보는 투시법'이라고 한다. 주로 에마키모노繪卷物 혹은 에마키繪卷라고 불리는 일본의 전통적 두루마리 형태의 그림 이야기에 사용됐다. 에마키는 천장과 벽, 그 이외의 물건들을 과감하게 제거하고 오른쪽 하늘에서 내려다보는 장면이 계속 이어지는 방식으로 이야기를 전개한다. 이야기와 이야기 사이는 구름으로 경계를 짓는다. 오늘날 신문 사이에 '지라시'로 투입되는 아파트 투시도 광고는 바로 이 방식을 차용한 것이다. 흥미로운 점은 조감도와 '아파트 지라시 광고', 이 둘의 관계가 결코 우연이 아니라는 것

아파트 '지라시 광고'의 투시도. 동양화에서 흔히 볼 수 있는 조감도를 건축에 차용한 사람은 흥미롭게도 최초로 아파트를 설계한 르코르뷔지에다.

이다. 이 이야기를 하려면 뜬금없지만, 이상李箱, 1910~1937의 「오감도烏瞰圖」를 거쳐야 한다.*

이상의 「오감도」는 1934년 7월 24일부터 8월 8일까지 《조선중앙일보》에 연재된 총 15편의 연작시 중에서 첫 번째 시다. "13인의아해가도로로 질주하오"로 시작해서 "제1의아해가무섭다고그리오" 같은 문장이 지루하게 반복되다가 "13인의아해가도로로질주하지아니하여도좋소"로 허망하게 끝나는 이 시89는 국어 교과서에 실려 있는 까닭에 누구에게나 익숙하다. 그러나 누구도 쉽게 이해할 수 없는, 아주 난해한 시다. 도대체 이 '아해'

* '오감도'는 '조감도'라는 건축학적 '투시도법'의 불완전성에 대한 시적 표현이라 할 수 있다. 이상은 '원근법'을 '인색하다'고 비난하기도 했다(조은주 2008, p. 390 이하).

들은 누구이고, 도대체 뭐가 무서운 것일까? 그리고 왜 13명일까? 학계에서는 의견이 분분하다. 그러나 내게는 제목이 유난히 흥미로웠다. '조감도'가 아니고 왜 '오감도'일까? 이상은 왜 새 '조鳥'가 아니고 까마귀 '오烏'를 썼을까? 지금까지 '조감도'를 잘못 표기한 오자誤字라는 해석도 많았다.90 실제로 '鳥'와 '烏'는 사뭇 비슷하다. 그러나 전체 맥락을 고려하면 '오감도'는 온전히 이상이 만들어낸 신조어라고 보는 게 옳다. 그렇다면 새에는 독수리도 있고, 참새도 있고, 갈매기도 있는데 왜 하필 '까마귀'였을까?

이상에 관해 흥미로운 해석을 내놓고 있는 김미영은 2010년에 발표한 논문에서 '오감도'의 까마귀가 프랑스 건축가 르코르뷔지에를 지칭하거나, 적어도 그의 이름에서 힌트를 얻은 것이라고 주장한다.91 이상이 경성고등공업학교 건축과를 나온 후 조선총독부의 건축기사로 일했고, 당시 유럽 모더니즘의 흐름에 관해 아주 자세한 정보를 가지고 있었음을 고려하면 충분히 가능한 추론이다.*

김미영은 한발 더 나아가 '13인의 아해'는 바우하우스의 '13인의 마이스터'일 수도 있다고 슬쩍 밀어 넣는다.92 너무 나간다 싶다. 그런데 본명이 김해경金海卿인 이상의 이름에서 '상箱'은 '상자箱子'를 뜻하고, 이를 그의 또 다른 시 「건축무한육면각체建築無限六面角體」와 연결시켜 생각하면, 느닷없는 '13인의 아해'와 바우하우스의 연결이 사뭇 흥미롭다.** 앞서 설명한 말레비치, 몬드리안의 사각형이 바우하우스와 르코르뷔지에의 '육각면체 건축'으로 발전하기 때문이다. 게다가 이상은 '건축무한육면각체'의 부제로 "AU

* 이상은 1930년대에 자신이 편집자로 참여했던 《조선과 건축》이라는 잡지에 바우하우스의 라즐로 모홀리-나기('모호리 나기이')에 관한 글을 여러 편 발표했다. 그는 바우하우스의 발터 그로피우스('구로퓨쓰'), 르코르뷔지에('콜부제')와 같은 건축가는 물론 당시 유럽 건축의 흐름에 관해 상당히 폭넓은 지식을 가지고 있었다(조은주 2008, p. 382).

** 이상의 또 다른 시 「삼차각설계도」와 「건축무한육면각체」는 '엑소노메트릭'과 같은 건축학의 새로운 투영도법과 내용적으로 관련된다(Unit 107 참조).

MAGASIN DE NOUVEAUTES"라는 프랑스어(!)도 쓰고 있다. '새로운 것들이 있는 상점에서'라는 뜻이다. 대표적 근대 건축물이라 할 수 있는 각진 모양의 백화점을 의미한다. 이상의 '무한육면각체'와 아파트 건축의 아버지 르코르뷔지에, 까마귀, 조감도, 그리고 아파트 지라시 광고로 이어지는 이 난삽한 퍼즐을 어떻게 풀어야 할까.

경성고등공업학교 시절, 건축과 실습실의 이상. 이상의 「오감도」에서 '오'는 까마귀 '오烏'다. 왜 하필 '까마귀'였을까?

Unit 106.

주거 기계

'까마귀'와 르코르뷔지에

1987년 가을, 독일에 도착한 나는 서베를린 서쪽 끝 노동자 기숙사의 작은 방을 어렵게 구했다. 웅장한 베를린 올림픽 경기장에서 그리 멀지 않은 곳이었다. 창문을 열면 올림픽 경기장만큼 거대한 아파트가 고만고만한 독일식 주택들 사이에 우뚝 솟아 있었다. 내게는 익숙한 한국의 아파트 스타일이었다. 그러나 위로만 치솟은 한국 아파트와는 달리 가로로 길게 이어진, 베를린에서는 참으로 보기 힘든 커다란 건물이었다.

내 방에 놀러 온 독일 친구는 그 건물을 가리키며 한참을 욕했다. 베를린 외곽에 들어선 저따위 기능주의 건축이 경관을 다 망친다는 것이었다. 이 아파트 지역의 자살률이 다른 지역에 비해 현저히 높다고도 했다. 당시 독일에서 '기능주의' 건축에 대한 혐오는 극에 달했다.* 발터 그로피우스나

* 베를린 남쪽의 노이쾰른 지역에는 '그로피우스슈타트Gropiusstadt'가 있다. 1960년 초반, 당시 베를린 시장이었던 빌리 브란트Willy Brandt, 1913~1992가 미국의 발터 그로피우스를 초청해 대규모 공공주택 건설을 맡겼다. 서울 잠실의 아파트 단지와 같은 규모였다. 1969년 그로피우스가 사망하자 이 지역에 '그로피우스슈타트'라고 이름을 붙였다. 1970년대에 들어서면서 외국인 노동자, 저소득층, 노인들의 거주 지역으로 변해버린 그로피우스슈타트는 당시 독일의 큰 사회적 논쟁거리가 되었다. 바우하우스의 기능주의적 건축이 이 같은 도시 파괴의 주범으로 지적되기도 했다. 건축 형태가 자아 정체성과 상관관계가 있다는 주장도 나왔다(Hannesmann & Sewing 2013, p. 55 이하).

베를린에 있는 르코르뷔지에의 '유니테 다비타시옹'. 프랑스 마르세유에는 1952년에, 베를린에는 1958년에 건축됐다

르코르뷔지에와 까마귀가 그려진 르코르뷔지에의 사인

바우하우스에 대한 언급 또한 대부분 부정적이었다. 오늘날과는 너무 달랐다. 시간이 한참 지난 후에 알았다. 내 친구에게서 엄청나게 욕을 먹었던 그 건물은 르코르뷔지에의 '유니테 다비타시옹'이었다. '유니테 다비타시옹'이 프랑스 마르세유(1952)에만 있는 것이 아니다. 베를린(1958)에도 있다.

한국을 '아파트 공화국'이라고 한다. 바로 이 아파트 건축의 원형으로 여겨지는 유니테 다비타시옹을 설계한 르코르뷔지에의 본명은 샤를 에두아르 잔레그리Charles-Édouard Jeanneret-Gris다. 스위스에서 태어난 르코르뷔지에는 프랑스 국경 근처의 작은 도시인 라쇼드퐁의 미술학교를 졸업했다. 이후 건축으로 관심을 돌려서 1907년부터는 유럽 각국을 여행하며 건축 관련 일을 익혔다. 빈에서는 아돌프 로스를 만나기도 했고, 1909년에는 프랑스에 철근콘크리트 기법을 도입한 오귀스트 페레Auguste Perret, 1874~1954의 사무실에서 잠시 일했다. 1910년부터 약 5개월간은 베를린에 있는 페터 베렌스의 건축 사무소에서 일했다.

1917년 이후, 주로 파리에 머물던 르코르뷔지에는 화가 아메데 오장팡Amédée Ozenfant, 1886~1966을 만나 1920년부터 《에스프리 누보L'Esprit Nouveau》라는 잡지 출판에 참여하게 된다. 바로 이 《에스프리 누보》에 글을 쓰면서 그는 '르코르뷔지에'라는 필명을 사용하기 시작했다. 이 필명은 외할아버지의 이름 '르코르베지에Le Corbésier'를 변형한 것이었지만, 사람들은 프랑스어

'까마귀le corbeau'의 변형인 '까마귀 같은 사람Le Corbéausier'으로 이해했다. 실제로 르코르뷔지에는 자신의 그림이나 설계도에 까마귀 그림을 그려 넣기도 했다. 이 까마귀가 '오감도'의 첫 글자, 바로 그 까마귀라고 김미영은 이상의 「오감도」에 관한 논문에서 주장한다.93 이런 주장의 근거는 그리 희박하지 않다. 이상이 쓴 것으로 여겨지는 「현대미술의 요람」(1935)94이라는 글에는 '에스프리 누보'라는 제목의 단락이 있다. 이는 르코르뷔지에가 참여한 바로 그 잡지 《에스프리 누보》를 차용한 것으로 봐야 한다. 어쨌든 르코르뷔지에는 이상의 시 「오감도」부터 오늘날의 강남 아파트에 이르기까지 여러모로 한국과 깊은 관계가 있다.

주거 기계와 한국의 아파트

아파트 이야기로 다시 돌아가자. 프랑스어로 '주거 단위'를 뜻하는 '유니테 다비타시옹'은 독일어로 '주거 기계Wohnmaschine'로 번역된다. 주거 기계는 르코르뷔지에의 개념이지만, 이 개념을 가장 강력하게 주장한 사람은 바우하우스 선생이었던 오스카 슐레머였다.* 주거 기계라면 오늘날에는 부정적 의미로 다가오지만, 당시만 하더라도 오늘날의 '메타버스' 같은 최첨단의 개념이었다. 대부분 햇볕도 전혀 들지 않는 '힌터호프'**에서 살아가는 독일의 도시 빈민들에게 기계처럼 짧은 시간에 뚝딱 만들어지고, 싸고 밝고 따뜻한 집은 구원이었다.

* 르코르뷔지에가 '주거 기계'라는 개념을 처음 사용한 것은 잡지 《에스프리 누보》 1920/21호에서다. 오스카 슐레머는 1922년 5월에 이 개념을 가지고 바우하우스 선생들과 토론을 벌였다(Hüter 2022, p. 108).

** 독일 산업화 시대의 힌터호프에 관해서는 Unit 55 참조.

1922년, 슐레머는 바우하우스가 추구해야 할 것은 "중세 대성당이 아니라 주거 기계Statt Kathedralen die Wohnmaschine"라고 선언했다.95 이때 슐레머가 비판한 '중세 대성당'이란 그로피우스가 바우하우스를 설립할 당시에 선언했던, 모든 예술을 통합하는 건축을 뜻한다. 바우하우스의 지향점은 그로피우스가 설정한 중세적 건축이나 수공예가 아니라, 기계 생산과 산업사회라는 시대적 변화에 걸맞은 건축이어야 한다는 것이다. 슐레머는 "건축이란 집을 짓는 것이 아니다. 신념이다Architektur ist nicht Häuserbauen sondern Gesinnung"라는 괴테의 문장과 함께 자신이 생각하는 '이상적 주거 기계'를 스케치해놓았다.

상상처럼 여겨졌던 슐레머의 주거 기계는 바우하우스가 데사우로 이전한 후 구체적 건물로 구현됐다. '데사우-퇴르텐 주거 단지Bauhaussiedlung Dessau-Törten' 프로젝트(1926~1928)다.96 제1차 세계대전 후의 경제적 궁핍함을 겨우 벗어나기 시작한 1920년대 중반, 독일의 대표적 공업 도시였던 데사우는 공장 노동자들을 위한 집단 주거 단지를 그로피우스에게 의뢰했다. 건축될 주거 시설의 필수 전제 조건은 세 가지였다. 조명Licht, 공기Luft, 햇볕Sonne. 물론 노동자들이 감당할 수 있는 저렴한 집세는 당연한 것이었다. 그로피우스는 데사우 외곽의 퇴르텐이라는 지역에 57~75m² 크기의 집을 단숨에 314채나 지었다. 모두 비슷한 모습의 조립식 주택이었다. 건축 기간은 물론 건축비를 현저하게 절약할 수 있었다.

바우하우스의 '주거 기계'는 르코르뷔지에가 이후에 구현한 유니테 다비타시옹과는 크게 달랐다. 베를린에 있는 르코르뷔지에의 유니테 다비타시옹은 17층 높이에 530가구가 살 수 있게 설계된 고층의 집합 주거 건물이지만, 바우하우스가 건설한 데사우-퇴르텐 주거 단지의 집들은 각각 독립된 건물이었다. 또한 각 집에는 집 크기의 몇 배나 되는 350~400m²의 정원이 포함되어 있었다. 노동자들은 그 정원에서 작물을 재배하거나, 닭이나

'주거 기계'에 관한 오스카 슐레머의 메모와 그림**97**

돼지를 키웠다. 하늘로 치솟은 르코르뷔지에의 고층 건물 정원은 옥상에 있었다.*

근대 주거의 새로운 형태를 각기 다른 방식으로 제시한 바우하우스의 주거 기계 단지와 르코르뷔지에의 유니테 다비타시옹은 수십 년이 지난 후 아주 엉뚱한 곳에서 통합된다. 한국의 아파트 단지다. 한국의 '아파트 단지'는 르코르뷔지에의 '유니테 다비타시옹'을 바우하우스의 '주거 기계'와 개념적으로 합쳐서 건설한 것이다. 물론 아파트 단지는 서구에도 존재한다. 그러나 한국의 경우처럼 대규모로 이뤄진 단지를 보기는 매우 힘들다. 게다

* 각종 문화 활동이 가능하도록 설계된 '옥상 정원'은 르코르뷔지에 건축의 중요한 특징이기도 하다. 이상의 시에도 르코르뷔지에의 '옥상 정원'은 자주 등장하는 모티브다. 메이지 시대 이후에 세워지기 시작한 일본의 백화점들은 한결같이 르코르뷔지에식 옥상 정원을 충실하게 구현했다(조은주 2008, p. 390 이하).

데사우 바우하우스의 대규모 건설 프로젝트였던
'데사우-퇴르텐 주거 단지'

데사우-퇴르텐 주거 단지의 외부(위)와 내부(아래)

가 한국의 아파트는 특이하게도 '부의 상징'이 되어버렸다. 한국적 창조성의 진수다! 급격한 산업화·도시화 과정에서 도시 빈민들의 주택난을 해결하는 방법으로 고안된 유럽의 '주거 기계'가 한국에서는 아주 특이한 방식으로 도입되어 발전한 것이다. 서구에서는 실패한 기능주의 집단 주거 방식으로 여겨진 아파트가 한국에서는 '재산 축적 수단'이 되어버렸다.

한국의 아파트 단지에 대한 변명은 매번 '땅은 좁고 사람은 많아서'이다. 그러나 프랑스 지리학자 발레리 줄레조Valérie Gelézeau, 1967~는 한국인이라면 너무나 당연히 여기는 땅은 좁고 사람은 많아서라는 전제가 그렇게 당연한 것이 아니라고 비판한다.98 한국만큼이나 영토가 좁고 인구밀도도 높은 네덜란드나 벨기에의 경우, 도시로의 인구 집중이 아파트 단지 같은 대규모 집단 주거 시설로 이어지지는 않았다는 것이다. 효율적으로 도로를 내고 그 주위로 3~4층 건물이 이어지는 방식으로 개발할 수도 있었는데, 왜 하필 죄다 대규모 아파트 단지로 개발됐느냐는 것이다.

줄레조의 비판은 타당하다. 그러나 한 가지 전제가 틀렸다. 아파트의 문제가 아니다. '아파트 단지'가 문제다.99 한국은 '아파트 공화국'이 아니다. '아파트 단지 공화국'이라는 이야기다. 도시화, 산업화의 과정에서 아파트는 충분히 의미 있고 효율적인 주거 방식이다. 그러나 이 아파트가 단지로 구성되는 그 과정에서 아주 특이하고 심각한 한국 특유의 부동산 문제가 생겨났다. 아파트 단지는 '사는 곳'이 '사는 것'이 되어버린 한국적 자본주의의 특별한 현상으로 봐야 한다. 이 독특한 주거 방식은 오늘날 한국인의 삶에 여러 형태로 강력한 영향을 미치고 있다. "존재가 의식을 결정한다"라는 카를 마르크스의 단언을 문화심리학적으로 조금 더 구체적으로 들여다보면, 존재는 항상 공간적 구체성을 갖는다.

Unit 107.

구성주의

'만들어졌다'고 생각해야 '만들 수 있다'!

인간이 스스로 창조적이 될 수 있다고 적극적으로 생각하기 시작한 것은 인식의 대상이 누군가에 의해 '만들어졌다'라고 깨달으면서부터다. 이른바 '구성주의'의 출현이다. '구글 엔그램 뷰어'에서 사용 빈도를 검색해보면 '창조성creativity'과 '구성주의Constructivism'의 단어 사용 빈도 그래프는 시기적으로 거의 일치한다. 두 단어 모두 20세기 초에 나타나서 급격한 속도로 증가했다. 결코 우연이 아니다. 대상이 '구성됐다', 즉 '누군가에 의해 만들어졌다'라고 생각해야 '나도 창조할 수 있다'라는 생각이 가능해지는 까닭이다. 구성주의는 '주관주의'와 '객관주의'의 이분법을 뛰어넘는다. 실재가 만들어지는 '과정'에 초점을 맞추기 때문이다. 구성주의는 어느 한 분야의 학파나 흐름이 아니다. 20세기 초에 심리학, 철학, 사회학, 건축, 미술 등 거의 모든 영역에서 발생한 지식 혁명이다.*

* 심리학에서 구성주의는 장 피아제와 레프 비고츠키의 발달 이론에서 꽃을 피운다. 피아제의 구성주의가 개인에 초점을 맞춘 '구성주의적 인지 발달 이론cognitive constructivism'이라면, 비고츠키의 이론은 '사회구성주의social constructivism'라고 할 수 있다(Pass 2004). 예술에 큰 관심을 가졌던 비고츠키는 당대의 러시아 구축주의자들에게서 큰 영향을 받아 구성주의적 사고를 심리학 이론으로 발전시켰다(van der Veer 2014, p. 13 이하).

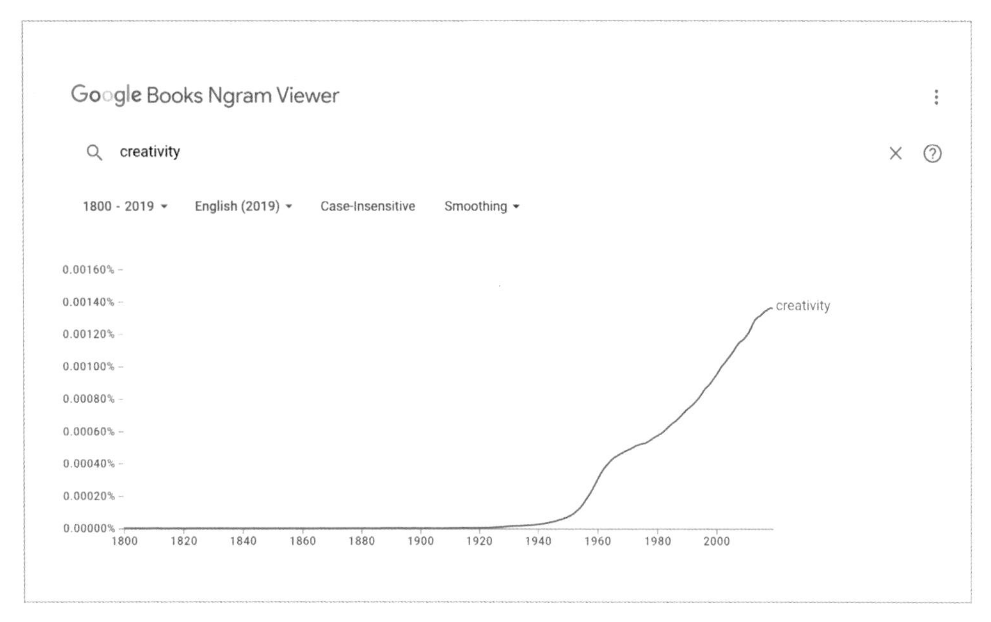

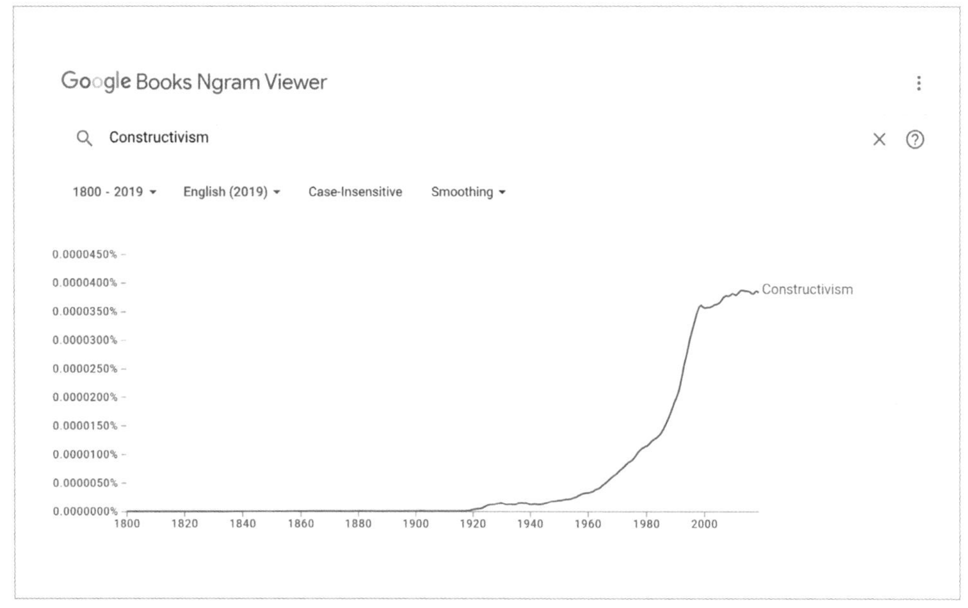

'창조성creativity(위)'과 '구성주의Constructivism(아래)'에 관한 구글 엔그램 뷰어의 검색 결과. 두 그래프의 움직임이 거의 일치한다.

다른 영역들에 비해 미술과 건축에서 나타나는 구성주의가 가장 극적이다. 오늘날 우리 삶에 아주 구체적으로 영향을 미치기 때문이다. 앞서 다룬 '아파트'라는 근대적 주거 방식은 네덜란드의 데 스틸이나 카지미르 말레비치의 절대주의에서 엘 리시츠키와 블라디미르 타틀린 등의 러시아 구축주의, 그리고 바우하우스로 넘어가는 근대 구성주의의 진화 과정을 통해 설명이 가능하다.

피터르 몬드리안과 테오 판 두스부르흐가 주축이 되어 이끈 데 스틸 그룹은 대상을 더는 환원 불가능한 사각형으로 '요소화'하고 이를 화면상에 전경과 배경이 해체된 상태로 다시 '통합'하려는 구성주의 작업 원칙에 합의한다.100 그 후 건축가, 조각가 등 다양한 예술가가 데 스틸 그룹에 합류하면서 3차원 영역까지 논의를 끌어올리려 했지만, 몬드리안은 끝까지 2차원 화면에서의 구성주의를 고집했다. 반면 두스부르흐는 데 스틸의 대상 영역을 2차원 화면에서 벗어나 가구, 건축, 영화까지 포함하는 모든 시각예술 영역으로 확장하고 싶어 했다.* 3차원 공간의 구성은 물론 시간의 흐름까지도 포함하는 구성주의의 가능성을 열고 싶었던 것이다.

두스부르흐가 발터 그로피우스를 처음 만난 것은 1920년 베를린에 있는 브루노 타우트의 집에서였다. 두스부르흐는 그로피우스에게 네덜란드 데 스틸 그룹의 활동과 내용을 자랑스럽게 소개했다.101 이제 막 시작한 바우하우스의 목표를 앞서 실행하고 있던 데 스틸의 활동에 깊은 감명을 받은 그로피우스는 그다음 해 1월 두스부르흐를 바이마르 바우하우스로 초대했다.102

* 테오 판 두스부르흐가 그토록 바이마르 바우하우스의 선생이 되고 싶었던 이유다. 바우하우스의 학생과 선생들은 두스부르흐의 입체적인 구성주의적 원칙, 즉 '요소화와 통합의 원칙'을 빠르게 흡수했다(Bourneuf 2015, p. 161 이하).

헤르베르트 바이어의 바우하우스 교장실 투시도

두스부르흐가 바우하우스 학생들에게 미친 영향을 아주 확실하게 보여주는 자료가 있다. 바우하우스 학생이었던 헤르베르트 바이어가 남긴 바우하우스 교장실의 투시도다.103 바이어는 그로피우스의 방을 아주 흥미롭게 묘사했다. 공중에 둥둥 떠 있는 느낌이다. 바이어는 훗날 스티브 잡스가 애플 디자인의 영감을 얻은 애스펀 리조트를 설계한 바로 그 사람이다. 성품은 두스부르흐나 요하네스 이텐 못지않게 아주 특이한 인물이었다.

훗날 그래픽디자이너로 유명해지지만, 바이어는 원래는 건축을 공부하려고 바우하우스에 입학했다. 건축 수업이 개설되지 않자 공개적으로 그로피우스와 바우하우스를 비판하며 두스부르흐의 사설 강좌를 들었다. 하지만 그는 바우하우스에 계속 머물며 한때 인쇄 공방의 마이스터를 역임하기도 했다. 바우하우스가 폐쇄된 후에는 아돌프 히틀러의 추종자가 되어서 나치 프로파간다에 적극 간여했으나, 어느 순간부터 나치에 의해 '퇴폐 예술가'로 낙인찍혀 결국 미국으로 망명했다.** 훗날 그는 바우하우스 학생 시절에 그로피우스의 두 번째 부인인 이제 그로피우스Ise Gropius, 1897~1983와 몰래 사랑을 나눴다고 고백하기도 했다. '교장 사모님'과 불륜 관계였다는 거다. 대담한 사내다.104

그가 그린 바우하우스 교장실 투시도는 '엑소노메트릭axonometric projection(축측투영)', 더 정확하게는 '아이소메트릭isometric projection(균등각 투영)' 방식으로 그려졌다. 이는 당시 독일 건축계에서는 아주 낯선 방식의 투시도였다.

소실점을 하나로 고정하여 대상을 원근법적(더 정확히는 선원근법적)

** 헤르베르트 바이어가 1938년에 미국으로 건너가기 전까지 아돌프 히틀러의 나치를 위해 디자인을 해준 흔적이 여럿 남아 있다(Burke 1998, p. 145 이하).

으로 묘사하는 투시도를 '중심투영central projection'이라 한다. 그러나 원근법적 투시도는 '눈에 비치는 그대로' 그리는 도법이다. 정확한 묘사는 아니라는 이야기다. 기하학적으로 혹은 수학적으로 정확하게 대상을 묘사하는 도법을 '평행투영parallel projection'이라 한다. 대각선 각도에서 대상의 세 면을 바라보는 '엑소노메트릭'은 평행투영의 대표적 방식이다.*105

* 축의 각도에 따라 '엑소노메트릭'은 또다시 나누어진다. 보이는 세 면의 각도가 각각 120도로 동일한 '아이소메트릭', 즉 '균등각 투영', 두 면의 각도만 동일한 '2등각 투영diametric projection', 그리고 세 면의 각도가 각각 상이한 '부등각 투영trimetric projection'이다.

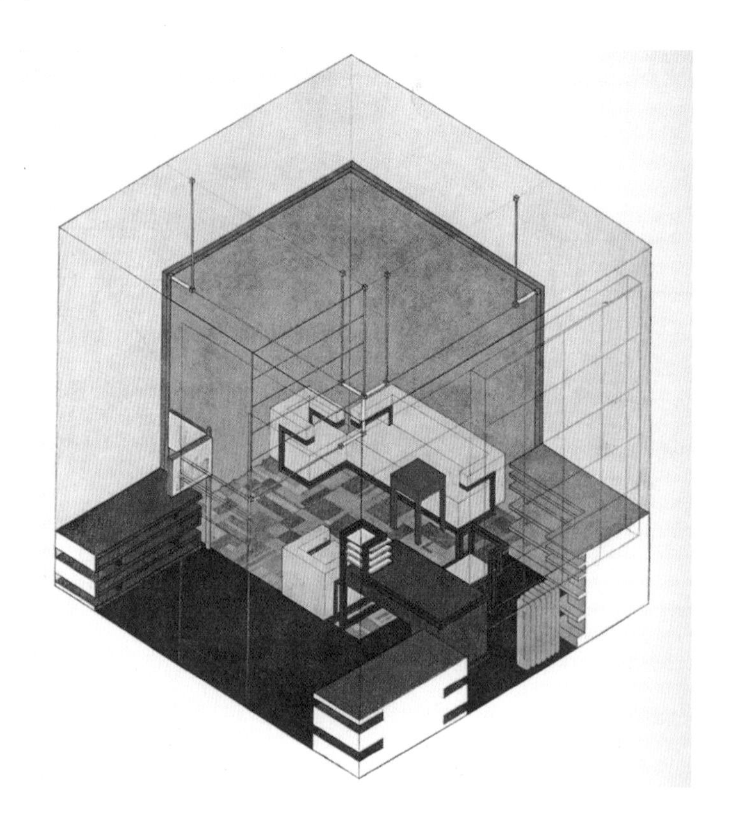

바이어가 1923년에 그린 바우하우스 교장실의 투시도. '보이는 대로' 묘사하는 선원근법의 왜곡을 극복하기 위해 '있는 대로' 그리는 아이소메트릭 도법을 채택했다.

바우하우스 학생이었던 바이어의 아이소메트릭 투시도와 두스부르흐, 그리고 러시아 구축주의의 관계는 아주 특별한 의미를 갖는다. 몬드리안이 포기한 3차원의 구현과 관계되기 때문이다. 바우하우스가 2차원 평면의 구성주의에 머무르지 않고 3차원 공간구성의 혁명으로 나아가는 과정에서 두스부르흐의 역할은 은밀했지만 결정적이었다.

오늘날 재현된 바우하우스 교장실

Unit 108.

메타적 시선

메타인지, '내가 모른다는 것'을 아는 것

뒤늦게 유발 하라리Yuval Harari, 1976~의 『사피엔스Sapiens, 2011』를 읽었다. 인류의 역사를 '인지 혁명'이라는 키워드로 풀어내는 방식이 아주 흥미로웠다. 그에 따르면 17세기경에 인류는 결정적인 인지적 전환을 겪게 된다. 인류가 역사상 처음으로 '내가 모른다'는 것을 알게 되었기 때문이다.106 하라리의 용어를 빌리자면 '무지의 발견'이다. 그 이전에는 인간이 모르는 것은 당연했고, 설명은 항상 신 혹은 고대의 현자가 하는 것이었다. 그러나 어느 순간, 사람들은 자신의 무지함에 대해 인식하기 시작했고, 그 해답도 스스로 찾아 나섰다. 이 과정에서 '관찰'과 '실험'이라는 과학적 사고가 나타났고, '합리성'으로 무장한 근대 서양 문명이 탄생했다.* 근대사회를 가능케 한 결정적 요인이 '무지에 대한 인식'이라는 하라리의 주장은 문화심리학적으로 매우 중요한 통찰이다!

'무지에 대한 인식', 즉 '내가 모른다는 것을 안다'라는 문장을 가만히 들여다보면 모순이다. '내가 모른다'와 '내가 안다'라는 서로 모순되는 두 언술이 한 문장에 들어 있기 때문이다. '내가 모른다'는 것을 알고 있다면 '내

* '무지의 발견'과 '고대인의 투쟁'은 서구 사회를 변화시킨 '지식 혁명'의 중요한 특징들이다(Unit 89 참조).

가 모른다'라는 진술은 성립될 수 없다. '내가 지금 거짓말을 하고 있다'라는 문장만큼 모순적이다. 심리학에서는 이 상황을 '메타인지'라는 개념으로 해결한다.**

'내가 모른다는 것을 안다'는 메타인지가 모더니티를 가능케 했다.

메타인지는 '생각에 대한 생각'이다. '내가 지금 거짓말을 한다'는 문장이 '참'과 '거짓'을 나눌 수 없는 모순이 되는 이유는 문장의 주체인 '나'를 단 하나로 전제하기 때문이다. 내가 둘이 되면 이 모순은 풀린다. '생각하는 나(1)'와 '그런 나(1)를 생각하는 또 다른 나(2)'로 나누는 것이다. 비밀번호로 설명해보자. 비밀번호를 생일이나 전화번호의 일부로 만드는 경우가 많다.*** 왜 그럴까? 당연하다. 기억하기 쉬우라고 그런다. 이때 비밀번호를 기억해내야 하는 나(1)와 기억력이 나쁜 나(1)에게 생일로 비밀번호를 정해주면 기억을 잘 해낼 거라고 생각하는 또 다른 나(2)가 있다. 바로 이 똑똑한 나(2)가 하는 일이 '메타인지'다. 메타인지는 학습 능력과도 깊은 관련이 있다. 학습 능력이 뛰어난 아동은 자신이 '모르는 것', '틀리는 것'에 관심을 집중한다. 스스로를 평가하는 셀프 모니터링, 즉 '모른다는 것을 안다'는 메타인지가 활성화된다는 이야기다.107

메타인지는 인지적 과정에만 해당되는 것이 아니다. 자신에게 일어나는 신체적·심리적·정서적 변화를 인식하고 대처하는 능력과도 관련된다.

** 메타적 영역과 대상적 영역의 구분과 관련해서는 Unit 38 참조.

*** 연상을 이용해 비밀번호를 관리하는 메타인지의 작동은 '장기기억long-term memory'을 관리하는 기술의 하나이기도 하다. 기억과 관련해 '메타인지'는 '메타메모리Meta-memory'라고 불리기도 한다(Finley et al 2018, p. 78 이하).

한때 연애를 잘하려면 놀이공원에서 무서운 놀이 기구를 타거나 외나무다리를 건너라는 심리학적 조언이 유행했다. 무서워서 가슴이 뛰거나 땀이 나는 것을 마치 상대방에 대해 호감을 가진 결과로 잘못 연결 짓는 인지적 오류를 이용하라는 것이다. 틀린 이야기는 아니다. 신경학자인 안토니오 다마지오Antonio Damasio, 1944~는 이와 관련해 '신체 표지 가설somatic marker hypothesis'을 주장한다.108 정서 변화가 일어날 때 생기는 신체 반응, 즉 신체 표지는 뇌에 흔적을 남기고, 뇌는 저장된 신체 표지에 따라 자신의 정서 상태를 해석한다는 것이다.

대부분 무의식적으로 일어나는 신체 표지에 대한 개념적 장치가 다양할수록 자기감정을 효율적으로 조절할 수 있다고 심리학자 리사 펠드먼 배럿Lisa Feldman Barrett, 1963~은 주장한다.109 신체 표지와 관련된 자신의 정서를 표현할 수 있는 개념이 많을수록 감정 조절에 유리하다는 것이다. 예를 들어 기분 좋은 상황에서 '행복한'이라는 단어만 사용하는 사람보다 '만족스러운, 설레는, 느긋한, 기쁜, 희망찬, 감동적인, 자랑스러운' 등등의 개념을 사용하여 자기감정을 미세하게 구분하는 사람일수록 감정 조절을 잘한다는 것이다. 감정 조절에 유리하려면 감정을 표현하는 사회적 소통 방식에 대한 인식능력, 즉 '감정의 사회적 구성성에 대한 메타인지'가 활성화돼야 한다는 주장이다.

리시츠키의 '프라운'

절대적 '시선'을 상대화하는 것도 메타인지가 작동해야 가능하다. 시선 또한 사회적으로 구성된다는 것을 알아야 하기 때문이다. 테오 판 두스부르흐가 바이마르에서 바우하우스 학생들에게 전달해준 '축측투영(엑소노메트릭)'은 바로 '시선'의 사회적 구성성을 보여주는 것이었다. 당시까지 '원근법'이 가장 객관적이며 정확하다고 여겨졌다. 그러나 에르빈 파노프스키는 이렇게 돌직구를 날린다. "원근법이란 그 안에서 '정신적 의미 내용이 구체적인 감성적 기호記號와 결부되고 이 기호에 내면적으로 동화되는' 그러한 '상징 형식들' 가운데 하나라고 불려도 좋은 것이다."110

원근법이란 지극히 상대적인 문화적 구성물이다. 원근법은 결코 객관적일 수 없으며, 어떤 방식으로든 왜곡이 일어날 수밖에 없다. 대상을 '큐브' 같은 기본단위로 해체하고 다양한 관점을 하나의 화폭에 끌어들이는 파블로 피카소의 큐비즘은 바로 이런 전통적 원근법을 해체하려는 시도였다. 그러나 피카소는 원근법의 해체를 시도했을 뿐, 새로운 구성주의적 세계가

독일 베를린 갤러리Berlinische Galerie에 재현된 리시츠키의 「프라운 방Proun Raum, 1923」

리시츠키의 「프라운 99Proun 99, 1924」. 아이소메트릭 도법으로 그려진 정육면체가 포함되어 있다.

어떻게 가능한지 끝까지 보여주지 못한 채 주저앉았다. 피터르 몬드리안은 구성주의적 가능성을 찾아냈지만 2차원 회화를 결코 포기할 수 없었다. 그러나 두스부르흐는 한 발짝 더 나아가고 싶었다. 그는 그 가능성을 러시아 구축주의자 엘 리시츠키의 작품에서 찾아냈다.[111]

1915년 '미래주의 회화전'에 전시된 카지미르 말레비치의 「검은 사각형」은 두 벽면과 천장이 만나는 모서리에 설치됐다. 3차원 공간의 x, y, z의 축들이 만나는 지점에 2차원 회화를 설치함으로써 전시 공간까지 끌어들이는 3차원적 구성의 가능성을 시도한 것이었다. 1922년, 리시츠키는 베를린에서 열린 제1회 러시아 미술 전시회에서 말레비치의 시도를 한 차원 더 승화시킨 아주 특별한 작품을 선보였다. '프라운Proun' 연작이다.

전시회 카탈로그의 표지를 장식한 리시츠키의 작품명 '프라운'은 그가 만든 조어였다. 후에 리시츠키는 '프라운'이란 "회화에서 건축으로 옮겨타는 정거장Umsteigestation von Malerei nach Architektur"을 뜻한다고 이야기했다.[112] 말레비치의 절대주의가 3차원의 건축적 공간구성에서 어떻게 가능할까를 실험했다는 것이다. 바로 이 '프라운' 연작에서 정육면체의 '아이소메트릭(균등각 투영)'이 등장한다. 원근법적 재현에 익숙한 사람들에겐 아이소메트릭으로 구현된 정육면체가 어딘가 어색하다. 시점이 하나뿐인 원근법과는 달리, 각 면을 바라보는 여러 시점을 동시에 구현하기 때문이다. 그 결과, 아이소메트릭에서는 각 면을 구성하는 선의 길이가 실제와 똑같은 크기로 그려져 '보이는 그대로'가 아니라 '있는 그대로'의 정육면체가 나타난다.

단 하나의 시선, 즉 고정된 원근법적 시선이 해체된 후 나타난 다차원적 시선은 새롭게 등장한 산업사회의 기술적 정확성을 반영해야 했다. 리시츠키의 '프라운'에서 몬드리안 이후의 3차원적 공간구성 가능성을 찾은 두스부르흐는 1922년에 발간된 《데 스틸》에 두 번에 걸쳐 그에 관한 글을 실었다.[113] 당시 바이마르에 머물며 사설 강좌를 열었던 그는 바우하우스 학생들에게도 낭만주의적 예술에서 벗어날 것을 요구하며 리시츠키의 구축주의를 새로운 가능성으로 소개했다.

새롭게 구성돼야 할 구성주의적 시선은 낡은 수공업 세계와의 단절이다. 바우하우스가 추구해야 할 예술은 고립된 개인의 창조성에 전적으로 좌우되며 현실과는 동떨어진 표현주의적 예술이 아니다. 사람들의 실제 생활, 즉 3차원 공간과 관련한 예술이어야 한다. 즉 사람들의 실생활에 구체적 도움이 되는 예술이어야 한다는 것이다. 바로 이 지점에서 '예술과 기술의 통합'이라는 바우하우스의 새로운 목표가 시작된다.

'무지에 대한 인식'의 메타인지가 근대 '과학과 기술의 결합'을 가져왔던 것처럼 '구성주의적 시선'에 관한 메타인지가 '예술과 기술의 결합'을 가져왔다.

Unit 109.

역동적 대각선

f64 그룹의 '즉물 사진'

카메라의 '아웃포커스out of focus'를 구사하면 사랑받던 시절이 있었다. 카메라의 f값을 최소로(조리개를 최대한 열어서) 얼굴에 초점을 맞추면 얼굴은 아주 또렷하게 나오고 배경은 흐릿해진다. 어지간하면 죄다 멋지게 나온다. 고급망원렌즈를 동원하면 아웃포커스 효과가 극대화된다. 한때 아주 '고급 기술'이었던 아웃포커스는 이제 흔하다. 거의 모든 스마트폰 카메라에 기본 기능으로 장착된다. 아웃포커스를 뛰어넘는 엄청난 기능들도 가득하다. 그러나 현실을 왜곡하는 이 같은 '카메라 장난'에 일찌감치 반기를 든 사람들이 있었다.

'f64 그룹Group f/64'이다.114 1930년대의 일이다. 앤설 애덤스Ansel Adams, 1902~1984, 에드워드 웨스턴Edward Weston, 1886~1958 등의 사진가들은 '보고 싶은 것'에만 초점을 맞추고 배경에 있는 다른 것들은 아무렇지도 않게 왜곡하는 사진을 순수하지 못한 것이라 여겼다. 사진에 온갖 조작을 동원하여 회화처럼 인화하는 '영상주의Pictorialism' 같은 '예술사진'은 철저하게 거부했다. 사진을 구시대의 '예술'로 만들고자 하는 그릇된 욕망의 산물이라 여겼다. 대안은 아웃포커스와는 반대로 f값을 최대로 하여 카메라의 심도를 최대한 높이고 대상을 모두 같은 수준의 선명함으로 촬영하는 것이었다. 이들의 사진을 가리켜 '즉물 사진Straight Photography'이라고 부른다.

'즉물 사진'은 독일 바이마르 시대의 '신즉물주의'와 동일한 개념이다.115 '신즉물주의'는 어떠한 주관적 개입도 거부하고 철저하게 건조한 시선으로 사물을 바라보는 20세기 초의 예술 흐름을 일컫는 개념이다. 신즉물주의는 내면의 시선에 초점을 맞춘 표현주의와 같은 아웃포커스 예술이 진부하게 여겨지기 시작했을 때 나타났다. 신즉물주의와 바우하우스는 표현주의 혹은 독일적 낭만주의에 대한 비판적 극복이라는 측면에서는 같은 뿌리를 갖는다. 그러나 '기계적 사실주의'를 지향하는 신즉물주의는 여전히 2차원 세계에 머물러 있지만, '예술과 기술의 통합'을 추구하는 바우하우스는 3차원 세계로 진화해간다.

독일의 신즉물주의 사진가 아우구스트 잔더August Sander, 1876~1964의 사진 「서커스 단원들Zirkusartisten, 1928」. 주관적 시선을 거부하고 가장 건조한 시선으로 대상을 포착한다.

피터르 몬드리안은 전경과 배경의 구분 자체를 폐기했다. 화면 위에 중심이 되는 모티브는 더 이상 없었다. 화면 위의 모든 대상은 모두 동일한 무게로 표현됐다. 현대음악이 재미없는 이유는 중심 멜로디가 없거나 찾아내기 힘들기 때문이다. 도무지 어느 부분에 집중해야 할지 혼란스럽다. 몬드리안이 추구한 것도 바로 이런 현대음악 같은 회화였다. 화면에 중심이 되어야 할 초점 자체를 없애버린 것이다. 이는 '아웃포커스' 사진에서 '즉물 사진'으로의 전환과 비교될 수 있다.

엘 리시츠키의 '프라운'에서 영감을 얻어 구현된 테오 판 두스부르흐의 아이소메트릭 투시도법도 즉물 사진과 같은 차원이라고 할 수 있다. '보이는 그대로' 그리는 인간 중심의 투시도법(원근법)에서 '있는 그대로' 표현하는 대상 중심의 즉물 사진적 투시도법(아이소메트릭)으로의 전환이다. 그러나 몬드리안과 두스부르흐 사이에는 결정적 차이가 있다.

두스부르흐는 '대립'과 '불균형'으로 인해 끊임없이 변화하는 '역동성'이야말로 모든 생명체의 본질이라 여겼다. '수평과 수직에 의한 평면상 균형'을 고집하는 몬드리안의 방식으로는 그 본질을 구현하는 데 한계가 있다고 생각했다. 1922년, 그는 '역동성'의 표현 가능성을 리시츠키의 '프라운'에 담겨진 아이소메트릭의 '대각선diagonal' 구도에서 찾아냈다.[116] 같은 해, 그는 흥분하여 바이마르의 바우하우스 학생들에게 새로운 예술의 도래를 역설했다. 불만에 가득 차서 냉소적 불평만 쏟아내는 낡은 2차원 표현주의로는 결코 새로운 세계를 건설할 수 없다고 했다. 바우하우스는 '있는 그대로'의 세계를 과학적으로 구현할 수 있는 새로운 구성주의적 예술을 해야 한다고도 했다.

두스부르흐의 대각선

1923년 이후, 두스부르흐는 '대각선'이 구현된 일련의 작품을 '반구성'이라는 제목으로 발표한다. 몬드리안은 수직과 수평의 평화를 깨는 두스부르흐의 예술 세계를 결코 받아들일 수 없었다. 두스부르흐와 몬드리안의 갈등은 단순히 '대각선'이냐, '수직과 수평'이냐의 차이가 아니었다. 세계관

대각선으로 '역동성'을 표현하고자 한 두스부르흐의 「반구성 5Contra-constructie V, 1924」

암스테르담 시내에 대각선으로 설치된 큐브 간판들

의 차이였다. 몬드리안은 '2차원적 균형'을 평생 고집했다. 그러나 공중에 둥둥 떠 있는 듯한 아이소메트릭의 대각선 구도에서 2차원 평면 세계로부터의 탈출 가능성을 발견한 두스부르흐는 몬드리안의 '2차원적 균형'으로 다시는 돌아갈 수 없었다. 결국 둘은 화합하지 못하고 결별한다.

2차원 회화의 유일한 존재 방식은 벽에 걸리는 것이다. 블라디미르 타틀린이나 카지미르 말레비치가 1915년 미래주의 전시회에서 자기 작품을 전시장 모서리에 걸었던 것은 바로 2차원 회화의 한계를 분명히 하려는 시도였다. 사각형 프레임에 갇힌 회화는 벽에 걸리는 장식 이외에 또 다른 존재 방식을 찾기 어렵다. 1922년, 베를린에서 전시된 리시츠키의 '프라운'은 2차원 회화를 극복한 새로운 예술의 가능성을 보여준다.

왕과 귀족을 위한 예술로서의 2차원 회화는 벽에 걸리는 것만으로도 충분히 의미가 있었다. 그러나 세상은 바뀌었다. 제1차 세계대전은 독일, 오스트리아, 러시아 같은 유럽에 남아 있던 마지막 군주제 국가들의 몰락으로 끝이 났다. 유럽에서 가장 오래 지속되어온 합스부르크 왕조의 오스트리아는 해체됐고, 뒤늦게 통일된 황제의 독일제국은 채 50년도 못 버티고 사라졌다. 차르 체제를 무너뜨린 러시아혁명은 세계사의 흐름을 근본적으로 뒤엎는 사건이었다.

기다란 복도와 넓은 벽을 장식하기 위해 예술가들에게 기꺼이 돈을 내줄 왕과 귀족은 이제 더는 존재하지 않는다. 도시 노동자, 농민의 구체적 삶에 도움이 되지 않는다면 예술이 설 자리는 없다. 회화가 인간의 삶에 구체적 도움이 되려면 무엇보다 먼저 2차원 평면에서 벗어나야 했다. 3차원의 구체적 삶, 즉 식기, 가구, 집으로 회화는 스며들어야만 했다. 바우하우스는 바로 이런 '시대적 사명'을 구체화했다. 바이마르에 머물던 두스부르흐는 바우하우스가 '2차원 평면 예술'에서 '3차원의 구성주의적 예술'로의 전환이라는 시대적 사명을 제대로 인식하도록 끊임없이 압력을 가했다. 그 결과로 '디자인'이라는 새로운 영역이 탄생하게 되는 것이다.

1922년, 두스부르흐는 바빴다. 베를린과 네덜란드를 수시로 오가며 아방가르드 예술가들을 만났다. 《데 스틸》을 편집하는 데도 많은 시간을 쏟았다. 두스부르흐는 발터 그로피우스가 곧 자신을 바우하우스의 정식 마이스터로 초빙할 것이라며 곳곳에 이야기하고 다녔다. 그는 바우하우스를 데 스틸의 학교로 만들고 싶었다. 그러나 두스부르흐는 포기도 빨랐다. 그로피우스로부터 아무런 이야기도 없자, 욕설을 퍼붓고는 네덜란드로 돌아갔다.

두스부르흐와 그의 부인 넬리

Unit 110.

유겐트슈틸

뮌헨 제체시온

바실리 칸딘스키가 바우하우스에 합류한 것은 한 스타 화가의 영입에 그치지 않는다. 예술사에 기록돼야 할 역사적 사건이다. 칸딘스키는 세기말 유럽의 모든 문화적 역량이 한 개인에게 축적되어 나타난 '역사적 개인'이었다. 역사적 개인에 대한 설명을 조금 덧붙이자면, 한국의 봉준호 감독이나 BTS의 활약은 뛰어난 각 개인의 역량 때문만은 아니라는 이야기다. 21세기 한국 사회의 문화적 역량, 특히 정보를 편집하는 디지털 시대의 에디톨로지적 역량이 봉준호 감독이나 방탄소년단에게 깔때기처럼 흘러들었기 때문이다. 이들을 나는 역사적 개인*이라 부른다.

칸딘스키라는 역사적 개인의 등장과 관련된 사회문화적 맥락은 어떠했을까? 근대사에서 독일은 유럽의 최대 문제 국가였다. 독일이 강해지면 전쟁이 일어났다. 독일 근대사를 살펴보면 통일된 1871년부터 1914년 제1차 세계대전이 발발하기 전까지가 가장 평화롭고 안정된 시기였다. 제1차 세계대전 이전의 정치적 안정과 폭발적 경제성장은 독일 사회 곳곳에 변화를 가져왔다. 문화예술계도 예외는 아니었다. 신흥 부르주아의 급성장에 따라 새

* '역사적 개인historische Persönlichkeit'은 슈테판 츠바이크가 사용한 개념이다(Alami 1989, p. 21).

로운 예술 시장이 창출됐다. 젊은 예술가들은 왕과 귀족들을 고객으로 하는 보수적 예술 아카데미에 대항해 자신들만의 단체를 만들기 시작했다. 이름도 '단절'과 '분리'를 뜻하는 '제체시온(분리파)'이라고 붙였다. 가장 먼저 '뮌헨 제체시온'이 1892년에 결성됐다. 당시 뮌헨은 파리나 빈에 전혀 밀리지 않는 국제적 예술 도시였다. 독일제국에 참여한 영방 가운데 프로이센왕국에 이어 두 번째 규모였던 바이에른 왕국의 특별한 문화 정책 덕분에 수많은 유럽 예술가들이 뮌헨으로 몰려들었다. 당시 바이에른 왕국의 지원을 독차지하며 뮌헨의 예술 단체들을 이끌던 '화가들의 군주Malerfürst' 프란츠 폰 렌바흐의 아성에 반기를 들며 뮌헨 제체시온을 이끌었던 이는 상징주의 화가 프란츠 폰 스툭이었다. 1898년, 뒤늦게 미술 공부를 하러 뮌헨에 온 칸딘스키가 제자가 되기 위해 3년이나 기다렸던 바로 그 인물이다. 그러나 칸딘스키는 채 1년도 못 견디고 그만뒀다. 당시 스툭의 회화반에서는 파울 클레도 공부하고 있었지만 칸딘스키가 그만두기 반년 전인 1901년 3월에 먼저 그만뒀다. 바우하우스의 또 다른 마이스터였던 요제프 알베르스 역시 스툭의 제자였다. 격동의 시대, 렌바흐에게 반기를 들었던 스툭의 '유겐트슈틸'도 젊은 칸딘스키와 클레에게는 그저 지루한 화풍이었다.

뮌헨에 가면 '렌바흐 하우스 미술관'과 '빌라 스툭 미술관'에는 꼭 들러봐야 한다. 건물 외관부터 렌바흐와 스툭이 추구한 예술 세계의 차이가 아주 분명하게 드러난다. 물론 '알테 피나코테크Alte Pinakothek'와 '노이에 피나코테크Neue Pinakothek'를 들른 후에 가보는 것이 좋다. 흥미롭게도 렌바흐 하우스 미술관에서는 렌바흐의 화풍과는 정반대였던 칸딘스키와 청기사파의 그림을 원 없이 볼 수 있다.* 오늘날 뮌헨의 예술적 가치는 인상주의의 파

* 1957년, 가브리엘레 뮌터는 자신의 그림은 물론 그때까지 소장하고 있던 바실리 칸딘스키의 그림과 청기사파의 그림을 모두 렌바흐 하우스 미술관에 기증했다. 전쟁을 핑계(!)로 급하게 뮌터와 결별한 칸딘스키는 뮌헨 무르나우 시절에 그렸던 수많은 그림을 챙겨 갈 수 없었다(Götz & Kotteder 2005, p. 144).

1 '렌바흐 하우스 미술관'. 뮌헨의 보수적 역사주의 화단의 리더였던 렌바흐의 저택을 뮌헨 시가 사들여 미술관으로 개조했다. 흥미롭게도 이 미술관에서는 렌바흐의 화풍과는 정반대였던 칸딘스키의 그림을 원 없이 볼 수 있다. 뮌터가 죽기 전 자신이 소장한 칸딘스키 그림 전부를 기증했기 때문이다.

2 렌바흐 하우스 미술관과는 대조적인 '빌라 스툭 미술관'. 스툭이 유겐트슈틸 양식으로 직접 디자인한 건물에는 정신이 번쩍 들게 하는 스툭의 그림들이 전시되어 있다.

리나 클림트와 실레의 오스트리아 빈에 비해 상당히 저평가되어 있다. 그러나 그건 칸딘스키와 청기사파가 갖는 예술사적 가치에 무지해서 그렇다.

앞다투어 결성된 제체시온

뮌헨 제체시온이 결성된 후, 가까운 오스트리아 빈에서도 또 다른 제체시온이 결성됐다. 1897년이다. 빈 제체시온은 뮌헨 제체시온에 비해 훨씬 강력했다. '세기말'의 빈을 대표하는 거의 모든 예술가가 참여했기 때문이다. 중요한 이름만 열거하면 이렇다. 설명이 필요 없는, 빈을 대표하는 화가 클림트, 빈 제체시온의 잡지 《베르 사크룸Ver Sacrum》을 주관하며 그림뿐만 아니라 유겐트슈틸 양식의 공예품과 가구까지 제작했던 콜로만 모제르, 건축가로 활동하며 '빈 공방'을 설립하는 데 주도적으로 활약한 요제프 호프만, 빈 제체시온 전시관을 설계하고 다름슈타트의 마틸덴회헤Mathildenhöhe 지역에 예술인 마을의 설립을 주도한 요제프 마리아 올브리히Joseph Maria Olbrich, 1867~1908, 그리고 요하네스 이텐과 오스카 슐레머의 선생이며 칸딘스키에 앞서서 추상화를 시도했던 아돌프 횔첼 등등이다.[117]

뮌헨, 빈, 베를린에서 시작된 제체시온 운동은 이후에도 계속되어 독일과 오스트리아의 여러 도시에서 '제체시온'이 앞다투어 결성됐다.* 제체시온은 정치적으로는 기존의 보수적 역사주의 예술 아카데미에 대한 도전이었고, 내용적으로는 프랑스의 '아르누보'와 영국의 '미술공예운동'을 독일적으로 변형하여 수용한 것이었다. 그 결과물은 '유겐트슈틸'이라는 '예술과 공예의 에디톨로지'였다.

* 사정이 조금 복잡했던 베를린 제체시온에 관해서는 Unit 51 참조.

Unit 111.

박물관인가, 미술관인가?

'뮤지엄'은 어떻게 번역해야 하는가?

'뮤지엄'은 한국어로 '미술관'인가, '박물관'인가? 유럽 여행을 하다 보면 항상 궁금했다. 그곳에서는 박물관이나 미술관이나 모두 '뮤지엄'이라고 한다. 한국인들에게 '박물관'은 역사적 유물이나 자료 등을 전시하는 곳이고, '미술관'은 주로 회화를 중심으로 하는 예술작품을 전시하는 곳으로 여겨진다.

실제로 정부의 '박물관 및 미술관 진흥법'에서 박물관과 미술관은 아주 선언적으로 구분되어 있다. "'박물관'이란 문화, 예술, 학문의 발전과 일반 공중의 문화 향유 및 평생교육 증진에 이바지하기 위하여 역사, 고고考古, 인류, 민속, 예술, 동물, 식물, 광물, 과학, 기술, 산업 등에 관한 자료를 수집·관리·보존·조사·연구·전시·교육하는 시설을 말한다."* 박물관의 개념은 이렇게 요란스럽게 폭넓지만, 미술관의 대상은 박물관 중에서도 시각예술 자료들에 국한되어 있다. "'미술관'이란 문화, 예술의 발전과 일반 공중의 문화 향유 및 평생교육 증진에 이바지하기 위하여 박물관 중에서 특히 서화, 조각, 공예, 건축, 사진 등 미술에 관한 자료를 수집·관리·보존·조사·연구·전

* 박물관 및 미술관 진흥법 제2조(정의) 제1항

국립현대미술관 서울. 왜 서양의 '뮤지엄'은 한국에서 '박물관'과 '미술관'으로 구분될까?

시·교육하는 시설을 말한다."*

서양의 뮤지엄이 왜 한국에서는 박물관과 미술관으로 나누어졌을까? 정부가 '박물관 및 미술관 진흥법'을 제정한 것이 1991년이다. 그러니까 그전까지 한국 사회에서 박물관과 미술관의 법적인 분류는 없었다고 봐야 한다. 어떤 이유에서인지 이 둘의 차이를 구분할 필요성을 인식한 한국 정부는 유럽의 뮤지엄을 미술관과 박물관으로 구별하여 법과 제도로 구체화했다. '분류'와 '분류의 제도화'는 메타인지의 매우 중요한 기능이다. 우리가 유럽 문화를 무지하게 받아들여 그런 것이 아니다. 한국 사회에서 '미술' 개념은 유럽과는 전혀 다른 형성 과정을 거쳤기 때문이다.

* 박물관 및 미술관 진흥법 제2조(정의) 제2항

오늘날 우리가 너무도 당연하게 사용하는 '미술'이 1873년 일본 메이지 시대의 번역관이 빈 만국박람회를 준비하는 과정에서 급조한 개념임을 이미 설명했다.** 한국의 경우, 이 같은 일본의 미술 개념이 일제강점기를 거치면서 유사한 형태로 자리 잡았다. 일단 미술 개념이 만들어졌다는 것을 알게 되면 메타인지적 의심은 계속된다. 동양에서 미술 개념이 그렇게 급조됐다면 서양에서는 미술 개념이 원래부터 있었던 것일까? 물론 아니다. 그럼 언제부터 생겨났을까?

'예술arts'에서 '미술fine arts'이 생겨나기까지

일단 오늘날 한국 사회에서 쓰이는 미술과 공예, 그리고 예술을 간단히 구분해둘 필요가 있다. 공예에 해당하는 독일어 'Kunstgewerbe'의 메이지 시대 번역어로 시작된 '미술'은 시간이 흐르면서 영어 'fine arts'에 가까운 단어가 되었다. 즉 '공예'에 가까운 개념에서 회화 중심의 '시각예술visual arts' 분야를 가리키는 단어로 의미변화가 일어난 것이다. 한때 시각예술까지 포함하는 포괄적 단어였던 공예는 20세기에 들어서면서 미술에 그 자리를 내주고, 실용성을 지닌 물건의 예술적 가치와 연관된 단어로 그 의미 영역이 축소됐다. 일본에서 급조된 단어 '미술'은 오늘날 영어로는 '파인 아츠fine arts', 독일어로는 '빌덴데 쿤스트bildende Kunst, 예전에는 schöne Kunst'***, 프랑스어로는 '보자르beaux-arts'에 상응하는 개념으로 자리 잡았다. 이에 반해 '예술art,

** '미술', '공예' 개념의 형성 과정에 관해서는 Unit 22 참조.

*** 독일어 'schöne Kunst'는 프랑스어 '보자르'의 번역어로서, '음악, 문학, 회화, 조각'과 같은 영역을 표현하는 단어로 18세기 독일어권에 자리 잡았다. 'bildende Kunst'는 19세기부터 'schöne Kunst'를 대체하기 시작했다(Pohlmann 2022, p. 180).

Kunst'은 미술을 포함하는 폭넓은 개념으로 인식된다.*

'예술'은 미적 가치를 갖는 인간의 모든 창조적 활동을 가리킨다. 그러나 맥락에 따라서 예술은 자주 미술과 같은 의미로 축소되어 사용된다. 미술, 예술, 공예 같은 개념의 분화 과정은 일본 메이지 시대부터 시작된 박물관과 미술관, 그리고 박람회라는 문화적 장치의 작동 방식과 아주 깊이 관련되어 있다. 이는 서양에서도 마찬가지다. 예술의 분류와 개념화라는 메타인지의 실천과 제도화 과정은 아주 보편적인 현상이기 때문이다.

서양에서나 동양에서나 '예술'의 의미에는 애초에 '기술'이 포함되어 있었다. '미술'과 '기술'의 분화가 처음 일어난 것은 조르조 바사리Giorgio Vasari, 1511~1574의 책에서다. 1550년에 초판이 발행된 『르네상스 미술가 평전Le Vite de' più eccellenti pittori, scultori, e architettori』이다. 르네상스 시대의 예술가 200여 명의 작품과 그 배후의 이야기를 다룬, 수천 페이지에 달하는 바사리의 책 덕분에 오늘날 우리는 레오나르도 다빈치, 라파엘로 산치오, 부오나로티 미켈란젤로 같은 예술가들을 기억할 수 있게 되었다.

바사리가 남긴 이 엄청난 분량의 책은 '르네상스 미술가 평전'이라는 제목으로 번역됐지만, 원제목에는 '미술가'라는 표현이 없다. 이탈리아어로 된 원래 제목은 "아레초 사람인 조르조 바사리가 예술에 대한 유익하고 필요한 서문과 함께 토스카나어로 기술한 치마부에부터 우리 시대까지 가장 위대한 건축가, 화가, 그리고 조각가들의 생애Le Vite de' più eccellenti architetti, pittori, et scultori italiani, da Cimabue insino a'tempi nostri: descritte in lingua toscana da Giorgio Vasari, pittore aretino–Con una sua utile et necessaria introduzione a le arti loro"라고 되어 있다.

건축가, 화가, 조각가로 불리는 '장인artisan'만 있었을 뿐 '미술가' 혹은 '예술가artist'는 아직 없었다는 이야기다. 그러나 이 책에서 바사리는 이

* '미술' 개념이 일본에 의해 급조됐듯, 유럽에서 '예술' 개념 또한 사회변동과 시대적 요구에 맞물려 끝없이 진화하는 개념이다(Hurec 2021).

바사리의 「자화상Selbstporträt, 1571~1574」. 바사리의 '디세뇨' 개념을 통해 '예술'과 '기술'은 구분되기 시작한다.

들 장인의 기술과 관련하여 아주 흥미로운 개념을 사용한다. '디세뇨Disegno'다.118 오늘날 우리가 원래부터 있었던 것처럼 아주 자연스럽게 받아들이는 '디자인'은 바로 바사리의 '디세뇨'에서 파생된 개념이다. '디세뇨'는 '드로잉'이나 '스케치' 같은 손기술을 뜻하는 이탈리아어다. 바사리는 이 기술적 개념을 '예술가의 상상력과 지적 능력'으로까지 확장한다. 건축가, 화가, 조각가는 자신의 예술적 상상력을 손이라는 구체적 수단을 통해 구현해내는 창조적 인간이라는 것이다. 기술자 혹은 장인의 범주를 뛰어넘는 특별한 존재로서의 '예술가'가 바로 바사리의 '디세뇨' 개념에서 시작된다는 이야기다.119 그러나 '기술'과 구별되는 '예술'이라는 개념이 본격적으로 시작되려면 이로부터 수백년이 더 지나야 한다.*

'아름다운 예술'이라는 뜻의 '미술' 개념이 처음 사용된 바퇴의 『하나의 통일적 원리에 귀결되는 아름다운 예술』

'미술' 개념의 형성 과정을 요약하면 이렇게 된다. 르네상스 시기까지 '과학', '기술', '예술'의 구분은 명확하지 않았다. 주로 '예술' 개념으로 통합되어 사용됐다. 르네상스 시대에 원근법의 발견과 더불어 제일 먼저 '수학적 자연과학'이 스스로를 구별하여 '과학'이라는 독자적 영역으로 자리 잡는다. 이어서 18세기 중반에 이르면 '기술'과 '미술'이 분리되어 '미술'이라는 새로운 영역이 생겨난다. 이렇게 해체된 예술은 역사의 시기마다 다른 형태로 편집되어 문화 변동의 결정적 요인으로 작동한다. '산업혁명'이라 불리는 제1차 지식 혁명은 '기술과 과학의 통합'이었고, 바우하우스에서 시작되어 스티브 잡스의 애플까지 이르는 제2차 지식 혁명은 새롭게 편집된 '기술('기술'과 '과학'의 통합)과 예술(혹은 미술)의 통합'인 것이다.

* '기술'에서 우아한(!) '예술' 영역이 본격적으로 떨어져 나온 것은 1746년, 프랑스 철학자 샤를 바퇴가 '아름다운 예술'이라는 의미의 '보자르beaux-arts, 미술' 개념을 만들면서부터다. 예술과 기술의 분리 과정에 관해 더욱 자세한 설명은 Unit 19 참조.

Unit 112.

미술과 미술이 아닌 것

'서예는 미술이 아니다!'

박물관, 미술관, 백화점, 놀이공원, 테마파크의 원형은 '박람회'다.[120] 빈 만국박람회를 계기로 일본에서는 유사한 형태의 국내용 박람회가 열리기 시작했다. '내국권업박람회內國勸業博覽會'다. 첫 번째 내국권업박람회는 1877년에 열렸다. 빈 만국박람회가 열린 지 4년 후의 일이다. 메이지 정부는 그만큼 빨리 움직였다. 박람회가 갖는 정치적·경제적·문화적 가치를 바로 알아차린 것이다.

시작은 어설펐지만, 시간이 흐를수록 내국권업박람회는 체계를 잡아갔다. 전시품의 선발과 분류가 치밀해졌다. 이 과정이 핵심이다. 모더니티의 핵심인 '분류'가 제대로 시작됐기 때문이다.* 이 과정에서 아주 흥미로운 사건이 일어났다. 1882년, 제2회 내국권업박람회의 다음 해에 박람회의 미술품 전시 구역에 포함된 물품에 관한 논쟁이 시작된 것이다. 서양화가 고야마 쇼타로小山正太郎, 1857~1916가 「서예는 미술이 아니다書ハ美術ナラス」라는 글을

* 이때의 분류 기준은 '발달의 순서'다. 모더니티의 핵심은 '단선론적 발달론'이다. 근대 박물관과 박람회의 전시품은 이 같은 단선론적 발달 개념에 따라 일사불란하게 분류됐다. 과거로부터 미래까지의 발전 과정에 대한 이데올로기는 단선론적 발달 개념이 없었다면 불가능했다(김정운 2018, p. 253 이하).

1877년 일본의 '내국권업박람회' 지도. 일본 메이지 정부는 박람회가 가지는 정치적·경제적·문화적 가치를 아주 재빨리 알아챘다.

《동양학예술지東洋学芸雑誌》에 발표하여 일본 전통 화가들의 심기를 확 뒤집어 버렸다.121 '서예'가 '미술'이 아니라는 주장은 '서예'는 '미술'에 비해 열등하다는 주장이기도 하다.

고야마는 서양미술 교육을 목적으로 세워진 일본 최초의 미술학교인 공부미술학교工部美術学校 출신이다. 박람회의 미술품 전시 구역에 서예가 포함된 것에 대해 그는 언어기호로서 의미 전달 기술에 불과한 '서書'가 형태를 구조화하는 미술 영역에 들어온 것은 잘못됐다고 비판했다. 서양화가인 고야마에게 서예는 미술이 아니었다! 서예는 사람의 마음을 기쁘게 하는 '예술성'도 없고, 공예를 발전시켜 수출을 증진하는 '실용성'도 없다는 것이다. 이 같은 고야마의 주장은 급히 만들어진 단어인 '미술'의 개념 정의를 선점하려는 시도라고 할 수 있다. 고야마에게 미술의 전제 조건은 예술성과 실용성이었다. 서예를 미술에 포함할 경우, 서예를 경험한 적이 없는 서양인들의 눈에 조소 거리가 될 뿐이라는 주장도 덧붙였다.

메이지유신 이후 진행되던 급진적 서구화 과정에 그러지 않아도 쫓기는 심정이었던 일본 전통 화가들은 울고 싶은데 뺨 맞은 기분이었다. 당시만 해도 일본 전통 화단에는 '일본화'라는 개념은 없었다. 가노파狩野派, 토사파土佐派, 스미요시파住吉派같이 기법과 관련된 유파의 명칭만 있었을 뿐이다. 고야마의 도발은 전통 화가들이 '일본화'라는 새로운 개념을 만들고, 그 아래에 총집결하는 계기가 되었다.

무슨 글자인지 알아보기 힘든 서예(중국 서예가 웨이리량의 작품 「도道」). '서예가 미술인가, 아닌가'에 관한 논쟁을 통해 '일본화' 개념이 만들어졌다.

오카쿠라 텐신의 반론

일본 전통 화가인 오카쿠라 텐신岡倉天心, 1863~1913은 바로 반발하여 「"서예는 미술이 아니다"라는 주장을 읽고書ハ美術ナラスノ論ヲ讀ム」라는 반론을 썼다. 사람의 눈과 귀를 즐겁게 하는 '예술성'을 가지고 논한다면 '서예'는 회화, 조각, 건축 등과 동일한 가치를 갖는다고 주장하면서 공예품 수출 같은 경제적 가치를 미술의 중요한 요소로 포함하려는 고야마의 주장을 예술가의 품위를 떨어뜨리는 일이라고 비판했다. 겉으로 드러난 논쟁의 초점은 '서예'가 '미술'인가, 아닌가에 대한 것이었지만, 내용은 예술성과 실용성을 둘러싼 미술(또는 예술)의 본질에 관한 논쟁이었다.122

'예술성'에 초점을 맞춘 오카쿠라와 '예술성'과 '실용성'이라는 두 마

'서예가 미술인가' 논쟁의 두 주역 고야마 쇼타로(왼쪽)와 오카쿠라 텐신(오른쪽)

리 토끼를 다 잡겠다는 고야마 사이의 논쟁은 1914년 독일공작연맹의 '표준화 논쟁'과 사뭇 닮았다. 예술가 개인의 창조성을 강조하는 헨리 반 데 벨데의 주장이 오카쿠라의 입장에 가깝다면, 표준화를 통한 실용성과 국가 경쟁력을 강조한 헤르만 무테지우스의 입장은 고야마에 근접해 있다. 그러나 논쟁 이후 일본과 독일에서 일어난 흐름은 정반대였다.

논쟁은 오카쿠라의 승리로 끝났다. 고야마가 나온 서양미술학교인 공부미술학교는 이 논쟁의 여파로 문을 닫았다. 오카쿠라는 국수주의 입장을 강화하며 '서양화'에 대립하는 '일본화日本畫'라는 개념을 확립해갔다.* 한편으로는 일본화의 고전들을 정리하면서, 다른 한편으로는 동경미술학교東京美術学校, 일본미술원日本美術院 같은 제도적 장치들을 구축해나갔다. 흥미롭게도 이 과정에서 불과 몇 년 전에 급조된 단어인 미술이 오래전부터 있었던 것처럼 여겨졌다. 심지어 오카쿠라는 동경미술학교에서 '일본 미술사'를 강의하고, 이에 관한 책까지 썼다. 일본 미술이 '원래' 존재했던 것처럼 교묘하게 서술한 것이다. 구성사적 통찰을 가능케 해야 할 역사 서술이 오히려 구성사적 통찰을 방해하는 사례다.

고야마와 오카쿠라가 각각 세 차례에 걸쳐 주고받은 논쟁의 파급효과는 엄청났다. '일본화'라는 새로운 개념이 성립됐고, 미술은 서양화와 일본화를 포괄하는 개념이 되었다. '미술'이 일본에 원래부터 있었던 것으로 자리를 잡은 것은 덤이었다. 아울러 '서화일치書畫一致'라는 '글과 그림의 통일체'로서의 오래된 동양의 전통은 '서예'와 '회화'로 분리됐다. '서화書畫' 대신

* 흥미롭게도 오카쿠라 텐신의 노선은 일본 전통문화를 응용한 다양한 일본 제품의 수출에도 크게 기여했다. 자포니즘의 연장선상에서 '서양이 원하는 동양 혹은 일본', 즉 '오리엔탈리즘'에 충실한 제품을 생산해냈기 때문이다. 오카쿠라는 이 논쟁 후에 『일본 미술사日本美術史』를 서술하는 데 몰두했다. 19세기 말에서 20세기 초에 걸쳐 오카쿠라가 급조한 '일본 미술사'는 서구의 만국박람회는 물론 일본 국내의 박물관, 미술관 전시 및 분류에 중요한 이론적 근거가 되었다(기노시타 2008, p. 218 이하).

'회화繪畫'가 그림을 대표하는 개념이 되었다.*

일제강점기에 한국에서는 '한국화'라는 개념 대신 '동양화'라는 개념을 썼다.** 일본 제국주의가 만들어낸 '하나의 동양Asia is One'이라는 발상 때문이다. 흥미로운 것은 일본 제국주의가 만들어낸 가상의 공동체 '동양'이 바로 일본 미술 논쟁의 주인공인 오카쿠라의 『동양의 이상東洋の理想, 1903』*** 이라는 책을 통해 구체화됐다는 사실이다. '대동아공영권'이라는 터무니없는 이데올로기의 성립 과정에 오카쿠라의 기여는 상당하다.****

* 일제강점기하의 조선미전朝鮮美展에서도 '서예'가 배제됐다가 광복 이후에 다시 부활했다. 아울러 '서화일치'가 재해석되면서 동양화의 정체성을 다시 확립하려는 시도들도 있었다(김경연 2019, p. 33 이하)

** '동양화'라는 단어가 처음 사용된 것은 1915년 조선총독부가 조선의 강제 병합 5년을 기념하여 주최한 '시정오년기념 조선물산공진회始政五年記念 朝鮮物産共進會'에서다. '동양화'라는 개념을 새롭게 만든 것은 조선인과 일본인이 함께 출품할 수 있도록 조선화와 일본화를 포괄하는 용어가 필요했기 때문이다. 1970년대에 들어서면서 '동양화' 대신 '한국화'라는 명칭을 사용하는 것에 대한 논의가 이어졌다. 오늘날에는 '동양화'와 '한국화'가 경쟁적으로 사용되고 있다(김경연 2019, p. 37 이하).

*** 오카쿠라 텐신이 1903년 런던에서 출판한 책 『Ideals of the East: The Spirit of Japanese Art』의 첫 문장이 바로 "Asia is One"이다(Okakura 2012, p. 1).

**** 일본 제국주의의 '대동아공영권'과 독일 지리학자 프리드리히 라첼의 지정학적 개념인 '레벤스라움(생활공간)'에 관해서는 Unit 71 참조.

Unit 113.

존재는 분류를 통해 정당화된다

'택소노미' vs. '폭소노미'

단어의 뜻이 같다고 그 내용까지 같은 것은 아니다. 단어의 내용은 보다 큰 맥락인 분류에 따라 달라지기 때문이다. 모든 개념은 '분류'에 기초한다. 인터넷이 나오기 전까지 사람들이 의지했던 분류 체계는 그리 혼란스럽지 않았다. 디렉토리 같은 계층적 구조를 갖는 것이어서 분류가 단순했다. 누구나 쉽게 동의할 수 있었다. 그러나 오늘날 인터넷 '검색'에 기초한 분류 체계는 이전과는 전혀 다른 방식으로 작동한다.

'태그' 혹은 '연관 검색어'에 기초한 분류 체계다. 이를 전통적 분류학, 즉 특정 권위에 의해 성립된 '택소노미taxonomy'에 빗대어 '폭소노미folksonomy'*라고 부른다. 그리스어로 분류하다를 뜻하는 'taxis'와 법칙을 뜻하는 'nomos'가 합쳐진 택소노미는 '위계적' 구조의 트리형 분류를 뜻한다. 생물학의 분류 체계가 대표적이다.** 그러나 트리구조의 '디렉토리'가 아닌 '연

* '폭소노미'라는 단어는 미국의 시스템 설계자로 일하고 있는 토머스 밴더 월Thomas Vander Wal, 1966~이 2004년에 처음 사용했다(Peters 2009, p. 154). 아울러 밴더 월의 웹사이트 www.vanderwal.net 참조.

** 실제로 '택소노미'를 처음 사용한 사람은 스위스 생물학자 오귀스탱 피람 드 캉돌Augustin Pyramus de Candolle, 1778~1841이다. 1813년, '드 캉돌 시스템'이라는 자신만의 식물 분류 체계를 수립하면서 이 단어를 만들어 사용했다. 물론 그 이전에 위계적 구조의 식물분류학을 체계적으로 세운 사람은 스웨덴 식물학자 칼 폰 린네다(Pelletier 2012, p. 145).

관 검색어'의 '태그tag'*에 따라 분류하는 폭소노미는 '네트워크적'이다. 폭소노미는 'folk(people)+order+nomos(law)'의 합성어다. '대중 분류법'이라고 할 수 있다. 인터넷상에서 우르르 몰려다니는 이들이 어쩌다 만들어낸 분류법이라는 뜻이다. 정치적 입장이 다르면 사고방식 자체도 달라진다. '연관 검색어'가 전혀 다른 세계에 살기 때문이다. 나이 든 이들이 '꼰대'라고 비난받는 이유도 젊은 사람에게는 낯선, 아주 낡은 위계적 체계로 세상을 분류하기 때문이다.**

모더니티의 핵심은 '분류'에 있다. 택소노미, 즉 체계적 '분류학'이 창조적 모더니티를 가능케 했다. '분류'는 '편집의 단위'를 만드는 일이다. 편집의 단위가 있어야 창조적 편집, 즉 에디톨로지가 가능하다. 분류는 인류 역사 어느 때나 있었다. 원시인이 분류한 '먹을 수 있는 식물'과 '먹을 수 없는 식물' 같은 것들이다. 그러나 세상 만물의 체계적 분류, 즉 '계층적 분류'가 가능해진 것은 프랜시스 베이컨의 '대개혁Instauratio Magna'*** 이후의 일이다. 베이컨이 시도한 '대개혁'의 핵심은 모든 지식과 학문의 '분류학'이다.123 아리스토텔레스를 극도로 혐오한 베이컨은 아리스토텔레스를 비롯한 '고대인들'의 근거 희박한 분류 체계를 폐기하려는 '고대인과의 투쟁'을 시작했다.**** 그러나 베이컨의 분류학은 당대에 완성되지 못했다. 그의 혁신적 사

* '태그'는 디지털 자료를 자기 나름의 방식으로 분류하고 정리하는 '메타데이터', 즉 '데이터에 관한 데이터'라고 할 수 있다. 인터넷 같은 디지털 매체는 메타데이터의 생성과 공유에 최적화되어 있다. 트리구조의 고전적 지식이 인터넷상에서 네트워크적 지식에 유난히 힘을 못 쓰는 이유다.

** 오늘날 한국 사회는 '택소노미'와 '폭소노미'가 맞부딪치는 첨단 전쟁의 최전선이다. 트리구조의 체계적 지식을 시작했던 프랜시스 베이컨의 '지식 혁명'처럼 한국에서 또 다른 형태의 '지식 혁명'이 진행 중이라는 이야기다.

*** 프랜시스 베이컨이 과학적 방법론을 제시하고자 '대개혁'이라는 방대한 책을 기획했으나 완결하지 못했다. 『신기관』은 '대개혁'의 두 번째 책이다(베이컨 2001).

**** 동양에서 '산업혁명'이 일어나지 않았던 이유는 프랜시스 베이컨 같은 이들의 '고대인과의 투쟁'이 없었기 때문이라는 것은 이미 설명했다(Unit 89 참조). 오늘날 베이컨의 지식 혁명을 통해 구성된 세계는 '네트워크적 지식'의 도전에 직면해 있다.

상을 뒷받침할 수 있는 시대정신이 아직 성숙하지 못했기 때문이다.

미완으로 끝난 베이컨의 분류학을 완성한 이는 스웨덴 식물학자 칼 폰 린네Carl von Linné, 1707~1778다. 베이컨이 주장한 '관찰'과 '실험'에 기초한 귀납적 분류법을 식물에 적용하여 아주 세밀한 생물분류학을 세웠다.***** 학창 시절, 생물 시간에 죽어라 외웠던 '종-속-과-목-강-문-계'에 관한 이야기다. 선생님의 막대기로 두들겨 맞으며 외워야 했을 때, 나는 도대체 이게 왜 필요한지도, 이 뜬금없는 글자들이 무슨 뜻인지도 몰랐다. 그저 마구 외웠다. 지금도 나는 이 분류가 아주 공포스럽다. 하지만 무조건 외워야만 했던 이 신성불가침(!)의 분류 체계를 자세히 들여다볼 필요가 있다.

린네는 학창 시절의 생물 시간에 죽어라 외웠던 '종-속-과-목-강-문-계'의 분류 체계를 세운 사람이다. 문제는 누가 그의 분류 체계를 이런 황당한 한자어로 번역했냐는 것이다.

일단 인간을 '호모 사피엔스Homo sapiens'라고 할 때 '호모Hommo'는 '속'의 이름이고, '사피엔스sapiens'는 '종'의 이름이다. 그다음 단계의 분류 체계로는 '사람과Hominidae', '영장목Primates', '포유강Mammalia', '척추동물문Vertebrata', '동물계Animalia' 순으로 확장된다. 린네의 분류 체계는 그렇다 치고, '종-속-과-목-강-문-계'라는 이 황당한 한자어는 도대체 어디서 나온 것인가가 내가 하고 싶었던 진짜 질문이다. 각 한자어가 대체 어떤 이유

***** 1735년부터 1768년까지 총 12번에 걸쳐 개정판으로 출판된 칼 폰 린네의 『자연의 체계Systema Naturae』는 모든 자연을 트리구조로 체계화한 택소노미의 고전이라고 할 수 있다. 린네 스스로 자신의 업적을 가리켜 "신은 창조했고, 린네는 분류했다Deus creavit, Linnaeus disposuit"라고 이야기할 정도로 자부심이 있었다(Boenigk & Wodniok 2015, p. 232).

일본 박물관의 아버지, 다나카 요시오. 린네의 분류 체계를 한자로 번역한 다나카는 일본의 박물관, 동물원 건립에도 크게 기여했다.

에서 이렇게 사용됐는지 도무지 이해가 안 된다.

원어를 찾아봤다. 차라리 원어가 쉽다. '종種'은 'species', '속屬'은 'genus', '과科'는 'family', '목目'은 'order', '강綱'은 'class', '문門'은 'division' 혹은 'phylum', '계界'는 'kingdom'의 번역어다. 도대체 누가 이따위로 번역했을까? 또 찾아봤다. 메이지 시대의 일본 박물학자 다나카 요시오田中芳男, 1838~1916의 번역이다. 그가 1875년에 펴낸 『동물학초편포유류動物学初篇哺乳類』라는 책에서 처음 번역한 것들이다.124 일본 메이지 시대의 이 뜬금없는 번역어들을 우리 부모부터 우리 세대를 거쳐 우리 자녀들까지 죽어라 외우고 있는 것이다.

분류가 권력이다!

다나카 요시오라는 사람이 느닷없이 중요해진 것은 이 황당한 번역어 때문만이 아니다. 그가 일본의 '박물관' 건설에 크게 기여했기 때문이다. 1867년 파리 만국박람회에 출장을 다녀온 후, 그는 자연과학 전반을 연구하는 조직의 명칭을 '박물관'*이라는 단어로 하자고 제안했다. 몇 년 후, 1873년

* 에도막부의 견구사절단에 참가했던 이치카와 세이류市川清流, 1822~1879가 1862년 5월 22일에 쓴 일기에서 '브리티시 뮤지엄British Museum'을 '박물관'으로 번역한 것이 최초로 여겨진다(이시타 2013, p. 53 이하).

빈 만국박람회를 다녀온 후에는 우에노 공원에 박물관(현재 도쿄국립박물관)과 동물원의 설립을 제안하고 이를 주도적으로 실현시켰다.** 1875년의 일이다.

도쿄국립박물관의 공식 역사를 들여다보면, 1872년 도쿄 분쿄쿠 유시마湯島의 유교 사당에서 열린, 당시 문부성 박물국 주최의 '박람회'를 그 기원으로 잡는다.125 '박물국'이 '박람회'를 개최했다는 사실, 그리고 박물관의 기원을 '박람회'로 잡는다는 사실이 매우 흥미롭다. 'Exhibition(영국)', 'Exposition(프랑스)', 'Ausstellug(독일)', 'Fair(미국)'의 번역어인 박람회와 'Museum'의 번역어인 박물관은 전혀 다른 단어다. 그러나 당시 메이지 정부 사람들에게 박람회와 박물관은 개념적으로 큰 차이가 없었다.***

일본 메이지 정부의 관계자들이 가장 먼저, 그리고 직접 경험한 '모더니티'는 '박람회'라는 압축적 공간에서였다. 당연히 가장 먼저 모방해야 할 서구는 '박람회'였다. 정부 주도의 '식산흥업殖産興業', 즉 서구식으로 '생산을 늘리고 산업을 일으키는 것'은 메이지 정부가 추구하는 '문명개화文明開化'의 본질이었고, 박람회는 식산흥업과 문명개화를 동시에 추구할 수 있는 견인차로 여겨졌다. 이들에게 박물관은 박람회의 상설 전시관 같은 것이었다. 메이지 정부는 미친 듯 서구화를 밀어붙였다. 빈 만국박람회(1873년) 이후, 불과 2년 만에 '박물관'을 세우고 4년 후인 1877년에 제1회 '내국권업박람회'를 열었던 것이다.126

이 급격한 변화 과정에서 다나카에 의해 '박물관'이 건립되고 '종-속

** 도쿄국립박물관 건립의 주역으로 다나카 요시오와 더불어 그의 상관이었던 마치다 히사나리町田久成, 1838~1897의 이름이 거론된다. 공식적으로는 마치다가 도쿄국립박물관의 초대 관장으로 기록되어 있다(세키 2008, p. 172 이하).

*** 물론 서구 박물관의 기원을 박람회에서 찾는 연구도 많다. 그러나 박람회에서 박물관으로 이어지는 역사적 형성 과정을 건너뛴 일본의 경우, 박람회와 박물관의 개념적 구별은 불필요했다.

-과-목-강-문-계'라는 생물분류 체계가 번역된 것은 결코 우연이 아니다. 박물관이란 진귀한, 혹은 역사적 가치가 있는 물품들을 전시하는 곳이다. 전시하려면 체계가 있어야 한다. 즉 전시품들이 분류돼야 한다. 문제는 이 전시품들을 분류하는 원칙이 대체 무엇이냐는 것이다. 박물관이라는 물리적 공간을 채워야 하는 분류 체계의 주도권이 박물관 건립을 주도한 다나카에게 주어진 것은 당연한 일이었다.

우에노 박물관은 1889년에 '제국박물관'으로 그 명칭이 변경된다. 단순히 명칭만 변경된 것이 아니라 전시 분류 체계도 바뀌었다. 이 같은 변화는 '미술'의 개념 변화와 관련해서도 아주 흥미롭다. 제국박물관으로 변경하는 과정에는 '일본화'라는 새로운 개념을 미술에 포함하려 했던 국수주의

우에노 도쿄국립박물관. 1875년에 건립된 우에노 공원의 박물관은 1889년에 '제국박물관'으로 명칭이 바뀐다. 이때부터 '일본화'가 '역사'와 개념적으로 결합한다.

자 오카쿠라 텐신의 의도가 깊이 개입되어 있기 때문이다. 오카쿠라의 활동 뒤에는 어니스트 페놀로사Ernest Fenollosa, 1853~1908라는 미국인의 '미술 박물관' 구상이 깊이 개입되어 있다. 이들에게 미술의 중심은 '일본화'였다.* 다나카가 건설한 '박물관'에 오카쿠라의 '일본 미술'이 전시되면서 근대 일본의 국수주의적 자의식이 만들어진 것이다.

제국박물관에서 전시품의 분류 자체는 이전과 큰 차이가 없었다. 그러나 획기적 변화가 있었다. 전시 순서가 달라졌다는 것이다. 첫 번째로는 '역사부歷史部', 바로 그다음에 '미술부美術部'가 배치됐다. 이어서 '미술공예부美術工藝部'와 '공예부工藝部'가 전시됐고, 자연 관련 전시품인 '천산부天山部'가 가장 뒤로 밀렸다. 이전에는 '자연 대 인공'이었던 순서가 '인공 대 자연'으로 바뀌고, 기존 '예술'의 개념을 대신해 '미술'이라는 단어가 사용되기 시작한 것이다. 그때까지 박물관에서 담당했던 박람회 관련 업무는 농상무성으로 이관됨과 동시에 '자연'의 박물관에서 '역사'와 '미술' 중심의 박물관으로 변화했다. '일본 미술'과 '역사'가 결합했다는 이야기다.127

이때 '미술'은 응용미술과 대립하는 '순수미술'을 의미하는 것이었다. 동시에 '미술'은 '일본화'라는 새로운 개념을 중심으로 한다. 서예와 공예는 아주 은근하게 순수미술에서 배제되기 시작했다. '서예는 미술이 아니다'라는 고야마 쇼타로의 도발적 주장에 서예를 미술에 포함해야 한다고 시작한 논쟁이 '일본화'의 개념 성립으로 귀결되자, 오히려 서예가 미술에서 배제되는 희한한 현상이 나타난 것이다. '일본화'와 대립하는 '서양화'를 위

* 1878년, 25세였던 어니스트 페놀로사는 도쿄대학에서 철학, 경제학 등을 강의했다. 그때 페놀로사의 통역 겸 조수였던 이가 바로 오카쿠라 텐신이다. 페놀로사와 오카쿠라는 '일본 미술'이라는 새로운 영역을 주도적으로 창작했다. 물론 이는 그 이전의 '자포니즘'과 19세기 후반의 일본 국수주의라는 시대적 맥락이 있었기에 가능했다. 이병진은 2013년에 발표한 논문에서 '오카쿠라—페놀로사의 일본 미술'과 '야나기 무네요시—버나드 리치—민예(민중 공예)'의 두 가지 사회적 구성 과정을 흥미롭게 비교하고 있다(이병진 2013, p. 117 이하).

한 미술관은 한참 후인 1959년에 르코르뷔지에의 설계로 우에노의 도쿄국립박물관(구 제국박물관) 인근에 건립됐다. 이름도 '국립서양미술관国立西洋美術館'이다.

정리해보자. 근대 일본의 박물관 설립 과정에서 '미술'은 공예까지 포함하는 포괄적 예술을 의미하는 개념이었다가 시각예술의 제한적 의미로 축소됐다. '순수미술'과 '응용미술'의 분류를 통해 공예는 자연스럽게 미술에서 떨어져 나갔다. 국수주의라는 시대 배경과 맞물리면서 '서양화'와 대립하는 '일본화'라는 개념이 생겨났다. 아울러 박물관의 전시 분류 과정에서 일본화는 슬그머니 '미술'의 중심에 자리 잡으며 서양화를 주변으로 밀어냈다. 존재는 분류를 통해 정당화된다.

우에노 공원에 있는 국립서양미술관. 1959년 르코르뷔지에의 설계로 건립됐다.

Unit 114.

보다seeing의 모더니티

발코니와 원근법적 시선

'베란다'라고 불렀다. 이 땅에 아파트가 건립되면서 나타난 베란다는 이름만큼이나 애매한 공간이었다. 한옥 마당을 그리워하던 어머니들은 빨래를 말리거나, 간장이나 된장이 담긴 작은 장독들을 두는 공간으로 아파트 베란다를 썼다. 세탁기나 건조기가 흔해지고 아무도 집에서 간장이나 된장을 담그지 않는 오늘날, 사람들은 베란다를 없애고 거실로 확장해서 쓴다. 한국식 건축 규제가 낳은 기현상이다. 하지만 인류 역사에서 실내와 외부 공간을 연결하는 베란다의 발견, 더 정확히는 '발코니balcony'*의 발견은 혁명적 사건이었다.

왕궁이나 귀족들을 위한 저택의 장식적 기능을 했던 발코니가 주거 공간과 외부 자연을 연결하는 기능을 가진 주택의 필수 공간으로 사용되기 시작한 것은 19세기 이후의 일이다. 창을 통한 '시선'이 보다 적극적인 형태로 확대된 것이다. 원래 발코니는 '원근법적 시선'의 권력이 확인되는 곳이었다. 프랑스 루이 14세Louis XIV, 1638~1715, 재위 기간 1643~1715의 베르사유궁전은 원근법적 시선을 가장 극적으로 구체화한 곳이다. 왕의 시선이 위치한 궁전

* 주거 공간과 자연을 연결하는 '베란다', '발코니', '테라스'는 미묘한 차이를 갖는 개념들이지만 여기서는 '발코니'로 통일해서 쓴다.

베르사유궁전의 원형인 보르비콩트 성의 원근법적 정원. 원근법의 소실점은 왕궁의 발코니로 수렴된다.

의 발코니를 중심으로 여의도 넓이의 정원이 기하학적 규칙에 따라 꾸며졌다.[128]

베르사유궁전의 원형은 보르비콩트 성이다.[129] 루이 14세의 재정을 담당했던 니콜라 푸케Nicolas Fouquet, 1615~1680의 소유였다. 완공 축하 파티에서 보르비콩트 성의 규모와 기하학적 구조를 보고 루이 14세는 엄청난 충격을 받았다. 소실점이 하나뿐인 원근법적 시선의 소유자가 자기 신하라는 사실을 견딜 수 없었다. 푸케는 갖가지 이유로 체포되어 종신형에 처해졌다. 루이 14세는 보르비콩트 성을 설계한 앙드레 르노트르André Le Nôtre, 1613~1700를

카유보트의 「발코니Un balcon, 1880」. 왕과 귀족들만의 소유였던 '원근법적 시선'을 근대 부르주아들은 발코니에서 누리게 됐다.

데려갔다. 그리고 보르비콩트 성과 같은 기하학적 구조를 갖지만, 규모는 몇 배나 더 큰 베르사유궁전을 지었다. 베르사유궁전 이후 유럽의 모든 군주는 원근법적 시선에 익숙한 프랑스 정원 설계사들을 초청하여 유사한 정원을 짓도록 했다. 발코니의 시선이 가져다주는 권력의 느낌에 매료된 것이다. 빈의 쇤브룬 궁전, 포츠담의 상수시 궁전 등등이 죄다 거기서 거기인 이유다.

파리의 근대 부르주아들도 열심히 발코니를 설치했다. 왕과 귀족들의 시선을 소유할 수 있는 발코니는 자신들의 신분 상승이 가장 확실하게 확인되는 곳이었기 때문이다. 물론 베르사유궁전 같은 규모의 성을 직접 지을 수는 없었다. 하지만 그들에게는 조르주 외젠 오스만Georges-Eugène Haussmann, 1809~1891 남작이 건설한 파리가 있었다. 기하학적 원리로 구조화된 파리에서는 도로변 어느 건물의 발코니에 서든 '원근법적 시선'이 가능했다.* 대로 양편에 심은 가로수는 원근법적 시선을 더욱 과장했다. 파리의 인상주의 화가들은 신흥 부르주아들의 감격을 화폭에 옮겼다. 특히 귀스타브 카유보트는 권력 공간으로서의 발코니를 가장 극적으로 잘 표현했다. 그는 발코니에서 파리의 오스만 대로를 내려다보는 부르주아들의 표정을 아주 다양하게 그려냈다.**

대중의 발코니, 만국박람회

부르주아들의 발코니는 누구나 소유할 수 있는 것이 아니었다. 노동자와 농민을 위한 주거 시설에 발코니가 포함된 것은 바우하우스의 '주거 기계' 개념 이후의 일이다. 또 한참을 기다려야 했다는 이야기다. 하지만 대중을 위한 '보다'의 모더니티는 엉뚱한 곳에서 펼쳐졌다. 이 또한 '유리'를 매개로 한 것이었다. 1851년 런던 만국박람회의 '수정궁'이다.

산업 진흥을 위한 박람회는 프랑스가 제일 먼저 시작했다. 1789년

* 조르주 외젠 오스만 남작이 파리를 개조한 것은 시위대의 바리케이드를 사전에 방지하려는 목적이었다는 이야기는 너무 진부하다. 발코니에서 내려다보는 시선의 발견은 오스만 남작의 파리 개조가 가져다준 놀라운 경험 중 하나였다(Lötscher & Kühmichel 2016, p. 131).

** 귀스타브 카유보트뿐만이 아니었다. 에두아르 마네의 「발코니Le Balcon, 1868~1869」, 프란시스코 고야Francisco Goya, 1746~1828의 「발코니의 마하들Majas al balcón, 1808~1814」 등도 발코니를 주제로 한 유명한 그림이다. 전환기 화가들은 '시선'의 의미를 가장 먼저 깨닫고 화폭에 옮겼다(Emons 2009, p. 30).

프랑스혁명 이후, 프랑스는 산업 진흥을 위한 공업 제품 전시회를 1798년 파리에서 개최했다. 박람회라는 지극히 자본주의적 행사가 탄생한 것이다. 단순한 상품 전시에서 벗어나 다양한 문화 장치를 도입한 대규모 행사였다. 파리의 산업박람회가 성공하자 오스트리아, 독일, 벨기에 같은 유럽의 이웃 나라들도 앞다투어 박람회를 열었다. 그러나 모두 국내용 행사였다. 당시 유럽 대륙에는 국제박람회를 자신 있게 열 수 있는 나라가 없었다. 영국은 달랐다. 당시 공업 제품의 양과 질에서 영국에 대항할 수 있는 나라는 없었다. 당연히 첫 번째 만국박람회는 영국의 몫이었다.130

1851년, 드디어 영국 런던에서 첫 번째 만국박람회가 열렸다. 공식 명칭은 '1851년 세계 산업 생산품 대박람회The Great Exhibition of the Works of Industry of All Nations of 1851'였다. 5월 1일부터 10월 15일까지 개최된 런던 만국박람회에는 명칭에 걸맞게 28개국이 참여했고, 총 관람자는 600만 명이 넘었다. 하루 평균 4만 명이 넘는 사람들이 박람회에 몰려들었다는 이야기다. 지방 곳

런던 만국박람회의 '수정궁'. 이 유리 건물을 설계한 이는 정원사이자 온실 설계사였던 조지프 팩스턴이다. 수정궁은 온실의 확장판이었다.

곳에서 런던으로 관람객들을 실어 나를 수 있는 당시 최고의 철도망을 갖춘 영국이었기에 가능했다.[131]

런던 만국박람회의 가장 인기 있던 전시품(?)은 '수정궁'이라 불렸던 전시 공간이었다. 벽돌 한 장 사용하지 않고 엄청난 양의 철골과 유리로 지어진 수정궁은 길이 563m, 너비 124m, 높이 33m의 거대한 건물이었다. 건물 안에는 커다란 느릅나무 세 그루가 있었고, 이 살아 있는 나무들 때문에 커다란 반원형 지붕이 만들어졌다. 이 건물을 설계한 이는 정원사이자 온실 설계사였던 조지프 팩스턴이다. 우연이 아니었다. 수정궁은 온실로 된 식물원의 확장판이었기 때문이다.[132]

유럽에서 식물원이 생겨난 것은 16세기 대항해시대 이후의 일이다. 남아메리카와 아프리카, 아시아의 식민지에서 대량의 낯선 식물이 유럽으로 들어오자 식물원이 만들어지기 시작했다. 이미 설명한 칼 폰 린네의 택소노미도 바로 이 식물원이 있었기에 가능했다. 열대식물들이 유입되면서 온도를 조절할 수 있는 유리로 된 온실이 발명됐다. 열대식물이 늘어나자 보다 큰 온실이 필요해졌다. 때마침 영국에는 철도와 다리 건설을 위한 철골 구조물이 증가하고 있었다. 온실 설계사들은 철골과 유리를 '편집'했다. 철골과 유리를 이용한 대형 온실 건축은 아주 효율적으로 진행됐다.[133] 대형 온실과 세계 각지의 식민지에서 들여온 다양한 식물을 체계적으로 분류한 식물원은 유럽의 세계 지배를 상징하는 것이었다.

'보다'의 모더니티는 대형 온실로 인해 또 다른 차원으로 발전한다. 분류학과 결합하면서 절대 왕조의 발코니가 갖고 있던 권력의 '원근법적 시선'과는 비교할 수 없는 차원의 '박물학적 시선'이 가능해진 것이다. 런던 만국박람회의 수정궁은 식민지에서 들여온 식물을 대상으로 실험한 박물학적 시선을 세계 각국의 문화와 산업 생산품으로 확대한 것이었다. 세계의 모든 물품을 분류하는 '박물학적 시선'은 메타권력이었다.

독일 역사학자 볼프강 쉬벨부쉬는 유리로 된 건축물의 문화사적 의미를 '휘발되어 사라짐Verflüchtigung'으로 요약한다.134 벽돌이나 돌로 지은 건물의 경우, 창으로 유입되는 빛 때문에 밝음과 어두움이 대조된다. 공간지각이 자연스럽다. 그러나 모든 대상이 그대로 드러나는 유리로 된 건물에서 사람들은 전혀 다른 감각적 경험을 하게 된다. 모두 '증발된다'는 것이다. 거리감도 없어지고, 방향감각도 상실한다. 당연히 한곳으로 수렴되는 원근법적 대비도 사라진다. 일관된 밝기의 빛으로 비추는 유리 건물 안의 모든 대상은 구체성을 상실한 추상적인 것이 되어버린다.

일직선으로, 그리고 규칙적인 속도로 달리는 열차 안에서 바라보는 파노라마 풍경이 추상적 운동으로 경험되는 것처럼, 유리 건물 안의 풍경은 추상적 빛의 공간이 되어버린다는 것이다. 이때 혼란을 바로잡기 위한 인위적이고 체계적인 분류가 긴급하게 요구된다. 분류와 편집을 위한 메타인지가 작동해야 하는 순간이다. 온실로 된 식물원에서 시작된 '박물학적 시선'은 수정궁 안의 대상들을 분류하면서 메타권력으로 체계화된다.

런던 만국박람회의 수정궁 내부는 원재료, 기계, 공업 제품, 조각 및 조형미술이라는 네 가지 범주로 분류됐다.* 1867년에 열린 파리 만국박람회에서는 분류가 훨씬 더 체계화됐다. 미술, 학술, 가구, 섬유제품, 기계, 원재료, 농업, 원예, 축산, 특별 전시라는 10개 부문으로 확대됐다. 아울러 출품 물품에 대한 '등급제'를 실시했다. 세계의 모든 물건을 추상적 체계로 분류하고, 이를 다시 등급에 따라 순서를 정했다는 이야기다. 예술품도 마찬가지 방식으로 분류됐다. 문제는 도대체 누가 분류하고, 누가 등급을 매기는

* 이 네 가지 범주는 '리옹 플레이페어의 분류 시스템Lyon Playfair's classification system'에 따른 것이다. 영국의 과학자이자 정치인이었던 리옹 플레이페어Lyon Playfair, 1818~1898는 우체국장을 역임하기도 했다. 그는 1951년 런던 만국박람회의 특별위원과 집행위원으로 일했다(Purbrick 2016, p. 47 이하).

1867년 파리 만국박람회의 내부 모습. 파리 만국박람회에서는 세계의 모든 물건을 추상적 체계로 분류하고, 이를 다시 등급에 따라 순서를 정했다. 문제는 도대체 누가 분류하고, 등급을 매기는가이다.

Les nouvelles

...rieure d'un pavillon

가이다.* 이 권력의 시선에 따라 전시는 방사형으로 펼쳐졌다. 방사형 분류에는 참가국의 크기와 힘이 중요한 기준이었다. 이처럼 이중, 삼중의 분류 체계가 투명한 공간 안에 편집됐던 것이다.

분류의 '박물학적 시선'은 이제 한 가지 과제만 남겨두고 있다. '발전'과 '진화'라는 분류 기준의 도입이다. 이 또한 철저하게 서구 중심적 권력의 시선이다. 이렇게 서구 모더니티는 '박물관'을 통해 구체화됐다. 조금 늦게 건립된 일본의 박물관에서는 '국수주의'라는 또 하나의 시선이 추가됐다.

* 예술품을 분류하고 등급을 매기는 이 숨겨진 메타적 시선에 대한 저항이 바로 '제체시온'이었다.

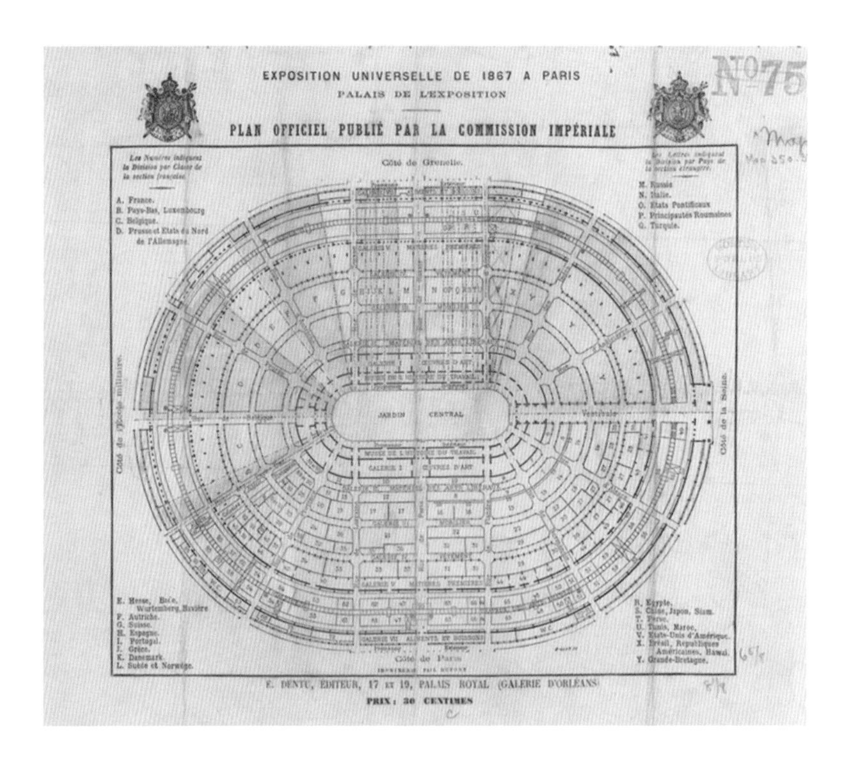

1867년 파리 만국박람회의 전시품 배치도. 전시품은 우연하게 배치되지 않는다. '권력의 시선'에 따라 '분류'된다.

Unit 115.

박물관과 시간 내러티브

물건은 '이야기'다!

모든 '물건'은 나름의 이야기를 갖는다. 예를 들어 우리가 매 순간 앉는 의자*라고 다 같은 의자가 아니다. 의자 등받이의 기울기는 시대마다 다르다. 계급에 따라 등받이의 기울기가 달랐던 시대도 있었다. 아무나 함부로 '뒤로 자빠지는 의자'에 앉을 수 있었던 것은 아니라는 이야기다. 팔걸이가 없는 의자는 여인들의 허리 아래를 과장하는 치마 때문에 만들어졌다. 엉덩이를 편하게 하는 쿠션이 의자와 결합한 것도 그리 오래된 일이 아니다. 단순히 쾌적함 때문이 아니다. 새로 등장한 '쾌락'이라는 문화적 가치 때문이다. 쾌락이라는 새로운 가치에 따라 '신체'를 대하는 인류의 의식 또한 변했다.135

공간과 그 공간을 채우는 물건은 한도 끝도 없는 '이야기', 즉 '내러티브narrative'를 동반한다. 인간은 이야기하는 존재다. 생각해서 이야기하는 것이 아니라 이야기하려고 생각한다. '의미'는 '내러티브'를 통해 구성되

* 왜들 그토록 '의자'에 집착했을까? 귀족들이나 근대 부르주아들만 그랬던 것이 아니다. 건축가들도 조금만 유명해지면 죄다 자기만의 의자를 디자인했다. 심리학적으로 '앉다'를 뜻하는 독일어 'sitzen'에서 그 이유를 추측해본다. 'sitzen' 앞에 '지속'을 강조하는 'be'를 붙이면 '소유하다'는 뜻의 'besitzen'이 된다. 'besitzen'의 과거분사 'besessen'은 '사로잡힌', '집착하는'의 뜻이 된다. 의자에 계속 앉아 있으면 '자기 것'이 되고, 시간이 지날수록 '집착'하게 된다는 이야기다. 의자는 곧 '소유'이며 '집착'이다.

기 때문이다. 19~20세기는 '시간의 시대'였다. 내러티브를 구성하는 의미를 시간의 흐름에서 찾고자 했다. 철학자들은 '존재'를 시간으로 설명하려고 했다. 심리학자들은 '개인의 발달'을 '나이'에 맞춰 구성했고, 역사학자들은 '사회 발전'을 '단계론'으로 풀어냈다. 시간의 흐름을 '발전', '발달', 혹은 '진화'로 설명하려 했다. 그러나 이 같은 '시간 내러티브'는 흥미롭게도 박물관이라는 구체적 공간에서 출발했다.*

박물관은 르네상스 귀족들이 지극히 개인적인 수집물을 전시하면서

* '진보'와 '발전'이라는 키워드를 장착한 '시간 내러티브'는 박물관 진열품으로 구현됐다(Bennett 1995, p. 177 이하).

우피치 미술관의 복도. 우피치 미술관에는 메디치 가문이 그동안 모아놓은 엄청난 양의 전시품이 진열되어 있다. 그러나 분류의 원칙이 애매하다.

시작됐다. 당시 이탈리아 귀족들은 자신들의 수집벽에 따라 구성된 자기 만족적 전시 공간을 '스투디올로studiolo'라고 불렀다. 자기 아이덴티티를 진기한 물건들로 확인하던 귀족들의 수집과 전시 취미는 메디치 가문의 우피치 미술관에서 전혀 다른 차원에 들어선다. 우피치 미술관에는 메디치 가문이 그동안 모아놓은 엄청난 양의 전시품이 진열됐다. 그 공간을 '갈레리아galleria'라고 불렀다. '과시' 또는 '전시'의 기능이라는 측면에서 볼 때 영어나 프랑스어의 '캐비닛cabinet', '살롱salon'도 비슷한 기능의 공간을 지칭하는 단어였다.[136]

독일 귀족들은 '분더카머Wunderkammer(경탄의 방)' 혹은 '쿤스트카머Kunstkammer(예술의 방)'라고 불렀다.[137] 말 그대로 온갖 예술품이나 신기한 물건이 가득 채워진 방에서 '경탄Wunder'이 절로 나온다는 것이다. 대항해시대가 시작되자 유럽 귀족들의 개인 박물관은 더욱 신기하고 놀라운 물건들로 채워졌다. 그러나 '박물관'이라고 부르기에는 아직 뭔가 부족했다. 박물관의 본질인 체계적 '분류'가 없었기 때문이다. 전시품들은 놀라웠지만, 전시의 원칙과 기준은 제각각이었다. 컬렉터의 개인적 안목에 의한 그저 신기한 물건의 집합소였다. '경탄'은 있었지만 '이야기'가 없었다. 바로 지루해졌다.

이야기의 시작은 1789년 프랑스혁명이었다. 혁명군은 교회와 왕궁, 그리고 귀족들의 저택에 남겨진 귀족들의 수집품들을 보았다. 이제까지 한 번도 본 적 없는 엄청난 물건들이었다. 혁명정부는 몰수한 수집품들을 전부 루브르 궁전에 몰아넣었다. 그리고 1793년 8월 10일,

분더카머. '경탄의 방'이라는 의미다. 그러나 분더카머에는 경탄만 있었지, '이야기'는 없었다. 분류가 체계적이지 않았기 때문이다.

루브르 궁전은 '공화국 중앙예술박물관Muséum Central des Arts de la République'으로 이름이 바뀌었고, 몰수된 수집품들이 일반인에게 전시됐다.* 수집품들이 이제는 '공화국 국민'의 것이 된 듯 보였다. 그러나 주인이 바뀌었다면 그에 합당한 '내러티브'가 있어야 한다. 전시품들은 '공화국 국민'의 것이 아니었다. 왕과 귀족들, 그리고 교회의 전시품들을 공화국의 이야기로 '분류'할 수 없었기 때문이다.

몇 년 지나지 않아 프랑스혁명을 배신한 나폴레옹 1세가 정권을 잡았다. '공화국 박물관'도 '나폴레옹 박물관Musée Napoléon'으로 이름이 바뀌었다. 박물관은 나폴레옹이 온갖 정복 전쟁에서 빼앗아 온 전리품들로 채워졌다. 내러티브 측면에서 봤을 때 '나폴레옹 박물관'은 '공화국 박물관'보다는 훨씬 풍부한 이야기를 갖고 있었다. 승승장구하던 나폴레옹 황제의 이야기가 차고 넘쳤기 때문이다.

'공화국'과 '국민'이라는 새로운 이름에 걸맞은 내러티브, 즉 공화국에 어울리는 전시품의 체계적 '분류'가 가능해지기까지는 시간이 조금 더 걸렸다. 드디어 찾아냈다. '진보로서의 역사'라는 내러티브다. 왕, 교회, 귀족의 수집가다운 안목과 자랑을 대체할 수 있는 새로운 분류의 토대는 '역사'였다. '역사'는 물론 고대부터 있었다. 그러나 프랑스혁명은 역사 서술의 주체와 대상의 근본적 변화를 요구했다. 왕과 교회의 역사가 아닌 '국민'을 중심으로 한 역사여야 했다.

프랑스혁명은 '국민국가nation state'라는 새로운 이야기의 주체를 탄생시켰다. '국가state'는 통치 체제를 말하고, '국민nation'은 그 통치 체제에 속한 구성원을 의미한다. 프랑스혁명은 국가의 주권이 국민에게 있음을 선언한 사건이었다. 그리고 그것은 역사 발전의 한 장면으로 설명됐다. 프랑스혁명

* 변신을 거듭하던 공화국 중앙예술박물관은 오늘날의 루브르 박물관Louvre Museum이 된다(Wood 2021, p. 176).

루브르 박물관 광장. 프랑스혁명 이후 설립된 루브르 박물관은 왕과 귀족의 내러티브를 대체할 새로운 이야기가 필요했다. '시간 내러티브'다.

이후의 역사는 이렇게 국민과 국가에 관한 이야기로 바뀌게 된다. 그 이야기가 구체적으로 구성되고 교육된 곳이 바로 '박물관'이었다.138

'역사'라는 시간 내러티브

박물관을 통해 구현된 새로운 역사는 발전과 진보의 '시간 내러티브'였다. 대항해시대를 통해 유럽인은 지구상에 셀 수 없이 다양한 민족이 존재한다는 것을 알게 되었다. 박물관에 전시된 타민족의 물건은 어떤 식으로든 설명돼야 했다. 체계적으로 분류돼야 했다는 이야기다. 아울러 비슷한 시기에 활발해진 고대 유물들의 고고학적 성과들도 설득력 있게 설명돼야 했다. 이때 나타난 내러티브가 바로 '진화론'이다. 장 바티스트 드 라마르크 Jean Baptiste de Lamarck, 1744~1829에서 찰스 다윈Charles Darwin, 1809~1882으로 이어지는 '생물학적 진화론'과 이를 확대한 '사회진화론'은 프랑스혁명 이후 '국민국가'로의 역사 발전을 설명해줄 새로운 내러티브가 간절했던 대중의 주목을 받게 된다. 자기 주변에서 일어나고 있는 엄청난 변화들의 '깔끔한 분류'가 가능했기 때문이다. '진화론'이라는 '직선적이고 누적적인 시간 내러티브'의 발명은 엄청난 지식 혁명이었다.*

다윈의 진화론은 생물학적 변화와 발전에서 '신'이라는 '비생물학적 요인'을 제거한 일대 사건이었다. 물론 다윈 이전에도 진화의 개념은 있었다. 그러나 생물의 진화와 발전은 언제까지나 신의 섭리와 목적하에서 가능한 것이었다. 다윈은 생물의 '적응'과 '자연선택'으로 그 변화를 설명했다. 신 없이 변화를 설명할 수 있는, 아주 새로운 형식의 '시간 내러티브'였던 것이다. 다윈의 진화론은 에른스트 헤켈Ernst Haeckel, 1834~1919의 '발생반복설'과 결합하면서 19세기를 지배하는 대중적 지식으로 자리 잡는다. 특히 "개체발생은 그 계통발생을 반복한다Die Ontogenese rekapituliert die Phylogenese"라는 헤켈의 '발생반복설Rekapitulationstheorie'은 이제까지 쉽게 분류되지 않던 현상들을 아주 간단명료하게 정리해줬다. 식물, 동물은 물론 지구상의 모든 민족을 이제 하나의 일목요연한 '시간 내러티브'로 '분류'할 수 있게 된 것이다.**

사실 발생반복설은 '새로운 것'의 출현을 설명할 수 없다는 결정적인 논리적 결함을 갖는다. 개체가 매번 종족의 발생을 반복한다면 도대체 새로운 개체가 어떻게 나타날 수 있는가를 설명할 방법이 없다는 이야기다. 그런데도 발생반복설이 시대를 설명하는 대중적 지식으로 자리 잡을 수 있었던 이유는 개체와 그 개체가 속한 집단의 발달 수준을 설명하는 내러티브의

* 프랑스혁명이 한참 진행 중이던 1793년, 파리에는 '국립 자연사 박물관Muséum national d'histoire naturelle'이 설립된다. 이 자연사 박물관 전시품 분류의 이론적 기초가 된 것은 장 바티스트 드 라마르크의 진화론이었다. 라마르크의 생물학적 진화론은 '앙시앵레짐Acient Regime'을 혁명으로 무너뜨리고 새로 탄생한 프랑스를 매우 설득력 있게 설명했다(Sydow 2012, p. 91 이하).

** 동물들의 배아 발생 과정을 그림으로 표현해 비교한 에른스트 헤켈의 스케치는 지금도 쉽게 볼 수 있다. 배아 발생 과정의 단순화는 사실의 왜곡으로 비판받았지만, 헤켈의 발생반복설은 자연의 진화는 물론 인간 역사의 발전까지 일목요연하게 설명하는 이론으로 19세기 박물관을 통해 대중에게 널리 퍼져나갔다(Sarasin & Sommer 2015, p. 160 이하).

단순명료함에 있다.*** 19세기가 '분류의 시대'였다면, 20세기는 '창조의 시대'였다. '분류'가 있어야 '창조'가 가능하다.

박물관의 수집품들은 발달과 진보의 논리에 따라 분류되기 시작했다. 문제는 도무지 분류할 수 없었던 회화, 조각 같은 예술품에도 이 같은 진보의 논리가 적용되기 시작했다는 것이다. '미술사'의 발명이다. 예술품도 이제 그 역사적 수준에 따라 분류되기 시작했다. 평범한 예술과는 구별되는, 더 '좋은fine' 수준의 '파인 아츠fine arts'도 생겨났다. 보다 진화한 예술품만이 박물관에 진열될 수 있는 특권을 부여받았다.

에른스트 헤켈. "개체발생은 그 계통발생을 반복한다"라는 헤켈의 발생반복설은 '새로운 것'의 출현을 설명할 수 없다는 논리적 결함을 갖는다. 그러나 그의 발생반복설은 식물과 동물은 물론 지구상의 모든 민족을 같은 방식의 '시간 내러티브'로 아주 간단히 '분류'할 수 있게 해주었다.

예술가들은 자기 작품이 박물관에 전시되기를 간절히 원했다. 문제는 도대체 누가 그 수준을 결정하고, 박물관에 전시할 수 있는 특권을 허락하느냐는 것이었다. 유럽의 각 도시에 박물관과 미술관이 설립될 때마다 전시되는 예술품의 선택과 분류를 결정하는 권한은 해당 도시의 예술 아카데미와 같은 기득권 단체에 주어졌다. 예술 아카데미는 예술 기법의 교육은 물론 미술품의 감정, 평가 및 미술사 서술의 권력을 독점했다. 19세기 말에서 20세기 초에 이르기까지 유럽의 각 도시에서 우후죽순으로 생겨난 제체시온들은 바로 박물관과 예술 아카데미 사이에 맺어진 감정·심사·전시의 '분류 카르텔'에 대한 도전이었다.

*** '발생반복설'은 오늘날에도 여전히 잘 기능하는 암묵적 지식이다. '인종차별' 같은 경우다.

Unit 116.

종합예술

독일 노래는 왜 재미없을까?

클래식 음악에서 성악곡은 이탈리아 오페라가 대세다. '벨칸토bel canto'니 '콜로라투라coloratura'니 하는 용어는 화려한 기교를 자랑하는 이탈리아 오페라 가수들의 목소리를 '찬양'하기 위해 만들어진 단어다. 이에 비해 독일 가곡 '리트Lied'의 인기는 상당히 처진다. 대중적 레퍼토리도 기껏해야 프란츠 슈베르트, 로베르트 슈만, 그리고 가끔 루트비히 판 베토벤 정도다. 독일 리트는 가사를 이해해야 제대로 된 감흥을 느낄 수 있다. 그러나 이탈리아 오페라 아리아는 가사를 몰라도 좋다. 멜로디와 가수의 목소리만으로도 충분히 감동적이다. 물론 디트리히 피셔디스카우나 이언 보스트리지Ian Bostridge, 1964~ 혹은 페터 슈라이어Peter Schreyer, 1935~의 목소리로 듣는 독일 리트도 매우 훌륭하다. 그러나 오페라 아리아의 화려함에 비하면 뭔가 초라하다. 왜 그럴까?

독일어 때문이다. 독일어 문장은 '크', '트', '흐' 같은 '격음'으로 끝날 때가 많다. 인칭에 따른, 혹은 시간에 따른 동사 변화가 '-t'나 '-st'로 끝나는 경우가 많기 때문이다. 명사도 침을 튀기며 발음해야 할 때가 많다. 조금만 힘주어 발음하면 '다그닥, 다그닥' 하는 '히틀러식 독일어'가 되고 만다. 사실 독일어는 예술가곡보다는 군가에 어울리는 언어다. 딱딱 끊어지기 때문이다. 독일 민속음악을 처음 들으면 군가처럼 들린다. 독일어에 비해 이탈리아어나 프랑스어는 레가토 같은 부드러운 성악적 발성에 유리하다. 당연히 다양한 감정을 표현하기에 이탈리아어나 프랑스어가 훨씬 편하다. 이 같은 독일어의 약점을 제일 먼저 깨달은 이가 리하르트 바그너다. 독일 오페라가 이탈리아나 프랑스 오페라의 인기를 따라갈 수 없는 본질적 이유가 독일어에 있었지만, 바그너는 슬쩍 다른 이유를 들이댄다. 이탈리아나 프랑스 오페라가 성악 위주이기 때문에 극의 진행과는 전혀 관계없는 성악가들의 기교에 의존한다고 비판한 것이다.

당시 오페라 내용은 대부분 식상한 소재였다. 누구나 그 결말을 예상할 수 있는 어린이 동화 수준이었다. 극의 진행은 사람들의 관심 밖이었다. 오로지 성악가들의 목소리만이 중요했다. 바그너는 오페라에서 "표현의 수단인 음악이 목적이 되고, 목적이어야 할 드라마가 수단이 되어버렸다"라고 한탄했다. 아울러 오페라에서 오케스트라가 성악을 보조하는 역할로 전락해버렸다고 지적했다. 대안으로 바그너는 드라마의 흐름이 중심이 되는 '음악극Musikdrama'을 제시했다.139 바그너는 드라마의 진행에 오케스트라 역할이 최적화된 사례로 베토벤의 《교향곡 9번》을 꼽았다. 성악과 오케스트라가 주종 관계가 아니라 서로 조화하며 드라마적 진행을 끌어낸다는 것이다.140

바그너의 음악극에서 의미 전달 수단은 '텍스트'다. 성악가의 아리아를 전면에 내세우는 선율 중심의 이탈리아 오페라와는 달리, 문학과 연극의 산문체 텍스트가 오케스트라와 조화를 이루는 형태가 되어야 한다고 바그너는 주장했다. 그러나 연극의 텍스트와 구별되는 음악적 텍스트는 리듬감을 가져야 한다. 이를 위해 바그너는 '슈탑라임Stabreim'으로 이뤄진 텍스트를 사용했다.141 '슈탑라임'이란 '두운법'을 의미한다. 예를 들면 '루스트 운트 라이트Lust und Leid(기쁨과 슬픔)', '프로 운트 프라이Froh und Frei(기쁨과 자유)'

바이로이트 페스트슈필하우스의 객석. 무대가 객석보다 아래에 있고, 객석이 부채꼴로 펼쳐진 바이로이트 페스트슈필하우스는 당시로서는 획기적인 구조였다.

같은 것들이다. 이렇게 두운법으로 문장을 만들면 문장의 악센트가 자연스럽게 리듬감을 만들어낸다. 독일어의 특성상 '각운법Endreim', 즉 단어의 끝으로 운을 맞추는 것은 앞서 설명했듯이 군가 같은 느낌을 준다. 풍요롭게 감정을 표현하기에는 한없이 부족하다.

바그너에게 '음악극'이 추구해야 할 궁극의 차원은 '종합예술Gesamtkunstwerk'이었다.* 바그너는 자신의 시대가 처한 상황을 총체적 난국으로 평가하며 예술을 통한 사회변혁을 꿈꿨다. 이때 바그너가 이야기하는 예술은 제각기 찢어져 서로 관계없이 소모되는 분열의 예술이 아니라 음악, 문학, 미술, 무용, 건축이 총망라된 '종합예술'이었다.

* 'Gesamtkunstwerk'를 단어 뜻 그대로 번역하면 '종합예술작품'이다. 그러나 의미상 '종합예술' 혹은 '총체적 예술'로 번역하는 것이 옳다. 이 책에서는 '종합예술'로 번역한다. '종합예술' 개념을 리하르트 바그너 이전에 사용한 사람은 독일 철학자 프리드리히 셸링Friedrich Schelling, 1775~1854이다. 신이 자연을 창조한 것처럼 인간도 '종합예술'을 창조해야 한다고 셸링은 주장했다. 셸링의 철학에 근거한 바그너의 '종합예술'은 '창조성'과 개념적으로 동의어라 할 수 있다(Hiss 2005, p. 10 이하).

바이로이트 페스트슈필하우스 무대구조 모형

바그너는 행운아였다. 자신이 꿈꾸던 종합예술을 '바이로이트 페스트슈필하우스Bayreuther Festspielhaus'라는 공간에서 구현할 수 있었기 때문이다. 바그너가 직접 설계에 관여한 바이로이트 페스트슈필하우스의 구조는 오늘날 관점에서 보면 아주 익숙한 형태이지만, 당시로서는 매우 획기적인 건축물이었다. 귀족을 위한 박스석과 발코니석이 무대 양쪽 2층, 3층으로 둥글게 이어지는 19세기 당시의 오페라하우스와는 달리, 바이로이트 페스트슈필하우스에는 모든 객석이 부채꼴로 펼쳐져 있다. 계단으로 이뤄진 객석은 무대에 집중하는 공간 구조로 되어 있어 관객은 바그너가 의도한 드라마의 진행에 자연스럽게 빠져든다. 오케스트라는 무대 앞쪽 바닥으로 들어가 있어서 관객이 볼 수 없다. 소리로 연기하는 오케스트라 본연의 역할에 충실하게 설계된 것이다. 이렇게 음악극이 건축과 같은 공간구성까지 포함하는 종합예술로 확장돼야 자신이 의도하는, 예술을 통한 사회혁명이 완성될 수 있다고 바그너는 생각했다.142

'종합예술'로서의 베토벤 전시회

'종합예술'에 대한 바그너의 집념을 개인적 욕망의 차원에서 해석하면 아주 흥미로운 전략이 드러난다. 권력 구조가 공고한 기존 체계에서 정점에 오르는 것은 무척 힘든 일이다. 최고가 되려면 새로운 영역을 만들어 내는 편이 훨씬 쉽다. 바그너는 기존 예술 분야를 통합하는 자신의 새로운 편집 영역을 '종합예술'이라고 표현했다. 에디톨로지 관점에서 보자면, 논리적 정당성은 물론 현실적 파괴력까지 갖는 아주 훌륭한 전략이었다.

백남준白南準, 1932~2006의 이야기대로 "게임을 이길 수 없다면 규칙을 바꿔야 한다". 바그너는 이탈리아, 프랑스 오페라와의 '게임'에서 승리할 가능성이 전혀 없어 보이자 종합예술이라는 새로운 '규칙'을 들고나온 것이다. 바그너의 음악극은 종합예술이라는 이 새로운 규칙으로 성공할 수 있었다. 그러나 그것은 단지 바그너 개인의 성공이었을 뿐이다. 이탈리아 오페라에 비해 바그너의 음악은 여전히 재미없다. 독일어와 독일 문화에 익숙하지 않다면 바그너의 음악은 참으로 많은 인내를 요구한다. 독일어 텍스트는 물론

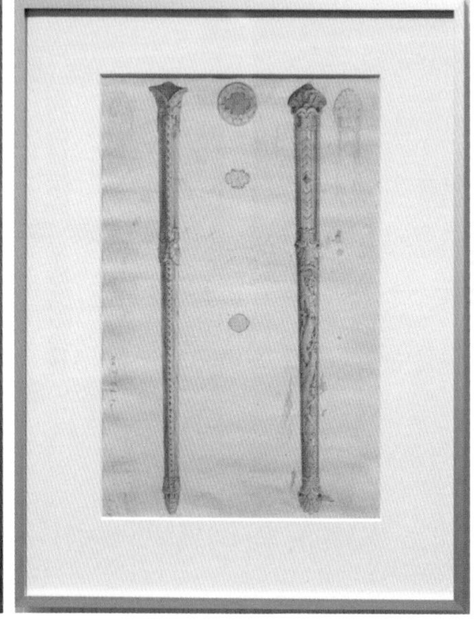

바그너의 초상(왼쪽)과 바그너가 사용했던 지휘봉(오른쪽). 바그너의 '종합예술'은 한계에 직면한 당시 예술가들의 탈출구였다.

슈탑라임 같은 언어의 리듬을 전혀 이해하지 못하는 이들이 몇 시간씩 지속되는 바그너 음악을 듣는 것은 거의 고문에 가깝다. 그러나 종합예술이라는 바그너의 창조적 에디톨로지는 음악보다는 미술 쪽에서 더 강한 파괴력을 갖는 패러다임이 된다. '빈 제체시온'과 '바실리 칸딘스키의 《청기사 연감》', 그리고 '발터 그로피우스의 바우하우스'가 바로 그 사례다.

규칙을 바꿔서 게임을 이기려는 바그너의 종합예술 전략을 가장 먼저 응용한 이들은 빈 제체시온이다. 박람회에서 시작된 분류가 박물관, 미술관으로 옮겨 오면서 예술품의 심사, 평가, 분류는 일상화됐다. 분류가 이뤄지기 위해서는 어떤 방식으로든 평가가 불가피하다. 문제는 평가 시스템이 제도화되는 순간 권력화한다는 것이다. 제체시온은 당시 제도화된 예술 아카데미-박물관-미술상이 독점한 심사-평가-분류의 카르텔에 대한 과감한 도전이었다. 그러나 새로운 '게임의 규칙'을 만드는 것은 그리 만만한 일이 아니었다.

구스타프 클림트와 더불어 빈 제체시온을 이끌던 요제프 호프만은 그 새로운 규칙을 바그너의 종합예술에서 찾아냈다.143 그 실험적 시도가 바로 1902년에 열린 제14회 빈 제체시온 전시회다. 호프만은 독일 조각가 막스 클링거와 함께 베토벤 서거 75주년을 기념하며 '베토벤 오마주'를 기획했다. 그리고 이 전시회에 그는 바그너의 종합예술 개념을 끌어들였다. 바그너가 그토록 찬양한 베토벤의 《교향곡 9번》을 주제로 음악, 미술, 조각을 포괄하는 '종합예술'을 실험했던 것이다.*

'베토벤 전시회Beethoven Ausstellung'는 파격적이었다. 전시장의 벽을 그

* 루트비히 판 베토벤의 신격화는 빈 제체시온의 '베토벤 전시회'를 계기로 절정에 이른다. 오늘날 우리가 갖는 베토벤의 이미지는 이때 완성된 것이다(Comini 2008, p. 388 이하). 그러나 이 베토벤은 리하르트 바그너가 해석한 '종합예술'의 선구자로서의 베토벤이다.

'살롱 걸기' 전시 방식

림으로 가득 채워서 전시하는 방식*을 탈피한 새로운 공간 실험이 행해졌다. 전시회 장소는 빈 제체시온에 참여한 예술가들이 주축이 되어 새로 건축한 황금색 돔의 건물이었다. 전시회 목표는 '종합예술'을 풀어서 설명한 '건축, 회화, 조각의 상호작용eine Interaktion zwischen der Architektur, der Malerei, und der Bildhauerkunst'이었다.

그리스비극을 모범으로 삼았던 바그너의 '종합예술' 구상에 따라 전시장은 그리스 신전 같은 '예술의 신전Tempelkunst'**144**으로 만들어졌다. 이 신전에 모셔야 할 예술의 신은 베토벤이었다.** 회화, 판화, 조각에 능통한 독일의 '종합예술가' 클링거가 제작한 「베토벤 좌상」은 대리석이나 청동 같은 다양한 재료로 수년에 걸쳐 만들어졌다. 공간 편집을 통해 구현되는 조각의 중요성을 설파해온 클링거의 평소 주장대로 제체시온의 전시실이 구성됐다. 「베토벤 좌상」은 제체시온 전시관의 중앙 전시실에 '모셔졌다'. 좌우 양쪽의 전시실에는 '예술의 신' 베토벤을 참배하기 위한 순례의 길이 마련됐다. 바로 이 순례의 길 한쪽 공간에 그 유명한 클림트의 「베토벤 프리즈」가 그려졌다.

* 벽 전체를 그림으로 채우는 방식을 '살롱 걸기Salonhänging'라고 부른다. 소통보다는 관람자를 압도하려는 전시 방식이다.

** 구스타프 말러는 이 베토벤 전시회의 오프닝에서 베토벤 《교향곡 9번》의 마지막 악장을 지휘하며 기꺼이 베토벤 찬양 대열에 합류했다. 말러는 베토벤의 합창을 리하르트 바그너의 바이로이트 축제를 모방하여 관악 앙상블로 변주했다(Weber 2016, p. 100 이하).

클링거의 「베토벤 좌상」. 빈 제체시온 예술가들에게 베토벤은 '종합예술'의 신전에 모셔야 할 '예술의 신'이었다.

Unit 117.

심리적 인간의 탄생

'벨 에포크'와 '팽 드 시에클'의 모순

"언제쯤이나 당신은 깨닫게 될까요, 비엔나가 당신을 기다린다는 것을When will you realize, Vienna waits for you?" 꽤 오래전에 유행한 빌리 조엘Billy Joel, 1949~의 노래다. 스트레스로 한숨만 팍팍 나올 때면 나는 오스트리아 빈의 아름다운 추억을 떠올리는 이 노래를 일부러 찾아 듣는다. 유럽의 많은 도시를 가봤지만, 내게는 빈이 가장 마음 편했다. 선조들의 유산으로 먹고사는 로마나 파리 같은 거만함이 없다. 빽빽한 느낌의 베를린이나 프라하 같은 도시들에 비해 빈은 아주 나긋나긋하다. 무엇보다도 도시 대부분을 천천히 산책하며 즐길 수 있다. 정치적·사회적 긴장이 빠져 있는 빈 특유의 미학 때문이다. 흥미롭게도 빈 특유의 이 나긋함은 세기말 오스트리아가 망해가며 형성됐다.

오스트리아의 기원은 신성로마제국이다. 이탈리아, 스페인에서부터 네덜란드, 헝가리, 보헤미아까지 펼쳐진 합스부르크 왕가의 신성로마제국은 13세기 말부터 수세기 동안 유럽에서 가장 큰 영토를 가진 나라였다. 1804년 나폴레옹 1세가 프랑스 황제로 즉위하며 프랑스제국을 선언하자, 이에 대항하여 합스부르크 왕가는 신성로마제국의 세습 영지들을 규합해 '오스트리아제국'을 선포한다. 그러나 나폴레옹과 전쟁하면서 기울기 시작한 오스트리아제국의 국운은 1866년 프로이센과의 전쟁Preußisch-Österreichischer Krieg에서 패하면서 급속히 쇠약해졌다.

당시 오토 폰 비스마르크의 프로이센은 게르만 민족들만의 '작은 독일kleindeutsch' 통일을 주장했지만, 오스트리아는 합스부르크 영토의 다양한 민족을 포함하는 '큰 독일großdeutsch' 통일을 주장했다. 그러나 '크기'는 명분

빈 슈테판 광장에 있는 슈테판 대성당. 제1차 세계대전이 발발하기 전, 빈은 '좋은 시절'과 '퇴폐의 세기말'이 혼재하는 모순의 도시였다.

일 뿐, 그 내용은 통일의 주도권 다툼이었다. 결국 1866년에 전쟁이 일어나고, 오스트리아는 불과 두 달을 못 버티고 패했다. 프로이센은 곧바로 이어진 프랑스와의 전쟁에서도 승리했다. 오스트리아를 따돌린 프로이센 주도의 독일제국이 1871년 프랑스 베르사유궁전에서 선포됐다.

오스트리아가 프로이센과의 전쟁에서 패하자, 그때까지 오스트리아제국에 속해 있던 민족들은 앞다투어 독립을 시도했다. 오스트리아는 그중에서 인구 비율이 가장 높은 헝가리인들과 가까스로 협상하여 '오스트리아·헝가리제국Österreich-Ungarische Monarchie'이라는 희한한 이중 제국을 세운다. 1867년의 일이다. 이때부터 제1차 세계대전이 일어날 때까지 50여 년의 기간을 사람들은 '벨 에포크', 즉 '좋은 시절'이라고 부른다. 유럽 대륙에 상당히 오랜 기간 전쟁이 없었고, 각 나라에서는 경제적 부흥이 일어난 시기였기 때문이다. 흥미롭게도 같은 시기를 '팽 드 시에클Fin de Siècle'이라고 부

로스가 디자인한 카페 하벨카. 빈의 카페는 종합예술의 실험실이었다. 예술과 학문의 경계를 뛰어넘는 열띤 토론이 끊임없이 이어졌다.

르기도 한다. '세기말'을 뜻하지만 '퇴폐' 또는 '쇠락'을 의미하는 '데카당스 Décadence'의 암울한 시기라는 뜻이다.145

'벨 에포크'와 '팽 드 시에클', 이 두 단어는 서로 모순적이지만 당시 유럽 전체의 상황을 잘 표현한다. 특히 오스트리아·헝가리제국이라는 '이중 제국'의 수도였던 빈은 '좋은 시절'과 '세기말'이 혼재된 '이중 운명'이었다. 근대 부르주아 자유주의와 황제의 제국이 공존하는 이 어색한 체제는 제1차 세계대전이 일어나면서 막을 내렸다. 그러나 이 시기에 잉태된 '빈 모더니즘 Wien Moderne'이라 불리는 독특한 문화적 실험들은 오늘날에도 다양한 방식으로 그 흔적을 남기고 있다. 앞서 설명한 경계를 뛰어넘는 새로운 종류의 편집 방식, 즉 '종합예술'이 바로 그것이다.146

19세기 말, 빈에는 다른 유럽의 대도시에서는 경험할 수 없는 '지식 공동체'가 존재했다. 의학, 미술, 건축, 음악, 디자인, 철학의 경계를 뛰어넘는 지식인들의 모임이다. 빈에서 활동하던 지식인들은 수시로 뒤엉켜 토론을 벌였다. 12음 기법의 무조음악으로 현대음악의 혁명을 일으킨 음악가 아널드 쇤베르크를 둘러싼 모임이 그랬다. 쇤베르크는 스스로 화가를 자처했다. 뮌헨과 빈을 오가면서 바실리 칸딘스키를 비롯한 청기사파 회원들과 수시로 어울렸다. 청기사파 전시회에 자기 그림을 출품하기도 했다. 건축가 아돌프 로스는 쇤베르크의 절대적 추종자였다.* 이들은 지식만 교류한 것이 아니다. 사랑도 서로 얽혔다.

쇤베르크는 오스트리아 표현주의를 대표하는 젊은 화가 리하르트 게르스틀Richard Gerstl, 1883~1908에게서 그림을 배웠다.147 둘은 당시 최고의 지휘자였던 구스타프 말러와도 자주 어울렸다. 하지만 심각한 문제가 생겼다. 게르스틀이 쇤베르크의 아내 마틸데 쳄린스키Mathilde Zemlinsky, 1877~1923와 사

* 아널드 쇤베르크는 가구를 직접 제작하기도 했다. 쇤베르크의 가구에서는 장식을 철저하게 배제하는 아돌프 로스의 영향을 엿볼 수 있다(Bruhn 2015, p. 14).

게르스틀의 「반신 누드의 자화상Selbstbildnis als Halbakt, 1904~1905」. 그의 그림은 비슷한 시기의 클림트나 실레의 그림과는 또 다른 차원의 울림을 준다.

랑에 빠진 것이다.* 심지어는 두 사람이 사랑을 나누는 현장을 쇤베르크가 목격하는 사태까지 벌어졌다. 쇤베르크는 자녀들을 생각해서 가족에게 돌아오라고 간곡히 마틸데를 설득했다. 자살하겠다고 마틸데를 협박하기도 했다. 마틸데가 쇤베르크에게 돌아가자 게르스틀은 자기 그림들을 불태우고 거울 앞에서 목을 맨다. 자살에 실패할 것이 두려워 칼로 배를 찌른 후였다.**

프로이트보다 더 프로이트적이었던 슈니츨러

빈 지식인들의 전방위적 교류와 관련해 쇤베르크는 단지 한 예에 불과하다. 당시 빈의 과학자, 화가, 의사, 언론인들은 살롱과 카페하우스Kaffeehaus에서 수시로 만났다. 지금도 카페 첸트랄Café Central이나 카페 란트만Café Landtmann 같은 빈의 카페하우스들은 당시 단골손님들의 흔적을 자랑하고 있다. 유럽의 다른 도시에서 볼 수 없었던 이 같은 폭넓은 '학제적interdisciplinary' 교류가 빈에서는 어떻게 가능했을까?

이와 관련해 프랑스나 영국 부르주아들과 달리 봉건적 귀족정치를 스스로 청산하지 못한 오스트리아 부르주아들의 한계를 지적하는 칼 쇼르스케Carl Schorske, 1915~2015의 설명을 살펴볼 필요가 있다. 쇼르스케는 19세기

* 마틸데 쳄린스키는 아널드 쇤베르크의 친구이자 스승이었던 알렉산더 폰 쳄린스키Alexander von Zemlinsky, 1871~1942의 여동생이다. 알렉산더 폰 쳄린스키는 알마 쉰들러와 사랑에 빠졌으나 알마 부모의 반대로 헤어졌다. 알마는 쳄린스키와 헤어진 후 구스타프 말러와 결혼했다. 말러도 쇤베르크처럼 발터 그로피우스와 바람난 아내 알마에게 가정으로 돌아오라고 간절히 설득했다. 쇤베르크는 자기 아내에 관해 알마와 의논하기도 했다. 참으로 흥미로운 빈의 부부 관계다(McCoy et al 2019, p. 8 이하).

** 리하르트 게르스틀의 남겨진 그림은 대부분 빈의 레오폴트 미술관Leopold Museum에 전시되어 있다.

프란츠 요제프 1세가 30여 년에 걸쳐 건설한 링슈트라세. 링슈트라세를 둘러싼 고딕·르네상스·바로크풍 건물들은 나폴레옹 3세의 파리 개조를 능가하는 업적으로 여겨졌다.

중반의 오스트리아 부르주아는 독자적인 정치적·문화적 노선을 개척하지 못하고, 기존 귀족계급에 동화되려는 모습을 보였다고 비판한다.148

1848년, 유럽을 휩쓸었던 자유주의 혁명이 오스트리아에도 밀어닥쳤다. 그러나 오스트리아의 혁명 세력은 군주제를 타파하기에 뒷심이 약했다. 18세의 나이에 황제가 된 프란츠 요제프 1세는 군주제와 공화제 사이에서 아슬아슬한 줄타기를 하면서 제국을 유지해나갔다. 다양한 개혁적 정책을 펼쳐나가던 프란츠 요제프 황제가 던진 신의 한 수는 '링슈트라세 Ringstraße' 건설이었다. 그는 1858년부터 빈 외곽의 방어용 성곽을 철거하고 그 자리에 링슈트라세라는 순환도로를 설치했다. 도로 주변에는 박물관, 제국의회 의사당, 오페라하우스같이 국가를 대표하는 기념비적 건물들이 다양한 양식으로 한꺼번에 건설됐다. 이후 약 30년에 걸쳐 세워진 링슈트라세 주변의 고딕·르네상스·바로크풍 건물들은 나폴레옹 3세의 파리 개조를 능가하는 업적으로 여겨졌다. 황제의 배려에 감동한 오스트리아 부르주아들은 황제를 아버지처럼 여기며 충성을 다짐했다. 정치에 대한 부르주아들의 무관심은 연극과 음악 같은 공연 예술에 대한 과도한 관심으로 옮겨 갔다. 빈 특유의 심미안은 이런 맥락에서 형성된 것이다.149

스스로 만들어내지 못한 풍요로움을 즐기며 화려한 귀족 문화를 흉내 내던 이 허약하고 위선적인 오스트리아 자유주의자들의 자녀들이 성인이 되던 1890년대가 되자 상황은 급속하게 달라졌다. 자녀들은 벼락부자 같은 아버지 세대를 부끄러워하기 시작했다. 아버지 세대가 어설프게 얻어낸 자유주의적·합리적 가치들을 거부하기 시작했다.150

경계를 뛰어넘는 다양한 교류는 아버지들이 구축한 체제에 저항하는 아들들의 특권이었다. 이때부터 '융Jung(젊음)'이라는 단어가 기존 질서에 대한 거부와 혁신의 상징처럼 사용되기 시작했다. 1891년에는 후고 폰 호프만슈탈Hugo von Hofmannsthal, 1874~1929, 아르투어 슈니츨러, 카를 크라우스 등이 주도하는 '청년-빈Jung-Wien'이라는 문학 그룹이 결성되기도 했다.151 이들 중에서 특히 슈니츨러의 행보가 흥미롭다.

빈 의과대학 출신의 소설가 슈니츨러는 '자유연상'이라는 정신분석학의 방법론을 창안했다.

소설가가 되기 전, 슈니츨러는 당시 유럽 최고의 수준을 자랑하던 빈 의과대학을 다녔다. 이때 함께 공부한 이가 바로 정신분석학의 창시자 지크문트 프로이트다. 젊은 아들들의 반란에 '아들이 어머니를 두고 아버지와 경쟁한다'는 '오이디푸스 콤플렉스'라는 개념을 만들어낸 프로이트까지 빈의 '젊은이 그룹'에 합세했다. 소설가 슈니츨러와 정신분석학자 프로이트의 이념적 결합은 폭발적 결과로 이어졌다. 아버지 세대가 구축한 '합리적 인간'과는 정반대의 '심리적 인간homo psychologicus'152이 창조된 것이다. '심리적 인간'은 성적 본능과 끊임없이 갈등하는 인간이었다. 이전 역사에서 한 번도 존재한 적이 없었던 심리적 인간이 빈의 경계를 뛰어넘는 지식 교류를 통해 편집되어 만들어진 것이다. 그들에 관한 온갖 '불륜' 소문은 덤이었다.

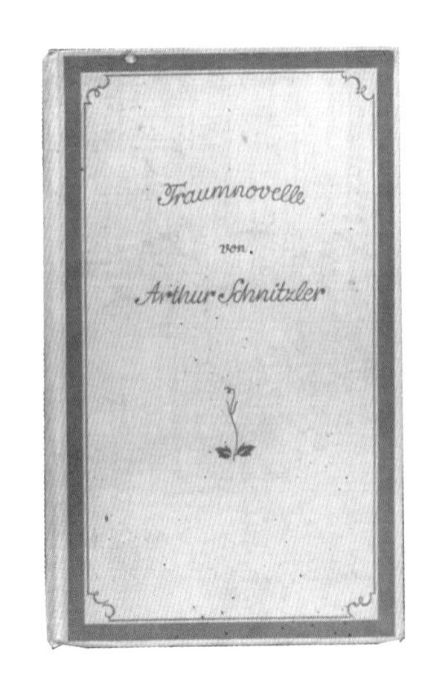

슈니츨러의 소설 『꿈 이야기』 표지

슈니츨러는 프로이트에게서 '꿈의 해석'*이라는 방법론을, 프로이트는 슈니츨러에게서 '자유연상'이라는 방법론을 빌려갔다.** 슈니츨러와 프로이트가 창조해낸 이 심리적 인간을 2차원 화면에 시각적으로 구현한 사람이 바로 빈 제체시온의 리더였던 구스타프 클림트다. 아버지 세대가 구조화한 분류의 속박으로부터 자유롭고 싶었던 빈 청년들의 오이디푸스적 반란은 '심리적 인간'의 정신분석학적 구성과 더불어 이 '심리적 인간'을 경험적으로 표현하려는 빈 제체시온의 종합예술로 이어졌던 것이다.

* 톰 크루즈Tom Cruise, 1962~가 주연한 스탠리 큐브릭Stanley Kubrick, 1928~1999 감독의 영화 〈아이즈 와이드 셧Eyes Wide Shut, 1999〉 원작은 아르투어 슈니츨러가 1926년에 발표한 『꿈 이야기Traumnovelle』다.

** '꿈'이나 '자유연상'과 관련해서 아르투어 슈니츨러와 지크문트 프로이트는 누가 먼저라고 하기 힘들 정도로 비슷한 시기에 동일한 입장을 표명했다. 그러나 여성의 '심층'을 분석하는 데는 슈니츨러가 한 수 위였다. 슈니츨러의 소설에 등장하는 여성의 목소리는 프로이트의 분석에서보다 훨씬 더 급진적이었고, 에로틱했다. 물론 슈니츨러는 프로이트와 비교할 수 없을 정도로 바람둥이였다(캔델 2014, p. 111 이하).

Unit 118.

베토벤 전시회와 감각의 교차편집

부바-키키 효과

얼굴과 이름이 걸맞지 않은 경우가 자주 있다. 우락부락하게 생긴 건장한 남자가 '윤영'같이 동그라미가 잔뜩 들어간 부드러운 이름을 가진 경우다. 아주 당황스럽다. 일반적으로 소리와 형태는 서로 조응하기 때문이다. 약 100년 전, 독일의 게슈탈트 심리학자 볼프강 쾰러Wolfgang Köhler, 1887~1967가 이 현상을 실험으로 확인했다.153 '별처럼 날카로운 모양'과 '구름처럼 둥글둥글한 모양'의 두 그림을 주고, 어느 쪽이 '말루마Maluma'이고, 어느 쪽이 '타케테Takete'인가를 맞혀보라고 했다. 물론 '말루마'와 '타케테'는 쾰러가 임의로 만들어낸 단어다.

90% 이상의 피험자들이 '별 모양'을 '타케테'로, '구름 모양'을 '말루마'로 연결했다. 2001년, 미국 캘리포니아대학 뇌인지연구소 교수인 빌라야누르 라마찬드란Vilayanur Ramachandran, 1951~이 학생들을 대상으로 이 실험을 다시 시행했다.154 이름은 조금 달랐지만 느낌은 거의 동일한 '키키Kiki'와 '부바Bouba'로 했다. 95% 이상의 학생들이 '별 모양'을 '키키'로, '구름 모양'을 '부바'로 연결했다. '키키'라는 날카로운 소리는 뾰족한 모양과, '부바'라는 부드러운 소리는 둥근 모양과 연결된다는 것이다. 인도에서도 동일한 결과가 나왔다. 문화 차이가 없다는 이야기다. 이른바 '부바-키키 효과Bouba-Kiki

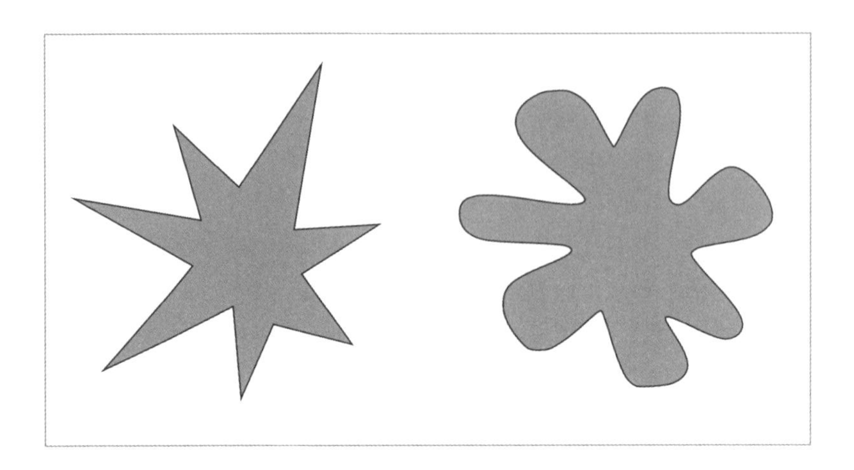

'부바-키키 효과'. 거의 모든 사람이 왼쪽 '별 모양'은 '키키'와, 오른쪽 '구름 모양'은 '부바'와 연결했다. 청각과 시각이 어떠한 방식으로든 서로 관련된다는 이야기다.

effect'다.

시각과 청각 등의 감각이 서로 상호작용을 하는 '감각의 교차편집'이 아주 특별한 방식으로 나타나는 것을 '공감각'이라고 한다.* 숫자를 볼 때 색이 동시에 보이거나, 특정 소리를 들었을 때 냄새를 경험하는 것 같은 현상이다. 피아니스트 프란츠 리스트나 화가 바실리 칸딘스키와 같은 예술가들의 경우다. 이들이 탁월했던 이유는 공감각 능력 때문이다.155 하지만 라마찬드란은 '부바-키키 효과' 같은 낮은 단계의 '감각의 교차편집'은 거의 모든 사람에게 일어나며, 인간의 의사소통을 가능케 하는 기본 기제가 된다고 주장한다.

비슷한 주장이 정반대 맥락에서도 제기된다. 라마찬드란의 뇌과학과는 정반대 진영에 있다고 할 수 있는 정신분석학자 대니얼 스턴은 기쁨이나 슬픔처럼 개념적으로 정의되는 '범주적 정서categorial affect'와 구별되는 '활

* 교육을 통한 '공감각'의 구현이 바우하우스의 교육목표였다(Unit 93 참조).

력 정서vitality affect'라는 개념을 제시한다.156 몸짓, 표정, 말투의 속도나 강약 혹은 양상과 관계된 개념이다. 살아 있는 동물의 모든 움직임은 이 같은 활력 정서를 동반한다. 아기가 태어나면 자신을 대하는 부모의 마음을 활력 정서를 통해 경험한다. 이때 아주 흥미로운 현상이 일어난다.

같은 느낌이지만, 활력 정서의 양상이 서로 다른 경우다. 아기는 표정으로 기쁨을 표현하지만, 어머니는 몸짓 혹은 목소리로 아기의 감정을 흉내 낸다. 반대로 아기가 어머니의 목소리를 몸짓으로 흉내 내기도 한다. 정서의 내용은 동일하지만 그 표현의 양상이 시각적·청각적, 혹은 촉각적 차원을 달리하며 상호작용을 하는 것을 스턴은 '정서 조율affect attunement'이라 개념화한다. 아동의 발달에서 이 경험은 매우 중요하다. 나와 다른 사람이 동일한 감정을 느낀다는 '상호주관성intersubjectivity'의 발달심리학적 기초가 되기 때문이다.157

감각의 '교차 조율cross-modal attunement'과 관련된 이 원초적 상호작용은 인간의 커뮤니케이션은 물론 예술적 경험의 심리학적 토대가 된다. 상호작용에서 경험된 감각의 교차 조율이 발달 과정에서 내면화되어 감각의 교차편집이 가능해진다는 이야기다.** 전통적 예술 개념으로는 분류하기 어려운 오늘날의 예술 작업들은 바로 이 감각의 '교차편집'에 집중하는 경우가 대부분이다. 특히 청각과 시각의 교차편집, 즉 '음악의 시각적 이미지화'는 세기말 제체시온 예술가들의 관심이 집중됐던 주제다.

** 감각의 교차편집은 상호작용에서 일어나는 감각의 교차 조율이 내면화된 결과다. 레프 비고츠키에 따르면 인간의 모든 고차적 정신 현상은 '타인과의 상호작용inter-psychological relations'에서 먼저 나타나고, 이후 각 개인의 '내적 심리 기능inner-psychological functions'으로 발달한다(Kozulin 1999, p. 179 이하).

클링거와 클림트의 베토벤

리하르트 바그너의 '종합예술'에 관한 개인적 구상은 바이로이트 페스트슈필하우스의 건축으로 일단락됐다. 그러나 바그너가 죽은 후, 유럽의 여러 예술가가 예술의 각 경계를 뛰어넘는 종합예술의 혁신적 실험을 계속했다. 라이프치히의 막스 클링거는 조각, 음악, 회화의 교차편집을 통해 바그너의 종합예술이 어떻게 가능할까를 다양하게 실험했다.158 「베토벤 좌상」으로 당시 유럽 전체를 떠들썩하게 했지만, 클링거는 이미 판화와 회화로도 이름을 날리고 있었다. 조각과 수공예의 결합을 시도하며 독일 유겐트슈틸의 시작을 알리기도 했다.

클링거는 아르투어 쇼펜하우어, 프리드리히 니체를 비롯한 당대의 철학은 물론 문학에도 깊은 관심을 가졌다. 그러나 종합예술을 실험하기에는 음악이 훨씬 즐거웠다. 클링거는 자신보다 스물네 살 많은 요하네스 브람스의 열정적 팬이었다. 1894년, 클링거는 브람스의 60회 생일을 축하하면서 그의 《운명의 노래Schicksalslied》를 비롯한 다양한 곡을 주제로 판화 41점을 제작했다. 그리고 이 판화집에 '브람스 판타지Brahmsphantasie'라는 이름을 붙였다.159 당시로서는 아주 낯선 '청각과 시각의 교차편집'을 시도한 작업이었지만, 음악사나 미술사에서 크게 관심을 끌지는 못했다. 시대를 너무 앞서갔던 것이다. 그 이듬해에 브람스는 이에 대한 화답으로 《4개의 엄숙한 노래Vier ernste Gesänge》를 클링거에게 헌정했다.160 클링거의 관심은 여기서 그치지 않는다.

뮌헨 제체시온이 결성되던 1892년, 클링거는 베를린에서 독일 인상주의를 대표하는 화가 막스 리베르만과 함께 '엘프XI' 그룹을 결성했다.161 베를린 제체시온의 모태가 되는 '엘프' 그룹은 황제 빌헬름 2세의 강력한 후원을 받던 '베를린 예술가협회'에 대항하기 위해 모인 11명의 미술가를 지칭한다. 이들이 모인 계기는 당시 안톤 폰 베르너Anton von Werner, 1843~1915 같은 역사화 화가들 중심의 베를린 예술가협회가 인상주의 같은 새로운 미술의 흐름을 받아들이지 않았기 때문이다. 이 11명 중에서 클링거는 특별히 눈에 띄는 화가였다. 그가 다루는 그림의 주제는 심상치 않았다. 독일제국의 이상적 세계와는 전혀 어울리지 않는 비합리적 인간을 다뤘다. 그의 에로틱한 작품은 퇴폐적이며 역겨운 것으로 비난받았다.

사랑과 인생, 그리고 성적 환상과 꿈에 관한 클링거의 작품은 당시 사람들에게는 충격적이었다. 특히 길에서 주운 여인의 장갑 때문에 잠 못 이루는 사내를 다룬 '주운 장갑에 관한 패러프레이즈Paraphrase über den Fund eines Handschuhs, 1877~1878' 판화 연작은 클링거의 집요한 페티시즘을 보여준다.162 빈에 구스타프 클림트와 지크문트 프로이트가 있었다면, 라이프치히

청각의 시각적 이미지화를 시도한 클링거의 '브람스 판타지' 연작 중 한 점. 그림에 나타난 클링거의 성적 판타지는 당시 독일 사회에 큰 충격을 주었다.

클링거. 오스트리아 빈에 프로이트(심리학)와 클림트(회화)가 있었다면, 독일 라이프치히에는 분트(심리학)와 클링거(회화 및 조각)가 있었다.

에는 빌헬름 분트와 막스 클링거가 있었다. 시기적으로는 분트와 클링거가 조금 앞선다. 클링거가 있었기에 클림트도 있었다는 이야기다. 클링거가 태어나서 주로 활동하던 당시의 라이프치히는 근대적 의미의 심리학이 탄생한 곳이다.

젊은 클링거는 라이프치히대학의 분트와 그의 동료들을 통해 심리학이라는 새로운 학문에 깊이 빠져들었다. 클링거는 분트의 두상을 조각하여 그의 80세 생일에 선물하기도 했다.163 특히 클링거가 수시로 표현하고자 했던 꿈과 무의식, 그리고 이를 통해 매개되는 상징의 세계는 당시 라이프치히대학 심리학자들의 중요한 관심사 가운데 하나였다.164 꿈과 무의식의 심리학이 프로이트만의 창작물이 아니라는 이야기다.

빈 제체시온의 '베토벤 전시회'는 클링거를 위한 잔치였다. 「베토벤 좌상」은 그가 1886년부터 16년에 걸쳐 고민해온 음악, 미술, 철학, 그리고 심리학을 편집한 '종합예술'의 결실이었다. 특히 베토벤과 바그너의 음악을 판화, 회화, 조각으로 구현하려 했던 감각의 교차편집에 관한 실험이 완성되는 순간이었다. 빈 제체시온 전시관은 클링거의 조각이 전시되기에 최적화된 공간이었다. 클링거와 마찬가지로 바그너의 '종합예술'에 깊이 공감하고 있던 요제프 마리아 올브리히가 설계한 빈 제체시온 전시관은 전시 내용에 따라 언제든 공간을 '편집'할 수 있는 구조로 지어졌다.165 빈 제체시온의 또 다른 핵심 구성원인 요제프 호프만은 베토벤 전시회의 전시 방식과 내부 장식을 총감독했다.166 클링거와 호프만이 꿈꾸는 '종합예술'을 구현하기 위해 21명의 빈 제체시온 예술가들이 전시관 내부를 구분하여 책임졌다.

개막식 또한 시각과 청각의 교차편집을 위한 실험장이었다. 구스타프 말러가 베토벤의 《교향곡 9번》 4악장을 편곡해 연주한 것은 클링거의 특별한 부탁 때문이었다.[167] 빈의 신문들은 클링거의 「베토벤 좌상」에 대해 연일 보도했고, 빈 제체시온 전시관을 찾은 관람객은 날마다 신기록을 세웠다. 그러나 오늘날 클링거의 베토벤을 기억하는 이는 별로 없다. 빈 제체시

올브리히가 설계한 빈 제체시온 전시관 외부. 전시 내용에 따라 언제든 공간을 '편집'할 수 있게 지어졌다. 이곳에서 열린 베토벤 전시회는 바그너의 계보를 잇는 '종합예술'이었다.

온 전시관의 주인공은 클림트였다.

지금도 빈 제체시온 전시관을 찾는 이들은 클림트의 「베토벤 프리즈」를 둘러보며 감탄한다. 클림트의 「베토벤 프리즈」 역시 베토벤 《교향곡 9번》을 회화로 변환한 감각 교차편집의 결과물이었다. 사실 「베토벤 프리즈」는 중앙 전시실에 위치한 클링거의 「베토벤 좌상」을 경배(!)하기 위해 왼쪽 전시실의 세 벽면에 걸쳐 그려졌다. 클링거의 조각을 보기 전에 마음을 가다

오늘날 복원된 빈 제체시온 전시관 내부의 「베토벤 프리즈」. 클림트의 「베토벤 프리즈」는 클링거의 「베토벤 좌상」을 예배하기 위해 거쳐 가야 하는 복도의 장식이었다. 그러나 오늘날 빈 제체시온 전시관에서는 클링거의 「베토벤 좌상」은 잊히고, 클림트의 「베토벤 프리즈」만 기억된다.

듣으며 거쳐 가야 하는 복도의 장식(!)에 불과했다는 이야기다. 빈 최고의 화가 클림트는 클링거의 「베토벤 좌상」을 빛나게 하는 이 보조 역할을 기꺼이 떠맡았다.

복원된 클림트의 「베토벤 프리즈」 일부

Unit 119.

빈 모더니즘과 자아의 편집

'잡종'이 창조적이다!

미국이 사뭇 헤매는 듯 보이지만 팍스 아메리카나Pax Americana는 앞으로도 상당 기간 지속될 것이다. '미국이 왜 강한가?'에 관한 질문에 여러 대답이 가능하겠지만, 문화심리학자로서 내 대답은 '잡종성hybridity'이다. 미국은 이민 국가다. 왕과 황제, 귀족들의 국가가 해체되고 '민족'이라는 새로운 주체를 기반으로 한 '국민국가'가 세계사의 대세가 되고 있을 때, 미국은 세계 각지에서 새로운 희망을 품고 아메리카 대륙으로 건너온 이민자들이 창조한 아주 특이한 '잡종 국가'다. 미국을 구성하는 이민자들은 하나의 '민족folk 또는 race'이 아니라 단어 그대로의 '국민nation'이다. 오늘날 세계 경제를 이끄는 창조적 IT 기업들은 대부분 미국 기업이다. 애플, 테슬라, 구글 등등. 이들 기업의 구성원은 어느 특별한 문화나 인종으로 환원될 수 없다. 다양한 문화적 배경을 가진 이들이 서로 부딪치고 갈등하며 오늘날의 미국식 혁신을 가능케 했다.

반복해 강조하지만, 창조는 편집이다. 편집이 가능하려면 편집의 재료가 다양해야 한다. 2개의 재료만으로 가능한 편집은 단 하나뿐이다. 재료가 다양할수록 다양하게 편집할 수 있다. 미국이 여전히 강한 이유는 바로 이 편집의 재료가 아주 다양하기 때문이다. '잡종성'을 포기하는 순간, 미국의 리더십은 끝난다. 그래서 미국 주류의 '백인 중심주의'가 한심한 것이다. 아무리 용을 써도 오늘날 중국이 미국을 앞설 수 없는 이유도 마찬가지다. 다민족 사회이지만 문화적 다원성을 절대 인정하지 않는 중국이 미국을 대신하여 글로벌 리더십을 발휘할 가능성은 없다. 인구를 무기로 경제적 협박이나 일삼는, 주변국들에 대한 중국의 태도를 보면 중국이 앞으로 가야 할 길은 멀어도 아주 멀다.

세기말 빈이 혁신적 문화의 중심지가 되었던 이유도 바로 '잡종성'에 있었다. 당시 동유럽과 서유럽 변방의 다양한 인종이 죄다 빈에 몰려들었다. 급격한 속도의 산업화, 도시화로 인해 빈으로의 대규모 인구 유입이 일어났다. 자유주의 중심지였던 빈으로 인구가 유입되는 데 그리 큰 저항은 없었다. 그 결과, 빈은 당시 유럽에서 이민자 비율이 가장 높은 도시가 되었다. 특히 유대인의 유입은 특별했다. 1867년, 유대인은 오스트리아·헝가리제국에서 오스트리아인과 동일한 시민권을 갖게 되었다. 이때 이미 빈에는 유대인이 4만 명이나 살고 있었다. 19세기 말이 되면 빈의 유대인 인구는 10만 명을 훌쩍 넘는다. 유대인의 교육열은 특별해서 1912~1913년의 오스트리아 전체 대학 재학생 중 유대인 비율이 20%에 이르게 된다.[168]

당시 유대인들은 주로 자연과학이나 의료 분야에서 활약했다.* 역사가 짧고 새롭게 발전하는 분야일수록 진입 장벽이 낮았기 때문이다. 오늘날 노벨상의 의학이나 자연과학 분야에 유대인 수상자가 유독 많은 이유는 바로 그 때문이다. 세기말, 빈의 젊은 유대인들은 빈 주류 사회에 진입하지 못한 아버지 세대와 달랐다. 아버지 세대는 은행이나 공장, 교역 분야에서 금전적 부유함을 쌓았지만, 여전히 빈의 문화적 주변부에 머물렀다. 그러나 아들 세대에 이르면서 상황은 급변했다. 빈의 공연장, 전람회에는 유대인으

* 1900년경, 빈 약국의 10%는 유대인 소유였다(Fehringer 2013, p. 33).

로 넘쳐났다. 문화예술계에서도 유대인의 활약은 눈부셨다. 오늘날 우리에게 아주 익숙한 '창조적 유대인 신화'는 바로 이 시대의 유산이다. 특히 유럽의 다른 도시에 비해 활동이 자유로웠던 빈에서 유대인들은 그동안 억눌렸던 자신들의 잠재력을 활짝 꽃피우게 된다.

유대인이 왜 이토록 뛰어난 능력을 보이는가에 관해 『유한계급론The Theory of the Leisure Class, 1899』으로 유명한 소스타인 베블런Thorstein Veblen, 1857~1929의 설명은 아주 흥미롭다. 그들이 '소외된 주변인'이었기 때문이란다.* 문화적 잡종성을 매개하는 주변인 혹은 경계인 특유의 '창조적 회의론creative scepticism'과 더불어 부모에게 물려받은 경제적 풍요라는 모순이 '탁월한 유대인'의 본질이라는 것이다. 오늘날에도 여전히 반복되는 어설픈 '유대인 신화'와는 전혀 다른 차원인 베블런의 사회학적 분석은 「근대 유럽 유대인의 지적 탁월함The Intellectual Pre-Eminence of Jews in Modern Europe」이라는 제목으로 1919년에 발표됐다.[169]

베블런은 '유대인이 왜 창조적인가?'에 대해 가장 설득력 있는 설명을 한다. 돈 많은 부모를 둔 '소외된 주변인들'이었기 때문이란다.

지크문트 프로이트, 아르투어 슈니츨러, 후고 폰 호프만슈탈, 카를 크라우스 같은 유대인이 주도한 새로운 문화적 흐름

* 이와 관련하여 구스타프 말러의 그 유명한 넋두리는 참고할 만하다. "나는 삼중으로 고향이 없다. 오스트리아인들 사이에서는 보헤미안이고, 독일인들 사이에서는 오스트리아인이다. 그리고 유대인이다. 세계 어디를 가나"(Schiller 2003, p. 23). 아비 바르부르크도 말러와 유사한 한탄을 했다.

은 빈의 '잡종성'과 맞물리며 '빈 모더니즘'을 낳았다.170 빈에서 태어난 유대인으로 노벨상을 받은 신경생리학자 에릭 캔델Eric Kandel, 1929~은 『통찰의 시대The Age of Insight, 2012』라는 책에서 '빈 모더니즘'의 내용을 세 가지로 요약한다. 우선 인간을 '비합리적 존재'로 보는 관점의 등장이다. 겉으로 드러난 합리적 현상의 근저에 무의식적 갈등, 죽음 본능이나 공격 충동 같은 것들이 깔려 있음을 발견한 것이다. 이른바 '프로이트 혁명'이다. 인간이 비합리적 존재라는 프로이트 혁명은 '코페르니쿠스 혁명', '다윈 혁명'을 능가한다고 캔델은 평가한다.

두 번째는 '자기분석'이다. 외부 현상이나 타인을 관찰하며 법칙을 만들어내기보다는 스스로 자기 자신의 내면을 살피며 분석했다. 베를린을 중심으로 한 독일의 표현주의는 빈의 프로이트 정신분석학과 경쟁했지만 바로 이 방법론에서 뒤졌다. 자기분석에 치밀하지 못했다는 이야기다. 세 번째는 '지식의 통합'을 위한 노력이었다. 의학, 미술, 건축, 비평, 디자인, 철학, 경제학, 음악, 심리학, 생물학의 경계를 뛰어넘는 새로운 지식의 편집이 빈 모더니즘의 핵심이라는 것이다.171

빈 제체시온의 '종합예술'은 지식을 통합하려는 빈 모더니즘 세력이 만들어낸 첫 번째 가시적 결실이었다. '빈 모더니즘'을 빈 출신의 정신분석학자 하인츠 코후트Heinz Kohut, 1913~1981는 "자아의 재편집Umschichtung des Selbst"이라고 정의했다. 외부의 변화는 내부의 재구성으로 이어진다는 것이다. '잡종의 도시' 빈은 인간의 내면을 다양한 방식으로 표출하고 창조적으로 재편집할 수 있는 매우 독특한 종합예술적 토양을 갖고 있었다. 빈 제체시온을 이끌었던 구스타프 클림트는 빈 모더니즘의 세 가지 특징을 온몸으로 구현한 아주 특별한 존재였다.

창조적 '자아의 편집'

조각공의 아들로 태어난 클림트는 건물 내부의 벽이나 천장에 그림을 그리는 장식미술가로 활동을 시작했다. 당시 링슈트라세에 새롭게 건축된 부르크극장Burgtheater이나 빈미술사박물관Kunsthistorisches Museum Wien 등의 벽화와 천장화를 그리는 굵직굵직한 프로젝트로 인정을 받았다. 물론 당시 그의 화풍은 원근법과 사실주의 묘사에 충실한 보수적 방식이었다. '3차원의 2차원적 재현'에 충실했다는 이야기다.

전통 예술 아카데미의 후원을 받으면서 클림트는 승승장구했다. 1894년에는 빈대학 신관의 천장화를 그려달라는 요청을 받는다. 빈대학 신관은 링슈트라세에 있는 거대한 건축물들의 완성판이었다. 그만큼 기대가 컸다. 그러나 이 그림을 그리는 과정에서 클림트의 신상에 커다란 변화가 일어났다. 1897년, 전통적 빈 예술 아카데미에 반기를 든 빈 제체시온의 결성을 주도하게 된 것이다. 주류가 되지 못한 이들이 전통에 저항하는 것은 당연하다. 그러나 클림트는 주류 아카데미에서 촉망을 받는 화가였다. 그런 그가 비주류 단체인 빈 제체시온의 리더가 된 것이다. 클림트의 급작스런 변신은 다양한 빈 지식인들과의 교류를 통해 발견한 '내면의 세계' 때문이었다.

1900년에 「철학Philosophie」, 1901년에 「의학Medizin」, 1903년에 「법학Jurisprudenz」을 각각 완성했다. 빈대학의 교수 사회는 그의 낯선 그림에 당황했다. 클림트의 이전 그림들처럼 계몽주의 전통에 충실한 품격(?) 있는 그림이 아니었다. 그의 그림은 갑자기 난해하고 음란해졌다. 가장 난감한 것은 '3차원의 2차원적 재현'을 포기했다는 사실이었다. 부분적으로 3차원적 이미지들이 포함되기는 했지만, 전체적으로는 꿈꾸는 듯한 이미지들이 원칙 없이 편집되어 있었다. 프로이트의 무의식과 슈니츨러의 자유연상이 다양한 이미지로 삐걱거리며 엉켜져 구현된 것이다. 결국 클림트의 그림들은

클림트의 그림 「의학」(왼쪽)과 「법학」(오른쪽)

숱한 논란 끝에 철거됐고, 제2차 세계대전 중에 소실되어 사라졌다.

"시대에는 그 시대의 예술을, 예술에는 자유를Der Zeit ihre Kunst, der Kunst ihre Freiheit"172을 선언한 빈 제체시온은 클림트에게 빈 주류 사회로부터의 도피처를 제공했다. 이때부터 클림트는 인간의 내면을 적극 탐색하는 새로운 예술을 과감하게 시도했다. 클림트의 이 같은 변화를 상징적으로 보여주는 첫 번째 그림은 빈 제체시온의 기관지 《베르 사크룸Ver Sacrum(성스러운 봄)》* 의 1898년 창간호에 그린 「누다 베리타스Nuda Veritas(벌거벗은 진실)」라는 작은 그림이다. 자신을 비추는 거울을 들고 있는 벌거벗은 여성의 2차원 드

* 빈 제체시온의 기관지 이름 '베르 사크룸'은 젊은이들을 희생 제물로 바치던 로마 시대의 의식에서 따온 것이다. 자신들을 희생해서 낡은 아버지 세대의 가치로부터 빈을 구해내겠다는 것이다(쇼르스케 2014, p. 315).

클림트의 「베토벤 프리즈」 마지막 그림. 베토벤 《교향곡 9번》 '합창'의 청각적 감동을 벌거벗은 채 껴안고 있는 연인의 모습을 통해 시각적으로 표현한 감각의 교차편집이다.

로잉은 빈 주류 세계가 설정한 이성과 합리성의 경계에서 벗어나 벌거벗은 내면 그대로를 들여다보겠다는 선언이다.

1902년 '베토벤 전시회' 당시, 막스 클링거의 「베토벤 좌상」이 전시된 방 입구의 복도에 클림트가 그린 「베토벤 프리즈」에는 리하르트 바그너가 해석한 베토벤 《교향곡 9번》이 클림트 방식으로 표현되어 있다. 감각의 교차편집을 통해 구성된 클림트의 「베토벤 프리즈」는 철학적으로나 표현 기법에서나 클링거의 '브람스 판타지'를 훨씬 뛰어넘는 것이었다. 고통과 투쟁을 통해 얻어지는 순수한 사랑, 최고의 기쁨을 '벌거벗은 채 서로 껴안고 있는 연인이 합창하는 천사들에게 둘러싸여 있는 모습'으로 표현했다. 이 '적나라한 기쁨'은 이후에 에곤 실레와 오스카 코코슈카에게 큰 영향을 끼쳤다.

주류 사회로부터의 자발적 고립은 클림트를 '자아의 재편집'으로 몰아넣었다. 클림트는 인간의 의식을 '평면성'과 금박의 '장식성'이라는 두 가지 차원에 집중해 표현했다.173 비잔틴 모자이크화에서 영향받은 '평면성'과 금박을 동원한 '장식성'이 구현된 절정의 작품이 바로 그 유명한 「키스Der Kuss, 1907~1908」다. 이후 클림트 그림의 주제는 인간 내면의 가장 본질적 차원에 집중된다. '성욕'이다!*

* 구스타프 클림트는 무엇보다도 여성의 성적 쾌락을 집중적으로 묘사했다. 클림트가 없었다면 에곤 실레의 그 적나라한 그림들도 없다.

클림트의 「키스」를 감상하는 관람객들. 2차원 화폭에 3차원 현실의 사실적 재현이라는 전통적 회화의 의무를 과감하게 포기한 후, 클림트는 '평면성'과 '장식성'에 몰두하며 새로운 세계를 개척해갔다. 「키스」는 그 절정의 작품이다.

Unit 120.

뮌헨 제체시온의 잡지, 유겐트

잘된 번역어 '잡지'

인터넷 포털의 등장으로 가장 큰 피해를 본 영역은 오프라인의 인쇄 매체 시장이다. 특히 '종이' 신문과 잡지가 그렇다. 신문이나 잡지가 했던 역할은 이제 다양한 형태의 SNS가 다 한다. 그러나 신문이나 잡지든, 인터넷 포털이든 본질은 '편집'에 있다. 사람들은 '팩트 체크'의 객관성을 이야기하면서 왜 하필 그 '팩트'만을 골라서 '체크'해야 하는가 하는 편집의 주관성 혹은 당파성에는 주목하지 않는다. 오늘날 한국 사회의 혼란은 바로 이 '편집'에 대한 질문을 회피한 데에서 비롯된다. '편집되었음'을 인정하는 순간, 편집된 내용의 절대성, 혹은 객관성은 사라진다. 자기 입장을 상대화할 수 있어야 소통이 가능해진다.

잡지는 '편집되었음'을 분명히 하는 매체다. 잡지는 영어로는 'Magazine', 프랑스어로는 'Journal', 독일어로는 'Zeitschrift'의 번역어다. 서양에서 잡지가 처음 나타난 것은 1665년의 일이지만, 대중적 인쇄 매체로 본격적으로 출판되기 시작한 것은 18세기 중반에 이르러서다.* 인쇄술의 발달로 책의 출판이 가능해졌지만, 책은 극히 제한된 지식인들의 전유물이었다. 잡지가 나타나면서 비로소 지식의 대중적 공유가 가능해졌다.

'잡지'라는 한자 단어를 만들어낸 이는 일본 서양학자 야나가와 슌

산柳河春三, 1832~1870이다. 1876년에 'Magazine'의 번역어로 '섞일 잡雜'과 '종이 지紙'를 처음 사용한 것이다.174 그는 영어 'Magazine'을 '온갖 종류의 지식이 섞여 인쇄된 종이'라고 번역한 것이다. 그러나 온갖 종류의 지식을 그저 섞는 것만으로 '잡지'가 될 수는 없는 일이다.

잡지 내용이 지향하는 일정한 방향성이 존재해야 한다. 주목을 받고 공감을 얻기 위해서는 기존 편집과는 구별되는 새로운 가치와 편집 방식을 찾아내야 한다. 편집 과정을 통해 잡지의 참여자들은 자신들이 추구하는 내용이 명확해지는 메타인지적 통찰을 경험하게 된다. 이를 '편집력編輯力'**이라 한다. 제체시온에 참여한 예술가들이 앞다투어 잡지를 편집했던 이유다. 잡지를 통해 자신들의 활동을 홍보할 수 있을 뿐만 아니라, 편집을 통해 자신들이 추구하는 가치를 명확히 할 수 있었다. 특히 뮌헨 제체시온의 잡지는 특별했다.

유겐트슈틸의 기원

1892년, 제체시온 운동을 처음 시작한 뮌헨 제체시온 예술가들은 잡지가 지닌 '편집력'을 최대한 활용했다. 독일어로 '청년'을 뜻하는 《유겐트

* 세계 최초의 잡지는 1665년 프랑스 파리에서 발간된 《주르날 데 사방Journal des sçavans》이다. 새로 나온 책을 소개하거나, 자연과학·기술·생물학 등의 영역에서 새로운 소식, 혹은 역사나 인문학적인 글을 발표하는 매체였다. 산업계몽주의의 이념을 전파하는 최초의 전문적 지식 전달 매체라고 할 수 있다(Keller 2005, p. 2).

** 『지의 편집공학』의 저자 마쓰오카 세이고는 '편집'을 "대상의 정보 구조를 해독하고 그것을 새로운 디자인으로 재생하는 것"이라고 정의한다. 이를 행하는 '편집력'은 기자나 피디, 혹은 각종 매체의 편집자만의 것이 아니다. 요리사나 아이를 키우는 어머니를 비롯해 창조적인 작업을 하는 누구나 가지고 있어야 하는 능력이다(마쓰오카 2006, p. 18 이하).

Jugend》라는 예술 잡지를 1896년에 창간한 것이다.* 미술 시장의 헤게모니를 쥐고 있던 보수적 예술가들로부터 스스로를 구별하고 싶은 독일 남부와 빈의 예술가들이 대부분 참여한 이 잡지에는 아르누보 장식이나 삽화와 더불어 인상주의 그림과 비평이 실렸다. 잡지가 가진 '편집력'에 대한 그들의 판단은 옳았다. 바로 이 잡지에서 독일판 아르누보인 '유겐트슈틸'이 탄생한 것이다.175 '유겐트슈틸'이란 바로 잡지 《유겐트》의 '양식(슈틸)'이라는 뜻이다. 동시에 '젊은 스타일'이라는 이중적 의미도 갖는다. 이 '젊은 스타일'이 제1차 세계대전을 거치며 변증법적으로 진화한 결과가 바로 1919년의 '바우하우스'다.

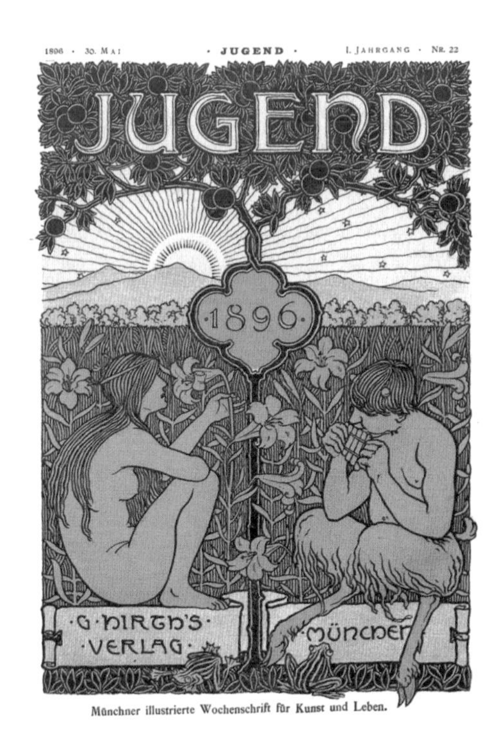

뮌헨 제체시온의 잡지 《유겐트》 표지. 뮌헨 제체시온 예술가들은 자신들의 기관지 《유겐트》를 최대한 활용했다. 홍보뿐만 아니라 자신들이 추구하는 가치를 명확히 할 수 있었기 때문이다. 바로 이 잡지의 편집 과정에서 독일판 아르누보의 명칭인 '유겐트슈틸'이 탄생했다.

화가들이 주로 참여한 《유겐트》와 더불어 문학가들의 놀이터였던 잡지 《심플리치시무스Simplicissimus》는 당시 뮌헨을 독일에서 가장 전위적인 도시로 만들었다. 《유겐트》와 같은 해에 창간된 사회 비평 주간지 《심플리치시무스》에는 오늘날 우리에게 아주 익숙한 헤르만 헤세Hermann Hesse, 1877~1962,

* 빈 제체시온은 《베르 사크룸》이라는 잡지를, 뮌헨 제체시온은 《유겐트》라는 잡지를 발행했다. 뮌헨의 《유겐트》가 2년 먼저 창간됐다. 당시 '유겐트'는 문화적 혁신을 상징하는 유행어였다. '유겐트'가 갖고 있던 문화적 이미지를 뮌헨 제체시온 잡지의 이름으로 삼았던 것이다.

조너선 보로프스키Jonathan Borofsky, 1942~의 거대한 '워킹맨'이 설치된 뮌헨의 슈바빙 거리. 세기말 《유겐트》와 《심플리치시무스》 작가들의 흔적으로 만들어진 거리다.

토마스 만Thomas Mann, 1875~1955, 에리히 케스트너Erich Kästner, 1899~1974 같은 작가들이 참여했다.** 전혜린田惠麟, 1934~1965의 『그리고 아무 말도 하지 않았다 1966』에서 '가스등'이 그토록 낭만적으로 표현된 뮌헨의 슈바빙 거리는 바로 이 《유겐트》와 《심플리치시무스》 작가들의 흔적으로 만들어진 곳이다.

** 《유겐트》와 같은 해에 창간된 《심플리치시무스》는 《유겐트》와 비교해서 보다 정치 지향의 삽화가 포함된 풍자 잡지였다. '심플리치시무스'는 '간단함'을 뜻한다(Schicha 2021, p. 187).

Unit 121.

협화음과 불협화음

그저 익숙함의 차이일 뿐이다

막스 클링거, 구스타프 클림트가 시도한 소리의 이미지화, 즉 음악과 회화의 교차편집은 '대상의 재현'이라는 한계를 완전히 벗어나지는 못했다. 비록 상징이나 기호로 매개된 이미지였지만, 여전히 화폭에 구현된 대상은 누구나 알아볼 수 있는 것들이었다. 클림트의 「베토벤 프리즈」도 그 실체가 분명한 그림들의 환각적 편집일 따름이다. 시각적으로 경험하지 못한 것은 그릴 수 없다고 생각했던 시절이었다. 그러나 음악은 달랐다. 외부 세계와 아무 상관 없는 음악은 그저 작곡가의 머릿속에서만 존재하는 것이었다. 외적 대상으로부터 자유로운 음악은 화가들에게 엄청나게 부러운 영역이었다. 그러나 음악이라고 그렇게 무한정 자유로운 것은 아니었다.

음악에는 지켜야 할 내재적 규칙이 있었다. 그림은 배우지 않아도 누구나 그릴 수 있으나, 작곡은 '조성Tonalität'이라는 음악의 내재적 규칙을 배우지 않으면 쉽게 접근할 수 있는 영역이 아니다. 기준을 잡는 하나의 음, 즉 '으뜸음'이 있고, 선율이나 화성은 이 으뜸음에 따라 달라진다. 그리고 이들 음을 편집하는 방식도 '화성학Harmonielehre'이라는 정해진 규칙을 따라야 한다. 7개 음이 편집된 장음계와 단음계를 기본으로 하는 서양음악의 음계는 17세기 무렵에 확립되어 오늘날까지 지속되고 있다.

특정한 음계 내에서는 서로 어울리는 음들이 있다. 이 음들의 조합은 아주 편안한 느낌을 준다. '협화음Konsonanz'이다. 선택된 음계에 속하지 않는 음들의 조합이 연주되면 불편하다. '불협화음Dissonanz'이다. 불협화음은 긴장

쇤베르크의 「파란 자화상Blaues Selbstportrait, 1910」. 쇤베르크는 무조음악에 대한 비난이 계속되자 화가로의 전업을 생각하기도 했다.

과 불안을 느끼게 한다. 그래서 불협화음은 반드시 협화음으로 해결돼야 한다. 그렇다고 불협화음이 불필요한 것은 아니다. 마냥 편안한 화음만 이어지면 지루하기 때문이다. 적당한 긴장을 위해서는 불협화음이 필요하다. 그러나 거기까지다. 불협화음은 반드시 협화음으로 돌아와야 한다. 이 당연하고 오래된 규칙에 딴지를 건 사람이 바로 쇤베르크였다.

'협화음'과 '불협화음'은 단지 익숙함의 차이일 뿐 서로 대립하는 것이 아니라고 쇤베르크는 주장했다. 그의 주장이 당시 빈 사회에 던진 충격은 대단했다. 수백 년 동안 다양한 기법을 축적하며 발전해온 음계를 부정하는 것이기 때문이다. 정해진 음들의 조합이 그저 습관에 불과하다면 반드시 7음만을 사용할 필요도 없다. 피아노에 있는 흰건반 7개와 검은건반 5개 중에서 어떤 것이나 자유롭게 선택해 쓸 수 있다. 이것이 바로 '12음 기법'이다. 물론 쇤베르크의 '12음 기법'에도 그 나름의 규칙이 존재한다. 그러나 그것은 '낯선 규칙'이다. 기존 화성학에 규정되지 않은 화성을 사용한다고 해서 화성이 존재하지 않는다고 생각해서는 안 된다. 그저 익숙하지 않은, 또 다른 화성일 뿐이다.176

쇤베르크의 '불협화음'에서 탈출구를 찾은 칸딘스키

바실리 칸딘스키가 쇤베르크의 음악을 처음 접한 것은 1911년 1월 2일 뮌헨에서 열린 연주회였다. 물론 그 이전에도 서로에 대한 소문은 듣고 있었다. 칸딘스키는 첼로와 피아노에 익숙한 아마추어 음악가였고, 쇤베르크는 화가로 전업할까 생각할 정도로 그림을 좋아했다. 쇤베르크의 음악회에 참석하기 전, 칸딘스키는 프란츠 마르크, 헬무트 마케Helmuth Macke, 1891~1936와 함께 알렉세이 야블렌스키Alexej Jawlensky, 1864~1941 부부의 집에 모여서 신년 파티를 했다.

자신이 창립한 뮌헨 신미술가협회 구성원들과의 갈등에 싫증 내던 칸딘스키는 더욱 파격적인 추상회화를 추구하고 싶었다. 당시 그는 완전한 추상이 자칫 잘못하면 '넥타이나 양탄자의 장식'으로 추락할 위험성에 조바심을 내고 있었다. 파티 후에 동료들과 함께 참석한 쇤베르크의 음악회에서 칸딘스키는 바로 그 돌파구를 번갯불처럼 깨닫게 된다. '불협화음'이었다! 음악회 팸플릿에는 그해에 출판할 예정인 쇤베르크의 『화성학Harmonielehre, 1922』에서 발췌한 다음과 같은 문구가 실려 있었다.

마르크와 칸딘스키. 뮌헨신미술가협회에서 만난 두 사람은 의기투합하여 '청기사파'를 결성한다. 선명한 모습인 추상회화의 선구자 칸딘스키와 몇 년 후 전쟁터에서 사망하는 마르크의 흐릿한 모습이 대조적이다.

> 불협화음과 협화음은 정도의 차이일 뿐이다. 그것은 조금 멀리 떨어져 있는 협화음과 다르지 않다. 오늘날 우리는 이미 협화음과 불협화음을 구별하지 않는다. 아니면 적어도 협화음을 그렇게 기꺼이 사용하지 않는다.177

음악회에서는 쇤베르크의 《현악사중주 2번》과 피아노곡, 그리고 가곡 몇 곡이 연주됐다. 청중의 반응은 싸늘했다. 신문에 실린 연주회 리뷰도 모두 야유와 비웃음이었다. 그러나 칸딘스키에게는 달랐다. 익숙하고 편안한 화음으로 회귀하는 대신 불협화음을 구성하는, “각 음의 독자적 생명das eigene Leben der einzelnen Stimmen”의 낯선 화성을 아무 주저함 없이 발표하는 쇤베르크의 연주회에서 칸딘스키는 자신이 지향해야 할 추상회화의 새로운 편집 가능성을 찾았던 것이다.178

보름 정도가 지난 1월 18일, 칸딘스키는 쇤베르크에게 편지를 썼다. 거의 연애편지 수준이었다. “우리 노력, 그리고 우리의 모든 사고방식과 느낌은 너무 비슷해서 이렇게 제가 공감을 표현하는 것이 조금도 이상하다고 느껴지지 않습니다.”179 추상회화에 적용할 수 있는 어떤 것이 음악에 존재할 것이라고 막연하게 생각했는데, 바로 그것을 쇤베르크의 음악회에서 경험했다고 칸딘스키는 고백했다. 이 편지에서 칸딘스키는 음들의 독자적 생명을 가능케 하는 쇤베르크의 화성학을 자기 추상회화에 적용하는 방식으로 ‘구성Konstruktion’이라는 에디톨로지적 개념을 쓰고 있다.

Konzert-Bureau Emil Gutmann

Jahreszeitensaal
Montag, den 2. Januar 1911, abends 7½ Uhr

Kompositions-Konzert
Arnold Schönberg

Ausführende:
Marie Gutheil-Schoder, K. u. k. Kammersängerin (Gesang)
Etta Werndorff (Klavier)
Das Rosé-Quartett
Prof. Arnold Rosé, 1. Violine   Paul Fischer, 2. Violine
Ant. Ruzitska, Viola   Prof. Friedr. Buxbaum, Violoncell

Programm:
ARNOLD SCHÖNBERG (geb. 1874 in Wien)
Werke: op. 1, 2, 3 und 6 Lieder; op. 4 Sextett „Verklärte Nacht“ (komp. 1899); op. 5 „Pelleas und Melisande“ (1902); op. 7 I. Streichquartett (1905); op. 8 Orchesterlieder; op. 9 Kammersinfonie; op. 10 II. Streichquartett (1907/8); op. 11 Klavierstücke (1908); außerdem „Gurre-Lieder“ (1900); Stefan George-Lieder (1908); Orchesterstücke, Monodrama „Erwartung“ (1909); „Glückliche Hand“ (1910) und einige kleinere Werke.

1. Zweites Streich-Quartett op. 10 (mit Gesang im 3. und 4. Satz)
   1. Satz: Mäßig
   2. Satz: Sehr rasch
   3. Satz: „Litanei“
   4. Satz: „Entrückung“ } Gedichte von Stefan George
2. Drei Klavierstücke op. 11
3. Fünf Lieder
   1. Erwartung
   2. Verlassen
   3. Am Wegrand
   4. Mädchenlied
   5. Der Wanderer
4. Erstes Streich-Quartett op. 7 (in einem Satz)

Sämtliche Kompositionen werden in München zum ersten Mal aufgeführt.

Konzertflügel: BLÜTHNER,
beigestellt von J. Reißmann, Hoflieferant, Wittelsbacherplatz 2.

Texte 20 Pfennig

칸딘스키가 통찰을 얻었던 1911년 1월 쇤베르크의 음악회 프로그램

칸딘스키는 먼저 기하학적 형태 위에 리듬을 쌓으며 구성주의적 방식으로 새로운 화성을 찾으려는 경향이 당시 화가들 사이에 유행한다면서 파블로 피카소와 조르주 브라크의 큐비즘을 염두에 둔 듯한 이야기를 꺼낸다. 칸딘스키 자신은 그러한 경향에 절반만 동의한다고 한다.* 기하학적 추

칸딘스키의 「인상 3」. 1911년 1월 2일 뮌헨에서 열린 쇤베르크의 음악회를 다녀온 후 그 감동을 '반기하학적, 비논리적'으로 그렸다고 칸딘스키는 썼다. 이 작품의 부제는 '연주회'다.

상은 자신이 추구하는 추상과는 거리가 멀다는 이야기다. 그러나 '구성'이라는 새로운 방법론이 이제라도 회화에서 구현되고 있음은 다행이라면서 자신이 생각하는 구성이란 '반기하학적, 비논리적' 방식에 있다고 주장한다. 그러고는 회화의 '반기하학적antigeometrischen, 비논리적antilogischen' 구성의 가

* 카지미르 말레비치의 절대주의와 피터르 몬드리안의 데 스틸 운동으로 이어지는 기하학적 추상에 대한 바실리 칸딘스키의 거부감은 이미 이때부터 명확했다.

능성을 바로 쇤베르크의 '불협화음'에서 찾을 수 있다고 덧붙인다. 칸딘스키는 자신과 쇤베르크의 공통점을 '예술에서의 불협화음Dissonanzen in der Kunst'이라고 정의한다.180

연주회 이후 며칠 동안 흥분을 가라앉히지 못하던 칸딘스키는 그날의 감동을 「인상 3Eindruck III, 1911」으로 그렸다. 부제는 '음악회Konzert'다. 이 그림에서는 어렴풋한 모양의 검은색 피아노가 그날의 음악회를 암시한다. 피아노 주위로는 짙은 노란색이 감싸고 있다. 노란 소리는 화면 아래쪽의 회색과 부딪치기도 하고, 붉은 얼룩이나 검은 선의 동요하는 청중과 '비논리적'으로 엉켜 있다. 화면을 나누는 하얀 기둥들 또한 검은 피아노나 노란 소리와 '반기하학적'으로 얽혀 있다.

칸딘스키는 이듬해 《청기사 연감》에 「노란 소리Der gelbe Klang, 1912」라는 제목의, 장르를 규정하기 힘든 '종합예술' 작품을 수록한다.181 칸딘스키는 쇤베르크의 글과 악보를 이 잡지에 싣고자 편집 기간을 늦추기도 한다. 칸딘스키와 쇤베르크의 우정은 발터 그로피우스와 이혼하고 빈으로 돌아간 알마 말러가 '칸딘스키는 반유대주의자'라는 악소문을 퍼뜨리는 1923년까지 계속된다.*

* 1923년, 바실리 칸딘스키는 바이마르 음악학교 교장으로 아널드 쇤베르크를 초청했다. 그러나 칸딘스키가 반유대주의자라는 이야기를 알마 말러에게서 듣고 있던 쇤베르크는 단호하게 거절했다. 칸딘스키가 바로 자세한 설명의 편지를 보내지만, 쇤베르크는 대답하지 않았다. 1936년, 파리에 머물던 칸딘스키가 쇤베르크에게 다시 편지를 보냈지만, 이번에도 쇤베르크는 반응하지 않았다. 쇤베르크와 칸딘스키의 만남은 그렇게 끝났다(Graeff 2016, p. 17 이하).

Unit 122.

칸딘스키와 가브리엘레 뮌터

무르나우의 '러시아인 하우스'

바실리 칸딘스키는 화가가 되기 전 법학을 공부했다. 1893년, 모스크바대학에서 「노동임금의 법칙성에 관하여Über die Gesetzmäßigkeit der Arbeiterlöhne」라는 제목으로 법학 박사 학위를 받았다. 그림과는 그 어떤 연관도 찾을 수 없는 논문 제목이다. 그러나 1896년, 서른 살이 되었을 때 그는 법과대학 교수 자리를 포기하고 그림을 공부하기로 결심했다. 그리고 바로 뮌헨으로 거처를 옮겼다.

1899년까지 뮌헨의 사설 미술학교에서 그림을 배우던 칸딘스키는 1900년 뮌헨 예술 아카데미에 입학하여 당시 뮌헨 제체시온의 리더였던 프란츠 폰 스툭의 제자가 된다. 스툭은 칸딘스키가 밝은 색채를 사용하는 것을 몹시 못마땅하게 여겼다. 스툭의 어두컴컴한 그림들을 떠올려보면 칸딘스키에 대한 그의 불만이 충분히 이해된다. 칸딘스키는 스툭의 지도에 따라 1년 동안 흑백 물감만을 사용해 그림을 그리기도 했다. 그러나 누군가의 지시를 순순히 따르기에 칸딘스키의 나이는 너무 많았다. 욕심도 많았다.

뮌헨 예술 아카데미에 입학한 바로 그 이듬해인 1901년, 칸딘스키는 부업으로 '팔랑크스'라는 사설 미술학교를 스스로 설립했다. 팔랑크스 미술학교의 특별한 점은 여자들의 입학을 허가했다는 것이다. 당시 독일의 예

칸딘스키의 「칼뮌츠-그림을 그리는 가브리엘레 뮌터 ⅡKallmünz-Gabriele Münter beim Malen II, 1903」. 칸딘스키는 뮌헨 예술 아카데미에 입학한 그 이듬해인 1901년에 사설 미술학교 '팔랑크스'를 차린다. 스스로 학생이면서 미술학교를 차린 것이다. 그리고 여자들도 학생으로 받는다. 운명의 여인 뮌터는 그중 한 명이었다

술 아카데미에서는 남자들만 공부할 수 있었다. 팔랑크스를 설립한 그 이듬해, 칸딘스키는 미술학교의 학생으로 들어온 가브리엘레 뮌터Gabriele Münter, 1877~1962를 만나 운명의 사랑에 빠졌다. 1903년, 두 사람은 약혼한다. 1892년에 이미 결혼한 칸딘스키의 러시아 부인이 여전히 칸딘스키를 기다리고 있었지만, 칸딘스키는 고국의 부인에게 아무런 관심도 없었다.

뮌터와 칸딘스키의 관계는 1914년에 제1차 세계대전이 발발하여 칸딘스키가 러시아로 돌아갈 때까지 계속됐다. 1922년, 칸딘스키가 바우하우스 선생으로 다시 독일에 돌아올 때는 러시아의 젊은 여인, 뮌터보다 열여섯 살이나 어린 니나 칸딘스키Nina Kandinsky, 1893~1980와 함께였다. 그러나 뮌헨에서 함께 지낸 뮌터는 칸딘스키가 추상회화라는 새로운 예술 세계를 펼치는 데 큰 영감을 준 뮤즈였다.*

칸딘스키와 뮌터는 함께 세계 곳곳을 여행했다. 그리고 1908년부터 두 사람은 뮌헨 인근의 무르나우라는 작은 마을에 정착했다. '러시아인 하우

* 뮤즈 이상이었다고 해야 옳다. 바실리 칸딘스키의 추상화는 가브리엘레 뮌터와 함께 한 숱한 실험을 통해 탄생했다. 두 사람은 인상주의 회화를 벗어나 추상회화로 넘어가기 위한 작은 모티브들을 놓치지 않고 토론하며 기록으로 남겼다. 뮌터가 없었다면 칸딘스키의 추상화도 없다(Kleine 1994, p. 319 이하).

칸딘스키와 뮌터가 1908년부터 함께 지냈던 뮌헨 인근의 작은 마을 무르나우에 있는 집. 마을 사람들은 이 집을 '러시아인 하우스'라고 불렀다. 이곳에서 칸딘스키의 예술 세계는 혁명적 변화를 겪게 된다.

스Russenhaus'라고도 불렸던 무르나우 언덕 위의 집에서 사는 동안 칸딘스키의 예술에는 혁명적 변화가 일어났다. 무르나우에서 칸딘스키와 뮌터는 알렉세이 야블렌스키와 그의 아내 마리안네 베레프킨Marianne Werefkin, 1860~1938과 공동 작업을 하기도 했다. 이 둘은 칸딘스키와 마찬가지로 러시아 출신이다. 공교롭게도 이 두 사람 역시 칸딘스키가 뮌헨으로 유학을 온 1896년에 러시아에서 뮌헨으로 옮겨 왔다. 뮌헨에 정착하기 위해 동분서주하면서 야블렌스키와 칸딘스키는 친분을 맺었다. 10여 년이 지나, 무르나우에서 두 사람은 각각의 연인과 함께 공동 작업을 하게 된 것이다. 이 과정에서 그들은 인상주의 영향권에서 탈출할 새로운 가능성을 찾아냈다. 바로 추상회화다.*

칸딘스키는 야블렌스키와 함께 1909년에 '뮌헨신미술가협회N.K.V.M., Neue Künstlervereinigung München'를 결성했다. 칸딘스키는 회장, 야블렌스키는 부회장이 되었다. 이런 식으로 예술가들이 협회를 만드는 이유는 단순하다. 자신들의 작품을 전시할 기회를 더 많이 얻기 위해서다. 또한 단체로 등록되어 있어야만 정부의 후원금을 받을 수 있었다. 전시회의 출품 여부는 화가의 목숨이 달린 일이었다(베를린 제체시온 전시회에서 단 한 번 거부당했다고 평생 반유대주의로 돌아서는 다리파의 에밀 놀데를 보라).

회장 칸딘스키는 아주 특이한 규칙을 만들었다. 그림의 크기가 $4m^2$(가로 2m × 세로 2m)를 넘지 않는 한, 누구나 전시회에 심사를 거치지 않고 자기 마음대로 2점을 전시할 수 있다는 '$4m^2$ 조항Vierquadratmeterklausel'**182**을 만든 것이다. 칸딘스키의 운영 방침은 작품을 출품할 때마다 심사위원들의 권력에 시달렸던 화가들 사이에서 큰 호응을 얻었다. 그러나 문제는 엉

* 바실리 칸딘스키와 알렉세이 야블렌스키, 그리고 마리안네 베레프킨은 모두 러시아 사람이다. 이들이 지닌 러시아의 원초적 감성과 당시 첨단의 문화도시였던 뮌헨의 '국제적 감각Weltgefühl'이 서로 편집되어 추상회화를 가능케 했다는 주장도 있다(Borkhardt 2021, p. 41 이하).

뚱한 곳에서 발생했다. 회장 칸딘스키가 제출하는 정체불명의 그림들이 오히려 큰 골칫거리가 된 것이다. 회장의 그림은 협회가 주최하는 전시회의 명성을 높이기는커녕 오히려 불필요한 논쟁만 일으켰다. 회원들은 제발 '이해할 수 있는 그림'을 출품해달라고 칸딘스키에게 요구했다. 결국 칸딘스키는 2년을 채 버티지 못하고, 1911년에 회장 자리를 내놓게 된다.

자기 추상회화를 이해하지 못하는 단체에 칸딘스키가 계속 머물러야 할 이유는 없었다. 그렇다고 자신이 직접 조직하고 초대 회장까지 맡았던 단체를 바로 탈퇴할 수는 없는 일이었다. 스스로 탈퇴할 수 없다면 다른 회원들에 의해 쫓겨나야 한다. 칸딘스키는 자신이 쫓겨날 수 있는 기막힌 구실을 만들었다.

회장직을 내려놓던 바로 그해, 뮌헨신미술가협회는 동계 전시회를 준비 중이었다. 칸딘스키는 '최후의 심판Das Jüngste Gericht'이라는 부제가 붙은 「구성 5Komposition V」라는 작품을 제출한다.183 칸딘스키의 꼼수는 바로 이 작품의 크기에 있었다. 그림의 크기가 '가로 275cm×세로 190cm'였던 것이다. 자신이 만든 규칙인 '4m² 조항'을 조금 어기는 크기였다. 이 조항에 따라 심사위원들은 칸딘스키의 그림을 탈락시킬 수밖에 없었다. 칸딘스키에게는 뮌헨신미술가협회를 탈퇴할 분명한 명분이 생겼다. 칸딘스키는 바로 탈퇴했다. 마르크와 뮌터도 따라 나왔다.

예술의 경계를 뛰어넘는 칸딘스키의 에디톨로지

칸딘스키와 마르크는 뮌헨신미술가협회의 동계 전시회가 열리던 바로 그날, 같은 미술관에서 '제1회 청기사 편집부 전시회Die Erste Ausstellung der Redaktion Der Blaue Reiter'라는 이름으로 자신들의 전시회를 개최했다. 제대로

'최후의 심판'이라는 부제가 붙은 칸딘스키의 그림 「구성 5」. 자신이 조직한 뮌헨신미술가 협회를 탈퇴하기 위해 그린 그림이다. 여기에는 흥미로운 '꼼수'가 숨겨져 있다.

된 복수였다. 이 전시회에는 아널드 쇤베르크의 그림도 전시됐다. 쇤베르크의 동료이자 제자인 알반 베르크Alban Berg, 1885~1935, 안톤 폰 베베른Anton von Webern, 1883~1945의 책들도 함께 전시됐다. 그림뿐만 아니라 음악학자들의 책도 함께 전시한 것이다. 칸딘스키가 추구하는 공감각적 추상회화의 방향성을 엿볼 수 있는 부분이다.

전시회 제목부터 심상치 않았다. '청기사'라는 이름이 무슨 뜻인지 애매하고, '편집부'라는 표현도 재미있다. '청기사'라는 이름이 어떻게 만들어졌는가에 관해서는 훗날 칸딘스키가 이렇게 심드렁하니 설명했다. 칸딘스키와 마르크가 정원에서 커피를 마시면서 자신들의 모임 이름을 정해야 하는 것 아니냐며 이야기를 시작했다. 마르크와 칸딘스키 모두 '파란색Blau'을 좋아한다는 공통점이 있었다. 마르크는 '말Pferd'을 좋아하고, 칸딘스키는

'기사Reiter'를 좋아했다. 그 자리에서 바로 '청기사'라는 이름이 정해졌다.184 아주 쿨하다. 다음은 왜 '편집부'라는 표현을 썼을까에 관해서다. 이 부분은 정말 중요하다.

칸딘스키는 각각 고립된 예술의 장르를 건너뛴 새로운 예술 세계의 가능성을 탐색하고 있었다. 칸딘스키의 이 구상은 그 이듬해인 1912년에 발간된 잡지 《청기사 연감Almanach 'Der Blaue Reiter'》*에서 아주 구체적으로 구현됐다. 뮌헨의 '피퍼 출판사Piper Verlag'에서 출판된 이 잡지에는 총 19편의 논문과 3편의 악보가 실렸다. 청기사파의 그림은 물론 엘 그레코부터 앙리 마티스, 폴 세잔, 파블로 피카소, 에른스트 키르히너, 에리히 헤켈에 이르기까지 당시 유럽에서 가장 주목받던 화가들의 그림 도판도 수십 장 실려 있다. 그림을 싣는 것이야 당연한 일이지만, 화가들이 펴낸 잡지에 논문은 무엇이고, 악보는 또 무엇인가?

논문을 쓴 사람은 마르크와 칸딘스키를 비롯해 아우구스트 마케, 쇤베르크, 러시아 작가이자 화가인 다비트 부를류크Dawid Burljuk, 1882~1967와 러시아 작가 미하일 쿠스민Michail Kusmin, 1872~1936, 프랑스 예술평론가 로제 알라르Roger Allard, 1885~1961, 러시아 음악가 토마스 데 하르트만Thomas de Hartmann, 1885~1956 등으로, 경계를 뛰어넘는 여러 분야의 사람들이 이전의 관점으로는 결코 하나의 책으로 통일될 수 없는 다양한 주제의 글을 기고했다. 잡지의 뒷부분에 실려 있는 악보는 쇤베르크, 베베른, 베르크의 작품들이다.

도대체 칸딘스키는 무엇을 하고 싶었던 것일까? 이 혼란스러운(!) 잡지를 발간한 칸딘스키는 화가와 음악가 등 다방면의 예술가들이 참여하여 기고문을 쓰는 형식의 연감 편집을 오래전부터 꿈꿨다고 밝혔다. 예술 사이에 세워진 견고한 벽을 통합하는 시도를 꿈꿨으나 이 생각을 실현할 동

* 《청기사 연감》은 2007년에 한국어로 번역되어 『청기사』라는 제목으로 출판됐다(칸딘스키 & 마르크 2007).

료나 수단을 그동안 찾지 못했다는 것이다. 그러다 무조음악의 대가인 쇤베르크를 알게 되었고, 그에게서 청기사 연감의 아이디어에 대한 열광적 지지를 얻을 수 있었다. 또한 서로를 완벽하게 이해할 수 있는 동료 프란츠 마르크를 만나면서 칸딘스키는 비로소 자신의 숙원을 구체적으로 실현할 수 있게 되었다는 것이다.185

칸딘스키가 《청기사 연감》을 출판한 것은 참으로 엄청난 기획이었다. 또 다른 협회를 만들어서 어떻게 하면 전시 기회나 얻어볼까 하는 가난한 화가들의 천박한 현실을 바꾸겠다는 것은 칸딘스키가 의도한 《청기사 연감》의 궁극적 목적이 아니었다. 그는 지금까지 아무도 건너지 못한 예술의 경계를 뛰어넘겠다고 선언하고 있다. 무엇보다 음악과 미술의 경계를 허무는 일부터 시작하겠다는 것이다. 이와 관련해 칸딘스키와 쇤베르크의 만남은 운명적이었다.

칸딘스키는 '재현'이라는 회화의 태생적 한계까지도 바꿔버리겠다는 포부를 갖고 있었다. 추상회화를 향한 칸딘스키의 기획은 음악과 같은 전혀 다른 장르의 예술까지 포괄하는 새로운 에디톨로지였다. 이 같은 기획이 있었기에 칸딘스키는 훗날 발터 그로피우스의 바우하우스 초청에도 흔쾌히 응할 수 있었다. 칸딘스키는 바이마르의 물가나 바우하우스의 경제적 조건을 따지며 바우하우스에 갈까 말까 망설이던 선생들과는 차원이 다른 인물이었다. 애초부터 칸딘스키는 '표현주의'라는 좁은 틀에 가두기에는 너무 큰 인물이었다.

칸딘스키, 그는 너무 뜨겁고 강했다. 뜨거운 불 주위에서는 모두 녹아버린다. 매년 출판하고자 했던 《청기사 연감》은 겨우 단 한 번 출판되고 끝나버렸다. 키르히너의 과욕 때문에 다리파가 단 한 권의 연감을 펴내고 끝난 것처럼, 청기사파의 연감도 칸딘스키의 주위를 돌아보지 않는 열정 때문에 단 한 번으로 끝났다. 1914년 제1차 세계대전이 발발하고 칸딘스키의 열렬한 지지자였던 마르크와 마케가 전쟁에서 사망하자 청기사파도 역사 속으로 사라졌다.

칸딘스키와 마르크가 1912년에 펴낸 잡지 《청기사 연감》 표지. 다양한 분야의 사람들이 19편의 논문과 3편의 악보를 투고했다. 칸딘스키는 각 예술 분야의 경계를 뛰어넘는 엄청난 에디톨로지를 기획하고 있었다.

Unit 123.

통섭과 청기사 연감

어떻게 '통섭'할 것인가?

10여 년 전, '통섭統攝, consilience'이라는 개념이 한때 학자들 사이에 아주 뜨거운 토론 주제였다. 영어인 '컨실리언스'가 낯설기도 했지만, 그 번역어인 '통섭'도 많이 특이했다. 인간을 설명하는 모든 학문을 '사회생물학Sociobiology'으로 통합하겠다는 미국 생물학자 에드워드 윌슨Edward Wilson, 1929~2021의 야심 찬 개념을 그의 제자인 최재천崔在天, 1954~ 교수가 번역한 것이다.186 인문·사회과학자들은 들고일어났다. '진화론적 환원론'으로 수백 년간의 인문·사회과학적 성과들을 통합하겠다는 윌슨의 '과욕'을 성토했다.187 인간의 유전자 관련 지식이 아무리 발전했다고 해도 생물학적 개념에 기초한 '종합 학문'은 가당치도 않다는 비판이었다. 그러나 생물학자가 손을 내밀기 전, 인문·사회과학자들이 먼저 소통을 시도했어야 했다. 근대과학의 성과들을 수용하지 못한다면 그 인문·사회과학은 박물관적 지식에 불과하기 때문이다. 하지만 윌슨의 '통섭'은 무리였다.

윌슨의 생물학적 개념은 '메타언어'로서의 확장성에 그 한계가 분명했다. 그러나 윌슨의 시도를 '인문과학'과 '자연과학' 사이의 결코 넘을 수 없어 보이는 벽을 뛰어넘자는 '소통'의 적극적 의지로 이해한다면 '통섭'은 매우 의미 있는 문제 제기였다. 비슷한 시도가 100여 년 전의 심리학에도 있었다. "전체는 부분의 합 이상이다Das Ganze ist mehr als die Summe seiner Teile"*라고 주장한 '게슈탈트 심리학'이다.

인간은 대상을 인식할 때 대상의 각 부분에 대한 지각을 종합해서 인식하는 것이 아니라 처음부터 '전체'로 인식한다는 게슈탈트 심리학의 통찰은 각 학문의 분절화가 부지런히 진행되던 20세기 초의 상황에서는 매우 시의적절했다. 예를 들어 아래 정육면체에서 A와 B 중 어느 모서리에 눈의 초점을 맞추는가에 따라 정육면체의 방향이 완전히 달라진다. 눈의 초점을 의식적으로 빨리 바꾸면 정육면체는 움직이는 것처럼 느껴진다. '게슈탈트 전환Gestaltwechsel'이다. 대상은 가만히 있는데 주체의 의지만으로도 일어나는 '게슈탈트 전환'은 '현상은 결코 객관적일 수 없으며, 언제나 주체적 시선의 사회문화적 조건, 그리고 주체와 객체의 상호작용에 따라 달라질 수 있다'라는 메타이론적 확장성을 갖는다.188

인식론적 구성 과정에 관한 게슈탈트 심리학은 하늘에서 떨어진 개념이 아니다. 시각, 청각 예술과 관련되어 당시 리하르트 바그너의 '종합예술' 이후로 유럽을 달구던 '시대정신Zeitgeist'이기도 했다.

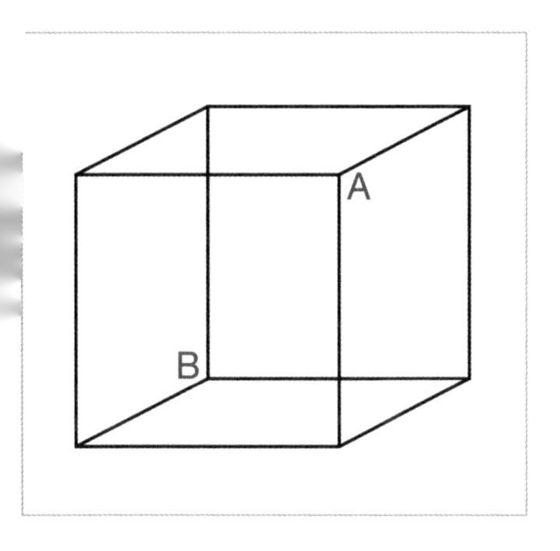

정육면체**의 '게슈탈트 전환'. 눈의 초점을 어느 모서리에 맞추는가에 따라 정육면체의 방향이 달라진다. 스스로 눈의 초점을 빨리 바꾸면 정육면체가 움직이기까지 한다.

* 사실 이 문장은 아리스토텔레스의 『형이상학Metaphysica』에서 나왔다(Schmid 1977, p. 21 이하).

** '네커의 정육면체Necker-Würfel'라고 부른다. 스위스 지질학자 루이 알베르트 네커Louis Albert Necker, 1786~1861가 처음 제시한 '착시 도형'이다. 이 같은 착시 도형은 화가 마우리츠 코르넬리스 에셔나 살바도르 달리Salvador Dalí, 1904~1989가 즐겨 응용했다. '네커의 정육면체'는 '게슈탈트 전환', '패러다임 전환', '인지적 전환'과 같은 창조적 인식 전환을 설명할 때 단골로 등장하는 예다(Reckwitz 2012, p. 211 이하).

청기사 연감, 100년을 앞선 '통섭'

근대 학문은 '분류'에 기초한다. 그러나 분류는 지속적으로 해체되고 재구성되는 변증법적 과정을 거친다. 인간의 인식 체계는 분류와 통합, 그리고 또 다른 차원의 분류라는 메타언어의 창출 과정을 거쳐야 한다는 것이 20세기 초의 게슈탈트 심리학을 낳은 시대정신이었다. 이는 또한 바그너의 '종합예술'은 물론 '예술과 기술의 통합'을 주창한 바우하우스의 철학이기도 했다. 나치 정권에 의해 해체되기 전, 베를린의 게슈탈트 심리학자들은 수시로 데사우 바우하우스에 내려가서 학생들을 가르쳤다. 바우하우스 선생 가운데서는 파울 클레와 바실리 칸딘스키가 특히 게슈탈트 심리학에 관심을 가졌다. 그들은 게슈탈트 수업에 직접 참여하기도 했다.[189] 게슈탈트 심리학의 지각 이론에 대한 칸딘스키의 관심은 추상회화의 가능성을 모색하던 '청기사파' 시절로까지 거슬러 올라간다.[190]

청기사파는 명성에 비해 그 활동은 아주 빈약했다. 일단 공식적 활동 기간이 매우 짧았다. 1911년 12월 18일, '청기사'라는 이름의 첫 전시회로 시작하여 제1차 세계대전이 시작되던 1914년 7월까지, 채 3년도 지속되지 않았다. 공식 전시회는 단 두 번뿐이었다. 전쟁이 아니었더라도 청기사파는 그리 오래갈 모임은 아니었다. 프란츠 마르크와 연인 가브리엘레 뮌터 이외에 칸딘스키의 추상회화에 진심으로 동조하는 이가 없었기 때문이다.* 전쟁이 발발하자 적국인 독일에 더는 머무를 수 없었던 칸딘스키는 1914년에 러시아로 돌아갔다. 전쟁에 나간 마르크는 1916년에 전사했다. 혁명 후의 러

* 이미 1912년 초부터 청기사파 내부의 갈등은 감지되고 있었다. 아우구스트 마케와 프란츠 마르크는 바실리 칸딘스키의 연인인 가브리엘레 뮌터가 청기사파의 내부 분열을 일으키고 있다고 비난하면서 그녀를 '좀나방'이라고 불렀다(브라우히취 2022, p. 167).

시아에 적응하지 못한 칸딘스키는 1921년에 독일로 돌아와 1922년부터 바우하우스 선생이 된다. 청기사파는 그렇게 맥없이 사라졌다. 만약 1912년 5월에 펴낸 《청기사 연감》이 없었다면 청기사파는 미술사에 언급조차 되기 힘든 그룹이었다.

타고난 리더인 칸딘스키. 젊은 시절, 그는 수시로 예술가 모임을 만들었다. 그러나 대부분 오래가지 않았다. 그의 진정한 리더십이 발휘된 것은 바우하우스에서였다.

칸딘스키는 《청기사 연감》을 펴내고 싶어 '청기사파'를 조직했다고 해도 과언이 아니다. 《청기사 연감》은 일단 수록된 내용 자체가 파격적이었다. 145점의 그림과 사진이 실려 있지만, 19편의 글에 더 중점을 둔 잡지였다. 그 글들의 성격도 제각각이어서 논문, 에세이, 시, 희곡, 인용문이 원칙 없이 뒤섞여 있다. 말 그대로 '종합예술' 잡지였다. 필자들의 국적은 독일, 러시아, 오스트리아, 프랑스 등이고 그들의 직업은 화가, 음악가, 비평가, 작가 등으로 다양했다. 연감의 끝에 실려 있는 악보들은 이 잡지의 성격을 더욱 모호하게 만들었다. 이 산만한 잡지의 목적은 다양한 분야의 교차 접근을 통해 추상회화라는 새로운 메타언어의 가능성을 탐색하는 데 있었다.

《청기사 연감》의 주인공은 물론 칸딘스키였다. 칸딘스키의 글은 4편이 수록됐다. 잡지는 마르크의 글들로 시작한다. 「정신적 자산Geistige Güter」, 「독일의 야수들Die Wilden Deutschlands」, 「그림 두 점Zwei Bilder」이라는 마르크의 글 3편이 연이어 수록됐다. 마르크는 물질적 풍요로움만을 추구하는 독일 사회에 내면세계의 표현이 긴급하게 필요하다는 것을 강조하며, 칸딘스키가 고민하는 추상회화가 새로운 시대의 길잡이가 될 것이라고 주장한다. 내면세계를 추구한 러시아와 프랑스, 그리고 고대 예술의 경우를 설명한 여러 저자의 글들에 이어서 쇤베르크의 글인 「텍스트와의 관계Das Verhältnis zum Text」191가 나온다.

뮌터의 판화 「하모니움을 연주하는 칸딘스키 Kandinsky spielt Harmonium, 1907」. 음악이 없었다면 추상회화는 불가능했다.

쇤베르크는 음악을 텍스트로 된 메시지로 해석하려는 시도에 대해 반복해서 비판한다. 심지어 자신은 프란츠 슈베르트의 가곡이 무슨 내용인지 뒤늦게 깨달았지만, 그것이 슈베르트 음악에 대한 이해를 더 방해했다는 스스로의 경험까지 소개하면서 회화도 마찬가지라고 주장한다. 즉 음악이 텍스트와 어떤 관계 없이도 가능한 것처럼, 회화도 대상과 꼭 관계를 가질 필요는 없다는 것이다.* 그러면서 당시에 막 나온 칸딘스키의 책 『예술에서의 정신적인 것에 대하여』를 추천한다. '외적 동기'에 집착하지 않는 '칸딘스키의 추상회화'와 '텍스트와 아무런 관련 없는 자신의 음악'이 예술의 미래라는 것이다.192

오이겐 폰 칼러Eugen von Kahler, 1882~1911라는 젊은 화가에 대한 추도사에 이어 칸딘스키는 「형식의 문제에 관하여Über die Formfrage」라는 긴 글을 실

* 아널드 쇤베르크는 리하르트 바그너의 텍스트 의존적 음악극을 비판하면서 텍스트로부터 자유로운 것이 음악의 본질이라고 주장한다. 이는 대상의 재현으로부터 자유로운 바실리 칸딘스키의 추상회화 가능성을 응원하기 위한 주장이다. 그러나 이 같은 쇤베르크의 바그너 비판은 바그너의 '종합예술' 이념을 제대로 비판하고 있다고는 볼 수 없다.

었다. 화가들이 대부분 형식에 얽매여 내용에 집중하지 못한다고 비판하며, 내면세계를 표현한다면 그 형식은 어떻든 상관없다고 주장한다. 형식이라는 물질이 중요한 게 아니라 어떤 '내적 필연성'에 의해 해당 형식이 선택되는가가 중요하다는 것이다. 내적 필연성이 동일하다면 러시아 민속화든, 아동의 그림이든 모두 같은 것이며, 더 나아가 극단의 추상과 극단의 리얼리즘은 차이가 없다고 이야기한다.193

내적 필연성에서 출발한다면 꼭 회화의 영역에 머무를 필요도 없다. 어떤 형식이든 상관없기 때문이다. 실제로 칸딘스키는 자신의 또 다른 글인 「무대 구성에 관하여Über Bühnenkomposition」에서 종합예술을 주장하면서도 텍스트에 집중한 바그너를 비판한다. 종합예술을 주장했지만, 바그너 역시 형식의 틀에 갇혀 있다는 것이다.**

칸딘스키는 음악, 무용, 회화라는 형식이 '내적 필연성'에 의해 선택되는 것임을 보여주기 위해 직접 「노란 소리」라는 희곡을 '칸딘스키의 무대 구성'이라는 부제를 달아서 소개한다. 6막으로 되어 있는 이 희곡에서는 소리와 동작, 그리고 색채가 서로 교차하는, 그야말로 공감각적 종합예술이 시도된다.194 바그너의 '종합예술'과는 구별되는 칸딘스키적 '종합예술'이다. 이어서 쇤베르크, 베르크, 베베른의 악보가 소개되며 처음이자 마지막 《청기사 연감》은 끝이 난다.

** 바실리 칸딘스키의 바그너 비판은 앞선 아널드 쇤베르크의 글에 대한 화답이라고 볼 수 있다. 그러나 리하르트 바그너의 '종합예술'에 대한 정확한 비판이라고는 할 수 없다. 바그너의 '종합예술'은 단순히 음악과 텍스트의 관계에 국한되는 것이 아니다. 음악과 텍스트, 그리고 그 이외에 다양한 예술형식의 편집, 그리고 그 결과로 산출되는 '메타 형식으로서의 예술'을 의미하기 때문이다. 칸딘스키의 '종합예술'에 관한 철학은 1928년 모데스트 무소르그스키Modest Mussorgsky, 1839~1881의 《전람회의 그림Pictures at an Exhibition, 1874》을 위한 무대장치에서 훨씬 진일보한 형태로 전개된다. 《전람회의 그림》을 '표제음악'으로 해석하는 것을 거부하고, 무소르그스키의 음악을 자신만의 색과 형태로 재해석했다(Schober 2016, p. 169 이하).

'통섭'을 모든 학문의 '통합'이라고 한다면 그것은 불가능한 일이다. 닫힌 구조이기 때문이다. 그러나 이를 학문 사이의 '소통'이라고 한다면, 《청기사 연감》은 20세기 말에 이르러서야 겨우 논의되기 시작한 '통섭'의 100년 앞선 시도였다. 지극히 소통적이며 구체적인 통섭이었다.

뮌터가 무르나우 집의 책상 앞에 앉은 칸딘스키를 찍은 사진(1911). 아마추어 사진작가이기도 했던 뮌터는 칸딘스키의 사진을 여럿 남겼다.

Unit 124.

내적 필연성

모든 의사소통은 '정서 공유'에서 출발한다

1990년 10월 3일, 독일이 통일됐다. 정치적·경제적 통합에 모든 이의 이목이 쏠려 있을 때 뜬금없이 '심리적 장벽'의 문제를 제기한 이가 있었다. 동독 심리학자 한스 요아힘 마츠Hans-Joachim Maaz, 1943~다. 억압적 사회 구조는 개개인의 심리에 어떠한 방식으로든 흔적을 남기게 되어 있다. 수십 년간 사회주의 정권하에 살았던 동독 주민들에게는 '감정 정체Gefühlsstau'라는 집단적 정서장애가 존재한다고 마츠는 주장했다.[195] 'stau'는 '교통 체증'을 뜻하는 독일어다. 러시아워에 꽉 막힌 도로처럼 감정이 뒤엉켜 있다는 뜻이다.

감정 정체의 가장 큰 문제는 소통 불가능에 있다. 소통이란 정서의 자연스러운 표현과 이를 서로 흉내 내며 공유하는 과정에서 시작되기 때문이다. 동독인들의 '감정 정체'라는 집단적 정서장애는 통일 후에도 동독과 서독 사이에 '심리적 장벽'이라는 또 다른 견고한 장벽을 만들어낼 것이라고 마츠는 예언했다. 촘촘한 감시 체제로 주민들의 일거수일투족을 통제한 동독 사회주의에서 동독 주민은 내면의 정서적 경험을 억압하며 체제에 순응했다는 것이다. 동독 주민의 감정 정체는 동독의 정신 의료 체제, 가족제도를 통해 은밀하게 강화됐다고 마츠는 고발했다. 마츠의 예언대로 동독과 서독의 '심리적 장벽'은 통일 후 30여 년이 지난 지금까지도 지속되고 있다.

사실 감정 정체는 그리 새로운 개념은 아니다. 비슷한 개념이 이미 1970년대 이후로 서구 사회에서도 논의되고 있었다. 미국 정신의학자 피터 시프너스Peter Sifneos, 1920~2008는 불안 같은 심리적 증상이 신체적 반응으로 나타나는 '정신신체장애psychosomatics'를 연구하던 중, 이 증상의 환자들에게서 자기감정을 표현하는 능력이 현저히 떨어지는 것을 발견했다. 1972년, 그는 정서를 인지하는 능력, 정서적 경험과 신체감각을 구별하는 능력, 그리고 정서적 경험을 상징적으로 표상하는 능력에 장애가 있는 상태를 일컬어 '감정표현불능증alexithymia'이라고 이름을 붙였다. '정서를 표현할 단어가 없다no words for emotion'라는 뜻이다.196

베를린장벽의 이스트 사이드 갤러리. 물리적 장벽은 무너졌지만 '감정 정체'로 인한 '심리적 장벽'이 아주 오래갈 것이라고 동독 출신의 심리학자 마츠는 예언했다.

감정표현불능증은 대인 관계에 치명적 영향을 미친다. 자신의 정서적 경험을 표현하지 못할 뿐만 아니라 타인의 정서적 경험도 유추할 수 없다. 공감 능력이 현저하게 떨어질 수밖에 없다는 이야기다. 의사소통에서 공감 능력의 부재는 치명적이다. 아무리 논리적으로 이해할 수 있다고 해도, 상대방의 정서적 상태를 공유할 수 없다면 진정한 의미의 의사소통은 일어날 수 없다. 인간이 태어날 때부터 타인의 정서 표현을 흉내 내는 '거울 뉴런'을 가지고 태어나는 이유는 '정서 공유'가 의사소통의 핵심이기 때문이다.* 정서 공유에 기초한 상호주관적 의사소통이 어려워진 것은 전통적 공동체가 해체되고 대량생산, 대량소비에 기초한 물질주의가 대세가 된 산업사회의 보편적 현상이기도 하다.**

산업사회로의 급속한 이행이 진행되던 20세기 초, 의사소통 행위의 가장 극적인 형태인 예술에서 감정이 가지는 기능과 역할의 중요성을 누구보다 앞서 주장한 이가 바실리 칸딘스키다. 예술은 외부 대상의 재현이 아니라 내면의 깊은 정서적 경험을 표현하는 것이라고 주장했다. 1911년에 출판된 『예술에서의 정신적인 것에 대하여』와 《청기사 연감》에 수록된 글에서 칸딘스키는 회화는 외부 대상의 모방이 아닌 '내적 필연성'에서 나와야 한다고 반복해 주장한다.

내적 필연성이란 예술가의 감정을 뜻한다. 예술가 내면의 감정에서 비롯된 예술작품은 관람자에게도 유사한 감정을 일으킨다. 예술작품을 매개로 예술가와 관람자가 동일한 감정을 느끼게 된다면 그 예술작품은 성공

* '거울 뉴런'과 의사소통 발달에 관해서는 Unit 44 참조.

** 감각적 정서 공유가 어려워진 21세기 네트워크 사회에서 이러한 소통 불가능 현상은 극한 형태로 치닫고 있다. 가장 발달한 네트워크 사회인 한국의 양극화된 정치적 갈등이 그 대표적 증상이다. 아울러 마스크로 얼굴의 모든 정서 표현을 감추고 살았던 코로나 팬데믹 3년 동안의 감각적 정서 공유의 박탈은 포스트 코로나 시대에 또 다른 심각한 문제를 초래할 것이다. 특히 이 시기에 영유아기를 보낸 아동들의 의사소통 발달은 어떤 식으로든 부정적 영향을 받을 것이다.

한 것이다. 관람자와의 정서적 상호작용이 예술의 목적이라는 이야기다. 이때 예술작품이 사실주의적이든, 극도의 추상적 작품이든 그 형식은 어떠해도 좋다는 것이 칸딘스키의 주장이다. 내적 필연성의 예술을 주장하는 칸딘스키의 추상주의는 20세기 말에 등장한, '거울 뉴런'을 통한 정서 공유의 의사소통 이론과 맞닿아 있다. 추상회화를 주장한 이는 칸딘스키 말고도 많다. 그러나 감정과 추상의 관계, 그리고 관람자와의 상호작용을 이렇게 깊게 파고든 이는 없다.*

감정의 칸딘스키, 이성의 몬드리안

예술작품은 예술가의 정서적 경험, 즉 내적 필연성에서 출발해야 한다는 칸딘스키의 주장은 앞서 설명한 세기말의 '빈 모더니즘'이 있었기에 가능한 것이었다. '비합리적 존재'인 인간의 발견, 그리고 자기분석 방법론을 통한 '자아의 재편집'이라는 빈 모더니즘의 성과는 알로이스 리글Alois Riegl, 1858~1905의 '예술 의지' 개념과 빌헬름 보링거의 『추상과 감정이입』을 거쳐서 칸딘스키의 '내적 필연성'으로 이어졌다.

예술 양식은 각 시대에 따라 달라진다. 양식이란 그 시대가 당면한 문제를 해결하려는 욕구, 즉 자기 욕구에 맞게 세계를 해석하려는 '예술 의지'의 결과물이기 때문이라는 것이 리글의 주장이다. 따라서 아무리 사소하고 빈약해 보이는 예술작품도 그 나름의 시대사적 의미를 갖는다. 주체가 처한 상황과 관계를 맺는 고유한 방식이 예술이기 때문이다. 이로부터 각 시대의 '양식Stil'을 구분할 수 있다. 시대에 따라 '양식'을 구별 짓는 것은 기

* 내적 필연성과 회화의 관계에 관한 바실리 칸딘스키의 주장은 1908년에 출간된 빌헬름 보링거의 저서 『추상과 감정이입』의 영향이 지대하다(Vetter 2010, p. 110 이하).

술이나 재료 같은 물질적 요인이 아니라, '예술 의지'라는 사회·문화심리학적 요인이라는 이야기다.[197] 이렇게 리글의 '예술 의지' 개념을 통해 예술의 주관적·심리적 해석이 본격적으로 시작된다.

보링거는 '예술 의지'를 다시 '감정이입 충동'과 '추상 충동'**으로 구분했고, 칸딘스키는 보링거의 '추상 충동'을 '내적 필연성'이라는 예술가 개인의 정서적 경험으로 구체화했다. 기존 회화 기법을 기초부터 흔들어버리는 '표현주의'라는 독일 특유의 강력한 심리주의적 흐름도 칸딘스키의 추상회화에 강한 영향을 미쳤다. 이때부터 비로소 예술가의 주체적 내면세계가 예술적 창조의 출발점으로 여겨지게 된다. 예술가들을 억누르던 '형식으로부터의 자유'가 드디어 주어졌다. 이른바 '창조의 시대'가 본격적으로 열린 것이다.

흥미로운 것은 칸딘스키와 같은 시기에 등장한 피터르 몬드리안의 추상화다. 같은 추상을 추구하지만, 이 둘은 서로 극과 극이다. 흔히들 몬드리안의 시도를 '차가운 추상cold abstraction', 칸딘스키의 경우를 '따뜻한 추상warm abstraction'으로 표현한다.[198] 애매하다. 칸딘스키는 '정서적·감정적 추상', 몬드리안은 '인지적·이성적 추상'이라고 부르는 것이 훨씬 명확하다.[199] 몬드리안은 칸딘스키와 마찬가지로 '대상의 재현'이라는 전통적 회화관을 거부한다. 그는 회화의 구성 요소를 최대한 단순화했다. 수직과 수평의 직선, 그리고 그 직선들의 관계인 직각의 형태만을 추구했다. 선은 항상 직각으로 만나야 한다. 그래야 질서 잡힌, 조화로운 조형이 되기 때문이다. 곡선은 물론 방향이 애매한 사선도 거부한다.

직선만이 모든 사물의 핵심이고, 객관적이며 보편적이다. 몬드리안은 직선으로 이뤄진 기하학적 도형의 편집을 통해 개별성을 초월한 보편성

** 빌헬름 보링거의 '추상 충동'에 관해서는 Unit 92 참조.

뮌헨의 렌바흐 하우스 미술관에 전시된 칸딘스키의 1913년 작품 「구성 7의 초안 2 Entwurf 2 zu Komposition VII」

암스테르담 스테델레이크 뮤지엄에 걸려 있는 몬드리안의 1927년 작품 「빨강, 노랑, 파랑의 구성 3Compositie: no. Ⅲ, met rood, geel em blauw」

의 추상회화를 추구했다. 당연히 각 개인의 독특한 정서적 경험은 전혀 고려 대상이 아니었다. 정서적 경험은 제각각이기 때문이다. 누구나 공유할 수 있는 이성적 질서의 구현이 몬드리안이 추구한 추상의 목표다. 그는 색채의 사용 또한 빨간색, 파란색, 노란색의 삼원색과 흰색, 회색, 검은색의 기본적 무채색으로 제한했다. 자연의 초록색은 거의 혐오했다.200 무질서하고 변하기 때문이다. 몬드리안의 추상은 변치 않는, 누구나 공유할 수 있는 보편적 질서의 구현, 즉 이성의 최고치를 구현하려는 시도였다.

칸딘스키의 추상은 정반대 편에 있다. 내적 필연성의 표현에 적합하다면 어떤 형태라도 가능하다. 주로 곡선을 많이 사용했지만, 그렇다고 기하학적 도형을 거부한 것은 아니었다. 형식은 중요한 것이 아니었다. 칸딘스키의 책에는 형태보다는 색채에 관한 서술이 훨씬 많다. 색에 대한 칸딘스키의 지극히 주관적이며 감정적인 설명을 한번 읽어보자.

> 밝은 푸른색은 플루트와, 어두운 푸른색은 첼로와 유사하며, 짙은 색조는 콘트라베이스의 경이로운 음향과 유사하다. 그리고 깊고 장중한 형식을 갖춘 푸른색의 음향은 파이프오르간의 저음과 비교할 수 있다.
> 노란색에는 예민해지기 쉬우나, 강렬하게 심화해 침잠할 수는 없다. 반면에 파란색에는 예민해지기 어렵고, 강렬하게 상승할 수도 없다.
> 정반대로 다른 이 두 색을 혼합해 이상적 균형을 얻은 것이 초록색이다. (…) 완전한 초록색은 존재하는 모든 색 중에 가장 평온한 색이다.201

몬드리안이 그렇게 괴로워했던 초록색이 칸딘스키에게는 참으로 평온한 색이었다. 위 인용에서 볼 수 있듯이 칸딘스키의 추상, 특히 그의 색채론은 매우 심리학적이다.

Unit 125.

방랑자 칸딘스키

고향 러시아에서 외면 당한 칸딘스키

바실리 칸딘스키의 추상회화에서 중요한 것은 '콘텍스트', 즉 '사회문화적 맥락'과 '내적 필연성'의 관계다. '추상'은 '맥락'을 그냥 제거하는 것이 아니다. 항상 '맥락'과의 관계에서 추상은 파생된다. 이 과정을 칸딘스키는 3단계로 설명한다. 우선 '인상Impression'이다. 외부 세계와 직접 관계하며 이를 표현하는 단계다. 두 번째는 내적 경험으로 걸러진 외부 세계를 표현하는 '즉흥Improvisation'이다. 마지막 3단계는 '구성Komposition'이다. 전적으로 내면의 소리에 의해 표출되는 단계다.202 이때 가장 중요한 것은 '감정'이다. 《청기사 연감》을 준비하면서 칸딘스키는 '인상', '즉흥', '구성'을 제목으로 붙인 다양한 형식의 추상회화를 실험했다. 그러나 전쟁으로 모든 것이 멈춰 섰다. '추상'이란 결코 '콘텍스트'로부터 자유로울 수 없는 모순적인 것임을 칸딘스키의 삶 자체가 적나라하게 보여준 것이다.

제1차 세계대전이 발발하자 칸딘스키는 러시아로 돌아갔다. 추상회화를 향한 그의 열정도 내적·외적 조건들로 인해 시들해졌다. 무엇보다도 가브리엘 뮌터와의 사랑이 끝났다. 칸딘스키가 러시아에 돌아간 후, 1916년 스톡홀름에서 둘은 잠시 만난다. 하지만 그것이 마지막이었다. 그 이듬해 2월, 칸딘스키는 공식적으로 두 번째 결혼을 한다. 두 번째 아내는 러시아 장군의 딸 니나 안드레브스카야Nina Andreevskaja, 1893~1980였다. 니나는 칸딘스키보다 서른 살 가까이 어렸다. 그녀는 그를 처음 본 순간 반해서 하루도 떨어지고 싶지 않았다고 후에 고백했다.203 어린 신부를 얻었지만, 러시아에서 칸딘스키는 그리 행복하지 않았다. 혁명 후 러시아의 사회문화적 상황과 '내적 필연성'에서 출발하는 칸딘스키의 추상회화는 서로 어울릴 수 있는 것이 아니었다.

1917년 러시아혁명 이후, 좌파 예술가들은 '나르콤프로스Narkompros (인민계몽위원회)'라는 단체를 설립하여 공산주의 문화예술정책을 수립해나갔다. 1918년, 칸딘스키는 나르콤프로스 산하의 시각예술분과IZO 회원이 되었다. 그리고 1920년에는 미술문화연구소 '인후크INKhUK, Institut Khudozhestvennoi Kulturi'를 주도적으로 창립하여 초대 연구소장이 되었다. 칸딘스키는 고국의 혁명에 주도적으로 참여하고 싶었다. 그동안 꺼렸던 러시아 구축주의자들의 기하학적 추상도 적극적으로 받아들이려 했다.204 그러나 공산주의가 요구하는 예술이란 혁명 이념을 고취하기 위한 선전, 선동의 도구였다.

당시 러시아에서는 "예술은 프롤레타리아의 삶에 유용한 물건을 생산하는 데 복무해야 한다"라고 주장하는 블라디미르 타틀린, 알렉산드르 로드첸코Aleksandr Rodchenko, 1891~1956 주도의 '구축주의'가 대세였다. 여기서 '구축주의'란 "예술은 실용적이어야만 하고, 그러기 위해서는 과학적·합리적 사고를 기초로 물체의 특성이 공간과 유기적으로 결합할 수 있도록 해야 한다"라는 주장이다. 인후크에서는 연구소장 칸딘스키가 제시한 야심 찬 계획들이 비판의 도마 위에 올라 난도질당했다. 칸딘스키가 주장하는 '정신적인 것'들의 표출로서의 예술론은 구시대적이며, 동시에 지극히 비생산적인 것으로 비난받았다.205

정치적으로 궁지에 몰려 있던 1920년, 칸딘스키에게 또 다른 충격이 닥쳐왔다. 3년 전 니나와의 사이에서 태어난 어린 아들이 갑자기 죽은 것이다. 1921년 12월, 절망한 칸딘스키는 아내 니나와 함께 러시아를 빠져나와 베를린으로 향했다. 그리고 1922년 6월, 발터 그로피우스의 초청을 흔쾌히 받아들여 바이마르 바우하우스의 선생이 된다. 바우하우스는 당시에 가장 유명한 아방가르드 예술가이자 예술교육가였던 칸딘스키를 초빙함으로써 바우하우스 이념에 가장 잘 어울리는 선생을 얻었다. 아울러 바우하우스를 향한 외부의 끊임없는 공격을 잠재울 수 있는 50대 후반의 노련한 리더를 얻게 되었다. 짧은 기간이었지만, 러시아에서의 혹독했던 경험이 칸딘스키에게는 아주 훌륭한 자산이 되었다.

칸딘스키는 독일에 있을 때가 최고였다!

바우하우스에서 칸딘스키는 행복했다. 자신의 예술 이념을 원 없이 펼칠 수 있었기 때문이다. 전쟁 전, '청기사파'에서 함께 활동했던 오랜 친구 파울 클레도 먼저 바우하우스에 와 있었다. 클레와 칸딘스키는 데사우로 바우하우스가 옮겨 갔을 때 같은 마이스터하우스에서 살기도 했다. 1924년, 칸딘스키와 클레는 라이오넬 파이닝어, 알렉세이 야블렌스키와 함께 '청색 4인방Die Blaue Vier'를 조직하여 전시회를 열기도 했다.* 전쟁과 프란츠 마르크의 사망으로 해체된 청기사파의 재건이라고 할 수 있다.

바이마르 바우하우스에서 칸딘스키는 벽화 공방을 지도했다. 공방 교육에 형식적으로 참여했던 대부분의 다른 마이스터들과는 달리, 칸딘스키는 벽화 공방 교육에 매우 적극적이었다. 벽화는 회화와 건축의 통합을

* '청색 4인방'은 주로 미국에서 전시회를 가졌다. 독일계 미국인 화가 갈카 샤이어 Galka Scheyer, 1889~1945의 주도로 이뤄진 이들의 활동은 그녀가 사망하는 1945년까지 이어졌다. 이들의 활동은 미국 현대미술에 큰 영향을 끼쳤다(Wünsche 2006).

칸딘스키와 클레가 한 건물에 이웃하여 살았던 데사우 바우하우스의 마이스터하우스

목표로 '공간을 다루는 일'이었기 때문이다. 이 무렵, 색채와 형태의 관계에 관한 칸딘스키의 생각은 더욱 깊어졌다. 그는 학생들에게 색채가 가진 힘, 즉 색채의 물리적·화학적 특징과 아울러 색채가 불러일으키는 심리적 효과, 그리고 이에 상응하는 공간 처리와 디자인을 실습하도록 했다. 색채와 형태의 공감각적 경험을 기초로 3차원 공간의 창조적 구성을 벽화 공방의 교육 목표로 삼았던 것이다. 칸딘스키에게 벽화는 건축의 단순한 부속 작업이 아니었다. 벽면의 색채 및 형태 구성은 건축 공간의 조형과 서로 상호작용하는 것이었다.[206]

벽화 공방과는 별도로 칸딘스키는 클레와 함께 요하네스 이텐이 떠

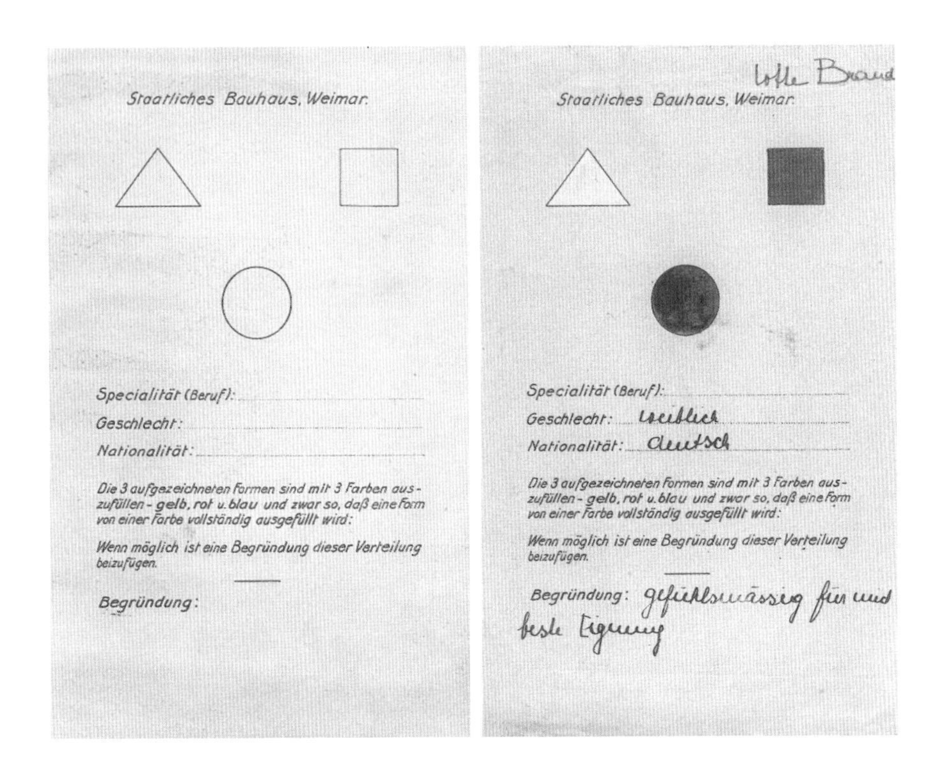

Staatliches Bauhaus. Weimar.

Specialität (Beruf):
Geschlecht:
Nationalität:

Die 3 aufgezeichneten Formen sind mit 3 Farben aus-
zufüllen - gelb, rot u. blau und zwar so, daß eine Form
von einer Farbe vollständig ausgefüllt wird:

Wenn möglich ist eine Begründung dieser Verteilung
beizufügen.

Begründung:

Lotte Brand

Staatliches Bauhaus. Weimar.

Specialität (Beruf):
Geschlecht: weiblich
Nationalität: deutsch

Die 3 aufgezeichneten Formen sind mit 3 Farben aus-
zufüllen - gelb, rot u. blau und zwar so, daß eine Form
von einer Farbe vollständig ausgefüllt wird:

Wenn möglich ist eine Begründung dieser Verteilung
beizufügen.

Begründung: gefühlsmässig

색채와 형태의 관계에 관해 칸딘스키는 '빨간 사각형, 파란 원형, 노란 삼각형'을 주장했다. 이를 증명하기 위해 학생들에게 각 도형에 해당하는 색을 칠하도록 설문을 돌렸다(왼쪽). 학생들은 대부분 그의 주장에 근접한 대답을 했다(오른쪽).207

난 기초과정에서 색채론과 형태론을 강의했다. 칸딘스키와 클레가 추구하는 예술의 내용은 비슷했지만, 강의 방식은 사뭇 달랐다. 클레는 조심스러웠고, 칸딘스키는 과감했다. 클레는 학생들의 다양한 생각을 끌어내려고 했지만, 칸딘스키는 자기 생각을 강하게 주장했다. 특히 '색과 형태의 유비 Farb-Formen-Analogie'에 관한 그의 주장은 거의 종교적 도그마에 가까웠다.208

바우하우스의 또 다른 선생인 오스카 슐레머는 삼원색과 기하학적 기본 구조의 관계에 관한 칸딘스키의 주장을 몹시 못마땅해했다. 색채와 형태의 관계가 어떻게 '빨간 사각형, 파란 원형, 노란 삼각형'으로만 고정될 수 있느냐는 것이었다.* 하지만 칸딘스키는 아랑곳하지 않았다. 그는 결정할 때까지는 깊게 생각하지만, 한번 결정되면 웬만해서는 자기 생각을 바꾸려 하지 않았다. 심지어는 상대방을 무시하는 권위주의적 태도도 서슴지 않았다.** 이 같은 성격의 칸딘스키는 자유분방한 학생들에게서 자주 반발을 샀다. 하지만 항상 위기 상황이었던 바우하우스 구성원들에게는 믿음직스러운 정신적 지주였다. 데사우를 거쳐 베를린으로 바우하우스가 옮겨 가는 동안 대부분의 선생들은 떠나갔다. 그러나 칸딘스키는 1933년 나치가 바우하우스를 폐쇄할 때까지 끝까지 자리를 지켰다.

* 색과 형태의 관계와 관련해, 오스카 슐레머와 바실리 칸딘스키는 특히 빨강의 형태에서 의견이 부딪쳤다. 슐레머는 '빨간 원형', '파란 사각형'을 주장했지만, 칸딘스키는 '빨간 사각형', '파란 원형'을 고집했다. 오늘날의 관점에서 보자면 색과 형태의 관계는 지극히 문화상대적이지만, 당시 칸딘스키와 슐레머의 '빨강'을 둘러싼 경쟁은 사뭇 심각했다(Bartel 2013, p. 28 이하).

** 바우하우스 선생 가운데 특히 요하네스 이텐과 오스카 슐레머가 권위주의적 '러시아 남자' 바실리 칸딘스키를 몹시 부담스러워했다(Droste 2009, p. 18 이하).

Unit 126.

바우하우스 양식

혁명적 편집자 모홀리-나기

1923년은 바이마르 바우하우스의 내용적 정체성이 확립되는 시기였다. 설립 초기부터 지속됐던 발터 그로피우스와 요하네스 이텐의 갈등이 이텐의 사임으로 일단락됐고, 바실리 칸딘스키를 비롯해 매력적인 마이스터들이 속속 취임하면서 바우하우스의 대외적 위상은 높아갔다. 유럽 전체가 독일의 작은 도시 바이마르의 바우하우스를 궁금해했다. 마침내 1923년에 합류한 또 한 명의 선생이 바우하우스의 이념적 노선과 관련된 논쟁에 종지부를 찍었다. 당시 28세로 바우하우스의 최연소 선생이 된 라즐로 모홀리-나기다. 이텐의 후임으로 초빙된 그는 표현주의를 비롯한 각종 아방가르드 경향이 혼재했던 바우하우스가 '예술과 기술의 통합'이라는 실용주의적·기능주의적 노선으로 이념적 대전환

모홀리-나기의 셀프 포트레이트(1920). 그는 '예술과 기술의 통합'이라는 실용주의적·기능주의적 노선을 향한 바우하우스의 이념적 대전환을 상징하는 인물이었다.

을 이루는 데 상징적인 인물이 된다.

헝가리 출신의 유대인인 모홀리-나기는 칸딘스키처럼 법학을 공부했다. 제1차 세계대전 중에는 오스트리아·헝가리 연합군 장교로 참전했다가 부상당하기도 했다. 전쟁 후에 미술을 새롭게 공부했고, 빈을 거쳐 베를린에 정착했다. 베를린에서 경험한 러시아 구축주의, 데 스틸의 신조형주의는 모홀리-나기의 예술관을 송두리째 뒤바꿔놓았다.[209] 모홀리-나기에게 전쟁 후의 새로운 세계는 바로 '기계'였다. 그의 '기계 미학'은 바우하우스에 참여한 이후로 무대미술, 타이포그래피, 책 디자인을 포함하는 출판 편집, 건축과 인테리어, 사진 및 영화에 이르기까지 다양한 방면에서 펼쳐졌다.

새로운 테크놀로지를 적극적으로 수용하여 '시각 문화' 전반에 걸쳐 혁명적 활동을 펼쳤던 그는 '유럽의 백남준'이었다. 리하르트 바그너, 막스 클링거, 구스타프 클림트로 출발해 칸딘스키를 비롯한 바우하우스 구성원들로 이어진 '종합예술'의 시도는 모홀리-나기를 통해 상상도 못 했던 차원으로 편집되기 시작했다. '테크놀로지'다.

모홀리-나기의 카메라 없는 사진 '포토그램(1922)'. 사진이 발명되기 전에 시도됐던 다양한 '빛의 실험' 중 하나인 포토그램을 모홀리-나기는 예술의 차원으로 끌어올렸다.

'눈에 보이는 것'을 어떤 그림보다 정확히 재현하는 사진의 출현 이후, 화가들은 사진으로 포착되지 않는 '눈에 보이지 않는 것'을 찾아 나섰다. 인상주의, 표현주의를 거쳐서 칸딘스키의 '내적 필연성'에 의한 추상회화가 잇따라 나타났다. 그러나 '눈에 보이지 않는 것'을 표현하는 것만으로 새로운 시대를 개척할 수는 없었다. 모홀리-나기는 정반대의 길을 걸었다. 사진이 구현하지 못하는 세계를 찾아 나서기보다는, 오히려 사진을 비롯한 새로운 '빛'의 테크놀로지와 함께 '종합예술'을 구축하고자 했던 것이다.210

바우하우스로 옮겨 올 무렵, 모홀리-나기는 캔버스에 물감으로 그리기를 아예 포기한다. 그리고 '빛으로 그리기'를 시도한다. 이른바 '포토그램 Fotogramm'이다. 포토그램은 카메라를 사용하지 않고, 감광지 위에 물체를 올려놓고 빛을 비춰 물체의 흔적을 남기는 방식이다. 사진이 발명되기 전에 다양하게 시도된 광학 실험 중 하나인 포토그램을 모홀리-나기는 예술의 차원으로 끌어올리려 했던 것이다.211

1928년경 베를린 방송탑에서 내려다본 풍경. 모홀리-나기는 수평적 시선에 익숙한 사람들에게 내려다보거나 올려다보는 수직의 낯선 시각적 경험을 제공했다.

바우하우스 선생으로 재직하면서부터 모홀리-나기는 카메라를 보다 적극적으로 활용하기 시작했다. 좌우로 대칭하는 두 눈을 가진 인간은 수평적 시선에는 익숙하지만, 수직적 시선에는 낯설다. 모홀리-나기는 카메라 앵글을 통해 낯선 시각적 경험을 시도했다. 위에서 아래로 내려다보거나, 아래에서 위로 올려다보는 시선의 갑작스런 하강과 상승을 통해 익숙한 현실을 새롭게 드러내

보였다.

기계 미학을 적극 수용하려는 모홀리-나기의 실험은 포토몽타주 기법을 확장한 '포토플라스틱Fotoplastik'이라는 새로운 영역으로 확장됐다.212 '포토플라스틱'이란 사진과 더불어 다양한 그래픽 작업을 병행하는 방식을 뜻한다. 사진과 더불어 타이포그래피를 결합하기도 했다. 이 같은 그의 실

모홀리-나기의 포토플라스틱 「도시의 등불Die Lichter der Stadt, 1926」. 모홀리-나기는 사진이라는 새로운 기술을 적극 수용하여 '포토그램', '포토플라스틱' 같은 다양한 영역을 개척했다.

험은 바우하우스의 제자였던 헤르베르트 바이어의 타이포그래피에 큰 영향을 미쳤다.

모홀리-나기에게 예술이란 빛, 색, 형태를 통해 감각 경험을 확장하여 인간의 생명력을 풍부하게 하는 것이었다. 익숙한 세상을 다르게 볼 수 있도록 한다면 그것이 바로 예술이라는 것이다. 이는 그의 '종합예술' 개념으로 압축된다. 모홀리-나기의 '종합예술'은 모든 종류의 '생활공간Lebensraum'과 예술작품 사이의 경계를 없애는 것이었다. 예술과 예술 사이의 경계를 없애려는 바그너의 '종합예술' 개념을 한 단계 더 뛰어넘는 개념이었다.213

1923년 '바우하우스 전시회'

'수공예와 예술의 통합'이라는 개교 초기의 이념을 포기하고, 시대적 요구를 적극 수용한 '예술과 기술의 새로운 통합'이라는 그로피우스의 새로운 지도 이념이 공표된 것은 1923년 8월 15일에 열린 '바우하우스 전시회' 개막식에서였다.* 여기서 이야기하는 '기술'이란 '대량생산을 위한 기계 기술'이다. 표현주의, 낭만주의를 폐기하겠다는 그로피우스의 선언은 이텐과의 갈등 과정에서 이미 예고됐던 것이다. 그로피우스가 초빙한 바우하우스 선생들은 대부분 당황했다. 자유로운 아방가르드 예술가들에게 '생산을 위한 예술'이라는 교육 이념은 받아들이기 어려운 것이었다.

이텐의 후임으로 부임한 모홀리-나기의 과감한 기계 미학적 실험들

* 1923년 바우하우스 전시회는 개교 이후에 지속됐던 '수공예'로의 회귀, 낭만주의 비판, 표현주의, 구축주의 등을 둘러싼 '노선 투쟁'을 종식한다는 선언식이기도 했다. 결론은 '기능주의'였다. 발터 그로피우스는 시대가 요구하는 기계 생산과 상품 소비사회에 철저하게 적응하겠다는 각오로 '예술과 기술의 새로운 통합'을 천명했다(진휘연 2009, p. 241 이하).

은 그로피우스의 정책 변화를 눈으로 보여줬다. 모홀리-나기는 기존 선생과 학생들 사이에서 집단 따돌림을 당할 정도였다. 그러나 교장인 그로피우스는 바우하우스의 생산성을 증명해야만 했다. 그래야 튀링겐 주정부로부터 재정 지원을 받을 수 있었기 때문이다. 바이마르의 정치적·경제적 환경은 그리 만만치 않았다. 사회주의자들과 집시들이 모여서 밤새 술을 마시고 춤이나 추는 곳으로 여겨지는 바우하우스에 대한 인식부터 먼저 바꿔야 했다. 결국 1923년 바우하우스 전시회를 계기로 일부 선생은 떠났고, 남은 선생들은 그로피우스의 새로운 교육 이념을 받아들여야만 했다.*

1923년 바우하우스 전시회는 1922년 가을에 갑자기 결정됐다. 이제까지의 교육 성과를 보여달라는 튀링겐 주정부의 요구에 응할 수밖에 없었다. 눈에 보이는 성과를 보여주지 못한다면 폐교로 이어질 상황이었다. 준비 기간은 형편없이 짧았다. 바우하우스 구성원들은 밤을 새워가며 전시회를 준비했다. 전시회는 1923년 8월 15일부터 9월 30일까지 진행됐다. 8월 15일부터 19일까지의 '바우하우스 주간Bauhauswoche'에는 그로피우스의 강연을 비롯해 칸딘스키의 강연 '종합예술에 관하여Über synthetische Kunst', 네덜란드 데 스틸 운동의 일원이었던 건축가 야코뷔스 아우트의 건축에 관한 강연이 있었다. 파울 힌데미트Paul Hindemith, 1895~1963, 페루초 부소니Ferruccio Busoni, 1866~1924, 이고르 스트라빈스키Igor Stravinsky, 1882~1971의 곡이 연주되는 음악회

* 바우하우스 선생들 가운데 발터 그로피우스의 가장 든든한 후원자였던 라이오넬 파이닝어조차 그로피우스의 새로운 노선을 받아들이기 힘들었다. 그러나 바우하우스 학생들의 현실적인 어려움을 고려할 때 그로피우스의 선택을 인정할 수밖에 없었다. 파이닝어는 부인에게 이렇게 편지했다. "나는 절대적인 확신을 가지고 '예술과 기술—새로운 통합'이라는 표어를 배격하오. 그러나 예술에 대한 이 같은 오해는 우리 시대의 병적인 징후요. 어떤 관점에서 보더라도 예술을 기술과 결합시키려는 요청은 어리석은 일이오. (…) 그러나 생각건대 전형적인 미술학교 등의 무목적성은 너무나도 분명하오. 대부분의 젊은 미술 학생들은 부업 없이는 생계를 유지할 가망이 없소(빙글러 2001, p. 98)."

바우하우스 학생이었던 요스트 슈미트가 그린 1923년 바우하우스 전시회 포스터. 1923년 전시회는 바우하우스 개교 후에 지속된 노선 투쟁의 종식을 선언하는 행사였다. 결론은 '기능주의'였다.

도 열렸다. 힌데미트, 부소니, 스트라빈스키 등은 바우하우스 주간에 열린 음악회에 직접 참석했다.214

바우하우스 주간에 특별히 주목받은 공연이 있었다. 오스카 슐레머의 〈발레 3부작Triadisches Ballett〉이다. 〈발레 3부작〉은 바우하우스 주간에 처음 공연된 것으로 알려져 있지만, 슐레머가 1912년 슈투트가르트 예술 아카데미의 아돌프 횔첼 밑에서 이텐과 함께 공부할 당시에 이미 창안했던 것이다. 1920년에 바우하우스에 초빙된 슐레머는 '무대 공방'을 맡았다. 언뜻 보면 바우하우스와 무대 공방은 사뭇 어색한 조합이다. 그러나 그로피우스는 '무대'를, 무한한 공간적 경험을 유한한 공간에 빛과 소리, 그리고 움직임으로 구현하는 창조의 영역이라고 생각했다. 이 때문에 그로피우스는 '무대'와 '건축'은 상당 부분 일치한다고 수시로 이야기했다.

Sonnabend, 18. Aug. BAUHAUSWOCHE 8 Uhr abends

Deutsches Nationaltheater Weimar

KONZERT

Leitung: Hermann Scherchen, Frankfurt a. M.

PROGRAMM

Paul Hindemith: Marienlieder
(Nach Texten von Rainer Maria Rilke)
Erstaufführung
Sopran: Beatrice Lauer-Kottlar, Frankfurt a. M.
Klavier: Emma Lübbeke-Job, Frankfurt a. M.

Ferruccio Busoni: Sechs Klavierstücke
1. Toccata (Preludio, Fantasia, Ciaccona)
2. Prélude und Etude
Uraufführung
3. Drei kurze Stücke (Zur Pflege des polyphonen Spiels)
Uraufführung
4. Perpetuum mobile
Klavier: Prof. Egon Petri, Berlin

Kassenöffnung: 7 Uhr

Vorverkauf: Thelemannsche Buchhandlung, Schillerstr. 15

Dienst- und Freikarten sind aufgehoben

Am Sonntag den 19. August als letzte Veranstaltung der Bauhauswoche 11 Uhr vormittags Konzert-Matinée unter Leitung Hermann Scherchen

바우하우스 주간에 열렸던 다양한 음악회 가운데 힌데미트, 부소니의 음악이 연주된 연주회 프로그램. 스트라빈스키, 부소니, 쿠르트 바일Kurt Weill, 1900~1950 등은 바우하우스 음악회에 직접 참석했다.

슐레머는 그로피우스의 의도를 충실하게 실현했다. 그의 〈발레 3부작〉은 로봇 같은 기계적 인공 인물을 등장시켜 인간의 움직임과는 다른 기계화된 동작을 선보였다. 추상화, 기계화, 자동화라는 미래의 테크놀로지가 예술과 어떤 식으로 편집될 수 있는가를 누구보다도 앞서서 실험했던 것이다.215 〈발레 3부작〉과 더불어 슐레머는 바우하우스 전시회에서 바우하우스 건물 입구에 색유리와 파이프 등을 이용한 벽화와 부조 장식을 맡기도

1 1923년 바우하우스 전시회장 내부

2 바우하우스 전시회 개막식 장면. 바우하우스 개막식에는 유명 음악가들부터 베렌스, 타우트 형제와 같은 건축가는 물론 다양한 분야의 저명 인사들이 대거 참석하여 미디어의 주목을 받았다.

했다. 그가 바우하우스 폐교에 저항하며 1932년에 그린 「바우하우스 계단 Bauhaustreppe」은 이후에 데사우 바우하우스의 상징이 된다.

학교 건물에서 멀지 않은 '암 호른Am Horn'이라는 곳에 게오르크 무헤가 설계한 실험 주택이 전시회를 앞두고 불과 4개월 만에 건설됐다. 당시까지 '건축의 날개 아래 모든 예술의 통합'이라는 바우하우스의 창립 이념을 제대로 구현한 건축물은 없었다. 무헤는 '한 가족이 사는 표준 주택'으로, 큰 거실을 중심으로 침실·식당·화장실·손님방 등이 기능적으로 통합되도록 배치했다. 그동안 막연하게 이야기되던 평평한 지붕의 '주거 기계'가 실제로 구현된 것이다.216

학교 건물 안팎에 설치된 전시장에는 각 공방의 실습 작품들이 전시

데사우 바우하우스 박물관에 재현된 슐레머의 〈발레 3부작〉 모형. 슐레머는 추상적 의상과 기계화된 동작을 통해 다가올 세계를 무대 위에 구현했다.

됐다. 직물과 도자기, 스테인드글라스, 장난감, 가구 등에 구현된 바우하우스 특유의 기하학적 형태는 전시회 방문자들의 주목을 끌었다. 이른바 '바우하우스 양식Bauhausstil'의 출현이다.217 '바우하우스 양식'이란 직선, 네모, 정육면체, 평평한 지붕, 유리와 강철관, 산세리프 서체, 소문자 혹은 대문자만의 텍스트 등으로 구성된 '새롭고 모던한 것'들의 총칭이었다.

1923년 바우하우스 전시회는 성공적이었다. 바우하우스 주간에만 수천 명이 독일 중부의 작은 도시 바이마르를 찾아왔다. 전시 기간 동안 총 관람자 수는 1만 5,000명에 이르렀다. 독일뿐만 아니라 유럽 대부분의 언론에서 바우하우스 이야기가 긍정적 혹은 비판적으로 다뤄졌다. 공연과 전시, 그리고 강연을 통해 바우하우스 학생과 선생들이 함께 제공한 다양한 콘텐츠는 '새롭고 모던한 것'에 굶주린 관람객들로부터 큰 호응을 얻었다. 이 전시회를 통해 바우하우스는 설립 초기의 '다양한 지식 편집 실험'을 끝냈다.

무헤가 설계한 바이마르 '암 호른의 실험 주택'. 그 옆에 있는 뾰족한 지붕의 전형적 독일 주택과 극명하게 비교된다. 바우하우스의 '평평한 지붕'은 나치 독일에 의해 가장 비독일적인 것으로 비난받았다.

슐레머의 「바우하우스 계단」. 이 그림은 바우하우스 폐교 이후, 데사우 바우하우스의 상징이 된다.

그리고 기능주의, 실용주의라는 시대정신에 어울리는 새로운 단계로 이행했다.

1924년 봄, 튀링겐연방의회 선거에서 우파 정당이 정권을 잡는다. 바우하우스에 반감을 가졌던 바이마르 수공업자들은 보수적 정치가들과 손을 잡고 바우하우스를 탄압했다. 회계감사, 선생들과의 계약 해지 등 다양한 방식의 압력에 바우하우스는 결국 1925년에 폐교를 선언하고, 데사우로 옮겨 갔다. 그리고 '기능주의'에 충실한 조형학교로 새롭게 출발했다.

바우하우스는 바이마르(1919~1925)에서는 '국립학교', 데사우(1925~1932)에서는 '시립학교', 그리고 마지막 베를린(1932~1933)에서는 '사립학교'로 운영됐다. 이 가운데 불과 6년간 존립했던 '바이마르 바우하우스'야말로 진정한 의미의 '창조 학교'였다. 유럽의 모든 아방가르드 지식이 이 작은 학교에 몰려들어 집중적으로 '편집'됐기 때문이다. 지식은 편집된다. 편집은 곧 창조다.

epilogue

10년 공부에 책만 잔뜩 쌓였습니다.
내 서재에 들어서면 다들 꼭 물어봅니다.

"이 책, 다 읽으셨어요?"

너무나 무지한 질문입니다.
책장의 책은 '읽고 꽂아두는 것'이 아닙니다.
'읽으려고 꽂아두는 것'입니다!

시력과 체력이 버텨준다면
몇 권의 책을 더 쓰고 싶습니다.

프란츠 슈베르트의 《겨울 나그네》 24곡을 내 언어로 번역하고 각 노래를 수없이 들으며 떠올린 이미지들을 그린 책이 곧 완성됩니다. 『창조적 시선』이 출간되는 대로 마무리하면 2023년 겨울에는 출판할 수 있을 듯합니다. 글과 그림, 그리고 사진도 함께 들어가는 책이라 무척 재미있을 것 같습니다.

『에디톨로지』에서 이미 설명한 '카드와 노트의 차이'를 젊은이들이 실제 생활에 응용할 수 있도록 친절하게 풀어 쓴 책도 출간하고 싶습니다. 독일에서도 요즘에서야 '제텔카스텐Zettelkasten'과 관련된 책들이 나오기 시작했습니다. '제텔카스텐'은 '카드 상자'를 뜻합니다. 카드로 메모해뒀다가 다양한 방식으로 편집하여 자기 이론을 만드는 방법이지요. 한마디로 '편집의 단위'를 만드는 기술이라고 할 수 있습니다.

독일 사회학자 니클라스 루만이나 발터 벤야민, 그리고 독일 최고의 장서가였던 아비 바르부르크의 유품에는 '제텔카스텐'의 흔적으로 가득합니다. 독일인 스스로도 깨닫지 못한 '카드 사고법'을 내가 앞서 설명해줬다는 자부심이 부쩍 차오르는 요즘입니다. AI로 야기된 지식 혁명의 본질은 '카드 사고법'에 있지요.

'문명은 질투다'라는 제목의 책도 꼭 쓰고 싶습니다. '질투'야말로 인간 문명을 가능케 한 가장 중요한 심리학적 특성이기 때문입니다. 흥미롭게도 르네 지라르 이외에는 이 '질투'라는 정서에 주목한 학자가 없습니다. 왜 겸손해야 할까요? 왜 공정해야 하는 거지요? 이 질문에는 '질투 관리'라는 문화심리학적 설명이 가장 설득력 있습니다.

성서에 나오는 인류 최초의 살인 사건인 '카인과 아벨' 이야기를 보면 형 카인이 질투 때문에 동생 아벨을 돌로 때려죽입니다. 그렇다면 야훼도 형 카인을 당연히 죽였어야 합니다. 그러나 이상하게도 야훼는 카인을 살려줍니다. 아예 이마에 표시까지 새겨주며 생명을 지켜주겠다고 약속하지요. '카인의 표지'입니다. 이 '카인의 표지'를 심리학적으로 해석하면 '질투'가 됩니다. 야훼는 인간에게 '질투'라는 원죄를 부여한 것이지요. '질투'라는 심리학적 기제가 인간 문명을 어떻게 가능케 했는가에 관한 책을 죽기 전에는 꼭 완성하고 싶어요(고백하자면, '질투는 나의 힘'이기 때문입니다). 그동안 쌓아놓은 자료만 책장에 가득합니다.

바닷가에서 사랑스러운 강아지와 이렇게 지내다가 다 늙으면 '노인과 개'라는 책도 쓰고 싶습니다. '노인과 바다'에 버금가는 책이 될 겁니다.

아, 이 책들을 다 쓰려면 난 아주 오래오래 살아야 합니다.

……

난, 아예 안 죽을 수도 있습니다.

미주

Part 1. 걸으며 공부하기

1 제임스 2005, p. 410 이하.
2 Freud 2000, p. 193 이하.
3 아이작슨 2011, pp. 246-247.
4 "Apple looked to Sony for iPhone design inspiration, court documents show." https://www.infoworld.com/article/2617778/apple-looked-to-sony-for-iphone-design-inspiration--court-documents-show.html
5 Bell 1992, p. 30 이하.
6 Pethes 2008, p. 51 이하.
7 벤야민 2012, p. 122.
8 벤야민 2007, p. 122.
9 벤야민 2012, pp. 122-123.
10 에슬링거 2010, p. 32 이하.
11 "Less is more. Ein Interview zum Nachdenken mit Hartmut Esslinger." https://www.jungbleiben.com/teatured-by-forward-less-is-more-ein-interview-zum-nachdenken-mit-hartmut-esslinger/
12 에슬링거 2010, p. 38.
13 Seemann 2012, p. 230.
14 아이자코프 2015, p. 113 이하.
15 Metzger 2008, p. 38 이하.
16 Isaacs 1985, p. 147 이하.
17 Föhl 2010, p. 77 이하.
18 Isaacs 1985, p. 152 이하.
19 Isaacs 1985, p. 203 이하.
20 Fischer 2013, p. 212 이하.
21 Jaeggi 1994, p. 9 이하.
22 Jaeggi 1994, p. 51 이하.
23 Hilmes 2004, p. 101 이하.
24 Hilmes 2004, p. 37 이하.
25 Hilmes 2004, p. 104.
26 Hilmes 2004, p. 106.
27 Hilmes 2004, p. 109.
28 Isaacs 1985, p. 146.
29 Hilmes 2004, p. 179 이하.
30 Hilmes 2004, p. 192 이하.
31 Taut 1918, pp. 14-15.
32 Flierl 2018, p. 59.
33 ブル＿ノ・タウト 1941, p. 13.
34 김기수 2004, pp. 20-28.
35 Wingler 1975, p. 37.
36 Nolte 1987, p. 43.
37 Nolte 1987, p. 45 이하.
38 이진일 2021, p. 112 이하.
39 하우저 1999, p. 180 이하.
40 하우저 1999, p. 190 이하.
41 이순예 2015, p. 41.

42 하우저 1999, pp. 181-182.
43 Thöner 2006, p. 23 이하.
44 김정운 2018, p. 126 이하.
45 나카야 & 후지모토 2014, p. 104 이하.
46 Bärtschi 1981, p. 15.
47 호크니 2019, p. 54 이하.
48 호크니 2019, p. 57.
49 호크니 2019, p. 52 이하.
50 브란트슈태터 등 2013, p. 69 이하.
51 타타르키비츠 1999, p. 25 이하.
52 타타르키비츠 1999, p. 36.
53 타타르키비츠 1999, p. 302.
54 Bender 2016, p. 224.
55 오타베 2011, p. 43.
56 주강현 2012, p. 159 이하.
57 베렌츠 2013, p. 31.
58 러스킨 2012, p. 71.
59 Parry 1989, p. 12 이하.
60 박홍규 2007, p. 95 이하.
61 페브스너 2013, p. 19 이하.
62 윤재희 1995, pp. 19-20.
63 Isaacs 1985, p. 122.
64 Isaacs 1985, p. 124.
65 Maciuika 2005, p. 305 이하.
66 야나부 2011.
67 北澤憲昭 1989, p. 144 이하.
68 北津憲昭 2013, p. 12 이하.
69 北津憲昭 2013, p. 27.
70 김남일 2007, p. 245 이하.
71 김희헌 2013, p. 87 이하.
72 김희헌 2013. p. 122 이하.
73 南博 & 社会心理研究所 1965, p. 6 이하.
74 南博 & 社会心理研究所 1965, p. 103.
75 「정지용 시인은 야나기 무네요시의 제자」《한겨레신문》 2006. 1. 4.
76 김구슬 2002, pp. 37-54.
77 야나기 1989, pp. 162-163.
78 나카미 2005, p. 385.
79 정일성 2007, p. 92 이하.
80 야나기 1989, p. 106.
81 야나기 1989, p. 26.
82 야나기 1989, p. 33.
83 Kikuchi 2004.
84 Young 1990, p. 49 이하.
85 김정운 2007, p. 89.
86 Bloch 1985, p. 113
87 東珠樹 1980, p. 11 이하.
88 조아라 2015, pp. 380-395.
89 나카미 2005, p. 69.
90 나카미 2005, p. 61 이하.
91 나카미 2005, p. 127 이하.
92 나카미 2005, p. 153.
93 Livingstone & Parry 2005, p. 301.
94 나카미 2005, p. 154.
95 나카미 2005, p. 156 재인용.
96 야나기 1994, p. 190.
97 Seemann 2009, p. 51 이하.
98 Isaacs 1985, p. 191.
99 Friedewald 2016, p. 36 이하.
100 Seemann 2009, p. 51.
101 Dickerman 2009, p. 14 이하.
102 Bauhaus-Archiv 2015, p. 35.
103 Stoeber 2009, p. 59 이하.
104 Fiedler & Feierabend 1999, p. 374.
105 Seemann 2009, p. 54.
106 Fiedler & Feierabend 1999, p. 237.
107 김정운 2018, p. 108 이하.
108 라이트 2010, p. 253 이하.
109 한국도서관협회 2013.
110 구가 2009, p. 159 이하.
111 라이트 2010, p. 13 이하.
112 김정운 2018, p. 220 이하.
113 Hansen 1993, p. 74 이하.
114 Gombrich 2012, p. 615 이하.
115 다나카 2013, p. 265 이하.
116 곰브리치 1997.

117 Gombrich 2012, p. 57.
118 Gombrich 2012, p. 61 이하.
119 Wundt 1922.
120 Beuchelt 1974, p. 23 이하.
121 Wygotski 1976.
122 Warburg 2010, p. 39 이하.
123 파노프스키 2014.
124 Cassirer 2010.
125 다나카 2013, p. 299 이하.
126 Treml et al 2014.
127 Gombrich 2012, p. 338 이하.
128 Warburg 2012.
129 Klee 2006, p. 11 이하.
130 Röthke 2013, p. 111 이하.
131 Bröhan 2017, p. 146 이하.
132 Bröhan 2017, p. 7 이하.
133 Bröhan 2017, p. 153 이하.
134 Guth 1999, p. 31 이하.
135 Düchting 2010, p. 61 이하.
136 Meyerrose 2016, p. 101 이하.
137 Baudez 2021, p. 234.
138 Schuth 1995, p. 164.
139 에번스 2018, p. 110 이하.
140 "なぜ信号機は赤黄緑の3色が使われているの?" https://jaf.or.jp/common/kuruma-qa/category-drive/subcategory-sign/faq166
141 괴테 2003.
142 에커만2 2008, p. 41.
143 Eichler 2011, p. 39 이하.
144 괴테 2003, pp. 40-41.
145 Heisenberg 1959, pp. 85-106.
146 Heller 2004, p. 13 이하.
147 Maul & Giersch 2015, p. 24.
148 괴테 2003, p. 228.
149 괴테 2003, p. 229.
150 괴테 2003, pp. 230-231.
151 Goethe 1981, p. 744.
152 에커만1 2008, pp. 454-455.
153 칸트 2009, pp. 270-271.
154 Seemann 2009, p. 53.
155 Röthke 2013, p. 114.
156 Itten 1961, p. 36 이하
157 Itten 1961, p. 34 이하.
158 최인수 2011.
159 러스킨 2018.
160 러스킨 2011.
161 Warburg 2010, p. 39 이하.
162 Chalmers 1982, p. 152 이하.
163 오한진 2006, p. 141 이하.
164 Ackermann & Bestgen 2009, p. 322.
165 Wahl 2019, p. 169 이하.
166 Hörning 1989, p. 5 이하.
167 Seemann 2009, p. 57 이하.
168 빙글러 2001, p. 49.
169 빙글러 2001, pp. 47-48.
170 Hüter 1976, p. 20 이하.
171 Hüter 1976, p. 26 이하.
172 Isaacs 1985, p. 283 이하.
173 빙글러 2001, p. 75 이하.
174 Neurauter 2013, p. 151.
175 Droste 2015, p. 22.
176 Wick 2009, p. 72.
177 Wick 2009, p. 29 이하.
178 Droste 2015, p. 95 이하.
179 Streit 2015, p. 39 이하.
180 Streit 2015, p. 48 이하.
181 Bauhaus-Archiv(Berlin) 2009, p. 51 이하.
182 Isaacs 1985, p. 264 이하.
183 뒤히팅 2007, p. 60.
184 Isaacs 1985, p. 264.
185 빙글러 2001, p. 82 이하.
186 빙글러 2001, p. 83.
187 빙글러 2001, p. 83.
188 휘트포드 2000, p. 116.

189 Hemken 2009, p. 34 이하.
190 허나영 2016.
191 Schwalm 2014, p. 28.
192 Hoek 2000, p. 216 이하.
193 김정운 2018, p. 81 이하.
194 Bader 2009, p. 134.
195 바우어 2006, p. 19 이하.
196 Derwing 1973, p. 50.
197 Senckel 2004, p. 138 이하.
198 Taylor 2001, p. 74.
199 비고츠키 2013, p. 135 이하.
200 Bruner & Goodman 1947, pp. 33–44.
201 게바우어 & 볼프 2015.
202 Wygotski 1985, p. 319 이하.
203 칸딘스키 2000, p. 64.
204 칸딘스키 2000, p. 67.
205 Kaiser 2011, p. 18.
206 프램튼 2017, p. 268.
207 윤재희 & 지연순 1994, p. 14.
208 Seuphor 1957, p. 134.
209 Lincke 2010, p. 3
210 White 2003, p. 7.
211 Janssen, White 2011, p. 180 이하.
212 Forgács 2022, p. 65.
213 吉田精一 1970, p. 14.
214 Kremer 2015, p. 90 이하.
215 와트 2004, p. 277 이하.
216 벤야민 2013, p. 55.
217 Oesterle 2001, p. 159 이하.
218 Klibansky, Panofsky & Saxl 1992, p. 319.
219 Howlett 2016, p. 85 이하.
220 Klibansky, Panofsky & Saxl 1992, p. 367 이하.
221 파노프스키2 2006, p. 130.
222 파노프스키2 2006, p. 128 이하.
223 맥그리거 2016, p. 324.
224 맥그리거 2016, p. 319 이하.
225 맥그리거 2016, p. 323.
226 하우저 1999, p. 108 이하.
227 벤야민 2009, p. 236.
228 휘트포드 2000, p. 117 이하.
229 Hemken 2009, p. 40 이하.
230 Droste 2015, p. 56.
231 Beyme 2005, p. 105 이하.
232 Droste 2015, p. 58.
233 McCarter 2016, p. 25.
234 Bergdoll & Dickerman 2009, p. 230 이하.
235 Bergdoll & Dickerman 2009, p. 20 이하.
236 정미희 1990, p. 41 이하.
237 Bahr 2014.
238 Figura et al 2011, p. 34.
239 Lorenz & Wolf 2008, p. 6.
240 Jähner 1988, p. 416.
241 Gerten 2013.
242 Bassie 2014, p. 40 이하.
243 Hugendubel-Doll 2012, p. 98.
244 Sabrow 2009, p. 33.
245 Charles & Carl 2014, p. 36 이하.
246 Charles & Carl 2014, p. 45.
247 Mosse 1998, p. 298 이하.
248 Krabmer 2006, p. 87 이하.
249 Fulda & Soika 2012, p. 85.
250 Müller-Jentsch 2011, p. 131 이하.
251 Eppler 2019, p. 235 이하.
252 Lane 2013, p. 51 이하.
253 하먼 2007, p. 72 이하.
254 Übler 2019, p. 40 이하.
255 Pelinka 2022, p. 78 이하.
256 Fischer 2016, p. 20.
257 Kraus & Wolff 2007, p. 232.
258 Fliedl et al 2011, p. 467.
259 Häußler 2022, p. 116 이하.
260 Wilmes 2012, p. 37 이하.
261 Droste 2015, p. 101.

262 Beyme 2005, p. 184.
263 Jäger 1991, p. 31.
264 Maasberg 2001, p. 219 이하.
265 Isaacs 1985, p. 197.
266 Hartmann 2001, p. 56 이하.
267 Kruft 1991, p. 429 이하.
268 정미희 1990, p. 40.
269 Bassie 2014, p. 130 이하.
270 Kim 2002, p. 131 이하.
271 츠바이크 2014, p. 281 이하.
272 츠바이크 2014, p. 248 이하.
273 Pitz 2001, p. 290 이하.
274 Reeken & Thießen 2014, p. 71 이하.
275 Heimann 2011, p. 360.
276 Bartknecht 2007, p. 170.
277 Winterberg & Winterberg 2015, p. 240 이하.

Part 2. 전쟁의 시대, 그 무렵 우리는

1 Alings 2000.
2 Born 1992, p. 381 이하.
3 테일러 2022, p. 45 이하.
4 위텐런 2014, p. 36.
5 쿠로노 2015, p. 43.
6 심킨스, 주크스 & 히키 2008, p. 37 이하.
7 박상섭 2014, p. 57.
8 박상섭 2014, p. 68.
9 박상섭 2014, p. 70.
10 클라크 2019, p. 346.
11 Fischer 1984.
12 Fischer 1969.
13 클라크 2019, p. 514 이하.
14 박홍규 1997, p. 158.
15 호사카 2016, p. 42 이하.
16 "역대 육군참모총장의 친일 및 일본군 행적" http://www.ohmynews.com/NWS_Web/View/img_pg.aspx?CNTN_CD=IE002680580
17 호사카 2016, p. 20.
18 쿠로노 2015, p. 30 이하.
19 호사카 2016, p. 23.
20 레마르크 2006, p. 31.
21 호사카 2016, p. 25.
22 이성주 2018, p. 60.
23 쿠로노 2015, p. 34.
24 위텐런 2014, p. 35 이하.
25 호사카 2016, p. 25.
26 쿠로노 2015, p. 42.
27 Martus et al 2015, p. 11 이하.
28 Schwager 2012, p. 251 이하.
29 Fesser 1994, p. 37.
30 클라크 2005, p. 804 이하.
31 쿠로노 2015, p. 43.
32 위텐런 2014, p. 38.
33 쿠로노 2015, p. 64.
34 쿠로노 2015, p. 69 이하.
35 푸코 2005.
36 크나이더 2017, p. 78 이하.
37 크나이더 2017, p. 67.
38 크나이더 2017, p. 42 이하.
39 크나이더 2013, p. 172.
40 크나이더 2017, p. 91 이하.
41 송방송 1984, p. 566 이하.
42 Lorenzen 2006, p. 39 이하.
43 Unterrainer 2018, p. 20 이하.
44 Jaeger 2017, p. 515.
45 Unterrainer 2018, p. 23.
46 Theilig 2013, p. 19 이하.
47 클라크 2005, p. 152 이하.
48 클라크 2005, p. 159 이하.
49 Massenkeil 1998, p. 450.
50 이완범 2013.
51 방광석 2014, p. 223 이하.

52 이완범 2013, p. 105 이하.
53 이완범 2013, p. 108 이하.
54 Sprengel 1996, p. 134.
55 Ratzel 1966.
56 Kröger 2023, p. 112 이하.
57 Spang 2013, p. 92 이하.
58 Haushofer 1941.
59 Spang 2013, p. 221.
60 브로턴 2014, p. 490 이하.
61 Hansen 1991, p. 425.
62 Mackinder 1904, p. 421 이하.
63 브로턴 2014, p. 509 이하.
64 카플란 2017, p. 119 이하.
65 Mackinder 1904, p. 435.
66 Mackinder 1904, p. 436.
67 Mackinder 1962, p. 106.
68 Mackinder 1904, p. 437.
69 Röhl 2001, p. 840 이하.
70 가토 2018, p. 106 이하.
71 김태웅 & 김대호 2019, p. 221.
72 다치바나 2008, p. 85.
73 Sander 2016, p. 81 이하.
74 Ohnuki-Tierney 2010, p. 69 이하.
75 가토 2018, p. 107.
76 가토 2018, p. 110.
77 이기용 2007, p. 26 이하.
78 동북아역사재단 2020.
79 Rittberger et al 2009, p. 122 이하.
80 이경희 2015, p. 31 이하.
81 서승원 2018, p. 20 이하.
82 서승원 2018, p. 22 재인용.
83 이성주 2018, p. 26 이하.
84 하라 2015, p. 70 이하.
85 위텐런 2014, p. 55 이하.
86 호사카 2016, p. 29 이하.
87 호사카 2016, p. 30.
88 위텐런 2014, p. 62.
89 야마무로 2010, p. 79 이하.
90 Bew 2016, p. 79 이하.
91 Yixu Lü 2013, p. 208 이하.
92 Herold 2013, p. 229 이하.
93 로스뚜노프 외 전사연구소 2004, p. 24 이하.
94 고바야시 2004, p. 34.
95 이어령 & 정형모 2016, p. 81.
96 박홍수 2015, p. 318 이하.
97 박홍수 2015, p. 324 이하.
98 정재정 2018, p. 85 이하.
99 정재정 2018, p. 101 이하.
100 박홍수 2015, p. 72 이하.
101 Joachimsthaler 1981.
102 Neilson & Otte 2012, p. 13 이하.
103 박홍수 2015, p. 74.
104 이용상 외 2017, p. 46 이하.
105 정재정 2018, p. 101 이하.
106 하버마스 1983.
107 멈퍼드 2013, p. 42.
108 Beard 1881, p. 103.
109 Böschen & Weis 2008, p. 67 이하.
110 Duthie 2012, p. 13 이하.
111 Committee on Standard Time and Prime Meridian 1884, p. 37 이하.
112 사이드 2015.
113 Whitrow 1989, p. 165.
114 Vera 2019, p. 459 이하.
115 Onkvisit & Shaw 2004, p. 290.
116 「북한 '평양 시간' 30분 앞당겨… 남북 표준시 같아졌다」. 《한겨레신문》 2018. 5. 5.
117 Voigt 2012, p. 11.
118 Wienecke-Janz 2007, p. 230.
119 Geppert & Kössler 2015, p. 7 이하.
120 킨1 2017, p. 429 이하.
121 킨1 2017, p. 509 이하.
122 오타니 2018, p. 231 이하.
123 킨2 2017, p. 934.

124 하라다 2013, p. 154.
125 쉬벨부쉬 1999, p. 192 이하.
126 Encke 2006, p. 84 이하.
127 프로이트 1997a, p. 267 이하.
128 Strassberg 2009, p. 92 이하.
129 쉬벨부쉬 1999, p. 192 이하.
130 화이트 주니어 2005.
131 Wigelsworth 2006, p. 43 이하.
132 토인비 2022.
133 Dressel 2010, p. 27 이하.
134 로스 2014, p. 18 이하.
135 Ovenden 2020, p. 86 이하.
136 Becker 2005, p. 23 이하.
137 "Verschimmelungsmanifest gegen den Rationalismus in der Architektur" http://www.hundertwasser.de/deutsch/texte/philo_verschimmelungsmanifest.php
138 Kunze 2022, p. 58.
139 슈밥 2016, p. 24 이하.
140 Glück 2016, p. 13 이하.
141 토플러 2006.
142 De la Escosura 2004, p. 1 이하.
143 박지향 2019, p. 121.
144 마르크스 2014, p. 155 이하.
145 마르크스 2014, p. 177.
146 모키르 2018, p. 127.
147 "Angus Maddison" https://en.wikipedia.org/wiki/Angus_Maddison
148 포메란츠 2016, p. 340 이하.
149 윈체스터 2019.
150 이문규 2017, p. 98 재인용.
151 이문규 2017, p. 99 이하.
152 포메란츠 2016, p. 129 이하.
153 모키르 2018.
154 헨킨스 2011.
155 모키르 2018, p. 117.
156 베이컨 2016, p. 120.
157 모키르 2018, p. 134.
158 모키르 2018, p. 260 이하.
159 폴라니 2015, p. 31.
160 노나카 2010, p. 39 이하.
161 Opara & Cantwell 2013, p. 118 이하.
162 Mijksenaar 1997, p. 28.
163 Ku & Lupton 2020, p. 98.
164 Han et al 2011, p. 2.
165 Le Deuff 2018.
166 republicofletters.stanford.edu
167 "Voltaire and the Enlightenment" http://republicofletters.stanford.edu/casestudies/voltaire.html
168 van Miert 2016, p. 271.
169 van Miert 2016, p. 272.
170 Fumaroli 2018, p. 20.
171 가필드 2018, p. 131.
172 그래프턴 2021, p. 26 이하.
173 모키르 2018, p. 255 이하.
174 van Miert 2016, p. 271 이하.
175 모키르 2018, p. 409 이하.
176 베이컨 2016, p. 86 이하.
177 베이컨 2002b, p. 69 이하.
178 베이컨 2016, p. 124.
179 베이컨 2002a, p. 50.
180 베이컨 2002a, p. 72.
181 베이컨 2002b, p. 207 이하.
182 van Miert 2016, p. 272 이하.

Part 3. 메타언어를 위하여

1 프로이트 1997b, p. 23 이하.
2 Hoevels 2001, p. 35 이하.
3 Gross 2017, p. 149 이하.
4 일리스 2013, p. 96.
5 마쓰오카 2006.

6 Heidegger 2006, p. 135.
7 김정운 2018, p. 145 이하.
8 Worringer 1908.
9 West 2000, p. 68 이하.
10 김정운 2018, p. 61 이하.
11 Wünsche 2011, p. 81 이하.
12 Gruß 2017, p. 251 이하.
13 Stoeber 2009, p. 60.
14 Stokes 2005, p. 9 이하.
15 Biro 2009, p. 207 이하.
16 Dimare 2011, p. 993 이하.
17 Droste & Bauhaus-Archiv 2019, p. 149 이하.
18 이케가미 2018.
19 베버 2010.
20 베버 2010, p. 121 이하.
21 Rebmann, Tenfelde & Schlösser 2011, p. 92.
22 Siebenbrodt & Schöbe 2012, p. 63 이하.
23 Seemann 2009, p. 43 이하.
24 Natour 2001, p. 59 이하.
25 Piaget 1975.
26 Piaget & Inhelder 1978.
27 김정운 2018, p. 27 이하.
28 프로이트 1997b, p. 23 이하.
29 Schirmer 2003.
30 왓슨 2015, p. 110 이하.
31 Leitzke 2001, p. 309 이하.
32 Bosseur 1991, p. 110.
33 Preuß 2017, p. 47 이하.
34 Wick 1982, p. 278.
35 Itten 1961.
36 Arndt 2009, p. 71 이하.
37 Stern 2010.
38 Steincke 2007, p. 18 이하.
39 Möller 2007, p. 283 이하.
40 Edschmid 1920, p. 28.
41 Klee 1979, p. 78.
42 Caskel 2020, p. 317 이하.
43 Glaesemer 1979.
44 Klee 1964, p. 123.
45 Baumgartner 2006, p. 73.
46 Clemenz 2016, p. 110.
47 Arnheim 2004.
48 Klee 1964.
49 Aichele 1998, p. 109 이하.
50 Werckmeister 1989, p. 72 이하.
51 Klee & Rewald 1998, p. 12 이하.
52 Denaro et al 2002, p. 78 이하.
53 Rizzolatti & Sinigaglia 2008.
54 Shapiro 2012, p. 118 이하.
55 Offe & Stadler 2013, p. 8 이하.
56 Chawla 2021, p. 162 이하.
57 Kersten & Trembley 1990, p. 77 이하.
58 Young 2001, p. 158 이하.
59 Johnson 1993, p. 39 이하.
60 Rokem 2009, p. 331 이하.
61 Chapeaurouge 1990, p. 22.
62 Wick 1982, p. 240 이하.
63 Rautmann 2011, p. 280 이하.
64 Wagner 2006, p. 109 이하.
65 Beetz 2019, p. 2.
66 Habermas 1990.
67 Habermas 2011.
68 야나부 2011, p. 37 이하.
69 Dalton 2010.
70 Ettrich & Mende 2005, p. 35 이하.
71 Roberts 2010, p. 132 이하.
72 정근식 2011, p. 322.
73 Wundt 2012.
74 Meyer 2016, p. 43 이하.
75 Robinson 2008, p. 169 이하.
76 Barck et al 2005, p. 102 이하.
77 Conrads 1975, p. 39.
78 Blotkamp 1994, p. 199.
79 Eimert 2016, p. 141 이하.

80 Lerner 2015, p. 30 이하.
81 Eşanu 2013, p. 85.
82 제들마이어 2004, p. 45 이하.
83 Meinhardt 1997, p. 103.
84 Bauer 2020, p. 73.
85 EBS 〈동과 서〉 제작팀 & 김명진 2008, p. 128 이하.
86 Graf 2006, p. 45 이하.
87 Haß 2005, p. 81 이하.
88 Ives 1974, p. 11 이하.
89 이상 2013, p. 40 이하.
90 권영민 2012, p. 145 이하.
91 김미영 2010a, p. 157 이하.
92 김미영 2010a, p. 175.
93 김미영 2010b.
94 이상 2009, p. 289 이하.
95 Zimmermann 2019, p. 251 이하.
96 Schwarting 2010.
97 "Oskar Schlemmer (1888-1943) Utopischer Entwurf (Wohnmaschine), 1922" https://www.staatsgalerie.de/g/sammlung/sammlung-digital/einzelansicht/sgs/werk/einzelansicht/409EB7D607564A2F8E497F95F838EA14.html
98 줄레조 2017, p. 18 이하.
99 박철수 2013, p. 131 이하.
100 Bois 1993, p. 103 이하.
101 Ikelaar 1996, p. 76 이하.
102 Nerdinger 2014, p. 7 이하.
103 Droste 2015, p. 43.
104 Bayer et al 2009, p. 48 이하.
105 Rajiv 2017, p. 341 이하.
106 하라리 2015, p. 350 이하.
107 손 2019, p. 18 이하.
108 Darling et al 2014, p. 53 이하.
109 배럿 2017, p. 334 이하.
110 파노프스키 2014, p. 27.
111 Forgács 2003, p. 47 이하.
112 Bach 2021, p. 129 이하.
113 De Mesquita 2013, p. 67 이하.
114 Alinder 2016.
115 Kreuzbauer 2016, p. 311 이하.
116 Taylor 1992, p. 120 이하.
117 Charles & Carl 2014.
118 바사리 2018, p. 17 이하.
119 Cheney 2007, p. 127 이하.
120 요시미 2004, p. 168 이하.
121 米倉迪夫 2001, p. 124 이하.
122 정병호 2003, p. 333 이하.
123 Keller, S. 2005, p. 69 이하.
124 川田伸一郎 2017, p. 119 이하.
125 세키 2008, p. 67 이하.
126 요시미 2004, p. 149 이하.
127 기타자와 2020, p. 308 이하.
128 Larsson 2015, p. 55 이하.
129 Hutter 2015, p. 69 이하.
130 Waibel 2020, p. 213 이하.
131 Peters 2006, p. 65 이하.
132 Schild 2014, p. 43 이하.
133 Wesemael 2001, p. 215 이하.
134 쉬벨부쉬 1999, p. 64 이하.
135 多木浩二 2006, p. 11 이하.
136 Hooper-Greenhill 1992, p. 78 이하.
137 Te Heesen 2012, p. 30 이하.
138 Duncan 1999, p. 304 이하.
139 Brown 2013, p. 222 이하.
140 Abbate 1989, p. 92 이하.
141 Kropfinger 1991, p. 143 이하.
142 Elfert 2015, p. 57 이하.
143 쇼르스케 2014, p. 385 이하.
144 Hofmann & Eiselen 2021, p. 317.
145 Metzger & Klimt 2005, p. 8.
146 Nautz et al 1996, p. 25 이하.
147 Lamberth 2008, p. 99 이하.

148 쇼르스케 2014, p. 52 이하.
149 쇼르스케 2014, p. 77 이하.
150 재닉 & 툴민 2013, p. 60 이하.
151 Jürgensen et al 2014, p. 18 이하.
152 쇼르스케 2014, p. 48 이하.
153 Tücke 2007, p. 262 이하.
154 Ramachandran et al 2020, p. 12 이하.
155 Rosenblum 2011, p. 284.
156 Stern 2002, p. 13 이하.
157 Stern 2010, p. 43 이하.
158 Klinger & Boetzkes 1984.
159 Hammes 2015, p. 262 이하.
160 Hammes 2015, p. 267.
161 Mayer-Pasinski 1982, p. 186.
162 Ueding & Kalivoda 2012, p. 315 이하.
163 Morton 2017, p. 256.
164 Goldmann 2003, p. 53 이하.
165 Bussmann 1996, p. 525 이하.
166 쇼르스케 2014, p. 386 이하.
167 Fischer 2003, p. 434 이하.
168 Fehringer 2013, p. 33 이하.
169 Veblen 1919, p. 33 이하.
170 Gillman 2009.
171 캔델 2014, p. 33 이하.
172 Rogoyska & Bade 2012, p. 24.
173 캔델 2014, p. 153 이하.
174 차근배 2000, p. 229.
175 Maciuika 2005, p. 27.
176 Bruhn 2015, p. 15 이하.
177 Bruhn 2015, p. 230.
178 Jörg & Düchting 2009, p. 258 이하.
179 Hahl-Koch 1984, p. 21.
180 Hahl-Koch 1984, p. 21. 재인용.
181 칸딘스키 & 마르크 2007, p. 210 이하.
182 Göbel 2013, p. 16.
183 Göbel 2013, p. 39 이하.
184 Guerman 2015, p. 140.
185 두베 2015, pp. 117-118.
186 윌슨 2005.
187 이남인 2009, p. 174 이하.
188 Groeben 2013, p. 134 이하.
189 King & Wertheimer 2006, p. 157 이하.
190 Wirtz 2021, p. 72 이하.
191 칸딘스키 & 마르크 2007, p. 62 이하.
192 칸딘스키 & 마르크 2007, p. 76.
193 칸딘스키 & 마르크 2007, p. 144 이하.
194 칸딘스키 & 마르크 2007, p. 210 이하.
195 Maaz 1992.
196 Timoney & Holder 2013, p. 1 이하.
197 Lipp 2008, p. 86 이하.
198 Ragg 2010, p. 213.
199 Taylor 1992, p. 73 이하.
200 Schneider-Janessen 2021, p. 82.
201 칸딘스키 2000, p. 90 이하.
202 칸딘스키 2000, p. 141.
203 김광우 2015, p. 224.
204 김광우 2015, p. 227 이하.
205 Wünsche 2013, p. 22 이하.
206 Siebenbrodt & Schöbe 2012, p. 113 이하.
207 Schimma 2009, p. 266.
208 Siebenbrodt & Schöbe 2012, p. 55.
209 Wessing 2018, p. 18 이하.
210 Moholy-Nagy 1986.
211 Moholy-Nagy 1986, p. 30 이하.
212 Molderings 2009, p. 43.
213 Burchert 2019, p. 154 이하.
214 Jewanski & Düchting 2009, p. 291 이하.
215 Grosch 1999, p. 56 이하.
216 Blümm, Ullrich & Ackermann 2019.
217 Siebenbrodt & Schöbe 2012, p. 238.

참고 문헌

구선영. 「국제관계 형성의 기점으로서의 베스트팔렌 신화 제고: 각국의 역사적 문맥에 배태된 다양한 주권 개념 형성에 관한 시론」. 《국제정치논총》 제59집 제2호. 서울: 한국국제정치학회, 2019.

권명광 & 명승수. 『근대(近代) 디자인사(史)』. 서울: 미진사, 1983.

권영민. 『이상 문학의 비밀 13』. 서울: 민음사, 2012.

김경연. 「'보편회화' 지향의 역사—20세기 전반기 동양화 개념의 형성과 변모에 대하여」. 《한국근대미술사학》 제38집. 서울: 한국근현대미술사학회, 2019.

김광우. 『칸딘스키와 클레』. 고양: 미술문화, 2015.

김구슬. 「정지용의 논문 '윌리엄 블레이크 시에 있어서의 상상력'과 원전비평」. 《동서비교문학저널》 제7호 가을 · 겨울. 2002.

김기수. 「건축가 브루노 타우트가 일본 근대건축에 미친 영향에 관한 고찰」. 《한국실내디자인학회논문집》 제13권 2호. 서울: 한국실내디자인학회, 2004.

김남일. 『민중신학자 안병무 평전』. 파주: 사계절출판사, 2007.

김명수. 『안병무의 신학 사상』. 파주: 한울, 2011.

김미영. 「이상(李箱)의 〈오감도(烏瞰圖): 시제1호(詩第一號)〉와 〈건축무한육면각체(建築無限六面角體): 차8씨(且8氏)의출발(出發)〉의 새로운 해석—조형예술과의 관련성을 중심으로」. 《한국현대문학연구》 30호, 서울: 한국현대문학회, 2010a.

_____. 「'현대미술의 요람'의 필자 확정 문제」. 《어문론총》 제52호. 대구: 한국문학언어학회, 2010b.

김용수. 『영화에서의 몽타주 이론』. 파주: 열화당, 2006.

김정운. 『일본 열광』. 파주: 프로네시스, 2007.

_____. 『에디톨로지』. 파주: 21세기북스, 2018.

김태웅 & 김대호. 『한국 근대사를 꿰뚫는 질문 29』. 파주: 아르테, 2019.

김현주. 「중화 질서의 해체와 그에 대한 청 정부의 대응: 「만국공법」을 중심으로」. 《아세아연구》 제62권 제1호. 서울: 아세아문제연구원, 2019.

김희정. 「한국에 있어서의 아리시마 다케오(有島武郎)의 수용 양상」. 《일본어문학》 제70집.

서울: 일본어문학회, 2015.
김희헌. 『서남동의 철학』. 서울: 이화여자대학교출판부, 2013
동북아역사재단. (편저). 『한일 조약 자료집』. 서울: 동북아역사재단, 2020.
문소영. 『조선의 못난 개항』. 고양: 역사의아침, 2013.
박상섭. 『1차 세계대전의 기원』. 파주: 아카넷, 2014.
박양신. 「근대 일본에서의 '국민', '민족' 개념의 형성과 전개: nation 개념의 수용사」. 《동양사학연구》 no. 104. 서울: 동양사학회, 2008.
박영준. 『해군의 탄생과 근대 일본』. 서울: 그물, 2014.
박정자. 『시선은 권력이다』. 서울: 기파랑, 2008.
박지향. 『근대로의 길』. 서울: 세창, 2019.
박천홍. 『매혹의 질주, 근대의 횡단』. 서울: 산처럼, 2003.
박철수. 『아파트』. 서울: 마티, 2013.
박홍규. 『법은 무죄인가』. 서울: 개마고원, 1997.
_____. 『윌리엄 모리스 평전』. 서울: 개마고원, 2007.
박훈. 『메이지유신은 어떻게 가능했는가』. 서울: 민음사, 2014.
박흥수. 『달리는 기차에서 본 세계』. 서울: 후마니타스, 2015.
방광석. 「러일전쟁 이전 이토 히로부미의 조선 인식과 정책」. 《한일관계사연구》 통권 제48집. 서울: 한일관계사학회, 2014.
백욱인. 『번안사회』. 서울: 휴머니스트, 2018.
서승. 『옥중 19년』. 서울: 진실의 힘, 2018.
서승원. 『근현대 일본의 지정학적 상상력』. 서울: 고려대학교출판문화원, 2018.
성희엽. 『조용한 혁명』. 서울: 소명출판, 2016.
송방송. 『한국음악통사』. 서울: 일조각, 1984.
송병건. 『영국 근대화의 재구성』. 서울: 해남, 2008.
신승철. 『르코르뷔지에』. 파주: 북이십일, 2020.
오한진. 『유럽 문화 속의 독일인과 유대인, 그 비극적 이중주』. 서울: 한울림, 2006.
윤재희. 『독일공작연맹과 건축』. 서울: 세진사, 1995.
윤재희 & 지연순. (편저). 『데 스틸 운동과 건축』. 서울: 세진사, 1994.
이경구 외. 『개념의 번역과 창조』. 파주: 돌베개, 2012.
이경희. 「로쿠메이칸(鹿鳴館) 무도회로 본 일본 표상」. 《일본학연구》 제45권. 용인: 단국대학교 일본연구소, 2015.
이광주. 『독일 교양 이데올로기와 비전』. 서울: 길, 2018.
이기용. 『한일 근대 사상사 연구』. 서울: 국학자료원, 2007.
이남인. 「21세기의 철학과 학제적(學際的) 연구—통섭 개념에 대한 비판적 검토를 토대로 삼아」. 《철학과 현실》 겨울호(통권 제83호). 서울: 철학문화연구소, 2009.
이대화. 「제국대학의 발자취로부터 교양교육의 뿌리를 더듬다」. 《교양학연구》 제8집. 서울: 다빈치미래교양연구소, 2018.
이문규. 「동아시아 전통 과학의 발견과 그 영향」. 《인간 · 환경 · 미래》 제19호. 김해:

인제대학교 인간환경미래연구원, 2017.
이미경. 『한국 낭만주의 연구』. 서울: 역락, 2009.
이병진. 「오카쿠라 덴신(岡倉天心)의 일본 미술 발견과 야나기 무네요시(柳宗悅)의 공예를 둘러싼 근대 의식」. 《비교문학》 제60집. 서울: 한국비교문학회. 2013.
이상. 『정본 이상 문학 전집 3. 수필 · 기타』. 서울: 소명출판, 2009.
___. 『이상 전집 1. 시』. 파주: 태학사, 2013.
이성주. 『전쟁 국가 일본의 성장과 몰락』. 서울: 생각비행, 2018.
이순예. 『민주사회로 가는 독일적 특수경로와 예술』. 서울: 길, 2015.
이어령 & 정형모. 『지의 최전선』. 파주: 아르테, 2016.
이완범. 『한반도 분할의 역사』. 성남: 한국학중앙연구원출판부, 2013.
이용상 외. 『일본 철도의 역사와 발전』. 서울: BG북갤러리. 2017.
이진일. 「통사 쓰기와 민족사 서술의 대안들: 독일의 '특별한 길(Sonderweg)'에서 '서구에의 안착'까지」. 《사림》 제77호. 서울: 수선사학회, 2021.
이충우. 『경성제국대학』. 서울: 다락원, 1980.
임상우. 「막스 베버(Max Weber)의 정치 활동(政治活動)에 관한 소고(小考)」. 《역사학보》 134~135집. 서울: 역사학회, 1992.
정근식. 『식민 권력과 근대 지식』. 서울: 서울대학교 출판문화원, 2011.
정미희. 『독일 표현주의 미술』. 서울: 일지사, 1990.
정병호. 「일본 근대문학 · 예술 논쟁 연구 (1) '서예는 미술이 아니다' 논쟁과 근대적 예술 개념의 탄생」. 《일본학보》 제55집 2권. 서울: 한국일본학회, 2003.
정일성. 『야나기 무네요시의 두 얼굴』. 파주: 지식산업사, 2007.
정재정. 『철도와 근대 서울』. 서울: 국학자료원, 2018.
조아라. 「무샤노코지 사네아쓰의 이상과 현실 : 아타라시키무라의 창설을 기점으로」. 《일본문화연구》 제56집. 완주군: 한국일본어문학회, 2015.
조윤정. 「사상의 변용과 예술적 공명, '폐허' 동인과 야나기 무네요시」. 가토 리에, 권석영, 이병진 외. 『야나기 무네요시와 한국』. 서울: 소명출판, 2012.
조은주. 「이상(李箱) 문학의 건축학적 시선과 '미궁(迷宮)' 모티브」. 《어문연구(語文硏究)》 제36권 제1호(봄). 서울: 한국어문교육연구회, 2008.
조홍식. 『문명의 그물』. 서울: 책과함께, 2019.
주강현. 『세계박람회 1851~2012』. 서울: 블루&노트, 2012.
진휘연. 「관람자에서 소비자로: 1923년 바우하우스 전시 이후 관람자의 역할 변화」. 《서양미술사학회논문집》 제30호. 서울: 서양미술사학회, 2009.
차근배. 『개화기 일본 유학생(開化期日本留學生)들의 언론출판 활동 연구(言論出版活動硏究): 1884-1898』. 서울: 서울대학교출판부, 2000.
최덕규. 「거문도 사건(1885~1887)에 대한 두 시각: 한국사 교과서와 글로벌 히스토리」. 《사회과교육》 제55권 제2호. 경산: 한국사회과교육연구학회, 2016.
최인수. 『창의성의 발견』. 서울: 쌤앤파커스, 2011.
최종고. 『한강에서 라인강까지』. 서울: 유로서적, 2005.

최호영.「야나기 무네요시의 생명 사상과 1920년대 초기 한국 시의 공동체 문제」.《일본비평》 11호. 서울: 서울대학교 일본연구소, 2014.
한국도서관협회.『한국십진분류법』. 서울: 한국도서관협회, 2013.
허나영.『이중섭, 떠돌이 소의 꿈』. 파주: 아르테, 2016.
홍가이.『현대 예술은 사기다』. 고양: 소피아, 2017.
EBS 〈동과 서〉 제작팀 & 김명진.『동과 서』. 서울: 위즈덤하우스, 2008

가토 요코.『그럼에도 일본은 전쟁을 선택했다』. 윤현명, 이승혁 옮김. 파주: 서해문집, 2018.
가토 리에. 박승주 옮김.「3 · 1 독립운동 후의 조선 예술계와 야나기 무네요시」. 가토 리에, 권석영, 이병진 외.『야나기 무네요시와 한국』. 서울: 소명출판, 2012.
고미카와 준페이.『인간의 조건 1~6』. 김대환 옮김. 파주: 잇북, 2013.
고바야시 히데오.『만철』. 임성모 옮김. 서울: 산처럼, 2004.
구가 가쓰토시.『지식의 분류사』. 김성민 옮김. 서울: 한국출판마케팅연구소, 2009.
기노시타 나오유키.「오카쿠라 텐신(岡倉天心)에 있어 '일본미술사론(日本美術史論)과 동양(東洋)」. 김영순 옮김.《인물미술사학》 제4호. 서울: 인물미술사학회, 2008.
기타자와 노리아키.『일본 근대 미술사 노트』 최석영 옮김. 서울: 소명출판, 2020.
나카미 마리,『야나기 무네요시 평전』. 김순희 옮김. 파주: 효형출판, 2005.
나카야 요헤이. 후지모토 고이치. (편저).『세상을 보는 방식에 대한 '보다(Seeing)'의 심리학』. 김정운 편역. 파주: 21세기북스, 2014.
노나카 이쿠지로.「일본 기업의 지식창조 기술」. 노나카 이쿠지로 외.『지식 경영』. 현대경제연구원 옮김. 파주: 21세기북스, 2010.
다나카 준.『아비 바르부르크 평전』. 김정복 옮김. 서울: 휴머니스트, 2013.
다치바나 다카시.『천황과 도쿄대 1』. 이규원 옮김. 서울: 청어람미디어, 2008.
마루야마 마사오 & 가토 슈이치.『번역과 일본의 근대』. 임성모 옮김. 서울: 이산, 2000.
마쓰오카 세이고.『지의 편집공학』. 박광순 옮김. 파주: 지식의숲, 2006.
무라카미 하루키.『색채가 없는 다자키 쓰쿠루와 그가 순례를 떠난 해』. 양억관 옮김. 파주: 민음사, 2013
사카이 나오키.『번역과 주체』. 후지이 다케시 옮김. 서울: 이산, 2005.
세키 히데오.『일본 근대 박물관 탄생의 드라마』. 최석영 옮김. 서울: 민속원, 2008.
아이자와 야스시.『신론(新論)』. 김종학 옮김. 서울: 세창출판사, 2016.
야나기 무네요시.『조선과 예술』. 박재삼 옮김. 파주: 범우사, 1989.
______________.『공예의 길』. 이길진 옮김. 성남: 신구문화사, 1994.
야나부 아키라.『번역어의 성립』. 김옥희 옮김. 서울: 마음산책. 2011.
야마무로 신이치.『러일전쟁의 세기』. 정재정 옮김. 서울: 소화, 2010.
오타니 다다시.『청일전쟁, 국민의 탄생』. 이재우 옮김. 파주: 오월의봄, 2018.
오타베 다네히사,『예술의 역설』. 김일림 옮김. 파주: 돌베개, 2011.
요시미 순야.『박람회』. 이태문 옮김. 서울: 논형, 2004.
위텐런.『대본영의 참모들』. 박윤식 옮김. 파주: 나남출판, 2014.

이시타 사에코. 「파퓰러 문화의 수집 · 공유 · 소비 : '파퓰러 문화 뮤지엄'에 관한 고찰」. 《아시아 리뷰》 제3권 제1호(통권 5호). 서울: 서울대학교 아시아연구소, 2013.
이케가미 슌이치. 『숲에서 만나는 울울창창 독일 역사』. 김경원 옮김. 파주: 돌베개, 2018.
코모리 요이치. 『일본어의 근대』. 정선태 옮김. 서울: 소명출판, 2003.
쿠로노 타에루. 『참모본부와 육군대학교』. 최종호 옮김. 서울: 논형, 2015.
하라 아키라. 『청일 · 러일전쟁 어떻게 볼 것인가』. 김연옥 옮김. 파주: 살림, 2015.
하라다 게이이치, 『청일 · 러일전쟁』. 최석완 옮김. 서울: 어문학사, 2013.
호사카 마사야스. 『쇼와 육군』. 정선태 옮김. 파주: 글항아리, 2016.

가필드, 사이먼. 『투 더 레터』. 김영선 옮김. 서울: 아날로그, 2018.
게바우어, 군터 & 볼프, 크리스토프. 『미메시스』. 최성만 옮김. 파주: 글항아리, 2015.
게이, 피터. 『바이마르 문화』. 조한욱 옮김. 서울: 탐구당, 2004.
곰브리치, E. H. 『서양미술사』. 백승길, 이종승 옮김. 서울: 예경, 1997.
괴테, 요한 볼프강 폰. 『색채론』. 장희창, 권오상 옮김. 서울: 민음사, 2003.
그래프턴, 앤서니. 『각주의 역사』. 김지혜 옮김. 서울: 테오리아, 2016.
__________. 『편지공화국』. 강주헌 옮김. 파주: 21세기북스, 2021.
그로스, 게르하르트 P. 『독일군의 신화와 진실』. 진중근 옮김. 과천: 이미지프레임, 2016.
노라, 피에르. 『기억의 장소 1~5』. 김인중, 유희수, 문지영 외 옮김. 파주: 나남출판, 2010.
다빈치, 레오나르도. 『레오나르도 다빈치 노트북』. 리히터, 장 폴 편집. 김인선 등 옮김. 서울: 루비박스, 2006.
두베, 볼프디터. 『표현주의』. 이수연 옮김. 서울: 시공사, 2015.
드발, 코르넬리스. 『퍼스 철학의 이해』. 이윤희 옮김. 서울: 한국외국어대학교출판부 지식출판원, 2019.
뒤히팅, 하요. 『바우하우스, 어떻게 이해할까?』. 윤희수 옮김. 고양: 미술문화, 2007.
라이트, 알렉스. 『분류의 역사』. 김익현, 김지연 옮김. 서울: 디지털미디어리서치, 2010.
러스킨, 존. 『존 러스킨의 드로잉』. 전용희 옮김. 파주: 오브제, 2011.
________. 『건축의 일곱 등불』. 현미정 옮김. 서울: 마로니에북스. 2012.
________. 『존 러스킨 라파엘전파』. 임현승 옮김. 고양: 좁쌀한알, 2018.
레마르크, 에리히 마리아. 『서부전선 이상 없다』. 홍성광 옮김. 파주: 열린책들, 2006.
로스, 빌. 『철도, 역사를 바꾸다』. 이지민 옮김. 서울: 예경, 2014.
로스, 아돌프. 『장식과 범죄』. 이미선 옮김. 서울: 민음사, 2021.
로스뚜노프 외 전사연구소. (편저). 『러일전쟁사』. 김종헌 옮김. 서울: 건국대학교출판부, 2004.
마르크스, 로버트 B. 『어떻게 세계는 서양이 주도하게 되었는가』. 윤영호 옮김. 서울: 사이, 2014.
맥그리거, 닐. 『독일사 산책』. 김희주 옮김. 고양: 옥당, 2016.
멈퍼드, 루이스. 『기술과 문명』. 문종만 옮김. 서울: 책세상, 2013.
모키르, 조엘. 『성장의 문화』. 김민주, 이엽 옮김. 서울: 에코리브르, 2018.

바사리, 조르조. 『르네상스 미술가 평전 1』. 이근배 옮김. 파주: 한길사, 2018.
바우어, 요아힘. 『공감의 심리학』. 이미옥 옮김. 서울: 에코리브르, 2006.
바이저, 프레더릭. 『낭만주의의 명령, 세계를 낭만화하라』. 김주휘 옮김. 서울: 그린비, 2011.
배럿, 리사 펠드먼. 『감정은 어떻게 만들어지는가?』 최호영 옮김. 서울: 생각연구소, 2017.
베렌츠, 카타리나. 『디자인 소사(小史)』. 오공훈 옮김. 파주: 안그라픽스, 2013.
베버, 막스. 『프로테스탄티즘의 윤리와 자본주의 정신』. 김덕영 옮김. 서울: 길, 2010.
베어, 슐라미스. 『표현주의』. 김숙 옮김. 파주: 열화당, 2003.
베이컨, 프랜시스. 『새로운 아틀란티스』. 김종갑 옮김. 서울: 에코리브르, 2002a.
__________. 『학문의 진보』. 이종흡 옮김. 파주: 아카넷, 2002b.
__________. 『신기관』. 진석용 옮김. 파주: 한길사, 2016.
벤야민, 발터. 「기술복제시대의 예술작품」. 『발터 벤야민 선집 2. 기술복제시대의 예술작품 / 사진의 작은 역사 외』. 최성만 옮김. 서울: 도서출판 길, 2007.
__________. 『파리의 원풍경』(아케이드 프로젝트 1). 조형준 옮김. 서울: 새물결, 2008.
__________. 『독일 비애극의 원천』. 최성만, 김유동 옮김. 파주: 한길사, 2009.
__________. 「종교로서의 자본주의」, 『발터 벤야민 선집 5. 역사의 개념에 대하여 / 폭력 비판을 위하여 / 초현실주의 외』. 최성만 옮김. 서울: 도서출판 길, 2012.
__________. 『독일 낭만주의의 예술비평 개념』. 심철민 옮김. 서울: 도서출판b, 2013.
브라우히취, 보리스 폰. 『가브리엘레 뮌터』. 조이한, 김정근 옮김. 서울: 풍월당, 2022.
브란트슈태터, 크리스티안 등. 『비엔나 1900년』. 박수철 옮김. 서울: 예경, 2013.
브로턴, 제리. 『욕망하는 지도』. 이창신 옮김. 서울: 알에이치코리아, 2014.
블랙번, 데이비드 & 일리, 제프. 『독일 역사학의 신화 깨뜨리기』. 최용찬, 정용숙 옮김. 서울: 푸른역사, 2007.
비고츠키, 레프. 『사고와 언어』. 이병훈, 이재혁, 허승철 옮김. 파주: 한길사, 2013.
비뇨, 조르주. 『분류하기의 유혹』. 임기대 옮김. 서울: 동문선, 2000.
빙글러, 한스 M. 『바우하우스』. 미진사 편집부 옮김. 서울: 미진사, 2001.
사이드, 에드워드. 『오리엔탈리즘』. 박홍규 옮김. 서울: 교보문고, 2015.
손, 리사. 『메타인지 학습법』. 파주: 21세기북스, 2019.
쇼르스케, 칼. 『세기말 빈』. 김병화 옮김. 파주: 글항아리, 2014.
슈나이더, 볼프. 『군인』. 박종대 옮김. 파주: 열린책들, 2015.
슈밥, 클라우스. 『클라우스 슈밥의 제4차 산업혁명』. 송경진 옮김. 서울: 메가스터디북스, 2016.
쉬벨부쉬, 볼프강. 『철도 여행의 역사』. 박진희 옮김. 서울: 궁리, 1999.
스타니스제프스키, 매리 앤. 『이것은 미술이 아니다』. 박이소 옮김. 서울: 현실문화연구, 1997.
심킨스, 피터, 주크스, 제르피 & 히키, 마이클. 『제1차 세계대전』. 강민수 옮김. 서울: 플래닛미디어, 2008.
아이자코프, 스튜어트. 『피아노의 역사』. 임선근 옮김. 서울: 포노, 2015.
아이작슨, 월터. 『스티브 잡스』. 안진환 옮김. 서울: 민음사, 2011.
__________. 『레오나르도 다빈치』, 신봉아 옮김. 파주: 아르테, 2019.

에번스, 개빈. 『컬러 인문학』. 강미경 옮김. 파주: 김영사, 2018.
에슬링거, 하르트무트, 『프로그』. 강지희 옮김. 서울: 부즈펌, 2010.
에커만, 요한 페터. 『괴테와의 대화 1, 2』. 장희창 옮김. 서울: 민음사, 2008.
오리, 파스칼 & 시리넬리, 장프랑수아. 『지식인의 탄생』. 한택수 옮김. 서울: 당대, 2005.
와이너, 에릭. 『천재의 지도』. 노승영 옮김. 파주: 문학동네, 2018.
왓슨, 피터. 『저먼 지니어스』. 박병화 옮김. 파주: 글항아리, 2015.
와트, 이언. 『근대 개인주의 신화』. 이시연, 강유나 옮김. 파주: 문학동네, 2004.
월마, 크리스티안. 『철도의 세계사』. 배현 옮김. 서울: 다시봄, 2019.
윈체스터, 사이먼. 『중국을 사랑한 남자』. 박중서 옮김. 서울: 사이언스북스, 2019.
윌슨, 에드워드. 『통섭』. 최재천, 장대익 옮김. 서울: 사이언스북스, 2005.
이거스, 조지. 『20세기 사학사』. 임상우, 김기봉 옮김. 서울: 푸른역사, 1999.
일리스, 플로리안. 『1913년 세기의 여름』. 한경희 옮김. 파주: 문학동네, 2013.
재닉, 앨런 & 툴민, 스티븐. 『비트겐슈타인과 세기말 빈』. 석기용 옮김. 서울: 필로소픽, 2013.
제들마이어, 한스. 『현대예술의 혁명』. 남상식 옮김. 파주: 한길사, 2004.
제임스, 윌리엄. 『심리학의 원리 1』. 정양은 옮김. 파주: 아카넷, 2005.
좀바르트, 베르너. 『사치와 자본주의』. 이상률 옮김. 서울: 문예출판사, 2017.
줄레조, 발레리. 『아파트 공화국』. 길혜연 옮김. 서울: 후마니타스, 2017.
츠바이크, 슈테판. 『어제의 세계』. 곽복록 옮김. 서울: 지식공작소, 2014.
카플란, 로버트 D. 『지리의 복수』. 이순호 옮김. 서울: 미지북스, 2017.
칸딘스키, 바실리. 『예술에서의 정신적인 것에 대하여』. 권영필 옮김. 파주: 열화당, 2000.
칸딘스키, 바실리 & 마르크, 프란츠. (편저). 『청기사』. 배정희 옮김. 파주: 열화당, 2007.
칸트, 이마누엘. 『판단력 비판』. 백종현 옮김. 파주: 아카넷, 2009.
캔델, 에릭. 『통찰의 시대』. 이한음 옮김. 서울: 알에이치코리아, 2014.
크나이더, 한스 알렉산더. 『독일인의 발자취를 따라』. 최경인 옮김. 서울: 일조각, 2013.
________. 『프란츠 에케르트』. 문신원 옮김. 고양: 연암서가, 2017.
크리스, 로버트 p. 『측정의 역사』. 노승영 옮김. 서울: 에이도스, 2012
클라크, 크리스토퍼. 『강철 왕국 프로이센』. 박병화 옮김. 서울: 마티, 2005.
________. 『몽유병자들』. 이재만 옮김. 서울: 책과함께, 2019.
키틀러, 프리드리히. 『광학적 미디어 : 1999년 베를린 강의』. 윤원화 옮김. 서울: 현실문화, 2011.
킨, 도널드. 『메이지라는 시대 1, 2』. 김유동 옮김. 서울: 서커스출판상회, 2017.
타타르키비츠, 블라디스와프. 『미학의 기본 개념사』. 손효주 옮김. 고양: 미술문화, 1999.
테일러, A. J. P. 『기차 시간표 전쟁』. 유영수 옮김. 서울: 페이퍼로드, 2022.
토마셀로, 마이클. 『인간의 의사소통 기원』. 이현진 옮김. 경산: 영남대학교출판부, 2015.
토인비, 아널드. 『18세기 영국 산업혁명 강의』. 김태호 옮김. 고양: 지식의풍경, 2022.
토플러, 앨빈. 『제3의 물결』. 원창엽 옮김. 서울: 홍신문화사, 2006.
파노프스키, 에르빈. 『도상해석학 연구』. 이한순 옮김. 서울: 시공사, 2001.
________. 『인문주의 예술가 뒤러 1, 2』. 임산 옮김. 파주: 한길아트, 2006.

______________. 『상징 형식으로서의 원근법』. 심철민 옮김. 서울: 도서출판b, 2014.
페브스너, 니콜라우스. 『모던 디자인의 선구자들』. 권재식, 김장훈, 안영진 옮김. 서울: 비즈앤비즈, 2013.
포메란츠, 케네스. 『대분기』. 김규태, 이남희, 심은경 옮김. 서울: 에코리브르, 2016.
폴라니, 마이클. 『암묵적 영역』. 김정래 옮김. 서울: 박영사, 2015.
푸코, 미셸. 『감시와 처벌』. 오생근 옮김. 서울: 나남, 2005.
프램튼, 케네스. 『현대건축』. 송미숙 옮김. 서울: 마티, 2017.
프로이트, 지크문트. 『정신분석학의 근본 개념』. 윤희기, 박찬부 옮김. 파주: 열린책들, 1997a.
______________. 『종교의 기원』. 이윤기 옮김. 파주: 열린책들, 1997b.
하라리, 유발. 『사피엔스』. 조현욱 옮김. 파주: 김영사, 2015.
하먼, 크리스. 『패배한 혁명』. 임성윤 옮김. 서울: 풀무질, 2007.
하버마스, 위르겐. 『인식과 관심』. 강영계 옮김. 서울: 고려원, 1983.
하우저, 아르놀트. 『문학과 예술의 사회사 3. 로코코, 고전주의, 낭만주의』. 염무웅, 반성완 옮김. 파주: 창비, 1999.
하워드, 마이클. 『제1차 세계대전』. 최파일 옮김. 파주: 교유서가, 2015.
핸킨스, 토머스. 『과학과 계몽주의』. 양유성 옮김. 파주: 글항아리, 2011.
호크니, 데이비드. 『명화의 비밀』. 남경태 옮김. 파주: 한길아트, 2019.
화이트 주니어, 린. 『중세의 기술과 사회 변화』. 강일휴 옮김. 고양: 지식의풍경, 2005.
휘트포드, 프랭크. 『바우하우스』. 이대일 옮김. 서울: 시공사, 2000.

川田伸一郎. 「哺乳類学がなかった時代の日本のMammalogy」. 《哺乳類科学》 57(1). 宮崎: 日本哺乳類学会, 2017.
北澤憲昭. 『眼の神殿—「美術」受容史ノート』. 東京: 美術出版社, 1989.
______. 『美術のポリティクス: '工芸'の成り立ちを 焦点として』. 東京: ゆまに書房, 2013.
多木浩二. 『「もの」の詩学: 家具'建築'都市のレトリック』. 東京: 岩波現代文庫, 2006.
森仁史. 『日本"工芸"の近代—美術とデザインの母胎として』. 東京: 吉川弘文館, 2009.
南博 & 社会心理研究所. 『大正文化 1905-1927』. 東京: 勁草書房, 1965.
東珠樹. 『白樺派と近代美術』. 東京: 東出版, 1980.
吉田精一. 『浪漫主義の研究』. 東京: 東京堂出版, 1970.
米倉迪夫. 『日本における美術史学の成立と展開』. 東京: 東京国立文化財研究所, 2001.
ブルーノ・タウト. 『ニッポン: ヨーロッパ人の眼で見た』. 森儁郎〔トシオ〕訳. 東京: 明治書房, 1941.

Abbate, C. "Operas as Sympony, a Wagnerian Myth." In C. Abbate & R. Parker. (eds.). *Analyzing Opera: Verdi and Wagner*. Berkeley: University of California Press, 1989.
Ackermann, U. & Bestgen, U. (eds.). *Das Bauhaus kommt aus Weimar*. Berlin and München: Deutscher Kunstverlag, 2009.
Afflerbach, H. "The Topos of Improbable War in Europe before 1914." In H. Afflerbach & D.

Stevenson. (eds.). *An Improbable War?: The Outbreak of World War I and European Political Culture before 1914*. New York: Berghahn, 2007.

Aichele, K. P. "Paul Klee's 'Composition with Windows': An Homage and an Elegy." In M. Heusser, et al. (eds.). *The Pictured Word: Word & Image Interactions 2*. Amsterdam: Rodopi, 1998.

Alami, M. *Der Stil der literarischen Biographien bei Stefan Zweig: Erläutert am "Joseph Fouché"*. Bern: Peter Lang GmbH, 1989.

Alinder, M. S. *Group f.64: Edward Weston, Ansel Adams, Imogen Cunningham, and the Community of Artists Who Revolutionized American Photography*. London: Bloomsbury USA, 2016.

Alings, R. *Die Berliner Siegessäule*. Berlin: Parthas Verlag, 2000.

Arndt, A. "Color Wheel Used in Gertrud Grunow's Class." In Bauhaus-Archiv Berlin. (ed.). *Bauhaus—A conceptual model*. Ostfilden: Hatje Cantz Verlag, 2009.

Arnheim, R. *Visual Thinking*. Berkeley: University of California Press, 2004.

Asholt, M. *Straßenverkehrsstrafrecht: Reformdiskussion und Gesetzgebung seit dem Ausgang des 19. Jahrhunderts*. Berlin: BWV Verlag, 2007.

Asmus, G. (ed.). *Hinterhof, Keller und Mansarde: Einblicke in Berliner Wohnungselend 1901-1920*. Hamburg: Rowohlt, 1982.

Assmann, A. *Erinnerungsräume: Formen und Wandlungen des kulturellen Gedächtnisses*. München: C. H. Beck, 2006.

Assmann, J. *Das kulturelle Gedächtnis: Schrift, Erinnerung und politische Identität in frühen Hochkulturen*. München: C. H. Beck, 2007.

Auslander, P. & Inglis, I. "Nothing Is Real: The Beatles as Virtual Performers." In S. Whiteley & S. Rambarran. (eds.). *The Oxford Handbook of Music and Virtuality*. New York: Oxford University Press, 2016.

Bach, C. "Reformpädagogischer Technikoptimismus: László Moholy-Nagys pädagogische Kunsttheorie zwischen Tradition und Avangarde." In A. Röhl, et al. (eds.). *bauhaus-paradigmen: künste, design und pädagogik*. Berlin: Walter de Gruyter GmbH & Co KG, 2021.

Bader, G. (ed.). *Roy Lichtenstein*. Cambridge: MIT Press, 2009.

Bahr, H. *Gesammelte Werke: Expressionismus (Essay)+Die Hexe Drut+Dostojewski (Essay)*. Pragu: e-artnow, 2014.

Barasch, M. *Theories of Art: From Impressionism to Kandinsky*. Band 3. New York: Psychology Press, 2000.

Barck, K. et al. (eds.). *Ästhetische Grundbegriffe: Tanz bis Zeitalter/Epoche*. Band 6. Stuttgart: Verlag J. B. Metzler, 2005.

Bartel, S. *Farben im Webdesign: Symbolik, Farbpsychologie, Gestaltung*. Berlin: Springer, 2013.

Barth, T. *Wer Freud Ideen gab: Eine systematische Untersuchung*. Münster: Waxmann Verlag, 2013.

Bartknecht, J. "Ein Gespenst ging um in Europa-Der Kommunismus und seine Denkmäler zwischen Verdrängung, Versöhnung und Verschrottung." In A. Schug. (ed.). *Palast der Republik: politischer Diskurs und private Erinnerung*. Berlin: BWV Verlag, 2007.

Bärtschi, W. A. *Linearperspektive: Geschichte, Konstruktionsanleitung und Erscheinungsformen in Umwelt und bildender Kunst*. Ravensburg: Otto Maier Verlag, 1981.

Bassie, A. *Expressionismus*. New York: Parkstone International, 2014.

Baudez, B. *Inessential Colors: Architecture on Paper in Early Modern Europe*. Princeton: Princeton University Press, 2021.

Bauer, I. *Der Goldene Schnitt (Teil II): Kunst und Architektur—Das Bauhaus, seine Vorläufer, seine Strömungen*. Norderstedt: BoD, 2020.

Bauhaus-Archiv. *bauhaus 1919-1933*. Köln: Taschen, 2015.

Bauhaus-Archiv Berlin. (ed.). *Bauhaus—A conceptual model*. Ostfilden: Hatje Cantz Verlag, 2009.

Baumgartner, M. "Vom 'Structuralrhythmus' zum 'polyphonen' Bildgefüge: Eine Einführung in Paul Klees Beschäftigung mit Malerei und Musik am Bauhaus." In Zentrum Paul Klee Bern (ed.). *Paul Klee: Melodie und Rhythmus*. Ostfildern: Hatje Cantz, 2006.

Bayer, H. et al. (eds.). *ahoi herbert!: bayer und die Moderne*. Linz: Lentos Kunstmuseum Linz, 2009.

Beard, G. M. *American nervousness: its causes and consequences, a supplement to Nervous exhaustion (neurasthenia)*. New York: Putnam, 1881.

Becker, F. "Autobahnen, Auto-Mobilität, Die USA, Italien und Deutschland im Vergleich." In W. Hardtwig (ed.). *Politische Kulturgeschichte der Zwischenkriegszeit 1918-1939*. Göttingen: Vandenhoeck & Ruprecht, 2005.

Beetz, J. *Digital: Wie Computer denken*. Berlin: Springer-Verlag, 2019.

Bell, C. *Ritual theory, Ritual practice*. New York: Oxford University Press, 1992.

Bender, S. *Leibniz' Metaphysik der Modalität*. Berlin: Walter de Gruyter. 2016.

Benjamin, W. *Selected Writings: 1935-1938*. Cambridge: Harvard University Press, 1996.

Bennett, T. *The Birth of the Museum: history, theory, politics*. New York: Routledge, 1995.

Bergdoll, B. & Dickerman, L. (eds.). *Bauhaus 1919-1933: Workshops for Modernity*. New York: The Museum of Modern Art, 2009.

Bernier, R. & Dawson, G. "The Role of Mirror Neuron Dysfunction in Autism." In J. A. Pineda. (ed.). *Mirror Neuron Systems: The Role of Mirroring Processes in Social Cognition*. New York: Springer Science & Business Media, 2009.

Beuchelt, E. *Ideengeschichte der Völkerpsychologie*. Meisenheim am Glan: Verlag Anton Hain, 1974.

Beyme, K. *Das Zeitalter der Avantgarden: Kunst und Gesellschaft 1905-1955*. München: C. H. Beck, 2005.

Bew, J. *Realpolitik: A History*. Oxford: Oxford University Press, 2016.

Biro, M. *The Dada Cyborg: Visions of the New Human in Weimar Berlin*. Minneapolis:

University of Minnesota Press, 2009.

Bloch, E. *Erbschaft dieser Zeit*. Frankfurt am Main: Suhrkamp, 1985.

Blotkamp, C. *Mondrian: The Art of Destruction*. London: Reaktion Books, 1994.

Blümm, A., Ullrich, M. & Ackermann, U. (eds.). *Haus Am Horn: Bauhaus Architektur in Weimar*. München: Hirmer Verlag GmbH, 2019.

Boenigk, J. & Wodniok, S. *Biodiversität und Erdgeschichte*. Berlin: Springer-Verlag, 2015.

Boersma, L. S. *0,10: The Last Futurist Exhibition of Painting*. Rotterdam: 010 Publishers, 1994.

Bois, Y. A. *Painting as Model*. Cambridge: MIT Press, 1993.

Borkhardt, S. *"Der Russe Kandinsky": Zur Bedeutung der russischen Herkunft Vasilij Kandinskijs für seine Rezeption in Deutschland, 1912-1945*. Köln: Böhlau Verlag, 2021.

Born, K. E. *Handbuch der preussischen Geschichte: Vom Kaiserreich zum 20. Jahrhundert und grosse Themen der Geschichte Preussens*. Berlin: Walter de Gruyter, 1992.

Bornstein, M. H. "Hue categorization and color naming: Cognition to language to culture." In R. E. MacLaury, et al. (eds.). *Anthropology of Color: Interdisciplinary multilevel modeling*. Amsterdam: John Benjamins Publishing, 2007.

Böschen, S. & Weis, K. *Die Gegenwart der Zukunft: Perspektiven zeitkritischer Wissenspolitik*. Wiesbaden: VS Verlag für Sozialwissenschaften, 2008.

Bosseur, J. Y. *Music: Passion for an Art*. New York: Rizzoli International Publications, 1991.

Bourneuf, A. *Paul Klee: The Visible and the Legible*. Chicago: University of Chicago Press, 2015.

Bröhan, N. *Künstlerkolonien: Ein Führer durch Deutschland, die Schweiz, Polen und Litauen*. Berlin: Parthas, 2017.

Brown, J. K. *The Persistence of Allegory: Drama and Neoclassicism from Shakespeare to Wagner*. Philadelphia: University of Pennsylvania Press, 2013.

Brüggenthies, R. *"Heilge Schwelle": Der frühe Heine—ein jüdisch-christliches Itinerarium*. Göttingen: Wallstein Verlag, 2022.

Bruhn, S. *Schönbergs Musik 1899-1914 im Spiegel des kulturellen Umbruchs: Von der Tondichtung zum Klangfarbenspiel*. Waldkirch: Edition Gorz, 2015.

Bruner, J. S. & Goodman, C. C. "Value and need as organizing factors in perception." In *The Journal of Abnormal and Social Psychology*. 42 (1). Washington, D.C.: APA, 1947.

Budde, H. "Japanische Farbholzschnitte und europäische Kunst: Maler und Sammler im 19. Jahrhundert." In D. Croissant, et al. (eds.). *Japan und Europa 1543-1929*. Berlin: Berliner Festspiele GmbH, 1993.

Burchert, L. *Das Bild als Lebensraum: Ökologische Wirkungskonzepte in der abstrakten Kunst, 1910-1960*. Bielefeld: transcript Verlag, 2019.

Burke, C. *Paul Renner: The Art of Typography*. New York: Princeton Architectural Press, 1998.

Bussmann, G. "Max Klingers 'Beethoven' in der 14. Ausstellung der Wiener Secession." In J. Nautz, et al. (eds.). *Die Wiener Jahrhundertwende: Einflüsse, Umwelt, Wirkungen*. Wien: Böhlau Verlag, 1996.

Caskel, J. *Die Theorie des Rhythmus: Geschichte und Ästhetik einer Denkfigur des 20. Jahrhunderts*. Bielefeld: transcript Verlag, 2020.

Cassirer, E. *Philosophie der symbolischen Formen*. Band 1-3. Hamburg: Meiner, 2010.

Chalmers, A. F. *Wege der Wissenschaft: Einführung in die Wissenschaftstheorie*. Berlin: Springer-Verlag, 1982.

Chapeaurouge, D. *Paul Klee und der christliche Himmel*. Stuttgart: Franz Steiner Verlag, 1990.

Charles, V. & Carl, K. H. *Wiener Secession*. New York: Parkstone International, 2014.

Chawla, L. "Knowing Nature in Childhood: Learning and Well-Being Through Engagement with the Natural World." In A. R. Schutte, et al. (eds.). *Nature and Psychology: Biological, Cognitive, Developmental, and Social Pathways to Well-being*. Cham: Springer Nature, 2021.

Cheney, L. G. *Giorgio Vasari's Teachers: Sacred & Profane Art*. New York: Peter Lang, 2007.

Clemenz, M. *Der Mythos Paul Klee: Eine biographische und kulturgeschichtliche Untersuchung*. Köln: Böhlau Verlag, 2016.

Comini, A. *The Changing Image of Beethoven: A Study in Mythmaking*. Santa Fe: Sunstone Press, 2008.

Committee on Standard Time and Prime Meridian. *What Shall be the Prime Meridian for the World?*. Cleveland: International Institute for Preserving and Perfecting Weights and Measures, 1884.

Conrads, U. *Programs and Manifestoes on 20th-Century Architecture*. Cambridge: MIT Press, 1975.

Corbineau-Hoffmann, A. "Passanten, Passagen, Kunstkonzepte: Die Straßen großer Städte als affektive Räume." In G. Lehnert. (ed.). *Raum und Gefühl: Der Spatial Turn und die neue Emotionsforschung*. Bielefeld: transcript Verlag, 2011.

Dalton, J. *A New System of Chemical Philosophy*. Cambridge: Cambridge University Press, 2010.

Darling, S. et al. "Putative Functions of the Prefrontal Cortex: Historical Perspectives and New Horizons." In G. Mazzoni and T. O. Nelson. (eds.). *Metacognition and Cognitive Neuropsychology: Monitoring and Control Processes*. New York: Psychology Press, 2014.

De la Escosura, L. P. "Introduction: Was British industrialisation exceptional?" In L. P. De la Escosura. (ed.). *Exceptionalism and Industrialisation: Britain and its European Rivals, 1688–1815*. Cambridge: Cambridge University Press, 2004.

De Mesquita, N. B. "Theo van Doesburg and Russia: Utopia Thwarted." In C. Lodder, et al. (eds.). *Utopian Reality: Reconstructing Culture in Revolutionary Russia and Beyond*. Leiden: BRILL, 2013.

Denaro, D. et al. (eds.). *Johannes Itten: Wege zur Kunst*. Ostfildern: Hatje Cantz Verlag, 2002.

Derwing, B. L. *Transformational Grammar as a Theory of Language Acquisition: A Study in the Empirical Conceptual and Methodological Foundations of Contemporary Linguistic Theory*. London: Cambridge University Press, 1973.

Dickerman, L. "Bauhaus Fundaments." In B. Bergdoll and L. Dickerman (eds.). *Bauhaus*

1919-1933: Workshops for Modernity. New York: The Museum of Modern Art, 2009.

DiMare, P. C. *Movies in American History: An Encyclopedia*. Santa Barbara: ABC-CLIO, 2011.

Dressel, W. *Werkstatt der Moderne: Die Entstehungsdynamik der Industriellen Revolution in England*. Münster: LIT Verlag, 2010.

Droste, M. "Beziehungen und Konkurrenzen: Wassily Kandinsky und das Bauhaus Weimar." In E. Stephan. (ed.). *Punkt und Linie zu Fläche: Kandinsky am Bauhaus*. Jena: die Städtischen Museen Jena, 2009.

________. *Bauhaus 1919-1933: Reform und Avantgarde*. Köln: Taschen, 2015.

Droste, M. & Bauhaus-Archiv. *Bauhaus 1919-1933*. Köln: Taschen, 2019.

Düchting, H. *Paul Klee: Living Art*. München: Prestel, 2008.

________. *Werkstatt Farbe: Bedeutung, Technik, Material*. Leipzig: Seemann, 2010.

Duncan, C. "From the princely gallery to the public art museum: the Louvre museum and the national gallery, London." In J. Evans and D. Boswell. (eds.). *Representing the Nation: A Reader: Histories, heritage and museums*. London: Routledge, 1999.

Duthie, A. *It's About Time: The Illusion of Einstein's Time Dilation Explained*. Bloomington: iUniverse, 2012.

Edschmid, K. *Tribüne der Kunst und Zeit: Eine Schriftensammlung*. Band XIII. London: Forgotten Books, 1920.

Eichler, A. *Goethes Farbenlehre und die Lehren von den Farben und vom Färben*. Petersberg: Michael Imhof Verlag, 2011.

Eimert, D. *Kunst und Architektur des 20. Jahrhunderts*. Band 1. New York: Parkstone International, 2016.

Elfert, J. *Theaterfestivals: Geschichte und Kritik eines kulturellen Organisationsmodells*. Bielefeld: transcript Verlag, 2015.

Emons, H. *Montage—Collage—Musik*. Berlin: Frank & Timme GmbH, 2009.

Encke, J. *Augenblicke der Gefahr: Der Krieg und die Sinne*. Paderborn: Wilhelm Fink Verlag, 2006.

Eppler, C. J. *Sieger, Säbel und Besiegte: Von der Somme bis Syrien. Kritisches zum Krieg und zum Kreuzzug gegen die Frauen*. München: utzverlag, 2019.

Erll, A. *Kollektives Gedächtnis und Erinnerungskulturen: Eine Einführung*. Berlin: Springer-Verlag, 2005.

Eşanu, O. *Transition in Post-Soviet Art: The Collective Actions Group Before and After 1989*. Budapest: Central European University Press, 2013.

Ettrich, K. U. & Mende, T. "Ausgewählte Aspekte der Entwicklungspsychologie an der Universität Leipzig von der Geschichte bis zur Gegenwart." In K. U. Ettrich (ed.). *125 Jahre Psychologie an der Universität Leipzig*. Leipzig: Leipziger Universitätsverlag, 2005.

Fehringer, A. *Arisierung und Rückstellung von Apotheken in Österreich*. Göttingen: V&R unipress GmbH, 2013.

Feist, P. H. "Einleitung: Augenlust." In P. H. Feist. (ed.). *Impressionismus: Die Erfindung der*

Freizeit. Leipzig: Seemann Verlag, 1993.

Fesser, G. *1866, Königgrätz—Sadowa: Bismarcks Sieg über Österreich*. Bonn: Brandenburgisches Verlagshaus, 1994.

Fiedler, J. & Feierabend, P. (eds.). *Bauhaus*. Köln: Könemann Verlag, 1999.

Figura, S. & Jelavich, P. et al. (eds.). *German Expressionism: The Graphic Impulse*. New York: The Museum of Modern Art, 2011.

Finley, J. R. et al. *Memory and Technology: How We Use Information in the Brain and the World*. Cham: Springer, 2018.

Fischer, F. *Krieg der Illusionen: Die deutsche Politik von 1911 bis 1914*. Düsseldorf: Droste, 1969.

———. *Griff nach der Weltmacht: Die Kriegszielpolitik des kaiserlichen Deutschland 1914/18*. Düsseldorf: Droste, 1984.

Fischer, J. M. *Gustav Mahler: Der fremde Vertraute*. Wien: Zsolnay, 2003.

———. *Karl Kraus: Der Widersprecher*. Berlin: Springer-Verlag, 2016.

Fischer, M. "Vom Ornament ohne Form zur Form ohne Ornament?-Peter Behrens und Industriedesign." In T. Föhl and C. Pese. (eds.). *Peter Behrens: Vom Jugendstil zum Industriedesign*. Weimar: Weimarer Verlaggesellschaft, 2013.

Fischinger, T. *Zur Psychologie des Rhythmus: Präzision und Synchronisation bei Schlagzeugern*. Kassel: kassel university press GmbH, 2009.

Flavell, J. "Metacognition and cognitive monitoring: A new area of cognitive-developmental inquiry." In *American Psychologist, 34*. Washington, DC: APA, 1979.

Fliedl, K. et al. (eds.). *Handbuch der Kunstzitate: Malerei, Skulptur, Fotografie in der Deutschsprachigen Literatur der Moderne*. Berlin: Walter de Gruyter, 2011.

Flierl, T. "Moskau 1926." In Deutscher Werkbund Berlin. (ed.). *Bruno Taut: Visionär und Weltbürger*. Berlin: Verlag Klaus Wagenbach, 2018.

Föhl, T. *Henry van de Velde: Architekt und Designer des Jugendstils*. Weimar: Weimarer Verlagsgesellschaft, 2010.

Forgács, É. "Definitive Space: The Many Utopias of El Lissitzky's Proun Room." In N. Perloff, et al. (eds.). *Situating El Lissitzky: Vitebsk, Berlin, Moscow*. Los Angeles: Getty Publications, 2003.

———. *Malevich and Interwar Modernism: Russian Art and the International of the Square*. London: Bloomsbury Publishing, 2022.

Freud, S. *Schriften zur Behandlungstechnik. Zur Einleitung der Behandlung. Weitere Ratschläge zur Technik der Psychoanalyse I*. (Studienausgabe-Ergänzungsband). Frankfurt am Main: S. Fischer, 2000.

Friedewald, B. *Bauhaus*. München: Prestel, 2016.

Fulda, B. & Soika, A. *Max Pechstein: The Rise and Fall of Expressionism*. Berlin: Walter de Gruyter, 2012.

Fumaroli, M. *The republic of letters*. New Heaven: Yale University Press, 2018.

Gage, J. *Kulturgeschichte der Farbe: Von der Antike bis zur Gegenwart.* Leipzig: Seemann, 1993.

Gallagher, S. "Interactive Coordination in Joint Attention." In A. Seemann. (ed.). *Joint Attention: New Developments in Psychology, Philosophy of Mind, and Social Neuroscience.* Cambridge: MIT, 2011.

Ganzer, I. *Hermann Muthesius und Japan.* Petersburg: Michael Imhof Verlag, 2016.

Geppert, A. C. T. & Kössler, T. "Zeit-Geschichte als Aufgabe." In A. C. T. Geppert & T. Kössler. (eds.). *Obsession der Gegenwart: Zeit im 20. Jahrhundert.* Göttingen: Vandenhoeck & Ruprecht, 2015.

Gersdorff, D. *Goethes späte Liebe: Die Geschichte der Ulrike von Levetzow.* Frankfurt am Main und Leipzig: Insel Verlag, 2005.

Gerten, H. *Der Holzschnitt der Künstlergemeinschaft "Brücke".* München: Grin, 2013.

Gillman, A. *Viennese Jewish Modernism: Freud, Hofmannsthal, Beer-Hofmann, and Schnitzler.* Pennsylvania: Pennsylvania state university press, 2009.

Glaesemer, J. (ed.). *PAUL KLEE. Beiträge zur bildnerischen Formlehre.* Basel: Schwabe, 1979.

Glasscock, J. *Making a Spectacle: A Fashionable History of Glasses.* New York: Hachette, 2021.

Glück, M. *FAQ Industrie 4.0: 100 Fragen—100 Antworten.* Düsseldorf: Symposion Publishing GmbH, 2016.

Göbel, A. *Der Blaue Reiter—Schönberg und Kandinsky im Wandel der Zeit: Berührungspunkt zwischen Musik und Malerei zu Beginn des 20. Jahrhunderts.* Hamburg: disserta Verlag, 2013.

Goethe, J. W. *Goethes Werke: Schriften zur Kunst, Schriften zur Literatur, Maximen und Reflexionen.* München: Verlag C. H. Beck, 1981.

Goldmann, S. *Via regia zum Unbewußten: Freud und die Traumforschung im 19. Jahrhundert.* Gießen: Psychosozial-Verlag, 2003.

Gombrich, E. H. *Aby Warburg: Eine intellektuelle Biographie.* Hamburg: Philo Fine Arts, 2012.

Gombrich, E. H. & Gombrich, L. *The Image and the Eye: Further Studies in the Psychology of Pictorial Representation.* New York: Phaidon Press, 1994.

Götz, V. & Kotteder, F. *Kulturverführer München.* Hamburg: Helmut Metz Verlag, 2005.

Graeff, A. *Wassily Kandinsky: Briefe-Texte-Schriften aus der Zeit am Bauhaus.* Weimar: Weimarer Verlagsgesellschaft, 2016.

Graf, E. M. *The Ontogenetic Development of Literal and Metaphorical Space in Language.* Tübingen: Gunter Narr Verlag, 2006.

Groeben, N. "Gestalttheorie als Irrationalismusbasis?" In S. Ertel, et al. (eds.). *Gestalttheorie in der modernen Psychologie: Wolfgang Metzger zum 75. Geburtstag.* Berlin: Springer, 2013.

Grosch, N. *Die Musik der Neuen Sachlichkeit.* Stuttgart: Metzler, 1999.

Gross. O. "Zur Überwindung der kulturellen Krise. 1913." In T. Anz and M. Stark. (eds.). *Expressionismus: Manifeste und Dokumente zur deutschen Literatur 1910–1920.* Berlin: Springer-Verlag, 2017.

Grossfeld, B. et al. (eds.). *Westfälische Jurisprudenz.* Münster: Waxmann, 2000.

Gruß, M. *Synästhesie als Diskurs: Eine Sehnsuchts- und Denkfigur zwischen Kunst, Medien und Wissenschaft.* Bielefeld: transcript Verlag, 2017.

Guerman, M. *Kandinsky.* New York: Parkstone International, 2015.

Guth, P. *Eine gelebte Idee: Wilhelm Ostwald und sein Haus "Energie" in Großbothen.* München: HypoVereinsbank, 1999.

Habermas, J. *Strukturwandel der Öffentlichkeit: Untersuchungen zu einer Katergorie der bürgerlichen Gesellschaft.* Berlin: Suhrkamp, 1962.

________. *Die Moderne, ein unvollendetes Projekt: philosophisch-politische Aufsätze, 1977-1990.* Leipzig: Reclam, 1990.

________. *Theorie des kommunikativen Handelns.* 2 Bände. Frankfurt am Main: Suhrkamp Verlag, 2011.

Hahl-Koch, J. (ed.). *Arnold Schoenberg—Wassily Kandinsky: Letters, Pictures and Documents.* London: Faber and Faber, 1984.

Hammes, A. *Brahms gewidmet: ein Beitrag zu Systematik und Funktion der Widmung in der zweiten Hälfte des 19. Jahrhunderts.* Göttingen: V&R unipress GmbH, 2015.

Han, J. et al. *Data Mining: Concepts and Techniques.* Amsterdam: Elsevier, 2011.

Hannesmann, C. & Sewing, W. "Gebaute Stadtkultur: Architektur als Identitätskonstrukt." In J. Sahr-Pluth and V. Kirchberg. *Kultur in der Stadt: Stadtsoziologische Analysen zur Kultur.* Wiesbaden: Springer-Verlag, 2013.

Hansen, K. P. *Kulturbegriff und Methode: Der stille Paradigmenwechsel in den Geisteswissenschaften.* Tübingen: Narr, 1993.

Hansen, P. H. *British Mountaineering, 1850-1914.* Cambridge: Harvard University, 1991.

Hart, R. *Imagined Civilizations: China, the West, and Their First Encounter.* Baltimore: JHU Press, 2013.

Hartmann, K. "Ohne einen Glaspalast ist das Leben eine Last." In W. Nerdinger, et al. (eds.). *Bruno Taut, 1880-1938: Architekt zwischen Tradition und Avantgarde.* Stuttgart: Deutsche Verlags-Anstalt, 2001.

Haß, U. *Das Drama des Sehens: Auge, Blick und Bühnenform.* München: Wilhelm Fink Verlag, 2005.

Haushofer, K. *Japan baut sein Reich.* Berlin: Zeitgeschichte Verlag, 1941.

Häußler, H. *Die Schöpfer des Kunstmarkts: Von den Anfängen in der Antike bis zur Digitalisierung in der Gegenwart.* Bielefeld: transcript Verlag, 2022.

Heidegger, M. *Sein und Zeit.* Tübingen: Niemeyer, 2006.

Heimann, S. *Der Preussische Landtag 1899-1947: eine politische Geschichte.* Berlin: Ch. Links Verlag, 2011.

Heisenberg, W. "Die Goethesche und die Newtonsche Farbenlehre im Lichte der modernen Physik." In W. Heisenberg. (ed.). *Wandlungen in den Grundlagen der Naturwissenschaft.* Stuttgart: Hirzel, 1959.

Heller, E. *Wie Farben wirken: Farbpsychologie, Farbsymbolik, Kreative Farbgestaltung*. Hamburg: Rowohlt Taschenbuch, 2004.

Hemken, K. W. "Zusammenstoß des natürlichen und mechanischen Menschen." In P. Oswalt. (ed.). *Bauhaus Streit. 1919-2009*. Ostfildern: Hatje Cantz Verlag, 2009.

Herald. G. W. *My favorite Assassin*. Whitefish: Literary Licensing, 2013.

Herold, H. *Reichsgewalt bedeutet Seegewalt: Die Kreuzergeschwader der Kaiserlichen Marine als Instrument der deutschen Kolonial- und Weltpolitik 1885 bis 1901*. München: Oldenbourg Verlag, 2013.

Hilmes, O. *Witwe im Wahn: Das Leben der Alma Mahler-Werfel*. München: Siedler Verlag, 2004.

Hiss, G. *Synthetische Visionen: Theater als Gesamtkunstwerk von 1800 bis 2000*. München: epodium, 2005.

Hoek, E. (ed.). *Theo van Doesburg*. Utrecht: Central Museum, 2000.

Hoevels, F. E. *Wilhelm Reichs Beitrag zur Psychoanalyse*. Freiburg: Ahriman-Verlag, 2001.

Hofmann, A. & Eiselen, F. *Deutsche Bauzeitung: Sechsunddreissigster Jahrgang*. Frankfurt am Main: BoD, 2021.

Hooper-Greenhill, E. *Museums and the Shaping of Knowledge*. London: Routledge, 1992.

Hörning, J. "Werkstattarbeiten des Staatlichen Bauhauses Weimar 1919-1925." In P. A. Fiedler. (ed.). *Bauhaus Weimar 1919-1925: Werkstattarbeiten*. Weimar: Kunstsammlungen zu Weimar, 1989.

Howlett, S. *Marsilio Ficino and His World*. New York: Springer, 2016.

Hugendubel-Doll, S. *Flipflops, iPod, Currywurst: Wer hat's erfunden?*. München: cbj Verlag, 2012.

Hurec, K. J. *Der Relative Kunstbegriff: Über die Möglichkeit oder Unmöglichkeit einer Definition von Kunst*. Norderstedt: BoD, 2021.

Hüter, K. H. *Das Bauhaus in Weimar*. Berlin: Akademie, 1976.

_________. *Das Bauhaus in Weimar: Studie zur gesellschaftspolitischen Geschichte einer deutschen Kunstschule*. Berlin: Walter de Gruyter, 2022.

Hutter, M. *The Rise of the Joyful Economy: Artistic invention and economic growth from Brunelleschi to Murakami*. London: Routledge, 2015.

Ikelaar, L. (ed.). *Paul Scheerbart und Bruno Taut: zur Geschichte einer Bekanntschaft—Scheerbarts Briefe der Jahre 1913-1914 an Gottfried Heinersdorff, Bruno Taut und Herwarth Walden*. Paderborn: Igel Verlag, 1996.

Isaacs, R. R. *Walter Gropius: Der Mensch und sein Werk*. Bd. 1. Frankfurt a. M.: Ullstein, 1985.

Ishida, Y. "Krieg und Völkermord als Thema der Geschichtsschreibung in Japan und Deutschland." In A. Gourd & T. Noetzel. (eds.). *Zukunft der Demokratie in Deutschland*. Berlin: Springer-Verlag, 2013.

Itten, J. *Kunst der Farbe*. Ravensburger: Ravenburger Buchverlag, 1961.

Ives, C. F. *The Great Wave: The Influence of Japanese Woodcuts on French Prints*. New York:

Metropolitan Museum of Art, 1974.

Jaeger, F. (ed.). *Enzyklopädie der Neuzeit: Manufaktur-Naturgeschichte*. Band 8. Stuttgart: Verlag J. B. Metzler, 2017.

Jaeggi, A. *Adolf Meyer-Der zweite Mann: Ein Architekt im Schatten von Walter Gropius*. Berlin: Argon Verlag, 1994.

Jäger, G. *Wilmersdorfer Portraits: Spurensuche in einem Berliner Bezirk*. Berlin: Stapp, 1991.

Jähner, H. *Künstlergruppe Brücke: Geschichte einer Gemeinschaft und das Lebenswerk ihrer Repräsentanten*. Berlin: Henschelverlag, 1988.

Janssen, H. & White, M. *The Story of De Stijl: Mondrian to Van Doesburg*. London: Lund Humphries, 2011.

Jewanski, J., Day, S. & Ward, J. "A Colorful Albino: The First Documented Case of Synaesthesia by Georg Tobias Ludwig Sachs in 1812." In *Journal of the History of the Neurosciences* 18 (3). London: Taylor & Francis, 2009.

Jewanski, J. & Düchting, H. *Musik und Bildende Kunst im 20. Jahrhundert: Begegnungen—Berührungen—Beeinflussungen*. Kassel: kassel university press, 2009.

Joachimsthaler, A. *Die Breitspurbahn Hitlers: eine Dokumentation über die geplante transkontinentale 3-Meter-Breitspureisenbahn der Jahre 1942-1945*. Freiburg: Eisenbahn-Kurier Verlag, 1981.

Johnson, G. A. "Introductions to Merleau-Ponty's Philosophy of Painting." In M. B. Smith. (ed.). *The Merleau-Ponty Aesthetics Reader: Philosophy and Painting*. Evanston: Northwestern University Press, 1993.

Jörg Jewanski, J. & Düchting, H. *Musik und Bildende Kunst im 20. Jahrhundert: Begegnungen—Berührungen—Beeinflussungen*. Kassel: Kassel University Press, 2009.

Junefelt, K. *Rethinking Egocentric Speech: Towards a New Hypothesis*. New York: Nova Publishers, 2007.

Jünke, C. et al. (eds.). *Romanistische Kulturwissenschaft?*. Würzburg: Königshausen & Neumann, 2004.

Jürgensen, C. et al. (eds.). *Schnitzler-Handbuch: Leben—Werk—Wirkung*. Stuttgart: Verlag J. B. Metzler, 2014.

Kaiser, Franz-W. "Über Bedeutung' bei abstrakter Kunst." In Städtische Galerie im Lenbachhaus and Kunstbau München. (ed.). *Mondrian De Stijl*. Berlin: Hatje Cantz, 2011.

Keller, A. *Elektronische Zeitschriften: Grundlagen und Perspektiven*. Wiesbaden: Otto Harrassowitz Verlag, 2005.

Keller, S. *Experiment versus Dogma: Francis Bacons Erkenntnis- und Lernprogramm*. Bern: Peter Lang, 2005.

Kersten, W. & Trembley, A. "Malerei als Provokation der Materie. Überlegungen zu Paul Klees Maltechnik." In P. Klee, et al. (eds.). *Das Schaffen im Todesjahr*. Bern: G. Hatje, 1990.

Kikuchi, Yuko. *Japanese Modernisation and Mingei Theory*. London: Routledge, 2004.

Kim, H. S. *Die Frauendarstellungen im Werk von Ernst Ludwig Kirchner: verborgene Selbstbekenntnisse des Malers*. Marburg: Techum, 2002.

King, D. B. & Wertheimer, M. *Max Wertheimer and Gestalt theory*. New Brunswick: Transaction Publishers, 2006.

Kirsch, H. *Worpswede: Die Geschichte einer deutschen Künstlerkolonie*. München: Bertelsmann, 1991.

Klee, A. *Adolf Hölzel und die Wiener Secession*. München: Prestel, 2006.

Klee, P. *Das Bildnerische Denken. Schriften zur Form- und Gestaltungslehre*. Basel: Schwabe, 1964.

_____. *Paul Klee: das Werk der Jahre 1919-1933, Gemälde, Handzeichnungen, Druckgraphik*. Köln: Kunsthalle Köln, 1979.

Klee, P. & Rewald, S. *Klee aus New York: Hauptwerke der Sammlung Berggruen im Metropolitan Museum of Art*. Berlin: Staatliche Museen zu Berlin-Preussischer Kulturbesitz, 1998.

Kleine, G. *Gabriele Münter und Wassily Kandinsky: Biographie eines Paares*. Frankfurt am Main: Insel Verlag, 1994.

Klibansky, R., Panofsky, E. & Saxl, F. *Saturn und Melancholie*. Frankfurt a. M.: Suhrkamp, 1992.

Klinger, M. & Boetzkes, M. *Max Klinger: Wege zum Gesamtkunstwerk*. Darmstadt: P. von Zabern, 1984.

Kottke, A. *Die Auswirkungen des Bauhauses auf die Buchgestaltung der zwanziger Jahre*. Hamburg: diplom.de, 2002.

Kozulin, A. "The concept of activity in Soviet psychology." In P. Lloyd & C. Fernyhough. (eds.). *Lev Vygotsky: Critical Assessments*. Band 1. London: Taylor & Francis, 1999.

Krabmer, C. "Julius Meier-Graefe und Paul Cassirer: Die Pan-Connection." In R. E. Feilchenfeldt & T. Raff. (eds.). *Ein Fest der Künste: Paul Cassirer: Der Kunsthändler als Verleger*. München: C. H. Beck, 2006.

Kraus, K. & Wolff, K. *Zwischen Jüngstem Tag und Weltgericht: Karl Kraus und Kurt Wolff: Briefwechsel 1912-1921*. Göttingen: Wallstein Verlag, 2007.

Kremer, D. *Romantik: Lehrbuch Germanistik*. Stuttgart: Springer Verlag, 2015.

Kreuzbauer, H. M. "Fotografie: Rhetorizität, Gegenstand und Stilistik." In A. Scheuermann & F. Vidal. (eds.). *Handbuch Medienrhetorik*. Berlin: Walter de Gruyter & Co KG, 2016.

Kröger, P. *Das vermessene Volk: Nationalitätenstatistik und Bevölkerungspolitik in Deutschlands östlichen Grenzländern 1860–1945*. Göttingen: Wallstein Verlag, 2023.

Kropfinger, K. *Wagner and Beethoven: Richard Wagner's Reception of Beethoven*. Cambridge: Cambridge University Press, 1991.

Kruft, H. W. *Geschichte der Architekturtheorie: von der Antike bis zur Gegenwart*. München: C. H. Beck, 1991.

Krummel, R. F. *Nietzsche und der deutsche Geist*. Band. 3. Berlin: Walter de Gruyter, 1974.

Ku, B. & Lupton, E. *Health Design Thinking: Creating Products and Services for Better Health*. Cambridge: MIT Press, 2020.

Kunze, C. *Deutschland als Autobahn: Eine Kulturgeschichte von Männlichkeit, Moderne und Nationalismus*. Bielefeld: transcript Verlag, 2022.

Lamberth, M. *Interaktion von Leben und Werk bei Schönberg: analysiert anhand seiner Ehekrise des Jahres 1908*. Bern: Peter Lang, 2008.

Lane, B. M. *Architektur und Politik in Deutschland 1918–1945*. Berlin: Springer-Verlag, 2013.

Larsson, L. O. "Versailles. Lieu enchanté-Bühne der Macht-Triumph der Künste." In U. Jung-Kaiser & A. Simonis. (eds.). *Die verzaubernde Kunstwelt Ludwigs XIV.-Versailles als Gesamtkunstwerk*. Hildesheim: Georg Olms Verlag, 2015.

Le Deuff, O. *Digital Humanities: History and Development*. Hoboken: John Wiley & Sons, 2018.

Leitzke, A. *Das Bild des Orients in der französischen Malerei*. Marburg: Tectum Verlag DE, 2001.

Leja, M. "Peirce, Visuality, and the Semiotics of Pictures." In F. Engel, et al. (eds.). *Das bildnerische Denken: Charles S. Peirce*. Berlin: Akademie Verlag, 2012.

Leonhardmair, T. *Bewegung in der Musik: Eine transdisziplinäre Perspektive auf ein musikimmanentes Phänomen*. Bielefeld: transcript Verlag, 2014.

Lerner, A. *From Russia With Doubt: The Quest to Authenticate 181 Would-Be Masterpieces of the Russian Avant-Garde*. New York: Princeton Architectural Press, 2015.

Lincke, C. *De Stijl—Die niederländische Avantgarde*. Erfurt: Grin, 2010.

Lipp, W. *Kultur des Bewahrens: Schrägansichten zur Denkmalpflege*. Wien: Böhlau Verlag, 2008.

Livingstone, K. & Parry, L. (eds.). *International Arts and Crafts*. London: V&A. 2005.

Lorenz, U. & Wolf, N. (eds.). *Brücke. Die deutschen "Wilden" und die Geburt des Expressionismus*. Köln: Taschen Verlag, 2008.

Lorenzen, J. N. *Die grossen Schlachten: Mythen, Menschen, Schicksale*. Frankfurt am Main: Campus Verlag, 2006.

Lötscher, L. & Kühmichel, K. *Vom Haus zur Stadt: Stadtentwicklung sehen-erkennen-verstehen*. Berlin: Lit Verlag, 2016.

Lowis, K. (ed.) *New Bauhaus-Chicago*. Berlin: Bauhaus-Archiv, 2017.

Lupton, E. & Cohen, E. L. *Letters from the Avant-Garde: Modern Graphic Design*. New York: Princeton Architectural Press, 1996.

Maasberg, U. "Der Weg zur Kunst führt über die Natur: Ein Blick auf das künstlerische Schaffen Bruno Tauts." In W. Nerdinger, et al. (eds.). *Bruno Taut, 1880-1938: Architekt zwischen Tradition und Avantgarde*. Stuttgart: Deutsche Verlags-Anstalt, 2001.

Maaz, H. J. *Der Gefühlsstau: ein Psychogramm der DDR*. München : Droemer Knaur, 1992.

MacCarthy, F. *Anarchy & Beauty: William Morris and his legacy 1860-1960*. London: National Portrait Gallery, 2015.

Maciuika, J. V. *Before the BAUHAUS: Architecture, Politics and the German State, 1890-1920*.

Cambridge: Cambridge University Press, 2005.

Mackinder, H. J. "The Geographical Pivot of History." In *The Geographical Journal*. Vol. 23, No. 4. London: The Royal Geographical Society, 1904.

____________. *Democratic Ideals and Reality: A Study in the Politics of Reconstruction*. Washington: National Defense University Press, 1962.

Martus, S. et al. (eds.). *Schlachtfelder: Codierung von Gewalt im medialen Wandel*. Berlin: Walter de Gruyter, 2015.

Massenkeil, G. *Metzler Sachlexikon Musik*. Stuttgart: Verlag J. B. Metzler, 1998.

Maul, G. & Giersch, U. (eds.). *J. W. von Goethes Beiträge zur Optik und die Entwicklung der Farbenlehre*. Weimar: Verlag Bien & Giersch, 2015.

Mayer-Pasinski, M. *Max Klingers Brahmsphantasie*. Frankfurt am Main: R.G. Fischer, 1982.

McCarter, R. *Breuer*. London: Phaidon Press, 2016.

McCoy, M. et al. (eds.). *Schoenberg's Correspondence with Alma Mahler*. New York: Oxford University Press, 2019.

Meinhardt, J. *Ende der Malerei und Malerei nach dem Ende der Malerei*. Ostfildern: Cantz, 1997.

Metzger, W. *Gesetz des Sehens*. Eschborn: Verlag Dietmar Klotz, 2008.

Metzger, R. & Klimt, G. *Gustav Klimt: das graphische Werk*. Wien: Brandstätter, 2005.

Meyer, H. "Exkurs: Formalismus und Strukturalismus." In M. Pechlivanos, et al. (eds.). *Einführung in die Literaturwissenschaft*. Stuttgart: Verlag J. B. Metzler, 2016.

Meyerrose, A. *Herren im Anzug: Eine transatlantische Geschichte von Klassengesellschaften im langen 19. Jahrhundert*. Köln: Böhlau Verlag, 2016.

Mijksenaar, P. *Visual Function: An Introduction to Information Design*. Rotterdam: 010 Publishers, 1997.

Mitscherlich, A. *Auf dem Weg zur vaterlosen Gesellschaft: Ideen zur Sozialpsychologie*. Weinheim: Beltz, 2003.

Moholy-Nagy, L. *Malerei, Fotografie, Film*. Berlin: Mann Verlag, 1986.

Molderings, H. "Die Umwelt des Sehens: Fotografien, Fotogramme und Fotoplastiken von László Moholy-Nagy." In I. Pfeiffer & M. Hollein. *László Moholy-Nagy: Retrospektive*. München: Prestel, 2009.

Möller, H. *Malerinnen und Musen des "Blauen Reiters"*. München: Piper, 2007.

Morton, M. *Max Klinger and Wilhelmine Culture: On the Threshold of German Modernism*. London: Routledge, 2017.

Mosse, W. E. (ed.). *Juden im Wilhelminischen Deutschland, 1890-1914: ein Sammelband*. Tübingen: Mohr Siebeck, 1998.

Müller, M. *Kunstbegriffe zwischen Recht und Praxis: Historische Wechselwirkungen zwischen Ästhetik, Kunsttheorie und Rechtswissenschaft*. Bielefeld: transcript Verlag, 2022.

Müller-Jentsch, W. *Die Kunst in der Gesellschaft*. Berlin: Springer-Verlag, 2011.

Münkler, H. "Mythen-Politik: Die Nibelungen in der Weimarer Republik." In U. Bermbach

& D. Borchmeyer. (eds.). *Richard Wagner-"Der Ring des Nibelungen": Ansichten des Mythos*. Berlin: Springer-Verlag, 2016.

Natour, N. *Entwicklung des Gedächtnisses in den ersten zwei Lebensjahren*. Münster: Waxmann Verlag, 2001.

Nautz, J. et al. (eds.). *Die Wiener Jahrhundertwende: Einflüsse, Umwelt, Wirkungen*. Wien: Böhlau Verlag, 1996.

Neilson, K. & Otte T. G. "'Realpolitik': An introduction." In T. G. Otte & K. Neilson. (eds.). *Railways and International Politics: Paths of Empire, 1848-1945*. London: Routledge, 2012.

Nerdinger, W. "Das Bauhaus zwischen Mythisierung und Kritik." In U. Conrads, et al. (eds.). *Die Bauhaus-Debatte 1953: Dokumente einer verdrängten Kontroverse*. Wiebaden: Vieweg, 2014.

Neurauter, S. *Das Bauhaus Und Die Verwertungsrechte: Eine Untersuchung Zur Praxis Der Rechteverwertung Am Bauhaus 1919-1933*. Tübingen: Mohr Siebeck, 2013.

Nolte, E. "Vergangenheit, die nicht vergehen will: Eine Rede, die geschrieben, aber nicht gehalten werden konnte." In R. Augstein, et al. (eds.). *Historikerstreit: Die Dokumentation der Kontroverse um die Einzigartigkeit der nationalsozialistischen Judenvernichtung*. München: Piper Verlag, 1987.

Oesterle, G. *Erinnern und Vergessen in der europäischen Romantik*. Würzburg: Königshausen & Neumann, 2001.

Offe, H. & Stadler, M. *Arbeitsmotivation: Entwicklung der Motivation zu produktiver Tätigkeit*. Darmstadt: Dr. Dietrich Steinkopff Verlag, 2013.

Ohnuki-Tierney, E. *Kamikaze, Cherry Blossoms, and Nationalisms: The Militarization of Aesthetics in Japanese History*. Chicago: University of Chicago Press, 2010.

Okakura, K. *Ideals of the East: The Spirit of Japanese Art*. New York: Courier Corporation, 2012.

Onkvisit, S. & Shaw, J. *International Marketing: Analysis and Strategy*. New Jersey: John Wiley & Sons, 2004.

Opara, E. & Cantwell, J. *Best Practices for Graphic Designers, Color Works: Right Ways of Applying Color in Branding, Wayfinding, Information Design, Digital Environments and Pretty Much Everywhere Else*. Beverly: Rockport Publishers, 2013.

Opaschowski, H. W. *Einführung in die Freizeitwissenschaft*. Berlin: Springer-Verlag, 2013.

Ovenden, M. *Underground Cities: Mapping the tunnels, transits and networks underneath our feet*. London: Frances Lincoln, 2020.

Parry, L. *William Morris and the Arts and Crafts Movement: A Sourcebook*. New York: Portland House, 1989.

Pass, S. *Parallel Paths to Constructivism: Jean Piaget and Lev Vygotsky*. Greenwich: IAP, 2004.

Pehnt, W. "Schauster der Freiheit: Das Hansaviertel im Kontext des westeuropäischen Nachkriegsstädtebaus." In J. Haspel & T. Flierl. *Karl-Marx-Allee und Interbau 1957*. Berlin: hendrik Bäßler verlag, 2017.

Pelinka, A. *Faschismus?: Zur Beliebigkeit eines politischen Begriffs*. Wien: Böhlau Verlag, 2022.

Pelletier, B. *Empire Biota: Taxonomy and Evolution*. Morrisville: Lulu.com, 2012.

Peters, I. *Folksonomies: Indexing and Retrieval in Web 2.0*. Berlin: Gruyter, 2009.

Peters, P. F. *Time, Innovation and Mobilities: Travels in Technological Cultures*. London: Routledge, 2006.

Pethes, N. *Kulturwissenschaftliche Gedächtnistheorien: zur Einführung*. Hamburg: Junius Verlag, 2008.

Piaget, J. *Nachahmung, Spiel und Traum: die Entwicklung der Symbolfunktion beim Kinde*. Stuttgart: Ernst Klett, 1975.

Piaget, J. & Inhelder, B. *Die Entwicklung des inneren Bildes beim Kind*. Taschenbuch Wissenschaft, 861. Frankfurt a. M.: Suhrkamp, 1978.

Pitz, H. "Der Umgang mit Tauts Bauten am Beispiel der Waldsiedlung (Onkel Toms Hütte) in Berlin Zehlendorf." In W. Nerdinger, et al. (eds.). *Bruno Taut, 1880-1938: Architekt zwischen Tradition und Avantgarde*. Stuttgart: Deutsche Verlags-Anstalt, 2001.

Platte, H. *Deutsche Impressionisten*. München: Bertelsmann, 1971.

Pohlmann, M. *Einführung in die Qualitative Sozialforschung*. Tübingen: UTB, 2022.

Preuß, V. *Spiegel und Träne: Kontrapunktische Strenge und der Affekt der Trauer*. Norderstedt: BoD, 2017.

Purbrick, L. "Defining Nation: Ireland at the Great Exhibition of 1851." In J. A. Auerbach & P. H. Hoffenberg. (eds.). *Britain, the Empire, and the World at the Great Exhibition of 1851*. London: Routledge, 2016.

Raff, T. "'Er hatte Begabung nach verschiedenen Seiten hin'-Paul Cassirers Münchner Jahre (1893-1897)." In R. E. Feilchenfeldt & T. Raff. (eds.). *Ein Fest der Künste: Paul Cassirer: Der Kunsthändler als Verleger*. München: C. H. Beck, 2006.

Ragg, E. *Wallace Stevens and the Aesthetics of Abstraction*. Cambridge: Cambridge University Press, 2010.

Rajiv, C. *Computer Graphics with An Introduction to Multimedia*. New Delhi: S. Chand Publishing, 2017.

Ramachandran, V. S. et al. "Bouba-Kiki: Cross-domain resonance and the origins of synesthesia, metaphor, and words in the human mind." In K. Sathian & V. S. Ramachandran. (eds.). *Multisensory Perception: From Laboratory to Clinic*. London: Academic Press, 2020.

Ratzel, F. *Der Lebensraum: Eine biogeographische Studie*. Darmstadt: Wissenschaftliche Buchgesellschaft, 1966.

Rautmann, P. "Über die Musikalität von Bildern und die Bildlichkeit von Musik: Von Philipp Otto Runge bis John Cage." In L. Christensen & M. Fink. (eds.). *Wie Bilder klingen: Tagungsband zum Symposium "Musik nach Bildern"*. Münster: LIT Verlag, 2011.

Rebmann, K., Tenfelde, W. & Schlösser, T. *Berufs- und Wirtschaftspädagogik: Eine Einführung in Strukturbegriffe*. Wiesbaden: Gabler Verlag, 2011.

Reckwitz, A. *Die Erfindung der Kreativität: Zum Prozess gesellschaftlicher Ästhetisierung*. Berlin: Suhrkamp, 2012.

Reeken, D. & Thießen, M. "Regionale oder lokale Geschichtskulturen? Reichweite und Grenzen von Erinnerungsräumen." In J. Fuge, et al. (eds.). *Gedächtnisräume: Geschichtsbilder und Erinnerungskulturen in Norddeutschland*. Göttingen: Vandenhoeck & Ruprecht, 2014.

Richter, M. & Sträter, W. *Potsdam: Der historische Reiseführer*. Berlin: Ch. Links Verlag, 2015.

Rittberger, V. et al. *Grundzüge der Weltpolitik: Theorie und Empirie des Weltregierens*. Wiesbaden: VS Verlag für Sozialwissenschaften, 2009.

Rizzolatti, G. & Sinigaglia, C. *Mirrors in the Brain: How Our Minds Share Actions and Emotions*. Oxford: Oxford University Press, 2008.

Roberts. L. M. *Literary Nationalism in German and Japanese Germanistik*. New York: Peter Lang, 2010.

Robinson, D. *Estrangement and the Somatics of Literature: Tolstoy, Shklovsky, Brecht*. Baltimore: JHU Press, 2008.

Rogoyska, J. & Bade, P. *Gustav Klimt*. New York: Parkstone International, 2012.

Röhl, J. C. G. *Wilhelm II: der Aufbau der persönlichen Monarchie, 1888-1900*. München: C. H. Beck, 2001.

Rokem, F. "Philosophie und Performance: Walter Benjamin und Bertolt Brecht im Gespräch über Franz Kafka." In H. Brüggemann & G. Oesterle. (eds.). *Walter Benjamin und die romantische Moderne*. Würzburg: Königshausen & Neumann, 2009.

Rosenblum, L. D. *See What I'm Saying: The Extraordinary Powers of Our Five Senses*. New York: W. W. Norton & Company, 2011.

Röthke, U. "Adolf Hölzel, Johannes Itten und Paul Klee-Drei Meister der Farbkunst." In C. Wagner, et al. (eds.). *Itten-Klee. kosmos farbe*. Berlin: Schnell+Steiner, 2013.

Runkel, G. *Die Stadt*. Münster: LIT Verlag, 2007.

Sabrow, M. *Erinnerungsorte der DDR*. München: C. H. Beck, 2009.

Saehrendt, C. *"Die Brücke" zwischen Staatskunst und Verfemung: expressionistische Kunst als Politikum in der Weimarer Republik, im "Dritten Reich" und im Kalten Krieg*. Stuttgart: Franz Steiner Verlag, 2005.

Sandberger, W. *Bach 2000: 24 Inventionen über Johann Sebastian Bach*. Stuttgart: Springer, 2016.

Sander, K. *Organismus als Zellenstaat: Rudolf Virchows Körper-Staat-Metapher zwischen Medizin und Politik*. Freiburg: Centaurus Verlag & Media KG, 2016.

Sarasin, P. & Sommer, M. *Evolution: Ein interdisziplinäres Handbuch*. Stuttgart: Verlag J. B. Metzler, 2015.

Schicha, C. *Bildethik: Grundlagen, Anwendungen, Bewertungen*. München: UTB, 2021.

Schild, E. *Zwischen Glaspalast und Palais des Illusions*. Wiesbaden: Birkhäuser, 2014.

Schiller, D. M. *Bloch, Schoenberg, and Bernstein: Assimilating Jewish Music*. Oxford: Oxford University Press, 2003.

Schirmer, K. *Bach-Renaissance in der Romantik. Die frühe Choralkantate "O Haupt voll Blut und Wunden" von Felix Mendelssohn Bartholdy*. München: GRIN Verlag, 2003.

Schmid, W. *Der ästhetische Inhalt: zur semantischen Funktion poetischer Verfahren*. Amsterdam: John Benjamins Publishing, 1977.

Schimma, S. "Die Lebendigen Kräfte der Farben: Farbenlehren am Weimarer Bauhaus." In U. Ackermann & U. Bestgen. (eds.). *Das Bauhaus kommt aus Weimar*. Berlin and München: Deutscher Kunstverlag, 2009.

Schneider, G. "Kriegstotenkult und Kriegerdenkmäler in der deutschen Kultur." In E. Kobylinska-Dehe & A. Lawaty. (eds.). *Wiesbaden: Erinnern, vergessen, verdrängen: polnische und deutsche Erfahrungen*. Wiesbaden: Otto Harrassowitz Verlag, 1998.

Schneider-Janessen, K. *Die Kunst des Erkennens*. Berlin: Europa Verlagsgruppe, 2021.

Schober, T. *Das Theater der Maler: Studien zur Theatermoderne anhand dramatischer Werke von Kokoschka, Kandinsky, Barlach, Beckmann, Schwitters und Schlemmer*. Berlin: Springer, 2016.

Schuth, D. *Die Farbe Blau: Versuch einer Charakteristik*. Münster: LIT Verlag, 1995.

Schwager, T. *Militärtheorie im Späthumanismus: Kulturtransfer taktischer und strategischer Theorien in den Niederlanden und Frankreich (1590-1660)*. Berlin: Walter de Gruyter, 2012.

Schwalm, B. *Mit Augen und Sinnen: Ausgewähltes und sehenswertes für "Reise-Fortgeschrittene"*. Norderstedt: BoD, 2014.

Schwarting, A. *Die Siedlung 'Dessau-Törten': Rationalität als ästhetisches Programm*. Dresden: Thelem, 2010.

Seemann, A. *Aus Weimar in alle Welt—Die Bauhausmeister und ihre Wirkung*. Leipzig: Seemann Verlag, 2009.

__________. *Weimar: Eine Kulturgeschichte*. München: Verlag C. H. Beck, 2012.

Senckel, B. *Wie Kinder sich die Welt erschliessen: Persönlichkeitsentwicklung und Bildung im Kindergartenalter*. München: C. H. Beck, 2004.

Seuphor, M. *Piet Mondrian. Leben und Werk*. Köln: Verlag M. DuMont Schauberg, 1957.

Shapiro, L. A. "Embodied Cognition." In E. Margolis, et al. (eds.). *The Oxford Handbook of Philosophy of Cognitive Science*. New York: Oxford University Press, 2012.

Siebenbrodt, M. & Schöbe, L. *Bauhaus: 1919-1933*. New York: Parkstone International, 2012.

Simon, H. U. *Jugendstil*. Berlin: Springer-Verlag, 2017.

Sinka, M. M. "Heinz Bude's Defining Construct for the Berlin Republic: the Generation Berlin." In C. A. Costabile-Heming, et al. (eds.). *Berlin-The Symphony Continues: Orchestrating Architectural, Social, and Artistic Change in Germany's New Capital*. Berlin: Walter de Gruyter, 2013.

Spang, C. W. *Karl Haushofer und Japan: Die Rezeption seiner geopolitischen Theorien in der deutschen und japanischen Politik*. München: Iudicium Verlag, 2013.

Sprengel, R. *Kritik der Geopolitik: Ein deutscher Diskurs 1914–1944*. Berlin: De Gruyter, 1996.

Steincke, D. *Bildgestaltendes Verstehen von Musik*. Würzburg: Königshausen & Neumann, 2007.

Steinkamp, M. *Das unerwünschte Erbe: Die Rezeption "entarteter" Kunst in Kunstkritik, Ausstellungen und Museen der Sowjetischen Besatzungszone und der frühen DDR*. Berlin: Akademie, 2012.

Stern, D. N. *The First Relationship: Infant and Mother*. Cambridge: Harvard University Press, 2002.

________. *Forms of Vitality: Exploring Dynamic Experience in Psychology, the Arts, Psychotherapy, and Development*. Oxford: Oxford University Press, 2010.

Stoeber, D. "Der Vorkurs und 'die Zeit der Einseitigkeiten'." In U. Ackermann & U. Bestgen. (eds.). *Das Bauhaus kommt aus Weimar*. Berlin and München: Deutscher Kunstverlag, 2009.

Stokes, P. D. *Creativity from Constraints: The Psychology of Breakthrough*. New York: Springer Publishing Company, 2005.

Storz, L. "Ideologische Bach-Rezeption im 18. und 19. Jahrhundert." In L. Nieper & J. Schmitz. (eds.). *Musik als Medium der Erinnerung: Gedächtnis-Geschichte-Gegenwart*. Bielefeld: transcript Verlag, 2016.

Strassberg, D. "Moral oder Objektivität? Oder: Wie richtig über das Trauma sprechen." In A. Karger. *Trauma und Wissenschaft*. Göttingen: Vandenhoeck & Ruprecht, 2009.

Streit, E. *Die Itten-Schule Berlin: Geschichte und Dokumente einer privaten Kunstschule neben dem Bauhaus*. Berlin: Gebr. Mann, 2015.

Sydow, M. *From Darwinian Metaphysics Towards Understanding the Evolution of Evolutionary Mechanisms: A Historical and Philosophical Analysis of Gene-Darwinism and Universal Darwinism*. Göttingen: Universitätsverlag Göttingen, 2012.

Taut, B. "Arbeitsrat für Kunst in Berlin." In *Mitteilungen des deutschen Werkbundes*. Nr. 4. Berlin: Staatsbibliothek zu Berlin, 1918.

Taylor, M. C. *Disfiguring: Art, Architecture, Religion*. Chicago: University of Chicago Press, 1992.

Taylor, T. J. "Bruner and Condillac on Learning How to Talk." In D. Bakhurst & S. G. Shanker. (eds.). *Jerome Bruner: Language, Culture, Self*. London: Sage, 2001.

Te Heesen, A. *Theorien des Museums zur Einführung*. Hamburg: Junius, 2012.

Theilig, S. *Türken, Mohren und Tataren: Muslimische (Lebens-)Welten in Brandenburg-Preußen im 18. Jahrhundert*. Berlin: Frank & Timme, 2013.

Thöner, W. "Zwischen Tradition und Moderne: Richard Paulik, das Bauhaus und die Architektur der zwanziger Jahre." In W. Thöner. & P. Müller. (eds.). *Bauhaus Tradition und DDR Moderne: Der Architekt Richard Paulick*. München/Berlin: Deutscher Kunstverlag, 2006.

Timoney, L. R. & Holder, M. D. *Emotional Processing Deficits and Happiness: Assessing the*

Measurement, Correlates, and Well-Being of People with Alexithymia. Berlin: Springer Science & Business Media, 2013.

Tofteland, B. "The Valuable Index Finger: Communicating Democratic Values Through Pointing." In E. Johansson, et al. (eds.). *Values Education in Early Childhood Settings: Concepts, Approaches and Practices*. Cham: Springer, 2018.

Tosaki, E. *Mondrian's Philosophy of Visual Rhythm: Phenomenology, Wittgenstein, and Eastern thought*. Berlin: Springer, 2017.

Treml, M. et al. (eds.). *Warburgs Denkraum*. München: Wilhem Fink Verlag, 2014.

Trimmel, M. *Einführung in die Psychologie: Motivation, Emotion und Lernprinzipien*. Münster: LIT Verlag, 2015.

Tücke, U. *Entwicklungspsychologie des Kindes- und Jugendalters für (zukünftige) Lehrer*. Münster: LIT Verlag, 2007.

Übler, K. *Turbulente und gefährliche Zeiten: Weimarer Republik und Drittes Reich*. Norderstedt: BoD, 2019.

Ueding, G. & Kalivoda, G. *Historisches Wörterbuch der Rhetorik*. Tübingen: Max Niemeyer Verlag, 2012.

Ukrainian Institute of Modern Art Bauhaus Chicago Committee. *Chicago's Bauhaus Legacy*. Vol. 2. Chicago: BCC, 2013.

Ungern-Sternberg, J. & Ungern-Sternberg, W. *Der Aufruf "An die Kulturwelt!": das Manifest der 93 und die Anfänge der Kriegspropaganda im Ersten Weltkrieg: mit einer Dokumentation*. Stuttgart: Franz Steiner Verlag, 1996.

Unterrainer, E. B. *Die Rezeption ostasiatischer Charakteristika in der Spieltechnik zeitgenössischer Musik für Querflöteninstrumente*. Münster: LIT Verlag, 2018.

van der Veer, R. *Lev Vygotsky*. London: Bloomsbury Publishing, 2014.

van Miert, D. K. W. "What was the Republic of Letters? A brief introduction to a long history (1417-2008)." In *Groniek*. 204/205. Groningen: University of Groningen Press, 2016.

Veblen, T. "The Intellectual Pre-Eminence of Jews in Modern Europe." In *Political Science Quarterly*. Vol. 34, No. 1. New York: The Academy of Political Science, 1919.

Venzmer, W. *Adolf Hölzel 1853-1934*. Dachau: Sparkasse Dachau, 2000.

Vera, H. "Weights and Measures." In B. Lightman. (ed.). *A Companion to the History of Science*. New Jersey: John Wiley & Sons, 2019.

Vetter, N. R. *Emotion zwischen Affekt und Kognition: zur emotionalen Dimension in der Kunstpädagogik*. Köln: Kölner Wissenschaftsverlag, 2010.

Voigt, H. H. *Abriss der Astronomie*. New Jersey: John Wiley & Sons, 2012.

Volker, U. "'exacte versuche im bereich der kunst'?: Paul Klee und Hans Kayser." In Zentrum Paul Klee Bern (ed.). *Paul Klee: Melodie und Rhythmus*. Ostfildern: Hatje Cantz, 2006.

Wagner, C. *Fünf Schüsse auf Bismarck. Historische Reportagen*. München: C. H. Beck, 2003.

Wahl, V. *Das staatliche Bauhaus in Weimar: Dokumente zur Geschichte des Instituts 1919-*

1926. Köln: Böhlau Verlag, 2009.

______. *Das Weimarer Bauhaus: Ein Studienbuch zu seiner Geschichte 1919-1926*. Jena: Vopelius, 2019.

Waibel, P. R. *Western Civilization: A Brief History*. New Jersey: John Wiley & Sons, 2020.

Wallentowitz, A. *"Imperialismus" in der japanischen Sprache am Übergang vom 19. zum 20. Jahrhundert: Begriffsgeschichte im aussereuropäischen Kontext*. Bonn: V&R unipress GmbH, 2011.

Warburg, A. *Werke in einem Band*. Berlin: Suhrkamp, 2010.

______. *Der Bilderatlas Mnemosyne*. Berlin: Akademie Verlag, 2012.

Weber, H. "Die Musik der Wiener Moderne." In B. Sponheuer & W. Steinbeck. *Mahler-Handbuch*. Stuttgart: Springer-Verlag, 2016.

Werckmeister, O. K. *The Making of Paul Klee's Career, 1914-1920*. University of Chicago: Chicago Press, 1989.

Wesemael, P. *Architecture of Instruction and Delight: A Socio-historical Analysis of World Exhibitions as a Didactic Phenomenon (1798-1851-1970)*. Rotterdam: 010 Publishers, 2001.

Wessing, G. *László Moholy-Nagy: Gestalter des bewegten Lichts*. Weimar: Weimarer Verlagsgesellschaft, 2018.

West, S. *The Visual Arts in Germany, 1890-1937: Utopia and Despair*. Manchester: Manchester University Press, 2000.

White, M. *De Stijl and Dutch Modernism*. Manchester: Manchester University Press, 2003.

Whitrow, G. J. *Time in History: Views of Time from Prehistory to the Present Day*. Oxford: Oxford University Press, 1989.

Wick, R. *Bauhaus Pädagogik*. Köln: DuMont, 1982.

Wick, R. K. *Bauhaus: Kunst und Pädagogik*. Athena: Oberhausen, 2009.

Wienecke-Janz, D. *Die Chronik der Deutschen*. Gütersloh: wissenmedia Verlag, 2007.

Wigelsworth, J. R. *Science and Technology in Medieval European Life*. Westport: Greenwood Publishing Group, 2006.

Wilmes, D. *Wettbewerb um die Moderne: Zur Geschichte des Kunsthandels in Köln nach 1945*. Berlin: Akademie Verlag, 2012.

Wingler, H. M. *Das Bauhaus: Weimar, Dessau, Berlin 1919-1933*. Bramsche: Rasch & Co., 1975.

Winterberg, Y. & Winterberg, S. *Kollwitz: die Biografie*. München: Bertelsmann, 2015.

Wirtz, V. *Ästhetisierung: Kunst und Politik in der Zwischenkriegszeit*. Frankfurt am Main: Campus Verlag, 2021.

Wood, C. S. *A History of Art History*. Princeton: Princeton University Press, 2021.

Worringer, W. *Abstraktion und Einfühlung*. München: Piper, 1908.

Wundt, W. *Grundrisse der Psychologie*. Leipzig: Alfred Kroner Verlag, 1922.

______. *Probleme der Völkerpsychologie*. Altenmünster: Jazzybee Verlag, 2012.

Wünsche, I. (ed.). *Galka E. Scheyer & The Blue Four: Correspondence 1924~1945*. Wabern:

Benteli, 2006.

________. "Seeing Sound-Hearing Colour: The Synaesthetic Experience in Russian Avant-Garde Art." In C. Mille. (ed.). *Music and Modernism, c. 1849-1950*. Newcastle: Cambridge Scholars Publishing, 2011.

________. "Kunst und Revolution: Der Russische Konstruktivismus und die Politik." In H. Gaßner, et al. (eds.). *Rodtschenko: Eine Neue Zeit*. Hamburg: Buverius Kunst Forum, 2013.

Wygotski, L. S. *Psychologie der Kunst*. Dresden: Verlag der Kunst, 1976.

__________. *Ausgewählte Schriften*. Band 1. Köln: Pahl-Rugenstein Verlag, 1985.

__________. *Denken und Sprechen*. Frankfurt am Main: Fischer, 1986.

Yixu Lü. "Tsingtau." In J. Zimmerer, et al. (eds.). *Kein Platz an der Sonne: Erinnerungsorte der deutschen Kolonialgeschichte*. Frankfurt am Main: Campus Verlag, 2013.

Young, J. *Heidegger's Philosophy of Art*. Cambridge: Cambridge University Press, 2001.

Young, Robert J. C. *White Mythologies: Writing, History and the West*. London: Routledge, 1990.

Ziegler, V. "Pop-up Workshopreihe." In S. Foraita, et al. (eds.). *Matters of Communication: Formen und Materialitäten gestalteter Kommunikation*. Bielefeld: transcript Verlag, 2020.

Zimmermann, F. "Oskar Schlemmers Unterricht 'Der Mensch'." In P. Oswalt. (ed.). *Hannes Meyers neue Bauhauslehre: Von Dessau bis Mexiko*. Basel: Birkhäuser, 2019.

Zimmermann, O. (ed.). *Wachgeküsst: 20 Jahre neue Kulturpolitik des Bundes 1998-2018*. Berlin: Deutscher Kulturrat e.V., 2018.

Zuber, T. *Inventing the Schlieffen Plan: German War Planning 1871-1914*. Oxford: Oxford University Press, 2002.

색인

1. 인명 색인

ㄱ

ㄴ

ㄷ

ㄹ

ㅁ

ㅂ

ㅅ

ㅇ

ㅍ

2. 주제어 색인

ㄴ

ㄷ

ㄹ

ㅁ

ㅂ

ㅅ

ㅇ

ㅈ

ㅎ

도판 출처

56p, 721p ⓒ Herbert Bayer / VG Bild-Kunst, Bonn - SACK, Seoul, 2023
85p 도판1, 365p 도판(왼쪽 하단), 370p 도판1, 2, 414p 도판1, 711p 도판1, 724p ⓒ 2023 - Succession Pablo Picasso - SACK (Korea)
111p, 442p, 445p ⓒ Oskar Kokoschka / ProLitteris, Zürich - SACK, Seoul, 2023
168p ⓒ 2023 Heirs of Josephine Hopper / Licensed by ARS, NY - SACK, Seoul
310p 도판1, 747p ⓒ Johannes Itten / ProLitteris, Zürich - SACK, Seoul, 2023
372p ⓒ Estate of Roy Lichtenstein / SACK Korea 2023

47p ⓒ Google Ngram Viewer
86p 도판1 ⓒ Hans Namuth
239p 도판2 ⓒ 중앙포토
262p 도판1 ⓒ Carolco Pictures
도판2 ⓒ Robert Evans
640p 도판 ⓒ Felice Beato
692p 도판 ⓒ Hugo Charlemont
401p 도판1 ⓒ Aby Warburg Institut, London
424p ⓒ FKK-Museum
436p 도판1 ⓒ Thomas Heinrich Voigt
492p ⓒ Photo studio E. Bieber
496p ⓒ US Navy Historical Center
497p 도판1 ⓒ Archiv für Kunst und Geschichte, Berlin
도판2 ⓒ Bundesarchiv
537p ⓒ 날아라 마린보이
570p ⓒ Bundesarchiv
620p ⓒ Brown University Library
624p ⓒ Google Ngram Viewer
628p ⓒ Luca Bergamasco
635p ⓒ Oscar Tellgmann
638p ⓒ Felice Beato
647p ⓒ Carl Röchling
668p ⓒ Franz Otto
673p ⓒ publicseminar.org
682p ⓒ Harry Beck
685p ⓒ Google Ngram Viewer
687p ⓒ Stanford University
819p ⓒ Google Ngram Viewer
858p ⓒ Go-Tokyo
860p ⓒ Go-Tokyo
875p ⓒ Musée du Louvre

지은이 김정운
문화심리학자. 여러가지문제연구소장이자 '나름 화가'. 고려대학교 심리학과를 졸업하고, 독일 베를린자유대학교 심리학과를 졸업(디플롬, 박사)했다. 독일 베를린자유대학교 전임강사 및 명지대학교 교수를 역임했으며, 일본 교토사가예술대학 단기대학부에서 일본화를 전공했다. 지금은 여수 끝 섬에 살면서 그림 그리고, 글 쓰고, 가끔 작은 배를 타고 나가 눈먼 고기도 잡는다. 베스트셀러 『에디톨로지』를 비롯해, 『바닷가 작업실에서는 전혀 다른 시간이 흐른다』, 『가끔은 격하게 외로워야 한다』, 『나는 아내와의 결혼을 후회한다』, 『남자의 물건』, 『노는 만큼 성공한다』 등을 집필했다.

사진 윤광준
사진과 미술, 음악, 건축, 디자인을 넘나드는 아트 워커로 다양한 책을 썼다. 일상을 아름답고 풍요롭게 하는 건 예술뿐이라는 지론을 펼치는 '딜레탕트(예술 애호가)'이기도 하다. 『내가 사랑한 공간들』, 『심미안 수업』, 『잘 찍은 사진 한 장』, 『윤광준의 생활명품』 등을 집필했다.

감수 이진일
성균관대학교 사학과에서 석사 학위를 마친 후 독일 튀빙겐대학교 역사학부에서 「바이마르공화국 시대 베를린에서의 노동조합의 노동자 교육과 프리츠 프리케의 노동자 교육 활동」으로 박사 학위를 받았다. 이후 성균관대학교 사학과와 같은 대학교 소속 동아시아역사연구소에서 연구교수로 재직하면서 독일의 20세기 역사와 관련된 글들을 발표해왔다. 역서로는 『코젤렉의 개념사 사전 14: 보수주의』(라인하르트 코젤렉, 푸른역사, 2019), 『독일노동운동사』(헬가 그레빙, 길, 2020) 등과 다수의 공저가 있다. 현재 〈한국독일사학회〉 회장으로 있다.

창조적 시선

1판 1쇄 발행 2023년 6월 28일
1판 11쇄 발행 2024년 1월 6일

지은이 김정운
사진 윤광준
감수 이진일
펴낸이 김영곤
펴낸곳 (주)북이십일 아르테

책임편집 가정실
기획편집 장미희 김지영 최윤지
디자인 형태와내용사이
마케팅 한충희 남정한 최명열 나은경 한경화
영업 변유경 김영남 강경남 황성진 김도연 권채영 전연우 최유성
제작 이영민 권경민

출판등록 2000년 5월 6일 제 406-2003-061호
주소 (10881) 경기도 파주시 회동길 201(문발동)
대표전화 031-955-2100 **팩스** 031-955-2151 **이메일** book21@book21.co.kr

ISBN 978-89-509-3757-7 03180

읽는 재미와 지적 쾌감을 선사하는
문화심리학자 김정운 컬렉션

에디톨로지(스페셜 에디션)

창조는 편집이다

372쪽 | 32,000원

‘편집(edit)’과 ‘학문(ology)’의 합성어인
‘에디톨로지(editology)’라는 새로운 개념을 제시하며
대한민국 지식인 사회에 커다란 화두를 제시한 베스트셀러.
‘에디톨로지’로 완성한 창조의 방법론. 자신만의 새로움을
창조하고 싶은 사람들을 위한 필독서

바닷가 작업실에서는 전혀 다른 시간이 흐른다

슈필라움의 심리학

284쪽 | 22,000원

인생을 바꾸려면 공간부터 바꿔라! 공간이 문화이고, 공간이
기억이며, 공간이야말로 내 아이덴티티다. 문화심리학자
김정운이 몸으로 제안하는 슈필라움의 심리학. 그리고 새로운
삶의 가능성을 꿈꾸게 해주는 24개의 키워드와 통찰

가끔은 격하게 외로워야 한다

내 삶의 주인이 되는 문화심리학

344쪽 | 19,800원

‘고독 저항 사회’ 대한민국, 우리는 왜 외롭기를 거부하는가?
인생에 한 번쯤 외로움이 필요한 순간 ‘고립’을 통해 ‘몰입’의
기쁨을 만나다! 격한 외로움의 시간이 빚어낸 예술적 사유,
인문학적 성찰, 사회분석적 비평을 한 권으로 엮어내다.